CB141156

Curso de DIREITO TRIBUTÁRIO

Constituição Federal e Código Tributário Nacional

Vinícius Gomes **CASALINO**
Helton Kramer **LUSTOZA**

Curso de DIREITO TRIBUTÁRIO

Constituição Federal e Código Tributário Nacional

3ª edição
Revista, Atualizada e Ampliada

2024

EDITORA JusPODIVM
www.editorajuspodivm.com.br

EDITORA *Jus*PODIVM
www.editorajuspodivm.com.br

Rua Canuto Saraiva, 131 – Mooca – CEP: 03113-010 – São Paulo – São Paulo
Tel: (11) 3582.5757
• Contato: https://www.editorajuspodivm.com.br/central-de-relacionamento

Capa e Diagramação: Marcelo S. Brandão *(santibrando@gmail.com)*

Imagem: *www.shutterstock.com – 1929364490*

• *A partir da 3ª edição a obra passou a ser publicada pela Editora Juspodivm.*

C335c Casalino, Vinícius Gomes
Curso de Direito Tributário / Vinícius Gomes Casalino e Helton Kramer Lustoza – 3.ed., rev., atual. e ampl. - São Paulo: Editora JusPodivm, 2024.

1056 p.

ISBN: 978-85-442-5136-2

1. Direito Tributário. 2. Competência Tributária. 3. Contribuições. I. Casalino, Vinícius Gomes. II. Lustoza, Helton Kramer. III. Título.

CDD 341.39

BIBLIOTECÁRIA RESPONSÁVEL

Ana Carolina Ribeiro Mois – CRB7 – RJ 007348/0

APRESENTAÇÃO

A obra que agora entregamos ao público interessado reúne nossa experiência de quase duas décadas de dedicação ao estudo do Direito Tributário. Seja no âmbito da docência em cursos de graduação ou preparatórios para concursos públicos, na pesquisa acadêmica rigorosa ou na atividade prática de litigância diária, o convívio com os mais complexos problemas fiscais deu ensejo à reflexão constante e aprofundada sobre as principais questões da área tributária. Foi, no entanto, o intuito de auxiliar os estudantes e as estudantes que estão se formando no curso de Direito ou se preparando para carreiras públicas o que nos moveu à elaboração desta obra. Procuramos, por essa razão, utilizar uma linguagem clara e didática, sem, no entanto, abrir mão do rigor acadêmico do aprofundamento de certas questões consideradas fundamentais à formação de um corpo discente crítico e capacitado ao enfrentamento dos mais variados problemas tributários.

Daí a preocupação em disponibilizar aos alunos e às alunas os mais fundamentados posicionamentos doutrinários. Daí também a cuidadosa atualização da obra, fazendo constar os principais entendimentos jurisprudenciais dos Tribunais Superiores, sobretudo, STF e do STJ. Não rejeitamos o formato "simplificado" ou "esquematizado", mas entendemos que a formação do moderno operador do Direito Tributário exige muito mais do ponto de vista pedagógico. Por isso, não subestimamos a capacidade intelectual do leitor ou da leitora, provocando seu espírito crítico com a apresentação de problemas teóricos mais complexos. Assim, a obra conta com tópicos de aprofundamento e interdisciplinaridade, que buscam expandir os horizontes de reflexão acadêmica. Estamos cientes de que este Curso está marcado por uma série de problemas e imperfeições que, assim desejamos, serão corrigidos nas próximas edições. Além disso, a obra traz os aspectos gerais da Reforma Tributária, aprovada através da Emenda Constitucional 132/2023.

Colocamo-nos à disposição para o debate franco e a crítica construtiva.

Finalmente, desejamos a todos e a todas uma excelente leitura.

Janeiro de 2024

Os autores

SUMÁRIO

1

DIREITO TRIBUTÁRIO

1.1 CONCEITO DE DIREITO TRIBUTÁRIO

Os Estados contemporâneos possuem uma série de obrigações impostas por suas Constituições. São deveres relacionados à organização e sobrevivência das sociedades. No Brasil, por exemplo, cabe ao Poder Público, na forma da lei, a prestação de serviços públicos (art. 175 da CF/1988). Assim, é dever da União, dos Estados, do Distrito Federal e dos Municípios fornecer à população, de modo geral, o acesso à saúde, educação, segurança, saneamento básico, seguridade social, entre outros.

O fornecimento desses serviços, contudo, implica um custo econômico. A prestação do serviço de saúde requer a construção de hospitais; a contratação de médicos; a aquisição de ambulâncias etc. O serviço de segurança pública exige a construção de delegacias; a compra de viaturas; o pagamento dos policiais e assim por diante. O cumprimento das obrigações determinadas pela Constituição, como se vê, impõe ao Estado um pesado encargo financeiro. Em outras palavras, precisa-se de *dinheiro* para que todos esses serviços sejam adequadamente fornecidos às pessoas.

O Estado poderia, através de sua autoridade monetária, simplesmente emitir moeda para obter os recursos necessários. No Brasil, caberia ao Banco Central o exercício desta função (art. 164 da CF/1988). Experiências históricas, no entanto, demonstraram que esse mecanismo é geralmente desastroso. Dentre todos os problemas causados, a inflação talvez seja o principal.

Portanto, o meio mais adequado de que dispõe o Poder Público para adquirir as quantias necessárias ao cumprimento de seus deveres constitucionais e legais é avançar sobre o patrimônio privado. Quer dizer, transferir para os cofres públicos, compulsoriamente, parte das riquezas produzidas por indivíduos e empresas no contexto da exploração de atividade econômica.

Nesse sentido, os empresários que produzem ou comercializam bens e serviços devem recolher parte de seus lucros ao Estado. O mesmo ocorre com os trabalhadores, que obtêm sua remuneração ao final do mês sob a forma de salário. Todos os particulares, de maneira geral, devem transferir parte de sua riqueza para os cofres públicos. Assim, do ponto de vista econômico, a parcela da propriedade privada que deve ser recolhida ao patrimônio estatal de forma compulsória denomina-se *tributo*.

No Brasil, entretanto, a Constituição consagra um autêntico Estado de Direito. Isso significa que o Poder Público não deve avançar sobre o patrimônio privado da maneira que bem lhe convém. Pelo contrário, a propriedade privada é um direito fundamental, assegurado, entre outros, no art. 5.º, *caput* e incisos XXII e XXIII do texto constitucional. Por isso, o Estado deve observar rigorosamente uma série de normas jurídicas que disciplinam de maneira pormenorizada a transferência da riqueza particular aos cofres públicos. A observância dessas normas constitui direito fundamental do particular.

Desse modo, pode-se definir o *direito tributário* a partir das lições de Hugo de Brito Machado. Segundo o autor, trata-se do "ramo do Direito que se ocupa das relações entre o Fisco e as pessoas sujeitas a imposições tributárias de qualquer espécie, limitando o poder de tributar e protegendo o cidadão contra os abusos desse poder" (MACHADO, 2011, p. 50).

Nota-se, pela definição, que o direito tributário é o conjunto de *normas jurídicas* cujo objeto é a instituição, fiscalização e arrecadação de tributos e multas tributárias. Dessa forma, viabiliza a atividade tributária do Estado ao mesmo tempo em que protege as pessoas naturais e jurídicas contra eventuais abusos do Poder Público no desempenho dessas funções.

1.2 DIREITO TRIBUTÁRIO E CIÊNCIA DO DIREITO TRIBUTÁRIO

Paulo de Barros Carvalho alerta, com razão, sobre a falta de preocupação dos estudiosos com a rigorosa distinção entre o direito tributário como *objeto* de estudo, e a *ciência* do direito tributário. O autor observa: "Muita diferença existe entre a realidade do direito positivo e a da Ciência do Direito. São dois mundos que não se confundem, apresentando peculiaridades tais que nos levam a uma consideração própria e exclusiva. São dois corpos de linguagem, dois discursos linguísticos, cada qual portador de um tipo de organização lógica e funções semânticas e pragmáticas diversas" (CARVALHO, 2012, p. 33).

O direito tributário é um conjunto de *normas jurídicas*, ou seja, de textos prescritivos oriundos das autoridades estatais competentes. São normas produzidas pelos legisladores, administradores e juízes de direito. Ora, esse conjunto de normas pode e deve ser estudado, quer dizer, pode e deve ser objeto de estudo por parte da ciência jurídica. Assim, o estudioso do direito, especializado em direito tributário, reúne as normas tributárias e as estuda com método científico.

Uma norma jurídica, por sua vez, significa um comando, uma ordem objetiva, um *dever-ser*. Se, por exemplo, uma lei determina que o proprietário de um veículo automotor deve recolher aos cofres públicos determinada quantia em dinheiro a título de imposto sobre a propriedade de veículos automotores (IPVA), cabe-lhe obedecer, ou seja, efetuar o pagamento. Caso contrário, recusando-se a pagar o imposto, deverá receber uma sanção, como a retirada forçada de seus bens.

À ciência do direito, por outro lado, cabe *descrever* as normas jurídicas, isto é, estudá-las. O cientista do direito, aquele que estuda as normas jurídicas, nada ordena, nada prescreve, apenas descreve. Este *Curso de Direito Tributário*, por exemplo, apenas descreve o significado das normas tributárias, mas não tem o condão de prescrever nada a seus leitores ou leitoras. Não tem autoridade para estabelecer qualquer tipo de ordem de conduta.

É importante, assim, prestar atenção ao contexto em que a expressão "direito tributário" é utilizada. De acordo com a Constituição, por exemplo, compete à União, aos Estados-Federados e ao Distrito Federal legislar, concorrentemente, sobre "direito tributário" (art. 24, I, da CF/1988). Nesse caso, a expressão designa o conjunto de normas jurídicas tributárias. Os manuais de "direito tributário", por outro lado, limitam-se a descrever essas normas jurídicas. Nestes casos, a expressão designa a parcela da ciência jurídica que estuda o direito tributário.

Em suma, Paulo da Barros Carvalho anota: "Por isso, não é demais enfatizar que o direito positivo é o complexo de normas jurídicas válidas num dado país. À Ciência do Direito cabe descrever esse enredo normativo, ordenando-o, declarando sua hierarquia, exibindo as formas lógicas que governam o entrelaçamento das várias unidades do sistema e oferecendo seus conteúdos de significação" (CARVALHO, 2012, p. 34).

1.3 DENOMINAÇÃO

No final do século XIX e começo do século XX, compreendia-se o direito tributário como simples ramo do direito financeiro. Este, por sua vez, abrangia o conjunto de normas que disciplinavam os ingressos de dinheiro nos cofres públicos. Uma vez que o tributo representa a entrada de valores no patrimônio estatal, o direito tributário era considerado um "apêndice" do direito financeiro. As normas tributárias não passavam de um subdomínio do conjunto mais amplo de normas financeiras. O que hoje designamos *direito tributário* chamava-se, à época, *direito financeiro*.

Na segunda metade do século XX, contudo, profundas alterações marcaram a economia capitalista. Os Estados nacionais assumiram novas e diferentes funções. Os esforços de reconstrução da Europa, destruída após duas grandes guerras, impuseram ao Poder Público a necessidade de atuar como agente financiador da economia. Além do mais, o Estado de bem-estar social, preocupado em assegurar à classe trabalhadora o acesso aos chamados direitos sociais, demandou o fornecimento de serviços públicos de qualidade.

As normas jurídicas que versavam sobre a instituição, arrecadação e fiscalização de tributos adquiriram grande importância na medida em que afetavam diretamente a propriedade privada. Houve, portanto, um "descolamento" das normas tributárias com relação às normas que disciplinavam o ingresso de dinheiro nos cofres públicos (o direito financeiro). Em razão dessa modificação, o direito tributário ganhou certa autonomia e passou a ser denominado *direito fiscal* ou *direito tributário*.

O problema da primeira denominação (direito fiscal) é que ela se refere apenas a uma das partes da relação tributária: o Fisco; a Fazenda Pública; enfim, o Estado. A denominação *direito tributário* é mais adequada e acabou prevalecendo porque não remete a qualquer das partes. Pelo contrário, remete à noção de *tributo*, designando, com isso, o conjunto de normas jurídicas que disciplina a atividade de tributação.

No Brasil, a expressão "direito tributário" passou a predominar a partir da Emenda Constitucional nº 18, de 1965, que previu o chamado Sistema Tributário Nacional. Em 1966 publicou-se a Lei nº 5.172, posteriormente chamada de Código Tributário Nacional. A expressão *direito tributário*, a partir de então, estava definitivamente consagrada.

1.4 AUTONOMIA DO DIREITO TRIBUTÁRIO

Muito se discute na doutrina sobre a chamada autonomia do direito tributário. Essa discussão pode ser melhor compreendida com a seguinte indagação: o direito tributário pode ser considerado um ramo autônomo com relação aos demais ramos do direito, como o direito constitucional, civil, administrativo, empresarial, dentre outros?

Pois bem, a resposta deve levar em consideração que o direito, de modo geral, é concebido como *ordenamento jurídico*. Como ensina Tercio Sampaio Ferraz Jr., "a validade da norma não é uma qualidade intrínseca, isto é, as normas não são válidas em si: dependem do contexto, isto é, dependem da relação da norma com as demais normas do contexto. O contexto, como um todo, tem que ser reconhecido como uma relação ou conjunto de relações globais de autoridade. Tecnicamente diríamos, então, que a validade de uma norma depende do *ordenamento* no qual está inserida" (FERRAZ JR., 2003, p. 175).

Percebe-se que uma norma jurídica apenas será válida se estiver integrada a um determinado contexto. O mesmo ocorre com uma norma de direito tributário. A lei que institui um tributo, por exemplo, apenas será considerada válida se estiver de acordo com a Constituição Federal.

Por outro lado, a instituição e cobrança de tributos dependem da disciplina jurídica de outros ramos do direito. Imaginemos, por exemplo, o caso do ITBI (imposto sobre a transmissão de bens imóveis). Para saber se o imposto deve ser recolhido em determinada transação, é preciso saber o que é bem imóvel; em que momento ocorre a transmissão da propriedade imóvel e assim por diante. Essa disciplina é dada pelo direito civil e não há como compreender o ITBI sem compreender os institutos do direito privado. Sob esta perspectiva, chega-se à conclusão de que não há qualquer autonomia do direito tributário com relação aos demais ramos do direito.

Contudo, se refletirmos um pouco mais, perceberemos que as normas de direito tributário diferem sensivelmente das normas de direito penal, por exemplo. De fato, a norma que descreve um delito, como, por exemplo, "matar alguém: pena – reclusão de seis a vinte anos", é diferente da norma que descreve uma relação tributária, como: "aquele que adquirir renda deve recolher certa quantia a título de imposto". É possível, num certo sentido, "separar" as normas que versam sobre tributos das normas que versam sobre crimes; relações de trabalho; administração pública, entre outras.

Por isso, alguns autores sustentam que há uma *autonomia didática* do direito tributário com relação aos demais ramos do direito. Quer dizer, o cientista do direito, aquele que estuda as normas jurídicas, pode "separar" as normas tributárias e estudá-las de forma autônoma.

Mesmo aqui, entretanto, trata-se de uma autonomia relativa, porque, como vimos, não é possível compreender o ITBI sem compreender o que é bem imóvel. Não é possível estudar o ICMS (imposto sobre a circulação de mercadorias e serviços) sem conhecer o conceito de mercadoria. Esses conceitos são dados por outras disciplinas da ciência do direito.

Parece que a melhor conclusão, portanto, é a lição de Luciano Amaro: "Dado que o ordenamento jurídico é um todo *uno*, não se pode reconhecer vida própria e independente a nenhum de seus setores. Cada qual dos ramos do direito se relaciona com os demais, embora possa ser tratado de maneira especializada e assumir ares de *relativa* autonomia" (AMARO, 2011, p. 30).

Pode-se concluir que o direito tributário, tanto quanto a ciência do direito tributário, gozam de uma autonomia *relativa* com relação aos demais ramos do direito e demais disciplinas de estudo jurídico.

1.5 RELAÇÃO DO DIREITO TRIBUTÁRIO COM OUTROS RAMOS DO DIREITO

Dado que a autonomia do direito tributário é apenas relativa, é preciso compreender que relações estabelecem as normas tributárias com os outros ramos do direito. Assim, podemos esquematizar da seguinte maneira:

- *Direito tributário e direito constitucional* – A Constituição Federal é o fundamento de validade de todas as normas que compõem o ordenamento jurídico. Para que a lei que institui o tributo seja válida e, portanto, tenha o condão de obrigar as pessoas naturais e jurídicas, é preciso que esteja plenamente de acordo com a Constituição. O texto constitucional, ademais, fixa a competência dos entes federativos; estabelece regras de imunidades tributárias; traz implícito o conceito de tributo; fixa os direitos e garantias do contribuinte e assim por diante;
- *Direito tributário e direito administrativo* – A cobrança do tributo (e não sua criação) depende da atividade administrativa denominada *lançamento*. Cabe à autoridade administrativa efetuar a fiscalização e cobrança dos impostos, taxas, contribuições, multas etc. As normas de direito administrativo, portanto, são fundamentais para regulamentar a atividade de arrecadação tributária;
- *Direito tributário e direito financeiro* – O direito financeiro disciplina o ingresso de recursos nos cofres públicos, bem como a designação das despesas, isto é, a vinculação destas a determinados fins. O direito tributário trata de um aspecto *prévio* ao ingresso de tais quantias, isto é, a relação jurídica que vincula o Estado ao contribuinte e que tem por objeto o pagamento do tributo. Este, o tributo, é importantíssima fonte de receita pública. Além do mais, o conceito de *exercício financeiro* é importante para o direito tributário, tendo em vista o princípio da anterioridade, segundo o qual o tributo

deve ser cobrado no exercício financeiro seguinte à publicação da lei que o instituiu ou aumentou, observado, ainda, o intervalo temporal de noventa dias entre a referida publicação e a efetiva cobrança;

- *Direito tributário e direito civil* – Como vimos, o sentido da lei que institui um tributo depende das categorias jurídicas do direito privado, como, por exemplo, o conceito de propriedade, bem móvel e imóvel, entre outros. Por isso, o direito civil é fundamental para o direito tributário;
- *Direito tributário e direito empresarial* – Os tributos incidem, como regra, sobre a atividade econômica desenvolvida pelos particulares, em especial as empresas. Imaginemos, por exemplo, a incorporação de uma pessoa jurídica por outra. Essa mutação empresarial gera consequências no que toca à responsabilidade tributária;
- *Direito tributário e direito processual civil* – Se o contribuinte entende que é lesado pela cobrança estatal do tributo, tem assegurado o direito constitucional de recorrer ao Poder Judiciário. Deve formular sua pretensão observando as normas do direito processual civil. Assim, as normas processuais são fundamentais no que toca à proteção dos direitos dos sujeitos passivos tributários;
- *Direito tributário e direito penal* – O recolhimento do tributo é uma obrigação imposta por lei aos contribuintes e responsáveis tributários. Caso recusem-se a recolhê-lo, podem sujeitar-se a uma série de infrações penais, dentre elas os crimes contra a ordem tributária, tipificados pela Lei 8.137/1990;
- *Direito tributário e processo penal* – De acordo com a Constituição, "ninguém será privado da liberdade ou de seus bens sem o devido processo legal" (art. 5.º, LIV, da CF/1988). Se, eventualmente, o contribuinte tiver praticado algum crime tributário, apenas poderá ser preso depois de submetido a um julgamento em que as normas processuais penais sejam rigorosamente observadas;
- *Direito tributário e direito internacional* – O que ocorre se um empresário brasileiro presta um serviço no exterior e aufere renda naquele país? Ele deverá recolher imposto de renda (IR) no estrangeiro ou no Brasil? Com a crescente globalização econômica, cada vez mais tratados internacionais são adotados para solucionar problemas como esse. Aí está um exemplo da relação entre direito tributário e o direito internacional;
- *Direito tributário e direitos humanos* – Poucos autores dão atenção à importantíssima relação que existe entre o direito tributário e os direitos humanos. Ora, a Constituição elevou a dignidade da pessoa humana a fundamento da República Federativa do Brasil (art. 1º da CF/1988). Esse princípio é considerado o "coração" dos direitos humanos. Nesse sentido, parece que a tributação em determinado Estado apenas pode ser considerada legítima se estiver de acordo com o princípio da dignidade da pessoa humana.

ATENÇÃO! Reforma Tributária!

- *Direito tributário e direito ambiental* – A Emenda Constitucional nº 132, de 2023, que instituiu a chamada *reforma tributária*, vinculou o Sistema Tributário Nacional à observância de uma série de novos princípios, dentre os quais o "da defesa do meio ambiente" (art. 145, § 3º, da CF/1988). Assim, as normas jurídicas de proteção ao meio-ambiente deverão produzir impacto cada vez maior no desenho normativo das normas tributárias. Um exemplo pode ser desde logo citado: a EC 132/23 (reforma tributária) incluiu o inciso VIII ao art. 153 do texto constitucional, que elenca os impostos de competência da União, conferindo a este ente federativo a aptidão para tributar a "produção, extração, comercialização ou importação de bens e serviços prejudiciais à saúde ou ao meio ambiente, nos termos de lei complementar". Trata-se de um novo imposto federal, cuja instituição, como se vê, encontra-se sob reserva de lei complementar.

1.6 DIREITO TRIBUTÁRIO COMO RAMO DO DIREITO PÚBLICO

O direito tributário constitui parte do que se chama tradicionalmente de *direito público*. Deve-se ressaltar, contudo, que a divisão do direito em dois grandes campos, público e privado, sempre despertou controvérsias.

O direito privado é aquele que diz respeito aos interesses particulares dos membros da sociedade. Funda-se nas noções de autonomia da vontade, igualdade das partes e horizontalidade das relações jurídicas. Assim, se determinada pessoa escolhe vender seu automóvel, pode optar por receber o pagamento à vista ou em parcelas. A autonomia de sua vontade é respeitada ao mesmo tempo em que se coloca em uma relação de igualdade com a outra parte da relação.

O direito público, por outro lado, é o conjunto de normas que tutela os interesses mais amplos de toda a coletividade. Funda-se nos pressupostos de prevalência do interesse público sobre o privado, desigualdade relativa entre as partes e verticalidade da relação jurídica. Suas normas são *cogentes*, isto é, obrigatórias. Além do mais, caracteriza-se, como regra, pela presença do Estado em um dos polos da relação e com status de superioridade.

O direito tributário é ramo do direito público. De fato, o contribuinte, ao praticar o fato gerador, não tem opção, pois deve recolher o tributo aos cofres públicos sob pena de ver seu patrimônio retirado contra a sua vontade. Ademais, o Fisco coloca-se numa posição de superioridade frente ao particular, na medida em que efetua o lançamento, isto é, a cobrança administrativa e impõe ao sujeito passivo o dever do recolhimento.

2

O TRIBUTO

2.1 CONCEITO DE TRIBUTO

O direito tributário disciplina a transferência obrigatória de parte da riqueza produzida pelos particulares para os cofres públicos. Uma primeira noção de tributo, de conotação econômica, aponta para essa parcela da propriedade privada que deve ser deslocada, de forma compulsória, para o patrimônio do Estado. Trata-se, contudo, de uma noção muito ampla e diz pouca coisa sobre o sentido jurídico específico do objeto de nosso estudo.

No ordenamento jurídico brasileiro existe uma *definição legal*. A maioria dos doutrinadores sustenta que não cabe ao legislador efetuar definições. Isso porque as definições legais sempre pecam por deixar de lado algum aspecto importante do instituto jurídico. Por outro lado, uma vez que há uma definição desse tipo no direito brasileiro, devemos partir dela. Assim, o art. 3.º do Código Tributário Nacional prescreve:

> **CTN, art. 3º.** Tributo é toda prestação pecuniária compulsória, em moeda ou cujo valor nela se possa exprimir, que não constitua sanção de ato ilícito, instituída em lei e cobrada mediante atividade administrativa plenamente vinculada.

Analisemos a definição de forma esquematizada:

- *Prestação pecuniária* – Dizer que o tributo é uma prestação pecuniária significa dizer que é uma prestação em *dinheiro*. O contribuinte deve transferir ao Estado parte de sua riqueza, de sua propriedade, na forma de dinheiro. Um produtor rural, por exemplo, não deve efetuar o pagamento de seu ITR (imposto territorial rural) com algumas sacas de soja ou milho; deve fazê-lo em dinheiro. Um trabalhador assalariado não deve pagar seu IR (imposto sobre a renda e proventos de qualquer natureza) prestando algum serviço à União, como, por exemplo, o serviço militar; deve fazê-lo em dinheiro. Como consequência, são vedados pelo ordenamento jurídico brasileiro os chamados tributos "in natura" e "in labore". O primeiro significa o pagamento do tributo pela entrega de algum bem, como mercadorias; o segundo significa o adimplemento do tributo por meio da prestação de algum serviço, como a participação em mesas eleitorais, a atividade de jurado no Tribunal do Júri, entre outros;

- *Compulsória* – Tributo é uma prestação pecuniária compulsória porque o surgimento da obrigação tributária principal, isto é, da relação jurídica que une o Estado ao sujeito passivo, decorre diretamente da lei, ou seja, da norma jurídica primária aprovada pela autoridade competente. Ao contrário das obrigações de direito privado, cuja existência depende da *vontade* de ambas as partes (*ex voluntate*), a obrigação tributária tem *origem na lei* (*ex lege*). É a lei que determina o pagamento do tributo nas hipóteses previstas pelo texto legal. Nesse sentido, Eduardo Sabbag anota: "O tributo é prestação compulsória, logo, *não contratual, não voluntária* ou *não facultativa*. Com efeito, o Direito Tributário pertence à seara do Direito Público, e a supremacia do interesse público dá guarida à imposição unilateral de obrigações, independentemente da anuência do obrigado" (SABBAG, 2014, p. 393);
- *Em moeda ou cujo valor nela se possa exprimir* – Uma vez que o tributo é uma prestação pecuniária, deve ser pago em moeda. No Brasil, em *real*. Nesse sentido, a definição do art. 3.º do CTN é redundante. Ocorre, por outro lado, que, na época em que o CTN foi publicado (1966), admitia-se o pagamento do tributo em cheque, vale postal, estampilha, papel selado ou processo mecânico (art. 162, I e II, do CTN). Talvez por isso, o art. 3.º faz questão de afirmar a possibilidade de que o pagamento ocorra por outro meio desde que possa ser "expresso em moeda";
- *Que não constitua sanção de ato ilícito* – A prestação pecuniária compulsória, em moeda, que *constitui* sanção de ato ilícito é denominada *multa*. De fato, somos obrigados a pagar uma multa toda vez que praticamos um *ato ilícito*, como avançar o sinal vermelho de trânsito, por exemplo. Pois bem, o Código Tributário Nacional faz questão de deixar claro que *tributo não é multa*. O tributo decorre de um ato *lícito*. A multa, de um ato *ilícito*. Qual é a relevância desta distinção? O regime jurídico a ser aplicado. Ao tributo aplica-se uma série de princípios e normas que diferem daqueles aplicados às multas. Estas, por sua vez, possuem a natureza de sanção por ato ilícito, com natureza diversa da dos tributos. Sobre as principais diferenças existentes entre tributos e multas, confira-se o quadro a seguir:

Tributos	Multas
Prestação que não constitui sanção por ato ilícito	Prestação cuja natureza é a de sanção por ato ilícito
Obrigação de pagamento decorre da prática de um ato lícito, que se enquadra na norma legal	Obrigação de pagamento decorre da prática de uma conduta que viola o ordenamento jurídico

Tributos	Multas
Não podem apresentar qualquer indício de confisco	Não podem apresentar indícios de confisco, mas apresentam limites bem mais flexíveis
Têm por objetivo principal arrecadar recursos para o Estado	Têm por objetivo principal prevenir, coibir e punir atos ilícitos

É bom ressaltar que esta característica do tributo não significa que seja proibida a tributação de atos ilícitos. Sobre este assunto, algumas vozes defenderam que, ao se tributar atividades ilícitas, o Estado estaria legitimando, imoralmente, recursos de uma atividade que ele mesmo proíbe. Contudo, seria injusto cobrar tributo daquele que trabalha honestamente e deixar de tributar o criminoso. Haveria uma espécie de "isenção" para a atividade delituosa. Diante desta linha de entendimento, o Supremo Tribunal Federal, ao julgar um caso sobre tráfico ilícito de entorpecentes, decidiu que a possibilidade da tributação do resultado econômico de tais atividades é decorrência do princípio da isonomia fiscal:

> Possibilidade jurídica de tributação sobre valores oriundos de prática ou atividade ilícita. Princípio do Direito Tributário do *non olet*. Precedente. Ordem parcialmente conhecida e denegada (...) 2. A jurisprudência da Corte, à luz do art. 118 do Código Tributário Nacional, assentou entendimento de ser possível a tributação de renda obtida em razão de atividade ilícita, visto que a definição legal do fato gerador é interpretada com abstração da validade jurídica do ato efetivamente praticado, bem como da natureza do seu objeto ou dos seus efeitos. Princípio do *non olet*. Vide o HC nº 77.530/RS, Primeira Turma, Relator o Ministro Sepúlveda Pertence, DJ de 18/9/98. 3. Ordem parcialmente conhecida e denegada (HC 94240, Relator(a): Min. DIAS TOFFOLI, Primeira Turma, julgado em 23/08/2011, DJe-196 DIVULG 11-10-2011 PUBLIC 13-10-2011 EMENT VOL-02606-01 PP-00026 RT v. 101, n. 917, 2012, p. 584-597).

A tributação de atos ilícitos é baseada, segundo a doutrina, no princípio *pecunia non olet* (dinheiro não tem cheiro). A expressão é originária da história, situação em que o imperador romano Vespasiano instituiu um tributo sobre o uso dos mictórios públicos. A certa altura, Tito, seu filho, indagou-o sobre a conveniência de se cobrar exação sobre tal atividade, considerada, por ele, nojenta. Como resposta, Vespasiano segurou uma moeda de ouro e lhe perguntou: *Olet*? (Cheira?). Tito respondeu: *Non olet* (Não cheira). Moral da história: não importa o fato do qual se origina a cobrança do tributo, mas sim que este seja pago, já que "dinheiro é dinheiro". Assim, prevaleceu o entendimento jurisprudencial, à luz do art. 118 do CTN, acerca da possibilidade da tributação de renda obtida em razão de atividade ilícita, visto que a definição legal do fato gerador é interpretada com abstração da validade jurídica do ato efetivamente praticado, bem como da natureza do seu objeto ou dos seus efeitos;

- *Instituída em lei* – O tributo deve ser instituído por meio de lei. Isso significa que, como regra gera, cabe ao Poder Legislativo de cada ente da federação (União,

Estados, Distrito Federal e Municípios), criar o tributo. O Código Tributário Nacional reitera, no art. 3.º, o princípio da estrita legalidade tributária previsto no art. 150, I, da CF/1988. Assim, é inconstitucional, por exemplo, a exigência de tributo instituído por meio de decreto do Poder Executivo; de portaria do Ministério da Fazenda; de acórdão de Tribunal Superior, entre outros;

- *Cobrada mediante atividade administrativa plenamente vinculada* – Se cabe ao Poder Legislativo a instituição do tributo, cabe ao Poder Executivo sua *cobrança*. Cobrar o tributo é diferente de criá-lo ou instituí-lo. Estes últimos dependem sempre de lei. A cobrança, por outro lado, é função tipicamente administrativa. Cabe, portanto, à Administração Pública federal, estadual, distrital ou municipal, conforme o caso. O art. 3.º ressalta que, nesse caso, a função administrativa é *vinculada*. Quer dizer, não há espaço para o administrador avaliar a conveniência e a oportunidade da cobrança. Uma vez que o contribuinte tenha praticado o fato gerador, cabe à autoridade administrativa efetuar a cobrança sob pena de responsabilidade funcional, como determina o art. 142 do CTN.

Conclui-se que o tributo, enquanto instituto jurídico, deve ser analisado sob a perspectiva de um dever fundamental estabelecido pelo ordenamento constitucional, o que indica que o sistema tributário não pode ser entendido como uma simples relação de imposição. A atividade de tributação não é mero poder que o Estado detém, nem um simples encargo para os cidadãos, mas uma contribuição indispensável para a vida em comum de uma sociedade organizada.

Isso significa que o tributo é um dos mais democráticos e importantes instrumentos dos quais se vale o Estado para financiar o cumprimento de suas finalidades. Essa é uma reflexão importante e necessária para a compreensão correta de como deverá ocorrer a arrecadação de recursos para a implementação de políticas públicas.

2.2 ESPÉCIES DE TRIBUTO

O art. 3.º do CTN enuncia o conceito de tributo como *gênero*. Isso significa que existem *espécies* de tributos. Quer dizer, prestações pecuniárias compulsórias adequadas ao conceito do art. 3.º, mas que possuem características próprias, particulares, diferentes umas das outras. Assim, o art. 5.º do CTN prescreve:

> **CTN, art. 5º.** Os tributos são impostos, taxas e contribuições de melhoria.

Trata-se do mesmo rol que consta do art. 145, I a III, da CF/1988. Em princípio, portanto, poderíamos dizer que existem três espécies de tributos na ordem jurídica brasileira: uma divisão *tripartida*.

Ocorre, porém, que a própria Constituição prevê mais duas espécies de tributos. O art. 148 estabelece a figura dos empréstimos compulsórios e o art. 149 a figura das contribuições especiais. Devemos recordar que a Constituição foi promulgada em 1988, ao passo que o CTN foi publicado em 1966. Nesse sentido, cabe à doutrina interpretar o CTN à luz do texto constitucional.

Nesse sentido, Regina Helena Costa observa: "Assim, sem abandonarmos a classificação constitucionalmente contemplada, entre tributos vinculados e não vinculados a uma atuação estatal (arts. 145, I a III), podemos visualizar, no texto fundamental, cinco regimes jurídicos distintos, que apontam para as categorias do imposto, da taxa, da contribuição de melhoria, do empréstimo compulsório e das demais contribuições" (COSTA, 2014, p. 129).

Por isso, podemos dizer que, atualmente, existem *cinco espécies* de tributos em nosso ordenamento jurídico. Uma classificação fundada na *teoria pentapartida*. São eles: (1) impostos, (2) taxas, (3) contribuições de melhoria, (4) empréstimos compulsórios e (5) contribuições especiais.

2.3 NATUREZA JURÍDICA DO TRIBUTO

As espécies de tributos possuem características próprias. Muito embora devam remeter ao conceito geral do art. 3.º, cada uma delas possui particularidades que as diferenciam. Os impostos, por exemplo, devem ser recolhidos independentemente de qualquer contrapartida por parte do Estado. As taxas, por outro lado, apenas deverão ser recolhidas se houver uma contraprestação estatal específica relativa ao contribuinte.

Assim, podemos identificar as espécies de tributos de acordo com suas características próprias e particulares. Quer dizer, podemos identificar a natureza jurídica de cada uma delas. Isso é importante porque evita que o Estado institua e cobre tributos indevidos.

Imaginemos, por exemplo, que determinado Município decida prestar à população o serviço de recolhimento de lixo. Poderá, por acaso, instituir e cobrar um imposto? Não. Deverá instituir e cobrar obrigatoriamente uma taxa. E se o Município institui um imposto com o nome de "taxa"? Nesse caso, averiguando a natureza jurídica do tributo, o contribuinte poderá socorrer-se do Poder Judiciário e invalidar a cobrança.

O Código Tributário Nacional prescreve alguns critérios para a identificação da natureza jurídica específica do tributo, isto é, para a identificação de que espécie se trata. O art. 4.º estabelece:

> **CTN, art. 4º.** A natureza jurídica específica do tributo é determinada pelo fato gerador da respectiva obrigação, sendo irrelevantes para qualificá-la: I – a denominação e demais características formais adotadas pela lei; II – a destinação legal do produto da sua arrecadação.

Como se percebe, a denominação do tributo, isto é, o nome que a lei dá a ele, é irrelevante para conhecermos sua natureza jurídica, ou seja, para saber se estamos diante de um imposto ou uma taxa, por exemplo. Também a destinação legal do produto da arrecadação, quer dizer, o destino dado ao dinheiro recolhido, se é aplicado em saúde, educação ou segurança, é irrelevante para a determinação da natureza jurídica do gravame.

Assim, pode-se identificar a espécie de tributo por meio da análise de seu fato gerador. *Fato gerador* é um fato ou ato jurídico adotado ou praticado pelo contribuinte; uma conduta ou comportamento seu, descrito previamente em lei, que dá origem à obrigação tributária e ao dever de pagar o tributo. De acordo com o CTN, os impostos têm fato gerador diferente das taxas e das contribuições de melhoria.

O fato gerador do imposto é um fato ou ato jurídico praticado pelo contribuinte, com expressão econômica, descrito em lei, mas *desvinculado* de qualquer atuação estatal dirigida a ele. "Auferir renda", por exemplo, é o fato gerador do imposto sobre a renda e proventos de qualquer natureza (IR). O contribuinte que, na realidade concreta, por meio de seu trabalho ou empresa, aufere renda, deve recolher aos cofres estatais uma quantia em dinheiro a título de imposto. Nesse caso, o Poder Público nada fará com relação ao sujeito passivo, isto é, não lhe prestará nenhum serviço específico nem executará nenhuma atividade em seu benefício.

O fato gerador das taxas, por outro lado, é uma atividade prestada pelo Estado especificamente direcionada ao particular, como um serviço público ou o exercício do poder de polícia. Por isso, a taxa é uma espécie de tributo *vinculado*. O mesmo ocorre com as contribuições de melhoria, cujo fato gerador é a construção de uma obra pública que gere a valorização do imóvel do particular. Sem a obra pública ou sem a valorização não há que se falar em contribuição de melhoria.

Assim, por meio dos respectivos fatos geradores pode-se identificar a natureza jurídica específica do tributo. Os impostos são tributos *desvinculados*. As taxas e contribuições de melhoria, *vinculados*. As primeiras (as taxas), vinculadas ao exercício do poder de polícia ou à prestação de serviço público específico e divisível. A segunda (contribuição de melhoria), a uma obra pública que gere a valorização do imóvel do contribuinte.

2.4 INSUFICIÊNCIAS DO ARTIGO 4.º DO CTN

Ao estudarmos o art. 4.º do CTN, a leitora e o leitor atentos perceberam que mencionamos apenas os impostos, as taxas e as contribuições de melhoria. O que dizer, no entanto, dos empréstimos compulsórios e das contribuições especiais, que também são espécies tributárias? Em outras palavras: como identificá-los?

O Código Tributário Nacional, como assinalado, veio a lume em 1966. A Constituição Federal, em 1988. Assim, o texto constitucional, de certa forma, inovou na medida em que passou a prever mais duas espécies de tributos que não se encontravam no CTN.

Os empréstimos compulsórios estão previstos no art. 148 da CF/1988. De acordo com o dispositivo, apenas podem ser instituídos para custear despesas com guerras externas ou sua iminência, calamidades públicas e investimentos públicos urgentes e de relevante interesse nacional.

Para que o empréstimo compulsório seja válido, isto é, para que a lei que o instituiu seja compatível com a Constituição, o produto da arrecadação deve ser aplicado na despesa que fundamentou sua instituição. É o que determina o art. 148, parágrafo único, da CF/1988, conforme se verifica:

> **CF, art. 148. [...] Parágrafo único.** A aplicação dos recursos provenientes de empréstimo compulsório será vinculada à despesa que fundamentou sua instituição.

Nesse sentido, se o empréstimo compulsório foi instituído para custear uma calamidade pública, como uma enchente, por exemplo, o produto da arrecadação deve ser direcionado ao evento. Caso contrário, será considerado inconstitucional.

Pois bem, note-se que, nesse caso, o art. 4.º do CTN é inaplicável. De acordo com o inciso II deste dispositivo, a destinação legal do produto da arrecadação é irrelevante para qualificar a natureza jurídica específica do tributo. No caso do empréstimo compulsório, contudo, essa destinação é absolutamente relevante.

No que toca às contribuições especiais o problema é semelhante. São tributos caracterizados pela *finalidade*. Quer dizer, espécies tributárias que permitem a atuação da União em algumas áreas estratégicas, como a área social, econômica e relativa à organização de entidades representativas de segmentos profissionais. É o que determina o art. 149, *caput*, da CF/1988:

> **CF, art. 149.** Compete exclusivamente à União instituir contribuições sociais, de intervenção no domínio econômico e de interesse das categorias profissionais ou econômicas, como instrumento de sua atuação nas respectivas áreas, observado o disposto nos arts. 146, III, e 150, I e III, e sem prejuízo do previsto no art. 195, § 6º, relativamente às contribuições a que alude o dispositivo.

Isso significa que a instituição de uma contribuição deve guardar relação de pertinência com alguma das áreas mencionadas no art. 149, *caput*, do texto constitucional. Desse modo, em algumas situações, a vinculação do produto da arrecadação será condição sem a qual a lei que instituiu o tributo é inconstitucional.

À luz dos empréstimos compulsórios e das contribuições especiais, chega-se à conclusão, então, que o art. 4.º do CTN é irrelevante e não deve mais ser aplicado? Não. Emerge a conclusão de que a interpretação do art. 4.º deve ser compatibilizada com a Constituição Federal.

Pode-se afirmar, então, que o dispositivo é adequado para a identificação da natureza jurídica dos impostos, taxas e contribuições de melhoria. É inadequado, contudo, para a identificação dos empréstimos compulsórios e das contribuições especiais. Nestes últimos casos, deve-se recorrer a outros critérios, como a destinação legal do produto da arrecadação ou finalidade do tributo, por exemplo.

2.5 FISCALIDADE E EXTRAFISCALIDADE

Os tributos, como regra geral, têm natureza *fiscal*. Quer dizer, sua principal função consiste em viabilizar o ingresso de recursos financeiros nos cofres do Estado, ou seja, funcionar como instrumento de arrecadação de dinheiro.

Isso ocorre porque, segundo com a Constituição, o Poder Público não deve exercer atividade econômica lucrativa (ao menos em princípio). Esse tipo de atividade deve permanecer nas mãos dos particulares (art. 173 da CF/1988). Dessa forma, por não poder obter recursos através da exploração lucrativa da indústria, comércio ou serviços, o Estado é compelido a tributar a iniciativa privada.

Assim, a transferência de parte das riquezas produzidas pelo setor privado aos cofres públicos é a principal função dos tributos. A essa característica dá-se o nome de *fiscalidade*. O tributo que possui como finalidade apenas viabilizar a arrecadação de recursos é típico exemplo de *tributo fiscal*.

Por outro lado, os tributos podem ser utilizados para cumprir uma função diferente. Imaginemos, por exemplo, uma propriedade rural extensa. Sabemos que o proprietário pode utilizá-la para produzir alimentos ou como forma de especulação imobiliária. Nesse último caso, a propriedade nada produz. Serve apenas como forma de valorização do capital ali investido.

Pois bem, é possível induzir o proprietário a cultivar aquela propriedade por meio do imposto territorial rural (ITR). Basta estabelecer alíquotas mais elevadas para as propriedades improdutivas e alíquota reduzidas para as propriedades produtivas. Note-se que, nesse caso, o contribuinte não é obrigado a plantar. Pode optar, por exemplo, por pagar um imposto mais elevado e manter a propriedade improdutiva. Entretanto, sabemos que, no capitalismo, a lógica vigente é sempre a do ganho econômico. Por isso, o proprietário é induzido a tornar sua propriedade produtiva, pois, assim, pode recolher menos imposto.

Essa última função do tributo, que consiste em *induzir* o contribuinte a adotar certos comportamentos, é denominada *extrafiscalidade*.

É o que ocorre também no caso de impostos que permitem ao Estado a regulação da atividade econômica interna, como o imposto sobre a importação (II) ou o imposto sobre produtos industrializados (IPI). Nas situações de crise, em que empregos estão sob ameaça, por exemplo, a União pode reduzir as alíquotas do IPI com o objetivo de estimular a venda de automóveis. Assim, mantém-se o consumo de veículos e os empregos são preservados.

Os tributos, de um modo geral, podem ser utilizados conforme estas duas funções: *fiscal* ou *extrafiscal*. Geralmente há a prevalência de uma ou outra, conforme as opções do legislador. A função fiscal é mais relevante porque o tributo é a principal fonte de receita pública. É importante ressaltar, finalmente, que a extrafiscalidade deve ser utilizada de forma razoável e proporcional, sempre de acordo com o texto constitucional. Não pode significar, por exemplo, o confisco da propriedade privada.

ATENÇÃO! Reforma tributária

A EC nº 132/2023, que veiculou a chamada reforma tributária, acentuou o caráter extrafiscal dos tributos, especialmente os federais, com um viés específico no que concerne à proteção do meio ambiente.

São dispositivos que têm como objetivo induzir o contribuinte à adoção de comportamentos ambientalmente sustentáveis através do uso da atividade de tributação. Assim, por exemplo, cobra-se menos tributos daqueles que preservam o meio ambiente, e mais tributos daqueles que não o preservam.

Cite-se, como exemplo, o disposto no art. 43, § 4º, do texto constitucional, incluído pela EC 132/2023:

> **CF,** art. 43. (...)
>
> § 4º Sempre que possível, a concessão dos incentivos regionais a que se refere o § 2º, III, considerará critérios de sustentabilidade ambiental e redução das emissões de carbono

De acordo com o art. 43, *caput*, do texto constitucional, que trata das chamadas *regiões*, a União poderá, para efeitos administrativos, "articular sua ação em um mesmo complexo geoeconômico e social, visando a seu desenvolvimento e à redução das desigualdades regionais". Nesse sentido, o inciso III, do § 2º, estabelece:

> **CF,** art. 43 (...)
>
> § 2º Os incentivos regionais compreenderão, além de outros, na forma da lei:
>
> (...)
>
> III – isenções, reduções ou diferimento temporário de tributos federais devidos por pessoas físicas ou jurídicas;

Isenções, reduções e diferimento de tributos podem significar, dependendo de como forem utilizados, aumento ou diminuição de carga tributária. Uma vez que seja instituída uma *região*, a União, *sempre que possível*, deverá adequar estes mecanismos de política tributária à observância da sustentabilidade ambiental e redução das emissões de carbono.

2.6 TRIBUTO E RECEITA PÚBLICA

O tributo, como assinalamos, é a principal fonte de recursos financeiros para o Estado. Por meio dele o Poder Público transfere, de forma compulsória, parte da riqueza produzida pelos particulares aos cofres estatais. Pois bem, o ingresso definitivo de dinheiro no patrimônio do Estado chama-se *receita pública*. É essa a lição de Kiyoshi Harada: "Como despesa pública pressupõe receita, pode-se dizer que *receita pública* é o ingresso de dinheiro aos cofres do Estado para o atendimento de suas finalidades" (HARADA, 2009, p. 31).

Existem várias fontes de receita pública. O aluguel de um imóvel público, por exemplo, representa ingresso de dinheiro nos cofres públicos. Enfiteuses, direitos de superfície, multas, também são exemplos. O tributo, como vimos, desponta como uma das principais fontes.

As receitas podem ser classificadas em extraordinárias e ordinárias. As primeiras, como a própria designação aponta, são marcadas pela eventualidade. Às vezes ocorrem, às vezes não. Uma indenização de guerra é um exemplo. As receitas ordinárias são as regulares, permanentes, como aquelas oriundas dos tributos.

Quanto à origem, a receita pública pode ser originária ou derivada. Originária é aquela que decorre de uma atividade ou patrimônio do próprio Estado. O aluguel de um imóvel público de propriedade estatal gera uma receita originária.

As receitas derivadas são recursos produzidos por terceiros e transferidos aos cofres estatais. É o caso típico dos tributos. O lucro, por exemplo, é produzido pelas empresas privadas. Parte deste é transferida ao Estado na forma de contribuição social sobre o lucro (CSSL). Trata-se, portanto, de receita derivada. Nesse sentido, o art. 9º da Lei nº 4.320/64, que trata dos orçamentos públicos, dispõe:

> **Lei 4.320/64. art. 9º.** Tributo é a receita derivada instituída pelas entidades de direito público, compreendendo os impostos, as taxas e contribuições nos termos da constituição e das leis vigentes em matéria financeira, destinando-se o seu produto ao custeio de atividades gerais ou especificas exercidas por essas entidades.

Conclui-se, portanto, que tributos são, como regra geral, fontes de *receitas ordinárias* e *derivadas*.

2.7 ESTADO, ATIVIDADE ECONÔMICA E TRIBUTO

Por que o Estado precisa tributar? Sabemos que recursos são necessários para que o Poder Público possa cumprir adequadamente os deveres que lhe são impostos pela Constituição. Mas, por que é preciso avançar sobre o patrimônio privado?

A riqueza da sociedade, de forma geral, é produzida por um tipo de atividade denominada *atividade econômica*. Esta pode ser compreendida como a aplicação do trabalho produtivo à natureza. Assim, cultiva-se um campo plantando arroz, feijão, trigo, batatas; extrai-se da natureza carvão e ferro, faz-se aço e, com ele, produz-se um automóvel; perfura-se um poço em terra ou mar, extrai-se petróleo e, com ele, faz-se a gasolina. Enfim, produz-se tudo quanto seja necessário e comercializável.

A Constituição brasileira disciplina juridicamente o exercício da atividade econômica. O texto constitucional assegurou um sistema econômico cujos fundamentos apoiam-se na propriedade privada dos meios de produção; na propriedade privada dos bens de consumo; na livre iniciativa e livre concorrência; enfim, um sistema capitalista de produção (art. 170 da CF/1988).

No capitalismo, o exercício de atividade econômica fica reservado, como regra geral, aos *particulares*. É justamente o que prescreve o art. 173, *caput*, da CF/1988:

> **CF, art. 173.** Ressalvados os casos previstos nesta Constituição, a exploração direta de atividade econômica pelo Estado só será permitida quando necessária aos imperativos da segurança nacional ou a relevante interesse coletivo, conforme definidos em lei.

Quer dizer, o Estado está autorizado a exercer atividade econômica em duas situações precisas e excepcionais: (1) em casos relativos à segurança nacional, como a exploração do petróleo, por exemplo; (2) em casos atinentes a relevante interesse coletivo, como financiamentos de imóveis residenciais a pessoas de baixo poder aquisitivo, como faz a Caixa Econômica Federal.

Fora dessas situações é vedado ao Poder Público o exercício de atividade econômica. E isso porque, no capitalismo, a produção de riqueza fica a cargo dos particulares. Em outras palavras, à medida que a Constituição consagra juridicamente o sistema capitalista de produção, reserva obrigatoriamente o exercício da atividade econômica, isto é, a produção e a comercialização de bens e a prestação de serviços, à iniciativa privada.

Provém daí a proteção constitucional da livre iniciativa (art. 1.º da CF/1988), da livre concorrência (art. 170 da CF/1988), da propriedade privada (art. 5.º da CF/1988), da vedação do confisco (art. 150 da CF/1988), dentre outros. Ora, se a Constituição consagra um sistema capitalista, deve garantir que os resultados da exploração econômica, isto é, os lucros, sejam apropriados pelos agentes privados.

O Poder Público, por outro lado, deve manter distância do exercício da atividade econômica. Fica proibido, como regra geral, de produzir e comercializar bens ou prestar serviços. Apenas em casos excepcionais, como vimos, tem autorização para exercer atividade econômica (art. 173 da CF/1988).

Assim, uma vez que não é dado ao Estado produzir riqueza, ou seja, na medida em que lhe é proibido o exercício de atividade econômica, não resta outra opção ao Poder Público senão transferir parte da riqueza produzida pelo setor privado para os cofres públicos. Existem, obviamente, limites a esta transferência. Esses limites estão contidos nas normas jurídicas que disciplinam a instituição, fiscalização e arrecadação de tributos, isto é, no direito tributário.

SÚMULAS DO STF E DO STJ:

SÚMULAS STF

Não há.

SÚMULAS STJ

Súmula 353 – "As disposições do Código Tributário Nacional não se aplicam às contribuições para o FGTS".

SÍNTESE DOS PRINCIPAIS ENTENDIMENTOS JURIPRUDENCIAIS

Possibilidade jurídica de tributação sobre valores oriundos de prática ou atividade ilícita. Princípio do Direito Tributário do "non olet" (HC 94240).

3

LIMITAÇÕES DO PODER DE TRIBUTAR

3.1 O PODER DE TRIBUTAR

O poder estatal de tributar decorre de sua soberania (art. 1º, I, da CF/1988). Esta pode ser compreendida como a capacidade de que dispõe o Estado de impor suas decisões no interior de seu território, além de não se submeter a qualquer outro poder na ordem externa. É a lição de Paulo Gustavo Gonet Branco: "Soberania é entendida como poder de autodeterminação plena, não condicionado a nenhum outro poder, externo ou interno" (MENDES *et al.*, 2013, p. 780).

O poder de tributar significa o poder de avançar sobre a propriedade privada dos indivíduos e empresas, enfim, dos particulares, de modo geral, por meio do tributo. Sabemos que, como regra, o Estado não está autorizado a exercer atividade econômica. O exercício dessa atividade é reservado à iniciativa privada (art. 173 da CF/1988). Por isso, não resta outra opção ao Poder Público senão transferir compulsoriamente a riqueza produzida pelo setor privado aos cofres estatais.

A República Federativa do Brasil, contudo, é um Estado Democrático de Direito (art. 1.º, *caput*, da CF/1988). A doutrina mais autorizada fala, hoje em dia, em Estado Constitucional de Direito. O que isso significa? Significa que, no Brasil, a soberania estatal é limitada pela Constituição. Vale dizer, os governantes não podem fazer simplesmente o que querem. Pelo contrário, devem atuar nos estritos limites impostos pelo direito constitucional.

Desse modo, o poder de tributar, isto é, o poder de transferir compulsoriamente parcela da propriedade privada para o patrimônio do Estado, deve ser exercido nos precisos limites fixados pela Constituição. Assim, no Brasil, o poder de tributar é jurídico, ou seja, está juridicamente limitado. O direito brasileiro, desde a Constituição, passando pelo Código Tributário Nacional e leis de cada ente federativo, até os atos administrativos mais simples, disciplinam o poder tributário, limitando sua utilização.

O rigor na observância da Constituição deve ser tal que, segundo alguns autores, não há, no Brasil, um autêntico poder de tributar, mas apenas competência tributária.

Ainda que tal perspectiva seja sustentável, o fato é que o texto constitucional fala em expressamente em *poder de tributar*. E, dos artigos 150 a 153, trata justamente dos limites desse poder.

3.2 PODER DE TRIBUTAR E OS PRINCÍPIOS CONSTITUCIONAIS GERAIS

No Brasil o poder de tributar é limitado pelo Estado de Direito, ou melhor, pelo Estado Constitucional de Direito. Quer dizer, o exercício do poder está disciplinado rigorosamente pela Constituição.

Essa limitação, contudo, não se restringe ao que está previsto no texto constitucional. Inicia-se na Constituição, passa pelas leis, pelos decretos, atos administrativos e finaliza no Poder Judiciário. Este é o guardião último do Estado Constitucional, principalmente na figura de seu órgão de cúpula, o Supremo Tribunal Federal.

Na Constituição, em especial, alguns princípios despontam como de fundamental importância no que tange à limitação do poder de tributar. São princípios gerais, quer dizer, disciplinam a estrutura do Estado brasileiro como um todo. Não obstante, têm influência profunda na atividade de tributação.

Antes de analisá-los de forma mais cuidadosa, cumpre que saibamos o que é um princípio jurídico. Roque Carrazza observa: "Segundo pensamos, princípio jurídico é um enunciado lógico, implícito ou explícito, que, por sua grande generalidade, ocupa posição de preeminência nos vastos quadrantes do Direito e, por isso mesmo, vincula, de modo inexorável, o entendimento e a aplicação das normas jurídicas que com ele se conectam" (CARRAZZA, 2011, p. 46-47).

De acordo com a definição de Carrazza, e fundados numa perspectiva contemporânea sobre o direito constitucional, podemos afirmar que os princípios, como normas gerais e abstratas, indicam estados ideais a serem perseguidos e admitem sua realização por meio de variadas condutas. Os princípios são o fundamento de validade das demais normas, além de vincularem a interpretação dos preceitos jurídicos.

São aplicados de forma peculiar, de maneira que um eventual conflito entre princípios não faz com que um ou outro seja excluído, mas com que convivam em relativa harmonia. Além do mais, talvez a característica mais importante, os princípios traduzem valores a serem observados pelos governantes no exercício do poder. Abandona-se, assim, a percepção outrora predominante no meio jurídico de que as normas admitem qualquer conteúdo.

Compreende-se atualmente que os valores passíveis de positivação estão expressamente acolhidos nos princípios jurídicos. Assim, a manifestação normativa do poder de tributar, quer dizer, as leis, decretos, portarias, entre outros, devem estrita observância ao princípio da dignidade da pessoa humana, por exemplo, sob pena de não serem válidos.

Princípio constitucional é o princípio jurídico que reside expressa ou implicitamente na Constituição. Sua força vinculante decorre de estar previsto na lei fundamental de um país, vale dizer, no escalão de direito positivo mais elevado do ordenamento jurídico, como ensina Kelsen (1995, p. 247). Constitui, assim, o fundamento de validade de todas as demais normas desse ordenamento.

3.3 PRINCÍPIO FEDERATIVO E PRINCÍPIO DA AUTONOMIA MUNICIPAL

De acordo com o art. 1.º da CF/1988, o Brasil é uma República Federativa. O princípio federativo, como se sabe, organiza a forma de Estado. Quer dizer, a maneira específica como o poder soberano é distribuído pelo território do ente estatal.

Quando se fala em *forma de Estado*, pode-se pensar sob duas perspectivas: (1) o poder permanece centralizado em apenas um polo produtor de normas políticas, administrativas e jurisdicionais, aplicadas de maneira uniforme por todo o território do ente estatal; (2) o poder é descentralizado entre vários polos produtores de ordens normativas, cada uma atuando em uma parcela específica do território. No primeiro caso, falamos em *Estados Unitários*; no segundo, em *Estados Federais*.

O Estado brasileiro é uma federação. Por isso, tem como característica a descentralização das funções legislativa, administrativa e jurisdicional entre várias pessoas políticas autônomas que atuam dentro de seus respectivos territórios. Estamos falando dos entes federativos, isto é, pessoas jurídicas de direito público interno. No Brasil, são quatro: União, Estados Federados, Distrito Federal e Municípios.

Uma característica fundamental do federalismo é a *autonomia* dos entes federativos. Nas palavras de Paulo Gustavo Gonet Branco, trata-se da "capacidade de autodeterminação dentro do círculo de competências traçado pelo poder soberano" (MENDES *et al.*, 2014, p. 780). Quer dizer, os entes federativos estão autorizados a fazer ou deixar de fazer tudo o quanto esteja previsto na Constituição. Não há hierarquia entre eles, de modo que cada um atua dentro dos limites estabelecidos pelo poder constituinte.

A cada um dos entes federativos a Constituição atribui uma gama de deveres, dentre os quais a prestação de serviços públicos. A União, por exemplo, deve manter o serviço postal e o correio aéreo nacional (art. 21, X, CF/1988). Os Estados Federados devem explorar os serviços locais de gás canalizado (art. 25, § 2.º. CF/1988). Os Municípios, devem fornecer o serviço de transporte público coletivo (art. 30, V, CF/1988).

Aos deveres atribuídos pela Constituição seguem-se as despesas públicas. Quer dizer, o cumprimento de tais incumbências gera uma série de gastos governamentais. Percebe-se, assim, que os quatro entes federativos precisam obter receita pública para que possam cumprir adequadamente os deveres que lhes são determinados.

Esse encadeamento lógico entre deveres constitucionais, despesas públicas e necessidade constante de receitas desemboca naturalmente no tributo. Como vimos, esta é a principal fonte de receitas públicas ordinárias. Dessa forma, cada ente federativo tem reservado, pela Constituição, um conjunto de tributos que são fundamentais para a obtenção dos recursos financeiros necessários.

Ademais, a aquisição desses recursos de maneira independente é fundamental para que cada ente federativo mantenha sua autonomia. De fato, se os Municípios dependessem sempre dos Estados ou da União para terem acesso a recursos financeiros, suas autonomias estariam seriamente comprometidas.

Por isso, a competência para instituir tributos, isto é, a competência tributária, reservada de maneira exclusiva a cada um dos entes federativos, é elemento fundamental na caracterização da forma federativa de Estado. Podemos dizer que o "coração" do sistema federal, no que tange à autonomia dos entes federativos, é a atribuição da competência tributária exclusiva a cada uma das pessoas políticas de direito público interno.

Por isso, uma modificação nas competências tributárias de forma desordenada e sem manter o equilíbrio do pacto federativo é inconstitucional, tendo em vista que a forma federativa de Estado é cláusula pétrea, à luz do art. 60, § 4.º, I, da CF/1988.

O princípio federativo manifesta-se ainda, de forma mais nítida, nos seguintes dispositivos constitucionais de índole tributária:

- *Princípio da liberdade de tráfego* (art. 150, V, CF/1988): Um dos fundamentos de tal princípio é a liberdade individual de locomoção, assegurada no art. 5.º do texto constitucional. Outro fundamento é o próprio princípio federativo, na medida em que obsta que os entes imponham barreiras por meio da tributação à livre locomoção dos indivíduos no território nacional;
- *Imunidades genéricas recíprocas* (art. 150, VI, *a*, CF/1988): Os entes federativos estão impedidos de instituir *impostos* que incidam sobre o patrimônio, renda e serviços uns dos outros. Trata-se da preocupação explícita da Constituição para com a autonomia de cada um deles;
- *Princípio da uniformidade tributária ou geográfica* (art. 151, I, CF/1988): A União deve instituir tributo uniforme em todo o território nacional, sem que haja distinção ou preferência com relação a Estados, Distrito Federal ou Municípios. Privilegia-se, no caso, a isonomia ou igualdade dos entes federativos;
- *Princípio da tributação igualitária da renda e obrigações oriundas da dívida pública dos entes federativos, e equidade na tributação da remuneração e proventos dos agentes públicos* (art. 151, II, CF/1988): É vedado à União tributar a renda das obrigações da dívida pública dos Estados, do Distrito Federal e dos Municípios, bem como a remuneração e os proventos dos respectivos agentes públicos, em níveis superiores aos que fixar para suas obrigações e para seus agentes;
- *Vedação de isenções heterônomas* (art. 151, III, CF/1988): É vedado à União instituir isenções de tributos da competência dos Estados, do Distrito Federal ou dos Municípios. Ora, a isenção é uma decisão política. Deve ser veiculada por meio de lei do ente federativo que quer isentar. Logo, se a União pudesse isentar tributos de outros entes federativos estaria comprometendo suas respectivas autonomias;
- *Princípio da não discriminação tributária em razão da origem ou destino* (art. 152 da CF/1988): É vedado aos Estados, ao Distrito Federal e aos Municípios estabelecer diferença tributária entre bens e serviços, de qualquer natureza, em razão de sua procedência ou destino. Se o estado de Goiás, por exemplo, pudesse estabelecer alíquotas maiores para uma mercadoria que vem de São Paulo e alíquotas menores para aquela que vem do Rio Grande do Sul, violaria frontalmente o princípio da isonomia dos entes federativos. Além

do mais, estaria incentivando a denominada "guerra fiscal", problema grave que pode ocorrer nos Estados federais;

- *Repartição das receitas tributárias* (arts. 157 a 160 da CF/1988): Parte da receita dos tributos arrecadados por alguns entes federativos deve ser transferida a outros, como forma de assegurar suas respectivas autonomias financeiras. Assim, pertencem aos Estados e ao Distrito Federal, por exemplo, o produto da arrecadação do imposto da União sobre renda e proventos de qualquer natureza, incidente na fonte, sobre rendimentos pagos, a qualquer título, por eles, suas autarquias e pelas fundações que instituírem e mantiverem (art. 157, I, da CF/1988);

Finalmente, é importante ressaltar que o *princípio da autonomia municipal* também recebeu acolhida privilegiada no texto constitucional. É um elemento constitutivo do federalismo brasileiro. De acordo com o postulado, os Municípios têm, por exemplo, autonomia para legislar sobre "assuntos de interesse local", além da competência exclusiva para "instituir e arrecadar os tributos de sua competência, bem como aplicar suas rendas [...]" (art. 30, I e III, da CF/1988).

Nesse sentido, Roque Carrazza anota: "Portanto, tendo cautela de costear noções secundárias (contestáveis, pois), parece correto sustentar que a autonomia municipal, sob a óptica do Direito, é a faculdade que a pessoa política do Município tem de, dentro do círculo de competências pré-traçado pela Constituição, organizar, sem interferências, seu governo e estabelecer, *sponte propria*, suas normas jurídicas (João Mangabeira). Este último aspecto (competência para legislar) ganha particular relevo, para que bem se caracterize a autonomia jurídica do Município" (CARRAZZA, 2011, p. 178).

ATENÇÃO! Reforma tributária!

A EC 132/2023 introduziu uma nova competência tributária que, de certa maneira, excepciona a regra geral veiculada pelo princípio da autonomia dos entes federativos. De fato, o art. 156-A do texto constitucional dispõe o seguinte:

> **CF,** art. 156-A. Lei complementar instituirá imposto sobre bens e serviços de competência compartilhada entre Estados, Distrito Federal e Municípios.

Note-se que o imposto sobre bens e serviço (IBS), embora seja, de acordo com o texto constitucional, de *competência compartilhada* entre Estados, Distrito Federal e Municípios, deve ser instituído por lei complementar *federal*, isto é, pela União.

Isso significa que a *decisão política* sobre a instituição ou não do tributo, característica que marca o conceito de competência tributária, não pertence aos Estados, DF e Municípios, mas à União.

Desse modo, a expressão "competência compartilhada" utilizada pelo texto constitucional, deve ser interpretada no sentido de uma *competência administrativa*, isto é, relativa à fiscalização e arrecadação do tributo, e não no sentido de uma competência tributária, que, como veremos, caracteriza-se por ser uma *competência legislativa*.

3.4 PRINCÍPIO REPUBLICANO

O Estado brasileiro é uma República. O princípio republicano orienta o que se denomina *forma de governo*. Significa a maneira específica como os governantes relacionam-se com os governados; como chegam ao poder; como são responsabilizados etc.

A forma republicana, inspirada no Império Romano, sempre foi invocada na Europa nos momentos históricos em que a monarquia encontrava-se fragilizada. Depois da independência americana e da Revolução Francesa, acabou prevalecendo na maior parte dos países ocidentais, inclusive no Brasil.

A República contrapõe-se à Monarquia. Conhecendo esta última, podemos conhecer, por oposição, a primeira. Assim, a forma monárquica caracteriza-se pela vitaliciedade do governante, que exerce o poder até seu falecimento ou abdicação; pela hereditariedade na transmissão do poder, passado aos herdeiros do rei ou rainha; pela relativa irresponsabilidade política do governante; e, finalmente, pela existência de privilégios, inclusive e principalmente, os privilégios tributários.

A República tenta contrapor-se à Monarquia. Logo, suas características são a temporariedade e periodicidade dos mandatos dos governantes; a eleição como forma de condução ao Poder Executivo e Legislativo; a responsabilidade política do governante por seus atos e a ausência de privilégios, especialmente os de índole tributária.

Assim, todos, na medida de sua capacidade para contribuir, devem recolher tributos, independentemente de posição pessoal, profissional, social etc. Impõe-se a carga tributária aos políticos, militares, clérigos, juízes, empresários, trabalhadores, enfim, a todos os que possuam capacidade contributiva.

No que toca à relação do princípio republicano com o direito tributário, percebe-se claramente sua ligação nos seguintes princípios:

- *Princípio da igualdade* – De acordo com o art. 150, II, da Constituição, é vedado aos entes federativos, "instituir tratamento desigual entre contribuintes que se encontrem em situação equivalente, proibida qualquer distinção em razão de ocupação profissional ou função por eles exercida, independentemente da denominação jurídica dos rendimentos, títulos ou direitos";
- *Princípio da capacidade contributiva*: De acordo com o art. 145, § 1.º, da Constituição, "sempre que possível, os impostos terão caráter pessoal e serão graduados segundo a capacidade econômica do contribuinte, facultado à administração tributária, especialmente para conferir efetividade a esses objetivos, identificar, respeitados os direitos individuais e nos termos da lei, o patrimônio, os rendimentos e as atividades econômicas do contribuinte".

3.5 PRINCÍPIO DA SEPARAÇÃO DOS PODERES

O art. 2.º da CF/1988 estabelece:

> **CF**, art. 2º. São Poderes da União, independentes e harmônicos entre si, o Legislativo, o Executivo e o Judiciário.

O texto constitucional consagrou o chamado princípio da separação dos poderes, um dos fundamentos do constitucionalismo moderno. Tal é seu prestígio que, de acordo com o art. 16 da Declaração Francesa dos Direitos do Homem e do Cidadão de 1789, "a sociedade em que não esteja assegurada a garantia dos direitos nem estabelecida a separação dos poderes não tem Constituição".

É preciso compreender, entretanto, que o poder soberano é uno e indivisível. Quer dizer, o poder do Estado não pode ser dividido. Se houver divisão, então estamos diante de dois Estados e não de um.

A República Federativa do Brasil, por exemplo, é soberana, uma vez que suas decisões são observadas dentro de seu território e não se submetem a nenhum outro Estado na ordem internacional. Por isso, o princípio da separação dos poderes deve ser apreendido com cautela. Na verdade, não significa uma *divisão de poderes,* mas sim uma *distribuição de funções estatais entre órgãos distintos.*

Em outras palavras, o poder soberano estatal, uno e indivisível, manifesta-se de três formas básicas, também denominadas *funções*: (1) função legislativa, (2) função executiva e (3) função jurisdicional.

A primeira significa a elaboração de normas gerais e abstratas, como as leis ordinárias, por exemplo; a segunda, a criação de normas individuais e concretas (os atos administrativos), como o lançamento tributário; a última, a imposição de normas individuais e concretas com caráter de definitividade e que solucionam conflitos de interesses, como as sentenças judiciais ou acórdãos dos tribunais.

Essas três funções foram atribuídas a três *órgãos* distintos e autônomos entre si, com relativa exclusividade: (1) o Poder Legislativo, (2) o Poder Executivo e (3) o Poder Judiciário. Ao primeiro atribuiu-se a função de legislar; ao segundo, de administrar e; ao terceiro, a de julgar.

O que se tem, então, é uma distribuição orgânico-funcional. Cada conjunto de autoridades exerce suas funções básicas, relativamente exclusivas, chamadas de *funções típicas*. Por outro lado, executam uma espécie de "controle recíproco", denominado "sistema de freios e contrapesos".

Assim, o Poder Legislativo federal (Congresso Nacional) está incumbido de elaborar as leis federais. Conta, para tanto, com a participação do chefe do Poder Executivo (Presidente da República) por meio da sanção ou veto. Finalmente, caso considere-se que a lei produzida viola o texto constitucional, o órgão mais elevado do Poder Judiciário, o Supremo Tribunal Federal, está autorizado a declará-la inconstitucional e retirá-la do ordenamento jurídico.

No âmbito do direito tributário, o princípio da separação de poderes é fundamental. Cabe ao Poder Legislativo a instituição do tributo por meio de lei. Ao Executivo, na figura da Administração Pública, a fiscalização e arrecadação. Ao Judiciário, a palavra final sobre eventuais conflitos entre Fisco e contribuinte, além da garantia e tutela dos direitos fundamentais dos particulares.

É claro que essas funções não são exercidas de forma rígida. O chefe do Poder Executivo federal (o Presidente da República) está autorizado, por exemplo, a instituir alguns tributos por meio de medida provisória (art. 62 da CF/1988). Nesse caso, exerce função legislativa *atípica*. A própria Administração Pública reexamina os lançamentos tributários após eventuais impugnações por parte dos sujeitos passivos, podendo revê-los quando for o caso, o que implica o exercício de função "jurisdicional" *atípica*.

O importante, contudo, é que em matéria tributária a Constituição segue o modelo de separação de poderes de maneira razoavelmente ortodoxa. Cabe ao Poder Legislativo instituir os tributos, ao Executivo fiscalizá-los e arrecadá-los e ao Judiciário solucionar definitivamente eventuais conflitos de interesse.

3.6 PRINCÍPIO DEMOCRÁTICO

O art. 1.º, parágrafo único, da CF/1988, determina:

> **CF,** art. 1º (...)
>
> Parágrafo único. Todo o poder emana do povo, que o exerce por meio de representantes eleitos ou diretamente, nos termos desta Constituição.

Trata-se do chamado princípio democrático, informador do *regime de governo* adotado pelo texto constitucional. O Brasil é, assim, uma democracia.

O princípio democrático indica que a titularidade do poder soberano reside no povo. A partir dessa perspectiva, compreende-se que a soberania estatal é, na verdade, uma soberania popular. Há consequências importantes nessa constatação porque, a partir dela, percebe-se que os governantes devem exercer o poder com uma finalidade específica.

Essa finalidade seria sempre o atendimento do interesse público. Se deslocarmos esse raciocínio para o campo específico do poder de tributar, perceberemos que a legitimidade deste último reside em sua utilização conforme o interesse público.

> ***JURISPRUDÊNCIA DO STF – PRINCÍPIOS TRIBUTÁRIOS E DIREITOS FUNDAMENTAIS***
>
> O Supremo Tribunal Federal reconheceu expressamente o caráter de direitos fundamentais dos princípios constitucionais que limitam o poder de tributar. No ano de 1993, em um julgamento que tinha por objeto emenda constitucional que ofendia o princípio da anterioridade tributária, o Pleno assentou: "A Emenda Constitucional nº 03, de 17.03.1993, que, no art. 2º, autorizou a União a instituir o IPMF, incidiu em vício de inconstitucionalidade, ao dispor, no parágrafo 2º desse dispositivo, que, quanto a tal tributo, não se aplica 'o art. 150, III, b, e VI', da Constituição, porque, desse modo, violou os seguintes princípios e normas imutáveis (somente eles, não outros): 1 – o princípio da anterioridade, que é garantia individual do contribuinte (art. 5º, par. 2º, art. 60, par. 4º, inciso IV, e art. 150, III, 'b', da Constituição) [...]" (STF, ADI 939/DF, 1993).

3.7 NOVOS PRINCÍPIOS QUE REGEM O SISTEMA TRIBUTÁRIO NACIONAL

ATENÇÃO! Reforma tributária!

A EC 132/2023, que veiculou a chamada reforma tributária, introduziu no ordenamento jurídico brasileiro, com status constitucional, alguns novos princípios orientados à atividade de tributação do Estado. De fato, o art. 145, § 3º, dispõe:

> **CF**, art. 145 (...)
>
> § 3º O Sistema Tributário Nacional deve observar os princípios da simplicidade, da transparência, da justiça tributária, da cooperação e da defesa do meio ambiente.

Do ponto de vista de uma interpretação sistemática do texto constitucional, todos os princípios que analisamos, bem como aqueles que ainda vamos estudar, regem o Sistema Tributário Nacional. Nada obstante, o legislador constituinte de reforma houve por bem acrescentar ou explicitar certos vetores interpretativos que, outrora, não figuravam ou estavam apenas implícitos na Constituição Federal.

Sem a pretensão de exaurir o significado de cada princípio, vejamos, de modo esquematizado, os principais aspectos de cada um deles:

Princípio da simplicidade – Significa, de modo geral, que a atividade tributária deve ser "simples" no sentido de veicular normas, legislativas e administrativas, dotadas de clareza e objetividade, facilmente compreensíveis pelos contribuintes e responsáveis tributários. Dentre os objetivos visados, cite-se dois:

a) *Racionalidade econômica* – Do ponto de vista econômico, pretende-se que as normas tributárias acompanhem a chamada "racionalidade econômica", isto é, que sejam estruturadas de tal modo que não desorganizem a atividade produtiva e nem imponham exigências que não sejam razoáveis. Trata-se, evidentemente, de fazer com que o tributo imponha ao particular o menor custo possível;
b) *Cidadania fiscal* – Do ponto de vista da cidadania fiscal, pretende-se que as normas tributárias sejam veiculadas de modo simples, da maneira que quaisquer pessoas estejam aptas a compreendê-las. Desse modo, estarão mais capacitadas e protegerem seus direitos de contribuinte, tanto quanto a ajudar no cumprimento dos deveres e prerrogativas do próprio Estado;

Princípio da transparência – As normas tributárias devem ser "transparentes" no sentido de que devem deixar transparecer, isto é, revelar com clareza os tributos que incidem sobre certas transações ou negócios, tanto quanto as quantias a serem recolhidas em cada operação. Por exemplo, no Brasil, alguns tributos, como o imposto sobre a circulação de mercadorias e prestação de serviços (ICMS), são "embutidos" no preço da mercadoria ou serviço, ou seja, não são mostrados com clareza ao consumidor. Essa conduta estatal viola, com certeza, o princípio da transparência. Aliás, o art. 150, § 5º, da Constituição Federal, já estabelece exigência relacionada a tal princípio:

> **CF**, art. 150 (...)
>
> § 5º A lei determinará medidas para que os consumidores sejam esclarecidos acerca dos impostos que incidam sobre mercadorias e serviços.

Também se deve exigir transparência na atividade estatal de fiscalização e arrecadação de tributos, através da elaboração de normas que revelem de modo claro e cristalino os mecanismos de fiscalização, direitos do contribuinte etc.

Princípio da justiça tributária – A palavra "justiça" envolve um sem-número de significados, todos eles dotados de enorme carga emotiva e ideológica. Sob perspectiva tributária, tais significados tornam-se ainda mais complexos, pois a atividade de tributação envolve a retirada de parte da propriedade de indivíduos e empresas. Nesse sentido, o princípio da justiça tributária deve ser pensado à luz do próprio texto constitucional, que estabelece dispositivos normativos que, interpretados em conjunto, oferecem alguma estabilidade e segurança ao conceito. Vejamos:

a) *Dignidade da pessoa humana e os valores sociais do trabalho e da livre iniciativa* – Tais vetores interpretativos, previstos no art. 1º, incisos III e IV, da Constituição Federal, informam toda a atividade tributária do Estado. De fato, o tributo deve preservar a dignidade dos indivíduos e discriminar positivamente as pessoas naturais e jurídicas tendo como pano de fundo os valores sociais do trabalho e da atividade econômica;

b) *Desenvolvimento nacional, erradicação da pobreza e marginalização e diminuição das desigualdades sociais e regionais*– Tais vetores interpretativos, previstos no art. 3º, incisos II e III, do texto constitucional, uma vez direcionados à atividade tributária estatal, implicam que o tributo deve ser orientado ao desenvolvimento nacional, ou seja, à criação e distribuição de emprego e renda no Brasil. Além do mais, deve incidir de maneira menos onerosa com relação a pessoas que se encontram em situação de pobreza e marginalização, tanto quanto variar para mais ou para menos, conforme mais rica ou mais pobre a região brasileira;

c) *Princípio da capacidade contributiva* – Previsto no art. 145, § 1º, da CF, estabelece que "sempre que possível, os impostos terão caráter pessoal e serão graduados segundo a capacidade econômica do contribuinte (...)". Como parte componente do princípio da justiça tributária, implica que não apenas os *impostos*, mas todos os *tributos* devem ser graduados segundo a capacidade econômica do contribuinte, deixando de incidir para aqueles que nada têm; incidindo de forma moderada para aqueles que têm pouco e incidindo de modo acentuado para aqueles que têm patrimônio elevado;

d) *Vedação de efeitos regressivos em alterações legislativas* – ***ATENÇÃO! Reforma tributária!*** A EC 132/2023 incluiu o § 4º no art. 145, com o seguinte teor: "As alterações na legislação tributária buscarão atenuar efeitos regressivos". "Efeito regressivo" ocorre quando a norma tributária está estruturada de tal maneira que aqueles contribuintes que ganham pouco ou têm um pequeno patrimônio suportam uma carga tributária mais elevada do que aqueles que ganham muito ou têm um grande patrimônio. Por exemplo, o proprietário de um veículo popular recolhe seu IPVA com uma alíquota de 4%, enquanto o proprietário de um veículo importado de luxo recolhe com uma alíquota de 1%. Para uma base de cálculo menor, aplica-se uma alíquota maior; para uma base de cálculo maior, aplica-se uma alíquota menor. O novo dispositivo implica que o conceito de "justiça tributária" envolve a noção de *progressividade*, ou seja, o tributo deve onerar *mais* quem ganha mais ou tem patrimônio maior; e onerar *menos* quem ganha pouco ou tem um patrimônio modesto;

e) *Vedação do confisco* – Finalmente, mas não menos importante, a noção de "justiça tributária" implica o disposto no art. 150, inciso IV, do texto constitucional, no sentido de que é vedado aos entes federativos "utilizar tributo com efeito de confisco". Uma vez que a Constituição garante a propriedade privada, e veda, com rigor quase absoluto, a expropriação do patrimônio privado (a exceção encontra-se no art. 243 do texto constitucional), o tributo não pode acarretar, indiretamente, o confisco da propriedade privada. Isso ocorre sempre que a carga tributária seja tão elevada que torne inviável a manutenção da propriedade ou a exploração de atividade empresarial. Por exemplo, o imposto sobre a propriedade predial e territorial urbana (IPTU), fixado a uma alíquota de 25%, faz com que, no período de 04 (quatro) anos, todo o valor recolhido a título de imposto corresponda ao valor do próprio bem imóvel. Neste caso, o IPTU teria caráter confiscatório, o que é vedado pela Constituição. "Justiça tributária" implica, portanto, um conjunto de políticas tributárias que *preservem* a propriedade privada;

Princípio da cooperação – Cooperação significa auxílio mútuo, isto é, todas as partes envolvidas devem se ajudar e evitar conflitos ou concorrência irracional. Sob o aspecto tributário, ao menos duas perspectivas devem ser ressaltadas:

a) *Cooperação entre os entes federativos* – Como vimos, o Estado brasileiro é uma *federação*. Isso significa que União, Estados, Distrito Federal e Municípios têm autonomia legislativa, administrativa e financeira. Essa descentralização político-administrativa pode gerar conflitos se não for bem conduzida. Assim, o princípio da cooperação implica que os entes federativos devem atuar em conjunto, sincronizados, visando a objetivos em comum, de modo que o Sistema Tributário Nacional produza beneficie de modo uniforme toda a federação. Tal princípio procurar mitigar a chamada "guerra fiscal", que envolve disputas tributárias de Estado contra Estado, e Município contra Município;
b) *Cooperação entre Fisco e contribuinte* – A relação jurídica tributária envolve duas partes que se colocam em posição antagônica. O sujeito ativo, isto é, o Fisco, que exige o pagamento do tributo, e o contribuinte, como sujeito passivo, em face do qual se formula a exigência tributária. Pois bem, embora antagônica, a relação não precisa ser conflituosa. Se ambas as partes cooperarem, agindo sempre com boa-fé e probidade, o surgimento, desenvolvimento e extinção da relação jurídica ocorre sem maiores percalços, o que gera segurança, eficiência e economia de recursos para ambas as partes;

Princípio da defesa do meio ambiente – O capítulo 06, do Título VIII, da Constituição Federal, estabelece a disciplina constitucional do meio ambiente. Nesse sentido, o art. 225 dispõe:

CF, art. 225 Todos têm direito ao meio ambiente ecologicamente equilibrado, bem de uso comum do povo e essencial à sadia qualidade de vida, impondo-se ao Poder Público e à coletividade o dever de defendê-lo e preservá-lo para as presentes e futuras gerações.

Note-se que, como *bem de uso comum do povo*, o meio ambiente goza de status diferenciado no contexto da proteção jurídica dos bens no direito brasileiro. Isso significa que o acesso ao uso deste bem é assegurado a qualquer pessoa, indiscriminadamente, desde que observe as normas de proteção e preservação. Por isso, o dever estatal de *defesa* e *preservação* passa por um conjunto de atividades legislativas e administrativas e, dentre elas, aquelas de cunho *tributário*. Portanto, a Constituição determina, aqui, uma espécie de *extrafiscalidade ecológica ou ambiental*, ou seja, a utilização do tributo como forma de indução dos particulares a comportamento socialmente responsáveis no que concerne à defesa e preservação do meio ambiente. Cite-se, como exemplo, o chamado "IPTU verde", que consiste num conjunto de benefícios tributários aos contribuintes que, no interior de sua propriedade urbana, preservem uma área de vegetação.

ATENÇÃO! Reforma tributária!

No contexto da defesa e preservação do meio ambiente, a EC 132/2023 modificou a redação do inciso VIII, do § 1º, do art. 225 do texto constitucional, que apresenta, agora, o seguinte enunciado:

CF, art. 225 (...)

§ 1º. Para assegurar a efetividade desse direito, incumbe ao Poder Público:

(...)

VIII – manter regime fiscal favorecido para os biocombustíveis e para o hidrogênio de baixa emissão de carbono, na forma de lei complementar, a fim de assegurar-lhes tributação inferior à incidente sobre os combustíveis fósseis, capaz de garantir diferencial competitivo em relação a estes, especialmente em relação às contribuições de que tratam o art. 195, I, "b", IV e V, e o art. 239 e aos impostos a que se referem os arts. 155, II, e 156-A.

O dispositivo é contundente no sentido de que o regime fiscal, isto é, o conjunto de tributos que incidem sobre a produção e comercialização de *biocombustíveis* e *hidrogênio de baixa emissão de carbono*, impliquem uma tributação inferior àquela que incide sobre combustíveis fósseis, como, por exemplo, a gasolina e o diesel.

Em outras palavras, combustíveis fósseis devem recolher *mais* tributo do que os biocombustíveis, de modo que estes obtenham um *diferencial competitivo*, isto é, que, no final das contas, sejam comercializados por um preço atrativo ao consumidor, fazendo que com este opte pelos combustíveis ecologicamente sustentáveis.

Esse regime fiscal envolve, especialmente, mas não apenas, os seguintes tributos: (a) contribuição social sobre a receita ou faturamento (COFINS – CF, art. 195, I, *b*); (b) contribuição social sobre o importador de bens e serviços do exterior ou quem a lei a ele equiparar (CF, art. 195, IV); (c) ***ATENÇÃO! Reforma tributária!***

contribuição social sobre bens e serviços, nos termos de lei complementar (CF, art. 195, V); (d) contribuição para o PIS (CF, art. 239); imposto sobre a circulação de mercadorias e prestação de serviços (ICMS – CF, art. 155, II); (e) ***ATENÇÃO! Reforma tributária!*** Imposto sobre bens e serviços (IBS – CF, art. 156-A).

3.8 LIMITAÇÕES DO PODER DE TRIBUTAR: PRINCÍPIOS E IMUNIDADES

As limitações constitucionais do poder de tributar encontram-se em todo o texto constitucional. Elas desdobram-se de forma mais específica, entretanto, como conjunto de princípios tributários e como imunidades tributárias. É justamente o que encontramos nos arts. 150, 151 e 152 do texto constitucional.

Os princípios tributários são princípios constitucionais. Possuem, portanto, os mesmos atributos do princípio jurídico. São normas dotadas de grande abstração e generalidade, veiculam valores fundamentais e orientam a interpretação dos demais dispositivos jurídicos, de forma vinculativa.

As imunidades são normas constitucionais negativas de competência. Quer dizer, traçam os contornos das competências tributárias dos entes federativos, assinalando o conjunto de pessoas, situações ou bens que *não* devem ser tributados. Ao mesmo tempo, constituem garantias fundamentais do contribuinte, na medida em que protegem constitucionalmente a propriedade privada.

Panorama geral dos princípios e imunidades tributárias mais importantes	
Princípio	**Previsão**
– Capacidade contributiva	– Art. 145, § 1º
– Legalidade	– Art. 150, I
– Isonomia	– Art. 150, II
– Irretroatividade	– Art. 150, III, "a"
– Anterioridade	– Art. 150, III, "b"
– Anterioridade nonagesimal	– Art. 150, III, "c"
– Não confisco	– Art. 150, IV
– Não limitação ao tráfego de pessoas e bens	– Art. 150, V
– Transparência	– Art. 150, § 5º
– Uniformidade geográfica	– Art. 151, I
– Não discriminação em razão da procedência ou do destino	– Art. 152

Panorama geral dos princípios e imunidades tributárias mais importantes		
Princípio	**Previsão**	
– Imunidades Genéricas	Recíprocas	– Art. 150, VI, *a*
	Templos de qualquer culto	– Art. 150, VI, *b*
	Partidos políticos e suas fundações; entidades sindicais dos trabalhadores; instituições de educação e assistência social sem fins lucrativos	– Art. 150, VI, *c*
	Livros, jornais, periódicos e o papel destinado à impressão	– Art. 150, VI, *d*
	Musical	– Art. 150, VI, *e*

SÚMULAS DO STF E DO STJ:

SÚMULA STF

Súmula vinculante nº 58 – "Inexiste direito a crédito presumido de IPI relativamente à entrada de insumos isentos, sujeitos à alíquota zero ou não tributáveis, o que não contraria o princípio da não cumulatividade".

SÚMULA STJ

Não há.

SÍNTESE DOS PRINCIPAIS ENTENDIMENTOS JURIPRUDENCIAIS

O princípio da anterioridade é garantia individual do contribuinte (art. 5º, par. 2º, art. 60, par. 4º, inciso IV, e art. 150, III, 'b', da Constituição) (STF, ADI 939/DF, 1993).

A prerrogativa institucional de tributar, que o ordenamento positivo reconhece ao Estado, não lhe outorga o poder de suprimir (ou de inviabilizar) direitos de caráter fundamental constitucionalmente assegurados ao contribuinte (STF, ADI 2551-MCQO).

O exercício do poder tributário, pelo Estado, submete-se, por inteiro, aos modelos jurídicos positivados no texto constitucional que, de modo explícito ou implícito, institui em favor dos contribuintes decisivas limitações à competência estatal para impor e exigir, coativamente, as diversas espécies tributárias existentes (STF, ADI 712-MC).

O Estado não pode legislar abusivamente, eis que todas as normas emanadas do Poder Público – tratando-se, ou não, de matéria tributária – devem ajustar-se à cláusula que consagra, em sua dimensão material, o princípio do "substantive due process of law" (CF, art. 5º, LIV). O postulado da proporcionalidade qualifica-se como parâmetro de aferição da própria constitucionalidade material dos atos estatais. Hipótese em que a legislação tributária reveste-se do necessário coeficiente de razoabilidade (STF, RE 200844-AgR).

As taxas estão sujeitas aos princípios constitucionais que limitam a tributação e a outros princípios instituídos em favor do contribuinte pela norma infraconstitucional, já que os princípios constitucionais expressos são enunciados "sem prejuízo de outras garantias asseguradas ao contribuinte" (CF, art. 150). (STF, ADI 447, voto).

4

COMPETÊNCIA TRIBUTÁRIA

4.1 CONCEITO

A Constituição não cria tributo; apenas autoriza a criação. O tributo deve ser instituído pelos entes federativos, como regra, por meio de lei, e dentro do campo reservado pelo texto constitucional, com exclusividade, para cada um deles. Assim, a competência tributária é atributo da União, dos Estados, do Distrito Federal e dos Municípios.

Por outro lado, a Constituição não obriga à criação do tributo. Cabe a cada um dos entes federativos decidir sobre a instituição do gravame. Uma vez que o tributo deve ser instituído, como regra, por meio de lei, a decisão por criá-lo ou não é uma *decisão política*, isto é, debatida no âmbito do processo legislativo. O Poder Legislativo de cada ente da federação decide se institui ou não o tributo que está sob sua competência.

Nesse sentido, Roque Carrazza observa: "Competência tributária é a aptidão para criar, *in abstracto*, tributos. No Brasil, por injunção do princípio da legalidade, os tributos são criados, *in abstracto*, por meio de lei (art. 150, I, da CF/1988), que deve descrever todos os elementos essenciais da norma jurídica tributária" (CARRAZZA, 2011, p. 533).

O autor utiliza a palavra "aptidão" para conceituar a competência tributária. Por quê? "Aptidão" significa "capacidade". "Ser apto" significa "ser capaz" de fazer algo. Assim, os entes federativos são aptos, isto é, têm capacidade para criar tributos. Essa aptidão (capacidade) é conferida expressamente pela Constituição.

Criar *in abstracto* significa descrever em lei. Os elementos essenciais à configuração da relação jurídica tributária devem estar previstos na norma que cria o tributo. Uma vez que no Brasil vige o princípio da estrita legalidade tributária (art. 150, I, CF/1988), a lei é o instrumento normativo utilizado, como regra, para a instituição do tributo. Assim, a lei deve descrever os elementos essenciais para a existência do gravame, isto é, deve descrevê-lo em abstrato.

Assim, Carrazza arremata: "A competência tributária esgota-se na lei. Depois que esta for editada, não há falar mais em competência tributária (direito de criar o tributo), mas, somente, em capacidade tributária ativa (direito de arrecadá-lo, após a ocorrência do fato imponível). Temos, pois, que a competência tributária, uma vez exercitada, cede passo à capacidade tributária ativa. De conseguinte, a competência tributária não sai da esfera do Poder Legislativo; pelo contrário, exaure-se com a edição da lei veiculadora da norma jurídica tributária" (CARRAZZA, 2011, p. 536, 537).

Podemos afirmar, então, que competência tributária é a aptidão que têm os entes federativos para criar, por meio de lei, os tributos. As espécies tributárias estão reservadas a cada ente pela própria Constituição, e cada um deles apenas está autorizado a agir dentro dos limites impostos pelo texto constitucional. Desse modo, o exercício da competência esgota-se na lei, quer dizer, o exercício da competência representa típica *função legislativa*.

O texto constitucional estabelece no art. 153 os impostos que podem ser instituídos pela União; no art. 155 os impostos de competência dos Estados e Distrito Federal; e no art. 156 os impostos de competência dos Municípios e Distrito Federal.

Ademais, o art. 145, II e III, estabelece competência comum, isto é, dos quatro entes federativos, para a instituição de taxas e contribuições de melhoria; o art. 148, a competência exclusiva da União para a instituição de empréstimos compulsórios; e, finalmente, o art. 149 a competência exclusiva da União para a criação de contribuições especiais.

ATENÇÃO! Reforma tributária!

A Emenda Constitucional nº 132, de 2023, que instituiu a chamada reforma tributária, criou para os Estados, o Distrito Federal e os Municípios, um novo imposto, denominado *imposto sobre bens e serviços (IBS)*. Tal espécie tributária está prevista no art. 156-A. É importante registrar que este imposto foi atribuído, *simultaneamente*, àqueles três entes federativos, que deverão compartilhar a administração do gravame.

É importante compreender adequadamente quais espécies tributárias foram atribuídas aos entes federativos para que não ocorra superposição de incidência tributária, como o *bis in idem* ou a bitributação. Vejamos:

BIS IN IDEM	**BITRIBUTAÇÃO**
Ocorre quando o mesmo ente federativo tributa a mesma situação duas vezes	Ocorre quando dois entes da federação tributam o mesmo contribuinte sobre o mesmo fato gerador
Exemplo: Estado cobra o IPVA, exigindo dois recolhimentos, um no começo do ano e outro no final.	Exemplo: União (ITR) e o Município (IPTU) tentam tributar a mesma propriedade.

Como regra geral, tanto o *bis in idem* quanto a bitributação são situações vedadas pelo texto constitucional. Entretanto, existe exceção apontada pela doutrina, autorizada pela própria Constituição Federal. Poderá ocorrer *bis in idem* e bitributação no caso de iminência ou guerra externa, em que se autoriza a exigência, pela União, do chamado *imposto extraordinário de guerra (IEG)*, cuja incidência pode abranger fatos já compreendidos em sua própria competência tributária ou na competência dos demais entes federativos, conforme previsto no art. 154, II, da Constituição Federal. Veremos tal situação mais à frente.

ATENÇÃO! Reforma tributária!

A EC 132/2023, que veiculou a chamada reforma tributária, estabeleceu mais uma hipótese de *bis in idem* e bitributação constitucionalmente autorizados. Trata-se do disposto no art. 153, § 6º, V, da CF/1988. O dispositivo, que trata do *imposto sobre produção, extração, comercialização ou importação de bens e serviços prejudiciais à saúde ou ao meio ambiente, nos termos de lei complementar*, prevê que o gravame "poderá ter o mesmo fato gerador e base de cálculo de outros tributos". Note-se que o dispositivo fala em "tributos" e não impostos, o que significa que o gravame pode apresentar fatos geradores idênticos aos de taxas ou contribuições já existentes, federais, estaduais, distritais ou municipais.

4.2 CARACTERÍSTICAS DA COMPETÊNCIA TRIBUTÁRIA

A partir das lições de Roque Carrazza (2011, p. 696-733), é possível assinalar as características da competência tributária. Vejamos de forma esquematizada:

- *Privatividade/exclusividade*: A competência tributária é privativa e exclusiva de cada ente federativo. A aptidão que cada um tem para instituir certos tributos exclui, ao mesmo tempo, a possibilidade dos outros entes instituírem o mesmo gravame. Assim, por exemplo, a União possui competência para instituir o imposto sobre produtos industrializados (IPI). Isso significa que Estados, Distrito Federal e Municípios estão automaticamente excluídos da possibilidade de instituí-lo. Caso o façam, invadem a competência tributária federal. Suas leis instituidoras deverão ser consideradas inconstitucionais. A privatividade da competência tributária é característica fundamental em um Estado federal porque garante a autonomia financeira dos entes federativos;
- *Facultatividade*: O exercício da competência tributária é facultativo. Os entes federativos não estão obrigados a exercê-la, isto é, não são compelidos a instituir os tributos que lhes são reservados pela Constituição. A criação do tributo, como dissemos, é uma opção política do legislador que escolhe entre fazê-lo ou não. A União, por exemplo, optou por não instituir o imposto sobre grandes fortunas (IGF) previsto no art. 153, VII, da CF/1988. Pode criá-lo a qualquer momento. Nada obstante, devemos mencionar o disposto no art. 11, *caput*, da Lei Complementar nº 101/2000 (Lei de Responsabilidade Fiscal), que acabou por criar algumas discussões sobre o tema. De acordo com o

dispositivo, a instituição de todos os tributos que estão sob competência do ente federativo é requisito essencial para a responsabilidade na gestão fiscal:

> **LC 101/2000, art. 11.** Constituem requisitos essenciais da responsabilidade na gestão fiscal a instituição, previsão e efetiva arrecadação de todos os tributos da competência constitucional do ente da Federação.

- *Indelegabilidade*: A competência tributária é indelegável, isto é, não pode ser transferida de um ente federativo para outro. Os tributos estão previstos na Constituição e foram previamente distribuídos a cada ente federativo. Por isso, estes não podem, nem mesmo por meio de lei, transferir a competência tributária entre si. Se a União ainda não instituiu o imposto sobre grandes fortunas (IGF), também não está autorizada a transferir tal competência aos Estados, por exemplo. A indelegabilidade da competência tributária é uma garantia para os entes federativos, na medida em que protege suas autonomias financeiras, isto é, autonomia para a obtenção de recursos financeiros. Não por outra razão, está prevista no início do art. 7.º, *caput*, do CTN, nos seguintes termos:

> **CTN, art. 7º.** A competência tributária é indelegável, salvo atribuição das funções de arrecadar ou fiscalizar tributos, ou de executar leis, serviços, atos ou decisões administrativas em matéria tributária, conferida por uma pessoa jurídica de direito público a outra, nos termos do § 3º do artigo 18 da Constituição.

- *Irrenunciabilidade*: Os entes federativos não podem abdicar de suas competências tributárias. Roque Carrazza explica: "Da mesma maneira pela qual as pessoas políticas não podem delegar suas competências tributárias, também não as podem renunciar, quer no todo, quer em parte. Esta é matéria de direito público constitucional, e, portanto, indisponível. União, Estados, Municípios e Distrito Federal carecem do direito de renúncia ao exercício das competências tributárias que receberam da Carta Magna e que são essenciais à sua subsistência" (CARRAZZA, 2011, p. 722). A competência tributária não "pertence" aos entes federativos, no sentido de que podem livremente dispor dela. Pertence-lhes para que cumpram uma função bem específica: arrecadar as quantias necessárias ao cumprimento dos deveres impostos pela Constituição. A competência deve ser exercida no interesse público. Por isso, União, Estados, Distrito Federal e Municípios, nem mesmo por lei, estão autorizados a renunciar às suas competências tributárias;
- *Incaducabilidade*: O exercício da competência tributária é incaducável. O que isso significa? Que seu exercício não está sujeito à decadência. Vale dizer, os entes federativos podem exercer a competência tributária no momento em que desejarem. Não há um prazo pré-estabelecido para instituírem os tributos que lhe são reservados pela Constituição. A União, por exemplo, pode instituir o imposto sobre grandes fortunas (IGF) no momento que bem lhe aprouver. Está autorizada a criá-lo agora, como daqui a dez, quinze,

vinte anos, e assim por diante. Cabe assinalar, ainda, o previsto no art. 8.º do CTN, segundo o qual o não exercício da competência tributária não significa delegação a outro ente federativo:

> **CTN, art. 8º.** O não exercício da competência tributária não a defere a pessoa jurídica de direito público diversa daquela a que a Constituição a tenha atribuído.

- *Inalterabilidade*: Digamos que a União ou os Estados não estejam satisfeitos com a competência tributária que a Constituição lhes assegurou. Poderão, por acaso, alterar essa competência, por meio de lei, para ampliá-la? Obviamente, não. A competência tributária está fixada diretamente na Constituição. Assim, os entes federativos nada podem fazer para alterá-la. Uma eventual modificação da competência apenas pode ser efetuada por meio de emenda à constituição (art. 60 da CF/1988). Ainda assim, é preciso considerar que a forma federativa de Estado é cláusula pétrea (art. 60, § 4.º, I, CF/1988). Por isso, qualquer modificação deve ter o cuidado de não afetar a autonomia financeira de cada ente federativo.

ATENÇÃO! Reforma tributária!

A EC 132/2023 estabeleceu um novo tipo de competência tributária, denominada *competência compartilhada*. Está prevista no art. 156-A e se refere ao chamado imposto sobre bens e serviços (IBS). De acordo com o *caput* do dispositivo, "lei complementar instituirá imposto sobre bens e serviços de competência compartilhada entre Estados, Distrito Federal e Municípios".

4.3 CLASSIFICAÇÃO DA COMPETÊNCIA TRIBUTÁRIA

A competência tributária pode ser classificada com vistas a uma compreensão mais adequada. São dois, basicamente, os critérios utilizados para esta classificação: primeiro, a relação que existe entre os entes federativos e os tributos que lhes competem; segundo, as características específicas de cada tributo e as consequências para o exercício da respectiva competência. Podemos, pois, esquematizar da seguinte maneira:

- *Competência privativa* – A competência para a instituição de *impostos* é chamada de privativa. Isso porque a Constituição reservou a cada ente federativo, com exclusividade, uma série de fatos ou atos jurídicos de expressão econômica que podem ser tributados por meio desta espécie de tributo. A União, por exemplo, está autorizada a instituir imposto sobre a renda e proventos de qualquer natureza (IR). Simultaneamente, todos os outros entes estão excluídos desta competência. Se um Município editar lei instituindo o imposto de renda (IR), tal ato normativo deve ser considerado inconstitucional por violação das regras de competência tributária e do princípio federativo;

ATENÇÃO! Reforma tributária

Competência compartilhada – A EC 132/2023 estabeleceu uma nova espécie de competência para a instituição de *imposto*, chamada de *competência compartilhada.* O art. 156-A do texto constitucional atribuiu à União competência para, por meio de lei complementar, instituir o imposto sobre bens e serviços (IBS), cuja fiscalização e arrecadação são compartilhadas pelos Estados, Distrito Federal e Municípios.

- *Competência comum* – A competência para a instituição de taxas e contribuições de melhoria é denominada comum. Isso porque a Constituição não especifica, de forma detalhada, quais serviços públicos, poderes de polícia ou obras públicas estão sob competência da União, Estados, Distrito Federal ou Municípios. O texto constitucional apenas aponta, de maneira geral, que as primeiras duas atividades dão ensejo à instituição e cobrança de taxas (art. 145, II, da CF/1988) e a terceira à contribuição de melhoria (art. 145, III, da CF/1988). Dessa forma, é a competência administrativa, em última instância, que define as competências tributárias para a instituição desses tributos. Assim, por exemplo, compete aos Estados o fornecimento domiciliar de gás canalizado (art. 25, § 2.º, da CF/1988). Sabemos, por derivação, que lhes cabe também a instituição e cobrança da respectiva taxa em virtude da prestação deste serviço público;
- *Competência especial* – A competência da União para a instituição de *empréstimos compulsórios* (art. 148 da CF/1988) e *contribuições especiais* (art. 149 da CF/1988) é *especial.* Os outros entes federativos *não* têm competência para a instituição desses tributos. Se um Estado, por exemplo, institui um empréstimo compulsório para atender aos gastos decorrentes de calamidade pública (enchente), o tributo deverá ser considerado inconstitucional, por invasão de competência tributária. Deve-se mencionar, no entanto, *exceção* que consta no art. 149, § 1º, da CF/1988, com redação dada pela EC nº 103/2019, chamada de reforma da previdência. De acordo com o dispositivo, além da União, também os Estados, Distrito Federal e Municípios estão autorizados a instituir contribuição especial, mas apenas aquelas destinadas ao custeio de seus regimes próprios de previdência social. Vejamos:

> **CF, art. 149**, § 1º. A União, os Estados, o Distrito Federal e os Municípios instituirão, por meio de lei, contribuições para custeio de regime próprio de previdência social, cobradas dos servidores ativos, dos aposentados e dos pensionistas, que poderão ter alíquotas progressivas de acordo com o valor da base de contribuição ou dos proventos de aposentadoria e de pensões.

- *Competência residual ou remanescente* – É a competência prevista nos arts. 154, I e 195, § 4.º, da CF/1988. No primeiro caso, a União está autorizada a instituir *impostos residuais*, isto é, impostos cujos fatos geradores e bases de cálculo sejam diferentes dos demais impostos previstos no texto constitucional.

No segundo caso, a União está autorizada a instituir *contribuições para a seguridade social residual*, desde que tenham fato gerador e base de cálculo diferentes das contribuições já previstas no texto constitucional. Diz-se que a competência é "residual" porque a União pode tributar o "resíduo", isto é, os fatos econômicos que ficaram de fora da enumeração feita inicialmente pela Constituição. Registre-se que o exercício dessa competência depende de *lei complementar* em ambos os casos;

- *Competência extraordinária* – De acordo com o art. 154, II, a União possui competência para a instituição de *impostos extraordinários* em caso de guerra externa ou sua iminência. Trata-se de uma situação excepcional, extraordinária. Nesse caso, a lei ordinária federal que vier a instituir o tributo está autorizada a descrever fatos econômicos reservados à própria União ou a outros entes federativos. É possível, por exemplo, um imposto federal sobre a circulação de mercadorias. Sabemos que este fato econômico está sob a competência dos Estados e Distrito Federal (art. 155, II, da CF/1988), mas, em caso de guerra, a União está autorizada a tributá-lo;
- *Competência cumulativa ou múltipla* – O art. 147 da Constituição estabelece:

CF, art. 147. Competem à União, em Território Federal, os impostos estaduais e, se o Território não for dividido em Municípios, cumulativamente, os impostos municipais; ao Distrito Federal cabem os impostos municipais.

Território federal é uma espécie de autarquia territorial. Não é ente federativo, mas simples descentralização administrativa da União. Não existem territórios federais atualmente. Entretanto, podem ser criados de acordo com o art. 18, § 2.º, da CF/1988. Nesse caso, o território federal pode estar dividido em Municípios ou não. Se estiver, os impostos estaduais são de competência da União e os municipais dos respectivos Municípios. Se no território não houver Municípios, então cabem à União os impostos estaduais e os municipais. O Distrito Federal, por sua vez, não pode ser dividido em Municípios (art. 32 da CF/1988). Por isso, os fatos econômicos que deveriam ser tributados pelos Municípios, como os serviços de qualquer natureza, por exemplo, ficam sob a competência do próprio Distrito Federal.

4.4 COMPETÊNCIA TRIBUTÁRIA E CAPACIDADE TRIBUTÁRIA ATIVA

É importante não confundir competência tributária com capacidade tributária ativa.

A primeira, como vimos, é a aptidão que têm os entes federativos para criar, por meio de lei, os tributos. Trata-se do exercício de função legislativa. Cada ente federativo tem competência para instituir certos tributos e dentro dos limites daquilo que preceitua a Constituição.

A capacidade tributária ativa, por outro lado, consiste na obrigação de fiscalizar e cobrar o tributo. Trata-se do exercício de *função administrativa* por meio da qual o sujeito ativo arrecada quantias em dinheiro a título de tributo. Deve estar sempre prevista em lei e seu exercício é obrigatório sob pena de responsabilidade funcional (art. 142, parágrafo único, do CTN).

Nos termos do que preceitua o art. 7.º do CTN, a capacidade tributária ativa pode ser delegada, isto é, transferida. Vejamos:

> **CTN, art. 7º.** A competência tributária é indelegável, salvo atribuição das funções de arrecadar ou fiscalizar tributos, ou de executar leis, serviços, atos ou decisões administrativas em matéria tributária, conferida por uma pessoa jurídica de direito público a outra [...].

A título de exemplo, podemos citar a possibilidade da delegação arrecadatória do imposto territorial rural (ITR), cuja competência pertence à União, mas que, partir da Emenda Constitucional 42/03, pode ter a capacidade tributária ativa delegada para os Municípios, conforme disciplina o art. 153, § 4º, III, da Constituição Federal:

> **CF, art. 153** [...].
>
> § 4º – O imposto previsto no inciso VI do *caput* (...):
>
> III – será fiscalizado e cobrado pelos Municípios que assim optarem, na forma da lei, desde que não implique redução do imposto ou qualquer outra forma de renúncia fiscal.

Temos aqui delegação de capacidade tributária ativa, sendo que os Municípios interessados poderão realizar um convênio com a União e assumir integralmente a arrecadação dessa exação tributária.

No entanto, isso permitiria ao ente municipal alterar a alíquota do ITR, por exemplo? Não, porque isso diz respeito à competência tributária, que é indelegável, somente lhe sendo permitido exercer atos arrecadatórios, como a fiscalização e arrecadação do imposto. Somente a capacidade tributária ativa é passível de delegação, e não a competência tributária.

Existe certo debate doutrinário sobre se a capacidade tributária ativa poderia ser delegada a pessoas jurídicas de direito privado. A maioria dos doutrinadores entende que sim, desde que a pessoa jurídica de direito privado tenha como objetivo a realização de interesse público e não tenha finalidade lucrativa.

Finalmente, registre-se que existe prazo para o exercício da capacidade tributária ativa, sob pena de decadência do direito de cobrar o tributo. Tal prazo está previsto no art. 173 do Código Tributário Nacional e é de 05 (cinco) anos.

Voltaremos a falar da capacidade tributária ativa no capítulo da obrigação tributária, quando estudarmos o sujeito ativo do vínculo relacional tributário. Por enquanto, é preciso apenas ter em mente que competência tributária significa a criação do tributo por meio de lei, enquanto a capacidade tributária ativa significa a fiscalização e cobrança do tributo por intermédio de função administrativa.

4.5 COMPETÊNCIA TRIBUTÁRIA E COMPETÊNCIA PARA LEGISLAR SOBRE DIREITO TRIBUTÁRIO

Cumpre não confundir *competência tributária* com *competência para legislar sobre direito tributário*. A primeira tem como finalidade a instituição do tributo. A segunda implica legislar sobre outras matérias necessárias ao surgimento da obrigação tributária e à cobrança do crédito tributário.

É preciso, por exemplo, fixar os prazos dentro dos quais pode haver a cobrança do tributo; elencar as modalidades pelas quais o sujeito passivo pode extinguir o crédito tributário; delimitar o conceito de lançamento tributário e suas modalidades; definir com mais precisão os tributos e suas espécies; fixar os fatos geradores, bases de cálculo e contribuintes para os impostos; dentre outros.

Todas essas matérias são objeto de um tipo de competência legislativa que é diferente da competência para instituir tributo. Nesse sentido, o art. 24, I, da CF/1988, estabelece:

> **CF, art. 24.** Compete à União, aos Estados e ao Distrito Federal legislar concorrentemente sobre: I – direito tributário, financeiro, penitenciário, econômico e urbanístico.

A competência para legislar sobre direito tributário (que é diferente da competência para criar tributo) é qualificada como competência legislativa *concorrente*. Esta competência caracteriza-se pela simultaneidade. Quer dizer, as quatro pessoas políticas de direito público interno têm competência para legislar, ao mesmo tempo, sobre matéria de direito tributário.

Nesse caso, para evitar conflitos de competência e insegurança jurídica, a Constituição atribui a cada ente federativo um papel específico a ser cumprido. Assim, a União deve elaborar as *normas gerais* (art. 24, § 1.º, da CF/1988), enquanto aos Estados e Distrito Federal cabem as *normas específicas*, destinadas a atender suas peculiaridades (art. 24, §§ 2.º e 3.º da CF/1988). Vejamos:

> **CF, art. 24** (...).
>
> § 1º No âmbito da legislação concorrente, a competência da União limitar-se-á a estabelecer normas gerais.
>
> § 2º A competência da União para legislar sobre normas gerais não exclui a competência suplementar dos Estados.
>
> § 3º Inexistindo lei federal sobre normas gerais, os Estados exercerão a competência legislativa plena, para atender a suas peculiaridades.
>
> § 4º A superveniência de lei federal sobre normas gerais suspende a eficácia da lei estadual, no que lhe for contrário.

Normas gerais são normas de textura aberta, quer dizer, normas *genéricas*, que permitem uma série de interpretações. Além do mais, dirigem-se a todos os entes federativos, obrigando as quatro esferas de poder. Devem ser assim porque se destinam a disciplinar aquilo que a Constituição prevê, mas sem descer a maiores detalhes.

Os detalhes, por sua vez, devem estar previstos nas normas específicas, criadas pelos Estados e Distrito Federal, para atenderem a seus interesses peculiares.

No campo tributário as normas gerais cumprem papel fundamental. Visam a uniformizar e padronizar a atividade de tributação, buscando alcançar o maior grau de segurança jurídica possível. Uma vez que o Brasil é uma federação, o grande número de entes federativos precisa de um norte, isto é, de um padrão preestabelecido para que os contribuintes não sejam lesados em seus direitos.

Um exemplo bastante didático de norma geral encontra-se no art. 32, § 1º, do CTN:

> **CTN, art. 32.** O imposto, dc competência dos Municípios, sobre a propriedade predial e territorial urbana tem como fato gerador a propriedade, o domínio útil ou a posse de bem imóvel por natureza ou por acessão física, como definido na lei civil, localizado na zona urbana do Município.
>
> § 1º Para os efeitos deste imposto, entende-se como zona urbana a definida em lei municipal; observado o requisito mínimo da existência de melhoramentos indicados em pelo menos 2 (dois) dos incisos seguintes, construídos ou mantidos pelo Poder Público:
>
> I – meio-fio ou calçamento, com canalização de águas pluviais; II – abastecimento de água; III – sistema de esgotos sanitários; IV – rede de iluminação pública, com ou sem posteamento para distribuição domiciliar; V – escola primária ou posto de saúde a uma distância máxima de 3 (três) quilômetros do imóvel considerado.
>
> [...]

Perceba-se que o CTN não define o que é zona urbana. Determina que cabe à *lei municipal* fazê-lo. O Código prescreve, de forma geral, os parâmetros dentro dos quais a lei municipal deve permanecer, para que possa definir, de maneira lícita, o que se entende por zona urbana para fins de incidência de IPTU. Se cada Município pudesse fixar tal conceito de acordo com seus interesses próprios, a segurança jurídica dos contribuintes estaria comprometida. Em cada localidade do país a noção de zona urbana teria um significado próprio, dando ensejo a práticas administrativas variadas e confusas.

Como dito, o Código Tributário Nacional é um exemplo de lei veiculadora de normas gerais. Os demais entes federativos devem elaborar as normas específicas destinadas a atender às suas peculiaridades. Caso a União omita-se quanto a legislar sobre normas gerais, então incide o § 3.º do art. 24, segundo o qual os Estados e o Distrito Federal devem exercer a "competência legislativa plena".

É o que ocorre, por exemplo, no caso do imposto sobre a propriedade de veículos automotores (IPVA). No CTN não há previsão explícita sobre esse imposto. Tampouco existem outras leis de normas gerais lidando com o assunto. Por isso, nesse caso, Estados e Distrito Federal estão autorizados a exercer sua competência legislativa plena (art. 24, § 3.º, da CF/1988).

Leis estaduais e distritais poderão prever situações e disciplinar condutas que caberiam, inicialmente, a uma lei da União. Caso este ente federativo resolva legislar, incide o § 4.º do art. 24, segundo o qual "a superveniência de lei federal sobre normas gerais suspende a eficácia da lei estadual no que lhe for contrário". Quer dizer, se a

União elabora uma lei de normas gerais sobre o IPVA, por exemplo, as leis estaduais têm a eficácia suspensa, no que forem contrárias. Ressalte-se que, nesse caso, *não há revogação*, mas apenas *suspensão da eficácia*.

Finalmente, mas não menos importante, embora os Municípios não figurem no *caput* do art. 24 da Constituição, é preciso registrar que também receberam, do texto constitucional, a prerrogativa da competência legislativa concorrente. O que muda é apenas o fundamento de validade que, no caso dos Municípios, encontra-se no art. 30, inciso II, do texto constitucional:

> **CF,** art. 30. Compete aos Municípios (...) II – suplementar a legislação federal e a estadual no que couber;

4.6 AS NORMAS GERAIS EM MATÉRIA TRIBUTÁRIA E SEU CARÁTER DE LEIS NACIONAIS

Como vimos, o art. 24, I, da CF/1988 determina que a competência para legislar sobre direito tributário é concorrente. De acordo com os parágrafos do dispositivo, cabe à União elaborar as normas gerais. Aos Estados e Distrito Federal cabem as normas específicas, que devem tratar de seus interesses peculiares.

As leis editadas pela União, nesse caso, estão para além da tutela de seus interesses específicos como ente federativo. As normas gerais têm como objetivo uniformizar a atividade de tributação por toda a federação com vistas à obtenção da maior segurança jurídica possível. Por isso, tais leis têm o caráter de *leis nacionais.*

José Eduardo Soares de Melo, a propósito, explica: "As normas nacionais, conquanto sejam fruto da atuação do mesmo órgão editor de leis federais – o Congresso Nacional –, com estas não se confundem, possuindo distinto âmbito de validade e diverso conteúdo" (MELO, 2010, p. 15).

Assim, pode-se identificar claramente a distinção entre leis federais e leis nacionais. O que as aproxima é o fato de ambas serem elaboradas pelo Poder Legislativo da União: o Congresso Nacional. Porém, são distintas conforme a matéria que têm por objeto e o âmbito de validade determinado pela Constituição.

Uma lei editada pelo Congresso Nacional instituindo o imposto sobre a renda e proventos de qualquer natureza (IR) tem nítido caráter de lei federal. Percebe-se que, nesse caso, a lei atende aos interesses específicos da União enquanto ente federativo. Volta-se aos contribuintes que praticarem o fato gerador do IR e aos agentes da Administração Federal encarregados de arrecadar o imposto.

Por outro lado, no exercício da competência prevista no art. 146, III, *a*, da Constituição, segundo o qual cabe à lei complementar "estabelecer normas gerais em matéria de legislação tributária, especialmente sobre definição de tributos e de suas espécies", fica evidente que a União não atua em seu interesse exclusivo.

A lei complementar editada pelo Poder Legislativo Federal, nesse caso, ultrapassa o interesse específico do ente federativo, pois tem como objetivo uniformizar e padronizar a atividade de tributação da própria União, dos Estados, Distrito Federal e Municípios, como um todo. Trata-se, pois, de *lei nacional.*

Em suma, como observa José Eduardo Soares de Melo, a ordem jurídica nacional "compreende o próprio Estado Federal, como o aspecto global do País, ou seja, o Estado brasileiro dotado de soberania que representa o País no quadro internacional das nações, exercendo seus direitos e cumprindo seus deveres, tanto que legisla superiormente para as demais entidades (União, Estados, Distrito Federal e Municípios), mediante as leis nacionais, transcendendo as pessoas políticas, não se confundindo com as leis federais, estaduais, distritais e municipais" (MELO, 2010, p. 15).

4.7 LEIS NACIONAIS TRIBUTÁRIAS E RESERVA DE LEI COMPLEMENTAR

As leis nacionais, como dissemos, têm como objetivo disciplinar matérias de interesse de todo o Estado federal. Muito embora sejam editadas pelo Congresso Nacional, órgão do Poder Legislativo da União, diferenciam-se das leis federais em razão da matéria que disciplinam e do âmbito de atuação delimitado pela Constituição.

No campo tributário as leis nacionais são especialmente importantes. Isso porque, como regra, giram em torno da arrecadação e distribuição de quantias financeiras obtidas a título de tributos. No Estado federal, cujas autonomias dos entes federativos repousam sobre suas respectivas autonomias financeiras, essa disciplina é fundamental.

Nesse sentido, as leis nacionais previstas no capítulo do Sistema Tributário Nacional estão, como regra, sob reserva de lei complementar. É o caso do importante art. 146 do texto constitucional, segundo o qual cabe à lei complementar dispor sobre conflitos de competência, em matéria tributária, entre a União, os Estados, o Distrito Federal e os Municípios; regular as limitações constitucionais ao poder de tributar; estabelecer normas gerais em matéria de legislação tributária, entre outros.

As leis complementares, como sabemos, diferenciam-se das leis ordinárias em razão das matérias que disciplinam e, principalmente, do quórum de votação para a aprovação.

De acordo com o art. 69 da CF/1988, "as leis complementares serão aprovadas por maioria absoluta". Como já decidiu o STF, não existe hierarquia entre ambas, mas típico caso de reserva material. Assim, em matéria tributária, no que tange às leis nacionais, a reserva de lei complementar impõe-se como regra, uma vez que lidam com uma matéria de absoluta importância para a composição do estado federal, qual seja, a tributação.

SÚMULAS DO STF E DO STJ:

SÚMULA STF

Súmula nº 69: "A Constituição Estadual não pode estabelecer limite para o aumento de tributos municipais".

Súmula Vinculante nº 53 – "A competência da Justiça do Trabalho prevista no art. 114, VIII, da Constituição Federal alcança a execução de ofício das contribuições previdenciárias relativas ao objeto da condenação constante das sentenças que proferir e acordos por ela homologados".

SÚMULA STJ

Não há.

SÍNTESE DOS PRINCIPAIS ENTENDIMENTOS JURIPRUDENCIAIS

É vedado ao Estado impor condições para entrega aos Municípios das parcelas que lhes compete na repartição das receitas tributárias, salvo como condição ao recebimento de seus créditos ou ao cumprimento dos limites de aplicação de recursos em serviços de saúde (STF. Pleno. ADI 1106/SE).

A Lei 1.713 autoriza a divisão do DF em unidades relativamente autônomas, em afronta ao texto da CF, art. 32, que proíbe a subdivisão do DF em municípios. É incabível a delegação da execução de determinados serviços públicos às "prefeituras" das quadras, bem como a instituição de taxas remuneratórias, na medida em que essas "prefeituras" não detêm capacidade tributária (STF, ADI 1706).

5

PRINCÍPIO DA LEGALIDADE TRIBUTÁRIA

5.1 PRINCÍPIO DA LEGALIDADE: ORIGEM HISTÓRICA E SIGNIFICADO JURÍDICO

Sob o ponto de vista histórico, o princípio da legalidade remonta à chamada *Magna Charta Libertatum* ou "Grande Carta das Liberdades", assinada em 1215, na Inglaterra, pelo rei João Sem Terra. É considerada por muitos o documento fundador do constitucionalismo e precursor da noção moderna de Estado de Direito.

De fato, a *Magna Charta* significou a limitação dos poderes absolutos do monarca que, a partir de então, passou a se submeter às cláusulas previstas no documento. Foi imposta ao rei pela nobreza inglesa, isto é, barões proprietários de vastas porções de terras, e pela Igreja que, à época, gozava de grande poder político.

O significado jurídico deste evento consiste no paradigma que se estabeleceu, segundo o qual o soberano não pode agir segundo sua vontade, desejo ou capricho, mas deve submeter-se à lei. Firmavam-se as primeiras noções do que viria a se consolidar como princípio da legalidade.

Tais noções foram incorporadas por outros documentos de igual importância para a história do constitucionalismo, como o *Bill of Rights* de 1689, nova limitação dos poderes da coroa inglesa; a *Declaração de Direitos da Virgínia*, de 1776, documento que antecede a luta pela independência norte-americana; e a famosa *Declaração de Direitos do Homem e do Cidadão*, de 1789, adotada após a Revolução Francesa.

O paradigma de limitação do poder do Estado em prol da preservação dos direitos dos cidadãos tem íntima relação com a atividade de tributação. Pode-se afirmar que, de certa maneira, a "certidão de nascimento" do direito tributário encontra-se nestas declarações.

Basta conferir o enunciado do art. 13 da *Declaração de Direitos do Homem e do Cidadão*: "Para a manutenção da força pública e para as despesas de administração é indispensável uma contribuição comum que deve ser dividida entre os cidadãos de acordo com suas possibilidades".

Esta noção foi recepcionada pelo constitucionalismo brasileiro desde a Constituição Imperial de 1824, que acolheu o princípio da legalidade no art. 179, inciso I. O Supremo Tribunal Federal reafirma com frequência a importância da limitação do poder do Estado no que concerne à atividade de tributação:

> A prerrogativa institucional de tributar, que o ordenamento positivo reconhece ao Estado, não lhe outorga o poder de suprimir (ou de inviabilizar) direitos de caráter fundamental constitucionalmente assegurados ao contribuinte. É que este dispõe, nos termos da própria Constituição Federal, de um sistema de proteção destinado a ampará-lo contra eventuais excessos cometidos pelo poder tributante (STF, ADI 2551-MCQO).

Atualmente o princípio da legalidade está previsto de forma genérica no art. 5.º, II, da Constituição de 1988. O dispositivo prescreve:

> **CF, art. 5º** [...] II – Ninguém será obrigado a fazer ou deixar de fazer alguma coisa senão em virtude de lei.

De maneira geral, pode-se afirmar que a lei é a fonte originária a partir da qual deveres e obrigações podem ser impostos às pessoas naturais e jurídicas. Assim, os particulares podem fazer e deixar de fazer o que bem entenderem, desde que não estejam proibidos por lei. A liberdade é a regra, que apenas pode ser excepcionada pela lei.

Nesse sentido, o indivíduo pode dispor livremente de sua propriedade; vendê-la, emprestá-la, doá-la. Não poderá fazê-lo apenas a partir do momento em que uma lei, devidamente aprovada, proibi-lo. O mesmo no que toca à liberdade. Tem a liberdade de consumir o que quiser, desde que não esteja proibido em lei. É o que ocorre, por exemplo, com as drogas. Algumas não estão proibidas, como o álcool e o tabaco. Outras estão, como a cocaína e a maconha.

O princípio da legalidade cumpriu um papel histórico importante na luta contra o absolutismo. No lugar da vontade autoritária do rei, entrou a vontade do povo, expressa por meio de seus representantes. Uma vez que a lei é produzida pelo Parlamento, e este, por sua vez, é formado pelas pessoas eleitas pelo povo, o princípio da legalidade remete à ideia de autolimitação. Quer dizer, o povo limita suas próprias liberdades. No campo do direito tributário tal perspectiva desemboca no chamado *princípio da autotributação.*

5.2 PRINCÍPIO DA LEGALIDADE E PRINCÍPIO DA RESERVA LEGAL

O princípio da legalidade possui um sentido mais amplo do que o *princípio da reserva legal.* No primeiro caso a palavra "lei" é interpretada como o ato normativo elaborado de acordo com as regras do devido processo legislativo, previstas no texto da Constituição. No segundo, a palavra "lei" possui um sentido mais restrito, designando *lei em sentido formal*, quer dizer, o ato normativo elaborado pelo Poder Legislativo no âmbito de sua competência constitucional.

Alexandre de Moraes, a propósito do princípio da legalidade, anota: "Tal princípio visa combater o poder arbitrário do Estado. Só por meio das espécies normativas devidamente elaboradas conforme as regras de processo legislativo constitucional podem criar-se obrigações para o indivíduo, pois são expressão da vontade geral" (MORAES, 2008, p. 41).

A medida provisória, por exemplo, não é lei em sentido estrito. Quer dizer, não é ato produzido pelo Poder Legislativo. Entretanto, de acordo com a Constituição, tem "força de lei". Assim, pode-se proibir o particular de exercer uma atividade econômica, como a casas de bingo, por exemplo, por meio de medida provisória. Nesse caso, o princípio da legalidade foi respeitado, uma vez que a medida provisória, embora não seja lei em sentido estrito, foi adotada de acordo com os preceitos constitucionais.

Quanto ao princípio da reserva legal, Moraes observa: "Este opera de maneira mais restrita e diversa. Ele não é genérico e abstrato, mas concreto. Ele incide tão somente sobre os campos materiais especificados pela Constituição. Se todos os comportamentos humanos estão sujeitos ao princípio da legalidade, somente alguns estão submetidos ao de reserva da lei. Este é, portanto, de menor abrangência, mas de maior densidade ou conteúdo, visto exigir o tratamento de matéria exclusivamente pelo Legislativo, sem participação normativa do Executivo" (MORAES, 2008, p. 42).

O art. 5.º, XXXIX, da CF/1988, é típico exemplo de princípio da reserva legal. O dispositivo estabelece:

> **CF, art. 5º**, XXXIX. Não há crime sem lei anterior que o defina, nem pena sem prévia cominação legal.

Perceba-se que, neste caso, apenas lei em sentido formal, isto é, ato normativo produzido pelo Poder Legislativo (lei ordinária, como regra) e que esteja de acordo com o devido processo legislativo previsto na Constituição poderá descrever uma conduta como criminosa e fixar a respectiva pena.

José Afonso da Silva, por fim, assinala: "A doutrina, não raro, confunde ou não distingue suficientemente o princípio da legalidade e o princípio da reserva legal. O primeiro significa a submissão e o respeito à lei, ou a atuação dentro da esfera estabelecida pelo legislador. O segundo consiste em estatuir que a regulamentação de determinadas matérias há de fazer-se necessariamente por lei formal" (SILVA, 2007, p. 83).

5.3 RESERVA LEGAL ABSOLUTA E RESERVA LEGAL RELATIVA

O princípio da reserva legal significa que a imposição de obrigações e deveres às pessoas naturais e jurídicas está sob a reserva de lei em sentido formal, isto é, o ato normativo geral e abstrato, primário, que tem a aptidão para inovar no ordenamento jurídico. Fala-se, aqui, de lei ordinária e de lei complementar.

A doutrina, contudo, distingue a reserva *absoluta* da reserva *relativa*. Como a própria designação aponta, no primeiro caso a lei impõe-se de forma absoluta; no segundo, há espaço para outros atos normativos complementarem seu sentido.

Alexandre de Moraes, a propósito, explica: "Assim, temos a reserva legal absoluta quando a norma constitucional exige para a sua integral regulamentação a edição de lei formal, entendida como ato normativo emanado do Congresso Nacional elaborado de acordo com o devido processo legal constitucional" (MORAES, 2008, p. 43).

É o caso, por exemplo, do art. 5.º, inciso XII, da CF/1988, segundo o qual o sigilo das comunicações telefônicas apenas poderá ser suspenso "por ordem judicial, nas hipóteses e na forma que a lei estabelecer". Quer dizer, apenas a lei em sentido formal está apta a elencar as hipóteses com fundamento nas quais o sigilo telefônico pode ser suspenso.

Moraes prossegue: "Por outro lado, temos a reserva legal relativa quando a Constituição, apesar de exigir a edição de lei formal, permite que esta fixe tão somente parâmetros de atuação para o órgão administrativo, que poderá complementá-la por ato infralegal, sempre, porém, respeitados os limites ou requisitos exigidos pela legislação" (MORAES, 2008, p. 43).

É o caso, por exemplo, do art. 177, § 4º, inciso I, alínea *b*, da Constituição, que estabelece:

> **CF, art. 177** (...)
>
> § 4º A lei que instituir contribuição de intervenção no domínio econômico relativa às atividades de importação ou comercialização de petróleo e seus derivados, gás natural e seus derivados e álcool combustível deverá atender aos seguintes requisitos:
>
> I – a alíquota da contribuição poderá ser:
>
> b) reduzida e restabelecida por ato do Poder Executivo, não se lhe aplicando o disposto no art. 150, III, b;

Como regra geral, a fixação da alíquota do tributo está sob reserva *absoluta* de lei, o que significa que apenas lei ordinária ou complementar pode fixá-la. Neste caso, entretanto, ato do Poder Executivo, ou seja, um decreto, poderá reduzir ou restabelecer a alíquota da CIDE-Combustíveis. Trata-se de reserva *relativa* de lei, já que a própria Constituição autoriza que parte da regra-matriz de incidência seja modificada por ato normativo de hierarquia inferior à lei.

5.4 PRINCÍPIO DA LEGALIDADE TRIBUTÁRIA COMO RESERVA ABSOLUTA DE LEI

O art. 150, *caput* e inciso I da CF/1988, prescreve:

> **CF, art. 150.** Sem prejuízo de outras garantias asseguradas ao contribuinte, é vedado à União, aos Estados, ao Distrito Federal e aos Municípios [...] I – exigir ou aumentar tributo sem lei que o estabeleça.

À primeira vista, parece que o texto constitucional é redundante ao determinar que a exigência ou o aumento do tributo dê-se por meio de lei. Ora, o artigo 5.º, II, já determina que ninguém será obrigado a fazer ou deixar de fazer alguma coisa, senão em virtude de lei. Parece óbvio que a conduta de "pagar tributo" está acolhida em tal previsão. Assim, as pessoas naturais ou jurídicas apenas estarão obrigadas ao pagamento de tributos se houver lei prévia que as obrigue.

Nada obstante, a Constituição particulariza o mandamento da legalidade no que toca à matéria tributária. Atenta a eventuais abusos por parte dos governantes, fixa uma legalidade específica destinada a limitar ou disciplinar o exercício do poder de tributar pelo Estado. Por isso, a doutrina fala em *princípio da estrita legalidade tributária* ou *princípio da legalidade específica.*

Em verdade, porém, o inciso I do art. 150 estabelece típico *princípio da reserva absoluta de lei.* A exigência ou o aumento da carga tributária devem estar previstos exclusivamente em *lei em sentido formal.* Quer dizer, ato normativo primário, abstrato e genérico, elaborado pelo Poder Legislativo competente e de acordo com o devido processo constitucional legislativo. Como regra, *lei ordinária ou lei complementar.*

Desenvolvendo a ideia, podemos afirmar que, no que toca à criação ou aumento de tributos, não há espaço para a atividade administrativa ou jurisdicional. O Poder Executivo, no exercício de função administrativa, nada tem aí a fazer. Ocorre o mesmo com o Poder Judiciário. Os juízes não têm autorização para a criação ou elevação da carga tributária. A instituição e o aumento do tributo estão sob competência exclusiva do Poder Legislativo, salvo as exceções previstas na própria Constituição.

Esta é justamente a lição de Sacha Calmon Navarro Coêlho: "O princípio da legalidade da tributação assume a conotação de norma feita pelo Poder Legislativo (forma) com caráter de prescrição impessoal, abstrata e obrigatória. Noutras palavras, a tributação passa a exigir lei escrita (*lex scripta*) em sentido formal (ato do Congresso) e material (norma impessoal, abstrata e obrigatória" (COÊLHO, 2009, p. 183).

Desse modo, a instituição do imposto sobre a renda (IR), por exemplo, deve dar-se por meio de lei ordinária federal, elaborada pelo Congresso Nacional; a criação do imposto sobre a propriedade de veículos automotores (IPVA), por meio de lei ordinária estadual, editada pela Assembleia Legislativa do respectivo Estado; o aumento do imposto sobre a transmissão de bens imóveis (ITBI), por intermédio de lei ordinária municipal, criada pela respectiva Câmara Municipal.

Em outras palavras, competentes para a criação do tributo são as casas legislativas dos entes federativos dentro dos parâmetros fixados pelo texto constitucional.

O princípio da legalidade tributária traduz, como dissemos, reserva absoluta de lei. A lei em sentido formal deve descrever todos os elementos necessários à exigência ou aumento do tributo. Não há espaço para a ingerência do Poder Executivo e nem para a interferência da Administração Pública. Estes, por sua vez, limitam-se a obedecer a lei. Se a lei determinar, cobra-se o tributo; caso contrário, não. O mesmo ocorre com o Poder Judiciário. O juiz de direito não está autorizado a criar ou aumentar tributos. Há manifestação do STF justamente nesse sentido. Fica clara a inconstitucionalidade da fixação da base de cálculo do tributo por meio de portaria, que constitui ato meramente administrativo. Nesse sentido, o Plenário assentou:

> A fixação da base de incidência da contribuição social alusiva ao frete submete-se ao princípio da legalidade [...] Surge conflitante com a Carta da República majorar mediante portaria a base de incidência da contribuição social relativa ao frete [...] (STF, RMS 25.476/DF, 2013).

Para finalizar, Luciano Amaro observa: "Em suma, a legalidade tributária não se conforma com a mera autorização da lei para cobrança de tributos; requer-se que a própria lei defina todos os aspectos pertinentes ao fato gerador, necessários à quantificação do tributo devido em cada situação concreta que venha a espelhar a situação hipotética descrita na lei" (AMARO, 2011, p. 134).

5.5 EXIGIR TRIBUTO – CONSTITUIÇÃO E CÓDIGO TRIBUTÁRIO NACIONAL

De acordo com o princípio da legalidade tributária, os entes federativos apenas poderão "exigir" ou aumentar tributos por meio de lei. Como vimos, trata-se de reserva absoluta de lei, razão pela qual apenas as leis ordinárias e complementares, como regra, são os veículos normativos hábeis. O que significa, no entanto, "exigir" tributo? A expressão designa a *criação/instituição* do gravame ou sua *cobrança*?

No capítulo anterior estudamos a competência tributária. Vimos que pode ser definida como a aptidão para criar, em abstrato, tributos. Notamos também que o exercício dessa aptidão ocorre por meio de função legislativa. Logo, chega-se à conclusão de que a expressão utilizada pelo inciso I do art. 150 ("exigir"), significa *criar/instituir*.

Em outras palavras, a criação ou instituição do tributo, isto é, o ingresso de seu arcabouço normativo no interior do ordenamento jurídico, deve ocorrer por meio de lei em sentido formal, isto é, lei ordinária ou complementar, como regra geral.

A cobrança, por outro lado, relaciona-se com a capacidade tributária ativa. Trata-se de função administrativa a cargo dos poderes executivos federal, estaduais, distrital ou municipais, por intermédio da qual se impõe ao contribuinte ou responsável o recolhimento efetivo das quantias devidas a título de tributos ou multas. Vale dizer, a União, os Estados, o Distrito Federal e os Municípios têm, como regra, capacidade para cobrar, isto é, exigir administrativamente os tributos que estão sob sua competência.

Não obstante, é necessário compreender adequadamente o que significa criar um tributo. Digamos que uma lei complementar federal crie o imposto sobre grandes fortunas (IGF), nos termos do art. 153, VII, da Constituição. Bastaria uma prescrição ao estilo: "Considere-se o imposto sobre grandes fortunas (IGF) criado. Cabe ao Poder Executivo regulamentá-lo de forma detalhada por meio de decreto. Revogam-se as disposições em contrário"?

Obviamente, não. Uma vez que estamos diante de reserva legal absoluta, é necessário que a própria lei descreva, de forma razoavelmente detalhada, todos os aspectos necessários ao surgimento da respectiva obrigação tributária e, consequentemente, do dever de pagar o tributo. Quer dizer, o texto da lei deve conter todos os elementos necessários à configuração de uma relação jurídica tributária.

Nesse sentido, criar ou instituir um tributo significa que a lei em sentido formal deve introduzir, no ordenamento jurídico, um arcabouço ou estrutura normativa que permita o surgimento de uma relação jurídica que tenha por objeto o pagamento de uma quantia pecuniária a título de tributo. Esse arcabouço ou estrutura normativa é denominada *hipótese de incidência tributária* ou *regra-matriz de incidência.*

A criação ou instituição do tributo significa, portanto, que lei em sentido formal descreveu adequadamente todos os elementos ou aspectos da hipótese de incidência tributária ou regra-matriz de incidência. Que elementos ou aspectos são esses? A doutrina enumera 05 (cinco), e ressalta que devem estar presentes na lei que institui o tributo para que o princípio da legalidade seja considerado respeitado. São eles:

- *Aspecto material* – Descrição de um fato ou ato jurídico, isto é, de um evento ou comportamento econômico que, uma vez ocorrido no mundo real, faz surgir a obrigação tributária principal, isto é, a relação jurídica que tem por objeto o pagamento do tributo. "Auferir renda", por exemplo, é um fato econômico. A criação do imposto sobre a renda e proventos de qualquer natureza (IR) exige lei federal que descreva de forma expressa esse fato. Se uma empresa adota esta conduta na realidade, quer dizer, se, concretamente, aufere renda, vê-se em uma relação jurídica obrigacional perante a União. A empresa passa a ser considerada contribuinte e tem o dever de efetuar o pagamento do gravame;
- *Aspecto pessoal ou subjetivo* – A lei deve descrever também as partes da relação jurídica tributária, quer dizer, o sujeito ativo e o sujeito passivo do vínculo obrigacional, isto é, aqueles que têm o dever de cobrar e pagar o tributo. No caso do imposto sobre a renda (IR), o sujeito ativo deve ser a União, na figura da Administração Pública Federal, encarregada de fiscalizar e cobrar os tributos federais: a Secretaria da Receita Federal do Brasil. O sujeito passivo, por sua vez, deve ser a pessoa física ou jurídica que pratica o fato gerador, ou seja, que, na realidade concreta, aufere renda;
- *Aspecto quantitativo*: É preciso saber exatamente quanto se deve pagar a título de tributo, o que se denomina *quantum debeatur*. Ora, se o sujeito passivo deve transferir parte de sua propriedade ao Estado, convém que saiba exatamente o montante a ser recolhido. Trata-se de uma decorrência lógica do princípio da segurança jurídica. Por isso, a lei que institui o tributo deve descrever os elementos quantificadores: base de cálculo e alíquotas. A base de cálculo, como o próprio nome diz, é o parâmetro de valor tributável. No caso do imposto sobre a renda (IR), é o montante de renda auferido, isto é, o valor do acréscimo patrimonial. Digamos que um indivíduo tenha um patrimônio de R$ 300.000,00 (trezentos mil reais) em 2014. Se, ao final de 2015, seu patrimônio estiver em R$ 350.000,00 (trezentos e cinquenta mil reais), a base de cálculo para o imposto de renda será, como regra, o valor de R$ 50.000,00 (cinquenta mil reais). A alíquota é a fração a ser extraída da base de cálculo. No caso do IR para pessoa física, temos alíquotas de 7,5%, 15%, 22,5% e 27,5%, conforme a dimensão da base de cálculo;

- *Aspecto temporal*: A lei que institui o tributo deve delimitar o momento em que se considera ocorrido o fato gerador. No caso do imposto sobre a circulação de mercadorias e prestação de serviços (ICMS), por exemplo, considera-se ocorrido o fato imponível no momento em que a mercadoria sai do estabelecimento empresarial. Em impostos tais como o IPTU (imposto predial e territorial urbano) ou IPVA (imposto sobre a propriedade de veículos automotores) é comum a lei estabelecer a data de primeiro de janeiro de cada ano como momento em que se considera ocorrido o fato gerador;

> ***Aprofundando!*** É importante compreender, nesse ponto, que o aspecto temporal não se confunde com o prazo para o pagamento do tributo. O primeiro, como vimos, designa o momento em que se considera ocorrido o fato gerador; o segundo designa a data que é o limite temporal para o pagamento do tributo. Exemplo: o fato gerador do IPTU ocorre em 1º de janeiro, mas o contribuinte pode efetuar o pagamento do tributo até o dia 15 de março do mesmo ano. Por isso, a data para pagamento não está sob reserva legal. O prazo pode ser fixado livremente em decreto do Poder Executivo, por exemplo;

- *Aspecto espacial ou local*: A lei que institui o tributo deve descrever o território dentro do qual ocorrerá o fato econômico-jurídico que dará origem à relação tributária. Uma vez que o Brasil é uma federação, a delimitação exata do território é fundamental para a segurança jurídica da tributação. A lei municipal que institui o IPTU, por exemplo, tem vigência no território do respectivo Município. A lei estadual que cria o IPVA, por sua vez, alcança os fatos geradores que têm lugar no território do respectivo Estado e assim por diante.

ATENÇÃO! Reforma tributária!

A Emenda Constitucional nº 132/2023, que veiculou a reforma tributária, introduziu no ordenamento jurídico brasileiro um interessante caso de "quebra" ou "cisão" de regra-matriz de incidência tributária. A hipótese de incidência tributária significa a descrição normativa, isto é, abstrata, dos 05 aspectos necessários à completude da lei impositiva (material, pessoal, quantitativo, temporal e espacial). Todos esses elementos devem estar previstos no texto da lei que institui o tributo, e esta lei será federal, estadual, distrital ou municipal, conforme a regra de competência prevista na Constituição. Pois bem, a EC 132/2023, ao tratar do imposto sobre bens e serviços (IBS), dispôs, no art. 156-A, *caput* e inciso V, o seguinte:

> **CF, art. 156-A**. Lei complementar instituirá imposto sobre bens e serviços de competência compartilhada entre Estados, Distrito Federal e Municípios (...)
>
> V – cada ente federativo fixará sua alíquota própria por lei específica.

Note-se que o imposto será instituído por lei complementar federal. Nada obstante, os Estados, o Distrito Federal e os Municípios devem fixar sua alíquota própria por meio de lei específica estadual, distrital e municipal. Assim, verifica-se a seguinte situação: a lei complementar federal estabelecerá os aspectos material, pessoal, quantitativo (apenas no que toca à base de cálculo), temporal e local; leis específicas estaduais, distrital e municipais estabelecerão parte do aspecto quantitativo, ou seja, a alíquota.

APROFUNDANDO! DESDOBRAMENTO DA RESERVA LEGAL NO CTN

É importante registrar que o art. 97 do CTN desdobra a determinação constitucional de reserva legal, submetendo à lei em sentido formal não apenas certos aspectos da hipótese de incidência tributária, como também a tipificação das infrações tributárias e as hipóteses de suspensão, exclusão e extinção do crédito tributário. Vejamos:

> **CTN, art. 97.** Somente a lei pode estabelecer:
>
> I – a instituição de tributos, ou a sua extinção;
>
> II – a majoração de tributos, ou sua redução, ressalvado o disposto nos artigos 21, 26, 39, 57 e 65;
>
> III – a definição do fato gerador da obrigação tributária principal, ressalvado o disposto no inciso I do § 3º do artigo 52, e do seu sujeito passivo;
>
> IV – a fixação de alíquota do tributo e da sua base de cálculo, ressalvado o disposto nos artigos 21, 26, 39, 57 e 65;
>
> V – a cominação de penalidades para as ações ou omissões contrárias a seus dispositivos, ou para outras infrações nela definidas;
>
> VI – as hipóteses de exclusão, suspensão e extinção de créditos tributários, ou de dispensa ou redução de penalidades.
>
> § 1º Equipara-se à majoração do tributo a modificação da sua base de cálculo, que importe em torná-lo mais oneroso.
>
> § 2º Não constitui majoração de tributo, para os fins do disposto no inciso II deste artigo, a atualização do valor monetário da respectiva base de cálculo.

Assim, de acordo com o CTN, não apenas a instituição, mas a *extinção* do tributo exige lei em sentido estrito. Se o tributo foi criado por lei complementar, então apenas este veículo normativo (e não a lei ordinária) pode extingui-lo. No mesmo sentido, não apenas a majoração do tributo, mas também a sua *redução* exige lei formal. A *definição do fato gerador* obrigação tributária principal significa a descrição do aspecto material da regra-matriz de incidência. Note-se, finalmente, que não apenas os aspectos relacionados à criação do tributo estão sob reserva absoluta de lei, como também a cominação de penalidades, ou seja, multas tributárias (lembrando que tributo não se confunde com multa). Da mesma forma, as hipóteses de exclusão (CTN, art. 175), suspensão (CTN, art. 151) e extinção (CTN, art. 156) do crédito tributário devem ser obrigatoriamente veiculadas por lei.

5.6 A COMPLETUDE DA LEI TRIBUTÁRIA QUE INSTITUI O TRIBUTO

A lei que cria o tributo deve ser *completa*. Isso significa que deve conter todos os elementos ou aspectos que permitem identificar o surgimento e a quantificação de uma relação jurídica tributária. No caso de incompletude, isto é, da ausência de qualquer daqueles elementos, não se pode considerar criado o tributo.

A completude da lei tributária impositiva é uma necessidade lógica, além de envolver uma questão de princípio. No primeiro caso, sem a presença, na lei, de todos os aspectos necessários à exata identificação da relação obrigacional, não se sabe exatamente de quem cobrar; em que momento nasce o vínculo jurídico; a quantia a ser recolhida etc.

No segundo caso, estamos falando do princípio da segurança jurídica. Ora, parece óbvio que o indivíduo, contribuinte em potencial, tem o direito de saber, com razoável precisão e antecedência, que fatos ou atos econômico-jurídicos ensejam a incidência da norma tributária. E isso até para que possa evitá-los, ou seja, para que possa adotar condutas que evitem a incidência da norma. Falamos aqui de *elisão* tributária (e não de *evasão* tributária, que é um ilícito).

Isso não quer dizer, é bom ressalvar, que as leis tributárias devam ser todas absolutamente claras e didáticas. Seria excelente se fosse assim, mas a realidade é outra. O legislador não é um estudioso do direito tributário. Se o fosse, não faria leis, mas redigiria manuais. Por isso, as leis geralmente são mal elaboradas e confusas.

Nesses casos, de leis mal redigidas e confusas, cabe ao intérprete analisá-las e extrair as informações relativas aos elementos e aspectos que, obrigatoriamente, devem nelas constar. É importante ressaltar, contudo, que não cabe aos outros Poderes, Executivo e Judiciário, efetuar a "complementação" da lei na ausência de um de seus aspectos. Isso implicaria violação do princípio da separação de poderes e do próprio princípio da legalidade tributária.

A norma tributária impositiva incompleta significa a não criação do tributo. Parece que o tributo foi instituído, mas na ausência de um de seus elementos fundamentais, não há como figurar uma relação jurídica tributária. Por alguma razão (ausência de previsão do fato, do sujeito ativo ou passivo, do *quantum*, do momento ou do local) não há possibilidade lógica de cobrança.

APROFUNDANDO! PRINCÍPIO DA TIPICIDADE FECHADA OU CERRADA

A completude da lei impositiva tributária, isto é, da lei que cria o tributo, é uma exigência do *princípio da tipicidade fechada ou cerrada*. O postulado remete à noção de "tipo", ou seja, à descrição detalhada, em lei, de uma conduta. Trata-se de princípio bastante utilizado em direito penal, quando o legislador tem em vista descrever a conduta considerada crime. Por exemplo: "matar alguém" é o "tipo" do art. 121 do Código Penal. Em direito tributário fala-se em tipo ou tipicidade para indicar justamente a necessidade de que a lei que cria o tributo seja tão detalhada quanto possível. Quer dizer, que contenha todos os aspectos necessários à configuração da relação jurídica tributária: aspecto material, pessoal, quantitativo, temporal e espacial. De acordo com Luciano Amaro, o princípio da tipicidade é "dirigido ao legislador e ao aplicador da lei. Deve o legislador, ao formular a lei, definir, de modo taxativo (*numerus clausus*) e completo, as situações (tipos) tributáveis, suja ocorrência será necessária e suficiente ao nascimento da obrigação tributária, bem como os critérios de quantificação (medida) do tributo" (AMARO, 2011, p. 135). O aplicador da lei são os administradores, e, acima de tudo, os juízes. A esses, Amaro explica que fica vedada "a interpretação extensiva e a analogia, incompatíveis com a taxatividade e determinação dos tipos tributários". Ademais, "à vista da impossibilidade de serem invocados, para a valorização dos fatos, elementos estranhos aos contidos no tipo legal, a tipicidade tributária costuma-se qualificar como fechada ou cerrada [...]" (AMARO, 2011, p. 135). O princípio da tipicidade decorre diretamente da estrita legalidade tributária e do princípio maior da segurança jurídica. O contribuinte tem o direito de saber, de antemão, com exatidão, quais condutas suas implicarão a necessidade de pagar tributos. Por isso o tipo tributário, isto é, a descrição contida na lei, deve ser detalhada e sem ambiguidades, portanto, fechado. Além do mais, cabe ter sempre em mente que a ausência de algum elemento do tipo ou eventual ambiguidade não podem ser supridas por atos normativos diversos da lei. Não é dado ao chefe do Poder Executivo, por decreto, completar a lei. Tampouco podem os juízes de direito, por meio de sentença judicial, suprir eventuais lacunas legislativas. Daí por que o CTN estabelece em seu artigo 108, § 1º:

CTN, art. 108, § 1º. O emprego da analogia não poderá resultar na exigência de tributo não previsto em lei.

5.7 AUMENTAR TRIBUTO

Nos termos do art. 150, I, da CF/1988, é vedado à União, aos Estados, ao Distrito Federal e aos Municípios instituir ou aumentar tributos sem lei que o estabeleça. Pois bem, o que significa *aumentar* tributos?

Vimos que a instituição do tributo significa que a lei deve descrever detalhadamente todos os aspectos necessários à configuração da relação jurídica tributária: material, pessoal, quantitativo, temporal e espacial. Nesse sentido, *aumentar* tributo remete a um desses aspectos: o *quantitativo*, que é formado pela base de cálculo e pela alíquota.

Assim, uma alteração na base de cálculo ou na alíquota do tributo pode acarretar o aumento da carga tributária. Imaginemos que a alíquota de 27,5% do imposto sobre a renda (IR) seja elevada a 30%. Houve claramente aumento do tributo. Uma modificação na base de cálculo, como a elevação dos valores dos automóveis considerados para fins de IPVA, por exemplo, também acarreta o aumento do tributo. É justamente o que estipula o § 1.º do art. 97 do CTN:

CTN, art. 97, § 1º. Equipara-se à majoração do tributo a modificação da sua base de cálculo, que importe em torná-lo mais oneroso.

De acordo com o princípio da legalidade tributária, o aumento do tributo deve se dar, salvo as exceções constitucionais, por meio de lei. Isso significa que apenas a lei em sentido formal, isto é, a lei criada pelo Poder Legislativo federal, estadual, distrital ou municipal, conforme a respectiva competência, está autorizada a elevar as alíquotas ou modificar a base de cálculo no sentido de elevar a carga tributária.

Um *decreto* do Presidente da República, por exemplo, que altere as alíquotas do imposto territorial rural (ITR), deve ser considerado inconstitucional por violação do princípio da legalidade. O mesmo ocorre com um *decreto* do Prefeito de determinado Município que tenha como objetivo elevar as alíquotas do imposto sobre serviços (ISS).

É importante ressaltar, contudo, que o art. 97, § 2º, do CTN, autoriza que a atualização do valor monetário da base de cálculo do tributo ocorra por meio de instrumentos infralegais, sem a necessidade de lei:

> **CTN, art. 97, § 2º.** Não constitui majoração de tributo, para os fins do disposto no inciso II deste artigo, a atualização do valor monetário da respectiva base de cálculo.

Nesse caso há uma diferenciação clara entre a *majoração* do tributo (reservada à lei) e a mera *atualização monetária* (que pode ser feita por ato infralegal). No primeiro caso, o novo valor é fixado em parâmetro superior ao índice de inflação oficial; no segundo, o valor é estabelecido em parâmetro igual ou inferior àquele índice.

Como exemplo podemos citar o IPTU, cuja base de cálculo é o valor venal do imóvel. Se a base de cálculo for alterada do modo que seja elevada acima do índice oficial de inflação, então se verifica aumento de tributo, o que apenas pode ser feito por meio de lei em sentido formal. No caso do IPTU, lei ordinária municipal. Se a modificação acarretar elevação da base de cálculo até o limite do índice oficial de inflação, então não se fala em elevação de tributo, mas apenas de atualização do valor monetário. Neste caso, pode-se utilizar instrumento infralegal, como um decreto, por exemplo. A propósito, o STF assim se manifestou:

> 1. Recurso extraordinário. 2. Tributário. 3. Legalidade. 4. IPTU. Majoração da base de cálculo. Necessidade de lei em sentido formal. 5. Atualização monetária. Possibilidade. 6. É inconstitucional a majoração do IPTU sem edição de lei em sentido formal, vedada a atualização, por ato do Executivo, em percentual superior aos índices oficiais. 7. Recurso extraordinário não provido (RE 648245, Relator(a): Min. Gilmar Mendes, Tribunal Pleno, julgado em 01/08/2013, Acórdão eletrônico. Repercussão geral - Mérito DJe-038 DIVULG 21-02-2014 Publicação 24-02-2014).

Compreende-se, pois, que se o valor da base de cálculo for corroído pelo fenômeno inflacionário, permite-se que seja atualizado por meio de decreto do prefeito, pois não se está aumentando o tributo, mas, sim, atualizando-o, ou seja, repondo a perda de valor que advém da inflação. Sabemos que a inflação acarreta a desvalorização da moeda. A aplicação do índice de correção monetária significa reposição o valor perdido, mas não aumento. Por isso, nesse caso, pode-se fazer por meio de decreto do Poder Executivo, pois não há aumento de tributo. Se, no entanto, a correção ultrapassar os parâmetros oficiais de inflação, então resta configurado o aumento da carga tributária, o que apenas pode ser efetuado por lei em sentido formal.

Fica claro, então, que o chefe do Poder Executivo municipal não pode majorar o tributo, mas apenas atualizar o valor mediante a aplicação do índice de correção monetária, já que não constitui aumento de tributo e não se submete à exigência de reserva legal. Confira-se entendimento preconizado na Súmula 160 do STJ:

> ***Súmula nº 160 do STJ:*** É defeso, ao Município, atualizar o IPTU, mediante decreto, em percentual superior ao índice oficial de correção monetária.

ATENÇÃO! Reforma tributária!

A Emenda Constitucional nº 132/2023, que veiculou a chamada reforma tributária, acrescentou ao art. 156, § 1º, o inciso III, estabelecendo que o IPTU poderá "ter sua base de cálculo atualizada pelo Poder Executivo, conforme critérios estabelecidos em lei municipal". Não fica claro o que o dispositivo pretende. Ora, de acordo com o art. 97, § 2º, do CTN, o IPTU já podia ter a base de cálculo atualizada pelo Poder Executivo, pois atualização não se confunde com aumento. Na primeira (atualização) aplica-se o índice oficial de inflação; no segundo (aumento), corrige-se o valor da base de cálculo acima do índice oficial de inflação. Se o objetivo foi o de autorizar o Poder Executivo a corrigir a base de cálculo por valor superior ao índice oficial de inflação, então o poder constituinte de reforma falhou no seu intento, pois a utilização da palavra "atualização" impede que isso aconteça.

5.8 LEI ORDINÁRIA OU LEI COMPLEMENTAR?

Que lei é necessária para a criação ou aumento do tributo? Lei ordinária ou complementar? Sabemos que existe uma dupla diferença entre ambas. A primeira exige quórum para a aprovação de maioria simples; a segunda, de maioria absoluta (art. 69 da CF/1988). As leis ordinárias são utilizadas como regra geral; as leis complementares como exceção e apenas nas hipóteses expressamente designadas pela Constituição: há reserva material para o uso de lei complementar.

No campo do direito tributário ocorre o mesmo. Como regra geral, utiliza-se a *lei ordinária* para a criação e aumento dos tributos. Obviamente a lei deve provir do ente federativo dotado de competência para determinado gravame. Assim, o imposto sobre a renda (IR) deve ser instituído e aumentado por lei ordinária federal; o IPVA, por meio de lei ordinária estadual; o IPTU por lei ordinária municipal e assim por diante.

A Constituição, por outro lado, reserva alguns tributos à disciplina de *lei complementar*. Quer dizer, certos gravames devem ser criados ou aumentados por meio de lei complementar. Esta se coloca como exceção no sistema tributário nacional e não como regra. Convém que saibamos, com exatidão, quais tributos estão sob reserva de lei complementar:

- *Empréstimos compulsórios (EC)*: De acordo com o art. 148 da CF/1988, "a União, mediante lei complementar, poderá instituir empréstimos compulsórios";

- *Imposto sobre grandes fortunas (IGF)*: Nos termos do art. 153, VII, cabe à União instituir o imposto sobre "grandes fortunas, nos termos de lei complementar";
- *Impostos residuais:* O art. 154, I, determina que "a União poderá instituir, mediante lei complementar, impostos não previstos no artigo anterior, desde que sejam não cumulativos e não tenham fato gerador ou base de cálculo próprios dos discriminados nesta Constituição";
- *Contribuições sociais residuais para a seguridade social*: De acordo com o § 4.º, do art. 195, "a lei poderá instituir outras fontes destinadas a garantir a manutenção ou expansão da seguridade social, obedecido o disposto no art. 154, I". Este dispositivo (art. 154, I, da CF/1988), como acabamos de ver, trata dos impostos residuais, para os quais se exige lei complementar. Assim, caso a União deseje utilizar a competência que lhe assegura o § 4.º, do art. 195, para instituir outras contribuições sociais destinadas ao custeio da seguridade social, deverá valer-se de lei complementar.

ATENÇÃO! Reforma tributária!

- *Imposto sobre bens e serviços prejudiciais à saúde ou ao meio ambiente* – A Emenda Constitucional nº 132/2023 acrescentou ao art. 153 o inciso VIII, estabelecendo, para a União, competência para a criação de mais um imposto. O dispositivo prescreve: "Cabe à União instituir imposto sobre (...) VIII – produção, extração, comercialização ou importação de bens e serviços prejudiciais à saúde ou ao meio ambiente, nos termos de lei complementar". Note-se que o gravame está sob reserva de *lei complementar*;
- *Imposto sobre bens e serviços (IBS)* – A EC 132/2023 incluiu no texto constitucional a competência para a União criar, *por lei complementar*, o imposto sobre bens de serviços, de competência compartilhada entre Estados, Distrito Federal e Municípios. De fato, o art. 156-A estabelece: "Lei complementar instituirá imposto sobre bens e serviços de competência compartilhada entre Estados, Distrito Federal e Municípios";
- *Contribuição social sobre bens e serviços (CBS)* – A EC 132/2023 incluiu no texto constitucional competência para a União criar, *por lei complementar*, contribuição social destinada ao financiamento da seguridade social, incidente sobre bens e serviços. O art. 195, V, da CF/1988, estabelece: "A seguridade social será financiada por toda a sociedade, de forma direta e indireta, nos termos da lei, mediante recursos provenientes dos orçamentos da União, dos Estados, do Distrito Federal e dos Municípios, e das seguintes contribuições sociais (...) sobre bens e serviços, nos termos de lei complementar".

Conclui-se que, como regra, utiliza-se lei ordinária para a criação ou aumento dos tributos. A lei complementar é exceção e apenas tem lugar nas hipóteses expressamente previstas pela Constituição. Finalmente, importa adiantar a informação de que os tributos sujeitos à lei complementar não podem ser objeto de medida provisória em razão de vedação constitucional expressa, prevista no art. 62, § 1º, III. A instituição de um empréstimo compulsório por meio desse ato normativo, por exemplo, é inconstitucional.

TRIBUTOS QUE ESTÃO SOB RESERVA DE LEI COMPLEMENTAR	
	Empréstimos compulsórios (art. 148 da CF)
	Imposto sobre grandes fortunas (art. 153, VII, da CF)
	Impostos residuais (art. 154, I, da CF)
	Contribuições sociais residuais para a seguridade social (art. 195, § 4º, c.c. art. 154, I, da CF)
	ATENÇÃO! Reforma tributária!
	Imposto federal sobre bens e serviços prejudiciais à saúde ou ao meio ambiente (art. 153, VIII, da CF)
	Imposto sobre bens e serviços de competência compartilhada – IBS (art. 156-A, da CF)
	Contribuição social sobre bens e serviços – CBS (art. 195, IV, da CF)

5.9 MITIGAÇÕES OU EXCEÇÕES AO PRINCÍPIO DA LEGALIDADE

O princípio da estrita legalidade tributária determina que a instituição ou o aumento do tributo devem ser veiculados por meio de lei formal, quer dizer, lei ordinária ou complementar, conforme o caso. Trata-se, verdadeiramente, de reserva legal absoluta, uma vez que a lei deve descrever todos os aspectos necessários à configuração de uma relação jurídica material tributária.

Não obstante, em algumas circunstâncias previstas pelo próprio texto constitucional, o princípio pode ser mitigado ou excepcionado. O que significa mitigação ou exceção ao princípio da legalidade? Só pode significar a possibilidade de que determinado tributo seja criado ou aumentado por ato normativo diverso da lei. Quer dizer, ato normativo que, como regra, não poderia criá-lo ou aumentá-lo. Tais exceções, como dissemos, estão expressamente previstas na Constituição. Vejamos cada uma delas separadamente.

A) Impostos sobre a importação (II), exportação (IE), produtos industrializados (IPI) e operações financeiras (IOF)

O art. 153, § 1.º, da CF/1988, prescreve:

CF, art. 153, § 1º. É facultado ao Poder Executivo, atendidas as condições e os limites estabelecidos em lei, alterar as alíquotas dos impostos enumerados nos incisos I, II, IV e V.

O art. 153 enumera os impostos que estão sob a competência da União. O § 1.º ressalva, dentre eles, os impostos que incidem sobre a importação (II), exportação (IE), produtos industrializados (IPI) e operações financeiras (IOF). Tais impostos representam mitigação do princípio da legalidade ou, simplesmente, exceções à legalidade. Por quê?

Perceba-se o parágrafo faculta ao Poder Executivo alterar as *alíquotas* de tais impostos. Quer dizer, é possível, por exemplo, que *decreto* do Presidente da República eleve as alíquotas ocasionando o aumento desses impostos. Normalmente, esse aumento teria de ser efetuado por meio de lei. Nesse caso, entretanto, a Constituição autoriza que ato do Poder Executivo o faça.

É importante compreender, contudo, que o Poder Executivo apenas poderá alterar as alíquotas desde que sejam "atendidas as condições e os limites estabelecidos em lei". Em outras palavras, a lei deve fixar a alíquota máxima e a alíquota mínima e, com base nos limites impostos por ela, o Poder Executivo pode elevá-las ou diminuí-las. Por isso, a doutrina prefere utilizar a expressão "mitigação" do princípio da legalidade à palavra "exceção", propriamente dita.

Roque Carrazza, por exemplo, fala em "aparentes exceções": "Não há, neste dispositivo constitucional, qualquer exceção ao princípio da legalidade. Apenas o Texto Magno permite, no caso, que a lei delegue ao Poder Executivo a faculdade de fazer variar, observadas determinadas condições e dentro dos limites que ela estabelecer, as alíquotas (não as bases de cálculo) dos mencionados impostos" (CARRAZZA, 2011, p. 317).

"Mitigar" significa "abrandar", "atenuar". Em outras palavras, o princípio está abrandado no § 1.º do art. 153 da Constituição, uma vez que as alíquotas continuam sendo fixadas por lei. Aliás, nesse caso, estamos diante de típico caso de *reserva relativa de lei*. Sim, porque a Constituição reserva à lei a fixação das alíquotas máxima e mínima, mas, ao mesmo tempo, permite que ato inferior à lei (*decreto do Executivo*, por exemplo), faça as alíquotas variarem. A possibilidade de ato executivo complementar o previsto em lei caracteriza a reserva relativa de lei.

É de se notar, também, que o Poder Executivo federal não está obrigado a modificar as alíquotas. A Constituição reserva-lhe uma faculdade. Assim, cabe ao Executivo decidir sobre a oportunidade e conveniência de alterá-las de forma a elevar ou diminuir a carga tributária, conforme a ocasião de momento.

É oportuno mencionar, a propósito, os arts. 21 e 26 do CTN, que tratam respectivamente dos impostos sobre a importação (II) e exportação (IE). Os artigos prescrevem:

> **CTN, arts. 21 e 26.** O Poder Executivo pode, nas condições e nos limites estabelecidos em lei, alterar as alíquotas ou as bases de cálculo do imposto a fim de ajustá-lo aos objetivos da política cambial e do comércio exterior.

Perceba que, de acordo com os dispositivos, o Poder Executivo está autorizado a alterar as bases de cálculo também. Ora, não é isso o que a Constituição prescreve. O texto constitucional autoriza apenas a variação das alíquotas e não menciona as bases de cálculo. Por isso, a doutrina é unânime no sentido de considerar que os artigos, na parte em que mencionam a base de cálculo, não foram recepcionados pela Constituição de 1988.

Finalmente, os impostos mencionados no art. 153, § 1º, da Constituição (II, IE, IPI e IOF), são designados *extrafiscais*. Como vimos, não têm como objetivo apenas arrecadar dinheiro. Pelo contrário, são utilizados, também, como forma de obter dos contribuintes certos comportamentos. Os impostos acima enumerados, como exceções ao princípio da legalidade, cumprem típica função extrafiscal.

JURISPRUDÊNCIA DO STF – ATO NORMATIVO HÁBIL À ALTERAÇÃO DAS ALÍQUOTAS

De acordo com o art. 153, § 1.º, da CF/1988, o Poder Executivo federal está autorizado a alterar as alíquotas dos impostos ali mencionados. Devemos nos perguntar se apenas o chefe do Poder Executivo, isto é, o Presidente da República, está autorizado a fazê-lo por meio de decreto ou se autoridade federal de nível inferior também tem autorização constitucional. Ao enfrentar a questão, o Plenário do STF manifestou-se no sentido de que "a competência estabelecida no art. 153, § 1.º, da CF/1988 não é exclusiva do Presidente da República, haja vista ter sido deferida, genericamente, ao Executivo, o que permite que seja exercida por órgão que integre a estrutura deste Poder". Nesse sentido, "o Tribunal, por maioria, negou provimento a recurso extraordinário contra acórdão do TRF da 4.ª Região, que, nessa linha, reconhecera a legitimidade da alteração de alíquotas do imposto de exportação, observados os limites impostos pelo Dec.-Lei 1.578/1977, pela Resolução 15/2001 da Câmara de Comércio Exterior (CAMEX), órgão do Poder Executivo". Asseverou-se, enfim, "que o art. 153, § 1.º, da CF/1988, ao atribuir, de forma genérica, ao Poder Executivo a faculdade de alterar as alíquotas de determinados impostos, atendidos os limites legais, teria aberto a possibilidade da criação de um órgão governamental para se desincumbir dessa atribuição e que, no caso, esse órgão seria a CAMEX, criada pela Medida Provisória 2.123-28/2001 (STF, Informativo 565/2009). Assim, de acordo com a interpretação do STF, não apenas decreto do Presidente da República, mas também resolução da CAMEX, por exemplo, pode promover a alteração de alíquotas referida no § 1º do artigo 153, da Constituição.

B) Imposto sobre a circulação de mercadorias e prestação de serviços incidente sobre a comercialização de combustíveis e lubrificantes (ICMS-Combustíveis)

O art. 155, § 4.º, IV, da CF/1988, prescreve:

> **CF, art. 155**, § 4º, IV. Na hipótese do inciso XII, h, observar-se-á o seguinte: as alíquotas do imposto serão definidas mediante deliberação dos Estados e Distrito Federal, nos termos § 2.º, XII, *g*, observando-se o seguinte [...].

O art. 155, § 2.º, XII, *h*, por sua vez, determina:

> **CF, art. 155**, § 2º, XII, h. Cabe à lei complementar definir [...] os combustíveis e lubrificantes sobre os quais o imposto (ICMS) incidirá uma única vez, qualquer que seja a sua finalidade, hipótese em que não se aplicará o disposto no inciso X, b.

Este dispositivo trata do chamado *ICMS monofásico*, isto é, que incide uma única vez sobre combustíveis e lubrificantes especificados em lei complementar. A alínea *g* do inciso XII do § 2.º, por sua vez, estabelece:

> **CF, art. 155**, § 2º, XII, g. Cabe à lei complementar [...] regular a forma como, mediante deliberação dos Estados e Distrito Federal, isenções, incentivos e benefícios fiscais serão concedidos e revogados.

Essa deliberação dos Estados e Distrito Federal é disciplinada por *convênio* formalizado no âmbito do CONFAZ (Conselho Nacional de Política Fazendária). A propósito, Eduardo Sabbag observa: "Frise-se que o convênio – e não um decreto estadual! – pode definir e modificar as alíquotas sem a necessidade de lei, o que torna essa ressalva bem mais abrangente que aqueloutra, adstrita à CIDE-Combustível. Aliás, é possível assegurar que se trata de caso único em que se fixam as alíquotas por ato do Poder Executivo" (SABBAG, 2014, p. 73).

Sem dúvida, note-se que a própria fixação das alíquotas ocorre por meio de convênio-CONFAZ e não de lei. Parece que, neste caso, estamos diante de típico exemplo de *exceção* à legalidade e não de mera mitigação ou atenuação do princípio.

C) Contribuição de intervenção no domínio econômico incidente sobre a importação e comercialização de petróleo e seus derivados, gás natural e seus derivados e álcool combustível (CIDE-Combustíveis)

O art. 177, § 4.º, I, b, da Constituição, determina:

> **CF, art. 177,** § 4º, I, *b*. A lei que instituir a contribuição de intervenção no domínio econômico, relativa às atividades de importação ou comercialização de petróleo e seus derivados, gás natural e seus derivados e álcool combustível deverá atender aos seguintes requisitos [...] a alíquota da contribuição poderá ser [...] reduzida ou restabelecida por ato do Poder Executivo, não se lhe aplicando o disposto no art. 150, III, b.

A contribuição de intervenção no domínio econômico (CIDE) é uma espécie de contribuição especial (art. 149 da CF/1988). As CIDEs devem ser criadas e aumentadas, como as demais espécies de tributos, por meio de lei. Assim, qualquer modificação de alíquotas de uma CIDE deve dar-se por meio de lei.

A CIDE-Combustíveis, no entanto, desponta como exceção a essa regra. Seu campo de incidência restringe-se às atividades de importação e comercialização de petróleo e seus derivados, gás natural e seus derivados e álcool combustível (etanol).

No caso dessa contribuição, as alíquotas poderão ser reduzidas e restabelecidas por ato do Poder Executivo, isto é, decreto. Trata-se de típica mitigação do princípio da legalidade, uma vez que as alíquotas devem estar previstas em lei. Cabe ao Executivo, tão somente, reduzi-las ou restabelecê-las.

Assim, se a lei fixou uma alíquota de 15%, eventual decreto poderá fazê-la variar em patamar inferior (5%, 7%, 10%) e posteriormente fazê-la retornar ao teto de 15%. Está proibido, contudo, de violar esse limite, fixando uma alíquota de 16%, por exemplo. Observe-se que no caso da CIDE-combustíveis, a liberdade é menor que os demais casos, uma vez que é restrita à redução e restabelecimento das alíquotas.

As CIDEs têm nítida feição extrafiscal. Quer dizer, têm vocação para permitir que a União intervenha no domínio econômico. Daí por que suas alíquotas podem variar por ato do Poder Executivo.

Quadro de exceções ao princípio da legalidade	
art. 153, § 1.º, da CF/1988	*Impostos sobre a importação (II), exportação IE), produtos industrializados (IPI) e operações financeiras (IOF).*
art. 155, § 4.º, IV , da CF/1988	*ICMS-Combustíveis*
art. 177, § 4.º, I, "b", da CF/1988	*CIDE-Combustíveis*

5.10 MEDIDA PROVISÓRIA E PRINCÍPIO DA LEGALIDADE

Assunto importante no âmbito do princípio da legalidade consiste em saber se medida provisória pode instituir ou aumentar tributos. Uma vez que se trata de ato normativo de competência do chefe do Poder Executivo, pergunta-se frequentemente pela legitimidade da utilização de tal instrumento.

Para uma adequada compreensão do problema, vejamos o que dispõe o art. 62, *caput*, da CF/1988, e seus § 3º e § 7º, com redação dada pela EC 32/2001:

> **CF, art. 62.** Em caso de relevância e urgência, o Presidente da República poderá adotar medidas provisórias, com força de lei, devendo submetê-las de imediato ao Congresso Nacional.
>
> [...]
>
> § 3º As medidas provisórias, ressalvado o disposto nos §§ 11 e 12 perderão eficácia, desde a edição, se não forem convertidas em lei no prazo de sessenta dias, prorrogável, nos termos do § 7º, uma vez por igual período, devendo o Congresso Nacional disciplinar, por decreto legislativo, as relações jurídicas delas decorrentes.
>
> [...]
>
> § 7º Prorrogar-se-á uma única vez por igual período a vigência de medida provisória que, no prazo de sessenta dias, contado de sua publicação, não tiver a sua votação encerrada nas duas Casas do Congresso Nacional.

Note-se que a medida provisória valerá por 60 dias e poderá ser prorrogada, uma única vez, por mais 60 dias. Assim, o prazo máximo de validade de uma medida provisória será de 120 dias. Após esse período, de duas, uma: (1) ou a medida provisória é convertida em lei ordinária; ou (2) deixa de ter validade, devendo o

Congresso Nacional disciplinar os efeitos das relações jurídicas dela decorrentes por meio de decreto legislativo.

Vale ressaltar que medida provisória é ato normativo primário. Paulo de Barros Carvalho observa: "A lei e os atos normativos que têm vigor de lei são os únicos veículos credenciados a promover o ingresso de regras inaugurais no universo jurídico brasileiro, pelo que os designamos por 'instrumentos primários'" (CARVALHO, 2014, p. 90).

Isso significa que a medida provisória, assim como a lei, está autorizada a criar deveres e obrigações às pessoas naturais e jurídicas. Ocorre, contudo, que a medida provisória é ato reservado ao Presidente da República. Trata-se do exercício de função legislativa pelo chefe do Poder Executivo federal.

Como se trata, no caso, de função atípica – pois a função típica de legislar cabe ao Poder Legislativo – a utilização da medida provisória apenas pode ocorrer em casos relevantes e urgentes. Por isso, depois de adotada, deve ser imediatamente submetida à análise do Congresso Nacional. Fora das circunstâncias de urgência e relevância, é vedada a utilização das medidas provisórias, cabendo ao Congresso Nacional rejeitá-las (art. 62, § 5.º, da CF/1988).

Pois bem, é possível que medida provisória institua ou aumente tributo? Ora, tratando-se de tributos *federais* – porque a Constituição autoriza o Presidente da República, chefe do Poder Executivo federal, a adotar medidas provisórias – e cumpridos os requisitos de relevância e urgência, não há quaisquer impedimentos.

Aliás, essa interpretação sempre foi prestigiada pelo Supremo Tribunal Federal. No julgamento de questão envolvendo a elevação de alíquotas de contribuição social, o Tribunal, por maioria, manifestou-se no sentido da "aptidão das medidas provisórias para instituir e majorar tributos" (STF, Informativo 060/1997).

Isso porque, como o texto constitucional expressamente designa, a medida provisória tem "força de lei". Força de lei significa dizer que tem aptidão para suprir o princípio da legalidade e, nos casos de tributos para os quais basta lei ordinária, também o princípio da reserva legal. Assim, medida provisória poderia normalmente aumentar as alíquotas do imposto territorial rural (ITR). Obviamente, seria preciso uma situação de relevância e urgência que justificasse a adoção desse veículo normativo.

Por outro lado, o art. 62, § 1º, III, da CF/1988, estatui: "É vedada a adoção de medida provisória sobre matéria reservada a lei complementar". Isso quer dizer que a medida provisória tem força de lei ordinária, mas *não* tem força de lei complementar. É proibida a adoção da medida provisória para instituir ou aumentar os tributos que estão sob reserva de lei complementar, a saber:

- *Imposto sobre grandes fortunas (IGF) – art. 153, VII, da CF/1988;*
- *Empréstimos compulsórios – art. 148 da CF/1988;*
- *Impostos residuais da União –art. 154, I, da CF/1988;*
- *Contribuições sociais residuais para a seguridade social – art. 195, § 4.º c.c. art. 154, I, da CF/1988.*

ATENÇÃO! Reforma tributária!

- *Imposto federal sobres bens e serviços prejudiciais à saúde ou ao meio ambiente - art. 153, VIII, da CF/1988;*
- *Imposto de competência compartilhada sobre bens e serviços (IBS) - art. 156-A, da CF/1988;*
- *Contribuição social sobre bens e serviços (CBS) - art. 195, V, da CF/1988.*

Em suma, medida provisória é ato normativo apto à instituição e aumento de tributos *federais*, desde que observados os pressupostos constitucionais relativos à relevância e urgência. Não se deve esquecer que os tributos reservados à lei complementar não podem ser objeto de medida provisória.

Jurisprudência do STF - MEDIDA PROVISÓRIA E COMPETÊNCIA DE GOVERNADOR DE ESTADO

O STF adotou entendimento no sentido da "legitimidade do governador do Estado-membro para, acompanhando o modelo federal, e desde que existente tal previsão na constituição estadual, expedir medidas provisórias em caso de relevância e urgência, haja vista a inexistência no texto da CF/88 de qualquer cláusula que implique restrição ou vedação ao poder autônomo dos Estados quanto ao uso de medidas provisórias" (STF, Informativo 282/2002).

5.11 OBRIGAÇÕES TRIBUTÁRIAS ACESSÓRIAS E O PRINCÍPIO DA LEGALIDADE

Como veremos em momento oportuno, existe duas espécies de obrigações tributárias: as principais e as acessórias. As primeiras têm como objeto o pagamento de tributo ou multa; as segundas têm como objeto prestações de fazer, não fazer ou tolerar que se faça, visando ao recolhimento de tributos. Nesse sentido, o art. 113, § 2.º, do CTN, estabelece:

> **CTN, art. 113**, § 2º. A obrigação acessória decorre da legislação tributária e tem por objeto as prestações, positivas ou negativas nela previstas no interesse da arrecadação ou fiscalização dos tributos.

As obrigações tributárias acessórias, também denominadas deveres instrumentais, são obrigações de fazer, não fazer ou tolerar que se faça, no interesse da arrecadação ou fiscalização dos tributos. A emissão de uma nota fiscal por parte do empresário que faz circular mercadoria é típico exemplo.

Assim, pergunta-se: a instituição de obrigações tributárias acessórias está sob reserva de lei? Parte da doutrina entende que sim, porque as obrigações acessórias significam a imposição de obrigações e deveres ao sujeito passivo tributário. Ora, de acordo com a Constituição, ninguém será obrigado a fazer ou deixar de fazer alguma coisa senão em virtude de lei.

Outra parte sustenta que não, uma vez que o § 2.º do art. 113, determina que a obrigação acessória decorre da *legislação tributária*. Esta, de acordo com o art. 96 do CTN, significa o complexo formado pelas leis, os tratados, e as convenções internacionais, os decretos e as normas complementares que versem, no todo ou em parte, sobre tributos ou relações jurídicas a eles pertinentes.

Note-se que, de acordo com a enumeração do art. 96, *legislação tributária* compreende não apenas leis, mas também "normas complementares". Estas, nos termos do art. 100 do CTN, abrangem, dentre outras, os atos normativos expedidos pelas autoridades administrativas (inciso I). Confira-se:

> **CTN, art. 100.** São normas complementares das leis, dos tratados e das convenções internacionais e dos decretos:
>
> I – os atos normativos expedidos pelas autoridades administrativas;
>
> II – as decisões dos órgãos singulares ou coletivos de jurisdição administrativa, a que a lei atribua eficácia normativa;
>
> III – as práticas reiteradamente observadas pelas autoridades administrativas;
>
> IV – os convênios que entre si celebrem a União, os Estados, o Distrito Federal e os Municípios.
>
> Parágrafo único. A observância das normas referidas neste artigo exclui a imposição de penalidades, a cobrança de juros de mora e a atualização do valor monetário da base de cálculo do tributo.

Assim, tais atos poderiam, sim, veicular normalmente as obrigações tributárias acessórias. De qualquer maneira, o Superior Tribunal de Justiça pacificou a questão por enquanto. A Corte entende que as obrigações acessórias não estão sob reserva de lei, podendo ser criadas, inclusive, por ato infralegal, como portarias, por exemplo. Registre-se, a propósito, entendimento adotado pela Primeira Turma:

JURISPRUDÊNCIA DO STJ – PRIMEIRA TURMA

É cediço que, nos termos do art. 113, § 2º, do CTN, em torno das relações jurídico-tributárias relacionadas ao tributo em si, exsurgem outras, de conteúdo extrapatrimonial, consubstanciadas em um dever de fazer, não-fazer ou tolerar. São os denominados deveres instrumentais ou obrigações acessórias, inerentes à regulamentação das questões operacionais relativas à tributação, razão pela qual sua regulação foi legada à 'legislação tributária' em sentido lato, podendo ser disciplinados por meio de decretos e de normas complementares, sempre vinculados à lei da qual dependem. *In casu*, a norma da Portaria 90/92, em seu mencionado art. 23, ao determinar a consolidação dos resultados mensais para obtenção dos benefícios da Lei 8.383/91, no seu art. 39, § 2º, é regra especial em relação ao art. 94 do mesmo diploma legal, não atentando contra a legalidade mas, antes, coadunando-se com os artigos 96 e 100, do CTN. Deveras, o E. STJ, quer em relação ao SAT, IOF, CSSL etc., tem prestigiado as portarias e sua legalidade como integrantes do gênero legislação tributária, já que são atos normativos que se limitam a explicitar o conteúdo da lei ordinária (STJ, Resp. nº 724.779/RJ, 2006).

SÚMULAS DO STF E DO STJ:

SÚMULA STF

Súmula 574 – "Sem lei estadual que a estabeleça, é ilegítima a cobrança do imposto de circulação de mercadorias sobre o fornecimento de alimentação e bebidas em restaurante ou estabelecimento similar".

Súmula 651 – "A medida provisória não apreciada pelo Congresso Nacional podia, até a Emenda Constitucional 32/2001, ser reeditada dentro do seu prazo de eficácia de trinta dias, mantidos os efeitos de lei desde a primeira edição".

SÚMULA STJ

Súmula 160 – "É defeso, ao Município, atualizar o IPTU, mediante decreto, em percentual superior ao índice oficial de correção monetária".

SÍNTESE DOS PRINCIPAIS ENTENDIMENTOS JURIPRUDENCIAIS

É inconstitucional a majoração do IPTU sem edição de lei em sentido formal, vedada a atualização, por ato do Executivo, em percentual superior aos índices oficiais (STF, RE 648245).

A majoração da base de cálculo do IPTU depende da elaboração de lei, não podendo decreto atualizar o valor venal dos imóveis sobre os quais incide tal imposto com base em uma tabela (mapas de valores), salvo no caso de simples correção monetária (STJ, AgRg no REsp 930502).

Conselho Regional de Engenharia, Arquitetura e Agronomia do Estado de Santa Catarina. Autarquia. Contribuições. As contribuições, nos termos do art. 149 da CF, possuem natureza tributária e, por via de consequência, deve-se observar o princípio da legalidade tributária na instituição e majoração (STF, AI 768.577-AgR-2º).

Não se encontra sob o princípio da legalidade estrita e da anterioridade a fixação do vencimento da obrigação tributária (STF, RE 195218).

O Executivo pode alterar as alíquotas dos impostos mencionados – importação, exportação, IPI e IOF – com observância, entretanto, das condições e dos limites estabelecidos em lei (STF, RE 225602).

Legítima a disciplina de matéria de natureza tributária por meio de medida provisória, instrumento a que a CF confere força de lei (STF, ADI 1667-MC).

Dispositivo por meio do qual o Ministério do Meio Ambiente, sem lei que o autorizasse, instituiu taxa para inspeção de importações e exportações de produtos da indústria pesqueira, a ser cobrada pelo Ibama, com ofensa ao princípio da legalidade estrita (STF, ADI 2247-MC).

O parágrafo único do art. 24 do DL 288/67, que autoriza a Superintendência da Zona Franca de Manaus a instituir taxas por meio de portaria contraria o princípio da legalidade e, portanto, não foi recepcionado pela CF (STF, RE 556854).

A instituição dos emolumentos cartorários pelo tribunal de justiça afronta o princípio da reserva legal. Somente a lei pode criar, majorar ou reduzir os valores das taxas judiciárias (STF, ADI 1709).

Não se compreendendo no campo reservado à lei a definição de vencimento das obrigações tributárias, legítimo o decreto que modificou a data de vencimento do ICMS. Improcedência da alegação no sentido de infringência ao princípio da anterioridade e da vedação de delegação legislativa (STF, RE 182971).

A exigibilidade de tributo pressupõe lei que o estabeleça. A criação de nova maneira de recolhimento do tributo, partindo-se de estimativa considerado o mês anterior, deve ocorrer mediante lei no sentido formal e material, descabendo, para tal fim, a edição de decreto, a revelar o extravasamento do poder regulamentador do Executivo. Somente lei em sentido formal pode instituir o regime de recolhimento do ICMS por estimativa (STF, Informativo 790).

Por se tratar de taxa, e não de imposto, não há permissivo constitucional para excepcionar-se o princípio da reserva legal em matéria tributária (STF, Informativo 875).

Processo legislativo: matéria tributária: inexistência de reserva de iniciativa do Executivo, sendo impertinente a invocação do art. 61, § 1º, II, b, da CF, que diz respeito exclusivamente aos territórios federais (STF, ADI 3205).

É constitucional lei municipal de iniciativa parlamentar que revoga tributo. A iniciativa é geral. Inexiste, no atual texto constitucional, previsão de iniciativa exclusiva do Chefe do Executivo em matéria tributária (STF, ARE-RG 743480, Repercussão geral).

Possui repercussão geral a matéria consistente em saber se viola o princípio da legalidade tributária lei que delega à esfera administrativa, para efeito de cobrança do IPTU, a avaliação individualizada de imóvel não previsto na lei que aprova a Planta Genérica de Valores, como os decorrentes de parcelamento do solo urbano e de inclusão de área, anteriormente rural, em zona urbana após a edição da Planta Genérica de Valores (STF, ARE 1245097 RG).

6

PRINCÍPIO DA IGUALDADE OU ISONOMIA TRIBUTÁRIA

6.1 PRINCÍPIO REPUBLICANO E ISONOMIA JURÍDICA

O princípio da igualdade é um dos mais sólidos alicerces do princípio republicano. Não seria exagero afirmar que a própria noção de república funda-se na ideia de igualdade. O movimento republicano derrubou as monarquias que representavam o antigo regime. Uma de suas principais bandeiras era justamente o extermínio dos privilégios odiosos.

O privilégio designava uma situação política em que algumas classes estavam dispensadas, por exemplo, do dever de pagar tributos. Era assim com os nobres da aristocracia rural (condes, barões, duques), com os membros do clero (igreja) e com os integrantes da realeza (reis, rainhas, príncipes). Não pagavam impostos ou recolhiam tributos de valores insignificantes.

A classe que sustentava os pesados encargos tributários era a burguesia – chamada então de *terceiro estado*. Daí provinham, pois, as reivindicações de igualdade. Todas as classes devem contribuir com as despesas do Estado. Não por outra razão, o movimento constitucionalista europeu do século XIX é tipicamente burguês. Os direitos de primeira geração ou dimensão são tipicamente burgueses: igualdade, liberdade, propriedade, segurança, dentre outros.

Não por outra razão, o art. 1º da Declaração de Direitos do Home e do Cidadão de 1789, estipula: "Os homens nascem e são livres e iguais em direitos. As distinções sociais só podem fundar-se na utilidade comum".

Sacha Calmon Navarro Coêlho, a propósito, anota: "A República funda-se na igualdade de todos os cidadãos perante a lei. Os Poderes são constituídos pelo povo. Os detentores dos Poderes (legislatura e governo) são eleitos para mandatos transitórios, e os juízes são nomeados, exceto os do Supremo Tribunal Federal, no caso do Brasil, após concurso de provas e títulos, com as garantias da vitaliciedade, inamovibilidade e irredutibilidade de vencimentos, para aplicarem a lei com segurança e independência" (COÊLHO, 2009, p. 46).

O princípio da igualdade ou isonomia desponta, num primeiro significado, como vedação aos privilégios e ao tratamento desigual. Em outras palavras, todos devem ser tratados de forma igualitária pela lei e pelo aplicador da lei. É justamente o que prescreve o art. 5.º, *caput*, da CF/1998:

> **CF, art. 5º.** Todos são iguais perante a lei, sem distinção de qualquer natureza, garantindo-se aos brasileiros e aos estrangeiros residentes no País a inviolabilidade do direito à vida, à liberdade, à igualdade, à segurança e à propriedade, nos termos seguintes [...].

Dessa forma, todos devem ser compelidos a contribuir com as despesas estatais; isto é, todos devem ser obrigados a pagar tributos.

6.2 O PRINCÍPIO DA IGUALDADE TRIBUTÁRIA

O princípio da igualdade direcionado especificamente às relações jurídica tributárias encontra-se positivado no art. 150, II, da CF/1988, nos seguintes termos:

> **CF, art. 150.** É vedado à União, aos Estados, ao Distrito Federal e aos Municípios [...] II – instituir tratamento desigual entre contribuintes que se encontrem em situação equivalente, proibida qualquer distinção em razão de ocupação profissional ou função por eles exercida, independentemente da denominação jurídica dos rendimentos, títulos ou direitos.

A propósito, Eduardo Sabbag observa: "Trata-se de postulado específico que veda o tratamento tributário desigual a contribuintes que se encontrem em situação de equivalência ou equipolência. Enquanto o art. 5º expõe a temática da igualdade de modo genérico, o art. 150, II, CF, explora-a de modo específico, fazendo-a convergir para a seara da tributação" (SABBAG, 2014, p. 132).

Sem dúvida, o dispositivo consagra claramente o princípio da igualdade no âmbito tributário. Perceba-se que é vedado aos entes federativos instituir tratamento desigual a contribuintes que se encontrem em situação equivalente. Ora, o princípio da isonomia determina justamente isso: que se trate de maneira equivalente aqueles que estão em situação equivalente; que se trate de maneira desigual aqueles que estão em situação desigual.

Desigualar os desiguais e igualar os iguais: este é o "resumo" do princípio da igualdade. Na parte final do dispositivo percebemos claramente a vedação aos privilégios odiosos: "proibida qualquer distinção em razão de ocupação profissional ou função por eles exercida, independentemente da denominação jurídica dos rendimentos, títulos ou direitos".

O juiz de direito deve pagar seus tributos como qualquer outro indivíduo? Sim. E o militar? Também! Os políticos, administradores públicos, padres, bispos, todos devem arcar com seus tributos, de maneira que, em razão dos princípios republicano e da igualdade, não deve haver quaisquer privilégios excludentes do dever de contribuir com as despesas do Estado.

O STF reafirmou a importância do postulado em julgamento de ação que visava à declaração de inexistência da relação jurídica tributária cujo objeto era a cobrança de imposto de renda (IR) incidente sobre verba de representação percebida por juízes de direito. Em seu voto, o relator, Ministro Celso de Mello, observa:

> Torna-se relevante concluir, portanto, presente o contexto ora em exame (e notadamente em face do que dispõe o art. 150, II, da Lei Fundamental), que a superveniência da vigente ordem constitucional tornou inadmissível, para efeito de tributação, a instituição de tratamento desigual entre contribuintes que se encontrem em situação equivalente, vedada, por isso mesmo, qualquer distinção em razão de ocupação profissional ou de exercício de função pública, independentemente da denominação jurídica dos rendimentos, títulos ou direitos. A cláusula normativa fundada no art. 150, inciso II, da Constituição da República consagrou o princípio da isonomia tributária, impedindo que o Poder Público conceda privilégios ou promova injustas discriminações em relação a pessoas, a quaisquer pessoas, que se encontrem em situação equivalente (STF, Informativo 745/2014).

Importa reiterar que o princípio da igualdade visa impedir que sujeitos passivos que se encontrem em situações semelhantes recebam tratamento tributário desigual perante a lei, tanto quanto que os desassemelhados sejam tratados igualmente, o que ofenderia os valores mais amplos de justiça tributária. O STF já se manifestou nesse sentido:

> Emenda Constitucional (EC n. 41/2003, art. 4º, parágrafo único, I e II) [...] Tratamento discriminatório entre servidores e pensionistas da União, de um lado, e servidores e pensionistas dos Estados, do Distrito Federal e dos Municípios, de outro. Ofensa ao princípio constitucional da isonomia tributária, que é particularização do princípio fundamental da igualdade (STF. ADI 3.105. Rel. Min. Cezar Peluso. DJ 18.02.2005).

ATENÇÃO! Reforma tributária!

A Emenda Constitucional nº 132, de 2023, que veiculou a chamada reforma tributária, contemplou o princípio da isonomia tributária, especialmente no que concerne à igualdade entre homens e mulheres. De fato, o art. 9º, § 11, da Emenda, que dispõe sobre o imposto sobre bens e serviços (IBS) e sobre a contribuição social sobre bens e serviços (CBS), estipula: "EC 132/2023, art. 9º. A lei complementar que instituir o imposto de que trata o art. 156-A e a contribuição de que trata o art. 195, V, ambos da Constituição Federal, poderá prever os regimes diferenciados de tributação de que trata este artigo, desde que sejam uniformes em todo o território nacional e sejam realizados os respectivos ajustes nas alíquotas de referência com vistas a reequilibrar a arrecadação da esfera federativa (...) § 10 Os regimes diferenciados de que trata este artigo serão submetidos a avaliação quinquenal de custo-benefício, podendo a lei fixar regime de transição para a alíquota padrão, não observado o disposto no § 2º, garantidos os respectivos ajustes nas alíquotas de referência; § 11. A avaliação de que trata o § 10 deverá examinar o impacto da legislação dos tributos a que se refere o caput deste artigo na promoção da igualdade entre homens e mulheres".

6.3 IGUALDADE TRIBUTÁRIA E CAPACIDADE ECONÔMICA

O princípio da igualdade ou isonomia, do ponto de vista tributário, merece um tratamento mais cuidadoso. De fato, o tributo visa a um aspecto bem determinado da vida das pessoas naturais e jurídicas: o seu patrimônio. Por isso, a igualdade tributária dele levar em conta, antes de tudo, os aspectos econômicos que circundam o indivíduo ou a empresa.

Imagine-se, por exemplo, uma senhora de 70 anos. O fato de ser idosa tem relevância para o princípio da isonomia tributária? Obviamente que sim. Mas em que sentido? No sentido exclusivo de suas dificuldades físicas oriundas da idade? Parece que não. O direito tributário enfoca, especialmente, a *capacidade econômica* do indivíduo ou da empresa e suas particularidades.

Assim, o princípio da igualdade tributária preocupa-se, sobretudo, com a pessoa natural ou jurídica e suas características específicas, mas com uma ressalva: na conexão com sua capacidade econômica para pagar tributos. Isso significa que é necessário igualar aqueles que possuem capacidade econômica igual; por outro lado, é preciso desigualar os que possuem capacidade econômica desigual.

A circunstância pessoal do indivíduo, isto é, suas características próprias, devem ser consideradas pelo legislador e pelo aplicador da lei tributária, mas em conexão com sua capacidade econômica. Ora, a pessoa idosa, como regra, possui gastos econômicos superiores aos do indivíduo jovem. Pressupõe-se que os indivíduos de mais idade precisam gastar com remédios, médicos, cuidados especiais etc. Além do mais, a pessoa idosa não pode trabalhar, vivendo, como regra, de sua aposentadoria.

Por isso, desde a perspectiva do princípio da igualdade, pressupõe-se que certos indivíduos, em razão de suas características particulares vinculadas a certas faixas de idade, sexo, origem social e condição socioeconômica, têm capacidade econômica menor que outros. Ninguém duvida que um jovem de 18 anos e plenamente sadio tem, em tese, capacidade econômica superior à do jovem de 18 anos, tetraplégico. Aliás, este é precisamente o entendimento do Supremo Tribunal Federal:

> A concreção do princípio da igualdade reclama a prévia determinação de quais sejam os iguais e quais os desiguais. O direito deve distinguir pessoas e situações distintas entre si, a fim de conferir tratamentos normativos diversos a pessoas e a situações que não sejam iguais. Os atos normativos podem, sem violação do princípio da igualdade, distinguir situações a fim de conferir a um tratamento diverso do que atribui a outra. É necessário que a discriminação guarde compatibilidade com o conteúdo do princípio (STF. ADI 3.305, Rel. Min. Eros Grau, DJ de 24-11-06).

Um exemplo interessante do que estamos falando constava do art. 153, § 2.º, II, da Constituição Federal, revogado pela Emenda Constitucional 20, de 1998. De acordo com o dispositivo, o imposto sobre a renda e proventos de qualquer natureza (IR) não deveria incidir sobre rendimentos provenientes de aposentadoria e pensão pagos pela previdência social da União, dos Estados, do Distrito Federal e dos Municípios a pessoa com idade superior a sessenta e cinco anos, cuja renda total fosse constituída, exclusivamente, de rendimentos do trabalho.

Ora, o legislador constituinte originário prestigiou o princípio da igualdade, levando em consideração, especialmente, o fator idade e a consequente diminuição da capacidade econômica dos indivíduos aposentados e pensionistas. Assegurou-lhes uma imunidade tributária protegendo-os do imposto sobre a renda e proventos de qualquer natureza (IR).

É uma pena que o legislador constituinte reformador, animado, à época, por princípios neoliberais nitidamente contrários ao espírito da Constituição de 1988, tenha desprestigiado o valor da isonomia tributária e revogado o citado dispositivo. Causa maior estranheza, ainda, que a maior parte da doutrina brasileira considere que a revogação foi *constitucional*, acompanhada por decisão do STF.

A nós nos parece, com a devida vênia, flagrante inconstitucionalidade por violação à cláusula pétrea contida no inciso IV, do § 4.º, do art. 60 ("não será objeto de deliberação a proposta de emenda tendente a abolir os direitos e garantias individuais").

Em suma, o princípio da isonomia, sob o aspecto tributário, demanda a consideração das particularidades das pessoas naturais e jurídicas com vistas a um tratamento desigual daqueles que estão em situação desigual. Não obstante, estas peculiaridades devem estar conectadas à capacidade econômica dos indivíduos e empresas para suportar os gastos públicos por meio do recolhimento de tributos.

JURISPRUDÊNCIA DO STF – ISONOMIA, MICROEMPRESA E EMPRESA DE PEQUENO PORTE

Como qualquer outro princípio, o postulado de isonomia não é absoluto, admitindo atenuações frente a fatores como a extrafiscalidade, o que permite tratamento desigual em certas circunstâncias constitucionalmente justificadas. Foi assim que se desencadeou a discussão acerca da existência das empresas optantes do Simples Nacional, com base no art. 146, III, *d*, da Constituição Federal. O regime tributário diferenciado denominado "Simples Nacional" teria sido criado com o objetivo de concretizar as diretrizes constitucionais do tratamento jurídico diferenciado às microempresas e empresas de pequeno porte (CF, artigos 170, IX, e 179). Trata-se de regime especial de tributação de caráter opcional por parte dos contribuintes, mas de observância obrigatória pelos entes federados. Não configura mero benefício fiscal, mas microssistema tributário próprio, aplicável apenas a alguns contribuintes, no contexto constitucional aludido. Neste sentido, o Supremo Tribunal Federal decidiu que o regime de Simples Nacional é compatível com a ordem constitucional, em especial com o princípio da isonomia tributária: "Não há ofensa ao princípio da isonomia tributária se a lei, por motivos extrafiscais, imprime tratamento desigual a microempresas e empresas de pequeno porte de capacidade contributiva distinta, afastando do regime do simples aquelas cujos sócios têm condição de disputar o mercado de trabalho sem assistência do Estado (STF, ADI 1.643. Rel. Min. Maurício Corrêa. DJ 14.03.2003).

ATENÇÃO! Reforma tributária!

A Emenda Constitucional nº 132, de 2023, que implementou a chamada reforma tributária, prestigiou de modo explícito o princípio da isonomia tributária. De fato, ao tratar do imposto sobre bens e serviços (IBS), no art. 156-A, da Constituição Federal, estabelece, no § 6º, inciso III, que "lei complementar disporá sobre regimes específicos de tributação para (...) sociedades cooperativas, que será optativo, com vistas a assegurar sua competitividade, observados os princípios da livre concorrência e da isonomia tributária". As cooperativas, embora explorem atividade econômica, cumprem uma função social importante, pois reúnem indivíduos que, isoladamente, não poderiam empreender. Nesse sentido, possuem características distintas das empresas comuns, o que justifica um tratamento tributário diferenciado.

6.4 PRINCÍPIO DA IGUALDADE E ISENÇÕES

A isenção é um excelente mecanismo para a aplicação do princípio da igualdade pelo legislador infraconstitucional. De fato, a Constituição aponta de forma muito ampla e geral para os valores que pretende privilegiar através de princípios e regras. Cabe ao legislador, por meio das leis ordinárias e complementares, a concretização destes valores.

A isenção, forma de exclusão do crédito tributário (art. 175, I, do CTN), vem bem a calhar. Por meio desse expediente o legislador pode identificar com mais precisão e segurança os contribuintes que possuem capacidade econômica diminuída. Uma vez identificados e adotados parâmetros de razoabilidade e proporcionalidade, a isenção deve ser concedida.

Os doutrinadores, de modo geral, indagam sobre os critérios que devem orientar a concessão dos benefícios fiscais. Muitas vezes usam a aparente ausência desses critérios como desculpa para justificar o pouco uso desse mecanismo de desoneração.

O que se deve dizer, nesse caso, não chega a ser complicado. Quais são os critérios a partir dos quais se deve ponderar a concessão da isenção para alguns contribuintes e a exclusão para outros? Ora, a dignidade da pessoa humana é o início do caminho. Por ela chega-se à conclusão de que se deve isentar, por exemplo, a produção e comercialização de remédios populares. É uma conclusão razoável e proporcional.

JURISPRUDÊNCIA DO STF – ISENÇÕES, PRINCÍPIO DA IGUALDADE E MEMBROS E SERVIDORES DO PODER JUDICIÁRIO

As isenções não podem redundar em violação do princípio da igualdade. Em outras palavras, não podem configurar "privilégios odiosos". Daí a importância dos critérios de razoabilidade e proporcionalidade. Foi o que ocorreu com isenção concedida pelo art. 240 da Lei Complementar 165/99, do Estado do Rio Grande do Norte. O dispositivo estabelecia: "Os membros e os servidores do Poder Judiciário não estão sujeitos ao pagamento de custas e emolumentos pelos serviços judiciais e extrajudiciais". O STF, nesse caso, não hesitou em julgar o artigo inconstitucional. O Tribunal assentou: "Fere o princípio da isonomia tributária lei que concede aos membros e servidores do Poder Judiciário isenção de pagamento de custas e emolumentos pelos serviços judiciais e extrajudiciais" (STF, Informativo 619/2011). Não foi a primeira vez que a Corte manifestou-se nesse sentido. No julgamento de ação direta de inconstitucionalidade em face do art. 271 da Lei Complementar 141/96, do Estado do Rio Grande do Norte, que concedia isenção aos membros do "parquet", inclusive inativos, do pagamento de custas judiciais, notariais, cartorárias e quaisquer taxas ou emolumentos, o STF assinalou "que o dispositivo impugnado concede injustificado privilégio aos membros do Ministério Público estadual, pelo simples fato de integrarem a instituição" (STF, Informativo 461/2007). A circunstância de os contribuintes fazerem parte do Poder Judiciário ou do Ministério Público, como membros ou servidores, não é condição razoável à concessão da isenção. Podemos reconhecer, no caso, a plena incidência da parte final do inciso II do art. 150: "[...] proibida qualquer distinção em razão de ocupação profissional ou função por eles exercida, independentemente da denominação jurídica dos rendimentos, títulos ou direitos". O STF reafirmou tal posicionamento: "*In casu*, padece de inconstitucionalidade formal a Lei Complementar nº 358/09 do Estado do Mato Grosso, porquanto concessiva de isenção fiscal, no que concerne ao ICMS, para as operações de aquisição de automóveis por oficiais de justiça estaduais sem o necessário amparo em convênio interestadual, caracterizando hipótese típica de guerra fiscal em desarmonia com a Constituição Federal de 1988. A isonomia tributária (CF, art. 150, II) torna inválidas as distinções entre contribuintes 'em razão de ocupação profissional ou função por eles exercida', máxime nas hipóteses nas quais, sem qualquer base axiológica no postulado da razoabilidade, engendra-se tratamento discriminatório em benefício da categoria dos oficiais de justiça estaduais" (STF, ADI 4276/MT, 2014).

SÍNTESE DOS PRINCIPAIS ENTENDIMENTOS JURIPRUDENCIAIS

A sobrecarga imposta aos bancos comerciais e às entidades financeiras, no tocante à contribuição previdenciária sobre a folha de salários, não fere, à primeira vista, o princípio da isonomia tributária, ante a expressa previsão constitucional (ER 1/94 e EC 20/98, que inseriu o § 9º no art. 195 da CF) (STF, AC 1109-MC).

Ao instituir incentivos fiscais a empresas que contratam empregados com mais de quarenta anos, a Assembleia Legislativa Paulista usou o caráter extrafiscal que pode ser conferido aos tributos, para estimular conduta por parte do contribuinte, sem violar os princípios da igualdade e da isonomia (STF, ADI 1276).

Isenção de IPTU, em razão da qualidade de servidor estadual do agravante, postulada em desrespeito da proibição contida no art. 150, II, da CF (STF, AI 157871-AgR).

Cancelamento de multa e isenção do pagamento do IPVA. Benefício fiscal concedido exclusivamente àqueles filiados à Cooperativa de Transportes Escolares do Município de Macapá. Inconstitucionalidade. A CF proíbe o tratamento desigual entre contribuintes que se encontrem na mesma situação econômica. Observância aos princípios da isonomia e da liberdade de associação (STF, ADI 1655).

A lei complementar estadual que isenta os membros do Ministério Público do pagamento de custas judiciais, notariais, cartorárias e quaisquer taxas ou emolumentos fere o disposto no art. 150, II, da CF (STF, ADI 3260).

Não é possível ao Poder Judiciário estender isenção a contribuintes não contemplados pela lei, a título de isonomia (STF, RE 159026).

"A isenção tributária concedida pelo art. 2º da Lei 8.393/91, precisamente porque se acha despojada de qualquer coeficiente de arbitrariedade, não se qualifica – presentes as razões de política governamental que lhe são subjacentes – como instrumento de ilegítima outorga de privilégios estatais em favor de determinados estratos de contribuintes" (STF, AI 360461-AgR).

A isonomia tributária torna inválidas as distinções entre contribuintes "em razão de ocupação profissional ou função por eles exercida", máxime nas hipóteses nas quais, sem qualquer base axiológica no postulado da razoabilidade, engendra-se tratamento discriminatório em benefício da categoria dos oficiais de justiça estaduais (ADI 4276, Informativo STF 755).

Fere o princípio da isonomia tributária lei que concede aos membros e servidores do Poder Judiciário isenção de pagamento de custas e emolumentos pelos serviços judiciais e extrajudiciais (ADI 3334, Informativo STF 619).

A Taxa Selic é legítima como índice de correção monetária e de juros de mora, na atualização dos débitos tributários pagos em atraso, diante da existência de lei estadual que determina a adoção dos mesmos critérios adotados na correção dos débitos fiscais federais. Raciocínio diverso importaria tratamento anti-isonômico, porquanto a Fazenda restaria obrigada a reembolsar os contribuintes por esta taxa Selic, ao passo que, no desembolso, os cidadãos exonerar-se-iam desse critério, gerando desequilíbrio nas receitas fazendárias (STJ, Informativo 415).

7

PRINCÍPIO DA CAPACIDADE CONTRIBUTIVA

7.1 ISONOMIA E CAPACIDADE CONTRIBUTIVA

De acordo com o princípio da igualdade, é vedado aos entes federativos instituir tratamento desigual entre contribuintes que se encontrem em situação equivalente. O princípio da isonomia tributária significa o dever de igualar aqueles que se encontram em situação semelhante e desigualar os que estão em situação diferente. Trata-se de desdobramento, no campo dos tributos, do princípio republicano.

No âmbito do direito tributário, como vimos, as características particulares dos indivíduos (se é homem ou mulher, solteiro ou casado, jovem ou pessoa idosa) e das empresas (se é grande, média ou pequena) contam apenas se vinculadas às respectivas capacidades econômicas, quer dizer, à aptidão que têm para pagar tributos.

De fato, a norma tributária não deve eleger como fator de discriminação características particulares de pessoas naturais ou jurídicas que não tenham relação com suas capacidades econômicas, sob pena de representar típico privilégio odioso. Seria o caso, por exemplo, de isentar os proprietários rurais do pagamento de impostos apenas porque são proprietários de terras; ou isentar os descendentes da família real brasileira apenas porque têm sangue aristocrático, e assim por diante.

Assim, a *capacidade para contribuir* é elemento fundamental à exata concretização do princípio da igualdade tributária. Sem dúvida, contribuintes que possuem capacidade econômica elevada têm, como consequência, maior aptidão para participar do financiamento dos gastos públicos. Por outro lado, aqueles que nada possuem ou dispõem de poucos recursos devem ser excluídos da tributação ou recolher quantias menores aos cofres estatais.

Imaginemos, pois, dois indivíduos. O primeiro trabalha no corte de cana e recebe um salário mínimo por mês. O segundo é executivo de uma montadora de automóveis e recebe a quantia de R$ 300.000,00 (trezentos mil reais). Quem possui maior capacidade contributiva? O segundo, claro. Como deve ser o tratamento tributário de ambos: igual ou desigual? Para situações *desiguais*, tratamento *desigual*, esse é o mandamento do princípio da igualdade. Quem deve pagar mais tributo? O segundo, obviamente.

Nesse sentido, o *princípio da capacidade contributiva* é um poderoso paradigma de concretização, isto é, aplicação prática, do princípio da igualdade ou isonomia tributária. Aliás, não é outra a lição de Roque Carrazza, para quem "o princípio da capacidade contributiva hospeda-se nas dobras do princípio da igualdade e ajuda a realizar, no campo tributário, os ideais republicanos" (CARRAZZA, 2011, p. 96).

Ressalte-se, ainda, que o postulado aponta para a dimensão positiva do princípio da isonomia. Enquanto este último impõe tratamento desigual para contribuinte que estão em situação diferente, vedando, dessa forma, a existência de privilégios odiosos, o princípio da capacidade contributiva impõe uma discriminação positiva na medida em que determina uma tributação mais acentuada para aqueles que dispõem de maior riqueza, e uma tributação mais suave para aqueles que nada têm ou têm muito pouco.

Vem à tona, portanto, a noção de *justiça fiscal ou justiça tributária*, que implica onerar de forma mais acentuada os que dispõem de maior riqueza e de maneira branda aqueles que têm apenas o básico para a sobrevivência. Em outras palavras: os ricos devem pagar mais; os pobres, menos. Estes, em algumas circunstâncias, sequer devem pagar tributos (proteção do mínimo vital). Finalmente, importa registrar que o princípio da capacidade contributiva aplica-se às pessoas naturais e jurídicas. Neste último caso, deve observar, também, os princípios enumerados no art. 170 da Constituição.

APROFUNDANDO! Limites da capacidade contributiva: O mínimo vital e a vedação do confisco

O princípio da capacidade contributiva possui dois extremos, isto é, dois limites a partir dos quais *não* deve ser aplicado: (1) o mínimo vital e (2) a vedação do confisco. O mínimo vital significa a capacidade econômica mínima sem a qual o indivíduo não tem condições de levar uma vida com dignidade. Um chefe de família que recebe um salário mínimo, por exemplo, não tem capacidade contributiva ou a tem de maneira muito reduzia. Não pode, portanto, ser compelido a pagar imposto sobre a renda e proventos de qualquer natureza (IR). A preservação do mínimo vital decorre do princípio da dignidade da pessoa humana (art. 1.º, III, da CF/1988). Além do mais, constitui objetivo fundamental da República Federativa do Brasil, de acordo com o inciso I do art. 3.º, "construir uma sociedade livre, justa e solidária". Ora, solidariedade implica em que os que têm mais contribuam no lugar daqueles que nada têm. Por outro lado, a vedação do confisco também é um limite ao princípio da capacidade contributiva. Alguns indivíduos são excessivamente ricos; certas empresas possuem lucros astronômicos, muitas vezes provenientes de aplicações financeiras que nada produzem. É justo que paguem tributos mais elevados? Sem dúvida! É lícito, porém, que o Estado retire-lhes toda a propriedade por meio dos tributos? Obviamente, não. A Constituição, como sabemos, protege a propriedade privada, nos termos do art. 5º, inciso XXII. Exemplo de tributo confiscatório seria um IPTU com alíquota de 50%. Recolher metade do valor do imóvel a título de imposto é inconstitucional, uma vez que caracteriza confisco. Estudaremos a vedação do confisco em capítulo específico. O importante, aqui, é considerar que a capacidade contributiva tem um limite nítido, que é a preservação da propriedade privada. Uma coisa, entretanto, é certa: a observância dos extremos do princípio da capacidade contributiva, isto é, da preservação do mínimo vital e da vedação do confisco, refere-se a todas as espécies de tributos. Em outras palavras, impostos, taxas, contribuições de melhoria, empréstimos compulsórios e contribuições especiais têm como limite o mínimo necessário à existência digna e o direito à propriedade privada.

7.2 O PRINCÍPIO DA CAPACIDADE CONTRIBUTIVA NA CONSTITUIÇÃO DE 1988

O princípio da capacidade contributiva aparece de maneira explícita no art. 145, § 1.º, da CF/1988:

> **CF, art. 145, § 1º.** Sempre que possível, os impostos terão caráter pessoal e serão graduados segundo a capacidade econômica do contribuinte, facultado à administração tributária, especialmente para conferir efetividade a esses objetivos, identificar, respeitados os direitos individuais e nos termos da lei, o patrimônio, os rendimentos e as atividades econômicas do contribuinte.

A Constituição mantém-se fiel à característica específica do imposto, tributo cujo fato gerador é desvinculado, e determina que apenas esta espécie tributária terá caráter pessoal e será graduada segundo a capacidade econômica do contribuinte.

Quer dizer, em termos de explicitação do princípio da capacidade contributiva, o texto constitucional refere-se apenas e tão somente aos *impostos*. O legislador, no momento em que for criar esta espécie tributária, deve estar absolutamente atento à capacidade contributiva dos indivíduos e empresas. Em outras palavras, deve desenhar a hipótese de incidência do tributo de maneira tal que a conjugação de alíquotas e base de cálculo permita uma tributação mais elevada daqueles que têm mais recursos.

Isso significa que o princípio não se aplica às outras espécies de tributos? Não, pelo contrário. As demais espécies devem observar o princípio, cada uma de acordo com suas características peculiares. O que importa consignar é que, em termos de previsão *explícita*, a Constituição refere-se apenas à figura dos impostos.

Devemos registrar, no entanto, que há substancial corrente doutrinária a defender a aplicação do princípio da capacidade contributiva apenas aos impostos. Regina Helena Costa, por exemplo, observa: "Discordamos daqueles que proclamam ser o princípio da capacidade contributiva aplicável a tributos vinculados a uma prestação estatal – taxas e contribuições –, porquanto estes são orientados por princípios diversos, os da retributividade e do benefício, respectivamente, relacionados à atuação estatal a ser remunerada" (COSTA, 2014, p. 93).

Discordamos, respeitosamente, desta posição. Os princípios contemporâneos de hermenêutica constitucional, tais como o da interpretação sistemática, unidade da Constituição, máxima efetividade de suas normas etc., não autorizam a consideração isolada do art. 145, § 1º. Pelo contrário, o sentido de cada postulado deve ser construído à luz da totalidade do texto constitucional, sem excluir os elementos factuais que lhe subjazem. Em suma, entendemos que o princípio colhe todas as espécies de tributos.

7.3 A EXPRESSÃO "SEMPRE QUE POSSÍVEL"

De acordo com o § 1.º do art. 145 da CF/1988, *sempre que possível*, os impostos terão caráter pessoal e serão graduados segundo a capacidade econômica do contribuinte. O que significa a expressão "sempre que possível"? É possível que todos os impostos tenham caráter pessoal e sejam graduados segundo a capacidade econômica do contribuinte? A resposta passa por uma análise mais detalhada.

Alguns impostos têm uma aptidão maior para atingir a capacidade econômica do indivíduo ou da empresa. É o caso, por exemplo, o imposto sobre a renda e proventos de qualquer natureza (IR).

É possível saber com alguma segurança qual é a renda, ou seja, o acréscimo de riqueza do indivíduo por meio da declaração de recebimentos e despesas que é entregue anualmente. Ademais, permite-se uma série de deduções, isto é, descontos, em virtude de gastos com saúde, educação etc. Ao final pode-se graduar o imposto sobre a renda com razoável precisão, de acordo com as características pessoais de cada contribuinte.

Outros impostos não permitem tal precisão. É o caso do imposto sobre a circulação de mercadorias e prestação de serviços (ICMS). O contribuinte desse imposto é, como regra, o empresário que faz circular a mercadoria. Recolhe-se certa alíquota com base no valor desta. Pois bem, o empresário retira de seu bolso o valor pago a título de ICMS? Não, ele repassa para o preço do produto pago pelo consumidor. Se o refrigerante deveria custar R$ 5,50 (cinco reais e cinquenta centavos), passa a custar R$ 8,00 (oito reais) em virtude do valor do ICMS que fica "embutido".

Por outro lado, o indivíduo que resolve refrescar-se com o refrigerante pode ser identificado? É possível saber se é rico ou pobre; casado ou solteiro; tem ou não de deficiência? Não. Os consumidores são variados e integram as mais diversas classes sociais. Por isso, nesse caso, a aplicação do princípio da capacidade contributiva sofre restrições. Daí a importante distinção entre contribuinte *de direito* e contribuinte *de fato*, que marca os chamados tributos indiretos, isto é, aqueles tributos cujo encargo econômico pode ser transferido a um terceiro alheio à relação jurídica tributária.

Percebe-se, então, que a carga tributária, na medida do possível, deve guardar compatibilidade com a situação econômica dos contribuintes. Não é permitido pelo ordenamento constitucional que a carga tributária tenha uma evolução em descompasso com a situação econômica destes.

Roque Carrazza, a propósito da expressão "sempre que possível", anota: "Se for da índole constitucional do imposto, ele deverá obrigatoriamente ter caráter pessoal e ser graduado segundo a capacidade econômica do contribuinte. Ou melhor, se a regra-matriz do imposto (traçada na Constituição) permitir, ele deverá necessariamente obedecer ao princípio da capacidade contributiva" (CARRAZZA, 2011, p. 112).

Cada imposto possui uma característica específica, isto é, uma "índole constitucional" própria. De acordo com suas peculiaridades, o princípio da capacidade contributiva será respeitado de uma forma ou de outra. Nesse sentido, existem três *critérios ou técnicas* por meio das quais o princípio da capacidade contributiva é aplicado de acordo com cada imposto específico. Tais mecanismos giram em torno da maneira pela qual as alíquotas se relacionam com a base de cálculo do tributo ou com as características da coisa tributada. As técnicas são: proporcionalidade; progressividade e seletividade.

7.4 PROPORCIONALIDADE

O critério da proporcionalidade indica que se deve aplicar a *mesma* alíquota para bases de cálculo *diferentes*.

Imaginemos dois contribuintes. O primeiro é proprietário de um veículo automotor popular com valor de mercado de R$ 40.000,00 (quarenta mil reais). O segundo é proprietário de um automóvel de luxo avaliado em R$ 300.000,00 (trezentos mil reais). Tomemos uma alíquota de 4%, utilizada de maneira geral pelas legislações estaduais.

Pois bem, quanto cada um deles deve recolher a título de imposto sobre a propriedade de veículos automotores (IPVA)? Ora, o primeiro recolherá a quantia de R$ 1.600,00 (mil e seiscentos reais); o segundo deve recolher a quantia de R$ 12.000,00 (doze mil reais). Note-se que o valor final a ser recolhido é *proporcional* à base de cálculo do tributo, isto é, ao valor do veículo automotor.

De acordo com a doutrina, o princípio da capacidade contributiva é realizado, nesse caso, porque os valores finais a serem recolhidos por cada contribuinte são diferentes, já que ligados a valores diferentes. Para bases de cálculo distintas, valores distintos. Ora, diferenciar na medida das diferenças é a realização do princípio da igualdade.

Eduardo Sabbag anota: "A técnica da proporcionalidade – obtida pela aplicação de uma alíquota única sobre uma base tributável variável – é um instrumento de justiça 'neutro', por meio do qual se busca realizar o princípio da capacidade contributiva. Vale dizer que a técnica induz que o desembolso de cada qual seja proporcional à grandeza da expressão econômica do fato tributado" (SABBAG, 2014, p. 179).

<table>
<tr><th colspan="3">Técnica da proporcionalidade: aplicação de alíquota única a bases de cálculo distintas</th></tr>
<tr><td>Base de cálculo: R$ 1.000,00</td><td rowspan="2">Alíquota: 10%</td><td>Valor a ser recolhido: R$ 100,00</td></tr>
<tr><td>Base de cálculo: R$ 100.000,00</td><td>Valor a ser recolhido: R$ 10.000,00</td></tr>
</table>

7.5 PROGRESSIVIDADE

O critério da progressividade indica a aplicação de alíquotas *diferentes* para bases de cálculo *diferentes*. E mais: alíquotas que *aumentam* à medida que as bases de cálculo *aumentam*.

Tomemos os dois contribuintes, um trabalhador assalariado e outro executivo de uma grande empresa. O primeiro recebe a importância de R$ 1.500,00 (mil e quinhentos reais) por mês a título de salário; o segundo recebe a importância de R$ 100.000,00 (cem mil reais).

Se utilizarmos a técnica da *proporcionalidade* e adotarmos uma alíquota única de 10%, o primeiro deve recolher a quantia de R$ 150,00 (cento e cinquenta reais) a título de imposto sobre a renda e proventos de qualquer natureza (IR), enquanto o segundo deve recolher o valor de R$ 10.000,00 (dez mil reais).

Como ficam esses valores, no entanto, tratando-se de *progressividade*?

Nesse caso deve-se aplicar alíquotas que *crescem* à medida que *crescem* as bases de cálculo. Imaginemos, assim, uma alíquota de 10% para o primeiro, e uma alíquota de 27,5% para o segundo. Os valores finais a serem recolhidos são, no caso do primeiro contribuinte, R$ 150,00 (cento e cinquenta reais); no caso do segundo, R$ 27.500,00 (vinte e sete mil e quinhentos reais).

Perceba-se que os valores a serem recolhidos são diferentes e, ao mesmo tempo, *progressivos*. Quer dizer, o segundo contribuinte desloca uma fração maior de sua renda (27,5%) quando comparado ao primeiro (10%). No caso da proporcionalidade a fração deslocada por ambos é a mesma: 10%.

Nesse sentido, Roque Carrazza explica: "A progressividade das alíquotas tributárias, longe de atritar com o sistema jurídico, é o melhor meio de se afastarem, no campo dos impostos, as injustiças tributárias, vedadas pela Carta Magna. Sem impostos progressivos não há como atingir-se a igualdade tributária. Logo, o sistema de impostos, no Brasil, deve ser informado pelo critério da progressividade. Impostos com alíquotas crescentes em função do aumento de suas bases tributáveis (bases de cálculo *in concreto*) levam corretamente em conta que o sacrifício suportado pelo contribuinte para concorrer às despesas públicas é tanto maior quanto menor a riqueza que possui (e vice-versa). Ademais, permitem que o Estado remova, pelo menos em parte, as desigualdades econômicas existentes entre as pessoas" (CARRAZZA, 2011, p. 98).

Técnica da progressividade: alíquotas diferentes para bases de cálculo diferentes; alíquotas que crescem à medida que cresce a base de cálculo		
Base de cálculo: R$ 1.000,00	*Alíquota: 10%*	*Valor a ser recolhido: R$ 100,00*
Base de cálculo: R$ 10.000,00	*Alíquota: 15%*	*Valor a ser recolhido: R$ 1.500,00*
Base de cálculo: R$ 100.000,00	*Alíquota: 20%*	*Valor a ser recolhido: R$ 20.000,00*

APROFUNDANDO! PROGRESSIVIDADE EM OUTRAS ESPÉCIES TRIBUTÁRIAS

Como regra geral, a Constituição atrela a progressidade de alíquotas aos impostos. Natural que assim seja, pois os impostos são os tributos destinados à arrecadação. Possuem, portanto, uma vocação natural à progressividade. Nada impede, contudo, que outras espécies tributárias apresentem alíquotas progressivas. Vejamos algumas situações em que há menção explícita do texto constitucional nesse sentido:

- *Contribuição social previdenciária* – O art. 149, § 1º, da Constituição, atribui à União, aos Estados, ao Distrito Federal e aos Municípios competência para instituir, por meio de lei, "contribuições para custeio de regime próprio de previdência social, cobradas dos servidores ativos, dos aposentados e dos pensionistas, que poderão ter *alíquotas progressivas* de acordo com o valor da base de contribuição ou dos proventos de aposentadoria e de pensões";
- *Contribuição social cobrada do trabalhador* – O art. 195, II, da Constituição, atribui à União competência para instituir contribuição social para a seguridade social, exigida em face "do trabalhador e dos demais segurados da previdência social, podendo ser adotadas *alíquotas progressivas* de acordo com o valor do salário de contribuição, não incidindo contribuição sobre aposentadoria e pensão concedidas pelo Regime Geral de Previdência Social".

A) Progressividade fiscal e extrafiscal

A progressividade pode ser *fiscal* ou *extrafiscal.*

No primeiro caso, procura-se realizar a justiça fiscal por meio da simples arrecadação, isto é, onerando mais quem possui uma capacidade contributiva maior, e menos quem possui uma capacidade menor. No segundo caso, procura-se induzir o contribuinte a adotar certos comportamentos economicamente estratégicos ou socialmente responsáveis através da progressão de alíquotas, sempre de acordo com os valores estabelecidos pelo texto constitucional.

Exemplo de progressividade fiscal é o imposto sobre a renda e proventos de qualquer natureza (IR), nos termos do art. 153, § 2.º, I, da CF/1988, que prescreve:

> **CF, art. 153** [...]
>
> § 2º. O imposto previsto no inciso III:
>
> I – será informado pelos critérios da generalidade, da universalidade e da progressividade, na forma da lei.

No caso do IR, quanto maior o acréscimo de riqueza do indivíduo ou da empresa, tanto maior será a alíquota que deverá recolher a título de imposto. Busca-se tributar de forma mais rigorosa os que têm maior capacidade econômica.

Exemplo de progressividade extrafiscal encontra-se no imposto territorial rural (ITR). O art. 153, § 4º, I, da CF/1988 estipula:

> **CF, art. 153** [...]
>
> § 4º. O imposto previsto no inciso VI do *caput*:
>
> I – será progressivo e terá suas alíquotas fixadas de forma a desestimular a manutenção de propriedades improdutivas.

Dessa forma, quanto *mais improdutiva* a propriedade rural, tanto *maior* serão as alíquotas do ITR. É uma forma de induzir o proprietário rural a ajustar sua propriedade à função social, tal como prescrita pela Constituição no art. 186.

Em suma, a progressividade pode ser fiscal ou extrafiscal. Alguns impostos, por mandamento constitucional, devem atender a ambos os critérios, isto é, devem ser progressivos em termos fiscais e extrafiscais. É o caso do imposto sobre a propriedade predial e territorial urbana (IPTU), de acordo com o art. 156, § 1.º, I, da CF/1988, como veremos.

B) A progressividade do imposto sobre a renda e proventos de qualquer natureza (IR)

O imposto sobre a renda e proventos de qualquer natureza (IR) será informado pelos critérios da generalidade, da universalidade e da progressividade, na forma da lei (art. 153, § 2.º, I, da CF/1988). Quer dizer, de acordo com a Constituição, o IR deve ser *progressivo.*

Vale ressaltar que o IR é o tributo brasileiro que mais levou em consideração os aspectos pessoais do contribuinte. Trata-se de progressividade *fiscal*, pois as alíquotas devem variar conforme varia a base de cálculo. Em termos mais precisos: as alíquotas devem *aumentar* à medida que *aumenta* a base de cálculo. Realiza-se a justiça fiscal onerando mais quem obteve maior acréscimo de riqueza.

Assim, a legislação organiza as bases de cálculo do IR de acordo com cinco faixas e faz as alíquotas aumentarem à medida que tais faixas aumentam. Deve-se mencionar, ainda, que há isenção para aqueles que auferem renda até um determinado valor. Essa isenção está plenamente de acordo com o princípio da igualdade e com a não tributação do mínimo vital. Ressalte-se apenas que tal faixa poderia ser ainda maior, em vista da imensa desigualdade de renda que aflige nosso país.

A técnica da progressividade onera de forma mais elevada os que auferem maior escala de renda. Aplica-se o princípio da igualdade tributária e da capacidade contributiva de forma plena. Realiza-se a justiça social de maneira mais adequada do que pelo critério da proporcionalidade.

Tabela progressiva de IR – Lei nº 14.663/2023 e MP nº 1.206/2024		
Base de cálculo (R$)	*Alíquota (%)*	*Parcela a deduzir do IR (R$)*
Até 2.259,20	*Isento*	*Isento*
De 2.259,21 até 2.826,65	*7,5%*	*158,40*
De 2.826,66 até 3.751,05	*15%*	*370,40*
De 3.751,06 até 4.664,68	*22,5%*	*651,73*
Acima de 4.664,68	*27,5%*	*884,96*

<u>*Aprofundando!* AUSÊNCIA DE PROGRESSIVIDADE REAL NO IR</u>

Em princípio, a análise das normas que disciplinam o imposto sobre a renda e proventos de qualquer natureza (IR) leva a afirmar que o imposto é progressivo. Aliás, em concursos públicos esta é a posição que deve ser sustentada. Uma análise mais detida, no entanto, parece revelar o contrário. Isso ocorre porque, de acordo com a tabela acima mencionada, o contribuinte que recebe a partir de R$ 4.665,68 mensais deve recolher com base na mesma alíquota de 27,5% que recolhem os contribuintes que recebem valores substancialmente maiores, como R$ 10.000,00, R$ 100.000,00 ou R$ 1.000.000,00. Percebe-se, pois, que a partir de certo patamar de renda, aplica-se, na prática, uma alíquota *única* para bases de cálculo *diferentes*, o que caracteriza a técnica da proporcionalidade. Verifica-se, assim, que, em certa medida, o legislador infraconstitucional nega vigência à Constituição ao estabelecer uma tabela de IR com poucas faixas de renda e com uma única alíquota a partir de um montante relativamente baixo. Esta é uma das razões pelas quais o Sistema Tributário Nacional, na prática, não realiza a justiça tributária preconizada pela Constituição de 1988.

C) A progressividade do imposto territorial rural (ITR)

De acordo com a Constituição, o ITR será progressivo e terá suas alíquotas fixadas de forma a desestimular a manutenção de propriedades improdutivas (art. 153, § 4º, I, da CF/1988). A Constituição prescreve a *progressividade fiscal e extrafiscal* para o ITR.

Além de onerar a propriedade rural de acordo com a capacidade econômica do contribuinte (progressividade fiscal), o imposto deve ser utilizado com a função de induzir o proprietário do imóvel a adotar a conduta perseguida pela Constituição. Nesse caso, o sujeito passivo deve adequar sua propriedade rural à função social, tal como delineada no art. 186 da CF/1988:

> **CF, art. 186**. A função social é cumprida quando a propriedade rural atende, simultaneamente, segundo critérios e graus de exigência estabelecidos em lei, aos seguintes requisitos:
>
> I – aproveitamento racional e adequado;
>
> II – utilização adequada dos recursos naturais disponíveis e preservação do meio ambiente;
>
> III – observância das disposições que regulam as relações de trabalho;
>
> IV – exploração que favoreça o bem-estar dos proprietários e dos trabalhadores.

Nesse sentido, a Lei 9.393/1996 estabelece uma tabela de acordo com a qual a base de cálculo do tributo será o valor do imóvel, isto é, a terra "nua", somado a critérios de utilização do terreno. No primeiro caso, visa-se à progressividade fiscal; no segundo, à extrafiscal. É o que determina o art. 11 da Lei:

> **Lei nº 9.393/96, art. 11**. O valor do imposto será apurado aplicando-se sobre o valor da terra nua tributável (VTNt) a alíquota correspondente, prevista no Anexo desta Lei, considerados a área total do imóvel e o grau de utilização (GU).

Tabela de alíquotas – Art. 11					
Área total do imóvel *(em hectares)*	*GRAU DE UTILIZAÇÃO – GU (EM %)*				
	Maior que 80	*Maior que 65 até 80*	*Maior que 50 até 65*	*Maior que 30 até 50*	*Até 30*
Até 50	*0,03*	*0,20*	*0,40*	*0,70*	*1,00*
Maior que 50 até 200	*0,07*	*0,40*	*0,80*	*1,40*	*2,00*
Maior que 200 até 500	*0,10*	*0,60*	*1,30*	*2,30*	*3,30*
Maior que 500 até 1.000	*0,15*	*0,85*	*1,90*	*3,30*	*4,70*
Maior que 1.000 até 5.000	*0,30*	*1,60*	*3,40*	*6,00*	*8,60*
Acima de 5.000	*0,45*	*3,00*	*6,40*	*12,00*	*20,00*

Percebe-se que a lei leva em conta o tamanho do imóvel e o grau de sua utilização. Com base nesses critérios, fixa alíquotas variáveis que se *elevam* à medida que o imóvel é *menos* utilizado.

D) A progressividade do imposto predial e territorial urbano (IPTU)

O imposto sobre a propriedade predial e territorial urbana (IPTU) é de competência dos Municípios e do Distrito Federal. O art. 156, § 1.º, I, da CF/1988, na redação dada pela EC 29/2000, estabelece:

> **CF, art. 156, § 1º.** Sem prejuízo da progressividade no tempo a que se refere o art. 182, § 4.º, inciso II, o imposto previsto no inciso I poderá: I – ser progressivo em razão do valor do imóvel.

De acordo com a Constituição, o IPTU deve ser progressivo em razão o *valor* do imóvel e de acordo com sua adequação à *função social da propriedade*, também chamada de progressividade no tempo (art. 182, § 4.º, II, CF/1988). Isso significa que o gravame apresenta progressividade *fiscal* e *extrafiscal*.

É importante consignar que a redação original do § 1.º do art. 156 não assegurava, de forma explícita a progressividade em razão do valor do imóvel. De fato, o dispositivo originário dispunha: "O imposto previsto no inciso I poderá ser progressivo, nos termos de lei municipal, de forma a assegurar o cumprimento da função social da propriedade".

A Constituição assegurava explicitamente apenas a progressividade extrafiscal do IPTU. Quanto à progressividade fiscal, estava implícita no texto constitucional. Nada obstante, esta não foi a interpretação adotada pelo STF, que não vislumbrou autorização implícita para a progressividade fiscal, posição que restou cristalizada na súmula nº 668:

Súmula nº 668 do STF: "É inconstitucional a lei municipal que tenha estabelecido, antes da Emenda Constitucional 29/2000, alíquotas progressivas para o IPTU, salvo se destinada a assegurar o cumprimento da função social da propriedade urbana".

De toda forma, a partir da Emenda Constitucional nº 29, de 2000, pacificou-se o entendimento de que o IPTU ostenta dupla progressividade: fiscal, em razão do valor do imóvel; e extrafiscal, para viabilizar o cumprimento da função social da propriedade urbana (progressividade no tempo).

APROFUNDANDO! IPTU E PROGRESSIVIDADE NO TEMPO

A progressividade extrafiscal do IPTU é chamada de *progressividade no tempo*. Neste caso, as alíquotas aumentam conforme passam os anos e o proprietário do imóvel urbano permanece em inércia, não o ajustando à função social da propriedade. Quanto *mais* o tempo transcorrer, *mais elevadas* serão as alíquotas. O mecanismo está previsto no art. 182, § 4º, III, da CF. De acordo com o dispositivo, é facultado ao Poder Público Municipal exigir do proprietário do solo urbano não edificado, subutilizado ou não utilizado que promova seu adequado aproveitamento sob pena, sucessivamente, de: (I) parcelamento ou edificação compulsórios; *(II) imposto sobre a propriedade predial e territorial urbana progressivo no tempo;* (III) desapropriação, com pagamento em títulos da dívida pública. Para tanto, é necessário: (1) lei específica municipal; (2) área incluída no plano diretor; (3) lei federal, que, no caso é o chamado Estatuto da Cidade (Lei nº 10.257/2001). A propósito, o art. 7º desta lei determina:

> Art. 7º Em caso de descumprimento das condições e dos prazos previstos na forma do *caput* do art. 5º desta Lei, ou não sendo cumpridas as etapas previstas no § 5º do art. 5º desta Lei, o Município procederá à aplicação do imposto sobre a propriedade predial e territorial urbana (IPTU) progressivo no tempo, mediante a majoração da alíquota pelo prazo de cinco anos consecutivos.
>
> § 1º O valor da alíquota a ser aplicado a cada ano será fixado na lei específica a que se refere o caput do art. 5º desta Lei e não excederá a duas vezes o valor referente ao ano anterior, respeitada a alíquota máxima de quinze por cento.
>
> § 2º Caso a obrigação de parcelar, edificar ou utilizar não esteja atendida em cinco anos, o Município manterá a cobrança pela alíquota máxima, até que se cumpra a referida obrigação, garantida a prerrogativa prevista no art. 8º.
>
> § 3º É vedada a concessão de isenções ou de anistia relativas à tributação progressiva de que trata este artigo.

E) Jurisprudência do STF quanto à progressividade dos impostos

O STF possuía uma posição bastante conservadora com relação aos mecanismos de concretização do princípio da capacidade contributiva. Até um passado recente, a Corte entendia que a progressividade, que é a técnica ideal para a realização de tal postulado, deveria se restringir aos impostos *pessoais*, sendo certo que os impostos *reais*, como regra, deveriam se submeter ao mecanismo de proporcionalidade.

Há alguns anos o STF vem modificando, em certos julgados, seu posicionamento. No entanto, ainda não se pode afirmar, com segurança, que ocorreu viragem jurisprudencial.

a) Impostos pessoais e impostos reais

O STF parte da distinção, muito criticável, entre impostos *pessoais* e impostos *reais*. Os primeiros levam em consideração as características pessoais do contribuinte, como o imposto sobre a renda e proventos de qualquer natureza (IR). Os impostos reais, por outro lado, consideram as características do objeto sobre o qual incidem, como, por exemplo, o imposto sobre produtos industrializados (IPI).

No caso do IR sabemos que a renda auferida pelo contribuinte vincula-se a sua pessoa. Se determinado indivíduo obteve um acréscimo de riqueza de R$ 100.000,00 (cem mil reais), sabemos que sua pessoa "enriqueceu" dessa quantia. Poderá viajar, comprar um veículo automotor, aplicar na poupança etc. O IPI, por outro lado, considera a dimensão da "coisa" sobre a qual incide. Uma geladeira, um fogão, um carro. Não considera aspectos pessoais do contribuinte. O fato de um indivíduo ter adquirido uma geladeira de R$ 10.000,00 (dez mil reais) pode ser somente uma extravagância, não indicando, necessariamente, elevada capacidade contributiva.

Assim, como ensina Hugo de Brito Machado, "seja como for, é importante que se conheça a classificação dos impostos quanto aos elementos objetivos ou subjetivos, utilizados na determinação do valor respectivo (MACHADO, 2003, p. 263)":

- *Real* é o imposto cujo montante é determinado levando-se em consideração apenas o objeto sobre o qual incide, seja um fato ou uma situação ou estado de fato. Importa a coisa e não a pessoa. Faz-se a determinação objetiva e não subjetivamente. São exemplos de imposto real o IPI e o ICMS, entre muitos outros;
- *Pessoal* é o imposto cujo montante é determinado levando-se em consideração elementos do sujeito passivo respectivo. Importa o contribuinte, a pessoa e suas circunstâncias. Faz-se a determinação subjetivamente. Exemplo dessa espécie de imposto é o que incide sobre a renda e os proventos das pessoas físicas (MACHADO, 2003, p. 263).

O problema, como afirma o próprio Machado, é que "a classificação dos impostos em reais e pessoais tem sido considerada no deslinde de importantes questões, entre as quais a que se refere à progressividade do IPTU, tendo o Supremo Tribunal Federal recusado a possibilidade de esse imposto ser progressivo, à consideração de que a progressividade não se aplica aos impostos reais" (MACHADO, 2003, p. 263).

b) O "leading case" do STF

O *leading case* do STF foi o julgamento do RE 153.771/MG, em 1996, cujo voto condutor foi da lavra do Ministro Moreira Alves. Na ocasião, julgou-se inconstitucional a Lei 5.641/1989, do Município de Belo Horizonte, que fixava alíquotas progressivas em razão do valor do imóvel para o imposto predial e territorial urbano (IPTU).

O principal argumento do STF repousa na compreensão de que o IPTU é um imposto real. Estes, segundo a Corte, não se prestam à progressividade de alíquotas, uma vez que têm como critério a coisa sobre a qual incidem e não a pessoa do contribuinte. Nesse sentido, não têm aptidão para revelar a capacidade contributiva do sujeito passivo tributário.

Vejamos um exemplo: imaginemos que um indivíduo tenha recebido como herança, de um parente distante e desconhecido, um imóvel luxuoso de frente à praia de Copacabana, na cidade do Rio de Janeiro. Suponhamos, ainda, que essa pessoa receba um salário mínimo por mês a título de remuneração. Ao tornar-se proprietário do imóvel urbano, torna-se, também, contribuinte do IPTU. Pergunta-se: essa pessoa tem capacidade econômica para arcar com os custos do imposto? Parece que não. Deverá, certamente, vender o imóvel.

A progressividade de alíquotas em razão do valor do imóvel, nesses casos, poderia redundar em evidente injustiça, na medida em que se tributa com base no valor do bem e não com base na disponibilidade de riqueza da pessoa.

Assim, de acordo com o STF, a Constituição, ao assinalar que *sempre que possível* os impostos terão caráter pessoal e serão graduados segundo a capacidade econômica do contribuinte, teria autorizado a progressividade de alíquotas apenas para os impostos pessoais e excluído tal mecanismo para os impostos reais. A progressividade apenas será admitida, no último caso, isto é, para os impostos reais, quando houver expressa autorização constitucional. De fato, o Plenário assentou:

> No sistema tributário nacional é o IPTU inequivocamente um imposto real. Sob o império da atual Constituição, não é admitida a progressividade fiscal do IPTU, quer com base exclusivamente no seu artigo 145, § 1º, porque esse imposto tem caráter real que é incompatível com a progressividade decorrente da capacidade econômica do contribuinte, quer com arrimo na conjugação desse dispositivo constitucional (genérico) com o artigo 156, § 1º (específico) (STF, RE 153.771/MG, 1996).

O posicionamento da Corte consolidou-se durante muito tempo nesse sentido e foi aplicado, também, à análise da progressividade de alíquotas no caso do imposto sobre a transmissão de bens imóveis (ITBI). Vedou-se a progressividade porque o ITBI é um imposto real. Tal interpretação redundou em entendimento sumulado:

> ***Súmula nº 656 do STF:*** "É inconstitucional a lei que estabelece alíquotas progressivas para o imposto de transmissão *inter vivos* de bens imóveis – ITBI com base no valor venal do imóvel".

Considerando que o STF interpretou durante muito tempo de maneira conservadora o mecanismo de progressividade de alíquotas, e não podemos afirmar que já houve mudança definitiva de sua jurisprudência, é importante saber quais impostos *reais* possuem expressa autorização constitucional para a progressividade. Isso ocorre porque, de acordo com o próprio STF, em havendo autorização constitucional, mesmo impostos reais podem ter alíquotas fixadas de modo escalonado, de maneira que variem para mais conforme aumente a base de cálculo, e para menos conforme esta diminua. São eles:

- *Imposto territorial rural (ITR)*: De acordo com a Constituição, tal imposto "será progressivo e terá suas alíquotas fixadas de forma a desestimular a manutenção de propriedades improdutivas" (art. 153, § 4.º, I, da CF/1988);
- *Imposto predial e territorial urbano (IPTU)*: "Sem prejuízo da progressividade no tempo a que se refere o art. 182, § 4.º, II, o imposto previsto no inciso I poderá ser progressivo em razão do valor do imóvel" (art. 156, § 1.º, I, da CF/1988);
- *Imposto sobre a renda e proventos de qualquer natureza (IR)*: O IR é um imposto *pessoal*. Além do mais, possui *expressa* autorização constitucional para a *progressividade* (art. 153, § 2.º, I, da CF/1988). Mencionamos tal imposto nesse momento apenas para fins de recordação.

ATENÇÃO! Reforma tributária!

A Emenda Constitucional nº 132, de 2023, que veiculou a chamada reforma tributária, acrescentou alguns dispositivos ao art. 155 da Constituição Federal, de modo que mais dois impostos obtiveram autorização explícita para a progressividade de alíquotas. Vejamos:

Imposto sobre transmissão "causa mortis" e doação (ITCMD) – O imposto sobre a transmissão *causa mortis*" e doação (ITCMD), também chamado de imposto sobre heranças e doações, está previsto no art. 155, inciso I, do texto constitucional, e é de competência dos Estados e Distrito Federal. Pois bem, a EC 132/2023, acrescentou ao § 1º, do art. 155, o inciso VI, estabelecendo que o ITCMD "será progressivo em razão do valor do quinhão, do legado ou da doação". Como veremos, havia discussão doutrinária e jurisprudencial sobre a possibilidade de progressividade para o ITCMD. Tal discussão é agora encerrada, com a determinação constitucional para tanto;

Imposto sobre a propriedade de veículos automotores (IPVA) – O IPVA está previsto no art. 155, inciso III, da Constituição e também é de competência dos Estados e do Distrito Federal. Por incidir sobre a propriedade de veículos automotores, qualifica-se como imposto real. Durante muito tempo, aplicou-se a jurisprudência tradicional do STF, no sentido de que impostos reais não podem ser progressivos, mas apenas proporcionais. Em 2003, a EC 42/2003, acrescentou ao art. 155 o § 6º, inciso II, determinando que o IPVA poderia "ter alíquotas diferenciadas em função do tipo e utilização". Alguns autores sustentavam que se tratava de progressividades, mas outros afirmavam que se tratava de seletividade, pois o dispositivo não mencionava o *valor* do veículo como critério para a fixação das alíquotas. Pois bem, a EC 132/2023 deu nova redação ao inciso, nos seguintes termos: "poderá ter alíquotas diferenciadas em função do tipo, do valor, da utilização e do impacto ambiental". Ao mencionar o *valor* do veículo automotor, fica autorizada a progressividade fiscal do IPVA.

c) A Emenda Constitucional 29, de 2000

O posicionamento do STF quanto à vedação da progressividade de alíquotas no que toca ao IPTU foi adotado com fundamento no art. 156, § 1.º, da CF/1988, em sua redação original. O dispositivo estatuía o seguinte:

CF, art. 156, § 1º (redação original). O imposto previsto no inciso I poderá ser progressivo, nos termos de lei municipal, de forma a assegurar o cumprimento da função social da propriedade.

Como se percebe, o § 1.º do art. 156, *em sua redação original*, autorizava apenas a progressividade extrafiscal do IPTU, também chamada de progressividade no tempo. A saber, aquela que se destina a induzir o proprietário a adequar seu imóvel à função social da propriedade. Tal parágrafo devia ser interpretado, segundo o STF, em conjunto com o artigo 182, § 4º, inciso II, da Constituição, a saber:

CF, art. 182. A política de desenvolvimento urbano, executada pelo Poder Público municipal, conforme diretrizes gerais fixadas em lei, tem por objetivo ordenar o pleno desenvolvimento das funções sociais da cidade e garantir o bem-estar de seus habitantes.

[...]

§ 4º É facultado ao Poder Público municipal, mediante lei específica para área incluída no plano diretor, exigir, nos termos da lei federal, do proprietário do solo urbano não edificado, subutilizado ou não utilizado, que promova seu adequado aproveitamento, sob pena, sucessivamente, de:

[...]

II – imposto sobre a propriedade predial e territorial urbana progressivo no tempo;

A interpretação do STF pode ser resumida desse modo: os impostos reais não podem ser progressivos porque não têm aptidão para revelar a capacidade econômica do contribuinte. Apenas a progressividade extrafiscal, para a realização da função social da propriedade, está autorizada e, ainda assim, apenas nas hipóteses em que exista expressa autorização constitucional.

Pois bem, o Congresso Nacional houve por bem "contornar" a posição restritiva adotada pelo STF. Para tanto, aprovou a Emenda Constitucional nº 29, no ano de 2000, dando nova redação ao § 1.º do art. 156. Atualmente, o dispositivo prescreve o seguinte:

CF, art. 156 [...]

§ 1º. Sem prejuízo da progressividade no tempo a que se refere o art. 182, § 4º, inciso II, o imposto previsto no inciso I poderá:

I – ser progressivo em razão do valor do imóvel; e

II – ter alíquotas diferentes de acordo com a localização e o uso do imóvel.

O STF, a partir da tal Emenda, teve de rever seu posicionamento. Atualmente, compreende que está autorizada a progressividade *fiscal* do IPTU, com base no art. 156, § 1.º, I, da CF, e, também, a progressividade *extrafiscal*, com fundamento no art. 182, § 4.º, II, do texto constitucional.

Por outro lado, a posição restritiva permanece quanto a leis que tenham instituído alíquotas progressivas em razão do valor do imóvel (progressividade *fiscal*) em momento *anterior* à Emenda 29/2000. Tal posição foi cristalizada em entendimento sumulado:

> ***Súmula nº 668 do STF:*** É inconstitucional a lei municipal que tenha estabelecido, antes da Emenda Constitucional 29/2000, alíquotas progressivas para o IPTU, salvo se destinada a assegurar o cumprimento da função social da propriedade urbana.

Ainda que tenha mantido a posição restritiva para leis anteriores à Emenda 29/2000, o STF reconheceu a constitucionalidade do ato normativo. Segundo alguns, ela teria violado direitos e garantias individuais do contribuinte, na medida em que autoriza a progressividade de alíquotas em razão do valor do imóvel para um imposto real, como é o caso do IPTU. O art. 60, § 4.º, IV, da CF/1988, teria sido desrespeitado. No entanto, o Ministro Marco Aurélio, acertadamente, enfatizou:

> [...] "a EC 29/2000 veio apenas aclarar o real significado do que disposto anteriormente sobre a graduação dos tributos, não tendo abolido nenhum direito ou garantia individual, visto que a redação original da Constituição Federal já versava a progressividade dos impostos e a consideração da capacidade econômica do contribuinte, não se tratando, assim, de inovação apta a afastar algo que pudesse ser tido como integrado a patrimônio" (STF, Informativo 611/2010).

d) A progressividade do imposto sobre transmissão causa mortis *e doação (ITCMD)*

O STF deu um importante passo rumo à concretização do princípio da capacidade contributiva ao reconhecer a constitucionalidade de alíquotas progressivas para o imposto sobre a transmissão *causa mortis* e doação (ITCMD), de competência dos Estados e Distrito Federal (CF/1988, art. 155, I). O entendimento foi adotado no âmbito de recurso extraordinário em que se analisou a constitucionalidade da Lei 8.821/1989 do Estado do Rio Grande do Sul, que estabeleceu alíquotas progressivas para o imposto.

O Ministro Ricardo Lewandowisky, inicialmente, reafirmou a interpretação do STF segundo a qual os impostos reais não podem ser progressivos a não ser que exista expressa previsão constitucional, e desde que não se baseie, direta ou exclusivamente, na capacidade econômica do contribuinte (STF, Informativo 510/2008). O Ministro Eros Grau, por sua vez, suscitou divergência. Defendeu a interpretação de que todos os impostos, pessoais ou reais, devem guardar relação com a capacidade contributiva do sujeito passivo. Os Ministros Menezes Direito, Cármen Lúcia e Joaquim Barbosa seguiram o voto de divergência (STF, Informativo 520/2008). O Ministro Ayres Brito acompanhou a divergência e, seguido pela Ministra Ellen Gracie, asseverou:

> [...] que a progressividade de alíquotas do imposto em comento não teria como descambar para o confisco, porquanto haveria o controle do teto das alíquotas pelo Senado Federal (CF, art. 155, § 1.º, IV). Ademais, assinalou inexistir incompatibilidade com o Enunciado 668 da Súmula do STF. Por derradeiro, esclareceu que, diferentemente do que ocorreria com o IPTU, no âmbito do ITCMD não haveria a necessidade de emenda constitucional para que o imposto fosse progressivo (STF, Informativo 634/2011).

Em conclusão, o Plenário, por maioria, deu provimento ao recurso extraordinário, para assentar a constitucionalidade do art. 18 da Lei gaúcha 8.821/89, que prevê o sistema progressivo de alíquotas para o imposto sobre a transmissão *causa mortis* e doação (ITCMD). Decidiu-se que todos os impostos estão sujeitos ao princípio da capacidade contributiva, mesmo os que não têm caráter pessoal. Ainda segundo a Corte, o art. 145, § 1º, da Constituição, estabelece que os impostos, sempre que possível, devem ter caráter pessoal. Assim, todos eles, independentemente de sua classificação como real ou pessoal, podem e devem guardar relação com a capacidade contributiva do sujeito passivo (STF, Informativo 694/2013).

Pode-se afirmar, contudo, que houve efetiva modificação no entendimento da Corte, de modo que não mais subsiste o posicionamento segundo o qual os impostos reais não têm aptidão para revelar a capacidade econômica do contribuinte, logo, não podem ostentar alíquotas progressivas? Pensamos que sim.

Entretanto, para fins de concursos públicos, especialmente provas objetivas, merece atenção o comentário de Ricardo Alexandre: "Não obstante, enquanto tal modificação não ocorrer de maneira expressa, recomenda-se aos que se preparam para provas de concursos públicos que continuem a considerar corretas as assertivas que afirmem literalmente o que consta das citadas Súmulas. A probabilidade maior de abordagem do novo entendimento nos concursos é em questões que se refiram diretamente ao ITCMD ou que, de maneira mais ampla, considerem *incorretas* assertivas que afirmem que a progressividade de alíquotas de impostos reais somente pode ser implementada quando houver expressa autorização constitucional nesse sentido" (ALEXANDRE, 2013, p. 98).

ATENÇÃO! Reforma tributária!

Como vimos, a EC 132/2023 modificou o texto do art. 155 da Constituição Federal, acrescentando, ao § 1º, o inciso VI, que, a respeito do ITCMD, dispõe o seguinte: "será progressivo em razão do valor do quinhão, do legado ou da doação". Nesse sentido, pode-se afirmar que o legislador constituinte de reforma houve por bem constitucionalizar a interpretação do STF sobre o assunto, no que andou muito bem. A partir da Emenda, as leis estaduais e do Distrito Federal devem estabelecer alíquotas progressivas, isto é, que crescem à medida que a base de cálculo do tributo (o valor do quinhão, legado ou meação) se eleva.

JURISPRUDÊNCIA DO STF – PROGRESSIVIDADE DE ALÍQUOTAS PARA TAXAS

A taxa, como veremos, é tributo vinculado a uma contraprestação estatal específica relativa ao contribuinte. Quer dizer, seu fato gerador consiste numa atividade desenvolvida pelo Estado e direcionada singularmente a determinada pessoa. As atividades que autorizam a instituição e cobrança deste tributo são o exercício do poder de polícia ou a prestação de serviço público específico e divisível. Por isso, a base de cálculo da taxa deve referir-se necessariamente ao gasto que o Estado tem com a prestação da respectiva atividade. Assim, o § 2.º do art. 145 da CF/1988 determina:

"As taxas não poderão ter base de cálculo própria de impostos". Sem dúvida, se as taxas tiverem base de cálculo própria de impostos o valor tomado como parâmetro para sua cobrança referir-se-á à quantidade de riqueza relacionada ao contribuinte e não ao custo da atividade estatal. O STF, no entanto, ao tratar da Taxa de Fiscalização dos Mercados de Títulos e Valores Imobiliários, admitiu a aplicação do princípio da capacidade contributiva às taxas. O Tribunal assentou: "[...] o fato de a taxa variar em função do patrimônio líquido da empresa não significa que esse patrimônio líquido constitua sua base de cálculo – serve, apenas, de elemento informativo do montante a ser pago, quando da aplicação da tabela prevista na lei; o critério adotado para a cobrança da taxa observa o princípio da capacidade contributiva, que também pode ser aplicado a essa espécie de tributo, principalmente quando se tem como fato gerador o poder de polícia" (STF, Informativo 146/1999). A questão foi retomada por ocasião do julgamento de ação direta de inconstitucionalidade de leis do Estado da Paraíba que fixavam, entre outras matérias, a progressividade das alíquotas das taxas judiciárias. O STF assentou que: "[...] as leis estaduais estipulariam margens mínima e máxima das custas dos emolumentos e da taxa judiciária e realizariam uma *disciplina progressiva das alíquotas*. Nesse sentido, considerou-se devido o pagamento de valores elevados para causas que envolvessem um expressivo vulto" (STF, Informativo 619/2011). Conclui-se que, para o STF, pode-se aplicar às taxas o princípio da capacidade contributiva, sendo certo que o mecanismo de progressividade de alíquotas é adequado, desde que se tenha o cuidado de respeitar a característica do tributo de ser vinculado a uma contraprestação estatal endereçada de forma singular ao contribuinte. É preciso, ainda, considerar as especificidades de sua base de cálculo, que deve estar referida ao custo da prestação do serviço ou atividade de polícia fornecidos.

7.6 SELETIVIDADE

Outra técnica por meio da qual se pode aplicar o princípio da capacidade contributiva é a da *seletividade*. Trata-se de mecanismo que se refere às alíquotas do tributo à luz do objeto que é tributado. Quer dizer, faz-se variar as alíquotas de acordo com características específicas do objeto da tributação.

De fato, *seletividade* aponta para *seleção*. Selecionar significa escolher de acordo com algum critério, isto é, algum parâmetro. Alíquotas seletivas são aquelas estabelecidas de acordo com certo critério específico relacionado ao objeto do tributo.

O mecanismo da seletividade é utilizado quando se quer realizar o princípio da capacidade contributiva no caso de tributos *indiretos*, isto é, aqueles cujo encargo econômico não é suportado pelo contribuinte, mas repassado ao consumidor. Quando uma pessoa vai à loja de eletrodomésticos e compra uma geladeira, por exemplo, o valor do ICMS ou do IPI é "embutido" no preço do produto. O contribuinte do imposto, que é o empresário, repassa o valor do imposto para o consumidor.

Por isso, no caso de tributos indiretos é difícil a realização do princípio da capacidade contributiva, pois nunca se sabe, com exatidão, se quem compra certa mercadoria ou produto é pobre ou rico, isto é, tem baixa ou elevada capacidade para contribuir. Tanto uma pessoa pobre pode comprar uma geladeira de última geração, quanto um indivíduo rico pode adquirir uma geladeira básica, sem qualquer requinte.

Por isso, no caso de tributos indiretos, busca-se realizar o princípio da capacidade contributiva tendo em vista o *objeto* da tributação. No caso do ICMS, a mercadoria; no caso do IPI, o produto industrializado. Presume-se que certos objetos são consumidos por pessoas de baixa capacidade contributiva, enquanto outros são consumidos por pessoas de elevada capacidade contributiva.

Através dessa presunção, faz-se a variação das alíquotas. Por exemplo, o legislador presume que os produtos da cesta básica são consumidos por pessoas de baixa capacidade econômica. Neste caso, as alíquotas devem ser reduzidas. Por outro lado, presume que itens como caviar ou champagne são consumidos por indivíduos de elevada capacidade econômica. Neste caso, as alíquotas devem ser elevadas.

Cobra-se mais tributos de quem consome mercadorias e produtos mais caros, e menos daqueles que consomem mercadorias e produtos mais baratos.

Nesse sentido, quando trata da seletividade, a Constituição estabelece o *critério ou parâmetro da essencialidade*. Isso significa que as alíquotas devem variar conforme seja mais ou menos *essencial* a coisa sobre a qual incide o tributo. Quanto *mais* essencial, *menor* a alíquota; quanto *menos* essencial, *maior* a alíquota.

O ICMS, por exemplo, poderá ser seletivo em função da essencialidade das mercadorias e dos serviços (art. 155, § 2.º, III, da CF/1988). Quer dizer, quanto *mais* essencial uma mercadoria, tanto *menor* será sua alíquota. É o caso dos produtos que compõem a cesta básica de consumo do trabalhador. São produtos essenciais e, por isso, devem ter alíquotas baixas.

Por outro lado, quanto *menos* essencial a mercadoria (ou mais supérflua), tanto *maior* deverá ser sua alíquota. É o caso, por exemplo, dos perfumes importados, comidas ou bebidas exóticas, veículos importados etc. A alíquota que incide sobre cigarros deve ser elevada porque se trata de mercadoria supérflua.

O mesmo ocorre com o imposto sobre produtos industrializados (IPI). De acordo com a Constituição esse imposto será seletivo, em função da essencialidade do produto (art. 153, 3.º, I, CF/1988). A propósito, Ricardo Lobo Torres anota: "O IPI se subordina ao princípio da seletividade, que é um dos subprincípios da capacidade contributiva, a significar que o tributo deve incidir progressivamente na razão inversa da essencialidade dos produtos: quanto menor a utilidade do produto tanto maior deverá ser a alíquota e vice-versa" (TORRES, 2011, p. 381).

Assim, as alíquotas que incidem sobre geladeiras, fogões, máquinas de lavar, devem ser reduzidas, uma vez que são produtos essenciais. Por outro lado, as alíquotas que incidem sobre barcos de luxo, lanchas de alta velocidade, aparelhos de alta tecnologia, devem ser elevadas, porque são produtos supérfluos, destinados a uma classe reduzida de consumidores.

A Constituição vincula alguns tributos *explicitamente* à seletividade. Outros, porém, apenas de forma *implícita*. Há alguma divergência na doutrina quanto aos últimos. Tentemos esquematizar de forma adequada:

- *Imposto sobre produtos industrializados (IPI) – Vinculação explícita.* Como vimos, o IPI *será* seletivo em função da essencialidade do produto (art. 153, § 3.º, I, da CF/1988). Note-se que, nesse caso, o texto constitucional *impõe* a seletividade, uma vez utiliza a expressão "será". Quer dizer, não se trata de faculdade, de uma opção do legislador federal;

- *Imposto sobre a circulação de mercadorias e prestações de serviços (ICMS) – Vinculação explícita.* De acordo com o art. 155, § 2.º, III, da CF/1988, o ICMS "*poderá* ser seletivo em função da essencialidade das mercadorias e dos serviços". Nesse caso, a seletividade desponta como *faculdade*, isto é, como opção do legislador estadual e distrital, já que a Constituição usa a palavra "poderá";
- *Imposto predial e territorial urbano (IPTU) – Vinculação explícita.* De acordo com o art. 156, § 1.º, II, da CF/1988, o IPTU poderá "ter alíquotas diferentes de acordo com a localização e o uso do imóvel". Típico caso de *seletividade* que tem como critério a localização e o uso do imóvel urbano. Assim, por exemplo, imóveis residenciais devem ter alíquotas menores do que os imóveis comerciais e assim por diante. Nesse caso, não se trata de progressividade porque a alíquota não varia de acordo com o *valor* do imóvel. Trata-se de seletividade porque a variação ocorre de acordo com características específicas do bem sobre o qual incide o tributo;

ATENÇÃO! Reforma tributária!

- *Imposto sobre a propriedade de veículos automotores (IPVA) – Vinculação explícita.* A redação original do art. 155, § 6.º, II, incluída pela EC 42/2003, previa que IPVA poderia "ter alíquotas diferenciadas em função do tipo e utilização". Parecia, nesse caso, típica hipótese de seletividade em função do tipo e utilização do veículo automotor. Alguns autores, como Sabbag, inclinavam-se por considerar típico caso de progressividade: "Ademais, poderá o IPVA ter alíquotas diferenciadas em função do tipo e utilização do veículo, do que se depreende uma latente progressividade ao imposto em comento (art. 155, § 6º, I e II, CF)" (SABBAG, 2014, p. 1127). A EC 132/2023, que veiculou a reforma tributária, deu nova redação ao dispositivo, determinado que o IPVA "poderá ter alíquotas diferenciadas em função do tipo, do valor, da utilização e do impacto ambiental". A partir de então, não há mais dúvidas. Ao mencionar *valor*, o texto constitucional está falando de *progressividade*; ao estabelecer os critérios de *tipo, utilização* e *impacto ambiental*, está determinando a *seletividade*.

JURISPRUDÊNCIA DO STF – SELETIVIDADE, ICMS E ENERGIA ELÉTRICA

Embora a Constituição Federal não estabeleça uma obrigatoriedade para os Estados adotarem a seletividade no ICMS, é evidente a preocupação do constituinte de que, uma vez adotada, haja a ponderação criteriosa das características intrínsecas ao bem ou serviço em razão de sua essencialidade com outros elementos, tais como a capacidade econômica do consumidor final, a destinação do bem ou serviço e, ao cabo, a justiça fiscal, tendente à menor regressividade desse tributo indireto. Em razão disso, em 22 de novembro de 2021, o Supremo Tribunal Federal finalizou o julgamento do Recurso Extraordinário nº 714.139 (Tema 745), que trata da abrangência do Artigo 155, § 2º, inciso III, da Constituição da República de 1988, que prevê a aplicação do princípio da seletividade ao ICMS:

> Foi fixada a seguinte tese para o Tema nº 745: Adotada pelo legislador estadual a técnica da seletividade em relação ao imposto sobre circulação de mercadorias e serviços (ICMS), discrepam do figurino constitucional alíquotas sobre as operações de energia elétrica e serviços de telecomunicação em patamar superior ao das operações em geral, considerada a essencialidade dos bens e serviços (...) Modulação dos efeitos da decisão, estipulando-se que ela produza efeitos a partir do exercício financeiro de 2024, ressalvando-se as ações ajuizadas até a data do início do julgamento do mérito (5/2/21) (RE 714139, Tribunal Pleno, julgado em 18/12/2021).

Como resposta do Poder Legislativo, foi aprovada a Lei Complementar nº 194/2022, que acrescentou ao Código Tributário Nacional o art. 18-A:

> Art. 18-A. Para fins da incidência do imposto de que trata o inciso II do caput do art. 155 da Constituição Federal, os combustíveis, o gás natural, a energia elétrica, as comunicações e o transporte coletivo são considerados bens e serviços essenciais e indispensáveis, que não podem ser tratados como supérfluos.
>
> Parágrafo único. Para efeito do disposto neste artigo:
>
> I – é vedada a fixação de alíquotas sobre as operações referidas no caput deste artigo em patamar superior ao das operações em geral, considerada a essencialidade dos bens e serviços;
>
> II – é facultada ao ente federativo competente a aplicação de alíquotas reduzidas em relação aos bens referidos no caput deste artigo, como forma de beneficiar os consumidores em geral; e
>
> III – é vedada a fixação de alíquotas reduzidas de que trata o inciso II deste parágrafo, para os combustíveis, a energia elétrica e o gás natural, em percentual superior ao da alíquota vigente por ocasião da publicação deste artigo.

O dispositivo legal declara, para fins de incidência do ICMS, a essencialidade e indispensabilidade de combustíveis, gás natural, energia elétrica, comunicações e transporte coletivo, proibindo que sejam tratados como supérfluos e que lhe sejam fixadas alíquotas em patamar superior ao das operações em geral.

Jurisprudência do STF – IPTU E ALÍQUOTAS DIFERENCIADAS

O STF tem julgado constitucionais as leis que estipulam alíquotas diferentes de IPTU de acordo com a localização e uso do imóvel, nos termos do art. 156, § 1º, II, da Constituição, com redação dada pela EC 29/2000. Vale ressaltar, no entanto, que a Corte, neste caso, não fala em alíquotas "seletivas", mas, sim, em alíquotas "diferenciadas". Ressalte-se, ainda, que em sede de repercussão geral o Tribunal entendeu que as leis que fixaram alíquotas diferenciadas mesmo antes da EC 29/2000 são constitucionais, pois não se deve confundir tal mecanismo com a técnica de alíquotas progressivas. Vejamos:

> Ementa: Direito tributário. Recurso Extraordinário com Repercussão Geral. IPTU. Alíquotas diferenciadas. Lei Municipal Anterior à EC 29/2000. Constitucionalidade. Precedentes de ambas as Turmas. 1. Esta Corte, em diversos precedentes de ambas as Turmas, manifestou-se pela possibilidade da instituição de alíquotas diferenciadas de IPTU com base na destinação e situação do imóvel (residencial ou comercial, edificado ou não edificado), em período anterior à edição da Emenda Constitucional nº 29/2000. Entendeu-se que tal prática não se confunde com o estabelecimento de alíquotas progressivas, cuja constitucionalidade, em momento anterior à emenda constitucional, foi reconhecida apenas para assegurar o cumprimento da função social da propriedade. 2. Desse modo, mantenho o entendimento de ambas as Turmas desta Corte e nego provimento ao recurso. Proponho a fixação da seguinte tese em sede de repercussão geral: "São constitucionais as leis municipais anteriores à Emenda Constitucional nº 29/2000, que instituíram alíquotas diferenciadas de IPTU para imóveis edificados e não edificados, residenciais e não residenciais" (STF, RE 666.156, Pleno, Min. Roberto Barroso, 16/06/2020).

7.7 CAPACIDADE CONTRIBUTIVA, IMPOSTOS REGRESSIVOS E IMPOSTOS FIXOS

Imposto regressivo é aquele em que as alíquotas previstas pela lei *diminuem* conforme *aumentam* as bases de cálculo. Conforme crescem os valores tributáveis, diminuem as alíquotas aplicáveis.

Seria o caso se as faixas do imposto de renda, no lugar de ostentarem alíquotas que crescem à medida que aumenta o acréscimo de riqueza (7,5%, 15%, 22,5% e 27,5%), ostentassem alíquotas que diminuíssem à medida que se elevasse a riqueza (27,5%, 22,5%, 15% e 7,5%).

Assim, o contribuinte que em nosso exemplo recebe um salário de R$ 1.000,00 (mil reais) recolheria o imposto de renda (IR) com base em uma alíquota de 27,5%; aquele que percebe salário de R$ 100.000,00 (cem mil reais), por sua vez, recolheria sob uma alíquota de 7,5%. Ora, nesse caso, é claro que os ricos estariam pagando menos do que os pobres. *Os impostos regressivos são inconstitucionais no Brasil.*

Técnica da Regressividade: alíquotas diferentes para bases de cálculo diferentes; alíquotas que diminuem à medida que cresce a base de cálculo MECANISMO INCONSTITUCIONAL NO BRASIL		
Base de cálculo: R$ 1.000,00	*Alíquota: 20%*	*Valor a ser recolhido: R$ 200,00*
Base de cálculo: R$ 10.000,00	*Alíquota: 15%*	*Valor a ser recolhido: R$ 1.500,00*
Base de cálculo: R$ 100.000,00	*Alíquota: 10%*	*Valor a ser recolhido: R$ 10.000,00*

Imposto fixo, por outro lado, é aquele em que se cobra o *mesmo valor* de todos os contribuintes, independentemente das respectivas bases de cálculo. Digamos que todos os contribuintes de IPVA de determinado Estado devessem recolher a quantia fixa de R$ 300,00 (trezentos reais) por ano, não importando o valor do veículo ou suas características específicas. O IPVA, nesse caso, seria um imposto *fixo*.

Questão debatida em doutrina gira em torno de saber se os impostos fixos seriam ou não inconstitucionais. Parece-nos que sim. E isso porque, na prática, são regressivos.

Tomemos o imposto sobre a renda e proventos de qualquer natureza (IR) e imaginemos que fosse cobrado de maneira fixa, isto é, o mesmo valor para todo e qualquer contribuinte. Teríamos, hipoteticamente, a seguinte situação:

cobrança fixa de ir – TABELA FICTÍCIA		
Base de cálculo (R$)	*Valor fixo cobrado*	*Alíquota real*
R$ 2.000,00	*R$ 1.000,00*	*50%*
R$ 10.000,00	*R$ 1.000,00*	*10%*
R$ 50.000,00	*R$ 1.000,00*	*2%*
R$ 100.000,00	*R$ 1.000,00*	*1%*
R$ 200.000,00	*R$ 1.000,00*	*0,5%*

No exemplo, fica claro como uma cobrança fixa significa, na prática, regressividade. Ao exigir um valor único de todo e qualquer contribuinte, ignorando sua riqueza real, a lei, na prática, tributa mais quem tem menos, e menos que tem mais. Embora a lei preveja um valor fixo para todos, o que cria a aparência de igualdade, a realidade econômica fica escondida. Na prática, o que se verifica são alíquotas que diminuem à medida que crescem as bases de cálculo, ou seja, regressividade.

ATENÇÃO! Reforma tributária!

A Emenda constitucional nº 132/2023, que veiculou a chamada reforma tributária, acrescentou ao art. 145 do texto constitucional os §§ 3º e 4º, com as seguintes redações:

> **CF, art. 145** (...)
>
> § 3º O Sistema Tributário Nacional deve observar os princípios da simplicidade, da transparência, da justiça tributária, da cooperação e da defesa do meio ambiente.
>
> § 4º As alterações na legislação tributária buscarão atenuar efeitos regressivos.

Ao mencionar o princípio da justiça tributária e ao determinar que a legislação tributária deve atenuar efeitos regressivos, a EC 132/2023 reforça o que está previsto no § 1º do art. 145, isto é, a exigência de que, sempre que possível, os impostos terão caráter pessoal e serão graduados segundo a capacidade econômica do contribuinte. Em outras palavras, a conjugação dos §§ 1º, 3º e 4º do art. 145 apontam para algumas conclusões:

1) Ao mencionar *justiça tributária*, modifica-se o significado do § 1º, no sentido de que o princípio da capacidade contributiva deve ser aplicado a todas as espécies tributárias, e não apenas aos impostos;
2) Ao mencionar a atenuação de efeitos regressivos, a Constituição reitera a vedação já existente aos tributos regressivos, tanto quanto passa a proibir, também, a adoção de tributos fixos;
3) Nesta mesma linha, o mecanismo da proporcionalidade desponta como manifestamente inconstitucional. Apenas as técnicas da progressividade e seletividade seriam aptas à realização plena do princípio da capacidade contributiva. Ora, a proporcionalidade determina a aplicação de uma alíquota única a bases de cálculo diferentes. Tratar de forma igual situações distintas implica clara violação do princípio da isonomia. Reforça nosso argumento a constatação de que o texto da Constituição em nenhum momento fala em proporcionalidade. Eduardo Sabbag observa: "Registre-se, por oportuno, que a proporcionalidade não vem explícita no texto constitucional, como a progressividade" (SABBAG, 2014, p. 179).

SÚMULAS DO STF E DO STJ:

SÚMULA STF

Súmula 656: É inconstitucional a lei que estabelece alíquotas progressivas para o imposto de transmissão ***inter vivos*** de bens imóveis – ITBI com base no valor venal do imóvel.

Súmula 539: É constitucional a lei do município que reduz o imposto predial urbano sobre imóvel ocupado pela residência do proprietário, que não possua outro.

SÍNTESE DOS PRINCIPAIS ENTENDIMENTOS JURIPRUDENCIAIS

Todos os tributos submetem-se ao princípio da capacidade contributiva, ao menos em relação a um de seus três aspectos (objetivo, subjetivo e proporcional), independentemente de classificação extraída de critérios puramente econômicos. (STF, RE 406955 AgR)

A Lei 12.514/11 (que trata das contribuições devidas aos conselhos profissionais em geral), observou a capacidade contributiva dos contribuintes, pois estabeleceu razoável correlação entre a desigualdade educacional e a provável disparidade de rendas auferidas do labor de pessoa física, assim como por haver diferenciação dos valores das anuidades baseada no capital social da pessoa jurídica contribuinte (STF, ADI 4697, 2017).

Ao associar o tipo de construção (precário, popular, médio, fino e luxo) ao escalonamento crescente da avaliação do valor venal do imóvel, a lei municipal passou a graduar o valor do tributo de acordo com índice hábil à mensuração da frivolidade ou da essencialidade do bem, além de lhe conferir mais matizes para definição da capacidade contributiva (AI 583636-AgR.).

8

PRINCÍPIO DA IRRETROATIVIDADE TRIBUTÁRIA

8.1 PRINCÍPIO DA SEGURANÇA JURÍDICA E A CLÁUSULA GERAL DE IRRETROATIVIDADE

O princípio da segurança jurídica é um princípio constitucional implícito. Não aparece formulado claramente no texto constitucional, muito embora haja menções, aqui e ali, à *segurança*. É o caso, por exemplo, do *caput* dos artigos 5.º e 6.º, que mencionam tal postulado.

É considerado por alguns um princípio que sobrepaira acima dos outros e a todos informa em termos de conteúdo. Nesse sentido, é consenso na doutrina que a segurança jurídica sustenta, como pressuposto lógico, uma série de outros postulados, inclusive tributários, como a legalidade, anterioridade, irretroatividade etc. Aliás, ele está implícito, segundo alguns, no próprio conceito de Estado Democrático de Direito, tal como garantido pelo art. 1.º da CF/1988.

De fato, segurança jurídica significa, numa acepção mais ampla, que o Estado está limitado, no exercício de sua soberania, pelo complexo de direitos e garantias postos à disposição das pessoas naturais e jurídicas. Em âmbito tributário, despontam, além das limitações constitucionais do poder de tributar (arts. 150, 151 e 152 da CF/1988), o próprio art. 5.º da Constituição, e muitos outros direitos fundamentais previstos explícita ou implicitamente em nossa ordem constitucional.

O vocábulo segurança remete à noção de *certeza*, *confiança*, *firmeza*. É a qualidade daquilo que está *seguro*. Podemos afirmar que a característica marcante do Estado de Direito é propiciar aos particulares a segurança de suas situações jurídicas.

Na medida em que limita os poderes do Estado e especifica quais condutas sujeitam as pessoas a esta ou aquela sanção, o próprio princípio da legalidade é um instrumento de segurança jurídica. Assim, por exemplo, o indivíduo deve ter a segurança de que, ao praticar um ato tipificado como homicídio, receberá a pena prevista em lei; ao praticar um ato tipificado como disponibilidade de acréscimo de renda, deve pagar imposto sobre a renda e proventos de qualquer natureza (IR). Por outro lado, deve confiar em que, uma vez adquirido um bem imóvel e registrado no ofício competente, é legítimo proprietário e poderá acionar o Estado para assegurar seu bem em caso de esbulho.

Nessa toada, o princípio da irretroatividade das leis é uma decorrência lógica do princípio da segurança jurídica. Tem como objetivo assegurar estabilidade a situações que ocorreram no passado. Em linhas gerais, visa a conferir a certeza de que os eventos jurídicos que já ocorreram não voltarão a repercutir no presente. A cláusula geral de irretroatividade está positivada no art. 5.º, XXXVI, da CF/1988:

> **CF, art. 5º**, XXXV. A lei não prejudicará o direito adquirido, o ato jurídico perfeito e a coisa julgada.

Segundo alguns, não existe vedação total à retroatividade das leis, mas, tão somente, a determinação para que respeitem o direito adquirido, o ato jurídico perfeito e a coisa julgada. De qualquer forma, as leis têm como vocação disciplinar condutas que ocorrerão a partir de sua publicação. Quer dizer, devem ter efeito prospectivo, para o futuro. Essa vocação tem relação íntima com o postulado da segurança jurídica. É preciso que a pessoa tenha conhecimento prévio das consequências jurídicas de suas condutas.

Em suma, Gilmar Mendes explica: "O direito, por natureza, deve existir para disciplinar o futuro, jamais o passado, não sendo razoável entender que normas construídas *a posteriori* possam dar definições e consequências novas a eventos já ocorridos no mundo fenomênico" (MENDES *et al.*, 2013, p. 352).

8.2 PRINCÍPIO DA IRRETROATIVIDADE TRIBUTÁRIA

O princípio da irretroatividade tributária visa impedir a tributação de fatos ou atos que, no momento da sua ocorrência, não estavam sujeitos à incidência tributária, evitando que alterações futuras possam atingir eventos passados. Eis como está disciplinado na Constituição Federal:

> **CF, art. 150**. Sem prejuízo de outras garantias asseguradas ao contribuinte, é vedado à União, aos Estados, ao Distrito Federal e aos Municípios [...]
>
> III – cobrar tributos:
>
> a) em relação a fatos geradores ocorridos antes do início da vigência da lei que os houver instituído ou aumentado.

Em linhas gerais, significa que a lei que institui ou aumenta o tributo deve valer para o *futuro*. Publicada a lei, esta passa a incidir sobre os fatos ali descritos e que ocorram a partir de sua vigência. Fatos que ocorreram *antes* de sua publicação *não* devem ser considerados fatos geradores de tributos. Percebe-se claramente o objetivo de assegurar certeza e previsibilidade às relações tributárias.

É preciso, no entanto, considerar com atenção o dispositivo. A Constituição fala em *instituir* ou *aumentar* o tributo. Assim, por exemplo, a alteração de alíquotas que importem em tornar mais oneroso determinado gravame deve produzir efeitos apenas para o futuro. O mesmo ocorre com modificações de bases de cálculo que o tornem mais oneroso etc.

Obviamente, além da lei estão incluídos os atos normativos que constituem exceções ou atenuações do princípio da legalidade, como decretos, resoluções etc. Assim, o decreto do Poder Executivo que elevar as alíquotas do imposto sobre a importação (II), por exemplo, só poderá produzir efeitos para o futuro.

Importa mencionar que o dispositivo alcança não apenas o *legislador*, como também os *aplicadores* da lei. Dessa forma, o primeiro não deve elaborar uma lei que vise a incidir sobre fatos passados. A Administração Pública e o Poder Judiciário, por sua vez, não devem aplicar a fatos pretéritos a lei tributária que tenha criado ou aumentado tributo.

Assim, por exemplo, se o imposto sobre grandes fortunas (IGF) for instituído hoje não poderá incidir sobre patrimônios considerados grandes fortunas até ontem. Em outras palavras, a lei apenas poderá colher os fatos geradores que ocorram a partir de sua publicação. Verifica-se o mesmo no caso de aumento de alíquotas. Se as alíquotas do imposto sobre a exportação (IE), por exemplo, forem elevadas hoje o aumento não pode colher as exportações que ocorreram até ontem.

José Eduardo Soares de Melo, a propósito, anota: "A lei tributária, como regra, só pode incidir, gravar, onerar os fatos futuros, mantendo íntima vinculação com o apontado princípio da anterioridade, com o escopo de permitir segurança e certeza às situações tributárias concernentes às suas atividades e interesses" (MELO, 2010, p. 28).

Desse modo, o princípio da irretroatividade tributária determina que a lei que cria ou aumenta o tributo deve produzir *efeitos prospectivos*, isto é, para o futuro. Deve incidir sobre fatos ou condutas praticados depois de sua publicação. Se a lei pretender colher eventos que ocorreram antes do início de sua vigência deve ser considerada inconstitucional.

APROFUNDANDO! A expressão "fato gerador"

O art. 150, III, *a*, da CF/1988, utiliza a expressão "fato gerador". Segundo o dispositivo, os entes federativos não devem cobrar tributos em relação a fatos geradores ocorridos antes do início da vigência da lei que os houver instituído ou aumentado. Ora, se no passado não havia lei instituidora do tributo, obviamente não há que se falar em fato gerador. Luciano Amaro adverte: "O texto não é feliz ao falar em fatos geradores. O fato anterior à vigência da lei que institui o tributo não é gerador. Só se pode falar em fato gerador anterior à lei quando esta aumente (e não quando institua) tributo. O que a Constituição pretende, obviamente, é vedar a aplicação da lei nova, que criou ou aumentou o tributo, a fato pretérito, que, portanto, continua sendo não gerador de tributo, ou permanece como gerador de menor tributo, segundo a lei da época de sua ocorrência" (AMARO, 2011, p. 141). Para o caso de aumento da carga tributária, a alínea *a* é precisa. De fato, aumentar tributo significa pressupor que o tributo já foi instituído. Se já foi criado, então podemos falar em "fato gerador". Aumenta-se o tributo alterando-se as alíquotas ou bases de cálculo.

Questão interessante que pode ser suscitada consiste em saber se a lei que *extingue* ou *reduz* o tributo pode retroagir? A Constituição fala na instituição ou aumento de tributo, mas não em sua extinção ou redução.

É importante compreender que a irretroatividade da lei é um princípio geral de direito, que acompanha todos os ramos do ordenamento jurídico. Nesse sentido, se a lei que extingue ou reduz um tributo não menciona explicitamente a retroatividade de seus efeitos, então se aplica a regra geral segundo a qual produz efeitos prospectivos, ou seja, para o futuro, nos termos, inclusive, do art. 6º da Lei de Introdução às Nomas do Direito Brasileiro.

Se, no entanto, a lei que extingue ou reduz a carga tributária se autodeclara retrospectiva, então surgem alguns problemas, a saber:

1) É preciso saber, antes de tudo, se ela não agride ato jurídico perfeito, direito adquirido ou coisa julgada, situações nas quais esbarra no art. 5º, inciso XXXV, da CF/1988, e no art. 6º, da LINDB;
2) Ultrapassado este obstáculo, é preciso averiguar se ela não viola o princípio da isonomia. Sim, porque se a lei que extingue ou reduz tributos retroage, isso significa que os montantes recolhidos no passado adquirem natureza jurídica de *pagamento indevido*. Ora, o pagamento indevido precisa ser devolvido, pelo Estado, à pessoa que pagou. Isso significa que haverá a devolução de dinheiro para contribuintes de certo tributo, cuja extinção ou redução da carga tributária retroagiu, mas não haverá devolução para os demais contribuintes de todos os outros tributos. É possível que a isonomia seja violada;
3) Finalmente, é preciso averiguar se as normas de direito financeiro, em especial a Lei de Responsabilidade Fiscal, serão observadas. Ora, a devolução de dinheiro do Estado para o particular significa *despesa* estatal. Toda despesa precisa estar prevista em lei. Assim, a retroatividade de lei que extingue ou reduz tributos acarreta questões de ordem financeira também, e não apenas tributárias.

Pode-se afirmar, pois, que as leis que extinguem ou reduzem tributos devem, como regra geral, produzir efeitos prospectivos. É até possível que retroajam, mas devem superar todos os obstáculos acima enumerados.

APROFUNDANDO! IRRETROATIVIDADE TRIBUTÁRIA E IMPOSTO SOBRE A RENDA (IR)

O STF possuía um entendimento particular sobre a aplicação do princípio da irretroatividade no que concernia ao imposto sobre a renda e proventos de qualquer natureza (IR). Tal posicionamento estava consolidado na Súmula 584, cujo enunciado era o seguinte:

> ***Súmula nº 584 do STF***: Ao imposto de renda calculado sobre os rendimentos do ano-base, aplica-se a lei vigente no exercício financeiro em que deve ser apresentada a declaração.

Ano-base ou *ano-calendário* é o período anual em que se considera auferida a renda e os proventos de qualquer natureza por parte do contribuinte. Inicia-se em 1.º de janeiro e encerra-se no dia 31 de dezembro. *Exercício* é o ano seguinte, em que se apresenta a declaração de imposto de renda. Assim, para o ano-base de 2020, o exercício será o ano de 2021, isto é, ano em que se entrega a declaração de ajuste. A súmula foi alvo de diversas críticas doutrinárias, na medida em que configurava ofensa flagrante do princípio da irretroatividade tributária. Em linhas gerais, permitia, por exemplo, que uma lei tributária editada em 31 de dezembro fosse aplicada retroativamente, alcançando os fatos ocorridos durante todo o ano. Luciano Amaro, por exemplo, fulminou a súmula logo que ela foi adotada: "Em ensaio publicado em 1983 desenvolvemos as razões pelas quais consideramos equivocada a lição tradicional de nossa doutrina e a jurisprudência consagrada na Súmula 584 do Supremo Tribunal Federal, que entendiam aplicável a lei editada até o final do período de apuração para reger todos os fatos ocorridos neste período, ainda que anteriores à lei" (AMARO, 2011, p. 152). O fundamento que embasou a edição da súmula assentou-se no ponto de vista segundo o qual o imposto sobre a renda e proventos de qualquer natureza (IR) constitui tributo com fato gerador complexivo, isto é, em que a hipótese de incidência se materializa ao término de um determinado período fixado legalmente. Assim, sendo a lei aprovada no final do período financeiro, aumentando as alíquotas do IR, por exemplo, poderia, de acordo com a súmula, incidir sobre a apuração do mesmo ano-base, isto é, sobre o conjunto de fatos geradores que ocorreram ao longo do ano, desde 1º de janeiro. O próprio Supremo vinha explicitando a necessidade de maior ponderação em torno da referida súmula, pois se tornava cada vez menos aceitável a situação em que os contribuintes eram surpreendidos por modificações legislativas publicadas em 31 de dezembro do ano-base e que entravam em vigor no dia 1º de janeiro do ano da declaração do IRPF. Mas esta novela teve seu final no julgamento do Recurso Extraordinário nº 159.180, de relatoria do Ministro Marco Aurélio. O plenário do STF, em julgamento virtual, deu parcial provimento a RE para declarar inconstitucional a aplicação de adicional instituído pelo decreto-lei 2.462, de agosto 1988, aos fatos ocorridos naquele ano-base, bem como cancelaram a Súmula 584, ante a violação dos princípios da anterioridade e da irretroatividade. Vejamos:

> "É inconstitucional a aplicação, a fatos ocorridos no ano-base de 1988, do adicional do imposto de renda sobre o lucro real instituído pelo Decreto-Lei nº 2.462, de 30 de agosto de 1988, considerada a violação dos princípios da irretroatividade e da anterioridade. VERBETE Nº 584 DA SÚMULA DO SUPREMO – SUPERAÇÃO – CANCELAMENTO. Superado o entendimento enunciado no verbete nº 584 da Súmula do Supremo, impõe-se o cancelamento" (STF, RE 159.180, 17/08/2020).

APROFUNDANDO! RETROATIVIDADE IMPRÓPRIA OU INAUTÊNTICA (RETROSPECTIVIDADE)

Na realidade, o STF admitia a chamada *retroatividade imprópria* ou *inautêntica (retrospectividade)*. É o que pode ocorrer com relação aos tributos cujo fato gerador é complexo, complexivo ou de período. O imposto sobre a renda (IR) e a contribuição social sobre o lucro líquido (CSSL) são exemplos. Como ensina Paulo de Barros Carvalho, "os complexivos nominariam aqueles cujo processo de formação tivesse implemento com o transcurso de unidades sucessivas de tempo, de maneira que, pela integração dos vários fatores, surgiria o fato final" (CARVALHO, 2012, p. 336). O imposto de renda segue justamente esse padrão. Seu fato gerador é anual. Em outras palavras, compreende o acréscimo de riqueza que o contribuinte percebe ao longo de todo o período de 365 dias. O ponto fundamental é esse: o fato gerador *inicia-se* em 1.º de janeiro e *termina* em 31 de dezembro do ano-base ou ano-calendário. Ora, de acordo com o princípio da irretroatividade tributária (art. 150, I, *a*, da CF/1988) a lei que deseje alterar a legislação do imposto de renda, se implicar aumento do tributo, deve ser publicada *antes* da ocorrência do fato gerador. Ora, como o fato gerador inicia-se em 1.º de janeiro do ano-base, *a lei deve ser publicada até dia 31 de dezembro do ano anterior*. Caso a lei seja publicada simultaneamente ao ano-base, isto é, a partir de 1º de janeiro, dá-se a retroatividade imprópria ou inautêntica (retrospectividade). Denomina-se *imprópria* porque está, digamos assim, "disfarçada". Parece que não retroage, uma vez que o fato gerador é "de período", mas não resiste a um olhar mais atento. Trata-se de uma situação ainda não concluída no momento em que se publica a lei. O problema ocorre porque essa lei, publicada simultaneamente à formação da situação jurídica, atinge-a. Não poderia. Teria de esperar a formação completa da situação para que pudesse alcançá-la. Assim, nos tributos cujos fatos geradores sejam complexos, complexivos ou "de período", a lei que aumenta o gravame deve ser publicada antes do início do fato gerador, isto é, no ano *anterior* ao ano-base ou ano-calendário.

8.3 A RETROATIVIDADE DAS LEIS TRIBUTÁRIAS NO CTN

Pode-se afirmar que *não há exceções* ao princípio da irretroatividade tributária na Constituição Federal. A lei que *instituir* ou *aumentar* tributos tem efeitos prospectivos, isto é, tem validade e eficácia apenas para o futuro, para fatos que ocorram *depois* de sua publicação. Deve observar ainda, como veremos no próximo capítulo, o princípio da anterioridade tributária.

O art. 106 Código Tributário Nacional, por outro lado, prevê duas situações em que a lei tributária está autorizada a *retroagir*, isto é, a produzir efeitos com relação a fatos ocorridos no *passado*. Ressalte-se, desde logo, e para evitar mal-entendidos, que *não* se trata de leis que criam ou aumentam tributos. Estas *não* podem retroagir e a regra *não* comporta exceções. O CTN trata especificamente da lei tributária *interpretativa* e daquela que prevê *penalidades*. Vejamos cada uma delas separadamente.

A) A lei interpretativa

O art. 106, I, do CTN, estabelece:

> **CTN, art. 106.** A lei aplica-se a ato ou fato pretérito
>
> I – em qualquer caso, quando seja expressamente interpretativa, excluída a aplicação de penalidade à infração dos dispositivos interpretados.

Lei interpretativa é aquela cuja função é interpretar outra lei. Trata-se de lei que fixa o sentido específico e adequado de outra lei anterior que, por qualquer razão, permaneceu ambígua ou confusa. É ato normativo criado pelo próprio Poder Legislativo, visando a corrigir defeito ou impropriedade em redação legal anterior.

Imaginemos, por exemplo, uma lei tributária que preveja créditos-prêmio para exportadores de produtos de alta tecnologia. Os empresários que venderem, no exterior, produtos com tecnologia de ponta recebem crédito tributário e estão autorizados a descontar no momento em que forem recolher o respectivo imposto sobre a renda e proventos de qualquer natureza (IR).

O que significa, contudo, produtos de *alta tecnologia*? Digamos que a lei não traga maiores especificações, talvez por erro de elaboração ou qualquer outro motivo. Nesse caso, estamos diante de uma lei ambígua, confusa, com potencial para gerar insegurança jurídica, uma vez que o exportador não sabe, ao certo, se tem direito ou não ao crédito-prêmio. Um empresário que exporta *softwares* de computador, por exemplo, poderia pleitear o benefício?

Se, eventualmente, for editada uma lei que especifique o que se deve compreender por produtos de "alta tecnologia", essa lei deve ser considerada interpretativa. Nesse caso, ela está autorizada a retroagir, ou seja, a alcançar fatos que ocorreram no passado. O empresário, então, pode solicitar os créditos que, eventualmente, deixou de receber em virtude de uma má interpretação da lei.

É importante, contudo, não perder de vista o disposto no final do inciso I do artigo 106. A lei interpretativa está autoriza a retroagir, mas fica excluída a aplicação de penalidade à infração dos dispositivos interpretados. E isso justamente porque a lei anterior, uma vez que era ambígua e confusa, não se prestava à exata compreensão daquilo que se exigia. Logo, não pode redundar em aplicação de penalidade.

A propósito, Sacha Calmon Navarro Coêlho adverte: "Aqui, mesmo quando a lei interpretativa confirma o entendimento do Fisco e, portanto, confirma a infração praticada pelo contribuinte ao dispositivo da lei interpretada, ainda assim a penalidade é excluída. Enfim, se o próprio órgão legislativo viu-se obrigado a esclarecer o seu entendimento por reconhecer imprecisão nele, teria o contribuinte clarividência que o fautor da norma demonstrou não ter?" (COÊLHO, 2009, p. 598).

Um exemplo pode ser encontrado no julgamento do Recurso Especial nº 1715.820/RJ, no qual o Superior Tribunal de Justiça compreendeu que a nova legislação poderá retroagir por ter trazido em seu teor elementos puramente interpretativos:

> Dessarte, a definição de licitação internacional amoldável ao regime aduaneiro do *drawback* incidente no fornecimento de bens voltado ao mercado interno é aquela estampada no art. 3º da Lei n. 11.732/2008, por expressa previsão legal, refutando-se a regência pela Lei n. 8.666/1993.[1] Em razão do seu caráter interpretativo, o conceito abrangente de licitação internacional, revelado pelo art. 3º da Lei n. 11.732/2008, retroage às situações anteriores a sua entrada em vigor (STJ, REsp 1.715.820-RJ, Rel. Min. Regina Helena Costa, Primeira Turma, 12/03/2020).

1. Lei 14.133/2021.

Neste caso, o Superior Tribunal de Justiça compreendeu que o art. 3ª da Lei 11732/2008 não modificou nenhum estado de fato, mas teve o condão de aclarar a interpretação dos termos "licitação internacional" utilizado no regime de *drawback*.

É importante salientar, finalmente, que a lei interpretativa não pode inovar no ordenamento jurídico. Se o fizer, não é interpretativa, mas lei nova, o que significa que apenas poderá produzir efeitos prospectivos, isto é, para o futuro.

APROFUNDANDO! O ART. 3º DA LEI COMPLEMENTAR Nº 118/2005

O art. 168 do CTN trata dos prazos para pleitear a restituição do tributo pago de forma indevida ou em montante maior do que o devido. Para evitar enriquecimento sem causa do Estado, o CTN autoriza a repetição do indébito tributário, isto é, a devolução da quantia erroneamente recolhida. O art. 168, I, determina que, nas hipóteses dos incs. I e II do art. 165, o prazo de cinco anos para pleitear a devolução conta-se *da data de extinção do crédito tributário*. Houve um debate acirrado na doutrina e jurisprudência quanto à maneira específica segundo a qual se deveria contar esse prazo nos casos de lançamento por homologação. E isso porque o art. 150, *caput*, e seus §§ 1º e 4º, dão margem a interpretações distintas. Vejamos:

> **CTN, art. 150**. O lançamento por homologação, que ocorre quanto aos tributos cuja legislação atribua ao sujeito passivo o dever de antecipar o pagamento sem prévio exame da autoridade administrativa, opera-se pelo ato em que a referida autoridade, tomando conhecimento da atividade assim exercida pelo obrigado, expressamente a homologa.
>
> § 1º. O pagamento antecipado pelo obrigado nos termos deste artigo extingue o crédito, sob condição resolutória da ulterior homologação ao lançamento.
>
> [...]
>
> § 4º. Se a lei não fixar prazo a homologação, será ele de cinco anos, a contar da ocorrência do fato gerador; expirado esse prazo sem que a Fazenda Pública se tenha pronunciado, considera-se homologado o lançamento e definitivamente extinto o crédito, salvo se comprovada a ocorrência de dolo, fraude ou simulação.

Note-se que, dependendo do ponto de vista adotado, pode-se considerar extinto o crédito tributário a partir: (1) da antecipação do pagamento; (2) da homologação expressa; (3) da homologação tácita. Somente a partir de um desses termos *a quo* tem início a contagem do prazo de 05 anos para pleitear a devolução da quantia indevidamente paga. Durante muito tempo o STJ adotou uma jurisprudência um tanto quanto "peculiar". De acordo com a Corte, o prazo de cinco anos a partir do qual se poderia pleitear judicialmente a devolução do montante indevidamente pago nos casos de lançamento por homologação deveria ser contado a partir do fato gerador da respectiva obrigação, somando-se, contudo, mais cinco anos contados do término do prazo quinquenal fixado pelo CTN para a homologação expressa. Em outras palavras, contava-se o prazo de cinco anos para a homologação expressa. Expirado esse prazo, abria-se nova contagem de cinco anos dentro dos quais o sujeito passivo poderia ingressar com a ação de repetição do indébito tributário. Ao fim e ao cabo, o prazo total era de 10 anos. Era chamada de "tese dos cinco mais cinco". Confira-se manifestação da Primeira Seção do STJ adotada no ano de 2004:

> Está uniforme na 1ª Seção do STJ que, no caso de lançamento tributário por homologação e havendo silêncio do Fisco, o prazo decadencial só se inicia após decorridos 5 (cinco) anos da ocorrência do fato gerador, acrescidos de mais um quinquênio, a partir da homologação tácita do lançamento. Estando o tributo em tela sujeito a lançamento por homologação, aplicam-se a decadência e a prescrição nos moldes acima delineados (STJ, EREsp 435.835/SC, 2007).

Esta interpretação gerou muita polêmica nos meios doutrinários e jurisprudenciais. Procurando contorná-la o Congresso Nacional aproveitou a Lei Complementar nº 118/2005, cuja principal função era adaptar o CTN à nova Lei de Falências (Lei nº 11.101/2005), e estabeleceu no art. 3º:

> **LC 118/2005, art. 3º.** Para efeito de interpretação do inc. I do art. 168 da Lei 5.172, de 25 de outubro de 1966 – Código Tributário Nacional, a extinção do crédito tributário ocorre, no caso de tributo sujeito a lançamento por homologação, no momento do pagamento antecipado de que trata o § 1.º do art. 150 da referida Lei.

Percebe-se que o legislador optou por uma interpretação específica e deixou de lado o ponto de vista que predominava no STJ. De acordo com a lei, o prazo de cinco anos deve ser contado da data em que ocorreu o pagamento antecipado. A partir de então não se deveria mais falar em acumulação de prazos ou "tese dos cinco mais cinco". O principal problema, contudo, não estava na nova disposição em si, mas em sua pretensão de retroagir. De fato, o art. 4º da LC 118/2005, determina:

> **LC 118/2005, art. 4º.** Esta Lei entra em vigor 120 (cento e vinte) dias após sua publicação, observado, quanto ao art. 3.º, o disposto no art. 106, I, da Lei 5.172, de 25 de outubro de 1966 – Código Tributário Nacional.

Em outras palavras, a lei considerou-se a si mesma interpretativa, de maneira que estaria, nos termos do artigo 106, inciso I, do CTN, autorizada a retroagir. Logo surgiu a questão: o art. 3.º, acima mencionado, era dispositivo realmente interpretativo? Ou, pelo contrário, introduzia nova regra jurídica, inovando no ordenamento jurídico? Em suma, deveria ser aplicado de forma retroativa, como determina o art. 4.º da LC 118/2005, ou estaria munido apenas de efeitos prospectivos, isto é, deveria colher as repetições que tivessem lugar somente após a publicação da Lei? Pois bem, o STF considerou a segunda parte do art. 4.º da LC 118/2005 inconstitucional. Isso significa que a lei não está autorizada a retroagir. Em 2011, o Plenário assentou:

> Quando do advento da LC 118/05, estava consolidada a orientação da Primeira Seção do STJ no sentido de que, para os tributos sujeitos a lançamento por homologação, o prazo para repetição ou compensação de indébito era de 10 anos contados do seu fato gerador, tendo em conta a aplicação combinada dos arts. 150, § 4º, 156, VII, e 168, I, do CTN. A LC 118/05, embora tenha se autoproclamado interpretativa, implicou inovação normativa, tendo reduzido o prazo de 10 anos contados do fato gerador para 5 anos contados do pagamento indevido. Lei supostamente interpretativa que, em verdade,

inova no mundo jurídico deve ser considerada como lei nova. A aplicação retroativa de novo e reduzido prazo para a repetição ou compensação de indébito tributário estipulado por lei nova, fulminando, de imediato, pretensões deduzidas tempestivamente à luz do prazo então aplicável, bem como a aplicação imediata às pretensões pendentes de ajuizamento quando da publicação da lei, sem resguardo de nenhuma regra de transição, implicam ofensa ao princípio da segurança jurídica em seus conteúdos de proteção da confiança e de garantia do acesso à Justiça. Afastando-se as aplicações inconstitucionais e resguardando-se, no mais, a eficácia da norma, permite-se a aplicação do prazo reduzido relativamente às ações ajuizadas após *a vacatio legis*, conforme entendimento consolidado por esta Corte no enunciado 445 da Súmula do Tribunal. Reconhecida a inconstitucionalidade do art. 4º, segunda parte, da LC 118/05, considerando-se válida a aplicação do novo prazo de 5 anos tão somente às ações ajuizadas após o decurso da *vacatio legis* de 120 dias, ou seja, a partir de 9 de junho de 2005 (STF, Informativo 634/2011).

B) A lei que prevê infrações e penalidades

O art. 106, II, do CTN, prescreve:

> **CTN, Art. 106**. A lei aplica-se a ato ou fato pretérito:
>
> [...]
>
> II – tratando-se de ato não definitivamente julgado:
>
> a) Quando deixe de defini-lo como infração;
>
> b) Quando deixe de tratá-lo como contrário a qualquer exigência de ação ou omissão, desde que não tenha sido fraudulento e não tenha implicado em falta de pagamento de tributo;
>
> c) Quando lhe comine penalidade menos severa que a prevista na lei vigente ao tempo da sua prática.

O dispositivo veicula a chamada retroatividade da lei mais benigna em matéria de penalidades. O Código Tributário Nacional optou por conferir ao sujeito passivo um tratamento semelhante àquele que se confere ao réu em matéria penal.

Sabemos que a Constituição autoriza expressamente a retroatividade da lei mais benigna ao acusado (art. 5.º, XL, da CF/1988). O dispositivo baseia-se no princípio de que, se, no presente, determinada conduta não é mais considerada repreensível, como era no passado, o indivíduo que a praticou deve livrar-se das consequências. Por que sancionar uma pessoa, hoje, por um fato que não se considera mais pernicioso?

O art. 106, II, do CTN, fundamenta-se no mesmo princípio. Se a conduta do sujeito passivo tributário, hoje, não é mais considerada reprovável, não faz sentido puni-lo por algo que praticou no passado. Assim, a lei mais benéfica em matéria de infrações e penalidades está autorizada a retroagir. Deve-se ressaltar que não estamos falando, aqui, de lei que diminui a carga tributária. O art. 106, II, trata de *infrações* e *penalidades*.

A propósito, Hugo de Brito Machado anota: "A aplicação 'retroativa' da lei tributária atende aos mesmos princípios prevalentes no direito penal. Não diz respeito ao pagamento do tributo, que não deixa de ser exigível em face de lei nova, a não ser nos casos de remissão, nos termos do art. 172 do Código" (MACHADO, 2011, p. 100).

Perceba-se que, embora se valham de alguma redundância, todas as alíneas do inciso II, do art. 106, do CTN, traduzem a mesma ideia: alterações que beneficiam o sujeito passivo tributário. Vejamos:

a) A lei deixa de definir o ato como infração – Ora, se a conduta praticada pelo sujeito passivo não é mais considerada infração, isso significa que não é mais um ilícito. Sendo *lícito* o ato, não existe razão para a exigência de multa;
b) A lei deixa de tratar o ato como contrário a qualquer exigência de ação ou omissão, desde que não tenha sido fraudulento e não tenha implicado em falta de pagamento de tributo – Ora, se a lei deixa de tratar a conduta do sujeito passivo como contrária a exigência de ação ou omissão, isso significa que a lei deixa de considerar o ato como contrário ao direito, portanto, deixa de considerá-lo ilícito. Sendo lícito, não há que se exigir o pagamento de multa. Não se aplica esta hipótese de retroatividade se a conduta foi fraudulenta e tenha implicado a falta de pagamento de tributo. Isso ocorre porque, em caso de fraude, sabe-se que o sujeito passivo agiu de má-fé. Neste caso, entra em cena o famoso brocado "nemo auditur propriam turpitudinem allegans", ou seja, ninguém pode se valer da própria torpeza;
c) A lei comina penalidade menos severa que a prevista na lei vigente ao tempo da sua prática – A penalidade deve ser sempre proporcional à gravidade do delito. Se a nova lei comina penalidade menos severa, então se deduz que a conduta praticada pelo sujeito passivo tributário passou a ser considerada menos grave do que era no passado. Se a lei não pudesse retroagir, então se deveria punir de modo desproporcional a conduta delituosa, pois, no presente, não é considerada mais tão lesiva ao bem jurídico como era no passado;

É necessário registrar que, para todas as situações, o dispositivo assinala uma importantíssima *condição*: a lei apenas está autorizada a retroagir no que se refere a *ato não definitivamente julgado*. O que isso significa? Que o sujeito passivo, uma vez que tenha sido autuado, isto é, notificado de que existe contra si uma multa e que deve pagá-la, tratou de impugnar a autuação ou interpor recurso, conforme o caso.

Em outras palavras, o contribuinte ou o responsável não se conformou com a aplicação da penalidade e houve por bem questioná-la em âmbito administrativo ou judicial. Se, no ínterim do prazo de análise da impugnação ou recurso, publica-se uma lei nova deixando de considerar a ação ou omissão como infração ou cominando penalidade menos severa, a norma poderá retroagir, alcançando a situação do sujeito passivo. Vejamos alguns exemplos:

- Certa empresa praticou o fato gerador do imposto sobre a importação (II) na data de 02 de junho de 2020. De acordo com a legislação em vigor, deveria ter emitido declaração especial de importação em vista do produto que adquiriu do exterior. A omissão de tal conduta implicaria, segundo a lei em vigor à época, multa de R$ 300,00 (trezentos reais). A empresa deixou de emitir tal declaração. Por isso, em 03 de agosto de 2020 foi autuada. Cobrou-se o imposto devido acrescido da multa. A empresa, muito embora pudesse recorrer, preferiu arcar com os custos e efetuou o pagamento, tanto do tributo como da multa. No dia 05 de setembro de 2020 foi publicada lei diminuindo o valor da multa de R$ 300,00 (trezentos reais) para R$ 150,00 (cento e cinquenta reais). Pergunta-se: a empresa pode beneficiar-se dessa redução? Em outras palavras, a lei está autorizada a retroagir? Resposta: não. E por quê? Porque não houve impugnação da autuação. De acordo com o art. 106, II, a retroatividade apenas está autorizada em caso de *ato não definitivamente julgado*. Como a empresa optou por recolher a multa, não há que se falar em retroatividade;

- Imaginemos que a mesma empresa tenha praticado o fato gerador do imposto em 02 de junho de 2020. Nessa data a alíquota a ser recolhida estava fixada em 5% do valor da operação. A empresa foi notificada no dia 03 de agosto do mesmo ano para o pagamento do imposto devido além de uma multa que lhe foi aplicada por ter descumprido a legislação de fiscalização. No dia 15 de agosto a empresa recorreu. Na data de 25 de setembro de 2020 foi publicada lei reduzindo as alíquotas do imposto de 5% para 2,5%. Tendo em vista que a empresa recorreu e, portanto, trata-se de ato não definitivamente julgado, pergunta-se: a lei pode retroagir para beneficiá-la, isto é, para que recolha o tributo à alíquota de 2,5% e não a 5%? Resposta: não. E por quê? Porque o art. 106, inc. II, trata exclusivamente de leis que disponham sobre *infrações* e *penalidades* e não de leis que tratem do tributo em si. A alíquota não é uma penalidade ou infração tributária, mas parte do aspecto quantitativo da hipótese de incidência tributária;
- Suponhamos, desta vez, que a empresa tenha praticado o fato gerador do imposto sobre importações (II) na data de 02 de junho de 2020. De acordo com a legislação em vigor deveria ter emitido declaração especial de importação em vista do produto que adquiriu. A omissão de tal conduta implicava, segundo a lei em vigor à época, multa de R$ 300,00 (trezentos reais). A empresa deixou de emitir tal declaração. Por isso, em 03 de agosto de 2020 foi autuada. Cobrou-se o imposto devido acrescido da multa de R$ 300,00 (trezentos reais). A empresa recorreu no dia 15 de agosto de 2020. No dia 05 de setembro do mesmo ano foi publicada lei diminuindo o valor da multa de R$ 300,00 (trezentos reais) para R$ 150,00 (cento e cinquenta reais). Pergunta-se: a empresa pode beneficiar-se dessa redução? A lei está autorizada a retroagir? Resposta: sim. E por quê? Porque houve impugnação da autuação. De acordo com o art. 106, II, a retroatividade está autorizada em caso de ato não definitivamente julgado. Como a empresa recorreu, e, nesse ínterim, adveio lei em seu benefício, a retroatividade está autorizada. Cabe lembrar que, nesse caso, trata-se de lei dispondo sobre penalidades e infrações e não sobre a extinção ou redução da carga tributária.

APROFUNDANDO! QUESTÕES RELEVANTES SOBRE O ART. 106, II, DO CTN

O art. 106, II, do CTN, desperta mais algumas questões importantes. Vejamos de modo esquematizado:

- *Ato não definitivamente julgado* – A expressão abrange não apenas os processos administrativos, como também os judiciais. A impetração de mandado de segurança, por exemplo, significa que o ato administrativo de imposição de multa considera-se "não definitivamente julgado". Nesse sentido, aliás, interpretação dada pelo STJ em julgamento de recurso especial. Confira-se entendimento adotado pela Segunda Turma:

> "A expressão 'ato não definitivamente julgado' constante do art. 106, II, letra 'c', do Código Tributário Nacional alcança o âmbito administrativo e também o judicial; constitui, portanto, ato não definitivamente julgado o lançamento fiscal impugnado por meio de *embargos do devedor em execução fiscal*" (STJ, REsp 437.632/MG, 2006);

- *Aplicação às multas moratórias* – As multas *moratórias*, isto é, as multas por atraso no pagamento dos tributos, também se submetem ao regime de retroatividade fixado pelo art. 106, II, do CTN. Ora, multa é penalidade, não importa sua qualificação específica. Há entendimento da Primeira e Segunda Turmas do STJ:

> "A Lei 9.399/1996, que reduz o valor da multa moratória tributária, retroage para alcançar penalidades já em cobrança executiva (art. 106, II, CTN) (STJ, Informativo 015/1999).
>
> Esta Corte tem jurisprudência pacífica no sentido de que o princípio da retroatividade da lei mais benéfica, do art. 106 do CTN, aplica-se a multas de natureza moratória" (STJ, REsp. 724.572/RS, 2009).

- *Não aplicação à correção monetária e juros* – A correção monetária significa a aplicação de um reajuste à dívida com o intuito de repor o valor perdido com a inflação. Não significa aumento da dívida, mas apenas a reposição do valor corroído pelo processo inflacionário. Os juros de mora não significam punição. São entendidos como compensação pelo atraso no pagamento. Ora, se o contribuinte tivesse efetuado o pagamento no prazo fixado em lei o Poder Público poderia utilizar o dinheiro para cumprir seus deveres. Com o atraso o Estado sai prejudicado. Assim, os juros são uma espécie de compensação por esse prejuízo e não uma punição em si. Como o art. 106, II, do CTN, refere-se a penalidades e punições, a correção monetária e os juros não estão abrangidos pelo dispositivo.

SÚMULAS DO STF E DO STJ:

SÚMULA STF

Súmula nº 584 do STF: "Ao imposto de renda calculado sobre os rendimentos do ano-base, aplica-se a lei vigente no exercício financeiro em que deve ser apresentada a declaração"; (CANCELADA)

SÚMULA STJ

Não há.

SÍNTESE DOS PRINCIPAIS ENTENDIMENTOS JURIPRUDENCIAIS

Em razão do seu caráter interpretativo, o conceito abrangente de licitação internacional, revelado pelo art. 3º da Lei n. 11.732/2008, retroage às situações anteriores a sua entrada em vigor (REsp 1.715.820-RJ)

"Reconhecida a inconstitucionalidade art. 4º, segunda parte, da LC 118/05, considerando-se válida a aplicação do novo prazo de 5 anos tão somente às ações ajuizadas após o decurso da vacatio legis de 120 dias, ou seja, a partir de 9 de junho de 2005" (STF, RE 566.621/RS, 2011 – Informativo 634/2011).

"A expressão 'ato não definitivamente julgado' constante do art. 106, II, letra 'c', do Código Tributário Nacional alcança o âmbito administrativo e também o judicial; constitui, portanto, ato não definitivamente julgado o lançamento fiscal impugnado por meio de embargos do devedor em execução fiscal" (STJ, REsp 437.632/MG, 2006);

"A Lei 9.399/1996, que reduz o valor da multa moratória tributária, retroage para alcançar penalidades já em cobrança executiva (art. 106, II, CTN)" (STJ, Informativo 015/1999).

9

PRINCÍPIO DA ANTERIORIDADE TRIBUTÁRIA

9.1 SEGURANÇA JURÍDICA E PREVISIBILIDADE: O PRINCÍPIO DA NÃO SURPRESA

O princípio da segurança jurídica é um princípio que caracteriza todo o Estado de Direito. Sobrepaira a todos os outros postulados, dando-lhes conteúdo significativo e densidade valorativa. O ordenamento jurídico como um todo, desde as normas mais elevadas até as de menor hierarquia, deve obedecer ao princípio.

Segurança jurídica assume diversos significados, conforme o contexto em que esteja. Espelha-se na certeza do direito; na intangibilidade das posições jurídicas; na estabilidade das relações jurídicas; na confiança no tráfego jurídico e no acesso ao Judiciário. Todas essas propriedades acabam resultando, por exemplo, no princípio da irretroatividade.

Outro aspecto, mais relacionado à certeza do direito, refere-se à prerrogativa que têm as pessoas naturais e jurídicas de saber, com antecedência, qual é o direito vigente no futuro próximo. E isso para que possam conduzir-se de maneira adequada, evitando certas condutas que poderiam resultar na aplicação de sanções. Decorre daí a necessidade de que não sejam pegas de surpresa.

Ora, se as pessoas têm plena consciência de quais são seus direitos e deveres hoje, tomarão todos os cuidados com vistas a praticar apenas atos que estejam de acordo com suas prerrogativas e obrigações. Por outro lado, cabe ao Estado não surpreender os indivíduos e empresas. O Poder Público não deve produzir alterações na ordem jurídica vigente que sejam imediatas e que peguem as pessoas desprevenidas. A *vacatio legis* tem justamente esse objetivo. O art. 1.º da Lei de Introdução às normas do Direito Brasileiro estabelece:

> **LINDB, art. 1º.** Salvo disposição contrária, a lei começa a vigorar em todo o país quarenta e cinco dias depois de oficialmente publicada.

No campo tributário o princípio da segurança jurídica redunda na preocupação em não pegar o contribuinte desprevenido. Sim, porque o tributo significa uma invasão no patrimônio privado. Se não houver a possibilidade de o sujeito passivo planejar-se para os custos que o aguardam, corre-se o risco de ver as pessoas físicas e jurídicas desfazendo-se de seus bens.

No último caso as consequências dessa tributação inesperada são ainda mais graves. Na esfera dos entes que exercem atividade econômica de produção de bens e serviços, notadamente as empresas, em vista da função social refletida na atividade empresária, os custos adicionais de uma tributação inesperada podem acarretar a demissão de funcionários, a revisão ou o cancelamento de contratos, entre outras consequências danosas do ponto de vista econômico-social.

A necessidade de assegurar ao contribuinte a previsibilidade de sua situação desaguou no assim chamado *princípio da não surpresa*. Ora, como a própria designação indica, trata-se de evitar que as pessoas naturais e jurídicas sejam surpreendidas com uma carga tributária inesperada. É preciso garantir ao sujeito passivo a efetiva possibilidade de se preparar para assumir os encargos econômicos que a criação ou aumento de tributos certamente impõem. É necessário, sobretudo, dar-lhe tempo para ajustar suas receitas, isto é, seus ganhos econômicos, às novas despesas criadas pela instituição ou elevação da carga tributária.

Assim, como decorrência lógica do princípio da segurança jurídica, desponta o princípio da não surpresa. Este pode ser compreendido como a conjugação do princípio da irretroatividade (já estudado) com o da anterioridade tributária. Quer dizer, a garantia de que a lei que cria ou aumenta tributos não será aplicada a fatos passados e, além disso, observará um determinado período de tempo até que possa produzir normalmente seus efeitos.

A propósito, Sacha Calmon Navarro Coêlho observa: "O princípio da não surpresa do contribuinte é de fundo axiológico. É valor nascido da aspiração dos povos de conhecerem com razoável antecedência o teor do *quantum* dos tributos a que estariam sujeitos no futuro imediato, de modo a poderem planejar as suas atividades levando em conta os referenciais da lei" (COÊLHO, 2009, p. 219).

O princípio da não surpresa compreende também a regra de irretroatividade. Desse modo, à luz do texto constitucional de 1988, o postulado pode ser sintetizado em dois enunciados:

- Publicada a lei que institui ou aumenta o tributo, esta não deve produzir qualquer efeito com relação a fatos geradores ocorridos antes do início de sua vigência;
- Publicada a lei que institui ou aumenta o tributo, deve, como regra geral, aguardar o primeiro dia do exercício financeiro seguinte e, ainda como regra, o intervalo de 90 (noventa) dias para que possa redundar na exigência de tributo novo ou carga tributária aumentada.

9.2 O PRINCÍPIO DA ANTERIORIDADE NA CONSTITUIÇÃO DE 1988

Qual é a ideia geral implícita no princípio da anterioridade? O que esse princípio estabelece? O postulado determina que deve haver um *intervalo de tempo* entre a instituição ou aumento do tributo e o efetivo desembolso por parte do contribuinte.

Esse interregno é necessário para que as pessoas físicas e jurídicas prepararem-se adequadamente para o novo encargo econômico.

Ora, vimos que o tributo deve ser instituído ou aumentado por lei. O início da existência da norma ocorre com sua publicação no diário oficial. Assim, o princípio da anterioridade tributária determina que, *entre a publicação da lei e a cobrança do tributo deve transcorrer certo lapso temporal* suficiente à preparação econômica do sujeito passivo.

A propósito, José Eduardo Soares de Melo anota: "A instituição e a majoração de tributo só podem incidir sobre fatos que passam a existir após sua vigência, tendo eficácia a partir do primeiro dia do exercício seguinte à de sua publicação (considerado o período de noventa dias)" (MELO, 2010, p. 22).

O princípio da anterioridade está previsto no art. 150, III, *b* e *c*, da CF/1988. Vejamos:

> **CF, art. 150.** Sem prejuízo de outras garantias asseguradas ao contribuinte, é vedado à União, aos Estados, ao Distrito Federal e aos Municípios:
>
> [...]
>
> III – cobrar tributos:
>
> b) no mesmo exercício financeiro em que haja sido publicada a lei que os instituiu ou aumentou;
>
> c) antes de decorridos noventa dias da data em que haja sido publicada a lei que os instituiu ou aumentou, observado o disposto na alínea b; (Incluído pela Emenda Constitucional nº 42, 2003);

O princípio da anterioridade desdobra-se em duas regras:

- *Anterioridade comum, anual ou de exercício* – Prevista na alínea *b*, exige que a cobrança do tributo ocorra no exercício financeiro seguinte ao da publicação da lei que instituiu ou aumentou o gravame;
- *Anterioridade mínima, nonagesimal ou noventena* – Prevista na alínea *c*, exige o intervalo de 90 (noventa) dias entre a publicação da lei e a cobrança do gravame criado ou aumentado.

É importante notar que a alínea *c* termina com a ressalva expressa: *observado o disposto na alínea b*. Isso significa que o princípio da anterioridade tributária é definido como a *aplicação conjunta das alíneas b e c*. Vamos analisá-las separadamente apenas para facilitar a compreensão, isto é, para fins didáticos. Mas que fique registrado, desde logo, que, ao final, faremos a unificação das alíneas, ou seja, a compreensão de ambas em conjunto.

Para finalizar, compreenda-se que a Constituição fala em *instituir* e *aumentar* tributos. Isso significa que o princípio tem lugar apenas nas hipóteses de criação ou elevação da carga tributária, mas não nos casos de *extinção* ou *diminuição* de gravames.

Nesse sentido, Ricardo Alexandre adverte: "É importante ressaltar que o princípio existe para proteger o contribuinte, não impedindo, portanto, a imediata aplicação das mudanças que diminuem a carga tributária a que o contribuinte está sujeito (casos de extinção ou redução de tributos) ou que não tenham qualquer impacto sobre essa carga tributária" (ALEXANDRE, 2013, p. 111).

A lei que *extingue* ou *reduz* a carga tributária submete-se à regra geral de vigência das leis, tal como estabelecido na Lei de Introdução às Normas do Direito Brasileiro (LINDB). Isso significa que ela não se submete ao princípio da anterioridade, previsto no art. 150, III, *b* e *c*. Nada obstante, vale lembrar que, como regra geral, estas leis (que extinguem ou reduzem tributos) também não podem retroagir. Em outras palavras, podem ter aplicação imediata (conforme o caso), mas não podem colher fatos que ocorreram no passado.

Em suma, o princípio da anterioridade tributária visa a proteger o sujeito passivo do ônus tributário imprevisto ou não planejado, dispondo que a lei gravosa só produza seus efeitos no exercício financeiro seguinte, observado, ainda, o prazo de 90 (noventa) dias. Somente não haverá a necessidade de aplicação de tal princípio se a lei não causar gravame, isto é, reduza ou extinga tributo.

Jurisprudência do STF – PRINCÍPIO DA ANTERIORIDADE COMO DIREITO FUNDAMENTAL DO CONTRIBUINTE

O Supremo Tribunal Federal tem entendimento consolidado no sentido de que o princípio da anterioridade tributária é *direito individual do contribuinte* e, portanto, *cláusula pétrea*. Deve ser obedecido, inclusive, por Emenda à Constituição. No julgamento de ação direta de inconstitucionalidade, o relator, Ministro Sidney Sanchez, manifestou-se no seguinte sentido: "Entre esses direitos e garantias individuais estão pela extensão contida no § 2.º do art. 5.º e pela especificação feita pelo art. 150, III, *b*, a garantia ao contribuinte de que a União não criará nem cobrará tributos, 'no mesmo exercício financeiro em haja sido publicada a lei que os instituiu ou aumentou'" (STF, ADIn 939/DF, 1993). O art. 5.º, § 2.º, da CF/1988, prescreve: "Os direitos e garantias expressos nesta Constituição não excluem outros decorrentes do regime e dos princípios por ela adotados, ou dos tratados internacionais em que a República Federativa do Brasil seja parte". Assim, o Tribunal considerou que a regra presente no art. 150, inciso III, alínea *b* (e, depois da Emenda Constitucional 42/2003, também na alínea *c*) deve ser considerada *direito individual do contribuinte*, à luz do art. 5º, § 2.º, acima citados. Tomando como base o art. 60, § 4.º, IV, da CF/1988, segundo o qual "não será objeto de deliberação a proposta de emenda tendente a abolir os direitos e garantias individuais", a Corte chegou à conclusão de que o princípio da anterioridade constitui cláusula pétrea e deve ser respeitado mesmo por Emenda à Constituição. Tal entendimento foi reafirmado em 2011, por ocasião da concessão de liminar em ação direta de inconstitucionalidade para suspender os efeitos do Decreto 7.567/2011 do Poder Executivo federal, que elevou as alíquotas do IPI incidentes sobre veículos importados, sem observar o princípio da anterioridade nonagesimal. Na ocasião, "os Ministros Gilmar Mendes, Celso de Mello e Cezar Peluso, Presidente, destacaram que o princípio da anterioridade nonagesimal constituiria direito fundamental deslocado do art. 5.º da CF, destinado a salvaguardar o contribuinte do arbítrio destrutivo ou dos excessos gravosos do Estado. Dessa forma, nem mesmo o Poder Constituinte derivado poderia mutilá-lo e, muito menos, extingui-lo" (STF, Informativo 645/2011).

A) Princípio da anterioridade comum, anual ou de exercício

O art. 150, III, *b*, da CF/1988, prescreve a observância do princípio da anterioridade comum, anual ou de exercício. Alguns autores o denominam, ainda, de anterioridade geral ou genérica. O dispositivo estabelece:

> **CF, art. 150.** Sem prejuízo de outras garantias asseguradas ao contribuinte, é vedado à União, aos Estados, ao Distrito Federal e aos Municípios:
>
> [...]
>
> III – cobrar tributos:
>
> b) no mesmo exercício financeiro em que haja sido publicada a lei que os instituiu ou aumentou;

Ora, a instituição ou o aumento do tributo devem ocorrer por meio de lei, como determina o princípio da legalidade. Existem exceções, é verdade, mas apenas aquelas previstas na própria Constituição. A lei passa a existir a partir de sua publicação no diário oficial. O que a regra da alínea *b* exige, portanto, é que a cobrança do tributo ocorra apenas no *exercício financeiro seguinte* ao da publicação do ato normativo legal.

Regina Helena Costa observa: "Consoante o art. 150, III, *b*, CR, é vedado às pessoas políticas exigir tributos no mesmo exercício financeiro em que haja sido publicada a lei que os instituiu ou aumentou. Visa o preceito evitar seja o contribuinte surpreendido mediante uma nova imposição fiscal ou a majoração de tributo já existente. Essa modalidade de anterioridade é denominada *genérica*, porquanto aplicável aos tributos em geral, ou *ao exercício*, porque atrelada à noção de exercício financeiro" (COSTA, 2014, p. 85).

Surge a questão de se saber o que significa *exercício financeiro*. O art. 34 da Lei 4.320/1964, que estatui normas gerais de direito financeiro, prescreve:

> **Lei nº 4.320/64, art. 34.** O exercício financeiro coincidirá com o ano civil.

Quer dizer, no Brasil, o exercício financeiro corresponde ao ano civil. Assim, o ano de 2024 corresponde ao exercício financeiro de 2025. O ano de 2025, ao exercício financeiro de 2025 e assim por diante. Podemos afirmar, portanto, que o exercício financeiro *começa* em 1.º de janeiro e *acaba* no dia 31 de dezembro de cada ano.

Pois bem, no fim das contas, o que exige o princípio da anterioridade comum? Que a cobrança do tributo ocorra no exercício financeiro seguinte ao da publicação da lei que o instituiu ou aumentou. Ora, se a lei foi publicada em 2024, a cobrança deve dar-se apenas em 2025; se a lei foi publicada em 2026, a cobrança apenas poderá ocorrer em 2027 e assim por diante.

Mas quais são os momentos *inicial* e *final* cuja observância é determinada pelo princípio? Em que momento se inicia o exercício financeiro? Ora, nos primeiros instantes do dia 1.º de janeiro de cada ano. E em que momento se encerra? Nos últimos instantes do dia 31 de dezembro do mesmo ano. Assim, por exemplo, o exercício financeiro de 2024 começa no dia 1.º de janeiro e termina no dia 31 de dezembro.

Por isso, na prática, o princípio da anterioridade comum é respeitado sempre que a cobrança do tributo ocorre a partir do primeiro dia do exercício financeiro seguinte ao da publicação da lei que instituiu ou aumentou o tributo. Se a lei foi publicada, por exemplo, em março de 2024, a exigência deve ocorrer a partir de 1.º de janeiro de 2025; se a lei foi publicada em 15 de dezembro de 2025, a exigência deve dar-se a partir de 1.º de janeiro de 2026 etc.

Vejamos alguns exemplos para a exata fixação da regra. Lembre-se de que esses exemplos trabalham *apenas* com o princípio da anterioridade comum, anual ou de exercício. Por enquanto, estamos ignorando o princípio da anterioridade nonagesimal, para facilitar a compreensão:

- Lei estadual alterou as alíquotas do imposto sobre a transmissão *causa mortis* e doação (ITCMD) acarretando aumento do imposto. Tal lei foi publicada no dia 16 de março de 2024. Em que momento pode dar-se a cobrança? A partir do dia 1.º de janeiro de 2025, ou seja, a partir do primeiro dia do exercício financeiro seguinte ao da publicação;
- Decreto do Presidente da República alterou as alíquotas do imposto territorial rural (ITR) implicando aumento do tributo. Tal decreto foi publicado no dia 15 de novembro de 2025. Em que momento está autorizada a cobrança? ***Atenção!*** Sob a perspectiva lógica, a cobrança não pode ocorrer! O ITR não é exceção ao princípio da legalidade! Nesse caso, o aumento é inconstitucional por violação do princípio da legalidade. É preciso atenção a todos os aspectos de um problema que lhe é proposto;
- Imaginemos que o imposto sobre grandes fortunas (IGF) seja criado por lei complementar. Suponhamos que a lei é publicada no dia 31 de dezembro de 2025. Em que momento pode ocorrer a cobrança? A partir de 1.º de janeiro de 2026, isto é, no primeiro dia do exercício financeiro seguinte ao da publicação. Aliás, o STF já se manifestou no sentido de que a publicação, ainda que tenha lugar num final de semana, será legítima se ocorrer até o último momento do dia 31 de dezembro. A Primeira Turma assim decidiu: "Diploma normativo que foi editado em 31.12.94, a tempo, portanto, de incidir sobre o resultado do exercício financeiro encerrado. Descabimento da alegação de ofensa aos princípios da anterioridade e da irretroatividade, relativamente ao Imposto de Renda [...]" (STF, RE 232.084/SP, 2000).

Em suma, de acordo com o princípio da anterioridade comum, anual ou de exercício, a exigência do tributo criado ou aumentado apenas poderá ocorrer no exercício financeiro seguinte ao da publicação da lei que o instituiu ou aumentou.

B) Princípio da anterioridade nonagesimal ou anterioridade mínima

Também chamada de anterioridade mitigada ou noventena, a regra está prevista no art. 150, III, *c*, da CF/1988, que prescreve:

> **CF, art. 150.** Sem prejuízo de outras garantias asseguradas ao contribuinte, é vedado à União, aos Estados, ao Distrito Federal e aos Municípios:
>
> [...]

> III – cobrar tributos:
>
> [...]
>
> c) antes de decorridos noventa dias da data em que haja sido publicada a lei que os instituiu ou aumentou, observado o disposto na alínea *b*; (Incluído pela Emenda Constitucional nº 42, 2003);

Percebe-se uma vez mais a importância da publicação da lei. Esta é o marco inicial a partir do qual se deve considerar a regra da anterioridade.

No caso da anterioridade nonagesimal ou mínima, exige-se um intervalo de 90 (noventa) dias entre a publicação da lei que instituiu ou aumentou o tributo e a cobrança do gravame. Insista-se no prazo de 90 dias e não de 03 meses. Sabemos que alguns meses possuem 30 dias, outros 31. Por isso, deve-se contar em termos de dias e não de meses.

Regina Helena Costa anota: "Desse modo, criou-se mais uma limitação à instituição ou aumento de tributos, porquanto se assegura ao contribuinte o prazo mínimo de noventa dias para que se acostume com a nova exigência, em homenagem, uma vez mais, aos princípios da segurança jurídica e da não surpresa" (COSTA, 2014, p. 86).

Assim, se determinada lei é publicada no dia 15 de junho de 2024, em que momento pode ocorrer a cobrança? Em meados de setembro do mesmo ano, ou seja, após noventa dias. Da mesma maneira, se uma lei que institui ou aumenta determinado tributo é publicada no dia 31 de dezembro de 2025, em que momento pode dar-se a cobrança? Noventa dias depois, isto é, em fins de março de 2026.

Registre-se que, por enquanto, estamos "ignorando" o princípio da anterioridade comum, o que facilita a compreensão do tema.

Note-se que a alínea *c* foi acrescentada pela Emenda Constitucional nº 42/2003. Não estava prevista originalmente na Constituição. A introdução do dispositivo teve como objetivo reforçar (para não dizer garantir) os valores da segurança jurídica, previsibilidade e não surpresa. Isso porque, como vimos, o princípio da anterioridade comum, isoladamente considerado, dava brechas à violação desses postulados. Bastava que a lei fosse publicada em 31 de dezembro de certo exercício financeiro para que o tributo instituído ou aumentado pudesse ser cobrado já no dia 1.º de janeiro do ano seguinte.

Regina Helena Costa notou o problema: "Tradicionalmente insculpido em nossos textos constitucionais, o princípio em foco passou a ter seu conteúdo esvaziado nos últimos anos, diante da prática, por vezes reiterada, de fazer-se publicar a lei majoradora de impostos às vésperas do novo exercício financeiro – vale dizer, nos últimos dias de dezembro. Entendeu-se, predominantemente, inclusive em jurisprudência, que, publicada a lei que institui ou aumenta tributo, ainda que no dia 31 de dezembro, sua eficácia é deflagrada no dia seguinte – 1º de janeiro – restando, desse modo, atendido o aludido princípio constitucional" (COSTA, 2014, p. 85).

Vejamos alguns exemplos práticos para assimilação da regra. Ressalte-se, uma vez mais, que estamos, por enquanto, ignorando o princípio da anterioridade comum. Em momento oportuno faremos a "unificação" de ambos. Anote-se, ainda, que tomamos como referencial para a contagem exata do prazo o disposto no art. 8º, § 1º, da Lei Complementar nº 95, de 1998, com redação dada pela Lei Complementar nº 107/2001:

> **LC 107/2001, art. 8º.** (...)
>
> § 1º. A contagem do prazo para entrada em vigor das leis que estabeleçam período de vacância far-se-á com a inclusão da data da publicação e do último dia do prazo, entrando em vigor no dia subsequente à sua consumação integral.

- Lei municipal aumentou as alíquotas do imposto sobre a transmissão de bens imóveis (ITBI). Foi publicada no dia 15 de setembro de 2024. Em que momento poderá ocorrer a cobrança? Como vimos, o princípio da anterioridade nonagesimal exige um intervalo de 90 (noventa) dias entre a publicação da lei e a cobrança do tributo. Vale lembrar que não se trata de três meses, uma vez que alguns meses possuem mais dias do que outros. Trata-se de contar noventa dias a partir da publicação. Se a publicação ocorreu em 15 de setembro de 2024, a cobrança estará autorizada no 91.º (nonagésimo primeiro) dia. Em outras palavras: 14 de dezembro de 2024;
- A União instituiu, por meio de lei federal, taxa de fiscalização. A lei foi publicada no dia 12 de dezembro de 2025. Em que momento está autorizada a cobrança? Basta contarmos 90 (noventa) dias. A cobrança poderá ocorrer no 91º (nonagésimo primeiro) dia, ou seja, em 11 de março de 2026;
- Lei do Distrito Federal instituiu taxa que tem como fato gerador o recolhimento domiciliar de esgoto. Tal lei foi publicada em 31 de dezembro de 2025. Em que momento está autorizada a cobrança? Nesse caso, se ficássemos apenas com o princípio da anterioridade comum, a cobrança poderia dar-se no dia 1.º de janeiro do exercício financeiro seguinte. Como, entretanto, estamos falando do princípio da anterioridade nonagesimal, a cobrança apenas poderá ocorrer após 90 (noventa) dias, ou seja, em 30 de março de 2026.

Para finalizar registre-se que o STF decidiu no sentido de que a regra de anterioridade apenas tem lugar no caso de instituição ou aumento de tributo, mas não nas hipóteses de prorrogação da elevação da carga tributária. De fato, em 2009 o Plenário assentou:

> A Lei paulista 11.813/04 apenas prorrogou a cobrança do ICMS com a alíquota majorada de 17 para 18%, criada pela Lei paulista 11.601/2003. O prazo nonagesimal previsto no art. 150, III, *c*, da Constituição Federal somente deve ser utilizado nos casos de criação ou majoração de tributos, não na hipótese de simples prorrogação de alíquota já aplicada anteriormente (STF, RE 584.100/SP, 2009).

C) Regra geral: aplicação conjunta do princípio da anterioridade comum e nonagesimal

A parte final do art. 150, III, *c*, da CF/1988, estabelece: "[...] observado o disposto na alínea b". O princípio da anterioridade nonagesimal deve ser aplicado de forma *conjunta* com o princípio da anterioridade comum. Como assinalamos páginas atrás, o princípio da anterioridade tributária desdobra-se em duas regas de aplicação cumulativa: anterioridade comum e anterioridade nonagesimal.

Regina Helena Costa anota: "As duas modalidades de anterioridade – a genérica e a especial – entrecruzam-se, ampliando a proteção conferida aos contribuintes. À disciplina da anterioridade genérica acresceu-se um prazo, que constitui garantia mínima ao contribuinte. Em outras palavras, no mínimo o contribuinte terá noventa dias para preparar-se para enfrentar a nova exação, podendo o prazo ser bem maior, caso a lei veiculadora da nova exigência fiscal seja publicada no início do exercício financeiro" (COSTA, 2014, p. 86).

Assim, o tributo instituído ou aumentado apenas poderá ser cobrado no exercício financeiro seguinte ao da publicação da lei, observado, ainda, o prazo de 90 (noventa) dias entre a publicação e a cobrança. Em termos práticos, prevalecerá a data mais benéfica para o contribuinte. Mas atenção: isso não significa que se aplica um princípio ou outro, mas que se aplicam ambos conjuntamente. Os dois princípios têm lugar, mas, em termos práticos, aquele que se mostrar mais benéfico ao contribuinte prevalece.

Vejamos alguns exemplos. Lembramos que, agora, estamos lidando com os dois princípios *aplicados em conjunto*. Esta é a maneira correta de proceder! Nos exemplos anteriores trabalhamos de forma separada apenas para facilitar a compreensão:

- Lei federal elevou as alíquotas do imposto territorial rural (ITR). A lei foi publicada no dia 15 de janeiro de 2025. Em que momento está autorizada a cobrança? De acordo com a anterioridade comum, no dia 1.º de janeiro de 2026. De acordo com a anterioridade nonagesimal, noventa dias depois. Ora, qual princípio, no caso específico, é mais benéfico ao contribuinte? O primeiro! Portanto, a cobrança apenas poderá ocorrer em 1.º de janeiro de 2026. Note-se que aplicamos *ambos* os princípios. Ocorre que, em termos práticos, prevalece o primeiro;
- Lei municipal aumentou as alíquotas do imposto sobre serviços de qualquer natureza (ISS). Tal lei foi publicada no dia 10 de outubro de 2025. Em que momento pode ocorrer a cobrança? Aplicamos, em primeiro lugar, a anterioridade comum. Resultado obtido: 1.º de janeiro de 2026. Aplicamos, agora, a anterioridade nonagesimal. Resultado obtido: 08 de janeiro de 2026. Prevalece o segundo princípio, que é, no caso, mais benéfico ao contribuinte;
- Lei estadual alterou as alíquotas do ITCMD. Foi publicada no dia 03 de outubro de 2025. Em que momento se dará a cobrança? Anterioridade comum: 1.º de janeiro de 2026; anterioridade nonagesimal: contados noventa dias da data de publicação, a cobrança pode dar-se no 91.º (nonagésimo primeiro) dia: 1.º de janeiro de 2026. Nesse caso, a data de 1.º de janeiro de 2016 apenas foi possível porque a lei foi publicada no dia 03 de outubro do exercício financeiro anterior, isto é, de 2025. Assim, cumpriram-se a anterioridade comum e a nonagesimal.

JURISPRUDÊNCIA DO STF – DESLOCAMENTO DO ASPECTO TEMPORAL DA REGRA-MATRIZ DE INCIDÊNCIA

Interessantes julgamentos envolvendo o princípio da anterioridade nonagesimal ocorreram no âmbito do STF. No primeiro caso, houve impugnação da Lei nº. 18.371/2014, do Estado do Paraná, publicada em 15/12/2014, aumentando a alíquota do imposto sobre a propriedade de veículos automotores (IPVA). Uma vez aplicado o princípio da anterioridade nonagesimal, não seria possível que o aumento incidisse sobre a propriedade de veículos já a partir do dia 1º de janeiro de 2015, quando a lei estadual previa a ocorrência do fato gerador do imposto, no que toca a veículos usados. Para superar este obstáculo, o legislador estadual estabeleceu que, exclusivamente no exercício de 2015, o fato gerador do IPVA para veículos adquiridos em anos anteriores ocorreria no dia 1º de abril, possibilitando, assim, a cobrança do tributo com o novo valor já em 2015. A norma estadual foi contestada perante o Supremo Tribunal Federal através da ADI 5.282/PR, na qual se alegava que o deslocamento temporal configurava ofensa à anterioridade nonagesimal. Contudo, o STF, aplicando uma interpretação teleológica, entendeu que o objetivo da regra é garantir o prazo mínimo de 90 dias para que o contribuinte se prepare para arcar com o aumento da carga tributária, o que teria sido assegurado, estabelecendo a seguinte tese:

> "Não há desvio de finalidade no caso de lei ordinária alterar o aspecto temporal do IPVA para viabilizar, a um só tempo, o respeito à garantia da anterioridade, inclusive nonagesimal, e viabilizar a tributação dos veículos automotores pela alíquota majorada no exercício financeiro seguinte ao da publicação desse diploma legal. Afinal, a finalidade da legislação é lícita e explícita" (STF, Pleno, ADI 5.282/PR, Rel. André Mendonça, j. 18/10/2022, DJe 04/11/2022).

APROFUNDANDO! PROBLEMA DE VIGÊNCIA OU DE EFICÁCIA?

É natural que surja a questão de saber se o princípio da anterioridade lida com a *vigência* ou com a *eficácia* da norma tributária que institui ou aumenta tributos. Eduardo Sabbag, por exemplo, observa: "De início, urge frisar que o *princípio da anterioridade* atrela-se à noção de *eficácia* da lei, enquanto a vigência liga-se a outro postulado – o de *irretroatividade tributária*, a ser estudado, oportunamente, nesta obra" (SABBAG, 2016, p. 120). Pois bem, pedimos vênia para discordar. Ambos os princípios, anterioridade e irretroatividade, ligam-se à vigência da norma. Quando pensamos em princípio da anterioridade tributária, logo nos reportamos às regras constitucionais previstas no art. 150, III, *b* e *c*. Estas, por sua vez, dirigem-se às normas que *instituem* ou *aumentam* tributos. Percebemos claramente que se trata de uma relação de norma para norma, e que estão ausentes questões atinentes às condições fáticas exigíveis para a observância da norma. Além do mais, o mandamento constitucional dirige-se imediatamente ao legislador e, mediatamente, aos aplicadores da norma. Sabemos que o primeiro passo para a exigência tributária consiste em sua criação por lei e não por ato administrativo ou sentença judicial. Dessa maneira, pergunta-se: o texto constitucional trata da exigibilidade de um comportamento ou das condições fáticas para a observância da norma? Parece claro que estamos falando da exigibilidade de um comportamento imposto aos intérpretes autênticos (legislador, administrador e julgador), qual seja: de não cobrar tributos no mesmo exercício financeiro em que haja sido publicada a lei que instituiu ou aumentou o gravame e, ainda, que se aguarde o interregno de 90 (noventa) dias. Assim, a lição de Paulo de Barros Carvalho coloca-se de forma mais consentânea com o sistema jurídico: "Na hipótese o que ocorre é a convergência de dois fatores condicionantes, que interagem provocando o deslocamento do termo inicial da vigência, de modo que a regra jurídica que entraria em vigor quarenta e cinco dias depois de publicada ou na data que estabelecer continua sem força vinculante, até que advenha o primeiro dia do novo exercício financeiro. Isso nos autoriza a falar numa vigência predicada pela norma e noutra imperiosamente estabelecida pelo sistema" (CARVALHO, 2012, p. 120). Note-se que a ausência de vigência não significa que a norma seja inválida. Ela é válida, está no sistema, mas sua vigência condiciona-se à observância do princípio da anterioridade. Essa é a lição de Tercio Sampaio Ferraz Jr.: "Pelo exposto, validade e vigência não se confundem. Uma norma pode ser válida sem ser vigente, embora norma vigente seja sempre válida" (FERRAZ JR., 2003, p. 198). Em suma, talvez seja lícito afirmar que as disposições da Lei de Introdução às Normas do Direito Brasileiro não se aplicam à disciplina da vigência das leis tributárias que impliquem instituição ou aumento de tributo, uma vez que esta disciplina decorre diretamente do texto constitucional.

9.3 EXCEÇÕES AO PRINCÍPIO DA ANTERIORIDADE

O princípio da anterioridade comporta algumas exceções. Isso significa que certos tributos não precisam submeter-se à regra que exige a observância de um intervalo de tempo entre a publicação da lei que cria ou aumenta tributo e sua efetiva cobrança. Nesse sentido, as garantias de previsibilidade e não surpresa são sacrificadas em nome de um bem maior.

Ora, se alguns tributos não devem obediência a tal princípio, isso significa que podem ser cobrados no *mesmo* exercício financeiro em que foi publicada a lei que os instituiu ou aumentou (não observam o disposto no art. 150, III, *b*, da CF/1988). Além do mais, *não* precisam aguardar o período de 90 (noventa) dias, tal como prescreve o art. 150, III, *c*, da CF/1988.

O problema básico consiste em assimilar adequadamente tais exceções. E isso porque, de acordo com a Constituição, *alguns* tributos são exceções à anterioridade comum, mas *não* à nonagesimal; *outros* são exceções à nonagesimal, mas *não* à comum. Existem aqueles, ainda, que são exceções aos *dois* princípios.

Assim, é preciso tomar cuidado para identificar perfeitamente se o tributo em questão segue a regra geral, isto é, deve obediência à anterioridade comum e nonagesimal; se é exceção aos dois princípios; ou se segue apenas um dos dois, a anterioridade comum ou a nonagesimal, conforme o caso.

Para uma compreensão mais adequada do tema, façamos a análise separadamente. Em momento posterior, faremos a junção das exceções para compreendê-las no seu conjunto.

A) Exceções à anterioridade comum

As exceções à anterioridade comum encontram-se todas na Constituição, nos arts. 150, § 1.º; 155, § 4.º, inc. IV, *c*; 177, § 4.º, inc. I, *b*; e 195, § 6.º. Vejamos cada uma delas em separado.

a) Empréstimo compulsório em virtude de calamidade pública, guerra externa ou sua iminência (ECCG), impostos sobre a importação (II), exportação (IE), produtos industrializados (IPI) e operações financeiras (IOF), e imposto extraordinário de guerra (IEG)

O art. 150, § 1º, primeira parte, da CF/1988 estabelece:

> **CF, art. 150.** (...)
> § 1º. A vedação do inciso III, *b*, não se aplica aos tributos previstos nos arts. 148, I, 153, I, II, IV e V; e 154, II; [...]

Em outras palavras, são exceções à anterioridade comum os seguintes tributos:

- CF, art. 148, I – Empréstimo compulsório em virtude de calamidade pública, guerra externa ou sua iminência (ECCG):
    - ***Atenção!*** O art. 148 do texto constitucional possui dois incisos. O primeiro prevê a instituição de empréstimo compulsório para atender a despesas extraordinárias decorrentes de calamidade pública, guerra externa ou sua iminência. O segundo prevê competência para a criação do tributo nos casos de investimento público de caráter urgente e relevante interesse nacional, *observado o disposto no art. 150, III, b*. Ou seja, apenas o empréstimo compulsório do inciso I é exceção à anterioridade comum;
- CF, art. 153, I, II, IV e V – Impostos sobre a importação de produtos estrangeiro (II), exportação, para o exterior, de produtos nacionais ou nacionalizados (IE), produtos industrializados (IPI) e operações de crédito, câmbio e seguro ou relativa a títulos ou valores mobiliários (IOF);
- CF, art. 154, II – Imposto extraordinário de guerra (IEG).

Os tributos acima enumerados são *exceções* à anterioridade comum. Isso significa que podem ser cobrados no mesmo exercício financeiro em que publicada a lei (ou o decreto no caso dos impostos previstos no art. 153, § 1.º, da CF/1988), que os instituiu ou aumentou. Ocorre, porém, que ainda não há condições de saber em que momento, *exatamente*, podem ser cobrados. E isso porque precisamos, antes, fazer a análise das exceções à anterioridade nonagesimal. Apenas depois dessa análise poderemos saber, com precisão, em que momento exato pode ocorrer a cobrança.

b) ICMS-Combustíveis

De acordo com o art. 155, § 4.º, IV, *c*, da CF/1988, o imposto sobre a circulação de mercadorias e prestação de serviços que incide sobre a comercialização de combustíveis e lubrificantes de forma monofásica (uma única vez) possui alíquotas definidas mediante deliberação dos Estados, que "poderão ser reduzidas e restabelecidas, *não se lhes aplicando o disposto no art. 150, III, b*".

Registre-se que o dispositivo fala em *redução* e *restabelecimento*, mas não em *aumento*. Isso significa que a alíquota pode ser reduzida, por exemplo, de 15% para 10% e, posteriormente, restabelecida para o primeiro patamar. Em ambos os casos, a cobrança pode ocorrer no mesmo exercício financeiro em que publicado o ato normativo. Se, no entanto, a alíquota for fixada em 16%, 17% e assim por diante, acarretando, portanto, *aumento* da carga tributária, é necessário observar o princípio da anterioridade comum.

De toda forma, não podemos saber, ainda, em que exato momento uma elevação das alíquotas desse imposto poderá ser cobrada, uma vez que ainda não analisamos as exceções à anterioridade nonagesimal.

c) CIDE-Combustíveis

O art. 177, § 4.º, I, *b*, da CF/1988, trata das alíquotas da contribuição de intervenção no domínio econômico incidente sobre a importação ou comercialização de petróleo e seus derivados, gás natural e seus derivados e álcool combustível (CIDE-Combustíveis).

De acordo com o dispositivo, a alíquota de tal contribuição poderá ser "reduzida e restabelecida por ato do Poder Executivo, *não se lhe aplicando o disposto no art. 150, III, b*". Tal como assinalado quanto ao ICMS-combustíveis, também aqui a exceção apenas tem lugar no caso de *redução* e *restabelecimento* de alíquotas, mas não de *aumento* da carga tributária.

Também aqui não sabemos o exato momento em que eventual elevação de alíquotas poderá ser exigida do contribuinte, uma vez que ainda não estudamos as exceções à anterioridade nonagesimal. Sabemos, apenas, que constitui exceção à anterioridade comum.

d) Contribuição social para a seguridade social

De acordo com o art. 195, § 6.º, da CF/1988, as contribuições sociais destinadas ao custeio da seguridade social "só poderão ser exigidas após decorridos noventa dias da data da publicação da lei que as houver instituído ou modificado, *não se lhes aplicando o disposto no art. 150, III, b*".

Veremos no estudo das contribuições especiais que estas se subdividem em três espécies:

- *Contribuições de intervenção no domínio econômico (CIDEs)* – Há várias subespécies, dentre as quais a CIDE-Combustíveis, acima mencionada;
- *Contribuições de interesse das categorias profissionais e econômicas* – Contribuições direcionadas ao financiamento de entidades representativas de profissionais liberais, como médicos, engenheiros etc.;

- *Contribuições sociais* – Destinadas ao custeio da atuação da União na área social. Estas, por sua vez, subdividem-se em:
  - Contribuições sociais *gerais* – Destinadas ao financiamento da atuação na área social, *exceto* seguridade social;
  - Contribuições sociais destinadas ao custeio da *seguridade social* – Destinadas ao financiamento da atuação da União na área de seguridade social.

A seguridade social, de acordo com o art. 194 da Constituição, "compreende um conjunto integrado de ações de iniciativa dos Poderes Públicos e da sociedade, destinadas a assegurar os direitos relativos *à saúde, à previdência e à assistência social*". Se uma determinada contribuição tiver como função viabilizar a atuação da União na área da saúde, previdência ou assistência social, deverá ser considerada *contribuição social para a seguridade social.* São exemplos a contribuição social sobre o lucro (CSSL); a contribuição incidente sobre o faturamento (COFINS), dentre outras.

Estas, por sua vez, submetem-se ao § 6.º do art. 195. Quer dizer, são *exceções ao princípio da anterioridade comum*. A elas aplica-se somente a anterioridade nonagesimal, isto é, a exigência de prazo mínimo de *90 (noventa) dias* entre a publicação da lei que as instituir ou modificar e a cobrança da contribuição.

Quadro de exceções ao princípio da anterioridade comum	
Art. 150, § 1.º, primeira parte, da CF/1988	*Empréstimo compulsório em virtude de calamidade pública, guerra externa ou sua iminência; impostos sobre a importação (II), exportação (IE), produtos industrializados (IPI) e operações financeiras (IOF) e imposto extraordinário de guerra (IEG).*
Art. 155, § 4.º, inciso IV, c, da CF/1988	*ICMS-Combustíveis.*
Art. 177, § 4.º, inciso I, b, da CF/1988	*CIDE-Combustíveis.*
Art. 195, § 6.º, CF/1988	*Contribuições sociais destinadas ao custeio da seguridade social.*

B) Exceções à anterioridade nonagesimal

As exceções à anterioridade nonagesimal são encontradas no art. 150, § 1.º, *segunda parte*, da CF/1988. O dispositivo estabelece:

> **CF, art. 150.** (...)
>
> § 1º. [...] e a vedação do inciso III, *c*, não se aplica aos tributos previstos nos arts. 148, I, 153, I, II, III e V; e 154, II, nem à fixação da base de cálculo dos impostos previstos nos arts. 155, III, e 156, I.

Vejamos de forma detalhada tais exceções:

- CF, art. 148, I – Empréstimo compulsório em virtude de calamidade pública, guerra externa ou sua iminência (ECCG):

- *Atenção!* O art. 148 do texto constitucional possui dois incisos. O primeiro prevê a instituição de empréstimo compulsório para atender a despesas extraordinárias decorrentes de calamidade pública, guerra externa ou sua iminência. O segundo prevê competência para a criação do tributo nos casos de investimento público de caráter urgente e relevante interesse nacional, *observado o disposto no art. 150, III, b.* Muito embora o dispositivo não menciona a alínea *c*, a doutrina e a jurisprudência entendem que ocorreu um lapso do poder constituinte de reforma que, ao acrescentar o princípio da anterioridade nonagesimal ao art. 150, III, através da EC 42/2003, esqueceu de atualizar o art. 148, inciso II. Portanto, a modalidade do art. 148, II, também se submete à noventena;

• CF, art. 153, I, II, III e V – Impostos sobre a importação de produtos estrangeiros (II), exportação, para o exterior, de produtos nacionais ou nacionalizados (IE), renda e proventos de qualquer natureza (IR) e operações de crédito, câmbio e seguro ou relativas a títulos ou valores mobiliários (IOF):

- *Atenção!* Embora o rol de tributos seja parecido com o previsto no art. 150, § 1º, primeira parte, perceba-se que, nesta segunda parte, o imposto sobre a renda e proventos de qualquer natureza (IR) ocupa o lugar do imposto sobre produtos industrializados (IPI). Em suma, o IR é exceção à anterioridade nonagesimal, mas se submete à anterioridade comum; o IPI é exceção à anterioridade comum, mas se submete à nonagesimal;

• CF, art. 154, II – Imposto extraordinário de guerra (IEG);
• CF, art. 155, III e art. 156, I – Imposto sobre a propriedade de veículos automotores (IPVA) e imposto sobre a propriedade predial e territorial urbana (IPTU):

- *Atenção!* Nestes casos, a exceção alcança apenas a fixação da *base de cálculo*, mas não da *alíquota*. Se houver modificação da base de cálculo que importe em tornar esses tributos mais onerosos, a modificação não precisa observar o prazo de 90 (noventa) dias (de qualquer maneira, precisa observar a anterioridade comum). Se, no entanto, houver modificação da alíquota, que importe em tornar estes impostos mais onerosos, então devem ser observadas a anterioridade comum e nonagesimal;

Os tributos acima mencionados são exceções à anterioridade nonagesimal. Isso significa que eventual aumento não precisa aguardar o prazo de noventa dias entre a publicação da lei (ou do decreto, no caso dos impostos previstos no art. 153, § 1.º) e a cobrança do gravame. Chama-se a atenção, novamente, para a *ausência* do IPI e a *presença* do IR. Em outras palavras, o primeiro é exceção à anterioridade comum, mas não à nonagesimal; o segundo é exceção à nonagesimal, porém não à comum.

ATENÇÃO! Reforma tributária!

O art. 130, § 1º, do Ato das Disposições Constitucionais Transitórias (ADCT), com redação dada pela Emenda Constitucional nº 132/2023, que veiculou a chamada reforma tributária, estabelece:

> **ADCT, art. 130**. Resolução do Senado Federal fixará, para todas as esferas federativas, as alíquotas de referência dos tributos previstos nos arts. 156-A e 195, V, da Constituição Federal, observados a forma de cálculo e os limites previstos em lei complementar, de forma a assegurar:
>
> (...)
>
> **§ 1º** As alíquotas de referência serão fixadas no ano anterior ao de sua vigência, não se aplicando o disposto no art. 150, III, "c", da Constituição Federal, com base em cálculo realizado pelo Tribunal de Contas da União.

O dispositivo remete ao art. 156-A e 195, V, que passaram a prever o imposto sobre bens e serviços (IBS) e a contribuição social sobre bens e serviços (CBS). Embora ambos os tributos devam ser instituídos por lei complementar, as alíquotas podem ser fixadas por lei ordinária. No caso do IBS, lei ordinária específica dos Estados, Distrito Federal e Municípios. No caso da CBS, lei ordinária federal.

Nada obstante, o art. 156-A, § 1º, XII, da CF, estabelece:

> **CF, art. 156-A (...)**
>
> **§ 1º (...)**
>
> **XII –** resolução do Senado Federal fixará alíquota de referência do imposto para cada esfera federativa, nos termos de lei complementar, que será aplicada se outra não houver sido estabelecida pelo próprio ente federativo;

Note-se que o Senado Federal, por meio de resolução, deve estabelecer alíquotas de referência para bens e serviços abrangidos pelos tributos, que funcionarão como parâmetro para os entes federativos. Se, no entanto, a União, os Estados, o DF ou os Municípios permanecerem inertes, isto é, não fixarem a alíquota relativa à operação com certo bem ou serviço, então as alíquotas estabelecidas pela resolução devem ser aplicadas imediatamente.

De qualquer maneira, a resolução deve ser publicada no ano anterior ao de sua vigência, respeitando, assim, o princípio da anterioridade comum, *mas não precisa observar o prazo de noventa dias*. Trata-se, pois, de *exceção à anterioridade nonagesimal*.

<table>
<tr><th colspan="2">Quadro de exceções ao princípio da anterioridade nonagesimal</th></tr>
<tr><td rowspan="5">Art. 150, § 1.º, segunda parte, da CF/1988</td><td>Empréstimo compulsório em virtude de calamidade pública, guerra externa ou sua iminência.</td></tr>
<tr><td>Impostos sobre a importação (II), exportação (IE), renda e proventos de qualquer natureza (IR) e operações financeiras (IOF).</td></tr>
<tr><td>Imposto extraordinário de guerra (IEG).</td></tr>
<tr><td>Alteração da base de cálculo do IPVA.</td></tr>
<tr><td>Alteração da base de cálculo do IPTU.</td></tr>
<tr><td>ATENÇÃO! Reforma tributária!
ADCT, art. 130, § 1º</td><td>Alíquotas de referência para o IBS e CBS fixadas por resolução do Senado Federal</td></tr>
</table>

C) Análise pontual de cada exceção

Já estamos em condições de saber, agora, em que momento exatamente poderá ocorrer a cobrança de cada um desses tributos. E isso porque já temos uma visão global das exceções. Sabemos os tributos que escapam da anterioridade comum; da nonagesimal; de ambas ou de nenhuma delas. É possível, pois, verificar a situação de cada tributo frente às várias possibilidades que se apresentam. Vejamos:

a) Exceções simultâneas aos dois princípios

Escapam à observância da anterioridade comum e nonagesimal e, portanto, podem ser exigidos imediatamente à publicação da lei que os institui ou aumenta, os seguintes tributos:

- *Empréstimo compulsório em caso de calamidade pública, guerra externa ou sua iminência (ECCG)* – O empréstimo compulsório previsto no art. 148, I, é exceção a *ambos* os princípios (anterioridade comum *e* nonagesimal). A lei complementar que criá-lo não precisa aguardar o exercício financeiro seguinte ao de sua publicação e tampouco o prazo de 90 dias. Quer dizer, produz efeitos *imediatamente* à publicação;
- *Impostos sobre a importação (II), exportação (IE) e operações financeiras (IOF)* – Tais impostos são *exceções* à anterioridade comum *e* nonagesimal. Assim, a lei ou o decreto (art. 153, § 1.º, da CF/1988) que eventualmente elevar suas alíquotas poderá produzir *imediatamente* seus efeitos;
- *Imposto extraordinário de guerra (IEG)* – O imposto extraordinário de guerra (art. 154, II, da CF/1988), também é exceção aos dois princípios. Eventual instituição ou aumento por meio de lei ordinária produz efeitos *imediatos*.

Quadro de exceções simultâneas aos princípios da anterioridade comum e nonagesimal (art. 150, § 1.º, da CF/1988).	*Empréstimo compulsório em virtude de calamidade pública, guerra externa ou sua iminência (art. 148, I, da CF/1988).*
	Impostos sobre a importação (II), exportação (IE) e operações financeiras (IOF) (art. 153, I, II, e V, da CF/1988).
	Imposto extraordinário de guerra (art. 154, II, da CF/1988).

b) Exceções exclusivas à anterioridade comum

Escapam ao princípio da anterioridade comum, de modo que eventual elevação da carga tributária pode ocorrer no mesmo exercício em que foi publicado e lei ou o decreto em questão, observando, contudo, o prazo de 90 (noventa) dias, os seguinte tributos:

- *Imposto sobre produtos industrializados (IPI)* – O imposto sobre produtos industrializados (IPI) é exceção apenas à anterioridade comum. Quer dizer, submete-se normalmente à anterioridade nonagesimal. Assim, eventual lei ou decreto (CF/1988, art. 153, § 1.º) que elevar suas alíquotas não precisa aguardar o próximo exercício financeiro, mas deve aguardar o transcurso do período de 90 (noventa) dias entre a publicação e a cobrança;
- *ICMS-Combustíveis* – O ICMS-Combustíveis é exceção à anterioridade comum, mas não à nonagesimal (CF/1988, art. 155, § 4.º, IV, *c*). A modificação de suas alíquotas por convênio, por exemplo, deve aguardar o período de noventa dias;
- *CIDE-Combustíveis* – De acordo com o art. 177, § 4.º, I, *b*, da CF/1988, as alíquotas da CIDE-Combustíveis podem ser alteradas por decreto do Poder Executivo. Eventual aumento é exceção à anterioridade comum, mas não à nonagesimal. A cobrança pode ocorrer no mesmo exercício financeiro, mas deve aguardar noventa dias;
- *Contribuições sociais para a seguridade social* – As contribuições destinadas ao financiamento da seguridade social são exceções à anterioridade comum, mas devem submeter-se à anterioridade nonagesimal (CF/1988, art. 195, § 6º). Eventual aumento de suas alíquotas pode resultar em exigência no mesmo exercício financeiro, mas deve aguardar noventa dias.

Quadro de exceções exclusivas à anterioridade comum.	*Imposto sobre produtos industrializados – IPI (CF/1988, art. 153, IV).*
	ICMS-Combustíveis (CF/1988, art. 155, § 4.º, IV, c).
	CIDE-Combustíveis (CF/1988, art. 177, § 4.º, I, b).
	Contribuições sociais destinadas ao custeio da seguridade social (CF/1988, art. 195, § 6º).

c) Exceções exclusivas à anterioridade nonagesimal

São exceções à anterioridade nonagesimal, de modo que a lei que eventualmente aumente a carga tributária não precisa aguardar o prazo de 90 (noventa) dias para produzir efeitos (embora tenha que observar a anterioridade comum, de maneira que somente produzirá efeitos no exercício financeiro seguinte), os tributos abaixo arrolados:

- *Imposto sobre a renda e proventos de qualquer natureza (IR)* – O imposto sobre a renda (IR) é exceção à anterioridade nonagesimal, mas não é exceção à anterioridade comum. A lei que eventualmente elevar suas alíquotas redundará em cobrança apenas no exercício financeiro seguinte. Em termos práticos, compromete-se a segurança jurídica, uma vez que a publicação da lei em 31 de dezembro de determinado ano autoriza sua cobrança no dia 1.º de janeiro do ano seguinte;
- *Imposto sobre a propriedade de veículos automotores (IPVA) – Fixação da base de cálculo* – A fixação da base de cálculo do IPVA é exceção à anterioridade nonagesimal. De acordo com o art. 7.º, § 1º, da Lei 13.296/2008 do Estado de São Paulo, a base de cálculo do IPVA é o valor de mercado do veículo, e deve ser fixada por uma *tabela* divulgada pelo Poder Executivo, que levará em consideração a marca, o modelo, a espécie e o ano de fabricação. Quer dizer, a base de cálculo do IPVA é previamente fixada em tabela divulgada pelo Poder Executivo estadual. Eventual alteração dos valores dessas bases de cálculo e que impliquem aumento do IPVA apenas poderá acarretar a cobrança no exercício financeiro seguinte. Por outro lado, não precisa respeitar o prazo de noventa dias;
- *Imposto sobre a propriedade predial e territorial urbana (IPTU) – Fixação da base de cálculo* – O mesmo ocorre com o IPTU. A base de cálculo do imposto é fixada previamente em tabela, geralmente denominada planta genérica de valores. Se houver elevação dos valores integrantes dessa tabela, a cobrança deve aguardar o exercício financeiro seguinte, mas *não* precisa observar os noventa dias previstos na alínea *c*, do inc. III, do art. 150 da CF/1988. Devemos recordar, quanto a essas tabelas (IPVA e IPTU), que tem plena aplicação o disposto nos §§ 1.º e 2.º do art. 97 do CTN. Assim, a simples *atualização do valor monetário* pode dar-se por meio de ato do Poder Executivo (§ 2.º), porém, eventual *elevação* de carga tributária pela alteração da base de cálculo está sob guarida do princípio da legalidade e apenas pode dar-se por meio de lei (§ 1.º).

Quadro de exceções exclusivas à anterioridade nonagesimal.	*Imposto sobre a renda e proventos de qualquer natureza – IR (CF/1988, art. 150, § 1.º).*
	Base de cálculo do imposto sobre a propriedade de veículos automotores – IPVA (CF/1988, art. 150, § 1.º).
	Base de cálculo do imposto sobre a propriedade predial e territorial urbana – IPTU (CF/1988, art. 150, § 1.º).

APROFUNDANDO! PRINCÍPIO DA ANTERIORIDADE ESPECAL E CONTRIBUIÇÕES SOCIAIS PARA A SEGURIDADE SOCIAL

De acordo com alguns autores, a disciplina constitucional das *contribuições sociais para a seguridade social*, no que tange ao princípio da anterioridade, merece uma designação à parte, tendo em vista suas características específicas. Como já tivemos a oportunidade de mencionar, tais contribuições constituem uma subespécie das contribuições sociais. Estas, por sua vez, são espécie das contribuições especiais, previstas de forma geral no art. 149 da Constituição. A seguridade social, como vimos, significa o conjunto integrado de ações dirigidas às áreas de saúde, previdência e assistência social. No caso das contribuições que financiam essas áreas específicas, aplica-se o disposto no § 6.º, do art. 195, segundo o qual "só poderão ser exigidas após decorridos noventa dias da data de publicação da lei que as houver instituído ou modificado, *não se lhes aplicando o disposto no art. 150, III,* b". Nesse sentido, uma lei que aumente as alíquotas da CSSL (contribuição social sobre o lucro), por exemplo, e seja publicada no dia 17 de junho de 2025, dará ensejo à cobrança no dia 15 de setembro do mesmo ano. Não há a necessidade de se aguardar o exercício financeiro seguinte, pois, como ressaltado, às contribuições sociais destinadas ao financiamento da seguridade social não se aplica o disposto no art. 150, III, *b*, da Constituição. Dependendo do ponto de vista adotado, pode-se afirmar que tais contribuições são simplesmente exceções à anterioridade comum. Mas é possível falar, também, que se submetem a um regime "especial" porque sujeitas *exclusivamente* ao art. 195, § 6º, da Constituição, enquanto a generalidade dos tributos submete se ao art. 150, III, *b* e *c*, do texto constitucional. Assim, para fins de concurso público, deve-se ter em mente que alguns doutrinadores designam de *princípio da anterioridade especial* o regime constitucional de exceção das *contribuições sociais destinadas ao custeio da seguridade social*. Finalmente, cumpre mencionar que o artigo 195, § 6.º, prescreve a observância da anterioridade nonagesimal para os casos de instituição ou *modificação* das contribuições para a seguridade social. Percebe-se que o texto constitucional fala em *modificação* e não em *aumento* da carga tributária. Isso poderia conduzir à interpretação segundo a qual mesmo uma *redução* da carga tributária relativa a esta espécie de contribuição deve aguardar o interregno de 90 (noventa) dias para produzir efeitos. Para o STF, não. No julgamento de ação direta de inconstitucionalidade, o relator, Ministro Carlos Velloso, observou: "A regra inscrita no § 6.º do art. 195, da CF/1988, a estabelecer que as contribuições somente poderão ser exigidas após decorridos 90 dias da publicação da lei que as houver instituído ou modificado, que se relaciona com o princípio da anterioridade, tem por finalidade evitar que o contribuinte seja surpreendido com a criação ou a majoração do tributo. A expressão 'modificado', posta no § 6.º do art. 195, da CF/1988, deve ser entendida como 'majorado'" (STF, ADIn 1.135-9/DF, 1997).

Quadro geral de exceções		
Tributo	*Exceção à anterioridade comum?*	*Exceção à anterioridade nonagesimal?*
Empréstimos compulsórios em virtude de calamidade pública, guerra externa ou sua iminência (CF/1988, 148, I)	*SIM*	*SIM*
Imposto sobre a importação (CF/1988, art. 153, I)	*SIM*	*SIM*

Quadro geral de exceções		
Tributo	*Exceção à anterioridade comum?*	*Exceção à anterioridade nonagesimal?*
Imposto sobre a exportação (CF/1988, art. 153, II)	*SIM*	*SIM*
Imposto sobre operações financeiras (IOF)	*SIM*	*SIM*
Imposto extraordinário de guerra (CF/1988, art. 154, II)	*SIM*	*SIM*
Imposto sobre produtos industrializados (CF/1988, art. 153, IV)	*SIM*	*NÃO*
ICMS-Combustíveis (CF, art. 155, § 4.º, IV, c)	*SIM*	*NÃO*
CIDE-Combustíveis (CF, art. 177, § 4.º, I, b)	*SIM*	*NÃO*
Contribuições sociais para a seguridade social (CF/1988, 195, § 6.º – Anterioridade "especial")	*SIM*	*NÃO*
Imposto sobre a renda e proventos de qualquer natureza (CF/1988, art. 153, III)	*NÃO*	*SIM*
Alteração de base de cálculo do IPVA	*NÃO*	*SIM*
Alteração de base de cálculo do IPTU	*NÃO*	*SIM*

9.4 MEDIDA PROVISÓRIA E PRINCÍPIO DA ANTERIORIDADE

Ao estudar o princípio da legalidade tributária, vimos que a medida provisória pode ser utilizada para instituir ou aumentar tributos. Aliás, concordamos plenamente com a ressalva que faz Luciano Amaro: "Não temos nenhuma simpatia pelas medidas provisórias e cremos que a Constituição deveria afastá-las do campo do direito tributário. Mas os argumentos contra sua utilização no campo dos tributos não nos pareciam procedentes já antes da Emenda n. 32, que explicitamente se refere à medida provisória que institua ou majore impostos (art. 62, § 2.º, da CF/1988, com redação dada pela EC 32/2001)" (AMARO, 2011, p. 200).

À luz do princípio da anterioridade, o problema com as medidas provisórias é o seguinte: de acordo com o art. 62, *caput*, da Constituição, a utilização da medida provisória fica reservada às situações de relevância e *urgência*. Ora, o princípio da anterioridade é uma decorrência do princípio da segurança jurídica, previsibilidade e não surpresa. *Assim, como compatibilizar urgência com não surpresa?* Uma situação urgente é aquela que não pode esperar; mas o princípio da anterioridade exige que se *espere* o próximo exercício financeiro e um prazo de noventa dias.

Desse modo, coloca-se a questão de saber como *conciliar* o caráter de relevância e urgência das medidas provisórias com o princípio da segurança jurídica, em especial sua face relacionada à anterioridade.

A Constituição não disciplina com rigor a utilização de medidas provisórias no campo da criação ou aumento de tributos. O art. 62, *caput*, e § 2º, estabelecem:

> **CF, art. 62**. Em caso de relevância e urgência, o Presidente da República poderá adotar medidas provisórias, com força de lei, devendo submetê-las de imediato ao Congresso Nacional.
>
> [...]
>
> § 2º. Medida provisória que implique instituição ou majoração de impostos, exceto os previstos nos arts. 153, I, II, IV, V, e 154, II, só produzirá efeitos no exercício financeiro seguinte se houver sido convertida em lei até o último dia daquele em que foi editada.

O § 2.º é o fundamento a partir do qual uma série de doutrinadores opta por considerar que as medidas provisórias apenas poderão implicar a criação ou o aumento de *impostos*. Quer dizer, as outras espécies de tributos estariam excluídas do âmbito desta espécie normativa.

Parece-nos que o § 2.º em comento não tem o sentido de restringir a adoção de medidas provisórias apenas para impostos. O dispositivo tem o objetivo de conciliar o regime de urgência desses atos normativos com o princípio da anterioridade. O Congresso Nacional, ao que parece, prestigiou a jurisprudência do STF no que toca às outras espécies de tributos.

De fato, o Supremo Tribunal Federal, em 1997, antes da Emenda Constitucional 32/2001 (que alterou a disciplina da medida provisória), afirmou "a aptidão das medidas provisórias para instituir e majorar *tributos*". Ademais, nesse mesmo ano, deixou consignado que o termo inicial para a observância do princípio da anterioridade era "a data da publicação da medida provisória, e não da lei de conversão" (STF, Informativo 60/1997).

O julgamento em questão teve por objeto a instituição de *contribuição social* por meio de medida provisória. Considerando o § 2.º, do art. 62, na redação dada pela Emenda Constitucional 32/2001, podemos concluir que o Congresso Nacional optou por prestigiar a jurisprudência do STF no que refere à criação de tributos em geral. Optou, porém, por excepcioná-la no que toca aos impostos.

Para compreender adequadamente como a medida provisória convive com o princípio da anterioridade, devemos analisar, em primeiro lugar, a disciplina constitucional relativa aos *impostos*. Depois, veremos o regramento destinado às demais espécies tributárias. Quanto àqueles, vamos investigar primeiro a *regra geral*. Em seguida, veremos as *exceções*.

A) Impostos: regra geral

De acordo com o § 2.º, acima citado, a "medida provisória que implique instituição ou majoração de impostos, exceto os previstos nos arts. 153, I, II, IV, V, e 154, II, só produzirá efeitos no exercício financeiro seguinte se houver sido convertida em lei até o último dia daquele em que foi editada".

Antes de tudo, devemos excluir, logo de cara, os impostos que estão sob reserva de lei complementar. Isso porque, como vimos, a medida provisória tem força de lei ordinária. Vale a pena recordar, também que estamos falando apenas de impostos *federais*, já que o art. 62, *caput*, atribui competência ao Presidente da República, isto é, chefe do Poder Executivo federal.

Dito isto, já sabemos o significado de *exercício financeiro*. De acordo com o art. 34 da Lei 4.320/1964, o exercício financeiro coincide com o ano civil. Desse modo, o que o § 2º determina é o seguinte: medida provisória que trate de impostos federais e que seja adotada em certo ano apenas produzirá efeitos no exercício financeiro seguinte se for convertida em lei até o dia 31 de dezembro do ano em que foi editada.

Assim, se uma medida provisória foi publicada no dia 23 de agosto de 2024, elevando as alíquotas do imposto territorial rural (ITR), por exemplo, a produção de efeitos fica condicionada à conversão em lei, pelo Congresso Nacional, até o dia 31 de dezembro do mesmo ano. Perceba-se que, neste caso, a urgência da medida é relativizada pela própria Constituição.

Uma questão deve ser enfrentada. Como se conta o prazo relativo à anterioridade nonagesimal? A Emenda Constitucional nº 32 foi aprovada no ano de 2001. Antes, portanto, da Emenda nº 42, adotada em 2003 e que consagrou o princípio da anterioridade nonagesimal como regra geral aplicável a todos os tributos. O constituinte reformador não se ocupou de adaptar a disciplina da medida provisória ao novo regramento.

Desse modo, parece que, na ausência de disciplina constitucional explícita, devemos nos orientar pela jurisprudência consolidada pelo STF. Para a Corte, como vimos, conta-se o prazo de noventa dias a partir da *publicação* da medida provisória e não da lei de conversão.

É certo que aquele julgamento versava sobre contribuição social. Mas parece razoável supor que o contribuinte tem pleno conhecimento de que a carga tributária suportada por ele será elevada a partir do momento em que a medida provisória é publicada. Vale dizer, contar os noventa dias a partir da publicação da medida provisória garante a previsibilidade e a não surpresa na cobrança. Vejamos um exemplo:

> Medida provisória publicada no dia 17 de novembro de 2024 elevou as alíquotas do ITR. Em que momento poderá ocorrer a cobrança? Conta-se o prazo de 90 (noventa) dias a partir da publicação do ato normativo. Pois bem, o dia 15 de fevereiro de 2025 é o marco temporal a partir do qual o contribuinte estará sujeito à nova imposição. No entanto, é necessário que a medida tenha sido aprovada pelo Congresso Nacional até o dia 31 de dezembro de 2024, caso contrário, a cobrança é inconstitucional;

Não obstante, é importante registrar que existem entendimentos em sentido contrário. Eduardo Sabbag, por exemplo, anota: "A nosso pensar, após a EC n. 42/2003, com o revigoramento do Princípio da Anterioridade a que se procedeu, não se deve menosprezar na contagem o transcurso do prazo para conversão da medida provisória em lei. Vale dizer que nos parece mais adequado estipular o termo *a quo* do prazo nonagesimal como a data da conversão da medida provisória em lei" (SABBAG, 2014, p. 119).

O próprio autor, contudo, ressalva: "Nesse rumo, para concursos públicos, temos recomendado que se adote o entendimento do STF: a tese de que a contagem da anterioridade deve ser feita a partir da publicação da medida provisória, independentemente da data da lei de conversão" (SABBAG, 2014, p. 120).

Vale mencionar a situação do imposto sobre a renda e proventos de qualquer natureza (IR). Como vimos, trata-se de exceção à anterioridade nonagesimal, mas se submete normalmente à anterioridade comum. Neste caso, não é necessário considerar 90 (noventa) dias entre a data de publicação da medida provisória e o início da produção de seus efeitos. É preciso apenas saber se houve ou não a conversão em lei até o último dia do exercício financeiro em que fora editada.

Em suma, como *regra geral* que vale para os *impostos*, a medida provisória que instituir ou aumentar essa espécie de tributo somente produzirá efeitos no exercício financeiro seguinte ao de sua conversão em lei. Deverá, ademais, aguardar o prazo de noventa dias a partir da publicação da medida (exceto o IR), ao menos sob o ponto de vista de uma interpretação que se funda na jurisprudência do STF.

B) Impostos: exceções

Ainda no que concerne a *impostos*, vejamos agora as exceções. De acordo com o § 2.º do art. 62 da Constituição, "medida provisória que implique instituição ou majoração de impostos, exceto os previstos nos arts. 153, I, II, IV, V, e 154, II, só produzirá efeitos no exercício financeiro seguinte se houver sido convertida em lei até o último dia daquele em que foi editada".

A Constituição *excepciona* da regra geral os seguintes impostos:

- *Imposto sobre a importação de produtos estrangeiros (II);*
- *Imposto sobre exportação, para o exterior, de produtos nacionais ou nacionalizados (IE);*
- *Imposto sobre produtos industrializados (IPI);*
- *Imposto sobre operações de crédito, câmbio e seguro ou relativas a títulos ou valores mobiliários (IOF);*
- *Imposto extraordinário de guerra (IEG).*

No caso de tais impostos, a medida provisória produz efeitos imediatamente à sua publicação. Desse modo, uma vez que tenha sido publicada no dia 15 de março de 2025, por exemplo, instituindo o imposto extraordinário de guerra (IEG), terá efeito imediato. Não precisa aguardar o exercício financeiro seguinte e tampouco o prazo de noventa dias.

Advirta-se, no entanto, que a medida provisória que tenha como objeto o imposto sobre produtos industrializados (IPI) deve observar o interregno de 90 (dias) entre a publicação e cobrança do gravame. Este imposto, como vimos, submete-se explicitamente à noventena, nos termos do art. 150, § 1º, segunda parte, da CF/1988. Os outros gravames (II, IE, IOF e IEG) são exceções à anterioridade comum e nonagesimal. Relembre-se que o constituinte reformador não "adaptou" a disciplina da medida provisória às inovações oriundas da EC 42/2003.

Vale mencionar que dificilmente esse ato normativo será utilizado para a elevação das alíquotas do II, IE, IPI e IOF. Isso porque, como vimos, tais impostos são *exceções* ao princípio da legalidade. Podem ter as alíquotas elevadas por meio de decreto do executivo, ato da CAMEX ou ato ministerial. A adoção de medida provisória é desnecessária. Além do mais, leva a questão à análise do Congresso Nacional, o que, em muitas circunstâncias, não é desejado pelo Poder Executivo.

C) Outras espécies de tributos

Vejamos, finalmente, como operam as medidas provisórias e o princípio da anterioridade com outras espécies tributárias que não os impostos. Estamos falando das taxas, contribuições de melhoria e contribuições especiais. Vale lembrar que os empréstimos compulsórios estão excluídos do âmbito das medidas provisórias porque sua instituição demanda lei complementar (CF/1988, art. 148, c.c. art. 62, § 1º, III). Vimos que as matérias sob tal reserva escapam à disciplina desta espécie normativa.

Assim, para as outras espécies tributárias que não os impostos, a Constituição permaneceu em silêncio. Parece-nos, assim, que o constituinte reformador houve por bem prestigiar a jurisprudência firmada pelo STF.

De acordo com os precedentes da Corte, não é necessária a conversão da medida provisória em lei para que produza efeitos no exercício financeiro seguinte. Em outras palavras, basta que a medida provisória seja publicada até o dia 31 de dezembro de certo ano para que produza efeitos no exercício financeiro subsequente.

A observância da anterioridade comum e/ou nonagesimal, conforme o caso, tem como marco temporal inicial a *publicação* do ato normativo e *não* sua conversão em lei. Em 1999, o Plenário assentou:

> O termo *a quo* do prazo de anterioridade previsto no artigo 195, § 6º, da Constituição Federal flui da data da publicação da medida provisória, que não perde a eficácia, se não convertida em lei no prazo de trinta dias, desde que, nesse período, ocorra a edição de outro provimento da mesma espécie (STF, RE 240,266/PR, 1999).

Vejamos um exemplo:

> Medida provisória publicada em 18 de setembro de 2024 instituiu uma taxa de fiscalização de hangares para aviões particulares. Em que momento está autorizada a cobrança do tributo? Uma vez que não se trata de imposto, não se exige a conversão da medida em lei até 31 de dezembro. Desse modo, a partir de 1º de janeiro de 2025 o gravame pode ser exigido, pois o prazo de 90 dias exauriu em meados de dezembro de 2018.

É importante observar que, dependendo do tributo, a regra de anterioridade deve variar desde a aplicação cumulativa (comum *e* nonagesimal) até a aplicação alternativa (comum *ou* nonagesimal). No exemplo acima citado, que se refere à instituição de taxa, ambas as regras devem ser observadas, pois esta espécie tributária submete-se ao art. 150, III, *b* e *c*, da CF/1988. Tratando-se de uma contribuição social destinada ao custeio da seguridade social, por outro lado, apenas a noventena deve incidir, pois tem lugar, neste caso, o art. 195, § 6º, do texto constitucional.

Em suma, medida provisória que implique a instituição ou o aumento de outros tributos, que não impostos, produzirá efeitos, como regra, no exercício financeiro seguinte ao de sua publicação, observado, ainda, o prazo de noventa dias, contado daquele termo inicial, isto é, de sua publicação.

Jurisprudência do STF! MODIFICAÇÃO DA MEDIDA PROVISÓRIA E CONVERSÃO EM LEI

Sabemos que, de acordo com o art. 62, *caput*, da Constituição, uma vez que tenha sido adotada pelo Presidente da República, a medida provisória deve ser submetida imediatamente ao Congresso Nacional. O Poder Legislativo pode aprová-la ou rejeitá-la. No primeiro caso, é possível que o faça *com* ou *sem* alteração do texto original. A aprovação com alterações provoca algumas consequências específicas. O art. 62, § 11, da CF/1988, por exemplo, determina: "Aprovado projeto de lei de conversão alterando o texto original da medida provisória, esta manter-se-á integralmente em vigor até que seja sancionado ou vetado o projeto". Perceba-se que a aprovação com alteração acarreta a prorrogação do prazo da validade da medida, que pode ultrapassar os 120 (cento e vinte) dias originalmente fixados pelo § 3º do art. 62. Sob o ângulo tributário a alteração do texto original também provoca consequências particulares, sobretudo quando se trata de medida provisória que institui ou aumenta a carga tributária. A aplicação do princípio da anterioridade, nestes casos, ganha contornos especiais. Tratando-se de medida que tenha como objeto uma contribuição social destinada ao financiamento da seguridade social, por exemplo, a anterioridade nonagesimal deve ser observada a partir da *publicação* do ato normativo. Esta é a jurisprudência do STF. *Se, no entanto, por ocasião da análise efetuada pelo Congresso Nacional, houver modificação do texto da medida provisória de maneira que seja instituído ou aumentado o gravame, a contagem da anterioridade nonagesimal deve ocorrer a partir da publicação da lei de conversão e não da publicação original do ato normativo adotado pelo Presidente da República.* Nesse sentido, Plenário assentou: "Tributário. Contribuição social. § 6º do art. 195, da Constituição da República: aplicação à contribuição ao PIS. Lei de conversão de medida provisória. *Dispositivo suscitado ausente do texto da medida provisória: contagem da anterioridade nonagesimal a partir da data da publicação da lei.* A contribuição ao PIS sujeita-se à regra do § 6º do art. 195 da Constituição da República. Aplicação da anterioridade nonagesimal à majoração de alíquota feita na conversão de medida provisória em lei" (STF, RE 568.503/RS, 2014). Tratava-se, no caso, da medida provisória nº 164/04, que não previa no texto original majoração da alíquota do PIS com relação à água mineral e que, no entanto, acabou ocorrendo por ocasião da conversão da medida na Lei nº 10.865/2004. Em seu voto, a relatora, Ministra Carmen Lúcia, registrou: "O julgado recorrido não se afastou da jurisprudência deste Supremo Tribunal, pela qual a instituição ou modificação de contribuição social não prevista na medida provisória objeto da conversão em lei só pode ser exigida noventa dias após a sua publicação". O

Ministro Luiz Fux manifestou-se no mesmo sentido: "O termo inicial para a contagem do prazo nonagesimal seria a data da publicação da medida provisória e não a da lei na qual fosse convertida. Todavia, se houve agravamento da carga tributária pela lei de conversão, a contagem do termo iniciar-se-ia da publicação desta".

9.5 PRINCÍPIO DA ANTERIORIDADE E QUESTÕES CONEXAS

Algumas questões conexas ao princípio da anterioridade são relevantes, não apenas do ponto vista teórico, como também sob perspectiva prática. Vejamos.

A) Prazo para pagamento do tributo

Imaginemos que a data para pagamento de um tributo esteja fixada, por lei, para o dia 15 de setembro de 2024. No dia 02 de fevereiro do mesmo ano, outra lei, de mesmo status hierárquico, modifica a data de recolhimento, impondo o dever de fazê-lo até o dia 15 de março. Como se percebe, neste caso o contribuinte é pego de surpresa. Estava preparado para recolher o tributo no final do ano, mas, logo no começo é surpreendido com a antecipação do dever de pagamento.

Pois bem, pergunta-se: a antecipação da data de pagamento do tributo sujeita-se ao princípio da anterioridade? Uma vez que a lei foi publicada em 2024, ela somente produziria efeitos no exercício financeiro seguinte, observado, ainda, o período de 90 (noventa) dias?

Neste caso, não. O prazo para pagamento do tributo, como vimos, não se confunde com o aspecto temporal da hipótese de incidência. Esta diz respeito ao momento em que ocorre o fato gerador. Aquele se refere ao momento em que o contribuinte deve recolher a quantia designada a título de tributo. Por isso, o prazo para recolhimento do tributo não se submete ao princípio da anterioridade.

É possível, por exemplo, que a data apontada como o dia que vence o tributo seja alterada por meio de decreto do executivo (pois o prazo para pagamento também não é alcançado pelo princípio da legalidade). Nesse caso, não importa a data de publicação do ato normativo, pois sua vigência será imediata. O contribuinte deve recolher, desde logo, o tributo no novo prazo assinalado. Não há que esperar o próximo exercício financeiro.

Outra questão importante refere-se à correção monetária. De acordo com o art. 97, § 2.º, do CTN, "não constitui majoração de tributo, para os fins do disposto no inciso II deste artigo, a atualização do valor monetário da respectiva base de cálculo". O reajuste do valor do tributo em função da correção monetária não significa aumento de tributo. Assim, não se submete ao princípio da legalidade e tampouco ao princípio da anterioridade. Eventual decreto do executivo que reajuste o valor da base de cálculo, aplicando apenas o índice de correção monetária, tem aplicação imediata (STF – RE 200.844/PR).

Finalmente, vale mencionar que o STF estabeleceu o enunciado da Súmula nº 669 em enunciado de Súmula Vinculante. Confira-se:

> ***Súmula nº 669 do STF***: "Norma legal que altera o prazo para recolhimento da obrigação tributária não se sujeita ao princípio da anterioridade".
>
> ***Súmula Vinculante nº 50, do STF***: "Norma legal que altera o prazo de recolhimento de obrigação tributária não se sujeita ao princípio da anterioridade".

B) Princípio da anterioridade e revogação de isenções

A isenção, como veremos, é forma de exclusão do crédito tributário (CTN, art. 175). Deve ser criada por meio de lei e incide diretamente sobre algum aspecto da hipótese de incidência da norma que instituiu determinado tributo. Acarreta, dessa maneira, a eliminação da carga tributária imposta ao contribuinte.

Imaginemos, por exemplo, que todas as pessoas idosas tenham isenção de imposto predial e territorial urbano (IPTU) em determinado Município. Vê-se que, nesse caso, a lei de isenção "ataca" diretamente o aspecto pessoal da lei que instituiu o gravame, retirando-lhe parte do campo de incidência. Dessa maneira, as pessoas idosas não são mais alcançados pela norma impositiva. Exclui-se, dessa maneira, o crédito tributário.

Compreendemos com relativa facilidade que, se a *concessão* de uma isenção gera a *eliminação* da carga tributária para determinado contribuinte, a *revogação* de uma isenção, pelo contrário, equivale, ao menos na prática, à *instituição* de tributo, na medida em que acarreta novo ônus econômico ao sujeito passivo.

À luz dessa situação, pergunta-se: a lei que revoga a isenção deve observar o princípio da anterioridade? Em outras palavras, o dever de recolher o tributo apenas terá lugar no exercício financeiro seguinte ao da publicação da lei que revogou a isenção, observado, ainda, o prazo de noventa dias?

A resposta seria, em princípio, positiva. Ora, se a revogação de uma isenção equivale à instituição ou aumento de tributo, parece óbvio que a lei deva submeter-se ao princípio da anterioridade. Não é outra a opinião de Hugo de Brito Machado: "A revogação de uma lei que concede isenção equivale à criação de tributo. Por isto deve ser observado o princípio da anterioridade da lei, assegurado pelo art. 150, III, 'b', da CF, e já por nós estudado" (MACHADO, 2011, p. 233).

O argumento é reforçado pela previsão contida no artigo 104, inciso III, do Código Tributário Nacional:

> **CTN, art. 104.** Entram em vigor no primeiro dia do exercício seguinte àquele em que ocorra a sua publicação os dispositivos de lei, referentes a impostos sobre o patrimônio ou a renda:
>
> [...]
>
> III – que extinguem ou reduzem isenções, salvo se a lei dispuser de maneira mais favorável ao contribuinte, e observado o disposto no artigo 178.

Ora, o legislador demonstra claro objetivo de submeter a sistemática de revogação ou redução de isenções ao princípio da anterioridade. Qual seria, contudo, a interpretação adotada pelo Supremo Tribunal Federal? Como ressalta Hugo de Brito

Machado, "infelizmente o STF adotou entendimento diverso, invocando lição do saudoso Gomes de Souza, segundo a qual isentar é dispensar o pagamento de tributo devido, e, assim, revogar isenção não é criar tributo, mas apenas deixar de dispensar tributo devido" (MACHADO, 2011, p. 95).

A propósito, em julgamento no qual afastou a inconstitucionalidade da redução ou extinção de desconto para pagamento do tributo por eventual ofensa ao princípio da anterioridade, o STF manifestou-se no sentido de que:

> "[...] se até mesmo a revogação de isenção não tem sido equiparada pela Corte à instituição ou majoração de tributo, a redução ou extinção de um desconto para pagamento do tributo sob determinadas condições previstas em lei, como o pagamento antecipado em parcela única (à vista), também não o poderia" (STF, Informativo 514/2008).

Entretanto, em 2014, a 1ª Turma do próprio Supremo Tribunal Federal se manifestou no sentido de que a revogação de benefício fiscal se equipara à majoração tributária, devendo haver a aplicação do princípio da anterioridade:

> Imposto sobre Circulação de Mercadorias e Serviços – Decretos 39.596 e 39.697, de 1999, do Estado do Rio Grande do Sul – Revogação de benefício fiscal – Princípio da Anterioridade – Dever de observância – Precedentes. Promovido aumento indireto do Imposto Sobre Circulação de Mercadorias e Serviços – ICMS por meio da revogação de benefício fiscal, surge o dever de observância ao Princípio da Anterioridade, geral e nonagesimal, constante das alíneas "b" e "c" do inciso III do artigo 150, da Carta. Precedente – Medida Cautelar na Ação Direta de Inconstitucionalidade nº 2.325/DF, de minha relatoria, julgada em 23 de setembro de 2004 (RE 564.225, AgR, rel. Marco Aurélio, 18-11-2014).

Assim, até o momento temos esta divergência, sem um ambiente de consolidação. Ainda que a decisão de 2014 seja oriunda da 1ªTurma, ela mostra uma forte tendência de fortalecimento do princípio da anterioridade como direito individual do contribuinte, no sentido de que a revogação de qualquer benefício fiscal configura aumento indireto de tributo.

C) Princípio da anterioridade e prorrogação da compensação de créditos na sistemática do ICMS

É característico do ICMS o sistema da não cumulatividade, por meio da qual será garantido crédito a ser compensado pelo contribuinte. A cada operação tributável surge, para o Estado, o direito de haver o ICMS; para o contribuinte, surge o direito de receber o respectivo crédito a ser compensado com débitos futuros.

A Lei Complementar nº 87/1996 assegura aos contribuintes de ICMS o direito de creditamento dos materiais de uso e consumo ingressados nos respectivos estabelecimentos. Contudo, houve sucessivas modificações do texto legal, uma delas promovida pela Lei Complementar nº 122/2006, na qual previu-se que o creditamento somente seria possível para mercadorias de uso e consumo que ingressassem no estabelecimento a partir de 1º de janeiro de 2011.

Posteriormente ainda houve modificações no dispositivo legal, de forma que a última, promovida pela Lei Complementar nº 171 de 2019, prorrogou o direito ao creditamento para mercadorias de uso e consumo que ingressassem no estabelecimento a partir de 1º de janeiro de 2033.

Após o reconhecimento da repercussão geral (tema 346 – RE 601.967), ficou pendente de análise a constitucionalidade dessas postergações. Apresentado ao julgamento do Plenário, o Supremo Tribunal Federal definiu que diferimento da compensação de créditos de ICMS de bens adquiridos para uso e consumo do próprio estabelecimento não viola o princípio da não cumulatividade. Além disso, definiu que a lei complementar, objeto da presente demanda, por sua vez, tratou de prorrogar o prazo para compensação de crédito do tributo não precisa obedecer ao princípio da anterioridade. Esta foi a tese aprovada:

> "Conforme o artigo 150, III, c, da CF/1988, o princípio da anterioridade nonagesimal aplica-se somente para leis que instituem ou majoram tributos, não incidindo relativamente às normas que prorrogam a data de início da compensação de crédito tributário".

Finalmente, a Constituição Federal, no artigo 155, § 2º, I, previu o princípio da não-cumulatividade relativamente ao ICMS e, em seu inciso XII, alínea c, determina que compete à lei complementar regulamentar o regime de compensação do tributo. Ocorre que o contribuinte apenas poderá usufruir dos créditos de ICMS quando houver autorização da legislação complementar. Assim, o diferimento da compensação de créditos de ICMS de bens adquiridos para uso e consumo do próprio estabelecimento não viola o princípio da anterioridade nonagesimal prevista no art. 150, III, "c", da Carta Política:

> Fixadas as seguintes teses de repercussão geral no Tema 346: "(i) Não viola o princípio da não cumulatividade (art. 155, § 2º, incisos I e XII, alínea c, da CF/1988) lei complementar que prorroga a compensação de créditos de ICMS relativos a bens adquiridos para uso e consumo no próprio estabelecimento do contribuinte; (ii) Conforme o artigo 150, III, c, da CF/1988, o princípio da anterioridade nonagesimal aplica-se somente para leis que instituem ou majoram tributos, não incidindo relativamente às normas que prorrogam a data de início da compensação de crédito tributário". (RE 601967, Tribunal Pleno, julgado em 18/08/2020, publicado em 04-09-2020).

E) Princípio da anterioridade e princípio da anualidade

Finalmente, cumpre não confundir o *princípio da anterioridade* com o *princípio da anualidade.*

O primeiro, como vimos, significa que fica vedada a cobrança de tributos no mesmo exercício financeiro em que foi publicada a lei que os instituiu ou aumentou, respeitado, ainda, um prazo de 90 dias entre a publicação da lei e a efetiva cobrança.

O princípio da anualidade, de acordo com o ensinamento de Hugo de Brito Machado, significa que "a cobrança de tributos depende de autorização anual do Poder Legislativo mediante previsão no orçamento. Essa autorização anual, concedida com a aprovação do orçamento, tem um sentido nitidamente democrático. No regime constitucional que adota o princípio anualidade os representantes do povo, anualmente, examinam a proposta orçamentária do Governo e, em face das despesas, autorizam a cobrança dos tributos indispensáveis ao respectivo atendimento" (MACHADO, 2011, p. 36).

O princípio da anualidade remete à ideia de aprovação anual, pelos membros do Poder Legislativo, dos tributos que devem ser cobrados no exercício financeiro seguinte. Era justamente o que determinava o art. 141, § 34, da Constituição de 1946:

> **CF/1946, art. 141, § 34.** "Nenhum tributo será exigido ou aumentado sem que a lei o estabeleça; nenhum será cobrado em cada exercício financeiro sem prévia autorização orçamentária, ressalvada, porém, a tarifa aduaneira e o imposto lançado por motivo de guerra".

Hugo de Brito Machado reitera que o princípio da anualidade não se confunde com o postulado da anterioridade: "O princípio da anualidade é diferente porque, segundo ele, além da lei de criação ou aumento de imposto, há necessidade de previsão da cobrança no orçamento de cada ano. A previsão de cobrança, na lei orçamentária anual, é indispensável" (MACHADO, 2011, p. 37).

Atenção! O princípio da anualidade *não* está previsto na Constituição de 1988! Muito embora alguns autores ainda sustentem sua permanência como princípio implícito, a maioria da doutrina concorda quanto à sua ausência no que toca ao ordenamento jurídico brasileiro.

SÚMULAS DO STF E DO STJ:

SÚMULA STF

Súmula nº 615: "O princípio constitucional da anualidade (§ 29 do art. 153 da Constituição Federal) não se aplica à revogação de isenção do ICM".

Súmula nº 669: "Norma legal que altera o prazo para recolhimento da obrigação tributária não se sujeita ao princípio da anterioridade";

Súmula Vinculante n° 50: "Norma legal que altera o prazo de recolhimento de obrigação tributária não se sujeita ao princípio da anterioridade".

SÚMULA STJ

Não há.

SÍNTESE DOS PRINCIPAIS ENTENDIMENTOS JURIPRUDENCIAIS

O prazo nonagesimal previsto no art. 150, III, c, da Constituição Federal somente deve ser utilizado nos casos de criação ou majoração de tributos, não na hipótese de simples prorrogação de alíquota já aplicada anteriormente" (STF, RE 584.100/SP, 2009).

"A regra inscrita no § 6.º do art. 195, da CF/1988, a estabelecer que as contribuições somente poderão ser exigidas após decorridos 90 dias da publicação da lei que as houver instituído ou modificado, que se relaciona com o princípio da anterioridade, tem por finalidade evitar que o contribuinte seja surpreendido com a criação ou a majoração do tributo. A expressão 'modificado', posta no § 6.º do art. 195, da CF/1988, deve ser entendida como 'majorado'" (STF, ADIn 1.135-9/DF, 1997).

"Aptidão das medidas provisórias para instituir e majorar tributos". Ademais, nesse mesmo ano, deixou consignado que o termo inicial para a observância do princípio da anterioridade era "a data da publicação da medida provisória, e não da lei de conversão" (STF, Informativo 60/1997).

Configura aumento indireto de tributo e, portanto, está sujeita ao princípio da anterioridade tributária, a norma que implica revogação de benefício fiscal anteriormente concedido (RE 564225 AgR, Informativo STF 757)."Conforme o artigo 150, III, c, da CF/1988, o princípio da anterioridade nonagesimal aplica-se somente para leis que instituem ou majoram tributos, não incidindo relativamente às normas que prorrogam a data de início da compensação de crédito tributário" (tema 346 – RE 601.967).

Também não se aplica o princípio da anterioridade a mera atualização monetária da base de cálculo dos tributos, uma vez não configura majoração (STF – RE 200.844/PR).

Somente por via de lei, no sentido formal, publicada no exercício financeiro anterior, é permitido aumentar tributo, como tal havendo de ser considerada a iniciativa de modificar a base de cálculo do IPTU por meio de aplicação de tabelas genéricas de valorização de imóveis, relativamente a cada logradouro, que torna o tributo mais oneroso. Caso em que as novas regras determinantes da majoração da base de cálculo não poderiam ser aplicadas no mesmo exercício em que foram publicadas, sem ofensa ao princípio da anterioridade (STF, RE 234605).

As contribuições sociais para a seguridade social previstas no art. 195 da CF que foram incluídas no capítulo do Sistema Tributário Nacional poderão ser exigidas após decorridos noventa dias da data da publicação da lei que as houver instituído ou modificado, não se lhes aplicando o disposto no art. 150, III, b, do Sistema Tributário [...]. (STF, AI 174540-AgR)

A regra legislativa que se limita simplesmente a mudar o prazo de recolhimento da obrigação tributária, sem qualquer repercussão, não se submete ao princípio da anterioridade (STF, RE 274949-AgR).

"O prazo nonagesimal previsto no art. 150, III, c, da Constituição Federal somente deve ser utilizado nos casos de criação ou majoração de tributos, não na hipótese de simples prorrogação de alíquota já aplicada anteriormente". (RE 584100 / SP)

Nos casos em que a majoração de alíquota tenha sido estabelecida somente na conversão de medida provisória em lei, a contribuição apenas poderá ser exigida após noventa dias da publicação da lei de conversão (STF, RE 568503, Repercussão geral, Tema 278).

10

PRINCÍPIO DA VEDAÇÃO DO CONFISCO

10.1 TRIBUTAÇÃO E PROPRIEDADE PRIVADA

A atividade estatal de tributação colide com o direito fundamental à propriedade privada, positivado no art. 5º, XXII e XXIII, da Constituição. Ora, o tributo não passa de parcela da propriedade de indivíduos e empresas que deve ser transferida de modo compulsório aos cofres estatais.

Cabe ao direito tributário, como parcela da ordem jurídica estatal, efetuar a *conciliação* desses interesses antagônicos. Quer dizer, viabilizar, de um lado, a arrecadação, pelo Estado, dos recursos necessários à consecução dos deveres que lhe são impostos pelo texto constitucional; por outro lado, tutelar a propriedade das pessoas naturais e jurídicas e protegê-la de excessos que possam ocasionar seu desaparecimento.

Essa "calibragem" começa na Constituição, passa pelo Código Tributário Nacional, percorre as leis federais, estaduais, distritais e municipais, concretiza-se nos atos administrativos pelos quais ocorre a cobrança dos tributos e termina, quando é o caso, nas decisões judiciais que, em última instância, efetuam o controle das funções legislativa e administrativa.

Em todos os casos, os criadores e aplicadores do direito, isto é, os legisladores, administradores e julgadores, cada um no âmbito de sua função, têm em suas mãos esta contradição permanente entre a necessidade da tributação e a propriedade privada. Se penderem muito para um dos lados, acabam por inviabilizar o outro. Assim, a tributação excessiva destrói a propriedade; a proteção absoluta desta, contudo, inviabiliza o cumprimento dos deveres estatais por ausência de recursos financeiros.

É nesse contexto que se insere o *princípio da vedação do confisco*. Seu objeto é a proteção da propriedade privada. O legislador constituinte originário houve por bem resguardar esse direito fundamental impondo um *limite* à atividade estatal de tributação. O Estado tem o direito de instituir e cobrar o tributo. No entanto, existe uma *barreira* além da qual não deve avançar. Esta barreira gira em torno da noção de *confisco*, que representa a retirada, pelo Poder Público, de parcela acentuada ou mesmo da totalidade do patrimônio do contribuinte.

Perceba-se que, nesse caso, o constituinte originário tomou o partido da propriedade privada. Receoso de que os legisladores da União, Estados, Distrito Federal e Municípios não compreendessem a importância da propriedade para o bom funcionamento da economia capitalista, houve por bem introduzir uma regra estipulando de maneira clara um *limite* para o poder tributário estatal: trata-se da preservação de um núcleo essencial sem o qual os contribuintes não podem preservar seu patrimônio de maneira duradoura.

A propósito, Roque Carrazza observa: "O *princípio da não-confiscatoriedade* limita o direito que as pessoas políticas têm de expropriar bens privados. Assim, os impostos devem ser graduados de modo a não incidir sobre as fontes produtoras de riqueza dos contribuintes e, portanto, a não atacar a consistência originária de suas fontes de ganho. É confiscatório o tributo que incide sobre correções monetárias, que, como se sabe, não revelam aumento de riqueza (e, nesta medida, aumento de *capacidade contributiva*), mas simples recomposições do valor de troca da moeda. Também padece dessa inconstitucionalidade o tributo que alcança meros sinais exteriores de riqueza, ou seja, indícios, não confirmados pelos fatos, de aumento da aptidão econômica do contribuinte" (CARRAZZA, 2011, p. 110).

Como se percebe, a vedação do confisco configura uma das balizas do *princípio da capacidade contributiva* (CF/1988, art. 145, § 1º). Mais precisamente, o *limite superior*. O indivíduo e a empresa devem pagar tributos na medida de suas capacidades. Existe, contudo, um limite *a partir do qual* a tributação torna inviável a manutenção da propriedade ou o exercício de atividade econômica. A partir desse limite o tributo assume ares confiscatórios.

Em suma, a noção de confisco implica a ideia de retirada compulsória de parcela substancial ou mesmo da totalidade da propriedade privada da pessoa natural ou jurídica. Em termos sucintos: *expropriação*. Ora, de acordo com a Constituição, o Estado deve proteger este direito fundamental e não o exterminar. Há, pois, um limite quantitativo a partir do qual a tributação torna-se inconstitucional.

10.2 CONCEITO DE CONFISCO

A noção de confisco é de difícil conceituação. No dicionário, é uma derivação de "confiscar" que, por sua vez, significa "apreender em proveito do fisco" (AURÉLIO, 2009, p. 521). O Fisco retira algo de alguém e toma para si. Uma vez que essa "retirada" desconsidera a vontade do indivíduo – sendo mesmo contrária a ela –, a palavra confisco remete, num primeiro momento, a uma noção de *injustiça*.

Por outro lado, a Constituição vale-se da expressão no art. 243, parágrafo único:

> **CF, art. 243.** As propriedades rurais e urbanas de qualquer região do País onde forem localizadas culturas ilegais de plantas psicotrópicas ou a exploração de trabalho escravo na forma da lei serão expropriadas e destinadas à reforma agrária e a programas de habitação

> popular, sem qualquer indenização ao proprietário e sem prejuízo de outras sanções previstas em lei, observado, no que couber, o disposto no art. 5º.
>
> Parágrafo único. Todo e qualquer bem de valor econômico apreendido em decorrência do tráfico ilícito de entorpecentes e drogas afins e da exploração de trabalho escravo será confiscado e reverterá a fundo especial com destinação específica, na forma da lei.

Ressalte-se que são os únicos casos em que a Constituição autoriza de modo expresso o confisco da propriedade privada. Nesse caso, "confisco" remete à ideia de retirada forçada da propriedade, sem indenização, assumindo ares de sanção. O bem de valor econômico apreendido em decorrência do tráfico ilícito de entorpecente ou da exploração de trabalho escravo será confiscado, isto é, transferido ao patrimônio estatal independentemente da vontade do indivíduo e, posteriormente, encaminhado às finalidades estipuladas pelo texto constitucional. Como é consequência de um ato ilícito e, portanto, "injusto", o confisco aparece atrelado à noção de retribuição equitativa, isto é, de "justiça".

No art. 150, IV, da CF/1988, contudo, a palavra "confisco" adquire sentido particular. A Constituição não menciona diretamente o confisco, mas veda a utilização de tributo *com efeito* de confisco. Quer dizer, o texto constitucional proíbe que o tributo seja utilizado com o intuito de retirar a propriedade privada do particular ou da empresa. "Retirar", aí, no sentido de tornar inviável a manutenção do bem no patrimônio privado ou o exercício de atividade econômica pelo empresário.

Note-se que o tributo, em si, não é confiscatório. Ele pode, em certas circunstâncias, ser utilizado com *efeito de confisco*. O que a Constituição determina é justamente que isso não ocorra, isto é, que a carga tributária seja fixada em patamares moderados, razoáveis e proporcionais (progressivos) à capacidade econômica do contribuinte.

Ainda assim, não há parâmetros seguros para uma definição exata. O art. 150, IV, aparece como típico princípio, no sentido de que possui baixa densidade normativa, isto é, permite uma multiplicidade de interpretações. Parece que o constituinte deixou a definição de confisco tributário aos intérpretes autênticos, em especial, aos Poderes Legislativo e Judiciário. Essa noção varia conforme o momento histórico em que se encontra a sociedade.

À luz de todas essas ressalvas, vejamos o conceito proposto por Regina Helena Costa: "O confisco, em definição singela há muito por nós proposta, é a absorção total ou substancial da propriedade privada pelo Poder Público, sem a correspondente indenização. Em nosso ordenamento jurídico, diante da grande proteção conferida à propriedade privada, o confisco é, portanto, medida de caráter sancionatório, sendo admitida apenas excepcionalmente" (COSTA, 2014, p. 95).

APROFUNDANDO! CONFISCO (EXPROPRIAÇÃO) E DESAPROPRIAÇÃO

É importante não confundir o *confisco*, também chamado de *expropriação*, com a *desapropriação*. Em ambos os casos, ocorre a retirada da propriedade privada pelo Estado, No entanto, na primeira situação (confisco), *não* há indenização compensatória. O Poder Público retira a propriedade do indivíduo ou da empresa e não efetua ressarcimento. Na desapropriação, ocorre a retirada da propriedade privada, porém, *há* indenização, que, como regra geral, deverá ser justa, prévia e em dinheiro. Portanto, a desapropriação é uma medida menos radical do que o confisco.

10.3 O PRINCÍPIO TRIBUTÁRIO DA VEDAÇÃO DO CONFISCO

O princípio da vedação do confisco está positivado no art. 150, IV, da Constituição Federal:

> **CF, art. 150.** Sem prejuízo de outras garantias asseguradas ao contribuinte, é vedado à União, aos Estados, ao Distrito Federal e aos Municípios:
>
> [...]
>
> IV – utilizar tributo com efeito de confisco.

Reafirme-se que o tributo não é, em si, confiscatório. Ele pode, em certas circunstâncias, ser utilizado com "efeito de confisco". O que a Constituição pretende é justamente proibir esse tipo de utilização. Mas o que seria utilizar tributo com efeito de confisco? Regina Helena Costa anota: "Pode-se afirmar que o tributo será confiscatório quando exceder a capacidade contributiva relativa ou subjetiva visada" (COSTA, 2014, p. 96).

Imaginemos, por exemplo, o imposto sobre a propriedade predial e territorial urbana (IPTU) de certo Município. Suponhamos que sua alíquota seja fixada em 50%. Ora, se o imóvel vale R$ 100.000,00 (cem mil reais), o contribuinte deve recolher a quantia de R$ 50.000,00 (cinquenta mil reais) a título de IPTU. Em dois anos o valor recolhido corresponderá ao valor do imóvel. Outro exemplo: o imposto sobre a propriedade de veículos automotores (IPVA) com alíquota de 25%. Em quatro recolhimentos o valor do automóvel foi transferido totalmente ao Estado.

Esses exemplos tornam clara a maneira pela qual o tributo pode ser utilizado com efeito de confisco. Percebe-se que o Estado não retira a propriedade privada *diretamente*, mas o faz de forma *indireta*. Por isso, o confisco tributário assume a característica de *forma indireta de expropriação.*

Infelizmente, a Constituição brasileira não adotou critérios objetivos para a aferição do confisco. Desse modo, o problema persiste, pois falta uma dimensão *abstrata* para a definição precisa do caráter confiscatório de um tributo. Assim, por exemplo, uma alíquota de 30% seria confiscatória? No IPTU, sim; mas e no ICMS? Imaginemos uma alíquota de 30% que incida sobre cigarros. Não parece que se possa falar em confisco.

Luciano Amaro cita o exemplo da Corte Suprema da Argentina, que "tem aplicado o limite de 33% da renda ou, no caso de imposto sucessório, 33% do valor dos bens" (AMARO, 2011, p. 168).

Se pensarmos em um trabalhador que recebe salário mínimo o limite é até razoável. Não pode comprometer 1/3 (um terço) de sua renda com impostos. O que dizer, no entanto, do especulador da bolsa de valores que não produz qualquer riqueza para a nação? O valor de 33% não seria demasiadamente baixo?

De forma geral, pode-se considerar confiscatório o tributo que impede a manutenção da propriedade privada de certos bens por parte dos contribuintes ou compromete o exercício de atividade econômica com relação às empresas. Se o IPVA for elevado a tal ponto que constranja o proprietário a vender o automóvel, será confiscatório. Se uma contribuição social sobre o lucro líquido (CSSL) ostentar alíquota tal que faça a empresa encerrar suas atividades, deve ser considerada confiscatória.

Percebe-se, pois, que determinar os limites a partir dos quais o tributo passa a ser confiscatório não é tarefa simples. Regina Helena Costa, por exemplo, observa: "Nem sempre é fácil, contudo, aquilatar até que ponto um tributo não é confiscatório e a partir de quando passa a sê-lo. Certo é que a resposta variará conforme o caso concreto e deverá apoiar-se na equidade e na razoabilidade" (COSTA, 2014, p. 96).

A questão que se coloca, então, é: quais são os *critérios* orientadores do legislador e do aplicador do direito no momento de averiguar eventual caráter confiscatório do tributo? Quais são os parâmetros norteadores da concretização de tal princípio?

APROFUNDANDO! O CONFISCO NO ÂMBITO DE CADA ESPÉCIE TRIBUTÁRIA

José Eduardo Soares de Melo apresenta, de forma sintética, a maneira como o efeito de confisco pode associar-se a cada espécie de tributo (MELO, 2010, p. 35). A partir de suas lições, aprofundemos:

- Impostos – Terão caráter confiscatório quando suas alíquotas se revelarem excessivas, como no caso de entravarem atividades voltadas ao comércio, onerarem o patrimônio e a renda, dificultarem a produção e circulação mercantil e os negócios civis. Ainda assim, é preciso sempre analisar o caso específico. Uma alíquota de 25% para o IPVA é confiscatória; para o imposto sobre a renda e proventos de qualquer natureza, a alíquota máxima de 27,5% é considera baixa, sobretudo quando comparada a outras nações. Nos países escandinavos, por exemplo, a alíquota do imposto sobre a renda gira em torno de 50%;
- Taxas – Serão confiscatórias na medida em que o valor dos serviços públicos e a remuneração relativa ao exercício regular do poder de polícia venham a ser vultosos, não guardando nenhuma proporcionalidade com os custos suportados pelo Estado, revelando-se incompatíveis com os fins perseguidos pelo interesse público. Cite-se jurisprudência do Plenário do STF nesse sentido:

> "A taxa, enquanto contraprestação a uma atividade do Poder Público, não pode superar a relação de razoável equivalência que deve existir entre o custo real da atuação estatal referida ao contribuinte e o valor que o Estado pode exigir de cada contribuinte, considerados, para esse efeito, os elementos pertinentes às alíquotas e à base de cálculo fixadas em lei. Se o valor da taxa, no entanto, ultrapassar o custo do serviço prestado ou posto à disposição do contribuinte, dando causa, assim, a uma situação de onerosidade excessiva, que descaracterize essa relação de equivalência entre os fatores referidos (o custo real do serviço, de um lado, e o valor exigido do contribuinte, de outro), configurar-se-á, então, quanto a essa modalidade de tributo, hipótese de ofensa à cláusula vedatória inscrita no art. 150, IV, da Constituição da República" (STF, ADI 2551 MC-QO/MG, 2003);

- Contribuição de melhoria – Terá cunho confiscatório quando o valor exigido dos contribuintes for superior à valorização imobiliária decorrente de obras públicas;
- Empréstimos compulsórios – Serão confiscatórios quando sejam significativos os valores entregues provisoriamente aos cofres públicos, ocorrendo retorno em montante inferior ao emprestado;
- Contribuições especiais – Serão confiscatórias se incidirem alíquotas excessivas sobre as remunerações das atividades previstas, ou sobre folha de salário, faturamento e lucro etc.

10.4 PARÂMETROS DE CALIBRAÇÃO: PRINCÍPIO DA RAZOABILIDADE E PROPORCIONALIDADE

A doutrina assinala o importante papel cumprido pelos princípios da razoabilidade e proporcionalidade no momento de concretizar o princípio da vedação do confisco. Tais princípios colocam-se como parâmetros que medem a colisão entre a necessidade que tem o Estado de tributar e o direito fundamental do contribuinte à propriedade privada. É preciso, dizem os autores, atingir certo equilíbrio.

Não é tarefa simples, contudo, delimitar o significado de tais postulados. Luís Roberto Barroso, a propósito, anota: "O princípio da razoabilidade ou da proporcionalidade, no Brasil, tal como desenvolvido pela doutrina e, também, pela jurisprudência, inclusive do Supremo Tribunal Federal, é o produto da conjugação de ideias vindas de dois sistemas diversos: (i) da doutrina do devido processo legal substantivo do direito norte-americano, onde a matéria foi pioneiramente tratada; e (ii) do princípio da proporcionalidade do direito alemão" (BARROSO, 2011, p. 255).

À luz das observações do autor, podemos afirmar que o *princípio da razoabilidade* assenta-se na ideia de "verificação da compatibilidade entre o meio empregado pelo legislador e os fins visados, bem como na aferição da legitimidade dos fins. É razoável o que seja conforme à razão, supondo equilíbrio, moderação e harmonia; o que não seja arbitrário ou caprichoso; o que corresponda ao senso comum, aos valores vigentes em dado momento ou lugar" (BARROSO, 2011, p. 259).

O princípio da proporcionalidade, por sua vez, aponta para a exigência de que os meios utilizados sejam proporcionais aos fins visados. A jurisprudência alemã dividiu o conteúdo de tal postulado em três subprincípios: (1) adequação; (2) necessidade e (3) proporcionalidade em sentido estrito.

Barroso oferece exemplo elucidativo: "Diante do crescimento estatístico da AIDS (motivo), se o Poder Público veda o consumo de bebidas alcoólicas durante o carnaval (meio) para impedir a contaminação de cidadãos nacionais (fim), a medida será irrazoável, pois estará rompido o vínculo entre os motivos, os meios e os fins, já que inexiste qualquer relação direta entre o consumo de álcool e a contaminação" (BARROSO, 2011, p. 260).

Do ponto de vista do princípio da vedação do confisco, chega-se à conclusão de que o aspecto quantitativo da hipótese de incidência tributária, isto é, a base de cálculo e a alíquota do tributo, deve guardar relação de razoabilidade e proporcionalidade com os outros aspectos. Isso implica que a análise de eventual violação ao princípio deve dar-se caso a caso, de forma particularizada e concreta.

Assim, por exemplo, não parece razoável e proporcional estabelecer uma alíquota de 25% para o imposto sobre a propriedade de veículos automotores (IPVA). No caso do IPTU, idem. O valor do automóvel ou do imóvel urbano seria completamente absorvido pela tributação em apenas quatro anos. Para o ICMS que incide sobre produtos supérfluos, por outro lado, tal alíquota pode ser considerada baixa. O IPI que incide sobre produtos luxuosos, como carros de última geração, deve contar com alíquotas elevadas. É razoável e proporcional que assim seja.

O importante é ressaltar o papel que cumprem os princípios em análise no que tange ao controle judicial dos atos legislativos. Ora, o princípio da vedação do confisco tem como destinatário imediato o legislador. Ao Poder Legislativo cabe instituir tributos que não tenham caráter de confisco. Caso não o faça, o Poder Judiciário pode ser acionado e tomará como fundamento para invalidar a lei os princípios da razoabilidade e proporcionalidade.

Nesse sentido, Barroso explica: "O princípio da razoabilidade ou da proporcionalidade permite ao Judiciário invalidar atos legislativos ou administrativos quando: (a) não haja adequação ao fim perseguido e o instrumento empregado; (b) a medida não seja exigível ou necessária, havendo meio alternativo para chegar ao mesmo resultado com menor ônus a um direito individual (vedação do excesso); e (c) não haja proporcionalidade em sentido estrito, ou seja, o que se perde com a medida é de maior relevo do que aquilo que se ganha" (BARROSO, 2011, p. 261).

10.5 CRITÉRIOS PARA ANÁLISE DO CONFISCO

Outra questão importante relativa aos parâmetros para a averiguação de eventual violação ao princípio da vedação do confisco gira em torno de saber se a análise deve tomar como base o tributo (instituído ou majorado) de *forma isolada* ou se deve levar em consideração a *totalidade da carga tributária* a que está sujeito o contribuinte.

Imaginemos um aumento do imposto sobre a renda e proventos de qualquer natureza das pessoas jurídicas (IRPJ), cuja alíquota foi elevada de 15% para 16%. Inicialmente não parece haver confisco. Ocorre, contudo, que, se analisarmos a carga tributária global a que está sujeita a empresa (IR, CSSL, COFINS, IPI, ICMS, diversas taxas, entre outros) esse simples aumento pode acarretar o encerramento de suas atividades. Como resolver a questão?

Hugo de Brito Machado, por exemplo, anota: "O caráter confiscatório do tributo há de ser avaliado em função do sistema, vale dizer, em face da carga tributária resultante dos tributos em conjunto" (MACHADO, 2011, p. 41). De fato, há manifestação da Segunda Turma do STF em recurso extraordinário de relatoria do Ministro Joaquim Barbosa, nos seguintes termos:

> A caracterização do efeito confiscatório pressupõe a análise de dados concretos e de peculiaridades de cada operação ou situação, tomando-se em conta custos, carga tributária global, margens de lucro e condições pontuais do mercado de conjuntura social e econômica. O isolado aumento de alíquota do tributo é insuficiente para comprovar a absorção total ou demasiada do produto econômico da atividade privada, de modo a torná-la inviável ou excessivamente onerosa (STF, RE 448.432 (AgR)/CE, 2010).

Outro precedente importante, desta feita extraído à ADIN 2010/MC, refere-se à contribuição previdenciária instituída pela Lei nº 9.783/99 e cobrada dos servidores públicos federais inativos. A lei estabelecia alíquotas progressivas que chegavam a 25% conforme as faixas de rendimento. Além do mais, os contribuintes que percebessem maiores quantias estavam sujeitos também ao imposto de renda (IR) à alíquota de 27,5%. Em poucas palavras, teriam de entregar à União algo em torno de 50% de seus ganhos.

Na ocasião o Plenário realçou a viabilidade do controle abstrato de constitucionalidade de lei que institui tributo confiscatório ou eleve a carga tributária a patamares que evidenciem o efeito de confisco:

> "A jurisprudência do Supremo Tribunal Federal entende cabível, em sede de controle normativo abstrato, a possibilidade de a Corte examinar se determinado tributo ofende, ou não, o princípio constitucional da não-confiscatoriedade consagrado no art. 150, IV, da Constituição" (STF, ADI 2010 MC/DF, 1999).

Em seguida, o julgado expõe elementos conceituais importantes à definição do princípio da vedação do confisco:

> A proibição constitucional do confisco em matéria tributária nada mais representa senão a interdição, pela Carta Política, de qualquer pretensão governamental que possa conduzir, no campo da fiscalidade, à injusta apropriação estatal, no todo ou em parte, do patrimônio ou dos rendimentos dos contribuintes, comprometendo-lhes, pela insuportabilidade da carga tributária, o exercício do direito a uma existência digna, ou a prática de atividade profissional lícita ou, ainda, a regular satisfação de suas necessidades vitais (educação, saúde e habitação, por exemplo) (STF, ADI 2010 MC/DF, 1999).

Finalmente, decide que a averiguação do caráter confiscatório de certo tributo deve ser feita em termos *globais* e não simplesmente com base nas particularidades de cada exação:

> A identificação do efeito confiscatório deve ser feita em função da totalidade da carga tributária, mediante verificação da capacidade de que dispõe o contribuinte – considerado o montante de sua riqueza (renda e capital) – para suportar e sofrer a incidência de todos os tributos que ele deverá pagar, dentro de determinado período, à mesma pessoa política que os houver instituído (a União Federal, no caso), condicionando-se, ainda, a aferição do grau de insuportabilidade econômico-financeira, à observância, pelo legislador, de padrões de razoabilidade destinados a neutralizar excessos de ordem fiscal eventualmente praticados pelo Poder Público". E conclui: "Resulta configurado o caráter confiscatório de determinado tributo, sempre que o efeito cumulativo – resultante das múltiplas incidências tributárias estabelecidas pela mesma entidade estatal – afetar, substancialmente, de maneira irrazoável, o patrimônio e/ou os rendimentos do contribuinte (STF, ADI 2010 MC/DF, 1999).

Em suma, parece que há certo predomínio na doutrina e jurisprudência no sentido de que a análise do caráter confiscatório do tributo deve ser feita de acordo com a *carga tributária global* a que está sujeito o contribuinte.

Nada impede, contudo, que a análise se dê apenas com base em um único tributo isolado. É o caso, por exemplo, de um IPTU com alíquota de 25%. Nessa situação, é patente o caráter confiscatório do imposto. Deve-se recordar o que dissemos linhas atrás: a análise deve ser feita sempre caso a caso, e de forma particularizada.

10.6 MULTAS E VEDAÇÃO DO CONFISCO

O princípio da vedação do confisco aplica-se às multas tributárias?

Quando estudamos a definição de tributo, vimos que não se confundem com as multas. O tributo é a prestação pecuniária compulsória oriunda da prática de um ato *lícito*, previsto em lei. As multas são prestações pecuniárias compulsórias oriundas da prática de um ato *ilícito*, previsto em lei.

Não obstante, tanto o tributo como a multa confrontam a propriedade privada. No primeiro caso, transfere-se parte da riqueza do contribuinte como forma de financiar o Estado; no segundo, transfere-se essa mesma riqueza, mas como forma de punição.

Devemos nos perguntar, então, se as multas, por terem caráter sancionatório, estariam dentro do alcance de princípios que regem as relações tributárias, como, por exemplo, o princípio da vedação do confisco.

Hugo de Brito Machado rejeita essa aproximação: "A vedação do confisco é atinente ao tributo. Não à penalidade pecuniária, à multa. O regime jurídico do tributo não se aplica à multa, porque tributo e multa são essencialmente distintos. O ilícito é pressuposto essencial desta, e não daquele". (MACHADO, 2011, p. 41).

Vale ressaltar a importância do princípio da proporcionalidade no que toca à análise dos valores fixados a título de multas. Quer dizer, uma multa *desproporcional*, com valor muito elevado quando comparada ao valor do tributo, viola o necessário equilíbrio que deve haver entre a pretensão punitiva do Estado e o direito à propriedade privada das pessoas naturais e jurídicas.

Em suma, muito embora as multas não sejam tributos, aplica-se a elas a proteção fixada pelo princípio da vedação do confisco. Nesse sentido, os valores estabelecidos devem ser razoáveis e proporcionais, sob pena de caracterizarem absorção inconstitucional do patrimônio privado pelo Estado.

JURISPRUDÊNCIA DO STF – MULTAS QUE ULTRAPASSAM 100% DO VALOR DO TRIBUTO DEVIDO

É comum, e tem disso aceito tanto pela doutrina, quanto pela jurisprudência, multas tributárias que alcancem até 75% do valor do tributo devido. Por outro lado, em 2021 a Segunda Turma do STF considerou confiscatória a multa de 100% do valor do tributo devido. O julgado assentou:

> AGRAVO REGIMENTAL NO RECURSO EXTRAORDINÁRIO COM AGRAVO. AUSÊNCIA DE IMPUGNAÇÃO DO FUNDAMENTO DA DECISÃO AGRAVADA. INOBSERVÂNCIA DO ART. 1.021, § 1°, DO NOVO CÓDIGO DE PROCESSO CIVIL. INCIDÊNCIA DA SÚMULA 284 DO SUPREMO TRIBUNAL FEDERAL. DIREITO TRIBUTÁRIO. MULTA PUNITIVA.

> CARÁTER CONFISCATÓRIO. AGRAVO REGIMENTAL A QUE SE NEGA PROVIMENTO, COM APLICAÇÃO DE MULTA. (...) II – Consideram-se confiscatórias as multas punitivas que ultrapassem o patamar de 100% do valor do imposto devido. Precedentes. III – Agravo regimental a que se nega provimento, com aplicação da multa (art. 1.021, § 4°, do CPC/2015). (ARE 1341246 AgR, Relator(a): Ricardo Lewandowski, Segunda Turma, julgado em 18/12/2021, PROCESSO ELETRÔNICO DJe-014 DIVULG 26-01-2022).

Contudo, ainda devemos aguardar o desfecho desta situação, tendo em vista que o Supremo Tribunal Federal reconheceu repercussão geral sobre a matéria, sob o Tema 1.195, ainda pendente de julgamento até o fechamento desta edição:

> RECURSO EXTRAORDINÁRIO. TRIBUTÁRIO. REPRESENTATIVO DA CONTROVÉRSIA. LIMITAÇÃO DA MULTA FISCAL PUNITIVA ATÉ O VALOR DO TRIBUTO DEVIDO. VEDAÇÃO AO EFEITO CONFISCATÓRIO. DISTINGUISHING. TEMAS 214, 487, 816 e 863 DA REPERCUSSÃO GERAL. MULTIPLICIDADE DE RECURSOS EXTRAORDINÁRIOS. PAPEL UNIFORMIZADOR DO SUPREMO TRIBUNAL FEDERAL. RELEVÂNCIA DA QUESTÃO CONSTITUCIONAL. MANIFESTAÇÃO PELA EXISTÊNCIA DE REPERCUSSÃO GERAL. (RE 1335293 RG, Relator(a): MINISTRO PRESIDENTE, Tribunal Pleno, julgado em 17/02/2022)

SÚMULAS DO STF E DO STJ:

SÚMULA STF

Não há.

SÚMULA STJ

Não há.

SÍNTESE DOS PRINCIPAIS ENTENDIMENTOS JURIPRUDENCIAIS

"Longe fica de configurar concessão, a tributo, de efeito que implique confisco decisão que, a partir de normas estritamente legais, aplicáveis a espécie, resultou na perda de bem móvel importado" (STF, 2.a T., AI-AgR 173.689/DF).

"A identificação do efeito confiscatório deve ser feita em função da totalidade da carga tributária, mediante verificação da capacidade de que dispõe o contribuinte considerado o montante de sua riqueza (renda e capital) – para suportar e sofrer a incidência de todos os tributos que ele deverá pagar, dentro de determinado período, à mesma pessoa política que os houver instituído (a União Federal, no caso), condicionando-se, ainda, a aferição do grau de insuportabilidade econômico-financeira, à observância, pelo legislador, de padrões de razoabilidade destinados a neutralizar excessos de ordem fiscal eventualmente praticados pelo Poder Público" (STF. ADC 8-MC. Rel. Min. Celso de Mello. DJ 04.04.2003).

"A desproporção entre o desrespeito à norma tributária e sua consequência jurídica, a multa, evidencia o caráter confiscatório desta, atentando contra o patrimônio do contribuinte, em contrariedade ao mencionado dispositivo do texto constitucional federal" (STF. ADI 551. Rel. Min. Ilmar Galvão. Informativo STF nº 297).

"Considerado o princípio da proporcionalidade, conflita com a Constituição Federal instituição de taxa ausente equivalência entre o valor exigido do contribuinte e os custos alusivos ao exercício do poder de polícia – artigo 145, inciso II, da Lei Maior –, sob pena de ter-se espécie tributária de caráter arrecadatório cujo alcance extrapola a obtenção do fim que lhe fundamenta a existência, dificultando ou mesmo inviabilizando o desenvolvimento da atividade econômica" (ADI 6211).

"Imposto de Importação. Aumento de alíquota de 4% para 14%. Deficiência do quadro probatório. A caracterização do efeito confiscatório pressupõe a análise de dados concretos e de peculiaridades de cada operação ou situação, tomando-se em conta custos, carga tributária global, margens de lucro e condições pontuais do mercado e de conjuntura social e econômico. O isolado aumento da alíquota do tributo é insuficiente para comprovar a absorção total ou demasiada do produto econômico da atividade privada, de modo a torná-la inviável ou excessivamente onerosa" (STF, RE 448432-AgR).

"Longe fica de configurar concessão, a tributo, de efeito que implique confisco decisão que, a partir de normas estritamente legais, aplicáveis a espécie, resultou na perda de bem móvel importado" (STF, AI 173689-AgR).

"A aplicação da multa moratória tem o objetivo de sancionar o contribuinte que não cumpre suas obrigações tributárias, prestigiando a conduta daqueles que pagam em dia seus tributos aos cofres públicos. Assim, para que a multa moratória cumpra sua função de desencorajar a elisão fiscal, de um lado não pode ser pífia, mas, de outro, não pode ter um importe que lhe confira característica confiscatória, inviabilizando inclusive o recolhimento de futuros tributos. Não é confiscatória a multa moratória no importe de 20%" (STF, Repercussão geral, RE 582461).

"Não se pode pretender desarrazoada e abusiva a imposição por lei de multa – que é pena pelo descumprimento da obrigação tributária –, sob o fundamento de que ela, por si mesma, tem caráter confiscatório" (STF, RE 590754-AgR).

11

PRINCÍPIOS LIGADOS À FORMA FEDERATIVA DE ESTADO

11.1 PRINCÍPIO DA LIBERDADE DE TRÁFEGO

A liberdade de locomoção é um aspecto fundamental da vida em sociedade, ao menos naquelas que se organizam politicamente como Estados Democráticos de Direito, como é o caso do Brasil. Nesse sentido, o art. 13 da Declaração universal dos Direitos Humanos, aprovada pela ONU em 1948, estabelece: "Toda a pessoa tem o direito de livremente circular e escolher a sua residência no interior de um Estado".

Do ponto de vista tributário, esse direito fundamental repercute de modo claro no art. 150, V, da CF/1988, que prescreve:

> **CF, art. 150.** Sem prejuízo de outras garantias asseguradas ao contribuinte, é vedado à União, aos Estados, ao Distrito Federal e aos Municípios:
>
> [...]
>
> V – estabelecer limitações ao tráfego de pessoas ou bens, por meio de tributos interestaduais ou intermunicipais, ressalvada a cobrança de pedágio pela utilização de vias conservadas pelo Poder Público.

O princípio da liberdade de tráfego prestigia dois valores importantes: (1) a liberdade individual de locomoção e (2) o princípio federativo.

De fato, o art. 5.º, *caput*, da CF/1988, garante aos brasileiros e estrangeiros, dentre outros, o direito à liberdade. O inciso XV particulariza essa liberdade no que tange ao direito individual de locomoção:

> **CF, art. 5º**
>
> (...)
>
> XV. É livre a locomoção no território nacional em tempo de paz, podendo qualquer pessoa, nos termos da lei, nele entrar, permanecer ou dele sair com seus bens.

Assim, de acordo com a Constituição, os brasileiros e estrangeiros em território nacional têm o direito fundamental de ir e vir, isto é, de se locomoverem livremente. Esse direito não se restringe aos indivíduos, mas alcança também seus bens. Quer dizer, qualquer um de nós pode locomover-se pelo território nacional com seu veículo, por exemplo. Podemos mudar de residência e levar nossos pertences, sem que o Estado possa nos impedir.

O texto constitucional faz apenas duas ressalvas. A entrada, permanência e saída do território nacional dar-se-á "nos termos de lei". Se quisermos sair do Brasil e depois retornar, temos que obedecer às leis que fazem certas exigências, como passaportes, vistos etc. Além do mais, a Constituição garante que é livre a locomoção no território nacional "em tempo de paz". Obviamente que, em tempos de guerra, a livre locomoção de indivíduos pode ser restringida.

Nesse sentido, Regina Helena Costa registra: "A norma prestigia, em última análise, a liberdade de locomoção no território nacional, contemplada no art. 5º, XV e LXVIII, CR, inviabilizando sejam instituídos tributos que embaracem o tráfego de pessoas ou bens entre Municípios ou entre Estados. A exceção ao princípio, posta pela Constituição, é o pedágio, porquanto sua exigência, induvidosamente, restringe o tráfego de pessoas e bens" (COSTA, 2014, p. 97).

Outro valor prestigiado pelo princípio da liberdade de tráfego é o princípio federativo. O art. 1.º, *caput*, da CF/1988, prescreve:

> **CF, art. 1º.** A República Federativa do Brasil, formada pela união indissolúvel dos Estados e Municípios e do Distrito Federal, constitui-se em Estado Democrático de Direito e tem como fundamentos [...].

O artigo 18, por sua vez, determina:

> **CF, art. 18.** A organização político-administrativa da República Federativa do Brasil compreende a União, os Estados, o Distrito Federal e os Municípios, todos autônomos, nos termos desta Constituição.

Ora, a forma de estado refere-se à distribuição do poder soberano pelo território nacional. Nos termos dos artigos acima citados, o poder está distribuído entre quatro unidades político-territoriais; pessoas jurídicas de direito público, autônomas, que são os Municípios, os Estados Federados, o Distrito Federal e a União. No que toca a esta última, em especial, sua ordem jurídica incide em todo o território nacional.

Cada uma dessas unidades, ou entes federativos, recebeu da Constituição uma série de competências legislativas, administrativas, tributárias e, com exceção dos Municípios, jurisdicionais. Portanto, em cada *território* específico vigoram apenas as leis, decisões administrativas e judiciais de cada ente particular.

No Município de São Paulo, por exemplo, vigoram apenas *suas* leis municipais, as leis do Estado de São Paulo e as leis criadas pela União. No Município do Rio de Janeiro, *suas* leis municipais, as leis do Estado do Rio de Janeiro e as leis da União.

Percebemos, desde logo, que, como regra, os indivíduos que habitam o território nacional vinculam-se a algumas dessas unidades federativas, mas não a outras. O indivíduo residente e domiciliado em Curitiba, por exemplo, tem suas obrigações, como regra, nesse Município. Logo, submete-se às leis municipais curitibanas, às leis do Estado do Paraná e às leis da União.

Fica fácil compreender que, em tese, os entes federativos poderiam querer, por quaisquer razões que fossem (como rixas regionais, por exemplo) impor tratamentos diferenciados a indivíduos vinculados a outros entes federativos. À vista dessa possibilidade a Constituição antecipou-se. No art. 19, III, determina:

> **CF, art. 19.** É vedado à União, aos Estados, ao Distrito Federal e aos Municípios:
>
> [...]
>
> III – criar distinções entre brasileiros ou preferências entre si.

Essas distinções podem ser veiculadas na forma de restrições à locomoção das pessoas entre Estados e Municípios. Tais restrições, por sua vez, podem vir "disfarçadas" de tributos. É o que ocorreria, por exemplo, se o Estado de São Paulo cobrasse uma taxa para o ingresso em seu território de pessoas vindas do Nordeste. Sob o disfarce do tributo repousa a discriminação entre entes federados. O texto constitucional repele de maneira muito contundente esse tipo de conduta.

Em resumo, José Eduardo Soares de Melo observa: "Este princípio constitui reafirmação do princípio federativo, coibindo a exigência de gravames tributários que acarretem o impedimento da livre circulação entre Estados e Municípios, sendo que o seu destinatário é o legislador respectivo, não podendo ser criada uma autêntica barreira fiscal, como é o caso de dificultar a livre movimentação física de bens e pessoas, mediante a imposição de substanciais ônus de ICMS" (MELO, 2010, p. 36).

A) Conceito

A Constituição preocupou-se com a possibilidade de os entes federativos impedirem ou restringirem a locomoção dos indivíduos dentro do território nacional, seja por conta da violação do direito fundamental de ir e vir, seja por conta de distinções ou preferências de cunho federativo.

Assim, como vimos, o texto constitucional estabeleceu, no inc. V do art. 150, que é vedado à União, Estados, Distrito Federal e Municípios estabelecer limitações ao tráfego de pessoas ou bens, por meio de *tributos interestaduais ou intermunicipais*, ressalvada a cobrança de pedágio pela utilização de vias conservadas pelo Poder Público.

O objetivo da Constituição é evitar a utilização do tributo como forma de impedir a locomoção em território nacional. Em outras palavras, a imposição de ônus econômico que impeça o indivíduo de locomover-se. Por isso, o texto constitucional proíbe os tributos interestaduais e intermunicipais. O que significam?

Tributo interestadual é aquele cujo fato gerador é a locomoção do indivíduo do território de um Estado para outro. Imaginemos que determinada pessoa faça uma viagem do Município de São Paulo ao do Rio de Janeiro. Na divisa entre os Estados há um posto de fiscalização em que se exige um tributo para que se possa cruzar a fronteira. Obviamente tal cobrança seria inconstitucional.

Tributo intermunicipal é aquele cujo fato gerador é a locomoção do território de um Município para outro. Um indivíduo quer locomover-se do Município de São Paulo para o Município de São Caetano do Sul. Digamos que haja um posto de fiscalização na divisa dos territórios exigindo o pagamento de tributo. Tal exigência é inconstitucional. Suponhamos, ainda, que na rodoviária do Município de São Paulo seja cobrada uma taxa apenas dos ônibus que provêm das cidades do Nordeste. Além da agressão ao art. 150, V, percebemos também, com muita nitidez, a violação do art. 19, III, da CF/1988.

De modo mais preciso, pode-se afirmar que fica proibida a instituição, pela União, Estados, Distrito Federal e Municípios, de tributos que abriguem nos aspectos material e espacial de suas hipóteses de incidência o cruzamento de fronteiras estaduais e municipais por pessoas naturais e seus bens. Isso não afasta, obviamente, a cobrança de ICMS, porque, neste caso, o fato gerador é a circulação de mercadorias no sentido *jurídico* (modificação na titularidade do bem) e não físico.

Em suma, fica vedada a utilização de tributo como forma de proibir ou dificultar a livre locomoção dos indivíduos em território nacional. Tal utilização pode ser analisada sob o prisma do direito individual de locomoção e sob o ponto de vista das vedações de caráter federativo (CF/1988, art. 19, III).

B) O pedágio

O texto constitucional introduz a figura do *pedágio* como ressalva expressa ao princípio da liberdade de tráfego. Ao afirmar a regra segundo a qual é vedada a utilização de tributos interestaduais e intermunicipais, a Constituição anuncia, simultaneamente, a exceção: a cobrança de pedágio pela utilização de vias conservadas pelo Poder Público.

Assim, fica claro que a Constituição reconhece no pedágio a natureza jurídica de tributo. Como tributo, adéqua-se à espécie taxa. Assim, de acordo com o dispositivo constitucional analisado, o pedágio é tributo na modalidade de taxa. Tal entendimento é reforçado pela análise histórica do direito constitucional brasileiro. Se tomarmos o art. 27 da Constituição de 1946, encontraremos o seguinte enunciado:

> **CF/1946, art. 27.** É vedado à União, aos Estados, ao Distrito Federal e aos Municípios estabelecer limitações ao tráfego de qualquer natureza por meio de tributos interestaduais e intermunicipais, ressalvada a cobrança de taxas, inclusive pedágio, destinadas exclusivamente à indenização das despesas de construção, conservação e melhoramento de estradas.

De acordo com a ordem constitucional de 1946, o pedágio era considerado tributo, na modalidade de taxa. A situação não mudou com a Constituição de 1988. Apenas não há a menção expressa à sua natureza jurídica específica. A doutrina de direito tributário, de forma dominante, reconhece no pedágio a natureza jurídica de tributo.

Esta é a lição de Luciano Amaro ao comentar o art. 150, V, da Constituição: "Essa disposição deu legitimação constitucional expressa ao pedágio. Além disso, reconheceu-lhe a natureza tributária (por oposição à ideia de que ele traduziria um preço público), pois esta figura está referida num dispositivo que cuida de tributos, e como exceção a um princípio que limita a criação de tributos" (AMARO, 2011, p. 71).

Regina Helena Costa vai no mesmo sentido: "Filiamo-nos ao pensamento segundo o qual o pedágio reveste a natureza jurídica de taxa de serviço. Isto porque cuida-se de tributo vinculado a uma atuação estatal, diretamente referida ao sujeito passivo, qual seja, a utilização efetiva do serviço público, específico e divisível, de conservação de estradas" (COSTA, 2014, p. 140).

Há uma corrente minoritária que pretende ver no pedágio a figura de *preço público*. Preço é a remuneração que se paga voluntariamente pela utilização de um serviço.

Sacha Calmon Navarro Coêlho observa: "O preceito comporta duas leituras: (A) são proibidos tributos que embaracem o tráfego de pessoas e bens (barreiras estaduais e municipais) pelo território nacional, exceto o tributo denominado pedágio; (B) são proibidos tributos interestaduais e intermunicipais (taxas estaduais e municipais que embaracem o livre trânsito de pessoas e bens pelo território nacional), ressalvado o pedágio que não é – lembrem-se – tributo.... Ofertamos adesão à leitura derradeira, pois o pedágio ou rodágio, como queria o pranteado Aliomar Baleeiro, é o preço que se paga para passar. Preço público se cobrado pelo Estado. Preço privado se cobrado por concessionárias (empresas privadas), ainda que sujeitadas a regras derivadas de contratos administrativos, reguladoras do preço" (COÊLHO, 2011, p. 425).

Com o devido respeito, pedimos licença para discordar. O pedágio não é, de acordo com a Constituição, "o preço que se paga para passar". Trata-se, segundo o inc. V do art. 150, de prestação pecuniária a ser recolhida pela "utilização de vias conservadas pelo Poder Público". Não se paga o pedágio por transitar (passar) em uma rodovia; paga-se por utilizar uma rodovia conservada pelo Poder Público.

O verbo "utilizar" possui uma dimensão de sentido muito mais ampla do que "passar". Eu utilizo a rodovia ao passar por ela, mas continuo utilizando quando estaciono em um acostamento em boas condições, não encontro buracos na pista, sou servido por placas de sinalização visíveis, e assim por diante.

Ademais, *passar* por uma via não tem relação direta com sua *conservação* por parte do Poder Público. Aliás, no Brasil o que mais existe são rodovias não conservadas. Estas, é claro, não autorizam a cobrança de pedágio. A nosso ver, pois, o pedágio é tributo com a natureza específica de taxa.

Não obstante a importância do tema, o STF ainda não havia se manifestado de forma contundente sobre a questão. Havia um precedente da Segunda Turma, proveniente do recurso extraordinário nº 181.475/RS, em que se analisou a constitucionalidade do chamado "selo-pedágio" (selo que o motorista devia adquirir quando fosse utilizar as rodovias federais e que devia ser afixado no vidro dianteiro do veículo), em que ficou consignado que o pedágio era *tributo*, na modalidade de *taxa*. O julgado assentou:

> O fato de ter sido o pedágio tratado no Sistema Tributário Nacional exatamente nas limitações ao poder de tributar – CF/1988, art. 150, V – é significativo. Ora, incluído numa ressalva a uma limitação à tributação, se fosse preço, a ressalva não teria sentido. É dizer,

> se está na Constituição tratando das limitações à tributação, não haveria sentido impor limitação a um preço (tarifa), que tem caráter contratual, assim incluído no regime de direito privado (STF, Informativos 099/1998, 124/1998 e 148/1999).

No entanto, em 2014 o Tribunal alterou seu posicionamento. A Corte houve por bem adotar interpretação segundo a qual o pedágio é típica modalidade de *preço público*. No julgamento de ação direta de inconstitucionalidade, o Plenário decidiu:

> O pedágio cobrado pela efetiva utilização de rodovias conservadas pelo Poder Público, cuja cobrança está autorizada pelo inciso V, parte final, do art. 150 da Constituição de 1988, não tem natureza jurídica de taxa, mas sim de preço público, não estando a sua instituição, consequentemente, sujeita ao princípio da legalidade estrita (STF, ADI 800/RS, 2014 e Informativo 750/2014).

A decisão foi adotada por unanimidade. Em seu voto, o relator, Ministro Teori Zawascki, ressaltou:

> Na verdade, o enquadramento do pedágio como espécie tributária (taxa) ou não (preço público) independe de sua localização topológica no texto constitucional, mas sim do preenchimento ou não dos requisitos previstos no art. 3º do Código Tributário Nacional, que delimita o conceito de tributo. Em suma, no atual estágio normativo constitucional, o pedágio cobrado pela efetiva utilização de rodovias não tem natureza tributária, mas sim de preço público, não estando, consequentemente, sujeita ao princípio da legalidade estrita (STF, ADI 800/RS, 2014 e Informativo 750/2014).

A consequência deste ponto de vista é a seguinte: se o pedágio não é tributo, então não precisa submeter-se às limitações constitucionais ao poder de tributar, como os princípios da legalidade, anterioridade, capacidade contributiva, dentre outros.

Pedimos vênia para discordar desta interpretação. O sentido normativo dos institutos jurídicos deve ser construído, antes de tudo, com base no texto constitucional e não em ato normativo de hierarquia inferior. No voto acima mencionado, o relator submete a Constituição ao Código Tributário Nacional. O art. 150, V, da CF/1988, é interpretado à luz do art. 3º do CTN, quando, de acordo com os novos paradigmas de hermenêutica constitucional, este é que deveria ser interpretado de acordo com aquele.

Ora, o sentido normativo relativo à natureza jurídica específica do pedágio deve ser construído com fundamento no texto constitucional, sendo certo que o elemento topológico, muito embora não seja o determinante, cumpre seu papel. O que não nos parece adequado, data vênia, é "ignorar" a Constituição e considerar apenas a regra contida no art. 3º do CTN. *De toda forma, para o STF, em decisão unânime, o pedágio possui natureza jurídica de preço público.*

Alguma jurisprudência vem rejeitando a cobrança de pedágios sob o argumento de que não estaria disponibilizada para o usuário uma rota alternativa. Em outras palavras, como a população de baixa renda pode trafegar se não tem condições econômicas para arcar com os preços relativos à tarifa? Assim, uma rota alternativa, *sem pedágio*, disponibilizada para as pessoas menos favorecidas, seria uma maneira de garantir o direito constitucional de ir e vir. O STJ, contudo, entendeu de maneira diversa. De acordo com a Corte,

> "[...] a necessidade de colocar uma via alternativa gratuita para seus usuários, em caráter obrigatório, não deve ser imposta para a cobrança do pedágio, pois para tal haveria de existir previsão expressa na lei, o que não ocorre na espécie" (STJ, Informativo 322/2007).

A jurisprudência que exige via alternativa está animada dos melhores propósitos. Quer garantir às pessoas de baixa renda o direito constitucional e ir e vir. O problema é que a fundamentação utilizada (existência de via alternativa sem pedágio) não tem fundamento constitucional. A propósito, nesse ponto a decisão do STF é muito pertinente:

> E, a despeito dos debates na doutrina e na jurisprudência, é irrelevante também, para a definição da natureza jurídica do pedágio, a existência ou não de via alternativa gratuita para o usuário trafegar. Essa condição não está estabelecida na Constituição. É certo que a cobrança de pedágio pode importar, indiretamente, em forma de limitar o tráfego de pessoas. Todavia, essa mesma restrição, e em grau ainda mais severo, se verifica quando, por insuficiência de recursos, o Estado não constrói rodovias ou não conserva adequadamente as que existem. Consciente dessa realidade, a Constituição Federal autorizou a cobrança de pedágio em rodovias conservadas pelo Poder Público, inobstante a limitação de tráfego que tal cobrança possa eventualmente acarretar. Assim, a contrapartida de oferecimento de via alternativa gratuita como condição para a cobrança de pedágio não é uma exigência constitucional. Ela, ademais, não está sequer prevista em lei ordinária. A Lei 8.987/95, que regulamenta a concessão e permissão de serviços públicos, nunca impôs tal exigência. Pelo contrário, nos termos do seu art. 9º, § 1º (alterado pela Lei 9.648/98), "a tarifa não será subordinada à legislação específica anterior e somente nos casos expressamente previstos em lei, sua cobrança poderá ser condicionada à existência de serviço público alternativo e gratuito para o usuário" (STF, ADI 800/RS, 2014).

O argumento está correto. A Constituição não condiciona a cobrança do pedágio à existência de via alternativa. Não obstante, o texto constitucional também não permite a interpretação segundo a qual o pedágio é preço público (tarifa). Inserido no contexto no art. 150, trata-se de tributo, na modalidade de taxa de serviço. O STF, de alguma maneira, "reescreveu" a Constituição.

APROFUNDANDO! PEDÁGIO MUNICIPAL E INTERNACIONAL

A Constituição admite a instituição e cobrança de pedágio municipal, isto é, de quantia exigida dos indivíduos para que possam transitar com seus veículos por algumas ruas específicas da cidade, como, por exemplo, as ruas centrais? Parece que tal cobrança seria inconstitucional, por violação expressa do art. 5.º, XV, e art. 150, V, da CF/1988. E isso porque, se fica proibida a instituição de tributo cujo fato gerador seja a locomoção entre as fronteiras de Municípios e Estados, que dizer da locomoção interna, isto é, do trânsito dentro dos limites de cada território? A liberdade de ir e vir seria igualmente constrangida. Outra questão interessante diz respeito à cobrança de valor para entrar e sair do país. Quer dizer, a locomoção internacional de pessoas e bens poderia ser tributada? Vimos que, de acordo com o art. 5.º, XV, CF/1988, "é livre a locomoção no território nacional em tempo de paz, podendo qualquer pessoa, nos termos da lei, nele entrar, permanecer ou dele sair com seus bens". Parece que a Constituição relativiza o direito à locomoção internacional ao remeter sua disciplina à lei. A doutrina, de modo geral, não trata do assunto. Luciano Amaro, por sua vez, parece admitir tal cobrança. Ao comentar o princípio da liberdade de tráfego, assinala: "Obviamente, esse princípio não tem que ver com o tráfego internacional, mas só com o interestadual e intermunicipal" (AMARO, 2011, p. 169). Parece que não há quaisquer empecilhos à tributação da saída e entrada em território nacional.

11.2 PRINCÍPIO DA UNIFORMIDADE TRIBUTÁRIA OU GEOGRÁFICA

O princípio da igualdade é um dos esteios do Estado Democrático de Direito. Como vimos, ele informa inclusive o princípio republicano, eleito pela Constituição como forma de governo. Embora a igualdade seja corretamente associada à esfera individual, ela também está incrustrada na própria organização estatal. Isso significa que os entes federativos devem se tratar mutuamente de maneira isonômica, tanto quanto os cidadãos que residem em seus territórios.

É nesse contexto que desponta o art. 151, I, da CF/1988, que estabelece:

> **CF, art. 151.** É vedado à União:
>
> I – instituir tributo que não seja uniforme em todo o território nacional ou que implique distinção ou preferência em relação a Estado, ao Distrito Federal ou a Município, em detrimento de outro, admitida a concessão de incentivos fiscais destinados a promover o equilíbrio do desenvolvimento socioeconômico entre as diferentes regiões do país.

A forma *federativa* de Estado implica uma relação necessária entre os entes federativos. Enquanto na forma *confederativa* há uma união circunstancial para fins de proteção mútua a ataques ou invasores externos, a forma federativa implica uma união essencial, um compartilhamento de funções, direitos e deveres entre União, Estados, Distrito Federal e Municípios.

Essa fisionomia leva à necessidade de saber quais são os parâmetros jurídicos que disciplinam a relação de dependência mútua. Em outras palavras, os entes federativos relacionam-se entre si a partir de parâmetros de *horizontalidade* fundados no princípio da *igualdade* ou de parâmetros de *verticalidade* fundados no princípio da *hierarquia*?

Ora, o art. 18 da CF/1988 determina:

> **CF, art. 18.** A organização político-administrativa da República Federativa do Brasil compreende a União, os Estados, o Distrito Federal e os Municípios, todos autônomos, nos termos desta Constituição.

A palavra-chave é *autonomia*. Seu significado, em sentido amplo, remete à ideia de que cada ente cria as normas que regem a si próprio. Assim, a relação entre as pessoas políticas de direito público interno pauta-se pela horizontalidade, isto é, pela igualdade.

Por outro lado, há também uma preocupação importante no que toca ao tratamento isonômico que deve ser dispensado às pessoas vinculadas a cada uma das unidades federativas. Embora cada um de nós esteja vinculado a um Município e Estado diferente, todos nos relacionamos necessariamente com a União. Isso porque a lei federal tem validade, vigência e eficácia em todo o território nacional. Assim, a lei aprovada por este ente federativo deve alcançar a todos de forma isonômica, com pleno respeito pelo princípio da igualdade, tratando os iguais de forma igual e os desiguais de forma desigual.

Isonomia entre entes federativos e isonomia entre contribuintes que encontram nas várias unidades da federação, eis o pano de fundo sob o qual se apresenta o princípio da uniformidade geográfica ou tributária.

A) Destinatário

O destinatário do princípio anunciado no art. 151, I, é a *União*. O dispositivo assinala que "é vedado à União". Isso significa que a preocupação básica da Constituição, nesse dispositivo, é com a *lei federal*. Como vimos, essa lei possui validade, vigência e eficácia em todo o território nacional.

Assim, é natural que, à luz dos princípios federativo e da isonomia, a Constituição preocupe-se em determinar que a lei federal deve ser *uniforme* em todo o território nacional. Uniformidade remete à ideia de aquilo que tem "uma única forma", "que não varia". A lei federal deve ter uma única forma em todo o território nacional. Não deve, como regra, variar de Estado para Estado ou de Município para Município.

Dessa maneira, a criação do tributo, isto é, a descrição legislativa dos elementos que compõem a hipótese de incidência tributária, deve observar o postulado da uniformidade.

Não é possível, pois, que o aspecto quantitativo da hipótese de incidência varie de acordo com seus aspectos pessoal e territorial, se esta variação implicar discriminação entre Estados e Municípios ou entre contribuintes que residem nesta ou naquela unidade federativa. Por exemplo: a alíquota do tributo federal não deve ser mais elevada conforme o contribuinte seja vinculado a este ou aquele Estado, ou a este ou aquele Município. O padrão uniforme deve prevalecer.

Não é demais ressaltar que o princípio em tela se refere a todos os *tributos* que estão sob a competência da União. A criação de impostos, taxas, contribuições de melhoria, empréstimos compulsórios e contribuições especiais deve, conforme suas respectivas peculiaridades, observar o princípio da uniformidade tributária.

Em suma, Roque Carrazza observa: "Esse artigo confirma que as pessoas políticas são juridicamente iguais (princípio da isonomia das pessoas políticas) e, por isso, devem receber o mesmo tratamento tributário. Só na medida de suas desigualdades econômicas – e ainda assim por *região* – é que se admite que as pessoas políticas mais carentes venham a desfrutar de vantagens fiscais. Vemos que a União não pode criar, senão em nome do superior interesse nacional, quaisquer distinções ou preferências tributárias em favor ou contra os Estados, os Municípios e o Distrito Federal. Em tese, portanto, os tributos federais deverão ser uniformes em todo o território nacional (o que, diga-se de passo, reafirma a pujança dos princípios federativo, da autonomia municipal e da autonomia distrital). Só serão constitucionais isenções que colimem 'promover o equilíbrio do desenvolvimento socioeconômico entre as diferentes regiões do País'. Caberá, evidentemente, ao Judiciário, quando provocado pelas partes interessadas, dizer a última palavra a respeito" (CARRAZZA, 2011, p. 955).

B) Conceito

O texto do art. 151, I, da CF/1988, comporta duas normas. A primeira impõe a regra; a segunda, a exceção ou complemento, conforme o ponto de vista. Assim, é vedado à União:

- *Instituir tributo que não seja uniforme em todo o território nacional ou que implique distinção ou preferência em relação a Estado, ao Distrito Federal ou a Município, em detrimento de outro (...)* – Esta é a regra. A lei federal instituidora do tributo deve ser uniforme, tratando os contribuintes ligados aos Estados, Distrito Federal e Municípios de forma semelhante, sem variações. Assim, a lei federal instituidora do imposto sobre produtos industrializado (IPI), por exemplo, deve fixar alíquotas idênticas para certos bens produzidos em todo o território nacional. Se a geladeira industrializada na região sul recebe uma alíquota de 25%, o mesmo modelo, produzido na região sudeste deve receber igualmente a alíquota de 25%. As diferenças de alíquotas ou bases de cálculo, assim como regimes diferentes de recolhimento tributário etc. são, em princípio, inconstitucionais;
- *(...) admitida a concessão de incentivos fiscais destinados a promover o equilíbrio do desenvolvimento socioeconômico entre as diferentes regiões do País* – Essa é a exceção ou norma de complemento. Sabemos que o princípio de igualdade não significa tratar todos de forma idêntica. Significa, isso sim, desigualar na medida das desigualdades. Esse postulado aplica-se ao princípio da uniformidade tributária também. Por isso, a própria Constituição admite tratamento não uniforme, isto é, desigual, na medida das desigualdades das regiões brasileiras. Esta segunda norma relativiza ou complementa a primeira, que é a regra geral. Contudo, a Constituição enumera *três condições* para que o tratamento não uniforme seja admitido:
    - *Concessão de incentivos fiscais* – O tratamento não uniforme apenas é admitido no bojo de incentivos fiscais, e não políticos, administrativos ou econômicos. Estamos falando aqui de isenções, alíquotas mais baixas, anistias e assim por diante;
    - *Destinados a promover o equilíbrio do desenvolvimento socioeconômico* – Tais incentivos têm uma finalidade previamente estipulada pelo texto constitucional e apenas são admitidos se a contemplarem de maneira escrupulosa: promover o equilíbrio do desenvolvimento socioeconômico. Quer dizer, as regiões menos desenvolvidas fazem jus aos benefícios; as regiões mais desenvolvidas não;

- *Entre as diferentes regiões do País* – Os benefícios fiscais devem ser concedidos apenas para *regiões* e não para Estados ou Municípios isoladamente considerados. Roque Carrazza anota: "Ressaltamos que os incentivos a que alude este inciso devem beneficiar a *região* como um todo (*v.g.*, a Região Norte); nunca apenas pessoas ou categorias de pessoas que a habitam. Não podem, pois, ser setoriais, favorecendo, por exemplo, apenas aos criadores de gado ou aos usineiros, sem repercutir, de modo positivo, na região carente" (CARRAZZA, 2011, p. 955).

Vejamos alguns exemplos para facilitar a compreensão:

- Lei federal instituiu imposto sobre produtos industrializados (IPI) incidente sobre a produção de geladeiras. A alíquota do imposto está fixada em 15% sobre o valor do produto. Para o Estado do Ceará, contudo, a alíquota foi fixada em 5% sob o argumento de que se observa a última parte do art. 151, I, da CF/1988. Pergunta-se: tal tratamento é constitucional ou inconstitucional? Resposta: inconstitucional. O tratamento não uniforme, de acordo com a Constituição, apenas está autorizado para *regiões* e não para Estados. Nesse caso, foi direcionado apenas ao Estado do Ceará;
- Lei federal instituiu imposto sobre produtos industrializados (IPI) incidente sobre a produção de geladeiras. A alíquota do imposto está fixada em 15% sobre o valor do produto. Para a região Sul, contudo, a alíquota foi fixada em 5% sob o argumento de que se observa a última parte do art. 151, I, da CF/1988. Pergunta-se: tal tratamento é constitucional ou inconstitucional? Resposta: inconstitucional. O tratamento não uniforme, de acordo com a Constituição, deve realizar o *equilíbrio* do desenvolvimento socioeconômico entre as diferentes regiões do País. Ora, a região Sul é economicamente desenvolvida, logo, não faz jus ao benefício;
- Lei federal instituiu imposto sobre produtos industrializados (IPI) incidente sobre a produção de geladeiras. A alíquota do imposto está fixada em 15% do valor do produto. Para a região Nordeste, contudo, a alíquota foi fixada em 5% sob o argumento de que se observa a última parte do art. 151, I, da CF/1988. Pergunta-se: tal tratamento é constitucional ou inconstitucional? Resposta: constitucional. Os três requisitos enumerados pela Constituição foram observados: (1) incentivos fiscais, (2) busca do equilíbrio do desenvolvimento socioeconômico e (3) concessão a alguma região (e não a Estado, Município ou Distrito Federal, de maneira isolada).

ATENÇÃO! Reforma tributária!

A Emenda Constitucional nº 132, de 2023, que veiculou a chamada reforma tributária, reiterou o princípio da uniformidade tributária ou geográfica. Assim, o art. 156-A, § 1º, V, que trata do imposto sobre bens e serviços (IBS), estabelece:

CF, art. 156-A. Lei complementar instituirá imposto sobre bens e serviços de competência compartilhada entre Estados, Distrito Federal e Municípios.

§ 1º O imposto previsto no caput será informado pelo princípio da neutralidade e atenderá ao seguinte:

(...)

IV – terá legislação única e uniforme em todo o território nacional, ressalvado o disposto no inciso V;

V – cada ente federativo fixará sua alíquota própria por lei específica;

Como vimos, o IBS deve ser instituído por lei complementar federal. Isso significa que a União deve descrever a regra-matriz de incidência com seus cinco aspectos – material, pessoal, quantitativo (aqui, apenas a base de cálculo!) – temporal e local, de modo *uniforme*, ou seja, estabelecendo os mesmos critérios para operações que ocorram em todo o território nacional. Vale mencionar que, no que concerne à *alíquota*, a Constituição privilegiou a autonomia dos entes federativos, de maneira que Estados, Distrito Federal e Municípios devem veiculá-las, cada qual com seu critério, em leis específicas.

O § 6º, do art. 156-A, da CF/1988, também veicula importante regra relativa à uniformidade tributária. O dispositivo estabelece:

CF, art. 156-A. Lei complementar instituirá imposto sobre bens e serviços de competência compartilhada entre Estados, Distrito Federal e Municípios.

(...)

§ 6º Lei complementar disporá sobre regimes específicos de tributação para:

I – combustíveis e lubrificantes sobre os quais o imposto incidirá uma única vez, qualquer que seja a sua finalidade, hipótese em que:

a) serão as alíquotas uniformes em todo o território nacional, específicas por unidade de medida e diferenciadas por produto, admitida a não aplicação do disposto no § 1º, V a VII;

(...)

II – serviços financeiros, operações com bens imóveis, planos de assistência à saúde e concursos de prognósticos, podendo prever:

(...)

b) hipóteses em que o imposto incidirá sobre a receita ou o faturamento, com alíquota uniforme em todo o território nacional, admitida a não aplicação do disposto no § 1º, V a VII, e, em relação aos adquirentes dos bens e serviços de que trata este inciso, também do disposto no § 1º, VIII;

De acordo com a Constituição, haverá um *regime específico de tributação* do IBS, destinado, entre outros, para combustíveis e lubrificantes, com incidência monofásica, e serviços financeiros, operações imobiliárias, planos de saúde e concursos de prognósticos (loterias), em que se exige *alíquota uniforme em todo o território nacional.*

A) A Zona Franca de Manaus

A chamada Zona Franca de Manaus (ZFM), consolidada na época da Ditadura Militar, inclui-se no contexto do princípio da uniformidade geográfica, em especial no viés da exceção ou complemento.

Quer dizer, a isonomia entre entes federativos, se levada a sério, implica tratamento discriminado. A ZFM é precisamente isso, uma área de livre comércio situada no Município da Manaus, que goza de tratamento tributário diferenciado. O objetivo é desenvolver economicamente uma região distante e de difícil acesso.

Nada obstante, o fundamento constitucional de validade para a Zona Franca de Manaus não se encontra no art. 151, I, da CF/1988. Encontra-se em dispositivos situados no Ato das Disposições Constitucionais Transitórias (ADCT):

> **ADCT, art. 40.** É mantida a Zona Franca de Manaus, com suas características de área livre de comércio, de exportação e importação, e de incentivos fiscais, pelo prazo de vinte e cinco anos, a partir da promulgação da Constituição.
>
> Parágrafo único. Somente por lei federal podem ser modificados os critérios que disciplinaram ou venham a disciplinar a aprovação dos projetos na Zona Franca de Manaus.
>
> (...)
>
> **ADCT, art. 92.** São acrescidos dez anos ao prazo fixado no art. 40 deste Ato das Disposições Constitucionais Transitórias (Incluído pela EC 42/2003).
>
> **ADCT, art. 92-A**. São acrescidos 50 (cinquenta) anos ao prazo fixado pelo art. 92 deste Ato das Disposições Constitucionais Transitórias (Incluído pela EC 83/2014).

O art. 1º do Decreto-lei nº 288/1967, adotado pelo regime militar, define a chamada "zona franca":

> **Decreto-Lei nº 288/67.** A Zona Franca de Manaus é uma área de livre comércio de importação e exportação e de incentivos fiscais especiais, estabelecida com a finalidade de criar no interior da Amazônia um centro industrial, comercial e agropecuário dotado de condições econômicas que permitam seu desenvolvimento, em face dos fatores locais e da grande distância, a que se encontram os centros consumidores de seus produtos.

Compreende-se por que o art. 40, parágrafo único, do ADCT, estipula *reserva de lei federal* para eventuais alterações de critérios relativos à aprovação de projetos na Zona Franca de Manaus. O legislador constituinte quis afastar qualquer dúvida quanto à utilização de decretos pelo chefe do Poder Executivo. Estes ficam vedados.

Quanto aos incentivos fiscais, o art. 3º do Decreto-lei nº 288 estabelece a regra geral, que comporta exceções:

> **Decreto-Lei nº 288/67, art. 3º.** A entrada de mercadorias estrangeiras na Zona Franca, destinadas a seu consumo interno, industrialização em qualquer grau, inclusive beneficiamento, agropecuária, pesca, instalação e operação de indústrias e serviços de qualquer natureza e a estocagem para reexportação, será isenta dos impostos de importação, e sobre produtos industrializados.

Perceba-se que o dispositivo fala explicitamente em *isenção*. Lógico que assim seja, porquanto a chamada "zona franca" foi criada por ato normativo infraconstitucional. À época da ditadura, o Decreto-Lei cumpria funções que, em regimes democráticos, estão reservadas apenas e tão somente à lei. Daí por que, como dissemos, o art. 40, parágrafo único, do ADCT, volta a referir-se especificamente à lei federal.

Não obstante, é interessante notar que, em 2014 o STF adotou interpretação segundo a qual o regime fiscal assegurados no âmbito da Zona Franca de Manaus deve ser considerado caso de *imunidade tributária*. De fato, em fevereiro de 2014 o Plenário assentou:

> O quadro normativo pré-constitucional de incentivo fiscal à Zona Franca de Manaus constitucionalizou-se pelo art. 40 do Ato das Disposições Constitucionais Transitórias, adquirindo, por força dessa regra transitória, natureza de imunidade tributária, persistindo vigente a equiparação procedida pelo art. 4º do Decreto-Lei n. 288/1967, cujo propósito foi atrair a não incidência do imposto sobre circulação de mercadorias estipulada no art. 23, inc. II, § 7º, da Carta pretérita, desonerando, assim, a saída de mercadorias do território nacional para consumo ou industrialização na Zona Franca de Manaus (STF, ADI 310/AM, 2014).

Em seu voto, a relatora, Ministra Cármen Lúcia, observou:

> Para preservar o projeto desenvolvimentista concebido sob a vigência da ordem de 1967 para a região setentrional do país, o poder constituinte originário tornou expressa a manutenção, por tempo determinado, da disciplina jurídica existente, afirmando a finalidade de apoio ou fomento para a criação de um centro industrial, comercial e agropecuário na região da Zona Franca de Manaus. O quadro normativo pré-constitucional de incentivo fiscal à Zona Franca de Manaus foi alçada à estatura constitucional pelo art. 40 do ADCT, adquirindo, por força dessa regra transitória, natureza de imunidade tributária.

Pedimos vênia para discordar da interpretação adotada pelo STF, por duas razões:

- *Natureza jurídica da imunidade* – Chama-se imunidade tributária a norma constitucional negativa de competência. Em outras palavras, é o dispositivo do texto constitucional que proíbe a instituição de certo tributo ou tributos por determinado ente federativo ou todos eles. Pois bem, o art. 40 do ADCT não faz isso. Apenas se limita a determinar a prorrogação dos benefícios concedidos pela legislação infraconstitucional à chamada Zona Franca de Manaus. Além do mais, como vimos, o parágrafo único reforça a ideia de que cabe à legislação federal – e não à própria Constituição – a modificação de critérios relacionados à zona franca. A decisão do STF acaba por considerar imunidade tributária um "quadro normativo" estabelecido em nível infraconstitucional. Parece-nos, data vênia, que os elementos técnicos do conceito de imunidade foram relegados a segundo plano;
- *Decisão fora da moldura* – O art. 40 do ADCT, ao contrário dos artigos 92 e 92-A, é dispositivo original do texto constitucional, isto é, foi inscrito pelo poder constituinte originário em 1988. Se a Assembleia Constituinte desejasse que os benefícios fiscais relacionados à Zona Franca de Manaus

fossem considerados regras de imunidade tributária, teria feito o conteúdo do art. 40 do ADCT constar do art. 150, inciso VI, que trata das imunidades genéricas. Não foi o caso. Assim, data vênia, parece que o STF decide fora da moldura do direito constitucional, ao "criar" uma imunidade que não foi querida pelo poder constituinte originário.

ATENÇÃO! Reforma tributária!

A Emenda Constitucional nº 132, de 2023, que veiculou a chamada reforma tributária, incluiu no Ato das Disposições Constitucionais Transitórias, o art. 92-B, estabelecendo tratamento particularizado a esta área de livre comércio em razão das modificações produzidas pelo advento do imposto sobre bens e serviços (IBS) e pela contribuição social sobre bens e serviços (CBS). Vejamos:

ADCT, art. 92-B. As leis instituidoras dos tributos previstos nos arts. 156-A e 195, V, da Constituição Federal estabelecerão os mecanismos necessários, com ou sem contrapartidas, para manter, em caráter geral, o diferencial competitivo assegurado à Zona Franca de Manaus pelos arts. 40 e 92-A e às áreas de livre comércio existentes em 31 de maio de 2023, nos níveis estabelecidos pela legislação relativa aos tributos extintos a que se referem os arts. 126 a 129, todos deste Ato das Disposições Constitucionais Transitórias.

§ 1º Para assegurar o disposto no *caput*, serão utilizados, isolada ou cumulativamente, instrumentos fiscais, econômicos ou financeiros.

§ 2º Lei complementar instituirá Fundo de Sustentabilidade e Diversificação Econômica do Estado do Amazonas, que será constituído com recursos da União e por ela gerido, com a efetiva participação do Estado do Amazonas na definição das políticas, com o objetivo de fomentar o desenvolvimento e a diversificação das atividades econômicas no Estado.

§ 3º A lei complementar de que trata o § 2º:

I – estabelecerá o montante mínimo de aporte anual de recursos ao Fundo, bem como os critérios para sua correção;

II – preverá a possibilidade de utilização dos recursos do Fundo para compensar eventual perda de receita do Estado do Amazonas em função das alterações no sistema tributário decorrentes da instituição dos tributos previstos nos arts. 156-A e 195, V, da Constituição Federal.

§ 4º A União, mediante acordo com o Estado do Amazonas, poderá reduzir o alcance dos instrumentos previstos no § 1º, condicionado ao aporte de recursos adicionais ao Fundo de que trata o § 2º, asseguradas a diversificação das atividades econômicas e a antecedência mínima de 3 (três) anos.

§ 5º Não se aplica aos mecanismos previstos no *caput* o disposto nos incisos III e IV do caput do art. 149-B da Constituição Federal.

§ 6º Lei complementar instituirá Fundo de Desenvolvimento Sustentável dos Estados da Amazônia Ocidental e do Amapá, que será constituído com recursos da União e por ela gerido, com a efetiva participação desses Estados na definição das políticas, com o objetivo de fomentar o desenvolvimento e a diversificação de suas atividades econômicas.

§ 7º O Fundo de que trata o § 6º será integrado pelos Estados onde estão localizadas as áreas de livre comércio de que trata o *caput* e observará, no que couber, o disposto no § 3º, I e II, sendo, quanto a este inciso, considerados os respectivos Estados, e no § 4º.

Em linhas gerais, o dispositivo tem como objetivo adaptar o regime especial de tributação da ZFM às mudanças que serão provocadas pela criação do IBS e da CBS, sobretudo no que concerne à preocupação com a competitividade econômica da área, principalmente após a extinção da contribuição sobre a receita ou faturamento (COFINS); a contribuição social sobre a importação; a contribuição social para o PIS, a partir de 2027; e, a partir de 2033, a extinção do imposto sobre a circulação de mercadorias a prestação de serviços (ICMS) e do imposto sobre serviços de qualquer natureza (ISS). Além do mais, o dispositivo prevê a criação, por lei complementar, do Fundo de Sustentabilidade e Diversificação Econômica do Estado do Amazonas, constituído com recursos da União e por ela gerido, com a participação do Estado do Amazonas. O objetivo é fomentar o desenvolvimento e a diversificação das atividades econômicas no Estado. Será possível a utilização de recursos do Fundo para compensar eventual perda de receita do Estado do Amazonas em função das alterações no sistema tributário decorrentes da instituição do IBS e da CBS.

11.3 PRINCÍPIO DA NÃO DISCRIMINAÇÃO TRIBUTÁRIA EM RAZÃO DA ORIGEM OU DESTINO

O princípio federativo envolve o paradigma da horizontalidade no que concerne à relação que os entes devem manter entre si. Isso significa que não há hierarquia entre as pessoas jurídicas de direito público interno, que gozam de *autonomia*, isto é, podem fazer ou deixar de fazer tudo quanto a Constituição autorize.

A ideia de horizontalidade também implica tratamento isonômico entre si, evitando qualquer comportamento que, de alguma maneira, beneficie ou prejudique uns, com relação a outros. É nesse contexto que desponta o art. 152 da CF/1988:

> **CF, art. 152.** É vedado aos Estados, ao Distrito Federal e aos Municípios estabelecer diferença tributária entre bens e serviços, de qualquer natureza, em razão de sua procedência ou destino.

São destinatários do princípio todos os Estados, Municípios e o Distrito Federal. Vimos que o princípio da uniformidade tributária tem como destinatário a União. No art. 152, a Constituição estendeu a proteção da isonomia entre entes federativos aos demais componentes da federação. Não custa mencionar que a vedação em tela alcança todos os tributos.

De acordo com o dispositivo, os Estados, o Distrito Federal e os Municípios estão proibidos de estabelecer tratamento tributário diferenciado com relação a bens ou serviços, de qualquer natureza, conforme provenham deste ou daquele Estado ou Município ou conforme estejam direcionados a este ou aquele Estado ou Município.

Seria o caso, por exemplo, se um Estado fixasse as alíquotas de ICMS incidentes sobre determinada mercadoria, digamos, erva mate, em 15%, para aquela produzida no Mato Grosso do Sul, mas, para a proveniente do Estado do Rio Grande do Sul, a alíquota fosse fixada em 25%. Esse tratamento diferenciado violaria explicitamente o art. 152 da CF/1988.

Roque Carrazza, a propósito deste princípio, anota: "Destarte, os Estados, os Municípios e o Distrito Federal não podem graduar, para mais ou para menos, seus tributos em razão da região de procedência ou destino dos bens e serviços de qualquer natureza. O art. 152 da Constituição consagra a ideia de que o território nacional forma uma só unidade econômica – e, destarte, as pessoas que nele residem ou têm sede não podem sujeitar-se a regime tributário mais ou menos gravoso conforme seus bens ou serviços tenham, ou não, sido produzidos numa dada região do País. [...] Vai daí que a origem dos bens ou serviços, ou o local para onde se destinam, absolutamente, não autorizam a alteração das alíquotas ou das bases de cálculo dos tributos estaduais, municipais ou distritais; tampouco a concessão de isenções, benefícios ou incentivos fiscais, privilegiando contribuintes de uma dada região do País em detrimento dos de outra. Em boa verdade científica, a Constituição Federal proíbe que se criem 'aduanas internas'. Muito pelo contrário, quer que os bens e serviços circulem livremente por todo o território nacional e – mais do que isso – que, saindo do Estado ou do Município de origem, ou do Distrito Federal, possam concorrer, em clima de igualdade, com os bens produzidos no território nacional" (CARRAZZA, 2011, p. 956, 957).

O STF já teve a oportunidade de consolidar o princípio da não discriminação tributária em razão da origem ou destino. Trata-se da declaração de inconstitucionalidade do Decreto 35.528/2004, do Estado do Rio de Janeiro. Tal Decreto previa a redução da base de cálculo do ICMS nas saídas internas de café torrado ou moído produzido em estabelecimento industrial localizado no Estado do Rio de Janeiro.

Ora, esse tratamento estabelecia uma diferença em razão da origem da mercadoria, na medida em que fixava uma base de cálculo mais baixa para o produto oriundo do Estado do Rio de Janeiro e, por consequência, uma base mais elevada para o produto que tivesse origem em outros Estados da federação. O STF julgou inconstitucional o decreto, assentando:

> [...] que o ato normativo impugnado ofende o princípio da unidade político-econômica nacional e da vedação ao tratamento tributário diferenciado em função da procedência ou destino de bens (CF/1988, art. 152), uma vez que estabelece um grave óbice à livre circulação de bens e mercadorias entre Estados da federação (STF, Informativo 478/2007).

Em 2012 o Plenário voltou a se manifestar sobre o tema:

> Os entes federados não podem utilizar sua competência legislativa privativa ou concorrente para retaliar outros entes federados, sob o pretexto de corrigir desequilíbrio econômico, pois tais tensões devem ser resolvidas no foro legítimo, que é o Congresso Nacional (arts. 150, V e 152 da Constituição) (STF, ADI 4705 MC-REF/DF, 2012).

11.4 VEDAÇÃO DE CARÁTER FEDERATIVO DA TRIBUTAÇÃO DIFERENCIADA DA RENDA DAS OBRIGAÇÕES DA DÍVIDA PÚBLICA E DA REMUNERAÇÃO E PROVENTOS DOS AGENTES PÚBLICOS

A atividade de tributação pode ser utilizada como um poderoso instrumento de estímulo ou desestímulo às pessoas naturais ou jurídicas. Uma vez que o tributo significa transferência compulsória de parte da riqueza privada aos cofres públicos, indivíduos e empresas, em alguns casos, tomam decisões pessoais ou empresariais com base no custo tributário envolvido na operação.

Uma vez que a União recebeu da Constituição competência para a tributação de fatos e atos econômicos considerados os mais importantes numa economia de mercado, como a renda das pessoas naturais ou jurídicas; o faturamento, a receita e o lucro das empresas e assim por diante, este ente federativo goza de grande poder de indução, isto é, de provocação indireta de decisões e condutas das pessoas. É nesse contexto que se situa o art. 151, II, da CF/1988, que determina:

> **CF, art. 151.** É vedado à União:
>
> [...]
>
> II – tributar a renda das obrigações da dívida pública dos Estados, do Distrito Federal e dos Municípios, bem como a remuneração e os proventos dos respectivos agentes públicos, em níveis superiores aos que fixar para suas obrigações e para seus agentes.

O tributo funciona basicamente como forma de arrecadação de dinheiro para o Estado. Trata-se, por isso, de receita pública ordinária e derivada. Outra forma de que dispõe o Poder Público para obter recursos financeiros é a emissão de títulos da dívida pública. Esses títulos são obrigações assumidas pelo Estado junto ao comprador. O Poder Público obriga-se a devolver, ao término de determinado período, o valor recebido pelo título, acrescido de juros.

O juro é o valor que o Estado paga em troca do dinheiro que lhe foi emprestado pelo investidor. Ora, o juro representa, para o comprador do título, um acréscimo de riqueza, isto é, uma disponibilidade de nova renda. Por isso, deve incidir o imposto sobre a renda e os proventos de qualquer natureza (IR).

Os outros entes federativos também podem emitir títulos da dívida pública. Quer dizer, podem oferecer aos investidores obrigações da dívida pública segundo as quais assumem o compromisso de pagar, após determinado período, o valor recebido pelo título, mais um acréscimo (o juro). Em todos esses casos deve incidir o imposto de renda (IR), de competência da União, sobre o acréscimo de riqueza, a disponibilidade de renda auferida pelos investidores.

À luz dessa situação, pergunta-se: a União poderia estabelecer uma alíquota de imposto de renda mais baixa para os rendimentos oriundos de seus títulos e uma alíquota mais elevada para os rendimentos oriundos dos títulos dos outros entes federativos?

Evidentemente, se a União proceder desta maneira, os títulos da dívida pública federal tornar-se-ão muito mais atrativos para fins de investimentos do que os títulos estaduais, distritais ou municipais. Quanto menor o imposto de renda (IR) incidente na operação, tanto maior o retorno do investidor.

Justamente por isso, a Constituição proíbe a União de tributar a renda das obrigações da dívida pública dos Estados, do Distrito Federal e dos Municípios em níveis superiores aos que fixar para suas obrigações.

Por outro lado, os agentes públicos, como os servidores da União, Estados, Distrito Federal e Municípios, recebem seus "salários", isto é, suas remunerações e proventos, como contraprestação aos serviços e atividades prestados a esses entes federativos. Ora, o médico que trabalha no hospital público deve receber normalmente sua remuneração.

As remunerações e proventos, assim como os salários da iniciativa privada, representam um acréscimo de riqueza para os servidores. Deve incidir, portanto, o imposto de renda (IR) sobre essa disponibilidade de renda. Quer dizer, a União deve tributar as remunerações e proventos de seus agentes públicos (federais), dos agentes dos Estados, dos Municípios e do Distrito Federal.

Pergunta-se: poderia a União estabelecer uma alíquota de imposto de renda (IR) menor para seus agentes e uma alíquota maior para os agentes vinculados aos Estados, Distrito Federal e Municípios?

Evidentemente, se a União proceder desta maneira, os concursos públicos federais tornar-se-ão muito mais atrativos do que os concursos estaduais, distritais ou municipais. Quanto menor o imposto de renda (IR) incidente sobre a remuneração, tanto maior será a renda disponível ao final do mês para o servidor.

Justamente por isso, a Constituição proíbe a União de tributar a renda da remuneração e dos proventos dos respectivos agentes públicos, em níveis superiores aos que fixar para seus agentes.

Nota-se claramente que a Constituição quer evitar desequilíbrios na federação que poderiam ser causados pela competência que possui a União para instituir o imposto sobre a renda e proventos de qualquer natureza (IR). O princípio de fundo, portanto, é o da isonomia dos entes federativos.

APROFUNDANDO! VEDAÇÃO FEDERATIVA E IMUNIDADE TRIBUTÁRIA

Estudaremos nos próximos capítulos a chamada imunidade genérica recíproca. Está prevista no art. 150, VI, *a*, da CF/1988, e determina o seguinte: "Sem prejuízo de outras garantias asseguradas ao contribuinte, é vedado à União, aos Estados, ao Distrito Federal e aos Municípios [...] instituir impostos sobre o patrimônio, renda ou serviços, uns dos outros". Os entes federativos não devem instituir impostos sobre o patrimônio, a renda e os serviços de cada um deles, reciprocamente. Fica claro, portanto, que a União está proibida de instituir e cobrar imposto de renda dos Estados, Distrito Federal e Municípios. É importante não confundir a vedação federativa que estamos estudando (CF/1988, art. 151, II) com a imunidade recíproca (CF/1988, art. 150, VI, *a*). De acordo com a primeira, a União está autorizada a tributar, por via de imposto de renda (IR), os rendimentos oriundos das obrigações das dívidas públicas federal, estaduais, distrital e municipais, desde que o faça nos mesmos patamares. De acordo com a segunda, por outro lado, a União está proibida de tributar, por IR, a renda dos próprios entes federativos. Ricardo Alexandre captou bem a sutileza: "Perceba-se que não se está a tributar o rendimento do ente federado que emitiu o título (o que seria vedado pelo art. 150, VI, a, da CF/1988); o que se tributa é a renda gerada pela operação, que é rendimento do particular adquirente do título" (ALEXANDRE, 2013, p. 132). O mesmo ocorre quanto à segunda parte do art. 151, II, da CF/1988. A União também está autorizada a fazer incidir imposto de renda (IR) sobre as remunerações e proventos recebidos pelos agentes públicos federais, estaduais, distritais e municipais, desde que o faça nos mesmos patamares. Perceba-se, contudo, que, quem deve pagar o IR são os agentes e servidores, e não os entes federativos. Estes, como veremos, são imunes ao IR.

11.5 PRINCÍPIO DA VEDAÇÃO DAS ISENÇÕES HETERÔNOMAS

De acordo com o art. 18 da CF/1988, "a organização político-administrativa da República Federativa do Brasil compreende a União, os Estados, o Distrito Federal e os Municípios, todos autônomos, nos termos desta Constituição". A noção de *autonomia* é central para a compreensão do caráter federal do Estado brasileiro.

Ela significa, em apertada síntese, que os entes federativos devem poder decidir, a partir dos poderes que cada um deles detém, sobretudo os Poderes Legislativo e Executivo, as leis que disciplinam as condutas das pessoas que vivem em seus territórios; as leis que regem sua própria organização administrativa e, especialmente, a possibilidade de instituírem e cobrarem os seus próprios tributos, de modo tal que não dependem uns dos outros. Tudo isso, evidentemente, de acordo com o que estabelece a Constituição.

É precisamente neste contexto, de *autonomia tributária e financeira*, que se insere o art. 151, III, da CF/1988, que estabelece:

> **CF, art. 151.** É vedado à União:
>
> (...)
>
> III – instituir isenções de tributos da competência dos Estados, do Distrito Federal ou dos Municípios.

A isenção é uma das formas de exclusão do crédito tributário (CTN, art. 175, I). O crédito poderia existir, entretanto, à luz de uma isenção, é excluído. Trata-se de decisão política (uma vez que deve sempre estar prevista em lei) do ente federativo que opta por não tributar certas pessoas, situações ou bens que estariam normalmente dentro de sua esfera de competência.

Alguns Municípios, por exemplo, optam por não tributar pessoas idosas por meio do imposto predial e territorial urbano (IPTU). Nesse caso, é necessário aprovar uma lei municipal que conceda, expressamente, a isenção de IPTU para as pessoas idosas.

É uma maneira de que os entes federativos dispõem para não onerar certas pessoas, situações ou bens, na proteção de alguns valores que julgam importantes. Obviamente, tais valores devem estar de acordo com a Constituição e não devem implicar violação ao princípio da igualdade.

Só possui competência para isentar aquele que detém competência para tributar.

Sabemos que competentes para tributar são a União, os Estados, o Distrito Federal e os Municípios. Logo, estes também são os entes competentes para isentar. Uma vez que a criação do tributo depende de lei, a criação da isenção também. Não custa assinalar que a lei que institui uma isenção deve ser do mesmo nível hierárquico da lei que instituiu o tributo.

Além do mais, como decorrência do princípio federativo, os entes federados apenas podem criar isenções referentes aos tributos de sua competência. Quer dizer, se a União é competente para a instituição do imposto de renda (IR), apenas ela está autorizada a criar isenções relativas a esse imposto; se os Estados são competentes para a instituição do imposto sobre a transmissão causa mortis e doação (ITCMD), apenas eles poderão estabelecer isenções referentes a este tributo.

Uma vez que a isenção exclui o crédito tributário, ela exclui também, como decorrência, a receita pública que poderia ingressar nos cofres estatais. Isso interfere diretamente com a autonomia do ente federativo, pois implica maior ou menor quantidade de recursos à sua disposição. A receita pública de um Município será maior se não houver isenções; será menor, se houver.

Não faria sentido, pois, que um ente pudesse criar isenções relativas a tributos de competência de outro ente federativo. Não seria admissível, do ponto de vista da autonomia das pessoas políticas de direito público interno, que a União instituísse uma isenção relativa ao imposto sobre a transmissão de bens imóveis (ITBI), de competência dos Municípios (CF/1988, art. 156, II). Nesse caso, aquela estaria retirando receita destes e atentando contra a autonomia municipal, que é constitucionalmente garantida (CF/1988, arts. 1.º e 18).

Ora, a *isenção heterônoma* (também chamada de *heterotópica*) é justamente a isenção criada por lei de ente federativo *diverso* do detentor da competência para instituir e cobrar determinado tributo. A isenção criada por um Estado referente a tributo de competência dos Municípios ou a isenção criada pela União referente a tributos de competência dos Estados seriam exemplos de isenções heterônomas.

"Heteronomia" significa subordinação ou sujeição à vontade de outrem ou a uma lei exterior. Uma isenção *heterônoma* significa, portanto, a imposição da vontade de um ente federativo a outro. Vimos, no entanto, que a relação entre os entes pauta-se pela horizontalidade (princípio da isonomia) e não pela verticalidade (princípio da hierarquia). Por isso, as isenções heterônomas são, como regra, proibidas.

As isenções admitidas pela Constituição são as chamadas *isenções autonômicas*. São criadas por lei do ente federativo que possui a competência para o tributo respectivo. Uma isenção relativa ao Imposto Territorial Rural (ITR) concedida por lei federal; uma isenção de Imposto Predial e Territorial Urbano (IPTU) concedida por lei municipal ou uma isenção de imposto sobre a propriedade de veículos automotores (IPVA) concedida por lei estadual são exemplos de isenções autonômicas.

Roque Carrazza observa: "Só a pessoa que validamente criou (ou pode criar), por meio de lei, o tributo é que pode criar a isenção, desde que o faça, também, por meio de lei. Assim, só a lei federal pode conceder isenções de tributos federais; só a lei estadual, de tributos estaduais; só a lei municipal, de tributos municipais; só a lei distrital, de tributos distritais. Assim, em princípio, as isenções tributárias são autonômicas, vale dizer, promanam da mesma pessoa política titular da competência para criar o tributo. São, em angusta síntese, isenções de tributos de competência própria (em contraposição às isenções heterônomas, isto é, isenções de tributos de competência alheia)" (CARRAZZA, 2011, p. 953).

É curioso notar que o ordenamento constitucional anterior (Constituição de 1967, com redação dada pela Emenda Constitucional nº 01, de 1969), permitia expressamente as isenções heterônomas. O art. 19, § 2.º, dispunha:

> **CF/1967, art. 19**, § 2º. A União, mediante lei complementar e atendendo a relevante interesse social ou econômico nacional, poderá conceder isenções de impostos estaduais e municipais.

Evidentemente, a Constituição de 1988 proíbe expressamente à União a instituição de isenções relativas a tributos dos outros entes federativos. Note-se que o texto constitucional fala em *tributo* e não simplesmente em *imposto*. Isso significa que o dispositivo alcança todas as espécies tributárias, a saber: impostos, taxas, contribuições de melhoria, empréstimos compulsórios e contribuições especiais.

Finalmente não está mencionado diretamente no texto da Constituição, mas é óbvio que Estados, Distrito Federal e Municípios também estão proibidos de instituir isenções relativas a tributos de competência uns dos outros. Além de invasão de competência alheia, isso significaria violação à autonomia dos entes federativos.

APROFUNDANDO! ISENÇÕES HETERÔNOMAS PREVISTAS NA CONSTITUIÇÃO FEDERAL

A Constituição, de modo geral, proíbe as isenções heterônomas. Existem alguns casos, entretanto, que merecem análise detida, sobretudo porque alguns doutrinadores entendem que haveria autorização constitucional para tanto. Vejamos:

- *Isenção heterônoma relativa ao imposto sobre a circulação de mercadorias (ICMS) sobre operações com serviços e produtos destinados ao exterior* – CF/1988, art. 155, § 2.º, XII, *e* – De acordo com o dispositivo, "cabe à lei complementar excluir da incidência do imposto, nas exportações para o exterior, serviços e outros produtos além dos mencionados no inciso X, *a*". Ora, uma vez que cabe à lei complementar "excluir da incidência", estamos diante de *isenção*. Como a isenção deve ser veiculada em lei complementar *federal* e refere-se a tributo *estadual e distrital*, estamos diante de isenção *heterônoma*. O art. 155, § 2.º, X, *a*, por sua vez, determina que o ICMS "não incidirá sobre operações que destinem mercadorias para o exterior, nem sobre serviços prestados a destinatários no exterior, assegurada a manutenção e o aproveitamento do montante do imposto cobrado nas operações e prestações anteriores". Trata-se de verdadeira *imunidade tributária* na medida em que a própria Constituição, diretamente, determina a não incidência do ICMS nessas hipóteses (fosse uma lei ordinária ou complementar, então estaríamos diante de uma isenção). A alínea *a* do inc. X teve redação dada pela Emenda Constitucional 42/2003. A antiga alínea *a* mencionava apenas "produtos industrializados". A "nova" alínea *a*, isto é, com redação dada pela Emenda

42, exclui da incidência do ICMS, de forma geral, quaisquer mercadorias e serviços destinados ao exterior e não apenas os "industrializados". Por isso, parte da doutrina entende que *não há mais a isenção heterônoma* relativa ao ICMS prevista no art. 155, § 2.º, XII, *e*. Existe sim, pelo contrário, imunidade específica. Ressalte-se, contudo, que o dispositivo não foi revogado, razão pela qual pode ser questionado em provas e concursos públicos;

- *Isenção heterônoma relativa ao imposto sobre serviços (ISS)* - CF/1988, art. 156, § 3.º, II – De acordo com o dispositivo, cabe à lei complementar excluir da incidência do imposto sobre serviços (ISS) as exportações de serviços para o exterior. Ora, o ISS é de competência dos Municípios e Distrito Federal (CF/1988, art. 156, III). A lei federal complementar, ao "excluir da incidência", isto é, "isentar" do ISS as exportações de serviços para o exterior, estaria admitindo típica *isenção heterônoma.* Aliás, segundo boa parte da doutrina, trata-se do *único* exemplo de isenção heterônoma na Constituição. Nada obstante, pedimos vênia para discordar. Embora doutrina majoritária entenda que o dispositivo trata de isenção heterônoma, entendemos que não é o caso. E isso por uma razão muito simples: a lei complementar prevista no art. 156, § 3º, III, da CF/1988, expressa competência do legislador *nacional* e não do legislador *federal.* Neste caso, a União não legislar em seu interesse, mas no interesse da República Federativa do Brasil. A situação é distinta daquela mencionada no art. 151, III. A "exclusão da incidência" relativa ao ISS não seria, portanto, norma de isenção, mas norma conformadora de competência tributária. *Para concursos públicos, no entanto, convém assinalar que se trata de isenção heterônoma, seguindo orientação da doutrina majoritária*;
- *Tratados internacionais – Jurisprudência do STF* – Como se sabe, compete à União "manter relações com Estados estrangeiros e participar de organizações internacionais" (CF/1988, art. 21, I). Além do mais, compete privativamente ao Presidente da República "celebrar tratados, convenções e atos internacionais, sujeitos a referendo do Congresso Nacional" (CF/1988, art. 84, VIII), e a este último (ao Congresso Nacional), "resolver definitivamente sobre tratados, acordos ou atos internacionais que acarretem encargos ou compromissos gravosos ao patrimônio nacional" (CF/1988, art. 49, I). Pois bem, imaginemos que a República Federativa do Brasil, representada pela União, celebre tratado internacional por meio do qual fique ajustado com outro país a concessão de isenções relativas a tributos que, no Brasil, estão sob a competência estadual ou municipal (como o ICMS ou o ISS, por exemplo). Devemos formular a seguinte indagação: esse tratado seria constitucional em face do art. 151, III, da CF/1988? Quer dizer, à luz da proibição geral das isenções heterônomas, poderia a União celebrar tratados internacionais por meios dos quais seja ajustada a concessão de isenções de tributos estaduais ou municipais? O STF enfrentou a questão no julgamento do Recurso Extraordinário 229.096/RS, interposto contra acórdão do Tribunal de Justiça do Rio Grande do Sul, que considerou não recepcionada pela Constituição de 1988 a isenção de ICMS relativa a mercadoria importada de país signatário do Tratado Geral de Tarifas e Comércio (GATT), quando isento o similar nacional. O STF julgou

constitucional o GATT e as isenções relativas ao ICMS ali previstas, sob o argumento de que a norma inscrita no art. 151, III, da CF/1988, limita-se a impedir que a União institua, no âmbito de sua competência interna federal, isenções de tributos estaduais, distritais ou municipais, não se aplicando, portanto, às hipóteses em que a União atua como sujeito de direito na ordem internacional (STF, Informativos 137/1999 e 476/2007). Nesse caso, o Presidente da República atua como Chefe de Estado e não como Chefe de Governo. Além do mais, é a República Federativa do Brasil que participa do pacto internacional, e não a figura da União, que apenas representa o Estado brasileiro. Assim, de acordo com o STF, não resta configurada isenção heterônoma no caso de tratados internacionais que prevejam isenções de tributos estaduais ou municipais, uma vez que, nesses casos, a União não atua no exercício de sua competência interna, mas como representante de um sujeito de direito na ordem internacional. O tratado internacional, pois, é via legítima para a previsão de isenções relativas a tributos estaduais e municipais;

SÚMULAS DO STF E DO STJ:

SÚMULA STF

Não há.

SÚMULA STJ

Não há.

SÍNTESE DOS PRINCIPAIS ENTENDIMENTOS JURIPRUDENCIAIS

"O pedágio cobrado pela efetiva utilização de rodovias conservadas pelo Poder Público, cuja cobrança está autorizada pelo inciso V, parte final, do art. 150 da Constituição de 1988, não tem natureza jurídica de taxa, mas sim de preço público, não estando a sua instituição, consequentemente, sujeita ao princípio da legalidade estrita" (STF, ADI 800/RS, 2014 e Informativo 750/2014).

"[...] que o ato normativo impugnado ofende o princípio da unidade político-econômica nacional e da vedação ao tratamento tributário diferenciado em função da procedência ou destino de bens (CF/1988, art. 152), uma vez que estabelece um grave óbice à livre circulação de bens e mercadorias entre Estados da federação" (STF, Informativo 478/2007).

12

IMUNIDADES TRIBUTÁRIAS

12.1 A COMPETÊNCIA TRIBUTÁRIA

Competência tributária é a aptidão que os entes federativos têm para criar, em abstrato, tributos. Isso significa que a União, os Estado, o DF e os Município estão autorizados, pela Constituição, a instituir as espécies tributárias que lhes foram reservadas pelo próprio texto Constitucional.

Dentre os inúmeros fatos e atos jurídicos dotados de expressão econômica que ocorrem no dia a dia do sistema econômico capitalista, a Constituição selecionou alguns e os reservou à tributação pela União, Estados, Distrito Federal e Municípios. Tendo como pressuposto o princípio federativo, o legislador constituinte teve o cuidado de distribuir rigorosamente cada um desses fatos entre as pessoas políticas, com exclusividade.

Assim, apenas a União está autorizada a tributar a aquisição de renda e proventos de qualquer natureza (art. 153, III, CF/1988); apenas os Estados e o Distrito Federal podem tributar a propriedade de veículos automotores (art. 155, III, da CF/1988); e apenas os Municípios e o DF têm autorização para tributar a prestação de serviços de qualquer natureza (art. 156, III, da CF/1988).

Dessa forma, podemos dizer que as normas constitucionais fixam *positivamente* a competência dos entes federativos. Quer dizer, preveem o que pode ser tributado.

A importação de produtos estrangeiros, por exemplo, pode ser tributada pela União (art. 153, I, da CF/1988); a transmissão *causa mortis* e doação de quaisquer bens ou direitos pode ser tributada pelos Estados e Distrito Federal (art. 155, I, da CF/1988); a propriedade predial e territorial urbana submete-se à tributação dos Municípios e DF (CF/1988, art. 147, segunda parte c.c. art. 156, I) por expressa, ou seja, *positiva* autorização constitucional.

Mas a competência tributária das pessoas políticas foi fixada de forma *negativa* também. Algumas normas constitucionais preveem o que *não* deve ser tributado. A

Constituição, com o intuito de proteger algumas situações, pessoas ou bens, determina o que *não* se submete ao poder de tributar do Estado.

Encontramos, por exemplo, no art. 5.º, XXXIV, da CF/1988, a determinação segundo a qual são a todos assegurados, "independentemente do pagamento de taxas", o direito de petição e a obtenção de certidões em repartições públicas. Nesse caso, o texto constitucional exclui abertamente o poder de tributar do Estado. Protege-se o exercício da cidadania por parte dos indivíduos, bem como o pleno acesso às informações necessárias à defesa de seus direitos e interesses.

Fica fácil compreender, portanto, que a competência dos entes federativos é delimitada pelas normas constitucionais de forma *positiva* e *negativa*. No primeiro caso, a Constituição prevê abertamente os fatos, pessoas e bens que podem ser tributados. No segundo, o texto constitucional prevê fatos, pessoas e bens que escapam ao poder estatal de tributar. As imunidades tributárias encontram-se nesta última situação.

12.2 CONCEITO

Pontes de Miranda lecionou que "a regra jurídica de imunidade é regra jurídica no plano das regras jurídicas de competência dos poderes públicos – obsta a atividade legislativa impositiva, retira ao corpo, que cria impostos, qualquer competência para os pôr, na espécie" (MIRANDA, 1967, p. 392).

Em outras palavras, imunidades tributárias são *normas constitucionais negativas de competência tributária*. São normas da Constituição que *proíbem o exercício do poder tributário* no que refere a certas pessoas, situações ou bens. As imunidades fixam a *incompetência tributária* dos entes federativos. Juntamente com as normas positivas, traçam os limites dentro dos quais os entes estão autorizados a instituir seus tributos.

Vale mencionar, ainda, que as imunidades têm como objetivo proteger princípios e valores considerados importantes pelo legislador constituinte originário ou de reforma. Assim, por exemplo, a imunidade dos templos de qualquer culto, prevista no art. 150, VI, *b*, da CF/1988, visa à proteção da liberdade de religião das pessoas; a imunidade dos livros, jornais, periódicos e do papel destinado à impressão, prevista no art. 150, VI, *d*, protege a liberdade de circulação de ideias e pensamentos.

Desse modo, Roque Carrazza observa: "A imunidade tributária é um fenômeno de natureza constitucional. As normas constitucionais que, direta ou indiretamente, tratam do assunto fixam, por assim dizer, a *incompetência* das entidades tributantes para onerar, com exações, certas pessoas, seja em função de sua natureza jurídica, seja porque coligadas a determinados fatos, bens ou situações. Encerram limitações, postas na própria Constituição Federal, à ação estatal de criar tributos" (CARRAZZA, 2011, p. 772).

A União, por exemplo, tem plena competência para instituir o imposto sobre a renda e proventos de qualquer natureza (IR). A lei instituidora deve descrever em seu aspecto subjetivo todas as pessoas naturais ou jurídicas aptas a obter acréscimo de renda em determinado período. Entretanto, não devem ser tributados, por exemplo, os partidos políticos e suas fundações, uma vez que há imunidade prevista no art. 150, VI, *c*, da Constituição.

O mesmo ocorre com os Estados. Possuem plena competência para a instituição de imposto sobre a propriedade de veículos automotores (IPVA). Não devem, entretanto, tributar os veículos de propriedade da União, Distrito Federal e Municípios, em razão da imunidade tributária prevista no art. 150, VI, *a*, da CF/1988.

De acordo com Regina Helena Costa, a natureza jurídica da imunidade deve ser analisada sob dois aspectos: formal e substancial: "Sob o prisma formal a imunidade, em nosso entender, excepciona o princípio da generalidade da tributação, segundo o qual todos aqueles que realizam a mesma situação de fato, à qual a lei atrela o dever de pagar o tributo, estão a ele obrigados, sem distinção. Assim, sob esse aspecto, a imunidade é a impossibilidade de tributação – ou intributabilidade – de pessoas, bens e situações, resultante da vontade constitucional. Sob o aspecto material ou substancial, por sua vez, a imunidade consiste no direito público subjetivo, de certas pessoas, de não se sujeitarem à tributação, nos termos delimitados por essa norma constitucional exonerativa" (COSTA, 2014, p. 100).

Em suma, vale reiterar que a imunidade tributária é norma constitucional. Portanto, quaisquer leis ordinárias, complementares ou medidas provisórias que a contrariem estão fadadas à declaração de inconstitucionalidade.

12.3 DIFERENÇAS ENTRE IMUNIDADE, ISENÇÃO E NÃO INCIDÊNCIA

É importante compreender que as imunidades tributárias são *normas constitucionais*. Isso significa que são preceitos inscritos no texto da Constituição. Por apresentarem natureza jurídica constitucional, as imunidades encontram-se no topo do ordenamento jurídico, com hierarquia superior às leis ordinárias, complementares, medidas provisórias e assim por diante.

Uma vez que negam competência aos entes federativos, as imunidades protegem certas pessoas, situações ou bens com um grau de eficácia bastante elevado. Isso ocorre porque a União, os Estados, o Distrito Federal e os Municípios estão proibidos de tributar as situações protegidas por normas de imunidade. Caso o faça, suas leis serão consideradas inconstitucionais.

É importante compreender a natureza jurídica das imunidades para que se possa diferenciá-las adequadamente de institutos tributários semelhantes, porém, diferentes. É o caso das isenções e da chamada não incidência tributária.

Isenções são formas de exclusão do crédito tributário veiculadas sempre por meio de lei. Se as imunidades são constitucionais, as isenções são legais. Devem estar previstas em leis ordinárias ou complementares. Não encontramos imunidades em leis ordinárias ou complementares, medidas provisórias, decretos etc.

É possível, por outro lado, que a imunidade seja criada por meio de emenda constitucional (art. 59, I, da CF/1988). É o que ocorreu no caso da Emenda 33/2001, que acrescentou o § 2.º, I, ao art. 149, prevendo, a partir de então, o seguinte:

> **CF, art. 149**. [...]
>
> § 2º. As contribuições sociais e de intervenção no domínio econômico de que trata o *caput* deste artigo:
>
> I – não incidirão sobre receitas decorrentes de exportação (incluído pela Emenda Constitucional nº 33/2001);

Note-se que a própria Constituição determina que as contribuições "não incidirão". O mandamento provém diretamente do texto constitucional, ainda que acrescentado por emenda. Trata-se, portanto, de imunidade tributária.

Registre-se, além do mais, que a compreensão da natureza jurídica das imunidades ajuda a solucionar outro problema inerente à nomenclatura utilizada pelo texto constitucional.

O legislador constituinte não é um *expert* em direito tributário. Por isso, no lugar de se referir explicitamente à palavra *imunidade*, a Constituição, em diversas situações, utiliza expressões distintas, que pode ensejar certa confusão.

É o que ocorre, por exemplo, no art. 150, VI, da CF/1988. No lugar de dizer abertamente que as situações arroladas nas alíneas do dispositivo estão imunes a impostos, o texto constitucional menciona apenas que é vedado à União, aos Estados, ao Distrito Federal e aos Municípios "instituir impostos sobre". Como a imunidade é fenômeno, sabemos que essa "vedação para instituir impostos" significa *imunidade*. Outro exemplo encontra-se no art. 195, § 7.º, da CF/1988, que dispõe:

> **CF, art. 195**. (...)
> § 7º. São isentas de contribuição para a seguridade social as entidades beneficentes de assistência social que atendam às exigências estabelecidas em lei.

Perceba-se que a Constituição usa a palavra "isentas". Pergunta-se: estamos diante de isenção ou imunidade? Ora, considerando que é o próprio texto constitucional que proíbe a tributação, ainda que, para tanto, valha-se de palavra tecnicamente incorreta, trata-se de *imunidade*. Esse, aliás, é entendimento antigo do STF:

> A cláusula inscrita no art. 195, § 7.º, da Carta Política – não obstante referir-se impropriamente à isenção de contribuição para a seguridade social –, contemplou as entidades beneficentes de assistência social, com o favor constitucional da imunidade tributária, desde que por elas preenchidos os requisitos fixados em lei. A jurisprudência constitucional do Supremo Tribunal Federal já identificou, na cláusula inscrita no art. 195, § 7.º, da Constituição da República, a existência de uma típica garantia de imunidade (e não de simples isenção) estabelecida em favor das entidades beneficentes de assistência social (...) Tratando-se de imunidade – que decorre, em função de sua natureza mesma, do próprio texto constitucional –, revela-se evidente a absoluta impossibilidade jurídica de a autoridade executiva, mediante deliberação de índole administrativa, restringir a eficácia do preceito inscrito no art. 195, § 7º, da Carta Política, para, em função de exegese que claramente distorce a teleologia da prerrogativa fundamental em referência, negar, à entidade beneficente de assistência social que satisfaz os requisitos da lei, o benefício que lhe é assegurado no mais elevado plano normativo (STF, RMS 22.192/DF, 1995).

Também não se deve confundir imunidade com *não incidência tributária*. Esta última significa que determinado fato ou ato simplesmente não é alcançado pela hipótese de incidência do tributo. Quer dizer, a conduta adotada pela pessoa, embora pareça enquadrar-se em todos os aspectos da regra-matriz de incidência do tributo, escapa a algum deles.

É o que acontece, por exemplo, com a pessoa que adquire uma bicicleta. Embora seja um veículo, não se qualifica como veículo *automotor*, razão pela qual não é alcançada pela norma impositiva do imposto sobre a propriedade de veículos automotores (IPVA). Outro exemplo encontra-se na Súmula Vinculante nº 31, que dispõe:

> ***Súmula vinculante nº 31***. É inconstitucional a incidência do imposto sobre serviços de qualquer natureza – ISS sobre operações de locação de bens móveis.

Esse entendimento sumulado demonstra que a atividade de locação de bens móveis está fora da incidência do imposto sobre serviços de qualquer natureza (ISSQN), por não se adequar ao conceito de "prestação de serviço".

Também não devemos confundir imunidade e isenção com a chamada *alíquota zero*. Neste caso, o ente tributante cria o tributo, mas a obrigação tributária decorrente é nula, pois, ao se multiplicar o valor consignado a título de base de cálculo por zero (já que a alíquota foi zerada), obtém-se uma prestação pecuniária sem valor (qualquer montante multiplicado por zero é igual a zero).

Ora, sabemos que toda a relação jurídica precisa ter um objeto definido ou definível. Zero designa um conjunto vazio que, como tal, não tem valor. Esse benefício fiscal é muito utilizado nos tributos regulatórios (II, IE, IPI e IOF), que podem ter suas alíquotas alteradas por ato do Poder Executivo, deixando, inclusive, zerada, para incentivar determinada atividade econômica.

ATENÇÃO! Reforma tributária!

A Emenda Constitucional nº 132, de 2023, que veiculou a chamada reforma tributária, passou a prever o imposto sobre bens e serviços (IBS), de competência compartilhada entre Estados, Distrito Federal e Municípios (CF, art. 156-A) e a contribuição social sobre bens e serviços (CBS), de competência da União (CF, art. 195, V). Pois bem, o art. 149-C, *caput*, da CF/1988, também incluído pela EC 132/2023, prevê o seguinte:

> **CF, art. 149-C.** O produto da arrecadação do imposto previsto no art. 156-A e da contribuição prevista no art. 195, V, incidentes sobre operações contratadas pela administração pública direta, por autarquias e por fundações públicas, inclusive suas importações, será integralmente destinado ao ente federativo contratante, *mediante redução a zero das alíquotas do imposto e da contribuição devidos* aos demais entes e equivalente elevação da alíquota do tributo devido ao ente contratante.

De acordo com o dispositivo, o produto da arrecadação do IBS e da CBS deve ser devolvido à União, Estados, DF e Municípios, quando estes contratem bens ou serviços, inclusive importações, na qualidade de administração direta ou o façam suas autarquias e fundações públicas. Dois expedientes devem ser utilizados para tanto: *redução a zero das alíquotas dos tributos* e elevação da alíquota do tributo devido ao ente contratante.

A norma constitucional que determina a redução a zero das alíquotas configura imunidade tributária. De fato, trata-se de mandamento proveniente da Constituição que anula o aspecto quantitativo da regra-matriz de incidência do IBS e da CBS nos casos assinalados no *caput* do art. 149-C da Constituição. Como vimos, qualquer valor multiplicado por zero é igual a zero, um conjunto vazio que impede que a relação jurídica tributária tenha um objeto.

	NÃO INCIDÊNCIA	***IMUNIDADE***	***ISENÇÃO***
Conceito:	*O fato não é alcançado pela regra-matriz de incidência do tributo.*	*Norma constitucional negativa de competência tributária.*	*Dispensa legal do tributo devido – exclusão do crédito tributário.*
Exemplo:	*Não incidência de ISSQN sobre locação de bens móveis (SV 31).*	*Imunidade de impostos sobre livros (art. 150, IV, d CF).*	*Isenção de IRPF de contribuinte com doenças graves (inciso XIV do Art. 6º da Lei 7.713/1988).*

APROFUNDANDO! IMUNIDADE E ISENÇÃO HETERÔNOMA

É importante não confundir imunidade tributária com isenção heterônoma. O art. 156, § 3º, II, da CF/1988, que trata do imposto sobre serviços (ISS), determina: "Cabe à lei complementar [...] excluir da sua incidência exportações de serviços para o exterior". Note-se que, nesse caso, cabe à *lei complementar* "excluir da incidência" e não à Constituição. A exclusão não se opera diretamente por mandamento constitucional, mas por lei complementar. A Constituição determina que este veículo normativo (a lei complementar) exclua da incidência do ISS exportações de serviços para o exterior. Logo, não estamos diante de imunidade e sim de isenção. Sacha Calmon Navarro Coêlho anota: "A imunidade é uma heterolimitação ao poder de tributar. A vontade que proíbe é a do constituinte. A imunidade habita exclusivamente no edifício constitucional. A isenção é heterônoma quando o legislador de uma ordem de governo, com permissão constitucional, proíbe ao legislador de outra ordem de governo o exercício do poder de tributar. A distinção em relação à imunidade, na espécie, é feita a partir da hierarquia normativa. Enquanto a norma imunitória é constitucionalmente qualificada, a norma isencional heterônoma é legalmente qualificada (lei complementar da Constituição)" (COÊLHO, 2009, p. 137). Toda vez que a negativa de competência para tributar determinada pessoa, situação ou bem estiver prevista no texto constitucional, tem-se de imunidade tributária. Não importa que a Constituição se valha de expressões diversas, tais como "não incide", "estão isentas" etc. Se, por outro lado, a exclusão do crédito ocorrer por meio de lei ordinária ou complementar, medida provisória etc., tem-se isenção, autonômica ou heterônoma, conforme o caso.

12.4 REGULAÇÃO DAS IMUNIDADES TRIBUTÁRIAS

Em algumas situações, o gozo de certas imunidades tributárias por parte dos beneficiados fica condicionado ao cumprimento de requisitos estabelecidos em lei. É o caso, por exemplo, da imunidade dos partidos políticos e suas fundações, entidades sindicais dos trabalhadores e instituições educacionais e assistenciais sem fins lucrativos. De acordo com o art. 150, VI, *c*, da CF/1988, a imunidade está garantida desde que sejam "atendidos os requisitos de lei".

Pois bem, à luz dessa determinação pergunta-se: que espécie de lei é adequada à regulamentação das imunidades, isto é, à fixação dos requisitos que devem ser cumpridos para que as entidades acima mencionadas possam gozar da exoneração? Lei ordinária ou lei complementar?

À primeira vista a resposta indicaria a lei ordinária. A alínea *c*, acima citada, permanece em silêncio e menciona apenas "lei", sem fazer qualquer referência a lei complementar. Sabe-se que, no silêncio da Constituição, o veículo normativo utilizado para introduzir novos parâmetros de conduta é, como regra geral, a lei ordinária. Ocorre, contudo, que o art. 146 da CF/1988 estabelece importante *reserva de lei complementar*. As matérias ali enumeradas submetem-se a tal reserva por disposição direta da Constituição. Interessa-nos, no caso, o inciso II, que prescreve:

> **CF, art. 146.** Cabe à lei complementar:
> (...)
> II – regular as limitações constitucionais ao poder de tributar".

Ora, o que é uma imunidade? Justamente uma limitação *constitucional* ao poder de tributar. Esta limitação está prevista em vários dispositivos, mas especialmente no art. 150 da Constituição. Por isso, a regulamentação das imunidades está sob reserva de lei complementar. É precisamente esse o entendimento do STF:

> À primeira vista, reconheceu-se a inconstitucionalidade formal dessas normas, sob o entendimento de que o art. 150, VI, *c*, da CF ('... atendidos os requisitos da lei') remete à lei ordinária a competência para estipular requisitos que digam respeito apenas à constituição e ao funcionamento das entidades imunes, e que qualquer limitação ao poder de tributar, como previsto no art. 146, II, da CF, só pode ocorrer mediante lei complementar (STF, Informativo 120/1998).

Em 2014 o Tribunal reiterou esse ponto de vista:

> A Suprema Corte, guardiã da Constituição Federal, indicia que somente se exige lei complementar para a definição dos seus limites objetivos (materiais), e não para a fixação das normas de constituição e de funcionamento das entidades imunes (aspectos formais ou subjetivos), os quais podem ser veiculados por lei ordinária, como sois ocorrer com o art. 55, da Lei nº 8.212/91, que pode estabelecer requisitos formais para o gozo da imunidade sem caracterizar ofensa ao art. 146, II, da Constituição Federal [...] (STF, RE 636.941/RS, 2014).

Em suma, os requisitos relativos à compostura jurídica das entidades podem ser estipulados por lei ordinária. Requisitos relativos ao *gozo da imunidade*, por outro lado, estão sob *reserva de lei complementar*, por disposição expressa do art. 146, II, da CF/1988.

APROFUNDANDO – EFICÁCIA E APLICABILIDADE DAS NORMAS CONSTITUCIONAIS DE IMUNIDADE

A circunstância de, em algumas situações, a Constituição condicionar o gozo da imunidade ao cumprimento de requisitos estabelecidos em lei não autoriza a pensar as normas constitucionais negativas de competência como normas de eficácia limitada. Pelo contrário, são, em sua maioria, normas de eficácia plena e aplicabilidade imediata, tal qual o art. 150, VI, *a*, do texto constitucional. Em outros casos, como o disposto no art. 150, VI, *c*, ou art. 195, § 7º, da CF/1988, são normas de eficácia contida e aplicabilidade imediata. De fato, Regina Helena Costa, observa: "Partindo-se, então, da premissa – que é verdadeira – segundo a qual a norma imunizante estampa a situação que alcança de modo preciso, possibilitando ao intérprete e ao aplicador da norma exata identificação de seus contornos, forçoso concluir-se que deva ela qualificar-se como norma constitucional de eficácia plena e aplicabilidade imediata ou de eficácia contida e aplicabilidade imediata. Isso porque as normas imunizantes receberam do constituinte carga normativa suficiente para sua aplicação imediata, não demandando intermediação legislativa para tanto" (COSTA, 2006, p. 93). Registre-se jurisprudência do STF que vai neste sentido. No julgamento de recurso extraordinário a propósito da imunidade prevista no art. 195, § 7º, da CF/1988, a Primeira Turma assentou: "Ainda que se admita, hipoteticamente, que o dispositivo constitucional demanda complementação pela via da lei complementar, a imunidade possui eficácia imediata, devendo ser reconhecida em favor do contribuinte ainda que pendente de regulamentação" (STF, RE 594.914 AgR/RS, 2014).

12.5 INTERPRETAÇÃO DAS NORMAS DE IMUNIDADE

Questão debatida na doutrina gira em torno do método de interpretação mais adequado para as normas de imunidade. De acordo com alguns, por serem normas constitucionais que fixam um limite negativo ao poder de tributar, seria o caso de interpretá-las de forma ampla, *extensiva*, atribuindo ao texto, em certas ocasiões, um sentido mais abrangente do que o desejado pela própria Constituição. Entretanto, dizem outros, não se deve empregar um método específico à interpretação das normas constitucionais que veiculam imunidades. Deve-se interpretá-las como se interpreta qualquer outra norma do sistema jurídico.

O primeiro ponto de vista tem a vantagem ampliar as garantias constitucionais das pessoas, situações e bens protegidos pela norma de imunidade. Assim, na dúvida, interpreta-se o texto constitucional de forma ampliada, optando-se pelo sentido que exclua o contribuinte da situação de tributação. O segundo ponto de vista parece "neutro". Na dúvida, opta-se pelo sentido conciliador fundado nos mais variados critérios de interpretação e ponderados pela razoabilidade.

Regina Helena Costa, em excelente estudo sobre o tema, posiciona-se da seguinte maneira: "A interpretação da norma imunitória deve ser efetuada na exata medida; naquela necessária a fazer dela exsurgir o princípio ou valor nela albergado. Sendo assim, não se apresenta legítima a interpretação ampla e extensiva, conducente a abrigar, sob o manto da norma imunizante, mais do que aquilo que quer a Constituição, nem a chamada 'interpretação literal', destinada a estreitar, indevidamente, os limites da exoneração tributária. Em ambos os casos o querer constitucional estaria vulnerado" (COSTA, 2006, p. 115, 116).

A interpretação literal deve mesmo ser descartada no que toca às regras de imunidade. Tal método aplica-se tão somente à interpretação das isenções, anistias, causas de exclusão do crédito tributário e dispensa do cumprimento de obrigações tributárias acessórias. Ainda assim, apenas porque há determinação legal nesse sentido (art. 111 do CTN). A interpretação literal da norma de imunidade não faz sentido na medida em que estreita o sentido do texto constitucional que limita de forma negativa a competência tributária.

A doutrina parece encaminhar-se para uma interpretação fundada nos critérios sistemático e teleológico. Quer dizer, interpreta-se o texto constitucional referente à imunidade de forma sistemática, inserindo-o no contexto normativo do todo constitucional, procurando, ainda, realizar os fins visados pela imunidade. Cada regra de imunização aponta para determinada finalidade. Cabe ao intérprete, à luz do caso concreto, identificar a solução que mais realiza esse fim.

Não obstante, o STF adotou entendimento que parece apontar para o critério ampliativo. Em 2013 o Plenário assentou:

> "Esta Suprema Corte, nas inúmeras oportunidades em que debatida a questão da hermenêutica constitucional aplicada ao tema das imunidades, adotou a interpretação teleológica do instituto, a emprestar-lhe abrangência maior, com escopo de assegurar à norma supralegal máxima efetividade" (STF, RE 627.815/PR, 2013).

De fato, ao analisar a extensão da regra prevista no art. 149, § 2º, I, da CF/1988, a Ministra Rosa Weber, relatora, anotou:

> O legislador constituinte – ao contemplar na redação do art. 149, § 2º, I, da Lei Maior as 'receitas decorrentes de exportação' – conferiu maior amplitude à desoneração constitucional, suprimindo do alcance da competência impositiva federal todas as receitas que resultem da exportação, que nela encontrem a sua causa, representando consequências financeiras do negócio jurídico de compra e venda internacional. A intenção plasmada na Carta Política é a de desonerar as exportações por completo, a fim de que as empresas brasileiras não sejam coagidas a exportarem os tributos que, de outra forma, onerariam as operações de exportação, quer de modo direto, quer indireto (STF, RE 627.815/PR, 2013).

Em suma, para o STF o *método interpretativo* que predomina na fixação do sentido normativo dos textos constitucionais que abrigam imunidades é o *teleológico*, de modo que se assegure a maior abrangência possível. Em outras palavras, parece que foi contemplado o critério ampliativo.

12.6 IMUNIDADE TRIBUTÁRIA COMO DIREITO FUNDAMENTAL DO CONTRIBUINTE E CLÁUSULA PÉTREA

As imunidades tributárias são consideradas típicos *direitos fundamentais* dos contribuintes. À medida que limitam negativamente a competência dos entes federativos para instituir tributos, protegem, por outro lado, a esfera patrimonial dos beneficiados. Essa proteção tem status constitucional, refere-se primordialmente à propriedade privada, e, por isso, pode ser compreendida como direito fundamental.

Em verdade, encontra-se implícito no texto constitucional o princípio da não obstância do exercício dos direitos fundamentais por via da tributação. Quer dizer, o exercício dos direitos fundamentais das pessoas físicas e jurídicas – como o direito à propriedade privada, por exemplo – não deve ser obstado, isto é, estorvado, contrariado, pela atividade de tributação desenvolvida pelo Estado.

Regina Helena Costa, a propósito, observa: "O princípio da não obstância do exercício de direitos fundamentais por via da tributação projeta os seus efeitos, inicialmente, no próprio Texto Fundamental. Todas as normas constitucionais vedatórias da tributação em determinadas situações ou em relação a determinadas pessoas, bem como aquelas garantidoras do exercício de direitos, representam a sua aplicação, tais como as imunidades e os princípios tributários" (COSTA, 2006, p. 80).

Nesse sentido, prossegue a autora, as imunidades "qualificam-se como *direitos fundamentais de primeira geração* – porquanto foram os primeiros a serem reconhecidos universalmente –, pelo aspecto vedatório que encerram, impedindo ao Estado o exercício da tributação em razão de pessoas, bens ou situações" (COSTA, 2006, p. 82).

Decorrência lógica desse raciocínio é a conclusão segundo a qual as imunidades constituem, também, autênticas *cláusulas pétreas*. Ora, se são consideradas direitos de primeira geração, adéquam-se perfeitamente à proteção estatuída no artigo 60, § 4.º, IV, da CF/1988:

> **CF, art. 60.** Não será objeto de deliberação a proposta de emenda tendente a abolir:
>
> [...]
>
> IV – os direitos e garantias individuais.

O Supremo Tribunal Federal já teve a oportunidade de manifestar-se nesse sentido. Em 2014 o Plenário assentou:

> As imunidades têm o teor de cláusulas pétreas, expressões de direitos fundamentais, na forma do art. 60, § 4º, da CF/88, tornando controversa a possibilidade de sua regulamentação através do poder constituinte derivado e/ou ainda mais, pelo legislador ordinário (STF, RE 636.941/RS, 2014).

É importante registrar, contudo, que o STF já se manifestou no sentido de que a eliminação de uma norma de imunidade por emenda à constituição é legítima. De fato, em 1998, sob a égide do governo de Fernando Henrique Cardoso, a Emenda nº 20 revogou o disposto no art. 153, § 2º, II, que dispunha o seguinte a propósito do imposto sobre a renda e proventos de qualquer natureza (IR):

CF, art. 153. [...]

§ 2º. O imposto previsto no inciso III:

II – não incidirá, nos termos e limites fixados em lei, sobre rendimentos provenientes de aposentadoria e pensão, pagos pela previdência social da União, dos Estados, do Distrito Federal e dos Municípios, a pessoa com idade superior a sessenta e cinco anos, cuja renda total seja constituída, exclusivamente, de rendimentos do trabalho.

Perceba-se que a norma assegurava imunidade relativa ao IR sobre quantias recebidas a título de aposentadoria e pensão por pessoas com mais de 65 (sessenta e cinco) anos de idade, desde que proviessem de rendimento do trabalho. Ora, parece claro que a emenda em questão violou cláusula pétrea, de maneira que deveria ter sido julgada inconstitucional. Não obstante, a Segunda Turma do STF manifestou-se da seguinte maneira:

> Mostra-se impertinente a alegação de que a norma art. 153, § 2º, II, da Constituição Federal não poderia ter sido revogada pela EC nº 20/98 por se tratar de cláusula pétrea. 2. Esta norma não consagrava direito ou garantia fundamental, apenas previa a imunidade do imposto sobre a renda a um determinado grupo social. Sua supressão do texto constitucional, portanto, não representou a cassação ou o tolhimento de um direito fundamental e, tampouco, um rompimento da ordem constitucional vigente (STF, RE 372.600/SP, 2003).

Em suma, ou o STF evoluiu em sua jurisprudência, de maneira que as regras de imunidade são consideradas cláusulas pétreas e, portanto, não podem ser revogadas pelo poder constituinte de reforma ou há desrespeito ao princípio da isonomia, pois, quando se trata de eliminar a proteção de aposentados e pensionistas a Corte não vê qualquer problema. Pensamos que a EC 20/98, neste ponto (e talvez em muitos outros), é flagrantemente inconstitucional.

12.7 IMUNIDADE E RESPONSABILIDADE TRIBUTÁRIA

Veremos que a sujeição passiva tributária se desdobra em duas figuras: o *contribuinte* e o *responsável.* A responsabilidade, por sua vez, divide-se em duas: (1) por substituição e (2) por transferência. No primeiro caso, praticado o fato gerador pelo contribuinte, o dever de recolher o tributo surge, imediatamente, para o substituto; no segundo, a prática do fato gerador pelo contribuinte impõe-lhe o dever de recolher o gravame, e, não o fazendo, dá-se a transferência do dever ao responsável.

Pois bem, é necessário averiguar como a imunidade se relaciona com essas duas figuras, ao menos sob a perspectiva do STF.

A) Imunidade e substituição

A circunstância de o substituto tributário ser entidade imune não implica o reconhecimento da imunidade tributária. Tal foi o posicionamento da Segunda Turma do STF ao julgar recurso extraordinário em que o SESI (Serviço Social da

Indústria) pleiteava o não recolhimento do ICMS na hipótese de tributação diferida (STF, Informativo 553/2009).

Tratamos agora com uma série de conceitos que ainda não foram apresentados. Portanto, haverá por parte do leitor ou leitora certa dificuldade para compreender o problema. De qualquer maneira, devemos tentar elucidá-lo. Comecemos por dizer que, de acordo com o art. 121 do CTN, o sujeito passivo da obrigação tributária desdobra-se em duas figuras: o contribuinte e o responsável. O dispositivo prescreve:

> **CTN, art. 121.** Sujeito passivo da obrigação principal é a pessoa obrigada ao pagamento de tributo ou penalidade pecuniária.
>
> Parágrafo único: O sujeito passivo da obrigação principal diz-se:
>
> I – contribuinte, quando tenha relação pessoal e direta com a situação que constitua o respectivo fato gerador;
>
> II – responsável, quando, sem revestir a condição de contribuinte, sua obrigação decorra de disposição expressa de lei.

Sujeito passivo é aquele que possui a obrigação de recolher o valor designado a título de tributo ou multa. Chama-se contribuinte quando pratica o fato gerador. Responsável, quando, sem praticar o fato gerador, fica encarregado, por lei, de recolher o tributo.

O substituto (responsável) pode inserir-se em um mecanismo de tributação que se denomina tributação diferida, isto é, prorrogada, adiada. Isso ocorre toda vez que o momento de recolhimento do tributo for deslocado para o futuro.

Imagine-se um produtor rural de leite. No momento em que vende seu produto para o laticínio ocorre o fato gerador do imposto sobre a circulação de mercadorias e prestação de serviços (ICMS). O produtor rural é o contribuinte. No entanto, a lei determina que ele não recolha o imposto. Quem efetuará o recolhimento é a empresa de laticínios, na qualidade de responsável por substituição. Uma vez que o fato gerador ocorreu no passado, mas o recolhimento ocorrerá no futuro, tem-se a chamada tributação diferida.

A tributação diferida é um mecanismo facilitador do trabalho da fiscalização. No lugar de exigir a nota fiscal de todos os produtores de feijão, os fiscais exigem apenas das empresas que compram dos agricultores e revendem aos supermercados ou aos consumidores finais.

Pois bem, se o responsável tributário for uma entidade imune haverá imunidade na operação em que adquire mercadoria tributada por ICMS?

O SESI, por exemplo, coloca-se na figura de responsável tributário pela aquisição de feijão de um produtor rural. Isso significa que ele, o SESI, deve recolher o ICMS, uma vez que estamos diante de tributação chamada diferida. O fato de a entidade ser imune afasta a incidência do ICMS? A Segunda Turma do STF decidiu que *não* há imunidade nesse caso. De acordo com o relator, ministro Joaquim Barbosa:

> [...] a controvérsia de fundo estaria em se saber se a imunidade tributária se aplicaria às relações jurídicas formadas com fundamento na responsabilidade

> tributária ou na substituição tributária, que levariam à sujeição passiva indireta [...] seja na substituição, seja na responsabilidade tributária, não haveria o deslocamento da sujeição tributária passiva direta, eis que os substitutos e os responsáveis não seriam, nem passariam a ser, contribuintes do tributo [...] a imunidade tributária não alcançaria a entidade na hipótese de ser ela eleita responsável ou substituta tributária, porquanto, em ambas as hipóteses, a entidade não seria contribuinte do tributo, pois não seriam suas operações que se sujeitariam à tributação. Enfatizou-se que os fatos jurídicos tributários referir-se-iam a outras pessoas, contribuintes, como o produtor-vendedor, no caso dos autos, e que, se tais pessoas não gozarem da imunidade, descaberia estender-lhes a salvaguarda constitucional (STF, Informativo 553/2009).

Conclui-se, portanto, que:

- Se a entidade imune for *contribuinte* do tributo, a imunidade está assegurada mesmo no caso de tributos indiretos, como o ICMS, por exemplo;
- Se a entidade imune for *responsável tributário*, *não* há que se falar em imunidade, uma vez que não há o deslocamento da sujeição passiva direta, quer dizer, o contribuinte não é agraciado pela imunidade.

B) Imunidade tributária e contribuinte de fato

Havia uma divergência na doutrina e jurisprudência acerca do reconhecimento de imunidade para as situações em que as entidades enumeradas pela Constituição Federal estejam figurando como *contribuintes de fato*. Isso ocorre no pagamento dos chamados tributos indiretos, os quais permitem a transferência do encargo econômico para uma pessoa diferente daquela definida em lei como sujeito passivo. É o caso de impostos como o IPI, ICMS, ISS, IOF etc.

Assim, quando determinado consumidor adquire uma mercadoria, sabe-se que ele será o contribuinte de fato de todos os tributos que estão embutidos no preço do produto, uma vez que fazem parte do custo de produção e comercialização. Desse modo, nesta relação jurídica temos a seguinte situação:

- *Contribuinte de direito*: é o sujeito passivo que realizou o fato gerador (comerciante/industrial).
- *Contribuinte de fato*: é a pessoa que paga efetivamente o valor relativo ao imposto, considerando que o contribuinte de direito transferiu para ele este encargo (consumidor).

A questão a ser analisada consiste em saber se as entidades enumeradas pela ordem constitucional como beneficiárias da imunidade tributária conservarão este benefício quando estiverem figurando como contribuintes de fato.

Imaginemos que o Município de São Paulo adquiriu uma série de automóveis para comporem a frota de veículos de sua Guarda Municipal. Como veremos, os

Municípios são imunes a impostos. A venda do veículo automotor constitui circulação de mercadoria, portanto, fato gerador do ICMS. Contribuinte é a empresa que comercializa o veículo, que não faz jus a qualquer imunidade. Nada obstante, como o ICMS é tributo indireto, o valor do imposto será repassado pela empresa ao preço final. Assim, na prática quem arca com o ônus econômico é o Município e não a empresa.

Dessa maneira, pergunta-se: o fato de o contribuinte de fato ser pessoa imune à tributação afasta a incidência do imposto?

Regina Helena Costa entende que a imunidade recíproca deve abarcar quaisquer impostos, sejam diretos ou indiretos, que possam afetar o patrimônio, a renda ou os serviços do ente dela beneficiário. É preciso relembrar – para melhor compreender tal assertiva – que o caráter ontológico dessa imunidade advém não somente da adoção da forma federativa de Estado, mas também da ausência da capacidade contributiva desses entes (COSTA, 2006, p. 153).

O problema deste ponto de vista é que ele acaba por inserir o contribuinte de fato em uma relação jurídica da qual ele não faz parte. No caso do ICMS, por exemplo, sujeito ativo da relação é o Estado ou o Distrito Federal e sujeito passivo a pessoa que faz circular a mercadoria. O consumidor (contribuinte de fato) não mantém relação tributária com o Fisco. Considerar a imunidade do contribuinte de fato implica em introduzi-lo indevidamente no contexto de uma relação jurídica da qual ele não faz parte.

Nesse sentido, o STF parece ter consolidado posição no sentido de que é *irrelevante* o caráter *indireto* do imposto para a configuração da imunidade. Quer dizer, ainda que a entidade imune adquira a mercadoria tributada por ICMS na qualidade de contribuinte de fato, *não* há imunidade, uma vez que o contribuinte de direito é a empresa privada e não o ente imune. É o que ficou assentado em julgamento lavrado pela Primeira Turma:

> A imunidade prevista no artigo 150, inciso VI, alínea 'a', do Diploma Maior, a impedir a instituição de impostos sobre patrimônio, renda ou serviços de pessoas jurídicas de direito público – União, Estados, Distrito Federal e Municípios – *está umbilicalmente ligada ao contribuinte de direito, não abarcando o contribuinte de fato* (STF, AI 500.139 (AgR)/RS, 2011).

A Segunda Turma também se manifestou nesse sentido:

> A imunidade do art. 150, VI, *a*, da Constituição somente se aplica ao imposto incidente sobre serviço, patrimônio ou renda do próprio ente beneficiado, na qualidade de contribuinte de direito. Como o Município não é contribuinte de direito do ICMS relativo a serviços de energia elétrica, não tem o benefício da imunidade em questão, uma vez que esta não alcança o contribuinte de fato (STF, ARE 663552 AgR/MG, 2012).

Nesse sentido, no julgamento do RE 608872 prevaleceu no Supremo Tribunal Federal o entendimento de que a imunidade tributária subjetiva aplica-se ao ente beneficiário somente na condição de contribuinte de direito, sendo irrelevante, para resolver essa questão, investigar se o tributo repercute economicamente.

De fato, o art. 150, V, *c*, da CF/1988 estabelece que partidos políticos e suas fundações, entidades sindicais dos trabalhadores e entidades de educação e assistência social sem fins lucrativos, na forma da lei, fazem jus à imunidade com relação a impostos. É a chamada imunidade subjetiva. Esta, no entanto, *aplica-se ao ente beneficiário apenas se for o contribuinte de direito*. Assim ficou ementada a tese de Repercussão Geral:

> A imunidade tributária subjetiva aplica-se a seus beneficiários na posição de contribuinte de direito, mas não na de simples contribuinte de fato, sendo irrelevante para a verificação da existência do beneplácito constitucional a repercussão econômica do tributo envolvido (STF, RE 608872. Tribunal Pleno. Relator(a): Min. Dias Toffoli. Publicação: 27/09/2017).

Em suma, nos termos do atual posicionamento do STF, concluímos que, no caso dos impostos indiretos, é irrelevante o fato de o comprador ou tomador do serviço ser entidade imune. Se a pessoa que pratica o fato gerador, isto é, o contribuinte de direito, *não* for entidade imune, então *não* há imunidade.

APROFUNDANDO! IMUNIDADE E SUCESSÃO TRIBUTÁRIA

Sucessão tributária é uma modalidade de responsabilidade tributária por transferência. Está prevista, por exemplo, no art. 131, inciso I, do CTN, nos seguintes termos: "São pessoalmente responsáveis: I – o adquirente ou remitente, pelos tributos relativos aos bens adquiridos ou remidos". Assim, se alguém adquire um automóvel usado e o veículo está com dívida de IPVA pendente, pois o antigo proprietário não recolheu o imposto devido, esta divida é transferida ao adquirente que fica, então, obrigado ao pagamento do tributo. Pois bem, o que aconteceria, neste caso, se o adquirente fosse entidade imune, por exemplo, uma autarquia? Ela teria que recolher o imposto atrasado ou seria dispensada por fazer jus à imunidade? A propósito do assunto, o STF firmou o seguinte entendimento:

> A imunidade tributária recíproca (CF, art. 150, VI, *a*) não afasta a responsabilidade tributária por sucessão, na hipótese em que o sujeito passivo era contribuinte regular do tributo devido" (STF, Informativo 749/2014).

O Tribunal julgou recurso extraordinário interposto pela União em que se discutia a aplicação da imunidade tributária recíproca a créditos tributários já constituídos e transferidos à União por sucessão. Na situação em análise, o Município ajuizara execução fiscal referente a IPTU e contribuição de melhoria, incidente sobre imóvel de propriedade da RFFSA (Rede Ferroviária Federal). A União, após suceder a RFFSA em direitos e obrigações, opusera embargos à execução, julgados procedentes sob o fundamento da imunidade recíproca. Não obstante, o Plenário entendeu que não há que se cogitar de imunidade nessa situação, pelos seguintes argumentos, que tentaremos resumir:

- A RFFSA, por ser sociedade de economia mista, constituída sob a forma de sociedade por ações, apta, portanto, a cobrar pela prestação de seus serviços e a remunerar o capital investido, não faria jus à imunidade. Com a liquidação da pessoa jurídica e com a já mencionada sucessão, a União se tornara responsável tributária pelos créditos inadimplidos, nos termos dos artigos 130 e seguintes do CTN;
- A regra constitucional da imunidade, por se destinar à proteção específica do ente federado, seria inaplicável aos créditos tributários constituídos legitimamente contra pessoas jurídicas dotadas de capacidade contributiva e cuja tributação em nada afetaria o equilíbrio do pacto federativo;
- A União não poderia se livrar da responsabilidade tributária ao alegar simplesmente que o tributo seria devido por sociedade de economia mista, tampouco por sugerir a aplicação de regra constitucional que protegeria a autonomia política de entes federados;
- A responsabilidade tributária dos sucessores protegeria o erário de um tipo de inadimplência bastante específica, que seria o desaparecimento jurídico do contribuinte, conjugado com a transferência integral ou parcial do patrimônio a outra pessoa jurídica;
- A desconstituição da pessoa jurídica faria com que o crédito tributário não pudesse mais ser exigido contra o contribuinte original, que deixaria de existir juridicamente. O patrimônio – material ou imaterial – transferido deveria garantir o crédito. O sucessor, ainda que se trate de um ente federado, deve arcar com a dívida;
- A imunidade tributária recíproca não exonera o sucessor das obrigações tributárias relativas aos fatos jurídicos tributários ocorridos antes da sucessão (aplicação "retroativa" da imunidade tributária) (STF, RE 599.176/PR, 2014).

12.8 IMUNIDADE E OBRIGAÇÕES TRIBUTÁRIAS

Obrigação tributária é o nome que se dá para a relação jurídica que une o Estado, como sujeito ativo, às pessoas naturais ou jurídicas, como sujeitos passivos. Esta relação jurídica pode ter como objeto o tributo ou a multa, caso em que se chama *obrigação tributária principal*; ou uma obrigação de fazer, não fazer ou tolerar que se faça em prol da fiscalização e arrecadação de tributos, caso em que chama *obrigação tributária acessória*. Nesse sentido, o art. 113 do CTN estabelece:

> **CTN, art. 113.** A obrigação tributária é principal ou acessória.
>
> § 1º A obrigação principal surge com a ocorrência do fato gerador, tem por objeto o pagamento de tributo ou penalidade pecuniária e extingue-se juntamente com o crédito dela decorrente.
>
> § 2º A obrigação acessória decorre da legislação tributária e tem por objeto as prestações, positivas ou negativas, nela previstas no interesse da arrecadação ou da fiscalização dos tributos.
>
> § 3º A obrigação acessória, pelo simples fato da sua inobservância, converte-se em obrigação principal relativamente à penalidade pecuniária.

Assim, o que diferencia as duas espécies de obrigação tributária é a natureza das condutas que são exigidas do sujeito passivo tributário. No primeiro caso, exige-se que o contribuinte ou responsável entregue dinheiro ao Estado sob a forma de tributo ou multa; no segundo, exige-se da pessoa natural ou jurídica o cumprimento de uma obrigação de fazer, não fazer ou tolerar que se faça no interesse da fiscalização e arrecadação de tributos (emitir nota fiscal, por exemplo).

A obrigação principal surge com a ocorrência do fato gerador. Em outras palavras, se o contribuinte adota uma conduta que corresponde à descrição hipotética existente na lei que instituiu determinado tributo ou previu certa multa, diz-se que praticou um fato gerador. Esse fato gera a obrigação principal de recolher o gravame ou a penalidade pecuniária, conforme o caso.

A obrigação acessória decorre da legislação tributária. Toda vez que houver dispositivo de lei determinando que a pessoa natural ou jurídica adote esta ou aquela conduta em nome da fiscalização ou arrecadação de tributos, tem-se uma obrigação tributária acessória.

Pois bem, devemos indagar agora: a imunidade tributária afeta as obrigações tributárias? Em caso afirmativo, afeta a obrigação principal, a acessória ou ambas?

A resposta passa pela compreensão da natureza jurídica da própria imunidade. Vimos que se trata de norma constitucional negativa de competência tributária. Nesse sentido, eventual lei que tenha como objetivo tributar uma situação, pessoa ou bem imunes estará eivada de irremediável inconstitucionalidade.

Se a lei é inválida isso significa que não há hipótese de incidência. Logo, as condutas adotadas pelas pessoas naturais ou jurídicas não podem amoldar-se à descrição legal. Sem essa adequação, quer dizer, sem o ajustamento da conduta a uma norma tributária (fenômeno também chamado de subsunção tributária), não se pode falar de fato gerador. Consequentemente, não há como pensar em obrigação tributária principal.

Por outro lado, as obrigações acessórias decorrem da legislação tributária. Não dependem da lei instituidora do tributo. Quer dizer, as normas de competência tributária não são determinantes da existência das obrigações acessórias, uma vez que estas últimas se relacionam a atividades de fiscalização e arrecadação do tributo (e não de sua instituição). Por isso, ainda que certa entidade seja imune ou isenta com relação a determinado tributo, as obrigações acessórias persistem uma vez que não têm relação direta com a norma impositiva tributária.

A propósito, em 2012 o STF firmou entendimento justamente nesse sentido:

> Exigir de entidade imune a manutenção de livros fiscais é consentâneo com o gozo da imunidade tributária. Essa a conclusão da Primeira Turma ao negar provimento a recurso extraordinário no qual o recorrente alegava que, por não ser contribuinte do tributo, não lhe caberia o cumprimento de obrigação acessória de manter livro de registro do ISS e autorização para a emissão de notas fiscais de prestação de serviços. Na espécie, o Tribunal de origem entendera que a pessoa jurídica de direito privado teria direito à imunidade e estaria obrigada a utilizar e manter documentos, livros e escrita fiscal de

> suas atividades, assim como se sujeitaria à fiscalização do Poder Público [...] O Ministro Luiz Fux explicitou que, no Direito Tributário, inexistiria a vinculação de o acessório seguir o principal, porquanto haveria obrigações acessórias autônomas e obrigação principal tributária (STF, Informativos 662/2012 e 668/2012).

Em suma, a imunidade tributária afeta diretamente a obrigação tributária *principal* que tem por objeto o pagamento do tributo. As entidades imunes não podem ser constrangidas ao pagamento do gravame, mas devem submeter-se normalmente ao cumprimento das obrigações tributárias acessórias.

12.9 IIMUNIDADES GENÉRICAS E ESPECÍFICAS

Em estudo clássico sobre o tema, Regina Helena Costa observa que as imunidades podem ser classificadas, num primeiro momento, de acordo com os *valores constitucionais protegidos* e quanto ao *grau de intensidade e amplitude*. Nesse caso, podem ser *genéricas* (também chamadas de gerais) ou *específicas* (também chamadas de tópicas ou especiais) (COSTA, 2006, p. 124). Vejamos:

- *Imunidades genéricas (ou gerais)* – Encontram-se no art. 150, inciso VI, da Constituição Federal. Dirigem-se aos quatro entes federativos, proibindo a instituição de *imposto* que pretenda incidir sobre determinadas pessoas, bens e serviços elencados no dispositivo constitucional, incluindo eles mesmos (os entes federativos; neste caso, chamada de imunidade recíproca). Recebem essa denominação por suas razões principais:

    - A vedação constitucional destina-se a *todos os entes federativos*, isto é, União, Estados, Distrito Federal e Municípios. Todos estão proibidos de instituir impostos com relação às pessoas, situações e bens previstos no art. 150, VI, suas alíneas e parágrafos;
    - A vedação constitucional alcança *todos os impostos*. Dessa maneira, a Constituição proíbe que os entes federativos instituam (criem) *quaisquer impostos* que atinjam o patrimônio, renda e serviços das entidades mencionadas no art. 150, VI, suas alíneas e parágrafos. Nesse sentido, o STF já decidiu: "A imunidade tributária recíproca não engloba o conceito de taxa, porquanto o preceito constitucional (art. 150, VI, 'a', da CF/1988) só faz alusão expressa a imposto (STF, RE 613.287 (AgR)/RS, 2011);

ATENÇÃO! Reforma tributária!

- A Emenda Constitucional nº 132, de 2023, que veiculou a chamada reforma tributária, passou a prever o imposto sobre bens e serviços – IBS (CF, art. 156-A), de competência compartilhada entre Estados, DF e Municípios, e a contribuição social sobre bens e serviços – CBS (CF, art. 195, V), de competência da União. Nesse sentido, o art. 149-B, II, e parágrafo único, também incluído pela EC 132/23, estabelece:

> **CF, art. 149-B.** Os tributos previstos nos arts. 156-A e 195, V, observarão as mesmas regras em relação a:
>
> (...)
>
> **II –** imunidades;
>
> (...)
>
> **Parágrafo único.** Os tributos de que trata o *caput* observarão as imunidades previstas no art. 150, VI, não se aplicando a ambos os tributos o disposto no art. 195, § 7º.

Isso significa que a imunidade genérica, prevista no art. 150, VI, da CF/1988, além de se aplicar ao IBS (o que seria natural, pois ela se aplica à totalidade dos impostos), aplica-se também à CBS, isto é, a uma contribuição social;

- *Imunidades específicas (tópicas ou especiais)* – Referem-se a apenas um tributo, que pode ser um imposto, taxa ou contribuição especial, e tem como objetivo uma circunstância ou situação pontual ou especial;

Nos próximos capítulos, estudaremos as imunidades genéricas, tal como previstas no art. 150, inciso VI, da Constituição Federal. As imunidades específicas serão abordadas pontualmente e apenas quando relevante. De qualquer maneira, seguem abaixo as mais importantes:

- *Taxa e direito de petição e certidão* – O art. 5º, XXXIV, *b* e *c* da CF/1988, dispõe que "são a todos assegurados, independentemente do pagamento de taxas: a) o direito de petição aos Poderes Públicos em defesa de direitos ou contra ilegalidade ou abuso de poder; b) a obtenção de certidões em repartições públicas, para defesa de direitos e esclarecimento de situações de interesse pessoal". Ao utilizar a cláusula "independentemente do pagamento de taxas", o texto constitucional está veiculando uma imunidade. Como vimos, o legislador constituinte não é técnico em direito tributário, isto é, não compreende as categorias científicas. E, na verdade, nem é necessário. Sua função é legislar e não conhecer cientificamente o direito. O que importa, na verdade, é o *sentido* querido pelo texto constitucional quando utiliza esta ou aquela palavra. Quando a Constituição se vale de palavras que apontam para a vedação da exigência de tributos, está-se diante de imunidade tributária;
- *Taxa e ação popular* – O art. 5º, LXXIII, da CF/1988, dispõe: "Qualquer cidadão é parte legítima para propor ação popular que vise a anular ato lesivo ao patrimônio público ou de entidade de que o Estado participe, à moralidade administrativa, ao meio ambiente e ao patrimônio histórico e cultural, ficando o autor, salvo comprovada má-fé, isento de custas judiciais e do ônus da sucumbência". As custas judiciais foram consideradas pelo STF espécies tributárias na modalidade de taxa de serviço. Ora, quando o

texto constitucional determina a existência de *isenção* com relação a algum tributo, está, na verdade, assegurando uma imunidade, pois, como afirmado, não importa a palavra usada pelo Constituição, mas o seu *sentido*;

- *Taxa, registro de nascimento, certidão de óbito e celebração de casamento* – O art. 5º, LXXVI, *a* e *b*, da CF/1988, dispõe: "São gratuitos para os reconhecidamente pobres, na forma da lei: a) o registro civil de nascimento; b) a certidão de óbito". O registro civil de nascimento e a certidão de óbito são providenciados pelas serventias extrajudiciais, isto é, os serviços notariais e de registro (CF, art. 236), também chamados de Cartórios de Registro Civil ou Oficiais de Registro Civil. O preço que se paga pelo serviço destes cartórios se chama *emolumento* e este tem a natureza jurídica de taxa. Assim, se o texto constitucional determina a *gratuidade* do registro de nascimento e certidão de óbito, isso significa que está afastando a cobrança de um tributo. Trata-se, pois, de imunidade. Idêntico raciocínio se aplica ao disposto no art. 226, § 1º, da CF/1988, que dispõe: "O casamento é civil e gratuita a celebração". Em princípio, os Cartórios poderiam exigir emolumentos para a realização de casamentos. Como estes (os emolumentos) têm natureza jurídica de taxa e a Constituição determina gratuidade, há imunidade específica para a situação;
- *Taxa, habeas corpus, habeas data e atos para o exercício da cidadania* – De acordo com o art. 5º, LXXVII, "são gratuitas as ações de 'habeas-corpus' e 'habeas-data', e, na forma da lei, os atos necessários ao exercício da cidadania". O *habeas corpus* e o *habeas data* são ações constitucionais que mobilizam jurisdição, isto é, devem ser propostas perante o Poder Judiciário. Jurisdição é serviço público específico e divisível, o que autoriza, portanto, a exigência de taxa. No caso destas duas ações, entretanto, há imunidade tributária, já que a Constituição assegura sua *gratuidade*. Note-se que, quando a Constituição fala em "atos necessários ao exercício da cidadania", ela condiciona a gratuidade à *forma da lei*. O dispositivo pode ser interpretado de duas maneiras: (a) os atos necessários ao exercício serão veiculados em lei, de modo que a gratuidade também se qualifica como imunidade; (b) a própria gratuidade deve ser fixada em lei, de modo que, neste caso, estamos diante de *isenção* e não imunidade. Pensamos que se trata de imunidade e, este modo, acompanhamos a lição de Regina Helena Costa: "Atente-se a que a cláusula 'na forma da lei', referente aos atos necessários ao exercício da cidadania, não desnatura o caráter imunitório da norma constitucional, condicionando, apenas, a fruição da exoneração tributária ao atendimento de requisitos pelo sujeito beneficiado" (COSTA, 2006, p. 216);
- *Contribuições e receitas de exportação* – De acordo com o art. 149, § 2º, I, da CF/1988, "as contribuições sociais e de intervenção no domínio econômico de que trata o *caput* deste artigo (...) não incidirão sobre as receitas decorrentes de exportação". Vale lembrar que quando a Constituição usa a cláusula de "não incidência", isso significa, na verdade, imunidade;
- *IPI e produtos industrializados destinados ao exterior* – De acordo com o art. 153, § 3º, III, da CF/1988, o imposto sobre produtos industrializado (IPI) "não incidirá sobre produtos industrializados destinados ao exterior";

- *ITR e pequenas glebas rurais* – De acordo com o art. 153, § 4º, II, o imposto territorial rural (ITR) "não incidirá sobre pequenas glebas rurais, definidas em lei, quando as explore o proprietário que não possua outro imóvel".

ATENÇÃO! Reforma Tributária!

- *Imposto federal sobre a produção, extração, comercialização ou importação de bens e serviços prejudiciais à saúde ou ao meio ambiente, nos termos de lei complementar* – A Emenda Constitucional nº 132, de 2023, que veiculou a chamada reforma tributária, incluiu, ao art. 153, o § 6º, inciso I, dispondo que tal imposto "não incidirá sobre as exportações nem sobre as operações com energia elétrica e com telecomunicações";
- *ITCMD e doações para o Poder Executivo Federal e instituições federais de ensino* – A Emenda Constitucional nº 126, de 2022, incluiu o inciso V ao § 1º do art. 155 da CF/1988, que trata do imposto sobre transmissão *causa mortis* e doações (ITCMD), determinando que o imposto "não incidirá sobre as doações destinadas, no âmbito do Poder Executivo da União, a projetos socioambientais ou destinados a mitigar os efeitos das mudanças climáticas e às instituições federais de ensino".

ATENÇÃO! Reforma Tributária!

- *ITCMD e doações para instituições sem fins lucrativos* – A Emenda Constitucional nº 132, de 2023, que veiculou a chamada reforma tributária, incluiu o inciso VII ao § 1º do art. 155 da CF/1988, que trata do ITCMD, dispondo que o imposto "não incidirá sobre as transmissões e as doações para as instituições sem fins lucrativos com finalidade de relevância pública e social, inclusive as organizações assistenciais e beneficentes de entidades religiosas e institutos científicos e tecnológicos, e por elas realizadas na consecução dos seus objetivos sociais, observadas as condições estabelecidas em lei complementar";
- *ICMS e mercadorias e serviços destinados ao exterior* – De acordo com o art. 155, § 2º, X, *a*, o imposto sobre a circulação de mercadorias e prestação de serviços (ICMS), "sobre operações que destinem mercadorias para o exterior, nem sobre serviços prestados a destinatários no exterior, assegurada a manutenção e o aproveitamento do montante do imposto cobrado nas operações e prestações anteriores";
- *ICMS e operações interestaduais com combustíveis líquidos e gasosos e energia elétrica* – De acordo com o art. 155, § 2º, X, *b*, o ICMS não incidirá "sobre operações que destinem a outros Estados petróleo, inclusive lubrificantes, combustíveis líquidos e gasosos dele derivados, e energia elétrica". Vale registrar a observação de Regina Helena Costa: "Sublinhe-se que apenas as operações *interestaduais* estão abrangidas pela norma exonerativa, o que

afasta as operações internas, realizadas no território de um único Estado ou do Distrito Federal" (COSTA, 2006, p. 201);

- *ICMS e o ouro* – De acordo com o art. 155, § 2º, X, *c*, o ICMS "sobre o ouro, nas hipóteses definidas no art. 153, § 5º". Este último dispositivo estabelece: "O ouro, quando definido em lei como ativo financeiro ou instrumento cambial, sujeita-se exclusivamente à incidência do imposto de que trata o inciso V do *caput* deste artigo". Este último é o imposto sobre operações de crédito, câmbio e seguro, ou relativa a títulos ou valores mobiliários (IOF). Assim, quando o outro *não* é mercadoria, ou seja, quando *não* está na forma de joias, peças decorativas etc., mas é definido como ativo financeiro ou instrumento cambial, quer dizer, objeto de contratos financeiros, está imune ao ICMS e submete-se *apenas* à incidência do IOF;
- *ICMS e serviços de radiodifusão* – O art. 155, § 2º, X, *d*, estabelece que o ICMS não incidirá "nas prestações de serviço de comunicação nas modalidades de radiodifusão sonora e de sons e imagens de recepção livre e gratuita".

ATENÇÃO! Reforma tributária!

- *ICMS e operações internas com combustíveis líquidos e gasosos, energia elétrica e telecomunicações* – A Emenda Constitucional nº 132. 2023, que veiculou a chamada reforma tributária, modificou a redação do disposto no art. 155, § 3º, da Constituição, nos seguintes termos: "À exceção dos impostos de que tratam o inciso II do *caput* deste artigo e os arts. 153, I e II, e 156-A, nenhum outro imposto poderá incidir sobre operações relativas a energia elétrica e serviços de telecomunicações e, à exceção destes e do previsto no art. 153, VIII, nenhum outro imposto poderá incidir sobre operações relativas a derivados de petróleo, combustíveis e minerais do País". O dispositivo deve ser compreendido sob dupla perspectiva: (a) operações com energia elétrica e serviços de telecomunicações: incidem apenas o ICMS, o imposto sobre a importação (II), o imposto sobre a exportação (IE) e imposto sobre bens e serviços (IBS) – há imunidade quanto ao restante dos impostos; (b) derivados de petróleo, combustíveis e minerais: incidem apenas o ICMS, o II, o IE, o IBS e o imposto federal sobre produção, extração, comercialização ou importação de bens e serviços prejudiciais à saúde ou ao meio ambiente – há imunidade para o restante dos impostos. A diferença entre o § 2º, X, *b* e o 3º do art. 155 da CF/1988, reside em que, no primeiro, a Constituição fala de operações *interestaduais*, enquanto no segundo trata de operações *internas*, isto é, que ocorrem dentro do território do Estado ou Distrito Federal.

ATENÇÃO! Reforma tributária!

- *IPVA, aeronaves e embarcações específicas* – A EC 132/2023, que veiculou a reforma tributária, incluiu o inciso III ao § 6º do art. 155 da CF/1988, que trata do imposto sobre a propriedade de veículos automotores (IPVA), estabelecendo que o imposto "incidirá sobre a propriedade de veículos automotores terrestres, aquáticos e aéreos, excetuados". O dispositivo corrige uma antiga injustiça tributária, pois, antes da reforma, o STF havia firmado jurisprudência no sentido que o IPVA só podia incidir sobre veículos automotores terrestres. Nada obstante, a palavra "excetuados", no final do dispositivo, indica uma imunidade. De fato, o dispositivo veicula norma explicitadora de incidência; a exceção, *a contrario sensu*, só pode indicar *não incidência*. Portanto, estão imunes ao IPVA: (a) aeronaves agrícolas e de operador certificado para prestar serviços aéreos a terceiros; (b) embarcações de pessoa jurídica que detenha outorga para prestar serviços de transporte aquaviário ou de pessoa física ou jurídica que pratique pesca industrial, artesanal, científica ou de subsistência; (c) plataformas suscetíveis de se locomoverem na água por meios próprios, inclusive aquelas cuja finalidade principal seja a exploração de atividades econômicas em águas territoriais e na zona econômica exclusiva e embarcações que tenham essa mesma finalidade principal; (d) tratores e máquinas agrícolas;

- *IPTU e templos de qualquer culto* – A EC 116/2022 incluiu o § 1º-A ao art. 156 da CF/1988, que trata do imposto sobre a propriedade predial e territorial urbana (IPTU), dispondo que o gravame "não incide sobre templos de qualquer culto, ainda que as entidades abrangidas pela imunidade de que trata a alínea *b* do inciso VI do *caput* do art. 150 desta Constituição sejam apenas locatárias do bem imóvel";
- *ITBI e direitos reais de garantia* – O art. 156, inciso II, da CF/1988, autoriza os Municípios e o Distrito Federal a instituírem imposto sobre a "transmissão *inter vivos*, a qualquer título, por ato oneroso, de bens imóveis, por natureza ou acessão física, e de direitos reais sobre imóveis, exceto os de garantia, bem como cessão de direitos a sua aquisição". Trata-se do chamado ITBI, que incide, como regra, sobre a compra e venda de bens imóveis e transmissão de direitos reais sobre imóveis. Nada obstante, a palavra "exceto", que retira da abrangência da norma de incidência os *direitos reais de garantia*, indica imunidade específica. Assim, estão imunes ao ITBI a transmissão de direitos reais de garantias sobre imóveis, como a hipoteca e a anticrese, por exemplo;
- *ITBI e metamorfose empresarial* – O art. 156, § 2º, II, que trata do ITBI, determina que o imposto "não incide sobre a transmissão de bens ou direitos incorporados ao patrimônio de pessoa jurídica em realização de capital, nem sobre a transmissão de bens ou direitos decorrente de fusão, incorporação, cisão ou extinção de pessoa jurídica, salvo se, nesses casos, a atividade preponderante do adquirente for a compra e venda desses bens ou direitos, locação de bens imóveis ou arrendamento mercantil". A expressão "salvo se" indica exceção à regra de imunidade, ou seja, norma explicitadora de incidência. Se a atividade preponderante da empresa for a compra e venda de bens imóveis, locação etc., *não* se verifica a imunidade;

ATENÇÃO Reforma tributária

- *Imposto sobre bens e serviços (IBS)* – A Emenda Constitucional nº 132, de 2023, que veiculou a chamada reforma tributária, estabeleceu nova competência tributária para a instituição, pela União, do chamado imposto sobre bens e serviços (IBS). Nesse sentido, o art. 156-A, da CF/1988, elenca algumas imunidades específicas, na medida em que determina, no § 1º, inciso III e XI, que o imposto: (a) não incidirá sobre as exportações, assegurados ao exportador a manutenção e o aproveitamento dos créditos relativos às operações nas quais seja adquirente de bem material ou imaterial, inclusive direitos, ou serviço, observado o disposto no § 5º, III; (b) não incidirá nas prestações de serviço de comunicação nas modalidades de radiodifusão sonora e de sons e imagens de recepção livre e gratuita;
- *Imóveis rurais desapropriados para fins de reforma agrária* – O art. 184, § 5º, dispõe: "São isentas de impostos federais, estaduais e municipais as operações de transferência de imóveis desapropriados para fins de reforma agrária". Quando a Constituição usa a palavra "isentas", não está falando de isenção propriamente dita (o que significa exclusão do crédito tributário veiculado por meio de lei), mas de imunidade. Como vimos, não importa a palavra ou expressão usada pelo texto constitucional, mas o *sentido* que ele veicula. Se o sentido for de vedação à tributação, então estamos diante de imunidade. Neste caso, *nenhum* imposto, de qualquer ente federativo, pode incidir sobre operações de transferência de propriedade de imóveis desapropriados para fins de reforma agrária;
- *Taxa e serviço público de educação* – O art. 206, IV, da CF/1988, dispõe: "O ensino será ministrado com base nos seguintes princípios (...) gratuidade do ensino público em estabelecimentos oficiais". O art. 208, por sua vez, dispõe: "I – O dever do Estado com a educação será efetivado mediante a garantia de: educação básica obrigatória e gratuita dos 4 (quatro) aos 17 (dezessete) anos de idade, assegurada inclusive sua oferta gratuita para todos os que a ela não tiveram acesso na idade própria; II – progressiva universalização do ensino médio gratuito. O § 1º estabelece: "O acesso ao ensino obrigatório e gratuito é direito público subjetivo". A educação é serviço público universal. Portanto, deve ser financiada por meio de impostos. Nada obstante, há atividades educacionais que assumem o caráter de serviço público específico e divisível, o que poderia ensejar a cobrança de taxa. No entanto, quando a Constituição determina, de forma generalizada, a *gratuidade* do serviço de educação, está vendando a cobrança de qualquer tributo que porventura pudesse incidir, o que significa a existência de imunidade. Neste sentido, registre-se o enunciado da súmula vinculante nº 12, do STF: "A cobrança de taxa de matrícula nas universidades públicas viola o disposto no art. 206, IV, da Constituição Federal";
- *Contribuição social para a seguridade social, aposentadorias e pensões* – O art. 195, II, da CF/1988, prevê as fontes de financiamento da seguridade

social, chamadas de contribuições sociais para a seguridade social. Tais contribuições são de competência da União e, de acordo com o inciso II, podem ser exigidas "do trabalhador e dos demais segurados da previdência social, podendo ser adotadas alíquotas progressivas de acordo com o valor do salário de contribuição, não incidindo contribuição sobre aposentadoria e pensão concedidas pelo Regime Geral de Previdência Social". A cláusula "não incidindo" significa imunidade, ou seja, as contribuições exigíveis do trabalhador não podem ser exigidas dos aposentados e pensionista do Regime Geral de Previdência Social, isto é, das pessoas ligadas ao INSS;

- *Contribuição social para a seguridade social e sociedades beneficentes de assistência social* – O art. 195, § 7º, da Constituição, estabelece: "São isentas de contribuição para a seguridade social as entidades beneficentes de assistência social que atendam às exigências estabelecidas em lei". A seguridade social compreende ações relacionadas à saúde, previdência e assistência social. Neste último caso, as entidades beneficentes estão "isentas", isto é, *imunes* à contribuição social para a seguridade social.

SÚMULAS DO STF E DO STJ:

SÚMULA STF

Não há.

SÚMULA STJ

Não há.

SÍNTESE DOS PRINCIPAIS ENTENDIMENTOS JURIPRUDENCIAIS

"A Suprema Corte, guardiã da Constituição Federal, indicia que somente se exige lei complementar para a definição dos seus limites objetivos (materiais), e não para a fixação das normas de constituição e de funcionamento das entidades imunes (aspectos formais ou subjetivos), os quais podem ser veiculados por lei ordinária, como sois ocorrer com o art. 55, da Lei nº 8.212/91, que pode estabelecer requisitos formais para o gozo da imunidade sem caracterizar ofensa ao art. 146, II, da Constituição Federal [...]" (STF, RE 636.941/RS, 2014).

"Ainda que se admita, hipoteticamente, que o dispositivo constitucional demanda complementação pela via da lei complementar, a imunidade possui eficácia imediata, devendo ser reconhecida em favor do contribuinte ainda que pendente de regulamentação" (STF, RE 594.914 AgR/RS, 2014).

"[...] a imunidade tributária não alcançaria a entidade na hipótese de ser ela eleita responsável ou substituta tributária, porquanto, em ambas as hipóteses, a entidade não seria contribuinte do tributo, pois não seriam suas operações que se sujeitariam à tributação. Enfatizou-se que os fatos jurídicos tributários referir-se-iam a outras pessoas, contribuintes, como o produtor-vendedor, no caso dos autos, e que, se tais pessoas não gozarem da imunidade, descaberia estender-lhes a salvaguarda constitucional" 9STF, Informativo 553/2009).

"A imunidade tributária subjetiva aplica-se a seus beneficiários na posição de contribuinte de direito, mas não na de simples contribuinte de fato, sendo irrelevante para a verificação da existência do beneplácito constitucional a repercussão econômica do tributo envolvido" (STF. RE 608872. Órgão julgador: Tribunal Pleno. Relator(a): Min. DIAS TOFFOLI. Julgamento: 23/02/2017. Publicação: 27/09/2017).

13

IMUNIDADE RECÍPROCA

13.1 FUNDAMENTO E SIGNIFICADO

Os entes federativos são pessoas jurídicas de direito público interno muito especiais. Acolhem dentro de suas estruturas os poderes que compõem o Estado brasileiro e, em conjunto, exercem soberania. Assim, a União, os Estado, o Distrito Federal e os Municípios detêm poderes legislativos e executivos e, com exceção do último (os Municípios), também judiciários.

Além do mais, estão incumbidos do oferecimento de uma série de serviços públicos à população, desde segurança pública, passando pela educação, saúde, seguridade social, entre outros. Isso sem contar com a manutenção de suas próprias estruturas organizativas, como funcionários, instalações, remunerações etc.

Nesse sentido, não faria muito sentido que se exigisse o pagamento de impostos dos entes federativos. Primeiro porque tais entes não são privados, isto é, não exploram atividade econômica lucrativa, portanto, não teriam de onde retirar esse dinheiro. Segundo, porque as quantias das quais dispõem são automaticamente empenhadas no cumprimento de seus deveres constitucionais, isto é, não são utilizadas como reserva de valor ou mecanismo de poupança. É nesse contexto que emerge o art. 150, VI, *a*, da CF/1988, estabelecendo:

> **CF, art. 150.** Sem prejuízo de outras garantias asseguradas ao contribuinte, é vedado à União, aos Estados, ao Distrito Federal e aos Municípios:
>
> [...]
>
> VI – instituir imposto sobre:
>
> a) patrimônio, renda ou serviços, uns dos outros;

A imunidade recíproca, também chamada de mútua ou intergovernamental, decorre do princípio federativo. Para ser mais exato, da isonomia dos entes federativos. Ora, a União, os Estados, o Distrito Federal e os Municípios recebem suas incumbências diretamente do texto constitucional. Devem fazer ou deixar de fazer de acordo com aquilo que a Constituição preceitua. Não faz sentido que se submetam reciprocamente ao poder de tributar do outro.

A relação com o princípio federativo é tão íntima que a imunidade recíproca apareceu pela primeira vez na ordem constitucional brasileira com a Constituição de 1891 (a primeira republicana). De acordo com o artigo 10, era "proibido aos Estados tributar bens e rendas federais, ou serviços a cargo da União, e reciprocamente".

Sobre esta curiosidade histórica, Luís Eduardo Schoueri anota: "A imunidade recíproca surgiu já no primeiro texto republicano brasileiro, no qual se nota a pena de Rui Barbosa, influenciado pelo modelo norte-americano [...] Cabe notar que nas origens daquela federação, os Estados-membros detinham muita força e era necessário proteger a União contra a fúria dos Estados. Assim, no caso Mc. Culloch VS Maryland, entendeu-se que a atuação de uma pessoa jurídica de direito público não poderia ser obstada por impostos de outra. No caso, protegia-se um Banco da União contra impostos estaduais. Posteriormente, decidiu-se pela recíproca: os serviços, bens e rendas dos Estados também não poderiam ser onerados por impostos federais. Importa ressaltar, entretanto, que, enquanto naquele país a jurisprudência nem sempre foi constante acerca do alcance da imunidade (ora estendendo aos Estados-membros, ora restringindo-a à União), no Brasil o tema é matéria de disposição constitucional, não permitindo, daí, que se infiram restrições a seu alcance" (SCHOUERI, 2012, p. 396, 397).

Outro fundamento que sustenta a imunidade recíproca é a ausência de capacidade contributiva dos entes federativos. Regina Helena Costa observa: "Em segundo lugar, fundamenta-se a imunidade em tela na ausência de capacidade contributiva das pessoas políticas. Na Federação as pessoas políticas são iguais, também, em face da ausência de capacidade contributiva. Conforme já concluímos em trabalho monográfico, tais pessoas não possuem capacidade contributiva porque seus recursos destinam-se à prestação de serviços públicos que lhes incumbem" (COSTA, 2006, p. 138).

De fato, se os entes federativos possuem gastos determinados pela Constituição, não faz sentido que instituam e cobrem impostos uns dos outros. De certa forma, estariam impondo obstáculos ao cumprimento de seus próprios deveres constitucionais.

Voltando ao texto constitucional, o art. 150, VI, *a*, da CF/1988, determina que é *vedado* à União, aos Estados, ao Distrito Federal e aos Municípios *instituir impostos* sobre o patrimônio, a renda ou os serviços uns dos outros.

Já tivemos a oportunidade de ressaltar que a Constituição não utiliza a expressão "imunidade". Nesse caso, a norma negativa de competência é vertida em linguagem por meio da expressão "é vedado instituir impostos" sobre o patrimônio, renda ou serviços uns dos outros. "Uns dos outros" é o que remete à *reciprocidade* da imunidade.

Em termos simples, a imunidade recíproca proíbe que a União, os Estados, o Distrito Federal e os Municípios, instituam impostos sobre o patrimônio, a renda e os serviços uns dos outros. A imunidade genérica (art. 150, VI, da CF/1988), como sabemos, abrange todos os impostos. Por isso, os entes federativos estão proibidos de tributarem-se reciprocamente por meio dessa espécie de tributo.

Desse modo, a União e os Estados, por exemplo, não se submetem ao IPTU relativo aos imóveis de sua propriedade; a União e os Municípios não devem recolher o IPVA relativo à propriedade de seus veículos automotores; os Estados, o Distrito Federal e os Municípios não precisam pagar imposto de renda (IR) sobre as receitas públicas em ingressam em seus cofres, e assim com relação a *todos* os demais *impostos*.

Cabe ressaltar, por outro lado, que a imunidade recíproca não afasta a incidência de outras espécies de tributos. Quer dizer, os entes federativos podem instituir e cobrar, normalmente, uns dos outros, taxas ou contribuições especiais, por exemplo.

Sacha Calmon Navarro Coêlho explica: "Por primeiro, anote-se que esta imunidade não tem atuação sobre tributos, mas apenas sobre *impostos*, uma espécie do gênero. Do exposto, conclui-se que a regra constitucional da imunidade intergovernamental recíproca tem campo de atuação delimitado: não atua sobre taxas e contribuições de melhoria, que, aliás, só incidem sobre imóveis particulares; não atua sobre as chamadas contribuições parafiscais, especiais ou sociais, salvo se os referidos tributos assumirem juridicamente a feição de impostos (COÊLHO, 2009, p. 253).

Finalmente, por estarem vinculadas ao princípio federativo, as imunidades recíprocas são cláusulas pétreas, isto é, não podem ser abolidas nem mesmo por emenda constitucional (art. 60, § 4.º, I, da CF/1988).

JURISPRUDÊNCIA DO STF! IMUNIDADE RECÍPROCA E OBRIGAÇÕES ACESSÓRIAS

Vale relembrar que a imunidade recíproca, tal como qualquer imunidade, não afasta o dever de cumprimento de obrigações tributárias acessórias. O Supremo Tribunal Federal, em análise da ACO 1.098 no ano de 2020, sob relatoria do Ministro Roberto Barroso, julgou justamente nesse sentido:

> A imunidade tributária recíproca (art. 150, VI, a, da Constituição) impede que os entes públicos criem uns para os outros obrigações relacionadas à cobrança de impostos, mas não veda a imposição de obrigações acessórias [...] O art. 9º, § 1º, do Código Tributário Nacional institui reserva legal para a definição das hipóteses de responsabilidade tributária e dos atos que os entes públicos deverão praticar na qualidade de responsáveis tributários. O dispositivo não afasta a possibilidade de obrigações acessórias serem impostas por atos normativos infralegais. Não ofende o princípio da isonomia ou abala o pacto federativo norma que impõe a obrigação de apresentação de declaração de débitos e créditos de tributos federais aos Estados, aos Municípios e ao Distrito Federal, mas não a estende aos órgãos da própria União (STF, ACO 1.098/2020).

13.2 ABRANGÊNCIA SUBJETIVA

Em termos subjetivos, quais são as entidades abrangidas pela regra de imunidade recíproca? Ora, de acordo com o art. 150, *caput*, da CF/1988, sabemos que a União, os Estados, o Distrito Federal e os Municípios estão, com certeza, protegidos.

Desse modo, a União não pode ser obrigada ao pagamento do IPVA relativo aos veículos automotores de sua propriedade como, por exemplo, as viaturas da polícia federal. Os Estados não estão constrangidos ao recolhimento de ITR sobre a propriedade rural que eventualmente lhes pertença. Os Municípios não devem ser compelidos ao recolhimento de IR sobre os montantes que arrecadam a título de tributos, e assim por diante.

O art. 150, §§ 2.º e 3º, do texto constitucional, por sua vez, determinam:

> **CF, art. 150** [...].
>
> § 2º A vedação do inciso VI, *a*, é extensiva às autarquias e às fundações instituídas e mantidas pelo poder público e à empresa pública prestadora de serviço postal, no que se refere ao patrimônio, à renda e aos serviços vinculados a suas finalidades essenciais ou às delas decorrentes.
>
> ***ATENÇÃO! Reforma tributária!***
>
> § 3º As vedações do inciso VI, *a*, e do parágrafo anterior não se aplicam ao patrimônio, à renda e aos serviços, relacionados com exploração de atividades econômicas regidas pelas normas aplicáveis a empreendimentos privados, ou em que haja contraprestação ou pagamento de preços ou tarifas pelo usuário, nem exonera o promitente comprador da obrigação de pagar imposto relativamente ao bem imóvel.

Esquematize-se a abrangência subjetiva da imunidade recíproca, de forma inicial, da seguinte maneira:

<table>
<tr><td rowspan="2">Abrangidos pela imunidade recíproca
(CF, art. 150, VI, a c.c. § 2º).</td><td>União, Estados, Distritos Federal e Municípios na forma de suas Administrações Diretas</td></tr>
<tr><td>Autarquias e fundações federais, estaduais, distritais e municipais.
ATENÇÃO Reforma tributária!
De acordo com a EC 132/2023, a empresa pública prestadora de serviço postal, ou seja, a ECT (Correios), também goza de imunidade recíproca.</td></tr>
<tr><td rowspan="3">Não estão abrangidos pela imunidade recíproca
(CF, art. 150, § 3º).</td><td>Entidades relacionadas à exploração de atividade econômica regida por normas aplicáveis a empreendimentos privados, especialmente empresas públicas e sociedades de economia mista</td></tr>
<tr><td>Situações em que há contraprestação ou pagamento de preço ou tarifa pelo usuário</td></tr>
<tr><td>Promitente comprador, que não fica exonerado de recolher impostos relativamente ao bem imóvel</td></tr>
</table>

A simples enumeração dessas entidades, contudo, não é suficiente para a exata compreensão da extensão subjetiva da regra. É preciso analisar, com cuidado, cada caso em particular. É o que faremos.

A) Entes Federativos

A União, os Estados, o Distrito Federal e os Municípios, na figura de suas estruturas orgânicas relacionadas ao Poder Legislativo, Judiciário e Executivo e, no interior deste último, da Administração Pública Direta, estão protegidos pela regra de imunidade recíproca.

Desse modo, o prédio que abriga a Assembleia Legislativa do Estado, por exemplo, não está sujeito ao IPTU; os veículos utilizados pela polícia rodoviária federal não se submetem ao IPVA; os serviços prestados por autoridades federais e estaduais não devem gerar o recolhimento do ISS. O patrimônio, a renda e os serviços dos entes federativos, de modo geral e abrangente, estão excluídos da competência tributária para impostos destes mesmos entes de forma recíproca.

As razões que justificam a imunidade, como vimos, são de duas ordens:

- O princípio federativo, isto é, a autonomia e isonomia dos entes federativos;
- A ausência de capacidade contributiva, ou seja, o fato de que todas as receitas públicas, como regra, estão empenhadas em despesas públicas, isto é, em gastos com a sociedade.

JURISPRUDÊNCIA DO STF – IMUNIDADE RECÍPROCA E IOF

O STF, prestigiando a regra de imunidade recíproca, julgou inconstitucional lei federal que pretendia tributar, por meio de IOF, aplicações financeiras de Município:

> Tributário. IOF. Aplicação de recursos da Prefeitura Municipal no mercado financeiro. Imunidade do art. 150, VI, *a*, da Constituição. À ausência de norma vedando as operações financeiras da espécie, é de reconhecer-se estarem elas protegidas pela imunidade do dispositivo constitucional indicado, posto tratar-se, no caso, de rendas produzidas por bens patrimoniais do ente público. (STF, RE 213.059/SP, 1997).

B) Autarquias, fundações públicas e Empresa Brasileira de Correios e Telégrafos (ECT)

A Emenda Constitucional nº 132, de 2023, que veiculou a chamada reforma tributária, deu nova redação ao § 2.º do art. 150 da CF/1988, determinando que "a vedação do inciso VI, *a*, é extensiva às autarquias e às fundações instituídas e mantidas pelo poder público e à empresa pública prestadora de serviço postal, no que se refere ao patrimônio, à renda e aos serviços vinculados a suas finalidades essenciais ou às delas decorrentes".

Comecemos pelas duas primeiras, que já figuravam na redação original do dispositivo. Por que as autarquias e fundações públicas estão abrangidas pela regra de imunidade recíproca?

Tais entidades compõem a Administração Pública Indireta na qualidade de *pessoas jurídicas de direito público*. Quer dizer, submetem-se a regime jurídico de direito público, uma vez que são criadas para auxiliar o Estado no cumprimento de seus deveres constitucionais (princípio da especialidade).

Nesse sentido, a natureza jurídica dessas entidades é muito parecida com a natureza jurídica dos próprios entes federativos. Afinal de contas, estes últimos também são pessoas jurídicas de direito público interno. Além do mais, autarquias e fundações são criadas para prestarem serviços púbicos, tal como o fazem os entes federativos. Assim, a o texto constitucional assegura a estas figuras da Administração Indireta a imunidade que, na alínea *a*, assegurou à Administração Direta.

O Instituto Nacional do Seguro Social (INSS), por exemplo, é uma autarquia federal. Foi criado para especializar-se na .prestação dos serviços relacionados à seguridade social, como a concessão de aposentadorias, pensões, auxílios-doença etc. O Conselho Administrativo de Defesa Econômica (CADE) é outro exemplo de autarquia federal (Lei 8.884/94), cuja função básica é atuar na prevenção e repressão às infrações contra a ordem econômica. Os imóveis dessas autarquias estão imunes ao IPTU; seus veículos automotores ao IPVA; as prestações de serviços não se submetem ao imposto sobre serviços de qualquer natureza (ISS), e assim por diante.

Vale ressaltar que a imunidade está assegurada às autarquias e fundações e protege o patrimônio, a renda e os serviços, *desde que* vinculados a suas finalidades essenciais ou às delas decorrentes.

Regina Helena Costa explica: "Finalidades essenciais, a nosso ver, são os objetivos inerentes à própria natureza das entidades, os propósitos que conduziram à sua instituição [...] Finalidades decorrentes das essenciais – parâmetro que somente se aplica às autarquias e fundações instituídas e mantidas pelo Poder Público – por sua vez, são aquelas relacionadas com os objetivos principais da entidade, aquelas que guardam com eles correspondência, apesar de não constituírem metas atreladas à própria natureza da entidade" (COSTA, 2006, p. 141).

Alguns autores sustentam que, à luz das exigências estabelecidas pelo art. 150, § 2.º, da CF/1988, tal imunidade seria *condicionada*. Quer dizer, se tais entidades se desviarem de suas finalidades essenciais, deixam de fazer jus à imunidade recíproca. Qual é, no entanto, a finalidade essencial das autarquias e fundações? Auxiliar o Estado na prestação de serviços públicos ou serviços de interesse público, submetidas a regime jurídico de direito público e guiadas pelo princípio da especialidade. Em outras palavras, não cabe às autarquias e fundações a exploração de atividade econômica.

Em suma, autarquias e fundações públicas, como regra, estão sob o abrigo da imunidade recíproca, uma vez que são pessoas jurídicas de direito público, instituídas com a finalidade de auxiliar o Estado na prestação de serviços públicos. Desse modo, seu patrimônio, renda e serviços não estão sujeitos à tributação por impostos, desde que estejam vinculados às suas finalidades essenciais ou delas decorrentes.

JURISPRUDÊNCIA DO STF! INCRA E IMUNIDADE RECÍPROCA

A Primeira Turma do STF reconheceu a existência de imunidade recíproca ao INCRA (Instituto Nacional de Colonização e Reforma Agrária), autarquia federal (STF, Informativo 518/2008). Nessa toada, é interessante mencionar trecho do voto do Ministro Joaquim Barbosa, quando, em outro julgamento, ao debruçar-se sobre a existência ou não de imunidade recíproca, ressalta precedentes do STF segundo os quais três funções condicionam e justificam a existência da imunidade recíproca, bem como seu alcance, a saber:

1) Operar como salvaguarda do pacto federativo para evitar que a tributação funcione como instrumento de coerção ou indução de um ente sobre o outro; 2) Proteger atividade desprovida de capacidade contributiva, isto é, atividades públicas em sentido estrito, executadas sem ânimo lucrativo; 3) Não beneficiar a expressão econômica de interesses particulares, sejam eles públicos ou privados, nem afetar intensamente a livre iniciativa e a livre concorrência, excetuadas as permissões constitucionais (STF, Informativo 628/2011).

a) Autarquias de regime especial: agências reguladoras, agências executivas e associações públicas

Eduardo Sabbag chama a atenção para as autarquias de regime especial, em particular, as agências reguladoras, agências executivas e as associações públicas, que também fazem jus à imunidade recíproca (SABBAG, 2014, p. 299, 301). Podemos esquematizar da seguinte maneira:

- *Agência reguladora* – É instituída sob a forma de autarquia de regime especial. Tem a função precípua de regular a prestação de serviços públicos por particulares que receberam delegação (concessionários ou permissionários). Atuam também na regulação de certas atividades econômica, como a ANP (Agência Nacional do Petróleo). Exemplos: Agência Nacional das Águas (ANA), Agência Nacional de Telecomunicações (ANATEL), Agência Nacional de Energia Elétrica (ANEEL), Agência Nacional de Vigilância Sanitária (ANVISA) etc.;
- *Agência executiva* – Qualificação atribuída por decreto presidencial a autarquia ou fundação que celebrem contrato de gestão com o respectivo ministério supervisor. Sabbag anota: "Portanto, as agências executivas são, sempre e efetivamente, integrantes da Administração Pública. Não constituem entidades novas na estrutura formal da Administração Pública, mas sim, uma qualificação especial que poderá ser conferida pelo Poder Público" (SABBAG, 2014, p. 300). O objetivo é a flexibilização de algumas atividades com vistas a alcançar maior eficiência;
- *Associação pública* – O autor chama a atenção para as associações públicas. São consórcios públicos que se submetem a regime jurídico de direito público (art. 41, IV, CC/2002). "Por conseguinte, as associações públicas deverão ser submetidas ao mesmo regime jurídico das autarquias, qual seja, o regime jurídico de direito público" (SABBAG, 2014, p. 300).

Note-se que as agências reguladoras e as agências executivas são autarquias de regime especial. Logo, fazem jus à imunidade recíproca nos termos do § 2.º do art. 150, desde que desenvolvam atividades vinculadas às suas finalidades essenciais. As associações públicas, desde que mantenham regime público e desenvolvam atividades compatíveis com esse regime (serviço público ou de utilidade pública), também fazem jus à imunidade.

Assim, Sabbag conclui: "Posto isso, acreditamos que a imunidade recíproca deve, naturalmente, ser extensível às autarquias de regime especial, entre as quais se destacam as Agências Reguladoras e as Agências Executivas, sem embargo das Associações Públicas, quando se revestirem da personalidade jurídica de direito público" (SABBAG, 2014, p. 301).

b) OAB e Caixa de Assistência de Advogados

A Ordem dos Advogados do Brasil (OAB) é definida pela Lei 8.906/1994 como serviço público. Alguns autores a definem como *autarquia corporativa especial*. De fato, o art. 44, *caput*, estabelece:

> **Lei nº 8.906/94, art. 44.** A Ordem dos Advogados do Brasil (OAB), serviço público, dotada de personalidade jurídica e forma federativa, tem por finalidade [...].

O art. 45, § 5.º, da lei, por sua vez, prescreve:

> **Lei nº 8.906/94, art. 45.** (...)
>
> § 5º. A OAB, por constituir serviço público, goza de imunidade tributária total em relação a seus bens, rendas e serviços.

Obviamente, se a OAB possui ou não direito à imunidade, isto depende da Constituição Federal e não da lei que a institui e disciplina. Vimos que as imunidades são regras constitucionais. Assim, a imunidade apenas está garantida se a natureza jurídica da corporação adequar-se aos requisitos exigidos pelo texto constitucional. O que a lei pode ou não conferir, dependendo da situação, é isenção e não imunidade. O STF, a propósito, entendeu que o perfil jurídico da OAB permite que desfrute da imunidade. A Segunda Turma adotou o seguinte entendimento:

> A imunidade tributária gozada pela Ordem dos Advogados do Brasil é da espécie recíproca (art. 150, VI, 'a' da CF/1988), na medida em que a OAB desempenha atividade própria de Estado (defesa da Constituição, da ordem jurídica do Estado democrático de direito, dos direitos humanos, da justiça social, bem como a seleção e controle disciplinar dos advogados. A imunidade tributária recíproca alcança apenas as finalidades essenciais da entidade protegida. O reconhecimento da imunidade tributária às operações financeiras não impede a autoridade fiscal de examinar a correção do procedimento adotado pela entidade imune. Constatado desvio de finalidade, a autoridade fiscal tem o poder-dever de constituir o crédito tributário e de tomar as demais medidas legais cabíveis (STF, RE 259.976 (AgR)/RS, 2012).

As Caixas de Assistência dos Advogados, por sua vez, compõem a estrutura organizacional da OAB, nos termos do art. 45 da mesma lei. O § 4.º, contudo, determina o seguinte:

> **Lei nº 8.906/94, art. 45** (...)
>
> § 4º. Caixas de Assistência dos Advogados, dotadas de personalidade jurídica própria, são criadas pelos Conselhos Seccionais, quando estes contarem com mais de mil e quinhentos inscritos.

Por isso, em 2009 a Segunda Turma do STF decidiu do seguinte modo que tais Caixas *não* faziam jus à imunidade (STF, Informativo 570/2009). Não obstante, em 2018 o STF se manifestou adotando entendimento diverso. No julgamento de recurso extraordinário, o Pleno assentou:

> Recurso extraordinário. Matéria afetada para julgamento no Tribunal Pleno pela Segunda Turma [...] Direito Tributário. Imunidade recíproca. Art. 150, VI, 'a', da Constituição Federal. Ordem dos Advogados do Brasil. Caixa de Assistência dos Advogados. [...] É pacífico o entendimento de que a imunidade tributária gozada pela Ordem dos Advogados do Brasil é da espécie recíproca (CF, 150, VI, 'a'), na medida em que a OAB desempenha atividade própria de Estado [...] Na esteira da jurisprudência do STF, considera-se que a Ordem dos Advogados possui finalidades institucionais e corporativas, além disso ambas devem receber o mesmo tratamento de direito público. As Caixas de Assistências dos Advogados prestam serviço público delegado, possuem status jurídico de ente público e não exploram atividades econômicas em sentido estrito com intuito lucrativo. A Caixa de Assistência dos Advogados de Minas Gerais encontra-se tutelada pela imunidade recíproca prevista no art. 150, VI, 'a', do Texto Constitucional, tendo em vista a impossibilidade de se conceder tratamento tributário diferenciado a órgãos da OAB, de acordo com as finalidades que lhe são atribuídas por lei (STF, RE 405267/MG, Pleno, 18/10/2018).

Em suma, para o STF não apenas a OAB, como também suas Caixas de Assistência fazem jus à imunidade tributária recíproca.

c) Empresa Brasileira de Correios e Telágrafos (ECT)

ATENÇÃO! Reforma tributária!

Como veremos, as empresas públicas e sociedade de economia mistas, por serem pessoas jurídicas de direito privado, não fazem jus, como regra, à imunidade recíproca. Isso ocorre porque são criadas para a exploração de atividade econômica com finalidade lucrativa, isto é, em regime de concorrência com o setor privado. Se fizessem jus à imunidade tributária, poderiam oferecer mercadorias ou serviços mais baratos do que a iniciativa privada, violando, com isso, o princípio da livre concorrência (CF, art. 170, IV).

Existem circunstâncias, contudo, em que as empresas públicas e as sociedades de economia mista, no lugar de desenvolverem atividade econômica, são criadas para a prestação de *serviço público de prestação obrigatória e exclusiva pelo Estado*. É o caso típico da Empresa Brasileira de Correios e Telégrafos (ECT).

Em situações como estas, como agir?

Devemos reconhecer que tal empresa deveria ter assumido a forma de autarquia ou fundação. Mas, considerando que em sua criação adotou-se a forma de empresa pública, como se deve agir com relação à imunidade? Lembremos que as empresas públicas fazem parte da Administração Pública Indireta, quer dizer, embora ostentem natureza privada, não são entes particulares, porém estatais.

Roque Carrazza há muito já se posicionava no sentido de que tais empresas, quando delegatárias de serviços públicos, estão protegidas pela: "A mesma ordem de raciocínio vale para as empresas estatais (empresas públicas e sociedades de economia mista) enquanto delegatárias de serviços públicos. Destarte, a elas também se aplica o princípio da imunidade recíproca, como bem o percebeu Geraldo Ataliba [...] Aprofundando o assunto, as empresas estatais, quando delegatárias de serviços públicos ou de atos de polícia – e que, portanto, não exploram atividades econômicas –, não se sujeitam à tributação por meio de impostos, justamente porque são a *longa manus* das pessoas políticas que, por meio de lei, as criam e lhes apontam os objetivos públicos a alcançar" (CARRAZZA, 2011, p. 792, 799).

No caso da ECT, é importante verificar o art. 21, X, da CF/1988, que determina:

> **CF, art. 21.** Compete à União:
>
> (...)
>
> X – manter o serviço postal e o correio aéreo nacional;

Embora a manutenção do serviço postal tenha sido reservada, pela Constituição, à União, a ECT recebeu, por determinação legal, a incumbência de prestar esse serviço público. Faz jus à imunidade?

A empresa interpôs recurso extraordinário junto ao STF contra acórdão do Tribunal Regional Federal da 4.ª Região, que houve por bem condená-la ao pagamento de imposto predial e territorial urbano (IPTU) ao argumento de que é empresa pública e, portanto, não estaria abrigada pela imunidade recíproca prevista no art. 150, VI, *a*, da CF/1988. Enfrentando a questão, a Segunda Turma do STF assim se posicionou:

> A Empresa Brasileira de Correios e Telégrafos (ECT) está abrangida pela imunidade tributária recíproca prevista no art. 150, VI, 'a', da CF, haja vista tratar-se de prestadora de serviço público de prestação obrigatória e exclusiva do Estado [...] Salientou-se, ademais, a distinção entre empresa pública como instrumento de participação do Estado na economia e empresa pública prestadora de serviço público (STF, Informativo 353/2004).

Em 2010 o Plenário reafirmou o entendimento:

> A jurisprudência deste Supremo Tribunal Federal, desde o julgamento do RE nº 407.099/RS, Relator o Ministro Carlos Velloso [...], firmou-se no sentido de que a Empresa Brasileira de Correios e Telégrafos, empresa pública prestadora de serviço público, é beneficiária da imunidade tributária recíproca prevista no art. 150, VI, 'a', da Constituição da República. Esse entendimento

> foi confirmado pelo Plenário desta Corte na ACO nº 765/RJ, Redator para o acórdão o Ministro Menezes Direito (STF, ACO 789/PI, 2010).

Em 2014 a Corte teve a oportunidade de se manifestar novamente sobre o assunto:

> Não incide o ICMS sobre o serviço de transporte de bens e mercadorias realizado pela Empresa Brasileira de Correios e Telégrafos – ECT. Esse o entendimento do Plenário, que, por maioria, deu provimento a recurso extraordinário em que se discutia o alcance da imunidade tributária recíproca (CF, art. 150, VI, *a*) relativamente ao referido imposto, incidente sobre específica modalidade de serviço postal realizado pela ECT. A Corte afastou, inicialmente, questão posta no acórdão recorrido no sentido de que a ECT, quando da realização do transporte de mercadoria, e tendo em conta a natureza jurídica de direito privado daquela entidade, não estaria albergada pela proteção da imunidade tributária recíproca. Segundo esse entendimento, tratar-se-ia, na espécie, de contrato oneroso de transporte, ausente norma legal a amparar o tratamento diferenciado. O Colegiado asseverou que o fluxo de atividade dos Correios, no que diz com o serviço postal, estaria previsto no art. 7º, 'caput', e § 3º, da Lei 6.538/1978 [...] O transporte de encomendas, portanto, também estaria inserido no rol das atividades desempenhadas pela entidade em comento, e esta, como assentado no RE 601.392/PR [...], deveria cumprir o encargo de alcançar todos os lugares do Brasil, sem a possibilidade de recusa, diferentemente das empresas privadas. Por fim, a ECT não poderia nem deveria ser equiparada a empresa de transporte privado – cuja atividade fim fosse o transporte de mercadorias –, na medida em que, não apenas o recebimento e a entrega de correspondências e encomendas, mas, notadamente, o próprio transporte, seriam todas fases indissociáveis de um serviço postal que se qualificaria pela incindibilidade, tendo em vista a sua última destinação e sua própria função (STF, Informativo 767/2014).

Houve manifestação no mesmo sentido quando se analisou a cobrança de IPVA:

> São imunes à incidência do IPVA os veículos automotores pertencentes à Empresa Brasileira de Correios e Telégrafos – ECT (CF, art. 150, VI, *a*). Esse o entendimento do Plenário, que, por maioria, julgou procedente pleito formulado em ação cível originária na qual a referida empresa pública buscava o afastamento da exigibilidade do IPVA cobrado por Estado-membro, bem como das sanções decorrentes do não pagamento do tributo, tendo em conta o alegado desempenho de atividades típicas de serviço público obrigatório e exclusivo. A Corte reafirmou sua jurisprudência no sentido de ser aplicável a imunidade tributária recíproca em favor da ECT, inclusive em relação ao IPVA, reiterado o quanto decidido no RE 601.392/PR [...], na ACO 819 AgR/SE [...] e na ACO 803 AgR/SP [...] (STF, Informativo 769/2014).

Coloque-se em evidência, ainda, que o simples fato de a empresa cobrar do usuário tarifa ou preço (art. 150, § 3.º, segunda parte, da CF/1988) não é suficiente para negar-lhe o direito à imunidade recíproca.

E isso porque, como afirma Roque Carrazza, "a contraprestação econômica pelo serviço público prestado ou pelo ato de polícia praticado nunca é a adequada, já que não há equivalência e equilíbrio entre o custo da atuação estatal e o valor desembolsado pelo usuário em razão dela" (CARRAZZA, 2011, p. 793).

A propósito, a Segunda Turma do STF decidiu no mesmo sentido da lição doutrinária acima citada:

> Esta Corte já fixou entendimento no sentido de que a imunidade prevista no art. 150, VI, *a*, da Constituição se aplica ao patrimônio, renda ou serviços inerentes ao desempenho de atividades imanentes ao Estado, ainda que sejam executadas por sociedades de economia mista ou empresas públicas e independentemente da cobrança por elas de tarifas como contraprestação (STF, ARE 816.120 AgR/RJ, 2014).

Nesse sentido, a EC 132/2023, ao modificar a redação do § 2º do art. 150 da Constituição Federal, para acrescentar não faz mais do que confirmar, no âmbito do texto constitucional, a jurisprudência que o STF firmou há muito tempo e que vinha sendo aplicada de forma mansa e pacífica.

d) ECT, imunidade e serviços não abarcados pelo monopólio da União

Questão importante gira em torno de saber se a ECT permanece imune à tributação por impostos mesmo nos casos em que presta serviços não abarcados pelo monopólio da União. O STF julgou recurso extraordinário no qual se discutiu a exigência, por parte de certo Município, do pagamento de ISS (imposto sobre serviços) incidente sobre estas atividades:

> Na espécie, o recurso fora interposto de acórdão em que se limitara o colimado benefício aos serviços tipicamente postais mencionados no art. 9º da Lei 6.538/78. A Corte de origem entendera ser lícito ao Município recorrido a cobrança de Imposto sobre Serviços – ISS relativamente àqueles não abarcados pelo monopólio concedido pela União (STF, Informativo 628/2011).

Desdobrando a questão, o art. 21, X, da CF/1988, determina que cabe à União manter o serviço postal e o correio aéreo nacional. Pois bem, sabemos que a ECT presta outros serviços, que não os mencionados no dispositivo, inclusive vinculados explicitamente à iniciativa privada, como a venda de títulos privados de capitalização e o desempenho de serviços bancários. Nesse caso, como resolver a questão? O Ministro Joaquim Barbosa, relator do caso, negou provimento ao recurso interposto pela ECT, no que foi acompanhado pelos Ministros Luiz Fux, Cármen Lúcia, Ricardo Lewandowski, Marco Aurélio e Cezar Peluso. Seus argumentos podem ser resumidos da seguinte maneira:

> A exoneração integral e incondicional da empresa desvia-se dos objetivos justificadores da proteção constitucional, porquanto a ECT, nesses casos, desempenha atividades de intenso e primário interesse privado-particular,

> ou seja, não público; a imunidade não deve ser aplicada quando a empresa prestar serviços também franqueados à iniciativa privada, para evitar vantagens competitivas artificiais em detrimento do princípio da concorrência; a extensão irrefletida e desmesurada do aludido benefício garante aos particulares que contratam com os Correios redução expressiva da carga tributária; a importância da atividade protegida pela imunidade não pode justificar a colocação dos princípios da livre-iniciativa e da concorrência em segundo plano, em toda e qualquer hipótese; a ênfase na aplicação dos recursos, como modo em si para garantir o benefício, abre margem ao abuso e à desconsideração do equilíbrio concorrencial. Assim, concluiu que seria circunstância insuficiente para reconhecer à ECT imunidade ampla e irrestrita (STF, Informativo 628/2011).

Houve divergência por parte dos Ministros Ayres Britto, Gilmar Mendes e Celso de Mello, que votaram a favor da recorrente, isto é, da ECT, e formularam os seguintes argumentos:

> A manutenção do correio aéreo nacional e dos serviços postais e telegráficos pela recorrente não poderia sofrer solução de continuidade, de modo a ser obrigatoriamente sustentada pelo Poder Público, ainda que lhe gere prejuízo; é possível a adoção de política tarifária de subsídios cruzados, porquanto os Correios realizariam também direitos fundamentais da pessoa humana – comunicação telegráfica e telefônica e o sigilo dessas comunicações –, em atendimento que alcançaria todos os municípios brasileiros (integração nacional) com tarifas módicas; a extensão do regime de imunidade tributária seria natural, haja vista que a recorrente seria longa manus da União, em exercício de atividade absolutamente necessária e mais importante do que a própria compostura jurídica ou a estrutura jurídico-formal da empresa; essas outras atividades existiriam para custear o desempenho daquela sob reserva constitucional de monopólio e que, se assim não fosse, frustrar-se-ia o objetivo do legislador de viabilizar a integração nacional e dar exequibilidade à fruição do direito básico de se comunicar com outras pessoas, com as instituições e de exercer direitos outros fundados na própria Constituição; em arremate, frisou-se não haver comprometimento do status de empresa pública prestadora de serviços essenciais, sendo conditio sine qua non para a viabilidade de um serviço postal contínuo, universal e de preços módicos (STF, Informativo 648/2011).

Pois bem, ao fim e contando com a modificação do voto proferido pelo Ministro Ricardo Lewandowski, o Plenário houve por bem decidir no sentido de que a ECT faz jus à imunidade recíproca, mesmo nas circunstâncias em que exerce atividade típica da iniciativa privada:

> Os serviços prestados pela Empresa Brasileira de Correios e Telégrafos – ECT estão abrangidos pela imunidade recíproca (CF, art. 150, VI, a, e §§ 2º e 3º). Essa a orientação do Plenário que, ao concluir julgamento, por maioria, proveu recurso extraordinário interposto de acórdão em que se limitara o colimado benefício aos serviços tipicamente postais mencionados no art. 9º da Lei 6.538/78 (STF, Informativo 696/2013).

A) Empresas públicas e sociedades de economia mista

Autarquias e fundações públicas, assim como a Empresa Brasileira de Correios e Telégrafos (ECT), estão imunes à tributação por impostos. As duas primeiras são pessoas jurídicas de direito público, criadas para auxiliar o Estado na prestação de serviços públicos. A segunda, embora seja pessoa jurídica de direito privado, presta serviço público de monopólio exclusivo da União.

A questão que se coloca agora é a seguinte: empresas públicas e sociedades de economia mista, pessoas jurídicas de direito privado criadas para explorar atividade econômica lucrativa, também fazem jus à imunidade recíproca?

a) Atuação no domínio econômico e regime jurídico

Para responder adequadamente à indagação, precisamos saber exatamente qual é a natureza jurídica desses entes. É preciso saber por que são criadas e que funções devem cumprir.

O art. 173 da CF/1988 nos ajuda a iniciar o enfrentamento do problema. Sabemos que tal dispositivo trata da atuação do Estado no domínio econômico. Essa atuação, já vimos, é sempre excepcional e não a regra. Vejamos o que dizem o § 1º, II e o § 2º do artigo.

> **CF, art. 173.** Ressalvados os casos previstos nesta Constituição, a exploração direta de atividade econômica pelo Estado só será permitida quando necessária aos imperativos da segurança nacional ou a relevante interesse coletivo, conforme definidos em lei.
>
> § 1º A lei estabelecerá o estatuto jurídico da empresa pública, da sociedade de economia mista e de suas subsidiárias que explorem atividade econômica de produção ou comercialização de bens ou de prestação de serviços, dispondo sobre:
>
> [...]
>
> II – a sujeição ao regime jurídico próprio das empresas privadas, inclusive quanto aos direitos e obrigações civis, comerciais, trabalhistas e tributários;
>
> [...]
>
> § 2º As empresas públicas e as sociedades de economia mista não poderão gozar de privilégios fiscais não extensivos às do setor privado.

Perceba-se que a Constituição traça um perfil diferenciado para as empresas públicas e sociedades de economia mista. Uma vez que são formas de atuação do Estado na atividade econômica e, considerando que esta atividade é reservada aos particulares, o texto constitucional preocupa-se em traçar um regime jurídico que aproxime essas entidades públicas das empresas privadas.

A Constituição, contudo, *não iguala* as empresas públicas e sociedades de economia mista às empresas do setor privado. E nem poderia, pois as primeiras são formas estatais de atuação no domínio econômico e não visam apenas ao lucro. O texto constitucional, entretanto, preocupa-se em proteger um valor fundamental ao exercício da atividade econômica: a livre concorrência (art. 170, IV, da CF/1988).

Daí a preocupação constitucional em estabelecer que as empresas públicas e sociedades de economia mistas devem submeter-se a regime jurídico próprio das empresas privadas, inclusive no que tange a questões tributárias e não devem gozar de privilégios fiscais não extensivos ao setor privado.

Ora, se as empresas públicas e sociedades de economia mista pudessem gozar de privilégios tributários e fiscais estariam capacitadas a oferecer um serviço mais barato ao público. Se isso acontecesse, o princípio da livre concorrência restaria violado.

Se o Banco do Brasil (sociedade de economia mista), por exemplo, estiver imune a todos os impostos que podem incidir sobre seu patrimônio, renda e serviços, obviamente oferecerá tarifas bancárias mais baratas do que os bancos privados. Os consumidores tenderão a migrar para o banco estatal e a livre concorrência estará violada. O mesmo ocorre com a Caixa Econômica Federal (empresa pública).

Assim, à luz das funções que tais instituições devem desempenhar no âmbito do domínio econômico, relacionadas à segurança nacional e relevante interesse coletivo (art. 173, *caput*, da CF/1988), podemos defini-las como entes da Administração Pública Indireta que assumem a forma de *pessoas jurídicas de direito privado*, criadas, como regra, para explorar atividade econômica lucrativa e subordinadas a regime jurídico aproximado ao das empresas privadas, inclusive no que toca a questões tributárias.

Não são outras, aliás, as definições de José dos Santos Carvalho Filho: "Empresas públicas são pessoas jurídicas de direito privado, integrantes da Administração Indireta do Estado, criadas por autorização legal, sob qualquer forma jurídica adequada a sua natureza, para que o Governo exerça atividades gerais de caráter econômico ou, em certas situações, execute serviço público. Sociedades de economia mista são pessoas jurídicas de direito privado, integrantes da Administração Indireta do Estado, criadas por autorização legal, sob a forma de sociedades anônimas, cujo controle acionário pertença ao Poder Público, tendo por objetivo, como regra, a exploração de atividades gerais de caráter econômico e, em algumas ocasiões, a prestação de serviços públicos" (CARVALHO FILHO, 2013, p. 496).

b) Exclusão da imunidade recíproca

A proteção do princípio da livre concorrência (CF, art. 170, IV), como vimos, impõe que as empresas públicas e sociedades de economia mista não gozem de privilégios tributários e fiscais que não sejam extensivos ao setor privado. Nesta toada, o art. 150, § 3.º, primeira parte, da CF/1988, é claro ao determinar o seguinte:

> **Art. 150.** Sem prejuízo de outras garantias asseguradas ao contribuinte, é vedado à União, aos Estados, ao Distrito Federal e aos Municípios:
>
> [...]
>
> § 3º – As vedações do inciso VI, 'a', e do parágrafo anterior não se aplicam ao patrimônio, à renda e aos serviços, relacionados com exploração de atividades econômicas regidas pelas normas aplicáveis a empreendimentos privados [...]

Assim, podemos afirmar que as empresas públicas e sociedades de economia mista, como regra, *não* fazem jus à imunidade recíproca prevista no art. 150, VI, *a*, da CF/1988. Uma vez que são pessoas jurídicas de direito privado, não podem gozar de privilégios tributários ou fiscais que coloquem em risco o postulado da livre concorrência.

Não é outra, aliás, a lição de Roque Carrazza: "Somos os primeiros a concordar que as empresas públicas e as sociedades de economia mista, quando desempenham atividades econômicas, devem ser submetidas aos mesmos tributos que alcançam as empresas privadas em geral" (CARRAZZA, 2011, p. 796).

JURISPRUDÊNCIA DO STF – PETRÓLEO BRASILEIRO S.A. (PETROBRÁS)

A empresa Petróleo Brasileiro S.A. (Petrobrás), sociedade de economia mista federal, recorreu ao STF contra acórdão que a condenou ao pagamento de imposto predial e territorial urbano (IPTU) incidente sobre imóveis utilizados pela empresa para a passagem de condutos de transporte de petróleo, combustíveis ou derivados. A empresa sustentou a incidência da regra de imunidade recíproca (art. 150, VI, *a*, da CF/1988), sob o argumento de que desempenha atividade econômica sujeita a monopólio estatal. A Segunda Turma do STF, sob a relatoria do Ministro Joaquim Barbosa, assentou: "É irrelevante para definição da aplicabilidade da imunidade tributária recíproca a circunstância de a atividade desempenhada estar ou não sujeita a monopólio estatal. O alcance da salvaguarda constitucional pressupõe o exame (i) da caracterização econômica da atividade (lucrativa ou não), (ii) do risco à concorrência e à livre-iniciativa e (iii) de riscos ao pacto federativo pela pressão política ou econômica". Assim, o Ministro concluiu que "a imunidade tributária recíproca não se aplica à Petrobrás, pois": 1) "Trata-se de sociedade de economia mista destinada à exploração econômica em benefício de seus acionistas, pessoas de direito público e privado, e a salvaguarda não se presta a proteger aumento patrimonial dissociado de interesse público primário"; 2) "A Petrobrás visa a distribuição de lucros, e, portanto, tem capacidade contributiva para participar do apoio econômico aos entes federados"; 3) "A tributação de atividade econômica lucrativa não implica risco ao pacto federativo" (STF, RE 285.716 (AgR)/SP, 2010).

JURISPRUDÊNCIA DO STF – SABESP

Sociedade de economia mista com ações negociadas na Bolsa de Valores (Companhia de Saneamento Básico do Estado de São Paulo – Sabesp) – "A imunidade tributária recíproca (art. 150, IV, 'a', da Constituição) não é aplicável às sociedades de economia mista cuja participação acionária é negociada em Bolsas de Valores, e que, inequivocamente, estão voltadas à remuneração do capital de seus controladores ou acionistas, unicamente em razão das atividades desempenhadas. O Supremo Tribunal Federal, nos autos do RE 253.472, redator para o acórdão Min. Joaquim Barbosa, DJe 1º/2/2011, já decidiu, *verbis*: atividades de exploração econômica, destinadas primordialmente a aumentar o patrimônio do Estado ou de particulares, devem ser submetidas à tributação, por apresentarem-se como manifestações de riqueza e deixarem a salvo a autonomia política. *In casu*, trata-se de sociedade de economia mista de capital aberto, autêntica S/A, cuja participação acionária é negociada em Bolsas de Valores (Bovespa e New York Stock Exchange, e.g.) e que, em agosto de 2011, estava dispersa entre o Estado de São Paulo (50,3%), investidores privados em mercado nacional (22,6% – Bovespa) e investidores privados em mercado internacional (27,1% – NYSE), ou seja, quase a metade do capital social pertence a investidores. A finalidade de abrir o capital da empresa foi justamente conseguir fontes sólidas de financiamento, advindas do mercado, o qual espera receber lucros como retorno deste investimento" (STF, RE 600.867/SP, Pleno, 2020). O Tribunal fixou a seguinte tese em âmbito de repercussão geral: "Sociedade de economia mista, cuja participação acionária é negociada em Bolsas de Valores, e que, inequivocamente, está voltada à remuneração do capital de seus controladores ou acionistas, não está abrangida pela regra de imunidade tributária prevista no art. 150, VI, 'a', da Constituição, unicamente em razão das atividades desempenhadas";

JURISPRUDÊNCIA DO STF - SERVIÇOS NOTARIAIS E DE REGISTRO (CARTÓRIOS)

Serviços notariais e de registro – Os serviços notariais e de registro são aqueles ligados à constituição, modificação e publicidade de direitos, bem como ao controle de fatos ou atos jurídicos considerados fundamentais ao bom funcionamento da sociedade. O nascimento e óbito de uma pessoa, por exemplo, devem ser registrados, porque marcam o início e o fim da personalidade. O falecimento de alguém abre a sucessão e dá início ao processo de partilha de bens aos herdeiros. A compra e venda de um imóvel é um evento econômico e jurídico da maior importância. Além de transferir a propriedade do bem, esse negócio jurídico constitui o fato gerador do imposto sobre a transmissão de bens imóveis (ITBI), de competência dos Municípios de Distrito Federal (art. 156, III, da CF/1988). Assim, a atividade do Oficial do Registro de Imóveis é fundamental para a segurança jurídica das relações privadas e públicas. A Constituição disciplina essa atividade no art. 236, cujo *caput* prescreve: "Os serviços notariais e de registro são exercidos em caráter privado, por delegação do Poder Público". Pois bem, os notários e registradores, por meio de sua associação nacional (ANOREG/BR – Associação dos Notários e Registradores do Brasil), ingressaram com ação direta de inconstitucionalidade junto ao STF, pleiteando a declaração de inconstitucionalidade dos itens 21. e 21.01, da lista de serviços anexa à Lei Complementar 116/2003, que prevê a cobrança de imposto sobre serviços de qualquer natureza (ISS) incidente sobre "serviços de registros públicos, cartorários e notariais". O argumento utilizado pela ANOREG funda-se no *caput* do art. 236, segundo o qual os serviços notariais e de registro são exercidos em caráter privado, porém, por delegação do Poder Público. Ora, esta delegação, na opinião da associação, seria suficiente para estender a imunidade recíproca prevista no art. 150, VI, *a*, da CF/1988, aos notários e registradores, haja vista que a atividade exercida ostenta natureza pública. O STF, contudo, não reconheceu a imunidade. De fato, em 2008 o Pleno assentou: "Ação Direta de Inconstitucionalidade ajuizada contra os itens 21 e 21.1 da Lista Anexa à Lei Complementar 116/2003, que permitem a tributação dos serviços de registros públicos, cartorários e notariais pelo Imposto sobre Serviços de Qualquer Natureza – ISSQN. As pessoas que exercem atividade notarial não são imunes à tributação, porquanto a circunstância de desenvolverem os respectivos serviços com intuito lucrativo invoca a exceção prevista no art. 150, § 3º da Constituição. O recebimento de remuneração pela prestação dos serviços confirma, ainda, capacidade contributiva. A imunidade recíproca é uma garantia ou prerrogativa imediata de entidades políticas federativas, e não de particulares que executem, com inequívoco intuito lucrativo, serviços públicos mediante concessão ou delegação, devidamente remunerados. Não há diferenciação que justifique a tributação dos serviços públicos concedidos e a não tributação das atividades delegadas. Ação Direta de Inconstitucionalidade conhecida, mas julgada improcedente" (STF, ADI 3.089/DF, 2008). Em suma, os serviços notariais e de registro, como aquele desenvolvido por Tabeliães e Oficiais de Registro de Imóveis, estão sujeitos à incidência do imposto sobre serviços de qualquer natureza (ISS).

c) Empresas públicas e sociedades de economia mista prestadoras de serviços públicos

É possível, embora não seja o adequado, que empresas públicas e sociedades de economia mista, pessoas jurídicas de direito privado, sejam criadas para a prestação de serviços públicos. Ocorre, nestes casos, uma espécie de "desvio de finalidade", pois a natureza jurídica privada deve ser utilizada para a exploração de atividade econômica lucrativa e não para a prestação de serviços públicos.

Nada obstante, muitas vezes o legislador, por ignorância ou qualquer outra razão, mistura os regimes jurídicos com as atividades a serem desenvolvidas pela entidade, causando problemas concretos, sobretudo na área tributária.

O STF, à luz destas situações, como regra geral, tem orientado sua jurisprudência no sentido de que, determinante para saber se há imunidade ou não, é a *atividade* desenvolvida pela entidade, e não sua natureza jurídica formal. Nesse sentido, se a entidade explora *atividade econômica lucrativa*, não deve fazer jus à imunidade; se, por outro lado, presta *serviço público sem fins lucrativos*, faz jus à imunidade.

Essa orientação vale para pessoas jurídicas de direito privado, mas também para aquelas de direito público. Por exemplo, se uma autarquia, que é pessoa jurídica de direito público, incorre em "desvio de finalidade" e passa a explorar atividade econômica lucrativa, perde o direito à imunidade. Se uma sociedade de economia mista, que é pessoa jurídica de direito privado, incorre em "desvio de finalidade" e passa a prestar serviço público sem intuito lucrativo, faz jus à imunidade. Assim, é preciso fixar o seguinte:

- *Autarquias e fundações públicas* – Pessoas jurídicas de direito público criadas para a prestação de serviço público sem finalidade lucrativa. Regra: fazem jus à imunidade. Exceção: se incorrerem em "desvio de finalidade", ou seja, começarem a explorar atividade econômica lucrativa, perdem o direito à imunidade;

ATENÇÃO! Reforma tributária!

- *Empresa Brasileira de Correios e Telégrafos (ECT)* – Pessoa jurídica de direito privado, prestadora de serviço público de monopólio exclusivo da União. Regra: faz jus à imunidade por determinação constitucional explícita;
- *Empresas públicas e sociedades de economia mista* – Pessoas jurídicas de direito privado, criadas para a exploração de atividade econômica lucrativa. Regra: não fazem jus à imunidade recíproca. Exceção: se houver "desvio de finalidade" e prestarem serviços públicos sem finalidade lucrativa, fazem jus à imunidade.

JURISPRUDÊNCIA DO STF! EMPRESAS PÚBLICAS E SOCIEDADES DE ECONOMIA MISTA QUE FAZEM JUS À IMUNIDADE

Vejamos mais alguns casos de empresas públicas ou sociedades de economia mista que, por incorrerem em "desvio de finalidade", gozam de imunidade recíproca:

- *INFRAERO (Empresa Brasileira de Infraestrutura Aeroportuária)* – De acordo com o STF, "a Empresa Brasileira de Infraestrutura Aeroportuária (INFRAERO) está abrangida pela imunidade tributária recíproca, prevista no art. 150, VI, 'a', da CF, haja vista tratar-se de empresa pública federal que tem por atividade-fim prestar serviços de infraestrutura aeroportuária, mediante outorga da União, a quem constitucionalmente deferido tal encargo em regime de monopólio (CF, art. 21, XII, 'c'). Com base nesse entendimento, a Segunda Turma manteve decisão monocrática do Ministro Celso de Mello, que negara provimento a recurso extraordinário, do qual relator, em que o Município de Salvador pleiteava a incidência do ISS sobre a atividade desempenhada pela ora agravada" (STF, Informativo 475/2007). Diga-se, a propósito, que em 2011 o Tribunal reafirmou esta jurisprudência por ocasião do julgamento de questão levada à repercussão geral: "Imunidade tributária recíproca. Extensão. Empresas públicas prestadoras de serviços públicos. Repercussão geral reconhecida. Precedentes. Reafirmação da jurisprudência. Recurso improvido. É compatível com a Constituição a extensão de imunidade tributária recíproca à Empresa Brasileira de Infraestrutura Aeroportuária – INFRAERO, na qualidade de empresa pública prestadora de serviço público" (STF, ARE 638.315 RG/BA, 2011);
- *CODESP (Companhia Docas do Estado de São Paulo)* – O STF julgou recurso extraordinário "interposto pela Companhia Docas do Estado de São Paulo (CODESP) contra acórdão do extinto Tribunal de Alçada Civil do referido Estado, que entendera serem devidos, pela recorrente, o IPTU e as taxas de conservação e limpeza de logradouro público, remoção de lixo e iluminação pública sobre imóveis que compõem o acervo do Porto de Santos" (STF, Informativo 441/2006). Prevaleceu o entendimento de que, "se a participação privada no quadro societário da CODESP fosse relevante, o intuito lucrativo sobrepor-se-ia à exploração portuária como instrumentalidade do Estado, o que não seria o caso dos autos, já que a União deteria 99,97% das ações da empresa [...] Observou-se que a recorrente seria uma instrumentalidade da União, isto é, entidade derivada, criada com a finalidade de executar um mister que a Constituição atribuiu à União. [...] Assim, o STF reconheceu a imunidade do imóvel pertencente à União, mas afetado à CODESP, utilizado em suas atividades-fim" (STF, Informativo 597/2010). Em 2014 o Plenário reafirmou esta jurisprudência: "Agravo regimental em ação rescisória. Companhia Docas do Estado de São Paulo (CODESP). Delegatária de serviço portuário. IPTU. Imunidade recíproca. Possibilidade. Não configuração de violação literal à dispositivo ou de erro de fato. Jurisprudência pacífica da Suprema Corte" (STF, AR 1.950 AgR/SP, 2014);
- *Sociedade de economia mista prestadora de serviço de saúde* – O STF julgou recurso extraordinário em que se discutiu a aplicação, ou não, da imunidade

recíproca (CF/1988, art. 150, VI, *a*) à sociedade de economia mista que atua na área de prestação de serviços de saúde. Considerou-se a heterodoxia do caso, porquanto, desde a década de 70, o Estado, por desapropriação, seria detentor do controle dessa 'empresa', se assenhoreando da atividade, prestando-a ininterruptamente, e controlando 99,99% das ações. Concluiu estar diante de hipótese que ensejaria a imunidade recíproca tributária (STF, Informativo 597/2010). Em conclusão, o Plenário, por maioria, proveu recurso extraordinário para assentar a incidência da imunidade recíproca (CF/1988, art. 150, VI, *a*) de impostos estaduais à sociedade de economia mista recorrente. Registrou-se, por fim, "que o pronunciamento da questão posta em sede de repercussão geral somente aproveitará hipóteses idênticas, em que o ente público seja controlador majoritário do capital da sociedade de economia mista e que a atividade desta corresponda à própria atuação do Estado na prestação de serviços à população" (STF, Informativo 613/2010);

- *CAERD (Companhia de Águas e Esgotos de Rondônia)* - De acordo com o voto do Relator, Ministro Gilmar Mendes, "conforme atestam os documentos juntados aos autos, a Companhia de Águas e Esgotos do Estado de Rondônia (CAERD) é sociedade de economia mista prestadora do serviço público obrigatório de saneamento básico (abastecimento de água e esgotos sanitários) e, portanto, de acordo com a jurisprudência deste Tribunal, está abrangida pela imunidade tributária prevista no art. 150, VI, 'a', da Constituição" (STF, Informativo 456/2007);
- *Casa da Moeda* – A Segunda Turma do STF reconheceu o direito da Casa da Moeda à imunidade recíproca. O argumento escorou-se, dentre outros, no princípio federativo: "Casa da Moeda do Brasil (CMB) – Empresa governamental delegatária de serviços públicos – Emissão de papel moeda, cunhagem de moeda metálica, fabricação de fichas eletrônicas e impressão de selos postais – Regime constitucional de monopólio (CF, art. 21, VII) – Outorga de delegação à CMB, mediante lei, que não descaracteriza a estatalidade do serviço público, notadamente quando constitucionalmente monopolizado pela pessoa política (a União Federal, no caso) que é dele titular – A delegação da execução de serviço público, mediante outorga legal, não implica alteração do regime jurídico de direito público, inclusive o de direito tributário, que incide sobre referida atividade – Consequente extensão, a essa empresa pública, em matéria de impostos, da proteção constitucional fundada na garantia da imunidade tributária recíproca (CF, art. 150, VI, 'a') – O alto significado político-jurídico dessa prerrogativa constitucional, que traduz uma das projeções concretizadoras do princípio da federação – Imunidade tributária da Casa da Moeda do Brasil, em face do ISS, quanto às atividades executadas no desempenho do encargo que, a ela outorgado mediante delegação, foi deferido, constitucionalmente, à União Federal. Doutrina (Regina Helena Costa, 'inter alios')" (RE 610.517 AgR/RJ, 2014).

13.3 ABRANGÊNCIA OBJETIVA

As imunidades genéricas restringem-se à espécie *impostos*. Assim, as entidades imunes não estão sujeitas ao recolhimento de todos os impostos que poderiam incidir sobre seus patrimônios, rendas e serviços. Por exemplo, o imóvel do Estado Federado está imune ao IPTU; os serviços que presta à população, ao ISS; e suas rendas, ao imposto sobre a renda e proventos de qualquer natureza (IR). Por outro lado, nada impede que as entidades imunes sejam compelidas a pagar taxas ou contribuições especiais.

O STF, aliás, já decidiu nesse sentido:

> É da jurisprudência do Supremo Tribunal que o princípio da imunidade tributária recíproca (CF, art. 150, VI, 'a') – ainda que se discuta a sua aplicabilidade a outros tributos, que não os impostos – não pode ser invocado na hipótese de contribuições previdenciárias (STF, ADIn 2.024/DF, 2007).

Vimos também que a imunidade fica sujeita ao tipo de atividade exercida pelas entidades. Assim, o patrimônio, renda e serviços apenas estão protegidos quando tais entidades dedicam-se à prestação de serviço público. Como estabelece o § 2.º do art. 150, a vedação do inciso VI, *a*, é extensiva às autarquias, fundações e empresa pública prestadora de serviço postal, instituídas e mantidas pelo Poder Público, mas apenas no que se refere ao patrimônio, à renda e aos serviços *vinculados a suas finalidades essenciais ou às delas decorrentes.*

À luz dessas observações, é importante considerar dois casos específicos relacionados à extensão objetiva dessa imunidade, quais sejam:

- *Bens públicos de uso especial e imunidade recíproca* – Questão interessante gira em torno de saber se os bens públicos de uso especial, quando concedidos a empresas privadas, estão imunes a impostos, como, por exemplo, o imposto predial e territorial urbano (IPTU). José dos Santos Carvalho Filho observa: "Bens de uso especial são aqueles que visam à execução dos serviços administrativos e dos serviços públicos em geral. A denominação não é muito precisa, mas indicam que tais bens constituem o aparelhamento material da Administração para atingir seus fins [...] Registre-se, ainda que não perdem a característica de bens de uso especial aqueles que, objetivando a prestação de serviços públicos, estejam sendo utilizados por particulares, sobretudo sob regime de delegação" (CARVALHO FILHO, 2013, p. 1145, 1146). Pois bem, nas situações em que particulares utilizam o bem público especial haveria a incidência de IPTU ou prevalece da regra de imunidade recíproca? A Primeira Turma do STF enfrentou o problema em julgamento de recurso extraordinário em que assentou:

  > Tendo em conta que os imóveis da Companhia Docas do Estado de São Paulo – CODESP – delegatária do serviço de exploração do Porto de Santos –, são bens de uso especial e, portanto, estão acobertados pela imunidade tributária recíproca prevista no art. 150, VI, 'a' da CF, a Turma deu provimento ao recurso extraordinário para reformar acórdão do Tribunal de Alçada do Estado de São Paulo que entendera incidente o IPTU sobre o patrimônio do referido porto" (STF, Informativo 292/2002).

Em 2003 a Segunda Turma do STF voltou a deparar-se com caso semelhante e reafirmou tal entendimento (STF, Informativo 310/2003). Assim, de acordo com o STF, em caso de cessão de uso de bem público a particular, impõe-se a natureza jurídica pública do bem, de maneira que prevalece a regra de imunidade tributária;

- *Cessão de uso de bem público a particular e exercício de atividade econômica* – O Plenário do STF deparou-se com a questão da persistência ou não da imunidade recíproca no que toca à cessão de uso de bem público a particular. O caso gira em torno de saber se a imunidade existe no caso de uso de bem público por particular que exerce típica atividade econômica. No julgamento de recurso extraordinário, a Corte analisou a pretensão de empresa privada que utiliza bem público para explorar "ramo do comércio de importação e exportação de automóveis, caminhões, motores e quaisquer espécies de veículos automotores, inclusive peças, acessórios, oficina mecânica, reparos, pintura de quaisquer veículos e outras atividades correlatas ao ramo automobilístico" (STF, Informativo 597/2010). O Ministro Joaquim Barbosa, relator, votou pelo não reconhecimento da imunidade no caso, posição que acabou vencedora. Fundou seu argumento no entendimento de que "a desoneração concedida teria como efeito colateral garantir vantagem competitiva artificial, na medida em que a retirada de um custo permitiria o aumento do lucro ou a formação de preços menores, desequilibrando as relações de mercado" (STF, Informativo 597/2010). Ademais, "o relator consignou que seria o momento de revisão da jurisprudência da Corte, a fim de que fosse assentada a inaplicabilidade da imunidade tributária recíproca à propriedade imóvel desvinculada de finalidade estatal" (STF, Informativo 597/2010). Ao final, a decisão restou assim ementada:

> Recurso extraordinário. Imunidade tributária recíproca (art. 150, inc. VI, al. a, da Constituição). Bem imóvel da União. Cessão a empreendimento privado explorador de atividade econômica. Inaplicabilidade da salvaguarda constitucional. Recurso extraordinário provido (STF, RE 434.251/RJ, Pleno, 31/08/2017).

ATENÇÃO! Reforma tributária!

A Emenda Constitucional nº 132, de 2023, que veiculou a chamada reforma tributária, passou a prever o imposto sobre bens e serviços (IBS), de competência compartilhada entre Estados, DF e Municípios (CF, art. 156-A) e a contribuição social sobre bens e serviços (CBS), de competência da União (CF, art. 195, V).

Pois bem, o art. 149-B, II e parágrafo único, da CF/1988, também incluído pela EC 132/2023, estabelece:

> **CF, art. 149-B.** Os tributos previstos nos arts. 156-A e 195, V, observarão as mesmas regras em relação a:

> (...)
>
> **II** – imunidades;
>
> (...)
>
> **Parágrafo único.** Os tributos de que trata o *caput* observarão as imunidades previstas no art. 150, VI, não se aplicando a ambos os tributos o disposto no art. 195, § 7º.

Isso significa que o IBS e a CBS não podem incidir nas situações previstas no art. 150, VI, da CF/1988. No primeiro caso (IBS) não maiores surpresas, pois, em se tratando de *imposto*, teria mesmo de se submeter ao regime de imunidades genéricas. A novidade fica por conta da inclusão da CBS neste rol, de maneira que, a partir da reforma tributária, pode-se afirmar que as imunidades genéricas alcançam ao menos uma contribuição social.

Por outro lado, o art. 149-C, § 3º, da CF/1988, também incluído pela EC 132/2023, determina:

> **CF, art. 149-C.** O produto da arrecadação do imposto previsto no art. 156-A e da contribuição prevista no art. 195, V, incidentes sobre operações contratadas pela administração pública direta, por autarquias e por fundações públicas, inclusive suas importações, será integralmente destinado ao ente federativo contratante, mediante redução a zero das alíquotas do imposto e da contribuição devidos aos demais entes e equivalente elevação da alíquota do tributo devido ao ente contratante.
>
> (...)
>
> **§ 3º** Nas importações efetuadas pela administração pública direta, por autarquias e por fundações públicas, o disposto no art. 150, VI, "a", será implementado na forma do disposto no *caput* e no § 1º, assegurada a igualdade de tratamento em relação às aquisições internas.

Nos termos do caput, quando a União, os Estados, o DF ou os Municípios contratarem bens e serviços, inclusive importações, seja na qualidade de administração direta, sejam suas autarquias ou fundações públicas, o produto da arrecadação do IBS e da CBS deve ser entregue a eles, ou seja, ao ente contratante.

Tratando-se de *importações*, o que abrange, por exemplo, o imposto sobre a importação de produtos estrangeiros (II), a imunidade recíproca deverá ser implementada nos termos do estabelecido no *caput* do art. 149-C, ou seja, através da redução a zero das alíquotas dos tributos devidos aos demais entes e equivalente elevação das alíquotas do tributo devido ao ente contratante.

Isso significa que, no caso das importações, o art. 149-C, *caput* e § 1º, não se aplica apenas ao IBS e CBS, mas a todos os impostos que poderiam incidir sobre o negócio, como, por exemplo, o imposto sobre a importação (II).

13.4 EXCLUSÃO DA IMUNIDADE

A imunidade recíproca é norma constitucional de competência negativa que tem como objetivo proteger o pacto federativo e reconhecer a ausência de capacidade contributiva dos entes federativos, suas autarquias, fundações e demais entidades prestadoras de serviço público sem finalidade lucrativa.

Nada obstante, há situações em que podem pairar dúvidas sobre se existe ou não a imunidade. O texto constitucional se antecipou no que concerne a três delas e excluiu, do modo objetivo, a imunidade. Assim, o art. 150, § 3.º, da CF/1988, estabelece:

> **CF, art. 150.**
>
> [...]
>
> § 3º. As vedações do inciso VI, 'a', e do parágrafo anterior não se aplicam ao patrimônio, à renda e aos serviços, relacionados com exploração de atividades econômicas regidas pelas normas aplicáveis a empreendimentos privados, ou em que haja contraprestação ou pagamento de preços ou tarifas pelo usuário, nem exonera o promitente comprador da obrigação de pagar imposto relativamente ao bem imóvel.

A) Exploração de atividade econômica regida por normas privadas

Já estudamos a primeira parte do dispositivo, que se relaciona-se às empresas públicas e sociedades de economia mistas, criadas para viabilizar a atuação do Estado no domínio econômico, com finalidade lucrativa. Se fizessem jus à imunidade colocariam em risco um postulado fundamental da ordem econômica: o princípio da livre concorrência.

Mas o dispositivo comporta uma leitura mais ampla também. Pode ser aplicado às *autarquias* e *fundações*, desde que seus patrimônios, rendas e serviços sejam utilizados para a exploração de atividade econômica lucrativa regida por normas aplicáveis a empreendimentos privados. Trata-se, é claro, de hipótese excepcional e que configura "desvio de finalidade" das entidades, pois autarquias e fundações, como regra, são criadas para a prestação de serviço público. Se, contudo, tais entidades forem utilizadas para a perseguição pura e simples de lucro, obviamente não fazem jus à imunidade. Ressalte-se, entretanto, que, neste caso, cabe ao Fisco comprovar o desvio de finalidade e não à autarquia ou fundação. Esse é o entendimento da Primeira Turma do STF:

> Agravo interno no recurso extraordinário. Tributário. IPTU. Imunidade. Art. 150, VI, a e parágrafo segundo da CF. Autarquia. Presunção de destinação do patrimônio, da renda e dos serviços às finalidades essenciais das entidades imunes. Dever do Fisco de provar eventual desvio de finalidade. Imóvel vago ou sem edificação. Possibilidade de abrangência da imunidade. Agravo interno a que se nega provimento (STF, Primeira Turma, RE 1.253.089 AgR. 15/07/2020).

Isso não significa, entretanto, que fica absolutamente vedada a utilização do patrimônio da autarquia ou fundação com o objetivo de obter algum tipo de renda. Podem fazê-lo, desde que a renda obtida seja revertida às suas finalidades essenciais. Nesse caso, incide o art. 150, § 2.º, última parte, da CF/1988, segundo o qual a vedação do inciso VI, 'a', é extensiva às autarquias e fundações instituídas e mantidas pelo Poder Público, e à empresa prestadora do serviço postal, no que se refere ao patrimônio, à renda e aos serviços, vinculados a suas finalidades essenciais ou às delas decorrentes.

Nesse sentido, o STF entende que deve ser mantida a imunidade recíproca das autarquias e fundações caso desejem alugar imóvel de seu patrimônio a terceiros, *desde que a renda seja revertida às suas finalidades essenciais.* No julgamento de recurso extraordinário, a Primeira Turma assim se manifestou:

> "IPTU: imunidade tributária: imóvel locado: incidência da Súmula 724 ('Ainda quando alugado a terceiros permanece imune ao IPTU o imóvel pertencente a qualquer das entidades referidas pelo art. 150, VI, 'c', da Constituição, desde que o valor dos aluguéis seja aplicado nas atividades essenciais de tais entidades')" (STF, Primeira Turma, RE 212.370 (AgR)/MG, 2005).

Devemos registrar ainda, na esteira das lições de Roque Carrazza, que a vedação do § 3.º, primeira parte, aplica-se inclusive aos *entes federativos*, quando vierem a exercer, diretamente, atividade econômica lucrativa: "Com a só leitura deste parágrafo já percebemos que, sempre que uma pessoa política explorar atividades econômicas, sujeita-se aos impostos pertinentes (IPI, ICMS, imposto sobre a importação etc.). O princípio da imunidade recíproca já não vale para ela. Assim, por exemplo, quando a União mantém *armazéns* para que seus funcionários neles adquiram produtos, não há como considerá-la imune ao ICMS. Pelo contrário, como qualquer empresa privada, é passível de ser colhida por estes impostos" (CARRAZZA, 2011, p. 791).

Luís Eduardo Schoueri, a seu turno, propõe o seguinte raciocínio: "Enquanto a atuação da entidade imune dá-se fora do Domínio Econômico (i.e. no setor público), não há que falar em capacidade contributiva; a norma de imunidade tem amplo espectro, já que será fruto não só do dispositivo específico, mas também da confluência de um valor fundamental constitucional e da Capacidade Contributiva. Ingressando a entidade no Domínio Econômico, há a possibilidade de capacidade contributiva; a imunidade, então, apenas poderá ser estendida se os recursos assim gerados forem integralmente destinados às finalidades da entidade imune, já que até tal limite o Princípio da Capacidade Contributiva atua em sentido conforme à imunidade. No Domínio Econômico, a norma de imunidade é fruto da confluência não só dos dispositivos constitucionais específicos (inclusive do que a limitam), mas também da Capacidade Contributiva (que atuará positiva ou negativamente, conforme o caso) e da Livre Concorrência" (SCHOUERI, 2012, p. 394).

Em suma, o fator determinante para saber se a entidade estatal faz jus à imunidade recíproca é o *tipo de atividade* desenvolvida. Tratando-se de serviço público, a imunidade persiste, alcançando os entes federativos, suas autarquias e fundações e, eventualmente, empresas públicas e sociedades de economia mista que executem essa atividade. Tratando-se, por outro lado, de atividade econômica regida por normas aplicáveis a empreendimentos privados, há a *exclusão* da imunidade, o que ocorre normalmente com as empresas públicas e sociedades de economia mista. Entretanto, mesmo autarquias e fundações, caso explorem atividade econômica lucrativa, devem ter a imunidade afastada sob pena de violar-se o princípio da livre concorrência.

B) Contraprestação ou pagamento de preço ou tarifa pelo usuário

A doutrina nacional parece não dar muita atenção à segunda parte do artigo 150, § 3.º, que prescreve: "As vedações do inciso VI, 'a', e do parágrafo anterior não se aplicam ao patrimônio, à renda e aos serviços [...] em que haja contraprestação ou pagamento de preços ou tarifas pelo usuário [...]".

Devemos reconhecer que o dispositivo desperta certa dificuldade de interpretação. Não podemos, contudo, simplesmente abandoná-lo. Tentemos, então, elaborar algumas reflexões sem a pretensão de exauri-las e sem o escopo da definitividade.

a) Atividade econômica ou serviço público?

De início, a indagação que se coloca é a seguinte: o dispositivo trata de contraprestação, preço ou tarifa pagos pelo usuário em troca de *atividade econômica* fornecida pelo ente estatal ou em troca de *serviço público* eventualmente prestado?

Ora, se a exploração de atividade econômica afasta por si mesma a imunidade porque viola o princípio da livre concorrência, a presença de contraprestação ou pagamento de preço pelo usuário reforça esse entendimento. Assim, se o Poder Público desenvolve atividade econômica e há a presença de contraprestação ou preço, não há imunidade. Parece ser essa a lição de Roque Carrazza: "A imunidade também não beneficia as pessoas políticas enquanto exercem atividades econômicas, mediante contraprestação ou recebimento de preços ou tarifas" (CARRAZZA, 2011, p. 791).

O mesmo raciocínio se aplica às empresas públicas e sociedades de economia mista que desenvolvem atividade econômica e às autarquias e fundações que, por algum desvio de finalidade, executem o mesmo tipo de atividade.

Pois bem, enfrentemos a questão mais delicada agora. Nas hipóteses em que os entes federativos prestam típicos *serviços públicos* (como o fornecimento de água ou energia elétrica, por exemplo) e efetuam a cobrança de contraprestação, preço ou tarifa junto ao usuário, *afasta-se* a imunidade?

Hugo de Brito Machado observa: "Ocorre que também não há imunidade quando haja contraprestação ou pagamento de preços ou tarifas pelo usuário. Isto quer dizer que um serviço, *mesmo não considerado atividade econômica*, não será imune se houver cobrança de contraprestação, ou de preço, ou de tarifa. Podem ser tributados pelos Municípios, por exemplo, os serviços de fornecimento de água e de esgoto prestados pelos Estados. Pode-se argumentar, é certo, que a expressão 'ou em que haja contraprestação ou pagamento de preço ou tarifa pelo usuário' apenas se presta, no caso, para qualificar a atividade como de natureza econômica, e assim, afastar a imunidade, evitando disputas em torno do que seja uma atividade econômica. Ocorre que, se a cobrança de preços ou tarifas qualifica a atividade como de natureza econômica, neste caso o alcance da ressalva será igualmente amplo, posto que, havendo tal cobrança, não se há de perquirir a respeito da natureza da atividade. Basta a cobrança para qualificá-la como de natureza econômica. *Havendo cobrança de contraprestação, de preços ou tarifas, não há imunidade, seja qual for a natureza da atividade desenvolvida pela entidade estatal.* Esperamos que essa interpretação ampliativa da ressalva, que em matéria de serviços praticamente anula a regra imunizante, deixando imunes apenas os serviços gratuitos, *não* prevaleça. Não podemos, todavia, deixar de reconhecer que ela é razoável em face do elemento literal do dispositivo constitucional em exame" (MACHADO, 2011, p. 287-288).

De fato, a interpretação do autor levaria à conclusão de que apenas os serviços prestados de forma *gratuita* pelos entes federativos (saúde, educação etc.), estariam imunes.

Por outro lado, o argumento levantado pelo autor, de que a presença de contraprestação, preço ou tarifa recolhidos pelo usuário bastaria, por si só, para determinar a natureza da atividade fornecida como atividade econômica, com o devido respeito, parece não se sustentar. E isso porque o art. 175, parágrafo único, III, da CF/1988, vincula expressamente a política *tarifária* à prestação de *serviço público*. Quer dizer, a presença da tarifa reafirma a natureza da atividade como serviço público e não como atividade econômica:

> **Art. 175.** Incumbe ao Poder Público, na forma da lei, diretamente ou sob regime de concessão ou permissão, sempre através de licitação, a prestação de serviços públicos.
> Parágrafo único. A lei disporá sobre:
> [...]
> III – política tarifária;

Como resolver a questão? Parece que a melhor solução é retornar aos *fundamentos* que legitimam a existência da imunidade recíproca. Quais são esses fundamentos? A isonomia dos entes federativos e a ausência de capacidade contributiva, haja vista que têm como função prestar serviços públicos.

Pois bem, se o ente federativo presta serviço público e recebe contraprestação, preço ou tarifa por parte do usuário, a que conclusão chegamos? À conclusão de que o ente não foi obrigado a desfalcar seu orçamento geral para a prestação do respectivo serviço, mas também não obteve lucro, uma vez que presta serviço público e não explora atividade econômica. A função da contraprestação, preço ou tarifa, no caso da prestação de serviço público diretamente pelo Estado ou ente da Administração Indireta, não é assegurar lucro, posto que não há lucro a ser assegurado.

A função consiste apenas em manter o equilíbrio econômico-financeiro relativo aos custos dos serviços prestados. Quer dizer, o Estado deve arrecadar aproximadamente o mesmo daquilo que gastou com o serviço. *A função da tarifa, que consiste em assegurar o lucro, tem lugar apenas no caso dos serviços delegados a empresas privadas (concessionárias e permissionárias).*

Em outras palavras, no caso de serviço público prestado pelo Estado ou ente da Administração Indireta e remunerado mediante contraprestação, preço ou tarifa, fica-se, por assim dizer, no "elas por elas". O ente não é desfalcado, mas também não obtém acréscimo patrimonial. Logo, não há capacidade contributiva a ser perseguida. Se não há capacidade contributiva, e se não é possível violar-se o princípio da isonomia dos entes federativo, *conclui-se que persiste a imunidade.*

Poder-se-ia argumentar que não cabe ao Estado a cobrança de *tarifa* nos casos em que presta serviços públicos específicos e divisíveis. O Poder Público deveria, dirão alguns, cobrar *taxas*, de acordo com o art. 145, II, da CF/1988. Concordamos plenamente com a objeção.

Ocorre, contudo, que na realidade brasileira há diversos casos em que os próprios entes federativos ou suas autarquias remuneram-se por intermédio de tarifas e não por meio de taxas. O que é pior: contam, na grande maioria das vezes, com a concordância do Poder Judiciário.

Cabe à doutrina, sem dúvida, esclarecer a maneira pela qual o Estado, à luz da Constituição e do direito brasileiro, deve se portar. Contudo, se o Estado não se porta dessa maneira, mas de outra, e conta com a concordância do Judiciário, não resta outra opção aos doutrinadores que não explicar a realidade tal como ela se apresenta. A propósito, a Segunda Turma do STF assentou entendimento nesse sentido:

> Definem o alcance da imunidade tributária recíproca sua vocação para servir como salvaguarda do pacto federativo, para evitar pressões políticas entre entes federados ou para desonerar atividades desprovidas de presunção de riqueza. É aplicável a imunidade tributária recíproca às autarquias e empresas públicas que prestem inequívoco serviço público, desde que, entre outros requisitos constitucionais e legais não distribuam lucros ou resultados direta ou indiretamente a particulares, ou tenham por objetivo principal conceder acréscimo patrimonial ao poder público (ausência de capacidade contributiva) e não desempenhem atividade econômica, de modo a conferir vantagem não extensível às empresas privadas (livre iniciativa e concorrência). O Serviço Autônomo de Água e Esgoto é imune à tributação por impostos (art. 150, VI, *a* e §§ 2º e 3º da Constituição). *A cobrança de tarifas, isoladamente considerada, não altera a conclusão* (STF, Segunda Turma, RE 399.307, AgR/MG, 2010).

Conclui-se, portanto, que a imunidade recíproca *existe* mesmo nos casos em que há contraprestação, pagamento de preço ou tarifa pelo usuário, toda vez que os entes federativos ou entidades da Administração Indireta forneçam à coletividade típicos *serviços públicos.*

b) Concessionárias e permissionárias

As concessionárias e permissionárias de serviços públicos são *empresas privadas* que recebem do Estado delegação para a prestação de serviços públicos ou de certas atividades de interesse coletivo, remuneradas pelo sistema de tarifas recolhidas pelos usuários (CF/1988, art. 175, parágrafo único). *Ora, uma vez que as concessionárias e permissionárias são empresas privadas que visam ao lucro, obviamente não fazem jus à imunidade recíproca.*

Essa é justamente a lição de Regina Helena Costa: "Diante do exposto outra não pode ser a conclusão senão a de que a prestação de serviços públicos mediante empresas privadas detentoras de concessão ou permissão não é alcançada pela vedação da exigência de impostos, pelo simples fato de que estas exploram economicamente a prestação de serviços públicos" (COSTA, 2006, p. 146).

Ainda que prestem serviços públicos, o fato é que seu *lucro* está assegurado pela cobrança das *tarifas.* A tarifa, nesse caso, tem como objetivo precípuo assegurar o acréscimo patrimonial por parte da empresa ao prestar o serviço público que recebe em delegação. Ademais, sabemos que, no Brasil, as tarifas são bastante elevadas. A propósito, a Segunda Turma do STF, sob a relatoria do Ministro Edson Fachin, adotou entendimento nesse sentido:

> Agravo regimental em recurso extraordinário. Direito tributário. ITBI. Empresa privada. Concessionária de serviço público. Bens imóveis adquiridos para o fornecimento de energia elétrica. Imunidade tributária recíproca. Extensão indevida. 1. A discussão relacionada à extensão da imunidade tributária recíproca para favorecimento de empresa privada fornecedora de energia elétrica encontra solução nos Temas 437 e 385 da repercussão geral. 2. A imunidade tributária recíproca não deve servir de instrumento para a geração de riquezas incorporáveis ao patrimônio de pessoa jurídica de direito privado cujas atividades tenham manifesto intuito lucrativo. 3. É inviável o processamento de recurso extraordinário se, para se divergir do entendimento adotado na origem, for necessário reexaminar fatos e provas. Súmula 279/STF. 4. Agravo regimental a que se nega provimento, com previsão de aplicação de multa, nos termos do art. 1.021, § 4º, do CPC (STF, RE 1170302/AgR, Segunda Turma, 09/10/2019).

Assim, não há dúvidas quanto à *exclusão* das imunidades recíprocas no que toca às concessionárias e permissionárias de serviços públicos. Aliás, parece-nos que a referência à "tarifa" no art. 150, § 3.º, da CF/1988, tem justamente esse objetivo.

Em suma, a existência ou não de imunidade depende do contexto em que a tarifa ou preço público é exigido. Se o Estado presta serviço público e remunera-se pela cobrança de tarifa, não há presença de lucro; logo, a imunidade persiste. Se uma concessionária ou permissionária prestam serviços públicos e remuneram-se por tarifas, há aí o resguardo do lucro, isto é, do excedente econômico; logo, há capacidade contributiva, sendo certo que *não* há que se cogitar de imunidade.

C) Promitente comprador

De acordo com a parte final do art. 150, § 3.º, da CF/1988, a imunidade recíproca não "exonera o promitente comprador da obrigação de pagar imposto relativamente ao bem imóvel".

Pois bem, que figura é essa do promitente comprador? Imagine que determinada pessoa queira comprar um imóvel. Verifica junto ao proprietário do bem se este tem a intenção de vendê-lo. O proprietário responde que sim, mas apenas no futuro. Ante a incerteza do que poderá ocorrer e temendo que possa perder a oportunidade de comprá-lo, o interessado propõe um contrato de promessa de compra e venda. O art. 1.417 do Código Civil de 2002 disciplina a figura:

> **CC/2002, art. 1.417.** Mediante promessa de compra e venda, em que se não pactuou arrependimento, celebrada por instrumento público ou particular, e registrada no Cartório de Registro de Imóveis, adquire o promitente comprador direito real à aquisição do imóvel.

Note-se que a celebração do contrato de promessa de compra e venda *não acarreta a transferência da propriedade do bem imóvel.* Dá ao promitente comprador, no entanto, o direito real à aquisição do imóvel. A transferência da propriedade, de acordo com o art. 1.245 do Código Civil de 2002, dá-se com o registro do título junto ao Oficial de Registro de Imóveis:

> **CC/2002, art. 1.245.** Transfere-se entre vivos a propriedade mediante o registro do título translativo no Registro de Imóveis.

Nesse sentido, uma promessa de compra e venda celebrada entre *particulares* não pode acarretar, como de fato não acarreta, a sujeição passiva do promitente comprador pelos tributos que incidem sobre o imóvel. Em outras palavras, o promitente comprador *não* é obrigado a recolher, por exemplo, o IPTU relativo ao imóvel objeto de promessa de compra e venda porque ainda não se tornou proprietário deste.

Tudo muda se a promessa de compra e venda for celebrada entre *particular* e algum dos *entes federativos, suas autarquias ou fundações.*

Suponha-se que certo indivíduo celebre contrato com o Estado de São Paulo tendo como objetivo a aquisição de imóvel para fazer funcionar, futuramente, seu estabelecimento comercial. Nesse caso, incide a última parte do § 3.º do art. 150 da CF/1988, segundo a qual *não* se "exonera o promitente comprador da obrigação de pagar imposto relativamente ao bem imóvel".

Assim, Luciano Amaro explica que, "se o domínio do imóvel pertence, por exemplo, à União, que promete vender o bem a pessoa não imune, o imposto territorial e predial pode ser cobrado do promitente comprador, não obstante a propriedade ainda não lhe tenha sido transferida. Em rigor, essa norma é expletiva. Se a imunidade é atributo pessoal do promitente vendedor, e não do promitente comprador, não se poderia entender que ela se estendesse ao segundo, quando a sujeição passiva se reporta a este" (AMARO, 2011, p. 178).

O STF já havia assentado essa interpretação mesmo antes da Constituição de 1988. Em 1976, a Corte adotou a Súmula 583, com o seguinte enunciado:

> ***Súmula nº 510 do STF:*** O promitente comprador de imóvel residencial transcrito em nome de autarquia é contribuinte do imposto predial e territorial urbano.

SÚMULAS DO STF E DO STJ:

SÚMULA STF

Súmula 73 – "A imunidade das autarquias, implicitamente contida no art. 31, V, 'a', da Constituição Federal, abrange tributos estaduais e municipais".

Súmula 74 – "O imóvel transcrito em nome de autarquia, embora objeto de promessa de venda a particulares, continua imune de impostos locais".

Súmula 75 – "Sendo vendedora uma autarquia, a sua imunidade fiscal não compreende o imposto de transmissão 'inter vivos', que é encargo do comprador".

Súmula 76 – "As sociedades de economia mista não estão protegidas pela imunidade fiscal do art. 31, V, 'a', Constituição Federal".

Súmula 336 – "A imunidade da autarquia financiadora, quanto ao contrato de financiamento, não se estende à compra e venda entre particulares, embora constantes os dois atos de um só instrumento".

Súmula 583 – "O promitente comprador de imóvel residencial transcrito em nome de autarquia é contribuinte do imposto predial e territorial urbano".

SÚMULA STJ

Não há.

SÍNTESE DOS PRINCIPAIS ENTENDIMENTOS JURIPRUDENCIAIS

"A imunidade tributária recíproca (art. 150, VI, a, da Constituição) impede que os entes públicos criem uns para os outros obrigações relacionadas à cobrança de impostos, mas não veda a imposição de obrigações acessórias" (ACO 1.098).

"À ausência de norma vedando as operações financeiras da espécie, é de reconhecer-se estarem elas protegidas pela imunidade do dispositivo constitucional indicado, posto tratar-se, no caso, de rendas produzidas por bens patrimoniais do ente público" (STF, RE 213.059/SP, 1997).

"É firme o entendimento desta Corte no sentido de que a imunidade recíproca é aplicável às sociedades de economia mista prestadoras de serviço de distribuição de água e saneamento, tendo em vista que desempenham atividade de prestação obrigatória e exclusiva do Estado" (STF – ARE 905129).

"As sociedades de economia mista prestadoras de ações e serviços de saúde, cujo capital social seja majoritariamente estatal, gozam da imunidade tributária prevista na alínea a do inciso VI do art. 150 da CF" (RE 580.264).

"A tributação de atividade econômica lucrativa não implica risco ao pacto federativo" (STF, RE 285.716 AgR/SP, 2010).

"Sociedade de economia mista, cuja participação acionária é negociada em Bolsas de Valores, e que, inequivocamente, está voltada à remuneração do capital de seus controladores ou acionistas, não está abrangida pela regra de imunidade tributária prevista no art. 150, VI, 'a', da Constituição, unicamente em razão das atividades desempenhadas" (RE 600.867 – Tema de Repercussão Geral 508).

"É compatível com a Constituição a extensão de imunidade tributária recíproca à Empresa Brasileira de Infraestrutura Aeroportuária – INFRAERO, na qualidade de empresa pública prestadora de serviço público" (STF, ARE 638.315 RG/BA, 2011);

"A Empresa Brasileira de Correios e Telégrafos é prestadora de serviço público de prestação obrigatória e exclusiva do Estado, motivo por que está abrangida pela imunidade tributária recíproca: CF, art. 150, VI, a. [...]" (STF. 2ª Turma. RE 354897/RS).

14

IMUNIDADE DAS ENTIDADES RELIGIOSAS E DOS TEMPLOS DE QUALQUER CULTO

14.1 LIBERDADE DE CRENÇA

A Constituição assegura, no art. 5.º, incisos VI, VII e VIII a liberdade individual de consciência e crença; a prestação de assistência religiosa em entidades de internação; e a liberdade religiosa, filosófica e política, nos seguintes termos:

> **CF, art. Art. 5º.** [...]
>
> VI – é inviolável a liberdade de consciência e de crença, sendo assegurado o livre exercício dos cultos religiosos e garantida, na forma da lei, a proteção aos locais de culto e a suas liturgias;
>
> VII – é assegurada, nos termos da lei, a prestação de assistência religiosa nas entidades civis e militares de internação coletiva;
>
> VIII – ninguém será privado de direitos por motivo de crença religiosa ou de convicção filosófica ou política, salvo se as invocar para eximir-se de obrigação legal a todos imposta e recusar-se a cumprir prestação alternativa, fixada em lei;

É visível a preocupação da Constituição em prestigiar o livre exercício, por parte dos indivíduos, de suas particulares convicções religiosas. O texto constitucional quer precaver as pessoas e as entidades religiosas contra possíveis intervenções estatais em seu funcionamento. Ademais, determina, ainda, que o Estado será sempre imparcial no trato com as diversas religiões e cultos existentes no Brasil. Assim, o art. 19, I, estabelece:

> **CF, art. 19.** É vedado à União, aos Estados, ao Distrito Federal e aos Municípios:
>
> [...]

III – estabelecer cultos religiosos ou igrejas, subvencioná-los, embaraçar-lhes o funcionamento ou manter com eles ou seus representantes relações de dependência ou aliança, ressalvada, na forma da lei, a colaboração de interesse público.

O art. 19, I, da CF/1988, assegura que a República Federativa do Brasil é um Estado laico, isto é, sem religião oficial. Contudo, não proíbe a colaboração entre Estado e entidade religiosa, desde que pautada pelo interesse público.

Sabemos que uma das maneiras de se impedir ou dificultar o exercício de qualquer direito é a má utilização do poder de tributar. Tributando de forma não razoável, o Poder Público pode, por exemplo, impedir que uma empresa continue funcionando. Justamente para evitar tal situação existe o princípio da vedação do confisco, já estudado.

Assim, o poder de tributar também pode ser utilizado para impedir ou dificultar a liberdade individual de crença ou o livre exercício dos cultos religiosos. Basta imaginar que fosse cobrado, por exemplo, imposto sobre serviços (ISS) incidente sobre as missas ou cultos realizados nos templos ou o imposto de renda (IR) sobre dízimos e contribuições recebidas. Obviamente, o Estado teria em suas mãos uma arma poderosa contra a liberdade de crença e culto religioso.

Para evitar qualquer problema relacionado a esse tipo de situação, o legislador constituinte originário houve por bem consagrar no texto constitucional a imunidade dos templos de qualquer culto. Tal proteção decorre diretamente da liberdade de crença e culto religioso, assegurados como direito fundamental no art. 5.º da Constituição.

Paulo de Barros Carvalho anota: "Estão imunes os templos de qualquer culto. Trata-se de reafirmação do princípio da liberdade de crença e prática religiosa, que a Constituição prestigia no art. 5.º, VI a VIII. Nenhum óbice há de ser criado para impedir ou dificultar esse direito de todo cidadão. E entendeu o constituinte de eximi-lo também do ônus representado pela exigência de impostos (art. 150, VI, b)" (CARVALHO, 2012, p. 241).

14.2 IMUNIDADE DAS ENTIDADES RELIGIOSAS E DOS TEMPLOS DE QUALQUER CULTO

ATENÇÃO! Reforma tributária!

A Emenda Constitucional nº 132, de 2023, que veiculou a chamada reforma tributária, deu nova redação à alínea *b* do inciso VI do art. 150 da CF/1988. A redação original falava apenas em "templos de qualquer culto". A nova redação fala, também, de "entidades religiosas" e "organizações assistenciais e beneficentes" ligadas àquelas. De fato, o art. 150, VI, *b*, e § 4º, da CF/1988, determinam:

Art. 150. Sem prejuízo de outras garantias asseguradas ao contribuinte, é vedado à União, aos Estados, ao Distrito Federal e aos Municípios:

[...]

> VI – instituir impostos sobre:
>
> [...]
>
> b) entidades religiosas e templos de qualquer culto, inclusive suas organizações assistenciais e beneficentes;
>
> [...]
>
> § 4º – As vedações expressas no inciso VI, alíneas 'b' e 'c', compreendem somente o patrimônio, a renda e os serviços, relacionados com as finalidades essenciais das entidades nelas mencionadas.

Note-se, pois, que a EC 132/2023 ampliou o alcance da regra de imunidade, na medida em que incluiu a expressão "entidade religiosa" para clarificar o significado de "templos de qualquer culto" e, também, as organizações assistenciais e beneficentes a elas ligadas. Vale registrar, ainda, que a imunidade alcança apenas os impostos que, em princípio, poderiam incidir sobre o patrimônio, a renda e os serviços destas entidades, de modo que se submetem normalmente a outras espécies tributárias, como taxas e contribuições especiais. Ademais, a imunidade existe apenas no que concerne às finalidades essenciais da entidade religiosa. Em havendo desvio de finalidade, perde-se a imunidade.

APROFUNDANDO! – IMUNIDADE ESPECÍFICA PARA OS TEMPLOS DE QUALQUER CULTO

A Emenda Constitucional nº 116, de 2022, incluiu no texto constitucional o § 1º-A ao art. 156, com a seguinte redação:

> **CF, art. 156.** Compete aos Municípios instituir impostos sobre:
>
> I – propriedade predial e territorial urbana;
>
> (...)
>
> § 1º-A O imposto previsto no inciso I do caput deste artigo não incide sobre templos de qualquer culto, ainda que as entidades abrangidas pela imunidade de que trata a alínea "b" do inciso VI do caput do art. 150 desta Constituição sejam apenas locatárias do bem imóvel.

O dispositivo trata do imposto sobre a propriedade predial e territorial urbana (IPTU). Se a entidade religiosa, o templo de qualquer culto, uma organização assistencial ou beneficentes àqueles ligados, for proprietária de um imóvel urbano e submetê-lo à locação, não há incidência de IPTU. Neste caso, tais entidades são proprietárias do imóvel e, como tal, locadoras. Praticariam, em princípio, o fato gerador do imposto, qualificando-se como contribuintes, não fosse a existência de imunidade, que afasta a incidência da norma.

A EC 116/2022, no entanto, ampliou a hipótese de imunidade. A partir dela, mesmo quando a entidade religiosa, o templo de qualquer culto, suas organizações assistenciais ou beneficentes forem simplesmente *locatárias*, isto é, não forem proprietárias do imóvel, mas o alugam, ainda assim persiste a imunidade, ou seja, não incide o IPTU. Antes da Emenda havia a incidência normal do imposto, pois o proprietário, particular, não faz jus à imunidade. Assim sendo, praticava anualmente o fato gerador e, portanto, qualificava-se como contribuinte. Após a Emenda, a imunidade da entidade religiosa alcança o negócio jurídico da locação, imunizando a propriedade do locador relativamente ao IPTU enquanto durar o contrato. O objetivo da nova regra constitucional parecer ser o de afastar o repasse do valor do IPTU ao locatário, como é de praxe nos contratos de aluguel.

A) A expressão "qualquer culto"

A Constituição fala em templos de *qualquer culto*. Qual é abrangência da expressão? Apenas as religiões tradicionais estão protegidas, como a religião católica, por exemplo? Ou se trata de uma proteção mais ampla que abrange todas e quaisquer formas de manifestação espiritual?

Ora, a Constituição não faz referência a este ou aquele culto. Pelo contrário, os artigos citados (arts. 5.º e 19) asseguram a liberdade de consciência e crença de forma ampla. Assim, *todos* os cultos e religiões estão protegidos pela regra de imunidade tributária.

Sobre o assunto, Paulo de Barros Carvalho observa: "Somos por uma interpretação extremamente lassa da locução *culto religioso*. Cabem no campo de sua irradiação semântica todas as formas racionalmente possíveis de manifestação organizada da religiosidade, por mais estrambóticas, extravagantes ou exóticas que sejam" (CARVALHO, 2012, p. 242).

É claro que os cultos e religiões devem estar de acordo com os valores básicos da sociedade brasileira, principalmente aqueles positivados pela Constituição. Porém, já não cabe ao direito tributário tal averiguação.

Quer dizer, se a religião ou o culto são legais ou ilegais, morais ou imorais, não é da alçada do direito tributário. Outros ramos do direito, atuando previamente, é que decidirão sobre essas questões. Uma vez que a entidade seja lícita, é-lhe assegurada a imunidade.

B) Aspecto subjetivo

ATENÇÃO! Reforma tributária!

Antes da EC 132/2023, havia o problema de como se devia interpretar a expressão templos de qualquer culto? Significava apenas o *prédio*, isto é, o *local* onde se exercem os cultos, as missas, as cerimônias? Ou seria o caso de conferir um sentido mais amplo?

Ora, mesmo antes da reforma tributária, o art. 150, § 4.º, da CF/1988, subsidiava uma interpretação mais ampla, pois, de acordo com o dispositivo, a imunidade deve alcançar o patrimônio, a renda e os serviços das entidades mencionadas na alínea *b* do inciso VI do art. 150. Ora, a Constituição já estava apontando para a *entidade religiosa* e não apenas para o local onde se pratica o culto.

A propósito, Roque Antonio Carrazza já lecionava: "Mais que o templo propriamente dito – isto é, o local destinado a cerimônias religiosas –, o benefício alcança a própria entidade mantenedora (a Igreja), além de se estender a tudo quanto esteja vinculado às liturgias (batizados, celebrações religiosas, vigílias etc.)" (CARRAZZA, 2011, p. 811-812).

Após a EC 132/2023 não restam mais dúvidas. São alcançadas pela imunidade:

- A entidade religiosa;
- O templo de qualquer culto;
- A organização assistencial ligada a qualquer dos dois;
- A organização beneficente ligada a qualquer dos dois.

Pois bem, qual é a natureza jurídica da entidade religiosa e do templo de qualquer culto? Ora, segundo o art. 44, IV e § 1º, do Código Civil brasileiro, são pessoas jurídicas de direito privado:

> **CC/2002, art. 44** São pessoas jurídicas de direito privado:
> I – as associações;
> II – as sociedades;
> III – as fundações.
> IV – as organizações religiosas;
> V – os partidos políticos.
> § 1º São livres a criação, a organização, a estruturação interna e o funcionamento das organizações religiosas, sendo vedado ao poder público negar-lhes reconhecimento ou registro dos atos constitutivos e necessários ao seu funcionamento.

As organizações assistenciais e beneficentes ligadas às entidades religiosas e aos templos de qualquer culto devem qualificar-se como associações ou fundações, conforme o caso, mas sempre sem finalidade lucrativa.

Assim, a imunidade genérica prevista no art. 150, VI, *b*, da CF/1988, alcança as organizações religiosas, os templos de qualquer culto, as organizações assistenciais e beneficentes àqueles ligadas, em toda a extensão de seu patrimônio, renda e serviços. Seus imóveis estão imunes ao imposto predial e territorial urbano (IPTU); suas rendas (oriundas de dízimos, por exemplo) estão imunes ao imposto sobre a renda e proventos de qualquer natureza (IR); seus serviços não se submetem ao imposto sobre serviços (ISS); seus automóveis não devem recolher IPVA e assim por diante.

Isso não significa, é bom deixar consignado, que as organizações religiosas estejam dispensadas do cumprimento das obrigações tributárias acessórias. Tais obrigações, de fazer, não fazer ou tolerar que se faça no interesse da fiscalização tributária, têm plena incidência e obrigam normalmente tais organizações.

14.3 FINALIDADES ESSENCIAIS

A Constituição teve o cuidado de vincular a imunidade das entidades religiosas, dos templos de qualquer culto e de suas organizações assistenciais e beneficentes ao cumprimento de suas *finalidades essenciais*. O art. 150, § 4.º, como vimos, determina que "as vedações expressas no inc. VI, *b* e *c*, compreendem somente o patrimônio, a renda e os serviços, *relacionados com as finalidades essenciais das entidades nelas mencionadas*".

Pois bem, quais são as finalidades essenciais das organizações religiosas?

Ora, antes e acima de tudo, prestar serviço de orientação e conforto espiritual aos seguidores. Porém, as atividades essenciais das Igrejas ultrapassam, em muito, essas funções. Assim, a doutrina não parece divergir quando se afirma que, entre as finalidades essenciais dos templos, encontra-se o exercício de atividades filantrópicas, assistência moral e social aos adeptos etc.

A celebração do culto é uma exteriorização dessas finalidades. A formação de padres, pastores ou rabinos também. A oitiva de fiéis a título de confissão é exteriorização dessas funções. O fornecimento de comida, abrigo e vestuários aos pobres também. Dessa maneira, parece que o conceito de *finalidade essencial* deve ser fixado com certa dose de tolerância.

Não estamos querendo dizer que seja lícito utilizar a organização religiosa como forma de enriquecimento, como parece ser o caso de algumas instituições no Brasil. Rejeitamos veementemente essa conduta por ser ilícita e imoral. De qualquer forma, cabe à Administração Tributária fiscalizar com os maiores rigores possíveis as entidades para que seja possível, digamos assim, "separar o joio do trigo".

É preciso assinalar que tudo aquilo que integra o patrimônio das organizações religiosas e está integrado ao cumprimento de suas finalidades essenciais é agasalhado pela imunidade. Assim, por exemplo, casas paroquiais, centros de formação de rabinos, casa dos pastores, seminários, conventos, abadias etc.

Roque Carrazza observa: "Estão igualmente abrangidos pela imunidade em tela os rendimentos obtidos pela Igreja quando promove uma quermesse, desde que, comprovadamente, revertam em benefício do culto. O mesmo podemos dizer dos serviços de comunicação radiofônica e televisiva, se realizados com o propósito de evangelização" (CARRAZZA, 2011, p. 817).

Devemos ressaltar, finalmente, que a remuneração e o patrimônio dos padres, pastores, rabinos, enfim, líderes religiosos em geral, *não* está abrangida pela imunidade do art. 150, VI, alínea *b*. Os rendimentos percebidos e o patrimônio pessoal desses líderes, como pessoas físicas, devem ser normalmente tributados, sob pena de violação do princípio da isonomia tributária (CF/1988, art. 150, II), quer dizer, da concessão de privilégios odiosos.

JURISPRUDÊNCIA DO STF – ENTIDADE RELIGIOSA COMO INSTITUIÇÃO DE ASSISTÊNCIA SOCIAL

De acordo com o STF, as entidades religiosas podem se caracterizar como entidades de assistência social e, com isso, atrair também a imunidade prevista no art. 150, VI, c, da CF/1988:

> As entidades religiosas podem se caracterizar como instituições de assistência social a fim de se beneficiarem da imunidade tributária prevista no art. 150, VI, c, da Constituição, que abrangerá não só os impostos sobre o seu

patrimônio, renda e serviços, mas também os impostos sobre a importação de bens a serem utilizados na consecução de seus objetivos estatutários" (STF, Pleno, RE 630.790/SP, Rel. Roberto Barroso, j. 21/03/2022, DJe 28/03/2022).

14.4 ENTIDADE RELIGIOSA E EXPLORAÇÃO DE ATIVIDADE ECONÔMICA

Imaginemos que uma Igreja possua um imóvel urbano desocupado. Suponhamos, ainda, que alugue esse imóvel a um particular. Pergunta-se: a imunidade persiste? Digamos que a organização religiosa utiliza como estacionamento um terreno baldio situado ao lado do prédio que funciona como local de culto. Suponhamos, ainda, que cobre de cada fiel uma quantia pecuniária a título de preço? Subsiste a imunidade?

Entramos no delicado terreno em que as entidades religiosas exercem típica atividade econômica. Já lidamos com esse problema quando tratamos das empresas públicas e sociedades de economia mista. Vimos que, nesses casos, as entidades não fazem jus à imunidade. Como fica a situação das Igrejas? Devemos reconhecer que existem duas situações possíveis:

- As organizações religiosas exercem atividade econômica, mas revertem o fruto dessa atividade (lucros) em suas finalidades essenciais. O dinheiro do aluguel, por exemplo, é utilizado para pagar a banda que toca nas missas dos finais de semana;
- As organizações religiosas exercem atividade econômica, mas *não revertem* o fruto dessa atividade (lucros) em suas finalidades essenciais. Digamos que a entidade utilize o dinheiro do estacionamento para adquirir outros imóveis e estruturar uma rede de estacionamentos em toda a cidade;

Ora, parece claro que no primeiro caso a imunidade *persiste*. No segundo, *não*. Além de contrariar expressamente o que determina o art. 150, § 4.º, da CF/1988, se a imunidade persistisse na segunda situação, violar-se-ia o princípio da livre concorrência que, como vimos, é um princípio fundamental da ordem econômica. Regina Helena Costa anota: "Pensamos que o que a Lei Maior exige é uma correspondência entre a renda obtida pelo templo e sua aplicação; então, havendo relação entre a renda e as finalidades essenciais, satisfeita estará a vontade constitucional. Logo, é a *destinação* dos recursos obtidos pela entidade o fato determinante do alcance da exoneração constitucional" (COSTA, 2006, p. 160).

Devemos mencionar, de passagem, que é perfeitamente cabível, nesse caso, a aplicação da súmula vinculante nº 52 do STF, que ostenta o seguinte enunciado:

> ***Súmula vinculante nº 52 do STF:*** "Ainda quando alugado a terceiros, permanece imune ao IPTU o imóvel pertencente a qualquer das entidades referidas pelo art. 150, VI, c, da CF/1988, desde que o valor dos aluguéis seja aplicado nas atividades para as quais tais entidades foram constituídas".

Note-se que a súmula se refere às entidades previstas na alínea *c*, do inc. VI, do art. 150, da CF/1988. Contudo, o STF admite a extensão da súmula aos casos semelhantes que tenham como parte as organizações religiosas. De fato, o Plenário já se manifestou dessa forma:

> Imunidade tributária de templos de qualquer culto. Vedação de instituição de impostos sobre o patrimônio, renda e serviços relacionados com as finalidades essenciais das entidades. Artigo 150, VI, 'b' e § 4º, da Constituição. Instituição religiosa. IPTU sobre imóveis de sua propriedade que se encontram alugados. A imunidade prevista no art. 150, VI, 'b', CF, deve abranger não somente os prédios destinados ao culto, mas, também, o patrimônio, a renda e os serviços 'relacionados com as finalidades essenciais das entidades nelas mencionadas'. O § 4º do dispositivo constitucional serve de vetor interpretativo das alíneas 'b' e 'c' do inciso VI do art. 150 da Constituição Federal. Equiparação entre as hipóteses das alíneas referidas (STF, RE 325.822/SP, 2002).

Podemos concluir, assim, que o exercício de atividade econômica por parte das organizações religiosas *não* afasta a imunidade tributária de impostos, desde que:

- Os recursos obtidos sejam integralmente aplicados nas finalidades essenciais da entidade, como a manutenção de prédios, remuneração de funcionários, assistência aos desamparados etc.;
- Não haja violação do princípio da livre concorrência. Quer dizer, a entidade religiosa não pode organizar-se como típica empresa comercial. Caso isso ocorra, estaremos diante de empresa que utiliza a aparência de entidade religiosa como simulacro, apenas para gozar da imunidade como forma de ampliar seus lucros.

JURISPRUDÊNCIA DO STF – CEMITÉRIOS E MAÇONARIA

Duas questões interessantes chegaram à análise do STF sobre o tema:

- *Cemitérios* – Os cemitérios podem ser considerados extensões dos templos de qualquer culto? Estão imunes ao imposto predial e territorial urbano (IPTU), por exemplo? O Plenário do STF decidiu o seguinte:

  > "Os cemitérios que consubstanciam extensões de entidades de cunho religioso estão abrangidos pela garantia contemplada no artigo 150 da Constituição do Brasil. Impossibilidade da incidência de IPTU em relação a eles. A imunidade aos tributos de que gozam os templos de qualquer culto é projetada a partir da interpretação da totalidade que o texto da Constituição é, sobretudo do disposto nos artigos 5º, VI, 19, I e 150, VI, 'b'. As áreas da incidência e da imunidade tributária são antípodas" (STF, RE 578.562/BA, 2008);

- *Maçonaria* – A maçonaria recorreu ao STF pleiteando o reconhecimento de imunidade tributária sobre seu patrimônio, renda e serviços. Defendeu a tese de que as lojas maçônicas enquadram-se no conceito de templos de qualquer culto. Além do mais, atuam de maneira muito semelhante às instituições de assistência social sem fins lucrativos, o que invocaria também a imunidade prevista no art. 150, VI, c, da CF/1988. A Primeira Turma do STF, no entanto, rejeitou o pedido. O Ministro Ricardo Lewandowisky, relator, não reconheceu a imunidade. Argumentou que a Constituição confere imunidade tributária aos "templos de qualquer culto" e este benefício fiscal estaria circunscrito aos cultos religiosos. O Ministro registrou, ademais, que a própria entidade, em seu estatuto, declarara enfaticamente não ser uma religião e, por tal razão, parece irretocável a decisão que negou o reconhecimento da imunidade (STF, Informativos 582/2010 e 678/2012). A Turma, por fim, assentou:

> "A imunidade tributária conferida pelo art. 150, VI, b, é restrita aos templos de qualquer culto religioso, não se aplicando à maçonaria, em cujas lojas não se professa qualquer religião" (STF, RE 562.351/RS, 2012).

SÚMULAS DO STF E DO STJ:

SÚMULA STF

Súmula 724 – "Ainda quando alugado a terceiros, permanece imune ao IPTU o imóvel pertencente a qualquer das entidades referidas pelo art. 150, VI, "c", da Constituição, desde que o valor dos aluguéis seja aplicado nas atividades essenciais de tais entidades".

Súmula Vinculante 52 – "Ainda quando alugado a terceiros, permanece imune ao IPTU o imóvel pertencente a qualquer das entidades referidas pelo artigo 150, inciso VI, alínea "c", da Constituição Federal, desde que o valor dos aluguéis seja aplicado nas atividades para as quais tais entidades foram constituídas".

SÚMULA STJ

Não há.

SÍNTESE DOS PRINCIPAIS ENTENDIMENTOS JURIPRUDENCIAIS

"A imunidade tributária recíproca (art. 150, VI, "a", da Constituição) impede que os entes públicos criem uns para os outros obrigações relacionadas à cobrança de impostos, mas não veda a imposição de obrigações acessórias" (ACO 1.098).

"A imunidade prevista no art. 150, VI, "b", CF, deve abranger não somente os prédios destinados ao culto, mas, também, o patrimônio, a renda e os serviços "relacionados com as finalidades essenciais das entidades nelas mencionadas" (STF. Plenário. RE 325822/SP).

"Os cemitérios que consubstanciam extensões de entidades de cunho religioso estão abrangidos pela garantia contemplada no artigo 150 da Constituição do Brasil" (RE 578562).

"A imunidade tributária conferida pelo art. 150, VI, b, é restrita aos templos de qualquer culto religioso, não se aplicando à maçonaria, em cujas lojas não se professa qualquer religião" (RE 562351).

15

IMUNIDADE DOS PARTIDOS POLÍTICOS E SUAS FUNDAÇÕES, ENTIDADES SINDICAIS DOS TRABALHADORES, INSTITUIÇÕES DE EDUCAÇÃO E ASSISTÊNCIA SOCIAL

15.1 INTRODUÇÃO

Algumas entidades ou instituições são consideradas especialmente importantes pela Constituição Federal. Viabilizam, direta ou indiretamente, a concretização de direitos fundamentais ou auxiliam o Estado na persecução de suas finalidades, ajudando na prestação de serviços ou atividades de interesse público ou de alta relevância social. Não bastasse isso, atuam sem finalidade lucrativa, ou seja, sem o concorrerem com empresas e empreendedores da iniciativa privada. É nesse contexto que desponta o art. 150, VI, *c*, c.c. § 4º, da CF/1988, que estabelece:

> **CF, art. 150**. Sem prejuízo de outras garantias asseguradas ao contribuinte, é vedado à União, aos Estados, ao Distrito Federal e aos Municípios:
>
> [...]
>
> VI – instituir impostos sobre:
>
> [...]
>
> *c* – patrimônio, renda ou serviços dos partidos políticos, inclusive suas fundações, das entidades sindicais dos trabalhadores, das instituições de educação e de assistência social, sem fins lucrativos, atendidos os requisitos da lei.
>
> [...]
>
> § 4º. As vedações expressas no inciso VI, alíneas "b" e "c", compreendem somente o patrimônio, a renda e os serviços, relacionados com as finalidades essenciais das entidades nelas mencionadas.

As imunidades tributárias decorrem de certos valores que o legislador constituinte originário optou por proteger de forma mais acentuada. Muitas vezes esses valores impõem-se por si mesmos, como é o caso da imunidade recíproca, umbilicalmente ligada ao princípio federativo. Em outras situações, a Constituição afirma de maneira explícita sua proteção.

É o caso das imunidades que agora vamos estudar. Ora, a Constituição não escolheu os partidos políticos e suas fundações; as entidades sindicais dos trabalhadores e as instituições de educação e de assistência social por motivos aleatórios. Pelo contrário. Se justamente essas instituições foram escolhidas é porque representam valores especiais que a Constituição quer proteger. Regina Helena Costa, a propósito, anota: "Todos os valores mais prestigiados pela Constituição – a segurança jurídica, a justiça e o bem comum, antes apontados – estão presentes na essência das imunidades tributárias" (COSTA, 2006, p. 72).

Pois bem, quais são os valores protegidos por essa imunidade? Cada entidade mencionada na alínea *c* do inciso VI do art. 150 aponta para uma pauta axiológica, isto é, para um conjunto de valores específicos. Vejamos:

- *Partidos políticos e suas fundações* – De acordo com o art. 14, § 3.º, V, da CF/1988, uma das condições de elegibilidade, isto é, um dos requisitos a serem cumpridos para que o cidadão possa candidatar-se a um cargo público, é a *filiação partidária*. O partido político é, assim, elemento fundamental à concretização da democracia participativa, elevada a princípio fundamental no parágrafo único do art. 1.º da CF/1988. Portanto, os valores relacionados à democracia, aos direitos políticos e ao pluralismo partidário colocam-se como fundamento da imunidade dos partidos e suas fundações;
- *Entidades sindicais dos trabalhadores* – Note-se que a Constituição tutela as entidades sindicais dos *trabalhadores* e não dos empregadores ou empresários. Que valor está ínsito nessa proteção? Ora, o reconhecimento da vulnerabilidade da classe trabalhadora. Quer dizer, o reconhecimento de que, na relação de emprego, o trabalhador coloca-se numa situação de inferioridade econômica frente ao empregador. Além do mais, tal imunidade vincula-se diretamente ao art. 8.º da CF/1988, que assegura a plena liberdade e autonomia sindicais;
- *Instituições de educação e assistência social sem fins lucrativos* – Por que o texto constitucional assegura a desoneração de instituições de educação e assistência social sem fins lucrativos? Porque tais entidades auxiliam o Estado na consecução dessas atividades essenciais. "Assim, por ajudarem a suprir as deficiências da atuação estatal nessas áreas, são recompensadas com a vedação constitucional da exigência de impostos" (COSTA, 2008, p. 175).

Vejamos cada uma delas de modo aprofundado.

15.2 PARTIDOS POLÍTICOS E SUAS FUNDAÇÕES

Os partidos políticos e suas fundações são imunes a impostos. Essa imunidade compreende somente o patrimônio, a renda e os serviços relacionados às suas finalidades essenciais. Muito bem, o que é um partido político? O art. 17 da CF/1988 trata do tema. O *caput* e o § 2º estabelecem:

> **CF, art. 17.** É livre a criação, fusão, incorporação e extinção de partidos políticos, resguardados a soberania nacional, o regime democrático, o pluripartidarismo, os direitos fundamentais da pessoa humana e observados os seguintes preceitos:
>
> [...]
>
> § 2º. Os partidos políticos, após adquirirem personalidade jurídica, na forma da lei civil, registrarão seus estatutos no Tribunal Superior Eleitoral.

Nesse sentido, o art. 44, V, do Código Civil de 2002, arrola a figura do partido político entre as pessoas jurídicas de direito privado. Ademais, o § 3º estabelece que os partidos políticos serão organizados e funcionarão conforme o disposto em lei específica. Pois bem, a lei específica acima citada é a Lei 9.096/1995, cujo art. 1.º determina:

> **Lei nº 9.096/95, art. 1º.** O partido político, pessoa jurídica de direito privado, destina-se a assegurar, no interesse do regime democrático, a autenticidade do sistema representativo e a defender os direitos fundamentais definidos na Constituição Federal.

O partido político é, pois, uma pessoa jurídica de direito privado sujeita a regras específicas, uma vez que cumpre importante papel na manutenção do Estado Democrático de Direito. Além do mais, suas fundações, que também são pessoas jurídicas de direito privado (CC/2002, art. 44) fazem jus igualmente à imunidade. Nesse sentido, o art. 53 da Lei 9.096/1995 determina:

> **Lei nº 9.096/95, art. 53.** A fundação ou instituto de direito privado, criado por partido político, destinado ao estudo e pesquisa, à doutrinação e à educação política, rege-se pelas normas da lei civil e tem autonomia para contratar com instituições públicas e privadas, prestar serviços e manter estabelecimentos de acordo com suas finalidades, podendo, ainda, manter intercâmbio com instituições não nacionais.

Assim, a fundação ligada a partido político constitui patrimônio personalizado, formado por uma dotação especial de bens, cujos objetivos remontam às finalidades ligadas especificamente à atuação política.

Em suma, os partidos políticos e suas fundações estão imunes a todos os impostos. Seus imóveis urbanos não se submetem ao IPTU; a propriedade de veículos automotores não é onerada pelo IPVA; a prestação de serviços não se submete ao ISS e suas rendas estão fora do alcance do IR. Vale lembrar que recolhem normalmente as demais espécies tributárias, como taxas, contribuições etc.

15.3 ENTIDADES SINDICAIS DOS TRABALHADORES

A entidade sindical dos *trabalhadores* está protegida pela imunidade genérica prevista no art. 150, VI, *c*, da CF/1988. A regra vai ao encontro do disposto no art. 8º, *caput*, e inciso I, que estabelecem:

> **CF, art. 8º.** É livre a associação profissional ou sindical, observado o seguinte:
>
> I – A lei não poderá exigir autorização do Estado para a fundação de sindicato, ressalvado o registro no órgão competente, vedadas ao Poder Público a interferência e a intervenção na organização sindical.

A propósito desta imunidade, Luís Eduardo Schoueri explica: "Com efeito, é imediato o raciocínio, no caso dos partidos políticos e das entidades sindicais dos trabalhadores, de que se assegure que as pessoas jurídicas de Direito Público não venham, por meio de impostos, a obstar a criação e desenvolvimento daqueles. Prestigia o constituinte, pois, o princípio democrático (art. 1º, *caput*), com as consequentes liberdades de criação, fusão, incorporação e extinção de partidos políticos (art. 17) e de associação sindical (art. 8º)" (SCHOUERI, 2012, p. 413).

O que é uma entidade sindical? Os artigos 511, 512 e 558 da Consolidação das Leis do Trabalho (CLT) estabelecem:

> **CLT, art. 511.** É lícita a associação para fins de estudo, defesa e coordenação dos seus interesses econômicos ou profissionais de todos os que, como empregadores, empregados, agentes ou trabalhadores autônomos ou profissionais liberais exerçam, respectivamente, a mesma atividade ou profissão ou atividades ou profissões similares ou conexas.
>
> **Art. 512.** Somente as associações profissionais constituídas para os fins e na forma do artigo anterior e registradas de acordo com o art. 558 poderão ser reconhecidas como Sindicatos e investidas nas prerrogativas definidas nesta lei.
>
> [...]
>
> **Art. 558.** São obrigadas ao registro todas as associações profissionais constituídas por atividades ou profissões idênticas, similares ou conexas, de acordo com o art. 511 [...] As associações profissionais registradas nos termos deste artigo poderão representar, perante as autoridades administrativas e judiciárias, os interesses individuais dos associados relativos à sua atividade ou profissão [...].

§ 1º. O registro a que se refere o presente artigo competirá às Delegacias Regionais do Ministério do Trabalho e Previdência Social ou às repartições autorizadas em virtude da lei.

Percebe-se que as entidades sindicais a que se refere o art. 150, VI, *c*, da CF/1988 revestem a natureza jurídica de *associação*, nos termos do art. 44, I, do Código Civil. De acordo com o art. 53 do Código, "constituem-se as associações pela união de pessoas que se organizem para fins não econômicos". Assim, as entidades sindicais dos trabalhadores são pessoas jurídicas de direito privado criadas com o objetivo de reunir os trabalhadores que exercem atividades ou profissões similares ou conexas na defesa de seus direitos e interesses sociais, políticos, econômicos etc.

Dessa forma, o Sindicato dos Metalúrgicos do ABC, por exemplo, é imune ao imposto predial e territorial urbano (IPTU) no que refere a seus imóveis; ao imposto sobre a propriedade de veículos automotores (IPVA) no que refere a seus automóveis; ao imposto de renda (IR) no que tange às receitas oriundas das contribuições que arrecada de seus associados e assim por diante.

Além das entidades sindicais de primeiro grau, também as associações de trabalhadores de grau superior fazem jus à imunidade? As Federações e Confederações sindicais, como a Confederação Nacional dos Trabalhadores da Indústria (CNTI), por exemplo, são alcançadas pela regra do art. 150, VI, *c*, da CF/1988? A propósito deste assunto, os artigos 533, 534 e 535 da CLT prescrevem:

> **CLT, art. 533.** Constituem associações sindicais de grau superior as federações e confederações organizadas nos termos desta Lei.
>
> **Art. 534.** É facultado aos sindicatos, quando em número não inferior a 5 (cinco), desde que representem a maioria absoluta de um grupo de atividades ou profissões idênticas, similares ou conexas, organizarem-se em federação.
>
> **Art. 535.** As confederações organizar-se-ão com o mínimo de 3 (três) federações e terão sede na Capital da República.

Ora, uma vez que estão expressamente previstas em lei, não resta dúvida de que as federações e confederações também são alcançadas pela regra de imunidade.

Para finalizar, uma questão mais delicada: as *centrais sindicais*, como a Central Única dos Trabalhadores (CUT), por exemplo, estão imunes? Note-se que não são federações ou confederações, ou seja, não contam com expressa previsão na estrutura delineada na Consolidação das Leis do Trabalho. Não obstante a Lei 11.648/2008 tenha introduzido tais entidades na estrutura sindical brasileira, o fato é que há ação direta de inconstitucionalidade no STF, pendente de julgamento, em que se discute a constitucionalidade dessa inovação (STF, Informativo 577/2010 e 578/2010).

Parece que os valores que inspiram a existência dessa imunidade – reconhecimento da vulnerabilidade da classe trabalhadora e plena liberdade de associação sindical – impõem a resposta positiva. Ainda que não haja a previsão explícita das centrais sindicais na estrutura traçada pela CLT, ou mesmo que a previsão introduzida pela Lei 11.648/2008 seja declarada inconstitucional, fazem jus à imunidade na medida em que tutelam os direitos e interesses dos trabalhadores.

Roque Carrazza posiciona-se de idêntica maneira: "Poder-se-ia talvez sustentar que as centrais sindicais – meras associações de sindicatos de empregados – não são entidades sindicais de trabalhadores na acepção estrita do termo e, assim, não fazem jus à imunidade em estudo. Concordamos que elas não revestem a natureza nem de sindicatos (primeiro grau), nem de federações (segundo grau), nem de confederações (terceiro grau) de trabalhadores. Todavia, a inteligência dos textos constitucionais deve levar em conta aquilo que Paulo Bonavides chama de "ideologia do poder". E esta, no caso, prestigia ao máximo os direitos dos trabalhadores" (CARRAZZA, 2011, p. 842).

Finalmente, vale reiterar que as entidades sindicais de empregadores ou empresários *não* estão protegidas pela imunidade. A Constituição entende que apenas os trabalhadores, por sua situação de vulnerabilidade econômica em face do capital, fazem jus à proteção tributária.

15.4 INSTITUIÇÕES DE EDUCAÇÃO E ASSISTÊNCIA SOCIAL

A) Natureza jurídica

A Constituição estende a imunidade prevista no art. 150, VI, *c*, às *instituições de educação e assistência social.* Uma primeira indagação deve ser formulada: o texto constitucional refere-se a instituições *públicas* ou *privadas*? Logo respondemos: *entidades privadas.* As entidades públicas, como vimos, são alcançadas pela imunidade recíproca prevista na alínea *a* do dispositivo em estudo.

Tais instituições assumem uma das formas de pessoas jurídicas de direito privado previstas no art. 44 do CC/2002: associações, fundações ou sociedades. Uma vez que tais entidades, para fazerem jus à imunidade, devem comprovar a *ausência de finalidade lucrativa*, é de convir que devem assumir, como regra, as duas primeiras formas: *associação ou fundação.*

Nada impede, contudo, que uma sociedade venha a obter a imunidade, desde que cumpra as exigências estipuladas no art. 14 do CTN. O que importa não é a natureza jurídica específica da entidade, mas suas finalidades essenciais e o cumprimento dos requisitos impostos pela legislação.

Regina Helena Costa anota: "Instituições são aquelas entidades formadas com o propósito de servir à coletividade, colaborando com o Estado ao suprir suas deficiências. São pessoas de Direito Privado que exercem, sem fins lucrativos, atividades de colaboração com o Estado em funções cujo desempenho é, em princípio, atribuição deste. Objetiva-se, assim, impedir sejam tais entidades oneradas por via de impostos" (COSTA, 2014, p. 112).

B) Educação e assistência social

a) Instituições de educação

A Constituição refere-se a entidades de educação e assistência social. A vinculação a uma ou outra dessas atividades ou serviços é fundamental para saber se a entidade faz jus ou não à imunidade. Nesse sentido, o Título VIII (Da ordem social), Capítulo II, Seção I, da CF/1988, tem como objeto a educação, direito fundamental de todo indivíduo. O art. 205, *caput*, estabelece:

> **CF, art. 205.** A educação, direito de todos e dever do Estado e da família, será promovida e incentivada com a colaboração da sociedade, visando ao pleno desenvolvimento da pessoa, seu preparo para o exercício da cidadania e sua qualificação para o trabalho.

O art. 209, por sua vez, preceitua:

> **CF, art. 209.** O ensino é livre à iniciativa privada, atendidas as seguintes condições:
>
> I – cumprimento das normas gerais da educação nacional;
>
> II – autorização e avaliação de qualidade pelo Poder Público.

Quer dizer, a entidade educacional privada que cumprir os requisitos acima exigidos e os previstos no art. 14 do CTN faz jus à imunidade tributária relativa a impostos. Enquadram-se nessa situação as escolas, faculdades, centros universitários e universidades privadas que cumpram os requisitos previstos em lei.

A esse propósito, a interpretação de Roque Carrazza é ampla: "O benefício também alcança – se, evidentemente, preencherem os mesmos requisitos – o museu, o centro de pesquisas, as academias de letras, artes e ciências e outras entidades congêneres, que, embora não tenham objetivos estritamente didáticos, também contribuem para a educação" (CARRAZZA, 2011, p. 848).

Nesse sentido, observe que o Supremo Tribunal Federal já reconheceu a extensão da imunidade tributária para escolas de idiomas:

> O ensino de línguas estrangeiras caracteriza-se como atividade educacional para aplicação da imunidade tributária (art. 150, VI, c, da Constituição). A distinção relevante para fins de aplicação da imunidade tributária é o conceito de 'atividade assistencial', isto é, a intensidade e a abrangência da prestação gratuita ou altamente subsidiada do ensino da língua inglesa a quem necessitar (RMS 24.283-AgR-segundo, Rel. Min. Joaquim Barbosa, julgamento em 21-9-2010, Segunda Turma, DJE de 8-10-2010).

b) Instituições de assistência social

O art. 194 da CF/1988 determina:

> **CF, art. 194.** A seguridade social compreende um conjunto integrado de ações de iniciativa dos Poderes Públicos e da sociedade, destinadas a assegurar os direitos relativos à saúde, à previdência e à assistência social.

Perceba-se que a *assistência social* é dimensão particular de um conceito mais amplo: seguridade social. Esta se divide em (1) saúde, (2) previdência e (3) assistência social. Pois bem, a imunidade em estudo alcança *apenas* as entidades ligadas a esta última, isto é, à *assistência social.* Nesse sentido, o art. 203, *caput*, da CF/1988, estabelece:

> **CF, art. 203.** A assistência social será prestada a quem dela necessitar, independentemente de contribuição à seguridade social, e tem por objetivos:
>
> [...]

O que diferencia a *assistência* social da *previdência* social é que a primeira *dispensa* prévia contribuição pecuniária por parte dos beneficiários, enquanto a segunda a exige expressamente (CF/1988, art. 201).

Em outras palavras, o regime previdenciário é norteado pelo princípio contributivo, pelo qual se exige a prévia contribuição do segurado como requisito à obtenção dos benefícios. O sistema de assistência social, por outro lado, dispensa qualquer espécie de contribuição por parte dos beneficiários. Exemplos de entidades assistenciais são os orfanatos, casas de acolhimento para pessoas idosas, casas para tratamento de dependentes químicos etc.

15.5 IMUNIDADE CONDICIONADA: AUSÊNCIA DE FINALIDADE LUCRATIVA E REQUISITOS DE LEI

De acordo com a alínea *c* em estudo, a imunidade alcança o patrimônio, a renda e os serviços dos partidos políticos, inclusive suas fundações, das entidades sindicais dos trabalhadores, das instituições de educação e de assistência social, *sem fins lucrativos, atendidos os requisitos da lei.*

A imunidade do art. 150, VI, *c*, da CF/1988, é chamada de *condicionada*. Isso significa que as entidades ali mencionadas apenas fazem jus à desoneração se comprovarem: ausência de finalidade lucrativa e cumprimento dos requisitos estabelecidos em lei. Como vimos anteriormente, a regulamentação de imunidades é matéria sob reserva de lei complementar (CF, art. 146, II).

Nesse sentido, o art. 14 do CTN cumpre a função estabelecida pela Constituição, elencando os requisitos materiais a serem observados pelas entidades para que façam jus à imunidade prevista no art. 150, VI, *c*, da CF/1988. Vejamos:

> **CTN, art. 14.** O disposto na alínea *c* do inciso IV do artigo 9º é subordinado à observância dos seguintes requisitos pelas entidades nele referidas:
>
> I – não distribuírem qualquer parcela de seu patrimônio ou de suas rendas, a qualquer título;
>
> II – aplicarem integralmente, no País, os seus recursos na manutenção dos seus objetivos institucionais;
>
> III – manterem escrituração de suas receitas e despesas em livros revestidos de formalidades capazes de assegurar sua exatidão.
>
> § 1º Na falta de cumprimento do disposto neste artigo, ou no § 1º do artigo 9º, a autoridade competente pode suspender a aplicação do benefício.
>
> § 2º Os serviços a que se refere a alínea c do inciso IV do artigo 9º são exclusivamente, os diretamente relacionados com os objetivos institucionais das entidades de que trata este artigo, previstos nos respectivos estatutos ou atos constitutivos.

Como teremos a oportunidade de estudar, o CTN foi recepcionado pela Constituição de 1988 com status de lei complementar, daí por que tem aptidão para disciplinar a matéria. Devemos ressaltar, ainda, que esses são os *únicos* requisitos que devem ser cumpridos. É até possível que novas condições sejam criadas, mas isso apenas poderá ocorrer por meio de lei complementar.

O art. 14 do CTN comporta análise esquematizada. Não obstante o dispositivo faça menção ao art. 9.º do próprio Código, entende-se que regulamenta o art. 150, VI, *c*, da CF/1988. Assim, partidos políticos e suas fundações, entidades sindicais dos trabalhadores e instituições de educação e assistência social devem cumprir os seguintes requisitos para que façam jus à imunidade:

- *Não distribuírem qualquer parcela de seu patrimônio ou de suas rendas, a qualquer título* – Este requisito especifica a determinação constitucional de *ausência de finalidade lucrativa*. Não significa que a entidade não pode obter excedente econômico, isto é, apresentar receitas maiores do que as despesas. Pelo contrário, é até bom que isso ocorra, pois significa que está sendo bem gerida. Portanto, a entidade pode obter lucro, mas deve reinvesti-lo em suas finalidades essenciais. Quer dizer, os sócios, associados, fundadores etc. não devem receber parcelas do valor excedente, a não ser seus salários, nas hipóteses em que prestem serviço à instituição;

- *Aplicarem integralmente, no País, os seus recursos na manutenção dos seus objetivos institucionais* – As entidades estão proibidas de remeter seus lucros ao exterior, isto é, de fazer a remessa definitiva de quantias ou valores ao exterior ou a entidades situadas no exterior. Não faria sentido que uma instituição gozasse de imunidade, no Brasil, justamente porque auxilia o Estado em certas atividades, e, por outro lado, enviasse as quantias economizadas para outro país. Há uma discussão sobre se esse requisito seria aplicado também aos templos de qualquer culto (CF/1988, art. 150, VI, *b*). Ora, parece-nos óbvio que sim. Por que as entidades religiosas poderiam remeter receitas auferidas de fiéis brasileiros para outros países?;
- *Manterem escrituração de suas receitas e despesas em livros revestidos de formalidades capazes de assegurar sua exatidão* – Como registramos anteriormente, as entidades imunes não estão dispensadas do cumprimento das obrigações tributárias acessórias. Quer dizer, devem fazer, não fazer ou tolerar que se faça, no interesse da fiscalização. Assim, devem manter sua escrituração, quer dizer, o registro de entradas e saídas de valores para que a fiscalização saiba se estão cumprindo ou não os requisitos exigidos para a fruição do benefício.

De acordo com o art. 14, § 1º, do CTN, "na falta de cumprimento do disposto neste artigo, ou no § 1.º do art. 9.º, a autoridade competente pode *suspender a aplicação do benefício*".

Eis um dispositivo que causa certa perplexidade na doutrina. Luciano Amaro, por exemplo, afirma: "Esse dispositivo (§ 1.º do art. 14) é aberrante, sob vários aspectos, o menos importante dos quais é ter chamado a imunidade de "benefício", noção inadequada para expressar uma norma de definição (negativa) da competência tributária. Outro dislate, este gravíssimo, está em supor que imunidade seja algo que possa ser "suspenso" pela autoridade fiscal, como se esta pudesse dispor sobre matéria constitucional" (AMARO, 2011, p. 180, 181).

De fato, não cabe à autoridade administrativa decidir sobre a oportunidade ou conveniência do direito à imunidade por parte dos beneficiados. A autoridade deve limitar-se a averiguar se os requisitos são cumpridos ou não. Se as entidades mencionadas no art. 150, VI, *c*, da CF/1988 estiverem cumprindo as exigências do art. 14 do CTN, então devem fruir a imunidade normalmente. Caso contrário, cessa o benefício, não porque a autoridade entende conveniente cessá-lo, mas porque os requisitos não foram cumpridos.

Finalmente, o art. 14, § 2º, do CTN estabelece que "os serviços a que se refere a alínea *c* do inc. IV do art. 9.º [atual art. 150, VI, *c*, da CF/1988] são exclusivamente os diretamente relacionados com os objetivos institucionais das entidades de que trata este artigo, previstos nos respectivos estatutos ou atos constitutivos".

Trataremos desse assunto logo mais, quando falarmos do exercício de atividade econômica por parte das entidades em análise. Doutrina minoritária entende que os requisitos impostos ao final da alínea *c* aplicam-se somente às instituições de educação e assistência social (AMARO, 2011, p. 178). A maior parte dos doutrinadores, contudo, concorda em afirmar que todas as entidades ali mencionadas (partidos políticos e suas fundações, entidades sindicais dos trabalhadores, instituições de educação e assistência social) devem sujeitar-se às exigências estabelecidas em lei (CARRAZZA, 2011, p. 831).

Isso mostra que os requisitos do art. 14 do CTN devem ser cumpridos e demonstrados para que a entidade sem fins lucrativos tenha direito a usufruir da imunidade tributária. Por isso, para que a entidade obtenha o direito à imunidade é essencial comprovar os requisitos exigidos com a demonstração contábil da sua existência. Também há necessidade da fiscalização *in loco* acerca da existência física do patrimônio e a aplicação nas suas atividades essenciais de todo bem e valor recebido de suas atividades.

C) A questão do lucro

Imaginemos uma instituição educacional. Uma faculdade particular sem fins lucrativos, que cumpra os requisitos estabelecidos em lei. Podemos afirmar que faz jus à imunidade de impostos? Certamente sim. Isso significa que a entidade está proibida de cobrar mensalidades? Significa que está proibida de obter "lucro"? Vejamos o assunto com mais cuidado.

A ausência de finalidade lucrativa não significa que a entidade não possa obter lucro. Pelo contrário, é possível cobrar mensalidades e obter excedente econômico. Na verdade, é até aconselhável que o faça, para que possa aperfeiçoar seus serviços e prestá-los de forma mais adequada à sociedade.

O que significa, então, "ausência de finalidade lucrativa"? Significa que não pode haver *distribuição dos lucros entres os associados, fundadores, sócios ou dirigentes*. O lucro obtido pela instituição deve ser totalmente reinvestido *nela*, isto é, no desempenho de suas finalidades essenciais. Pode-se e deve-se obter lucro, mas este deve ser inteiramente absorvido pela instituição.

Isso não significa que seus dirigentes, funcionários, administradores etc., não possam ser bem remunerados. Podem. Mas suas remunerações devem estar de acordo com os *valores de mercado* usualmente pagos para cada função. Caso contrário, está-se diante do que se denomina *distribuição disfarçada de lucros*. Quer dizer, distribui-se o lucro obtido pela instituição, disfarçadamente, sob a denominação de "salário". Obviamente, se isso acontecer, a instituição *perde* o direito à imunidade. Justamente por isso a imunidade é chamada de *condicionada*. O STF, a propósito, manifesta-se há muito tempo nesse sentido. Em um julgado de 1988 a Segunda Turma assentou:

> Se resulta do estatuto da entidade educacional que o lucro obtido, ou parte dele, é, de alguma forma, distribuído aos sócios, ao invés de ser aplicado em benefício da própria instituição e para atendimento de suas finalidades, não há como se ter satisfeita a exigência contida no inc. I e, por via de consequência, no inc. II, ambos do art. 14 do CTN. Assim, se ao retirar-se, pode o sócio receber a sua cota acrescida não apenas do resultado da aplicação monetária, mas também de parcela correspondente a lucros, não há como reconhecer à entidade o benefício da imunidade tributária (STF, RE 108.737/SP, 1988).

Ausência de finalidade lucrativa não significa que a entidade esteja proibida de auferir lucro. Significa que os lucros obtidos devem ser reinvestidos na própria entidade e não podem ser distribuídos entre dirigentes, associados, fundadores etc.

D) Requisitos de lei ordinária ou complementar?

Além da ausência de finalidade lucrativa, as entidades mencionadas no art. 150, VI, *c*, da CF/1988, devem "atender aos requisitos da lei". Pois bem, que lei essa? Trata-se de lei ordinária ou lei complementar?

O dispositivo autoriza duas interpretações. Se interpretarmos que os "requisitos de lei" referem-se a exigências *formais reguladoras da constituição e funcionamento da entidade*, então a lei mencionada significa *lei ordinária*. Ora, a constituição e funcionamento dos partidos e suas fundações, sindicatos, federações e confederações, instituições de educação e assistência social devem obedecer a uma série de regras estabelecidas em leis. Nesse caso, a disciplina por lei ordinária é suficiente.

É o que acontece com as regras previstas no Código Civil, na lei que disciplina os partidos políticos, nas leis que exigem o cumprimento de certos requisitos para que a instituição seja considerada beneficente e assim por diante.

Se, por outro lado, a expressão "requisitos da lei" for interpretada de maneira que se refira às *exigências estabelecidas para que a entidade faça jus à imunidade tributária*, então estamos falando obrigatoriamente de *lei complementar*. Quer dizer, tratando-se dos *requisitos materiais para o gozo da imunidade*, então as exigências estão sob reserva de lei complementar. Em suma, de acordo com o dispositivo constitucional:

- *Lei ordinária* – Fixação dos requisitos formais para a constituição e funcionamento das entidades;
- *Lei complementar* – Fixação dos requisitos materiais para que as entidades façam jus à imunidade tributária.

Há jurisprudência do Plenário do STF nesse sentido:

> Conforme precedente no STF [...] e na linha da melhor doutrina, o que a Constituição remete à lei ordinária, no tocante à imunidade tributária considerada, é a fixação de normas sobre a constituição e o funcionamento da entidade educacional ou assistencial imune; não, o que diga respeito aos lindes da imunidade, que, quando susceptíveis de disciplina infraconstitucional, ficou reservado à lei complementar (STF, ADI 1802 MC/DF, 1998).

Pois bem, o estabelecimento de requisitos materiais relativos ao direito à imunidade, isto é, das exigências que devem cumprir as instituições para que façam jus à desoneração tributária prevista no art. 150, VI, *c*, da Constituição, estão sob reserva de lei complementar. Qual é *fundamento constitucional* de tal reserva? Adiantamos: o art. 146 da Constituição Federal.

O art. 146 da CF/1988 é importantíssimo para o estudo do direito tributário, na medida em que elenca uma série de *matérias* que estão sob *reserva de lei complementar*. O dispositivo determina, em seu inciso II, que "cabe à lei complementar regular as limitações constitucionais ao poder de tributar".

Ora, o que são as imunidades tributárias, senão *limitações constitucionais ao poder de tributar*? Estão previstas justamente no capítulo que trata dessas limitações. Portanto, o art. 146, II, da CF/1988, é o fundamento constitucional segundo o qual as exigências que condicionam o gozo das imunidades tributárias devem ser veiculadas por lei complementar.

Esta é a lição de Luciano Amaro: "Em primeiro lugar, tratando-se de 'limitação constitucional ao poder de tributar', cabe à *lei complementar* a função precípua de regular a matéria, 'complementando' a disciplina constitucional (art. 146, II). Em segundo, a imunidade abrange um largo espectro de tributos, de competência de diferentes entes políticos; há de haver, portanto, norma uniforme, geral, que se aplique às diversas esferas de poder, o que, no campo tributário, também é assunto de lei complementar" (AMARO, 2011, p. 179).

Houve divergência jurisprudencial a respeito da exigência prevista na Lei 8.212/91, que condicionava a fruição da imunidade relativa à contribuição previdenciária à observância de outros requisitos não previstos no art. 14 do CTN.

Em um primeiro momento, defendeu-se que o fato de a norma constitucional condicionar a imunidade tributária à posterior regulamentação legal, permitiria a criação de requisitos por legislação ordinária. Contudo, não se pode deixar de observar que a matéria ora analisada trata de limitação constitucional ao poder de tributar, o que necessariamente exige lei complementar, conforme prevê o art. 146 II da CF. Nesse mesmo sentido foi julgado pelo STF:

> Certificado de entidade de fins filantrópicos e gratuidade. Diante da inconstitucionalidade do art. 2º, IV, do Dec. 752/93, foi anulada decisão que exigiu a comprovação da aplicação anual de, pelo menos, 20% da receita bruta em gratuidade para o reconhecimento de imunidade de instituição beneficente e a renovação de certificado de entidade beneficente de assistência social (Cebas). O certificado de entidade beneficente de assistência social é submetido à renovação periódica a partir da demonstração dos requisitos previstos em legislação complementar vigente em cada época. A norma foi declarada inconstitucional pelo Plenário do STF (RE 566.622, Tema 32), quando se fixou a tese de que 'os requisitos para o gozo de imunidade hão de estar previstos em lei complementar' (STF, Primeira Turma, RMS 24.065, Rel. Min. Luiz Fux, 12.3.2019).

Em outras palavras, com o julgamento do Recurso Extraordinário 566.622, em regime de Repercussão Geral, a Suprema Corte brasileira decidiu que os requisitos para o gozo de imunidade devem estar previstos em lei complementar, restando à lei ordinária apenas prever requisitos que não extrapolem os estabelecidos no CTN. Assim, foi declarada a inconstitucionalidade formal do art. 55 da Lei 8.212/91, que dispõe sobre as exigências para a concessão de imunidade tributária às entidades beneficentes de assistência social (STF, Informativo 855/2017).

Em síntese, pode-se afirmar que os requisitos legais que devem ser obedecidos para a fruição da imunidade tributária estão previstos de forma taxativa no art. 14 do Código Tributário Nacional. Além disso, também cabe mencionar que o Certificado de Entidade Beneficente de Assistência Social (Cebas) – documento comumente solicitado pela Fazenda Pública – possui efeito declaratório para efeitos tributários, retroagindo seus efeitos à data do cumprimento dos requisitos, conforme entendimento materializado na súmula nº 612 do Superior Tribunal de Justiça:

> ***Súmula nº 612 do STJ:*** O certificado de entidade beneficente de assistência social (CEBAS), no prazo de sua validade, possui natureza declaratória para fins tributários, retroagindo seus efeitos à data em que demonstrado o cumprimento dos requisitos estabelecidos por lei complementar para a fruição da imunidade.

E) Generalidade e gratuidade

Questões como a possibilidade ou não de as entidades auferirem lucro levam a outras indagações como as relativas à generalidade e gratuidade dos serviços prestados. Quer dizer, uma instituição educacional, para fazer jus à imunidade, deve estar aberta a todas as pessoas? E mais: deve ser gratuita ou pode haver a cobrança de mensalidades? Iniciemos pelo problema da *generalidade*. Para Roque Carrazza, tal questão deve ser analisada sob dois prismas:

- *Instituições educacionais* – Devem atender ao requisito da generalidade, mas, bem entendido, sem exageros. "Não é preciso para que ele seja atendido que a escola esteja aberta a *todos* da coletividade, mas, apenas, que não faça discriminações arbitrárias, restringindo demasiadamente o acesso a seus cursos" (CARRAZZA, 2011, p. 848);
- *Instituições de assistência social* – "Não é necessário, para a mantença do benefício da imunidade, que a instituição assistencial sem fins lucrativos esteja aberta a qualquer pessoa que dela queira beneficiar-se. Em linguagem mais técnica, é dispensável, para os fins do art. 150, VI, 'c', da CF, o atributo da *generalidade do acesso* dos beneficiários. Basta que tal acesso seja marcado pela *impessoalidade* – é dizer, que todas as pessoas que preencham determinados requisitos ou pressupostos (como, por exemplo, que sejam servidores de uma determinada autarquia), possam colocar-se sob o pálio da instituição assistencial" (CARRAZZA, 2011, p. 854).

O decisivo, como ressalta o autor, é que não haja particularizações. Quer dizer, não é permitido "que os favorecidos sejam antecipadamente individualizados, sendo vedado o ingresso de outras pessoas na instituição, ainda que preencham idênticos requisitos" (CARRAZZA, 2011, p. 855). O autor cita interessante exemplo: uma escola exclusiva para descendentes de alemães atende ao requisito da generalidade; uma escola para descendentes de alemães que atenda apenas a *algumas* famílias germânicas, não cumpre tal requisito.

No que tange à *gratuidade*, parece haver relativo consenso na doutrina de que os serviços prestados por essas entidades *não* precisam ser necessariamente gratuitos. Quer dizer, pode haver a cobrança normal de mensalidades. O importante, como vimos, é que as receitas sejam aplicadas nas finalidades essenciais dessas entidades, e que não sejam distribuídas entre fundadores, associados, sócios, administradores etc.

15.6 FINALIDADES ESSENCIAIS E EXERCÍCIO DE ATIVIDADE ECONÔMICA

Também no caso das imunidades condicionadas surge a questão de saber se as entidades mencionadas no art. 150, VI, *c*, da Constituição, podem explorar atividade econômica lucrativa. Um partido político, por exemplo, poderia comercializar camisetas de líderes relacionados à sua história? Poderia fazê-lo com intuito lucrativo? Em caso afirmativo, manteria o direito à imunidade? Sobre o assunto, o art. 150, § 4.º, da CF/1988, estabelece:

> **CF, art. 150** (...):
>
> § 4º. As vedações expressas no inciso VI, alíneas b e c, compreendem somente o patrimônio, a renda e os serviços, relacionados com as finalidades essenciais das entidades nelas mencionadas.

Tal como ocorre com os templos de qualquer culto, a imunidade relativa a impostos alcança os partidos políticos e suas fundações, as entidades sindicais dos trabalhadores e as instituições de educação e assistência social apenas no que toca ao patrimônio, renda e serviços *relacionados às suas finalidades essenciais*. Havendo desvio de finalidade, perde-se a imunidade.

Qual seria a finalidade essencial de cada uma dessas instituições? Ora, no que toca aos partidos políticos e suas fundações, atividades ligadas ao exercício da política, propaganda partidária, atividades culturais etc.; quanto aos sindicatos, a defesa dos trabalhadores, seminários científicos, organização de greves etc.; no que toca às entidades educacionais e assistenciais, as práticas ligadas à educação e assistência social, dentre outras.

A interpretação, nesses casos, deve pautar-se pela razoabilidade. A Primeira Turma do STF, por exemplo, reconheceu imunidade com relação ao imposto predial e territorial urbano (IPTU) de imóvel utilizado como clube de recreação e lazer por funcionários de fundação caracterizada como instituição de assistência social. De acordo com o Tribunal, "o emprego do imóvel para tais propósitos não configura desvio de finalidade em relação aos objetivos da entidade filantrópica" (STF, Informativo 518/2008).

Por outro lado, a própria Corte deixou de reconhecer o direito à imunidade relativa ao IPTU incidente sobre terreno baldio. De fato, a Segunda Turma firmou entendimento segundo o qual "terrenos baldios, sem vinculação às finalidades essenciais da entidade, afastam a imunidade prevista no art. 150, VI, *c*, da Constituição Federal" (STF, RE 375.715/DF, 2010).

Aliás, a Primeira Turma já fixou jurisprudência segundo a qual, no caso específico do imposto sobre a transmissão de bens imóveis (ITBI), vigora presunção segundo a qual o imóvel da entidade imune atende às finalidades essenciais:

> A destinação do imóvel às finalidades essenciais da entidade deve ser pressuposta no caso do Imposto de Transmissão *Inter Vivos* de Bens Imóveis – ITBI, sob pena de não haver imunidade para esse tributo. Com base nesse entendimento, a Primeira Turma proveu recurso extraordinário para reconhecer a imunidade para ITBI relativamente à aquisição do terreno objeto da impetração. Inicialmente, afastou-se alegação de que o caso comportaria revolvimento de fatos e provas, porquanto o tribunal de origem deixara de reconhecer o benefício constitucional da citada imunidade sob o fundamento de que o Serviço Nacional de Aprendizagem – SENAC teria que aguardar a realização objetiva do seu projeto – construção de edifício que se destinaria aos fins próprios da entidade – para, só então, evitar a ação defensiva do Poder Público. Consignou-se inexistir controvérsia de fato, mas sim valoração dele. Observou-se que, na espécie, remanesceria apenas questão de direito sobre a condicionante constitucional da vinculação às finalidades essenciais da entidade, que, conforme assentado pelas instâncias ordinárias, preencheria os requisitos legais para usufruto da imunidade. Acentuou-se que o fato gerador do ITBI seria a transmissão jurídica do imóvel e não fatos supervenientes. Registrou-se que, quanto ao benefício do art. 150, VI, *c*, da CF, o ônus de elidir a presunção de vinculação às atividades essenciais seria do Fisco (STF, Informativo 720/2013).

Imaginemos, por outro lado, que determinado partido político seja proprietário de um imóvel urbano e que este imóvel seja alugado a terceiros, que o utilizam para fins comerciais. Pergunta-se: a imunidade persiste? Suponhamos, na mesma linha, que uma instituição assistencial confeccione artesanato em larga escala e pratique a venda de camisetas, sapatos, enfim, mercadorias elaboradas pelos assistidos. Deve haver a incidência do ICMS?

O raciocínio permanece o mesmo daquele utilizado para a análise do exercício de atividade econômica por parte dos templos de qualquer culto. Assim, as entidades mencionadas no art. 150, VI, *c*, da CF/1988, podem até exercer atividade econômica que disponibilize alguma renda, porém, apenas mantêm o direito à imunidade se os recursos obtidos forem direcionados às suas finalidades essenciais. O dinheiro obtido com o aluguel deve ser destinado à reforma da sede do partido político; à manutenção de sua frota de veículos; ao pagamento de salários aos funcionários, e assim por diante.

Roque Carrazza, a propósito, anota: "O que não pode haver é a distribuição do superávit aos fundadores, dirigentes ou administradores. Noutros termos, não pode haver apropriação particular dos resultados positivos, ou, mesmo, a intenção de fazê-lo (*animus distribuendi*)" (CARRAZZA, 2011, p. 857).

Luís Eduardo Schoueri vai mesmo sentido: "Não é o fato de a entidade obter receita no mercado que, de imediato, afasta a imunidade. Fosse o caso, então não se asseguraria a imunidade da entidade que aplica suas sobras de caixa no mercado financeiro, conquanto esse seja o dever de qualquer administrador, visando à própria preservação dos recursos financeiros. Não deixa de ser consoante com a finalidade essencial da entidade imune a preservação de seu patrimônio" (SCHOUERI, 2012, p. 415).

A Primeira Turma do STF já se pronunciou desta maneira:

> O Plenário desta Corte reconheceu que a imunidade das entidades de assistência social, sem fins lucrativos (art. 150, VI, *c*, da CF), alcança os rendimentos e ganhos de capital auferidos em aplicações financeiras, ao deferir, em parte, a medida cautelar postulada na ADI 1.802, em ordem a suspender, com eficácia *erga omnes* (art. 11, § 1º, da Lei 9.868/1999), a vigência do art. 12, § 1º, da Lei 9.532/1997. Essa decisão foi proferida em agosto de 1998 – e desde então vem sendo observada pela Corte. Nada justifica a suspensão das ações individuais em que se postula o reconhecimento da intributabilidade da renda auferida por entidades imunes em aplicações financeiras, bem como a repetição do indébito (STF, AI 805.722 AgR/SP, 2013).

Registre-se, ademais, que o exercício de eventual atividade econômica não pode comprometer o princípio da livre concorrência (CF/1988, art. 170, IV). Ora, se a entidade explora imóvel urbano como estacionamento e reverte suas receitas às finalidades essenciais, a imunidade persiste. Se, por outro lado, reaplica as receitas para a intensificação e ampliação do serviço de estacionamento, adquirindo outros imóveis, contratando novos empregados etc., a imunidade não deve persistir.

Luís Eduardo Schoueri adverte: "No Domínio Econômico, a Livre Concorrência atuará negativamente na construção da norma imunizante. Enquanto é justificável que a entidade, sem perder seu privilégio, atue naquele domínio para obter recursos para suas finalidades essenciais, não se pode aceitar que a imunidade destrua a concorrência" (SCHOUERI, 2012, p. 415).

Para finalizar, cabe ressaltar que, tal como se depreende da jurisprudência acima citada, já está pacificado o entendimento segundo o qual as aplicações financeiras dessas instituições não configuram desvio de finalidade. Investimentos em poupança, fundos, ações etc., uma vez direcionadas às suas finalidades essenciais, permanecem imunes a impostos. Não deve haver, nesses casos, a incidência do imposto sobre operações financeiras (IOF) e/ou do imposto de renda (IR). Confira-se entendimento da Segunda Turma do STF:

> A jurisprudência do Supremo Tribunal Federal é firme no sentido de que as entidades de assistência social, sem fins lucrativos, estão imunes à incidência do Imposto de Renda [...] O Plenário desta nossa Casa de Justiça, ao apreciar o ADI 1.802/MC, deferiu, em parte, o pedido de medida cautelar, para suspender eficácia do § 1º do art. 12 da Lei 9.532/1997, até a decisão final da ação (STF, RE 590.448 AgR/SP, 2011).

JURIDPRUDÊNCIA DO STF – SÚMULA VINCULANTE Nº 52

O STF consolidou entendimento de que os partidos políticos e suas fundações, as entidades sindicais dos trabalhadores e as instituições de educação e assistência social fazem jus à imunidade de impostos ainda que pratiquem atividade econômica, desde que os rendimentos sejam direcionados às suas finalidades essenciais. O entendimento compõe o enunciado de súmula vinculante:

> ***Súmula vinculante nº 52*** – Ainda quando alugado a terceiros, permanece imune ao IPTU o imóvel pertencente a qualquer das entidades referidas pelo art. 150, VI, *c*, da CF/1988, desde que valor dos aluguéis seja aplicado nas atividades para as quais tais entidades foram constituídas.

Note-se que a imunidade persiste desde que o valor dos aluguéis seja aplicado nas atividades essenciais de tais entidades. Sim, porque se a entidade exerce atividade econômica e não direciona o resultado financeiro às suas finalidades essenciais, perde a imunidade. Ao comentar a súmula, Roque Carrazza observa: "Esta súmula, conquanto se refira expressamente ao IPTU, sinaliza, de modo inequívoco, que as mencionadas entidades (dentre as quais as instituições de assistência social sem fins lucrativos), enquanto exercem atividades econômicas, delas obtendo o máximo de resultados econômicos positivos, estão também a salvo dos impostos incidentes sobre suas rendas ou prestações onerosas de serviço. O fundamental é que tais atividades econômicas sejam preordenadas a assegurar a manutenção da entidade" (CARRAZZA, 2011, p. 856). Em suma, desde que apliquem as receitas oriundas do exercício de atividade econômica no desenvolvimento de suas finalidades essenciais, tais entidades estão imunes não apenas ao IPTU, mas a todo e qualquer imposto.

15.7 IMUNIDADE ESPECÍFICA DAS ENTIDADES DE ASSISTÊNCIA SOCIAL

O art. 150, VI, *c*, da Constituição, como vimos, garante imunidade *genérica* de *impostos* às entidades de assistência social sem fins lucrativos. Pois bem, no art. 195, § 7.º, da CF/1988, encontramos a seguinte prescrição:

> **CF, art. 195** (...)
>
> § 7º. São isentas de contribuição para a seguridade social as entidades beneficentes de assistência social que atendam às exigências estabelecidas em lei.

Perceba-se que a Constituição, em muitas situações, não utiliza a palavra *imunidade*. Ela se vale de expressões que remetem, de uma maneira ou outra, à ideia de negação de competência tributária. O texto constitucional utiliza, por exemplo, a expressão *não incidência* para designar hipóteses de negativa de competência tributária, ou seja, de imunidade.

Neste § 7.º percebemos que a Constituição usa a expressão "isenção" para designar, na verdade, uma *imunidade*. As isenções são fenômenos distintos das imunidades. A primeira é sempre veiculada por lei e exclui o crédito tributário; a segunda está na Constituição e impede que o próprio ente federativo legisle para criar o tributo.

Ocorre que o legislador muitas vezes não conhece os termos técnicos. Valeu-se da palavra "isenção" quando deveria ter utilizado a palavra "imunidade". De qualquer maneira, cabe à doutrina interpretar a Constituição e as normas tributárias de forma harmônica, sistemática e, acima de tudo, coerente. Podemos, assim, concluir que o art. 195, § 7.º, prevê típico caso de *imunidade tributária.*

Dessa forma, deve-se tem em mente que as instituições de assistência social sem fins lucrativos fazem jus à imunidade específica relativa à contribuição social para a seguridade social. Quer dizer, além da imunidade genérica de impostos, prevista no art. 150, VI, c, da CF/1988, tais entidades contam com uma imunidade específica que se refere às contribuições sociais para a seguridade social. Confira-se a esquematização:

- *Instituições de assistência social sem fins lucrativos:*
- *Imunidade genérica de impostos*, nos termos do art. 150, VI, *c*, da CF/1988;
- *Imunidade específica relativa à contribuição social para a seguridade social*, nos termos do art. 195, § 7.º, da CF/1988.

Contribuições sociais para a seguridade social são subespécie vinculada às contribuições especiais (CF, art. 149). Pois bem, a "isenção" do art. 195, § 7.º, da CF/1988, ou melhor, a *imunidade específica* prevista no dispositivo, proíbe a instituição de contribuições sociais para a seguridade social que incidam sobre o patrimônio, renda ou serviços das instituições de assistência social sem fins lucrativos que preencham os requisitos de lei. O STF há tempos interpreta o § 7.º do art. 195 como típica *imunidade específica.* A propósito, a Primeira Turma assentou:

> A cláusula inscrita no art. 195, § 7.º, da Carta Política – não obstante referir-se impropriamente à isenção de contribuição para a seguridade social –, contemplou as entidades beneficentes de assistência social com o favor constitucional da imunidade tributária, desde que por elas preenchidos os requisitos fixados em lei. A jurisprudência constitucional do Supremo Tribunal Federal já identificou, na cláusula inscrita no art. 195, § 7.º, da CF/1988 da República, a existência de uma típica garantia de imunidade (e não de simples isenção) estabelecida em favor das entidades beneficentes de assistência social. Tratando-se de imunidade – que decorre, em função de sua natureza mesma, do próprio texto constitucional –, revela-se evidente a absoluta impossibilidade jurídica de a autoridade executiva, mediante deliberação de índole administrativa, restringir a eficácia do preceito inscrito no art. 195, § 7º, da Carta Política, para, em função de exegese que claramente distorce a teleologia da prerrogativa fundamental em referência, negar, à entidade beneficente de assistência social que satisfaz os requisitos da lei, o benefício que lhe é assegurado no mais elevado plano normativo (STF, RMS 22.1929/DF, 1995).

APROFUNDANDO! EXIGÊNCIAS ESTABELECIDAS EM LEI

De acordo com o art. 195, § 7.º, da CF/1988, as instituições de assistência social sem fins lucrativos devem *atender às exigências estabelecidas em lei* para que façam jus à imunidade específica relativa às contribuições sociais para a seguridade social.

Já vimos, contudo, que as exigências materiais para o gozo das imunidades estão sob reserva de lei complementar, à luz do disposto no art. 146, II, da CF/1988. Somos conduzidos à conclusão de que, também no caso do § 7.º do art. 195, ora analisado, as exigências devem ser estabelecidas em *lei complementar.* A doutrina, de modo geral, assinala que os requisitos materiais a serem observados para que a instituição faça jus à imunidade são aqueles previstos no art. 14 do Código Tributário Nacional, a saber: (1) não distribuírem qualquer parcela de seu patrimônio ou de suas rendas, a qualquer título; (2) aplicarem integralmente, no País, os seus recursos na manutenção dos seus objetivos institucionais; (3) manterem escrituração de suas receitas e despesas em livros revestidos de formalidades capazes de assegurar sua exatidão. Cabe ressaltar a posição do STF segundo a qual os requisitos materiais para o gozo da imunidade devem ser veiculados em lei complementar, contudo, os requisitos formais para o reconhecimento do caráter assistencial da instituição podem ficar a cargo de lei ordinária.

ATENÇÃO! Reforma tributária!

A Emenda Constitucional nº 132, de 2023, que veiculou a chamada reforma tributária, passou a prever o imposto sobre bens e serviços (IBS), de competência compartilhada entre Estados, DF e Municípios (CF, art. 156-A) e a contribuição social sobre bens e serviços (CBS), de competência da União (CF, art. 195, V). Nesse sentido, o art. 149-B, inciso II e parágrafo único da CF/1988, também incluído pela EC 132/2023, determina:

> **CF, arrt. 149-B.** Os tributos previstos nos arts. 156-A e 195, V, observarão as mesmas regras em relação a:
>
> (...)
>
> **II –** imunidades;
>
> (...)
>
> **Parágrafo único.** Os tributos de que trata o *caput* observarão as imunidades previstas no art. 150, VI, não se aplicando a ambos os tributos o disposto no art. 195, § 7º.

Note-se, pois, que, de acordo com a reforma, as entidades beneficentes de assistência social *não* fazem jus à imunidade específica prevista no art. 195, § 7º, do texto constitucional, no que concene à CBS, por determinação explícita do art. 149-B, parágrafo único.

Imunidade das instituições de educação e assistência social	
Instituições de educação	*Imunidade a impostos, nos termos do art. 14 do CTN.*
Instituições de assistência social	*Imunidade a impostos, nos termos do art. 14 do CTN;*

Imunidade das instituições de educação e assistência social	
Instituições de assistência social	*Imunidade específica às contribuições para a seguridade social, nos termos da Lei 12.101/2009 ou do art. 55 da Lei nº 8.212/91, tratando-se de contribuição ao PIS.* **ATENÇÃO! Reforma tributária!** *Exclusão da CBS, nos termos do art. 149-B, parágrafo único, da CF/1988.*

15.8 IMUNIDADE TRIBUTÁRIA E INSTITUIÇÕES DE PREVIDÊNCIA SOCIAL

O art. 150, VI, *c*, da CF/1988, assegura imunidade genérica de *impostos* às instituições de educação e assistência social sem fins lucrativos. Pois bem, essa imunidade alcançaria as instituições de *previdência social*?

A) Previdência social e assistência social

Os artigos 201 e 203 da CF/1988 estabelecem:

> **CF, art. 201.** A previdência social será organizada sob a forma do Regime Geral de Previdência Social, de caráter contributivo e de filiação obrigatória, observados critérios que preservem o equilíbrio financeiro e atuarial, e atenderá, na forma da lei, a:
>
> I – cobertura dos eventos de incapacidade temporária ou permanente para o trabalho e idade avançada;
>
> II – proteção à maternidade, especialmente à gestante;
>
> III – proteção ao trabalhador em situação de desemprego involuntário;
>
> IV – salário-família e auxílio-reclusão para os dependentes dos segurados de baixa renda;
>
> V – pensão por morte do segurado, homem ou mulher, ao cônjuge ou companheiro e dependentes, observado o disposto no § 2º.
>
> [...]
>
> **Art. 203.** A assistência social será prestada a quem dela necessitar, independentemente de contribuição à seguridade social, e tem por objetivos:
>
> I – a proteção à família, à maternidade, à infância, à adolescência e à velhice;
>
> II – o amparo às crianças e adolescentes carentes;
>
> III – a promoção da integração ao mercado de trabalho;
>
> IV – a habilitação e reabilitação das pessoas portadoras de deficiência e a promoção de sua integração à vida comunitária;
>
> V – a garantia de um salário mínimo de benefício mensal à pessoa portadora de deficiência e ao idoso que comprovem não possuir meios de prover à própria manutenção ou de tê-la provida por sua família, conforme dispuser a lei.
>
> VI – a redução da vulnerabilidade socioeconômica de famílias em situação de pobreza ou de extrema pobreza.

Antes de tudo, cabe assinalarmos a diferença específica entre previdência social e assistência social. Nos termos do que preceitua a Constituição, a previdência social possui *caráter contributivo*, enquanto a assistência social possui caráter *não contributivo*.

Em outras palavras, os beneficiários da previdência social precisam *contribuir com dinheiro* para que façam jus aos benefícios. Devo recolher contribuições sociais ao INSS para que possa, no futuro, aposentar-me. Os beneficiários da assistência social, por outro lado, *não* precisam contribuir com dinheiro para que tenham acesso a seus benefícios. Quer dizer, menores carentes têm acesso ao orfanato ainda que nunca tenham pago qualquer contribuição em dinheiro.

Essa diferença é importante porque a Constituição assegura a imunidade de impostos às entidades de assistência social e *não* às entidades de previdência social. O texto constitucional parece ter levado em consideração o critério de *ausência de contribuição* por parte do beneficiário (daí seu caráter *assistencial*) para estabelecer a imunidade. Assim, em princípio, podemos afirmar que a imunidade de impostos alcança apenas as entidades de assistência social e *não* as entidades de previdência social.

B) Sistemas de previdência no Brasil

A questão não é, contudo, tão simples quanto parece. Existem dois sistemas de previdência social no Brasil: o sistema *público* e o sistema *privado*.

O sistema público é organizado e mantido pelo Estado. Dirige-se aos servidores públicos ou aos trabalhadores da iniciativa privada (INSS). A filiação é obrigatória e vincula-se, como regra, ao exercício de atividade laboral. Todo o indivíduo que trabalha deve filiar-se.

O sistema ligado aos servidores públicos é mantido pelos próprios entes federativos. É o que ocorre, por exemplo, com o SPPREV (São Paulo Previdência), autarquia estadual encarregada dos serviços de previdência social da administração pública direta e indireta deste Estado. O sistema ligado aos trabalhadores da iniciativa privada é organizado e mantido pelo INSS. Em ambos os casos, estamos diante de situações abrangidas pela imunidade do art. 150, VI, *a*, da CF/1988 (imunidade recíproca).

As questões mais complexas relativas à imunidade tributária aparecem quando estamos tratando do sistema *privado* de previdência social. De acordo com o art. 202 da CF/1988, o regime de previdência privada é complementar ao regime geral (sistema público) e tem caráter facultativo, quer dizer, não obrigatório. O regime é denominado *privado* porque as entidades encarregadas de organizar e manter o sistema assumem a forma de *pessoas jurídicas de direito privado*.

Tais entidades são classificadas em *abertas* ou *fechadas*, de acordo com o art. 4.º da LC 109/2001. São *abertas* quando o ingresso no sistema for acessível a *qualquer* indivíduo. É o que ocorre, por exemplo, quando vamos ao banco e ingressamos em um plano de previdência privada. São *fechadas* quando o acesso fica reservado a empregados de empresas públicas, grupo de empresas e agentes públicos da União, Estados, Distrito Federal e Municípios, como é o caso da PREVI (Caixa de Previdência dos Funcionários do Banco do Brasil) e da PETROS (Fundação Petrobrás de Seguridade Social).

A propósito, o art. 36 da LC 109/2001, prescreve:

> **LC 109/2001, art. 36.** As entidades abertas são constituídas unicamente sob a forma de sociedades anônimas e têm por objetivo instituir e operar planos de benefícios de caráter previdenciário, concedidos em forma de renda continuada ou pagamento único, acessíveis a quaisquer pessoas físicas.

As entidades abertas possuem *finalidade lucrativa*, razão pela qual *não* podem contar com a imunidade prevista no art. 150, VI, *c*, da CF/1988 que, como vimos, abrange apenas as instituições sem fins lucrativos.

Resta-nos perguntar pelas *entidades fechadas* de previdência privada. O art. 31, *caput*, e § 1.º, da LC 109/2001 determina:

> **LC 109/2001, art. 31.** As entidades fechadas são aquelas acessíveis, na forma regulamentada pelo órgão regulador e fiscalizador, exclusivamente:
>
> I – aos empregados de uma empresa ou grupo de empresas e aos servidores da União, dos Estados, do Distrito Federal e dos Municípios, entes denominados patrocinadores; e
>
> II – aos associados ou membros de pessoas jurídicas de caráter profissional, classista ou setorial, denominadas instituidores.
>
> § 1º As entidades fechadas organizar-se-ão sob a forma de fundação ou sociedade civil, sem fins lucrativos.
>
> [...]

De acordo com o § 1.º, acima citado, as entidades fechadas de previdência privada *não têm finalidade lucrativa*. Poderiam, assim, gozar da imunidade prevista no art. 150, VI, *c*, da CF/1988?

C) Entidades fechadas de previdência social privada

A Fundação de Seguridade Social dos Sistemas Embrapa e Embrater (CERES), entidade fechada de previdência social privada que, como vimos, destina-se apenas a certas pessoas e não possui finalidade lucrativa, impetrou mandado de segurança junto ao Poder Judiciário, sustentando sua imunidade ao imposto predial e territorial urbano (IPTU), ao argumento de que estaria protegida pelo art. 150, VI, *c*, da CF/1988.

Num primeiro momento somos inclinados a concluir pela ausência de imunidade, uma vez que a Constituição fala em instituições de *assistência* social sem fins lucrativos e *não* em instituições de *previdência* social. Por meio de recurso extraordinário, o mandado de segurança subiu para análise do STF. Os então Ministros Maurício Correa, relator, e Carlos Veloso, votaram pelo *não* reconhecimento da imunidade, uma vez que:

> "as entidades fechadas de previdência privada não podem ser comparadas às instituições assistenciais, uma vez que estas possuem o caráter de universalidade e generalidade, enquanto aquelas conferem benefícios apenas aos seus filiados mediante o recolhimento de contribuições" (STF, Informativo 139/1999).

Os então Ministros Ilmar Galvão e Marco Aurélio votaram pelo *reconhecimento* da imunidade, sob o argumento de que:

> "a imunidade prevista no art. 150, VI, *c*, da CF/1988 alcança as pessoas jurídicas de direito privado que exerçam atividade de previdência sem fins lucrativos, não cabendo perquirir sobre a gratuidade dos serviços prestados, a origem da receita, ou se os benefícios são acessíveis a todas as pessoas indistintamente" (STF, Informativo 139/1999).

Ao fim do julgamento, o Tribunal decidiu, por maioria, que:

> "a imunidade tributária conferida a instituições de assistência social sem fins lucrativos (CF/1988, art. 150, VI, c) *não* alcança as entidades fechadas de previdência social privada" (STF, Informativo 249/2001).

Prevaleceu o argumento segundo o qual: (1) as entidades assistenciais dirigem-se a *todas* as pessoas, indistintamente, ou seja, possuem o caráter de universalidade e generalidade; ao contrário das entidades fechadas de previdência social privada, que se dirigem a *algumas* pessoas; (2) as entidades assistenciais são marcadas pela *gratuidade*, quer dizer, pela *ausência de contribuições* por parte dos beneficiários, enquanto as entidades fechadas de previdência social privada caracterizam-se pela obrigatoriedade de contribuições.

Pouco tempo depois, uma entidade fechada de previdência social privada recorreu novamente ao STF pleiteando imunidade de impostos. O caso, no entanto, demonstrava uma peculiaridade: não havia contribuições pecuniárias por parte dos beneficiários. As pessoas vinculadas à entidade *não contribuíam*, de maneira que os custos eram mantidos exclusivamente por contribuições da empresa mantenedora.

O Tribunal, à luz de situação distinta, houve por bem modificar em parte o entendimento anterior:

> [...] "a imunidade tributária conferida a instituições de assistência social sem fins lucrativos (CF/1988, art. 150, VI, *c*) alcança aquelas entidades fechadas de previdência privada nas quais não há a contribuição dos empregados, mas tão só a do patrocinador. [...] salientou-se a distinção da espécie em relação à orientação firmada pelo Plenário no RE 202.700/DF, o qual se referia à entidade de previdência privada, de caráter oneroso, em que havia contribuição bilateral, tanto do empregado como do empregador" (STF, Informativo 252/2001).

No ano de 2008 o Plenário do STF reafirmou este entendimento:

> "A orientação firmada pela Corte somente reconhece a imunidade tributária prevista no art. 150, VI, *c*, da Constituição às entidades fechadas de previdência social privada se não houver contribuição dos beneficiários, nos termos da Súmula 730/STF" (STF, RE 127.584 EDv/SP, 2008).

Em suma, as entidades fechadas de previdência social privada em que *não* há contribuições por parte dos beneficiários, mas apenas das empresas mantenedoras, assumem o *status* de entidades *assistenciais*, na medida em que marcadas pela *gratuidade*. Por esta razão, fazem jus à imunidade recíproca de impostos, prevista no art. 150, VI, *c*, da CF/1988. À luz desse entendimento, o STF houve por bem adotar a Súmula 730, com o seguinte enunciado:

> ***Súmula nº 730 do STF:*** A imunidade tributária conferida a instituições de assistência social sem fins lucrativos pelo art. 150, VI, c, da CF/1988, somente alcança as entidades fechadas de previdência social privada se não houver contribuição dos beneficiários.

APROFUNDANDO! IMUNIDADE TRIBUTÁRIA E SERVIÇOS SOCIAIS AUTÔNOMOS

Serviços sociais autônomos são entidades que cooperam com o Poder Público. São pessoas jurídicas de direito privado que prestam serviços ou desenvolvem atividades de interesse público voltadas a grupos ou categorias de pessoas. Muito embora se submetam à fiscalização por parte do Estado, não integram a Administração Indireta, quer dizer, não se enquadram no conceito de Administração Pública. A criação de tais instituições depende de lei. Podem assumir variadas formas jurídicas, como fundações ou associações. Obtêm financiamento através da cobrança de contribuições especiais (tributos), recolhidas por pessoas direta ou indiretamente ligadas a tais instituições, de acordo com o que estabelece a lei. Os serviços sociais autônomos mais conhecidos são: SESI (Serviço Social da Indústria); SESC (Serviço Social do Comércio); SENAI (Serviço Nacional de Aprendizagem Industrial); SENAC (Serviço Nacional de Aprendizagem Comercial). José dos Santos Carvalho Filho, a propósito destas entidades, anota: "Assim, seu objetivo está distante daquele perseguido pelos setores empresariais e não se reveste de qualquer conotação econômica. Nesse ponto, aliás, assemelham-se às fundações e, tal como estas, não podem alvitrar fins lucrativos, próprios de empresas que exploram atividade econômica. Os valores remanescentes dos recursos que a elas são distribuídos constituem *superávit* (e não lucro) e devem ser revertidos para os mesmos objetivos, visando a sua melhoria, aperfeiçoamento e maior extensão. Trata-se, enfim, de entidades de caráter não econômico" (CARVALHO FILHO, 2013, p. 537). À luz de todas essas informações, pergunta-se: tais entidades estão imunes a impostos, nos termos do art. 150, VI, *c*, da CF/1988? Parece claro que sim. Mas com a importante ressalva contida do § 2.º do art. 150, de que a vedação alcança apenas o patrimônio, a renda e os serviços vinculados a suas *finalidades essenciais*. O STF já reconheceu a imunidade de tais entidades:

> A 1ª Turma, por maioria, negou provimento a recurso extraordinário em que discutido se imóvel não edificado pertencente ao Serviço Social da Indústria – SESI estaria alcançado pela imunidade tributária. Na espécie, reconheceu-se que, por ser o recorrido entidade de direito privado, sem fins lucrativos, encaixar-se-ia na hipótese do art. 150, VI, *c*, da CF e, por isso, estaria imune. Apontou-se que a constatação de que imóvel vago ou sem

edificação não seria suficiente, por si só, para destituir a garantia constitucional da imunidade tributária. Ponderou-se que, caso já tivesse sido deferido o status de imune ao contribuinte, o afastamento dessa imunidade somente poderia ocorrer mediante prova em contrário produzida pela administração tributária. Asseverou-se não ser possível considerar que determinado imóvel destinar-se-ia a finalidade diversa da exigida pelo interesse público apenas pelo fato de, momentaneamente, estar sem edificação ou ocupação. Assinalou-se que a qualquer momento poderia deixar sua condição de imóvel vago (STF, Informativo 714/2013).

SÚMULAS DO STF E DO STJ:

SÚMULA STF

Súmula 724 – "Ainda quando alugado a terceiros, permanece imune ao IPTU o imóvel pertencente a qualquer das entidades referidas pelo art. 150, VI, 'c', da Constituição, desde que o valor dos aluguéis seja aplicado nas atividades essenciais de tais entidades".

Súmula 730 – "A imunidade tributária conferida a instituições de assistência social sem fins lucrativos pelo art. 150, VI, c, da CF/1988, somente alcança as entidades fechadas de previdência social privada se não houver contribuição dos beneficiários".

Súmula vinculante 52 – "Ainda quando alugado a terceiros, permanece imune ao IPTU o imóvel pertencente a qualquer das entidades referidas pelo artigo 150, inciso VI, alínea "c", da Constituição Federal, desde que o valor dos aluguéis seja aplicado nas atividades para as quais tais entidades foram constituídas".

SÚMULA STJ

Súmula 612: "O certificado de entidade beneficente de assistência social (CEBAS), no prazo de sua validade, possui natureza declaratória para fins tributários, retroagindo seus efeitos à data em que demonstrado o cumprimento dos requisitos estabelecidos por lei complementar para a fruição da imunidade".

SÍNTESE DOS PRINCIPAIS ENTENDIMENTOS JURIPRUDENCIAIS

"O ensino de línguas estrangeiras caracteriza-se como atividade educacional para aplicação da imunidade tributária (art. 150, VI, c, da Constituição)" (RMS 24.283-AgR-segundo, Rel. Min. Joaquim Barbosa, julgamento em 21-9-2010, Segunda Turma, DJE de 8-10-2010.)

"A norma imunizante contida no inciso I do § 2º do art. 149 da Constituição Federal alcança as receitas decorrentes de operações indiretas de exportação caracterizadas por haver participação negocial de sociedade exportadora intermediária" (RE 759244, j. 12.2.2020).

16

IMUNIDADE DOS LIVROS, JORNAIS, PERIÓDICOS E O PAPEL DESTINADO A SUA IMPRESSÃO. IMUNIDADE DOS FONOGRAMAS E VIDEOFONOGRAMAS MUSICAIS PRODUZIDOS NO BRASIL

16.1 LIBERDADE DE EXPRESSÃO E IMUNIDADE DOS VEÍCULOS DE COMUNICAÇÃO

A livre circulação de ideias, pensamentos, argumentos, perspectivas e pontos de vista é um elemento central das democracias modernas e um dos alicerces do Estado Democrático de Direito. Quando ditaduras tomam o poder, uma das primeiras medidas adotadas é a censura. De resto, como sabemos, o regime nazista queimou livres em praça pública. É nesse contexto que se insere o art. 5.º, incisos IV, IX e XIV da CF/1988:

> **CF, art. 5º** [...]
>
> IV – é livre a manifestação do pensamento, sendo vedado o anonimato;
>
> [...]
>
> IX – é livre a expressão da atividade intelectual, artística, científica e de comunicação, independentemente de censura ou licença;
>
> [...]
>
> XIV – é assegurado a todos o acesso à informação e resguardado o sigilo da fonte, quando necessário ao exercício profissional;

Além do mais, o art. 220, caput e §§ 1º e 2º do texto constitucional, estatuem:

> **CF, art. 220.** A manifestação do pensamento, a criação, a expressão e a informação, sob qualquer forma, processo ou veículo não sofrerão qualquer restrição, observado o disposto nesta Constituição.
>
> § 1º Nenhuma lei conterá dispositivo que possa constituir embaraço à plena liberdade de informação jornalística em qualquer veículo de comunicação social, observado o disposto no art. 5º, IV, V, X, XIII e XIV.
>
> § 2º É vedada toda e qualquer censura de natureza política, ideológica e artística.
>
> [...]

Tais liberdades asseguram o livre e plural debate de ideias. Trata-se de elemento constitutivo de uma democracia, na medida em que possibilita o intercâmbio de opiniões políticas e ideológicas necessárias à manutenção do equilíbrio de forças que vige em toda a sociedade. Por isso, a preocupação da Constituição em limitar o poder de intervenção estatal no livre desenrolar dessas atividades.

Infelizmente, nos últimos tempos algumas pessoas têm confundido liberdade de expressão com a produção e veiculação de informações, fatos e narrativas falsas. São as chamadas *fake news*, que não têm, sob nenhuma perspectiva, proteção constitucional. É um câncer que vem corroendo a democracia e que precisa ser combatido.

Do ponto de vista tributário, sabe-se que o poder de tributar, se mal utilizado, tem potencial para ser uma grave ameaça à democracia. O Estado pode, valendo-se de mecanismos tributários, limitar ou intimidar a liberdade de expressão, comunicação e divulgação de ideias. Basta imaginar a utilização de alíquotas pesadas para livros que façam a crítica de algum governante, enquanto outras obras, simpáticas ao governo, circulam com alíquota zero. Fica claro, nesse exemplo hipotético, que a primeira situação praticamente inviabiliza o acesso a determinadas ideias ou ideologias.

A imunidade dos livros, jornais, periódicos e do papel destinado à impressão insere-se justamente nesse contexto. A Constituição delimita negativamente a competência dos entes federativos porque pretende defender a liberdade de circulação de ideias e a livre manifestação e pluralidade de ideologias. Trata-se de evidente limitação do poder de tributar vinculada à proteção explícita dos direitos e garantias fundamentais relacionados à liberdade de comunicação e pensamento. Tais são os valores protegidos. A partir dessa perspectiva é que se faz a interpretação dos dispositivos relacionados.

Daí a lição precisa de Roque Carrazza: "Com toda a facilidade notamos que o que a Constituição pretende, neste ponto, é garantir a liberdade de comunicação e de pensamento (aí compreendida a liberdade de imprensa) e, ao mesmo tempo, facilitar a difusão da cultura e a própria educação do povo" (CARRAZZA, 2011, p. 860).

Nessa toada, o art. 150, VI, *d*, da CF/1988, estabelece:

> **CF, art. 150.** Sem prejuízo de outras garantias asseguradas ao contribuinte, é vedado à União, aos Estados, ao Distrito Federal e aos Municípios:
>
> [...]

> VI – instituir impostos sobre:
>
> [...]
>
> d) livros, jornais, periódicos e o papel destinado a sua impressão.

Trata-se da proteção aos direitos e garantias relacionados à liberdade de expressão, manifestação, comunicação e difusão de ideias, pensamentos e ideologias, desdobrada, agora, no campo tributário. A imunidade em tela traduz-se como delimitação negativa da competência para tributar a manifestação do pensamento. A garantia de que o tributo não será utilizado como forma de impedir a livre circulação de perspectivas e pontos de vista políticos, ideológicos, sociais etc.

É importante frisar que a Constituição protege menos o livro, o jornal, o periódico e o papel, *em si considerados*, e mais a livre circulação de pensamentos e ideias que tais substratos, *considerados como veículos*, propiciam.

Em outras palavras, não se protege o livro, o jornal, o periódico e o papel porque são importantes em si, mas porque funcionam como *instrumentos* de divulgação de ideias. Quer dizer, são as bases materiais, os elementos corpóreos em que se solidificam os pensamentos, ideias, pontos de vista e posições intelectuais. Estivéssemos na época do Egito antigo e houvesse tal imunidade, então o pergaminho e o papiro seriam protegidos, e não o livro ou o papel.

Essa ressalva é importante porque, atualmente, novos meios *corpóreos* de veiculação de informações aparecem no mercado. As novas tecnologias colocam em cena instrumentos informatizados que substituem os livros, como os denominados "e-books", dentre outros. Essas tecnologias colocam novos desafios à interpretação do alcance da imunidade em estudo.

Pois bem, cabe que conheçamos melhor os objetos protegidos pelo art. 150, VI, *d*, da CF/1988. Vale ressaltar que tais definições, colhidas ao dicionário (AURÉLIO, 2009), têm finalidade didática. Quer dizer, *não* devem ser utilizadas para restringir o alcance da imunidade, mas apenas para facilitar a compreensão do texto constitucional. De forma esquemática, vejamos o que se compreende por:

- *Livro* – Reunião de folhas ou cadernos, cosidos ou por qualquer outra forma presos por um dos lados, e enfeixados ou montados em capa flexível ou rígida. Obra literária, científica ou artística que compõe, em regra, um volume;
- *Jornal* – Periódico de folhas soltas encasadas no qual se publicam notícias, entrevistas, comentários, anúncios, informações úteis para o público etc. Também chamados de "gazetas";
- *Periódico* – Relativo ou pertencente a período. Que se repete com intervalos regulares. A Constituição quer proteger publicações que, por uma razão ou outra, não se encaixam no conceito de "livro" ou "jornal". Revistas quinzenais ou mensais, por exemplo, são típicos periódicos;
- *Papel* – Pasta de matéria fibrosa de origem vegetal, refinada e, quando necessário, branqueada, contendo cola, carga e, às vezes, corantes, a qual se reduz, manual ou mecanicamente, a folhas secas finas e flexíveis, bobinadas

ou resmadas, usadas para escrever, imprimir, desenhar, embrulhar, limpar e construir. Em 1988, quando da promulgação da Constituição, era basicamente o único meio material, corpóreo, em que se registravam e divulgavam as ideias, opiniões e pensamentos nos jornais, revistas e periódicos.

APROFUNDANDO! IMUNIDADE OBJETIVA

As imunidades previstas no art. 150, VI, *a*, *b* e *c*, da CF/1988, são chamadas *subjetivas*. E isso porque são atribuídas a certas pessoas consideradas importantes pela Constituição. É o caso dos entes políticos, suas autarquias, fundações e empresa de seviço postal, dos templos de qualquer culto, dos partidos políticos e suas fundações, das entidades sindicais dos trabalhadores e das instituições de educação e assistência social sem fins lucrativos. São pessoas consideradas fundamentais ao bom funcionamento da sociedade, razão pela qual foram protegidas pela Constituição. A imunidade prevista no art. 150, VI, *d*, da CF/1988, por outro lado, é denominada *objetiva*. Vale dizer, ela não protege pessoas, mas objetos: o livro, o jornal, o periódico e o papel destinado à impressão. Assim, haverá imunidade não porque a editora praticou essa ou aquela conduta, mas porque o objeto dessa conduta é um livro. Haverá a imunidade não porque a empresa jornalística adotou esse ou aquele procedimento, mas porque está presente o jornal. O que vincula a imunidade é o objeto presente na relação. É importante compreender o aspecto objetivo dessa imunidade. E isso para compreender, também, que uma editora, uma livraria ou uma empresa jornalística, não estão imunes a todos os impostos. Estão imunes apenas aos impostos que normalmente devem incidir sobre livros, jornais, periódicos e o papel. Em outras palavras, a imunidade alcança apenas os impostos que têm por objeto essas coisas específicas. Por exemplo, os impostos sobre a importação (II), sobre a exportação (IE), sobre produtos industrializados (IPI) e sobre a circulação de mercadorias (ICMS). Assim, a editora, a livraria, a empresa jornalística devem recolher normalmente seu imposto sobre a renda e proventos de qualquer natureza (IR). E isso porque, note-se, tal imposto incide sobre a disponibilidade de renda da pessoa e não sobre um objeto. Tais empresas devem recolher normalmente seu imposto sobre operações financeiras (IOF), caso façam uma aplicação ou investimento, porque tal imposto incide sobre a movimentação de suas finanças e não sobre os objetos livro, jornal, periódico ou papel. O mesmo ocorre com impostos como o IPTU, ITBI, IPVA etc. Nesse sentido, o Plenário do STF assentou:

> Recurso extraordinário. Repercussão geral da questão constitucional reconhecida. Direito Constitucional e Tributário. FINSOCIAL. Natureza jurídica de imposto. Incidência sobre o faturamento. Alcance da imunidade prevista no art. 150, VI, d, da Constituição Federal, sobre livros, jornais, periódicos e papel destinado a sua impressão. Imunidade objetiva. Incidência sobre o objeto tributado. Na hipótese, cuida-se de tributo incidente sobre o faturamento. Natureza pessoal. Não alcançado pela imunidade objetiva prevista no art. 150, VI, d, da Constituição Federal (STF, RE 628.122/SP, 2013).

No que toca ao imposto sobre serviços de qualquer natureza (ISS), há certa divergência doutrinária. Esse imposto deve incidir sobre os serviços necessários à confecção do livro, jornal, periódico ou papel? Regina Helena Costa admite a imunidade, exceto no que toca ao ISS incidente sobre publicidade que, em sua opinião, não tem amparo constitucional: "Em razão disso, não há dúvida de que estão livres aqueles itens da exigência de impostos que recairiam nas operações e prestações que os tenham por objeto – Imposto de Importação, Imposto de Exportação, Impostos sobre Circulação de Mercadorias, Imposto sobre Produtos Industrializados e Imposto sobre Serviços" (COSTA, 2006, p. 187, 188). Nesse ponto, parece que o STF encaminha-se no sentido de *não* reconhecer a imunidade nos momentos de impressão e distribuição dos livros, jornais, periódicos e papel, de maneira que não haveria imunidade no que toca ao imposto sobre serviços de qualquer natureza (ISS). De fato, no ano 2000 a Primeira Turma assentou:

> "A imunidade tributária prevista no art. 150, VI, d, da CF/1988, que veda a instituição de imposto sobre livros, jornais, periódicos e o papel destinado a sua impressão, não abrange os serviços de composição gráfica que integram o processo de edição de livros" (STF, Informativo 193/2000).

A Segunda Turma decidiu:

> As prestadoras de serviços de composição gráfica que realizam serviços por encomenda de empresas jornalísticas ou editoras de livros, não estão abrangidas pela imunidade tributária prevista no art. 150, VI, d, da CF. A garantia da imunidade estabelecida pela Constituição, em favor dos livros, dos jornais, dos periódicos e do papel destinado à sua impressão revestir-se-ia de significativa importância de ordem político-jurídica, destinada a preservar e a assegurar o próprio exercício das liberdades de manifestação do pensamento e de informação jornalística. Pontuou-se que a mencionada imunidade objetivaria preservar direitos fundamentais - como a liberdade de informar e o direito do cidadão de ser informado —, a evitar situação de submissão tributária das empresas jornalísticas. Frisou que, no ponto, os serviços de composição gráfica realizados por empresas contratadas para realizar esses trabalhos, seriam meros prestadores de serviço e, por isso, a eles não se aplicaria a imunidade tributária (STF, Informativos 497/2008; 541/2009; 550/2009 e 729/2013).

Em suma, considerando-se o posicionamento de ambas as Turmas do STF, pode-se afirmar que a imunidade do art. 150, VI, *d*, da CF/1988, *não* alcança o imposto sobre serviços de qualquer natureza (ISS).

16.2 A INTERPRETAÇÃO DA PALAVRA "LIVRO"

O conceito de livro apresentado inicialmente tem função meramente didática. É um conceito muito básico, destinado apenas a iniciar a compreensão do tema. Obviamente o *sentido* da palavra "livro", utilizada pela Constituição de 1988, é muito mais amplo e comporta uma série de questões. Apenas para exemplificar, os instrumentos tecnológicos produzidos atualmente, como o EBOOK ou os livros eletrônicos, estariam protegidos pela imunidade?

Regina Helena Costa observa: "Parte da doutrina sustenta que somente o livro feito de papel é imune a impostos, à vista da cláusula 'e o papel destinado à sua impressão', contida no art. 150, VI, 'd'. Desse modo, estender-se a exoneração constitucional a outros meios de divulgação de ideias seria ampliar o querer constitucional, para abranger itens por ela não cogitados. Outro entendimento preconiza que o livro deve ser visto como veículo de manifestação de ideias, de transmissão de pensamentos; e, assim, irrelevante, para efeito de se determinar o tratamento fiscal a ele dispensado, se o mesmo é feito em papel ou se está contido em impressão magnética em CD etc. Em nossa opinião, o conceito de livro para efeito de aplicação da imunidade repousa na utilização de dois métodos de interpretação das normas constitucionais: a teleológica e a evolutiva. Assim é que, considerados o espírito e a finalidade da norma imunizante, bem como as evoluções tecnológicas, o conceito de livro, para esse fim, deve ter sua conotação modificada, para comportar conteúdos que não foram imaginados pelo legislador constituinte, mas que são, indubitavelmente, fiéis à finalidade da norma constitucional. Enfim, tutelada está a mídia escrita, esteja ela materializada em papel, CD etc." (COSTA, 2014, p. 120).

Roque Carrazza, por sua vez, assinala: "A nosso ver, no entanto, devem ser equiparados ao livro, para fins de imunidade, os veículos de ideias, que hoje lhe fazem as vezes (*livros eletrônicos*) ou, até, o substituem. Tal é o caso – desde que didáticos ou científicos – dos discos, dos disquetes de computador, dos *CD-ROMs*, dos *slides*, dos *videocassetes*, dos *filmes* etc." (CARRAZZA, 2011, p. 863).

Parece que a doutrina mais autorizada inclina-se pela interpretação ampla da palavra "livro" contida na alínea *d* do inciso VI do art. 150 da CF/1988. De fato, à luz do avanço frenético das tecnologias de comunicação, não é difícil compreender que os livros, jornais e periódicos, cada vez mais, serão veiculados por meio eletrônico e digital. A interpretação jurídica, sobretudo a constitucional, deve acompanhar as modificações que têm lugar na sociedade.

Além do mais, como afirmamos, o objeto de proteção constitucional não é o livro, jornal, periódico ou papel em si considerados, mas as ideias, pensamentos, opiniões e ideologias que podem ser divulgadas por esses meios. Dessa maneira, uma alteração tecnológica dos meios de divulgação deve acarretar uma alteração de sentido na interpretação das palavras utilizadas pela Constituição.

Ora, se em 1988 os modernos instrumentos de divulgação de ideias já existissem, certamente teriam sido protegidos pelo legislador constituinte. Concluímos, assim, pela extensão da imunidade às novas formas tecnológicas de transmissão de ideias, opiniões, pontos de vista etc.

Cabe assinalar, para evitar mal-entendidos, que os *CDs-ROM* vendidos à editora, em branco, *não* estão abrangidos pela imunidade. Tais produtos ainda não são livros e é certo que podem ser utilizados para outros fins. Passarão a ser imunes apenas *no momento* em que veicularem um livro, jornal ou periódico. Não é outra a opinião de Roque Carrazza: "Esclarecemos que, em rigor, *não* são imunes nem o papel, nem o *CD-ROM*, nem o disquete de computador, nem, tampouco, a fita de vídeo, mas, sim, o *livro*, o *jornal*, o *periódico*, quando veiculados por qualquer destes meios materiais" (CARRAZZA, 2011, p. 878).

Finalmente, importa ressaltar que não cabe questionamento a respeito do *conteúdo* da publicação para saber se o livro, jornal ou periódico são imunes. Se fosse o caso, poderíamos certamente afirmar que a imunidade seria apenas parcial, além do que haveria uma espécie de censura indireta. Sim, porque a incidência de tributos para algumas publicações em virtude de seu conteúdo e a ausência de tributos para outras configuraria típica seleção em virtude do conteúdo.

Isso não significa que a sociedade deva tolerar publicações que envolvam a falsificação de fatos, notícias, ideias, narrativas etc., ou seja, as chamadas *fake news*. "Notícia falsa" não é liberdade de expressão! É mecanismo antidemocrático de atuação e, em certos casos, configura crime.

De qualquer modo, uma vez que a informação seja correta, verídica e democrática, vale o mesmo raciocínio que utilizamos para a compreensão da imunidade das entidades religiosas e templos de qualquer culto: não se deve perguntar pelo tipo de religião ou espécie de crença; no que toca à imunidade de livros, jornais, periódicos e o papel destinado à impressão, também não se deve questionar pelo conteúdo.

As mais diversas tendências políticas, sociais, filosóficas, religiosas, os diversos assuntos que possam interessar ao espírito e inteligência humanos estão protegidos. Mesmo os livros eróticos e as revistas pornográficas estão protegidos, na medida em que não há proibição constitucional para esse tipo de publicação.

JURISPRUDÊNCIA DO STF – SÚMULA VINCULANTE Nº 57

Para aqueles e aquelas que pertencem à geração mais nova, familiarizados com a leitura de livros digitais, acreditem, prevalecia no âmbito do Supremo Tribunal Federal o entendimento de que a imunidade não se aplicaria aos livros eletrônicos (e-books). Compreendia-se que a palavra "livro", utilizada pelo texto constitucional, denotava o conceito restrito de conjunto de folhas de papel impressas, encadernadas e com capa, excluindo os softwares (RE 176.626). Contudo, felizmente, com a evolução do direito, também houve a evolução jurisprudencial, de modo que o próprio Supremo Tribunal Federal, no julgamento do RE 330817, alterou o entendimento passando a estender a imunidade tributária para os chamados e-books:

> "A imunidade dos livros, jornais e periódicos e do papel destinado a sua impressão não deve ser interpretada em seus extremos, sob pena de se subtrair da salvaguarda toda a racionalidade que inspira seu alcance prático, ou de transformar a imunidade em subjetiva, na medida em que acabaria por desonerar de todo a pessoa do contribuinte, numa imunidade a que a Constituição atribui desenganada feição objetiva. A delimitação negativa da competência tributária apenas abrange os impostos incidentes sobre materialidades próprias das operações com livros, jornais, periódicos e com o papel destinado a sua impressão. A interpretação das imunidades tributárias deve se projetar no futuro e levar em conta os novos fenômenos sociais, culturais e tecnológicos. Com isso, evita-se o esvaziamento das normas imunizantes por mero lapso temporal, além de se propiciar a constante atualização do

> alcance de seus preceitos. O art. 150, VI, *d*, da Constituição não se refere apenas ao método gutenberguiano de produção de livros, jornais e periódicos. O vocábulo 'papel' não é, do mesmo modo, essencial ao conceito desses bens finais. O suporte das publicações é apenas o continente (*corpus mechanicum*) que abrange o conteúdo (*corpus misticum*) das obras. O corpo mecânico não é o essencial ou o condicionante para o gozo da imunidade, pois a variedade de tipos de suporte (tangível ou intangível) que um livro pode ter aponta para a direção de que ele só pode ser considerado como elemento acidental no conceito de livro. A imunidade de que trata o art. 150, VI, *d*, da Constituição, portanto, alcança o livro digital (e-book). Em relação ao tema nº 593 da Gestão por Temas da Repercussão Geral do portal do STF na internet, foi aprovada a seguinte tese: "A imunidade tributária constante do art. 150, VI, *d*, da CF/88 aplica-se ao livro eletrônico (e-book), inclusive aos suportes exclusivamente utilizados para fixá-lo" (RE 330817, Relator(a): Min. Dias Toffoli, Pleno, 31-08-2017).

Este entendimento ganhou tanta força que atualmente está consolidado na Súmula Vinculante 57:

> ***Súmula vinculante nº 57:*** A imunidade tributária constante do art. 150, VI, *d*, da CF/88 aplica-se à importação e comercialização, no mercado interno, do livro eletrônico (e-book) e dos suportes exclusivamente utilizados para fixá-los, como leitores de livros eletrônicos (e-readers), ainda que possuam funcionalidades acessórias;

JURISPRUDÊNCIA DO STF – OBEJTOS EQUIPARADOS A LIVROS

Vejamos alguns objetos que, de acordo com a jurisprudência do STF, estão imunes a impostos por se equipararem, de uma forma ou outra, ao conceito de livros, jornais ou periódicos:

- *Apostilas* – Para a Segunda Turma do STF "a imunidade tributária prevista no art. 150, VI, *d*, da CF, que veda a instituição de imposto sobre livros, alcança manuais técnicos, na forma de apostila, para o implemento da educação e da cultura (STF, Informativo 209/2000);
- *Álbum de figurinhas* – A Segunda Turma do STF também assentou: "A imunidade prevista no art. 150, VI, *d*, da CF abrange livros ilustrados com cromos de complementação (álbum de figurinhas), visto que os mesmos visam estimular o público infantil a se familiarizar com os meios de comunicação impressos, o que atende a finalidade do benefício instituído pela norma constitucional de facilitar o acesso à cultura, à informação e à educação" (STF, Informativo 349/ 2004);
- *Listas telefônicas* – De modo idêntico, a Segunda Turma decidiu: "Segundo orientação do Supremo Tribunal Federal, a imunidade do livro, jornal, período e do papel destinado à sua impressão é aplicável às operações com listas telefônicas" (STF, AI 663.747/SP, 2010). Vale ressaltar que a presença

de anúncios de publicidade nas listas telefônicas ou periódicos não afasta a imunidade. Nesse caso, trata-se de acessório que segue a sorte do principal (STF, RE 199.183/SP, 1998);

- *Encartes de propaganda* – A Primeira Turma do STF já decidiu que "a imunidade tributária prevista no art. 150, VI, *d*, da CF/1988 *não* alcança os encartes de propaganda comercial distribuídos juntamente com os jornais. Com esse fundamento, a Turma manteve acórdão do Tribunal de Justiça do Estado do Espírito Santo que entendera que tais encartes estão sujeitos ao ISS" (STF, Informativo 154/1999). A Segunda Turma pronunciou-se no mesmo sentido: "Os veículos de comunicação de natureza propagandística de índole eminentemente comercial e o papel utilizado na confecção da propaganda *não* estão abrangidos pela imunidade definida no art. 150, VI, *d*, da Constituição Federal, uma vez que não atendem aos conceitos constitucionais de livro, jornal ou periódico contidos nessa norma [...] A existência de breves textos destinados à cultura e à informação, contidos em periódico que, de resto, possui natureza propagandística, de índole eminentemente comercial, não desfaz suas características principais. Configuram acessórios que seguem a sorte do principal" (STF, ARE 698.377 AgR-segundo/SP, 2014).

16.3 OS INSUMOS

O papel é único *insumo* explicitado pela Constituição no art. 150, VI, *d*. Sabemos, contudo, que a confecção de um livro demanda algo mais do que simples papel.

Podemos começar assinalando a necessidade de tinta para que seja impresso. Mais do que isso, são necessários elementos tipográficos, máquinas impressoras, computadores, enfim, uma série de outros insumos, isto é, elementos que integram o processo de produção dos livros, jornais e periódicos.

Como decorrência lógica, somos levados a indagar: os insumos, elementos que compõem o processo produtivo dos livros, jornais e periódicos estão imunes? Ou, pelo contrário, apenas e tão somente o papel? A doutrina, de maneira geral, orienta-se pela interpretação ampla do texto constitucional.

Para Regina Helena Costa, por exemplo, anota: A resposta, pensamos, somente pode ser afirmativa. Se o próprio produto acabado e sua principal matéria-prima são imunes, não há sentido para que os demais insumos também não o sejam. Uma vez mais, se a finalidade da norma imunizante é incentivar a divulgação do pensamento, o acesso à cultura, à informação, então apresenta-se injustificável apequenar-se sua importância com a exclusão dos insumos do abrigo da imunidade (COSTA, 2006, p. 192).

Nesse caso, contudo, parece-nos que a interpretação deve ser *restritiva*. Não queremos dizer que os insumos estão excluídos da imunidade de forma geral e irrestrita. No entanto, apenas os insumos que funcionem efetivamente como suporte material do livro, jornal ou periódico fazem jus à imunidade. Essa é nossa opinião.

Assim, por exemplo, as tintas utilizadas para a impressão dos livros, jornais e periódicos devem ser imunes, uma vez que funcionam efetivamente como suporte material das ideias. Os mais variados tipos de papel (papel para impressão, fotográfico, telefoto etc.) certamente estão imunes, pela mesma razão. O *CD-ROM*, desde que veicule livro, jornal ou periódico, deve ser abrangido pela proteção constitucional.

Por outro lado, os elementos de tipografia, as impressoras, os computadores, quer dizer, todos os outros insumos que não compõem efetivamente a estrutura material dos livros, jornais e periódicos, não devem fazer jus à imunidade constitucional. E isso porque, como sabemos, tais insumos podem ser utilizados para a confecção de outros produtos que não necessariamente livros, jornais e periódicos.

Um computador pode ser utilizado para confeccionar um livro, mas também pode ser utilizado para a elaboração de propaganda. Uma impressora é utilizada para a produção dos jornais, mas também pode ser utilizada para confeccionar mercadorias destinadas ao comércio e que não têm qualquer relação com a livre circulação de ideias.

Não se trata de apequenar o sentido daquilo que a Constituição prescreve, mas apenas de optar por uma interpretação mais consentânea com seus objetivos. Em 1988 já havia outros insumos necessários à confecção do livro, jornal e periódico além do papel. Por que o legislador constituinte não os incluiu? Certamente porque julgou que extrapolaria os limites do razoável.

JURISPRUDÊNCIA DO STF – FILMES, PAPEIS FOTOGRÁFICOS E OUTROS INSUMOS

Vejamos como o STF se posiciona no que concerne aos insumos necessários à confecção dos livros, jornais, periódicos e o papel destinado à impressão:

- *Filmes e papeis fotográficos* – No que tange à interpretação da palavra "papel" constante do art. 150, VI, *d*, da CF/1988, o Plenário do STF firmou o seguinte entendimento:

> "A razão de ser da imunidade prevista no texto constitucional, e nada surge sem uma causa, uma razão suficiente, uma necessidade, está no interesse da sociedade em ver afastados procedimentos, ainda que normatizados, capazes de inibir a produção material e intelectual de livros, jornais e periódicos. O benefício constitucional alcança não só o papel utilizado diretamente na confecção dos bens referidos, como também insumos nela consumidos com são os filmes e papéis fotográficos" (STF, RE 174.476/SP, 1996).

Coroando tal entendimento, a Corte editou a Súmula 657, com o seguinte enunciado:

> ***Súmula nº 657 do STF*** – A imunidade prevista no artigo 150, VI, d, da CF abrange os filmes e papéis fotográficos necessários à publicação de jornais e periódicos;

- *Insumos assimiláveis ao papel* – O Supremo Tribunal Federal tem interpretado de maneira restrita o texto do art. 150, VI, *d*, da CF/1988, quando se trata de averiguar a extensão da imunidade aos insumos. Para a Corte, como regra, a imunidade deve alcançar apenas e tão somente os insumos assimiláveis ao papel. Nesse sentido, a Primeira Turma decidiu:

> "O Supremo Tribunal Federal possui entendimento no sentido de que a imunidade tributária prevista no art. 150, VI, *d*, da CF/1988 deve ser interpretada restritivamente e que seu alcance, tratando-se de insumos destinados à impressão de livros, jornais e periódicos, estende-se, exclusivamente, a materiais que se mostrem assimiláveis ao papel, abrangendo, por consequência, os filmes e papéis fotográficos" (STF, RE 504.615 (AgR)/SP, 2011).

A mesma Primeira Turma pronunciou-se, por exemplo, no sentido da *não* extensão da imunidade à tinta especial para jornal:

> "A imunidade tributária prevista no art. 150, VI, *d*, da CF que veda a instituição de imposto sobre livros, jornais, periódicos e o papel destinado a sua impressão não abrange tinta especial para jornal. Tal imunidade atinge, tão só, os materiais relacionados com o papel, segundo a jurisprudência do STF" (STF, Informativos 095/1997 e 199/2000);

- *Componentes eletrônicos* – O STF debateu em nível de repercussão geral a questão de saber se a imunidade em estudo alcança componentes eletrônicos que acompanham e complementam material didático impresso, utilizados em curso prático de montagem de computadores. Note-se que, neste caso, não se trata de insumo propriamente dito, mas de objeto que acompanha material didático impresso. Destacou-se que fascículo impresso e componentes eletrônicos seriam partes fisicamente distinguíveis, finalística e funcionalmente unitárias. Assim, reconheceu atendido o pressuposto básico da imunidade de que cuidaria a alínea *d* do inciso VI do art. 150 da CF. Depreendeu que a circunstância de esse elemento revestir a forma de peças eletrônicas não conduziria a negar a validade constitucional dessa conclusão, considerado o alcance interpretativo que o STF conferiria ao aludido preceito. A interpretação literal deveria ser afastada como método isolado para a solução de casos tão complexos como o dos autos, mas poderia servir como ponto de partida para a utilização dos demais métodos segundo os valores envolvidos e imanentes à norma (STF, Informativo 753/2014). Ao final, o Pleno reconheceu o direito à imunidade nos seguintes termos:

  > "Imunidade – Unidade didática – Componentes eletrônicos. A imunidade prevista no artigo 150, inciso VI, da Constituição Federal alcança componentes eletrônicos, quando destinados, exclusivamente, a integrar a unidade didática com fascículos periódicos impressos" (STF, RE 595.676, Pleno, 18/12/2017);

- *Peças sobressalentes* – Por outro lado, na análise de recurso extraordinário, a Turma deparou-se com a pretensão da União em tributar, por via de IPI, II e ICMS, "peças sobressalentes de equipamento de preparo e acabamento de chapas *off set* para jornais". O Ministro Menezes Direito, relator, aplicou ao caso diversos precedentes da Corte segundo os quais "peças sobressalentes para equipamentos de jornais não estão alcançadas pela imunidade prevista no art. 150, VI, d, da CF/1988". Enfatizou, ademais, que "apenas os insumos diretos estariam incluídos nessa benesse e que, na espécie, tratar-se-ia de equipamento acessório" (STF, Informativo 506/2008). Ocorre, contudo, que a Ministra Carmen Lúcia, ao desempatar a votação, parece ter alterado a orientação restritiva. De acordo com a decisão final, "a imunidade tributária conferida a livros, jornais e periódicos abrange todo e qualquer insumo ou ferramenta indispensável à edição de veículos de comunicação". Além do mais, a Ministra "ressaltou que o entendimento firmado asseguraria e homenagearia o princípio da liberdade de imprensa" (STF, Informativo 624/2011). A decisão parece sinalizar uma alteração na orientação jurisprudencial da Primeira Turma. Devemos, contudo, aguardar novos pronunciamentos.

16.4 EMPRESAS DE RÁDIO E TELEVISÃO

De acordo com o art. 150, VI, *d*, da CF/1988, estão protegidos da tributação por via de impostos, o livro, o jornal, o periódico e o papel destinado à impressão. Chegamos à conclusão, razoavelmente óbvia, de que as empresas vinculadas à imprensa escrita é que têm o direito de gozar dessa imunidade. De fato, se elas veiculam jornais e revistas (periódicos), fazem jus à imunidade relativa aos impostos já assinalados.

Alguma doutrina, contudo, tem indagado sobre a extensão de tal imunidade à *imprensa de rádio de televisão*. Segundo sustentam, se o objetivo da Constituição é proteger a liberdade de ideias e a livre manifestação do pensamento, bem como fortalecer o acesso das pessoas à cultura, parece que o rádio e a televisão também deveriam ser imunes.

Nada obstante, esse não parece ser o caminho seguido pela doutrina majoritária. Regina Helena Costa, nesse ponto, é incisiva: "Quanto aos serviços de radiodifusão e de televisão, todavia, parece-nos que sustentar sejam os mesmos alcançados pela imunidade em tela implica elastecimento indevido dos confins do preceito imunitório" (COSTA, 2006, p. 191).

Eduardo Sabbag vai na mesma linha: "A nosso ver, ainda que atendam às mesmas funções do livro, do jornal e dos periódicos, não se deve ofertar grande elastecimento ao dispositivo, razão pela qual não abonamos a imunidade para peças teatrais, para os filmes cinematográficos, para os programas científicos ou didáticos, para os jornais televisivos ou por radiodifusão, para os audiolivros etc. O mesmo raciocínio se estende às fitas de videocassete, aos DVDs, aos CDs etc., quando não veiculadores do 'livro' em si. Em outras palavras, a mídia falada e a vista escapam ao alcance da norma exonerativa" (SABBAG, 2014, p. 381).

Estamos de acordo com os autores. A Constituição, ao que parece, quer proteger apenas a mídia escrita e não a mídia falada ou vista. A propósito, o STF já se pronunciou sobre o assunto, negando o direito à imunidade às empresas da radiodifusão:

O Plenário confirmou medida cautelar e julgou procedente pedido formulado em ação direta para declarar a inconstitucionalidade da expressão 'e veículos de radiodifusão', constante do art. 193, VI, *d*, da Constituição do Estado do Rio de Janeiro, bem como da expressão 'e veículo de radiodifusão', constante do art. 40, XIV, da Lei estadual 1.423/1989. Os dispositivos se referem à concessão de imunidade tributária no tocante a livros, jornais, periódicos, o papel destinado a sua impressão e a veículos de radiodifusão. O Colegiado reputou que teria havido expansão indevida do modelo de imunidade relativo a livros, jornais, periódicos e o papel destinado a sua impressão (STF, Informativo 755/2014).

16.5 IMUNIDADE DOS FONOGRAMAS E VIDEOFONOGRAMAS MUSICAIS PRODUZIDOS NO BRASIL

A imunidade tributária é uma norma constitucional de competência negativa. Como tal, não pode ser veiculada por medida provisória, lei ordinária ou complementar etc. Pode, no entanto, ser criada por Emenda à Constituição. Neste caso, é preciso saber se o ato normativo viola ou não as cláusulas pétreas (CF, art. 60, § 4º). É nesse contexto que emerge a Emenda Constitucional nº 75, de outubro de 2013, que acrescentou ao art. 150, VI, da CF/1988, a alínea *e*, com o seguinte enunciado:

> **CF, art. 150**. Sem prejuízo de outras garantias asseguradas ao contribuinte, é vedado à União, aos Estados, ao Distrito Federal e aos Municípios:
>
> [...]
>
> VI – instituir impostos sobre:
>
> [...]
>
> *e* – fonogramas e videofonogramas musicais produzidos no Brasil contendo obras musicais ou literomusicais de autores brasileiros e/ou obras em geral interpretadas por artistas brasileiros bem como os suportes materiais ou arquivos digitais que os contenham, salvo na etapa de replicação industrial de mídias ópticas de leitura a laser. (Incluído pela EC 75/2013).

O dispositivo vem sendo chamado por alguns autores de *imunidade musical*. Vejamos, antes de tudo, o significado dos objetos em torno dos quais gira a proteção. Buscamos este primeiro sentido no dicionário, de maneira a iniciar a compreensão do tema. O intuito é simplesmente didático:

- *Fonograma* – "Sinal gráfico que representa um som. Inscrição do som, obtida, em fonética experimental, mediante aparelhos registradores. Som gravado. Telegrama fonado";
- *Videofonograma* – "Produto da fixação de imagem e som em suporte material (p. ex., o videocassete e o videodisco)".

O conteúdo do dispositivo pode ser desdobrado da seguinte maneira: fica vedado o exercício da competência tributária pelos entes federativos, proibindo-se, portanto, a instituição de *impostos* sobre:

- *Fonogramas e videofonogramas musicais produzidos no Brasil* – Note-se que a proteção constitucional alcança apenas os objetos produzidos no interior do território nacional. O objetivo é proteger a indústria brasileira;
- *Contendo obras musicais ou literomusicais de autores brasileiros* – Qualquer fonograma ou videofonograma produzido no Brasil fará jus à imunidade? Não. Apenas aqueles cujo conteúdo abrigue obras musicais ou literomusicais de *autores brasileiros*. Uma vez que o dispositivo permanece em silêncio, deduz-se que obras de brasileiros natos e naturalizados estão abrangidas, à luz do art. 12, § 2º, da CF/1988: "A lei não poderá estabelecer distinção entre brasileiros natos e naturalizados, salvo nos casos previstos nesta Constituição";
- *E/ou obras em geral interpretadas por artistas brasileiros* – O dispositivo estende a imunidade às obras que, muito embora não tenham sido *produzidas* por autores brasileiros, são, contudo, *interpretadas* por artistas brasileiros. Uma vez que o texto permanece em silêncio, deduz-se que acolhe também brasileiros naturalizados;
- *Bem como os suportes materiais ou arquivos digitais que os contenham* – Em princípio, os conceitos de fonograma e videofonograma envolvem os suportes materiais de fixação do som e imagem. O dispositivo não precisaria evidenciar este ponto. Desse modo, o CD, isto é, o disco de plástico no qual se inscreve o som estaria obviamente imune a impostos. Não obstante, talvez para evitar discussões no futuro, o legislador constituinte de reforma deixa claro que os *suportes materiais* estão imunes, bem como os *arquivos digitais* que contenham as inscrições de som e imagem. Observe-se que a imunidade alcança inclusive a comercialização de produtos pela internet e celular;
- *Salvo na etapa de replicação industrial de mídias ópticas de leitura a laser* – O processo de fabricação industrial de mídias ópticas de leitura a laser está excluído do alcance da imunidade. Eduardo Sabbag esclarece: "Com efeito, os CDs e DVDs, naquele momento anterior à inserção da música em suas bases físicas, serão destinatários da normal incidência de ICMS e de IPI. Trata-se de uma fase do ciclo industrial que não desfruta do manto protetor da imunidade" (SABBAG, 2014, p. 387).

A propósito da classificação desta imunidade, Regina Helena Costa anota: "Trata-se de nova imunidade genérica, de caráter objetivo e político, introduzida pela Emenda Constitucional n. 75, de 2013" (COSTA, 2014, p. 121).

É *genérica* porque alcança *todos* os entes federativos e proíbe a instituição de *todos* os impostos que poderiam eventualmente incidir. É *objetiva* porque não leva em conta pessoas, mas *objetos*, quais sejam: os fonogramas, videofonogramas, seus suportes materiais e arquivos digitais. Desse modo, não incidem, por exemplo, o II, IE, ICMS e IPI, com exceção, nesse último caso, da etapa de replicação industrial de mídias ópticas de leitura a laser, em que há tributação. Finalmente, é *política* porque depende de uma decisão relativamente autônoma no sentido de prestigiar certos valores, mas não decorre "automaticamente" de princípios abrigados explícita ou implicitamente no texto constitucional.

Quanto aos *valores* prestigiados, a autora observa: "Os valores homenageados pela nova imunidade coincidem com alguns dos contemplados pela norma imunizante da aliena *d*: a liberdade de comunicação, a liberdade de manifestação do pensamento, bem como a expressão da atividade artística" (COSTA, 2014, p. 121).

Parece, no entanto, que o intuito do legislador constituinte de reforma foi mais a proteção da indústria nacional no que concerne à concorrência internacional e à "pirataria" do que a promoção da liberdade de manifestação do pensamento etc. Pensamos que não se deve utilizar o mecanismo das imunidades tributárias para finalidades tais como estas. Ora, a "pirataria" deve ser combatida com os meios adequados de fiscalização e passa pela redução do preço das mercadorias, ampliação da produtividade da indústria e diminuição de suas margens de lucro, e não pela redução da carga tributária.

Além do mais, se fosse efetivamente este o caso, poder-se-ia utilizar o mecanismo das isenções, de estatura infraconstitucional, e não da imunidade, que possui dignidade elevada. Com isto, engessa-se, de certa forma, a matéria, pois eventual revogação despertará certamente o debate sobre sua inconstitucionalidade.

SÚMULAS DO STF E DO STJ:

SÚMULA STF

Súmula 536 – "São objetivamente imunes ao imposto sobre circulação de mercadorias os 'produtos industrializados', em geral, destinados à exportação, além de outros, com a mesma destinação, cuja isenção a lei determinar".

Súmula 657 – "A imunidade prevista no artigo 150, VI, d, da CF abrange os filmes e papéis fotográficos necessários à publicação de jornais e periódicos".

Súmula vinculante nº 57: "A imunidade tributária constante do art. 150, VI, ***d***, da CF/88 aplica-se à importação e comercialização, no mercado interno, do livro eletrônico (e-book) e dos suportes exclusivamente utilizados para fixá-los, como leitores de livros eletrônicos (e-readers), ainda que possuam funcionalidades acessórias".

SÚMULA STJ

Não há.

SÍNTESE DOS PRINCIPAIS ENTENDIMENTOS JURIPRUDENCIAIS

"Não cabe ao aplicador da norma constitucional em tela afastar este benefício fiscal instituído para proteger direito tão importante ao exercício da democracia, por força de um juízo subjetivo acerca da qualidade cultural ou do valor pedagógico de uma publicação destinada ao público infanto-juvenil" (RE 221239/SP).

"A imunidade tributária prevista no art. 150, VI, ***d***, da CF/1988 não alcança os encartes de propaganda comercial distribuídos juntamente com os jornais" (STF, Informativo 154/1999).

"A imunidade tributária prevista no art. 150, VI, ***d***, da CF que veda a instituição de imposto sobre livros, jornais, periódicos e o papel destinado a sua impressão não abrange tinta especial para jornal. Tal imunidade atinge, tão só, os materiais relacionados com o papel, segundo a jurisprudência do STF" (STF, Informativos 095/1997 e 199/2000).

"O Supremo Tribunal vem se posicionando no sentido de que a imunidade tributária referida no art. 150, VI, ***d***, da Carta deve ser interpretada restritivamente, não abrangendo todo e qualquer insumo ou ferramenta indispensável à edição de veículos de comunicação" (RE 915014).

17

IMPOSTOS

17.1 ESPÉCIES DE TRIBUTOS

No segundo capítulo deste *Curso*, estudamos as espécies de tributos. Vimos que são em número de cinco: impostos (art. 145, I, da CF/1988); taxas (art. 145, II, da CF/1988); contribuições de melhoria (art. 145, III, da CF/1988); empréstimos compulsórios (art. 148 da CF/1988) e contribuições especiais (art. 149 da CF/1988).

De acordo com a jurisprudência e doutrina mais autorizadas, adotou-se a classificação *pentapartida* dos tributos. Vimos também o art. 5.º do CTN, segundo o qual tributos são impostos, taxas e contribuições de melhoria. Sabemos que deve ser interpretado com ressalvas, pois remete à classificação tripartida, que tinha lugar quando da publicação do Código.

O art. 3.º do CTN estabelece o conceito de tributo como *gênero*. O dispositivo traça as características essenciais que devem ser encontradas em qualquer prestação pecuniária que pretenda ser considerada *tributo*. Assim, tal prestação precisa ser pecuniária, estabelecida em lei, não ser sanção de ato ilícito etc. Toda imposição estatal ao patrimônio do particular que tiver a pretensão de ser considerada "tributo" deve, obrigatoriamente, remontar ao conceito previsto no art. 3.º do Código.

As espécies de tributos, por outro lado, são prestações pecuniárias que remontam ao art. 3.º, mas possuem características *próprias*. Além de adequarem-se ao conceito genérico do art. 3.º, apresentam características *particulares*, que diferenciam umas das outras. Imposto e taxas, por exemplo, são tributos. Devem se adequar, portanto, ao conceito do art. 3.º do CTN. Os impostos, contudo, possuem fato gerador *desvinculado* de uma atividade estatal específica direcionada ao contribuinte; as taxas, por outro lado, têm como característica principal justamente a *vinculação*.

Assim, auferir renda é um fato que independe de qualquer atividade estatal específica direcionada de maneira particular à pessoa natural ou jurídica. Uma vez que o indivíduo ou a empresa tenham auferido renda, devem recolher o respectivo imposto sobre a renda e proventos de qualquer natureza (IR). O recolhimento domiciliar de lixo, a seu turno, é atividade prestada pelo Poder Público, isto é, uma prestação direcionada particularmente a determinadas pessoas naturais ou jurídicas. Estas, por isso, devem recolher a correspondente taxa do lixo.

Cada uma das cinco espécies tributárias possui características próprias, particulares. Devemos estudá-las com atenção para que possamos diferenciá-las umas das outras. Por que isso é importante? Porque cada uma das espécies submete-se a um regime jurídico próprio. Cada qual se vincula a um conjunto de princípios e regras previamente estabelecidos pela Constituição e CTN, e dos quais não pode se desviar.

É uma questão de segurança jurídica. O contribuinte tem o direito constitucionalmente assegurado de submeter-se a cada uma das espécies tributárias desde que obedeçam rigorosamente a seu regime jurídico particular. Evita-se, ademais, que os entes federativos instituam um tributo a pretexto de instituírem outro. Seria o caso, por exemplo, se determinado Município instituísse uma taxa para financiar a construção de uma obra pública. Ora, nesse caso o tributo adequado é a contribuição de melhoria. Assim, a criação do tributo é inconstitucional, pois o Município tem o dever de submeter-se ao regime jurídico específico designado na Constituição para essa espécie tributária.

Neste e nos próximos capítulos estudaremos cada uma das espécies de tributos. Começaremos pelos impostos.

17.2 A CONSTITUIÇÃO E OS IMPOSTOS

O imposto é a principal fonte de financiamento dos gastos estatais. É uma das mais antigas figuras tributárias, pois sua existência antecede a noção de que o Estado tem deveres perante a sociedade, isto é, fica obrigado a desenvolver certos serviços ou atividades perante a comunidade. Esta última concepção vem à tona sobretudo com o advento do constitucionalismo. Antes dele, o Estado sempre exigiu tributo sem que estivesse obrigado a qualquer contraprestação.

Modernamente, a noção de tributo sem contraprestação (como as taxas e as contribuições de melhoria) e sem atividade específica a ser financiada (como os empréstimos compulsórios e as contribuições especiais), chama-se *imposto.* É nesse contexto que se situa o art. 145, I, da Constituição Federal, que estabelece:

> **CF, art. 145.** A União, os Estados, o Distrito Federal e os Municípios poderão instituir os seguintes tributos:
> I – impostos;".

Não há no texto constitucional uma definição detalhada das características específicas dessa espécie tributária, como ocorre, por exemplo, com as taxas ou contribuições de melhoria (art. 145, II e III, da CF/1988). Outros dispositivos, contudo, fazem referência aos impostos, tratando da competência, destinação, princípios aplicáveis etc.

Nos arts. 153, 155 e 156, da CF/1988 os impostos estão distribuídos a cada ente federativo de forma discriminada e rígida, de acordo com os fatos econômicos sobre os quais estão autorizados a incidir. A União, por exemplo, possui aptidão para instituir imposto sobre a importação de produtos estrangeiros (II); os Estados, sobre a circulação de mercadorias (ICMS); os Municípios, sobre a prestação de serviços (ISS) e assim por diante.

Quer dizer, os impostos foram atribuídos com exclusividade a cada ente federativo, de acordo com fatos econômicos previamente selecionados pela Constituição.

O art. 167, IV, do texto constitucional, por sua vez, remete a outra característica dessa espécie tributária. De acordo com o dispositivo, fica vedada "a vinculação da receita de impostos a órgão, fundo ou despesa", com as ressalvas estabelecidas pelo próprio artigo. Proíbe-se que os recursos oriundos da arrecadação de impostos sejam vinculados a órgão, fundo ou despesa específicos.

Com isso, o texto constitucional deseja assegurar certa liberdade aos entes federativos para que apliquem o dinheiro arrecadado de acordo com as necessidades públicas e sociais de cada momento. Ainda que isso não ocorra na prática, essa é a orientação constitucional.

Além do mais, como vimos, nos termos do art. 145, § 1.º, da Constituição, os impostos, sempre que possível, "terão caráter pessoal e serão graduados segundo a capacidade econômica do contribuinte [...]". Trata-se do já estudado princípio da capacidade contributiva.

Ainda que não haja um detalhamento mais específico das características desta espécie tributária, é possível extrair o conceito de imposto diretamente do texto constitucional. Isso é importante porque vincula o legislador aos limites daquilo que a Constituição preceitua. Assim, a autonomia que os entes federativos possuem para instituir impostos deve permanecer dentro dos limites fixados pela Constituição.

Em suma, os contornos normativos dos impostos à luz do texto constitucional, sob uma perspectiva ainda muito geral, pode ser esquematizada da seguinte maneira:

- *CF/1988, art. 145, I* – Atribui competência aos quatro entes federativos para que instituam esta espécie de tributo, sem, contudo, definir de modo explícito o conceito de imposto;
- *CF/1988, arts. 153, 155 e 156* – Distribuem entre os entes federativos os impostos de acordo com suas materialidades, isto é, segundo certos fatos econômicos reveladores de riqueza. Atribuem a cada pessoa política, com exclusividade, a prerrogativa de tributar determinadas condutas econômicas, excluindo as demais com relação aos mesmos fatos:
    - *CF/1988, art. 147* – Complementa os artigos 153, 155 e 156, esclarecendo que o Distrito Federal tem a mesma competência para impostos que os Municípios; ademais, atribui à União a competência para a instituição de impostos estaduais e, a depender do caso, também municipais, nos Territórios Federais eventualmente criados;
- *CF/1988, art. 167, IV* – Proíbe a vinculação do montante arrecadado a título de impostos a despesas prévias relacionadas órgãos, fundos ou despesas.

Com isso, assegura aos entes federativos liberdade para aplicarem os recursos arrecadados nas áreas mais adequadas do ponto de vista do projeto político que obteve maioria nas eleições para a chefia do executivo e para o poder legislativo. Obviamente, estes poderes estão vinculados à Constituição de 1988;

- *CF/1988, art. 145, § 1º* – Positiva o princípio da capacidade contributiva, segundo o qual os impostos devem variar de acordo com a aptidão econômica de cada contribuinte, impondo àqueles que possuem patrimônio elevado o dever de participar do financiamento dos gastos públicos com parcelas mais significativas de recursos.

17.3 O CÓDIGO TRIBUTÁRIO NACIONAL E A DEFINIÇÃO DOS IMPOSTOS

A Constituição não cria tributos. Cabe aos entes federativos institui-los, sempre através de leis. Nada obstante, o texto constitucional elenca os tributos que podem ser criados e os distribui, com exclusividade, à União, Estados, Distrito Federal e Municípios.

Com relação a certas espécies tributárias, há um detalhamento maior de suas características. No que concerne à taxa, por exemplo, o texto constitucional se ocupa de condicionar seu pagamento à prestação, pelo Estado, de serviços públicos específicos e divisíveis ou exercício de poder de polícia.

No que concerne aos impostos, entretanto, a Constituição não se ocupou com a definição. O texto constitucional estabelece, nos artigos 153, 155 e 156, as materialidades que podem ser tributadas, mas não define a espécie. Para que não haja insegurança jurídica, contudo, o texto constitucional atribui ao legislador infraconstitucional o dever de conceituar esta espécie tributária.

De fato, para evitar que os entes federativos tenham, cada qual, uma definição própria do que seja imposto, foi reservada ao legislador nacional a competência para fixar o conceito. Este, o legislador nacional, deve se manifestar por meio de lei complementar, nos termos do art. 146, III, *a*, do texto constitucional:

> **CF, art. 146.** Cabe à lei complementar:
>
> [...]
>
> III – estabelecer normas gerais em matéria de legislação tributária, especialmente sobre:
>
> a) definição de tributos e de suas espécies, bem como, em relação aos impostos discriminados nesta Constituição, a dos respectivos fatos geradores, bases de cálculo e contribuintes;
>
> [...]

O Código Tributário Nacional, como haveremos de estudar, cumpre parte das funções elencadas pelo art. 146 da CF/1988, razão pela qual lhe coube definir os tributos, suas espécies e, de modo particularizado, os impostos. É claro que a definição de tributo não está ao dispor do legislador infraconstitucional. Não é dado ao CTN definir as espécies de tributo da maneira que bem lhe aprouver. Como vimos, esta definição deve estar de acordo com o conceito constitucional de tributo, apreendido pela interpretação do texto constitucional.

Em outras palavras, a leitura e interpretação do texto da Constituição de 1988 viabilizam a extração do conceito de tributo. Justamente este conceito, e não outro qualquer, é que deve ser positivado, isto é, posto em lei pelo legislador. O mesmo ocorre com os impostos. A definição de imposto não pode ser obra da imaginação do legislador infraconstitucional ou de sua vontade em defini-lo desta ou daquela maneira. Há um conceito constitucional de imposto obtido pela interpretação do texto constitucional.

Além do mais, nesse ponto a Constituição foi bastante cuidadosa. Além de definir o que se entende por imposto, cabe à lei complementar (no caso, ao CTN), estabelecer os fatos geradores, bases de cálculo e contribuintes dos impostos discriminados no texto constitucional (art. 146, III, *a*, da CF/1988).

Analisando o Código Tributário Nacional, encontramos, por exemplo, a definição de imposto em geral, e, além disso, a fixação do fato gerador, da base de cálculo e do contribuinte dos impostos sobre a importação (II), exportação (IE), renda e proventos de qualquer natureza (IR) e assim por diante.

Essa rígida disciplina constitucional quanto à definição de tributos e, em especial, dos impostos, relaciona-se claramente com o princípio da segurança jurídica. Pois bem, à luz das observações acima alinhadas, devemos enfrentar o conceito de imposto.

17.4 CONCEITO DE IMPOSTO

Do ponto de vista histórico, o imposto é a figura tributária mais antiga. Em Roma ele é encontrado com o nome de *vectigal* e significava a entrega forçada de escravos e bens por parte dos povos conquistados. Na Idade Média aparece com o nome de "talha", significando a produção que o camponês deveria entregar, compulsoriamente, ao senhor feudal. Nas democracias modernas, o imposto é disciplinado juridicamente. Suas características antepassadas, no entanto, ainda repercutem. Nesse sentido, o art. 16 do CTN estabelece:

> **CTN, art. 16.** Imposto é o tributo cuja obrigação tem por fato gerador uma situação independente de qualquer atividade estatal específica, relativa ao contribuinte.

A característica essencial do imposto, aquilo que o define como tal, consiste em que a obrigação de pagá-lo decorre da ocorrência de um ato ou da prática de um fato pelo contribuinte que não possui qualquer vínculo com uma atividade estatal específica que lhe é direcionada de modo particularizado.

Quer dizer, o sujeito passivo da relação obrigacional nada recebe diretamente do Estado. Não há uma atividade estatal endereçada particularmente a ele. Deve pagar o imposto simplesmente porque ocorreu um ato jurídico, praticou um fato ou adotou uma conduta jurídica com significação econômica, descrita previamente em lei, e dentro dos contornos de uma das materialidades autorizadas pela Constituição.

Justamente por isso os impostos são denominados tributos *desvinculados*. Não se vinculam a uma contraprestação estatal específica referida ao contribuinte. Vale dizer, o Estado nada faz com relação ao sujeito passivo do imposto. O Poder Público não lhe presta qualquer serviço; não lhe dirige qualquer atividade; não executa qualquer obra que gere benefício econômico. Nada. Não há qualquer atividade estatal direcionada *especificamente* ao contribuinte do imposto. Por isso, sua designação como tributo *desvinculado*. Seu fato gerador não está vinculado a qualquer atividade estatal particularmente referida ao sujeito passivo.

Essa é justamente a lição de Roque Carrazza: "Assim, juridicamente falando, imposto é uma modalidade de tributo que tem por hipótese de incidência um fato qualquer, não consistente numa atuação estatal. Não é por outra razão que Geraldo Ataliba chama o imposto de tributo não vinculado. Não vinculado a quê? Não vinculado a uma atuação estatal. Os impostos são, pois, prestações pecuniárias desvinculadas de qualquer relação de troca ou utilidade" (CARRAZZA, 2011, p. 560).

À luz dessa característica do imposto, pergunta-se: em que circunstância o contribuinte é obrigado a pagá-lo? Sob a circunstância de ter ocorrido um ato ou ter praticado um fato jurídico dotado de caráter econômico e descritos previamente em lei. Vale destacar que esse ato ou fato não têm qualquer relação com uma atuação estatal endereçada ao contribuinte. Basta que esteja previsto em lei.

Qualquer fato, conduta ou situação jurídica estão autorizados a impor a obrigação de pagar impostos? Obviamente, não. Apenas aqueles descritos em lei e previstos expressamente na Constituição Federal. O texto constitucional foi detalhista ao selecionar os atos, fatos e condutas econômicas que podem gerar a tributação por impostos.

Ademais, não basta simplesmente a previsão em lei proveniente do ente competente. É preciso que o indivíduo, a empresa, enfim, o contribuinte, pratique *concretamente*, isto é, *na realidade*, o fato descrito hipoteticamente. A isso se dá o nome de *fato gerador* do tributo.

Sabemos, por exemplo, que no Município de São Paulo existe lei determinando que a propriedade predial e territorial urbana seja tributada por imposto (IPTU). E isso apenas porque a Constituição expressamente autoriza que os Municípios assim procedam (art. 156, I, da CF/1988). Isso significa que todas as pessoas domiciliadas no Município serão tributadas? Evidentemente, não. Somente aquelas que, *na realidade fática*, tornam-se proprietários ou proprietárias de imóvel urbano. É preciso que, *de fato*, ocorra a aquisição e o registro da escritura no Oficial de Registro de Imóveis. Apenas a partir desse momento é que se está obrigado ao pagamento do IPTU.

Mais importante, porém, para a compreensão do caráter não vinculado do imposto, é compreender que o Estado nada faz com relação ao contribuinte. Não lhe dirige qualquer atividade específica; não lhe presta qualquer serviço; não lhe dispensa qualquer benefício. Como afirma Hugo de Brito Machado: "O fato gerador do dever de pagar imposto é uma situação de vida do contribuinte relacionada a seu patrimônio, independente do agir do Estado" (MACHADO, 2011, p. 301).

Daí por que os impostos têm caráter *unilateral* e *não sinalagmático*.

O fato gerador do imposto e o consequente dever de pagá-lo não têm qualquer relação com uma contrapartida por parte do Poder Público. Fossem sinalagmáticos (como as taxas, por exemplo), então os impostos teriam que redundar numa contraprestação estatal específica relativa ao contribuinte.

Vale recordar, ainda, o que dispõe o art. 4.º do CTN. De acordo com o dispositivo, a natureza jurídica específica do tributo é determinada pelo fato gerador da respectiva obrigação, sendo irrelevantes para qualificá-la a denominação e demais características formais adotadas pela lei, e a destinação legal do produto da sua arrecadação.

Isso significa que não importa o *destino* dado às quantias arrecadadas a título de impostos. Em outras palavras, se a União, os Estados, o Distrito Federal ou os Municípios aplicam as respectivas quantias obtidas nesta ou naquela área, isso é irrelevante para caracterizar ou não o tributo como imposto.

Imaginemos, por exemplo, a arrecadação do Estado de São Paulo com o imposto sobre a propriedade de veículos automotores (IPVA). Tais quantias devem ser aplicadas na construção ou manutenção das rodovias estaduais? Não necessariamente. Quer dizer, tanto podem ser aplicadas, como podem não ser. Não é a *destinação legal* do produto da arrecadação que caracteriza o tributo como imposto. Pelo contrário, é seu *fato gerador* que, no caso, é *desvinculado* de uma contraprestação estatal específica relativa ao contribuinte.

Isso não significa, evidentemente, que o destino dado às quantias arrecadadas seja irrelevante do ponto de vista jurídico. Ocorre que a disciplina jurídica destas quantias, também chamadas de receitas públicas, é da alçada do direito financeiro e não do direito tributário. Quando se afirma que o destino da arrecadação é irrelevante, quer-se dizer, com isso, que não importa para a *definição* da espécie tributária. Mas importa, sim, do ponto de vista financeiro, pois as irregularidades podem ocasionar atos de improbidade administrativa, violar a Lei de Responsabilidade Fiscal, tipificar crimes contra o erário etc.

Nesse sentido, Ricardo Lobo Torres define imposto do seguinte modo: "Podemos oferecer a seguinte definição de imposto, aproveitando alguns elementos comuns ao conceito de tributo, que já examinamos: é o dever fundamental consistente em prestação pecuniária, que, limitado pelas liberdades fundamentais, sob a diretiva do princípio constitucional da capacidade contributiva e com a finalidade principal ou acessória de obtenção de receita para as necessidades públicas gerais, é exigido de quem tenha realizado, independentemente de qualquer atividade estatal em seu benefício, o fato descrito em lei elaborada de acordo com a competência especificamente outorgada pela Constituição" (TORRES, 2011, p. 377).

Em suma, os impostos são tributos desvinculados ou não vinculados a qualquer atividade estatal específica relativa ao contribuinte. O sujeito passivo tem a obrigação de pagá-los ao praticar um fato gerador, isto é, um fato econômico descrito previamente em lei do ente federativo competente, de acordo com as materialidades previamente estabelecidas no texto constitucional.

APROFUNDANDO! IMPOSTOS E O PRINCÍPIO DA CAPACIDADE CONTRIBUTIVA

A característica específica dos impostos, o que os torna diferentes das taxas e contribuições de melhoria, está em que a obrigação de pagá-los decorre da prática de um fato gerador desvinculado. Quer dizer, não há uma contraprestação estatal específica relativa ao contribuinte como fundamento à exigência de tal espécie tributária. Por isso, o que se tem em mira com o imposto é aquilo que se denomina *signo presuntivo de riqueza*. Com a tributação por impostos busca-se alcançar a riqueza concreta do indivíduo ou da empresa. Ora, para alcançar-se a riqueza de um ou de outra é preciso concentrar a atenção na prática de determinados fatos ou na adoção de determinadas condutas que demonstram, por si só, a existência de riqueza a ser tributada. Ser proprietário de veículo automotor, por exemplo, demonstra que o indivíduo possui riqueza, caso contrário, não teria como adquirir e manter um carro. Ninguém poderá negar que o indivíduo que possui um apartamento de cobertura em frente à praia de Copacabana possui maior capacidade econômica e, portanto, contributiva, do que o indivíduo que possui uma casa popular financiada pelo programa governamental de auxílio a pessoas carentes. Percebe-se, então, por que o princípio da capacidade contributiva relaciona-se, em princípio, aos impostos. Esta é a espécie de tributo que tem em mira a capacidade econômica do contribuinte, e não uma atividade estatal referida a ele. Esta é a razão pela qual o art. 145, § 1.º, da CF/1988, menciona expressamente essa espécie tributária: "Sempre que possível, os *impostos* terão caráter pessoal e serão graduados segundo a capacidade econômica do contribuinte [...]". Regina Helena Costa observa: "O princípio da capacidade contributiva, insculpido no art. 145, § 1º, CR, como visto, constitui a diretriz para a modulação da carga tributária em matéria de impostos, porquanto sendo esses tributos não vinculados a uma atuação estatal, sua graduação deve levar em conta circunstância que diga respeito ao próprio sujeito passivo" (COSTA, 2014, p. 130/131). Isso não significa, contudo, que as outras espécies de tributos não possam ou não devam atender ao princípio da capacidade contributiva. É claro que devem. O que ocorre é que os impostos têm uma "vocação natural" ao atendimento deste postulado. Suas características específicas viabilizam a aplicação do princípio em toda a sua extensão e profundidade. Em suma, uma vez que os impostos têm por característica o surgimento da obrigação tributária em virtude da prática de um fato gerador não vinculado a qualquer atividade estatal específica referida ao contribuinte, estão logicamente voltados à observância rigorosa do princípio da capacidade contributiva.

APROFUNDANDO! INSUFICIÊNCIAS DOS ARTIGOS 4º E 16 DO CTN E NÃO RECEPÇÃO DO ART. 17

Como vimos, o art. 4.º do CTN é insuficiente para a exata identificação da natureza jurídica do tributo, especialmente à luz da Constituição Federal. À época de publicação do CTN, existiam apenas três espécies tributárias: impostos, taxas e contribuições de melhoria. Com o advento da Constituição, mais duas espécies foram incorporadas: empréstimos compulsórios e contribuições especiais. Pois bem, ocorre que apenas a verificação do fato gerador e a pura e simples desconsideração da destinação legal do produto da arrecadação são critérios insuficientes para diferenciar, por exemplo, impostos de empréstimos compulsórios ou contribuições especiais. Em outras palavras, para identificarmos a natureza jurídica de determinado tributo, depois da Constituição, somos obrigados a verificar a destinação legal do produto da arrecadação. O art. 16 do CTN também não nos auxilia, uma vez que remete exclusivamente à noção de fato gerador. O dispositivo identifica o imposto pela análise desse elemento. Trata-se de tributo cuja obrigação tem por fato gerador uma situação independente de qualquer atividade estatal específica relativa ao contribuinte. Ocorre que essa também é uma das características das contribuições especiais. Assim, é preciso "algo mais". É preciso somar à análise do fato gerador outros critérios que permitam a distinção entre, por exemplo, impostos e contribuições especiais. A distinção entre impostos, taxas e contribuições de melhoria pode ser feita com base nos arts. 4.º e 16 do CTN. A distinção entre impostos e contribuições especiais ou impostos e empréstimos compulsórios, por outro lado, demanda a análise de outros elementos que conformam a natureza jurídica específica do tributo, como a vinculação da arrecadação a determinada finalidade. De qualquer maneira, devemos reconhecer que o artigo 16 do CTN propicia importante critério para conhecermos a natureza jurídica do imposto, especialmente se estivermos comparando com taxas ou contribuições de melhoria. Finalmente, o art. 17 do CTN estatui:

> CTN, art. 17. Os impostos componentes do sistema tributário nacional são exclusivamente os que constam deste Título, com as competências e limitações nele previstas.

Como ensina Hugo de Brito Machado: "Ocorre que a vigente Constituição previu a instituição de novos impostos, além de atribuir à União a denominada competência residual. Assim, resta sem validade essa norma do Código Tributário Nacional" (MACHADO, 2011, p. 301).

17.5 PRINCÍPIO DA NÃO AFETAÇÃO DAS RECEITAS PROVENIENTES DE IMPOSTOS

ATENÇÃO! Reforma tributária!

Os tributos são considerados receitas públicas derivadas. São *receitas* porque significam a entrada ou ingresso de recursos financeiros nos cofres estatais. São *derivadas* porque não são criadas diretamente pelo Estado, mas pelos particulares, através da exploração de atividade econômica. Os indivíduos e as empresas criam a riqueza e depois transferem parte dela ao Estado na forma de dinheiro. Eis o tributo.

À luz dessa característica, pergunta-se: as receitas provenientes de impostos, isto é, o dinheiro arrecadado com a sua cobrança, fica vinculado a alguma despesa específica? Vale dizer, na lei instituidora do imposto poderá haver a vinculação predeterminada referente aos recursos arrecadados a título de impostos? A resposta é, como regra, *negativa*. Não deve haver qualquer vinculação no que toca às receitas oriundas de impostos a gastos ou despesas predeterminadas.

É o que determina o art. 167, IV, c.c. § 4º, da CF/1988, este último com redação dada pela Emenda Constitucional nº 132, de 2023, que veiculou a chamada reforma tributária:

> **CF, art. 167.** São vedados:
>
> [...]
>
> IV – a vinculação de receita de impostos a órgão, fundo ou despesa, ressalvadas a repartição do produto da arrecadação dos impostos a que se referem os arts. 158 e 159, a destinação de recursos para as ações e serviços públicos de saúde, para manutenção e desenvolvimento do ensino e para realização de atividades da administração tributária, como determinado, respectivamente, pelos arts. 198, § 2º, 212 e 37, XXII, e a prestação de garantias às operações de crédito por antecipação de receita, previstas no art. 165, § 8º, bem como o disposto no § 4º deste artigo;
>
> [...]
>
> § 4º É permitida a vinculação das receitas a que se referem os arts. 155, 156, 156-A, 157, 158 e as alíneas "a", "b", "d", "e" e "f" do inciso I e o inciso II do caput do art. 159 desta Constituição para pagamento de débitos com a União e para prestar-lhe garantia ou contragarantia.

ATENÇÃO! Reforma tributária!

Trata-se do chamado *princípio da não afetação (ou não vinculação) das receitas provenientes de impostos*. Note-se que estamos falando de *impostos* e não de tributos. O princípio aplica-se apenas a esta particular espécie tributária.

Assim, como *regra geral*, fica proibida a vinculação da receita oriunda de impostos a órgão, fundo ou despesa. O dinheiro obtido com a cobrança desta espécie tributária não deve ser direcionado especificamente a esta ou aquela área. O objetivo é viabilizar maior liberdade aos Poderes Executivos federal, estaduais, distrital ou municipais quanto aos gastos que devem efetuar de acordo com cada momento histórico e político específico da sociedade.

Quer dizer, em determinado momento necessita-se mais de recursos para a segurança pública do que para o turismo; é necessário investir mais na preservação do meio ambiente do que no esporte; necessita-se de mais investimentos em aeroportos do que em rodovias, e assim por diante. Daí por que a Constituição afasta a vinculação da receita de impostos a despesas específicas. Por isso, é incorreto afirmar que determinado imposto está vinculado à segurança pública, à construção de moradias, à construção de praças públicas etc.

Nesse sentido, Luís Eduardo Schoueri anota: "Se a receita, via de regra, não é afetada a qualquer finalidade, tem-se, agora, uma segunda característica dos impostos: além de sua hipótese de incidência tributária independer de qualquer atividade estatal específica, também o produto de sua arrecadação não deveria ser vinculado: o recurso arrecadado com o imposto serve, em princípio, para cobrir as despesas gerais do ente tributante" (SCHOUERI, 2012, p. 189).

No entanto, existem *exceções* a esta regra. As primeiras encontram-se no próprio inciso IV do art. 167 da CF/1988, e em seu § 4º. Desse modo, *autoriza-se a vinculação da receita de impostos* à:

- Repartição do produto da arrecadação dos impostos a que se referem os arts. 158 e 159 da CF/1988;
- Destinação de recursos para as ações e serviços públicos de saúde, como determinado pelo art. 198, § 2º;
- Manutenção e desenvolvimento do ensino, como determinado pelo art. 212;
- Realização de atividades da administração tributária, como determinado pelo art. 37, inciso XXII;
- Prestação de garantias às operações de crédito por antecipação de receita, previstas no art. 165, § 8º.

ATENÇÃO! Reforma tributária!

- É permitida a vinculação das receitas a que se referem os arts. 155, 156, 156-A, 157, 158 e as alíneas "a", "b", "d", "e" e "f" do inciso I e o inciso II do *caput* do art. 159 desta Constituição para pagamento de débitos com a União e para prestar-lhe garantia ou contragarantia.

Registrem-se, ainda, mais *três exceções*:

- *Programa de apoio à inclusão e promoção social (art. 204, parágrafo único, da CF/1988)* – Ao tratar das ações governamentais na área de *assistência social*, o dispositivo prescreve que "é facultado aos Estados e ao Distrito Federal *vincular* a *programa de apoio à inclusão e promoção social* até cinco décimos por cento de sua receita tributária líquida, vedada a aplicação desses recursos no pagamento de: (I) despesas com pessoal e encargos sociais; (II) serviço da dívida; (III) qualquer outra despesa corrente não vinculada diretamente aos investimentos ou ações apoiados";
- *Fundo estadual de fomento à cultura (art. 216, § 6.º, da CF/1988)* – Tratando do patrimônio cultural brasileiro, o dispositivo determina que "é facultado aos Estados e ao Distrito Federal vincular a *fundo estadual de fomento à cultura* até cinco décimos por cento de sua receita tributária líquida, para o financiamento de programas e projetos culturais, vedada a aplicação desses recursos no pagamento de: (I) despesas com pessoal e encargos sociais; (II) serviço da dívida; (III) qualquer outra despesa corrente não vinculada diretamente aos investimentos ou ações apoiados";
- *Fundo de combate e erradicação da pobreza (arts. 79 e 80 do ADCT)* – De acordo com o art. 79 do ADCT (Ato das Disposições Constitucionais Transitórias), o fundo de combate e erradicação da pobreza, criado no âmbito do Poder Executivo federal, tem como objetivo "viabilizar a todos os brasileiros acesso a níveis dignos de subsistência, cujos recursos serão aplicados em ações suplementares de nutrição, habitação, educação, saúde, reforço de renda familiar e outros programas de relevante interesse social voltados para melhoria da qualidade de vida". Foi instituído para vigorar até 2010, mas a

Emenda Constitucional 67/2010 prorrogou-o por tempo indeterminado. De acordo com o art. 80, o Fundo será composto, dentre outras fontes de receitas, pelas provenientes:

- De parcela do produto da arrecadação correspondente a um adicional de cinco pontos percentuais na alíquota do Imposto sobre Produtos Industrializados (IPI) ou do imposto que vier a substituí-lo, incidente sobre produtos supérfluos e aplicável até a extinção do Fundo (inciso II);
- Do produto da arrecadação do imposto de que trata o art. 153, VII, da CF/1988, isto é, do imposto sobre grandes fortunas – IGF (inciso III);
- Aos recursos integrantes do Fundo de que trata este artigo não se aplica o disposto nos arts. 159 e 167, IV, da CF/1988, assim como qualquer desvinculação de recursos orçamentários (§ 1.º).

Jurisprudência do STF – NÃO AFETAÇÃO DA RECEITA DE IMPOSTOS

O STF sempre se pronunciou de maneira a prestigiar o princípio da não afetação das receitas provenientes de impostos. Em apertada síntese, vejamos os principais entendimentos:

- *ICMS e Caixa Econômica do Estado de São Paulo* – O Plenário declarou a inconstitucionalidade de dispositivos da Lei 6.556/1989 do Estado de São Paulo por violação ao art. 167, IV, da CF/1988. Houve majoração de alíquotas de ICMS, de 17% para 18%, com vinculação da receita proveniente de tal elevação ao aumento de capital da Caixa Econômica do Estado de São Paulo (STF, Informativo 84/1997);
- *ICMS e Programa de incentivos fiscais* – O Plenário julgou inconstitucionais dispositivos da Lei 13.670/2002 do Estado do Paraná, que instituiu o programa de incentivo à produção e à industrialização do algodão. O programa concedia às indústrias integrantes créditos fiscais para a pesquisa e produção de algodão. Dentre outros fundamentos, entendeu-se que restou violado o art. 167, IV, da CF/1988. Note-se que, no caso, tratou-se da vinculação da receita futura de impostos, na medida em que se concede crédito fiscal em contrapartida à contribuição das empresas (STF, Informativo 449/2006);
- *ICMS e Fundo estatal de combate às desigualdades sociais e regionais* – O STF julgou inconstitucionais dispositivos da Lei 12.223/2005, do Estado do Rio Grande do Sul, que instituiu o fundo partilhado de combate às desigualdades sociais regionais do Estado. Os dispositivos estabeleciam que as empresas que contribuíssem com o Fundo poderiam compensar o valor recolhido com o ICMS a ser pago por meio de crédito fiscal presumido. A Corte entendeu "que os dispositivos impugnados, ao possibilitarem o direcionamento, pelos contribuintes, do valor devido a título de ICMS para o mencionado Fundo, compensando-se, em contrapartida, o valor despendido sob a forma de crédito fiscal presumido, criaram um mecanismo de redirecionamento da

receita do ICMS para a satisfação de finalidades específicas e predeterminadas em afronta ao art. 167, IV, da CF/1988, que veda a vinculação das receitas provenientes da arrecadação de impostos a órgão, fundo ou despesa" (STF, Informativo 449/2006);

- *Receita corrente do Estado e programa de desenvolvimento da agricultura* – O Tribunal julgou inconstitucionais certos dispositivos da Constituição estadual de Santa Catarina que destinavam "10% da receita corrente do Estado, por dotação orçamentária específica, aos programas de desenvolvimento da agricultura, pecuária e abastecimento". A Corte vislumbrou ofensa do art. 167, IV, da CF/1988 (STF, Informativo 584/2010);
- *Vinculação para a educação em geral e determinadas universidades e fundações* – "O Plenário, por maioria, julgou parcialmente procedente pedido formulado em ação direta para declarar a inconstitucionalidade dos artigos 309, § 1º, e 314, caput, § 5º e da expressão 'e garantirá um percentual mínimo de 10% (dez por cento) para a educação especial', contida na parte final do § 2º do art. 314, todos da Constituição do Estado do Rio de Janeiro. Além disso, o Colegiado declarou a inconstitucionalidade por arrastamento das expressões 'à UERJ e', '306, § 1º (atual 309), e' e 'e, na hipótese da UERJ, sobre a sua receita tributária líquida' do art. 1º da Lei fluminense 1.729/1990 e do art. 6º da Lei fluminense 2.081/1993, que regulamentam os referidos dispositivos da Constituição estadual. As citadas normas estabelecem vinculação de receita para a educação em geral e, especificamente, para a UERJ e a FAPERJ. O Tribunal ressaltou que a jurisprudência do STF seria pacífica no sentido da inconstitucionalidade das normas que estabelecessem vinculação de parcelas das receitas tributárias a órgãos, fundos ou despesas. Frisou que essas leis desrespeitariam a vedação contida no art. 167, IV, da CF, bem como restringiriam a competência constitucional do Poder Executivo para a elaboração das propostas de leis orçamentárias. Essa regra constitucional somente seria excepcionada nos casos expressamente previstos na parte final do inciso IV do art. 167 da CF, que ressalva 'a destinação de recursos para as ações e serviços públicos de saúde, para manutenção e desenvolvimento do ensino e para realização de atividades da administração tributária, como determinado, respectivamente, pelos artigos 198, § 2º, 212 e 37, XXII, e a prestação de garantias às operações de crédito por antecipação de receita, previstas no art. 165, § 8º, bem como o disposto no § 4º deste artigo'" (STF, Informativo 765/2014).

17.6 CLASSIFICAÇÃO DOS IMPOSTOS

Antes de verificarmos a classificação dos impostos, é preciso esclarecer algumas questões.

O que significa classificar? Ora, em sentido amplo, significa distribuir determinados objetos em classes, gêneros ou famílias de acordo com características específicas e semelhantes. As classificações têm como objetivo ensejar certa ordenação das coisas, isto é, uma organização que possibilite uma melhor compreensão quanto aos objetos de estudo.

Esse discurso se justifica porque existe uma tendência na doutrina, em geral, de definir os tributos a partir de sua classificação. Essa tendência impregna a jurisprudência que, como sabemos, é fonte de direito. É o que ocorreu quando o STF entendeu que o IPTU não poderia ser progressivo porque era considerado um imposto real. Ora, são as características do tributo, estabelecidas pela norma e pela interpretação normativa, que determinam sua classificação, e não o contrário.

Vale mencionar, também, que as classificações não são corretas ou incorretas, mas úteis ou inúteis. Desde que sejam utilizados critérios coerentes e lógicos, ajudam ou não na compreensão dos objetos estudados. Não se pode dizer que aquela classificação é melhor do que esta. Afirma-se apenas que aquela é útil e, esta, inútil, e assim por diante. Dito isso, passemos à classificação dos impostos, que podem ser:

- *Diretos (que não repercutem) ou indiretos (que repercutem)* – "Impostos diretos ou que não repercutem são aqueles em que a carga econômica é suportada pelo contribuinte, isto é, pelo realizador do fato imponível. É o caso do IR, em que o patrimônio de quem auferiu rendimentos líquidos é alcançado por esta tributação. Já os impostos indiretos ou que repercutem são aqueles cuja carga econômica é suportada não pelo contribuinte, mas por terceira pessoa, que não realizou o fato imponível. Esta terceira pessoa geralmente é o consumidor final da mercadoria ou do produto. É o caso do ICMS. Quem suporta sua carga econômica não é o patrimônio, por exemplo, do comerciante, que vendeu a mercadoria, mas o patrimônio do consumidor final desta mesma mercadoria. Este, ao adquirir a mercadoria, verá embutido em seu preço o *quantum* de ICMS que foi sendo recolhido, por todos os que realizaram as operações mercantis, que levaram o bem às suas mãos" (CARRAZZA, 2011, p. 562). Outro exemplo de imposto indireto é o IPI. Exemplos de impostos diretos: IR, ITCMD, IPVA, ITBI, IPTU etc.;
- *Pessoais (referem-se à pessoa) ou reais (referem-se à coisa)* – "Assim, o IR seria um imposto pessoal (já que diz de perto com a pessoa que auferiu rendimentos líquidos), ao passo que o IPTU seria um imposto real (porque se refere ao imóvel urbano, que é uma coisa). Essa classificação, sem nenhuma dúvida, não é jurídica. Juridicamente, todos os impostos são pessoais, na medida em que o contribuinte é sempre uma pessoa (física ou jurídica). Dito de outro modo, no polo passivo das obrigações impositivas – como, de resto, de todas as relações jurídicas – só pode figurar uma pessoa, nunca uma coisa" (CARRAZZA, 2011, p. 563). Exemplos de impostos reais: IPTU, ITBI, ITR, IPVA etc.;
- *Fiscais ou extrafiscais* – A palavra "fisco" provém do latim *fiscus*, que significava o cesto de junco ou vime utilizado pelos coletores romanos de tributos. Vale lembrar que antigamente se recolhia tributo na forma de trabalho, animais e até seres humanos. Escravos eram entregues como pagamento. Atualmente, como se sabe, o tributo deve ser recolhido em dinheiro. Pois bem, tributos fiscais remetem à ideia de arrecadação, ou seja, têm como finalidade fazer

ingressar dinheiro nos cofres estatais. Exemplos: IR, ISS, ITBI etc. Extrafiscais são aqueles que, além de viabilizarem a arrecadação de recursos, permitem a atuação do Estado em alguma área específica, compelindo o contribuinte à adoção de uma determinada conduta; atuando por indução. Se os índices de desemprego aumentam, a União pode reduzir as alíquotas do imposto sobre produtos industrializados (IPI). Com isso, os preços dos bens diminuem; as pessoas consomem mais; as empresas vendem mais e empregos são preservados. Se a União pretende que as propriedades rurais cumpram a função social, estabelece alíquotas mais elevadas para as propriedades improdutivas. O objetivo não é a simples arrecadação, mas o induzimento do proprietário à observância das normas relativas à função social da propriedade rural. Exemplos de impostos extrafiscais: II, IE, IPI, IOF etc.;

- *Ordinários ou extraordinários* – Ordinários são os impostos que produzem as chamadas receitas ordinárias, isto é, que compõem regularmente o orçamento do Estado. Os impostos previstos nos artigos 153, 155 e 156 são ordinários, pois são tributos com os quais os entes federativos contam regularmente. Extraordinários são aqueles que produzem receitas extraordinárias, ou seja, que não estão originalmente previstas na lei orçamentária. O imposto extraordinário de guerra, previsto no art. 154, II, da CF/1988, é um exemplo;
- *Fixos, proporcionais, progressivos, regressivos e seletivos* – Imposto fixo é aquele estabelecido em um valor determinado para todo e qualquer contribuinte. Por exemplo, todos devem recolher a quantia de R$ 300,00 a título de imposto sobre serviço (ISS) em certo Município. Embora haja divergência doutrinária, entendemos que são inconstitucionais por violação do princípio da capacidade contributiva, já que se cobra valor idêntico de contribuintes que possuem capacidades econômicas distintas. Impostos proporcionais são aqueles em que se estabelece uma alíquota única, que incide sobre bases de cálculo distintas. Por exemplo, todo proprietário de veículo automotor deve recolher IPVA calculado com base numa alíquota de 4%. Veículos mais baratos recolherão um valor menor; veículos mais caros recolherão um valor maior. Impostos progressivos são aqueles em que há diversas alíquotas que crescem à medida que cresce a base de cálculo. Por exemplo, as alíquotas do imposto sobre a renda e proventos de qualquer natureza (IR), que variam entre 7,5%, 15%, 22,5% e 27,5% conforme o montante de renda do contribuinte aumenta. Impostos regressivos, por outro lado, são aqueles em que as alíquotas crescem à medida que diminui a base de cálculo. Em outras palavras: alíquotas menores para bases de cálculo elevadas; alíquotas maiores para bases de cálculo diminutas. À luz da Constituição de 1988 são claramente inconstitucionais. É importante mencionar, ainda, os impostos seletivos. São aqueles em que as alíquotas variam para mais ou para menos conforme a característica específica do bem sobre o qual incidem. De acordo com a Constituição, a seletividade está atrelada ao IPI e ao ICMS, cujas alíquotas devem variar de acordo com a essencialidade do produto ou mercadoria. Assim, produtos ou mercadorias mais essenciais devem ter alíquotas menores e vice-versa:

ATENÇÃO! Reforma tributária!

- A Emenda Constitucional nº 132, de 2023, que veiculou a chamada reforma tributária, introduziu norma que determinada atenuação dos efeitos regressivos dos tributos. De fato, o art. 145, § 4º, estabelece: "As alterações na legislação tributária buscarão atenuar efeitos regressivos;

- *Instantâneos, complexivos e continuados* – Esta classificação gira em torno do fato gerador do imposto. Tratando-se de um fato isolado, bem delimitado no tempo, como, por exemplo, a circulação de uma mercadoria, fala-se em fato gerador instantâneo. Tratando-se de um conjunto de fatos que se desenvolvem ao longo de um determinado período de tempo e que devem ser reunidos por determinação legal, fala-se em fato gerador complexivo. É o caso do imposto sobre a renda e proventos de qualquer natureza (IR), cujo fato gerador começa no dia 1º de janeiro e termina no dia 31 de dezembro de cada ano. Por outro lado, situações se prolongam no tempo, como a propriedade de bens imóveis, são concebidas como fatos geradores continuados, como ocorre com o imposto territorial rural (ITR), por exemplo;
- *Federais, estaduais, distritais ou municipais* – Conforme sejam de competência da União, Estados, Distrito Federal ou Municípios. São federais: II, IE, IR, IPI, IOF, ITR e IGF. São estaduais e distritais: ITCMD, ICMS e IPVA. São municipais e distritais: IPTU, ITBI e ISS:

ATENÇÃO! Reforma tributária!

- A EC 132/2023 acrescentou o inciso VIII ao art. 153, e o art. 156-A, à Constituição Federal, prevendo mais dois impostos, a saber:
  - CF, art. 153, VIII – Imposto sobre a produção, extração, comercialização ou importação de bens e serviços prejudiciais à saúde ou ao meio ambiente, nos termos de lei complementar – Imposto federal;
  - CF, art. 156-A – Imposto sobre bens e serviços (IBS). Imposto de competência legislativa federal e de competência administrativa compartilhada entre Estados, DF e Municípios;

17.7 A COMPETÊNCIA PARA A INSTITUIÇÃO DE IMPOSTOS

Uma vez que os impostos são caracterizados pela obrigação de pagá-los que provém da prática de fato gerador desvinculado de uma atuação estatal, há uma relação direta e inexorável entre certo imposto e determinado ente federativo. Como não há atividade estatal à qual se refere diretamente, também não há uma vinculação necessária entre tal ou qual imposto e tais ou quais entes federativos.

Assim, o imposto sobre a renda e proventos de qualquer natureza (IR) poderia, em tese, ser cobrado tanto pela União, como pelos Estados, Distrito Federal ou

Municípios. Não há uma relação natural entre a prática desse fato gerador (auferir renda) e qualquer dos entes políticos em si considerados.

Na taxa a coisa apresenta-se de maneira distinta. Uma vez que o fato gerador desse tributo é vinculado a uma atividade estatal específica direcionada ao contribuinte, pode-se afirmar que há uma ligação necessária, por assim dizer, entre a competência para prestar a atividade (competência administrativa) e a competência para exigir a taxa (competência tributária). Os Estados são competentes para prestar o serviço de gás canalizado (art. 25, § 2.º, da CF/1988). Logo, eventual taxa a ser cobrada deverá ser estadual.

Por isso, é preciso responder à seguinte indagação: que *critério* foi utilizado para a repartição de competências tributárias relativas a impostos entre os entes federativos? A doutrina, em geral, aponta o *critério material* como orientador dessa partilha.

Roque Carrazza explica: "A partilha entre a União, os Estados, os Municípios e o Distrito Federal, das competências para criar impostos (competências impositivas) foi levada a cabo de acordo com um critério material. O constituinte originário, neste passo, descreveu objetivamente fatos que podem ser colocados, pelos Poderes Legislativos da União, dos Estados-membros, dos Municípios e do Distrito Federal, nas hipóteses de incidência dos impostos respectivos" (CARRAZZA, 2011, p. 698).

O critério material adotado pelo constituinte significa a seleção prévia de certos atos, fatos ou condutas jurídicas, dotadas de expressão econômica e reveladoras de capacidade contributiva, e sua respectiva distribuição a cada ente federativo com exclusividade.

É importante que se compreenda isso: os fatos e atos jurídico-econômicos que podem ser tributados pelos entes federativos por meio de impostos estão previamente discriminados no texto constitucional e foram antecipadamente distribuídos, com exclusividade, a cada uma das pessoas políticas. Por isso, União, Estados, Distrito Federal e Municípios estão autorizados a: criar apenas os impostos previstos no texto constitucional; e criar apenas os impostos que lhes foram reservados pela Constituição, com exclusividade.

Não é possível criar impostos que não estejam previamente dispostos na Constituição. Tampouco é possível que um ente federativo crie imposto que seja da competência de outro. Veremos que existem exceções especialmente entregues à União. Contudo, o que importa, agora, é fixar a regra.

a) Competência privativa

A competência para a instituição de impostos é designada, de modo geral, de *privativa.* Isso porque a Constituição estabelece uma distribuição rígida de materialidades para cada ente federativo, de forma enumerada e com exclusividade.

Isso significa que, à medida que a Constituição atribui à União a competência para a instituição do imposto sobre produtos industrializados (IPI), exclui, simultaneamente, a competência dos demais entes federativos para a criação e cobrança desse imposto. Assim, os Estados, o Distrito Federal e os Municípios são todos incompetentes para a instituição e cobrança do gravame. À medida que atribui aos

Municípios e ao Distrito Federal a competência para a instituição do imposto sobre a propriedade predial e territorial urbana (IPTU), exclui, em contrapartida, a competência da União e dos Estados.

Essa é a lição de Sacha Calmon Navarro Coêlho: "Como corolário lógico temos que os impostos são enumerados pelo nome e discriminados na Constituição um a um. São nominados e atribuídos privativamente, portanto, a cada uma das pessoas políticas, enquanto as taxas e contribuições de melhoria são indiscriminadas, são inominadas e são atribuídas em comum às pessoas políticas. Vale dizer, os impostos têm nome e são *numerus clausus* (número fechado)" (COÊLHO, 2009, p. 67).

A razão dessa distribuição rígida e predeterminada reside na preocupação do texto constitucional em assegurar a cada um dos entes federativos suas próprias fontes de receita. Ao reservar com exclusividade aos Municípios e ao Distrito Federal a competência para instituir o imposto sobre serviços de qualquer natureza (ISS), por exemplo, a Constituição assegura-lhes plenas condições de autonomia. Impede que os outros entes federativos se apropriem dessa fonte de receitas e ameacem a integridade da federação. A competência tributária, como vimos, é um dos pilares do princípio federativo.

Por outro lado, também há preocupação constitucional com a proteção da propriedade privada. Ao enumerar com certo detalhamento as materialidades potencialmente tributáveis por impostos e distribui-las com exclusividade a cada ente federativo, a Constituição garante aos particulares, indivíduos e empresas, a segurança necessária à condução de seus negócios e de sua vida privada. Todos sabem quais comportamento produzirão, como consequência, o dever de recolher impostos, e quais não produzirão.

É importante, assim, saber exatamente o rol de impostos que ficou reservado a cada pessoa política. Passemos em revista à distribuição constitucional de impostos:

- *União (art. 153 da CF/1988)* – Tem autorização para instituir impostos sobre: importação de produtos estrangeiros (II); exportação, para o exterior, de produtos nacionais ou nacionalizados (IE); renda e proventos de qualquer natureza (IR); produtos industrializados (IPI); operações de crédito, câmbio e seguro, ou relativas a títulos ou valores mobiliários (IOF); propriedade territorial rural (ITR); e grandes fortunas, nos termos de lei complementar (IGF);

ATENÇÃO! Reforma tributária!

  - A EC 132/2023 acrescentou o inciso VIII ao art. 153, conferindo competência à União para instituir imposto sobre a produção, extração, comercialização ou importação de bens e serviços prejudiciais à saúde ou ao meio ambiente, nos termos de lei complementar;

- *Estados e Distrito Federal (art. 155 da CF/1988)* – Têm autorização para instituir impostos sobre: transmissão *causa mortis* e doação de quaisquer bens ou direitos (ITCMD); operações relativas à circulação de mercadorias e sobre prestações de serviços de transporte interestadual e intermunicipal e de comunicação, ainda que as operações e as prestações se iniciem no exterior (ICMS); e propriedade de veículos automotores (IPVA);

- *Municípios e o Distrito Federal (arts. 156 c.c. 147, parte final, da CF/1988)* – Têm autorização para instituir impostos sobre: propriedade predial e territorial urbana (IPTU); transmissão *inter vivos*, a qualquer título, por ato oneroso, de bens imóveis, por natureza ou acessão física, e de direitos reais sobre imóveis, exceto os de garantia, bem como cessão de direitos a sua aquisição (ITBI); e serviços de qualquer natureza não compreendidos no art. 155, II, definidos em lei complementar (ISS).

b) Competência compatilhada

ATENÇÃO! Reforma tributária!

A Emenda Constitucional nº 132, de 2023, que veiculou a chamada reforma tributária, intriduziu no texto constitucional o art. 156-A, nos seguinte termos:

> **CF, art. 156-A.** Lei complementar instituirá imposto sobre bens e serviços de competência compartilhada entre Estados, Distrito Federal e Municípios.

De acordo com o dispositivo, os Estados, o Distrito Federal e os Municípios detêm *competência compartilhada* no que concerne ao imposto sobre bens e serviços (IBS). Perceba-se que tal competência apresenta certas peculiaridades. Vejamos:

- *Instituição* – O IBS deve ser instituído pela União e está sob reserva de lei complementar. Não pode, portanto, ser objeto de medida provisória. Nos termos do inciso IV, "terá legislação única e uniforme em todo o território nacional, ressalvado o disposto no inciso V", o que significa que a regra-martiz de incidência será veiculada pela lei complementar, de modo que todos os aspectos ou elementos da hipótese de incidência, com exceção das alíquotas, serão estabelecidos pelo Congresso Nacional. O inciso V, por sua vez, determina: "cada ente federativo fixará sua alíquota própria por lei específica". Isso significa que leis estaduais, distrital e municipais, todas *específicas*, fixarão as alíquotas incidentes sobre bens e serviços. Assim, a *norma* que institui o tributo é composta de luas leis: lei complementar (aspecto material, pessoal, quantitativo [somente a base de cálculo], temporal e local) + leis dos entes federativos (aspecto quantitativo [somente as alíquotas]);
- *Fiscalização e arrecadação* – O art. 156-B, também acrescentado pela EC 132/2023, estabelece: "Os Estados, o Distrito Federal e os Municípios exercerão de forma integrada, exclusivamente por meio do Comitê Gestor do Imposto sobre Bens e Serviços, nos termos e limites estabelecidos nesta Constituição e em lei complementar, as seguintes competências administrativas relativas ao imposto de que trata o art. 156-A". Lei complementar da União deve prever

as competências administrativas relacionadas à fiscalização e arrecadação do tributo, cujo exercício fica a cargo do Comitê Gestor do Imposto sobre Bens e Serviços (CGIBS). De acordo com o inciso II, do art. 156-B, cabe ao CGIBS "arrecadar o imposto, efetuar as compensações e distribuir o produto da arrecadação entre Estados, Distrito Federal e Municípios".

Assim, a chamada competência compartilhada consiste numa espécie de "quebra" das funções legislativa e administrativa no que concerne à criação, fiscalização e arrecadação do IBS.

Para o primeiro caso, isto é, instituição do imposto, exige-se lei complementar da União, que descreverá a regra-matriz de incidência em sua totalidade, com exceção das alíquotas, que ficam sob responsabilidade de leis específicas estaduais, distrital e municipais. Para o segundo caso, ou seja, fiscalização e arrecadação, lei complemtar da União deve estabelecer o quadro normativo de atuação dos entes federativos, quer dizer, poderes e deveres administrativos, sendo as atividades fiscalizatórias e arrecadatórias ficam a cargo do CGIBS.

c) Competência residual

A economia capitalista é infinitamente diversificada. A todo momento, em razão dos avanços tecnológicos, novos negócios surgem e atividades econômicas então desconhecidas e até inimagináveis são postas em prática. Basta mencionar os negócios envolvendo criptomoedas, um dos ativos mais rentáveis do mercado financeiro atual, para termos uma ideia de como a economia se desenvolve a um ritmo alucinado.

O legislador, é evidente, não consegue acompanhar o ritmo das mudanças econômicas. O direito está sempre um passo atrás da economia. Assim, o conjunto de materialidades previstas na Constituição e que autorizam a instituição e cobrança de impostos representa um conjunto limitado de atos e fatos jurídicos cuja expressão econômica é mais relevante no momento em que o Poder Constituinte Originário se manifesta.

Não por outra razão, o Poder Constituinte de Reforma está autorizado a prever, através de Emenda à Constituição, novas materialidades tributáveis. Isso ocorreu recentemente, com a EC 132/2023, que previu um novo imposto à União, incidente sobre produção, extração, comercialização ou importação de bens e serviços prejudiciais à saúde ou ao meio ambiente, nos termos de lei complementar (CF, art. 153, VIII); e um novo imposto de competência compartilhada entre Estados, DF e Municípios, sobre bens e serviços (IBS), nos termos do art. 156-A (além da contribuição sobre bens e serviços (CBS), nos termos do art. 195, V, da CF/1988, de competência da União, mas que não é imposto).

É nesse contexto que desponta a chamada competência residual da União para a instituição de impostos. Ela tem como objetivo dotar a União da agilidade necessária para acompanhar a evolução da vida econômica, tributando, por impostos, situações que não foram originalmente delineadas nos artigos 153, 155 e 156. Nesse sentido, o art. 154, I, da CF/1988, estabelece:

CF, art. 154. "A União poderá instituir:

I – mediante lei complementar, impostos não previstos no artigo anterior, desde que sejam não cumulativos e não tenham fato gerador ou base de cálculo próprios dos discriminados nesta Constituição;

Duas informações devem ser, desde logo, destacadas:

- A competência tributária residual é *exclusiva* da União. Apenas este ente federativo está autorizado a criar outros impostos além daqueles que já lhe foram elencados na Constituição;
- O exercício dessa competência está sob *reserva de lei complementar*. A criação desse imposto apenas pode dar-se por meio de lei complementar. Percebe-se que não pode ser instituído ou aumentado por medida provisória que, como vimos, tem força de l*ei* ordinária.

Os chamados *impostos residuais* ou *impostos previamente indeterminados*, segundo Paulo de Barros Carvalho, são os que "a União fica autorizada a criar, na porção conhecida por residual de sua competência, desde que o faça por lei complementar, fixando-se como parâmetros que não sejam cumulativos, nem tenham a mesma hipótese de incidência e a mesma base de cálculo dos impostos adjudicados aos Estados, Distrito Federal e aos Municípios" (CARVALHO, 2012, p. 70).

Por que a competência prevista no art. 154, I, da CF/1988, é chamada *residual*? A palavra "resíduo" remete àquilo que "resta", que é "restante", "remanescente". Ora, vimos que o Poder Constituinte Originário dividiu previamente os impostos entre os entes federativos, de acordo com alguns fatos econômicos. E mais, fixou-os de forma privativa, isto é, à medida que reservou tais e quais impostos a determinada pessoa política, excluiu, simultaneamente, as demais.

Nada obstante, o Poder Constituinte Originário não selecionou todos os eventos econômicos potencialmente tributáveis, até porque isso seria impossível, dada a variedade quase infinita de negócios que podem ser engendrados em uma economia de mercado.

Nesse sentido, o art. 154, I, da CF/1988 confere à União competência exclusiva para tributar, por meio de impostos, os fatos econômicos que não foram previamente reservados a ela mesma (União), aos Estados, Distrito Federal e Municípios, ou seja, aquilo que ficou de fora, que é residual.

Assim, a União poderá instituir imposto sobre *qualquer* fato econômico que manifeste capacidade contributiva, desde que não estejam previamente determinados, isto é, reservados, aos demais entes federativos. Um imposto sobre negócios com criptomoedas, por exemplo, poderia ser instituído, uma vez que os investimentos nestes ativos virtuais relevam capacidade contributiva, sendo certo que tal fato gerador e respectiva base de cálculo não estão elencados em nenhum dos artigos acima citados.

Vejamos, pois, os *requisitos* que devem ser observados para a instituição desse imposto:

- *Reserva de lei complementar* – Já dissemos, mas não custa repetir, que o exercício da competência residual da União está sob *reserva de lei complementar*. A lei complementar deve descrever, de forma detalhada, todos os aspectos ou elementos da hipótese de incidência, inclusive a alíquota do imposto. Vale dizer, os aspectos material, pessoal, quantitativo, espacial e temporal devem estar todos detalhadamente descritos na lei complementar;
- *Não cumulativos* – A não cumulatividade remete aos impostos que incidem várias vezes ao longo da cadeia econômica; também chamados de plurifásicos. O ICMS, por exemplo, incide no momento em que a mercadoria sai do estabelecimento produtor e vai ao estabelecimento distribuidor; depois, no momento em que sai deste e ingressa no estabelecimento comercial; finalmente, no momento em que a mercadoria é vendida ao consumidor. Perceba-se que o imposto incide em todos esses momentos, quer dizer, acumula-se. Assim, o mecanismo de *não cumulatividade* tem como objetivo "descontar" os valores recolhidos nas operações anteriores, para que a mercadoria não fique, ao final, muito cara. O imposto instituído pelo exercício da competência residual (art. 154, I, da CF/1988) deve ser *não cumulativo*;
- *Fatos geradores e bases de cálculo diferentes* – O imposto residual deve ser *diferente* daqueles já previstos nos artigos da Constituição. O legislador federal, caso opte por instituí-lo, não deve utilizar os mesmos fatos geradores ou bases de cálculo já positivados pela Constituição nos artigos 153, 155 e 156. Em outras palavras, fica vedada a utilização das materialidades já enumeradas pela Constituição e distribuídas entre os entes federativos. Assim, esse imposto não deve ter como fato gerador, por exemplo, a propriedade de imóvel rural; a propriedade predial e territorial urbana; a propriedade de veículo automotor; a circulação de mercadorias etc. Não deve ter como base de cálculo o valor dos imóveis rurais e urbanos; dos veículos automotores; das operações mercantis etc. À luz das características do imposto residual, concluímos que estão vedados o bis in idem e a bitributação.

Importa salientar, ainda, que, de acordo com o art. 157, II, da CF/1988, 20% (vinte por cento) do que a União arrecadar com o imposto residual deve ser distribuído entre os Estados e Distrito Federal. Aliás, está é uma das razões por que a União nunca se valeu desta competência.

Para finalizar, registre-se que eventual exercício da competência residual pela União submete-se normalmente ao princípio da anterioridade comum e nonagesimal, nos termos do art. 150, III, *b* e *c*, da CF/1988. A cobrança do imposto apenas poderá ocorrer no exercício financeiro seguinte ao da publicação da lei complementar que o instituiu ou aumentou, observado, ainda, o prazo de noventa dias.

ANTECIPANDO A MATÉRIA! COMPETÊNCIA RESIDUAL E CONTRIBUIÇÕES SOCIAIS

Como veremos, o art. 195, § 4º, da CF/1988, determina: "§ 4º A lei poderá instituir outras fontes destinadas a garantir a manutenção ou expansão da seguridade social, obedecido o disposto no art. 154, I". O dispositivo trata das chamadas contribuições sociais residuais para a seguridade social. Caso a União pretenda ampliar a base de financiamento da seguridade social (previdência, assistência e saúde), poderá instituir novas contribuições, distintas das já existentes no texto constitucional. Deverá, neste caso, observar o disposto no art. 154, I, da CF/1988, que acabamos de estudar. Nesse sentido, as contribuições sociais residuais para a seguridade social devem ser criadas por meio de lei complementar e devem ter fatos geradores de bases de cálculo diferentes das demais contribuições já previstas no texto constitucional.

d) Competência extraordinária

Em algumas situações excepcionais é necessário ampliar a base de financiamento do Estado. São circunstâncias relativamente imprevisíveis e que acabam por impor gastos que não estavam originalmente nos planos do Poder Público. A pandemia de Covid-19 é um exemplo dramático de como situações inesperadas podem ensejar a necessidade abrupta de dinheiro por parte do Estado.

Para situações como estas, a Constituição prevê competências tributárias que dão ensejo a receitas temporárias e extraordinárias. Os empréstimos compulsórios podem ser citados como exemplo (CF, art. 148). Outro exemplo está no art. 154, II, da CF/1988, que estudamos agora:

> **CF, art. 154.** A União poderá instituir:
>
> [...]
>
> II – na iminência ou no caso de guerra externa, impostos extraordinários, compreendidos ou não em sua competência tributária, os quais serão suprimidos, gradativamente, cessadas as causas de sua criação;

Algumas informações devem ser destacadas desde logo:

- A competência para impostos extraordinários é exclusiva da União e não há exceção. Basta, para instituí-lo, lei ordinária (não sendo necessária lei complementar). Nesse sentido, o imposto pode ser criado por medida provisória;
- Trata-se de exceção aos princípios da anterioridade comum e nonagesimal, em razão de disposição expressa (art. 150, § 1.º, da CF/1988). Além do mais, o gravame é temporário, isto é, cessada a guerra e suas consequências, deve cessar a imposição;

Pois bem, em caso de guerra externa ou sua iminência a União está autorizada a instituir impostos extraordinários. É preciso registrar que a guerra não é o fato gerador desse tributo. É apenas a situação, excepcional, que autoriza a instituição. Além do mais, trata-se de guerra da qual a República Federativa do Brasil seja parte. Quer dizer, não se trata de guerra entre dois países quaisquer, por mais que tal conflito possa acarretar consequências políticas ou econômicas relevantes para o Brasil.

Vale insistir em que a autorização constitucional do art. 154, II, da CF/1988, dirige-se à criação de *impostos* e não de qualquer outra espécie de tributo. Há a previsão para empréstimos compulsórios em caso de guerra, mas o fundamento constitucional é diverso (art. 148, I, da CF/1988).

Nesse sentido, Eduardo Sabbag adverte: "Curiosamente, a situação de guerra pode ensejar a instituição do IEG ou do Empréstimo Compulsório (art. 148, I, CF), ou de ambos, se aprouver à União, detentora de competência tributária de tais exações. *Ad argumentandum*, no âmbito dos traços distintivos de ambos, poder-se-ia estabelecer: o IEG surge por lei ordinária (ou MP), não é restituível e não se vincula à despesa que o fundamentou (art. 167, IV, CF); o Empréstimo Compulsório surge por lei complementar (MP, aqui, não!), é restituível e tem receita afetada à despesa que o fundamentou" (art. 148, parágrafo único, CF) (SABBAG, 2014, p. 407).

Dito isso, quais são materialidades possivelmente tributáveis por esse imposto? Note-se que, em caso de guerra externa ou sua iminência, a União está autorizada a instituir impostos que estejam *compreendidos ou não em sua competência tributária*. Qual é o significado dessa autorização?

Ora, se o imposto está compreendido ou não na competência da União, isso significa que este ente federativo está autorizado a criar imposto que já esteja previsto no art. 153, tanto quanto qualquer dos impostos elencados nos art. 155 ou 156 da CF/1988.

Em outras palavras, a União tem autorização para criar um imposto que já lhe pertence, isto é, que já se encontra em sua competência tributária (art. 153 da CF/1988); mas também tem competência para criar impostos que pertençam aos Estados, Distrito Federal e Municípios, e que estejam elencados nos art. 155 e 156 do texto constitucional.

É possível, assim, em caso de guerra externa, um imposto extraordinário que incida sobre a renda e proventos de qualquer natureza (IR), tanto quanto um imposto federal extraordinário sobre a circulação de mercadorias ou prestação de serviços (ICMS) e mesmo um imposto federal extraordinário sobre a propriedade predial e territorial urbana (IPTU), dentre outros.

É óbvio que nenhum dos entes federativos poderá ser obrigado a renunciar ou deixar de exercer sua competência tributária apenas porque a União instituiu imposto extraordinário que "invade" sua área reservada. Ambos os impostos deverão conviver no interior do ordenamento jurídico.

Seria o caso de se reconhecer, então, que, em caso de guerra externa ou sua iminência, são constitucionalmente permitidos o *bis in idem* e a bitributação?

Sim! Porque se a União está autorizada a instituir, por lei ordinária, imposto já existente, compreendido ou não em sua competência tributária, isso significa que poderá haver dois impostos federais sobre o mesmo fato gerador, alcançando o mesmo sujeito passivo (*bis in idem*) ou um imposto federal e outro estadual, distrital ou municipal com o mesmo fato gerador e o mesmo contribuinte (bitributação).

É claro que esse alargamento da competência da União tem como fundamento a situação absolutamente excepcional que significa uma guerra externa ou sua iminência. Nessa hipótese, deve-se garantir ao ente central o acesso aos recursos necessários à proteção do país ou ao ingresso no conflito bélico.

O art. 76 do Código Tributário Nacional dispõe acerca do imposto extraordinário de guerra, fixando um prazo específico para sua extinção:

> **CTN, art. 76.** Na iminência ou no caso de guerra externa, a União pode instituir, temporariamente, impostos extraordinários compreendidos ou não entre os referidos nesta Lei, suprimidos, gradativamente, no prazo máximo de cinco anos, contados da celebração da paz".

De acordo com o dispositivo, o imposto deve ser extinto, gradativamente, no prazo máximo de cinco anos, uma vez celebrada a paz. Há certa divergência doutrinária quanto à validade ou não desse dispositivo.

Para Hugo de Brito Machado, "é evidente que o art. 76 do CTN continua em pleno vigor. Conviveu com as Constituições anteriores e convive com a Constituição Federal de 1988, porque não existe entre ele e as referidas Constituições qualquer incompatibilidade" (MACHADO, 2011, p. 356).

Por outro lado, de acordo com Roque Carrazza, "tendo a Constituição se limitado a aludir à supressão gradativa, não poderia uma norma infraconstitucional (contida no CTN) restringir direitos da União. O máximo que podemos aceitar é que esta supressão deve ser efetivada o mais rapidamente possível, observadas, no entanto, as peculiaridades de cada caso concreto" (CARRAZZA, 2011, p. 616).

Finalmente, devemos indagar se o princípio da não afetação das receitas provenientes de impostos (art. 167, IV, da CF/1988) aplica-se ao imposto extraordinário de guerra? Nesse ponto concordamos inteiramente com Roque Carrazza: "Também estamos convencidos de que o produto da arrecadação dos impostos extraordinários só pode ter uma destinação: o atendimento ao esforço de guerra. Não vale, pois, para eles, a restrição contida no art. 167, IV, da CF/1988" (CARRAZZA, 2011, p. 616).

APROFUNDANDO! IMPOSTOS RESIDUAIS E EXTRAORDINÁRIOS: "BIS IN IDEM" E BITRIBUTAÇÃO

Vimos que no caso dos impostos residuais (CF, art. 154, I) ficam vedados o *bis in idem* e a bitributação; já no que concerne aos impostos extraordinários de guerra (CF, art. 154, II), tais expedientes estão autorizados. Vela recordar que *bis in idem* ocorre nos casos de identidade de ente competente, fato gerador e contribuinte. Quer dizer, duas leis do mesmo ente federativo instituem dois tributos que têm o mesmo fato gerador e o mesmo contribuinte. Basta imaginar duas leis federais que instituíssem dois impostos sobre a renda, incidentes sobre o mesmo fato gerador e cobrado duas vezes do mesmo sujeito passivo. A bitributação, por outro lado, envolve dois entes competentes diferentes. A União e os Estados, por exemplo. Cada um deles, por meio de suas respectivas leis, tributa o mesmo fato gerador em face do mesmo contribuinte. Imaginemos duas leis, uma federal e uma estadual, tributando a circulação de mercadorias. Eis a bitributação, que é vedada de forma geral, em razão do caráter privativo da competência tributária. Quanto aos impostos residuais, devemos atentar para o alerta de Hugo de Brito Machado: "Não pode a União, invocando a competência residual, instituir adicionais aos impostos discriminados na Constituição. A vedação está expressa no art. 154, I, e não admite qualquer dúvida. Recorde-se que o imposto é considerado adicional quando tem o mesmo fato gerador de outro existente no sistema" (MACHADO, 2011, p. 297). Como dissemos, ambas as vedações *não* se aplicam no caso de instituição de imposto extraordinário de guerra.

ATENÇÃO! Reforma tributária!

A Emenda Constitucional nº 132, de 2023, que veiculou a chamada reforma tributária, estabeleceu, para a União, mais uma competência para impostos, acrescentando, ao art. 153, o inciso VIII. Trata-se do imposto sobre a produção, extração, comercialização ou importação de bens e serviços prejudiciais à saúde ou ao meio ambiente, nos termos de lei complementar". Pois bem, de acordo com o § 6º, inciso V, do artigo, também acrescentado pela EC 132/2023, o imposto "poderá ter o mesmo fato gerador e base de cálculo de outros tributos". Isso significa que a Constituição autoriza, explicitamente, o *bis in idem* e a bitributação. Note-se que, ao mencionar a palavra "tributo", a autorização permite, inclusive, que o imposto tenha o mesmo fato gerador e a mesma base da cálculo de outras espécies, como, por exemplo, taxas e contribuições especiais.

d) Competência cumulativa

A República Federativa do Brasil é formada pela união indissolúvel dos Estados, Distrito Federal e Municípios (CF, art. 1º, *caput*). Desta união indissolúvel resultam quatro entes federativos, isto é, quatro pessoas jurídicas de direito público interno, todas autônomas nos termos da própria Constituição: União, Estados-Federados, Distrito Federal e Municípios (CF, art. 18).

Apenas os entes federativos possuem competência tributária, isto é, apenas eles têm autorização constitucional para a instituição de tributos. Nada obstante, a Constituição prevê também a figura dos *territórios federais*. O art. 18, § 2º, da CF/1988, estabelece:

> **CF, art. 18. § 2º.** Os Territórios Federais integram a União, e sua criação, transformação em Estado ou reintegração ao Estado de origem serão reguladas em lei complementar.

Note-se que os Territórios não têm autonomia, pois eles integram a União. Não são, portanto, entes federativos. A doutrina diverge quanto à sua natureza jurídicas, mas, de modo geral, são considerados descentralizações territoriais-administrativas da União. Alguns os qualificam como autarquias territoriais. De qualquer maneira, o art. 34 da Constituição estabelece:

> **CF, art. 33.** A lei disporá sobre a organização administrativa e judiciária dos Territórios.
>
> § 1º Os Territórios poderão ser divididos em Municípios, aos quais se aplicará, no que couber, o disposto no Capítulo IV deste Título.
>
> § 2º As contas do Governo do Território serão submetidas ao Congresso Nacional, com parecer prévio do Tribunal de Contas da União.

> § 3º Nos Territórios Federais com mais de cem mil habitantes, além do Governador nomeado na forma desta Constituição, haverá órgãos judiciários de primeira e segunda instância, membros do Ministério Público e defensores públicos federais; a lei disporá sobre as eleições para a Câmara Territorial e sua competência deliberativa.

Como não são entes federativos, os Territórios não possuem competência tributária. Por isso, outro ente federativo deve instituir, fiscalizar e arrecadar os tributos que estejam em vigor em seu território. Nesse sentido, o art. 147 da Constituição estabelece:

> **CF, art. 147.** Competem à União, em Território Federal, os impostos estaduais e, se o Território não for dividido em Municípios, cumulativamente, os impostos municipais; [...]

Perceba-se que, ao contrário do que ocorre com o Distrito Federal, que *não* pode ser dividido em Municípios (CF, art. 32, *caput*), o Território goza de autorização constitucional expressa para tanto. Isso acaba repercutindo no exercício da competência tributária.

Ora, se o Território *não* for dividido em Municípios, então a União acumula para si a competência para instituir os impostos federais (competência que já é sua); estaduais e municipais. Quer dizer, as pessoas naturais e jurídicas situadas no Território deverão recolher à União os impostos previstos nos artigos 153, 155, 156 e 156-A da Constituição Federal.

Se, por outro lado, o Território *for* dividido em Municípios, então a União acumula para si a competência para instituir os impostos federais (competência que já é sua) e os impostos estaduais (CF, art. 153, 155 e 156-A). Os Municípios instituirão e cobrarão os impostos de sua competência (CF, art. 156 e 156-A).

Vale ressaltar que atualmente *não* existem Territórios na República Federativa do Brasil. Portanto, a competência do art. 147, primeira parte, não foi utilizada. Nada impede, porém, que sejam criados, nos termos do art. 18, § 2º, da Constituição, situação em que aquele dispositivo constitucional (art. 147, primeira parte) poderá ser acionado.

SÚMULAS DO STF E DO STJ:

SÚMULA STF

Não há.

SÚMULA STJ

Não há.

SÍNTESE DOS PRINCIPAIS ENTENDIMENTOS JURIPRUDENCIAIS

O Tribunal julgou inconstitucionais certos dispositivos da Constituição estadual de Santa Catarina que destinavam "10% da receita corrente do Estado, por dotação orçamentária específica, aos programas de desenvolvimento da agricultura, pecuária e abastecimento". A Corte vislumbrou ofensa do art. 167, IV, da CF/1988 (STF, Informativo 584/2010);

18

TAXAS

18.1 A TAXA COMO TRIBUTO VINCULADO

Do ponto de vista histórico, as taxas têm uma existência mais recente do que os impostos. Neste último caso, seus antepassados remetem à noção de conquista e entrega de pessoas, bens e serviços como modo de submissão de um povo ou nação ao conquistador.

Com exceção do pedágio, que remonta a um tempo mais distante, a noção de taxa lida com a ideia de que o Estado tem certas obrigações perante a comunidade, isto é, tem o dever de prestar certos serviços ou de executar atos de fiscalização. Esta noção de deveres estatais surge apenas com o paradigma do Estado de Direito, algo que, na história humana, é relativamente recente.

No que concerne à estrutura conceitual, os impostos são tributos desvinculados. A obrigação de recolhê-los decorre da prática de fato gerador que não tem qualquer relação com uma atividade estatal específica direcionada ao contribuinte. As taxas, por outro lado, são tributos *vinculados*. O dever de pagá-las vincula-se a uma atividade estatal específica direcionada de forma singular ao contribuinte.

A obrigação de recolher uma prestação pecuniária a título de taxa decorre justamente do *vínculo* que se forma entre Estado e contribuinte, na medida em que o primeiro desenvolve uma atividade específica endereçada singularmente ao segundo.

É claro que esse vínculo tem como fundamento a lei. O contribuinte não tem opção entre pagar ou não a taxa, uma vez que tenha ocorrido o fato gerador. Como tributo que é, a obrigação de recolhê-la tem origem na lei que a instituiu. Contudo, é elemento essencial à caracterização desta espécie tributária a existência de uma *contraprestação estatal específica* relativa ao contribuinte.

Deriva daí o caráter *sinalagmático* das taxas. O tributo decorre de uma relação jurídica *bilateral*, caracterizada por prestações mutuamente vinculantes. O contribuinte obriga-se perante o Estado na medida em que deve recolher a taxa; o Poder Público obriga-se perante o contribuinte na medida em que deve prestar-lhe uma atividade específica dirigida de modo singular. A taxa é tributo e, como tal, *prestação* pecuniária; a atividade desenvolvida pelo Estado é a necessária *contraprestação*.

Por isso, alguns autores mencionam os princípios da correspectividade, comutatividade ou retributividade, como postulados informadores da disciplina jurídica das taxas. Regina Helena Costa ressalta justamente isso: "A taxa é, assim, tributo cuja exigência é orientada pelo princípio da retributividade, vale dizer, ostenta caráter contraprestacional – paga-se a taxa por ter-se provocado o exercício do poder de polícia, em razão de ter sido prestado serviço público específico e divisível ou, ainda, por ter sido serviço dessa natureza colocado à disposição do sujeito passivo" (COSTA, 2014, p. 135).

É necessário, entretanto, insistir na natureza *singular* da atividade desenvolvida pelo Estado com relação ao contribuinte da taxa. A característica marcante desse tributo é vincular-se a uma atividade estatal fruída pelo particular de forma individualizada. Ora, sabemos que o Estado, como regra, deve dirigir suas prestações a toda a coletividade. O poder estatal é legitimado justamente porque deve servir à comunidade, e não a indivíduos isolados. No caso das taxas, contudo, o poder público dirige-se a indivíduos ou empresas singulares e não à coletividade de forma geral.

Daí a justificativa para a existência desse tributo. Não parece correto, à luz do texto constitucional, que toda a coletividade financie uma atividade estatal que é dirigida a apenas algumas pessoas. Natural, portanto, que apenas aqueles que efetivamente gozam de determinada atividade desenvolvida pelo Poder Público participem de seu custeio, isto é, financiem sua execução. Assim, do ponto de vista liberal, a taxa seria o mais "justo" dos tributos porque se vincula a uma atividade estatal específica dirigida ao contribuinte.

Em suma, Paulo de Barros Carvalho observa: "Taxas são tributos que se caracterizam por apresentarem na hipótese da norma a descrição de um fato revelador de uma atividade estatal, direta e especificamente dirigida ao contribuinte. Nisso diferem dos impostos, e a análise de suas bases de cálculo deverá exibir, forçosamente, a medida da intensidade da participação do Estado. Acaso o legislador mencione a existência de taxa, mas eleja base de cálculo mensuradora de fato estranho a qualquer atividade do Poder Público, então a espécie tributária será outra, naturalmente um imposto" (CARVALHO, 2012, p. 70, 71).

18.2 TAXA E ATIVIDADE ESTATAL

A taxa é a espécie de tributo cuja obrigação decorre de fato gerador que consiste numa atividade estatal direcionada de modo específico e singular ao contribuinte. Pois bem, que *atividade estatal* autoriza a instituição e cobrança de taxa? Ora, o art. 145, II, da CF/1988, estabelece:

> **CF, art. 145.** A União, os Estados, o Distrito Federal e os Municípios poderão instituir os seguintes tributos:
>
> [...]
>
> II – taxas, em razão do exercício do poder de polícia ou pela utilização, efetiva ou potencial, de serviços públicos específicos e divisíveis, prestados ao contribuinte ou postos a sua disposição;

Assim, duas, e apenas duas, são as atividades estatais que autorizam a instituição e a cobrança de taxas: (1) exercício do poder de polícia; (2) serviços públicos específicos e divisíveis, prestados ao contribuinte ou postos à sua disposição.

Ao estudarmos as espécies de taxas veremos os respectivos conceitos de poder de polícia e de serviço público específico e divisível. O que nos importa agora é compreender a natureza de tais atividades. Quer dizer, se as taxas podem ser instituídas apenas como contraprestação a essas atividades, temos que convir que devem possuir alguma característica especial.

Dentre os vários elementos que compõem o conceito de poder de polícia, interessa-nos agora aquela que diz respeito à forma de atuação. O poder de polícia, segundo os estudiosos do direito administrativo, é o modo de atuar da autoridade administrativa que consiste em intervir no exercício das atividades individuais no sentido de restringir o uso e o gozo da liberdade e da propriedade em favor de interesse da coletividade (CARVALHO FILHO, 2013, p. 77). Quando a autoridade condiciona a concessão de alvará de funcionamento à observância de certas obrigações, restringe o livre gozo da propriedade pelo particular.

Os serviços públicos, por sua vez, dividem-se em duas espécies: coletivos ou singulares:

- *Coletivos* (*uti universi*) – José dos Santos Carvalho Filho anota: "São aqueles prestados a agrupamentos indeterminados de indivíduos, de acordo com as opções e prioridades da Administração e em conformidade com os recursos de que disponha. São exemplos os serviços de pavimentação de ruas, de iluminação pública, de implementação do serviço de abastecimento de água, de prevenção de doenças e outros do gênero" (CARVALHO FILHO, 2013, p. 328, 329);
- *Singulares* (*uti singuli*) – "Preordenam-se a destinatários individualizados, sendo mensurável a utilização por cada um dos indivíduos. Exemplo desses serviços são os de energia domiciliar ou de uso de linha telefônica" (CARVALHO FILHO, 2013, p. 329);

Pois bem, nos termos do art. 145, II, da CF/1988, os serviços públicos que autorizam a instituição de taxa são os específicos e divisíveis. Quer dizer, são os serviços *singulares*, que se preordenam a destinatários individualizados e são mensuráveis. A prestação de um serviço coletivo, isto é, universal, direcionado a um agrupamento indeterminado de indivíduos *não* autoriza a instituição de taxa.

O que há de comum entre o poder de polícia e o serviço público específico e divisível? Ambos são prestados a indivíduos ou empresas *singularmente* considerados. Daí a definição de taxa como tributo vinculado a uma contraprestação estatal especifica relativa ao contribuinte.

Em suma, a obrigação de recolher a taxa é vinculada a essa contraprestação estatal (poder de polícia ou serviço público específico e divisível) dirigida de forma singular à pessoa natural ou jurídica. As prestações dirigidas à coletividade de forma geral e não individualizada não autorizam a instituição dessa espécie de tributo. Devem ser financiadas, como regra geral, por impostos.

APROFUNDANDO! SIMULACROS DE TAXAS

Algumas prestações pecuniárias recolhidas ao Estado parecem ser taxas, mas não são. Assumem essa aparência em virtude de características muito semelhantes ao do tributo em questão. Vejamos:

- *Taxa de ocupação de terrenos de marinha* – De acordo com José dos Santos Carvalho Filho, "terrenos de marinha são as áreas que, banhadas pelas águas do mar ou dos rios navegáveis, em sua foz, se estendem à distância de 33 metros para a área terrestre contados a linha do preamar médio de 1831. Os terrenos de marinha pertencem à União por expresso mandamento constitucional (art. 20, VII, CF/1988), justificando-se o domínio federal em virtude da necessidade de defesa e de segurança nacional" (CARVALHO FILHO, 2013, p. 1207). Tendo em vista a urbanização de algumas dessas áreas, o uso por particulares acabou permitido, seja sob o regime de enfiteuse (em que o particular recolhe à União o foro ou pensão), seja sob o regime de ocupação (em que o particular recolhe a denominada "taxa de ocupação"). Pois bem, esta última prestação pecuniária *não* tem natureza jurídica de tributo, de modo que não se trata de taxa. Utiliza-se de forma equivocada o nome de "taxa" para designar prestação pecuniária de natureza diversa;
- *Taxa pelo uso de bem público* – Não existe autorização constitucional para a instituição de taxa pelo uso de bem público. As taxas podem ser instituídas como contraprestação pecuniária ao exercício do poder de polícia ou pela prestação de serviço público (mas *não* pelo uso de bem público). Caso um particular explore bem público, de acordo com a disciplina legal de autorização, permissão ou concessão, eventual contraprestação pecuniária assumirá a forma de preço público e não de taxa. Esse é o entendimento do STF no que tange, por exemplo, à taxa de pesquisa de jazida instituída pelo Código de Mineração: "O Tribunal entendeu que, na espécie, a imposição instituída pelas normas impugnadas tem a natureza jurídica de preço público, decorrente da exploração pelo particular de um bem da União, e não de taxa" (STF, Informativo 269/2002);
- *Compensação financeira pela exploração de petróleo, gás natural, recursos hídricos, e recursos minerais (CFEM)* – O art. 20, § 1.º, da CF/1988, estabelece:

> **CF, art. 20, § 1º.** É assegurada, nos termos de lei, aos Estados, ao Distrito Federal e aos Municípios, bem como a órgão da administração direta da União, participação no resultado da exploração de petróleo ou gás natural, de recursos hídricos para fins de geração de energia elétrica e de outros recursos minerais no respectivo território, plataforma continental, mar territorial ou zona econômica exclusiva, ou compensação financeira por essa exploração.

Pois bem, sobre a natureza jurídica desta participação, a Primeira Turma do STF assentou: "O tratar-se de prestação pecuniária compulsória instituída por lei não faz necessariamente um tributo da participação nos resultados ou da compensação financeira previstas no art. 20, § 1.º, CF/1988, que configuram receita patrimonial" (STF, RE 228.800/DF, 2001).

18.3 A COMPETÊNCIA COMUM PARA A INSTITUIÇÃO DE TAXAS

A doutrina, de modo geral, classifica a competência para a instituição de taxas como competência tributária *comum*. Vimos que a competência para impostos denomina-se, como regra geral, *privativa*. Qual a razão dessa diferença?

Os impostos foram previamente nominados e distribuídos entre os entes federativos conforme suas materialidades, isto é, os fatos econômicos que podem ocorrer na economia capitalista. Já ressaltamos que a Constituição selecionou apenas alguns desses fatos (importação, exportação, propriedade de imóvel urbano e rural etc.) e os atribuiu com exclusividade a cada ente federativo.

As taxas, por outro lado, não são nominadas. Tampouco estão previamente divididas entre as pessoas políticas. A previsão para a sua instituição, como vimos, situa-se no art. 145, II, da CF/1988 e alcança, de maneira geral, os quatro entes federativos.

A única exigência que a Constituição faz é vinculá-las ao exercício do poder de polícia ou à prestação de serviços públicos específicos e divisíveis. Quer dizer, União, Estados, Distrito Federal e Municípios estão autorizados, de forma geral, a instituir taxas, desde que desenvolvam junto ao administrado-contribuinte poder de polícia ou prestem serviço público específico e divisível.

Sacha Calmon Navarro Coêlho anota: "Nesses casos, o das taxas e contribuições de melhoria, a competência outorgada pela Constituição às pessoas políticas é comum. Basta que qualquer pessoa política vá realizar um regular ato do poder de polícia que lhe é próprio ou vá prestar um serviço público ao contribuinte, se específico e divisível, para que o seu legislador, incorporando tais fatos na lei tributária, institua uma taxa" (COÊLHO, 2009, p. 66).

Embora a competência para a instituição de taxas seja denominada comum, é importante atentar para a ressalva feita por Roque Carrazza: "A doutrina tradicional tem sustentado que, em matéria de taxas e contribuição de melhoria (tributos vinculados), a competência tributária é comum às pessoas políticas. Esta colocação, porém, só pode ser aceita se lhe emprestarmos o sentido de que tanto a União quanto os Estados, os Municípios e o Distrito Federal podem criar taxas e contribuições de melhoria. Só que – damo-nos pressa em explicar – não as mesmas taxas, nem a mesma contribuição de melhoria" (CARRAZZA, 2011, p. 703).

De fato, se as taxas não estão previamente nominadas e distribuídas entre os entes federativos, qual seria o critério a partir do qual podemos identificar a competência específica de cada pessoa política? Quer dizer, como saber se determinada taxa está sob a competência federal, estadual, distrital ou municipal?

Ora, uma vez que são tributos vinculados a uma atividade estatal direcionada ao contribuinte, fica evidente que a competência tributária, nesse caso, fica vinculada à competência administrativa. Será competente para instituir a taxa o ente federativo que detém a competência administrativa para executar o poder de polícia ou prestar o serviço público específico e divisível que autorizam a instituição do tributo. A competência tributária fica na dependência da competência administrativa.

Assim, por exemplo, de acordo com o art. 25, § 2.º, da CF/1988, os Estados são os entes competentes para a prestação do serviço público de fornecimento de gás canalizado. Cabe-lhes, portanto, a competência para a instituição da respectiva taxa. O art. 30, V, do texto constitucional, reserva aos Municípios a competência para organizar e prestar os serviços públicos de interesse local. Logo, a respectiva taxa a ser instituída e cobrada como contraprestação está obrigatoriamente sob a competência municipal. Não é outra, aliás, a disposição do art. 80 do CTN:

> **CTN, art. 80.** Para efeito de instituição e cobrança de taxas, consideram-se compreendidas no âmbito das atribuições da União, dos Estados, do Distrito Federal ou dos Municípios, aquelas que, segundo a Constituição Federal, as Constituições dos Estados, as Leis Orgânicas do Distrito Federal e dos Municípios e a legislação com elas compatível, competem a cada uma dessas pessoas de direito público.

Roque Carrazza observa: "Portanto, a criação legislativa da taxa ou da contribuição de melhoria pressupõe a existência da competência administrativa da pessoa política tributante. Dito de outro modo, a competência para instituir tributos vinculados está ligada ao exercício da competência administrativa que a entidade tributante recebeu da Constituição para prestar o serviço público, para praticar o ato de polícia ou para realizar a obra pública" (CARRAZZA, 2011, p. 705).

Em suma, devemos concluir que a competência para a instituição de taxas é comum apenas em um sentido específico, qual seja, o de que a Constituição não dá nomes e tampouco distribui com antecedência a cada ente federativo a competência para a instituição desse tributo, de acordo com as possíveis materialidades, como faz com os impostos.

18.4 A BASE DE CÁLCULO DAS TAXAS

A base de cálculo do tributo é sempre a dimensão de valor sobre a qual incide uma determinada alíquota. No caso do imposto sobre a propriedade predial e territorial urbana (IPTU), por exemplo, a base de cálculo é o valor do imóvel urbano. No caso do imposto sobre a propriedade de veículos automotores (IPVA), o valor do automóvel, da embarcação ou da aeronave.

Considerando que a taxa é tributo vinculado a uma contraprestação estatal específica direcionada ao contribuinte, percebe-se, desde logo, que sua base de cálculo deve ser diferente da base de cálculo dos impostos, que são tributos desvinculados. Nesse sentido, o art. 145, § 2.º, da CF/1988, determina:

> **CF, art. 145.** (...)
>
> § 2º. As taxas não poderão ter base de cálculo própria de impostos.

O art. 77, parágrafo único, do Código Tributário Nacional repete o dispositivo:

> **CTN, art. 77**. (...)
>
> Parágrafo único. A taxa não pode ter base de cálculo ou fato gerador idênticos aos que correspondam a imposto nem ser calculada em função do capital das empresas.

Por quê, enfim, tanta preocupação com a base de cálculo das taxas? Devemos recordar, de início, que o CTN estabeleceu critérios para a identificação da natureza jurídica do tributo. O art. 4.º determina que a natureza jurídica específica do tributo é determinada pelo fato gerador da respectiva obrigação, sendo irrelevante para caracterizá-la a denominação e a destinação legal do produto da arrecadação.

Vimos que os impostos se caracterizam por serem *desvinculados*, de modo que a obrigação de recolhê-los provém de um fato ou ato que diz respeito apenas ao contribuinte; as taxas, por outro lado, são tributos *vinculados*, pois o dever de recolhê-las decorre de atividade desenvolvida pelo Estado perante o contribuinte.

A questão reside justamente nesse ponto. O fato gerador dos impostos gira em torno de uma manifestação de riqueza ínsita ao contribuinte. Logo, sua base de cálculo deve ter essa manifestação de capacidade contributiva como referência.

As taxas, a seu turno, referem-se a uma atuação estatal. A base de cálculo, nesse caso, deve tomar como referência os *custos da atividade administrativa* desenvolvida pelo Estado. Quer dizer, o gasto econômico assumido pelo Poder Público na execução do ato de polícia ou na prestação de serviços públicos é que será levado em conta para a fixação da base de cálculo.

Por isso, não faria sentido que as taxas tivessem como base de cálculo a referência de valor que é própria dos impostos. Nesse caso, a obrigação teria como parâmetro quantitativo uma manifestação de riqueza do contribuinte e não os custos da atividade estatal direcionada ao contribuinte. Teríamos, nesse caso, um imposto "disfarçado" de taxa; que usaria apenas o nome de taxa.

Basta imaginarmos uma situação simples. Suponhamos uma taxa municipal pela coleta residencial de lixo. A alíquota desse tributo, fixada em lei, é de 1%. Pois bem, 1% sobre o quê? Sobre o valor venal do imóvel urbano, digamos. Assim, cada proprietário de imóvel do Município, beneficiado pela coleta domiciliar de lixo, deverá recolher a respectiva taxa fixada em 1% do valor do imóvel.

Ocorre que, de acordo com o art. 33 do CTN, a base do cálculo do IPTU é justamente o valor venal do imóvel. Logo, por trás do nome de "taxa de recolhimento domiciliar de lixo", o que se esconde? Um imposto! Precisamente o imposto sobre a propriedade predial e territorial urbana (IPTU). Teríamos, na verdade, típico adicional de IPTU com o nome de taxa.

Se a lei que institui a taxa toma como base de cálculo um valor referente aos impostos, então a base para a cobrança daquele tributo, isto é, da taxa, leva em consideração uma manifestação de riqueza do contribuinte e não os custos da atividade estatal específica direcionada de forma particular ao contribuinte. Restaria desprezado, portanto, o caráter *vinculado* do fato gerador das taxas.

Aliás, a Segunda Turma do STF já julgou a inconstitucionalidade de taxa de localização e funcionamento cobrada de empresas com base no número de empregados do estabelecimento do contribuinte. A Turma considerou "inadequada a adoção, para fins de base de cálculo, de elemento estranho ao fato gerador e ao custo operacional da atividade desenvolvida pelo poder tributante" (STF, Informativo 68/1997). Em 2014 a Primeira Turma teve oportunidade de confirmar esse entendimento:

> Taxa de Licença para Localização, Funcionamento e Instalação (TLIF). Base de cálculo. Número de empregados. Dado insuficiente para aferir o efetivo Poder de Polícia. Artigo 6º da Lei nº 9.670/83. Inconstitucionalidade. Jurisprudência pacífica da Corte. A taxa é um tributo contraprestacional (vinculado) usado na remuneração de uma atividade específica, seja serviço ou exercício do poder de polícia e, por isso, não se atém a signos presuntivos de riqueza. As taxas comprometem-se tão somente com o custo do serviço específico e divisível que as motiva, ou com a atividade de polícia desenvolvida. A base de cálculo proposta no art. 6º da Lei nº 9.670/83 atinente à taxa de polícia se desvincula do maior ou menor trabalho ou atividade que o Poder Público se vê obrigado a desempenhar em decorrência da força econômica do contribuinte. O que se leva em conta, pois, não é a efetiva atividade do Poder Público, mas, simplesmente, um dado objetivo, meramente estimativo ou presuntivo de um ônus à Administração Pública [...] Essa jurisprudência vem sendo mantida de forma mansa e pacífica (STF, RE 554.951/SP, 2013 e Informativo 724/2013).

Hugo de Brito Machado anota: Na verdade, não é preciso que determinada grandeza tenha servido para incidência de impostos. Nem que tenha servido para o cálculo de um imposto qualquer. Basta que seja própria, vale dizer, seja adequada para o cálculo de impostos. Se a grandeza é própria, ou adequada, para o cálculo de imposto, é porque não é pertinente à atividade estatal, mas à vida do contribuinte. Logo, não tendo pertinência à atividade estatal, que constitui o fato gerador da taxa, não poderá ser sua base de cálculo (MACHADO, 2011, p. 439).

Muitas vezes não é simples identificar, com precisão, o montante dos gastos púbicos com a execução do ato de polícia ou com a prestação de determinado serviço público. Poderíamos dizer que é praticamente impossível uma dimensão exata desses custos, principalmente quando se pretende relacioná-los com a parcela usufruída por cada contribuinte em particular.

Por isso, na fixação do valor da taxa, os princípios da razoabilidade e proporcionalidade desempenham papel importantíssimo. Quer dizer, é preciso que o valor do tributo não seja tão baixo a ponto de resultar em subfinanciamento dos custos suportados pelo Poder Público, nem tão elevado a ponto de propiciar ao Estado uma arrecadação maior do que as despesas que suportou.

Em suma, as taxas não devem ter as mesmas bases de cálculo adotadas para os impostos porque são tributos cuja obrigação de recolhimento decorre de uma atividade estatal especifica direcionada ao contribuinte. Logo, a dimensão de valor adotada para a cobrança da taxa deve ter relação com os gastos estatais despendidos na prestação do serviço público ou na execução do ato de polícia.

JURISPRUDÊNCIA DO STF – SÚMULA VINCULANTE Nº 29

A Constituição proíbe que as taxas tenham a mesma base de cálculo dos impostos. Isso significa, no entanto, que *nenhum* aspecto da base de cálculo própria dos impostos pode ser utilizado para a fixação da base de cálculo das taxas? A vedação constitucional seria absoluta? O STF optou por uma interpretação mais branda do art. 145, § 2.º, da CF/1988. Admite a adoção de um ou mais elementos da base de cálculo dos impostos para a determinação do valor das taxas, desde que não haja identidade total. É justamente esse o sentido do enunciado de súmula da Corte:

Súmula vinculante nº 29 do STF: É constitucional a adoção, no cálculo do valor de taxa, de um ou mais elementos da base de cálculo própria de determinado imposto, desde que não haja integral identidade entre uma base e outra.

O Tribunal vinha aplicando esse entendimento há algum tempo. Foi assim no julgamento de ação direta de inconstitucionalidade proposta pela Ordem dos Advogados do Brasil contra a Lei 11.331/2002 do Estado de São Paulo, que fixou o valor dos emolumentos relativos aos atos praticados pelos serviços notariais e de registro (veremos que os valores cobrados pelos Cartórios de Registro de Imóveis, por exemplo, têm natureza jurídica de taxa). O art. 7.º, II e III, dessa lei, prescreve que a base de cálculo para a cobrança da taxa será: "O valor tributário do imóvel, estabelecido no último lançamento efetuado pela Prefeitura Municipal, para efeito de cobrança de imposto sobre a propriedade predial e territorial urbana, ou o valor da avaliação do imóvel rural aceito pelo órgão federal competente, considerando o valor da terra nua, as acessões e as benfeitorias" (inciso II); "A base de cálculo utilizada para o recolhimento do imposto de transmissão 'inter vivos' de bens imóveis" (inciso III).

De acordo com os argumentos da OAB, a lei teria considerado, para a fixação do valor da taxa, as mesmas bases de cálculo dos impostos predial e territorial urbano (IPTU), territorial rural (ITR) e sobre a transmissão *causa mortis* e doação (ITCMD). O STF, contudo, "entendeu que os dispositivos impugnados indicam referências que não se confundem com *identidade* capaz de atrair a vedação do art. 145, § 2.º, da CF/1988. Asseverou-se que a variação do valor da taxa (emolumento), em função dos padrões levados em conta nesses preceitos, não significa que o valor do imóvel seja sua base de cálculo. Afirmou-se que o preço do imóvel é utilizado apenas como *parâmetro* para determinação do valor daquela espécie de tributo. Concluiu-se, portanto, tratar-se de taxa, não se confundindo com imposto porque não estabelece base de cálculo específica" (STF, Informativo 524/2008).

Na análise da constitucionalidade da taxa de coleta, remoção e destinação de lixo, instituída pelo Município de Campinas, o STF aplicou o mesmo entendimento. A Corte ressaltou "a orientação fixada no sentido de que a taxa que, na apuração do montante devido, adote um ou mais dos elementos que compõem a base de cálculo própria de determinado imposto, desde que *não* se verifique *identidade integral* entre uma base e a outra, não ofende o § 2.º do art. 145 da CF/1988" (STF, Informativo 531/2008).

Tal entendimento é antigo no Tribunal. Em 1999, na apreciação da constitucionalidade da taxa de coleta de lixo domiciliar instituída pela Lei 10.253/89 do Município de São Carlos (SP), o STF decidiu que "o fato de a alíquota da referida taxa variar em função da *metragem da área construída do imóvel* – que constitui apenas um dos elementos que integram a base de cálculo do IPTU – não implica *identidade* com a base de cálculo do IPTU, afastando-se a alegada ofensa ao art. 145, § 2.º, da CF/1988" (STF, Informativo 157/1999).

Em suma, para o STF, pode-se adotar um ou mais elementos que constituem a base de cálculo dos impostos para fixar o valor das taxas, *desde que não haja identidade integral* entre ambas.

18.5 BASE DE CÁLCULO DAS TAXAS E O PRINCÍPIO DA CAPACIDADE CONTRIBUTIVA

Existe certa resistência na doutrina em aceitar a submissão das taxas ao princípio da capacidade contributiva. Quando muito, admite-se que tal princípio seja observado apenas em seus limites, quer dizer, preservando-se o mínimo vital e a vedação do confisco.

As razões dessa resistência decorrem justamente do caráter vinculado dessa espécie de tributo e das limitações impostas à sua base de cálculo decorrentes dessa vinculação. Como vimos, o valor tomado como referência para a cobrança das taxas deve guardar relação com os gastos estatais na prestação do serviço ou na execução do ato de polícia.

Nesse sentido, como averiguar a capacidade econômica do sujeito passivo? Apenas os tributos não vinculados como os impostos, permitiriam tal procedimento. Dimensionar o valor da taxa pela capacidade econômica do contribuinte significaria, diz a maioria da doutrina, ignorar o caráter vinculado do tributo. Seria necessário afastar a bilateralidade que caracteriza a taxa para aproximar-se da unilateralidade que marca os impostos. A "justiça" da taxa reside na própria instituição do tributo, já que se compele ao recolhimento apenas aqueles e aquelas que se submetem ao poder de polícia ou usufruem de serviço público específico e divisível.

Pedimos vênia para discordar desse posicionamento majoritário. Parece que tal entendimento decorre de uma visão demasiado purista da natureza jurídica do tributo.

É claro que a vinculação à contraprestação estatal marca a figura das taxas. O custo da atividade estatal como referência de valor a ser tomada como base de cálculo também é característica importante dessa espécie de tributo. Contudo, uma e outra característica não são violadas quando se submete esse tributo ao princípio da capacidade contributiva.

Imaginemos uma taxa cuja cobrança varie de acordo com a capacidade econômica de cada contribuinte. Uma taxa de recolhimento de lixo, por exemplo. Uma vez que o mecanismo da proporcionalidade é, em nossa opinião, inconstitucional, temos que imaginar uma estrutura de alíquotas *progressivas*. Quer dizer, os contribuintes que possuem capacidade econômica mais elevada recolhem com uma alíquota maior; os de capacidade econômica baixa recolhem com alíquota menor ou são isentos.

Fixa-se a base de cálculo da taxa *a partir* dos custos financeiros suportados pelo Poder Público para a prestação desse serviço e rateados entre os contribuintes beneficiados. Com fundamento nessa base de cálculo, *verificada a partir dos custos estatais*, fixa-se alíquotas que crescem à medida que eleva a capacidade econômica de cada contribuinte em particular. Pode-se levar em consideração o valor do imóvel, não como *elemento* da base de cálculo, mas como *parâmetro* para a variação de alíquotas.

Que contribuintes estariam sujeitos à taxa? Apenas os que pratiquem o fato gerador, quer dizer, os que usufruem da contraprestação de forma efetiva ou potencial. Assim, não é violado o caráter *vinculado* do tributo. As alíquotas progressivas violentariam o § 2.º do art. 145 da CF/1988? Parece que não, porque o dispositivo trata da *base de cálculo* do tributo e não de suas *alíquotas*. Basta tomar cuidado na fixação da base de cálculo, que não há qualquer problema em fixar alíquotas progressivas.

Dessa forma, não parece que haja quaisquer problemas em aplicar às taxas o princípio da capacidade contributiva fazendo variar as alíquotas de forma progressiva. Não há violação do caráter vinculado do tributo e tampouco se iguala a base de cálculo àquela utilizada para impostos. Além do mais, prestigia-se o princípio da igualdade tributária, direito e garantia fundamental dos contribuintes.

A Constituição assinala a orientação de aplicar às taxas o princípio da capacidade contributiva ao prever *imunidade* desse tributo aos mais pobres, no inciso LXXVI do art. 5.º, ao assegurar aos reconhecidamente pobres, na forma da lei, a gratuidade do registro civil de nascimento e da certidão de óbito.

ATENÇÃO! Reforma tributária!

A Emenda Constitucional nº 132, de 2023, que veiculou a chamada reforma tributária, incluiu no art. 145 da Constituição Federal, o § 3º, com a seguinte disposição:

> **CF, art. 145. (...)**
>
> **§ 3º.** O Sistema Tributário Nacional deve observar os princípios da simplicidade, da transparência, da justiça tributária, da cooperação e da defesa do meio ambiente.

O princípio da justiça tributária tem como centro gravitacional os princípios da isonomia material e capacidade contributiva. Tanto um, como outro, exigem bases de cálculo que relevem dimensões distintas de riqueza (de acordo com as características específicas de cada tributo) e alíquotas progressivas (já que a proporcionalidade, em nosso entender, é inconstitucional). Considerando, ademais, que o art. 145, § 3º, acima citado, fala em "Sistema Tributário Nacional" e este, por sua vez, engloba as cinco espécies de tributos, conclui-se que também as taxas devem contar com bases de cálculo que relevem a capacidade contributiva do administrado-contribuinte e alíquotas progressivas.

JURISPRUDÊNCIA DO STF – CONSTITUCIONALIDADE DE ALÍQUOTAS PROGRESSIVAS PARA TAXAS

O STF tem admitido a submissão das taxas ao princípio da capacidade contributiva, com aplicação de alíquotas progressivas. Em 1999 o Tribunal julgou recursos extraordinários em que se discutiu a constitucionalidade da taxa de fiscalização do mercado de títulos e valores mobiliários, instituída pela Lei 7.940/89 e cobrada pela Comissão de Valores Mobiliários (CVM). A Corte considerou a cobrança da taxa constitucional, adotando como fundamentos:

- o fato de que a taxa varia em função do patrimônio líquido da empresa não significa que esse patrimônio líquido constitua sua base de cálculo – serve, apenas, de elemento informativo do montante a ser pago, quando da aplicação da tabela prevista na lei;
- o critério adotado para a cobrança de taxa observa o princípio da capacidade contributiva, que também pode ser aplicado a essa espécie de tributo, principalmente quando se tem como fato gerador o poder de polícia (STF, Informativo 146/1999).

Em 2006 o STF voltou a se manifestar sobre o assunto. O Tribunal julgou improcedente pedido formulado em ação direta de inconstitucionalidade proposta pela Confederação Nacional das Profissões Liberais contra a instituição e cobrança da taxa de fiscalização do mercado de títulos e valores mobiliários acima mencionada. Quanto à cobrança de valores variáveis, isto é, uns maiores, outros menores, o Tribunal assinalou que:

- a classificação dos contribuintes em tabelas respeita as respectivas capacidades contributivas, diferenciadas de acordo com a referência no patrimônio líquido (Tabela A), com o modelo de serviços prestados (Tabela B) e com o número de estabelecimentos do contribuinte (Tabela C);
- no caso da taxa, esta variação reflete a quantidade de serviço público dispensado, *uti singuli*, devendo ser remunerado na exata proporção do trabalho de fiscalização efetivado (STF, Informativo 438/2006).

Quanto à progressividade de alíquotas, o STF a admitiu em 2011 no julgamento de ação direta de inconstitucionalidade ajuizada pelo Conselho Federal da Ordem dos Advogados do Brasil contra dispositivos de leis paraibanas que versavam sobre o regimento de custas judiciais e taxas judiciárias. A Corte assinalou que "as leis estaduais estipulariam margens mínima e máxima das custas dos emolumentos e da taxa judiciária e realizariam uma disciplina progressiva das alíquotas. Nesse sentido, considerou-se devido o pagamento de valores elevados para causas que envolvessem um expressivo vulto" (STF, Informativo 619/2011).

Devemos concluir, portanto, que o STF tem admitido a submissão das taxas ao princípio da capacidade contributiva, inclusive com a fixação de alíquotas progressivas. Anda bem a Corte nesse sentido, uma vez que não há incompatibilidade entre o caráter vinculado do tributo e a vedação da adoção de base de cálculo idêntica à dos impostos, com a cobrança de valores variáveis ou mesmo a adoção de alíquotas progressivas. Vale lembrar, é claro, que esse mecanismo deve ser utilizado para cobrar mais dos ricos e menos dos pobres.

JURISPRUDÊNCIA DO STF – BASE DE CÁLCULO DAS CUSTAS JUDICIAIS

Como veremos, as custas judiciais têm natureza jurídica de taxa. Em princípio, portanto, seu valor não poderia variar, pois as taxas não buscam captar a capacidade contributiva das pessoas naturais ou jurídicas, como ocorre com os impostos. Nada obstante, em 2022, o Supremo Tribunal Federal admitiu a possibilidade do cálculo das custas judiciais com base no valor da causa ou do bem ou negócio objeto dos atos judiciais e extrajudiciais, se mantida razoável correlação com o custo da atividade e desde que definidos os valores mínimos e máximos, dada a "impossibilidade de aferir-se, em cada caso, o custo do serviço" (ADI 3.826/GO e ADI 2.846/TO).

18.6 VINCULAÇÃO DO MONTANTE ARRECADADO

De acordo com o art. 4º, II, do CTN, a destinação legal do produto da arrecadação é irrelevante para a identificação de sua natureza jurídica específica. Desse modo, para sabermos de determinado tributo é imposto, taxa ou contribuição de melhoria, é preciso verificar seu fato gerador, e não o destino do dinheiro arrecadado.

Aliás, no que concerne aos impostos, vimos que, em razão do princípio da não afetação, a receita arrecadada não deve, como regra geral, vincular-se a órgão, fundo ou despesa, nos termos do que preceitua o art. 167, IV, da CF/1988.

Nesse sentido, pergunta-se: a receita oriunda da cobrança de taxas fica vinculada aos gastos com as atividades ou serviços prestados pelo Estado? Uma vez que a taxa é tributo *vinculado* à contraprestação estatal específica direcionada ao contribuinte, e uma vez que sua base de cálculo deve guardar relação com os gastos que o Poder Público assume na execução dessas atividades, as receitas oriundas das taxas ficam *vinculadas*?

Hugo de Brito Machado, a propósito da questão, observa: "Não importa o que o ente público tributante vai fazer com o produto da arrecadação da taxa, para que ela seja taxa. Nem com o produto da arrecadação de um imposto, para que este seja imposto. Nem com o produto da arrecadação de uma contribuição de melhoria, para que esta tenha a natureza jurídica específica de contribuição de melhoria" (MACHADO, 2011, p. 440).

Nesse sentido, a doutrina tradicional parece reiterar o disposto no art. 4º, II, do CTN, no sentido que as receitas auferidas com a cobrança de taxas não se vinculam à atividade de polícia ou ao serviço público que deram ensejo à sua instituição.

Pedimos vênia, no entanto, para discordar. Parece que vinculação do produto da arrecadação das taxas à atividade que fundamentou sua instituição é a alternativa mais adequada ao desejo constitucional. E isso porque: (1) as taxas são tributos *vinculados* a uma contraprestação estatal, daí seu caráter sinalagmático; (2) a base de cálculos das taxas deve guardar relação de consonância (acordo) com os valores gastos pelo Poder Público na execução do ato de polícia ou prestação de serviço público.

Assim, parece que a Constituição deseja a *ampla* vinculação das taxas à atividade que fundamenta sua instituição, inclusive no que toca às receitas auferidas pela cobrança desse tributo.

Ressaltamos que essa vinculação não interfere com o potencial das taxas para realizar o princípio da capacidade contributiva. Como vimos, pode-se adotar a quantia gasta pelo Estado na execução de determinada atividade como parâmetro para a fixação do valor das taxas e, ainda assim, realizar o princípio da capacidade contributiva através do mecanismo de alíquotas progressivas.

O STF tem admitido a vinculação da receita proveniente de taxas a fundos ligados ao Poder Judiciário ou ao Ministério Público, Defensoria etc. A Corte reconhece a vinculação dessas receitas a atividades que fundamentaram a instituição do tributo. Por outro lado, o Tribunal *não* admite tal vinculação a entidades privadas e representativas de classe.

No julgamento de ação direta de inconstitucionalidade (ADI) contra dispositivos da Lei 12.604/1999 do Estado do Paraná, a Corte pronunciou-se nesse sentido. A lei estabelece alíquotas de 0,2% sobre atos praticados pelos cartórios de protestos de títulos, registro de imóveis e tabelionatos e *vincula* tais receitas ao Fundo de Reequipamento do Poder Judiciário (FUNREJUS). Na apreciação do pedido de liminar, a Corte:

> [...] entendeu não haver relevância na tese de inconstitucionalidade da referida taxa, uma vez que sua destinação é pública e que o Poder Judiciário é o fiscalizador da atividade notarial, estando, num primeiro exame, em conformidade com a jurisprudência do STF no sentido de não ser possível a vinculação de taxas judiciárias e emolumentos a entidades privadas, ou mesmo a serviços públicos diversos daqueles a que tais recursos se destinem (STF, Informativo 180/2000).

No julgamento definitivo o Tribunal reiterou o entendimento:

> Preceito contido em lei paranaense, que destina 0,2% [zero vírgula dois por cento] sobre o valor do título do imóvel ou da obrigação, nos atos praticados pelos cartórios de protestos e títulos, registros de imóveis, títulos e documentos e tabelionatos, ao Fundo de Reequipamento do Poder Judiciário (FUNREJUS) não ofende o art. 167, inciso V, da Constituição do Brasil. Precedentes. A norma constitucional veda a vinculação da receita dos impostos, inexistindo, na Constituição, preceito análogo pertinente às taxas (STF, ADI 2.059/PR, 2006).

No julgamento de outra ação direta de inconstitucionalidade (ADI), proposta pelo Procurador-Geral da República contra dispositivos da Lei Complementar 166/1999, com redação dada pela Lei Complementar 181/2000, do Estado do Rio Grande do Norte, o Tribunal reafirmou essa orientação.

Os dispositivos atacados determinam que a cobrança efetuada em todos os procedimentos extrajudiciais, serviços notariais e de registros, devem constituir recursos financeiros do Fundo de Reaparelhamento do Ministério Público do referido Estado (STF, Informativo 457/2007). O Tribunal, por maioria, julgou improcedente o pedido, isto é, considerou a cobrança da taxa *constitucional*. A decisão afastou:

> [...] a alegação de ofensa ao art. 167, IV, da CF, por se entender que o dispositivo impugnado não teria instituído uma exação que se amoldasse à definição de imposto, mas, sim, de taxa, gerada em razão do exercício do poder de polícia que assiste aos Estados-membros, mediante atuação pelos órgãos diretivos do Poder Judiciário, no plano da vigilância, orientação e correição da atividade notarial e de registro (CF, art. 236, § 1º) [...] o produto da arrecadação da taxa de polícia não estaria jungido ao contínuo aparelhamento do Poder Judiciário, mas admitiria expansão para incluir o aperfeiçoamento da

> jurisdição, não havendo, dessa forma, impedimento quanto à destinação da taxa ao Ministério Público, já que vinculada à estrutura e ao funcionamento de órgão estatal essencial à função jurisdicional (CF/1988, art. 127), o qual estaria autorizado a promover todas as medidas necessárias à efetivação dos direitos assegurados na Constituição (CF/1988, art. 129) (STF, Informativos 485/2007 e 588/2010).

Finalmente, o STF julgou ação direta de inconstitucionalidade (ADI) proposta pela Ordem dos Advogados do Brasil contra dispositivos da Lei 11.608/2003, do Estado de São Paulo. De acordo com a requerente, apenas 40% do montante arrecadado com a taxa judiciária seria destinado aos fundos dos tribunais estaduais e custeio de diligências de oficiais de justiça. O restante, 60%, seria livremente administrado pelo Estado, o que configuraria desrespeito ao art. 145, II, da CF/1988.

Entretanto, de acordo com o voto do então relator, Ministro Menezes Direito, não haveria critérios seguros para admitir que os 60% arrecadados, que estariam sob a administração do Estado, teriam destinação diversa daquela determinada em lei, pois:

> [...] os 60% restantes das taxas judiciárias poderiam ser distribuídos em outras leis, inclusive orçamentárias, observada a origem da receita e atendida a vinculação à atividade judiciária. Para o relator, não haveria, destarte, sustentação para identificar a inconstitucionalidade diante da distribuição feita pela lei, à míngua de qualquer contrariedade a dispositivo da CF/1988, cabendo ao Estado regular a distribuição dos recursos arrecadados no exercício de sua competência (STF, Pleno, ADI 3154/SP, 13/10/2020).

Em suma, uma interpretação sistemática, que concilie o Código Tributário Nacional com a Constituição Federal, prestigiando, ainda, a jurisprudência do STF, indica o seguinte: ao contrário do que ocorre com os impostos, que não podem, como regra, apresentar receitas vinculadas a certas despesas, as taxas, pelo contrário, devem, como regra geral, apresentar tal vinculação. Apenas excepcionalmente receitas oriundas de taxas podem restar desvinculadas das despesas que fundamentaram sua instituição.

JURISPRUDÊNCIA DO STF – VINCULAÇÃO DE RECEITAS PROVENIENTES DE TAXAS

Vejamos mais alguns casos em que o STF admite a vinculação da receita de taxas:

- *Vinculação da receita de taxa a Fundo Especial da Defensoria Pública* – "É constitucional a destinação do produto da arrecadação da taxa de polícia sobre as atividades notariais e de registro, ora para tonificar a musculatura econômica desse ou daquele órgão do Poder Judiciário, ora para aportar recursos financeiros para a jurisdição em si mesma. O inc. IV do art. 167 da CF/1988 passa ao largo do instituto da taxa, recaindo, isto sim, sobre qualquer modalidade de imposto" (STF, ADIn 3643/RJ, 2006);
- *Vinculação da receita de taxa a Fundo Judiciário* – "Os emolumentos têm natureza tributária e caracterizam-se como taxas remuneratórias de serviços

públicos (não incidência do art. 167, IV, da CF/1988). A cobrança de parcela do valor total desses emolumentos para a formação de fundo de desenvolvimento da Justiça local é cabível, uma vez que o Poder Judiciário tem competência constitucional de fiscalizar os atos praticados pelos notários, oficiais de registro e prepostos" (STF, ADIn 2129 (MC)/MS, 2000).

Devemos registrar posicionamentos claros do STF, no sentido da *proibição* da vinculação da receita de taxas a instituições privadas ou representantes de classe:

- *Caixa de Assistência dos Advogados* – No julgamento de ação direta de inconstitucionalidade (ADI), o Plenário assentou: "As custas, a taxa judiciária e os emolumentos constituem espécie tributária, são taxas, segundo a jurisprudência iterativa do Supremo Tribunal Federal [...] A Constituição, art. 167, IV, não se refere a tributos, mas a impostos. Sua inaplicabilidade às taxas. Impossibilidade da destinação do produto da arrecadação, ou de parte deste, a instituições privadas, entidades de classe e Caixa de Assistência dos Advogados. Permiti-lo, importaria ofensa ao princípio da igualdade. Precedentes do Supremo Tribunal Federal" (STF, ADI 1.145/PB, 2002);
- *Associação de magistrados, promotores e caixa de assistência de advogados* – No julgamento de ADI contra dispositivos da Lei 12.381/94, do Estado do Ceará, que destinavam percentual da arrecadação da taxa judiciária, emolumentos e custas à Associação Cearense dos Magistrados, à Associação Cearense do Ministério Público e à Caixa de Assistência dos Advogados, a Corte deixou assentada a "impossibilidade da destinação do produto da arrecadação, ou de partes deste, a instituições privadas, entidades de classe e Caixa de Assistência dos Advogados" (STF, ADIn 2982/CE, 2004);
- *Associação de defensores públicos* – O STF confirmou decisão do CNJ e declarou incidentalmente a inconstitucionalidade de dispositivos da Lei 8.943/2003, do Estado do Mato Grosso, que vinculava a receita proveniente de custas, despesas e emolumentos judiciais à Associação dos Defensores Públicos desse Estado. De acordo com o Tribunal, "o CNJ, sem declarar a inconstitucionalidade dos diplomas legislativos locais, zelara pela supremacia da Constituição Federal, tendo citado vasta jurisprudência do STF no sentido da inconstitucionalidade da destinação da arrecadação de custas, taxas judiciárias e emolumentos a instituições privadas ou entidades de classe" (STF, Informativo 615/2011). ***Atenção!*** Note-se que, de acordo com a jurisprudência do STF, pode-se vincular a receita das taxas a fundo ligado à Defensoria, mas não à associação representativa dos defensores.

18.7 TAXA DE POLÍCIA

A) Espécies de taxa

De acordo com o art. 145, II, da CF/1988, apenas *duas* atividades estatais autorizam a instituição e cobrança de taxas: (1) o exercício do poder de polícia; (2) a prestação de serviços públicos específicos e divisíveis, prestados ao contribuinte ou postos à sua disposição.

O art. 77 do CTN reafirma o texto constitucional:

> **CTN, art. 77.** As taxas, cobradas pela União, pelos Estados, pelo Distrito Federal ou pelos Municípios, no âmbito de suas respectivas atribuições, têm como fato gerador o exercício regular do poder de polícia, ou a utilização, efetiva ou potencial, de serviço público específico e divisível, prestado ao contribuinte ou posto à sua disposição.

Daí decorrem duas espécies de taxas: taxa de polícia e taxa de serviços.

B) Poder de polícia

Poder de polícia é atividade que desperta certo debate entre os doutrinadores de direito administrativo quanto aos exatos limites de seu conceito, alcance, prerrogativas etc. Maria Sylvia Zanella Di Pietro, por exemplo, observa: "Pelo conceito clássico, ligado à concepção liberal do século XVIII, o poder de polícia compreendia a atividade estatal que limitava o exercício dos direitos individuais em benefício da segurança. Pelo conceito moderno, adotado no direito brasileiro, o poder de polícia é a atividade do Estado consistente em limitar o exercício dos direitos individuais em benefício do interesse público" (DI PIETRO, 2008, p. 108).

Nos domínios do direito tributário o trabalho está, por assim dizer, simplificado. E isso porque existe uma definição legal do que se deve entender por poder de polícia. A doutrina, já vimos, não tem muita afeição por conceitos legais. Porém, quando existem, devemos partir deles. Assim, o art. 78 do CTN estipula:

> **CTN, art. 78.** Considera-se poder de polícia atividade da administração pública que, limitando ou disciplinando direito, interesse ou liberdade, regula a prática de ato ou abstenção de fato, em razão de interesse público concernente à segurança, à higiene, à ordem, aos costumes, à disciplina da produção e do mercado, ao exercício de atividades econômicas dependentes de concessão ou autorização do Poder Público, à tranquilidade pública ou ao respeito à propriedade e aos direitos individuais ou coletivos.
>
> **Parágrafo único.** Considera-se regular o exercício do poder de polícia quando desempenhado pelo órgão competente nos limites da lei aplicável, com observância do processo legal e, tratando-se de atividade que a lei tenha como discricionária, sem abuso ou desvio de poder.

Depreende-se do conceito legal que poder de polícia é *atividade administrativa*. O que isso significa? Que se trata de função concreta, particularizada, exercida em face de certos particulares e em determinadas circunstâncias. Não se trata do conceito amplo de poder de polícia, que engloba também a função legislativa. O art. 78 trata do poder de polícia em sentido estrito, como função concreta, singularizada e específica.

Desse modo, a atividade executada pela polícia federal, que consiste em fiscalizar as embarcações que fazem o transporte internacional, é típico exemplo de poder de polícia. Tal atividade dirige-se a determinados particulares e não à coletividade em geral. A fiscalização exercida pelo Poder Judiciário dos Estados em face dos notários e registradores (Cartório de Registro de Imóveis, por exemplo), é modalidade de poder de polícia, na medida em que se trata de atividade concreta, direcionadas para esses sujeitos em particular.

Além do mais, o exercício do poder de polícia redunda na limitação de direito, interesse e liberdade particulares. Tais limitações dão-se em virtude da superioridade do interesse público sobre o privado e ligam-se às atividades de segurança, disciplina do mercado, costumes, meio ambiente, higiene etc.

Assim, em princípio, o proprietário de um restaurante poderia fazer o que bem entendesse com seu estabelecimento, uma vez que se trata de sua propriedade privada. Contudo, se a fiscalização municipal fecha seu restaurante porque a cozinha não está adequada às normas de higiene e segurança alimentar, trata-se de típico exercício do poder de polícia. Quer dizer, limita-se direito, interesse e liberdade particulares em nome da coletividade, isto é, do interesse público.

O parágrafo único é um complemento didático. E isso porque é dispositivo que declara o óbvio. Ocorre que, no Brasil, tais obviedades são necessárias. Então, é claro que apenas se "considera regular o exercício do poder de polícia quando desempenhado pelo órgão competente nos limites da lei aplicável, com observância do processo legal, e, tratando-se de atividade que a lei tenha como discricionária, sem abuso ou desvio de poder". Fora desses parâmetros, evidentemente, o exercício do poder de polícia é ilegal.

Não custa insistir em que a competência administrativa para o exercício do poder de polícia está fixada constitucionalmente e disciplinada legalmente. O ente federativo apenas será competente para a instituição e cobrança de taxa de polícia se, antes, for competente para a execução administrativa da atividade de polícia.

É preciso, primeiro, legislar, criar normas gerais e abstratas que disciplinem a atividade administrativa para, depois, executá-la e, assim, cobrar a respectiva taxa. Essa é justamente a dicção do art. 80 do CTN:

> **CTN, art. 80.** Para efeito de instituição e cobrança de taxas, consideram-se compreendidas no âmbito das atribuições da União, dos Estados, do Distrito Federal ou dos Municípios, aquelas que, segundo a Constituição Federal, as Constituições dos Estados, as Leis Orgânicas do Distrito Federal e dos Municípios e a legislação com elas compatível, competem a cada uma dessas pessoas de direito público.

Assim, estamos diante de duas leis:

- A lei de conteúdo administrativo que estabelece normas gerais e abstratas disciplinando o exercício do poder de polícia, de acordo com a competência administrativa reservada pela Constituição a cada ente federativo;
- A lei tributária que institui a taxa de polícia, como contraprestação à atividade exercida em concreto, isto é, efetivamente, a cada contribuinte singularmente considerado.

Regina Helena Costa anota: "A atividade de polícia administrativa pode ser singelamente definida como a aplicação, pela Administração Pública, das limitações constitucionais e legais impostas ao exercício de direitos individuais, em benefício do interesse público. Cuida-se, portanto, de atividade de fiscalização, de controle do comportamento dos particulares, visando a prevenção da ocorrência de danos ao interesse público. A taxa, instituída com esse fundamento, objetiva remunerar o custo dessa atividade estatal" (COSTA, 2014, p. 136).

Em suma, poder de polícia administrativa pode ser definido, de maneira geral, como atividade de *fiscalização* executada pela Administração no âmbito de suas atribuições e nos termos do art. 78 do CTN.

APROFUNDANDO - EXEMPLOS DE TAXAS DE POLÍCIA

É importante compreender que o poder de polícia não se confunde com a atividade policial executada por forças de segurança pública, como as polícias militar, civil ou federal. Estas atividades estão mais relacionadas ao *serviço público de segurança* do que ao poder de polícia propriamente dito. É claro que aquelas corporações praticam atos relacionados ao poder de polícia, mas este, enquanto função administrativa, qualifica também outros órgãos administrativos que não estão relacionados à segurança pública. Assim, do ponto de vista tributário, convém assimilar o conceito de *poder de polícia* à atividade administrativa de *fiscalização*, que pode ser ambiental; de segurança alimentar; higiene; saúde etc. Vejamos, pois, alguns exemplos de taxas de polícia:

- *Taxa de fiscalização do mercado de títulos e valores mobiliários* - Instituída pela Lei nº 7.940/89. O art. 2º determina: "Constitui fato gerador da Taxa o exercício do poder de polícia legalmente atribuído à Comissão de Valores Mobiliários - CVM". O art. 3º estabelece: "São contribuintes da Taxa as pessoas naturais e jurídicas que integram o sistema de distribuição de valores mobiliários, as companhias abertas, os fundos e sociedades de investimentos, os administradores de carteira e depósitos de valores mobiliários, os auditores independentes, os consultores e analistas de valores mobiliários e as sociedades beneficiárias de recursos oriundos de incentivos fiscais obrigadas a registro na Comissão de Valores Mobiliários - CVM [...]". A lei estabelece um mecanismo de cobrança progressiva, com valores que crescem de acordo com o patrimônio líquido do contribuinte: quanto mais elevado este, tanto maiores aqueles. O STF já se pronunciou sobre a constitucionalidade da cobrança (STF, ADI 453/DF, 2006);
- *Taxa municipal de fiscalização, localização e funcionamento* - Os Municípios usualmente cobram taxas pela localização e funcionamento de estabelecimentos comerciais ou prestadores de serviço O Plenário do STF já se manifestou pela constitucionalidade da cobrança: "Exação fiscal cobrada como contrapartida ao exercício do poder de polícia, sendo calculada em razão da área fiscalizada, dado adequadamente utilizado como critério de aferição da intensidade e da extensão do serviço prestado, não podendo ser confundido com qualquer dos fatores que entram na composição da base de cálculo do IPTU, razão pela qual não se pode ter por ofensivo ao dispositivo constitucional em referência, que veda a bitributação. Serviço que, no caso, justamente em razão do mencionado critério pode ser referido a cada contribuinte em particular, e de modo divisível, porque em ordem a permitir uma medida tanto quanto possível justa, em termos de contraprestação" (STF, RE 220.316/MG, 1999);

- *Taxa de avaliação in loco das Instituições de Ensino Superior e dos Cursos de Graduação* – Foi criada pela Lei 10.870/2004 em favor do Instituto Nacional de Estudos e Pesquisas Educacionais (INEP). O fato gerador é a avaliação periódica que o Instituto realiza quando há solicitação de credenciamento ou renovação de credenciamento de instituição de educação superior. O art. 1º prescreve: "Fica instituída a Taxa de Avaliação in loco, em favor do Instituto Nacional de Estudos e Pesquisas Educacionais Anísio Teixeira – INEP, pelas avaliações periódicas que realizar, quando formulada solicitação de credenciamento ou renovação de credenciamento de instituição de educação superior e solicitação de autorização, reconhecimento ou renovação de reconhecimento de cursos de graduação, previstos no inciso IX do art. 9º e art. 46 da Lei nº 9.394, de 20 de dezembro de 1996". O art. 2º, por sua vez, determina: "São contribuintes da Taxa de Avaliação in loco as instituições de educação superior privadas e públicas, assegurada a estas últimas a necessária previsão orçamentária". Note-se que as autarquias e fundações públicas que se enquadrarem no conceito de instituição de educação superior devem recolher o tributo. Neste caso, não incide o art. 150, VI, a, da CF/1988, ou seja, a imunidade genérica recíproca, que tem como objeto apenas impostos e não taxas;
- *Taxa de controle de fiscalização ambiental (TCFA)* – Instituída pela Lei 10.165/2000. O art. 1º, que acresce o art. 17-B à Lei nº 6.938/81, estabelece: "Fica instituída a Taxa de Controle e Fiscalização Ambiental – TCFA, cujo fato gerador é o exercício regular do poder de polícia conferido ao Instituto Brasileiro do Meio Ambiente e dos Recursos Naturais Renováveis – IBAMA para controle e fiscalização das atividades potencialmente poluidoras e utilizadoras de recursos naturais". De acordo com o STF, "a taxa em questão decorre do poder de polícia exercido pelo IBAMA, e tem por hipótese de incidência a fiscalização de atividades poluidoras e utilizadoras de recursos ambientais, sendo dela sujeitos passivos todos os que exerçam referidas atividades, as quais estão elencadas no anexo VIII da lei. Além disso, a base de cálculo da taxa varia em razão do potencial de poluição e do grau de utilização de recursos naturais, tendo em conta o tamanho do estabelecimento a ser fiscalizado, em observância aos princípios da proporcionalidade e da retributividade" (STF, Inf. 396/2005);
- *Anotação de Responsabilidade Técnica (ART)* – A Lei nº 6.496/77 instituiu a chamada Anotação de Responsabilidade Técnica (ART). O art. 1º prescreve: "Todo contrato, escrito ou verbal, para a execução de obras ou prestação de quaisquer serviços profissionais referentes à Engenharia, à Arquitetura e à Agronomia fica sujeito à 'Anotação de Responsabilidade Técnica' (ART)". O art. 2º, § 1º, por sua vez, estabelece: "A ART será efetuada pelo profissional ou pela empresa no Conselho Regional de Engenharia, Arquitetura e Agronomia (CREA), de acordo com Resolução própria do Conselho Federal de Engenharia, Arquitetura e Agronomia (CONFEA)". O art. 2º, § 2º, determina: "O CONFEA fixará os critérios e os valores das taxas da ART 'ad referendum' do Ministro do Trabalho". Pois bem, o Plenário do STF pronunciou-se do

seguinte modo sobre a natureza jurídica da ART: "O Tribunal reconheceu a existência de repercussão geral da matéria debatida nos presentes autos, para reafirmar a jurisprudência desta Corte, no sentido de que a Anotação de Responsabilidade Técnica, instituída pela Lei 6.496/1977, cobrada pelos Conselhos Regionais de Engenharia, Arquitetura e Agronomia, tem natureza jurídica de taxa, sendo, portanto, necessária a observância do princípio da legalidade tributária previsto no art. 150, I, da Constituição" (STF, ARE 748.445 RG/SC, 2013).

C) Efetivo exercício da função de polícia e cobrança de taxa

De acordo com o art. 145, II, da CF/1988, as taxas podem ser instituídas e cobradas: pelo exercício do poder de polícia ou pela utilização, efetiva ou *potencial*, de serviços públicos específicos e divisíveis, prestados ao contribuinte ou *postos à sua disposição*.

No que toca à taxa de serviço, como se vê, é possível que o contribuinte seja compelido a recolhê-la, *ainda que não tenha utilizado o serviço*, bastando apenas que este esteja *posto à sua disposição*.

Isso seria possível quanto à taxa de polícia? Os autores, de maneira geral, negam essa possibilidade. Para a maioria da doutrina, a taxa de polícia apenas pode ser cobrada após a *efetiva execução* do ato de polícia.

Em outras palavras, é necessário que o Poder Público tenha dirigido ao particular, de forma concreta e efetiva, uma atividade de fiscalização para que este seja obrigado ao recolhimento da taxa. A mera *disponibilidade* da função, isto é, a simples existência do aparato administrativo, como a presença de funcionários, veículos, equipamentos etc., não autoriza a cobrança.

Luís Eduardo Schoueri anota: "Dessa forma, a taxa em questão apenas cabe na hipótese de efetivo poder de polícia. Corre, nesta matéria, presunção em favor do Poder Público, daquele exercício. Note-se que, enquanto a taxa cobrada em razão de serviços públicos contempla o uso potencial [...], tal liberdade não se abre para o exercício de polícia" (SCHOUERI, 2012, p. 172).

Admite-se até a cobrança da taxa *antes* da fiscalização, mas apenas nas circunstâncias em que se tem certeza de que o ato de polícia *será* executado. Quer dizer, há toda uma estrutura administrativa em funcionamento regular, com fiscalizações sendo efetuadas, de maneira que o adiantamento da taxa funciona apenas como instrumento de controle fiscal.

Esse parece ser o ensinamento de Luciano Amaro: "A atuação fiscalizadora do Estado, em rigor, visa *ao interesse da coletividade* e não ao do contribuinte da taxa. É este, porém, que *provoca* a atuação do Estado, sendo isso que justifica a imposição da taxa" (AMARO, 2011, p. 55).

De todo modo, há consenso na doutrina no sentido que a taxa de polícia apenas pode ser cobrada do contribuinte quando as condições para a prestação do serviço estão presentes (estrutura administrativa, funcionários, equipamentos etc.), e existe o efetivo ato de polícia ensejador da cobrança, ainda que o recolhimento do tributo seja feito antecipadamente.

Nesse sentido, indaga-se: a existência de órgão administrativo incumbido de exercer o poder de polícia constitui condição suficiente à cobrança da taxa? Em outras palavras, a mera existência de órgão com competência para efetuar concretamente o ato de fiscalização justifica, por si só, a cobrança do tributo?

Para o Supremo Tribunal Federal, a existência de órgão administrativo incumbido de exercer o poder de polícia é suficiente para legitimar a cobrança da taxa. No julgamento de recurso extraordinário no qual se alegava a inconstitucionalidade da cobrança da taxa de renovação de localização e funcionamento cobrada pelo Município de Porto Velho (RO) por ausência de comprovação do efetivo exercício do poder de polícia, o Plenário assentou:

> Repercussão geral reconhecida. Alegação de inconstitucionalidade da taxa de renovação de localização e de funcionamento do Município de Porto Velho. Suposta violação ao artigo 145, inciso II, da Constituição, ao fundamento de não existir comprovação do efetivo exercício do poder de polícia. O texto constitucional diferencia as taxas decorrentes do exercício do poder de polícia daquelas de utilização de serviços específicos e divisíveis, facultando apenas a estas a prestação potencial do serviço público. A regularidade do exercício do poder de polícia é imprescindível para a cobrança da taxa de localização e fiscalização. À luz da jurisprudência deste Supremo Tribunal Federal, a existência do órgão administrativo não é condição para o reconhecimento da constitucionalidade da cobrança da taxa de localização e fiscalização, mas constitui um dos elementos admitidos para se inferir o efetivo exercício do poder de polícia, exigido constitucionalmente. O Tribunal de Justiça de Rondônia assentou que o Município de Porto Velho, que criou a taxa objeto do litígio, é dotado de aparato fiscal necessário ao exercício do poder de polícia. Configurada a existência de instrumentos necessários e do efetivo exercício do poder de polícia. É constitucional taxa de renovação de funcionamento e localização municipal, desde que efetivo o exercício do poder de polícia, demonstrado pela existência de órgão e estrutura competentes para o respectivo exercício, tal como verificado na espécie quanto ao Município de Porto Velho/RO (STF, RE 588.322/RO, 2010).

Em suma, para o STF a taxa de polícia, ao contrário da taxa de serviço, exige que a função de fiscalização seja efetivamente executada. Nada obstante, a existência de órgão administrativo em pleno funcionamento permite inferir positivamente a regularidade do exercício do poder de polícia e, portanto, legitima a exigência do tributo.

D) Poder de polícia e segurança pública

Para finalizar, é importante compreender que o serviço de *segurança pública* desenvolvido pelo Estado não se enquadra no conceito de poder de polícia. Enquadra-se, antes, no conceito de serviço público. Trata-se, ainda, de serviço público universal, isto é, não específico e indivisível. Logo, não autoriza a cobrança de taxas.

É claro que no desenrolar prático dessa atividade atos de polícia são necessários. Ocorre, porém, que a instituição de taxa depende dessas atividades de polícia, consideradas de forma singular, e não da prestação do serviço público de segurança considerado como um todo.

Por exemplo, a segurança pública depende, também, da fiscalização que a polícia federal opera nas embarcações que fazem o tráfego internacional. Mas é *essa* fiscalização, e não o serviço público de segurança, que autoriza a instituição e cobrança de taxas.

Esse entendimento é consagrado no Supremo Tribunal Federal. Em 1999 a Ordem dos Advogados do Brasil ingressou com ação direta de inconstitucionalidade (ADI) questionando o art. 2.º da Lei 6.010/1996, do Estado do Pará, que instituiu a *taxa de segurança pública*. O dispositivo estabelecia o seguinte:

> **Lei nº 6.010/96, art. 2º.** A taxa de segurança tem como fato gerador a efetiva ou potencial utilização, por pessoa determinada, de qualquer ato decorrente do exercício do Poder de Polícia, serviço ou atividade policial-militar, inclusive policiamento preventivo prestados ou postos à disposição do contribuinte por qualquer dos órgãos do Sistema de Segurança Pública [...]".

Na apreciação do pedido de liminar, o Plenário do STF assentou:

> Em face do artigo 144, 'caput', inciso V e parágrafo 5º, da Constituição, sendo a segurança pública, dever do Estado e direito de todos, exercida para a preservação da ordem pública e da incolumidade das pessoas e do patrimônio, através, entre outras, da polícia militar, *essa atividade do Estado só pode ser sustentada pelos impostos, e não por taxa*, se for solicitada por particular para a sua segurança ou para a de terceiros, a título preventivo, ainda quando essa necessidade decorra de evento aberto ao público. Ademais, o fato gerador da taxa em questão não caracteriza sequer taxa em razão do exercício do poder de polícia, mas taxa pela utilização, efetiva ou potencial, de serviços públicos específicos e divisíveis, o que, em exame compatível com pedido de liminar, não é admissível em se tratando de segurança pública" (STF, ADI 1.942 MC/PA, 1999).

Em 2004 a Corte reafirmou esse entendimento:

> O Tribunal julgou procedente o pedido formulado em ação direta ajuizada pelo Partido Comunista do Brasil – PC do B, para declarar a inconstitucionalidade de dispositivos da Lei 13.084/2000, do Estado do Ceará, que criavam taxas de exercício do poder de polícia e de utilização de serviços prestados pelos órgãos de segurança pública e defesa da cidadania. *Entendeu-se, no caso, que a segurança pública somente pode ser sustentada por impostos*, dado que consubstancia dever do Estado e direito de todos, sendo exercida para a preservação da ordem pública e da incolumidade das pessoas e do patrimônio (CF, art. 144, *caput*, inciso V e § 5º) (STF, Informativos 259/2002 e 342/2004).

Em 2011 a Segunda Turma manifestou-se no mesmo sentido ao julgar recurso extraordinário em que se contestava dispositivos de lei do Estado de Minas Gerais que instituíam *taxa de segurança pública*. De acordo com a Turma:

> [...] há impossibilidade de cobrança de taxa de segurança pública de eventos abertos ao público, ainda que tal serviço seja solicitado por particular para a sua segurança ou para a de terceiros. Visto que incumbe ao Estado prestá-la a toda a população, essa atividade somente pode ser sustentada por imposto (STF, RE 269.374/MG, 2011).

Vale pontuar, finalmente, que o serviço de segurança pública é considerado indivisível mesmo no caso de o Estado prestá-lo circunstancialmente a grupo determinado, como ocorre nos eventos de grande porte, como os esportivos. O entendimento se justifica na medida em que o serviço é prestado em benefício da segurança geral, que deve a todos ser assegurada, independentemente de contraprestação tributária específica (ADI 2.692/DF). Nesse sentido, a manifestação do Pleno:

> É inconstitucional a cobrança de taxa de segurança para eventos, visto que a segurança pública deve ser remunerada por meio de impostos, já que constitui serviço geral e indivisível, devido a todos os cidadãos, independentemente de contraprestação. O serviço de segurança pública tem natureza universal e é prestado a toda a coletividade, mesmo na hipótese de o Estado se ver na contingência de fornecer condições específicas de segurança a certo grupo. Como a sua finalidade é a preservação da ordem pública e da incolumidade pessoal e patrimonial (CF/1988, art. 144), é dever do Estado atuar com os seus próprios recursos, ou seja, sem exigir contraprestação específica dos cidadãos. Nesse contexto, é inviável remunerá-lo mediante taxa (1), sob pena de violar disposição constitucional expressa que preceitua a possibilidade desse tributo ser cobrado em virtude do exercício do poder de polícia ou da utilização, efetiva ou potencial, de serviços públicos específicos e divisíveis, prestados ao contribuinte ou postos a sua disposição (CF/1988, art. 145, II). Com base nesse entendimento, o Plenário, por unanimidade, julgou procedente a ação para declarar a inconstitucionalidade da Lei 1.732/1997 (2) e, por arrastamento, do Decreto 19.972/1998, ambos do Distrito Federal (STF, Informativo 1070/2022).

Em suma, os serviços de segurança pública são universais e indivisíveis, razão pela qual fica vedada a instituição de taxa de segurança pública.

18.8 TAXA DE SERVIÇO

A) Serviço público

De acordo com o art. 145, II, da CF/1988, as taxas podem ser instituídas pelos entes federativos como contraprestações pecuniárias ao exercício do poder de polícia ou à prestação de serviços públicos. Estes, por sua vez, devem ser: específicos e divisíveis; prestados ao contribuinte ou postos à sua disposição.

Assim, para a exata compreensão da taxa de serviços, cabe que saibamos, antes, o que significa *serviço público*. Comecemos pelo art. 175 da Constituição, que determina:

> **CF, art. 175.** Incumbe ao Poder Público, na forma da lei, diretamente ou sob regime de concessão ou permissão, sempre através de licitação, a prestação de serviços públicos.
>
> Parágrafo único. A lei disporá sobre:
>
> I – o regime das empresas concessionárias e permissionárias de serviços públicos, o caráter especial de seu contrato e de sua prorrogação, bem como as condições de caducidade, fiscalização e rescisão da concessão ou permissão;
>
> II – os direitos dos usuários;
>
> III – política tarifária;
>
> IV – a obrigação de manter serviço adequado.

Antes de mais nada, perceba-se que os serviços públicos são de titularidade do Estado. O poder público pode até delegar a sua prestação à iniciativa privada sob a forma de concessão ou permissão, mas a titularidade remanesce com o Estado.

E por quê? Porque o legislador constituinte originário compreendeu que, por sua importância estratégica para a dignidade da vida humana, o oferecimento de certos serviços e atividades deve ficar fora da lógica estrita do lucro. Quer dizer, certas utilidades e comodidades devem ser qualificadas como *serviço público* e prestadas pelo Estado para que a população mais carente tenha acesso a elas ainda que não tenha dinheiro para custeá-las.

Se todos os serviços e atividades importantes para a vida humana fossem deixados exclusivamente para a iniciativa privada, então apenas aqueles e aquelas que dispõem de dinheiro poderiam ter acesso. E isso por uma razão evidente: a iniciativa privada apenas se dispõe a oferecer um serviço tendo como contrapartida uma remuneração que lhe garanta excedente econômico, isto é, lucro.

Alguns serviços públicos podem ser delegados aos particulares. Quer dizer, admitem que sua execução seja transferida à iniciativa privada. É o caso, por exemplo, do serviço de telecomunicações. O art. 21, XI, da CF/1988, estabelece:

> **CF, art. 21.** Compete à União [...]:
>
> XI – explorar, diretamente ou mediante autorização, concessão ou permissão, os serviços de telecomunicações, nos termos da lei, que disporá sobre a organização dos serviços, a criação de um órgão regulador e outros aspectos institucionais.

Outros serviços, contudo, não admitem tal delegação. É o caso do serviço público de jurisdição, isto é, o serviço prestado pelos juízes de direito e tribunais, que consiste em solucionar os conflitos de interesses entre pessoas por meio das sentenças, acórdãos etc. Além de ser serviço público é, também, manifestação do poder estatal, razão pela qual a execução não pode ser transferida aos particulares.

O ideal seria que *todos* os serviços públicos fossem prestados diretamente pelo Estado. E isso porque essa prestação não se preocuparia com o lucro. Quando os serviços são transferidos aos particulares, como a administração de rodovias, por exemplo, o lucro ingressa como elemento fundamental da atividade. Decorre daí que o interesse público, da coletividade mais pobre, principalmente, fica sempre em segundo plano.

Sobre a noção de serviço público, Eros Grau anota: "Dela nos aproximando, inicialmente diremos que assume o caráter de serviço público qualquer atividade cuja consecução se torne indispensável à realização e ao desenvolvimento da coesão e da interdependência social (Duguit) – ou, em outros termos, qualquer atividade que consubstancie serviço existencial relativamente à sociedade (Cirne Lima) [...] Por isso, porque assume o caráter de serviço público, deve ser prestada à sociedade pelo Estado (ou por outra pessoa administrativa direta ou indiretamente) [...] Serviço público, assim, na noção que dele podemos enunciar, é a atividade explícita ou supostamente definida pela Constituição como indispensável, em determinado momento histórico, à realização e ao desenvolvimento da coesão e da interdependência social (Duguit) – ou, em outros termos, atividade explícita ou supostamente definida pela Constituição como serviço existencial relativamente à sociedade em um determinado momento histórico" (Cirne Lima) (GRAU, 2012, p. 131-132).

Ao contrário do poder de polícia, que apresenta aspecto *negativo*, uma vez que representa uma restrição à esfera de direitos do particular, os serviços públicos apresentam aspecto *positivo*, isto é, significam uma ampliação de sua esfera de direitos e interesses.

Ora, pessoas carentes, que não têm dinheiro para ir à escola, ficariam sem educação se este serviço fosse reservado apenas à iniciativa privada. Nada obstante, a partir do momento em que a Constituição assegura, em seu texto, que a educação é direito de todos e dever do Estado (CF, art. 205, *caput*), está ampliando a esfera de direitos e interesses das pessoas que, em razão da situação de fragilidade econômica, não poderiam arcar com os custos educacionais privados.

Por isso, os serviços públicos são comumente definidos como comodidades ou utilidades fornecidas, pelo Estado, às pessoas que delas necessitam ou à totalidade da comunidade. Nesse sentido, Maria Sylvia Zanella Di Pietro observa que serviço público é "toda atividade material que a lei atribui ao Estado para que a exerça diretamente ou por meio de seus delegados, com o objetivo de satisfazer concretamente as necessidades coletivas, sob regime total ou parcialmente público" (DI PIETRO, 2015, p. 141).

JURISPRUDÊNCIA DO STF – SÚMULA VINCULANTE Nº 12

Nem todos os serviços públicos admitem a instituição de taxas como contraprestação pecuniária. Os serviços universais, prestados a agrupamentos indeterminados de indivíduos (iluminação pública, por exemplo), não admitem remuneração por esse tributo. Seu orçamento deve ser formado pela receita proveniente dos impostos. Apenas os serviços singulares, preordenados a destinatários individualizados e mensuráveis (telefonia residencial, por exemplo), permitem a instituição e cobrança de taxas.

Por outro lado, alguns serviços públicos são *gratuitos*. É o caso do serviço da educação. O art. 206, inciso IV, da CF/1988, estabelece: "O ensino será ministrado com base nos seguintes princípios [...] gratuidade do ensino público em estabelecimentos oficiais". Isso não significa que o oferecimento de tais serviços seja vedado à iniciativa privada, pois o art. 209 do texto constitucional autoriza expressamente. O que a Constituição assegura é que o ensino público ministrado em estabelecimentos oficiais do Estado seja gratuito.

Pois bem, tais serviços gratuitos não admitem a cobrança de taxa. Esse foi o entendimento do STF no julgamento de recurso extraordinário interposto por Universidade Federal contra acórdão de Tribunal que julgou inconstitucional a cobrança de taxa de matrícula. O Plenário considerou "não ser possível admitir que as universidades públicas, mantidas integralmente pelo Estado, criem obstáculos de natureza financeira para o acesso dos estudantes aos cursos que ministram, a pretexto de subsidiar alunos carentes. Reconheceu-se que o legislador constituinte, ciente do fato de que o ensino público superior é acessível predominantemente pelas classes sociais detentoras de maior poder aquisitivo, buscou produzir mecanismos que superassem essa desigualdade de acesso, dentre os quais a gratuidade do ensino público nos estabelecimentos oficiais (CF/1988, art. 206, IV)" (STF, Informativo 515/2008). Em 2014 a Primeira Turma teve a oportunidade de reiterar esse entendimento: "A cobrança de 'taxa de alimentação' por instituição federal de ensino profissionalizante é inconstitucional" (STF, Informativo 737/2014).

Em suma, apenas os serviços públicos ditos *remunerados*, isto é, aqueles para os quais "os indivíduos têm obrigação pecuniária como contraprestação" (CARVALHO FILHO, 2013, p. 341), admitem a instituição e cobrança de taxas, desde que, obviamente, sejam *uti singuli*, ou seja, direcionados de maneira singularizada a determinadas pessoas ou empresas. Para consolidar tal entendimento, o Tribunal houve por bem adotar súmula vinculante com o seguinte enunciado:

> ***Súmula vinculante nº 12 do STF*** *– A cobrança de taxa de matrícula nas universidades públicas viola o disposto no art. 206, IV, da CF/1988.*

B) Serviços públicos específicos e divisíveis

De acordo com o art. 145, II, da CF/1988, as taxas apenas podem ser instituídas para fazer face aos custos suportados pelo Estado com a execução de atividades relacionadas ao poder de polícia ou como contrapartida à prestação de serviços públicos específicos e divisíveis, prestados ao contribuinte ou postos à sua disposição.

O texto constitucional não define tais conceitos, até porque não é sua função elaborá-los. Cabe aos legisladores infraconstitucionais a especificação daquilo que está previsto no texto constitucional. Nesse sentido, o art. 79, incisos II e III, do CTN, fixam a definição:

> **CTN, art. 79.** Os serviços públicos a que se refere o artigo 77 consideram-se:
>
> [...]
>
> II – específicos, quando possam ser destacados em unidades autônomas de intervenção, de utilidade, ou de necessidades públicas;
>
> III – divisíveis, quando suscetíveis de utilização, separadamente, por parte de cada um dos seus usuários.

A doutrina costuma encarar os conceitos postos pelo art. 79 do CTN de forma tímida. Os autores e as autoras, como regra, fazem a crítica dos dispositivos e oferecem um conceito aproximado. Tentemos uma abordagem mais direta, enfrentando primeiramente o significado de serviços públicos *específicos* e, depois, de serviços públicos *divisíveis*.

a) Serviço público específico

De acordo com o CTN, serviços públicos específicos são aqueles que podem ser destacados em unidades autônomas de intervenção, de utilidade ou de necessidade públicas. O que significa, no entanto, uma *unidade autônoma de intervenção, utilidade* ou *necessidade*?

A expressão parece apontar para o tipo de serviço que pode ser prestado de maneira relativamente independente, cujo oferecimento pode se dar de forma aproximadamente autônoma. O fornecimento do serviço admite uma atuação destacada, isto é, que não seja obrigatoriamente oferecida a uma coletividade indeterminada.

Insistimos no "relativamente" porque os serviços públicos destinam-se à sociedade como um todo. Nesse sentido, exigem uma estrutura que seja necessariamente integrada em forma de sistema ou rede. E isso pela singela razão de que têm como objetivo atender a toda população. O art. 79 não afasta a estruturação do serviço em rede ou sistema. O que faz é determinar que a intervenção, a necessidade ou a utilidade possam ser destacadas em "unidades autônomas".

Pensemos no sistema de esgotamento sanitário. Como o próprio nome diz, trata-se de um *sistema*. Deve ser estruturado em rede, caso contrário, não há como levar o esgoto coletado das residências até o rio, mar ou estação de tratamento. Porém, a ligação *residencial* à rede de esgoto é típica "unidade autônoma de intervenção". Sim, porque se pode muito bem ligar determinada residência ao sistema de esgoto, como se pode, também, não ligá-la. Por isso, tal serviço é típico serviço público específico.

Outro exemplo é o fornecimento residencial de energia elétrica. Sem a estruturação de uma rede adequada; de um sistema bem integrado, não se pode conduzir a energia das hidrelétricas ao lar das pessoas ou aos estabelecimentos empresariais. Não obstante, a ligação específica de determinada residência à rede é típica unidade *autônoma* de intervenção. Daí o caráter de serviço específico.

Imaginemos, por outro lado, o serviço de iluminação pública. Estamos falando dos postes de iluminação, das redes transmissoras, das luzes instaladas em toda a cidade e assim por diante. A estrutura funciona em forma de sistema, sem dúvida. Existe, por outro lado, a possibilidade da intervenção, necessidade ou utilidade ser destacada em unidades autônomas? Parece que não. Se apenas alguns postes mantiverem a iluminação e outros forem desligados, então não estamos perante serviço público, mas serviço prestado pelo Poder Público a alguns particulares. A iluminação pública, como sabemos, destina-se a toda a coletividade, e não há como atuar em unidades autônomas de intervenção. Tal serviço é *uti universi* e não pode ser financiado por taxas.

Assim, serviço *específico* é aquele que, muito embora esteja estruturado em rede ou sistema, permite que a intervenção, necessidade ou utilidade sejam destacadas em unidades autônomas de intervenção, isto é, um fornecimento relativamente singularizado a certas pessoas ou empresas.

b) Serviço público divisível

Enfrentemos agora o conceito menos duvidoso. O que se entende por serviço *divisível*? Trata-se, segundo o CTN, do serviço suscetível de *utilização separada* por parte de cada um dos usuários. Se o serviço puder ser utilizado de forma separada, por cada usuário, então estamos diante de serviço público divisível.

De maneira geral, os serviços fornecidos a residências ou estabelecimentos empresariais assumem a característica da divisibilidade. São exemplos os serviços de fornecimento de água tratada; energia elétrica; gás canalizado; telefonia fixa; recolhimento de esgoto etc.

Nesse sentido, o serviço público de recolhimento domiciliar de lixo pode ser utilizado de forma separada por cada usuário? Parece claro que sim. Cada residência ou estabelecimento empresarial recolhe o lixo produzido por certo período e separa para recolhimento por parte do Poder Público. Trata-se de serviço público divisível. O serviço de coleta de lixo em vias públicas, limpeza de logradouros públicos, praças, recintos, dentre outros, pode ser utilizado de forma separada por cada usuário? Parece que não. Cada um de nós, ao passar por uma praça pública, parque etc., utiliza o serviço de limpeza efetuado pelo Poder Público. Trata-se de serviço coletivo (*uti universi*), de maneira que deve ser financiado por impostos.

Fechamos, assim, os conceitos de serviços públicos *específicos* e *divisíveis*. São os serviços que, embora estruturados em sistema, admitem que a intervenção, necessidade ou utilidade deem-se em forma de unidades autônomas de intervenção. São, ademais, os serviços que permitem a utilização separada por parte de cada usuário.

APROFUNDANDO! SERVIÇOS PÚBLICOS ESPECÍFICOS E DIVISÍVEIS SOB A ÓPTICA DOUTRINÁRIA

Para finalizar, vejamos mais alguns conceitos de serviços públicos específicos e divisíveis extraídos à doutrina abalizada:

- Regina Helena Costa – "Por primeiro, serviço público específico (*uti singuli*) é aquele que consiste em atividade estatal fruível individualmente por cada um de seus usuários. É o caso, dentre outros, dos serviços de fornecimento de água tratada e de energia elétrica. Contrapõe-se ao serviço público geral ou genérico (*uti universi*), no qual os administrados fruem coletivamente da atividade estatal, tais como a segurança e a iluminação pública. O serviço público divisível, por sua vez, é aquele que, sendo específico, possibilita a mensuração dessa fruição individual. Se inviável esta mensuração, descabida a exigência de taxa" (COSTA, 2014, p. 139);
- Hugo de Brito Machado – "Quando se trate de atividade provocada pelo contribuinte, individualmente, como acontece, por exemplo, no caso do fornecimento de certidões ou da prestação de atividade jurisdicional, parece induvidoso o caráter específico e divisível do serviço. Por outro lado, serviço

como o de iluminação pública, por exemplo, não nos parece ser específico nem divisível, posto que é usufruível por todos de forma indistinta" (MACHADO, 2011, p. 438);

- Roque Antonio Carrazza – "Já os serviços públicos específicos, também chamados singulares, são os prestados *uti singuli*. Referem-se a uma pessoa ou a um número determinado (ou, pelo menos, determinável) de pessoas. São de utilização individual e mensurável. Gozam, portanto, de divisibilidade, é dizer, da possibilidade de avaliar-se a utilização efetiva ou potencial, individualmente considerada. É o caso dos serviços de telefone, de transporte coletivo, de fornecimento domiciliar de água potável, de gás, de energia elétrica etc. Estes, sim, podem ser custeados por meio de taxas de serviço" (CARRAZZA, 2011, p. 569);
- Luís Eduardo Schoueri – "O requisito da especificidade tem a ver com a possibilidade de o serviço ser medido em unidades. Ou seja: a taxa cobrada por um serviço público não se presta para atividades constantes do Estado. O serviço a ser remunerado por uma taxa tem um começo e um fim. Assim, por exemplo, o serviço de emissão de um passaporte pode bem ser remunerado por uma taxa. Se o contribuinte necessitar de vários documentos, pagará tantas taxas quantas forem as emissões de documentos; cada taxa será específica para um serviço determinado. Quanto à divisibilidade, opõe-se ela a serviços gerais, ou voltados à coletividade em geral. Presente, no caso, a ideia de que os serviços a serem remunerados por uma taxa devem ser imputáveis ao contribuinte em questão, não à coletividade. O assunto foi objeto de diversas disputas judiciais. Muitas vezes se instituem taxas julgadas inconstitucionais porque indivisíveis os serviços" (SHCOUERI, 2012, p. 174).

Pode-se extrair de cada conceito algo em comum: referem-se à utilização do serviço por uma pessoa ou um número determinável de pessoas; referem-se à mensuração dos serviços prestados, quer dizer, à possibilidade de quantificação, de se saber, com razoável precisão, quanto cada usuário utilizou.

JURISPRUDÊNCIA DO STF – SÚMULAS VINCULANTES Nº 19 e 41

Vejamos mais alguns exemplos de serviços públicos considerados específicos e divisíveis pelo STF. Serviços que autorizam, portanto, a instituição e cobrança de taxas. Aproveitamos para conferir os enunciados das súmulas vinculantes nº 19 e 41. Veremos também os serviços que *não* admitem a cobrança desse tributo, de acordo com entendimento do Tribunal.

Serviços que *autorizam* a instituição e cobrança de taxas:

- *Serviço público de prestação jurisdicional, de notários e de registro (Taxa judiciária)* – O art. 5.º, XXXV, da CF/1988, estabelece: "A lei não excluirá da apreciação do Poder Judiciário lesão ou ameaça a direito". O art. 236, *caput*, por sua vez, determina: "Os serviços notariais ou de registro são exercidos em caráter privado por delegação do Poder Público". A prestação jurisdicional por parte do Poder Judiciário, os serviços de registro de imóveis, de pessoas naturais e jurídicas, tabelionato, dentre outros, são considerados específicos e divisíveis por parte do STF e ensejam, portanto, a cobrança de taxas. O Plenário assentou: "Sobre o tema da natureza jurídica dessa exação, o Supremo Tribunal Federal firmou jurisprudência no sentido de se tratar de tributo da espécie taxa [...]. Ela resulta da prestação de serviço público específico e divisível, cuja base de cálculo é o valor da atividade estatal deferida diretamente ao contribuinte. A taxa judiciária deve, pois, ser proporcional ao custo da atividade do Estado a que se vincula. E há de ter um limite, sob pena de inviabilizar, à vista do valor cobrado, o acesso de muitos à Justiça" (STF, ADI 948/GO, 1995);

- *Coleta domiciliar de lixo* – O STF considera que o serviço público de coleta de lixo proveniente de imóvel residencial ou empresarial assume natureza de serviço específico e divisível. Autoriza, portanto, a cobrança de taxa. A Primeira Turma assentou: "O Supremo Tribunal Federal firmou entendimento no sentido da legitimidade da taxa de coleta de lixo proveniente de imóveis, entendendo como específico e divisível o serviço público de coleta e tratamento de lixo domiciliar prestado ao contribuinte ou posto à sua disposição" (STF, RE 555.225 AgR/SP, 2014). Para consolidar o entendimento, a Corte adotou a súmula vinculante nº 19, com o seguinte enunciado:

> ***Súmula vinculante nº 19*** – A taxa cobrada exclusivamente em razão dos serviços públicos de coleta, remoção, tratamento ou destinação de lixo ou resíduos proveniente de imóveis, não viola o art. 145, II, da CF/1988 Federal;

Serviços públicos que *não* admitem a instituição e cobrança de taxa:

- *Iluminação pública* – Para o STF o serviço de iluminação pública não é específico e tampouco divisível, razão pela qual não admite a instituição e cobrança de taxa. Em 1999 o Plenário assentou: "Tributo de exação inviável, posto ter por fato gerador serviço inespecífico, não mensurável, indivisível e insuscetível de ser referido a determinado contribuinte, a ser custeado por meio do produto da arrecadação dos impostos gerais" (STF, RE 233.332/RJ, 1999). Para consolidar o entendimento, a Corte adotou súmula vinculante com o seguinte enunciado:

> ***Súmula vinculante nº 41:*** O serviço de iluminação pública não pode ser remunerado mediante taxa.

- *Limpeza de logradouros públicos, bueiros, galerias pluviais, varrição de vias públicas e calçamento* – O Tribunal considera que os serviços de limpeza pública, limpeza de logradouros públicos, praças, bueiros, calçamento de vias para a locomoção de pedestres etc., são universais e indivisíveis, razão por que não admitem a cobrança de taxas. O Plenário assentou: "Tratando-se de taxa vinculada não somente à coleta domiciliar de lixo, mas, também, à limpeza de logradouros públicos, que é serviço de caráter universal e indivisível, é de se reconhecer a inviabilidade de sua cobrança" (STF, RE 256.588 ED-EDv/RJ, 2003). Registre-se posicionamento anterior firmado pela Primeira Turma: "É inviável a cobrança de taxa quando vinculada não somente a serviço público de natureza específica e divisível, como a coleta de lixo domiciliar, mas também a prestações de caráter universal e indivisível como a limpeza de logradouros públicos, varrição de vias públicas, limpeza de bueiros, de bocas-de-lobo e das galerias de águas pluviais, capina periódica e outros" (STF, Informativo 292/2002).

- *Emissão de guia para recolhimento de tributos* – No âmbito de repercussão geral, o STF reconheceu a inconstitucionalidade da chamada "taxa de expediente". O Plenário assentou: "A emissão de guia de recolhimento de tributos é de interesse exclusivo da Administração, sendo mero instrumento de arrecadação, não envolvendo a prestação de um serviço público ao contribuinte. Possui repercussão geral a questão constitucional suscitada no apelo extremo. Ratifica-se, no caso, a jurisprudência da Corte consolidada no sentido de ser inconstitucional a instituição e a cobrança de taxas por emissão ou remessa de carnês/guias de recolhimento de tributos" (STF, RE 789.218 RG/MG, 2014).

C) Serviços prestados ou postos à disposição

Ainda de acordo com o art. 145, II, da CF/1988, os entes federativos estão autorizados a instituir taxa pela utilização efetiva ou potencial de serviços públicos específicos e divisíveis, prestados ao contribuinte ou postos a sua disposição. Pois bem, o que é utilização *potencial*? Em que medida o simples *oferecimento* do serviço autoriza a cobrança de taxa?

O art. 79, I, *a* e *b*, do CTN, determina o que se deve entender por utilização efetiva e potencial:

> **CTN, art. 79.** Os serviços públicos a que se refere o artigo 77 consideram-se:
>
> I – utilizados pelo contribuinte:
>
> a) efetivamente, quando por ele usufruídos a qualquer título;
>
> b) potencialmente, quando, sendo de utilização compulsória, sejam postos à sua disposição mediante atividade administrativa em efetivo funcionamento;
>
> [...]

A interpretação dos dispositivos leva à seguinte conclusão:

- Os serviços de utilização não compulsória, isto é, serviços opcionais, *facultativos*, apenas obrigam ao pagamento de taxa pelo uso *efetivo*, ou seja, pela utilização concreta do serviço prestado. Exemplo: serviço de gás canalizado, cuja utilização é opcional;

- Os serviços de utilização *compulsória*, isto é, obrigatórios, impostos por lei, obrigam ao pagamento da taxa pela utilização *potencial*, quer dizer, pelo simples fato de estarem *postos à disposição* do contribuinte, uma vez que haja atividade administrativa em pleno funcionamento. Exemplo: serviço de recolhimento domiciliar de lixo, que é de uso compulsório. Ainda que o residente no imóvel viaje para o exterior e por lá permaneça por um ano, estará obrigado ao recolhimento da taxa, no valor mínimo, pois o serviço está à disposição.

Roque Carrazza observa: "Daí podermos dizer que, ao contrário do que ocorre noutros países, existem (ou podem existir), no Brasil, as taxas de serviço *fruído* e as taxas de serviço *fruível*. A simples disponibilidade do serviço público abre espaço à tributação por meio de taxa de serviço" (CARRAZZA, 2011, p. 573).

Luís Eduardo Schoueri aprofunda o assunto: "A ideia da utilização potencial merece atenção: cabe a taxa ainda que o contribuinte não utilize o serviço. Tal ideia apenas se explica quando se lê que a taxa não é cobrada na hipótese em que o contribuinte não utiliza um serviço, dentro do exercício de sua liberdade; a taxa é cobrada se o contribuinte não utilizou o serviço, mas deveria tê-lo utilizado, já que a utilização deste era compulsória" (SCHOUERI, 2012, p. 173).

Imaginemos o serviço de telefonia domiciliar. Sabemos que ninguém é obrigado a utilizá-lo. Trata-se de serviço de utilização facultativa, opcional, à livre escolha do usuário. Pode-se solicitá-lo ou não. Nesse caso, o contribuinte será obrigado a recolher a taxa apenas nos casos em que utilizar *efetivamente* o serviço. Caso não o utilize, caso não faça quaisquer ligações porque está viajando e não se encontra em casa, *não* pode ser compelido ao recolhimento do tributo.

O serviço de recolhimento domiciliar de lixo, por outro lado, é, como regra, obrigatório, ou seja, de utilização *compulsória*. Existe lei do ente federativo competente *obrigando* o usuário a separar o lixo produzido para recolhimento efetuado pelo Poder Público. Nesse caso, cobra-se a taxa pela utilização *potencial*. Basta que a atividade administrativa esteja em funcionamento e posta à disposição do usuário para que a taxa seja legitimamente cobrada. Não é necessário que, de fato, tenha produzido qualquer quantidade de lixo.

APROFUNDANDO – O CARÁTER COMPULSÓRIO DO SERVIÇO

O art. 79, I, do CTN, é um daqueles dispositivos que causa certa perplexidade na doutrina. Os autores divergem quanto à interpretação que se deve dar ao vocábulo "compulsória". O que seria um serviço de utilização compulsória? Em que medida tal conceito é importante?

De acordo com Luciano Amaro, "não é com o epíteto da 'compulsoriedade' que se há de qualificar a utilização desses serviços para o efeito de legitimar-se a sua taxação à vista da simples disponibilidade. Mesmo que se dê ao vocábulo um sentido plurivalente (exigência legal, economicidade, falta de opção etc.) a questão restaria não resolvida, pois, com essa plurivocidade do termo dificilmente algum serviço público escaparia do conceito de compulsório" (AMARO, 2011, p. 60).

Pedimos vênia para discordar do autor. Pode-se, é certo, ignorar o preceito relativo à compulsoriedade do serviço como elemento a partir do qual se deve averiguar o significado de "utilização potencial". Mas, com isso, afasta-se o texto do CTN como objeto de interpretação. Parece-nos que, pelo contrário, o primeiro passo para uma adequada interpretação é a valorização de seu objeto. No nosso caso, o texto normativo. Deslocar o problema da compulsoriedade para questões de fato também não soluciona adequadamente a questão. Ora, existe um corte epistemológico consagrado no assim chamado positivismo jurídico – e a doutrina de direito tributário é, toda ela, positivista. Esse corte implica em conhecer o direito, enquanto objeto de estudo científico, simplesmente como norma, isto é, como dever-ser. Assim, dizer que serviço "compulsório" é aquele ao qual o usuário é constrangido não por lei, mas por questões relativas à economia, comodidade ou racionalidade, afastam os parâmetros consagrados pelo positivismo. Ressaltamos que não temos nenhum apreço pelo positivismo jurídico, contudo, se a doutrina com a qual dialogamos é positivista, temos que debater nos mesmos termos, sob pena de termos nosso discurso deslegitimado.

A compulsoriedade à qual se refere o CTN apenas pode ser a compulsoriedade normativa, quer dizer, a imposição legal de utilização de determinado serviço público específico e divisível. Os hospitais, por exemplo, não devem recolher seu lixo juntamente com o lixo comum, produzido pela sociedade. Há de haver todo um aparato técnico especializado para o recolhimento desses dejetos, muitas vezes contaminados. Ora, a compulsoriedade na utilização desse serviço decorre de lei. Em sendo assim, tais usuários devem recolher a taxa pela utilização potencial, isto é, pelo simples fato de o serviço estar posto à disposição.

Essa parece ser a interpretação dada por Roque Carrazza: "[...] para que este tributo seja exigível, é mister que a utilização (não a prestação) do serviço seja compulsória, isto é, obrigatória, por imperativo legal. Assim, se o serviço público estiver à disposição de todos, mas não diretamente do contribuinte, ou, ainda que à disposição direta deste, sua fruição for facultativa, a taxa só poderá ser exigida – sempre com apoio em lei – de quem efetivamente vier a utilizá-lo" (CARRAZZA, 2011, p. 573).

Em suma, serviços públicos facultativos apenas exigem o pagamento da taxa uma vez que efetivamente utilizados pelo contribuinte. Serviços públicos compulsórios, por outro lado, impõem o pagamento da taxa ainda que não utilizados efetivamente. Basta que sejam utilizados "potencialmente", isto é, que estejam postos à disposição do usuário.

18.9 TAXA E TARIFA

Um dos debates que mais divide a doutrina de direito tributário é o que gira em torno de estabelecer as diferenças entre *taxa* e *tarifa*. O núcleo central das divergências consiste em saber em quais situações a instituição da taxa é obrigatória e em quais situações a cobrança da tarifa está autorizada. Trata-se de problema doutrinário ainda não solucionado e enfrentado de forma tímida pela jurisprudência.

Comecemos pelas semelhanças que existem entre taxa e tarifa. Devemos dizer que ambas são prestações pecuniárias, isto é, prestações em dinheiro. Daí a recondução à figura do tributo que, como vimos, é uma prestação pecuniária (art. 3.º do CTN).

A taxa, como sabemos, é espécie de tributo. A tarifa, não.

Outra semelhança está na *contraprestação* que enseja a cobrança de ambas. As taxas remuneram o exercício do poder de polícia ou a prestação de serviço público específico e divisível. As tarifas também remuneram estes últimos. Assim, pode-se afirmar que taxas e tarifas são prestações pecuniárias recolhidas como contrapartida ao fornecimento de serviços públicos específicos e divisíveis.

Ocorre que as taxas são espécie de tributo. As tarifas são espécie de preço público.

Assim, os regimes jurídicos que disciplinam cada uma das figuras são essencialmente diferentes. Ainda que ambas sejam prestações pecuniárias recolhidas como contrapartida à prestação de serviços públicos específicos e divisíveis, taxas e tarifas submetem-se a regime jurídico distinto.

Como vimos, tributo é toda prestação pecuniária compulsória, em moeda ou cujo valor nela se possa exprimir, que não constitua sanção de ato ilícito, instituída em lei e cobrada mediante atividade administrativa plenamente vinculada (CTN, art. 3.º). O tributo decorre de lei e rege-se por regime jurídico de direito público. É manifestação de soberania estatal, vale dizer, da supremacia do interesse público sobre o privado.

Preços públicos, por sua vez, são prestações pecuniárias pactuadas conforme a liberdade e autonomia de vontade das partes e ensejam prestações recíprocas marcadas pela equivalência. O usuário escolhe se quer ou não travar o negócio jurídico com o Poder Público. Se resolver que sim, deverá recolher o preço ajustado entre as partes. Colocam-se numa relação de igualdade ou horizontalidade relativas.

Fica claro que as taxas são espécies de tributos cuja imposição decorre de lei. As tarifas, por outro lado, são modalidades de preços públicos cuja obrigação provém de acordo voluntário entre as partes. Foi essa diferença específica que subsidiou a adoção, por parte do STF, da Súmula 545, com o seguinte enunciado:

> ***Súmula nº 545 do STF:*** Preços de serviços públicos e taxas não se confundem, porque estas, diferentemente daqueles, são compulsórias e têm sua cobrança condicionada à prévia autorização orçamentária, em relação à lei que as instituiu.

Em 2009 o Tribunal reafirmou esse ponto de vista:

> "Os encargos de capacidade emergencial e de aquisição de energia elétrica emergencial, instituídos pela Lei 10.438/02, não possuem natureza tributária. Encargos destituídos de compulsoriedade, razão pela qual correspondem a tarifas ou preços públicos" (STF, RE 576.189/RS, 2009).

Percebe-se que semelhanças entre taxas e tarifas são basicamente duas: são prestações pecuniárias e podem remunerar serviços públicos específicos e divisíveis. Vale ressaltar, ainda, uma informação importante: as taxas remuneram *também* o exercício do poder de polícia. No caso das tarifas isso *não* é possível. Quer dizer, tratando-se do exercício do poder de polícia a remuneração deve dar-se *exclusivamente* sob a forma de taxa.

Luciano Amaro explica: "O problema aparece, na verdade, em relação às taxas *de serviço*, pois, no que tange ao exercício do *poder de polícia*, é aceito que o Estado deve cobrar *taxas* e não *preços*" (AMARO, 2011, p. 63).

Pois bem, os serviços públicos específicos e divisíveis podem ser remunerados por meio de tarifa. Mas, tais serviços não devem gerar a cobrança de taxa? Não vimos que, de acordo com o art. 145, II, da CF/1988, os serviços públicos específicos e divisíveis, prestados ao contribuinte ou postos à sua disposição, acarretam a instituição e cobrança de taxas? Como pensar na cobrança de tarifas?

Esse é ponto em torno do qual a doutrina desentende-se. Parece-nos que a questão não é tão complicada assim. O fundamento constitucional para a cobrança de tarifas encontra-se no art. 175, parágrafo único, III, que estabelece:

> **CF, art. 175.** Incumbe ao Poder Público, na forma da lei, diretamente ou sob regime de concessão ou permissão, sempre através de licitação, a prestação de serviços públicos.
>
> Parágrafo único. A lei disporá sobre:
>
> I – o regime das empresas concessionárias e permissionárias de serviços públicos, o caráter especial de seu contrato e de sua prorrogação, bem como as condições de caducidade, fiscalização e rescisão da concessão ou permissão;
>
> II – os direitos dos usuários;
>
> III – política tarifária;
>
> IV – a obrigação de manter serviço adequado.

De acordo com o dispositivo, os serviços públicos cuja execução é transferida à *iniciativa privada* sob a forma de concessão ou permissão serão remunerados por meio de tarifa.

Não é outra a lição de Celso Antônio Bandeira de Mello: "Em geral, o concessionário de serviço público (ou da obra pública) explora o serviço (ou a obra pública) mediante tarifas que cobra diretamente dos usuários, sendo daí que extrai, *basicamente*, a remuneração que lhe corresponde" (BANDEIRA DE MELLO, 2005, p. 687).

Assim, se o serviço público específico e divisível é prestado pelo Estado, quer dizer, pela União, Estados, Distrito Federal ou Municípios, diretamente ou por meio de autarquias ou fundações, a remuneração a ser cobrada do usuário deve assumir obrigatoriamente a forma de taxa, nos termos do art. 145, II, da CF/1988.

Se, por outro lado, o serviço for delegado ao particular da iniciativa privada, por meio de concessão ou permissão, o valor a ser cobrado do usuário deverá assumir a forma de tarifa, nos termos do art. 175, parágrafo único, III, do texto constitucional.

Por que a Constituição determina, nesse último caso, a observância da *política tarifária*? Em outras palavras, por que a cobrança de *tarifas* e não de taxas? Por uma razão muito simples: os particulares da iniciativa privada apenas terão interesse em prestar os serviços públicos se estiver assegurado, de forma clara e cristalina, seu *lucro*. Nenhuma empresa deixará de investir no mercado econômico privado para investir na prestação de serviços públicos se não souber com certeza que obterá o lucro médio que vige no mercado.

José dos Santos Carvalho Filho observa: "Adite-se, ainda, que a fixação das tarifas é o verdadeiro molde do princípio do equilíbrio econômico-financeiro dos contratos de concessão. Exatamente por isso, é necessária a sua revisão periódica para compatibilizá-la com os custos do serviço, as necessidades de expansão, a aquisição de equipamentos e o próprio lucro do concessionário" (CARVALHO FILHO, 2013, p. 386).

O Estado deve auferir lucro quando presta serviço público? Obviamente, não. Por isso, a taxa não traz em seu "DNA jurídico" a proteção do excedente de valor. A tarifa, por outro lado, é contraprestação pecuniária que tem como elemento essencial a segurança de que o concessionário e o permissionário obterão lucro na prestação dos serviços públicos. A proteção do lucro está em seu "DNA jurídico".

No final das contas, como afirma Luciano Amaro, o debate não gira em torno dos conceitos de taxa e tarifa, que são simples. Segundo o autor, "o que se deve discutir, obviamente, não são esses conceitos (de taxa e de preço público), mas sim os critérios que permitiriam segregar, de um lado, os serviços que devessem ser taxados e, de outro, os serviços que ensejariam a cobrança de preços públicos. Em suma, onde pode haver a imposição (da taxa) e onde deve haver a contratação (do preço público)?" (AMARO, 2011, p. 63).

Nesse ponto a doutrina diverge. Para Roque Carrazza, por exemplo, os serviços públicos específicos e divisíveis, *prestado pelo Estado ou por particulares concessionários ou permissionários*, devem ser remunerados obrigatoriamente por meio de taxas. Leciona o autor: "Em síntese: serviço público específico e divisível e ato de polícia endereçado a alguém só podem ser remunerados por meio de taxa. Este quadro não se altera se os serviços forem prestados mediante concessão ou permissão" (CARRAZZA, 2011, p. 580).

Sacha Calmon Navarro Coêlho, por outro lado, adverte: "A realidade está em que os serviços públicos de utilidade, específicos e divisíveis, podem ser remunerados por preços (regime contratual) ou por taxas (regime de Direito Público). O dilema resolve-se pela opção do legislador [...] O nosso posicionamento já foi antecipado. A nós interessa o regime jurídico adotado pelo legislador com escora, é claro, constitucional. Apenas não nos convencemos de que a Constituição quer apenas taxa como contrapartida de serviço público" (COÊLHO, 2011, p. 415-417).

Como adiantamos, não há consenso na doutrina quanto aos critérios que definem a utilização de taxa ou de tarifa. A nós nos parece que tais critérios devem ser buscados na Constituição. Assim, um ponto parece claro: se o serviço público é prestado pelo Estado, autarquias ou fundações, o regime jurídico deve ser tributário e a prestação pecuniária assume a forma de taxa; se o serviço é delegado a particulares por concessão ou permissão, o regime jurídico é contratual e a prestação assume a forma de tarifa.

Na realidade brasileira concreta impera certo caos. Muitos serviços públicos específicos e divisíveis, prestados pelo Estado, isto é, União, Estados, Distrito Federal e Municípios, suas autarquias ou fundações, vêm sendo remunerados por tarifas. Ora, essa situação contraria a olhos vistos a Constituição, uma vez que deveriam ser remunerados por meio de taxas.

Roque Carrazza anota: "Na prática, pelo respaldo que um setor expressivo da doutrina lhes dá, as pessoas políticas têm-se remunerado, pelos serviços públicos que prestam ou pelos atos de polícia que realizam, por meio de 'tarifas' ('preços')" (CARRAZZA, 2011, p. 579).

Some-se a isso a complacência da jurisprudência. A maioria das decisões ou não compreende adequadamente o fenômeno ou não quer aborrecer-se com os problemas causados por julgamentos contrários ao interesse dos Poderes Executivo e Legislativo.

A opção pela tarifa decorre da "comodidade" que se obtém, pois se pode afastar o rígido regime jurídico tributário previsto pela Constituição de 1988. Se a cobrança assume a forma de taxa, então se deve respeitar os princípios da legalidade, igualdade, anterioridade etc. A cobrança de tarifa afasta esse regime protetor dos contribuintes, uma vez que a disciplina jurídica é adequada à proteção do lucro das empresas privadas.

Ocorre que essa interpretação faz com que o art. 145, II, valha apenas como "exortação" às pessoas políticas. De nossa parte, não ofereceremos o subsídio teórico para que essa prática tenha lugar. Serviços prestados pelos entes federativos diretamente ou por suas autarquias e fundações devem ser remunerados por taxas; serviços prestados por concessionários ou permissionários devem ser remunerados por tarifas.

Nesse ponto, devemos ecoar o manifesto de Roque Carrazza, com o qual concordamos: "É chegado o momento de revertermos este quadro, responsável por uma vasta tributação arbitrária, camuflada sob o rótulo protetor de 'tarifa', verdadeira palavra mágica que, com o abono de alguns tributaristas, tem dispensado as entidades tributantes do dever constitucional de observar o regime jurídico tributário" (CARRAZZA, 2011, p. 580).

JURISPRUDÊNCIA DO STF – Serviços de água e esgoto

O STF firmou jurisprudência no sentido de que a remuneração cobrada dos usuários como contraprestação ao serviço de água e esgoto tem natureza de *tarifa* e não de taxa. No ano de 2002, ao enfrentar questão relativa ao reajuste do valor cobrado como contraprestação ao fornecimento residencial de água, a Primeira Turma do STF, pelo voto da relatora, Ministra Ellen Gracie, considerou "que o serviço de fornecimento de água é submetido ao regime de preço público, e não de taxa, sendo possível a majoração por meio de decreto" (STF, Informativo 272/2002). Em 2011 a Segunda Turma manifestou-se no mesmo sentido. O Ministro Ayres Brito, relator, asseverou que "a jurisprudência do Supremo Tribunal Federal é firme no sentido de ter como preço público o quantitativo cobrado a título de fornecimento de água e esgoto, não se tratando, dessa forma, de um tributo" (STF, AI 791.189 (AgR)/RS, 2011). Com a devida vênia, nesses casos o STF está equivocado. Os serviços são prestados por autarquias criadas pelos entes federativos justamente para esse fim. Não houve delegação a particulares concessionários ou permissionários. No último caso, o Tribunal de Justiça do Rio Grande do Sul, que teve o acórdão atacado, interpretou corretamente a Constituição. De acordo com esta Corte, uma vez que o serviço é prestado pelo próprio poder titular a cobrança apenas pode assumir a forma de taxa. Esperamos que a Corte reveja sua posição. O simples fato de haver "jurisprudência consolidada" não basta para justificar a manutenção de interpretação que claramente destoa do texto constitucional.

Quadro comparativo entre taxa e tarifa (Sabbag, 2014, p. 462 – ADAPTADO)	
TAXA	***PREÇO PÚBLICO***
É tributo, ou seja, prestação pecuniária compulsória	*Não é tributo, ou seja, é prestação pecuniária facultativa*
Sem autonomia da vontade, pois decorre de lei	*Com autonomia da vontade, pois decorre de contrato administrativo*
Rescisão inadmissível, pois se trata de obrigação "ex lege";	*Rescisão admissível, pois se trata de obrigação "ex voluntate";*
Obedece aos princípios de direito tributário, logo, a regime jurídico de direito público	*Não obedece aos princípios de direito tributário, mas aos princípios de direito administrativo, logo, regime jurídico parcialmente público*
Existe taxa de serviço de utilização potencial e taxa pela execução de poder de polícia	*Só existe tarifa cobrada em face de serviço de utilização efetiva e não existe tarifa cobrada em razão do poder de polícia*
Exigida por pessoas jurídicas de direito público	*Exigida por pessoas jurídicas de direito público e de direito privado*
Receita derivada de direito público, com uso de seu poder de império (a receita "deriva" do patrimônio do particular);	*Receita originária de direito privado, sem uso de seu poder de império (a receita "origina-se" do próprio patrimônio do estado);*
Cobrança não proporcional ao uso.	*Cobrança proporcional ao uso.*

SÚMULAS DO STF E DO STJ:

SÚMULA STF

Súmula 223. "Concedida isenção de custas ao empregado, por elas não responde o sindicato que o representa em juízo".

Súmula 545 – "Preços de serviços públicos e taxas não se confundem, porque estas, diferentemente daqueles, são compulsórias e têm sua cobrança condicionada à prévia autorização orçamentária, em relação à lei que as instituiu".

Súmula vinculante 12 – "A cobrança de taxa de matrícula nas universidades públicas viola o disposto no art. 206, IV, da CF/1988".

Súmula vinculante 19 – "A taxa cobrada exclusivamente em razão dos serviços públicos de coleta, remoção, tratamento ou destinação de lixo ou resíduos proveniente de imóveis, não viola o art. 145, II, da CF/1988 Federal".

Súmula vinculante 29 – "É constitucional a adoção, no cálculo do valor de taxa, de um ou mais elementos da base de cálculo própria de determinado imposto, desde que não haja integral identidade entre uma base e outra".

Súmula vinculante 41: "O serviço de iluminação pública não pode ser remunerado mediante taxa".

SÚMULA STJ

Súmula 178. "O INSS não goza de isenção do pagamento de custas e emolumentos, nas ações acidentárias e de benefícios, propostas na justiça estadual".

SÍNTESE DOS PRINCIPAIS ENTENDIMENTOS JURIPRUDENCIAIS

"A base de cálculo proposta no art. 6º da Lei nº 9.670/83 atinente à taxa de polícia se desvincula do maior ou menor trabalho ou atividade que o Poder Público se vê obrigado a desempenhar em decorrência da força econômica do contribuinte. O que se leva em conta, pois, não é a efetiva atividade do Poder Público, mas, simplesmente, um dado objetivo, meramente estimativo ou presuntivo de um ônus à Administração Pública [...] Essa jurisprudência vem sendo mantida de forma mansa e pacífica" (STF, RE 554.951/SP, 2013 e Informativo 724/2013).

"[...] Esta corte já firmou o entendimento sob a vigência da Emenda Constitucional nº 1/69, de que as custas e os emolumentos têm a natureza de taxas, razão por que só podem ser fixadas em lei, dado o princípio constitucional da reserva legal para a instituição ou aumento de tributo. [...]" (STF. Pleno. RE 116208/MG. Rel.: Min. Moreira Alves. DJ 8.6.1990).

"Descabe introduzir no cenário tributário, como obrigação do contribuinte, taxa visando a prevenção e o combate a incêndios, sendo imprópria a atuação do Município em tal campo" (RE 643247).

"Esta Suprema Corte, ao julgamento do RE 576.321-QO, Rel. Min. Ricardo Lewandowski, Plenário, DJE de 13.02.2009, firmou entendimento pela inconstitucionalidade da cobrança de taxa diante da prestação de serviços de conservação e limpeza de logradouros e bens públicos" (AI 815049 AgR).

"É constitucional taxa de renovação de funcionamento e localização municipal, desde que efetivo o exercício do poder de polícia, demonstrado pela existência de órgão e estrutura competente para o respectivo exercício" (RE 588322, repercussão geral, tema 21).

19

CONTRIBUIÇÃO DE MELHORIA

19.1 CONCEITO E CARACTERÍSITCAS GERAIS

Tal qual a taxa, a contribuição de melhoria é uma espécie de tributo mais recente do que imposto. Liga-se à ideia de contraprestação, isto é, ao dever de oferecer um retorno a um benefício que foi auferido. Se o Estado, através de sua atuação, provoca acréscimo patrimonial ao particular, é justo que este seja chamado a retribuir, recolhendo certa quantia a título de tributo relacionado àquele benefício.

A contribuição de melhoria é, assim, um tributo *vinculado*. Assim como a taxa, vincula-se a uma contraprestação estatal endereçada ao contribuinte. Contudo, ao contrário daquela (da taxa), a atividade estatal que autoriza a instituição e cobrança da contribuição não é o exercício do poder de polícia ou a prestação de serviços públicos específicos e divisíveis, mas a realização de uma *obra pública*.

A contribuição de melhoria vincula-se, pois, à realização de uma obra pelo Poder Público federal, estadual, distrital ou municipal, cada qual em sua órbita de competência.

Mas apenas a obra não é suficiente. É necessário que haja uma *melhoria*. Esta consiste na valorização dos imóveis particulares que avizinham a obra realizada pelo Estado. Assim, é preciso que se verifique o acréscimo de valor do imóvel privado para que o contribuinte seja constrangido ao pagamento do tributo.

Hugo de Brito Machado anota: "Recorde-se que na sistemática do Código Tributário Nacional os tributos em geral podem ser não vinculados – aqueles cujo fato gerador não se liga a nenhuma atividade estatal relativa ao contribuinte (os impostos); e vinculados – aqueles cujo fato gerador está ligado a uma atividade estatal específica relativa ao contribuinte (as taxas e a contribuição de melhoria)" (MACHADO, 2011, p. 445).

Regina Helena Costa vai no mesmo sentido: "A contribuição de melhoria é tributo vinculado a uma atuação estatal indiretamente referida ao sujeito passivo, consubstanciada na realização de obra pública de que decorra valorização imobiliária" (COSTA, 2014, p. 143).

Uma vez mais, cumpre não confundir taxa com contribuição de melhoria. A primeira pode ser instituída para fazer face ao custo de serviços públicos específicos e divisíveis ou para financiar o exercício do poder de polícia; a contribuição de melhoria, por sua vez, é cobrada pela valorização imobiliária decorrente de obra pública. Serviços públicos e poder de polícia são diferentes de obra pública. É importante concentrar-se nessa diferença para saber qual dos tributos é legítimo em cada circunstância.

O fundamento constitucional de validade da contribuição de melhoria encontra-se no mesmo artigo que fundamenta os impostos e as taxas. De fato, art. 145, III, da CF/1988, estebelece:

> **CF, art. 145.** A União, os Estados, o Distrito Federal e os Municípios poderão instituir os seguintes tributos:
>
> [...]
>
> III– contribuição de melhoria, decorrente de obras públicas.

A competência tributária para a instituição de contribuição de melhoria é denominada *comum*. Devemos entender essa competência no mesmo sentido daquilo que foi ressaltado quando do estudo das taxas. Diferentemente dos impostos, as contribuições de melhoria não foram previamente nominadas e distribuídas a cada um dos entes federativos de acordo com suas materialidades.

O texto constitucional não especifica, uma a uma, as obras públicas que admitem a instituição da contribuição e tampouco as atribui, com exclusividade, a cada pessoa política. A Constituição menciona de forma genérica a competência para a instituição desse tributo sempre que algum dos entes federativos construir uma obra pública e esta, por sua vez, gerar a valorização dos imóveis vizinhos.

A competência para os impostos, como vimos, é *privativa*. E isso porque são nominados, quer dizer, receberam nomes da Constituição de acordo com as respectivas materialidades, isto é, fatos econômicos que autorizam a instituição de cada um, e foram previamente distribuídos, com exclusividade, a cada um dos entes federativos.

Por isso, da mesma maneira como ocorre com as taxas, a competência tributária para a instituição da contribuição de melhoria fica na dependência da competência administrativa. É preciso saber, antes, que ente federativo possui competência para tal ou qual obra pública, para, depois, saber se está autorizado ou não a instituir o respectivo tributo.

Assim, por exemplo, se a União constrói um aeroporto internacional em certa área da cidade e esta obra gera a valorização dos imóveis vizinhos, apenas lei federal poderá instituir contribuição de melhoria e cobrá-la dos beneficiados. Se o Estado constrói uma linha de metrô, o que acarreta a valorização dos imóveis situados nos arredores das estações, cabe à lei estadual a instituição do tributo. Se o Município constrói um viaduto ligando bairros afastados da cidade ao centro, cabe à lei municipal a criação da contribuição de melhoria.

Qual seria, então, o fundamento para a cobrança da contribuição de melhoria? Quer dizer, qual seria a justificativa para a instituição desse tributo?

Vimos que os impostos têm como objetivo a arrecadação de dinheiro para o Estado, isto é, a geração de receita pública. As taxas, por sua vez, são cobradas para custear os serviços públicos específicos e divisíveis prestados pelo Estado ou postos à disposição dos usuários, bem como o exercício do poder de polícia. E a contribuição de melhoria? Se atentarmos para as duas características essenciais desse tributo, encontraremos a resposta. São eles:

- a obra pública, isto é, a obra executada pelo Poder Público; e
- a valorização dos imóveis vizinhos, quer dizer, o acréscimo de valor que provém justamente da obra realizada.

Pois bem, duas perguntas devem ser elaboradas. Primeiro: qual a origem do dinheiro que financiou a obra pública? Os recursos para a construção vêm do orçamento geral do Estado, quer dizer, União, Estados, Distrito Federal e Municípios. Esse orçamento, como regra, é formado por receitas que provêm da arrecadação de impostos. Estes, como sabemos, são pagos por todos os contribuintes que praticam os respectivos fatos geradores independentemente de contraprestação estatal específica. Por outro lado, essa obra acarreta um benefício econômico direto a quem? Somente aos proprietários dos imóveis vizinhos, que obtêm uma valorização decorrente justamente da obra.

Quer dizer, algumas pessoas auferem um benefício econômico, que consiste na valorização de seus imóveis privados, em razão do dinheiro estatal recolhido a título de impostos por toda a coletividade. É justo que apenas *alguns* sejam beneficiados pelas receitas provenientes de impostos recolhidos de toda a comunidade? Parece claro que não.

Assim, a contribuição de melhoria, cobrada apenas daqueles que tiveram seus imóveis valorizados, tem fundamento na noção de justiça distributiva. Vale dizer, busca distribuir de forma mais equitativa os custos necessários à execução da obra. Por isso, cobra-se daqueles que foram diretamente beneficiados como forma de constrangê-los a também participar do financiamento do empreendimento.

Roque Carrazza observa: O princípio informador da contribuição de melhoria é, como explica Geraldo Ataliba, o da proporcionalidade ao benefício especial recebido por uma pessoa (a proprietária do imóvel), em decorrência da obra pública realizada. É certo que a obra pública beneficia a comunidade como um todo. É igualmente certo, porém, que, não raro, ela beneficia, de modo especial, os proprietários dos imóveis contíguos. Pois bem, a contribuição de melhoria deverá ser cobrada na proporção do especial benefício que causou a tais imóveis (CARRAZZA, 2011, p. 600).

A doutrina assinala, ainda, como fundamento da contribuição de melhoria:

- O princípio da isonomia, uma vez que todos devem participar, na medida de suas possibilidades, para o custeio da obra;

- O princípio da vedação do enriquecimento sem causa, uma vez que os proprietários dos imóveis beneficiados obtêm um acréscimo patrimonial sem terem concorrido para tanto, quer dizer, sem terem investido capital ou trabalho para a obtenção do valor excedente.

Quanto ao conceito de contribuição de melhoria, Hugo de Brito Machado anota: "Contribuição de melhoria é a espécie de tributo cujo fato gerador é a valorização de imóvel do contribuinte, decorrente de obra pública, e tem por finalidade a justa distribuição dos encargos públicos, fazendo retornar ao Tesouro Público o valor despendido com a realização de obras públicas, na medida em que destas decorra valorização de imóveis (MACHADO, 2011, p. 446-447).

Luís Eduardo Schoueri vai no mesmo sentido: "Em síntese: contribuições de melhoria são espécies de tributo, justificadas pelo princípio da equivalência, exigidas dos proprietários de imóveis beneficiados por uma obra pública (nova), cujo limite individual, nos termos da legislação complementar em vigor, é a valorização do imóvel e cujo limite total é o custo da obra" (SCHOUERI, 2012, p. 188).

APROFUNDANDO – CÓDIGO TRIBUTÁRIO NACIONAL E DECRETO-LEI Nº 195/67

O CTN foi publicado em 1966. Como veremos, uma de suas funções é veicular normas gerais em matéria de direito tributário. Os arts. 81 e 82 do CTN tratam especificamente da contribuição de melhoria. Ocorre que em 1967 foi publicado o Dec.-lei 195/1967, que dispõe sobre o mesmo tributo. Assim, à luz da coincidência entre matérias disciplinadas, parte da doutrina compreendeu que os dispositivos do CTN teriam sido revogados. Outra parte, porém, entendeu que o decreto não deveria ser aplicado. O STJ, contudo, firmou entendimento no sentido de que os arts. 81 e 82 do CTN permaneceram em vigor *juntamente* com o Dec.-lei 195/1967. Em julgado de 2010, a Primeira Turma assentou: "Processual civil e tributário. Agravo regimental no agravo de instrumento. Contribuição de melhoria. Pleno vigor dos arts. 81 e 82 do CTN e Dec.-Lei 195/1967. Valorização do imóvel. Necessidade de comprovação" (STJ, AgRg no AgIn 1159433/RS, 2010). Esse posicionamento já havia sido firmado pela Segunda Turma, ao menos desde 2002: "A contribuição de melhoria tem como limite geral o custo da obra, e como limite individual a valorização do imóvel beneficiado. Prevalece o entendimento no STF e no STJ de que não houve alteração do CTN pelo DL 195/67. É ilegal a contribuição de melhoria instituída sem observância do limite individual de cada contribuinte" (STJ, REsp. 362.788/RS, 2002). Para compreendermos a contribuição de melhoria em todos os seus aspectos, devemos estudar ambos os diplomas legais, quer dizer, o CTN e o Dec.-lei 195/1967. Finalmente, vale lembrar que tanto o CTN como o Decreto-Lei em questão tratam de normas gerais em matéria de contribuição de melhoria. É importante recordar que, de acordo com a teoria da recepção, a análise de compatibilidade do ato normativo com o texto da nova Constituição deve dar-se no âmbito da adequação material. Uma vez que o conteúdo do Decreto nº 195/67 está de acordo com o texto constitucional de 1988, impõe-se reconhecer que foi recepcionado com status lei complementar, à luz do art. 146, III, *a*, da CF/1988.

19.2 FATO GERADOR

Apesar de o texto constitucional dizer simplesmente que a contribuição de melhoria será devida em "decorrência de obra pública", em verdade, é obrigação que provém de *valorização de bem imóvel em decorrência de obra pública.*

Em outras palavras, o fato gerador da contribuição de melhoria não é simplesmente a realização da obra, mas também a sua consequência, isto é, a valorização imobiliária. Nesse sentido, o legislador nacional foi preciso, tanto no art. 81 do CTN, quanto no art. 1º do Decreto-Lei nº 195/67:

CTN, art. 81. A contribuição de melhoria, cobrada pela União, pelos Estados, pelo Distrito Federal ou pelos Municípios, no âmbito de suas respectivas atribuições, é instituída para fazer face ao custo de obras públicas de que decorra valorização imobiliária, tendo como limite total a despesa realizada e como limite individual o acréscimo de valor que da obra resultar para cada imóvel beneficiado.

Decreto-Lei nº 195/67, art. 1º. A Contribuição de Melhoria, prevista na Constituição Federal, tem como fato gerador o acréscimo do valor do imóvel localizado nas áreas beneficiadas direta ou indiretamente por obras públicas.

Constata-se, pois, que a *melhoria* exigida pela Constituição, cujo significado foi bem delimitado pelo STF, é o *acréscimo de valor à propriedade imobiliária dos contribuintes*, de forma que a base de cálculo do tributo será exatamente o valor acrescido, ou seja, a diferença entre os valores inicial e final do imóvel beneficiado. Nesse sentido, o STF firmou o seguinte entendimento:

> [...] sem valorização imobiliária decorrente de obra pública não há contribuição de melhoria, porque a hipótese de incidência desta é a valorização e a sua base de cálculo é a diferença entre os dois momentos: o anterior e o posterior à obra pública, vale dizer o quantum da valorização imobiliária (STF, 2.ª T., RE 114.069-1/SP, Rel. Min. Carlos Velloso, 30.09.1994).

Podemos dizer, com fundamento nas análises de Paulo de Barros Carvalho, que o fato gerador da contribuição de melhoria é *misto*, isto é, pressupõe tanto a obra pública, como a valorização do imóvel privado: "Convém esclarecer que, se as taxas pressupõem serviços públicos ou o exercício do poder de polícia, as contribuições de melhoria levam em conta a realização de obra pública que, uma vez concretizada, determine a valorização dos imóveis circunvizinhos. *A efetivação da obra pública por si só não é suficiente. Impõe-se um fator exógeno que, acrescentado à atuação do Estado, complemente a descrição factual.* E a valorização imobiliária nem sempre é corolário da realização de obras públicas. Muitas há que, sobre não acarretarem incremento de valor nos imóveis adjacentes, até colaboram para a diminuição de seu preço de mercado" (CARVALHO, 2012, p. 73, 74).

Alguns exemplos ajudam a compreender a questão. Imaginemos que um *shopping center* tenha sido construído nas imediações de um bairro carente. Em razão da obra os imóveis da região experimentaram uma valorização de 30%. Pergunta-se: está autorizada a instituição de contribuição de melhoria? Obviamente, não. O *shopping center* é obra *privada* e não pública. Não se gastou um centavo de dinheiro público ali, razão pela qual a cobrança do tributo é inconstitucional.

Suponhamos, agora, que determinado Estado tenha construído um presídio de segurança máxima em uma cidade qualquer. Houve nítida desvalorização dos imóveis vizinhos à obra pública em patamar de 20%. É possível a instituição e cobrança da contribuição de melhoria? Também não. E isso porque, muito embora se trate de obra pública, não houve valorização. Sem valorização a cobrança é inconstitucional.

O STJ, a propósito, possui entendimento consolidado nesse sentido. No julgamento de recurso especial, a Segunda Turma assentou:

> [...] o fato gerador da contribuição de melhoria não é a realização da obra, mas sim a decorrente valorização imobiliária. Dessa forma, a base de cálculo para cobrança da contribuição de melhoria é a diferença entre os valores inicial e final do imóvel beneficiado (STJ, REsp 1.137.794/RS, 2009).

Em 2014 a Primeira Turma reiterou esse posicionamento:

> A jurisprudência do STJ é pacífica no sentido de que a contribuição de melhoria é tributo, cujo fato imponível decorre da valorização imobiliária causada pela realização de uma obra pública, cabendo ao ente público o ônus da sua comprovação, a fim de justificar o tributo estipulado (STJ, AgRg no AREsp 406.324/PR, 2014).

Em suma, a instituição e cobrança da contribuição de melhoria ficam na dependência da realização de obra pública e, *simultaneamente*, da valorização dos imóveis da região. Ausente um ou outro desses requisitos, a instituição do tributo é inconstitucional. Daí por que, para alguns, o fato gerador da contribuição é misto.

APROFUNDANDO! MOMENTO EM QUE OCORRE O FATO GERADOR

O fato gerador da contribuição de melhoria, não custa recordar, é a valorização do imóvel decorrente de obra pública. Nesse sentido, pergunta-se: em que momento ocorre? Seria possível efetuar a cobrança do tributo antes do término da obra? Ora, parece que a valorização imobiliária apenas pode ser aferida, calculada, depois que a obra pública está concluída. É difícil saber, antes, se a obra acarretará a valorização, desvalorização ou será indiferente quanto ao valor do imóvel. Ocorre que o art. 9.º do Dec.-lei 195/1967 parece indicar o contrário:

> **Dec.-lei 195/67, art. 9º.** Executada a obra de melhoramento na sua totalidade ou em parte suficiente para beneficiar determinados imóveis, de modo a justificar o início da cobrança da contribuição de melhoria, proceder-se-á ao lançamento referente a esses imóveis depois de publicado o respectivo demonstrativo de custos.

De acordo com o dispositivo, a cobrança pode se dar mesmo que a obra não tenha sido concluída. Basta que parte dela, "suficiente para beneficiar determinados imóveis", esteja pronta para que possa ter início a cobrança do tributo. Hugo de Brito

Machado explica: "Na pavimentação de uma avenida, a contribuição pode ser lançada em relação aos imóveis da área onde vai ficando pronta a pavimentação" (MACHADO, 2011, p. 451). O artigo deve ser interpretado com ressalvas. O que importa, na verdade, não é estar a obra total ou parcialmente pronta. O que importa é verificar se houve ou não a valorização do imóvel. E isso, como regra, ocorre apenas depois que a obra está concluída. Ainda mais quando se sabe que esse tipo de averiguação (quanto à efetiva valorização), muitas vezes depende de análises técnicas por parte de peritos, inspeções etc. O STJ possui entendimento nesse sentido. Em 2006, no julgamento de recurso especial, a Segunda Turma assentou:

> A obra pública inacabada não autoriza a cobrança de contribuição de melhoria, porquanto a obrigação fiscal decorre da valorização do imóvel, ou seja, o valor do imóvel antes do início e após a conclusão da obra, segundo o critério da mais valia na definição da incidência e do fato gerador (STJ, Informativo 300/2006).

No mesmo ano a Primeira Turma decidiu de idêntica maneira:

> Controvérsia que gravita sobre se a obra pública não finalizada dá ensejo à cobrança de contribuição de melhoria [...] Consectariamente, o fato gerador de contribuição de melhoria se perfaz somente após a conclusão da obra que lhe deu origem e quando for possível aferir a valorização do bem imóvel beneficiado pelo empreendimento estatal. Revela-se, portanto, evidente o direito de a empresa que pagou indevidamente a contribuição de melhoria, uma vez que incontroversa a não efetivação da valorização do imóvel, haja vista que a obra pública que deu origem à exação não foi concluída, obter, nos termos do art. 165, do CTN, a repetição do indébito tributário (STJ, REsp 647.134/SP, 2006).

Em suma, o art. 9º do decreto deve ser interpretado com ressalvas. Para que a cobrança seja lícita importa averiguar não o término total ou parcial da obra, mas a efetiva valorização do imóvel. Registre-se que essa valorização, como regra, apenas pode ser verificada após o término da obra.

19.3 OBRAS PÚBLICAS QUE AUTORIZAM A INSTITUIÇÃO DO TRIBUTO E A ZONA DE INFLUÊNCIA

O art. 2.º do Dec.-lei 165/1967 estabelece:

> **Dec.-lei nº 165/67, art. 2º.** Será devida a contribuição de melhoria, no caso de valorização de imóveis de propriedade privada, em virtude de qualquer das seguintes obras públicas:
>
> I – abertura, alargamento, pavimentação, iluminação, arborização, esgotos pluviais e outros melhoramentos de praças e vias públicas;
>
> II – construção e ampliação de parques, campos de desportos, pontes, túneis e viadutos;
>
> III – construção ou ampliação de sistemas de trânsito rápido inclusive todas as obras e edificações necessárias ao funcionamento do sistema;

> IV – serviços e obras de abastecimento de água potável, esgotos, instalações de redes elétricas, telefônicas, transportes e comunicações em geral ou de suprimento de gás, funiculares, ascensores e instalações de comodidade pública;
>
> V – proteção contra secas, inundações, erosão, ressacas, e de saneamento de drenagem em geral, diques, cais, desobstrução de barras, portos e canais, retificação e regularização de cursos d'água e irrigação;
>
> VI – construção de estradas de ferro e construção, pavimentação e melhoramento de estradas de rodagem;
>
> VII – construção de aeródromos e aeroportos e seus acessos;
>
> VIII – aterros e realizações de embelezamento em geral, inclusive desapropriações em desenvolvimento de plano de aspecto paisagístico.

Cabe indagar se tal lista seria *taxativa* ou *exemplificativa*.

Eduardo Sabbag anota: "Parte da doutrina entende que a lista em comento não é taxativa, mas exemplificativa, admitindo-se que outras obras possam gerar o incremento imobiliário justificador do gravame. A nosso ver, com a devida vênia, ainda que reconheçamos a dificuldade de se bem estabelecer, em lista taxativa, um rol de obras capazes de entronizar no patrimônio alheio a valorização imobiliária necessária ao fato gerador do tributo, entendemos que a presente lista desfruta de taxatividade" (SABBAG, 2014, p. 470).

Pensamos, e até com certa convicção, que tal lista só pode ser *exemplificativa*. Tais são as razões que justificam nossa opinião:

- *Competência* – O art. 145, III, da CF/1988 outorga aos entes federativos competência para a instituição de contribuição de melhoria "decorrente de obras públicas". Não há qualquer tipo de especificação ou particularização quanto à obra potencialmente valorizadora dos imóveis. Depreende-se, pois, que o constituinte conferiu ampla liberdade para os legisladores das quatro pessoas federativas, de modo que não cabe ao legislador nacional atuar de modo restritivo;
- *Atribuições da lei complementar* – Ao contrário do que ocorre com os impostos, que, nos termos do art. 146, III, *a*, da CF/1988, devem ter, além de suas definições, também os fatos geradores, bases de cálculo e contribuintes descritos em lei complementar, a Constituição silencia no que toca à contribuição de melhoria. Se quisesse, o texto constitucional teria incumbido a lei complementar de definir também os elementos específicos de seu fato gerador. Não o fez. Logo, deixou ao legislador ordinário plena autonomia para tanto;
- *Momento histórico* – O Decreto-Lei nº 195 foi publicado em 1967. O conceito de "obra pública", naquela época, difere substancialmente do que predomina hoje, até em razão de novas tecnologias etc. Só para citar um exemplo, o decreto não menciona obras relacionadas ao metrô. Obviamente, o conteúdo da lista está historicamente defasado.

Para finalizar, vale mencionar o disposto no art. 3º do Decreto-Lei 195/67, que trata de chamada *zona de influência*:

> **Dec.-lei nº 195/67, art. 3º.** A contribuição de melhoria a ser exigida pela União, Estado, Distrito Federal e Municípios para fazer face ao custo das obras públicas, será cobrada pela Unidade Administrativa que as realizar, adotando-se como critério o benefício resultante da obra, calculado através de índices cadastrais das respectivas zonas de influência, a serem fixados em regulamentação deste Decreto-lei.
>
> § 1º. A apuração, dependendo da natureza das obras, far-se-á levando em conta a situação do imóvel na zona de influência, sua testada, área, finalidade de exploração econômica e outros elementos a serem considerados, isolada ou conjuntamente.
>
> § 2º A determinação da contribuição de melhoria far-se-á rateando, proporcionalmente, o custo parcial ou total das obras, entre todos os imóveis incluídos nas respectivas zonas de influência.
>
> § 3º A contribuição de melhoria será cobrada dos proprietários de imóveis do domínio privado, situados nas áreas direta e indiretamente beneficiadas pela obra.
>
> § 4º Reputam-se feitas pela União as obras executadas pelos Territórios.

A ocorrência do fato gerador da contribuição de melhoria, como visto, depende da efetiva valorização do imóvel particular. Considerando, ademais, que esse acréscimo de valor está diretamente relacionado com a *localização* do imóvel, a delimitação da *zona de influência* é fundamental para aferição dos valores exatos a serem cobrados de cada contribuinte.

A construção de uma linha de metrô, por exemplo, tende a valorizar mais os imóveis vizinhos às estações e menos os imóveis distantes. É possível afirmar, ainda, que, a partir de determinada distância com relação à estação, não há qualquer valorização imobiliária, razão pela qual nada pode ser cobrado. Por isso, a fixação da zona de influência da obra, isto é, o âmbito territorial dentro do qual os imóveis poderão valorizar-se, é fundamental. A partir dessa fixação pode-se determinar com precisão o rateio do valor a ser recolhido entre os contribuintes de forma proporcional à cada valorização individual.

JURISPRUDÊNCIA DO STF – PAVIMENTAÇÃO E RECAPEAMENTO

Registre-se que, de acordo com a lista acima que consta do art. 2.º do Dec.-lei 165/1967, a pavimentação de vias é considerada obra pública e, como tal, autoriza a exigência de contribuição de melhoria. Não obstante, para jurisprudência do STF, o recapeamento asfáltico caracteriza-se como mero serviço público, e não implica valorização do imóvel, razão pela qual não autoriza a instituição e cobrança da contribuição de melhoria. De fato, a Segunda Turma manifestou-se nesse sentido:

> "Recapeamento asfáltico. Não obstante alterada a redação do inciso II do art. 18 pela Emenda Constitucional n. 23/83, a valorização imobiliária decorrente de obra pública – requisito ínsito a contribuição de melhoria – persiste como fato gerador dessa espécie tributaria. Hipótese de recapeamento de via pública já asfaltada: simples serviço de manutenção e conservação que não acarreta valorização do imóvel, não rendendo ensejo a imposição desse tributo" (STF, RE 115.863/SP, 1991).

19.4 LIMITES PARA A COBRANÇA: TOTAL E INDIVIDUAL

De acordo com o art. 81 do CTN, a contribuição de melhoria terá como *limite total* a despesa realizada e como *limite individual* o acréscimo de valor que da obra resultar para cada imóvel beneficiado. O art. 4.º do Dec.-lei 195/1967, por sua vez, determina:

> **Dec.-lei nº 195/67, art. 4º.** A cobrança da contribuição de melhoria terá como limite o custo das obras, computadas as despesas de estudos, projetos, fiscalização, desapropriações, administração, execução e financiamento, inclusive prêmios de reembolso e outras de praxe em financiamento ou empréstimos e terá a sua expressão monetária atualizada na época do lançamento mediante aplicação de coeficientes de correção monetária.

Da interpretação conjunta dos dois dispositivos, conclui-se que existem *dois limites* à cobrança da contribuição de melhoria:

- *Limite total* – Consiste na despesa total realizada pelo Estado para a construção da obra e compreende os gastos com estudos, projetos, desapropriações, fiscalizações etc. Se a obra custou aos cofres públicos R$ 15.000.000,00 (quinze milhões de reais), esse é o limite total a ser arrecadado a título de contribuição de melhoria. Se o Poder Público arrecadar mais do que isso, trata-se de enriquecimento sem causa;
- *Limite individual* – Consiste no *acréscimo de valor* que cada imóvel experimenta por ocasião da obra pública. Por exemplo, antes da obra o imóvel valia R$ 300.000,00 (trezentos mil reais); depois da obra, passou a valer R$ 350.000,00 (trezentos e cinquenta mil reais). Esse "mais-valor" de R$ 50.000,00 (cinquenta mil reais) resulta da obra pública e não do investimento privado no mercado imobiliário. Por isso, é justo que o particular beneficiado contribua para a execução da obra. Se o Estado cobrar além deste limite individual, isto é, mais do que a valorização percebida por cada imóvel em particular, fica caracterizado o confisco, que, como vimos, é vedado constitucionalmente (princípio da vedação do confisco).

Tais limites devem ser *conjugados* para a aferição do valor a ser recolhido por cada contribuinte. Nos exemplos acima citados, o Poder Púbico está autorizado e recolher, no máximo, 15.000.000,00 (quinze milhões de reais). Este valor deve ser rateado entre todos os proprietários que tiveram seus imóveis valorizados. No entanto, cada proprietário apenas poderá ser compelido a recolher até o limite da valorização de seu imóvel.

Assim, a soma do que for recolhido individualmente pelos proprietários dos imóveis beneficiados não deve ser *superior* ao total gasto para a realização da obra. Isso implicaria violação do limite total, o que ensejaria evidente desrespeito ao CTN.

APROFUNDANDO! DIVERGÊNCIA DOUTRINÁRIA QUANTO AO LIMITE TOTAL

A doutrina não está plenamente de acordo quanto à prevalência do limite total e os contornos do limite individual. Alguns sustentam que, com o advento da nova ordem constitucional, aquele limite (total) teria sido suprimido.

Para Roque Carrazza, por exemplo, o limite total teria sido afastado pela Constituição de 1988: "Com a nova Constituição, caiu o limite global de arrecadação da contribuição de melhoria. No regime constitucional anterior, o total arrecadado, a título de contribuição de melhoria, não podia superar o custo total da obra pública que desencadeara a valorização dos imóveis vizinhos. Agora, esta preocupação não precisa mais assaltar as entidades tributantes. Elas lançarão e arrecadarão o tributo de todas as pessoas que tiveram seus imóveis valorizados pela obra pública independentemente de o total arrecadado superar, ou não, o montante das despesas realizadas" (CARRAZZA, 2011, p. 588-599).

Hugo de Brito Machado tem opinião distinta: "A especificidade da contribuição de melhoria reside em ser ela um instrumento pelo qual se retira do proprietário do imóvel a vantagem adicional que ele, individualmente, auferiu com a realização da obra pública, ou retira dele, pelo menos, o equivalente ao custo da obra pública respectiva. Se o incremento de valor dos imóveis, no total, é maior do que o custo da obra, prevalece este como limite global. Os contribuintes serão, neste caso, beneficiados proporcionalmente. Se, a título de contribuição de melhoria a União, os Estados ou o Município cobra mais que o incremento de valor dos imóveis, ou cobra mais que o custo da obra pública, na verdade, está cobrando imposto, e não contribuição de melhoria. E, se cobra imposto que não se compreende em sua competência tributária, fere a Constituição" (MACHADO, 2011, p. 450).

Luís Eduardo Schoueri observa: "Além do argumento acima, soma-se o que já se falou acerca do papel da lei complementar: se o próprio Código Tributário Nacional previu o limite total da contribuição como custo da obra, não há que tolerar lei ordinária municipal, estadual ou federal que contrarie tal limite" (SCHOUERI, 2012, p. 186).

Concordamos com Machado e Schoueri. De fato, a característica específica da contribuição de melhoria é fazer face ao custo de obras públicas. Se o ente federativo cobra um valor além desses custos, então estamos diante de imposto. Nesse sentido, pensamos que o valor global está mantido. A única ressalva que fazemos é que os contribuintes, caso a valorização de seus imóveis seja superior ao custo da obra, devem ser beneficiados progressivamente e não proporcionalmente, em homenagem ao princípio da capacidade contributiva.

19.5 BASE DE CÁLCULO A ALÍQUOTAS PROGRESSIVAS

A determinação da base de cálculo da contribuição de melhoria requer uma atenção especial. A razão dessa preocupação reside em que, dependendo da base adotada, a contribuição pode confundir-se com o imposto predial e territorial urbano (IPTU) ou imposto territorial rural (ITR).

Se a base de cálculo da contribuição de melhoria for o *valor do imóvel*, então estamos diante de um dos dois impostos acima mencionados, a depender apenas da localização do imóvel: se na zona urbana (IPTU) ou rural (ITR). Além do mais, se a base de cálculo for realmente essa, então há séria evidência de que a obra pública *não* gerou a valorização do imóvel, o que tornaria sua cobrança, de qualquer maneira, inconstitucional.

Devemos, pois, fixar de maneira bastante clara que:

- o fato gerador da contribuição de melhoria é a *valorização* do imóvel decorrente de obra pública e;
- a base de cálculo desse tributo é o *acréscimo de valor* do imóvel e *não* seu valor venal;

Pois bem, feita esta ressalva, qual deve ser o *critério* para a fixação da base de cálculo desse tributo? Ora, só pode ser o *acréscimo de valor* que experimenta o imóvel em virtude da obra pública. Note-se: a base de cálculo não é o *valor* do imóvel, mas o *acréscimo de valor*. Se o imóvel valia, antes da obra, R$ 100.000,00 (cem mil reais) e, depois, passou a valer R$ 130.000,00 (cento e trinta mil reais), a base de cálculo apenas pode ser: R$ 30.000,00 (trinta mil reais).

De acordo com o art. 145, III, da CF/1988, a contribuição qualifica-se como "de melhoria". Essa *melhoria* significa o *acréscimo de valor* percebido pelo imóvel por ocasião da obra pública. Por isso, esse "mais-valor" é a base de cálculo sobre a qual incidirão as alíquotas fixadas pelo ente competente. Assim, a variação das alíquotas deve pautar-se pelo respeito:

- Ao limite global, além do qual a cobrança enseja enriquecimento sem causa por parte do Estado;
- Ao limite individual, além do qual a cobrança enseja violação do princípio da vedação do confisco; e
- Aos critérios de calibração, isto é, os ajustes que devem ser feitos para que cada contribuinte recolha o montante compatível com o nível de valorização experimentado, especificamente, por cada imóvel.

O CTN e o Dec.-lei 195/1967 fixam esses critérios de calibração:

CTN, art. 82 [...]

§ 1º A contribuição relativa a cada imóvel será determinada pelo rateio da parcela do custo da obra a que se refere a alínea c, do inciso I, pelos imóveis situados na zona beneficiada em função dos respectivos fatores individuais de valorização.

Dec.-Lei 195/67, art. 3º [...]

§ 2º A determinação da Contribuição de Melhoria far-se-á rateando, proporcionalmente, o custo parcial ou total das obras, entre todos os imóveis incluídos nas respectivas zonas de influência.

Uma vez que a contribuição de melhoria incide sobre o acréscimo de valor experimentado por cada imóvel (acréscimo que resulta de uma obra financiada por toda a coletividade e não pela expertise de investimento no mercado imobiliário), cremos que não há quaisquer empecilhos para o estabelecimento de *alíquotas progressivas*.

Ora, alguns autores insistem no aspecto ético desse tributo. Se assim é, nada mais apropriado do que fazer as alíquotas variarem conforme a capacidade contributiva de cada proprietário. Ocorre que, nesse caso, devemos buscar *outros* signos presuntivos de riqueza que apontem para *além* do mero acréscimo de valor. Uma vez que o próprio STF admite que se considere elementos da base de cálculo de impostos para a fixação da base de cálculo das taxas, parece que não há problema em adotar o mesmo procedimento para a contribuição de melhoria.

Nesse caso, não haveria empecilhos em tomar-se de empréstimo elementos da base de cálculo do imposto predial e territorial urbano (IPTU) para fins de variação progressiva das alíquotas da contribuição de melhoria. Assim, os proprietários mais ricos contribuirão com um valor progressivamente mais elevado. É possível até, e justo nos parece, que os mais pobres recebam isenção. Ressaltamos que esse posicionamento é isolado na doutrina e não deve utilizado por estudantes que se preparam para concursos públicos.

APROFUNDANDO - CONTRIBUIÇÃO DE MELHORIA E IMPOSTO SOBRE A RENDA (IR)

O art. 17 do Dec.-lei 195/1967 determina: "Para efeito do imposto sobre a renda devido sobre a valorização imobiliária resultante de obra pública, deduzir-se-á a importância que o contribuinte houver pago a título de contribuição de melhoria". O fato gerador do imposto de renda, de acordo com o art. 43 do CTN, é "a aquisição da disponibilidade econômica ou jurídica (I) de renda, assim entendido o produto do capital, do trabalho ou da combinação de ambos; ou (II) de proventos de qualquer natureza, assim entendido os acréscimos patrimoniais não compreendidos no inciso anterior". Ora, a valorização do imóvel decorrente de obra pública significa acréscimo patrimonial. Esse acréscimo constitui fato gerador do imposto sobre a renda (IR). Ocorre que, uma vez paga a contribuição de melhoria, esse acréscimo é retirado do contribuinte. Quer dizer, o montante da valorização, apesar de "aderir" ao valor do imóvel, é recolhido a título de contribuição de melhoria. Imaginemos que determinado imóvel valha R$ 100.000,00 (cem mil reais). Depois da obra pública, passa a valer R$ 105.000,00 (cento e cinco mil reais). O acréscimo patrimonial é de R$ 5.000,00 (cinco mil reais). Se esse valor for recolhido a título de contribuição de melhoria, não faria sentido cobrá-lo novamente como imposto sobre a renda (IR). É importante notar que a contribuição de melhoria pode ser cobrada em um valor inferior à efetiva valorização. No exemplo citado, imagine-se a cobrança no valor de R$ 3.000,00 (três mil reais). O restante implica acréscimo de riqueza que efetivamente incorpora-se ao patrimônio do contribuinte. Nesse caso, incide imposto de renda sobre o restante do valor, isto é, R$ 2.000,00 (dois mil reais).

19.6 SUJEITO ATIVO E SUJEITO PASSIVO

De acordo com o art. 145, III, da CF/1988, os entes competentes para a instituição de contribuição de melhoria são a União, os Estados, o Distrito Federal e os Municípios. É intuitivo, portanto, que também serão os sujeitos ativos, isto é, os detentores da capacidade tributária ativa. Devem fiscalizar e cobrar a contribuição instituída.

Já vimos que a competência tributária, no caso da contribuição de melhoria, depende da competência administrativa. Assim, instituído o tributo de acordo com a Constituição, o sujeito ativo é, como regra, o ente federativo que exerceu a competência.

O Dec.-lei 195/1967 introduz alguns artigos específicos voltados à sujeição ativa:

> **Dec.-lei 195/67, art. 12** [...]
>
> § 5º No caso do serviço público concedido, o poder concedente poderá lançar e arrecadar a contribuição.
>
> § 6º Mediante convênio, a União poderá legar aos Estados e Municípios, ou ao Distrito Federal, o lançamento e a arrecadação da contribuição de melhoria devida por obra pública federal, fixando a percentagem na receita, que caberá ao Estado ou Município que arrecadar a Contribuição.
>
> § 7º Nas obras federais, quando, por circunstâncias da área ser lançada ou da natureza da obra, o montante previsto na arrecadação da contribuição de melhoria não compensar o lançamento pela União, ou por seus órgãos, o lançamento poderá ser delegado aos municípios interessados e neste caso:
>
> a) caberão aos Municípios o lançamento, arrecadação e as receitas apuradas; e
>
> b) o órgão federal delegante se limitará a fixar os índices e critérios para o lançamento.
>
> art. 13. A cobrança da Contribuição de Melhorias, resultante de obras executadas pela União, situadas em áreas urbanas de um único Município, poderá ser efetuada pelo órgão arrecadador municipal, em convênio com o órgão federal que houver realizado as referidas obras.

Como se percebe, os dispositivos tratam da hipótese de delegação (transferência) da capacidade tributária ativa da União para Estados, Distrito Federal e Municípios. Quer dizer, não se trata de transferir a competência para a instituição do tributo. Trata-se de transferir a capacidade tributária ativa, nas hipóteses acima elencadas.

O art. 8.º do Dec.-lei 195/1967 trata da sujeição passiva tributária, nos seguintes termos:

> **Dec.-lei 196/67, art. 8º**. Responde pelo pagamento da contribuição de melhoria o proprietário do imóvel ao tempo do seu lançamento, e esta responsabilidade se transmite aos adquirentes e sucessores, a qualquer título, do domínio do imóvel.
>
> § 1º No caso de enfiteuse, responde pela contribuição de melhoria o enfiteuta.
>
> § 2º No imóvel locado é lícito ao locador exigir aumento de aluguel correspondente a 10% (dez por cento) ao ano da contribuição de melhoria efetivamente paga.
>
> § 3º É nula a cláusula do contrato de locação que atribua ao locatário o pagamento, no todo ou em parte, da contribuição de melhoria lançada sobre o imóvel.
>
> § 4º Os bens indivisos serão considerados como pertencentes a um só proprietário e aquele que for lançado terá direito de exigir dos condôminos as parcelas que lhes couberem.

Observe-se que o dispositivo é claro: considera-se contribuinte da contribuição de melhoria o proprietário ao tempo do *lançamento* do tributo e não à época da realização da obra pública. Se posteriormente ao lançamento houver a transferência da propriedade, os adquirentes estão obrigados ao recolhimento na qualidade de responsáveis tributários.

O art. 8º, § 3º, está em consonância com o disposto no art. 123 do CTN:

CTN. art. 123. Salvo disposições de lei em contrário, as convenções particulares, relativas à responsabilidade pelo pagamento de tributos, não podem ser opostas à Fazenda Pública, para modificar a definição legal do sujeito passivo das obrigações tributárias correspondentes.

19.9 REQUISITOS PARA A COBRANÇA

Os arts. 82 do CTN e 5.º, 6º e 7º do Dec.-lei 195/1967 estabelecem alguns requisitos formais necessários à cobrança do tributo. Tais requisitos devem ser atendidos *cumulativamente*, em vista da posição do STJ segundo a qual o CTN e o Dec.-Lei 195/1967 continuam, ambos, em vigor. Vejamos:

CTN, art. 82. A lei relativa à contribuição de melhoria observará os seguintes requisitos mínimos:

I – publicação prévia dos seguintes elementos:

a) memorial descritivo do projeto;

b) orçamento do custo da obra;

c) determinação da parcela do custo da obra a ser financiada pela contribuição;

d) delimitação da zona beneficiada;

e) determinação do fator de absorção do benefício da valorização para toda a zona ou para cada uma das áreas diferenciadas, nela contidas;

II – fixação de prazo não inferior a 30 (trinta) dias, para impugnação pelos interessados, de qualquer dos elementos referidos no inciso anterior;

III – regulamentação do processo administrativo de instrução e julgamento da impugnação a que se refere o inciso anterior, sem prejuízo da sua apreciação judicial.

§ 1º A contribuição relativa a cada imóvel será determinada pelo rateio da parcela do custo da obra a que se refere a alínea c, do inciso I, pelos imóveis situados na zona beneficiada em função dos respectivos fatores individuais de valorização.

§ 2º Por ocasião do respectivo lançamento, cada contribuinte deverá ser notificado do montante da contribuição, da forma e dos prazos de seu pagamento e dos elementos que integram o respectivo cálculo.

Dec.-lei 195/67, art. 5º. Para cobrança da contribuição de melhoria, a Administração competente deverá publicar o Edital, contendo, entre outros, os seguintes elementos:

I – Delimitação das áreas direta e indiretamente beneficiadas e a relação dos imóveis nelas compreendidos;

II – memorial descritivo do projeto;

III – orçamento total ou parcial do custo das obras;

IV – determinação da parcela do custo das obras a ser ressarcida pela contribuição, com o correspondente plano de rateio entre os imóveis beneficiados.

Parágrafo único. O disposto neste artigo aplica-se, também, aos casos de cobrança da contribuição de melhoria por obras públicas em execução, constantes de projetos ainda não concluídos.

Art. 6º Os proprietários de imóveis situados nas zonas beneficiadas pelas obras públicas têm o prazo de 30 (trinta) dias, a começar da data da publicação do Edital referido no artigo 5º, para a impugnação de qualquer dos elementos dele constantes, cabendo ao impugnante o ônus da prova.

Art. 7º A impugnação deverá ser dirigida à Administração competente, através de petição, que servirá para o início do processo administrativo conforme venha a ser regulamentado por decreto federal.

A propósito destes requisitos formais, Eduardo Sabbag esclarece: "O processo que visa à cobrança da contribuição de melhoria é ato jurídico complexo, que compreende uma série de atos preparatórios e declaratórios, previstos em lei, cuja preterição pode determinar a anulação do lançamento. Trata-se de várias exigências editalícias indispensáveis. Com efeito, o edital compreende uma sequência concatenada de etapas e atos administrativos, articulados entre si, sendo que um tem que preceder o outro obrigatoriamente, sob pena de inexigibilidade do tributo. A inobservância da ordem recomendada é fatal à exigibilidade do tributo" (SABBAG, 2014, p. 487).

Quanto ao momento em que o edital deve ser publicado, registre-se a exposição de Schoueri: "Um último ponto que poderia gerar alguma dúvida seria quanto ao momento em que deve ser publicado o edital previsto no art. 82 do Código Tributário Nacional: se o texto legal fala em 'publicação prévia', não esclarece prévia a quê? Ou seja: seria a publicação prévia à obra ou prévia à cobrança? Se prevalecer o texto do referido art. 82, parece mais acertado entender que seria prévia à obra. Afinal, a ideia de 'memorial descritivo do projeto', ou 'orçamento' implica inexistência da obra. Se esta está concluída, já não se publica um mero orçamento, mas um relatório. Ademais, fala a lei complementar em obra a 'ser financiada', o que mais uma vez evidencia a ideia de que o edital em questão haveria de ser anterior à obra" (SCHOUERI, 2012, p. 188).

O autor conclui: "Não obstante, argumenta-se que somente após a conclusão da obra é que se saberia com precisão qual o seu custo, podendo-se avaliar, então, quanto acresceram de valor os imóveis beneficiados. Por isso, sustenta-se que a publicação deve anteceder a cobrança e não a realização da obra. Foi este o entendimento do Supremo Tribunal Federal, quando o relator, Ministro Octavio Galloti, entendeu que, desde que a lei específica tenha sido promulgada antes do início da realização da obra, o edital pode ser publicado mesmo depois de aquela ter sido encerrada, já que o 'escopo do edital não é o de ensejar a impugnação da feitura da obra, mas o de possibilitar a contestação da exigência de incremento trazido ao valor do imóvel adjacente, e esse objetivo pode surtir efeito com a divulgação anterior à cobrança, mesmo posterior à conclusão da obra" (STF, RE 107.500-7/PR, 1ª Turma, 1986) (SCHOUERI, 2012, p. 188).

Sem dúvida, já em 1983 a Primeira Turma do STF firmou entendimento no sentido de que a publicação pode ser posterior *à obra*, desde que ocorra antes da cobrança: "Contribuição de melhoria. Sentença antecipada. Veto regimental (art. 325, VIII, do RI – STF). Ofensa ao art. 18, II, da Constituição Federal. Divergência jurisprudencial quanto à aplicação do art. 5º do Decreto-Lei nº 195/67. Prevalência da tese de que a publicação prévia do edital previsto no mencionado dispositivo é necessária para a cobrança da contribuição de melhoria e não para a realização da obra. Recurso extraordinário conhecido e provido" (STF, RE 98.408/PR, 1983).

A interpretação vem sendo reafirmada pelo STJ. Em 1995, a Segunda Turma assentou: "A publicação do edital é necessária para a cobrança da contribuição e não para a realização da obra. Precedente do STF" (STJ, REsp 8.417/SP, 1995). Em 2005 a posição foi confirmada (STJ, REsp 143.998/SP, 2005).

Pensamos que, de fato, o ponto de vista adotado pelo STF e STJ é o mais adequado à realização das finalidades visadas pelo texto constitucional ao conceder aos entes federativos competência para a instituição de contribuição de melhoria: trata-se de extrair aos proprietários de imóveis privados a parcela de mais-valor oriunda da valorização ocasionada pela obra pública e não lhes facultar o controle da realização da obra pelo Poder Público. Nesse sentido, apenas após a realização da obra pode-se saber, com razoável precisão, exatamente o *quantum* de valorização que cada imóvel particular experimentou. Deve prevalecer, no caso, a interpretação teleológica.

JURISPRUDÊNCIA DO STJ - LEIS ESPECÍFICAS PARA CADA OBRA REALIZADA

É entendimento pacificado no STJ que, para cada obra, deverá ser feita uma lei específica, que possibilite a imposição da contribuição de melhoria. Vedado ao administrador público lançá-la de ofício, baseado na mera ocorrência da obra e da verificação da valorização: TRIBUTÁRIO. RECURSO ESPECIAL. CONTRIBUIÇÃO DE MELHORIA. LEI ESPECÍFICA PARA CADA OBRA. EXIGIBILIDADE. ART. 82, I, DO CTN. 1. O art. 82, I, do CTN exige lei específica, para cada obra, autorizando a instituição de contribuição de melhoria. Se a publicação dos elementos previstos no inciso I do art. 82 do CTN deve ser prévia à lei que institui a contribuição de melhoria, só pode se tratar de lei específica, dada a natureza concreta dos dados exigidos. 2.Acórdão recorrido consone a jurisprudência firmada em ambas as Turmas integrantes da Primeira Seção do STJ. 3. Recurso Especial não provido. (REsp 1676246/SC, Rel. Ministro Herman Benjamin, Segunda Turma, 13/09/2017).

Em outras palavras, é imprescindível para a instituição da contribuição de melhoria lei prévia e específica, além da comprovação da efetiva valorização imobiliária decorrente da obra pública, sendo da administração pública o ônus da referida prova.

19.10 LANÇAMENTO

O lançamento relativo à contribuição de melhoria se faz *de ofício*. Trata-se de lançamento direto (CTN, art. 149). A autoridade administrativa dispõe de todas as informações de direito e de fato necessárias à averiguação do valor a ser cobrado do contribuinte. Notifica-o e abre-se o prazo para o pagamento ou impugnação do procedimento. A propósito, o art. 10 do Dec.-lei 195/1967 estabelece:

> **Dec.-lei 195/67, art. 10.** O órgão encarregado do lançamento deverá escriturar, em registro próprio, o débito da Contribuição de Melhoria correspondente a cada imóvel, notificando o proprietário, diretamente ou por edital, do:
>
> I – valor da Contribuição de Melhoria lançada;
>
> II – prazo para o seu pagamento, suas prestações e vencimentos;
>
> III – prazo para a impugnação;
>
> IV – local do pagamento.

> Parágrafo único. Dentro do prazo que lhe for concedido na notificação do lançamento, que não será inferior a 30 (trinta) dias, a contribuinte poderá reclamar, ao órgão lançador, contra:
>
> I – o erro na localização e dimensões do imóvel;
>
> II – o cálculo dos índices atribuídos;
>
> III – o valor da contribuição;
>
> IV – o número de prestações.

De qualquer maneira, a impugnação efetuada pelo contribuinte não terá efeito suspensivo. É o que determina o art. 11 do decreto:

> **Dec.-lei 195/76, art. 11.** Os requerimentos de impugnação de reclamação, como também quaisquer recursos administrativos não suspendem o início ou prosseguimento das obras e nem terão efeito de obstar à administração a prática dos atos necessários ao lançamento e cobrança da contribuição de melhoria.

Registre-se, contudo, que, em nosso entender, a impugnação do lançamento ou a interposição de recurso *suspendem a exigibilidade do crédito tributário*, nos termos do art. 151, III, do CTN. Em outras palavras, não suspendem o início ou prosseguimento das obras, nem obstarão à Administração a prática de atos necessários ao lançamento e cobrança. No entanto, suspendem a exigibilidade do crédito, por disposição expressa do CTN.

APROFUNDANDO! MODELO ADOTADO: AMERICANO, ALEMÃO OU MISTO?

A evolução histórica do âmbito constitucional da contribuição de melhoria evidencia o abandono do critério de valorização do imóvel como elemento essencial ao perfil normativo do tributo. De fato, a Constituição de 1934 fala explicitamente: "Provada a valorização do imóvel [...]". As Constituições de 1946 e 1967, bem como a EC nº 01/69, mencionam, respectivamente "valorização do imóvel", "valorização imobiliária" e "imóveis valorizados". Não obstante, a EC nº 23/1983 não se vale de qualquer destas expressões, realçando, pelo contrário, que a contribuição será exigida dos proprietários de imóveis "beneficiados" (e não *valorizados*) por obras públicas. Luís Eduardo Schoueri anota: "As mudanças no texto foram muito claras: substituía-se o termo 'valorizados' por 'beneficiados', ao mesmo tempo em que se excluía a referência ao 'limite individual'" (SCHOUERI, 2012, p. 180).

Na verdade, esta mudança expressava uma inflexão ainda mais profunda: no lugar de adotar o modelo americano, fundado na noção de contraprestação a um benefício (o acréscimo de valor), o legislador constituinte reformador passava a optar pelo modelo alemão, lastreado tão somente na noção de custo. Schoueri esclarece: "Em face da análise do dispositivo legal acima transcrito, parece claro o intuito do constituinte derivado em 1983: a contribuição de melhoria já não mais se deveria sujeitar ao regime complexo imposto pelo Decreto-lei n. 195/67, que espelhava uma contribuição 'de benefício', adotando-se, agora, uma contribuição 'de custo', bem mais simples e que, seguindo o exemplo da 'Erschliessungsbeirag' alemã, teria como único parâmetro o custo da obra, de cuja realização o constituinte já presumia (presunção legal) a ocorrência de valorização" (SCHOUERI, 2012, p. 180).

Pois bem, logo se percebe o tamanho do problema. A Constituição de 1988 fala em "contribuição de melhoria decorrente de obras públicas". Não há menção à eventual valorização do imóvel. Nesse sentido, pergunta-se: vige, hoje, o modelo americano ou alemão? A contribuição de melhoria consagrada pelo texto constitucional funda-se na noção de benefício ou de custo?

Sacha Calmon Navarro Coêlho sustenta: "A Constituição de 1988 optou pela contribuição de melhoria recuperadora, a posteriori, do custo de obra pública valorizadora, tendo por base de cálculo geral o custo total da obra, a ser repartido, no todo ou em parte, conforme a lei, entre os contribuintes. Estamos convencidos de que a contribuição recuperadora da mais-valia desapareceu de nosso Direito" (COÊLHO, 2009, p. 413). Luís Eduardo Schoueri inclina-se pela mesma conclusão: "Assim, parece claro que, pelo texto constitucional de 1988, a contribuição de melhoria já não mais se caracteriza como *benefit assesstment,* sendo autorizada a *cost assestment* [...] A seguir tal entendimento, deve-se concluir que as pessoas jurídicas de direito público não estariam adstritas aos limites impostos pelo Decreto-lei n. 195/67, na instituição de sua contribuição de melhoria. Possível, pois, a instituição da contribuição, desde que presente o elemento 'melhoria' que com 'valorização' não se confunde. Limite para a contribuição de melhoria permaneceria sendo, exclusivamente, o custo da obra (*cost assessment*)" (SCHOUERI, 2012, p. 184).

Muito embora Schoueri admita que, no Brasil, os entes federativos estão autorizados a instituir contribuição de melhoria fundada no modelo americano (valorização do imóvel), esta conclusão não provém do texto constitucional, mas do que dispõe o CTN: "Em síntese, embora não pareça ser requisito constitucional a valorização do imóvel, não há antinomia entre o Código Tributário Nacional e a Constituição Federal. Simplesmente, o legislador complementar, no uso de sua competência, definiu o alcance da contribuição de melhoria autorizada pela Constituição. Obviamente, nova lei complementar poderia vir a dispensar o requisito da valorização. Não o fazendo, entretanto, deve-se seguir o que dispõe a lei complementar em vigor" (SCHOUERI, 2012, p. 185).

Eduardo Sabbag parece sugerir a adoção de um modelo misto: "Conquanto sedutores os argumentos apresentados, com a devida vênia, predispomo-nos a oferecer resistência à implementação doméstica do modelo teutônico. A nosso ver, o Brasil é uma nação na qual muito se tem por fazer, em infraestrutura, quanto ao financiamento de obras públicas. O modelo alemão de cobrança da presente exação vocaciona-se a transferir os encargos estatais aos contribuintes. Não se faz grande esforço para perceber que aqueles mais necessitados de obras públicas são exatamente os que possuem menor potencial contributivo. Disso decorre que o modelo alemão, longe de realizar a justiça fiscal, em nossas terras, tende a recrudescer a regressividade do sistema tributário brasileiro, promovendo desigualização, no lugar de isonomia. A bem da verdade, nenhum dos modelos previstos, por si só, é capaz de conferir a ideal justiça fiscal ao tributo. Esta é a razão por que se adotou, no Brasil, à semelhança das experiências peruana e colombiana, o sistema misto (mitigado ou heterogêneo), no qual a contribuição de melhoria é cobrada à luz do critério da mais-valia imobiliária, porém tendo como limite total o custo da obra" (SABBAG, 2014, p. 480).

Esta parece ser a orientação que prevalece no STF. Em 2009, a Segunda Turma do STF, por meio do voto da relatora, Ministra Ellen Gracie, consignou: "Esta Corte consolidou o entendimento no sentido de que a contribuição de melhoria incide sobre o quantum da valorização imobiliária" (STF, AI 694.836 (AgR)/SP, 2009). Dessa maneira, a base de cálculo da contribuição de melhoria é a efetiva valorização experimentada pelo imóvel em decorrência de obra pública, isto é, sua mais-valia. A jurisprudência dos Tribunais é firme no sentido de que a base de cálculo não deve ser fixada tendo como base unicamente o custo da obra realizada.

SÚMULAS DO STF E DO STJ:

SÚMULA STF

Não há.

SÚMULA STJ

Não há.

SÍNTESE DOS PRINCIPAIS ENTENDIMENTOS JURIPRUDENCIAIS

"Sem valorização imobiliária decorrente de obra pública não há contribuição de melhoria, porque a hipótese de incidência desta é a valorização e a sua base de cálculo é a diferença entre os dois momentos: o anterior e o posterior à obra pública, vale dizer o quantum da valorização imobiliária" (STF, 2.ª T., RE 114.069-1/SP).

"A contribuição de melhoria tem como limite geral o custo da obra, e como limite individual a valorização do imóvel beneficiado. Prevalece o entendimento no STF e no STJ de que não houve alteração do CTN pelo DL 195/67. É ilegal a contribuição de melhoria instituída sem observância do limite individual de cada contribuinte" (STJ, REsp. 362.788/RS, 2002).

"O fato gerador da contribuição de melhoria não é a realização da obra, mas sim a decorrente valorização imobiliária. Dessa forma, a base de cálculo para cobrança da contribuição de melhoria é a diferença entre os valores inicial e final do imóvel beneficiado" (STJ, REsp 1.137.794/RS, 2009).

"O art. 82, I, do CTN exige lei específica, para cada obra, autorizando a instituição de contribuição de melhoria. Se a publicação dos elementos previstos no inciso I do art. 82 do CTN deve ser prévia à lei que institui a contribuição de melhoria, só pode se tratar de lei específica, dada a natureza concreta dos dados exigidos". (REsp 1676246/SC)

"Prevalência da tese de que a publicação prévia do edital previsto no mencionado dispositivo é necessária para a cobrança da contribuição de melhoria e não para a realização da obra. Recurso extraordinário conhecido e provido" (STF, RE 98.408/PR, 1983).

"Assim, não existindo prova da efetiva valorização imobiliária decorrente de obra pública, e levando-se em conta que a valorização não pode ser presumida, não cabe a cobrança da Contribuição de Melhoria" (REsp 1698570/PR).

20

EMPRÉSTIMO COMPULSÓRIO

20.1 NATUREZA JURÍDICA TRIBUTÁRIA

Em 1963 João Mangabeira publicou um artigo intitulado *Empréstimo compulsório – Natureza jurídica – Autorização orçamentária para a cobrança*. No início do trabalho, observa: "O tributo que se dissimula sob a denominação de 'Empréstimo Compulsório' não perde a sua natureza, nem se transmuda na sua substância, porque lhe apuseram um nome falso. Seja qual for o apelido ou o pseudônimo com que o legislador o encobrir, o pagamento compulsório feito pelo indivíduo ao Tesouro Público será sempre um tributo e jamais poderá ser um empréstimo. Até mesmo porque 'empréstimo compulsório' é uma contradição nos termos" (MANGABEIRA, 1963, p. 369).

Por outro lado, em 1964, o Supremo Tribunal Federal adotou a Súmula 418, com o seguinte enunciado:

> ***Súmula nº 418 do STF:*** O empréstimo compulsório não é tributo, e sua arrecadação não está sujeita à exigência constitucional da prévia autorização orçamentária.

Àquela época, sob a égide da Constituição de 1946, a Corte considerava a figura:

> "um contrato forçado entre o Poder Público e o contribuinte, não se confundindo com a figura do tributo. Sua cobrança não está sujeita à formalidade da prévia autorização orçamentária, e estabelecida no art. 141, parágrafo 34, da Constituição" (STF, RMS 11.671/1964).

Deixando de lado a estranheza que a noção de "contrato forçado" causa, pois a autonomia da vontade é elemento constitutivo da relação contratual, parte da doutrina, de fato, não o caracterizava como espécie tributária. Como salientava Alfredo Augusto Becker, "deve-se observar que, para negar a natureza tributária ao empréstimo compulsório, os autores encontraram somente um único argumento: a sua restituição à pessoa que o pagou" (BECKER, 2010, p. 419-420).

Realmente, de acordo com parte da doutrina da época, uma vez que o empréstimo compulsório deveria ser devolvido, não poderia ser tributo, pois este (o tributo) implica, necessariamente, receita definitiva do Estado. O dever de devolver a quantia recolhida retirava ao empréstimo compulsório a natureza tributária.

Becker respondia a esse argumento nos seguintes termos: "O fato de o Estado devolver ao contribuinte em dinheiro (ou em títulos) o valor do tributo (com ou sem 'juros') não desqualifica a sua natureza jurídica de tributo, porque a destinação (indeterminada ou determinada) não altera sua natureza jurídica que continuará sendo a de tributo" (BECKER, 2010, p. 420).

Muito embora o STF tenha pacificado jurisprudência no sentido de que se tratava de contrato forçado, vigorava na doutrina acirrada disputa em torno dos contornos jurídicos da figura. Três posições estavam em destaque, de acordo com o Becker:

- O empréstimo compulsório não deveria ser considerado imposto, mas espécie de empréstimo público;
- O empréstimo compulsório não deveria ser considerado empréstimo público e nem imposto, porém, uma requisição temporária de capital;
- A natureza jurídica do empréstimo compulsório era a de imposto.

Pois bem, o debate perdeu o sentido após a Emenda Constitucional 18/65; da Constituição de 1967 e, especialmente, da Emenda Constitucional 01/69. No que toca a esta última, dois artigos dispunham sobre o empréstimo compulsório:

> **EC 01/69, art. 18, § 3.º:** Somente a União, nos casos excepcionais definidos em lei complementar, poderá instituir empréstimo compulsório;
>
> [...]
>
> **Art. 21, § 2.º, II:** A União pode instituir empréstimos compulsórios, nos casos especiais definidos em lei complementar, aos quais se aplicarão as disposições constitucionais relativas aos tributos e às normas gerais do direito tributário.

À luz desses dispositivos constitucionais, a doutrina, com algumas exceções, pôs-se de acordo quanto à natureza jurídica tributária do empréstimo compulsório. Apesar da demora o próprio STF, em 1988, chegou à conclusão de que "a súmula 418 perdeu a validade em face do art. 21, § 2.º, II, da Constituição Federal (redação da Emenda Constitucional 1/69)" (STF, RE 111.954-3/PR).

20.2 O EMPRÉSTIMO COMPULSÓRIO NA CONSTITUIÇÃO DE 1988

Não há mais qualquer dúvida quanto à natureza jurídica do empréstimo compulsório: trata-se de tributo. A Constituição de 1988 disciplina-o (CF, art. 148) na seção dos princípios gerais, no capítulo do Sistema Tributário Nacional, após mencionar os impostos, taxas e contribuições de melhoria (CF, art. 145) e imediatamente antes de dispor sobre as contribuições especiais (CF, art. 149). Além do mais, está de acordo com o conceito do art. 3.º do CTN.

Paulo de Barros Carvalho, a propósito, observa: "Nunca será demasiado reafirmar a índole tributária dos empréstimos compulsórios: satisfazem, plenamente, as cláusulas que compõem a redação do art. 3.º do CTN, tido como expressão eloquente daquilo que o próprio sistema jurídico brasileiro entende por 'tributo', de nada importando o plus representado pela necessidade de restituição, ínsita ao conceito 'empréstimo', porque bem sabemos que o nome atribuído à figura ou o destino que se dê ao produto da arrecadação nada acrescentam à natureza jurídica do tributo" (art. 4.º do CTN) (CARVALHO, 2012 , p. 64-65).

Nesse sentido, o art. 148 do texto constitucional estabelece:

> **CF, art. 148.** A União, mediante lei complementar, poderá instituir empréstimos compulsórios:
>
> I – para atender a despesas extraordinárias, decorrentes de calamidade pública, de guerra externa ou sua iminência;
>
> II – no caso de investimento público de caráter urgente e de relevante interesse nacional, observado o disposto no art. 150, III, *b*".
>
> Parágrafo único. A aplicação dos recursos provenientes de empréstimo compulsório será vinculada à despesa que fundamentou sua instituição.

Três informações despontam, desde logo, como de fundamental importância:

- *Competência exclusiva da União* – Apenas este ente federativo está autorizado a instituir empréstimo compulsório e *não* há exceção;
- *Reserva de lei complementar* – O tributo deve ser instituído ou aumentado por lei complementar. Daí concluir-se que medida provisória *não* está autorizada a dispor sobre a matéria;
- *Vinculação das receitas às despesas* – As quantias arrecadadas a título de empréstimo compulsório devem ser aplicadas na despesa que fundamentou sua instituição (calamidade pública, guerra externa ou investimento público), sob pena da inconstitucionalidade da lei que criou o tributo.

Como se percebe, a característica *essencial* do empréstimo compulsório é apontada pelo próprio nome que a Constituição lhe deu: *empréstimo*. Trata-se, pois, de tributo *restituível*, isto é, que deve ser *devolvido* à pessoa natural ou jurídica que efetuou o pagamento. A restituição do valor pago pelo contribuinte é a marca distintiva dessa espécie tributária.

As razões por que essa figura está prevista no texto constitucional são muito claras: as hipóteses de calamidade pública, guerra externa e investimento público urgente são razoavelmente *imprevisíveis* e demandam recursos financeiros com os quais a União usualmente não conta. Daí exigir-se dos particulares um "empréstimo" que tem como objetivo atender às emergências acima mencionadas. As receitas oriundas desse tributo são, portanto, extraordinárias.

É importante compreender que a lei complementar necessária à criação do tributo deve, *necessariamente*, prever as *formas* e *prazos* para a devolução da quantia a ser arrecadada. Essa é a ordem contida no art. 15, parágrafo único, do CTN:

> **CTN, art. 15** [...]
> Parágrafo único. A lei fixará obrigatoriamente o prazo do empréstimo e as condições de seu resgate, observando, no que for aplicável, o disposto nesta lei.

Se os prazos e condições de resgate estiverem ausentes da lei, a instituição do tributo é inconstitucional. Primeiro, porque deixa de caracterizar-se como *empréstimo*; segundo, porque assume caráter *confiscatório*.

Obviamente, essa devolução deve se dar sob a forma de *dinheiro* e com aplicação dos índices normais de correção monetária. O que passar disso é enriquecimento sem causa por parte do Estado. Essa ressalva é importante porque já houve casos em que o Poder Público optou por devolver o valor arrecadado sob a forma de títulos públicos regatáveis. Parece-nos uma conduta inconstitucional. Se a União retira do sujeito passivo dinheiro, deve devolver-lhe dinheiro. Há, nesse sentido, jurisprudência do STF:

> "O empréstimo compulsório alusivo a aquisição de combustíveis – Dec.-Lei 2.288/1986 – mostra-se inconstitucional tendo em conta a forma de devolução – quotas do Fundo Nacional de Desenvolvimento – ao invés de operar-se na mesma espécie em que recolhido" (STF, RE 175.385/SC, 1994).

Ademais, a não aplicação dos índices de correção monetária implica nítido caráter de confisco ao tributo, o que é vedado pelo art. 150, IV, da CF/1988, como já estudamos.

20.3 SITUAÇÕES QUE AUTORIZAM A INSTITUIÇÃO DO TRIBUTO

A Constituição autoriza a instituição do empréstimo compulsório em situações emergenciais, razoavelmente imprevisíveis e que demandam uma soma de recursos com a qual a União usualmente não conta. Dessa maneira, o art. 148 estabelece que a União, mediante lei complementar, poderá instituir empréstimos compulsórios:

- para atender a despesas extraordinárias, decorrentes de calamidade pública, de guerra externa ou sua iminência;
- no caso de investimento público de caráter urgente e de relevante interesse nacional.

O art. 15 do CTN também prevê as hipóteses de guerra externa e calamidade pública, no que basicamente reproduz a autorização constitucional. Nada obstante, há no dispositivo um problema:

CTN, art. 15. Somente a União, nos seguintes casos excepcionais, pode instituir empréstimos compulsórios:

I – guerra externa, ou sua iminência;

II – calamidade pública que exija auxílio federal impossível de atender com os recursos orçamentários disponíveis;

III – conjuntura que exija a absorção temporária de poder aquisitivo.

Parágrafo único. A lei fixará obrigatoriamente o prazo do empréstimo e as condições de seu resgate, observando, no que for aplicável, o disposto nesta Lei.

O art. 15, III, do CTN, ao autorizar a instituição de empréstimo compulsório para atender à conjuntura que exija a absorção temporária de poder aquisitivo, *não foi recepcionado pela Constituição de 1988*, de modo que *não possui validade*. Assim, empréstimo compulsório instituído com essa finalidade deve ser considerado inconstitucional, além de implicar confisco.

Vejamos cada uma das circunstâncias autorizadoras da instituição de empréstimos compulsórios.

A) Calamidade pública, guerra externa ou sua iminência

É claro que a calamidade pública, guerra externa ou sua iminência não são os fatos geradores ou os aspectos materiais da hipótese de incidência do empréstimo compulsório. São as *situações de fato* que autorizam a instituição do tributo. Quer dizer, são os eventos relativamente imprevisíveis que, uma vez ocorridos na realidade, impõem a necessidade de recursos financeiros à União e, por isso, autorizam a criação do empréstimo compulsório.

É importante ressaltar que a calamidade pública e a guerra externa, para autorizarem a instituição do gravame, devem acarretar *despesas extraordinárias*. Essa é a dicção do inciso I do art. 148. Se tais eventos, ainda que danosos, não provocarem despesas extraordinárias, mas *ordinárias*, isto é, previstas dentro do orçamento geral, a criação do tributo fica proibida. Atentos a isso, podemos especificar o que se deve entender por:

- *Calamidade pública* – "Calamidade" é um infortúnio que atinge uma pessoa ou grupos de pessoas. Um evento inesperado, que causa dano grave. Nos termos do art. 148, I, a calamidade deve ser "pública", isto é, impactar uma coletividade de pessoas e atingir a órbita de deveres de atuação do Estado. Por exemplo, uma geada que destrua plantações de café de certos fazendeiros é uma calamidade, mas não é pública. Uma enchente ou terremoto, que destrua residências e estabelecimentos empresariais, é uma calamidade pública. Cite-se, ainda, como exemplos: tempestades, furacões, secas, incêndios, pandemia de Covid-19 etc.;
- *Guerra externa ou sua iminência* – Três observações importantes nesse ponto: o texto constitucional menciona a "iminência" da guerra externa. Assim, parece que a declaração de guerra não é requisito para a instituição do tributo, bastando sua ameaça; trata-se de guerra *externa* e não guerra civil

interna (guerra intestina); e trata-se de guerra da qual a República Federativa do Brasil participe. Quer dizer, evento bélico em que o Brasil seja *parte beligerante*. Caso contrário, haveria de se entender possível a instituição de empréstimo compulsório por guerra travada entre outras nações, o que é obviamente impossível;

Registre-se, finalmente, que o empréstimo compulsório instituído no caso de calamidade pública, guerra externa ou sua iminência, é *exceção* ao princípio da anterioridade comum e nonagesimal, nos termos do art. 150, § 1º, da CF/1988.

B) Investimento público de caráter urgente e relevante interesse nacional

O art. 148, II, da CF/1988, autoriza a instituição de empréstimo compulsório em caso de investimento público de caráter urgente e relevante interesse nacional. Note-se que, de acordo com o dispositivo, três características devem restar configuradas:

- *Investimento público* – Significa o investimento efetuado pelo Estado brasileiro. Em especial, pela União, detentora da competência para a instituição do tributo;
- *Urgente* – É preciso que o investimento seja urgente. Isso significa que ocorreu algum fato ou evento inesperados, o que levou à necessidade de ampliação das receitas disponíveis;
- *Relevante interesse nacional* – Uma vez que o tributo é de competência da União e, portanto, a lei complementar instituidora terá vigência em todo o território nacional, afetando todas as pessoas naturais e jurídicas que eventualmente pratiquem o fato gerador, é importante que o investimento a ser financiado pela arrecadação decorrente do empréstimo compulsória demonstre estar relacionado a interesse nacional que seja relevante.

A crítica que se pode fazer ao dispositivo consiste no seguinte: se o investimento envolve relevante interesse nacional, custa a crer que seja urgente. E isso pela simples razão de que as questões relativas ao interesse nacional envolvem sempre estratégias de longo prazo, planejamento, políticas públicas etc. Se há uma situação em que o investimento público de relevante interesse nacional é urgente, resta apenas concluir pela incompetência dos administradores federais. É o que ocorreu no Brasil no início da década de 2000. O denominado "apagão", que gerou o racionamento do fornecimento de energia elétrica em todo o país, é exemplo típico de circunstância prevista no inciso II do art. 148.

Finalmente, cumpre mencionar a última parte do inciso II: "Observado o disposto no art. 150, III, *b*". Vale dizer, o empréstimo compulsório instituído para financiar investimento público de caráter urgente e relevante interesse nacional *submete-se ao princípio da anterioridade comum e nonagesimal.*

Muito embora o inciso refira-se apenas à alínea *b* do inciso III do art. 150, subentende-se que a alínea *c* está incluída. A ausência justifica-se porque, como vimos, esta última alínea foi introduzida pela Emenda Constitucional 42/2003 e o art. 148

faz parte da redação original da Constituição. O legislador constitucional reformador deveria ter alterado o art. 148, II, da CF/1988, porém, não o fez.

20.4 VINCULAÇÃO DOS RECURSOS ARRECADADOS

Além da natureza jurídica de empréstimo, há outra característica importante do empréstimo compulsório, que o torna diferente dos impostos, taxas e contribuições de melhoria: trata-se do disposto no parágrafo único do art. 148 da CF/1988, que determina: " a aplicação dos recursos provenientes de empréstimo compulsório será vinculada à despesa que fundamentou sua instituição".

Ora, de acordo com o art. 4º, II, do CTN, a destinação legal do produto da arrecadação é irrelevante para determinar a natureza jurídica específica do tributo. Ora, no caso do empréstimo compulsório, este dispositivo legal não tem aplicação. É fundamental, para que reste caracterizado o empréstimo compulsório, que a lei que venha a instituí-lo preveja a vinculação das receitas arrecadadas à despesa que fundamentou sua criação.

De acordo com a Constituição, o montante arrecadado a título de empréstimo compulsório deve ser necessariamente destinado à calamidade pública; à guerra externa ou sua iminência ou ao investimento público de caráter urgente e relevante interesse nacional.

Assim, a lei complementar que instituir o tributo, de acordo com as circunstâncias enumeradas nos incisos do art. 148, deve prever o *destino* dos recursos arrecadados, isto é, deve explicitar a *vinculação* destas receitas às despesas que fundamentaram a criação do gravame. Caso contrário, será inconstitucional.

Devemos enfrentar uma questão importante: suponhamos que os recursos arrecadados não sejam destinados à despesa que fundamentou a instituição do tributo. Apesar de prevista em lei complementar, tal vinculação, na prática, não ocorreu. Quais são as consequências? O tributo torna-se inconstitucional?

Duas tendências apresentam-se na doutrina. A majoritária parece compreender o fenômeno como problema de direito administrativo ou financeiro, de modo que não fica invalidada a cobrança do tributo, já que o desvio de finalidade não afeta a relação jurídica tributária. A minoritária sustenta tratar-se de problema de direito tributário, que enseja a inconstitucionalidade do tributo e, portanto, a irregularidade da cobrança.

Ficamos com a segunda corrente, bem representada por Roque Carrazza: "Se o contribuinte puder demonstrar que o empréstimo compulsório que pagou não teve o produto de sua arrecadação aplicado *naquela finalidade* apontada na lei complementar que o instituiu, ele tem o direito de, observados os prazos prescricionais, repetir o que pagou. Mais: se, porventura, ainda tiver empréstimos compulsórios a pagar, poderá, nesse caso, deixar validamente de fazê-lo" (CARRAZZA, 2011, p. 611).

De fato, não faz sentido a Constituição determinar a vinculação da receita obtida a título de empréstimo compulsório à despesa específica que fundamentou sua instituição e, por outro lado, recusar efeitos tributários a eventual desvio de finalidade.

APROFUNDANDO! TRIBUTO VINCULADO E TRIBUTO COM RECEITA VINCULADA

É importante não confundir tributo vinculado com tributo com receita vinculada. Nesse sentido, merece registro a observação de Ricardo Alexandre: "Novamente, reaviva-se a advertência para que não seja feita confusão entre tributo vinculado e tributo de arrecadação vinculada. O tributo é considerado vinculado quando o Estado tem de realizar alguma atividade específica relativa ao sujeito passivo para legitimar a cobrança. A exigência não tem correlação com a destinação da arrecadação. Já a principal característica dos tributos com arrecadação vinculada é a necessidade de utilização da receita obtida exclusivamente com determinadas atividades. Assim, os empréstimos compulsórios são tributos de arrecadação vinculada. No tocante a sua classificação como tributos vinculados ou não vinculados, não há qualquer definição prévia, nem na Constituição, nem no CTN, de forma que este aspecto só poderá ser verificado por intermédio da análise pormenorizada do fato gerador definido nas leis que os instituam" (ALEXANDRE, 2013, p. 45).

20.5 MATERIALIDADE DA HIPÓTESE DE INCIDÊNCIA: QUAL É O FATO GERADOR DO EMPRÉSTIMO COMPULSÓRIO?

O art. 148 da CF/1988 não trata da materialidade da hipótese de incidência do empréstimo compulsório. Em outras palavras, não menciona qual seria o "fato gerador" do tributo.

Sabemos que calamidade pública, guerra externa e investimento público são as situações factuais que autorizam a instituição do tributo, mas não sabemos que fatos ou atos jurídicos, praticados pelo contribuinte, podem dar ensejo à obrigação de recolher o gravame.

Vale dizer: trata-se de tributo vinculado ou desvinculado? Em um caso ou outro, quais seriam os signos presuntivos de riqueza ou as atividades estatais desencadeadoras do vínculo tributário?

Augusto Becker já afirmava que, "na verdade, a natureza jurídica do 'empréstimo compulsório' é a de um genuíno imposto" (BECKER, 2010, p. 420). Nesse caso, somos levados a concluir que os empréstimos compulsórios devem assumir a forma de impostos federais. Impõe-se a conclusão de que União poderá instituí-los apenas dentro do campo de materialidades que lhe foi reservado pela Constituição no que toca aos impostos (art. 153 da CF/1988).

Teríamos, assim, um empréstimo compulsório sobre a renda e proventos de qualquer natureza; sobre operações financeiras; sobre produtos industrializados etc. O empréstimo compulsório seria, na prática, um *adicional* sobre impostos federais. Em comparação com os impostos extraordinários de guerra (art. 154, II, da CF/1988), devemos apresentar duas diferenças básicas:

- O imposto extraordinário de guerra pode ser instituído por lei ordinária, logo, por medida provisória. Os empréstimos compulsórios apenas por lei complementar, cuja matéria é vedada para medida provisória;

- O campo de competência da União para impostos extraordinários de guerra *estende-se* àqueles reservados aos outros entes federativos. No caso dos empréstimos compulsórios isso é proibido. A União deve permanecer dentro do campo que lhe é reservado no art. 153.

Para Roque Carrazza, por outro lado, "o empréstimo compulsório é um tributo restituível. E um tributo que, de acordo com sua hipótese de incidência e base de cálculo, pode revestir a natureza jurídica de imposto (caso mais frequente, por sua produtividade substancial), de taxa ou de contribuição de melhoria" (CARRAZZA, 2011, p. 609).

Do ponto de vista da arrecadação, a forma de imposto é mais interessante, em razão das quantias arrecadadas, que são mais elevadas, da celeridade da arrecadação, entre outros. As taxas e contribuições de melhoria, como tributos vinculados que são, referem-se à atividade desenvolvida pelo Estado. Como a razão de ser do empréstimo compulsório é a arrecadação de dinheiro, não faz muito sentido adotar as formas dessas espécies. Elas ficariam restritas às parcelas dos contribuintes que fruíssem da contraprestação estatal, isto é, que se sujeitassem ao exercício do poder de polícia, utilizassem o serviço público específico e divisível ou tivessem o imóvel valorizado por obra pública.

Luís Eduardo Schoueri, por sua vez, observa: "O silêncio do constituinte quanto às hipóteses que poderiam dar surgimento ao empréstimo compulsório não significa que, presentes as necessidades arroladas pelo art. 148 da CF, qualquer um pode vir a ser chamado a contribuir [...] Importa saber para que servem os empréstimos compulsórios e, a partir daí, investigar qual a subespécie aplicável e quem pode ser seu contribuinte. Se o empréstimo compulsório for movido por uma necessidade de um investimento público, poderá o legislador complementar, à semelhança do raciocínio aplicado para as contribuições, investigar se há um grupo a quem possa ser imputado o investimento, levando em conta tal imputação na definição da hipótese tributária. Ter-se-á, no caso, subespécie de empréstimo compulsório com característica de contribuição" (SCHOUERI, 2012, p. 201, 202).

Quer dizer, na opinião do autor, a situação que autoriza a instituição do tributo é elemento essencial para a identificação da forma jurídica tributária eventualmente adotada. De qualquer maneira, parece ser consenso doutrinário o seguinte:

- Uma vez que está sob a *competência exclusiva* da União, os empréstimos compulsórios devem assumir a forma jurídico-tributária de tributos que estejam sob a competência desse ente federativo;
- Dependendo da forma assumida, impostos, taxas, contribuições, ficam vinculados à observância do regime jurídico respectivo. Some-se a isso suas características próprias, quer dizer, reserva de lei complementar, destinação vinculada etc.;
- Caso assumam a forma de *impostos* deve-se zelar pela observância do disposto no art. 150, VI, da CF/88. Vale dizer, as imunidades tributárias devem ser respeitadas.

Para finalizar, tracemos um paralelo entre o empréstimo compulsório e os impostos extraordinários instituídos em caso de guerra externa ou iminente:

Guerra externa ou sua iminência	
Impostos extraordinários	**Empréstimo compulsório**
– Instituídos por lei ordinária; – Irrestituíveis; – Receita não vinculada.	– Instituído por lei complementar; – Restituível; – Receita vinculada.
Características comuns	
– Competência da União; – Temporariedade;	

21

CONTRIBUIÇÕES

21.1 NATUREZA JURÍDICA TRIBUTÁRIA

Do ponto de vista histórico, as *contribuições especiais* ou simplesmente *contribuições* são a espécie mais recente de tributo. É verdade que desde tempos antigos se registra a existência de prestações pecuniárias compulsoriamente exigidas pelo Estado e que recebiam o nome de "contribuição". Muitas delas não passavam, contudo, de impostos com destinação vinculada ou gravames marcados pela singularidade da situação a ser financiada (por exemplo, uma "contribuição" para financiamento de uma viagem do rei ou da rainha).

Tal como as conhecemos hoje, as contribuições surgem no início do século XX, na transição do Estado liberal para o Estado intervencionista ou de bem-estar social. Elas caracterizam uma nova concepção das funções do Poder Público, que não deve apenas assegurar a liberdade, igualdade e segurança da propriedade às pessoas, mas participar ativamente da manutenção do bem-estar coletivo através da prestação de serviços públicos gratuitos e construção de sistemas de seguridade social.

A marca que caracteriza esta espécie de tributo, seu "DNA jurídico", consiste na vinculação de sua estrutura normativa a alguma coletividade específica ou ao financiamento de certas atividades consideradas relevantes do ponto de vista econômico e social. Assim, a regra-matriz de incidência das contribuições alcançará, em certas situações, um grupo específico de profissionais; um segmento determinado de empresários; o financiamento de uma atividade particular a ser desenvolvida pelo Estado etc.

Do ponto de vista exclusivamente jurídico, e sob a óptica constitucional, pairou durante algum tempo, no Brasil, dúvida sobre a natureza tributária destas prestações pecuniárias, o que despertou acalorados debates doutrinários e jurisprudenciais.

A Emenda Constitucional nº 01/69 foi o primeiro dispositivo constitucional a prevê-las. O art. 21, § 2.º, I, autorizou a União a instituí-las. Como o dispositivo estava inserido no capítulo do Sistema Tributário Nacional, parecia não haver dúvidas quanto à natureza jurídica tributária das contribuições.

A Emenda Constitucional n º 08, publicada em abril de 1977, contudo, ocasionou certa confusão, pois acrescentou o inciso X ao artigo 43. Este dispositivo disciplinava as atribuições do Poder Legislativo. O inciso I autorizava o Congresso Nacional, com a participação do Presidente da República, a dispor sobre "*tributos*, arrecadação e distribuição de rendas". O novo inciso X incluiu "*contribuições sociais* para custear os encargos previstos" nos artigos 165, 175 e 178.

À luz do novo dispositivo, certa doutrina chegou à seguinte conclusão: a União tem competência para legislar sobre tributos (impostos, taxas e contribuições de melhoria), de acordo com o inciso I do art. 43, *e* competência para legislar sobre as contribuições, que não são tributos, de acordo com o inciso X do mesmo artigo. Estavam instaurados os debates.

O que agravou a situação foi a interpretação adotada pelo Supremo Tribunal Federal com o advento da Emenda nº 08. Em 1985, em julgado que versava sobre o FGTS, a Segunda Turma assim se manifestou:

> Quanto ao igualmente lembrado Dec.-Lei 858/1969, ventilado no acórdão recorrido, cuida ele de crédito fiscal [...] E ainda que tivesse ele como da mesma natureza das contribuições previdenciárias, firmou-se a jurisprudência do Supremo Tribunal Federal que nem estas podem ser consideradas como tributos após a EC 8, de 1978 (sic) (STF, RE 95.180/RJ, 1985).

No mesmo ano, a Primeira Turma afirmava:

> Contribuições previdenciárias. Conceituação. Emenda 08. A Emenda Constitucional 08 é tida, na jurisprudência da Corte, como vertente de concepções diferenciadas sobre as contribuições previdenciárias, antes e depois de seu advento, sendo admitido que, em data anterior, tinham conotação de tributo, com suas implicações. Agravo regimental improvido (STF, AI 103.561/SP, 1985).

Pois bem, a Constituição de 1988 encerrou o debate. O art. 149, *caput*, estabelece:

> **CF, art. 149.** Compete exclusivamente à União instituir contribuições sociais, de intervenção no domínio econômico e de interesse das categorias profissionais ou econômicas, como instrumento de sua atuação nas respectivas áreas, observado o disposto nos arts. 146, III, e 150, I e III, e sem prejuízo do previsto no art. 195, § 6.º, relativamente às contribuições a que alude o dispositivo.

Ora, de acordo com o artigo aplica-se expressamente às contribuições o disposto nos artigos 146, III e 150, I e III da própria Constituição. O primeiro, como sabemos, determina que cabe à lei complementar estabelecer normas gerais em matéria de legislação tributária; o segundo cuida dos princípios da legalidade tributária, irretroatividade e anterioridade. Além do mais, o próprio art. 149, fundamento constitucional para a instituição de contribuições, encontra-se no capítulo do Sistema Tributário Nacional.

Assim, pode-se afirmar que hoje em dia não há mais qualquer dúvida sobre a natureza jurídica tributária das contribuições que, ao lado dos impostos, taxas, contribuições de melhoria e empréstimos compulsórios, constituem a quinta espécie de tributo, plenamente adequada ao disposto no art. 3º do CTN.

21.2 CONCEITO

As contribuições são espécies do gênero tributo. Isso significa que devem adequar-se ao conceito estabelecido pelo art. 3.º do CTN. São, nesse sentido, prestações pecuniárias compulsórias, em moeda ou cujo valor nela possa se exprimir, que não constituem sanção de ato ilícito, instituídas em lei e cobradas mediante atividade administrativa plenamente vinculada.

Como espécies que são, possuem algumas características que as tornam diferentes das outras espécies tributárias. Quer dizer, há algo nas contribuições que as diferencia dos impostos, taxas, contribuições de melhoria e empréstimos compulsórios.

Pois bem, de acordo com a Constituição, a característica específica dessa espécie tributária é a *finalidade* para a qual deve ser instituída. Assim, pode-se afirmar que as contribuições são tributos *finalísticos* ou *teleológicos*. O que isso significa? Significa que a natureza jurídica dessa espécie de tributo é marcada pelo *fim* para o qual é criada. Se a contribuição não estiver vinculada, de alguma forma, a uma *finalidade* determinada pela Constituição, sua instituição é inconstitucional.

Nota-se, pois, que a natureza dessa espécie de tributo está para além da simples ideia de *arrecadação*. Quer dizer, de acordo com o texto constitucional, a União deve valer-se da contribuição não apenas para arrecadar, mas, sobretudo, para alcançar uma *finalidade* determinada.

Isso fica muito claro com a análise atenta do art. 149, cuja dicção determina que compete à União instituir contribuições sociais, de intervenção no domínio econômico e de interesse das categorias profissionais ou econômicas "como instrumento de sua atuação nas respectivas áreas". A União, como se vê, está autorizada a instituir contribuições *como instrumento de sua atuação nas respectivas áreas*, isto é, nas áreas assinaladas expressamente no artigo.

Esta espécie de tributo, portanto, não está ligada à simples necessidade de arrecadação. Quando quer arrecadar a União institui um imposto. A finalidade da contribuição é viabilizar a atuação da União nas áreas econômicas, profissionais e sociais. Não seria exagero afirmar que as contribuições funcionam como parte importante de estratégias relacionadas à implementação de políticas públicas.

Nesse sentido, Roque Carrazza observa: "Em seu art. 149 a CF não apontou a regra-matriz destas 'contribuições'; antes, limitou-se, salvo em alguns poucos casos (que adiante estudaremos), a indicar-lhes as finalidades a alcançar; a saber: a) a intervenção no domínio econômico; b) o atendimento a interesse de categorias profissionais ou econômicas, como instrumento de sua atuação nas respectivas áreas; e c) o custeio da seguridade social. As 'contribuições' ora em exame não foram qualificadas, em nível constitucional, por suas regras-matrizes, mas, sim, por suas finalidades. Parece-nos sustentável que haverá esse tipo de exação sempre que implementada uma de suas finalidades constitucionais" (CARRAZZA, 2011, p. 621).

Hamilton Dias de Souza assinala a *instrumentalidade* como característica marcante das contribuições. Essa espécie de tributo deve ser considerada *meio* para que se alcance determinado *fim*. Funciona, assim, como *instrumento* de atuação da União nas áreas assinaladas no art. 149 da CF/1988. O autor observa: "Frise-se que a contribuição deve ser necessária e adequada para alcançar o objetivo perseguido" (SOUZA, 2010, p. 706).

Ainda de acordo com o art. 149 da CF/1988, pode-se vislumbrar três espécies de contribuições, que decorrem das respectivas áreas dentro das quais a União está autorizada a atuar. Vejamos:

- Contribuições sociais;
- Contribuição de intervenção no domínio econômico (CIDE);
- Contribuição de interesse das categorias profissionais ou econômicas.

Em suma, as contribuições são espécies de tributos caracterizadas pela *finalidade*. Funcionam como *instrumentos de atuação* da União nas áreas econômica, profissional e social. Assim, estão para além da simples necessidade de arrecadação, na medida em que fazem parte de estratégias mais amplas de atuação do Estado junto à sociedade civil.

APROFUNDANDO! PRINCÍPIO DA RETRIBUTIVIDADE OU REFERIBILIDADE

A doutrina destaca o princípio da referibilidade ou retributividade como postulado informador das contribuições, que consistem em formas de atuação da União em determinadas áreas. Uma vez que funcionam como instrumento de atuação desse ente federativo em certos campos específicos, decorre daí que algumas pessoas estarão necessariamente relacionadas a essas áreas e outras não. Fica claro, por exemplo, que as contribuições de interesse das categorias profissionais ou econômicas devem incidir sobre contribuintes que tenham relação com essas categorias. Não faria sentido que um advogado recolhesse contribuição para financiar entidades representativas dos médicos (Conselho Federal de Medicina - CFM). Assim, a referibilidade significa que apenas as pessoas relacionadas com as áreas mencionadas no art. 149 podem ser chamadas a contribuir. Não significa, necessariamente, que essas pessoas devam ser beneficiadas pela atuação da União ou que essa atuação se lhes refira diretamente. Luís Eduardo Schoueri, a propósito, anota: "Esta justificativa é buscada na referibilidade. O raciocínio é simples: se é possível, no todo da sociedade, identificar um grupo ao qual é voltada uma atuação estatal, é aceitável que tal atuação seja suportada por aquele grupo, no lugar de toda a sociedade" (SHOUERI, 2012, p. 215).

21.3 ÁREAS DE ATUAÇÃO

As contribuições são espécies de tributos caracterizadas pela finalidade. Funcionam como instrumentos que permitem à União atuar nas áreas assinaladas no texto constitucional. Pois bem, que áreas são essas? De acordo com o texto constitucional, são três: o domínio econômico; área de interesse de categorias profissionais ou econômicas e área social. Vejamos cada uma delas.

A) Domínio econômico

A expressão "domínio econômico" remete a uma área de atuação genuinamente privada, isto é, de titularidade dos particulares. Significa, em sentido amplo, a atividade econômica de produção e comercialização de bens e serviços, com vistas ao lucro. Como explica Fabiano Del Masso, "atividade econômica corresponde a todo ato de produção e consumo de bens e serviços, cuja finalidade é a satisfação das ilimitadas necessidades humanas" (DEL MASSO, 2007, p. 2).

A Constituição disciplina de forma particularizada o exercício de atividade econômica no Título VII, denominado "Da Ordem Econômica e Financeira". Em outras palavras, a Constituição consagra claramente um sistema capitalista de produção. Sistema que se estrutura a partir da oposição entre capital e trabalho e funda-se na propriedade privada dos meios de produção.

Nesse sentido, ao autorizar que a União institua contribuição de *intervenção no domínio econômico*, a Constituição admite que esse ente da federação "intervenha", isto é, atue em uma área que não é originariamente sua, mas reservada à iniciativa privada. Evidentemente essa atuação apenas pode ocorrer nos termos do que preceitua a Constituição. Isso significa que a União deve sempre se pautar pela realização dos princípios alinhavados no art. 170.

B) Área de interesse das categorias profissionais ou econômicas

O art. 8.º da CF/1988 assegura a liberdade de associação profissional ou sindical. As *categorias profissionais ou econômicas* são entidades representativas dos trabalhadores ou profissionais liberais. São formas específicas do direito de associação assegurado no art. 5.º, XVII, do texto constitucional, voltadas ao mundo do trabalho. Essas entidades precisam de recursos financeiros para que possam manter-se adequadamente e defender os interesses de seus representados.

Por isso, a Constituição determina no art. 8.º, IV:

> **CF, art. 8º.** É livre a associação profissional ou sindical, observado o seguinte:
>
> [...]
>
> IV – a assembleia geral fixará a contribuição que, em se tratando de categoria profissional, será descontada em folha, para custeio do sistema confederativo da representação sindical respectiva, independentemente da contribuição prevista em lei;

A *contribuição prevista em lei*, mencionada na última parte do dispositivo, é justamente a contribuição à qual se refere o art. 149 da Constituição. Vale dizer, é a contribuição especial que pode ser instituída pela União no caso de atuação desse ente federativo na área de interesse das categorias profissionais ou econômicas. Essa atuação significa, basicamente, a instituição do tributo com vistas ao financiamento das entidades sindicais e profissionais, para que tenham sua manutenção e autonomia garantidas.

Roque Carrazza observa que tais contribuições "destinam-se a custear entidades (pessoas jurídicas de direito público ou privado) que têm por escopo fiscalizar e regular o exercício de determinadas atividades profissionais, defendendo seus interesses. Enquadram-se nessa categoria as contribuições arrecadadas, de seus filiados, pelos sindicatos, as contribuições que os advogados e os estagiários pagam à Ordem dos Advogados do Brasil, as contribuições que os médicos pagam ao Conselho Regional de Medicina etc." (CARRAZZA, 2011, p. 646).

C) Área social

O art. 149 autoriza a União a instituir contribuição especial com o intuito de atuar na *área social*. É importante registrar que o artigo também faz menção expressa às contribuições previstas no art. 195. Falaremos delas logo mais. Por enquanto é importante indagar: o que significa *área social*?

A exata compreensão do significado de *área social* remete às lições da história do constitucionalismo. Mais especificamente, à passagem do constitucionalismo liberal ao constitucionalismo social, que se operou no início do século XX. De maneira simplificada, podemos afirmar que a integração da "ordem social" aos textos constitucionais significa a conquista de direitos por parte da classe trabalhadora. Direitos que atendem a seus interesses mais vitais, como educação, saúde, trabalho, moradia, emprego, previdência social, dentre outros.

São os denominados direitos de segunda dimensão ou geração. Como sabemos, tais direitos demandam uma atuação positiva por parte do Estado. Quer dizer, exigem a efetiva atuação estatal no sentido de atendê-los. O Poder Público deve garantir ou mesmo oferecer diretamente os serviços de saúde, educação, cultura, assistência e previdência social, dentre inúmeros outros. Daí por que a Constituição autoriza a instituição de um tributo específico, uma *contribuição*, para financiar essas atividades.

As áreas designadas pela Constituição como áreas sociais são encontradas de forma particularizada no art. 6.º, que trata dos direitos sociais:

> **CF, art. 6º.** São direitos sociais a educação, a saúde, a alimentação, o trabalho, a moradia, o transporte, o lazer, a segurança, a previdência social, a proteção à maternidade e à infância, a assistência aos desamparados, na forma desta Constituição.

Além do mais, também constam do Título VIII, denominado "Da Ordem Social". Este Título, por sua vez, compreende inúmeros capítulos em que a ordem social é disciplinada juridicamente:

- Título VIII – Da Ordem Social
  - Seguridade social – Saúde, Previdência Social e Assistência Social;
  - Educação, cultura e desporto;
  - Ciência, tecnologia e inovação;
  - Comunicação social;
  - Meio ambiente;

- Família, criança, adolescente, jovem e idoso;
- Índios.

Eis a lição de José Afonso da Silva: "A Constituição de 1988 traz este capítulo próprio dos direitos sociais e – bem distanciado deste – um título especial sobre a ordem social (Título VIII). Mas não ocorre uma separação radical, como se os direitos sociais não fossem algo ínsito à ordem social. O art. 6.º mostra muito bem que aqueles são conteúdo desta, quando diz que 'são direitos sociais a educação, a saúde, a alimentação, o trabalho, a moradia, o lazer, a segurança, a previdência social, a proteção à maternidade e à infância, a assistência aos desamparados, *na forma* desta Constituição'. Esta 'forma' é dada precisamente no título da ordem social. Cindindo a matéria, como fez, o constituinte não atendeu aos melhores critérios metodológicos, mas dá ao jurista a possibilidade de extrair, daqui e de lá, aquilo que constitua o conteúdo dos direitos relativos a cada um daqueles objetos sociais, deles tratando aqui, deixando para tratar na ordem social de seus mecanismos e aspectos organizacionais" (SILVA, 2007, p. 183).

Assim, as contribuições destinadas a viabilizar a atuação da União na área social devem relacionar-se a alguma das subáreas elencadas pela Constituição no art. 6.º e nos capítulos do Título VIII. Caso contrário, a instituição não será legítima, isto é, será inconstitucional. É importante lembrar que as contribuições são tributos finalísticos. Quer dizer, é de sua natureza jurídica a conexão necessária com algumas das áreas previstas no art. 149 do texto constitucional e, no caso das contribuições sociais, as áreas previstas no art. 6º e Título VIII.

ANTECIPANDO A MATÉRIA! ÁREA SOCIAL GERAL E SEGURIDADE SOCIAL

O art. 149 da CF/1988 autoriza a União a instituir contribuições sociais, de intervenção no domínio econômico e de interesse das categorias profissionais ou econômicas, "sem prejuízo do previsto no art. 195, § 6.º, relativamente às contribuições a que alude o dispositivo". Pois bem, o art. 195 alude às *contribuições sociais* destinadas ao financiamento da *seguridade social*. Esta área, por sua vez, é definida pelo art. 194 da CF/1988, nos seguintes termos: "A seguridade social compreende um conjunto integrado de ações de iniciativa dos Poderes Públicos e da sociedade, destinadas a assegurar os direitos relativos à saúde, à previdência e à assistência social". É importante compreender, então, que algumas contribuições, dentre elas as enumeradas nos incisos do art. 195, devem ser instituídas com a finalidade específica de financiar a seguridade social, isto é, atividades relacionadas à saúde, previdência e assistência social. Dessa maneira, a área social à qual se refere o art. 149 deve ser compreendida sob dois aspectos:

- *Área social geral* – Abrange as áreas previstas no art. 6.º, além da mencionadas nos capítulos do Título VIII;
- *Área social da seguridade social* – Abrange as atividades de saúde, previdência e assistência social.

Essa distinção é importante porque o regime jurídico das *contribuições sociais gerais* é sensivelmente distinto do regime jurídico das *contribuições sociais para a seguridade social*. Veremos essas diferenças em momento oportuno. Por enquanto, é preciso registrar o seguinte: toda contribuição para a seguridade social é uma contribuição social, porém, nem toda contribuição social é uma contribuição para a seguridade social. As contribuições sociais apenas serão, também, contribuições para a seguridade social quando destinadas ao custeio da saúde, previdência ou assistência social.

21.4 FORMAS DE ATUAÇÃO

O art. 149 da CF/1988 permite que a União institua contribuições como forma de viabilizar sua atuação nas áreas ali mencionadas. Pois bem, de que maneira deve ocorrer essa atuação? Em outras palavras: como as contribuições devem ser utilizadas para que funcionem como *instrumentos de atuação* da União?

Bem, a resposta depende da *finalidade* para a qual foi instituído o gravame. Sabemos que esses tributos estão vinculados à atuação da União nas áreas econômica, de interesse das categorias profissionais e social. É justamente a área para a qual a contribuição é instituída que determinará os limites e os contornos jurídicos do tributo, tanto quanto a maneira (ou maneiras) pela qual a atuação da União deve ser implementada.

Assim, a área social, por exemplo, exige por parte do Estado prestações positivas, isto é, obrigações de fazer no sentido de minorar as desigualdades sociais. A construção de hospitais, escolas, bibliotecas; a contratação de médicos, professores, funcionários etc. Logo, as contribuições sociais têm como vocação natural o *financiamento* da atuação da União nesta área. Servem, pois, como instrumentos para a *arrecadação de recursos*. Funcionam de forma semelhante aos impostos, com a diferença de que, no caso das contribuições, os recursos arrecadados ficam vinculados à finalidade que provocou a instituição do tributo. Vimos que para os impostos essa vinculação está, como regra, proibida (art. 167, IV, da CF/1988).

A área de interesse das categorias profissionais ou econômicas também exige por parte da União uma atuação no sentido de financiar as entidades representativas dos trabalhadores e profissionais liberais. Por isso, as contribuições de interesse das categorias profissionais ou econômicas funcionam igualmente como *instrumentos de arrecadação*. Ocorre que, nesse caso, os recursos são destinados às entidades representativas, o que dá à contribuição nítido caráter de *parafiscalidade*.

A área econômica, por outro lado, comporta atuações diferenciadas por parte da União, de acordo com os objetivos visados e fins perseguidos. Em certos casos a própria contribuição, por significar uma diminuição do patrimônio privado, induz os agentes econômicos a determinados comportamentos através da exação, sendo esta, portanto, a forma de atuação da União; em outros casos, a contribuição é instituída visando à arrecadação, como as outras espécies, acima citadas.

Imaginemos que as empresas transnacionais, como as montadoras de veículos, por exemplo, estejam enviando às suas matrizes no exterior elevadas somas em dinheiro, fruto dos lucros obtidos pela venda de carros no Brasil. Esses lucros, que poderiam ser reinvestidos em nosso país, são enviados aos países estrangeiros para serem aplicados por lá. Pois bem, a União está autorizada a atuar no sentido de tornar essa remessa de lucros ao exterior menos atrativa, instituindo uma contribuição que incida justamente sobre essa remessa. Perceba-se que, nesse caso, o Poder Público induz os agentes privados a determinado comportamento por meio do tributo. Tenta fazer com que deixem de enviar seus lucros ao exterior e os invistam em território nacional. Percebe-se que a instituição da contribuição é, em si mesma, uma forma de atuação estatal na economia. Não há o objetivo primordial de arrecadar, mas sim de fazer com que os agentes econômicos adotem uma determinada conduta mais adequada aos interesses públicos.

Em outros casos as contribuições especiais destinadas à intervenção no domínio econômico funcionam como típicos instrumentos de arrecadação. É o que ocorre quando a União deseja fomentar certas práticas econômicas através do financiamento de setores específicos.

É claro que, em ambas as situações, a intervenção deve pautar-se pela razoabilidade e proporcionalidade, sob pena de violação dos princípios constitucionais tributários, além dos princípios que regem a ordem econômica (art. 170 da CF/1988). Devemos insistir em que a constitucionalidade das formas de atuação fica vinculada à área específica e às exigências particulares que daí decorrem.

APROFUNDANDO! CONSTITUCIONALIDADE DA INTERVENÇÃO POR INDUÇÃO

É importante consignar que a interpretação exposta aqui não é consenso na doutrina. De fato, alguns autores sustentam que a atuação da União nas áreas mencionadas no art. 149 deve dar-se essencialmente por intermédio da *arrecadação*. Quer dizer, a instituição de contribuição com o simples objetivo de compelir os agentes econômicos a certas condutas não teria respaldo constitucional.

Essa parece ser a lição de Luís Eduardo Schoueri: "Poder-se-ia tentar identificar um balizamento constitucional para as contribuições especiais, tendo em vista que aquelas contribuições, à luz do artigo 149 do texto constitucional, devem servir como instrumento de atuação da União nas respectivas áreas. Esta ideia logo se esvai, quando se tem que normas tributárias indutoras encontram-se igualmente inseridas em outras espécies tributárias. Fosse a presença da intervenção econômica no contorno da hipótese de incidência um critério distintivo das contribuições de intervenção no Domínio Econômico, então não se toleraria que Estados e Municípios, ao desenharem as regras de incidência de seus respectivos tributos, interviessem no Domínio Econômico, já que o artigo 149 do texto constitucional daria tal competência apenas à União. Por tal razão é que se deve entender que não é a presença do fenômeno intervencionista na hipótese que dá ensejo à obrigação nem seu efeito no interesse de categoria profissional ou econômica que caracteriza a contribuição especial. Se as contribuições, por mandamento constitucional, servem como instrumento de atuação da União na área de intervenção sobre o Domínio Econômico ou na de interesse de categorias profissionais ou econômicas, e se a presença dessa característica na hipótese tributária não caracteriza as contribuições, deve-se interpretar o mandamento contido no art. 149 como de finalidade, i.e., o produto da arrecadação daquelas contribuições deve servir para a intervenção sobre o domínio econômico ou para a atuação da União no interesse de categorias profissionais ou econômicas. Necessário, assim, o emprego de critérios relacionais (extrínsecos) para a definição desta espécie tributária" (SCHOUERI, 2012, p. 214).

Pedimos vênia para discordar. Ora, é claro que, ao instituir o imposto sobre serviços (ISS), por exemplo, os Municípios estão interferindo no exercício de atividade econômica pelos agentes privados. A finalidade do imposto, no entanto, é a intervenção na economia? Evidentemente, não. A finalidade é a arrecadação de dinheiro. Mesmo no caso do IPTU progressivo no tempo, cuja finalidade é constranger o proprietário do imóvel a adequá-lo à função social da propriedade, o elemento indutor é apenas circunstancial e não grava a essência do imposto, cuja marca específica continua sendo a arrecadação.

Por isso, é até admissível sustentar que a atuação da União nas áreas social e de interesse das categorias profissionais ou econômicas deve se dar, necessariamente, pela arrecadação de recursos e respectiva afetação. Quanto à intervenção no domínio econômico, contudo, não. Essa intervenção assume as mais diversas formas, sendo certo que a mera *indução* dos agentes econômicos a determinadas condutas por meio da instituição do tributo parece corresponder à autorização constitucional. Devemos lembrar, ainda, que a Constituição não desce a detalhes na previsão desta competência justamente porque as atuações em cada área obedecem a elementos específicos decorrentes das peculiaridades de cada uma.

21.5 VINCULAÇÃO DO PRODUTO DA ARRECADAÇÃO

O art. 149 da CF/1988 autoriza a União a instituir contribuições como instrumento de sua atuação nas áreas assinaladas no dispositivo. A forma dessa atuação, como vimos, depende de cada área específica. As contribuições de intervenção no domínio econômico podem significar uma atuação pelo simples fato de sua instituição. Tudo depende das finalidades almejadas e de critérios de razoabilidade e proporcionalidade.

Por outro lado, as contribuições sociais e de interesse das categorias profissionais ou econômicas devem funcionar, basicamente, como meios para financiar a atuação da União nessas áreas. Vale dizer, viabilizar a aquisição das quantias necessárias à atuação na área social e a manutenção de entidades representativas. As contribuições funcionam como meios para a obtenção de recursos financeiros.

Nesses casos, quer dizer, nas situações em que a contribuição funciona como instrumento de arrecadação para que a União atue em determinadas áreas, surge a questão de saber se os recursos arrecadados, isto é, se o produto da arrecadação fica *vinculado* às despesas que fundamentaram a instituição do tributo. Em outras palavras: se uma contribuição social foi instituída para financiar a seguridade social, o produto da arrecadação deve ficar *vinculado* às despesas dessa área específica? Ou pode ser direcionado a outras áreas?

No caso dos impostos, como vimos, há vedação constitucional quanto à vinculação das receitas a órgãos, fundos ou despesas (art. 167, IV, da CF/1988). No que toca aos empréstimos compulsórios a coisa muda de figura, pois o parágrafo único do art. 148 determina que a aplicação dos recursos provenientes de empréstimo compulsório será vinculada à despesa que fundamentou sua instituição.

Pois bem, e no caso das contribuições? A doutrina diverge quanto a este ponto.

Roque Carrazza, por exemplo, observa: "Noutro dizer, a regra-matriz constitucional destas contribuições agrega, de modo indissociável, a ideia de destinação. Queremos com tal assertiva sublinhar que, por imperativo da Lei Maior, os ingressos advindos da arrecadação destes tributos devem necessariamente ser destinados à viabilização ou ao custeio de uma das atividades mencionadas no art. 149 da CF [...] Não basta, como é fácil perceber, que a contribuição seja corretamente instituída; é preciso, ainda, que o produto de sua arrecadação tenha destinação apta a atingir a finalidade que motivou sua criação. Em suma, é a destinação do produto da arrecadação que preserva a natureza constitucional das contribuições. Esta determinação existe para proteger o contribuinte de arbitrariedades, como, por exemplo, do desvio do produto arrecadado ou da ausência, *in concreto*, do motivo que ensejou a criação desta figura exacional" (CARRAZZA, 2011, p. 623, 625-626).

De acordo com essa interpretação, fica claro que a regra prevista no art. 167, IV, da CF/1988, segundo a qual a receita dos impostos não deve ser vinculada a órgão, fundo ou despesa, *não* se aplica às contribuições. Pelo contrário, a lei que institui esta última deve fazer consignar expressamente a *vinculação* dos recursos às finalidades que justificaram a instituição do gravame. Esta interpretação produz as seguintes consequências:

- *Inconstitucionalidade originária ou superveniente* – A lei que institui a contribuição deve prever a destinação dos recursos sob pena de inconstitucionalidade. Quer dizer, a criação da contribuição sem previsão legal da destinação do produto da arrecadação viola o texto constitucional e, portanto, não tem o condão de obrigar o contribuinte. Ademais, se a legislação, tendo sido aprovada corretamente, é modificada com o objetivo de implementar desvio de finalidade, então se deve reconhecer a inconstitucionalidade superveniente;
- *Comprometimento da relação jurídica tributária* – A previsão legal de destinação dos recursos a finalidades diversas daquelas que justificaram a instituição ou o desvio dos recursos já arrecadados a outras finalidades compromete a própria relação jurídica tributária que surge com a ocorrência do fato gerador. Vale dizer, a "tredestinação" torna inválida a norma jurídica que instituiu o tributo. Assim, abre-se ao contribuinte o legítimo interesse processual para repetir o indébito tributário, quer dizer, pleitear judicialmente a devolução do montante pago a título de contribuição;
- *Alcança a lei orçamentária* – A vinculação do produto da arrecadação alcança inclusive a lei orçamentária, que não pode conter dispositivo que implique

desvio de finalidade. Nesse sentido, há pronunciamento do STF ao tratar dos recursos arrecadados a título de CIDE-Combustíveis:

> [...] o Tribunal, por considerar que o dispositivo impugnado admitiria interpretação abrangente ou ambígua, por maioria, julgou procedente em parte o pedido formulado em ação direta ajuizada pela Confederação Nacional do Transporte – CNT para emprestar ao art. 4.º, I, 'a', 'b', 'c', e 'd', da Lei 10.640/2003, Lei Orçamentária Anual da União, interpretação conforme a Constituição, no sentido de que *a abertura de crédito suplementar deve ser destinada às três finalidades enumeradas no art. 177, § 4.º, II, 'a', 'b' e 'c', da CF/1988* [...] Ressaltou-se, na espécie, que o provimento parcial do pedido não implicou qualquer intervenção nos atos políticos do Poder Executivo, mas apenas a estrita observância do disposto na Constituição (STF, Informativo 334/2003);

Sacha Calmon Navarro Coêlho, por outro lado, sustenta interpretação diversa. Para o autor, a finalidade para a qual é instituída a contribuição não interfere com sua natureza jurídica, de maneira que a relação instaurada entre Estado e contribuinte, uma vez praticado o fato gerador, não é afetada por eventual desvio de finalidade. Partindo da distinção entre *sistema normativo* e *sistema de normas*, e ressaltando que o direito positivo consiste no primeiro, e não no segundo, o autor apresenta uma classificação das normas jurídicas entre normas organizatórias, de competência, técnicas, de conduta e sancionantes.

A partir daí, o autor observa: "A classificação por nós proposta visa a dois intentos: A uma, mostrar que a finalidade do tributo está numa norma autorizativa de competência. A duas, limpar a norma tributária, que é uma norma de dever, de dar dinheiro ao Estado, dos resquícios da finalidade. O dever extingue-se com o seu cumprimento, pelo sujeito passivo. Ponto final. Pois bem, as normas de competência abroqueladas na Constituição, nelas é que está o *habitat* da finalidade do produto da arrecadação dos tributos. O Legislador exerce a sua competência atento ao fim prescrito, e o gestor gerencia sua aplicação igualmente atento à Constituição. Os destinatários das normas de competência, que estamos a perlustrar, são as pessoas jurídicas de direito público, autorizadas a instituir e gerir os tributos que a Constituição lhes atribuiu, em nada afetando a relação jurídico-tributária entre o ente tributante e o sujeito passivo pagante, ao menos diretamente, pelas razões que a seguir iremos expor" (COÊLHO, 2007, p. 89-90).

De acordo com esta posição, a finalidade para a qual é instituída a contribuição não interfere com sua natureza jurídica, de maneira que eventual desvio de finalidade não acarreta a inconstitucionalidade do gravame e tampouco autorizaria a repetição do indébito pelo contribuinte. Trata-se de questão administrativa ou financeira.

Pois bem, de tudo quanto foi exposto, percebe-se que existem sérias divergências doutrinárias quanto à vinculação do produto da arrecadação das contribuições a finalidades específicas. De nossa parte, entendemos que o desvio de finalidade acarreta a inconstitucionalidade da exação e afeta a própria relação jurídica tributária. Ora, entender que os recursos arrecadados a título de contribuição podem ser livremente aplicados pela União equivale a destruir a natureza jurídica específica desta espécie tributária, que passaria à qualidade de imposto. Não parece ser este o sentido do texto constitucional.

Fazemos apenas uma ressalva: no caso das contribuições de intervenção no domínio econômico (CIDEs) que permitam a atuação da União pela simples instituição, não vemos como sustentar a necessidade de afetação prévia do produto da arrecadação. E isso porque a finalidade está na própria criação de onerosidade ao agente econômico como forma de induzi-lo a esse ou aquele comportamento.

APROFUNDANDO! SISTEMA NORMATIVO E SISTEMA DE NORMAS

Reconhecemos que os argumentos de Sacha Calmon são dotados de elevada erudição, mas pedimos vênia para discordar. Primeiro, porque, ou se admite que o direito positivo é concebido como sistema ou se admite que não. Não se pode admitir e não admitir, ao mesmo tempo e sob o mesmo ponto de vista, que o direito é sistema e não é. Os três princípios básicos da lógica formal são violados. Distinguir entre *sistema normativo* e *sistema de normas*, com o devido respeito, parece jogo de linguagem. No final, dá no mesmo: sistema de normas é sistema normativo. Nesse sentido, a interpretação dos textos que veiculam os sentidos possíveis das normas jurídicas deve ser feita de forma sistemática. A divisão entre normas deste ou daquele tipo para fins de determinação de seus sentidos específicos viola a noção de *sistema* e joga por terra a própria estrutura do direito, compreendido como ordenamento jurídico [BOBBIO, 1999]. Fica claro, assim, que o desvio de finalidade não é um problema de direito financeiro ou de gestão administrativa. É um problema *jurídico* e, como tal, alcança a higidez da relação jurídica tributária, de maneira que o contribuinte não deve ficar obrigado a tributo ilegítimo.

21.6 DESVINCULAÇÃO DAS RECEITAS DA UNIÃO (DRU)

Como vimos, as contribuições são tributos finalísticos. Isso significa que sua característica principal consiste em atender a um fim, qual seja, funcionar como instrumento de atuação da União nas áreas mencionadas no art. 149. Por isso, segundo alguns autores, as receitas obtidas com as contribuições devem ser vinculadas a despesas que tenham relação com a finalidade para a qual o tributo foi instituído.

Para evitar esse tipo de discussão, sobre se as receitas são vinculadas ou não no caso das contribuições, os governos que têm ocupado a chefia do Poder Executivo federal, contando com o apoio do Congresso Nacional, têm usado um expediente denominado *desvinculação das receitas da União (DRU).*

Trata-se da aprovação de Emenda Constitucional por meio da qual se desvincula receitas de tributos para os quais, em princípios, a Constituição determina a vinculação, como é o caso das contribuições especiais.

Tal expediente afasta a discussão sobre a constitucionalidade de eventual desvio de receita que fosse levada a cabo na lei que instituiu o tributo ou na lei financeira. Utilizando uma Emenda à Constituição, o único óbice que pode ser levantado gira em torno da violação de cláusulas pétreas (CF, art. 60, § 4º), o que torna mais difícil a invalidação da DRU.

Assim, o art. 76 do Ato das Disposições Constitucionais Transitórias (ADCT), com redação dada pela Emenda Constitucional nº 126/2022, estabelece:

> **ADCT, art. 76**. São desvinculados de órgão, fundo ou despesa, até 31 de dezembro de 2024, 30% (trinta por cento) da arrecadação da União relativa às contribuições sociais, sem prejuízo do pagamento das despesas do Regime Geral de Previdência Social, às contribuições de intervenção no domínio econômico e às taxas, já instituídas ou que vierem a ser criadas até a referida data.
>
> (...)
>
> § 2° Excetua-se da desvinculação de que trata o caput a arrecadação da contribuição social do salário-educação a que se refere o § 5º do art. 212 da Constituição Federal.
>
> (...)
>
> § 4º A desvinculação de que trata o caput não se aplica às receitas das contribuições sociais destinadas ao custeio da seguridade social.

Como se vê, o dispositivo *desvincula* a receita tributária de órgão, fundo ou despesa, no que tange a contribuições sociais (exceto as destinadas à seguridade social e ao salário-educação); contribuições de intervenção no domínio econômico e taxas.

Pois bem, no caso das contribuições de intervenção no domínio econômico (CIDEs), duas situações devem ser destacadas: tratando-se de CIDE que, pela simples instituição, viabiliza a atuação da União, não há maiores problemas na desvinculação. Por outro lado, a CIDE que funciona como instrumento de arrecadação como forma de atuação resta, a nosso ver, parcialmente desvirtuada com a DRU.

No que concerne às taxas, somos da opinião de que os recursos arrecadados devem permanecer vinculados ao financiamento do poder de polícia ou serviço público que fundamentou sua instituição. Por isso, a desvinculação de suas receitas também desvirtua a espécie tributária.

Também, as contribuições sociais, por sua própria natureza, isto é, porque instrumentalizam a atuação da União na área social por intermédio da arrecadação de recursos, são definitivamente desvirtuadas com a desvinculação das receitas da União (DRU).

Não seria exagero dizer que a DRU desnatura tais contribuições; e isso por uma razão muito simples: ao desvincular as receitas dos órgãos, fundos ou despesas, afasta-se a necessária *correlação* que deve existir entre a instituição da contribuição e a finalidade apontada no texto constitucional. Em outras palavras, transforma-se a contribuição em simples imposto. Ora, não é isso o que a Constituição preceitua.

O problema está em que tal desvinculação dá-se por Emenda Constitucional. Alguns autores, por isso, compreendem que não há problema de inconstitucionalidade, haja vista que a competência prevista no art. 149 não representa cláusula pétrea.

Aliás, o STF decidiu questão nesse sentido. No julgamento de recurso extraordinário em que se debatia a constitucionalidade das EC 27/2000 e 42/2003, que veicularam a DRU, a Segunda Turma manifestou-se no sentido de que "não há impedimento para que emenda constitucional estabeleça desvinculação de receitas". De acordo com o voto do relator, o então Ministro Cesar Peluso:

> [...] o elemento essencial para a identificação das contribuições previdenciárias seria a destinação do produto de sua arrecadação. Entretanto, reputou-se que não haveria como, a partir dessa premissa, concluir-se que a desvinculação parcial do produto da arrecadação teria implicado criação de imposto [...] as Emendas Constitucionais 27/2000 e 42/2003 alteraram o mencionado art. 76 do ADCT para determinar a desvinculação das receitas de impostos e de contribuições sociais da União e sua aplicação na Conta Única do Tesouro Nacional, sem que, com isso, despontasse incompatibilidade com o restante do texto constitucional. Asseverou-se, ademais, que a norma que prescreve a aludida vinculação não assume caráter de cláusula pétrea (STF, Informativo 570/2009).

Em 2014 a Corte manifestou-se novamente sobre o tema:

> O disposto no art. 76 do ADCT – que desvincula 20% do produto da arrecadação da União em impostos, contribuições sociais e contribuições de intervenção no domínio econômico, de órgão, fundo ou despesa –, independente de sua validade constitucional, não gera direito a repetição de indébito. Com base nesse entendimento, o Plenário desproveu recurso extraordinário em que se discutia a constitucionalidade da desvinculação tributária levada a efeito pelas EC 27/2000 e EC 42/2003. No caso, a recorrente alegava ter direito à restituição da denominada Desvinculação de Receitas da União – DRU em razão de sua suposta inconstitucionalidade. O Tribunal afirmou que os impostos seriam tributos classificados como não vinculados. Assim, seria possível a exação sem contraprestação específica de determinado serviço público, pois o montante arrecadado não teria destinação predeterminada (CF, art. 167, IV). Todavia, a Constituição vincularia a arrecadação de impostos a determinados fins, conforme observado de seus artigos 158, 159, 198, § 2º, 212 e 37, XXII. As contribuições sociais e as contribuições de intervenção no domínio econômico, por outro lado, seriam tributos com destinação de arrecadação vinculada. Todas seriam alcançadas pela desvinculação estabelecida pelo art. 76 do ADCT. De qualquer forma, não seria possível concluir que, da eventual inconstitucionalidade da desvinculação parcial da receita das contribuições sociais, decorreria a devolução ao contribuinte do montante correspondente ao percentual desvinculado. Sublinhou que a tributação não seria inconstitucional ou ilegal, hipótese em que se autorizaria a repetição do indébito tributário ou o reconhecimento de inexistência de relação jurídico-tributária. Portanto, faltaria legitimidade processual à recorrente, pois ela não seria beneficiada pela declaração de inconstitucionalidade (STF, Informativo 767/2014).

Nada obstante a posição do STF, entendemos que a DRU é inconstitucional pelas seguintes razões:

- De acordo com o art. 60, § 4.º, I e IV, a forma federativa de Estado e os direitos e garantias individuais são cláusulas pétreas. Parece que as regras de competência tributária, como a norma do art. 149, tratam justamente desses assuntos. O contribuinte tem o direito, assegurado constitucionalmente, de apenas recolher contribuição nos casos de comprovada atuação da União nas áreas ali apontadas. Fora desse esquadro, a transferência de propriedade privada para os cofres públicos agride direito e garantia individual. Manobrar por meio de Emenda Constitucional as garantias fincadas pelo poder constituinte originário parece ferir cláusula pétrea;

- O pacto federativo traz implícita a ideia de distribuição equitativa de recursos financeiros. Essa distribuição foi feita pelo poder constituinte originário. As contribuições não são simplesmente meios para a arrecadação. São instrumentos de atuação da União em determinadas áreas. Assim, a desvinculação das receitas das contribuições transforma essa figura tributária em imposto. A mera arrecadação abastece os cofres federais, mas ameaça o equilíbrio federativo, uma vez que as outras unidades da federação, sem competência para instituir contribuições (regra que comporta exceção), veem-se na dependência cada vez maior do ente central.

De toda sorte, as alegações de inconstitucionalidade das emendas que veiculam a DRU têm sido superadas no STF, de modo que já está majoritariamente pacificado o entendimento no sentido de sua constitucionalidade.

21.7 COMPETÊNCIA

De acordo com o art. 149 da CF/1988, *compete exclusivamente à União* instituir contribuições sociais, de intervenção no domínio econômico e de interesse das categorias profissionais ou econômicas, como instrumento de sua atuação nas respectivas áreas. Daí decorre que a competência para a instituição de contribuições especiais é *exclusiva* desse ente federativo.

Além dos impostos residuais (art. 154, I, da CF/1988), dos impostos extraordinários de guerra (art. 154, II, da CF/1988) e dos empréstimos compulsórios (art. 148 da CF/1988), a Constituição atribuiu à União a competência *exclusiva* para a instituição das contribuições que funcionam como instrumento de sua atuação nas áreas mencionadas no art. 149. Assim, como regra geral, as contribuições devem ser instituídas por lei ordinária federal. Admitem, portanto, medida provisória, sempre que presentes os requisitos exigidos pelo art. 62 da Constituição.

Devemos assinalar, no entanto, uma *exceção* que consta do art. 149, § 1.º, do texto constitucional:

> **CF, art. 149**. [...]
>
> § 1º A União, os Estados, o Distrito Federal e os Municípios instituirão, por meio de lei, contribuições para custeio de regime próprio de previdência social, cobradas dos servidores ativos, dos aposentados e dos pensionistas, que poderão ter alíquotas progressivas de acordo com o valor da base de contribuição ou dos proventos de aposentadoria e de pensões. (Redação dada pela EC 103/2019).

A Constituição abre uma exceção ao autorizar que, além da União, também os Estados, o Distrito Federal e os Municípios instituam *contribuição social previdenciária*.

Lembre-se que a seguridade social é composta pelas áreas de saúde, previdência e assistência social (art. 194 da CF/1988). Essa exceção refere-se *apenas* à área *previdenciária*. Os Estados, Distrito Federal e Municípios *não* têm competência para a instituição de outras contribuições, que não a destinada à previdência social. Podemos, pois, esquematizar da seguinte maneira:

- *Regra* – A competência para a instituição de contribuições (sociais, de intervenção no domínio econômico e de interesse das categorias profissionais ou econômicas) é *exclusiva* da União;
- *Exceção* – Além da União, excepcionalmente os Estados, o Distrito Federal e os Municípios estão autorizados a instituir contribuição. Mas apenas *contribuição social* destinada ao custeio da *seguridade social* e, ainda assim, na subárea de *previdência social.*

APROFUNDANDO! PRINCÍPIOS CONSTITUCIONAIS APLICÁVEIS

Nos termos do art. 149 da CF/1988, a União está autorizada a instituir contribuições sociais, de intervenção no domínio econômico e de interesse das categorias profissionais ou econômicas, "observado o disposto nos arts. 146, III, e 150, I e III, e sem prejuízo do previsto no art. 195, § 6.º, relativamente às contribuições a que alude o dispositivo". Vejamos de maneira detida o que isso significa:

- Art. 146, III – De acordo com o dispositivo, cabe à lei complementar estabelecer normas gerais em matéria de legislação tributária, especialmente sobre a definição de tributos e de suas espécies, obrigação, lançamento, crédito tributário etc. Assim, as contribuições submetem-se normalmente à lei complementar de normas gerais, ou seja, ao CTN. Por outro lado, não precisam ser criadas por meio de lei complementar (a não ser na hipótese do art. 195, § 4º, da CF/1988, que trata das contribuições sociais residuais destinadas ao custeio da seguridade social);
- Art. 150, I – Como sabemos, trata-se do princípio da estrita legalidade tributária. Isso significa que as contribuições devem ser criadas por lei, bastando simples lei ordinária. Logo, também estão ao alcance de medidas provisórias, desde que atendidas as exigências constitucionais, tais como relevância e urgência (CF/1988, art. 62). A exceção que deve ser assinalada consta do art. 195, § 4.º, da CF/1988 e se refere às contribuições sociais residuais destinadas ao custeio da seguridade social, como já mencionamos;
- Art. 150, III – Trata-se dos princípios da irretroatividade, anterioridade comum e nonagesimal. Vale ressaltar que todas as contribuições devem obediência a tais postulados. Nesse sentido, eventual lei que as institua ou aumente suas alíquotas apenas poderá alcançar fatos que ocorram no futuro, com vigência a iniciar no exercício financeiro seguinte, observado, ainda, o prazo de 90 (noventa) dias. Registrem-se, no entanto, duas exceções: (1)

a CIDE-Combustíveis, que é exceção à anterioridade comum nos termos do art. 177, § 4º, I, *b*, da CF/1988; e (2) as contribuições sociais destinadas ao custeio da seguridade social, que também são exceções ao princípio da anterioridade comum, de acordo com o art. 195, § 6º, do texto constitucional. Vale lembrar que as contribuições para a seguridade social são aquelas destinadas à previdência, assistência e saúde. Submetem-se ao princípio da anterioridade especial, quer dizer, à observância do prazo de 90 (noventa) dias, com exclusão da anterioridade comum ou de exercício (CF, art. 150, III, b).

Uma vez que o art. 149 da CF/1988 menciona somente os artigos acima citados, isso significa que as contribuições devem obediência apenas aos princípios acima assinalados? Obviamente, não. Submetem-se a todos os princípios já estudados, como qualquer outro tributo. A Constituição faz menção expressa a esses dispositivos apenas para afastar as discussões doutrinárias e jurisprudenciais que existiam antes de 1988 quanto à natureza jurídica das contribuições.

21.8 REGRA-MATRIZ DE INCIDÊNCIA

A) Na redação original do artigo 149

A Constituição distribuiu os impostos a cada ente federativo de acordo com suas materialidades, isto é, de acordo com os atos, fatos e comportamentos econômicos possivelmente adotados pelos contribuintes.

No que toca às taxas, a instituição fica vinculada a uma atividade estatal (poder de polícia ou serviço público específico e divisível) prestada ao sujeito passivo. O mesmo ocorre com as contribuições de melhoria, com a ressalva de que, nesse caso, trata-se de obra pública que acarrete a valorização do imóvel privado.

Quanto aos empréstimos compulsórios, predomina o entendimento de que o legislador pode optar por qualquer regra-matriz de incidência, preferencialmente a dos impostos, desde que compreendida no âmbito de competência da União.

No caso das contribuições, não há no texto constitucional previsão específica com relação às possíveis regras-matrizes de incidência. Ressalvadas algumas contribuições, que veremos logo mais, a Constituição conferiu à União competência para a instituição desse tributo, mas não descreveu antecipadamente os possíveis fatos geradores, bases de cálculo, contribuintes etc.

O art. 149, *caput*, atribui competência exclusiva à União e faz apenas uma *ressalva*: que a contribuição funcione como instrumento de atuação desse ente federativo nas áreas ali mencionadas; nada mais.

Nesse sentido, Roque Carrazza explica: "Com efeito, ao contrário do que fez com os demais tributos, a Constituição, ao cuidar destas 'contribuições', não declinou, a não ser incidentalmente (*v.g.*, art. 195, I, da CF/1988), quais devem ser suas hipóteses de incidência e bases de cálculo" (CARRAZZA, 2011, p. 620).

Regina Helena Costa vai no mesmo sentido: "Com efeito, em relação àquelas, a Lei Maior não descreveu, como regra, os fatos que ensejam a obrigação de pagar contribuições, vale dizer, não contemplou a regra-matriz de incidência dessas espécies tributárias. Apenas atrelou sua instituição à perseguição de certas finalidades. Daí por que cuida-se de competência extremamente ampla, que possibilita à União instituir um número ilimitado de contribuições, bastando, apenas, que se revelem como instrumentos de sua atuação nas áreas indicadas" (COSTA, 2014, p. 150).

Por isso, surge naturalmente a questão: qual será a regra-matriz de incidência dessas contribuições? Quais aspectos materiais, pessoais, quantitativos, temporais e territoriais devem ser apontados em lei para que a contribuição seja legitimamente instituída? Em princípio, devemos dizer: aqueles escolhidos pelo legislador ordinário federal, dentro de parâmetros de razoabilidade e proporcionalidade, desde que atinjam as finalidades previstas na Constituição.

Parece que a ausência dessas previsões no texto constitucional foi proposital. Em outras palavras, uma vez que o traço distintivo dessa espécie de tributo é a finalidade para a qual é instituída, o texto constitucional deixa ao legislador ordinário a opção de selecionar os fatos mais adequados ao alcance dos fins. A obrigação tributária, nesse caso, pode decorrer de fato gerador vinculado ou não a uma atuação estatal, tudo a depender dos critérios adotados pelo legislador.

Em suma, o que importa, na verdade, é saber se a regra-matriz de incidência está delineada de tal como que revele, com clareza, o caráter *instrumental* da contribuição, isto é, a maneira como o tributo deve funcionar como meio de atuação da União nas áreas mencionadas no art. 149.

B) Na redação dada pela Emenda Constitucional 33/2001

A Emenda Constitucional nº 33, de 2001, dizem alguns autores, alterou o panorama instaurado inicialmente pela Constituição de 1988. A Emenda deu nova redação ao § 1.º do art. 149, e incluiu os §§ 2.º, 3.º, e 4.º. Assim, o § 2.º, III, do art. 149 da CF/1988, determina:

> **CF, art. 149** [...]
>
> § 2º As contribuições sociais e de intervenção no domínio econômico de que trata o *caput* deste artigo: (Incluído pela Emenda Constitucional nº 33, de 2001)
>
> [...]
>
> III – poderão ter alíquotas:
>
> a) *ad valorem*, tendo por base o faturamento, a receita bruta ou o valor da operação e, no caso de importação, o valor aduaneiro;
>
> b) específica, tendo por base a unidade de medida adotada.

Parte da doutrina entende que, com o dispositivo inserido pela EC 33/2001, as contribuições sociais e de intervenção no domínio econômico passaram a ter alguns aspectos da regra-matriz de incidência previamente estabelecidos pela Constituição. Quer dizer, o legislador federal estaria vinculado não somente à finalidade, como também à base econômica. Assim, as contribuições devem incidir apenas sobre os eventos econômicos acima enumerados, quais sejam: faturamento; receita bruta; valor da operação e valor aduaneiro.

Outros autores, como Paulo de Barros Carvalho, têm opinião diversa: "A competência atribuída à União para criar contribuições sociais e de intervenção no domínio econômico, tendo por hipótese de incidência, confirmada pela base de cálculo, o faturamento, a receita bruta, o valor da operação, o valor aduaneiro e as unidades específicas de medida, não esgota as possibilidades legiferantes: outros supostos poderão ser eleitos; o elenco não é taxativo. Apenas as contribuições para a seguridade social encontram na Carta Magna disciplina exaustiva das suas hipóteses de incidência, exigindo, para a criação de novas materialidades, estrita observância aos requisitos impostos ao exercício da competência residual: instituição mediante lei complementar, não cumulatividade e hipótese de incidência e base de cálculo diversos dos discriminados na Constituição" (art. 195, § 4.º) (CARVALHO, 2012, p. 77).

Parece que Paulo de Barros Carvalho está com a razão. Se a marca característica das contribuições é a *finalidade* para a qual podem ser instituídas, a saber, viabilizar a atuação da União nas áreas assinaladas no art. 149, não faz sentido limitar os possíveis fatos geradores ou bases de cálculo. A enumeração que consta do art. 149, § 2º, III, *a*, ao que parece, é *exemplificativa*, não afetando a liberdade do legislador, desde que respeitados os dispositivos constitucionais.

Não que queremos, com isso, dizer que a União tem "carta branca" para tributar como quiser. Tanto mais quando sabemos que, de acordo com a Constituição, a função dessa espécie de tributo não é arrecadar, mas funcionar como instrumento da atuação desse ente federativo em algumas áreas. Se a União não cumpre a Constituição, cabe ao Poder Judiciário corrigi-la e não à ciência do direito tributário.

JURISPRUDÊNCIA DO STF – ROL EXEMPLIFICATIVO

Em 2021, por ocasião do julgamento da constitucionalidade da contribuição ao INCRA, o Pleno do STF entendeu que o rol constante do art. 149, § 2º, III, *a*, é *exemplificativo*:

EMENTA Recurso extraordinário. Repercussão geral. Tributário. Contribuição ao INCRA incidente sobre a folha de salários. Recepção pela CF/88. Natureza jurídica. Contribuição de intervenção no domínio econômico (CIDE). Referibilidade. Relação indireta. Possibilidade. Advento da EC nº 33/01, incluindo o § 2º, III, a, no art. 149 da CF/88. Bases econômicas. Rol exemplificativo. Contribuições interventivas incidentes sobre a folha de salário. Higidez (...) . 1. Sob a égide da CF/88, diversos são os julgados reconhecendo a exigibilidade do adicional de 0,2% relativo à contribuição destinada ao INCRA incidente sobre a folha de salários. 2. A contribuição ao INCRA tem contornos próprios de contribuição de intervenção no domínio econômico (CIDE). Trata-se de tributo especialmente destinado a concretizar objetivos de atuação positiva do Estado consistentes na promoção da reforma agrária e da colonização, com vistas a assegurar o exercício da função social da propriedade e a diminuir as desigualdades regionais e sociais (arts. 170, III e VII; e 184 da CF/88). 3. Não descaracteriza a exação o fato de o sujeito passivo não se beneficiar diretamente da arrecadação, pois a Corte considera que a inexistência de referibilidade direta não desnatura as CIDE, estando, sua instituição "jungida aos princípios gerais da atividade econômica". *4. O § 2º, III, a, do art. 149, da Constituição, introduzido pela*

EC nº 33/2001, ao especificar que as contribuições sociais e de intervenção no domínio econômico "poderão ter alíquotas" que incidam sobre o faturamento, a receita bruta (ou o valor da operação) ou o valor aduaneiro, não impede que o legislador adote outras bases econômicas para os referidos tributos, como a folha de salários, pois esse rol é meramente exemplificativo ou enunciativo. 5. É constitucional, assim, a CIDE destinada ao INCRA devida pelas empresas urbanas e rurais, inclusive, após o advento da EC nº 33/01. 6. Recurso extraordinário a que se nega provimento. 7. Tese fixada para o Tema nº 495: "É constitucional a contribuição de intervenção no domínio econômico destinada ao INCRA devida pelas empresas urbanas e rurais, inclusive após o advento da EC nº 33/2001" (STF, RE 630898, 2021).

C) CIDE-Combustíveis e contribuições sociais para a seguridade social

Independentemente do debate sobre a Emenda Constitucional 33/2001, o fato é que a Constituição Federal descreveu as possíveis regras-matrizes de incidência de *algumas* contribuições. Para estes casos não há dúvida de que o legislador está *vinculado* à previsão constitucional.

Quer dizer, a lei que instituir alguma dessas contribuições deve ater-se aos fatos econômicos ali previstos. Por isso, as bases de cálculo e possíveis contribuintes também já estão designados. Vejamos quais são essas hipóteses:

- *CIDE-Combustíveis* – O art. 177, § 4.º, da CF/1988, incluído pela EC 33/2001, já fixou as possíveis materialidades da chamada CIDE-Combustíveis, a saber: importação e comercialização de petróleo e seus derivados; gás natural e seus derivados e álcool combustível. Vejamos:

> **CF, art. 177** [...]
>
> § 4º A lei que instituir contribuição de intervenção no domínio econômico relativa às atividades de importação ou comercialização de petróleo e seus derivados, gás natural e seus derivados e álcool combustível deverá atender aos seguintes requisitos:
>
> [...]

- *Contribuições sociais destinadas ao custeio da seguridade social* – O art. 195 da CF/1988 elenca as contribuições sociais destinadas ao custeio da seguridade social. De acordo com seus incisos, já sabemos, de antemão, quais são os aspectos materiais, quantitativos e pessoais das possíveis hipóteses de incidência. Vejamos:

> **Art. 195.** A seguridade social será financiada por toda a sociedade, de forma direta e indireta, nos termos da lei, mediante recursos provenientes dos orçamentos da União, dos Estados, do Distrito Federal e dos Municípios, e das seguintes contribuições sociais: (Redação dada pela Emenda Constitucional nº 20, de 1998)

> I – do empregador, da empresa e da entidade a ela equiparada na forma da lei, incidentes sobre:
>
> a) a folha de salários e demais rendimentos do trabalho pagos ou creditados, a qualquer título, à pessoa física que lhe preste serviço, mesmo sem vínculo empregatício;
>
> b) a receita ou o faturamento;
>
> c) o lucro;
>
> II – do trabalhador e dos demais segurados da previdência social, podendo ser adotadas alíquotas progressivas de acordo com o valor do salário de contribuição, não incidindo contribuição sobre aposentadoria e pensão concedidas pelo Regime Geral de Previdência Social; (Redação dada pela Emenda Constitucional nº 103, de 2019)
>
> III – sobre a receita de concursos de prognósticos.
>
> IV – do importador de bens ou serviços do exterior, ou de quem a lei a ele equiparar.
>
> V – sobre bens e serviços, nos termos de lei complementar.

ATENÇÃO! Reforma tributária!

APROFUNDANDO! FATOS GERADORES E BASES DE CÁLCULO PRÓPRIAS DE IMPOSTOS?

Uma vez que há certa liberdade para o legislador descrever as hipóteses de incidência das contribuições que deseja criar, surge a questão de saber se podem *repetir* as hipóteses já existentes e que se referem aos demais tributos, em especial aos impostos. Em outras palavras, uma contribuição pode ter fato gerador e base de cálculo idênticos aos de algum imposto? Imaginemos, por exemplo, uma contribuição de intervenção no domínio econômico (CIDE) que incida sobre operações de crédito, câmbio e seguro, ou relativas a títulos ou valores mobiliários. Ora, sabemos que este é justamente o âmbito constitucional do imposto sobre operações financeiras (IOF), nos termos do art. 153, V, da CF/1988. Se a contribuição incidir sobre essa base econômica teríamos típico caso de *bis in idem*? A contribuição instituída seria inconstitucional? A análise do texto constitucional indica que *não* há vedação à identidade entre fato gerador e base de cálculo no que toca a impostos e contribuições. A proibição existe quanto aos impostos entre si (exceto as competências previstas no art. 153, § 6º, V e art. 154, I, da CF/1988) e quanto às contribuições sociais para a seguridade social entre si, mas *não* entre uns e outros, isto é, entre impostos e contribuições. A propósito, esse é o entendimento do STF. No julgamento de recursos extraordinários que versavam sobre a cobrança da contribuição social a cargo das empresas e pessoas jurídicas, prevista no art. 1.º, I, da LC 84/1996, o Tribunal assentou: "[...] a CF/88 não proíbe a coincidência da base de cálculo da contribuição com a base de cálculo de imposto já existente". Considerou-se, ademais, que "a remissão contida na parte final do art. 195, § 4.º, da CF/1988, restringe-se à necessidade de lei complementar para a criação de novas contribuições" (STF, Informativos 123/1998 e 125/1998). Conclui-se que as contribuições eventualmente instituídas pelo legislador podem ter fatos geradores e bases de cálculo idênticos aos de outros tributos, especialmente de impostos. A vedação existe apenas no que toca aos impostos *entre si* (exceto as competências previstas no art. 153, § 6º, V e art. 154, I, da CF/1988) e às contribuições sociais para a seguridade social *entre si*.

21.9 IMUNIDADE ESPECÍFICA NA EXPORTAÇÃO E ONERAÇÃO DAS IMPORTAÇÕES

As Emendas Constitucionais nº 33/2001 e 42/2003 incorporaram ao texto constitucional uma imunidade específica e explicitaram a incidência das contribuições sociais e de intervenção no domínio econômicos nas operações de importação. Vejamos o que determina o art. 149, § 2º, incisos I e II:

> **CF, art. 149** [...]
>
> § 2º As contribuições sociais e de intervenção no domínio econômico de que trata o caput deste artigo:
>
> I – não incidirão sobre as receitas decorrentes de exportação;
>
> II – incidirão também sobre a importação de produtos estrangeiros ou serviços;

A) Imunidade específica

Recordemos que, nas hipóteses em que o *próprio texto da Constituição* determina que certo tributo "não deve incidir" ou que certa pessoa ou transação econômica está "isenta", isso significa, na verdade, *imunidade*, ou seja, norma constitucional negativa de competência. Não importa que a Constituição utilize outras expressões para designar o fenômeno.

De acordo com o dispositivo citado, devemos ressaltar o seguinte: a imunidade alcança as contribuições *sociais* e de *intervenção no domínio econômico*, sendo certo que a Constituição *não* menciona a contribuição de interesse das categorias profissionais ou econômicas; e a imunidade alcança as *receitas* decorrentes de *exportação*.

Percebe-se que a intenção do legislador constituinte reformador foi a de incentivar as exportações de bens e serviços. As empresas que se ocupam dessas exportações estão imunes às contribuições sociais e de intervenção no domínio econômico. Isso significa, obviamente, a desoneração dessas atividades.

Questão debatida foi a interpretação que se deveria dar à expressão "receitas decorrentes de exportação". *Receita* é uma categoria econômico-contábil diferente do *faturamento* e do *lucro*. Receita é um conceito mais amplo e engloba o aumento geral do patrimônio ou riqueza da empresa em virtude de ingressos definitivos. Faturamento, por sua vez, refere-se à venda de mercadorias ou serviços com fatura. Lucro, enfim, significa o acréscimo de disponibilidade econômica depois de subtraídas as despesas.

O debate ocorreu porque algumas contribuições incidem sobre o faturamento e a receita (COFINS) e outras incidem apenas sobre o lucro (CSSL). Nesse sentido, era necessário verificar quais contribuições seriam atingidas pela imunidade específica e quais não seriam. A doutrina viu-se dividida, mas o STF decidiu a questão.

JURISPRUDÊNCIA DO STF – ALCANCE DA EXPRESSÃO "RECEITAS DECORRENTES DE EXPORTAÇÃO"

O STF seguiu as tendências doutrinárias e também ficou dividido. Vejamos:

- *Voto do relator – A imunidade deve alcançar a CSSL* – "O Ministro Gilmar Mendes, relator, deu parcial provimento ao recurso para excluir a incidência da CSLL sobre a receita de exportação, no que foi acompanhado pelos Ministros Cármen Lúcia, Eros Grau, Celso de Melo e Cezar Peluso. Entendeu, a partir de uma interpretação teleológica da regra, que os lucros advindos de exportação pressupõem as receitas auferidas na mesma operação e, se essas são contempladas pela imunidade, os lucros também devem ser" (STF, Informativo 531/2008). Ora, se o conceito de receita *engloba* a noção de lucro (pois o lucro é o resultado das receitas menos as despesas), a imunidade deveria atingir também a contribuição social sobre o lucro (CSSL), na opinião dos ministros acima mencionados;
- *Voto do revisor – A imunidade não deve alcançar a CSSL* – O Ministro Marco Aurélio, por sua vez, "asseverou que, se ficar entendido que o vocábulo receita, tal como previsto no inciso I do § 2.º do art. 149 da CF/1988, engloba o lucro, acabar-se-á aditando norma a encerrar benefício para o contribuinte considerada certa etapa, além de deixar capenga o sistema constitucional, no que passará a albergar a distinção entre receita e lucro, em face da incidência da contribuição social para as pessoas jurídicas em geral (art. 195 da CF/1988) e, de forma incongruente, a alusão explícita à receita a ponto de alcançar, também, o lucro quanto a certo segmento de contribuintes – os exportadores" (STF, Informativo 531/2008). Para o Ministro Marco Aurélio, que foi seguido pelos Ministros Menezes Direito, Ricardo Lewandowski, Ayres Britto, Ellen Gracie e Joaquim Barbosa, deve-se insistir na diferença entre *receita* e *lucro*, sendo certo que a imunidade alcança apenas as contribuições que incidem sobre a primeira (COFINS e PIS) e *não* sobre o segundo (CSSL).

Após a divergência acima exposta, o STF, por maioria, decidiu que "a Contribuição Social sobre o Lucro Líquido (CSLL) e a Contribuição Provisória sobre Movimentação Financeira (CPMF) *não são alcançadas pela imunidade sobre as receitas decorrentes de exportação* prevista no inciso I do § 2.º do art. 149 da CF/1988, incluído pela EC 33/2001" (STF, Informativo 595/2010). O Tribunal assentou: "Imunidade – Exportação – Receita – Lucro. A imunidade prevista no inciso I do § 2º do artigo 149 da Carta Federal não alcança o lucro das empresas exportadoras. Lucro – Contribuição social sobre o lucro líquido – Empresas exportadoras. Incide no lucro das empresas exportadoras a Contribuição Social sobre o Lucro Líquido" (STF, RE 564.413/SC, 2010). Em suma, a imunidade prevista no art. 149, § 2.º, I, da CF/1988, alcança apenas as contribuições sociais e interventivas que incidem sobre a *receita* decorrente de *exportações*, como o PIS e a COFINS, por exemplo, mas não aquelas que incidem sobre outras bases econômicas, como o lucro (CSSL).

JURISPRUDÊNCIA DO STF – RECEITAS DECORRENTES DE VARIAÇÃO CAMBIAL POSITIVA

O STF deparou-se com a questão de saber se a imunidade prevista no art. 149, § 2º, I, da CF/1988, que proíbe a incidência de CIDEs e contribuições sociais sobre as "receitas decorrentes de exportação", abrangeria também as receitas provenientes de *variação cambial positiva*, isto é, o resultado positivo que o exportador eventualmente aufere na conversão do real em dólar ou outra moeda estrangeira. A Corte decidiu: "É inconstitucional a incidência da contribuição para PIS e COFINS sobre a receita decorrente da variação cambial positiva obtida nas operações de exportação". O julgado enfatizou "(...) que a imunidade em questão não seria concedida apenas às 'receitas de exportação', mas sim às 'receitas decorrentes de exportação'. Sublinhou que o adjetivo 'decorrentes' conferiria maior amplitude à desoneração constitucional, a suprimir do alcance da competência impositiva federal todas as receitas que resultassem da exportação, que nela encontrassem a sua causa, representando consequências financeiras do negócio jurídico de compra e venda internacional. Evidenciaria, assim, a intenção, contida na Constituição, de se desonerarem as exportações por completo, a fim de que as empresas brasileiras não fossem coagidas a exportarem tributos que, de outra forma, onerariam operações de exportação, quer de modo direto, quer indireto. Por fim, concluiu-se que eventual variação da taxa de câmbio entre o fechamento e a liquidação do contrato configuraria receita decorrente de exportação, sempre que fosse favorável ao exportador. Logo, as receitas cambiais relativas à exportação estariam abrangidas pela imunidade do art. 149, § 2º, I, da CF" (STF, Informativo 707/2013).

A) Incidência na importação e base de cálculo

Como assinalado, a EC 42/2003 alterou a redação do art. 149, § 2.º, II, da CF/1988, tal como havia sido fixada pela Emenda Constitucional 33/2001. Esta última determinava que as contribuições sociais e de intervenção no domínio econômico poderiam incidir sobre a importação de petróleo e seus derivados, gás natural e seus derivados e álcool combustível.

O novo texto estabeleceu que as contribuições sociais e de intervenção no domínio econômico "incidirão também sobre a importação de produtos estrangeiros ou serviços". O novo dispositivo ampliou consideravelmente a base apta à tributação. Ao utilizar a palavra *produtos* estrangeiros, a EC 42/2003 passou a admitir a incidência de contribuições sobre quaisquer bens provenientes do exterior e não apenas combustíveis, como ocorria anteriormente. Além do mais, a importação de *serviços* também passou a ser contemplada.

O legislador constitucional de reforma teve a clara intenção de *onerar as importações*, ao mesmo tempo em que, como vimos, *desonerou as exportações*. As contribuições sociais e interventivas assumem nítido caráter extrafiscal.

Devemos lembrar que, de acordo com o art. 149, § 2º, inciso III, alínea *a*, da CF/1988, no caso de importação, a base de cálculo deverá ser *o valor aduaneiro*. Em termos gerais, "valor aduaneiro" é o valor de mercado do produto, normalmente alcançado em condições de livre concorrência, *sem* o acréscimo do valor relativo a quaisquer tributos. Ademais, nos termos do § 3.º do art. 149, acrescido pela EC 33/2001, "a pessoa natural destinatária das operações de importação poderá ser equiparada a pessoa jurídica, na forma da lei".

Assim, o art. 1º da Lei 10.685/2004, que instituiu a COFINS-Importação e o PIS/PASEP-Importação, dispõe:

> **Lei nº 10.685/2004, art. 1.º.** Ficam instituídas a Contribuição para os Programas de Integração Social e de Formação do Patrimônio do Servidor Público, incidente na importação de produtos estrangeiros ou serviços (PIS/PASEP-Importação) e a Contribuição Social para o Financiamento da Seguridade Social devida pelo importador de bens estrangeiros ou serviços do exterior (COFINS-Importação), com base nos arts. 149, § 2.º, II, e 195, IV, da CF/1988, observado o disposto no seu art. 195, § 6.º.

O problema principal girava em torno da definição de valor aduaneiro introduzida pelo art. 7.º, I:

> **Lei n° 10.685/2004, art. 7º.** A base de cálculo será:
>
> I – o valor aduaneiro, assim entendido, para os efeitos desta Lei, o valor que servir ou que serviria de base para o cálculo do imposto de importação, acrescido do valor do Imposto sobre Operações Relativas à Circulação de Mercadorias e sobre Prestação de Serviços de Transporte Interestadual e Intermunicipal e de Comunicação (ICMS) incidente no desembaraço aduaneiro e do valor das próprias contribuições, na hipótese do inciso I do caput do art. 3.º desta Lei.

Alguns contribuintes foram ao STF sustentar a inconstitucionalidade da base de cálculo fixada pela lei, uma vez que o valor estipulado extrapolava a noção de "valor aduaneiro", na medida em que abrangia o valor relativo a outros tributos, como, por exemplo, o ICMS.

Após declaração de inconstitucionalidade do STF, o legislador modificou, pela Lei nº 12.865/2013, os disposto no art. 7º, inciso I:

> **Lei nº 12.865/2012, art. 7º.** A base de cálculo será:
>
> I – o valor aduaneiro, na hipótese do inciso I do caput do art. 3º desta Lei;

JURISPRUDÊNCIA DO STF – INCONSTITUCIONALIDADE DA BASE DE CÁLCULO DO PIS/COFINS-IMPORTAÇÃO

O STF enfrentou o problema no julgamento de recurso extraordinário. O Plenário verificou "afronta ao art. 149, § 2º, III, *a*, da CF, introduzido pela EC 33/2001 e reconheceu a inconstitucionalidade da expressão 'acrescido do valor do Imposto sobre Operações Relativas à Circulação de Mercadorias e sobre Prestação de Serviços de Transporte Interestadual e Intermunicipal e de Comunicação – ICMS incidente no desembaraço aduaneiro e do valor das próprias contribuições', contida no citado art. 7º, I, da Lei 10.865/2004". O julgado ressalta que "o constituinte derivado, ao estabelecer que as contribuições sociais e interventivas poderão ter alíquotas *ad valorem*, tendo por base o faturamento, a receita bruta ou o valor da operação e, *no caso de importação, o valor aduaneiro*, teria inovado por circunscrever a tais bases a respectiva competência, sem prejuízo do já previsto no art. 195 da CF/1988. Assentou que as contribuições sobre a importação, portanto, não poderiam extrapolar a base do valor aduaneiro, sob pena de inconstitucionalidade por violação à norma de competência no ponto constante do art. 149, § 2.º, III, a, da CF/1988" (STF, Informativo 605/2010).

21.10 CONTRIBUIÇÃO DE INTERESSE DAS CATEGORIAS PROFISSIONAIS OU ECONÔMICAS

As contribuições de interesse das categorias profissionais ou econômicas surgem em um momento histórico bastante conturbado, situado no entreguerras europeu (1918 a 1939).

A Primeira Guerra Mundial (1914-1918) fez com que emergisse, na Rússia, uma revolução de trabalhadores (1917) que daria origem a um novo Estado: a União das Repúblicas Socialistas Soviéticas (URSS). De inspiração comunista, a nova nação, governada por proletários e camponeses, pretendia acabar com a iniciativa privada e com o modelo econômico capitalista. As democracias liberais europeias saíram do conflito em crise, sobretudo após a Grande Depressão (1929) que, tendo começado nos Estados Unidos, gerou consequências desastrosas na Europa, sobretudo o desemprego em massa e a elevação dos níveis de pobreza.

Sentindo que a "ameaça comunista" poderia colocar em risco o *status quo* europeu, as elites de países como Alemanha, Itália, Espanha etc., toleraram o surgimento de regimes de extrema direita que, cooptando suas respectivas classes trabalhadoras, organizariam um sistema econômico que pudesse, de alguma maneira, ser controlado pelo Estado. O resultado foi o modelo nazista e fascista, cuja história já conhecemos.

No Brasil esse modelo desembarca no governo de Getúlio Vargas que, em 1937, através de um golpe de Estado, dá início ao chamado Estado Novo (1937-1945). Para consolidar juridicamente o novo governo, Varga outorga novo texto constitucional, superando a Constituição de 1934. A Carta de 1937, chamada de "Polaca", pois buscou inspiração na Constituição semifascista da Polônia, centralizou os poderes políticos na figura do Presidente da República (o próprio Vargas). Do ponto de vista social e econômico, a Carta assegura e amplia o modelo de intervenção do Estado na economia, que já havia sido adotado em 1934, promovendo o aumento do controle estatal sobre a classe trabalhadora, sobretudo de seus sindicatos.

Assim, a primeira menção constitucional às contribuições de interesse de categorias profissionais e econômicas surge na Carta de 1937, outorgada por um ditador, como um dos meios através dos quais o Estado poderia intervir e controlar a organização sindical dos trabalhadores. De fato, o art. 138 da "Polaca" estabelece:

Constituição de 1937, art. 138. A associação profissional ou sindical é livre. Somente, porém, o sindicato regularmente reconhecido pelo Estado tem o direito de representação legal dos que participarem da categoria de produção para que foi constituído, e de defender-lhes os direitos perante o Estado e as outras associações profissionais, estipular contratos coletivos de trabalho obrigatórios para todos os seus associados, impor-lhes contribuições e exercer em relação a eles funções delegadas de Poder Público.

Somente os sindicatos reconhecidos pelo Estado poderiam exercer funções de representação dos trabalhadores e exigir, deles, uma *contribuição*. Eis a origem histórica da contribuição que vamos estudar, uma espécie de "herança" de um momento histórico marcado pela intervenção do Estado na economia e controle político da classe trabalhadora.

A) Definição e principais características

O art. 149, *caput*, da CF/1988, autoriza a União a instituir *contribuição de interesse das categorias profissionais ou econômicas* como forma de atuação nesta área. Tais contribuições também são denominadas *contribuições profissionais* ou *corporativas*.

Ora, como se dá essa atuação? Dá-se no sentido de assegurar a organização e o contínuo financiamento das entidades representativas de categorias profissionais ou econômicas. Sabemos que tais entidades necessitam de recursos financeiros para se auto-organizarem e para manterem suas autonomias. Uma fonte de receita, portanto, precisa ser assegurada. A Constituição garante esta fonte utilizando como instrumento de arrecadação essa espécie de contribuição.

É importante considerar que as entidades representativas dos trabalhadores empregados ou profissionais liberais cumprem um importante papel em nossa sociedade. Cabe-lhes defender os interesses individuais e coletivos dos profissionais a elas vinculados, reivindicar melhorias nas condições de trabalho, estabelecer parâmetros éticos de atuação, efetuar a fiscalização e controle do desempenho dos profissionais e assim por diante (art. 8.º da CF/1988).

Nos dizeres de Hugo de Brito Machado, "a contribuição social caracteriza-se como de interesse de categoria profissional ou econômica quando destinada a propiciar a organização dessa categoria, fornecendo recursos financeiros para a manutenção de entidade associativa" (MACHADO, 2011, p. 423).

Regina Helena Costa, por sua vez, anota: "Essas contribuições, que podem ser denominadas, simplesmente, de *contribuições profissionais ou corporativas*, visam gerar receita para as chamadas *autarquias corporativas*, pessoas jurídicas instituídas com o objetivo de exercer a atividade de fiscalização do exercício de diversas profissões. Assim, os Conselhos Profissionais (Medicina, Odontologia, Engenharia etc.) e a Ordem dos Advogados do Brasil exigem, de seus inscritos, o pagamento da respectiva contribuição profissional" (COSTA, 2014, p. 158).

Aliás, a característica da *referibilidade* parece apresentar-se de forma mais cristalina nessa espécie de contribuição. De fato, essas contribuições devem ser instituídas como forma de viabilizar o direito à associação profissional, isto é, à organização e manutenção das entidades de representação dos trabalhadores e profissionais liberais.

Portanto, as contribuições devem abranger necessariamente *determinados profissionais*, que constituem certas categorias específicas.

Fica claro que o indivíduo que não é médico não pode ser obrigado a participar do financiamento da entidade que representa estes profissionais (Conselhos Federal ou Regional de Medicina); por outro lado, parece razoável que, sendo advogado, seja compelido a financiar a entidade que o representa (Ordem dos Advogados do Brasil - OAB).

Luís Eduardo Schoueri, a propósito, explica: "Indagando-se quem deve arcar com os custos daquelas autarquias, é quase imediato o raciocínio de que eles devem ser suportados pelos profissionais a cuja categoria se referem. Não seria razoável, por exemplo, que os administradores suportassem os custos do órgão dos engenheiros. Daí ser imediato que a identificação de quem deve arcar com as contribuições de interesse de categoria profissional ou econômica deve dar-se a partir da finalidade de cada uma delas. Eis a referibilidade" (SCHOUERI, 2012, p. 216).

Sabemos, portanto, de antemão, quem são os eventuais *sujeitos passivos* desses tributos. Só podem ser os profissionais vinculados a determinada categoria cuja entidade representa. A lei instituidora do gravame, nesse sentido, fica plenamente vinculada.

Cumpre mencionar, ainda na esteira das lições desse autor, que a Constituição é omissa na indicação das eventuais regras-matrizes de incidência dessas contribuições. Ao contrário do que ocorre no caso de algumas contribuições interventivas ou sociais, não há indicações quanto aos possíveis aspectos materiais (fatos, eventos ou condutas do sujeito passivo) aptos a serem descritos legislativamente por ocasião da instituição do tributo.

Nesse sentido, Schoueri observa: "Quanto às contribuições de interesse de categoria profissional, o constituinte foi omisso com relação a qualquer indicação relativa a sua hipótese tributária. Entretanto, deve-se admitir que se a contribuição é de interesse de uma categoria, a hipótese tributária deve ser, necessariamente, a circunstância de se pertencer àquela. Por exemplo: se a contribuição é de interesse dos médicos, não há de ser outra a hipótese tributária, senão o fato de exercer aquela profissão" (SCHOUERI, 2012, p. 213).

Finalmente, importa mencionar que essas contribuições possuem nítida característica *parafiscal*. Como vimos, *parafiscalidade* significa a transferência, por lei, da capacidade tributária ativa, isto é, das funções de fiscalizar e arrecadar certo tributo para ente diverso daquele que o instituiu. Vimos também que a capacidade tributária ativa pode ser delegada, mas a competência tributária, não.

Regina Helena Costa aponta esta característica: "Trata-se, portanto, de contribuições *parafiscais*, uma vez que sua instituição se dá mediante lei federal, delegando a União sua capacidade tributária ativa a esses entes, que passam a ser os sujeitos ativos da obrigação tributária correspondente" (COSTA, 2014, p. 158).

Vale repisar: a União é o ente *competente*. Institui as contribuições por intermédio de lei e transfere, também por lei, a capacidade tributária ativa para a entidade representativa, que está autorizada a executar os atos de fiscalização, arrecadação e cobrança do crédito tributário respectivo.

B) Contribuição sindical

O art. 8.º da CF/1988 trata dos direitos que os trabalhadores exercem *coletivamente*, isto é, como classe social. Vejamos o *caput* e o inciso IV:

> **Art. 8º**. É livre a associação profissional ou sindical, observado o seguinte:
>
> [...]
>
> IV – a assembleia geral fixará a contribuição que, em se tratando de categoria profissional, será descontada em folha, para custeio do sistema confederativo da representação sindical respectiva, independentemente da contribuição prevista em lei;
>
> [...]

Percebe-se que a Constituição prevê duas contribuições. A primeira, no início do inciso, chamada de *contribuição confederativa*, que *não* tem natureza tributária. A segunda, prevista ao final do dispositivo, denominada de *contribuição sindical*, que possuía *natureza tributária* até 2017. É dela que falamos agora.

Combinando o art. 8.º, IV, *in fine*, com o art. 149, *caput*, da CF/1988, chega-se à conclusão de que a União está autorizada a instituir contribuição de interesse das categorias profissionais ou econômicas destinada ao custeio dos *sindicatos* que representam as mais diversas categorias profissionais. Daí sua denominação de *contribuição sindical*.

Essa contribuição havia sido instituída pelos arts. 579 e art. 580 da Consolidação das Leis do Trabalho (CLT), na redação anterior à chamada "reforma trabalhista":

> **CLT, art. 579.** A contribuição sindical é devida por todos aqueles que participarem de uma determinada categoria econômica ou profissional, ou de uma profissão liberal, em favor do sindicato representativo da mesma categoria ou profissão ou, inexistindo este, na conformidade do disposto no art. 591. (Redação anterior à "reforma trabalhista").
>
> [...]
>
> **Art. 580.** A contribuição sindical será recolhida, de uma só vez, anualmente, e consistirá na importância correspondente a (...) I – remuneração de um dia de trabalho, para os empregados, qualquer que seja a forma da referida remuneração;

Note-se que, de acordo com o art. 579, a contribuição era devida por parte do trabalhador ou profissional que participasse de determinada categoria econômica ou profissional. Quer dizer, não se exigia que o contribuinte fosse filiado a sindicato, mas simplesmente que fizesse parte de uma categoria.

Pois bem, a chamada "reforma trabalhista" acabou com a natureza tributária desta contribuição. A Lei 13.467/2017 deu nova redação aos artigos 578 e 579 da CLT, que passaram a vigorar nos seguintes termos:

> **CLT, art. 578.** As contribuições devidas aos sindicatos pelos participantes das categorias econômicas ou profissionais ou das profissões liberais representadas pelas referidas entidades serão, sob a denominação de contribuição sindical, pagas, recolhidas e aplicadas na forma estabelecida neste Capítulo, *desde que prévia e expressamente autorizadas*. (Redação dada pela Lei nº 13.467, de 2017)

Art. 579. O desconto da contribuição sindical está condicionado à *autorização prévia e expressa* dos que participarem de uma determinada categoria econômica ou profissional, ou de uma profissão liberal, em favor do sindicato representativo da mesma categoria ou profissão ou, inexistindo este, na conformidade do disposto no art. 591 desta Consolidação (Redação dada pela Lei nº 13.467, de 2017).

A questão gira em torno da exigência de *autorização prévia* por parte dos integrantes de categoria profissional ou econômica para que a contribuição seja recolhida. Ora, como vimos, característica essencial do tributo, de acordo com o art. 3º do CTN, é que ele consiste em uma prestação pecuniária *compulsória*, ou seja, cuja exigência independe da vontade do contribuinte, portanto, de sua concordância.

A partir do momento em que o legislador federal altera a legislação no sentido de eliminar a *compulsoriedade* da contribuição sindical, elimina também, automaticamente, sua natureza tributária. *Portanto, a contribuição sindical não é mais tributo.* Pouco importa que a lei tenha preservado o nome, pois, como vimos, de acordo com o art. 4º do CTN, a denominação é irrelevante para a determinação da natureza jurídica tributária da prestação pecuniária.

JURISPRUDÊNCIA DO STF – NATUREZA NÃO TRIBUTÁRIA DA CONTRIBUIÇÃO SINDICAL

Diversas ações diretas de inconstitucionalidade foram ajuizadas no Supremo Tribunal Federal questionando a referida alteração legislativa que pôs fim à cobrança compulsória da contribuição sindical. A questão foi solucionada por julgamento do STF na Ação Direta de Inconstitucionalidade nº 5.794, a qual reuniu as demais que tratavam do mesmo assunto, restando consolidado, portanto, que, de fato, a alteração trazida pela aludida Lei 13.467/2017 é *constitucional:*

> Ementa: Direito Constitucional e Trabalhista. Reforma Trabalhista. Facultatividade da Contribuição Sindical. Constitucionalidade. Inexigência de Lei Complementar. Desnecessidade de lei específica. Inexistência de ofensa à isonomia tributária (Art. 150, II, da CRFB). Compulsoriedade da contribuição sindical não prevista na Constituição (artigos 8º, IV, e 149 da CRFB). Não violação à autonomia das organizações sindicais (art. 8º, I, da CRFB). Inocorrência de retrocesso social ou atentado aos direitos dos trabalhadores (artigos 1º, III e IV, 5º, XXXV, LV e LXXIV, 6º e 7º da CRFB). Correção da proliferação excessiva de sindicatos no Brasil. Reforma que visa ao fortalecimento da atuação sindical. Proteção às liberdades de associação, sindicalização e de expressão (artigos 5º, incisos IV e XVII, e 8º, *caput*, da CRFB). Garantia da liberdade de expressão (art. 5º, IV, da CRFB). Ações Diretas de Inconstitucionalidade julgadas improcedentes. Ação Declaratória de Constitucionalidade julgada procedente. 1. À lei ordinária compete dispor sobre fatos geradores, bases de cálculo e contribuintes quanto à espécie tributária das contribuições, não sendo exigível a edição de lei complementar para a temática, *ex vi* do art. 146, III, alínea 'a', da Constituição. 2. A extinção de contribuição pode ser realizada por lei ordinária, em paralelismo à regra segundo a qual não é obrigatória a

aprovação de lei complementar para a criação de contribuições, sendo certo que a Carta Magna apenas exige o veículo legislativo da lei complementar no caso das contribuições previdenciárias residuais, nos termos do art. 195, § 4º, da Constituição. Precedentes (...) 3. A instituição da facultatividade do pagamento de contribuições sindicais não demanda lei específica, porquanto o art. 150, § 6º, da Constituição trata apenas de 'subsídio ou isenção, redução de base de cálculo, concessão de crédito presumido, anistia ou remissão', bem como porque a exigência de lei específica tem por finalidade evitar as chamadas 'caudas legais' ou 'contrabandos legislativos', consistentes na inserção de benefícios fiscais em diplomas sobre matérias completamente distintas, como forma de chantagem e diminuição da transparência no debate público, o que não ocorreu na tramitação da reforma trabalhista de que trata a Lei nº 13.467/2017. Precedentes (...) 4. A Lei nº 13.467/2017 emprega critério homogêneo e igualitário ao exigir prévia e expressa anuência de todo e qualquer trabalhador para o desconto da contribuição sindical, *ao mesmo tempo em que suprime a natureza tributária da contribuição, seja em relação aos sindicalizados, seja quanto aos demais*, motivos pelos quais não há qualquer violação ao princípio da isonomia tributária (art. 150, II, da Constituição), até porque não há que se invocar uma limitação ao poder de tributar para prejudicar o contribuinte, expandindo o alcance do tributo, como suporte à pretensão de que os empregados não sindicalizados sejam obrigados a pagar a contribuição sindical. 5. A Carta Magna não contém qualquer comando impondo a compulsoriedade da contribuição sindical, na medida em que o art. 8º, IV, da Constituição remete à lei a tarefa de dispor sobre a referida contribuição e o art. 149 da Lei Maior, por sua vez, limita-se a conferir à União o poder de criar contribuições sociais, o que, evidentemente, inclui a prerrogativa de extinguir ou modificar a natureza de contribuições existentes. 6. A supressão do caráter compulsório das contribuições sindicais não vulnera o princípio constitucional da autonomia da organização sindical, previsto no art. 8º, I, da Carta Magna, nem configura retrocesso social e violação aos direitos básicos de proteção ao trabalhador insculpidos nos artigos 1º, III e IV, 5º, XXXV, LV e LXXIV, 6º e 7º da Constituição. 7. A legislação em apreço tem por objetivo combater o problema da proliferação excessiva de organizações sindicais no Brasil, tendo sido apontado na exposição de motivos do substitutivo ao Projeto de Lei nº 6.787/2016, que deu origem à lei ora impugnada, que o país possuía, até março de 2017, 11.326 sindicatos de trabalhadores e 5.186 sindicatos de empregadores, segundo dados obtidos no Cadastro Nacional de Entidades Sindicais do Ministério do Trabalho, sendo que, somente no ano de 2016, a arrecadação da contribuição sindical alcançou a cifra de R$ 3,96 bilhões de reais. 8. O legislador democrático constatou que a contribuição compulsória gerava uma oferta excessiva e artificial de organizações sindicais, configurando uma perda social em detrimento dos trabalhadores, porquanto não apenas uma parcela dos vencimentos dos empregados era transferida para entidades sobre as quais eles possuíam pouca ou nenhuma ingerência, como também o número estratosférico de sindicatos não se traduzia em um correspondente aumento do bem-estar da categoria. 9. A garantia de uma fonte de custeio, independentemente de

> resultados, cria incentivos perversos para uma atuação dos sindicatos fraca e descompromissada com os anseios dos empregados, de modo que a Lei nº 13.467/2017 tem por escopo o fortalecimento e a eficiência das entidades sindicais, que passam a ser orientadas pela necessidade de perseguir os reais interesses dos trabalhadores, a fim de atraírem cada vez mais filiados. 10. Esta Corte já reconheceu que normas afastando o pagamento obrigatório da contribuição sindical não configuram indevida interferência na autonomia dos sindicatos. Precedentes (...). 11. A Constituição consagra como direitos fundamentais as liberdades de associação, sindicalização e de expressão, consoante o disposto nos artigos 5º, incisos IV e XVII, e 8º, *caput*, tendo o legislador democrático decidido que a contribuição sindical, criada no período autoritário do estado novo, tornava nula a liberdade de associar-se a sindicatos (ADI 5794, Relator(a): Min. EDSON FACHIN, Relator(a) p/ Acórdão: Min. LUIZ FUX, Tribunal Pleno, julgado em 29/06/2018, PROCESSO ELETRÔNICO DJe-083 DIVULG 22-04-2019 PUBLIC 23-04-2019).

Conclui-se, pois, que a contribuição sindical, que até o ano de 2017 possuía natureza jurídica tributária, *não é mais tributo*.

C) Contribuição confederativa

O art. 8.º, IV, da CF/1988, prevê duas contribuições. A primeira, no início do dispositivo, denominada *contribuição confederativa*. A segunda, no final do inciso, denominada contribuição sindical. Esta última possuía natureza jurídica tributária até o advento da "reforma trabalhista". A primeira não é, e nunca foi, tributo. Falaremos dela agora.

De acordo com o dispositivo (art. 8º, IV), a *assembleia geral* fixará a contribuição que, em se tratando de categoria profissional, será descontada em folha, para custeio do sistema confederativo da representação sindical respectiva, independentemente da contribuição prevista em lei.

Perceba-se que a contribuição prevista no início do dispositivo, a contribuição confederativa, será fixada pela *assembleia* do respectivo sindicato e não por lei da União. Logo, pelo simples fato de não ser instituída por lei, não tem natureza jurídica tributária! Trata-se de prestação pecuniária de natureza privada, destinada ao custeio do sistema confederativo de representação sindical.

Ademais, somente os trabalhadores *filiados* ao sindicato têm a obrigação de recolhê-la. E isso porque, de acordo com o art. 8.º, V, da CF/1988, "ninguém será obrigado a filiar-se ou a manter-se filiado a sindicato". Nesse sentido, importa mencionar a súmula vinculante nº 40 e a súmula ordinária nº 666, do STF:

Súmula vinculante nº 40 – A contribuição confederativa de que trata o art. 8º, IV, da Constituição Federal, só é exigível dos filiados ao sindicato respectivo.

[...]

Súmula 666 do STF – A contribuição confederativa de que trata o art. 8.º, IV, da CF/1988, só é exigível dos filiados ao sindicato respectivo.

Em suma, Roque Carrazza explica: "A nosso sentir, o termo contribuição está empregado, no inciso supra, não na acepção de tributo, mas de prestação pecuniária espontânea [...] Ora, se tal 'contribuição' não é criada em lei, não se confunde com a criada em lei (que é tributo) e ninguém está compulsoriamente obrigado a pagá-la (já que inexiste, no Brasil, o dever de sindicalizar-se ou de permanecer sindicalizado), devemos forçosamente reconhecer que, no caso, estamos diante de uma figura de direito privado" (CARRAZZA, 2011, p. 617).

D) Contribuição assistencial

O art. 513, *e*, da CLT, estabelece:

> **CLT, art. 513**. São prerrogativas dos sindicatos:
>
> [...]
>
> e– impor contribuições a todos aqueles que participam das categorias econômicas ou profissionais ou das profissões liberais representadas.

Como regra geral, tais "contribuições" são estipuladas em cláusulas constantes de acordo, convenção coletiva ou sentença normativa e têm como função custear a participação do sindicato em negociações coletivas ou encargos econômicos assumidos para esse fim.

Nesse sentido, fica claro que a *contribuição assistencial não é tributo*. Assume a forma de prestação pecuniária privada, de caráter voluntário. Além do mais, não há previsão constitucional para sua instituição e cobrança pelos sindicatos. De fato, a Constituição autoriza apenas a instituição de *contribuição sindical* (art. 8.º, IV, última parte, da CF/1988) e *confederativa* (art. 8.º, IV, primeira parte, da CF/1988).

Há, por isso, um razoável consenso na doutrina no sentido que tal contribuição é devida apenas pelos trabalhadores filiados aos sindicatos. A propósito, o Tribunal Superior do Trabalho (TST) adotou o precedente normativo 119, com o seguinte enunciado:

> ***Precedente normativo nº 119 do TST–*** A Constituição da República, em seus arts. 5.º, XX e 8.º, V, assegura o direito de livre associação e sindicalização. É ofensiva a essa modalidade de liberdade, cláusula constante de acordo, convenção coletiva ou sentença normativa estabelecendo contribuição em favor de entidade sindical a título de taxa para custeio do sistema confederativo, assistencial, revigoramento ou fortalecimento sindical e outras da mesma espécie, *obrigando trabalhadores não sindicalizados*. Sendo nulas as estipulações que inobservem tal restrição, tornam-se passíveis de devolução os valores irregularmente descontados.

Ocorre, porém, que o STF manifestou-se em sentido contrário. Em 1998, a Primeira Turma assentou:

> "É legítima a instituição, em sentença normativa, de cláusula relativa à contribuição assistencial imposta aos empregados *indistintamente* em favor do sindicato, desde que assegurado, previamente, determinado prazo para o trabalhador opor-se a esse desconto" (STF, Informativo 126/1998).

No ano 2000 a Segunda Turma reiterou o entendimento nos seguintes termos:

> "É legítima a cobrança de contribuição assistencial imposta aos empregados indistintamente em favor do sindicato, prevista em convenção coletiva de trabalho, estando os *não sindicalizados compelidos* a satisfazer a mencionada contribuição" (STF, Informativo 210/2000).

Além do mais, o STF tem deixado de enfrentar as causas que têm por objeto tais contribuições, sob o argumento de que se trata de questão infraconstitucional. A Corte, inclusive, negou que recurso extraordinário sobre o tema tivesse repercussão geral:

> "Não apresenta repercussão geral o recurso extraordinário que, tendo por objeto questão relativa à exigibilidade de contribuição assistencial, instituída por assembleia de trabalhadores não filiados versa sobre matéria infraconstitucional" (STF, AI (RG) 752.633/SP, 2009).

Em suma, parece que as posições doutrinárias e a interpretação do TST são as mais consentâneas com os dispositivos constitucionais que regem a liberdade de associação, não obstante a orientação do STF. De qualquer maneira, reitere-se: contribuições assistenciais não são tributos.

JURISPRUDÊNCIA DO STF – CONTRIBUIÇÕES CONFEDERATIVA E ASSISTENCIAL E PRINCÍPIO DA LEGALIDADE

O STF julgou ação direta de inconstitucionalidade contra portaria do antigo Ministério do Trabalho que disciplinava o recolhimento de contribuições confederativas e assistenciais. O Plenário assentou:

> "Entendeu-se que o ato normativo questionado extrapola a competência conferida aos Ministros de Estado de expedir instruções para a execução de leis, decretos e regulamentos (art. 87, parágrafo único, II, da CF/1988), a qual deve estar direcionada ao funcionamento em si do Ministério, descabendo reconhecer ao Ministro de Estado alçada para definir a espécie de instrumento própria à previsão de contribuição, bem como consignar a finalidade desta última. Salientou-se também que a referida portaria, ao dispor sobre a contribuição prevista na alínea *e* do art. 513 da CLT – estabelecendo a necessidade de previsão em convenção ou acordo coletivo e destinação do que arrecadado ao custeio de atividades assistenciais, a melhoria e ao crescimento sindical, além de viabilizar a participação nas negociações por melhores condições de trabalho –, acabou por aditar a CLT, invadindo campo reservado ao legislador" (STF, Informativo 383/2005).

O STF prestigiou o princípio da legalidade no caso da disciplina jurídica de tais contribuições. Vale lembrar, contudo, que essas "contribuições" não são tributos. Por isso, não se trata de fazer valer o princípio da estrita legalidade tributária (art. 150, I, da CF/1988), mas o princípio da legalidade genericamente previsto no art. 5.º, II, da CF/1988.

E) Anuidades dos Conselhos de Fiscalização Profissional

Os Conselhos de Fiscalização Profissional são *autarquias profissionais ou corporativas* "incumbidas da inscrição de certos profissionais e de fiscalizar sua atividade" (CARVALHO FILHO, 2013, p. 474). São exemplos a Ordem dos Advogados do Brasil (OAB), o Conselho Regional de Medicina (CRM), o Conselho Regional de Engenharia e Agronomia (CREA), entre outros.

O art. 58 da Lei 9.649/1998 determinava que os serviços de fiscalização de profissões regulamentadas deveriam ser exercidos em caráter privado, por delegação do poder público, mediante autorização legislativa. O § 2.º especificava que os conselhos de fiscalização de profissões regulamentadas, dotados de personalidade jurídica de direito privado, não manteriam com os órgãos da Administração Pública qualquer vínculo funcional ou hierárquico. De acordo com a lei, portanto, tais Conselhos eram considerados *pessoas jurídicas de direito privado.*

O STF, contudo, no julgamento da ação direta de inconstitucionalidade 1.717/DF, declarou inconstitucionais tais dispositivos:

> [...] O Tribunal julgou procedente o pedido formulado na ação para declarar a inconstitucionalidade do art. 58, *caput* e parágrafos 1º, 2º, 4º, 5º, 6º, 7º e 8º da Lei 9.649/98, que previam a delegação de poder público para o exercício, em caráter privado, dos serviços de fiscalização de profissões regulamentadas, mediante autorização legislativa. Reconheceu-se a inconstitucionalidade dos dispositivos atacados uma vez que o mencionado serviço de fiscalização constitui atividade típica do Estado, envolvendo, também, poder de polícia, poder de tributar e de punir, insuscetíveis de delegação a entidades privadas (STF, Informativos 137/1999, 163/1999 e 289/2002).

Percebe-se, pois, que, à luz do entendimento do STF, tais Conselhos passaram a assumir a natureza jurídica de *autarquias federais profissionais* ou *corporativas*. Nesse sentido, o art. 149 da CF/1988 autoriza a União a instituir contribuições destinadas ao custeio dessas entidades. Tais contribuições são chamadas geralmente de *anuidades* e, como vimos, têm *natureza jurídica tributária.*

Não custa reafirmar que a *competência* para instituir tais contribuições é da União. Os Conselhos recebem apenas a *capacidade tributária ativa*, isto é, a capacidade de fiscalizar e cobrar esses tributos. É o que o art. 2º, *caput*, da Lei 11.000/2004, determina:

> **Lei nº 11.000/2004, art. 2º.** Os Conselhos de fiscalização de profissões regulamentadas são autorizados a fixar, cobrar e executar as contribuições anuais, devidas por pessoas físicas ou jurídicas, bem como as multas e os preços de serviços, relacionados com suas atribuições legais, que constituirão receitas próprias de cada Conselho.
>
> § 1º Quando da fixação das contribuições anuais, os Conselhos deverão levar em consideração as profissões regulamentadas de níveis superior, técnico e auxiliar.
>
> § 2.º Considera-se título executivo extrajudicial a certidão relativa aos créditos mencionados no *caput* deste artigo e não pagos no prazo fixado para pagamento.

Além da capacidade tributária ativa, isto é, da aptidão para fiscalizar e cobrar as respectivas contribuições, os Conselhos receberam também a prerrogativa de ficarem com o produto da arrecadação, que constituem "receitas próprias de cada Conselho". O fato de que ficam o produto da arrecadação faz com que as anuidades tenham nítido caráter *parafiscal*.

O § 1º, a seu turno, estabelece uma espécie de "progressividade implícita", na medida em que determina que, na fixação das contribuições anuais (anualidades), os Conselhos levem em consideração a formação dos profissionais, estabelecendo "faixas" que começam com o nível auxiliar, passam pelo técnico e terminam no superior. Evidentemente, pressupõe-se que a capacidade contributiva aumenta conforme cresce o nível de formação.

O § 2º confere às certidões emitidas pelos Conselhos o caráter de título executivo extrajudicial. Assim, o profissional que não recolhe a contribuição devida tem status de devedor tributário. Desse modo, os Conselhos emitem *certidões de dívida ativa* passíveis de subsidiarem processo de execução independentemente de prévia sentença condenatória.

Aliás, vale mencionar que tais Conselhos, por serem considerados autarquias federais, podem ser valer da Lei de Execução Fiscal (Lei nº 6.830/80), que disciplina a execução da dívida ativa tributária e não tributária dos entes federativos, suas autarquias e fundações públicas. Nesse sentido, já decidiu a Primeira Seção do STJ:

> Processual civil. Conflito de competência. Conselho de Fiscalização Profissional. Execução Fiscal. Cobrança de anuidades. Súmula 66/STJ. Competência da Justiça Federal.
>
> 1. A Corte Suprema, ao declarar a inconstitucionalidade do art. 58, §§ 1º, 2º, 4º, 5º, 6º, 7º e 8º, da Lei n. 9.649/98, por ocasião do julgamento do mérito da ADIn n. 1.717-DF, proclamou que os serviços de fiscalização de profissões regulamentadas constituem atividade típica do Estado, preservando, assim, a natureza de autarquias federais dos conselhos de fiscalização profissional.
>
> 2. Os conselhos de fiscalização profissional, pois, são equiparados às autarquias federais, fazendo-se aplicar o enunciado 66 da Súmula do STJ: "Compete à Justiça Federal processar e julgar execução fiscal promovida por conselho de fiscalização profissional". Assim, permanece a competência da Justiça Federal, com supedâneo no art. 109, inciso I, da CF/88, para julgar as ações relativas à cobrança de anuidades, mesmo após a EC 45/2004.
>
> 3. Conflito conhecido para declarar a competência do Juízo Federal da 5ª Vara de Campinas – SJ/SP. (STJ, Primeira Seção, CC 100558 / SP, 04/09/2009).

A Lei nº 12.514/2011 também trouxe disposições aplicáveis a tais entidades. O art. 5º trata do fato gerador das contribuições, fixando-o nos seguintes termos:

> **Lei nº 12.514/2011, art. 5º.** O fato gerador das anuidades é a existência de inscrição no conselho, ainda que por tempo limitado, ao longo do exercício.

A lei concede certa autonomia aos Conselhos especialmente para a fixação do valor exato da anuidade, observados os limites estabelecidos legalmente. Em outras palavras, os profissionais vinculados a cada uma dessas instituições devem recolher suas anuidades dentro do prazo assinalado sob pena de terem contra si um processo de execução iniciado.

Estas leis foram objeto de ação direta de inconstitucionalidade junto ao Supremo Tribunal Federal (ADI 3.048 e ADI 4.697), por cujo intermédio se questiona uma série de aspectos. De qualquer maneira, a Corte vem manifestando-se no sentido de confirmar a *natureza jurídica tributária de tais contribuições* e o dever dos profissionais vinculados aos respectivos Conselhos de recolhê-las.

A propósito, o Tribunal já deixou assentado que

> [...] as contribuições cobradas pelas autarquias responsáveis pela fiscalização do exercício profissional são *contribuições parafiscais*, *contribuições corporativas*, com caráter tributário (STF, MS 21.797/RJ, 2000).

JURISPRUDÊNCIA DO STF – ANUIDADES E PRINCÍPIO DA LEGALIDADE

O art. 2.º da Lei 11.000/2004, como vimos, autoriza os Conselhos de fiscalização de profissões regulamentadas a fixar, cobrar e executar as contribuições anuais, devidas por pessoas físicas ou jurídicas. No que toca à *cobrança* e *execução* não há maiores problemas, uma vez que tais atividades fazem parte da delegação da *capacidade tributária ativa* que recebem. O que dizer, contudo, da autorização para *fixar* as contribuições? Imaginemos que determinado Conselho, por resolução própria, tenha fixado o valor relativo à anuidade a ser recolhida. Uma vez que tais anuidades são contribuições de interesse das categorias profissionais ou econômicas, isto é, *tributos*, não teriam de submeter-se também ao princípio da estrita legalidade tributária (art. 150, I, da CF/1988)? O STF entende que sim. Em 2016 o Pleno resolveu repercussão geral nos seguintes termos:

> "Recurso extraordinário. Repercussão geral. Tributário. Princípio da legalidade. Contribuições. Jurisprudência da Corte. Legalidade suficiente. Lei nº 11.000/04. Delegação aos conselhos de fiscalização de profissões regulamentadas do poder de fixar e majorar, sem parâmetro legal, o valor das anuidades. Inconstitucionalidade. 1. Na jurisprudência da Corte, a ideia de legalidade, no tocante às contribuições instituídas no interesse de categorias profissionais ou econômicas, é de fim ou de resultado, notadamente em razão de a Constituição não ter traçado as linhas de seus pressupostos de fato ou o fato gerador. Como nessas contribuições existe um quê de atividade estatal prestada em benefício direto ao contribuinte ou a grupo, seria imprescindível uma faixa de indeterminação e de complementação administrativa de seus elementos configuradores, dificilmente apreendidos pela legalidade fechada. Precedentes. 2. Respeita o princípio da legalidade a lei que disciplina os elementos essenciais determinantes para o reconhecimento da contribuição de interesse de categoria econômica como tal e deixa um espaço de complementação para o regulamento. A lei autorizadora, em todo caso, deve ser legitimamente justificada e o diálogo com o regulamento deve-se dar em termos

de subordinação, desenvolvimento e complementariedade 3. *A Lei nº 11.000/04 que autoriza os Conselhos de fiscalização de profissões regulamentadas a fixar as anuidades devidas por pessoas físicas ou jurídicas não estabeleceu expectativas, criando uma situação de instabilidade institucional ao deixar ao puro arbítrio do administrador o estabelecimento do valor da exação – afinal, não há previsão legal de qualquer limite máximo para a fixação do valor da anuidade.* 4. O grau de indeterminação com que os dispositivos da Lei nº 11.000/2000 operaram provocou a degradação da reserva legal (art. 150, I, da CF/88). Isso porque a remessa ao ato infralegal não pode resultar em desapoderamento do legislador para tratar de elementos tributários essenciais. Para o respeito do princípio da legalidade, seria essencial que a lei (em sentido estrito) prescrevesse o limite máximo do valor da exação, ou os critérios para encontrá-lo, o que não ocorreu. 5. *Não cabe aos conselhos de fiscalização de profissões regulamentadas realizar atualização monetária em patamares superiores aos permitidos em lei, sob pena de ofensa ao art. 150, I, da CF/88.* 6. Declaração de inconstitucionalidade material sem redução de texto, por ofensa ao art. 150, I, da Constituição Federal, do art. 2º da Lei nº 11.000, de 15 de dezembro de 2004, de forma a excluir de sua incidência a autorização dada aos conselhos de fiscalização de profissões regulamentadas para fixar as contribuições anuais devidas por pessoas físicas ou jurídicas, e, por arrastamento, da integralidade do seu § 1º (...) 9. Negado provimento ao recurso extraordinário" (STF, Plento, RE 704.292, Relator Min. Dias Tofolli, 03/08/2017).

F) Anuidade da Ordem dos Advogados do Brasil (OAB)

De acordo com o art. 133 da Constituição, "o advogado é indispensável à administração da justiça, sendo inviolável por seus atos e manifestações no exercício da profissão, nos limites da lei".

A "lei" mencionada pelo dispositivo é precisamente a Lei nº 8.906/1994, também chamada de "Estatuto da Advocacia", cujos arts. 44 e 46 estabelecem:

> **Lei nº 8.906/1944, art. 44.** A Ordem dos Advogados do Brasil (OAB), serviço público, dotada de personalidade jurídica e forma federativa, tem por finalidade:
>
> I – defender a Constituição, a ordem jurídica do Estado democrático de direito, os direitos humanos, a justiça social, e pugnar pela boa aplicação das leis, pela rápida administração da justiça e pelo aperfeiçoamento da cultura e das instituições jurídicas;
>
> II – promover, com exclusividade, a representação, a defesa, a seleção e a disciplina dos advogados em toda a República Federativa do Brasil.
>
> § 1º A OAB não mantém com órgãos da Administração Pública qualquer vínculo funcional ou hierárquico.
>
> § 2º O uso da sigla OAB é privativo da Ordem dos Advogados do Brasil.
>
> (...)
>
> **Art. 46.** Compete à OAB fixar e cobrar, de seus inscritos, contribuições, preços de serviços e multas.
>
> Parágrafo único. Constitui título executivo extrajudicial a certidão passada pela diretoria do Conselho competente, relativa a crédito previsto neste artigo.

Uma vez que a Lei conceitua a OAB como "serviço público dotado de personalidade jurídica", abrem-se duas possibilidades: ou a OAB faz parte do Estado, sendo um órgão da Administração Direta; ou assume a forma de Autarquia ou Fundação Pública, pertencendo à Administração Indireta. No entanto, o § 1º do art. 44 determina: "A OAB não mantém com órgãos da Administração Pública qualquer vínculo funcional ou hierárquico". Assim, a OAB não se enquadra em nenhuma das hipóteses acima citadas.

De acordo com a doutrina majoritária, a OAB enquadrar-se-ia no conceito de entidade representativa de categoria profissional ou econômica, sendo certo que tem como incumbência a defesa dos advogados. Logo, as contribuições cobradas seriam típicos exemplos de contribuições de interesse das categorias profissionais ou econômicas, instituídas nos termos do art. 149 da Constituição (CARRAZZA, 2011, p. 646).

Não é, contudo, o que entende o STJ. Em 2004, a Primeira Seção decidiu:

> Embora definida como autarquia profissional de regime especial ou *sui generis*, a OAB não se confunde com as demais corporações incumbidas do exercício profissional. *As contribuições pagas pelos filiados à OAB não têm natureza tributária.* O título executivo extrajudicial referido no art. 46, parágrafo único, da Lei 8.906/1994 deve ser exigido em execução disciplinada pelo CPC, não sendo possível a execução fiscal regida pela Lei 6.830/1980 (STJ, Informativo 219/2004).

De acordo com a interpretação adotada pelo STJ, a OAB qualifica-se como *autarquia profissional especial ou sui generis*. Nesse sentido, sua natureza jurídica se aproxima da natureza jurídica dos Conselhos de Fiscalização de profissionais liberais que, como vimos, são autarquias federais. A diferença está em que a OAB *não* faz parte da Administração Indireta do Estado

Nada obstante, o STJ nega às anuidades cobradas pela OAB a natureza jurídica de tributo. Para a Corte, não se trata de contribuições de interesse de categorias profissionais ou econômicas, como as anuidades dos demais Conselho. Consequência necessária desse entendimento é o fato de que as execuções levadas a cabo pela OAB não devem seguir o rito da Lei de Execuções Fiscais.

De fato, se a OAB não faz parte da Administração Indireta, não sendo, portanto, uma autarquia ordinária; e se suas anuidades não têm natureza jurídica tributária, não sendo, portanto, tributos, então estão fora do alcance da Lei nº 6.830/80. Há decisão da Primeira Seção do STJ nesse sentido:

> "Embargos de divergência no Recurso Especial. Execução levada a efeito pela OAB para a cobrança de anuidades. Aplicação do Código de Processo Civil. Precedentes. Diante da natureza intrínseca da Ordem dos Advogados do Brasil (OAB), autarquia detentora de características diferentes das autarquias consideradas entes descentralizados, denota-se que as contribuições recebidas pela entidade não têm natureza tributária. Nesse diapasão, esta egrégia Primeira Seção desta colenda Corte Superior de Justiça esposou, em recente julgado, entendimento segundo o qual "as contribuições cobradas

> pela OAB, como não têm natureza tributária, não seguem o rito estabelecido pela Lei n. 6.830/80" (EREsp 463.258/SC, Rel. Min. Eliana Calmon, DJ 29/3/2004). Embargos de divergência providos" (STJ, Primeira Seção, EREsp 495918/SC, 01/08/2005).

Ocorre que o próprio STF parece ter referendado essa interpretação. De fato, no julgamento de ação direta de inconstitucionalidade (ADI), o Plenário assentou:

> "A OAB não é uma entidade da Administração Indireta da União. A Ordem é um serviço público independente, categoria ímpar no elenco das personalidades jurídicas existentes no direito brasileiro. A OAB não está incluída na categoria na qual se inserem essas que se tem referido como 'autarquias especiais' para pretender-se afirmar equivocada independência das hoje chamadas 'agências'. A Ordem dos Advogados do Brasil, cujas características são autonomia e independência, não pode ser tida como congênere dos demais órgãos de fiscalização profissional. A OAB não está voltada exclusivamente a finalidades corporativas. Possui finalidade institucional" (STF, ADIn 3.026/DF, 2006).

Em outras palavras, o STF parece ter assentado interpretação segundo a qual a OAB é instituição "ímpar", isto é, *sui generis*, de maneira que seu regime jurídico é uma *exceção* e difere das demais instituições representativas. Como decorrência, a interpretação do STJ quanto à natureza não tributária das anuidades da OAB ganhou forte subsídio, na medida em que se fundamenta, também, na natureza excepcional da Ordem dos Advogados do Brasil.

21.11 CONTRIBUIÇÃO DE INTERVENÇÃO NO DOMÍNIO ECONÔMICO (CIDE)

As contribuições de intervenção no domínio econômico (CIDEs) surgiram no mesmo momento histórico em que apareceram as contribuições de interesse das categorias profissionais ou econômicas, isto é, no entreguerras europeu.

Ambas representavam novos modos de atuação do Estado na economia e no controle das classes sociais, numa época de crise sistêmica capitalista e conturbação político-social. No Brasil, a Constituição de 1934 foi a primeira a dedicar um título (Título IV) à Ordem Econômica e Social. O art. 115, *caput*, estabelecia:

> **CF/1934, art. 115.** A ordem econômica deve ser organizada conforme os princípios da Justiça e as necessidades da vida nacional, de modo que possibilite a todos existência digna. Dentro desses limites, é garantida a liberdade econômica.

Repare-se que a liberdade econômica apenas era garantida dentro de certos limites: princípios da justiça e necessidades da vida nacional; possibilidade de assegurar a todos a existência digna. São cláusulas que impõem à atividade econômica capitalista a observância de valores típicos do entreguerras: Estado forte e integração social e nacional. O art. 116 chegava ao ponto de estabelecer medida que, sob a óptica liberal, seria uma verdadeira blasfêmia:

> **CF/1934, art. 116.** Por motivo de interesse público e autorizada em lei especial, a União poderá monopolizar determinada indústria ou atividade econômica, asseguradas as indenizações, devidas, conforme o art. 112, nº 17, e ressalvados os serviços municipalizados ou de competência dos Poderes locais.

A expressão "intervenção do Estado no domínio econômico" surge com a Constituição de 1937 que, no art. 135, dispunha:

> **CF/1937, art. 135.** Na iniciativa individual, no poder de criação, de organização e de invenção do indivíduo, exercido nos limites do bem público, funda-se a riqueza e a prosperidade nacional. A *intervenção do Estado no domínio econômico* só se legitima para suprir as deficiências da iniciativa individual e coordenar os fatores da produção, de maneira a evitar ou resolver os seus conflitos e introduzir no jogo das competições individuais o pensamento dos interesses da Nação, representados pelo Estado. A intervenção no domínio econômico poderá ser mediata e imediata, revestindo a forma do controle, do estimulo ou da gestão direta.

A primeira Constituição e mencionar, de modo explícito, a possibilidade de a União instituir uma contribuição para atender à necessidade de intevenção no domínio econômico foi a Carta de 1967, cujo art. 157, §§ 8º e 9º, dispunha:

> **CF/1967, art 157 –** A ordem econômica tem por fim realizar a justiça social, com base nos seguintes princípios: (...)
>
> **§ 8º –** São facultados a intervenção no domínio econômico e o monopólio de determinada indústria ou atividade, mediante lei da União, quando indispensável por motivos de segurança nacional, ou para organizar setor que não possa ser desenvolvido com eficiência no regime de competição e de liberdade de iniciativa, assegurados os direitos e garantias individuais.
>
> **§ 9º –** Para atender à intervenção no domínio econômico, de que trata o parágrafo anterior, poderá a União instituir contribuições destinadas ao custeio dos respectivos serviços e encargos, na forma que a lei estabelecer.

Como se percebe, a Constituição de 1988, ao estabelecer a competência da União para instituir contribuições de intervenção no domínio econômico (CIDEs), não faz mais do que dar continuidade a um modelo de atuação do Estado que teve início em 1934. O paradigma político e jurídico que subjaz a esta espécie tributária é a constatação de que a economia capitalista não pode ser deixada a seu livre desenvolvimento, sob pena de crises e conturbações econômicas e sociais periódicas.

A) Atuação do Estado na economia

No que concerne às CIDEs, o texto constitucional de 1988 encontra-se no contexto de uma tradição que se inicia em 1934. Esta tradição, no entanto, passa por modificações históricas, ideológicas e políticas.

Atualmente, as contribuições de intervenção no domínio econômico visam menos ao controle das classes sociais ou à implementação dos interesses nacionais, e mais à necessidade de manutenção da regularidade do processo econômico, evitando crises e assegurando condições de produção satisfatórias.

Ora, a atuação do Estado na economia é algo intrínseco ao capitalismo. Se o Poder Público não estiver a todo o momento fazendo a gestão dos conflitos que opõem capital a trabalho e empresas entre si, o sistema econômico não subsiste. Ocorre, porém, que essa atuação é disciplinada com certo rigor pela Constituição Federal. E isso para que o Estado não se agigante, isto é, não extrapole no exercício de sua função.

A Constituição garante uma economia capitalista de mercado. Logo, o Estado deve atuar de forma juridicamente disciplinada, de maneira que assegure à iniciativa privada a titularidade da exploração da atividade econômica lucrativa. Assim, produção de bens e serviços fica reservada, como regra, aos agentes econômicos privados. O Poder Público deve atuar no sentido de garantir sua viabilidade e manutenção. Por isso, a Constituição determina, no art. 174, *caput*, o seguinte:

> **CF, art. 174.** Como agente normativo e regulador da atividade econômica, o Estado exercerá, na forma da lei, as funções de fiscalização, incentivo e planejamento, sendo este determinante para o setor público e indicativo para o setor privado.

Ora, como agente *normativo e regulador* o Estado deve garantir e viabilizar o exercício da atividade econômica pelo setor privado, isto é, atuar no sentido da preservação do mercado capitalista. O Poder Público estabelece normas de como as empresas devem tratar os consumidores, por exemplo, com o objetivo de garantir uma economia de mercado sadia.

O Estado também atua na área econômica quando presta um serviço público. De fato, o art. 175, *caput*, da Constituição determina:

> **CF, art. 175.** Incumbe ao Poder Público, na forma da lei, diretamente ou sob regime de concessão ou permissão, sempre através de licitação, a prestação de serviços públicos.

Serviços públicos também se qualificam como atividade econômica, pois envolvem a oferecimento de comodidades ou utilidades à população. Nada obstante, não visam ao lucro (muitas vezes são oferecidos gratuitamente) e são regulados por um regime jurídico específico destinado à tutela do interesse público.

Quando a iniciativa privada assume a prestação de serviços públicos por meio de concessões e permissões, então o lucro ingressa como elemento da equação. Daí a necessidade de uma política *tarifária*, isto é, a exigência, em face do dos usuários, do pagamento de um preço em cuja magnitude subsista os custos do serviço prestado, mais o lucro do agente privado.

É preciso, contudo, colocar em destaque uma distinção muito importante entre os conceitos de *atuação* e *intervenção* do Estado na economia.

O Poder Público *atua*, como vimos, quando opera como agente regulador e normativo da atividade econômica (CF/1988, art. 174) ou quando presta serviços públicos à população (CF/1988, art. 175). O Estado, por outro lado, *intervém* na economia quando atua em área *diversa* da regulação ou prestação de serviço público. Quer dizer, quando atua na área denominada *atividade econômica em sentido estrito*.

Esta área é a *reservada* aos *particulares*, isto é, aos agentes econômicos *privados*. É a área de produção e comercialização de bens e mercadorias, de prestação de serviços, que visam essencialmente ao lucro. É a área em que capital e trabalho se encontram, em que as empresas e consumidores travam negócios entre si. É a área, por excelência, do direito privado. O art. 173, *caput*, da Constituição disciplina essa atuação:

> **CF, art. 173.** Ressalvados os casos previstos nesta Constituição, a exploração direta de atividade econômica pelo Estado só será permitida quando necessária aos imperativos da segurança nacional ou a relevante interesse coletivo, conforme definidos em lei.

Note-se que a exploração direta de atividade econômica pelo Estado, quer dizer, a produção e comercialização de bens e serviços visando ao lucro, é algo absolutamente excepcional. Apenas pode ocorrer em casos de segurança nacional ou relevante interesse coletivo, conforme definidos em lei. E isso porque esta área é de titularidade da iniciativa privada. Exemplos desta forma de atuação por intervenção são a Petrobrás, o Banco do Brasil ou a Caixa Econômica Federal.

Portanto, a atuação do Estado, nesses casos, é qualificada como *intervenção*. "Intervir" significa "interferir", isto é, meter-se em negócio alheio. Ao atuar diretamente na economia, o Estado está *intervindo*, quer dizer, interferindo em uma área que é de titularidade de outrem, a saber, da iniciativa privada. Por isso essa área é chamada de "domínio econômico". *Domínio* remete à supremacia, controle. A área econômica é de controle dos particulares, de seu domínio.

Nesse sentido, uma das formas de o Estado *intervir* no domínio econômico, quer dizer, atuar em uma área que não é sua, é justamente através da instituição de tributos.

Ora, a prestação pecuniária compulsória (art. 3.º do CTN) que incide sobre os agentes econômicos é um poderoso mecanismo de intervenção, já que pode ser utilizada como instrumento de maximização ou diminuição dos lucros. Uma vez que os agentes econômicos privados pautam seus comportamentos pela busca do excedente de valor, o Estado pode induzi-los a esta ou aquela conduta por intermédio do tributo.

Basta pensar que, mantidos constantes todos os outros elementos da equação econômica, a criação ou aumento de tributo significa, necessariamente, a diminuição da margem de lucro. O empresário tenderá, naturalmente, a adotar a conduta que *evita* esta diminuição, ou seja, *evitar* a conduta que se qualifica como fato gerador do tributo. Eis o efeito *indutor* que a política tributária consegue.

Com essa *finalidade*, isto é, com o objetivo de viabilizar a intervenção da União no domínio econômico, a Constituição autoriza este ente federativo a instituir uma determinada espécie de tributo: *a contribuição*.

Tem-se, assim, as chamadas *contribuições de intervenção no domínio econômico (CIDEs)*, de competência exclusiva da União. A própria denominação indica: esta contribuição deve ser instituída com a finalidade de viabilizar a *atuação* da União por *intervenção* no domínio econômico.

Esta é precisamente a lição de Eros Roberto Grau: "O vocábulo intervenção, então, veiculado em sentido forte, que indica atuação em área de outrem – isto é, naquela esfera, do privado –, é o que melhor se presta a conotar o significado pretendido. A própria Constituição, de resto, não dispensa sua utilização: no art. 149 define competir exclusivamente à União instituir contribuições de 'intervenção no domínio econômico'. Aí o vocábulo é resgatado expressando, em plenitude, o seu sentido forte: 'domínio econômico' é precisamente o campo da atividade econômica em sentido estrito, área alheia à esfera pública, de titularidade (domínio) do setor privado. Relembre-se que o serviço público está para o setor público assim como a atividade econômica (em sentido estrito) está para o setor privado" (GRAU, 2012, p. 142).

Assim, quando a União pretende *intervir* no domínio econômico, está autorizada, entre outras medidas possíveis (como a intervenção direta por meio de empresas públicas ou sociedades de economia mista), a instituir uma contribuição.

Insista-se em que essa forma de intervenção ocorre por *indução*. Eros Grau anota: "Quando o faz, por *indução*, o Estado manipula os instrumentos de intervenção em consonância e na conformidade das leis que regem o funcionamento dos mercados [...] Também há *norma de intervenção por indução* quando o Estado, *v.g.*, onera por imposto elevado o exercício de determinado comportamento, tal como no caso da importação de certos bens. A indução, então, é negativa. A norma não proíbe a importação desses bens, mas a onera de tal sorte que ela se torna economicamente proibitiva" (GRAU, 2012, p. 143-145).

"Induzir" significa "persuadir", "incutir", "inspirar" à adoção de alguma conduta. Assim, por meio da contribuição de intervenção no domínio econômico (CIDE), o Estado não proíbe que os agentes privados adotem estas ou aquelas condutas, mas os *induz* a adotar tais e quais. Vale dizer, adotar os comportamentos que sejam queridos pelo legislador federal.

Nada obstante, é importante registrar que o legislador federal *não* é livre para "querer" o que quiser, isto é, para instituir contribuições interventivas da maneira que bem lhe aprouver. Pelo contrário, está vinculado aos princípios que disciplinam a ordem econômica, previstos no art. 170 da CF/1988:

> **CF, art. 170.** A ordem econômica, fundada na valorização do trabalho humano e na livre iniciativa, tem por fim assegurar a todos existência digna, conforme os ditames da justiça social, observados os seguintes princípios:
>
> I – soberania nacional;
>
> II – propriedade privada;
>
> III – função social da propriedade;
>
> IV – livre concorrência;
>
> V – defesa do consumidor;

> VI – defesa do meio ambiente, inclusive mediante tratamento diferenciado conforme o impacto ambiental dos produtos e serviços e de seus processos de elaboração e prestação;
>
> VII – redução das desigualdades regionais e sociais;
>
> VIII – busca do pleno emprego;
>
> IX – tratamento favorecido para as empresas de pequeno porte constituídas sob as leis brasileiras e que tenham sua sede e administração no País.
>
> Parágrafo único. É assegurado a todos o livre exercício de qualquer atividade econômica, independentemente de autorização de órgãos públicos, salvo nos casos previstos em lei.

Os princípios gerais da atividade econômica são as demarcações constitucionais mais amplas de como deve ser organizada juridicamente a economia capitalista brasileira. Como princípios que são, consubstanciam valores normativos ou normas com conteúdos valorativos predeterminados.

Em suma, as contribuições de intervenção no domínio econômico só podem ser instituídas pela União se forem utilizadas como mecanismo para a realização dos princípios elencados no art. 170 da CF/1988. Uma contribuição que não tenha relação direta com algum daqueles princípios, ou cuja instituição seja contrária a qualquer deles, é inconstitucional.

APROFUNDANDO! CONTRIBUIÇÃO INTERVENTIVA EM SI OU PARA FINANCIAMENTO DE ATUAÇÃO?

Questão interessante a envolver as contribuições de intervenção no domínio econômico está em saber se a Constituição admite a instituição de contribuições *interventivas em si* ou se devem necessariamente funcionar como *instrumento de arrecadação*. Vimos que as contribuições podem funcionar de modo *indutivo* de determinados comportamentos. Quer dizer, sua mera *instituição*, porque significa ônus econômico para os agentes privados, influencia o nível das taxas de lucros a serem obtidas, *diminuindo-as*. Os agentes tendem a adotar os comportamentos queridos pelo legislador para *evitar* essa perda de lucratividade. Nesse sentido, pergunta-se: a simples instituição da contribuição funcionaria como *intervenção* no domínio econômico? Ou, pelo contrário, a *intervenção* autorizada pela Constituição implicaria obrigatoriamente a necessidade de a União arrecadar para *financiar* determinada atividade, órgão ou setor especial? Nesse caso, a simples instituição da contribuição seria proibida. Apenas a instituição com o objetivo de *arrecadar* estaria autorizada. Luís Eduardo Schoueri opta pela segunda interpretação. O autor explica: "Já as CIDEs, cujo crescimento recente é notório, servem para que a União disponha de recursos para uma intervenção da ordem econômica. Assim, por exemplo, constatada a existência de monopólio, pode a União decidir fomentar a concorrência naquele setor, inclusive com subsídios a empresas de menor porte, a fim de assegurar o princípio da livre concorrência (art. 170, IV, da CF/1988). A União poderá, portanto, instituir uma CIDE para *obter os recursos necessários* para aquele subsídio" (SCHOUERI, 2012, p. 217). Pedimos vênia para discordar. Ora, uma vez que a CIDE funciona como intervenção por *indução*, não existe qualquer impedimento no sentido de que a atuação da União esteja na instituição da contribuição em si. Assim, somos da opinião de que as contribuições de intervenção no domínio econômico (CIDEs) – e *não* as demais contribuições – podem funcionar como mecanismo de atuação da União em determinadas áreas *pela simples instituição*. Devemos ressaltar que não temos nenhuma simpatia pela maneira como a União conduz sua política tributária no país. Não pelo fato de arrecadar muito, mas porque nosso sistema tributário é *regressivo*. Quer dizer, tributa em excesso os pobres e de forma muito amena os ricos. O Estado brasileiro funciona como um Robin Hood às avessas, pois retira dos pobres para dar aos ricos. Assim, não teríamos qualquer razão para oferecer uma interpretação que desse subsídio à atuação voraz do legislador federal. Contudo, no que toca às CIDEs, parece que não há como deixar de fazer essa ressalva, quer dizer, de colocar em evidência a *possibilidade* de instituição de contribuições interventivas *em si*, sob pena de substituir a interpretação do texto constitucional pela mera opinião pessoal. Além do mais, essa parece ser a única maneira de "salvar" a constitucionalidade da desvinculação das receitas da União (DRU). Parece-nos que as *contribuições* às quais se refere o texto da Emenda são justamente as contribuições interventivas em si.

B) Regra-matriz de incidência

A Constituição não delineou de forma detalhada as possíveis regras-matrizes de incidência das contribuições. Com exceção da CIDE-Combustíveis e das contribuições sociais para a seguridade social, que estudaremos logo mais, os aspectos material, pessoal, quantitativo, temporal e territorial das contribuições dependem da *finalidade* para a qual são instituídas.

Ricardo Alexandre observa: "A União tem autonomia relativamente grande para instituir as CIDE, pois, desde que não se desvie do referido 'elemento teleológico', a liberdade para a criação das CIDE é ampla. Isso se deve ao fato de a Constituição Federal de 1988 não ter explicitado quais as bases econômicas sobre as quais o tributo pode incidir" (ALEXANDRE, 2013, p. 60).

Não obstante, após a decisão do STF exarada no RE 559.937/2013, pode-se afirmar que os contornos normativos das contribuições de intervenção no domínio econômico e das contribuições sociais estão previamente delimitados pelo disposto no art. 149, § 2º, III, *a*, da CF/1988, com redação dada pela EC 33/2001.

Em outras palavras, os aspectos material e quantitativo de suas hipóteses de incidência devem girar em torno dos seguintes elementos: faturamento, receita bruta, valor da operação e, no caso de importações, valor aduaneiro. Muito embora este não tenha sido o objeto específico do julgamento, o Plenário assentou:

> A referência ao valor aduaneiro no art. 149, § 2º, III, *a*, da CF implicou utilização de expressão com sentido técnico inequívoco, porquanto já era utilizada pela legislação tributária para indicar a base de cálculo do imposto sobre a importação. A Lei 10.865/04, ao instituir o PIS/PASEP–Importação e a COFINS–Importação, não alargou propriamente o conceito de valor aduaneiro, de modo que passasse a abranger, para fins de apuração de tais contribuições, outras grandezas nele não contidas. O que fez foi desconsiderar a imposição constitucional de que as contribuições sociais sobre a importação que tenham alíquota ad valorem sejam calculadas com base no valor aduaneiro, extrapolando a norma do art. 149, § 2º, III, a, da Constituição Federal (STF, RE 559.937/RS, 2013).

Em todo o caso, o legislador federal tem certa liberdade para descrever os aspectos da regra-matriz de incidência das contribuições interventivas que venha a instituir, contanto que fiquem (os aspectos) vinculados à *finalidade* para a qual é instituída e aos contornos normativos constantes do art. 149, § 2º, III, *a*, da CF/1988. A doutrina aponta, ainda, alguns *pressupostos* para a instituição legítima desse tributo, quais sejam:

- *Intervenção* – A União deve atuar por *intervenção* no domínio econômico nos termos do art. 149 e 170 já analisados. Em outras palavras, deve intervir no ramo da atividade econômica reservada estritamente aos agentes privados de produção e comercialização de bens e serviços;
- *Referibilidade, caráter setorial e extrafiscalidade* – A contribuição deve *referir-se* a sujeitos passivos que estejam relacionados, de alguma forma, com a atuação da União em certa área. Além do mais, a contribuição deve ser *setorial* e *extrafiscal*, como explica Regina Helena Costa: "Caracterizam-se por serem tributos setoriais, isto é, por abrangerem ramos de atividades econômica específicos, como o canavieiro, o de navegação mercantil etc. Daí restar evidente o caráter extrafiscal dessas contribuições, pois constituem instrumentos autorizados à União voltados ao direcionamento do comportamento dos particulares, nos diversos segmentos do domínio econômico" (COSTA, 2014, p. 153);
- *Vinculação* – Como vimos, a maioria da doutrina entende que as CIDEs devem ser instituídas apenas quando a atuação da União no domínio econômico tenha que ser financiada. Nesse sentido, deve haver vinculação do produto arrecadado às finalidades que justificaram a instituição. Ricardo Alexandre anota: "Já nas CIDE, a intervenção ocorre pela destinação do produto da arrecadação a uma determinada atividade, que, justamente por conta desse 'reforço orçamentário', tem-se por incentivada" (ALEXANDRE, 2013, p. 58). Importa observar, no entanto, que ambas as Turmas do STF decidiram, a propósito da contribuição denominada *CONDECINE*, que o produto da arrecadação das CIDEs não precisa vincular-se aos *contribuintes* respectivos. Em 2012, a Segunda Turma assentou:

> Recurso extraordinário – Agência Nacional de Cinema – ANCINE – Validade constitucional da legislação pertinente à instituição da contribuição social de intervenção no domínio econômico destinada ao setor cinematográfico – Exigibilidade essa espécie tributária – *Desnecessidade de vinculação direta entre o contribuinte e a destinação das receitas tributárias arrecadadas* – Precedentes [...] (STF, RE 581.375 AgR/RJ, 2012).

Em 2014, a Primeira Turma adotou idêntico posicionamento:

> A jurisprudência deste Supremo Tribunal Federal consolidou-se no sentido de que é constitucional a instituição de contribuição social de intervenção no domínio econômico destinada ao setor cinematográfico, pois entende pela desnecessidade de vinculação direta entre o contribuinte e a destinação das receitas arrecadas por meio do aludido tributo (STF, RE 700.160 AgR/RJ, 2014);

- *Transitoriedade* – A contribuição deve ser *transitória*. Uma vez alcançada a *finalidade* para a qual foi instituída, a cobrança do tributo deve cessar. De fato, se a finalidade fosse *arrecadar*, então estaríamos falando de um imposto e, nesse caso, não haveria que se falar em transitoriedade, uma vez que os gastos estatais são ininterruptos. Uma vez que estamos tratando de contribuições, cuja finalidade é a atuação em determinadas áreas, alcançados os objetivos, a cobrança deve interromper-se. Isso não significa que a lei que institui a contribuição deve prever, em seu texto, o termo final de sua vigência. Significa que, alcançada a finalidade almejada, o que pode exigir alguns ou muitos anos, a União deve aprovar lei extinguindo a contribuição.

C) Exemplos de CIDEs já instituídas

Vejamos alguns exemplos de CIDEs já instituídas pela União:

- *AFRMM (Adicional ao Frete para a Renovação da Marinha Mercante)* – Instituída pela Lei 10.893/2004. O art. 3º estabelece: "O *AFRMM*, instituído pelo art. 1.º do Dec.-Lei 2.404, de 23 de dezembro de 1987, destina-se a atender aos encargos da intervenção da União no apoio ao desenvolvimento da marinha mercante e da indústria de construção e reparação naval brasileiras, e constitui fonte básica do FMM (Fundo da Marinha Mercante)". O art. 4.º determina: "O fato gerador do *AFRMM* é o início efetivo da operação de descarregamento da embarcação em porto brasileiro". O art. 5.º dispõe: "O *AFRMM* incide sobre o frete, que é a remuneração do transporte aquaviário da carga de qualquer natureza descarregada em porto brasileiro". Houve certo debate sobre a natureza jurídica do *AFRMM* após a Constituição de 1988, mas o STF já pacificou o entendimento: "O adicional ao frete para a renovação da marinha mercante – AFRMM é uma contribuição parafiscal ou especial, contribuição de intervenção no domínio econômico, terceiro gênero tributário, distinta do imposto e da taxa (art. 149 da CF/1988)" (STF, RE 165.939/RS, 1995);
- *CIDE-Royalties* – A Lei 10.168/2000 instituiu a CIDE-Royalties. O art. 1º estabelece: "Fica instituído o Programa de Estímulo à Interação Universidade-Empresa para o Apoio à Inovação, cujo objetivo principal é estimular o desenvolvimento tecnológico brasileiro, mediante programas de pesquisa científica e tecnológica cooperativa entre universidades, centros de pesquisa e o setor produtivo". O art. 2º determina: "Para fins de atendimento ao programa de que trata o artigo anterior, fica instituída contribuição de intervenção no domínio econômico, devida pela pessoa jurídica detentora de licença de uso ou adquirente de conhecimentos tecnológicos, bem como aquela signatária de contratos que impliquem transferência de tecnologia, firmados com residentes ou domiciliados no exterior". De acordo com o § 3.º do art. 2.º, "a contribuição incidirá sobre os valores pagos, creditados, entregues, empregados ou remetidos, a cada mês, a residentes ou domiciliados no exterior, a título de remuneração decorrente das obrigações indicadas no caput e no § 2.º deste artigo";

- *Contribuição ao FUST* – A Lei 9.998/2000 instituiu a contribuição para o FUST. O art. 1º estabelece: "É instituído o Fundo de Universalização dos Serviços de Telecomunicações (FUST), com as finalidades de estimular a expansão, o uso e a melhoria da qualidade das redes e dos serviços de telecomunicações, reduzir as desigualdades regionais e estimular o uso e o desenvolvimento de novas tecnologias de conectividade para promoção do desenvolvimento econômico e social". Dentre as fontes de financiamento, o art. 6.º, IV, prevê: "contribuição de 1% (um por cento) sobre a receita operacional bruta, decorrente de prestação de serviços de telecomunicações nos regimes público e privado, a que se refere o inciso XI do art. 21 da Constituição Federal, excluindo-se o Imposto sobre Operações relativas à Circulação de Mercadorias e sobre Prestações de Serviços de Transporte Interestadual e Intermunicipal e de Comunicação (ICMS), o Programa de Integração Social (PIS) e a Contribuição para o Financiamento da Seguridade Social (COFINS);
- *Contribuição ao FUNTTEL* – Instituída pela Lei 10.052/2000. O art. 1º estabelece: "É instituído o Fundo para o Desenvolvimento Tecnológico das Telecomunicações – Funttel, de natureza contábil, com o objetivo de estimular o processo de inovação tecnológica, incentivar a capacitação de recursos humanos, fomentar a geração de empregos e promover o acesso de pequenas e médias empresas a recursos de capital, de modo a ampliar a competitividade da indústria brasileira de telecomunicações, nos termos do art. 77 da Lei no 9.472, de 16 de julho de 1997". O art. 4.º, inciso III, determina: "Constituem receitas do Fundo [...] contribuição de meio por cento sobre a receita bruta das empresas prestadoras de serviços de telecomunicações, nos regimes público e privado, excluindo-se, para determinação da base de cálculo, as vendas canceladas, os descontos concedidos, o Imposto sobre Operações relativas à Circulação de Mercadorias e sobre Prestações de Serviços de Transporte Interestadual e Intermunicipal e de Comunicação (ICMS), a contribuição ao Programa de Integração Social (PIS) e a Contribuição para o Financiamento da Seguridade Social (COFINS)";
- *CONDECINE (Contribuição para o Desenvolvimento da Indústria Cinematográfica)* – O art. 32 da Medida Provisória nº 2228-1/2001, com redação dada pela Lei nº 12.485/2011, estabelece: "A Contribuição para o Desenvolvimento da Indústria Cinematográfica Nacional – CONDECINE terá por fato gerador: (I) a veiculação, a produção, o licenciamento e a distribuição de obras cinematográficas e videofonográficas com fins comerciais, por segmento de mercado a que forem destinadas; (II) a prestação de serviços que se utilizem de meios que possam, efetiva ou potencialmente, distribuir conteúdos audiovisuais nos termos da lei que dispõe sobre a comunicação audiovisual de acesso condicionado, listados no Anexo I desta Medida Provisória; (III) a veiculação ou distribuição de obra audiovisual publicitária incluída em programação internacional, nos termos do inciso XIV do art. 1º desta Medida Provisória, nos casos em que existir participação direta de agência de publicidade nacional, sendo tributada nos mesmos valores atribuídos quando da veiculação incluída em programação nacional". O parágrafo único, por

sua vez, determina: "A CONDECINE também incidirá sobre o pagamento, o crédito, o emprego, a remessa ou a entrega, aos produtores, distribuidores ou intermediários no exterior, de importâncias relativas a rendimento decorrente da exploração de obras cinematográficas e videofonográficas ou por sua aquisição ou importação, a preço fixo". O art. 34 da MP, com redação dada pela Lei nº 11.437/2006, determina: "O produto da arrecadação da CONDECINE será destinado ao Fundo Nacional da Cultura – FNC e alocado em categoria de programação específica denominada Fundo Setorial do Audiovisual, para aplicação nas atividades de fomento relativas aos Programas de que trata o art. 47 desta Medida Provisória". O STF já decidiu sobre a natureza jurídica desta contribuição, considerando-a típico exemplo de CIDE. Em 2014, a Primeira Turma assentou:

> "A jurisprudência deste Supremo Tribunal Federal consolidou-se no sentido de que é constitucional a instituição de contribuição social de intervenção no domínio econômico destinada ao setor cinematográfico, pois entende pela desnecessidade de vinculação direta entre o contribuinte e a destinação das receitas arrecadas por meio do aludido tributo" (STF, RE 700.160 AgR/RJ, 2014);

- *Contribuição ao INCRA* – O art. 1º, inciso I, do Decreto-Lei nº 1.146/1970, dispõe: "As contribuições criadas pela Lei nº 2.613, de 23 de setembro 1955, mantidas nos termos deste Decreto-Lei, são devidas de acordo com o artigo 6º do Decreto-Lei nº 582, de 15 de maio de 1969, e com o artigo 2º do Decreto-Lei nº 1.110, de 9 julho de 1970 (...) ao Instituto Nacional de Colonização e Reforma Agrária – INCRA. De acordo com o 2º, II, da Lei nº 2.613/1955, a contribuição incide sobre a soma paga mensalmente aos seus empregados pelas pessoas naturais ou jurídicas que exercem atividades rurais. Trata-se de contribuições incidentes sobre a folha de salário, no montante de 0,2%. Nada obstante, Eduardo Sabbag alerta: "Com efeito, tal contribuição não se confunde com a 'Contribuição para a Seguridade Social', uma vez que o desígnio daquela em nada se equipara à contribuição securitária social" (SABBAG, 2014, p. 539). De fato, como veremos, a contribuição sobre a folha de salário, prevista no art. 195, I, da CF/1988, *não* se confunde com a contribuição para o INCRA, pois aquela destina-se à seguridade social e, esta, à intervenção no domínio econômico. A propósito dos debates sobre a recepção da contribuição para o INCRA, em 2021 o Pleno do STF assim se manifestou:

> EMENTA Recurso extraordinário. Repercussão geral. Tributário. Contribuição ao INCRA incidente sobre a folha de salários. Recepção pela CF/88. Natureza jurídica. Contribuição de intervenção no domínio econômico (CIDE). Referibilidade. Relação indireta. Possibilidade. Advento da EC nº 33/01, incluindo o § 2º, III, a, no art. 149 da CF/88. Bases econômicas. Rol exemplificativo. Contribuições interventivas incidentes sobre a folha de salário. Higidez. 1. Sob a égide da CF/88, diversos são os julgados reconhecendo a exigibilidade do adicional de 0,2% relativo à contribuição destinada ao INCRA incidente sobre a folha de salários. 2. A contribuição ao INCRA tem contornos próprios

de contribuição de intervenção no domínio econômico (CIDE). Trata-se de tributo especialmente destinado a concretizar objetivos de atuação positiva do Estado consistentes na promoção da reforma agrária e da colonização, com vistas a assegurar o exercício da função social da propriedade e a diminuir as desigualdades regionais e sociais (arts. 170, III e VII; e 184 da CF/88). 3. Não descaracteriza a exação o fato de o sujeito passivo não se beneficiar diretamente da arrecadação, pois a Corte considera que a inexistência de referibilidade direta não desnatura as CIDE, estando, sua instituição "jungida aos princípios gerais da atividade econômica". 4. O § 2º, III, a, do art. 149, da Constituição, introduzido pela EC nº 33/2001, ao especificar que as contribuições sociais e de intervenção no domínio econômico "poderão ter alíquotas" que incidam sobre o faturamento, a receita bruta (ou o valor da operação) ou o valor aduaneiro, não impede que o legislador adote outras bases econômicas para os referidos tributos, como a folha de salários, pois esse rol é meramente exemplificativo ou enunciativo. 5. É constitucional, assim, a CIDE destinada ao INCRA devida pelas empresas urbanas e rurais, inclusive, após o advento da EC nº 33/01. 6. Recurso extraordinário a que se nega provimento. 7. Tese fixada para o Tema nº 495: "É constitucional a contribuição de intervenção no domínio econômico destinada ao INCRA devida pelas empresas urbanas e rurais, inclusive após o advento da EC nº 33/2001" (STF, RE 630898, 2021).

D) CIDE-Combustíveis

Como vimos, a regra geral é aquela segundo a qual a União está autorizada a instituir contribuições de intervenção no domínio econômico (CIDEs) descrevendo as regras-matrizes de acordo com a finalidade para a qual a contribuição é instituída. Nada obstante, no art. 177, § 4º, o texto constitucional antecipa as características de regra-matriz de incidência, no caso da chamada CIDE-Combusíveis:

> **CF, art. 177** [...]
>
> **§ 4º.** A lei que instituir contribuição de intervenção no domínio econômico relativa às atividades de importação ou comercialização de petróleo e seus derivados, gás natural e seus derivados e álcool combustível deverá atender aos seguintes requisitos: (Incluído pela Emenda Constitucional nº 33, de 2001)
>
> I – a alíquota da contribuição poderá ser:
>
> a) diferenciada por produto ou uso;
>
> b) reduzida e restabelecida por ato do Poder Executivo, não se lhe aplicando o disposto no art. 150,III, *b*;
>
> II – os recursos arrecadados serão destinados:
>
> a) ao pagamento de subsídios a preços ou transporte de álcool combustível, gás natural e seus derivados e derivados de petróleo;
>
> b) ao financiamento de projetos ambientais relacionados com a indústria do petróleo e do gás;
>
> c) ao financiamento de programas de infraestrutura de transportes;
>
> d) ao pagamento de subsídios a tarifas de transporte público coletivo de passageiros.

ATENÇÃO! Reforma tributária!

A propósito do tema, Regina Helena Costa observa: "Nota-se, primeiramente, que, fugindo à regra mencionada, segundo a qual a Constituição não prevê as regras-matrizes de incidência das contribuições, tal contribuição interventiva, diversamente, as tem estampadas: importar ou comercializar petróleo e seus derivados, gás natural e seus derivados e álcool combustível" (COSTA, 2009, p. 136).

De fato, havíamos dito que o legislador federal possui certa autonomia para estabelecer os aspectos da hipótese de incidência tributária das CIDEs, uma vez que a Constituição trata de maneira pormenorizada de seus elementos. Quanto a esta CIDE-Combustíveis, a regra "inverteu-se". Nesse caso, a própria Constituição estabeleceu os possíveis *fatos geradores*, a saber: importação e comercialização de petróleo e seus derivados; gás natural e seus derivados e álcool combustível.

A contribuição foi criada pela Lei 10.336/2001, nos termos do art. 1.º:

> **Lei nº 10.336/2001, art. 1º.** Fica instituída a Contribuição de Intervenção no Domínio Econômico incidente sobre a importação e a comercialização de petróleo e seus derivados, gás natural e seus derivados, e álcool etílico combustível (CIDE), a que se refere os arts. 149 e 177 da Constituição Federal, com a redação dada pela Emenda Constitucional 33, de 11 de dezembro de 2001.

O artigo 3.º da lei estabelece o fato gerador:

> **Lei nº 10.336/2001, art. 3º.** A Cide tem como fatos geradores as operações, realizadas pelos contribuintes referidos no art. 2º, de importação e de comercialização no mercado interno de:
>
> I – gasolinas e suas correntes;
>
> II – diesel e suas correntes;
>
> III – querosene de aviação e outros querosenes;
>
> IV – óleos combustíveis (*fuel-oil*);
>
> V – gás liquefeito de petróleo, inclusive o derivado de gás natural e de nafta; e
>
> VI – álcool etílico combustível.

Nos termos do art. 2º, "são contribuintes da CIDE o produtor, o formulador e o importador, pessoa física ou jurídica, dos combustíveis líquidos relacionados no art. 3º". Quanto às alíquotas da contribuição, o art. 177, § 4º, I, *a* e *b*, da CF/1988, dispõem que poderão ser: (a) diferenciadas por produto ou uso; (b) reduzidas ou restabelecidas por ato do Poder Executivo, não se lhes aplicando o disposto no art. 150, III, *b*.

Finalmente, a própria Constituição estabeleceu as hipóteses de destinação do produto da arrecadação, nos termos do art. 177, § 4.º, II. Note-se que a alínea *d* foi acrescentada pela Emenda Constitucional nº 132, 2023, que veiculou a chamada reforma tributária. Assim, os recursos arrecadados serão destinados:

a) ao pagamento de subsídios a preços ou transporte de álcool combustível, gás natural e seus derivados e derivados de petróleo;
b) ao financiamento de projetos ambientais relacionados com a indústria do petróleo e do gás;
c) ao financiamento de programas de infraestrutura de transportes;
d) ao pagamento de subsídios a tarifas de transporte público coletivo de passageiros.

ATENÇÃO! Reforma tributária!

21.13 CONTRIBUIÇÕES SOCIAIS

Tal qual as contribuições de interesse das categorias profissionais ou econômicas e as contribuições de intervenção no domínio econômico, as contribuições sociais surgiram, como regra, no período de entreguerras.

A crise do liberalismo econômico, que desembocou na quebra da Bolsa de Valores de Nova Iorque e na Grande Depressão (1929), repercutiu no continente europeu, que havia saído de uma guerra mundial a apenas uma década (1918). Além do mais, a ascensão da recém-criada União Soviética (1917), com sua propaganda de defesa intransigente da classe trabalhadora, impôs às democracias europeias e a seus ordenamentos jurídico-constitucionais uma adaptação forçada no sentido de protegerem, efetivamente, os direitos de seus trabalhadores.

Consolidava-se, então, a ideia dos direitos de segunda geração ou dimensão e a noção de que o Estado deveria ser algo mais do que uma instituição protetiva da liberdade, igualdade formal e propriedade privada. Estabelecia-se de vez o paradigma do Estado Social ou Estado de bem-estar. O Poder Público deveria, pois, munir-se das ferramentas necessárias para fornecer à população, sobretudo aos mais necessitados, o acesso a serviços considerados essenciais à vida com dignidade, tais como saúde, educação, aposentadorias etc.

A Constituição de Weimar (1919-1933), adotada na Alemanha ao término da Primeira Guerra Mundial, é o primeiro esforço europeu de positivação constitucional dos chamados direitos sociais. De fato, o Capítulo 05 da Constituição tratava da chamada "Vida econômica". O art. 161 preceituava:

> **Constituição de Weimar, art. 161**. Para a manutenção da saúde e da capacidade para o trabalho, para a proteção da maternidade; e para proteção contra as consequências econômicas da idade, da enfermidade e das vicissitudes da vida, o Reich organizará um abrangente sistema de seguro, no qual os segurados cooperarão em grande medida.

Esse "sistema de seguro" é o que, atualmente, chamamos de *seguridade social.* O núcleo deste sistema é a previdência social, concebida como prestações pecuniárias que devem ser pagas às pessoas que, em razão de sinistros sociais, maternidade, idade avançada, doenças, desemprego etc., não podem trabalhar. Como se percebe, o texto constitucional impõe a cooperação dos segurados para a organização do sistema, que fica a cargo do Estado. Do ponto de vista tributário, essa cooperação ocorre através do pagamento de tributos, geralmente chamados de *contribuições*.

No Brasil, a Constituição de 1934, justamente inspirada na Constituição de Weimar, é a primeira a prever a figura jurídica das contribuições. De fato, o art. 121, § 1º, alínea *h* estabelecia o seguinte:

> **CF/1934, art. 121** – A lei promoverá o amparo da produção e estabelecerá as condições do trabalho, na cidade e nos campos, tendo em vista a proteção social do trabalhador e os interesses econômicos do País.
>
> **§ 1º** – A legislação do trabalho observará os seguintes preceitos, além de outros que colimem melhorar as condições do trabalhador:
>
> (...)
>
> ***h)*** assistência médica e sanitária ao trabalhador e à gestante, assegurando a esta descanso antes e depois do parto, sem prejuízo do salário e do emprego, e *instituição de previdência, mediante contribuição igual da União, do empregador e do empregado*, a favor da velhice, da invalidez, da maternidade e nos casos de acidentes de trabalho ou de morte;

Note-se que o texto constitucional determina, pela primeira vez na história brasileira, a instituição do sistema de previdência social, com o famoso financiamento tripartite, isto é, com contribuições provenientes da União, dos empregadores e dos empregados.

Do ponto de vista econômico, político e ideológico, tratava-se de reunir o Estado, o capital e o trabalho em um núcleo propulsor do Estado social, a fim de evitar, por um lado, a desestabilização que a economia liberal produzia quando funcionava livre de amarras e, por outro, o crescimento da "ameaça comunista".

As contribuições sociais, tal como previstas na Constituição de 1988, não estão aí por acaso e nem são fruto da prolixidade do poder constituinte originário. Elas estão em linha com uma tradição que começa no início do século XX e se estende por mais de cem anos. Elas são fruto da necessidade inescapável de que o Estado participe da regulação da economia capitalista e da distribuição da riqueza social que é produzida pela iniciativa privada. O sistema de seguridade social e as contribuições que o financiam são a mais avançada demonstração de que uma nação, ao menos em tese, pretende ser civilizada.

A) Conceito e finalidade

As contribuições são espécies de tributos devem funcionar como mecanismos de atuação da União em uma das áreas mencionadas no art. 149. As chamadas *contribuições sociais* destinam-se a viabilizar a atuação desse ente federativo na *área social*. Esta, por sua vez, compreende as áreas mencionadas no art. 6.º da CF/1988, bem como as previstas no Título VIII, denominado "Da ordem social".

Nesse sentido, as contribuições que tenham como finalidade permitir a atuação da União em áreas relacionadas à educação, saúde, alimentação, trabalho, moradia, lazer, segurança, previdência social, maternidade e infância, assistência social, cultura, desporto, ciência e tecnologia, comunicação social, meio ambiente, família, criança, jovem, adolescente, pessoa idosa e índios são *contribuições sociais*.

A atuação da União na área social guarda uma peculiaridade. Está inserida no contexto dos direitos de segunda geração ou dimensão. Tais direitos, como sabemos, nascem historicamente na virada do século XIX para o século XX, e são uma resposta à chamada "questão social". Têm como destinatários os membros da classe trabalhadora, os desamparados e os economicamente frágeis. Não por outra razão, o art. 193, *caput*, da Constituição enuncia:

> **CF, art. 193.** A ordem social tem como base o primado do trabalho, e como objetivo o bem-estar e a justiça sociais.
>
> Parágrafo único. O Estado exercerá a função de planejamento das políticas sociais, assegurada, na forma da lei, a participação da sociedade nos processos de formulação, de monitoramento, de controle e de avaliação dessas políticas.

Isso significa que a *atuação* da União na área social ocorrer sob a forma de *prestações positivas*, isto é, *obrigações de fazer* que têm como objetivo proporcionar às classes economicamente pobres o acesso aos serviços básicos necessários a uma vida com dignidade. O Estado deve, pois, construir hospitais, contratar médicos, distribuir remédios; construir escolas, contratar professores, funcionários etc. Organizar e gerenciar os planos de previdência e assistência social. Enfim, atuar em todas as áreas sociais acima enumeradas. Não é outra, aliás, a disposição do art. 193, parágrafo único, incluída pela Emenda Constitucional nº 108, de 2020.

Por isso, as contribuições sociais devem funcionar como instrumentos de *financiamento* da atuação da União na área social. Vale dizer, a *finalidade* básica de tais contribuições é propiciar a esse ente federativo o acesso aos recursos financeiros necessários ao oferecimento desses serviços. Por isso, a *vinculação* do produto da arrecadação a determinadas áreas é fundamental. É justamente essa vinculação que confere à contribuição social sua natureza jurídica específica.

Em suma, Regina Helena Costa observa: "As contribuições sociais constituem instrumentos de atuação da União na área social. Para delimitar-se o domínio dentro do qual se autoriza a instituição de contribuições dessa natureza, impõe-se a remissão ao título da Ordem Social no Texto Fundamental (arts. 193 a 232). Assim, as contribuições sociais podem ser instituídas para alcançar finalidades relativas à seguridade social, à educação, à cultura e ao desporto, à ciência e à tecnologia, à comunicação social, ao meio ambiente, à família, criança, ao adolescente, ao idoso e aos índios" (COSTA, 2014, p. 151).

B) Espécies de contribuições sociais

Como vimos, a área social pode ser compreendida sob dois aspectos:

- Área social geral – Englobas as áreas mencionadas no art. 6º da Constituição, tanto quanto as mencionadas no Título VIII, exceto saúde, previdência social e assistência social;

- Subárea da seguridade social – Embora faça parte da área social geral, para fins de direito tributário, insere-se em um domínio específico, que envolve apenas três áreas:
    - Saúde;
    - Previdência social;
    - Assistência social.

A área social geral, como se percebe, é definida por *exclusão*. Quer dizer, o que *não* pertencer à seguridade social, compreende-se na área social geral. Essa subdivisão é importante porque interfere com as *espécies* de contribuições sociais.

As contribuições que têm como finalidade o custeio da saúde, previdência e assistência social são *contribuições sociais para a seguridade social.* As contribuições que, por exclusão, financiam outras áreas, são as *contribuições sociais gerais.* A diferença deve ser apontada porque os *regimes jurídicos* aplicados a uma e outra espécie são sensivelmente diferentes. Veremos em momento oportuno. Por enquanto, basta esquematizar da seguinte maneira:

- Contribuições sociais – Subespécie das contribuições especiais, previstas de modo genérico no art. 149 da Constituição. As contribuições especiais, como sabemos, dividem-se em: (a) contribuições de interesse das categorias profissionais ou econômicas; (b) contribuições de intervenção no domínio econômico; (c) contribuições sociais:
    - *Contribuições sociais gerais* – Situam-se dentro da subárea das contribuições sociais. Destinam-se ao custeio das áreas mencionadas no art. 6.º e Título VIII da CF/1988, com *exclusão* das áreas de saúde, previdência social e assistência social. Exemplos: Contribuição do salário-educação (CF, art. 212, § 5º) e contribuição para o FGTS (LC 110/01);
    - *Contribuições sociais para a seguridade social* – Situam-se dentro da subárea das contribuições sociais. Destinam-se ao financiamento das áreas de saúde, previdência social e assistência social. Exemplo: Contribuição sobre a folha de pagamento; contribuição sobre a receita e o faturamento (COFINS); contribuição social sobre o lucro (CSSL) etc.

C) Contribuições sociais gerais

As contribuições sociais gerais têm fundamento de validade no art. 149 da CF/1988, considerado isoladamente ou em conjugação com outro dispositivo do texto constitucional, como o art. 6º ou outros constantes do Título VIII.

Sabemos que são de competência exclusiva da União; devem ser instituídas por meio de lei ordinária; não incidem sobre receitas decorrentes de exportação; incidem sobre a importação de produtos estrangeiros ou serviços; poderão ter alíquotas *ad valorem* ou específicas e assim por diante. A União está autorizada a instituí-las como instrumento de sua atuação na área social.

É preciso registrar que tais contribuições submetem-se normalmente aos princípios constitucionais estudados. Em especial, aos *princípios da anterioridade comum e nonagesimal* (CF/1988, art. 150, III, *b* e *c*). Assim, a contribuição social geral criada ou aumentada apenas pode ser cobrada no exercício financeiro seguinte, observado, ainda, o prazo de 90 dias a partir da publicação da lei que a instituiu ou elevou.

Conforme estudamos, a Constituição não estabelece, como regra, as possíveis regras-matrizes de incidência dessas contribuições. Cabe ao legislador descrevê-las no momento da instituição do tributo, de acordo com as regras estabelecidas no art. 149 da CF/1988, atentando, em especial, à *finalidade*.

Assim, toda vez que a União identificar a necessidade de atuar na área social geral, poderá instituir contribuição para esta finalidade, isto é, que vise à arrecadação dos recursos necessários à prestação de serviços relacionados à área em questão. Há um leque amplo de possibilidades, desde que, obviamente, sejam respeitadas as normas constitucionais e a contribuição seja instituída por lei em sentido estrito.

Algumas contribuições já foram instituídas. Vejamos:

- ***Contribuição social do salário-educação*** – O art. 212, § 5.º, da CF/1988, determina: "A educação básica pública terá como fonte adicional de financiamento a contribuição social do salário-educação, recolhida pelas empresas na forma da lei". Ora, uma vez que tal contribuição tem como finalidade financiar a *educação*, trata-se de contribuição social geral. O gravame foi instituído pela Lei 9.424/1996, nos termos do art. 15: "O salário-educação, previsto no art. 212, § 5.º, da Constituição Federal e devido pelas empresas, na forma em que vier a ser disposto em regulamento, é calculado com base na alíquota de 2,5% sobre o total de remunerações pagas ou creditadas, a qualquer título, aos segurados empregados, assim definidos no art. 12, I, da Lei 8.212, de 24 de julho de 1991". Como veremos, o fato gerador da contribuição é semelhante ao da contribuição sobre a folha de salário (CF/1988, art. 195, I, *a*). Não há, entretanto, que se cogitar de *bis in idem*, pois o próprio texto constitucional autoriza a dupla tributação. Durante algum tempo houve vários questionamentos quanto à constitucionalidade da contribuição do salário-educação. O Supremo Tribunal Federal, contudo, já pacificou a questão:

> "O Tribunal, por maioria, julgou procedente ação declaratória de constitucionalidade promovida pelo Procurador-Geral da República para, com força vinculante, eficácia *erga omnes* e efeito *ex tunc*, declarar a constitucionalidade do art. 15, § 1.º, I e II e § 3.º, da Lei 9.424/1996, que dispõe sobre a contribuição social do salário-educação previsto no § 5.º do art. 212 da CF/1988" (STF, Informativo 173/1999).

Em 2001 o Plenário voltou a manifestar-se sobre o assunto:

> "A CF/88 acolheu o salário-educação, havendo mantido de forma expressa – e, portanto, constitucionalizado –, a contribuição, então vigente, a exemplo do que fez com o PIS-PASEP (art. 239) e com o FINSOCIAL (art. 56 do

> ADCT), valendo dizer que a recepcionou nos termos em que a encontrou em outubro/88. Conferiu-lhe, entretanto, caráter tributário, por sujeitá-la, como as demais contribuições sociais, à norma do seu art. 149, sem prejuízo de havê-la mantido com a mesma estrutura normativa do Decreto-Lei nº 1.422/75 (mesma hipótese de incidência, base de cálculo e alíquota), só não tendo subsistido à nova Carta a delegação contida no § 2.º do seu art. 1º, em face de sua incompatibilidade com o princípio da legalidade a que, de pronto, ficou circunscrita" (STF, RE 290.079/SC, 2001).

Para consolidar seu entendimento, a Corte adotou a Súmula nº 732, com o seguinte enunciado:

> ***Súmula nº 732, do STF:*** É constitucional a cobrança do salário-educação, seja sob a Carta de 1969, seja sob a Constituição Federal de 1988, e no regime da Lei 9.424/1996.

- ***Novas contribuições para o FGTS*** – As tradicionais "contribuições" ao Fundo de Garantia do Tempo de Serviço (FGTS) *não* têm natureza jurídica tributária. O Fundo é regido atualmente pela Lei 8.036/1990, nos termos do art. 1.º: "O Fundo de Garantia do Tempo de Serviço (FGTS), instituído pela Lei 5.107, de 13 de setembro de 1966, passa a reger-se por esta lei". As "contribuições" tradicionais para o FGTS estão previstas no art. 15 da lei: "Para os fins previstos nesta lei, todos os empregadores ficam obrigados a depositar, até o dia 7 de cada mês, em conta bancária vinculada, a importância correspondente a 8% da remuneração paga ou devida, no mês anterior, a cada trabalhador [...]". Essas "contribuições" são prestações pecuniárias obrigatórias. Contudo, ficam vinculadas a uma conta de titularidade do trabalhador. Como não integram as receitas públicas, não são consideradas tributos. Ocorre que no ano 2000 foram instituídas duas contribuições com o objetivo de financiar o pagamento das atualizações monetárias das contas vinculadas ao FGTS que sofreram perdas com expurgos oriundos dos Planos Verão e Collor. As contribuições estão previstas nos arts. 1.º e 2.º da LC 110/2001. O STF reconheceu a natureza jurídica tributária das "novas contribuições" ao FGTS, enquadrando-as na subespécie contribuições sociais gerais. No julgamento de liminar pleiteada em ação direta de inconstitucionalidade (ADI) contra a referida lei, a Corte assim se manifestou:

> "A natureza jurídica das duas exações criadas pela lei em causa, neste exame sumário, é a de que são elas tributárias, caracterizando-se como contribuições sociais que se enquadram na subespécie 'contribuições sociais gerais' que se submetem à regência do art. 149 da CF/1988, e não à do art. 195 da Carta Magna" (STF, ADIn 2.556 (MC)/DF, 2002 e Informativos 285/2002 e 670/2012).

No julgamento definitivo, o Plenário reafirmou este posicionamento (STF, ADI 2.556/DF, 2012). Em suma, a análise das contribuições para o FGTS requer cuidado, já que: (1) as contribuições "tradicionais" para o FGTS, disciplinadas pela Lei nº 8.036/90, *não* têm natureza jurídica de tributo; (2) as "novas" contribuições para o FGTS têm natureza jurídica tributária, enquadrando-se na espécie contribuição, subespécie social geral. Registre-se, no entanto, que, de acordo com o art. 2º, § 2º, da LC 101/2001, a validade da segunda contribuição já se exauriu;

- ***Contribuições destinadas ao custeio do Sistema "S"*** – O art. 240 da Constituição Federal estabelece: "Ficam ressalvadas do disposto no art. 195 as atuais contribuições compulsórias dos empregadores sobre a folha de salários, destinadas às entidades privadas de serviço social e de formação profissional vinculadas ao sistema sindical". O dispositivo trata das contribuições destinadas ao financiamento dos Serviços Sociais Autônomos, também chamados de *Sistema S* ou pessoas de cooperação governamental. Alguns autores as denominam de contribuições para terceiros. Tais entidades assumem a natureza de pessoas jurídicas de direito privado; não pertencem à Administração Pública Indireta, porém, devem ser criadas por lei, uma vez que são financiadas por contribuições, ou seja, por um tributo. Não há forma jurídica predeterminada, de maneira que podem constituir-se como associações ou fundações. Dirigem-se a certos grupamentos sociais ou profissionais, como os trabalhadores da indústria e do comércio, por exemplo, razão pela qual a referibilidade está fortemente presente em sua atuação. Assim, o tributo adequado ao financiamento destas pessoas só poderia ser mesmo a contribuição. São exemplos tradicionais de pessoas intergovernamentais o SESI (Serviço Social da Indústria), o SESC (Serviço Social do Comércio), o SENAI (Serviço Nacional de Aprendizagem Industrial), o SENAC (Serviço Nacional de Aprendizagem Comercial), entre outros. Como se apreende da leitura do art. 240 da Constituição Federal, essas entidades são financiadas por contribuições recolhidas pelos empregadores e incidentes sobre a *folha de salários* das empresas. Como se percebe, trata-se de fato gerador idêntico ao da contribuição sobre a folha de salário, como veremos (CF/1988, art. 195, I, *a*). Obviamente *não* há que se falar em *bis in idem*, uma vez que a própria Constituição recepciona, expressamente, tais contribuições. Não por outra razão, o art. 240 determina que tais gravames *ficam ressalvados do disposto no art. 195*. Há certa controvérsia na doutrina e jurisprudência quanto à exata adequação desta contribuição no âmbito das subespécies. Quer dizer, devem ser consideradas contribuições para a seguridade social, de interesse das categorias profissionais ou econômicas, ou, ainda, contribuições de intervenção no domínio econômico? Eduardo Sabbag alerta: "Temos mantido, nesta obra, o entendimento de que se trata de *contribuições de interesse das categorias profissionais*. Todavia, não tem sido esse o posicionamento do STF e do STJ, que a concebem como 'contribuição social geral'. Diante da fluidez com que o tema se apresenta, quer na doutrina, quer na jurisprudência, dificultando a uniformidade quanto à natureza jurídica do gravame, recomendamos a máxima cautela em provas de concurso público" (SABBAG, 2014, p. 544). Sem dúvida, quando se manifestou sobre o tema, o STF as considerou como *contribuições sociais gerais*:

> "A contribuição do SEBRAE – Lei 8.029/90, art. 8º, § 3º, redação das Leis 8.154/90 e 10.668/2003 – é contribuição de intervenção no domínio econômico, não obstante a lei a ela se referir como adicional às alíquotas das *contribuições sociais gerais* relativas às entidades de que trata o art. 1º do DL 2.318/86, *SESI, SENAI, SESC, SENAC* [...]" (STF, RE 396.266/SC).

Considerando a divergência doutrinária, optamos por acompanhar o posicionamento do STF.

JURISPRUDÊNCIA DO STF – CONTRIBUIÇÃO PARA O SEBRAE

Depois da Constituição de 1988 foram criadas outras entidades consideradas serviços sociais autônomos. São exemplos o SENAR (Serviço Nacional de Aprendizagem Rural); o SEST e SENAT (Serviços Nacional do Transporte e Serviço Nacional de Aprendizagem do Transporte); o SESCOOP (Serviço Nacional de Aprendizagem do Cooperativismo); a APEX-Brasil (Agência de Promoção de Exportações do Brasil); ABDI (Agência Brasileira de Desenvolvimento Industrial) etc. Registre-se, ainda, a existência do Serviço Brasileiro de Apoio às Micro e Pequenas Empresas (SEBRAE), criado nos termos do art. 8º da Lei nº 8.029/90. O financiamento do SEBRAE, da APEX e da ABDI dá-se por meio de adicionais incidentes sobre as contribuições para o SENAI, SENAC, SESI e SESC. Nada obstante, o STF decidiu que a contribuição que financia o SEBRAE é típica *contribuição de intervenção no domínio econômico (CIDE), não se adequando no art. 240 da Constituição.* Em 2003 o Plenário assentou: "A contribuição do SEBRAE – Lei 8.029/90, art. 8º, § 3º, redação das Leis 8.154/90 e 10.668/2003 – é contribuição de intervenção no domínio econômico, não obstante a lei a ela se referir como adicional às alíquotas das contribuições sociais gerais relativas às entidades de que trata o art. 1º do DL 2.318/86, SESI, SENAI, SESC, SENAC. Não se inclui, portanto, a contribuição do SEBRAE, no rol do art. 240, CF. Constitucionalidade da contribuição do SEBRAE. Constitucionalidade, portanto, do § 3º, do art. 8º, da Lei 8.029/90, com a redação das Leis 8.154/90 e 10.668/2003" (STF, RE 396.266/SC). Em 2013 a Corte refirmou essa jurisprudência: "Recurso extraordinário. Tributário. Contribuição para o SEBRAE. Desnecessidade de lei complementar. Contribuição para o SEBRAE. Tributo destinado a viabilizar a promoção do desenvolvimento das micro e pequenas empresas. Natureza jurídica: contribuição de intervenção no domínio econômico. Desnecessidade de instituição por lei complementar. Inexistência de vício formal na instituição da contribuição para o SEBRAE mediante lei ordinária. Intervenção no domínio econômico. É válida a cobrança do tributo independentemente de contraprestação direta em favor do contribuinte. Recurso extraordinário não provido" (STF, RE 635.682/RJ, 2013).

JURISPRUDÊNCIA DO STF – CONTRIBUIÇÃO PARA O SESCOOP

Na mesma linha do que se disse acima, a contribuição para o SESCOOP (Serviço Nacional de Aprendizagem do Cooperativismo) também tem, de acordo com o STF, natureza de contribuição de intervenç6ão no domínio econômico: "1. Ação direta que argui a inconstitucionalidade dos arts. 7º, 8º, 9º e 11 da MP 1.715-1/1998 (após reedições, arts. 8º, 9º, 10 e 12 da MP 2.168-40/2001) que autorizaram a criação do Serviço

Nacional de Aprendizagem do Cooperativismo – SESCOOP – e, para financiá-lo, instituíram uma contribuição substitutiva das anteriormente pagas pelas sociedades cooperativas às entidades do chamado "Sistema S" (...) 3. Embora economicamente a contribuição para o SESCOOP substitua aquelas anteriormente pagas pelas cooperativas a outras entidades (SENAI, SESI, SESC, SENAT, SEST e SENAR), sem aumento da carga tributária, juridicamente existe contribuição nova. 4. A contribuição para o SESCOOP tem natureza jurídica de contribuição de intervenção no domínio econômico (art. 149 da Constituição) destinada a incentivar o cooperativismo como forma de organização da atividade econômica, com amparo no § 2º do artigo 174 da Carta Política. 5. As contribuições de intervenção no domínio econômico sujeitam-se às normas gerais de direito tributário a serem instituídas por lei complementar, mas podem ser criadas por lei ordinária. Precedente (...) 6. Não há vedação constitucional para a destinação de recursos públicos – como o produto da arrecadação de uma contribuição – a entes privados, embora sempre com finalidade pública e dever de prestação de contas. O próprio parágrafo único do artigo 170 da Carta Política, ao estabelecer o dever de prestação de contas, cogita da utilização e arrecadação de dinheiros públicos por pessoa privada. 7. O estímulo ao cooperativismo é finalidade pública, por expressa previsão constitucional – "a lei apoiará e estimulará o cooperativismo" (art. 174, § 2º, da CF) – e o dever de prestar contas ao TCU está previsto, em caráter meramente didático, pois existiria de qualquer forma, no *caput* do artigo 8º da MP 2.168-40. 8. A Constituição não pretendeu tornar imutáveis as contribuições compulsórias referidas no seu artigo 240, vedando ao legislador sua alteração ou, até mesmo, sua extinção. O que se pretendeu foi, tão somente, deixar claro que a simples previsão de contribuições sociais destinadas à seguridade social pelo artigo 195 da Carta, em especial aquela incidente sobre a folha de pagamentos, não implicava a extinção das contribuições destinadas aos serviços sociais e de formação profissional" (...) (STF, Pleno, ADI 1924, Julgamento: 16/09/2020, Publicação 05/10/2020).

D) Contribuições sociais destinadas ao custeio da seguridade social

Como vimos, as contribuições sociais podem ser *gerais* ou destinadas à *seguridade social*. Estas últimas, por sua vez, submetem-se à regra geral que consta do art. 194 da CF/1988:

> **CF, art. 194.** A seguridade social compreende um conjunto integrado de ações de iniciativa dos Poderes Públicos e da sociedade, destinadas a assegurar os direitos relativos à saúde, à previdência e à assistência social.

Quer dizer, dentro da denominada área social, existe uma subárea chamada de *seguridade social*. Esta, por sua vez, comporta ações relativas à (1) *saúde*, (2) *previdência* e (3) *assistência social*. Assim, toda e qualquer *contribuição* que tiver como *finalidade* viabilizar a atuação da União numa das áreas acima mencionadas, deve ser considerada *contribuição social para a seguridade social*.

O art. 194, parágrafo único, incisos V e VI, da CF/1988, (este último com redação dada pela Emenda Constitucional nº 103/2019, chamada de "reforma da previdência"), determinam, respectivamente, a equidade na forma de participação dos custeio e a diversidade da base de financiamento, identificando-se, em rubricas contábeis específicas para cada área, as receitas e as despesas vinculadas a ações de saúde, previdência e assistência social, preservado o caráter contributivo da previdência social.

Nesse sentido, o art. 195, *caput*, do texto constitucional, estabelece:

> **CF, art. 195.** A seguridade social será financiada por toda a sociedade, de forma direta e indireta, nos termos da lei, mediante recursos provenientes dos orçamentos da União, dos Estados, do Distrito Federal e dos Municípios, e das seguintes contribuições sociais [...]:

Tais dispositivos demonstram que a seguridade social é orientada pelo *princípio da solidariedade*. As aposentadorias pagas atualmente às pessoas idosas são custeadas pelas contribuições recolhidas aos cofres públicos por pessoas que, atualmente, estão trabalhando. Os jovens que trabalham hoje se aposentarão no futuro e suas aposentadorias serão subsidiadas pelas pessoas que, na época vindoura, estarão trabalhando. O princípio da solidariedade, como se vê, é *intergeracional*.

Justamente por isso, o requisito da *referibilidade* é *atenuado* no caso das contribuições sociais destinadas ao custeio da seguridade social. Quer dizer, pessoas que, hoje, não têm relação direta com os benefícios da seguridade social podem ser chamadas a contribuir. É o caso, por exemplo, das contribuições que incidem sobre as receitas de concursos de prognósticos (loterias), de acordo com o art. 195, III, da CF/1988. Uma vez que toda a sociedade deve financiar a seguridade social, fica claro que não se trata apenas das pessoas eventualmente beneficiadas.

Registre-se, ademais, que a chamada solidariedade social não é uma solidariedade entre indivíduos, porém, entre *classes sociais*. Não por outra razão, as empresas são chamadas a contribuir com o financiamento da seguridade social, tanto quanto os trabalhadores. Se, porventura, os agentes econômicos empresariais fossem dispensados deste financiamento, suportando-o apenas as pessoas naturais, então o conceito de solidariedade social deixaria de existir. À luz da Constituição de 1988 e do pacto social que sustenta isso seria evidente absurdo e patente inconstitucionalidade.

Em suma, a Seguridade Social é um conjunto de ações de responsabilidade do Poder Público e de toda a sociedade, fundada, entre outros, no princípio da solidariedade social intergeracional e entre classes, cujo objetivo é assegurar aos trabalhadores e suas famílias, bem como àqueles que por razões de idade, saúde etc. estão impossibilitados de permanecer no mercado de trabalho, direitos fundamentais relacionados à saúde, previdência e assistência social. Estas ações devem ser financiadas, dentre outras fontes de custeio, pelas contribuições sociais destinadas à seguridade social, exigidas das empresas, empregadores, empregados, entre outros.

a) Regime jurídico específico

A relevância de se distinguir as contribuições sociais *gerais* das contribuições destinadas ao custeio da *seguridade social* reside na particularidade do *regime jurídico* das últimas. Embora semelhante, as contribuições para a seguridade social submetem-se a um pequeno conjunto de princípios e regras que *não* vinculam as contribuições sociais gerais. Vejamos:

- *Princípio da anterioridade especial (ou exceção à anterioridade comum)* – O art. 195, § 6.º, da CF/1988, determina: "As contribuições sociais de que trata este artigo só poderão ser exigidas após decorridos noventa dias da data da publicação da lei que as houver instituído ou modificado, *não se lhes aplicando o disposto no art. 150, III, 'b'*". Em outras palavras, *as contribuições para a seguridade social submetem-se apenas à anterioridade nonagesimal* (CF/1988, art. 150, III, *c*). São *exceções à anterioridade comum ou de exercício*. Como vimos, alguns autores chamam este § 6.º de *princípio da anterioridade especial*. De qualquer maneira, trata-se de importante diferença quando comparamos com as contribuições sociais *gerais*, pois estas últimas submetem-se *tanto* ao princípio da anterioridade comum, *quanto* ao da anterioridade nonagesimal (CF/1988, art. 150, III, *b* e *c*). Note-se que o dispositivo fala em "modificado". Isso levaria a crer que uma lei que extinga ou diminua o montante relativo a certa contribuição social destinada à seguridade social também deve aguardar o interstício de 90 (noventa) dias para produzir seus efeitos. Não obstante, o STF firmou entendimento no sentido de que "modificado" deve ser interpretado como "majorado", de maneira que a regra, que tem como objetivo proteger o contribuinte e não o Estado, só deve ser observada no caso de *criação* ou *aumento* da carga tributária;
- *Imunidade específica* – O art. 195, § 7.º, da CF/1988, determina: "São isentas de contribuição para a seguridade social as entidades beneficentes de assistência social que atendam às exigências estabelecidas em lei". Já estudamos esse dispositivo. Vimos que se trata de norma constitucional negativa de competência tributária. Portanto, a palavra "isentas" deve ser interpretada, na verdade, como "imunes". Pois bem, as entidades de assistência social são *imunes* às contribuições sociais destinadas ao custeio da seguridade social. Estão desobrigadas, por exemplo, do recolhimento da contribuição sobre a folha de salários. Sob a perspectiva histórica, a decisão do STF prolatada no RE 636.951/2014 é didática:

> "A expressão 'isenção' equivocadamente utilizada pelo legislador constituinte decorre de circunstância histórica. O primeiro diploma legislativo a tratar da matéria foi a Lei nº 3.577/59, que isentou a taxa de contribuição de previdência dos Institutos e Caixas de Aposentadoria e Pensões às entidades de fins filantrópicos reconhecidas de utilidade pública, cujos membros de sua diretoria não percebessem remuneração. Destarte, como a imunidade às contribuições sociais somente foi inserida pelo § 7º, do art. 195, CF/88, a transposição acrítica do seu conteúdo, com o viés do legislador ordinário de isenção, gerou a controvérsia, hodiernamente superada pela jurisprudência da Suprema Corte no sentido de se tratar de imunidade" (STF, RE 636.941/RS, 2014);

- *Competência residual e reserva de lei complementar* – O art. 195, § 4º, da CF/1988, determina: "A lei poderá instituir outras fontes destinadas a garantir a manutenção ou expansão da seguridade social, obedecido o disposto no art. 154, I". A Constituição permite que a União amplie o rol de *contribuições para a seguridade social*, extrapolando as competências que recebeu nos incisos do art. 195. Contudo, deve observar os termos do art. 154, I, do texto constitucional, a saber: (1) reserva de lei complementar, (2) fato gerador e base de cálculos diferentes das contribuições sociais para a *seguridade social já existentes e (3) não cumulatividade*. Em outras palavras, caso deseje aumentar a arrecadação de recursos para o financiamento da seguridade social (saúde, previdência e assistência social), a União está autorizada a instituir, desde que por lei complementar, uma contribuição que ostente fato gerador e base de cálculo diferentes dos descritos no texto constitucional relativos a contribuições para a seguridade social já existentes (art. 195, I a IV, por exemplo). Além do mais, tal contribuição deve ser não cumulativa, compensando-se o que for devido em cada operação com o montante cobrado nas anteriores;

- *Competência dos Estados, Distrito Federal e Municípios* – O art. 149, § 1.º, da CF/1988, com redação dada pela EC 103/2019 ("reforma da previdência"), estabelece: "A União, os Estados, o Distrito Federal e os Municípios instituirão, por meio de lei, contribuições para custeio de regime próprio de previdência social, cobradas dos servidores ativos, dos aposentados e dos pensionistas, que poderão ter alíquotas progressivas de acordo com o valor da base de contribuição ou dos proventos de aposentadoria e de pensões". *A única exceção no que toca à competência exclusiva da União para a instituição de contribuições refere-se a contribuição social destinada ao custeio da seguridade social.* Entretanto, deve-se ter absoluto cuidado! O dispositivo autoriza a instituição de contribuição pelos Estados, Distrito Federal e Municípios, apenas para uma *subárea* da seguridade social: *previdência social*. Contribuição para financiar a saúde ou assistência seria inconstitucional. Em suma, os Estados, o Distrito Federal e os Municípios têm competência para a instituição de *contribuição social para a seguridade social, na subárea de previdência social*.

Vale mencionar que as contribuições para a seguridade social não deixam de observar os dispositivos constantes do art. 149 da CF/1988. Como vimos, ali estão previstas hipóteses de imunidade para exportações, incidência expressa no caso de importações e assim por diante.

Finalmente, o regime jurídico específico das contribuições para a seguridade social não afasta a observância das limitações constitucionais do poder de tributar. Em outras palavras, guardadas as peculiaridades acima apontadas e outras registradas em momentos específicos, tais contribuições observam normalmente os princípios da legalidade, igualdade, capacidade contributiva, irretroatividade, liberdade de tráfego, vedação do confisco, dentre outros.

b) Sujeitos passivos das contribuições para a seguridade social

O art. 195, *caput*, da CF/1988, estabelece:

> **CF, art. 195.** A seguridade social será financiada por toda a sociedade, de forma direta e indireta, nos termos da lei, mediante recursos provenientes dos orçamentos da União, dos Estados, do Distrito Federal e dos Municípios, e das seguintes contribuições sociais [...].

Perceba-se que, de acordo com o dispositivo, a seguridade social será financiada:

- Por toda a sociedade, de forma direta e indireta, nos termos de lei, mediante recursos provenientes dos orçamentos da União, dos Estados, do Distrito Federal e dos Municípios; e
- Pelas contribuições arroladas nos incisos I a V.

No primeiro caso, isto é, financiamento por toda a sociedade, os recursos devem provir dos orçamentos federal, estaduais, distrital e municipais. Isso significa que a seguridade social deve ser financiada também por impostos. Nada impede – pelo contrário, é um dever do Poder Público – que parcela do que se arrecada com esta espécie de tributo seja destinada ao financiamento da saúde, previdência e assistência social.

Além do financiamento por toda a sociedade, também são chamados a contribuir certos segmentos específicos, isto é, setores do organismo social envolvidos direta ou indiretamente com a relação de trabalho. Sabemos que, quando o objetivo é tributar determinada parcela de indivíduos ou empresas, com os quais se relacionam os gastos a serem suportados pelo Estado, a figura tributária mais adequada é a *contribuição*.

Por isso, os incisos do art. 195, com redação dada pelas Emendas 20/98, 42/2003, 103/2019 e 132/2023, elencam os possíveis *sujeitos passivos* das contribuições sociais destinadas ao custeio da seguridade social, nos seguintes termos:

- *O empregador, a empresa e a entidade a ela equiparada* – O art. 195, I, da CF/1988, chama à contribuição para o financiamento da seguridade social o segmento social que detém o capital. Quer dizer, devem contribuir o empregador, a empresa e a entidade a ela equiparada. Norma da lei, devem recolher contribuição incidente sobre: a folha de salários e demais rendimentos do trabalho pagos ou creditados, a qualquer título, à pessoa física que lhe preste serviço, mesmo sem vínculo empregatício; a receita ou o faturamento e o lucro;
- *O trabalhador e os demais segurados da previdência social* – O art. 195, II, da CF/1988, chama à contribuição para o financiamento da seguridade social a outra classe que compõe a atividade produtiva, isto é, a classe trabalhadora. Assim, devem recolher contribuição para o custeio da seguridade social o trabalhador e os demais segurados da previdência social que não se enquadrem na definição estrita de trabalhador, como, por exemplo, os profissionais liberais autônomos. A contribuição incide sobre o chamado "salário de contribuição", que é um valor estabelecido em lei, com base no salário real percebido pelo empregado ou empregada. Vale repisar que o gravame *não incide* sobre aposentadoria e pensão concedidas pelo regime geral de previdência social de que trata o art. 201. Sabemos que, ao utilizar a expressão "não incide", a Constituição estabelece norma negativa de competência tributária, logo, *imunidade específica*;
- *A receita de concursos de prognósticos* – Do montante pago a título de prêmios em loterias, parte deve ser recolhida à seguridade social na forma de

contribuição. José Eduardo Soares de Melo explica: "Considera-se concurso de prognósticos todo e qualquer concurso de sorteio de números ou quaisquer outros símbolos, loterias e apostas de qualquer natureza, no âmbito federal, estadual, distrital ou municipal, promovidos por órgãos públicos do Poder Público, ou por sociedades comerciais ou civis" (MELO, 2012, p. 141). Enquadram-se nessa categoria a Loteria Esportiva Federal, entidades turfísticas, jogos de bingo, Loto, Loteca, Quina, Mega-Sena etc. Quanto ao sujeito passivo, o autor observa: "Sujeito passivo é o administrador dos concursos de prognósticos, não podendo ser o concorrente (apostador), que disponibiliza tal receita ao administrador" (MELO, 2010, p. 141). O art. 26 da Lei nº 8.212/91 trata desta contribuição: "Constitui receita da Seguridade Social a renda líquida dos concursos de prognósticos, excetuando-se os valores destinados ao Programa de Crédito Educativo". O § 1º estabelece: "Consideram-se concursos de prognósticos todos e quaisquer concursos de sorteios de números, loterias, apostas, inclusive as realizadas em reuniões hípicas, nos âmbitos federal, estadual, do Distrito Federal e municipal". O § 2º fixa o conceito de renda líquida: "Para efeito do disposto neste artigo, entende-se por renda líquida o total da arrecadação, deduzidos os valores destinados ao pagamento de prêmios, de impostos e de despesas com a administração, conforme fixado em lei, que inclusive estipulará o valor dos direitos a serem pagos às entidades desportivas pelo uso de suas denominações e símbolos";

- *O importador de bens ou serviços do exterior ou de quem a lei a ele equiparar* – Este inciso IV foi acrescido pela EC 42/2003. O dispositivo aproxima o contribuinte da contribuição social para o financiamento da seguridade social do contribuinte do imposto sobre a importação de produto estrangeiros (II). Ao mencionar "bens" e "serviços", a Constituição utiliza uma expressão mais ampla do que simplesmente "mercadoria". Isso significa podem ser considerados importadores não apenas empresas e empresários, mas também pessoas naturais que praticam importação eventual. Aliás, tais pessoas podem ser enquadradas nesta categoria (de importador em razão do disposto na última parte do dispositivo ("ou de quem a lei a ele equiparar).

ATENÇÃO! Reforma tributária!

- *Sobre bens e serviços, nos termos de lei complementar* – A Emenda Constitucional nº 132/2023, que veiculou a chamada reforma tributária, incluiu, no art. 195 da Constituição, o inciso V, autorizando a incidência de contribuição destinada ao custeio da seguridade social incidente sobre "bens e serviços, nos termos de lei complementar". Trata-se da chamada CBS. Sob o aspecto da sujeição passiva, são potenciais contribuintes aqueles que exercem atividade empresarial envolvendo bens e serviços. Caberá à lei complementar a especificação do aspecto subjetivo da regra-matriz de incidência. Nos termos do § 16 do art. 195, a CBS submete-se, entre outros, ao disposto no art.

156-A, § 3º, segundo o qual "lei complementar poderá definir como sujeito passivo do imposto a pessoa que concorrer para a realização, a execução ou o pagamento da operação, ainda que residente ou domiciliada no exterior". O dispositivo trata do chamado *responsável tributário* que, como veremos, é a pessoa obrigada ao pagamento do tributo sem que tenha praticado o fato gerador. Nesse sentido, a pessoa que, não tendo praticado ato empresarial envolvendo bens e serviços, mas, nos termos de lei complementar, concorreu para a realização ou execução do ato, ou pagamento da operação, pode figurar como sujeito passivo da CBS, ainda que residente ou domiciliada no exteriror.

APROFUNDANDO! CONTRIBUIÇÃO SOBRE O SALÁRIO DE CONTRIBUIÇÃO

A EC 103/2019 (reforma da previdência) deu nova redação ao art. 195, II, da CF/1988, autorizando a instituição e cobrança de contribuição social "do trabalhador e dos demais segurados da previdência social, podendo ser adotadas alíquotas progressivas de acordo com o valor do salário de contribuição, não incidindo contribuição sobre aposentadoria e pensão concedidas pelo Regime Geral de Previdência Social". Esta contribuição está prevista no art. 20 e seguintes da Lei nº 8.212/91 e incide sobre o chamado "salário de contribuição". A Emenda inovou, na medida em que autorizou a adoção de alíquotas progressivas, isto é, alíquotas que se elevam à medida que se elevam as bases de cálculo. É importante não confundir a *contribuição sobre o salário de contribuição*, cujo sujeito passivo é o trabalhador e demais segurados da previdência social, com a *contribuição sobre a folha de salário*, cujo sujeito passivo é o empregador, a empresa ou entidade equiparada.

APROFUNDANDO! CONTRIBUIÇÕES DO EMPREGADOR E REFORMA DA PREVIDÊNCIA

No que toca às empresas, empregadores e entidades equiparadas, isto é, às contribuições incidentes sobre a folha de salário, receita ou faturamento e lucro, o art. 195, § 9.º, com redação dada pela Emenda Constitucional nº 103/2019 (reforma da previdência), determina: "As contribuições sociais previstas no inciso I do *caput* deste artigo poderão ter alíquotas diferenciadas em razão da atividade econômica, da utilização intensiva de mão de obra, do porte da empresa ou da condição estrutural do mercado de trabalho, sendo também autorizada a adoção de bases de cálculo diferenciadas apenas no caso das alíneas 'b' e 'c' do inciso I do *caput*".

O texto constitucional elenca os critérios a partir dos quais as *alíquotas* podem ser diferenciadas: (1) atividade econômica; (2) utilização intensiva de mão de obra; (3) porte da empresa; e (4) condição estrutural do mercado de trabalho. No que toca à *base de cálculo*, estas também podem ser diferencias à luz dos critérios acima enumerados, *mas apenas para as contribuições previstas nas alíneas b e c do inciso I, do art. 195*, vale dizer, contribuição sobre a receita e o faturamento (COFINS) e contribuição social sobre o lucro (CSSL).

O dispositivo procura viabilizar o princípio da isonomia. Vale dizer, empresas ligadas à economia real, isto é, que produzem bens e serviços, geram riqueza e empregos, devem ser incentivadas. Empresas ligadas ao setor financeiro, à economia fictícia, que nada produzem, devem sustentar uma carga tributária mais elevada. Como vimos, um dos princípios da ordem econômica é a busca do pleno emprego. As empresas que geram muitos empregos devem receber tratamento mais benéfico. A economia das finanças deve funcionar em razão da economia real. Não pode assumir qualquer autonomia ou contraposição com relação a esta última sob pena de comprometer a geração de empregos. Qualquer política nesse sentido seria inconstitucional. Daí por que os agentes econômicos ligados ao setor financeiro devem recolher tributos substancialmente mais elevados do que os ligados à economia real. A propósito, o STF já teve a oportunidade de se manifestar sobre o assunto:

> "A sobrecarga imposta aos bancos comerciais e às entidades financeiras, no tocante à contribuição previdenciária sobre a folha de salários, não fere, à primeira vista, o princípio da isonomia tributária, ante a expressa previsão constitucional (Emenda de Revisão nº 1/94 e Emenda Constitucional nº 20/98, que inseriu o § 9º no art. 195 do Texto permanente). Liminar a que se nega referendo. Processo extinto" (STF, AC 1.109 MC/SP, 2007).

A) Contribuições ordinárias ou nominadas para a seguridade social

O art. 195 do texto constitucional é o fundamento de validade das chamadas *contribuições ordinárias ou nominadas* para o financiamento da seguridade social. Tais contribuição são a base do financiamento do sistema de aposentadorias e pensões do Brasil, dos benefícios de assistência social e de parte do Sistema Único de Saúde (SUS). Assim, a União está autoriza a instituir e cobrar as seguintes contribuições:

- ***Contribuição sobre a folha de salário*** – Também chamada de *contribuição previdenciária*, está prevista no art. 195, I, *a*, da CF/1988, incluída pela EC 20/98. De acordo com o dispositivo, o empregador, a empresa e a entidade a ela equiparada, na forma da lei, devem recolher contribuição incidente sobre "a folha de salários e demais rendimentos do trabalho, pagos ou creditados, a qualquer título, à pessoa física que lhe preste serviço, mesmo sem vínculo empregatício". Em sua redação original, o art. 195, I, da CF/1988 mencionava apenas a expressão "folha de salário", sem desdobrar seu significado. Houve questionamento no STF sobre a incidência da contribuição sobre remunerações outras que não estritamente o salário percebido pelo trabalhador, oriundo somente da relação de emprego. O Tribunal manifestou-se, então, pela inconstitucionalidade da incidência que extrapolasse esta base restrita, isto é, o salário. Para contornar o problema, a EC 20/98 autorizou também a tributação dos rendimentos do trabalho pagos ou creditados, "a qualquer título", à pessoa física que preste serviço à empresa, mesmo sem vínculo empregatício. Obtida a autorização constitucional, o art. 22 da Lei nº 8.212/91 pôde ser atualizado pela Lei nº 9.876/99, disciplinando de maneira definitiva a matéria. Desse modo, o empregador, a empresa ou a entidade a ela equiparada qualificam-se como sujeitos passivos do gravame. O tributo incide, pois, sobre (1) *a folha de salário* e (2) os demais rendimentos pagos ou creditados, a qualquer título, à *pessoa física* que preste serviço, mesmo *sem vínculo empregatício*. Folha de salário é a quantia que a empresa gasta com os salários de seus empregados. Sobre esse montante incide a contribuição. Os demais rendimentos, por sua vez, englobam o pagamento de honorários a profissionais autônomos, pró-labore aos sócios-administradores, dentre outros. Confira-se, a propósito, enunciado da Súmula nº 688 do STF: "É legítima a incidência da contribuição previdenciária sobre o 13º salário". Insista-se em que é o pagamento às *pessoas físicas* o que autoriza a incidência da contribuição. O pagamento efetuado às pessoas jurídicas está fora do alcance do tributo. Ressalte-se, uma vez mais, que a contribuição *incide* ainda que *não* haja vínculo de emprego. Vale mencionar, ainda, que o art. 167, XI, da CF/1988 vincula o produto de sua arrecadação aos pagamentos de *benefícios previdenciários*, nos seguintes termos: "São vedados a utilização dos recursos provenientes das contribuições sociais de que trata o art. 195, I, *a*, e II, para a realização de despesas distintas do pagamento de benefícios do regime geral de previdência social de que trata o art. 201". Eis a razão por que alguns a chamam de *contribuição previdenciária*. Finalmente, o sujeito ativo destas contribuições é a Secretaria da Receita Federal do Brasil, de acordo com o artigo 33, *caput*, da Lei nº 8.212/91:

- *Contribuição para o SAT* – Registre-se, de passagem, a denominada contribuição para o SAT (Seguro de Acidente do Trabalho), também chamada de RAT (Riscos Ambientais do Trabalho). Está prevista no art. 22, II, da Lei 8.212/1991 e destina-se ao financiamento dos benefícios de aposentadoria especial, aposentadoria por invalidez e auxílio-acidente. Corresponde à aplicação de um adicional sobre o valor recolhido a título de contribuição sobre a folha de salários, consistente em alíquotas de 1%, 2% e 3%, conforme o risco de acidente do trabalho seja leve, médio ou grave. Trata-se de um adicional ou parte variável relativamente àquela contribuição, razão pela qual alguns autores negam sua qualidade de contribuição autônoma. José Eduardo Soares de Melo observa o fundamento constitucional de tal exação no rol dos direitos sociais: "A Constituição consignou como direito dos trabalhadores o 'seguro contra acidente do trabalho, a cargo do empregador' (art. 7º, XXVIII), e a previsão de contribuição previdenciária para atender à cobertura de eventos doença, invalidez e morte, incluídos os resultantes de acidente do trabalho (art. 201, I)" (MELO, 2010, p. 138). Muito embora o autor questione sua exigência, o fato é que o STF já se manifestou no sentido da constitucionalidade dessa contribuição, nos seguintes termos:

> "É constitucional a contribuição social destinada ao custeio do Seguro de Acidente do Trabalho (SAT), incidente sobre o total da remuneração, bem como sua regulamentação" (STF, Informativo 301/2003).

- ***Contribuição para o financiamento da seguridade social (COFINS)*** - De acordo com o art. 195, I, *b*, da CF/1988, incluída pela EC 20/98, o empregador, a empresa e a entidade a ela equiparada, na forma da lei, devem recolher *contribuição* incidente sobre *a receita ou o faturamento*. Quer dizer, além da folha de salário e demais rendimentos do trabalho, a receita e o faturamento da empresa também são manifestações de capacidade contributiva que devem ser colhidas pela lei para fins de incidência de contribuição para a seguridade social. Receita e faturamento são, em princípio, conceitos contábeis. Receita aponta para as quantias em dinheiro ou créditos e que acrescem ao patrimônio da empresa. O pagamento de uma dívida de terceiros, por exemplo, constitui receita. Faturamento é um conceito mais restrito. Significa a venda de mercadorias e serviços registrados em "fatura". Esta, por sua vez, significa nota de venda, isto é, documento comprobatório de compra e venda, isto é, da transação jurídica. O faturamento integra as quantias que formam a receita. Note-se que ambos os conceitos são diferentes daquilo que denominamos *lucro*. Veremos que este implica o conjunto de entradas *menos* as despesas. Em outras palavras, para se obter o lucro deve-se subtrair, das entradas, as saídas. Os conceitos de receita e faturamento não levam em consideração estas últimas. A COFINS foi instituída inicialmente pela LC 70/1991 e, depois, pela Lei nº 9.718/98. A Lei nº 10.833/2003 instituiu o regime não cumulativo, obedecendo ao mandamento constitucional contido no art. 195, § 12, introduzido pela EC 42/2003. A não cumulatividade consiste em um sistema de compensações contábeis em que se busca excluir o valor recolhido nas operações anteriores do valor a ser recolhido nas posteriores. O contribuinte registra como *crédito* o montante pago nas operações pretéritas e como *débito* a quantia relativa às operações seguintes. O *quantum* a ser recolhido será a diferença deste "encontro de contas". Finalmente, a Lei nº 10.865/2004 estabeleceu a incidência da contribuição sobre as *importações*, concretizando o disposto no art. 149, III, *a*, e 195, IV, da CF/1988, ambos acrescentados pela EC 42/2003. Registre-se, desde logo, que nesses casos a contribuição não incide propriamente sobre o faturamento e receita, porém, sobre a *importação* de bens ou serviços. Finalmente, pode-se identificar três regimes jurídicos distintos para a COFINS. Vejamos:

    - *COFINS-Comum ou cumulativa* - Disciplinada pela Lei Complementar nº 70/1991 e Lei nº 9.718/1998. Incide sobre o faturamento definido nos termos do art. 12 do Decreto-Lei nº 1.598/77, vale dizer: a receita bruta da empresa, compreendida como o produto da venda de bens nas operações de conta própria; o preço da prestação de serviços em geral; o resultado auferido nas operações de conta alheia e as receitas da atividade ou objeto principal da pessoa jurídica que não estejam compreendidas nos conceitos anteriores. A base de cálculo é o valor da receita bruta, excluídas quantias tais como vendas canceladas e descontos incondicionais, receita decorrente de venda de bens do ativo não circulante, dentre outros (Lei nº 9.718/1998, art. 3º, § 2º). A alíquota principal está fixada em 3%, nos termos do art. 8º da Lei nº 9.718/1998. Sujeito passivo é a pessoa jurídica que aufere receita ou faturamento e sujeito ativo é a Secretaria da Receita Federal do Brasil. Também chamada de "COFINS cumulativa" porque não admite abatimentos, isto é, os valores recolhidos em operações anteriores incorporam-se no quantum devido nas operações posteriores. Submetem-se a este regime, como regra, as empresas que recolhem o imposto de renda (IR) com base no lucro presumido ou arbitrado. Registre-se importante jurisprudência do STF sobre o assunto:

JURISPRUDÊNCIA DO STF - ICMS NA BASE DE CÁLCULO DA COFINS

O STF firmou jurisprudência no sentido de que é inconstitucional a inclusão dos valores retidos a título de ICMS na base de cálculo da COFINS: "O valor retido em razão do ICMS não pode ser incluído na base de cálculo da COFINS sob pena de violar o art. 195, I, b, da CF [...] O Tribunal entendeu que a base de cálculo da COFINS somente poderia incidir sobre a soma dos valores obtidos nas operações de venda ou de prestação de serviços. Dessa forma, assentou que o valor retido a título de ICMS não refletiria a riqueza obtida com a realização da operação, pois constituiria ônus fiscal e não faturamento" (STF, Informativos 161/1999; 437/2006 e 762/2014).

- *COFINS- Não cumulativa* – O art. 195, § 12, da CF/1988, incluído pela EC 42/2003, determina: "A lei definirá os setores de atividade econômica para os quais as contribuições incidentes na forma dos incisos I, *b*; e IV do *caput*, serão não-cumulativas". Concretizando este mandamento constitucional, a Lei nº 10.833/2003 disciplinou a matéria. O art. 1º, com redação dada pela Lei nº 12.973/2014, estabelece: "A Contribuição para o Financiamento da Seguridade Social – COFINS, com a incidência não cumulativa, incide sobre o total das receitas auferidas no mês pela pessoa jurídica, independentemente de sua denominação ou classificação contábil". O núcleo da lei, o que torna o regime *não-cumulativo*, está no *sistema de abatimento* previsto no art. 3º: "Do valor apurado na forma do art. 2º a pessoa jurídica poderá descontar créditos calculados em relação a [...] bens adquiridos para revenda [...]; bens e serviços utilizados como insumo na prestação de serviços e na produção ou fabricação de bens ou produtos destinados à venda, inclusive combustíveis e lubrificantes, exceto os previstos no dispositivo; energia elétrica e energia térmica, inclusive sob a forma de vapor, consumidas nos estabelecimentos da pessoa jurídica; aluguéis de prédios, máquinas e equipamentos, pagos a pessoa jurídica, utilizados nas atividades da empresa; dentre outros, como bens incorporados ao ativo imobilizado etc. A alíquota a ser aplicada, como regra, é de 7,6%, nos termos do art. 2º da Lei;
- *COFINS-Importação* – Vimos que o art. 149, § 2º, II e 195, IV, da CF/1988 foram acrescidos pela EC 42/2003 para viabilizar a incidência das contribuições sociais sobre a "importação de produtos estrangeiros ou serviços" e a exigibilidade em face do "importador de bens e serviços do exterior, ou de quem a lei a ele equiparar". Pois bem, à luz destas autorizações constitucionais, a Lei nº 10.865/2004 instituiu a chamada COFINS-Importação, nos termos do art. 1º: "Ficam instituídas a Contribuição para os

Programas de Integração Social e de Formação do Patrimônio do Servidor Público incidente na Importação de Produtos Estrangeiros ou Serviços – PIS/PASEP-Importação e a Contribuição Social para o Financiamento da Seguridade Social devida pelo Importador de Bens Estrangeiros ou Serviços do Exterior – COFINS-Importação, com base nos arts. 149, § 2º, inciso II, e 195, inciso IV, da Constituição Federal, observado o disposto no seu art. 195, § 6º". O art. 3º da lei dispõe sobre o fato gerador: "O fato gerador será: (I) a entrada de bens estrangeiros no território nacional; ou (II) o pagamento, o crédito, a entrega, o emprego ou a remessa de valores a residentes ou domiciliados no exterior como contraprestação por serviço prestado". Registre-se que a COFINS-Importação também se submete ao disposto no art. 195, § 12, da CF/1988, de maneira que deve adequar-se ao regime de não cumulatividade. Desse modo, o art. 15 da Lei nº 10.865/2004 determina: "As pessoas jurídicas sujeitas à apuração da contribuição para o PIS/PASEP e da COFINS, nos termos dos arts. 2º e 3º das Leis nº 10.637, de 30 de dezembro de 2002, e 10.833, de 29 de dezembro de 2003, poderão descontar crédito, para fins de determinação dessas contribuições, em relação às importações sujeitas ao pagamento das contribuições de que trata o art. 1º desta Lei, nas seguintes hipóteses [...] bens adquiridos para revenda; bens e serviços utilizados como insumo na prestação de serviços e na produção ou fabricação de bens ou produtos destinados à venda, inclusive combustível e lubrificantes; energia elétrica consumida nos estabelecimentos da pessoa jurídica; aluguéis e contraprestações de arrendamento mercantil de prédios, máquinas e equipamentos, embarcações e aeronaves, utilizados na atividade da empresa; e máquinas, equipamentos e outros bens incorporados ao ativo imobilizado [...]".

ATENÇÃO! Reforma tributária!

- A Emenda Constitucional nº 132, de 2023, que veiculou a chamada reforma tributária, dispõe, no art. 22, inciso I, o seguinte: "Art. 22. Revogam-se: em 2027, o art. 195, I, *b*, e IV, e § 12, da Constituição Federal. Isso significa que a COFINS já tem data estabelecida para o término de sua exigência, pois, em 2027, desaparece o fundamento de validade constitucional das leis que a instituíram e disciplinam;
- O art. 11 da referida Emenda, por sua vez, determina: "A revogação do art. 195, I, *b*, não produzirá efeitos sobre as contribuições incidentes sobre a receita ou o faturamento vigentes na data de publicação desta Emenda Constitucional que substituam a contribuição de que trata o art. 195, I, *a*, ambos da Constituição Federal, e sejam cobradas com base naquele dispositivo, observado o disposto no art. 30 da Emenda Constitucional nº 103, de 12 de novembro de 2019". O dispositivo refere-se à COFINS que substitui a contribuição sobre a folha de salários no regime de desoneração de certas empresas, veiculado pela Lei nº 12.546/2011.

APROFUNDANDO! FINSOCIAL

A contribuição para o *FINSOCIAL (Fundo de Investimento Social)* foi a "ancestral" da COFINS. Incidia sobre a receita bruta das empresas e o montante arrecadado era destinado ao custeio da seguridade social. A contribuição foi recepcionada pelo art. 56 do ADCT: "Até que a lei disponha sobre o art. 195, I, a arrecadação decorrente de, no mínimo, cinco dos seis décimos percentuais correspondentes à alíquota da contribuição de que trata o Decreto-Lei nº 1.940, de 25 de maio de 1982, alterada pelo Decreto-Lei nº 2.049, de 1º de agosto de 1983, pelo Decreto nº 91.236, de 8 de maio de 1985, e pela Lei nº 7.611, de 8 de julho de 1987, passa a integrar a receita da seguridade social, ressalvados, exclusivamente no exercício de 1988, os compromissos assumidos com programas e projetos em andamento". Não obstante, o legislador federal, no lugar de criar uma nova contribuição sobre a receita, como determina o art. 56 do ADCT, houve por bem manter a contribuição para o FINSOCIAL, nos termos do art. 9º da Lei nº 7.689/88. O STF, instado a se manifestar sobre o tema, fulminou o dispositivo:

> "Conflita com as disposições constitucionais – artigos 195 do corpo permanente da Carta e 56 do Ato das Disposições Constitucionais Transitórias – preceito de lei que, a título de viabilizar o texto constitucional, toma de empréstimo, por simples remissão, a disciplina do FINSOCIAL. Incompatibilidade manifesta do art. 9º da Lei nº 7689/88 com o Diploma Fundamental, no que discrepa do contexto constitucional" (STF, RE 150.764/ PE, 1992).

Assim, a COFINS veio para substituir a contribuição para o FINSOCIAL. Não obstante, uma questão remanesce: sabemos que entre 1977 e 1988 o STF não atribuía natureza jurídica tributária às contribuições. Pois bem, à luz deste posicionamento e considerando que a contribuição para o FINSOCIAL foi instituída no ano de 1982, pergunta-se: qual seria sua natureza jurídica? Já em 1985 o STF manifestava-se no sentido de que se tratava, na verdade, de um imposto. A Corte reafirmou sua jurisprudência:

> "Recurso extraordinário. Repercussão geral da questão constitucional reconhecida. Direito Constitucional e Tributário. *FINSOCIAL. Natureza jurídica de imposto. Incidência sobre o faturamento.* Alcance da imunidade prevista no art. 150, VI, *d*, da Constituição Federal, sobre livros, jornais, periódicos e papel destinado a sua impressão. *Imunidade objetiva.* Incidência sobre o objeto tributado. Na hipótese, cuida-se de tributo de incidente sobre o faturamento. Natureza pessoal. Não alcançado pela imunidade objetiva prevista no art. 150, VI, *d*, da Constituição Federal. Recurso extraordinário a que se nega provimento" (STF, RE 628.122/SP).

- ***Contribuição social sobre o lucro (CSSL)*** – De acordo com o art. 195, I, *c*, da CF/1988, incluída pela EC 20/98, o empregador, a empresa e a entidade a ela equiparada, na forma da lei, devem recolher contribuição incidente sobre o lucro. A *contribuição social sobre o lucro (CSSL)* foi instituída pela Lei 7.689/1988, nos termos de seu art. 1.º: "Fica instituída contribuição social sobre o lucro das pessoas jurídicas, destinada ao financiamento da seguridade social". O conceito de *lucro* é mais restrito do que os conceitos de *receita* e *faturamento*. Trata-se do resultado obtido da relação entre entradas e saídas. Vale dizer, subtraem-se dos ingressos de dinheiro e créditos no patrimônio da empresa as quantias relativas às despesas. O resultado consiste no lucro. Nesse sentido, o lucro da pessoa jurídica é o resultado de uma apuração em que se deve considerar os ingressos de quantias e as respectivas despesas. O aspecto material da hipótese de incidência da CSSL, isto é, o fato gerador da contribuição, é essencialmente o mesmo do imposto sobre a renda e proventos de qualquer natureza (IR). Ambos incidem sobre o *acréscimo patrimonial* das empresas. A diferença, no entanto, reside nas hipóteses e formas de dedução e compensação, que são diferentes. Além do mais, não há que se falar em *bis in idem*, uma vez que ambos os tributos têm fundamento na Constituição, sendo certo que a primeira qualifica-se como *contribuição*, ao passo que o segundo como *imposto*. A propósito, José Eduardo Soares de Melo observa: "Esta contribuição (art. 195, I, *c*, da CF) poderia ser concebida como uma figura assemelhada ou equiparada ao imposto de renda, até mesmo como um adicional deste, em razão de poder se vislumbrar a mesma base de cálculo (resultado societário positivo tomado ao final de um determinado período de tempo). Entretanto, embora o constituinte tenha estabelecido a incidência do IR (art. 153, III), considerando a figura da renda, não há de confundir ou mesclar essas duas entidades, uma vez que suas quantificações podem apresentar-se de formas diversificadas" (MELO, 2010, p. 132). Nesse sentido, o art. 2º da Lei nº 7.689/88 trata da base de cálculo do tributo nos seguintes termos: "A base de cálculo da contribuição é o valor do resultado do exercício, *antes* da provisão para o imposto de renda". Quer dizer, o valor que a empresa deverá considerar para fins de imposto de renda (IR) é computado para o cálculo do montante a ser recolhido a título de CSSL. Para evitar quaisquer dúvidas a respeito, a legislação antecipou-se e determinou que o próprio montante a ser recolhido a título de CSSL deve fazer parte de sua base de cálculo e também da base de cálculo do imposto sobre a renda e proventos de qualquer natureza (IR) apurado com base no lucro real. O STF já se manifestou sobre a constitucionalidade do dispositivo:

> "O valor pago a título de contribuição social sobre o lucro líquido – CSLL não perde a característica de corresponder a parte dos lucros ou da renda do contribuinte pela circunstância de ser utilizado para solver obrigação tributária. É constitucional o art. 1º e parágrafo único da Lei 9.316/1996, que proíbe a dedução do valor da CSLL para fins de apuração do lucro real, base de cálculo do Imposto sobre a Renda das Pessoas Jurídicas – IRPJ" (STF, RE 582.525/SP, 2013).

ATENÇÃO! Reforma tributária!

- ***Contribuição social sobre bens e serviços (CBS)*** – A Emenda Constitucional nº 132, de 2023, que veiculou a chamada reforma tributária, acrescentou ao artigo 195 da Constituição, o inciso V, autorizando a União a instituir contribuição "sobre bens e serviços, nos termos de lei complementar". Como se percebe, a CBS é uma contribuição destinada ao financiamento da seguridade social. Assim, como regra, o produto de sua arrecadação deve ficar vinculado a despesas direcionadas às áreas de saúde, previdência e assistência social. À luz da EC 132/23, vejamos algumas características desta contribuição:

- *Reserva de lei complementar, exceto para alíquotas* – A CBS deve ser instituída por lei complementar, o que afasta, desde logo, a possibilidade de utilização de medida provisória (CF, art. 62, § 1º, III). Nesse sentido, a lei complementar deve descrever todos os aspectos da regra-matriz de incidência, *exceto a alíquota*. De fato, o § 15 do art. 195 da CF/1988, acrescentado pela EC 132/23, dispõe: "A contribuição prevista no inciso V do *caput* poderá ter sua alíquota fixada em lei ordinária". Assim, devem estar previstos em lei complementar: (a) o aspecto material da regra-matriz de incidência (fato gerador); (b) o aspecto subjetivo, isto é, o sujeito ativo e o passivo; (c) o aspecto quantitativo, vale dizer, a base de cálculo e, *no que tange a alíquota, a possibilidade de estar em lei complementar ou ser veiculada por lei ordinária, nos termo do art. 195, § 15, da CF/1988*; (d) aspecto temporal, ou seja, o momento em que se considera ocorrido o fato gerador; (e) aspecto territorial, quer dizer, a delimitação espacial onde se considera ocorrido o fato gerador;
- *Exclusão da base de cálculo* – O § 17 do art. 195 da CF/1988, incluído pela EC 132/23, estabelece: "A contribuição prevista no inciso V do *caput* não integrará sua própria base de cálculo, nem a dos tributos previstos nos arts. 153, VIII, 156-A e 195, I, *b*, e IV, e da contribuição para o Programa de Integração Social de que trata o art. 239". A base de cálculo de CBS será, provavelmente, o valor dos bens e serviços objeto de atividade empresarial. Nesse sentido, o valor da própria CBS não deve ser computado como elemento integrante da base de cálculo. Imaginemos, por exemplo, que um determinado serviço tenha custado R$ 100,00 (cem reais). Esta deve ser, supõe-se, a base de cálculo da CBS. Suponhamos que a alíquota da contribuição seja fixada em, digamos, 5% (cinco por cento). Pois bem, o contribuinte deve recolher R$ 5,00 (cinco reais) a título de CBS. Não fosse o dispositivo que agora estudamos, o valor de R$ 5,00 (cinco reais) poderia ser acrescido à base de cálculo inicial, isto é, R$ 100,00 (cem reais). Assim, a base de cálculo final seria de R$ 105,00 (cento e cinco reais). À alíquota de 5%, o contribuinte teria que desembolsar R$ 5,25 (cinco reais e vinte e cinco centavos). Além da base de cálculo da própria CBS, o valor desta (da CBS) não pode integrar a base de cálculo dos seguintes tributos: imposto sobre produção, extração, comercialização ou importação de bens e serviços prejudiciais à saúde ou ao meio ambiente, nos termos de lei complementar (CF, art. 153, VIII); imposto sobre bens e serviços – IBS (CF, art. 156-A); contribuição sobre a receita e o faturamento, inclusive a que incide sobre a importação – COFINS, COFINS-Importação e PIS-Importação (CF, art. 195, I, *b* e IV);

- *Devolução da quantia paga ou cashback* – Os §§ 18 e 19 do art. 195 da CF/1988, incluídos pela EC 132/2023, determinam: "Lei estabelecerá as hipóteses de devolução da contribuição prevista no inciso V do *caput* a pessoas físicas, inclusive em relação a limites e beneficiários, com o objetivo de reduzir as desigualdades de renda". "A devolução de que trata o § 18 não será computada na receita corrente líquida da União para os fins do disposto nos arts. 100, § 15, 166, §§ 9º, 12 e 17, e 198, § 2º". Trata-se do chamado *cashback*, sistema através do qual o consumidor final obtém de volta o valor da CBS incluído no preço do bem ou serviço. Se, por exemplo, o consumidor pagou R$ 100,00 (cem reais) num bem ou serviço, sendo certo que o montante a ser pago a título de CBS pelo estabelecimento empresarial é de R$ 5,00 (cinco reais), é possível que o consumidor receba, em sua conta corrente, esse valor (R$ 5,00). Isso ocorre porque a CBS é espécie de tributo *indireto*, ou seja, o valor recolhido pelo contribuinte de direito (a empresa ou o empresário) é repassado para o preço do bem ou serviço, de maneira que, no final, quem assume o encargo financeiro é o consumidor (contribuinte de fato);
- *Utilização da estrutura normativa constitucional do IBS* – O § 16 do art. 195 da CF/1988, incluído pela EC 132/2023, estabelece: "Aplica-se à contribuição prevista no inciso *V* do caput o disposto no art. 156-A, § 1º, I a VI, VIII, X a XIII, § 3º, § 5º, II a VI e IX, e §§ 6º a 11 e 13". Nesse sentido, a CBS deve reproduzir certas características do IBS (imposto sobre bens e serviços), até porque ambos os tributos apresentam características semelhantes. Nesse sentido, tal como o IBS, a CBS:
  - *Âmbito de incidência* – "Incidirá sobre operações com bens materiais ou imateriais, inclusive direitos, ou com serviços" (CF, art. 156-A, § 1º, I);
  - *Incidência na importação* – "Incidirá também sobre a importação de bens materiais ou imateriais, inclusive direitos, ou de serviços realizada por pessoa física ou jurídica, ainda que não seja sujeito passivo habitual do imposto, qualquer que seja a sua finalidade" (CF, art. 156-A, § 1º, II);
  - *Imunidade específica nas exportações* – "Não incidirá sobre as exportações, assegurados ao exportador a manutenção e o aproveitamento dos créditos relativos às operações nas quais seja adquirente de bem material ou imaterial, inclusive direitos, ou serviço, observado o disposto no § 5º, III" (CF, art. 156-A, § 1º, III);
  - *Legislação uniforme e alíquotas*– "Terá legislação única e uniforme em todo o território nacional, ressalvado o disposto no inciso V"; "cada ente federativo fixará sua alíquota própria por lei específica"; "a alíquota fixada pelo ente federativo na forma do inciso V será a mesma para todas as operações com bens materiais ou imateriais, inclusive direitos, ou com serviços, ressalvadas as hipóteses previstas nesta Constituição" (CF, art. 156-A, IV, V e VI) – ***Atenção!*** A CBS é de competência da União. Por isso, os incisos V e VI do art. 156-A

devem ser aplicados com cautela. Uma vez que será instituída por lei complementar, esta lei deverá ser, até em virtude no disposto no art. 151, I, da CF/1988, uniforme em todo o território nacional. Evidentemente, as alíquotas serão estabelecidas pela própria União, na lei complementar instituidora da CBS, ou em lei ordinária (CF, art. 195, § 15). Finalmente, as alíquotas serão as mesmas para todas as operações com bens materiais ou imateriais, direitos e serviços;

- *Não cumulatividade* – será não cumulativa, compensando-se" a contribuição devida "pelo contribuinte com o montante cobrado sobre todas as operações nas quais seja adquirente de bem material ou imaterial, inclusive direito, ou de serviço, excetuadas exclusivamente as consideradas de uso ou consumo pessoal especificadas em lei complementar e as hipóteses previstas nesta Constituição" (CF, art. 156-A, § 1º, VIII);
- *Vedação a incentivos fiscais* – "Não será objeto de concessão de incentivos e benefícios financeiros ou fiscais relativos" à contribuição "ou de regimes específicos, diferenciados ou favorecidos de tributação, excetuadas as hipóteses previstas nesta Constituição" (CF, art. 156-A, § 1º, X);
- *Imunidade específica para serviços de radiodifusão* – "Não incidirá nas prestações de serviço de comunicação nas modalidades de radiodifusão sonora e de sons e imagens de recepção livre e gratuita" (CF, art. 156-A, XI);
- *Resolução do Senado e alíquota de referência* – "Resolução do Senado Federal fixará alíquota de referência" da contribuição "para cada esfera federativa, nos termos de lei complementar, que será aplicada se outra não houver sido estabelecida pelo próprio ente federativo" (CF, art. 156-A, § 1º, XII). Considerando que a CBS é de competência federal, este dispositivo dificilmente será aplicado;
- *Princípio da transparência* – "Sempre que possível, terá seu valor informado, de forma específica, no respectivo documento fiscal" (CF, art. 156, § 1º, XIII);
- *Responsabilidade tributária* – "Lei complementar poderá definir como sujeito passivo" da contribuição "a pessoa que concorrer para a realização, a execução ou o pagamento da operação, ainda que residente ou domiciliada no exterior" (CF, art. 156-A, § 3º);
- *Regime de compensação* – "Lei complementar disporá sobre (...) o regime de compensação, podendo estabelecer hipóteses em que o aproveitamento do crédito ficará condicionado à verificação do efetivo recolhimento" da contribuição "incidente sobre a operação com bens materiais ou imateriais, inclusive direitos, ou com serviços, desde que: (a) o adquirente possa efetuar o recolhimento" da contribuição "incidente nas suas aquisições de bens ou serviços; ou (b) o recolhimento" da contribuição "ocorra na liquidação financeira da operação" (CF, art. 156-A, § 5º, II);

- *Ressarcimento de créditos acumulados* – "Lei complementar disporá sobre (...) a forma e o prazo para ressarcimento de créditos acumulados pelo contribuinte" (CF, art. 156-A, § 5º, III);
- *Destino da operação* – "Lei complementar disporá sobre (...) os critérios para a definição do destino da operação, que poderá ser, inclusive, o local da entrega, da disponibilização ou da localização do bem, o da prestação ou da disponibilização do serviço ou o do domicílio ou da localização do adquirente ou destinatário do bem ou serviço, admitidas diferenciações em razão das características da operação" (CF, art. 156-A, § 5º, IV);
- *Desoneração da aquisição de bens de capital* – "Lei complementar disporá sobre (...) a forma de desoneração da aquisição de bens de capital pelos contribuintes, que poderá ser implementada por meio de: (a) crédito integral e imediato" da contribuição; "(b) diferimento; ou (c) redução em 100% (cem por cento) das alíquotas" da contribuição (CF, art. 156-A, § 5º, V);
- *Hipóteses de diferimento* – "Lei complementar disporá sobre (...) as hipóteses de diferimento e desoneração" da contribuição "aplicáveis aos regimes aduaneiros especiais e às zonas de processamento de exportação" (CF, art. 156-A, § 5º, VI);
- *Simplificação de obrigações acessórias* – "Lei complementar disporá sobre (...) os critérios para as obrigações tributárias acessórias, visando à sua simplificação" (CF, art. 156-A, § 5º, IX);
- *Regimes específicos de tributação* – "Lei complementar disporá sobre regimes específicos de tributação para: (I) combustíveis e lubrificantes sobre os quais" a contribuição "incidirá uma única vez, qualquer que seja a sua finalidade, hipótese em que: (a) serão as alíquotas uniformes em todo o território nacional, específicas por unidade de medida e diferenciadas por produto, admitida a não aplicação do disposto no § 1º, V a VII; (b) será vedada a apropriação de créditos em relação às aquisições dos produtos de que trata este inciso destinados a distribuição, comercialização ou revenda; (c) será concedido crédito nas aquisições dos produtos de que trata este inciso por sujeito passivo" da contribuição "observado o disposto na alínea *b* e no § 1º, VIII; (II) – serviços financeiros, operações com bens imóveis, planos de assistência à saúde e concursos de prognósticos, podendo prever: (a) alterações nas alíquotas, nas regras de creditamento e na base de cálculo, admitida, em relação aos adquirentes dos bens e serviços de que trata este inciso, a não aplicação do disposto no § 1º, VIII; (b) hipóteses em que" a contribuição "incidirá sobre a receita ou o faturamento, com alíquota uniforme em todo o território nacional, admitida a não aplicação do disposto no § 1º, V a VII, e, em relação aos adquirentes dos bens e serviços de que trata este inciso, também do disposto no § 1º, VIII; (III) sociedades cooperativas, que será optativo, com vistas a assegurar

sua competitividade, observados os princípios da livre concorrência e da isonomia tributária, definindo, inclusive: (a) as hipóteses em que" a contribuição "não incidirá sobre as operações realizadas entre a sociedade cooperativa e seus associados, entre estes e aquela e pelas sociedades cooperativas entre si quando associadas para a consecução dos objetivos sociais; (b) o regime de aproveitamento do crédito das etapas anteriores; (IV) serviços de hotelaria, parques de diversão e parques temáticos, agências de viagens e de turismo, bares e restaurantes, atividade esportiva desenvolvida por Sociedade Anônima do Futebol e aviação regional, podendo prever hipóteses de alterações nas alíquotas, nas bases de cálculo e nas regras de creditamento, admitida a não aplicação do disposto no § 1º, V a VIII; (V) operações alcançadas por tratado ou convenção internacional, inclusive referentes a missões diplomáticas, repartições consulares, representações de organismos internacionais e respectivos funcionários acreditados (VI) serviços de transporte coletivo de passageiros rodoviário intermunicipal e interestadual, ferroviário e hidroviário, podendo prever hipóteses de alterações nas alíquotas e nas regras de creditamento, admitida a não aplicação do disposto no § 1º, V a VIII" (CF, art. 156-A, § 6º);

- *Disciplina da isenção e imunidade* – "A isenção e a imunidade: (I) não implicarão crédito para compensação com o montante devido nas operações seguintes; (II) acarretarão a anulação do crédito relativo às operações anteriores, salvo, na hipótese da imunidade, inclusive em relação ao inciso XI do § 1º, quando determinado em contrário em lei complementar" (CF, art. 156-A, § 7º);
- *Conceito de operações com serviços* – "Lei complementar de que trata o *caput* poderá estabelecer o conceito de operações com serviços, seu conteúdo e alcance, admitida essa definição para qualquer operação que não seja classificada como operação com bens materiais ou imateriais, inclusive direitos" (CF, art. 156-A, § 8º);
- *Redução e elevação da contribuição* – "Qualquer alteração na legislação federal que reduza ou eleve a arrecadação" da contribuição: "(I) deverá ser compensada pela elevação ou redução, pelo Senado Federal, das alíquotas de referência de que trata o § 1º, XII, de modo a preservar a arrecadação das esferas federativas, nos termos de lei complementar; (II) somente entrará em vigor com o início da produção de efeitos do ajuste das alíquotas de referência de que trata o inciso I deste parágrafo (CF, art. 156-A, § 9º);
- *Vinculação de alíquotas* – "Os Estados, o Distrito Federal e os Municípios poderão optar por vincular suas alíquotas à alíquota de referência de que trata o § 1º, XII" (CF, art. 156-A, § 10). ***Atenção!*** Considerando que a CBS é de competência federal, este dispositivo não deve ter aplicação;
- *Estimativa de impacto* – "Projeto de lei complementar em tramitação no Congresso Nacional que reduza ou aumente a arrecadação" da

contribuição "somente será apreciado se acompanhado de estimativa de impacto no valor das alíquotas de referência de que trata o § 1º, XII" (CF, art. 156-A, § 11);

- *Cashback* – "A devolução de que trata o § 5º, VIII, será obrigatória nas operações de fornecimento de energia elétrica e de gás liquefeito de petróleo ao consumidor de baixa renda, podendo a lei complementar determinar que seja calculada e concedida no momento da cobrança da operação" (CF, art. 156-A, § 13).

APROFUNDANDO! COMPARTILHAMENTO DE ESTRUTURAS NORMATIVAS ENTRE O IBS E A CBS

A reforma tributária determinou que o IBS e a CBS compartilhem da mesma estrutura normativa no que concerne a certos aspectos. Nesse sentido, ao menos no que toca a este compartilhamento, pode-se afirmar que a CBS é um IBS com receita vinculada ao orçamento da seguridade social. Vejamos o que dispõe o art. 149-B, incluído pela EC 132/2023:

- **CF, art. 149-B.** Os tributos previstos nos arts. 156-A e 195, V, observarão as mesmas regras em relação a:
- I – fatos geradores, bases de cálculo, hipóteses de não incidência e sujeitos passivos;
- II – imunidades;
- III – regimes específicos, diferenciados ou favorecidos de tributação;
- IV – regras de não cumulatividade e de creditamento.
- Parágrafo único. Os tributos de que trata o caput observarão as imunidades previstas no art. 150, VI, não se aplicando a ambos os tributos o disposto no art. 195, § 7º.

Note-se que ambos os tributos devem ser instituídos por lei complementar. Assim, na regra-matriz de incidência de ambos serão observados os mesmos: fatos geradores (aspecto material da regra-matriz); base de cálculo (aspecto quantitativo da regra-matriz); hipótese de não incidência (o que, tecnicamente, qualifica-se como isenção); e sujeitos passivos (aspecto pessoal da regra-matriz. No que toca à imunidade, a Constituição "transfere" as imunidades genéricas do art. 150, VI, que alcança todos os impostos, sem exceção, à CBS. Os regimes específicos, diferenciados ou favorecidos serão compartilhados, tal qual as regras de não cumulatividade e creditamento.

O art. 149-C, também incluído pela EC 132/2023, determina:

> **CF, art. 149-C.** O produto da arrecadação do imposto previsto no art. 156-A e da contribuição prevista no art. 195, V, incidentes sobre operações contratadas pela administração pública direta, por autarquias e por fundações públicas, inclusive suas importações, será integralmente destinado ao ente federativo contratante, mediante redução a zero das

> alíquotas do imposto e da contribuição devidos aos demais entes e equivalente elevação da alíquota do tributo devido ao ente contratante.
>
> § 1º As operações de que trata o caput poderão ter alíquotas reduzidas de modo uniforme, nos termos de lei complementar.
>
> § 2º Lei complementar poderá prever hipóteses em que não se aplicará o disposto no caput e no § 1º.
>
> § 3º Nas importações efetuadas pela administração pública direta, por autarquias e por fundações públicas, o disposto no art. 150, VI, "a", será implementado na forma do disposto no *caput* e no § 1º, assegurada a igualdade de tratamento em relação às aquisições internas.

Quando o contratante da operação de compra e venda de bens ou serviços (inclusive importações) for a União, os Estados, o DF ou os Municípios, na figura de suas administrações diretas, autarquias e fundações públicas, o valor do IBS e da CBS que deveriam ser pagos será entregue ao ente contratante. Isso se dará através de alíquota zero (o que, tecnicamente, é imunidade tributária, já que se trata de determinação expressa da Constituição) e elevação da alíquota do tributo devido ao entre contratante. As alíquotas destas operações poderão ser reduzidas de modo uniforme, desde que por meio de lei complementar. O disposto no *caput* e no § 1º pode ser afastado, desde que por lei complementar. A imunidade recíproca prevista no art. 150, VI, *a*, no caso de importações, ou seja, alcançando também o imposto sobre a importação (II), deverá ser levada a cabo juntamente com o IBS e a CBS.

F) Demais contribuições para seguridade social

Além das chamadas *contribuições ordinárias ou nominadas* arroladas no art. 195 da CF/1988 e que formam o principal sustentáculo de financiamento da seguridade social, existem também outras contribuições destinadas a financiar setores ou programas específicos. Vejamos:

- ***Contribuições sociais residuais para a seguridade social*** – O art. 195, § 4.º, da CF/1988, estabelece: "A lei poderá instituir outras fontes destinadas a garantir a manutenção ou expansão da seguridade social, obedecido o disposto no art. 154, I". De acordo com o dispositivo, a União está autorizada a instituir *novas contribuições sociais destinadas ao custeio da seguridade social*, desde que vinculadas à manutenção ou expansão das atividades relacionadas a essa área específica. Para tanto, esse ente federativo deve valer-se da *competência residual* prevista no art. 154, I, da CF/1988. Este, por sua vez, determina: "A União poderá instituir, mediante lei complementar, impostos não previstos no artigo anterior, desde que sejam não cumulativos e não tenham fato gerador ou base de cálculo próprios dos discriminados nesta Constituição". Como se vê, a Constituição autoriza a União a instituir novas contribuições sociais destinadas ao custeio da seguridade social, valendo-se da *competência residual* prevista para a instituição de *impostos*. Devemos harmonizar tais dispositivos. Assim, a competência prevista no art. 195, § 4.º, da CF/1988 deve obedecer aos seguintes *requisitos*: (a) *competência exclusiva da União*; (b) *reserva de lei* complementar; (c) *não cumulatividade*; (d) *fato gerador e* *base de cálculo diferentes dos já previstos para outras contribuições para a seguridade social.* A contribuição social residual destinada à manutenção ou expansão da seguridade social deve ter fato gerador ou base de cálculo *diferentes* daqueles já previstos para as contribuições sociais ordinárias ou nominadas previstas nos incisos I a V do art. 195 da CF/1988. Impossível, portanto, que eventual contribuição social residual incida sobre a folha de pagamentos da empresa. Esta base, como sabemos, está prevista no art. 195, I, *a*, da Constituição.

APROFUNDANDO! FATO GERADOR E BASES DE CÁLCULO DIFERENTES

Quanto a este último assunto, devemos nos aprofundar um pouco mais. Antes, é preciso ter em mente que estamos tratando de contribuições sociais destinadas à *seguridade social* e não de *contribuições sociais gerais*. Em outras palavras, eventual contribuição social *residual* deve ter fato gerador e base de cálculo *diferente* dos fatos geradores e bases de cálculo já previstos para outras contribuições sociais destinadas ao custeio da *seguridade social*. Em suma, a União dispõe de competência para instituir *novas contribuições sociais* destinadas à manutenção ou expansão da *seguridade social*, desde que sejam instituídas por lei complementar, sejam não cumulativas e tenham fatos geradores ou bases de cálculo *diferentes* dos já previstos na Constituição para outras *contribuições* destinadas ao custeio da *seguridade social*. Assim, eventual contribuição residual pode ostentar fatos geradores e bases de cálculo idênticos aos de impostos já existentes ou contribuições sociais *gerais*, de intervenção no domínio econômico ou de interesse de categorias profissionais, já instituídas.

JURISPRUDÊNCIA DO STF – IDENTIDADE DE FATO GERADOR E BASE DE CÁLCULO

Como observado, não há proibição quanto à identidade entre fato gerador e base de cálculo de contribuição social residual e impostos ou outras contribuições, desde que estas não sejam destinadas à seguridade social. Quer dizer, é possível que uma contribuição social residual incida sobre operações de crédito, câmbio e seguro ou com títulos ou valores mobiliários, por exemplo. Sabemos que este é o aspecto material da hipótese de incidência do IOF, nos termos do art. 153, V, da CF/1988. No entanto, não há impedimento à identidade entre fato gerador e base de cálculo da contribuição social residual e de impostos. Esse foi justamente o entendimento firmado pelo STF no julgamento de recursos extraordinários que impugnavam a cobrança da contribuição instituída pela Lei Complementar 84/1996. A Corte assentou que "a CF/1988 não proíbe a coincidência da base de cálculo da contribuição com a base de cálculo de imposto já existente. Considerou-se que a remissão contida na parte final do art. 195, § 4.º da CF/1988 restringe-se à necessidade de lei complementar para a criação de novas contribuições" (STF, Informativo 125/1998).

- ***Contribuição para o PIS/PASEP*** – O art. 239 da CF/1988, com redação dada pela EC 103/2019 (reforma da previdência) estabelece: "A arrecadação decorrente das contribuições para o Programa de Integração Social, criado pela Lei Complementar nº 7, de 7 de setembro de 1970, e para o Programa de Formação do Patrimônio do Servidor Público, criado pela Lei Complementar nº 8, de 3 de dezembro de 1970, passa, a partir da promulgação desta Constituição, a financiar, nos termos que a lei dispuser, o programa do seguro-desemprego, outras ações da previdência social e o abono de que trata o § 3º deste artigo". O dispositivo trata das *contribuições para o PIS e PASEP*. Como se vê, têm como objetivo financiar o programa do seguro-desemprego, ações da previdência social e o benefício chamado "abono salarial". Logo, tais contribuições qualificam-se como contribuições sociais para a seguridade social. Esse entendimento, antigo no STF, foi reiterado em 2014:

> "O PIS, espécie tributária singular contemplada no art. 239, CF/88, não se subtrai da concomitante pertinência ao 'gênero' (plural) do inciso I, art. 195, CF/88 [...]" (STF, RE 636.941/RS, 2014). Justamente por isso, a contribuição submete-se ao princípio da anterioridade especial: "A contribuição ao PIS sujeita-se à regra do § 6º do art. 195 da Constituição da República. Aplicação da anterioridade nonagesimal à majoração de alíquota feita na conversão de medida provisória em lei" (STF, RE 568.503/RS, 2014).

Por outro lado, a Lei Complementar 08/1970 instituiu o *Programa de Formação do Patrimônio do Servidor Público (PASEP)*. Nos termos do art. 2º, a União, os Estados, o Distrito Federal e os Municípios devem recolher *contribuição* para o financiamento do programa. A Lei nº 9.715/98 completa a disciplina jurídica. De acordo com o art. 2º, III, o gravame será calculado com base no valor mensal das receitas correntes arrecadadas e das transferências correntes e de capital recebidas. José Eduardo Soares de Melo observa: "A União, os Estados, o Distrito Federal, os Municípios e suas autarquias são *contribuintes* do PASEP incidentes sobre as receitas correntes e arrecadadas e transferências correntes, e de capital recebidas. A contribuição é obrigatória e independe de ato de adesão aos Programas de Integração Social e de Formação do Patrimônio do Servidor Público. A Secretaria do Tesouro Nacional, na qualidade de *responsável*, efetuará a retenção do PASEP incidente sobre o valor das transferências correntes e de capital, efetuadas para pessoas jurídicas de direito público, excetuada a hipótese de transferência para as fundações públicas. Não incidirá, em hipótese alguma, sobre as transferências, mais de uma contribuição" (MELO, 2010, p. 126-127). A contribuição para o PASEP não tinha natureza tributária até o advento da CF/1988, que a recepcionou como tal. Nesse sentido, há manifestação do STF:

> "A Lei Complementar 8/70, em seu artigo 8º, previa a faculdade de adesão ao Programa de Formação do Patrimônio do Servidor Público – PASEP, de natureza não tributária, instituído com o objetivo de distribuir a receita entre os servidores da União, Estados, Municípios e o Distrito Federal. O advento da nova ordem constitucional transmudou a natureza da contribuição, que passou à categoria de tributo, tornando-se obrigatória. Arrecadação que, na atual destinação, tem por objeto o financiamento do seguro-desemprego e o abono devido aos empregados menos favorecidos (CF, artigo 239, § 3º). O PASEP, sendo contribuição instituída pela própria Carta da República, não

> se confunde com aquelas que a União pode criar na forma dos seus artigos 149 e 195, nem se lhe aplicam quaisquer dos princípios ou restrições constitucionais que regulam as contribuições em geral" (STF, ACO 580/MG, 2002).

Assim como ocorre com a COFINS, a contribuição para o PIS apresenta três regimes jurídicos distintos:

- *PIS-Comum* – Instituída inicialmente pela Lei Complementar 07/1970 e posteriormente disciplinada pelas Leis 9.715/1998 e 9.718/1998. O art. 2º desta última estabelece: "As contribuições para o PIS/PASEP e a COFINS, devidas pelas pessoas jurídicas de direito privado, serão calculadas com base no seu *faturamento*, observadas a legislação vigente e as alterações introduzidas por esta lei". Percebe-se que o fato gerador do PIS, como regra, é idêntico ao da COFINS. Não há que se falar, no entanto, em *bis in idem*, porque a contribuição para o PIS foi expressamente recepcionada pelo texto constitucional;
- *PIS-Não cumulativo* – Instituído pela Lei nº 10.637/2002, nos termos de seu art. 1º, que tem redação dada pela Lei nº 12.973/2014: "A Contribuição para o PIS/PASEP, com a incidência não cumulativa, incide sobre o total das receitas auferidas no mês pela pessoa jurídica, independentemente de sua denominação ou classificação contábil". Na redação original, o PIS-Não cumulativo incidia sobre o *faturamento mensal*. Com a nova redação, passa a incidir sobre a *receita mensal*, conceito que é mais amplo. O "coração" da não cumulatividade, por assim dizer, reside no art. 3º, que autoriza que a pessoa jurídica desconte, da base de cálculo apurada na forma do art. 2º, créditos calculados em relação a bens adquiridos para revenda, com exceções previstas em lei; bens e serviços utilizados como insumo na prestação de serviços e na produção ou fabricação de bens ou produtos destinados à venda, inclusive combustíveis e lubrificantes, entre outros. Esse *desconto* permite que se reduza o *quantum* final a ser recolhido e pressupõe valores que foram despendidos ao longo do ciclo econômico produtivo. Daí a "não cumulatividade";
- *PIS-Importação* – Instituído pela Lei nº 10.865/2004, nos termos do art. 1º: "Ficam instituídas a Contribuição para os Programas de Integração Social e de Formação do Patrimônio do Servidor Público incidente na Importação de Produtos Estrangeiros ou Serviços – PIS/PASEP-Importação [...] com base nos arts. 149, § 2º, inciso II, e 195, inciso IV, da Constituição Federal, observado o disposto no seu art. 195, § 6º". O art. 3º estabelece: "O fato gerador será: (I) a entrada de bens estrangeiros no território nacional; ou (II) o pagamento, o crédito, a entrega, o emprego ou a remessa de valores a residentes ou domiciliados no exterior como contraprestação por serviço prestado". No primeiro caso, o fato gerador identifica-se com o do imposto sobre a importação (II); no segundo, não se trata da *prestação de serviços*, porém, da remuneração que se paga como contraprestação;

- ***Contribuição previdenciária dos servidores públicos*** – O art. 149, § 1º, da CF/1988, com redação dada pela EC 103/2019 (reforma da previdência), estabelece: "A União, os Estados, o Distrito Federal e os Municípios instituirão, por meio de lei, contribuições para custeio de regime próprio de previdência social, cobradas dos servidores ativos, dos aposentados e dos pensionistas, que poderão ter alíquotas progressivas de acordo com o valor da base de contribuição ou dos proventos de aposentadoria e de pensões". Note-se que, de acordo com o dispositivo, não apenas a União, *mas também os Estados, Distrito Federal e Municípios*, detêm competência para a instituição desta contribuição. Trata-se, portanto, de *exceção* à regra de competência exclusiva da União para instituição de contribuições. Tal contribuição será cobrada dos servidores ativos, aposentados e pensionistas de cada ente federativo com a finalidade de custear os respectivos regimes próprios de previdência. Daí sua denominação de *contribuição previdenciária*. Poderá, ademais, apresentar alíquotas progressivas de acordo com o valor da base de contribuição ou dos proventos de aposentadoria ou pensão. É importante compreender que existem dois segmentos de contribuintes:

    - *Servidores públicos da ativa* – O texto original da Constituição, publicado em 1988, já autorizava a instituição e cobrança de contribuição dos servidores públicos da ativa, destinada a financiar os sistemas de previdência e assistência social. Depois o dispositivo foi modificado, autorizando apenas a exigência de contribuição para custear o sistema de *previdência social* (a assistência social foi excluída);
    - *Aposentados e pensionistas* – A novidade da EC 103/2019 (reforma da previdência) está em autorizar a instituição de cobrança de contribuições previdenciárias dos *aposentados e pensionistas do setor público*, isto é, dos antigos servidores públicos da ativa que se aposentaram ou passaram a receber pensão. Esta possibilidade já estava prevista na Constituição desde 2003, por intermédio da EC 41, que deu nova redação ao art. 40. A modificação no capítulo do Sistema Tributário Nacional, no entanto, ocorreu apenas em 2019:

        - ***Atenção!*** Nos termos do art. 195, II, da CF/1988, os aposentados e pensionistas do Regime Geral de Previdência Social, isto é, dos trabalhadores ligados à iniciativa privada, que recebem benefícios do INSS, não podem ser compeidos a recolher contribuições previdenciárias sobre aposentadorias e pensões. Trata-se de imunidade específica, que *não* existe para aposentados e pensionistas do setor público;

    - *Contribuição previdenciária ordinária* – De acordo com o art. 149, § 1º-A, incluído pela EC 103/2019 (reforma da previdência), "quando houver déficit atuarial, a contribuição ordinária dos aposentados e pensionistas poderá incidir sobre o valor dos proventos de aposentadoria e de pensões que supere o salário-mínimo". A contribuição que se exige dos aposentados e pensionistas do setor público é denominada, pela Constituição, de contribuição previdenciária ordinária. Pois bem, em havendo déficit atuarial, ou seja, se as despesas com benefícios superarem as receitas obtidas, então esta contribuição poderá incidir sobre valor que supere o salário-mínimo;

- *Contribuição previdenciária extraordinária* – Nos termos do art. 149, § 1º-B, incluído pela EC 103/2019 (reforma da previdência), "demonstrada a insuficiência da medida prevista no § 1º-A para equacionar o déficit atuarial, é facultada a instituição de contribuição extraordinária, no âmbito da União, dos servidores públicos ativos, dos aposentados e dos pensionistas". Note-se que, verificado déficit atuarial, a primeira medida a ser adotada é a que consta do art. 149, § 1º-B, ou seja, aumento da contribuição ordinária. Caso esta medida seja insuficiente, então *apenas a União* poderá dar o segundo passo, que consiste na instituição e cobrança, dos servidores públicos ativos, aposentados e pensionistas, de *contribuição previdenciária extraordinária.*
  - *Caráter temporário da contribuição extraordinária* – Finalmente, o art. 149, § 1º-C, da CF/1988, incluído pela EC 103/2019, estabelece: "A contribuição extraordinária de que trata o § 1º-B deverá ser instituída simultaneamente com outras medidas para equacionamento do déficit e vigorará por período determinado, contado da data de sua instituição". A contribuição previdenciária extraordinária tem caráter *temporário.* Deve ser cobrada apenas enquanto durar o déficit das contas públicas e, ainda assim, apenas se forem adotadas outras medidas para reequilibrar o orçamento público.

APROFUNDANDO! CONTRIBUIÇÕES PREVIDENCIÁRIAS, ORDINÁRIAS E EXTRAORDINÁRIAS

À luz do regime jurídico instaurado pela Emenda Constitucional nº 103, de 2019, que veiculou a chamada reforma da previdência, pode-se enumerar três espécies de contribuições exigíveis dos servidores públicos da ativa, aposentados e pensionistas, a saber:

- *Contribuição previdenciária dos servidores públicos* – De competência da União, Estados, Distrito Federal e Municípios, exigível dos servidores públicos da ativa, aposentados e pensionistas, com alíquotas progressivas, em períodos em que *não há déficit atuarial do sistema previdenciário*;
- *Contribuição previdenciária ordinária* – De competência da União, Estados, Distrito Federal e Municípios, exigível apenas dos *aposentados e pensionistas,* incidente sobre valores de aposentadoria e pensões que superem o salário mínimo, em períodos em que *há déficit atuarial do sistema previdenciário*;
- *Contribuição previdenciária extraordinária* – De competência exclusiva da União, exigível dos servidores públicos, aposentados e pensionistas, em períodos em que *há déficit atuarial do sistema previdenciário,* quando se verifica que a exigência da contribuição previdenciária ordinária foi insuficiente.

21.14 CONTRIBUIÇÃO PARA O CUSTEIO DO SERVIÇO DE ILUMINAÇÃO PÚBLICA (COSIP)

ATENÇÃO! Reforma tributária!

O art. 149-A da Constituição, que foi incluído no texto constitucional em 2002, pela Emenda Constitucional nº 39, recebeu nova redação pela Emenda Constitucional nº 132, de 2023, que veiculou a chamada reforma tributária, estabelecendo:

> **CF, art. 149-A**. Os Municípios e o Distrito Federal poderão instituir contribuição, na forma das respectivas leis, para o custeio, a expansão e a melhoria do serviço de iluminação pública e de sistemas de monitoramento para segurança e preservação de logradouros públicos, observado o disposto no art. 150, I e III.
>
> **Parágrafo único.** É facultada a cobrança da contribuição a que se refere o caput, na fatura de consumo de energia elétrica.

Por que foi necessária uma Emenda Constitucional autorizando os Municípios e o Distrito Federal a criarem essa nova contribuição?

O serviço de iluminação pública, isto é, iluminação de ruas, praças e logradouros públicos, era financiado por receitas oriundas de uma taxa cobrada pelos Municípios, a saber, a taxa de iluminação pública (TIP). Ocorre que o serviço de iluminação pública é um serviço *universal*, quer dizer, não específico e indivisível. Em outras palavras, trata-se de serviço *uti universi*, endereçado a uma coletividade indeterminada, cujos contribuintes não podem ser precisamente identificados. Além do mais, não há como medir o consumo do serviço por parte dos indivíduos.

Por isso, alguns contribuintes insurgiram-se contra a cobrança. Sob o argumento de que a Constituição apenas autoriza a instituição de taxa no caso do exercício do poder de polícia ou nas hipóteses de serviços públicos *específicos* e *divisíveis* (CF/1988, art. 145, II), foram ao Supremo Tribunal Federal pleitear a declaração de inconstitucionalidade das leis que instituíram o tributo. O STF não relutou:

> [...] o serviço de iluminação pública não pode ser remunerado mediante taxa, uma vez que não configura serviço público específico e divisível prestado ao contribuinte ou posto a sua disposição (CF/1988, art. 145, II). Com base nesse entendimento, concluindo o julgamento de recursos extraordinários, por votação unânime, declarou, *incidenter tantum*, a inconstitucionalidade da taxa de iluminação pública instituída pelo Município de Niterói – RJ (STF, Informativo 141/1999).

Para contornar a jurisprudência do STF, o Congresso Nacional aprovou a Emenda Constitucional 39/2002, autorizando os Municípios e o Distrito Federal a instituírem chamada *contribuição para o custeio do serviço de iluminação pública (COSIP).*

Note-se que, em princípio, esse serviço, por ser universal, deveria ser financiado pela receita proveniente dos impostos. Isso significa que parte do produto da arrecadação do IPTU, ITBI e ISS deveria ser destinada ao custeio do serviço. No entanto, para não desfalcar o orçamento desses entes federativos, criou-se uma nova fonte de financiamento e utilizou-se, para tanto, a denominação de "contribuição".

Não por outra razão, alguns estudiosos têm uma postura bastante crítica quanto ao gravame. José Eduardo Soares de Melo observa: "A Emenda Constitucional nº 39, de 19.12.02 (publicada no dia seguinte), introduziu preceito à CF-88 (art. 149-A) dispondo sobre a contribuição para o custeio do serviço de iluminação pública. Entretanto, esta esdrúxula contribuição não se compadece com a sistemática constitucional tributária, porque reveste a fisionomia da malsinada taxa de iluminação pública, com inconstitucionalidade decretada pelo STF [...]" (MELO, 2010, p. 114).

A EC 132/2023, deu nova redação ao dispositivo para autorizar o custeio, a expansão e a melhoria, não apenas dos serviços de iluminação púbica, mas também dos *sistemas de monitoramento para segurança e preservação de logradouros públicos.*

A nova redação tem o objetivo de contornar a jurisprudência do STF que julgou inconstitucionais taxas que visavam à obtenção de receitas para o financiamento dos serviços de limpeza e conservação de praças e logradouros públicos, considerados, pela Corte, serviços públicos universais. De fato, o Tribunal tem jurisprudência consolidade nesse sentido:

> "É inviável a cobrança de taxa quando vinculada não somente a serviço público de natureza específica e divisível, como a coleta de lixo domiciliar, mas também a prestações de caráter universal e indivisível como a limpeza de logradouros públicos, varrição de vias públicas, limpeza de bueiros, de bocas-de-lobo e das galerias de águas pluviais, capina periódica e outros" (STF, Informativo 292/2002).

Vejamos as principais características desse tributo:

- *Competência* – Exclusiva dos Municípios e Distrito Federal. Perceba-se que a União e os Estados não possuem autorização constitucional para a instituição da COSIP;
- *Instituição e aspectos da regra-matriz de incidência* – A instituição da contribuição deve se dar por meio de lei ordinária municipal ou distrital. A lei deve descrever todos os aspectos da regra-matriz de incidência. Nesse sentido, o STF já decidiu que não há quaisquer impedimentos a que a lei: (a) incida sobre o consumo de energia elétrica por parte dos contribuintes, (b) que os sujeitos passivos sejam consumidores de energia elétrica do Município ou DF, em virtude da impossibilidade de se identificar todos os beneficiados pelo serviço e (c) que as alíquotas sejam progressivas (STF, Informativo 540/2009);
- *Submissão a regime jurídico tributário* – De acordo com o art. 149-A, a COSIP deve observar "o disposto no art. 150, I e III". O legislador constituinte reformador fez questão de ressaltar a natureza jurídica tributária de tal contribuição. No que toca ao princípio da anterioridade, vale ressaltar que o tributo deve observar a anterioridade comum e a anterioridade nonagesimal. Obviamente, submete-se aos outros princípios tributários, ainda que não mencionados expressamente, como a vedação do confisco etc.;

- *Cobrança da contribuição* – O parágrafo único estabelece que é facultada a cobrança da contribuição na "fatura de consumo de energia elétrica". Ora, a fatura não se confunde com o lançamento do tributo, que é ato privativo da autoridade administrativa (CTN, art. 142). Trata-se de expediente facilitador da cobrança. É claro que, se o contribuinte opta por não pagar o tributo, a Administração Pública deve efetuar o lançamento de ofício supletivo, nos termos do art. 149 do CTN, para formalizar a cobrança do crédito tributário. Não custa lembrar que se deve garantir ao contribuinte a possibilidade de impugnação administrativa e judicial da cobrança;
- *Vinculação da receita* – A natureza jurídica de contribuição aparece no mandamento constitucional de vinculação da receita obtida com a cobrança do tributo a despesas relacionadas ao custeio, manutenção e melhoria: (a) do serviço de iluminação pública; (b) dos sistemas de monitoramento para segurança e preservação de logradouros públicos.

Finalmente, há alguma dificuldade no que concerne à identificação da natureza jurídica específica da COSIP. Uma vez que o legislador constituinte derivado introduziu a autorização para sua instituição no art. 149, parece claro que não se trata de imposto, taxa, contribuição de melhoria ou empréstimo compulsório.

Seria, então, uma contribuição da mesma espécie daquelas previstas no *caput* do art. 149?

Não se trata, contudo, de contribuição de intervenção no domínio econômico e, tampouco, de interesse das categorias profissionais ou econômicas. Seria uma contribuição social, então? Mas, dentre as áreas sociais elencadas no art. 6.º da Constituição e no Título "Da Ordem Social" não consta o serviço de iluminação pública e tampouco o de manutenção de logradouros públicos.

Seria, então, uma contribuição social destinada ao custeio da seguridade social? Mas não financia as áreas de saúde, previdência ou assistência social. Como classificá-la?

Para Roque Carrazza, a circunstância de estar prevista no art. 149-A parece não ter importância: "Fixadas essas premissas, é o caso de indagarmos: que tipo de tributo é a *contribuição* a que alude o art. 149-A da CF? Segundo estamos convencidos, um *imposto*, já que tem por *materialidade* o fato de uma pessoa, física ou jurídica, estar fixada no local (Município ou Distrito Federal) onde é prestado o serviço de iluminação pública. Trata-se, pois, de um tributo não vinculado a uma atuação estatal" (CARRAZZA, 2011, p. 688).

Ora, imposto certamente não é, pois a Constituição a chama de "contribuição", situou-a no art. 149, que trata das contribuições, e vinculou sua receita a gastos com os serviços de iluminação pública e preservação de logradouros. Os impostos, como sabemos, não podem ter receitas vinculadas (CF, art. 167, IV).

Eduardo Sabbag, a seu turno, aduz: "Por isso, diante da classificação a que devemos nesta obra proceder – não sem esforço –, ficamos instados a rotular a COSIP de 'tributo', associando-a às espécies das 'contribuições', como uma contribuição *sui generis*, sem que se confunda tal contribuição com as três outras, previstas no *caput* do art. 149 da CF: contribuições sociais, corporativas ou interventivas" (SABBAG, 2014, p. 565).

Quando a doutrina diverge sobre determinado assunto, cumpre que conheçamos as decisões jurisprudenciais. Afinal, a ciência do direito tributário não se confunde com seu objeto, o direito tributário. Nesse campo a questão também não anda bem. Em 2009, o STF assentou:

> Entendeu-se que a COSIP constitui um novo tipo de contribuição que refoge aos padrões estabelecidos nos arts. 149 e 195 da CF/1988, ou seja, é uma exação subordinada a disciplina própria (CF/1988, art. 149-A), sujeita, contudo, aos princípios constitucionais tributários, haja vista enquadrar-se inequivocamente no gênero tributo (STF, Informativo 540/2009).

A COSIP seria uma contribuição, mas não estaria enquadrada nas hipóteses do art. 149. Seria uma contribuição *sui generis*, portanto. Ocorre que, se verificarmos outro pronunciamento do STF, veremos que não é bem assim. No julgamento do RE 573.540/MG, em 2010, o Tribunal assentou:

> O art. 149, *caput*, da Constituição atribui à União a competência exclusiva para a instituição de contribuições sociais, de intervenção no domínio econômico e de interesse das categorias profissionais e econômicas. Essa regra contempla duas exceções, contidas no arts. 149, § 1.º, e 149-A da Constituição. À exceção desses dois casos, aos Estados-membros não foi atribuída competência para a instituição de contribuição, seja qual for a sua finalidade (STF, RE 573.540/MG, 2010).

Parece que nesse julgamento a COSIP foi conduzida ao *caput* do art. 149. Teria que enquadrar-se como uma das espécies ali previstas: social, interventiva ou corporativa. Por suas características específicas seria uma contribuição social geral. Mas há a ressalva, já mencionada, de que não há previsão quanto ao serviço de iluminação pública ou manutenção de logradouros públicos no rol do art. 6.º e no Título da Ordem Social.

Poder-se-ia, é verdade, enquadrá-la no conceito geral de "segurança", previsto no art. 6º do texto constitucional. Tanto mais depois da EC 132/2023, que vinculou suas receitas ao custeio, expansão e melhoria do serviço de iluminação pública e de sistemas de monitoramento para *segurança* e preservação de logradouros públicos. Neste caso, ela assumiria a natureza de contribuição social geral.

De toda forma, trata-se de discussão predominantemente acadêmica, na medida em que o STF já reconheceu a constitucionalidade da Emenda Constitucional 39/2002, bem como das leis que instituíram as contribuições nos mais diversos Municípios e Distrito Federal. Para a Corte, portanto, trata-se de *contribuição "sui generis"*.

JURISPRUDÊNCIA DO STF – COBRANÇA DA COSIP NA FATURA DE ENERGIA ELÉTRICA

O STF já se manifestou sobre a instituição e cobrança da COSIP. O Tribunal julgou recurso extraordinário interposto pelo Ministério Público de Santa Catarina contra acórdão do respectivo Tribunal de Justiça que, em ação direta de inconstitucionalidade estadual, declarou a constitucionalidade da Lei Complementar 7/2002, editada pelo Município de São José, que instituiu Contribuição para o Custeio dos Serviços de Iluminação Pública (COSIP). Segundo a argumentação do Ministério Público, "por ser a hipótese de incidência do tributo o consumo de energia elétrica, restringindo o sujeito passivo da obrigação aos respectivos consumidores, haveria ofensa ao princípio da isonomia, uma vez que o serviço de iluminação pública seria prestado indistintamente a todos os cidadãos. Sustentou, ainda, que o fato de um contribuinte consumir mais ou menos energia elétrica não significaria que ele seria mais ou menos beneficiado pela iluminação pública, inexistindo, portanto, relação entre o que a lei chamou de 'níveis individuais de consumo mensal de energia elétrica' e o custo de serviço de iluminação pública". Nesse julgamento algumas questões importantes foram pontudas pelo STF. Vejamos: (1) afirmou-se que, atendidos os demais princípios tributários e os critérios de razoabilidade e proporcionalidade, não haveria inconstitucionalidade em se identificarem os sujeitos passivos da obrigação em função de seu consumo de energia elétrica, tendo sido, inclusive, essa a intenção do constituinte derivado ao criar o novo tributo, conforme relatório da PEC 559/2002; (2) explicou-se que, por ser a iluminação pública um serviço público *uti universi*, isto é, de caráter geral e indivisível, prestado a todos os cidadãos, indistintamente, não seria possível, sob o aspecto material, incluir todos os seus beneficiários no polo passivo da obrigação tributária; (3) aduziu-se, também, que a lei complementar em questão instituiu um sistema progressivo de alíquotas ao estabelecer, em seu art. 2.º, como base de cálculo da contribuição o valor da Tarifa de Iluminação Pública – apurado mensalmente e correspondente ao custo mensal do serviço de iluminação pública, variando as alíquotas conforme a qualidade dos consumidores de energia elétrica e quantidade de seu consumo –, mas o teria feito com respeito aos princípios da isonomia e da capacidade contributiva dos sujeitos passivos; (4) rejeitou-se, por fim, o argumento de que a base de cálculo da COSIP se confundiria com a do ICMS, já que a contribuição em exame não incidiria propriamente sobre o consumo de energia elétrica, mas corresponderia ao rateio do custo do serviço municipal de iluminação pública entre contribuintes selecionados segundo critérios objetivos, pelo legislador local, com amparo na faculdade que lhe conferiu a EC 39/2002 (STF, Informativo 540/2009).

SÚMULAS DO STF E DO STJ:

SÚMULA STF

Súmula vinculantes nº 40 – "A contribuição confederativa de que trata o art. 8º, IV, da Constituição Federal, só é exigível dos filiados ao sindicato respectivo".

SÚMULA STJ

Não há.

SÍNTESE DOS PRINCIPAIS ENTENDIMENTOS JURIPRUDENCIAIS

"A jurisprudência deste Supremo Tribunal Federal consolidou-se no sentido de que é constitucional a instituição de contribuição social de intervenção no domínio econômico destinada ao setor cinematográfico, pois entende pela desnecessidade de vinculação direta entre o contribuinte e a destinação das receitas arrecadas por meio do aludido tributo" (STF, RE 700.160 AgR/RJ, 2014).

"A CF/1988 não proíbe a coincidência da base de cálculo da contribuição com a base de cálculo de imposto já existente. Considerou-se que a remissão contida na parte final do art. 195, § 4.º da CF/1988 restringe-se à necessidade de lei complementar para a criação de novas contribuições" (STF, Informativo 125/1998).

"As contribuições, inclusive as previdenciárias, têm natureza tributária e se submetem ao regime jurídico-tributário previsto na Constituição. Interpretação do art. 149 da CF de 1988" (RE 556.664).

22

CÓDIGO TRIBUTÁRIO NACIONAL

22.1 FUNDAMENTO CONSTITUCIONAL E NATUREZA JURÍDICA DO CTN

Nos primeiros capítulos deste *Curso*, estudamos as normas tributárias positivadas na Constituição Federal. Vimos os princípios, as imunidades, as regras positivas e negativas de competência, o âmbito constitucional das espécies tributárias etc. Por vezes foi necessário descer ao Código Tributário Nacional. Isso ocorreu sempre de maneira complementar, com o objetivo de tornar a compreensão do direito constitucional tributário a mais completa possível.

A partir deste momento, devemos alterar o objeto de nossa análise. Pesquisaremos o chamado direito tributário infraconstitucional, isto é, o conjunto de normas tributárias situadas hierarquicamente abaixo da Constituição. O objeto de nosso estudo será propriamente o Código Tributário Nacional, pois se trata da lei que veicula as normas gerais em matéria tributária. Certamente retornaremos ao texto constitucional. Esse retorno, no entanto, será sempre circunstancial, tendo como objetivo alinhar a interpretação do CTN às normas da Constituição.

O CTN foi aprovado como lei ordinária em outubro de 1966. Seu fundamento de validade formal era a Constituição de 1946, que não representava mais típico exercício de poder constituinte originário, afastada que foi, em boa parte, pelo Ato Institucional nº 01, de 1964.

A Constituição democrática de 1946 não durou muito nas mãos dos militares. Logo foi substituída pela Carta de 1967. Ocorre que mesmo esta foi rapidamente afastada pela Emenda Constitucional nº 01, de 1969. Tal Emenda foi imposta pela Junta Militar com fundamento no Ato Institucional nº 05, de 1968, que determinou o fechamento do Congresso Nacional e a suspensão dos direitos políticos dos brasileiros. Trata-se de uma das páginas mais lamentáveis da recente história brasileira. Em 1988, felizmente, foi promulgada a Constituição "cidadã", aprovada por Assembleia Constituinte eleita pelo voto direto dos cidadãos brasileiros.

Assim, é preciso averiguar as modificações no fundamento de validade do CTN, à luz da Constituição de 1946, da Carta de 1967, da EC nº 01/1969 e, finalmente, da Constituição de 1988. Apenas depois poderemos assinalar sua natureza jurídica. Vejamos:

- *Constituição de 1946* – A Constituição de 1946 não previa um Sistema Tributário Nacional, pelo menos não de maneira explícita. O texto constitucional distribuiu os tributos entre os entes federativos, em especial os impostos, e fixou direitos e garantias aos contribuintes. Mas não havia, na Constituição, a preocupação com uma organização racional da atividade tributária. Nesse sentido, seu artigo 5º, inciso XV, alínea *b*, estabelecia apenas que a União deveria legislar sobre "normas gerais de direito financeiro". O desenho de um Sistema Tributário Nacional melhor organizado viria apenas com Emenda Constitucional nº 18, de 1965, adotada pouco mais de um ano após o Golpe de Estado. A EC 18/65 funcionou, basicamente, como texto substituto da Constituição de 1946, pois disciplinou de modo amplo e abrangente o Sistema Tributário Nacional. Não seria exagero afirmar que ela funda os alicerces, inclusive, do sistema que chegou até nós através da Constituição de 1988. Finalmente, vale mencionar que o texto constitucional não mencionava uma lei tributária de normas gerais e tampouco previa a existência da lei complementar;
- *Constituição de 1967* – A EC 18/65 não teria vida longa. Em março de 1967 era outorgada a Constituição de 1967, da lavra dos militares golpistas. Para se ter ideia do tom autoritário da Carta, o art. 173 dispunha: "Art. 173 – Ficam aprovados e excluídos de apreciação judicial os atos praticados pelo Comando Supremo da Revolução de 31 de março de 1964 (...)". Do ponto de vista tributário, o texto constitucional manteve a linha da racionalização adotada pela EC 18/65, aprofundando-a. Nesse sentido, além de explicitar a disciplina do Sistema Tributário (capítulo V), passou a exigir a elaboração, pela União, de uma norma geral em matéria tributária, cujo objetivo era uniformizar e padronizar, dentro do possível, a atividade de tributação. De fato, O artigo 19, § 1º, determinava: "Lei complementar estabelecerá normas gerais de direito tributário, disporá sobre os conflitos de competência tributária entre a União, os Estados, o Distrito Federal e os Municípios, e regulará as limitações constitucionais do poder tributário". Um problema despontava desde logo: o CTN havia sido aprovado como lei ordinária, haja vista que, sob o regime constitucional de 1946, não havia a previsão de leis complementares. A nova Carta, contudo, passava a exigir lei complementar para disciplinar as matérias constantes do CTN. Perderia o Código sua validade?;
- *Emenda Constitucional nº 01, de 1969* – A Carta de 1967 também durou pouco. Em 1969, como resultado da adoção do Ato Institucional nº 05, de 13 de dezembro de 1968, aprovou-se uma Emenda à Constituição de 1967 que, na prática, funcionou como um nova Constituição. A EC 01/69 alterou parte substancial da Constituição de 1967. O artigo 18, § 1º, contudo,

manteve prescrição quase idêntica à do art. 19, § 1, da Carta anterior, nos seguintes termos: "Lei complementar estabelecerá normas gerais de direito tributário, disporá sobre os conflitos de competência nesta matéria entre a União, os Estados, o Distrito Federal e os Municípios, e regulará as limitações constitucionais do poder de tributar". Portanto, o problema persistia: considerando que o CTN havia sido aprovado como lei ordinária e a EC nº 01/1969 passava a exigir lei complementar para disciplinar as matérias por ele tratadas, o Código permaneceria válido?

- Para solucionar a questão, doutrina e jurisprudência recorreram à famosa teoria da recepção. De acordo com esta, o advento de uma nova Constituição ocasiona, como regra, tão somente o afastamento da Constituição anterior e de algumas leis políticas explicitamente ligadas ao regime anterior. As outras leis que formam o ordenamento jurídico, *desde que não contrariem a nova Constituição*, são recepcionadas explícita ou implicitamente, quer dizer, têm seu fundamento de validade alterado e permanecem de maneira legítima dentro do sistema, desde que seu *conteúdo* não contrarie o novo texto constitucional. Nesse sentido, se o conteúdo do CTN não afrontasse a Constituição de 1967 e a EC nº 01/1969 ele poderia ser recepcionado pelos textos constitucionais. Mesmo nesse caso, contudo, o problema ainda persistia, porque tanto a Constituição de 1967, quanto a Emenda nº 01, de 1969, exigiam lei complementar para disciplinar as matérias constantes no CTN. Ocorre que, como dito, ele foi aprovado como lei ordinária. Havia uma incompatibilidade de *forma*. Como solucionar a questão? Ora, de acordo com a teoria da recepção a forma não é importante, apenas o conteúdo. No caso do CTN, então, a solução foi ainda mais simples. Como foi criado pela própria ditadura militar, com fundamento na EC 18/65, havia plena compatibilidade de conteúdo com a Constituição de 1967 e com a EC 01/1969. Como a forma é irrelevante para a teoria da recepção, conclui-se que o CTN foi plenamente recepcionado pela Constituição e pela respectiva Emenda;

- *Constituição de 1988* – No dia 05 de outubro de 1988 foi promulgada a nova Constituição da República Federativa do Brasil. Estava superado, ao menos juridicamente, o lamentável período de ditadura. A promulgação da nova Constituição resgatava o problema de saber se a legislação anterior, isto é, a legislação recepcionada ou elaborada sob a égide da Constituição anterior permanecia válida à luz do novo texto constitucional. Tratava-se de renovar o debate sobre a teoria da recepção. No que toca às questões tributárias, entretanto, a Constituição de 1988 facilitou a solução do problema, pois trouxe um dispositivo que implica recepção explícita da legislação anterior que fosse com ela compatível. O artigo 34, § 5º, do Ato das Disposições Constitucionais Transitórias (ADCT) estabelece:

> **ADCT, art. 34.** O sistema tributário nacional entrará em vigor a partir do primeiro dia do quinto mês seguinte ao da promulgação da Constituição, mantido, até então, o da Constituição de 1967, com a redação dada pela Emenda nº 1, de 1969, e pelas posteriores.
>
> [...]
>
> § 5º. Vigente o novo sistema tributário nacional, fica assegurada a aplicação da legislação anterior, no que não seja incompatível com ele e com a legislação referida nos § 3º e § 4º.

Em outras palavras, todo o conjunto normativo tributário que, do ponto de vista de seu *conteúdo*, estivesse de acordo com a Constituição de 1988, estava explicitamente recepcionado. O CTN, como vimos, foi elaborado em época ditatorial. Estaria seu conteúdo de acordo com a nova Constituição? Doutrina e jurisprudência concordaram que, como regra, sim. A maior parte dos dispositivos do CTN, especialmente aqueles que tratam das normas gerais em matéria de legislação tributária, estava de acordo com o texto de 1988. Obviamente, alguns artigos contrariavam a Constituição democrática, razão pela qual, pouco a pouco, o Poder Judiciário poderia declarar sua revogação por ausência de recepção. Dessa forma, o CTN foi recepcionado pela Constituição de 1988, salvo alguns dispositivos esparsos;

À luz deste cenário, estamos preparados para averiguar a natureza jurídica do CTN. No entanto, o problema enfrentado no caso da Constituição de 1967 e EC nº 01/69 retorna, pois o fundamento de validade do CTN é o artigo 146 do texto constitucional, que também exige lei complementar para tratar das matérias contidas no Código.

Já vimos que, de acordo com a teoria da recepção, importa apenas o *conteúdo* da legislação anterior. Se este for compatível com a nova Constituição, a recepção ocorre, sendo irrelevante a *forma*.

Ocorre que o aspecto formal assume certa relevância, quando há elevação de status. Quer dizer, na medida em que lei complementar exige um quórum de aprovação mais amplo do que aquele exigido pela lei ordinária, pode-se afirmar que o conjunto de matérias reservadas à lei complementar tem status mais importante do que as matérias que estão ao alcance de simples lei ordinária.

O CTN foi aprovado como lei ordinária. Esta, por sua vez, exige quórum de aprovação de maioria simples. "Maioria simples" significa, nos termos da Constituição de 1988, o número imediatamente superior à metade dos deputados ou senadores, *presentes na sessão de votação*. A lei complementar, contudo, exige *maioria absoluta* para a sua aprovação, nos termos do artigo 69 do texto constitucional. "Maioria absoluta" significa o número imediatamente superior à metade dos *membros que compõem* a Câmara dos Deputados ou o Senado Federal, e não simplesmente daqueles que estão presentes na sessão de votação.

Percebe-se, desde logo, que a lei complementar exige um quórum de aprovação mais elevado do que a lei ordinária. Pode-se pressupor, logo, que as matérias submetidas à lei complementar são mais importantes do que aquelas que estão sob domínio de simples lei ordinária. Não queremos, com isso, dizer que existe hierarquia entre lei complementar e lei ordinária. Não há. De acordo com o STF, pode-se afirmar:

> [...] a inexistência de hierarquia constitucional entre lei complementar e lei ordinária, espécies normativas formalmente distintas exclusivamente tendo em vista a matéria eventualmente reservada à primeira pela própria CF (STF, Informativo 459/2007).

O que existe é uma hierarquia de *valor*, mas não de *validade*. As matérias reservadas à lei complementar são mais importantes do que as matérias deixadas às leis ordinárias. Mas isto não significa que as últimas busquem fundamento de validade nas primeiras. Antes, pelo contrário, buscam-no (o fundamento de validade) diretamente na Constituição Federal.

Mas, afinal, qual é a natureza jurídica do CTN? Foi aprovado como lei ordinária, mas trata de matérias reservadas à lei complementar. Como proceder?

Pois bem, o CTN foi recepcionado como lei ordinária, porém, *materialmente*, assume o status de lei complementar. Em outras palavras, houve elevação de status do Código Tributário Nacional na medida em que, muito embora ainda seja lei ordinária, versa sobre matérias reservadas à lei complementar.

Qual é o efeito prático dessa elevação de status? O CTN apenas pode ser alterado por lei complementar. Muito embora continue sendo lei ordinária, a alteração de seu texto apenas é possível por quórum de maioria absoluta. Pode-se afirmar, então, que o CTN é formalmente lei ordinária; porém, materialmente, lei complementar.

Esta é a lição de Hugo de Brito Machado, que reputamos a mais adequada: O Código Tributário Nacional é uma lei ordinária. Como tal foi aprovado pelo Congresso Nacional, até porque na vigência da Constituição de 1946 não existia a lei complementar como espécie legislativa formalmente qualificada. Na verdade, o Código Tributário Nacional segue sendo uma lei ordinária. Não ganhou natureza de lei complementar como alguns afirmam. Ocorre que nos termos da vigente Constituição Federal certas matérias somente por lei complementar podem ser tratadas [...] Como o Código Tributário Nacional cuida de matérias incluídas nessa reserva de lei complementar, matérias que somente por lei complementar podem ser tratadas, certamente nesses pontos só por lei complementar pode ser alterado (MACHADO, 2003, p. 36, 37).

APROFUNDANDO! BREVE NOTÍCIA HISTÓRICA DO CÓDIGO TRIBUTÁRIO NACIONAL

Em outubro de 1966 foi publicada a Lei ordinária nº 5.172, cujo objetivo era disciplinar o Sistema Tributário Nacional e instituir normas gerais em matéria de direito tributário aplicáveis à União, Estados, Distrito Federal e Municípios. É preciso recordar, contudo, que em 1966 o Brasil estava sob o domínio da ditadura militar, inaugurada com o golpe contra as instituições democráticas, perpetrado no dia 1º de abril de 1964. O Ato Institucional nº 01, adotado no dia 09 de abril daquele ano, representou verdadeiro exercício de poder constituinte originário, na medida em que afastou parte substancial da Constituição democrática de 1946. Aliás, não era outra a justificativa adotada pelos militares. O preâmbulo do referido Ato dizia: "Assim, a revolução vitoriosa, como poder constituinte, se legitima por si mesma. Ela destitui o governo anterior e tem a capacidade de constituir o novo governo. Nela se contém a força normativa, inerente ao poder constituinte. Ela edita normas jurídicas sem que nisto seja limitada pela normatividade anterior à sua vitória". Para demonstrar que não eram "radicais", os militares houveram por bem "manter" a Constituição de 1946, exceto no que dispunha sobre os poderes do Presidente da República. De acordo com o artigo 1º, ficavam "mantidas a Constituição de 1946 e as Constituições estaduais e respectivas Emendas, com as modificações constantes deste Ato". Também o Congresso Nacional foi preservado, mas deixavam claro que "a revolução não procura legitimar-se através do Congresso. Este é que recebe deste Ato Institucional, resultante do exercício do poder constituinte, inerente a todas as revoluções, a sua legitimação" (Preâmbulo do Ato Institucional nº 01). Pode-se afirmar, então, que a Constituição de 1946 não representava mais típico exercício do poder constituinte originário. O Ato Institucional nº 01 tomou para si a manifestação deste poder e submeteu a própria Constituição, que passou, a partir de então, a fundar sua validade no ato ditatorial. A Lei ordinária nº 5.172, como dissemos, foi publicada em 1966. Estava, portanto, sob a égide da Constituição de 1946, mas apenas em termos formais. Esta, por sua vez, não se ocupou de estruturar explicitamente um Sistema Tributário para o país. Apenas determinava, no artigo 5º, inciso XV, alínea "b", que competia à União legislar sobre "normas gerais de direito financeiro". Como vimos no capítulo 01 deste *Curso*, o direito tributário, na primeira metade do século XX, não passava de um "subdomínio" do direito financeiro. Em dezembro de 1965, contudo, aprovou-se a Emenda Constitucional nº 18, cujo objetivo era justamente o de explicitar um Sistema Tributário Nacional dotado de racionalidade. A emenda procurou enumerar alguns princípios e imunidades, mas, sobretudo, desenhar com maior detalhe as competências tributárias dos entes federativos. Com fundamento nesta Emenda e no artigo 5º, inciso XV, alínea "b", da Constituição de 1946, o Congresso Nacional aprovou a Lei ordinária nº 5.172, de 25 de outubro de 1966 com o intuito de regular o Sistema Tributário Nacional e estabelecer normas gerais de direito tributário aplicáveis à União, aos Estados, ao Distrito Federal e aos Municípios. A Lei foi publicada em 27 de outubro do mesmo ano, sendo certo que sua vigência teve início em 1º de janeiro de 1967, nos termos de seu artigo 218. Em 14 de março de 1967, o Ato Complementar nº 36, com fundamento na Emenda Constitucional nº 18, de 1965, dispôs em seu artigo 7º: "A Lei nº 5.172, de 25 de outubro de 1966, e alterações posteriores passa a denominar-se 'Código Tributário Nacional'". Em breve relato, esta é a triste história do CTN. Muito embora aprovado como lei ordinária pelo Congresso Nacional, é fruto de um regime de exceção, em que o Poder Legislativo atuava sob o domínio dos militares. Além do mais, seu fundamento de validade na Constituição de 1946 era apenas formal, na medida em que, substancialmente, os Atos Institucionais nº 01 e 02 sustentavam sua validade. Um Código que, infelizmente, nasceu pelas mãos e foi todo ele fruto de um regime ditatorial e antidemocrático.

22.2 O ARTIGO 146 DA CONSTITUIÇÃO FEDERAL

ATENÇÃO! Reforma tributária!

O artigo 146 da Constituição Federal é de suma importância porque estabelece *reserva material de lei complementar*. Isso significa que o legislador constituinte houve por bem reservar certas matérias à aprovação do Congresso Nacional por quórum especial, de maioria absoluta (CF/1988, art. 69). Além do mais, o dispositivo foi objeto de várias alterações provenientes da Emenda Constitucional nº 132, de 2023, que veiculou a chamada reforma tributária. Vejamos:

> **CF, art. 146.** Cabe à lei complementar:
>
> I – dispor sobre conflitos de competência, em matéria tributária, entre a União, os Estados, o Distrito Federal e os Municípios;
>
> II – regular as limitações constitucionais ao poder de tributar;
>
> III – estabelecer normas gerais em matéria de legislação tributária, especialmente sobre:
>
> a) definição de tributos e de suas espécies, bem como, em relação aos impostos discriminados nesta Constituição, a dos respectivos fatos geradores, bases de cálculo e contribuintes;
>
> b) obrigação, lançamento, crédito, prescrição e decadência tributários;
>
> c) adequado tratamento tributário ao ato cooperativo praticado pelas sociedades cooperativas, inclusive em relação aos tributos previstos nos arts. 156-A e 195, V; (Redação dada pela Emenda Constitucional nº 132, de 2023)
>
> d) definição de tratamento diferenciado e favorecido para as microempresas e para as empresas de pequeno porte, inclusive regimes especiais ou simplificados no caso dos impostos previstos nos arts. 155, II, e 156-A, das contribuições sociais previstas no art. 195, I e V, e § 12 e da contribuição a que se refere o art. 239. (Redação dada pela Emenda Constitucional nº 132, de 2023)
>
> § 1º A lei complementar de que trata o inciso III, d, também poderá instituir um regime único de arrecadação dos impostos e contribuições da União, dos Estados, do Distrito Federal e dos Municípios, observado que: (Incluído pela Emenda Constitucional nº 132, de 2023)
>
> I – será opcional para o contribuinte; (Incluído pela Emenda Constitucional nº 132, de 2023)
>
> II – poderão ser estabelecidas condições de enquadramento diferenciadas por Estado; (Incluído pela Emenda Constitucional nº 132, de 2023)
>
> III – o recolhimento será unificado e centralizado e a distribuição da parcela de recursos pertencentes aos respectivos entes federados será imediata, vedada qualquer retenção ou condicionamento; (Incluído pela Emenda Constitucional nº 132, de 2023)
>
> IV – a arrecadação, a fiscalização e a cobrança poderão ser compartilhadas pelos entes federados, adotado cadastro nacional único de contribuintes. (Incluído pela Emenda Constitucional nº 132, de 2023)
>
> § 2º É facultado ao optante pelo regime único de que trata o § 1º apurar e recolher os tributos previstos nos arts. 156-A e 195, V, nos termos estabelecidos nesses artigos, hipótese em que as parcelas a eles relativas não serão cobradas pelo regime único. (Incluído pela Emenda Constitucional nº 132, de 2023)
>
> § 3º Na hipótese de o recolhimento dos tributos previstos nos arts. 156-A e 195, V, ser realizado por meio do regime único de que trata o § 1º, enquanto perdurar a opção: (Incluído pela Emenda Constitucional nº 132, de 2023)
>
> I – não será permitida a apropriação de créditos dos tributos previstos nos arts. 156-A e 195, V, pelo contribuinte optante pelo regime único; e (Incluído pela Emenda Constitucional nº 132, de 2023)
>
> II – será permitida a apropriação de créditos dos tributos previstos nos arts. 156-A e 195, V, pelo adquirente não optante pelo regime único de que trata o § 1º de bens materiais ou imateriais, inclusive direitos, e de serviços do optante, em montante equivalente ao cobrado por meio do regime único. (Incluído pela Emenda Constitucional nº 132, de 2023).

O dispositivo é importante, ainda, porque certas matérias relativas ao direito tributário, situadas topograficamente em outros títulos ou capítulos da Constituição, no contexto dos quais não há menção à lei complementar, também estão sob tal reserva por força atrativa do artigo 146.

Assim, por exemplo, o art. 150, VI, *c*, que assegura imunidade de impostos a partidos políticos e suas fundações, entidades sindicais dos trabalhadores e instituições de educação e assistencial social sem fins lucrativos, exige que se cumpram os requisitos estabelecidos em lei. Nada obstante, não especifica que "lei" é esta. Como o dispositivo silencia, poder-se-ia pressupor que se trata de lei ordinária. Trata-se, no entanto, de lei complementar, em razão da força atrativa do art. 146, II, da Constituição.

A) Conflitos de competência

De acordo com o artigo 146, I, da CF/1988, cabe à lei complementar "dispor sobre conflitos de competência, em matéria tributária, entre a União, os Estados, o Distrito Federal e os Municípios".

O que seria, contudo, um conflito de competência? Ora, a resposta deve partir da compreensão de que o Estado brasileiro é uma República federativa e não um Estado unitário. Fosse unitário, composto por apenas um polo produtor de normas político-jurídicas e administrativas, então não haveria que se cogitar de conflitos de competência.

A República Federativa do Brasil é composta por quatro pessoas políticas de direito público interno: União, Estados-Federados, Distrito Federal e Municípios. Todas são *autônomos* porque receberam diretamente do texto constitucional suas competências legislativas, administrativas, financeiras e tributárias. A distribuição rígida e discriminada da competência tributária é, por assim dizer, o "coração" do princípio federativo, uma vez que é o que assegura a autonomia financeira e, portanto, prática, dos entes federativos.

Pois bem, é possível que, no momento em que tais entes exerçam suas competências tributárias, isto é, legislem para criar os tributos, haja a "invasão" do campo de competência de outro. Em outras palavras, é possível que na lei por meio da qual se institui determinado tributo, haja a presença de certo elemento que, de acordo com a Constituição, ficou reservado à competência de outro ente federado.

Vejamos um exemplo: a União recebeu da Constituição Federal a competência para instituir e cobrar o imposto sobre a propriedade territorial rural (ITR), nos termos do artigo 153, VI. Os Municípios e o Distrito Federal, por sua vez, receberam do texto constitucional a competência para instituir e cobrar o imposto sobre a propriedade predial e territorial urbana (IPTU), de acordo com o artigo 156, I.

Pois bem, quais são os critérios a partir dos quais determinado imóvel deve ser considerado rural ou urbano para fins de incidência de ITR ou IPTU?

O leitor ou a leitora percebe que, na ausência dessa definição, estão abertas as portas para que os Municípios, por exemplo, efetuem a cobrança de IPTU sobre a propriedade de imóvel rural, nas hipóteses em que haja dúvida quanto ao exato enquadramento deste. Por outro lado, haveria também a possibilidade de a União cobrar ITR de imóveis situados na zona urbana.

Por isso, a Constituição determina que lei complementar se antecipe a esses possíveis problemas. Cabe ao legislador complementar prever, até certo ponto, as possíveis invasões de competência e adiantar-se a eventuais conflitos. Essa função preventiva está ligada claramente ao princípio da segurança jurídica.

A propósito, há um dispositivo no CTN que cumpre exatamente essa função. O artigo 32, § 1º, que trata do IPTU, estabelece:

> **CTN, art. 32**. [...]
>
> § 1º Para os efeitos deste imposto, entende-se como zona urbana a definida em lei municipal; observado o requisito mínimo da existência de melhoramentos indicados em pelo menos 2 (dois) dos incisos seguintes, construídos ou mantidos pelo Poder Público:
>
> I – meio-fio ou calçamento, com canalização de águas pluviais;
>
> II – abastecimento de água;
>
> III – sistema de esgotos sanitários;
>
> IV – rede de iluminação pública, com ou sem posteamento para distribuição domiciliar;
>
> V – escola primária ou posto de saúde a uma distância máxima de 3 (três) quilômetros do imóvel considerado.

Note-se que o CTN se antecipa a eventual conflito de competência entre União e Municípios e determina, desde logo, o que se deve entender por zona urbana. É claro que é inviável prever todos os possíveis conflitos. Aqueles que não estiverem regulados pela lei complementar devem ser resolvidos, pontualmente, pelo Poder Judiciário. Nesse caso, o STF cumpre papel de absoluta importância, na medida em que deve resolver, na prática, as competências tributárias de cada ente federativo.

B) Limitações constitucionais ao poder de tributar

De acordo com o artigo 146, II, da Constituição, cabe à lei complementar "regular as limitações constitucionais ao poder de tributar". Pois bem, o que é uma limitação constitucional ao poder de tributar?

Sabemos que a República Federativa do Brasil é um Estado Democrático de Direito. E mais, de acordo com doutrina autorizada, o Brasil é um Estado Constitucional de Direito. Isso significa que o poder do Estado submete-se inteiramente à Constituição.

Em outras palavras, os governantes apenas estão autorizados a agir dentro dos estritos limites impostos pela Constituição Federal. É claro que existe todo um ordenamento jurídico infraconstitucional. Este, contudo, deve observar, rigorosamente, em termos formais e materiais, o disposto na Constituição.

Nesse sentido, o próprio texto constitucional estabelece *limitações* ao poder de tributar. Vale dizer, há uma série de dispositivos que têm como objetivo disciplinar, delimitar, o poder que os entes federativos têm de tributar. Tais dispositivos encontram-se, principalmente, entre os artigos 150 e 152.

As limitações constitucionais ao poder de tributar estabelecem os parâmetros por meio dos quais os entes federativos estão autorizados a instituir seus tributos. Regulá-las é uma tarefa importante porque implica:

- Estabelecer limites ao exercício da competência tributária;
- Fixar os contornos dos direitos subjetivos dos contribuintes e responsáveis de não serem tributados em certas situações.

O legislador complementar, dessa forma, atua como mediador destes dois interesses, geralmente contrapostos: o interesse do Poder Público de tributar, de um lado, e o interesse dos particulares de não serem tributados, de outro. A lei complementar deve *ponderar* tais interesses, de maneira que não exclua qualquer dos dois. O papel do legislador é importante, uma vez que deve conciliar interesses opostos, tendo como pano de fundo os princípios da razoabilidade e proporcionalidade.

O artigo 14 do CTN é exemplo de dispositivo que cumpre o papel determinado pelo artigo 146, II, da CF/1988. Estabelece os requisitos a serem cumpridos pelas entidades mencionadas no artigo 150, VI, *c*, do texto constitucional, para que gozem de imunidade genérica de impostos:

> **CTN, art. 14.** O disposto na alínea *c* do inciso IV do artigo 9º é subordinado à observância dos seguintes requisitos pelas entidades nele referidas:
>
> I – não distribuírem qualquer parcela de seu patrimônio ou de suas rendas, a qualquer título; (Redação dada pela Lei Complementar nº 104, de 2001)
>
> II – aplicarem integralmente, no País, os seus recursos na manutenção dos seus objetivos institucionais;
>
> III – manterem escrituração de suas receitas e despesas em livros revestidos de formalidades capazes de assegurar sua exatidão.
>
> § 1º Na falta de cumprimento do disposto neste artigo, ou no § 1º do artigo 9º, a autoridade competente pode suspender a aplicação do benefício.
>
> § 2º Os serviços a que se refere a alínea c do inciso IV do artigo 9º são exclusivamente, os diretamente relacionados com os objetivos institucionais das entidades de que trata este artigo, previstos nos respectivos estatutos ou atos constitutivos.

Ora, imunidades são normas constitucionais negativas de competência tributária. Logo, são limitações *constitucionais* ao poder de tributar. Por isso, a disciplina de sua regulação deve se dar por lei complementar. Outro exemplo: se o legislador federal resolver disciplinar o disposto no artigo 150, IV, da CF/1988, estabelecendo o conceito de confisco, esta definição apenas poderá ser veiculada por lei complementar. E isso porque, nesse caso, o legislador regulará uma limitação constitucional ao poder de tributar, isto é, um princípio constitucional tributário.

C) Normas gerais em matéria de legislação tributária

De acordo com o artigo 146, III, da CF/1988, cabe à lei complementar "estabelecer normas gerais em matéria de legislação tributária, especialmente sobre (...)". O que são, no entanto, *normas gerais*? Eis um dos conceitos mais problemáticos no âmbito da doutrina de direito tributário.

Se consultarmos o dicionário encontraremos a seguinte definição sobre o vocábulo "geral": "Comum à maior parte ou à totalidade de um grupo de pessoas, de coisas; que abrange ou compreende um todo; total" (AURÉLIO, 2009, p. 978).

Num primeiro momento, pode-se afirmar que normas gerais são normas que abrangem ou compreendem o todo; totais. No entanto, o que isso significa em termos mais precisos? Ora, significa que as normas gerais em matéria de legislação tributária devem alcançar os quatro entes federativos, vinculando igualmente a União, Estados, Distrito Federal e Municípios. Além do mais, devem tratar de matérias de interesse comum aos quatro entes federativos. Prescrevem condutas uniformes que devem ser observadas igualmente pelos legisladores da União, Estados, Distrito Federal e Municípios.

Assim, compreende-se que normas gerais não descem a particularidades ou especificidades; não tratam de assuntos específicos de interesses singulares de cada ente federativo. Pelo contrário, tratam de assuntos gerais, de interesse comum das quatro pessoas políticas de direito público interno.

Nesse sentido, Roque Carrazza explica: "Ora, normas gerais são justamente as que valem para todas as pessoas políticas, aí incluída a própria União. Nunca normas peculiares, que só valham para os Estados, os Municípios ou o Distrito Federal. Estabelecer normas gerais é apontar as diretrizes, os lineamentos básicos; é operar por sínteses, indicando e resumindo. Nunca descendo a assuntos de economia interna, do peculiar interesse das pessoas políticas" (CARRAZZA, 2011, p. 998).

Sacha Calmon Navarro Coêlho, por sua vez, esclarece: "As normas gerais de Direito Tributário veiculadas pelas leis complementares são eficazes em todo o território nacional, acompanhando o âmbito de validade espacial destas e se endereçam aos legisladores das três ordens de governo da Federação, em verdade, seus destinatários. A norma geral articula o sistema tributário da Constituição às legislações fiscais das pessoas políticas (ordens jurídicas parciais). São normas sobre como fazer normas em sede de tributação" (COÊLHO, 2011, p. 96). Explicitemos o conteúdo da lição do autor:

- *Eficácia em todo o território nacional* – As normas gerais são criadas pela União e são, como regra, veiculadas por lei complementar. Não são, contudo, leis *federais*, mas sim leis *nacionais*. Como veremos logo mais, as leis *nacionais*, muito embora editadas pela União, representam, na verdade, o interesse comum dos quatro entes federativos e não apenas o interesse singular da daquele ente. Por isso, valem em todo o território nacional e devem ser respeitadas pelas quatro pessoas políticas de direito público interno, inclusive pela própria União;
- *Endereçada aos legisladores dos quatro entes federativos* – De fato, a lei de normas gerais destina-se *imediatamente* aos legisladores dos quatro entes federativos. O conteúdo fixado na lei complementar deve ser reproduzido pelos legisladores federal, estaduais, distrital e municipais quando forem tratar dos respectivos temas;
- *Alcançam indiretamente os sujeitos passivos tributários* – Ao contrário da norma que cria o tributo, isto é, que descreve a regra-matriz de incidência e que se dirige imediatamente às pessoas naturais e jurídicas que estão aptas à prática do fato gerador, as normas gerais destinam-se imediatamente ao legislador dos entes federativos; logo, apenas *mediatamente* aos contribuintes e responsáveis tributários;

Como se vê, a lei complementar de normas gerais em matéria tributária tem caráter genérico e universal e fixa os parâmetros endereçados imediatamente aos quatro entes federativos, sendo certo que goza de eficácia em todo o território nacional. Percebe-se, ademais, que a Constituição fixou, no próprio artigo 146, III, alguns *conteúdos* que devem constar obrigatoriamente na sobredita lei:

- *Definição de tributos e suas espécies* – De acordo com o artigo 146, III, *a*, da CF/1988, cabe à lei complementar estabelecer normas gerais em matéria de legislação tributária, especialmente sobre a "definição de tributos e de suas espécies, bem como, em relação aos impostos discriminados nesta Constituição, a dos respectivos fatos geradores, bases de cálculo e contribuintes". O dispositivo abriga duas normas, a saber:

  - *Conceito de tributo e suas espécies* – A Constituição determina que a lei complementar de normas gerais defina tributo e suas espécies. Isso é importante para uniformizar e padronizar a atividade de tributação. O que seria da segurança jurídica se cada Município contasse com sua própria definição de tributo? Dessa forma, o CTN o define em seu artigo 3º. Além do mais, cabe à lei complementar definir as espécies de tributos, o que também é uma exigência de uniformização e padronização. O CTN, assim, define o que se deve compreender por imposto em seu artigo 16; o que se entende por taxa, em seu artigo 77; e o que se deve compreender por contribuição de melhoria em seu artigo 81;
  - *Apenas quanto a impostos, definição do fato gerador, da base de cálculo e dos contribuintes* – Trata-se de norma específica endereçada aos impostos discriminados na Constituição (arts. 153, 155, 156 e 156-A). A lei complementar deve desenhar seus possíveis fatos geradores (aspecto material da regra-matriz de incidência), bases de cálculo e contribuintes. Por que essa determinação vale para os impostos e não para taxas e contribuições de melhoria? Porque a competência para a instituição de impostos é privativa, enquanto a competência para a instituição de taxas e contribuições de melhoria é comum. Isso significa que os primeiros foram nomeados pela Constituição de acordo com suas respectivas materialidades e distribuídos com exclusividade a cada ente federativo. Taxas e contribuições de melhoria, por outro lado, não foram previamente nomeadas porque a instituição destas depende da competência administrativa de cada ente para a prestação de certo serviço público, execução de poder de polícia ou construção de obra pública. A Constituição teria de elencar uma série infindável de competências administrativas para, apenas depois, nomear as taxas e contribuições de melhoria e distribuí-las a cada ente;

- *Obrigação, lançamento, crédito, prescrição e decadência* – De acordo com o artigo 146, III, *b*, da CF/1988, a lei complementar de normas gerais deve disciplinar também a "obrigação, lançamento, crédito, prescrição e decadência tributários". Esses elementos são importantes porque configuram a estrutura normativa da relação jurídica tributária e não podem ficar à mercê das particularidades dos entes federativos. Um ponto interessante consiste em saber se esta lista é taxativa ou exemplificativa. Há certa divergência doutrinária, mas não parece fora de propósito afirmar que prevalece o último ponto de vista. Quer dizer, a lista é meramente exemplificativa, sendo certo que a lei complementar de normas gerais pode tratar de outros assuntos considerados importantes para a uniformização e padronização da tributação. Vale mencionar, ainda, entendimento sumulado pelo STF no sentido de que matérias relacionadas à prescrição e decadência tributária não podem ser disciplinadas por lei ordinária, justamente em razão da reserva de lei complementar estabelecida pelo art. 146, III, *b*, da CF/1988:

> ***Súmula vinculante nº 08.*** São inconstitucionais o parágrafo único do artigo 5º do Decreto-Lei nº 1.569/1977 e os artigos 45 e 46 da Lei nº 8.212/91, que tratam de prescrição e decadência de crédito tributário.

ATENÇÃO! Reforma tributária!

- *Adequado tratamento ao ato cooperativo* – De acordo com o artigo 146, III, *c*, da CF/1988, cabe à lei complementar estabelecer normas gerais em matéria de legislação tributária, especialmente sobre "adequado tratamento tributário ao ato cooperativo praticado pelas sociedades cooperativas, inclusive em relação aos tributos previstos nos arts. 156-A e 195, V". O dispositivo teve nova redação dada pela Emenda Constitucional nº 132, de 2023, que veiculou a chamada reforma tributária, para destacar que o adequado tratamento tributário ao ato cooperativo deve alcançar, obrigatoriamente, o imposto sobre bens e serviços – IBS (CF, art. 156-A) e a contribuição social sobre bens e serviços – CBS (CF, art. 195, V). Coloquemos em destaque os três núcleos significativos do dispositivo:
    - *Adequado tratamento tributário* – Note-se que a Constituição fala em adequado tratamento tributário e não em tratamento tributário privilegiado. O ato cooperativo deve ser tratado de forma adequada, isto é, de acordo com suas peculiaridades, mas não privilegiada;
    - *Ato cooperativo* – O adequado tratamento tributário deve ser dispensado ao ato cooperativo. Outros atos praticados pelas sociedades cooperativas que não sejam considerados cooperativos estão fora do âmbito de proteção do artigo 146, III, *c*;
    - *Sociedade cooperativa* – Apenas as sociedades cooperativas estão abrangidas pelo dispositivo, cujo regime jurídico é estabelecido pela Lei nº 5.764/71. Vale registrar que o artigo 146, III, *c*, da CF/1988 *não* configura imunidade tributária. Assim, os atos cooperativos praticados por sociedades cooperativas devem receber adequado tratamento tributário,

mas não são imunes à tributação. Ademais, não foi promulgada ainda a lei complementar que deve dar ao ato cooperativo adequado tratamento tributário.

ATENÇÃO! Reforma tributária!

- *Tratamento diferenciado e favorecido para as microempresas e para as empresas de pequeno porte* – Se no caso do ato cooperativo o tratamento dispensado pela lei deve ser "adequado", no caso de microempresas e empresas de pequeno porte o tratamento deve ser *diferenciado* e *favorecido*. O dispositivo está ancorado no princípio da isonomia, pois as microempresas e empresas de pequeno porte apresentam capacidade contributiva reduzida quando comparadas às médias e grandes empresas, razão pela qual devem ser tratadas de modo distinto. O dispositivo teve redação dada pela Emenda Constitucional nº 132, de 2023, que veiculou a chamada reforma tributária, especificando que o tratamento deve envolver, entre outras medidas, *regime especial ou simplificado* no caso dos seguintes tributos: (a) imposto sobre a circulação de mercadorias e prestação de serviços – ICMS (CF, art. 155, II); (b) imposto sobre bens e serviços – IBS (CF, art. 156-A); (c) contribuição social sobre a folha de salário (CF, art. 195, I); (d) contribuição social sobre bens e serviços – CBS (CF, art. 195, V); (e) contribuição para o PIS (CF, art. 239). Além destes tratamentos, os §§ 1º a 3º do art. 146, também incluídos pela EC 132/2023, estabelecem:

    - *Regime único de arrecadação de tributos (Simples-Nacional)* – O art. 146, § 1º, da CF/1988, incluído pela EC 132/23, estabelece: "A lei complementar de que trata o inciso III, *d*, também poderá instituir um regime único de arrecadação dos impostos e contribuições da União, dos Estados, do Distrito Federal e dos Municípios, observado que: (I) será opcional para o contribuinte; (II) poderão ser estabelecidas condições de enquadramento diferenciadas por Estado; (III) o recolhimento será unificado e centralizado e a distribuição da parcela de recursos pertencentes aos respectivos entes federados será imediata, vedada qualquer retenção ou condicionamento; (IV) a arrecadação, a fiscalização e a cobrança poderão ser compartilhadas pelos entes federados, adotado cadastro nacional único de contribuintes". Eis o fundamento de validade do chamado Simples-Nacional, instituído pela Lei Complementar nº 123, de 2006. De acordo com o art. 13 da Lei, as micro e pequenas empresas poderão recolher, pelo regime simplificado, os seguintes tributos: IRPJ, IPI, CSLL, COFINS, PIS, Contribuição Patronal Previdenciária, ICMS e ISS;
    - *Abrangência do IBS e da CBS* – De acordo com o art. 146, § 2º, da CF/1988, incluído pela EC 132/23, "é facultado ao optante pelo regime único de que trata o § 1º apurar e recolher os tributos previstos nos arts. 156-A e 195, V, nos termos estabelecidos nesses artigos, hipótese em

que as parcelas a eles relativas não serão cobradas pelo regime único". O dispositivo permite que o imposto sobre bens e serviços – IBS (CF, art. 156-A) e a contribuição social sobre bens e serviços – CBS (CF, art. 195, V) sejam abrangidos pelo regime simplificado;

- *Apropriação de créditos nos casos do IBS e CBS* – O art. 146, § 3º, incluído pela EC 132/23, estabelece: "Na hipótese de o recolhimento dos tributos previstos nos arts. 156-A e 195, V, ser realizado por meio do regime único de que trata o § 1º, enquanto perdurar a opção: (I) não será permitida a apropriação de créditos dos tributos previstos nos arts. 156-A e 195, V, pelo contribuinte optante pelo regime único; e (II) será permitida a apropriação de créditos dos tributos previstos nos arts. 156-A e 195, V, pelo adquirente não optante pelo regime único de que trata o § 1º de bens materiais ou imateriais, inclusive direitos, e de serviços do optante, em montante equivalente ao cobrado por meio do regime único". A apropriação de créditos tributários é um importante mecanismo de abatimento do valor final a ser recolhido a título de tributos. Nada obstante, no regime simplificado esta apropriação é vedada aos contribuintes optantes, e liberada aos não optantes (art. 23 da LC 123/20060. O dispositivo constitucional faz com que o IBS e a CBS estejam adequados a esta regra.

Finalmente, o art. 146-A da CF/1988, incluído pela EC 42/2003, estabelece: "Lei complementar poderá estabelecer critérios especiais de tributação, com o objetivo de prevenir desequilíbrios da concorrência, sem prejuízo da competência de a União, por lei, estabelecer normas de igual objetivo".

O dispositivo está em linha com o art. 170, *caput*, e inciso IV, que estabelecem os princípios gerais da ordem econômica, em especial a proteção da livre iniciativa e da livre concorrência. De fato, a função extrafiscal e indutora dos tributos pode ser utilizada para enfrentar a concorrência desleal e a tendência à formação de monopólios que caracterizam a economia capitalista de livre mercado.

APROFUNDANDO! FUNDAMENTO DE VALIDADE DO CTN E AS CORRENTES DICOTÔMICA E TRICOTÔMICA

O fundamento de validade do CTN é o artigo 146 da CF/1988. O dispositivo é de absoluta importância porque estabelece reserva de lei complementar. A redação do artigo, sobretudo antes da EC 42/2003 e EC 132/2023, é bastante semelhante àquela adotada pela CF/1967 e, depois, pela EC nº 01/1969. Quanto a esta última, o artigo 18, § 1º, prescrevia: "Lei complementar estabelecerá normas gerais de direito tributário, disporá sobre os conflitos de competência nesta matéria entre a União, os Estados, o Distrito Federal e os Municípios, e regulará as limitações constitucionais do poder de tributar". A CF/1988, assim como as Constituições anteriores, aponta para três funções básicas que devem ser cumpridas pela lei complementar: (1) dispor sobre conflitos de competência; (2) regular as limitações constitucionais ao poder de tributar; e (3) estabelecer normas gerais em matéria de legislação tributária. Não obstante a dicção do texto, parte da doutrina, mesmo antes da Constituição de 1988, apregoava tão somente dupla função à lei complementar. Na verdade, diziam esses autores, cabia (e cabe, agora, a partir de 1988) apenas (1) dispor sobre conflitos de competência e (2) regular as limitações constitucionais ao poder de tributar. O estabelecimento de normas gerais em matéria de legislação tributária ingressa como conteúdo daquelas duas funções, de maneira que, uma vez extrapoladas, tem-se agressão ao princípio federativo porque ocorre invasão do campo reservado à autonomia dos entes federados. Trata-se da chamada *corrente dicotômica*, capitaneada, atualmente, por Paulo de Barros Carvalho (2012, p. 255) e Roque Antonio Carrazza (2011, p. 1000). Assim, se a União legisla para além do duplo conteúdo estabelecido pelo texto constitucional invade o âmbito de competência dos demais entes federativos. A *corrente tricotômica*, a seu turno, sustenta que cabe à lei complementar as três funções enumeradas pelo artigo 146, quais sejam: (1) dispor sobre conflitos de competência, (2) regular as limitações constitucionais ao poder de tributar e (3) estabelecer normas gerais em matéria de legislação tributária. Esta é a teoria dominante e que foi acolhida pela Constituição de 1988.

22.4 O CARÁTER DE LEI NACIONAL DO CÓDIGO TRIBUTÁRIO NACIONAL

O Código Tributário Nacional é exemplo típico de lei *nacional*. Muito embora tenha sido editado pelo Poder Legislativo da União, isto é, pelo Congresso Nacional, o CTN não representa simples lei *federal*. É importante que conheçamos a diferença que existe entre ambas, para compreender melhor a questão:

- *Lei federal* – É a lei aprovada pelo Poder Legislativo da União, o Congresso Nacional, e que tem por conteúdo matéria de interesse particular deste ente federativo. Quer dizer, a lei federal disciplina matéria de interesse específico da União. A lei que institui o imposto sobre a renda e proventos de qualquer natureza (IR), por exemplo, é típico exemplo de lei federal;
- *Lei nacional* – Também aprovada pelo Poder Legislativo da União, o Congresso Nacional. No entanto, tem como conteúdo *interesses comuns dos quatro entes federativos*. Vale dizer, muito embora aprovada pela União, trata de temas importantes para Estados, Distrito Federal e Municípios. Exemplo típico é o CTN.

Marcelo Novelino explica: "Parte da doutrina faz uma distinção entre *leis nacionais* e *federais*. Aquelas expressam a vontade da Federação, aplicando-se a todos os entes estatais, como ocorre com boa parte do Código Tributário Nacional (Lei 5.172/1966) ou com o Código Civil (Lei 10.406/2002). As leis federais, por sua vez, exteriorizam a vontade da União, enquanto pessoa jurídica de direito público interno, como no caso do Regime Jurídico dos Servidores Públicos Civis da União" (Lei 8.112/90) e a Lei de Processo Administrativo Federal (Lei 9.784/1999) (NOVELINO, 2012, p. 749).

Luís Eduardo Schoueri cita parte do relatório apresentado pelo professor Rubens Gomes de Souza ao Ministério da Fazenda para a elaboração do projeto de Código Tributário Nacional, em 1954. Sobressai o caráter de lei nacional do futuro Código:

"Uma peculiaridade do Código Tributário Nacional, que o distinguirá de todos os demais da mesma natureza, é justamente o caráter nacional decorrente de sua aplicabilidade simultânea aos três níveis de governo integrantes da federação. Por outras palavras, a Comissão teve presente que o Código, embora atribuído à competência federal, por uma razão óbvia de hierarquia legislativa, não será lei 'federal', mas 'nacional', e ainda, que as suas disposições constituirão antes regras informativas endereçadas ao legislador tributário, afetando o contribuinte, na maioria dos casos, apenas indiretamente, através da sua aplicação por parte daquele" (SCHOUERI, 2012, p. 75).

Cumpre mencionar, finalmente, que ao menos em âmbito tributário, como regra, as leis nacionais são veiculadas como lei complementar. Uma vez que tratam de temas importantes, de interesses comuns aos entes da federação, as leis nacionais exigem um nível maior de consenso. Logo, devem ser aprovadas por maioria absoluta.

É o caso, por exemplo, da Lei Complementar nº 123/2006, que veicula o Estatuto da Microempresa e da Empresa de Pequeno Porte, fixando normas gerais destinadas ao tratamento diferenciado e favorecido a ser dispensado às microempresas e empresas de pequeno porte no âmbito dos Poderes da União, dos Estados, do Distrito Federal e dos Municípios.

As leis nacionais são importantes em uma federação porque uniformizam e padronizam certas relações jurídicas, consideradas as mais importantes no contexto do Estado. Ora, o direito tributário é um ramo fundamento do ordenamento jurídico porque lida, de um lado, com a necessidade de financiamento do Poder Público e, de outro, com a necessária proteção à propriedade privada. O CTN, nesse sentido, tem como função *uniformizar* e *padronizar* as regras básicas da atividade tributária estatal, desde o conceito de tributo, passando pelas espécies tributárias e finalizando nos modos de extinção da dívida tributária, entre outros.

22.5 NORMAS GERAIS E COMPETÊNCIA LEGISLATIVA CONCORRENTE

O artigo 146 da Constituição estabelece reserva de lei complementar, atribuindo à União competência para legislar sobre conflitos de competência tributária; limitações constitucionais ao poder de tributar; normas gerais em matéria de legislação tributária, entre outros assuntos. Nesses casos, a lei complementar assume caráter de lei nacional, uma vez que o conteúdo de suas disposições atende a interesses comuns aos quatro entes federativos.

Pois bem, para compreender bem a questão é necessário interpretar o artigo 146 da Constituição à luz do artigo 24, I, §§ 1º a 4º, que elencam as matérias que estão sob alçada da chamada *competência legislativa concorrente*. O dispositivo estabelece:

> **CF, art. 24.** Compete à União, aos Estados e ao Distrito Federal legislar concorrentemente sobre:
>
> I – direito tributário, financeiro, penitenciário, econômico e urbanístico;
>
> [...]
>
> § 1º No âmbito da legislação concorrente, a competência da União limitar-se-á a estabelecer normas gerais.

§ 2º A competência da União para legislar sobre normas gerais não exclui a competência suplementar dos Estados.

§ 3º Inexistindo lei federal sobre normas gerais, os Estados exercerão a competência legislativa plena, para atender a suas peculiaridades.

§ 4º A superveniência de lei federal sobre normas gerais suspende a eficácia da lei estadual, no que lhe for contrário.

A competência legislativa concorrente significa que a União, os Estados e o Distrito Federal têm autorização direta da Constituição para legislar *simultaneamente* sobre as matérias elencadas no artigo 24. Os três entes federativos têm aptidão para editar leis cujo conteúdo disponha sobre as matérias ali previstas. O direito tributário, como ser percebe, consta logo do inciso I. Esta forma de distribuição da competência legislativa corresponde ao modelo de repartição vertical.

Paulo Gustavo Gonet Branco esclarece: "Na repartição vertical de competências realiza-se a distribuição da mesma matéria entre a União e os Estados-membros. Essa técnica, no que tange às competências legislativas, deixa para a União os temas gerais, os princípios de certos institutos, permitindo aos Estados-membros afeiçoar a legislação às suas peculiaridades locais. A técnica da legislação concorrente estabelece um verdadeiro condomínio legislativo entre União e Estados-membros" (MENDES *et al.*, 2013, p. 782, 783).

Nesse sentido, cabe à União editar as *normas gerais* de direito tributário; aos Estados e Distrito Federal cabe editar normas que promovam seus interesses *particulares.*

É justamente o papel que cumpre o CTN ao estabelecer as normas gerais em matéria de legislação tributária. Partindo da observância das normas contidas no Código, os demais entes federativos estão autorizados a adotar leis próprias, atendendo às suas peculiaridades regionais.

O mecanismo de repartição vertical de competências legislativas é importante porque valoriza o princípio federativo e dá ênfase à autonomia de cada ente político. Viabiliza, por outro lado, a necessária centralização do tratamento de algumas matérias importantes visando a garantir a segurança das relações jurídicas.

A) Dinâmica de funcionamento da competência legislativa concorrente

É necessário, contudo, atentar para a dinâmica específica de funcionamento da competência legislativa concorrente e suas implicações para o tema específico do direito tributário.

Ora, na medida em que União, Estados e Distrito Federal estão autorizados a legislar simultaneamente sobre as matérias elencadas no artigo 24, é preciso indagar sobre a possibilidade de conflitos no exercício desta competência. A própria Constituição ocupou-se desse problema ao estabelecer os mecanismos previstos nos parágrafos 1º a 4º do artigo 24. Vejamos a dinâmica desse funcionamento:

- *União e as normas gerais* – De acordo com o art. 24, § 1º, "no âmbito da legislação concorrente, a competência da União limitar-se-á a estabelecer normas gerais". Como vimos, normas gerais são aquelas que vinculam os quatro entes federativos e que tratam de interesses comuns às quatro esferas da federação;

- *Estados, DF e a competência suplementar* – Nos termos do art. 24, § 2º, "a competência da União para legislar sobre normas gerais não exclui a competência suplementar dos Estados". A chamada competência suplementar dos Estados e Distrito Federal significa a autorização dada pela Constituição para que legislem sobre questões de seus interesses peculiares. Assim, enquanto a União entra com as normas gerais, os Estados e o Distrito Federal entram com as normas específicas. Segundo Alexandre de Moraes, a competência suplementar divide-se em duas:

  - *Competência suplementar complementar* – Está prevista no próprio § 2º. De acordo com o autor, esta competência "dependerá de prévia existência de lei federal a ser especificada pelos Estados-membros e Distrito Federal [...] Assim, uma vez editadas as normas gerais pela União, as normas estaduais deverão ser particularizantes, no sentido de adaptação de princípios, bases, diretrizes a peculiaridades regionais (competência complementar)" (MORAES, 2008, p. 305). É o caso do CTN. Trata-se de lei nacional de normas gerais editada pela União. Nesse caso, os Estados e o DF devem exercer sua competência legislativa suplementar complementar, de maneira que completem a legislação nacional. Por exemplo, de acordo com o art. 153 do CTN, lei federal, estadual, distrital e municipal pode conceder moratória com relação a dívidas tributária do respectivo ente federativo. De acordo com o inciso I, a lei deve estabelecer "o prazo de duração do favor". Note-se que o CTN, como norma geral, não cria a moratória, mas apenas autoriza que os entes federativos o façam por meio de suas próprias leis. Estes (os entes), se quiserem, usam de sua competência suplementar complementar e, aprovando a moratória, estabelecem o prazo que lhes for mais conveniente;
  - *Competência suplementar supletiva* – Está prevista no o artigo 24, § 3º: "Inexistindo lei federal sobre normas gerais, os Estados exercerão a competência legislativa plena, para atender a suas peculiaridades". Segundo Moraes, tal competência "aparecerá em virtude da inércia da União em editar a lei federal, quando então os Estados e o Distrito Federal, temporariamente, adquirirão a competência plena tanto para a edição de normas de caráter geral, quanto para normas específicas" (MORAES, 2008, p. 305). Uma vez que *inexista* lei federal de normas gerais, isto é, nos casos em que o legislador federal permanece *inerte*, abre-se aos Estados e ao DF a possibilidade de "esgotar" a matéria. Estão autorizados a editar leis estaduais e distritais que tratem de temas relacionados a seus interesses peculiares e temas que estariam, em princípio, sob a competência da União. O autor explica: "A inércia da União em regulamentar matérias constantes do art. 24 da Constituição Federal não impedirá ao Estado-membro ou ao Distrito Federal a regulamentação da disciplina

constitucional (competência supletiva). Note-se que, em virtude da ausência da Lei Federal, o Estado-membro ou o Distrito Federal adquirirão a competência plena para a edição tanto de normas de caráter geral, quanto específico" (MORAES, 2008, p. 306).

- *Superveniência de lei federal e suspensão da eficácia da lei estadual* – De acordo com o art. 24, § 4º, "a superveniência de lei federal sobre normas gerais suspende a eficácia da lei estadual no que lhe for contrário". A competência supletiva dos Estados e Distrito Federal é temporária. E isso porque, no momento em que cessa a inércia do legislador federal, isto é, no momento em que o Congresso Nacional legisla, as leis estaduais e distritais eventualmente existentes têm sua eficácia suspensa. É importante registrar que *não há revogação* das leis estaduais ou distritais, mas apenas *suspensão da eficácia*. "A competência plena adquirida pelos Estados e Distrito Federal é temporária, uma vez que, a qualquer tempo, poderá a União exercer sua competência editando lei federal sobre as normas gerais. A superveniência de lei federal sobre normas gerais suspende a eficácia da lei estadual, no que lhe for contrário" (MORAES, 2008, p. 306). Note-se ainda, que a Constituição fala em "lei federal de normas gerais". Como sabemos, o legislador não é necessariamente um *expert* em ciência jurídica. Portanto, "lei federal de normas gerais" significa, à luz da ciência do direito tributário, *lei nacional.*

JURISPRUDÊNCIA DO STF – AUSÊNCIA DE LEI FEDERAL DE NORMAS GERAIS E COMPETÊNCIA TRIBUTÁRIA

O STF teve a oportunidade de se manifestar a propósito desta questão em julgamento no qual se discutiu a constitucionalidade da instituição do imposto sobre a propriedade de veículos automotores (IPVA). O CTN veio a lume em 1966. A Constituição Federal, em 1988. Por isso, alguns tributos previstos no texto constitucional não estão disciplinados no Código, simplesmente porque não existiam à época em que este foi publicado. O legislador federal, a seu turno, não se preocupou em adaptar o CTN às exigências estabelecidas pelo texto constitucional. É justamente o caso do IPVA, previsto no artigo 155, III, da Constituição, e reservado à competência dos Estados e Distrito Federal. Nos termos do artigo 146, III, *a*, seria necessária a existência de lei complementar prevendo o fato gerador, a base de cálculo e os contribuintes de tal imposto. Tal lei complementar, contudo, não foi editada. Ademais, como dissemos, não há a disciplina do gravame no CTN. Pergunta-se: os Estados e o Distrito Federal poderiam tê-lo instituído? A Segunda Turma do STF deparou-se com o problema já em 1997. Ao argumento de que a instituição do IPVA seria inconstitucional pela ausência de lei complementar, a Corte ressaltou:

> "Mostra-se constitucional a disciplina do imposto sobre propriedade de veículos automotores mediante norma local. Deixando a União de editar normas gerais, exerce a unidade da federação a competência legislativa plena – § 3º do artigo 24, do corpo permanente da Carta de 1988 –, sendo que, com a entrada em vigor do sistema tributário nacional, abriu-se à União,

aos Estados, ao Distrito Federal e aos Municípios, a via da edição de leis necessárias à respectiva aplicação – § 3º do artigo 34 do Ato das Disposições Constitucionais Transitórias da Carta de 1988" (STF, AI 167.777/SP, 1997).

Em 2001 a Segunda Turma voltou a deparar-se com o assunto. Uma vez mais, afirmou-se:

> "Imposto sobre a propriedade de veículos automotores (IPVA). Competência legislativa plena da unidade da Federação, à falta de normas gerais editadas pela União. Art. 24, § 3º, da Constituição Federal. Precedentes. Agravo regimental improvido" (STF, RE 191.703/SP, 2001).

Pode-se afirmar, pois, que, na *ausência* de lei federal sobre normas gerais, os Estados e o Distrito Federal estão autorizados a exercer a competência legislativa plena, isto é, a *competência suplementar supletiva*, para editar as normas necessárias ao atendimento de seus interesses peculiares. Isso significa que estão autorizados a instituir os tributos de sua competência, ainda que não exista lei complementar federal dispondo sobre seus aspectos básicos.

B) Competência legislativa suplementar dos Municípios

A leitora e o leitor atentos certamente notaram a ausência dos Municípios no que toca à disciplina da competência legislativa concorrente prevista no artigo 24 da Constituição. Este ente federativo não faz parte do condomínio legislativo federal? Isso não compromete o exercício de suas competências tributárias?

O artigo 30, II, da CF/1988, prevê a denominada competência legislativa suplementar dos Municípios:

> **CF, art. 30.** Compete aos Municípios:
>
> (...)
>
> II – suplementar a legislação federal e a estadual no que couber;.

Alexandre de Moraes explica que "o art. 30, II, da Constituição Federal preceitua caber ao município suplementar a legislação federa ou estadual, no que couber, o que não ocorria na Constituição anterior, podendo o município suprir as omissões e lacunas da legislação federal e estadual, embora não podendo contraditá-las, inclusive nas matérias previstas no art. 24 da Constituição de 1988. Assim, a Constituição Federal prevê a chamada competência suplementar dos municípios, consistente na autorização de regulamentar as normas legislativas federais ou estaduais, para ajustar sua execução a peculiaridades locais, sempre em concordância com aquelas e desde que presente o requisito primordial de fixação de competência desse ente federativo: interesse local" (MORAES, 2008, p. 310).

Como se percebe, tal competência assemelha-se à competência concorrente supletiva complementar dos Estados e Distrito Federal, na medida em que os Municípios estão autorizados a "completar" a legislação federal e estadual para atender a seus interesses locais.

É preciso, no entanto, responder a uma indagação importante: na ausência de legislação federal estariam os Municípios autorizados a exercer a competência legislativa plena? Em outras palavras, sua competência seria semelhante também à competência suplementar supletiva dos Estados e Distrito Federal?

A resposta não é simples, uma vez que a doutrina de direito constitucional muitas vezes esquiva-se do tema. Vejamos duas manifestações da melhor lavra.

André Ramos Tavares observa que a competência suplementar municipal significa a "possibilidade de especificar a legislação federal e estadual sobre a matéria", impondo-se "duas condições: 1ª) a presença do interesse local e 2ª) compatibilidade com a legislação federal e estadual" (TAVARES, 2012, p. 1177).

Ora, se a lei municipal deve apenas "especificar" a lei federal ou estadual, tendo, ainda, que ser compatível com ambas, isso significa que fica pressuposta a *existência* destas leis, de maneira que estaríamos falando apenas de competência suplementar complementar. Os Municípios teriam autorização apenas para completar a legislação federal e estadual, atendendo a interesse local.

Marcelo Novelino também aponta para esse sentido: "Ademais, por se tratar de uma competência suplementar, no caso de inexistência de legislação federal ou estadual, também não será possível o exercício desta competência" (NOVELINO, 2012, p. 774).

Ao que parece, a doutrina de direito constitucional equipara a competência suplementar dos Municípios à competência suplementar complementar dos Estados e Distrito Federal, mas não à competência suplementar *supletiva.*

Nesse sentido, cabe indagar: se o CTN não fizesse a previsão de normas gerais relativas aos impostos dos Municípios ou sobre outras normas relativas a tributos de competência destes, então não poderiam exercer sua competência legislativa plena? Não poderiam instituir os tributos que lhe foram reservados pela Constituição? Como ficaria a autonomia financeira destes entes federativos?

Neste ponto devemos chamar a atenção para o disposto no art. 30, III, da CF/1988:

> **CF, art. 30.** Compete aos Municípios:
>
> [...]
>
> III – instituir e arrecadar os tributos de sua competência, bem como aplicar suas rendas, sem prejuízo da obrigatoriedade de prestar contas e publicar balancetes nos prazos fixados em lei;

Ademais, o art. 34, § 3º, do ADCT, determina:

> **ADCT, art. 34.** [...]
>
> § 3º. Promulgada a Constituição, a União, os Estados, o Distrito Federal e os Municípios poderão editar as leis necessárias à aplicação do sistema tributário nacional nela previsto.

Parece que uma resposta adequada à questão implica que se deve reconhecer:

- *Diferença entre competência tributária e competência para legislar sobre matéria tributária* – É preciso reconhecer, de um lado, a competência legislativa para instituir tributos (chamada de competência tributária) e, de outro, a competência para legislar sobre matéria tributária (CF/1988, art. 24, I). A partir desta distinção, é necessário assinalar, inclusive com fundamento em jurisprudência do STF, que a competência tributária dos Estados, Distrito Federal e Municípios independe da existência de normas gerais federais, razão pela qual, na inércia da União, também os Municípios estão autorizados a exercer a competência legislativa plena para a criação de tributos;
- *Reconhecimento de que a competência suplementar dos Municípios, ao menos em matéria de instituição de tributos, assemelha-se à competência supletiva dos Estados e Distrito Federal* – É preciso reconhecer também que, ao menos no que toca à competência tributária, a competência suplementar dos Municípios (CF/1988, art. 30, II) assemelha-se à competência suplementar *supletiva* dos Estados e Distrito Federal (CF/1988, art. 24, § 3º), razão pela qual, na inércia da União, estão autorizados a exercer a competência legislativa plena para a instituição de tributos.

Uma interpretação sistemática do texto constitucional, aliada à preocupação em assegurar a efetiva autonomia dos entes federativos, implica reconhecer uma das duas alternativas acima expostas, ou, quem sabe, uma *conciliação* das duas. O que não se pode é passar batido sobre a questão, como parece fazer a maior parte da doutrina de direito tributário.

SÚMULAS DO STF E DO STJ:

SÚMULA STF

Súmula Vinculante nº 08 – "São inconstitucionais o parágrafo único do artigo 5º do Decreto-Lei nº 1.569/1977 e os artigos 45 e 46 da Lei nº 8.212/91, que tratam de prescrição e decadência de crédito tributário".

SÚMULA STJ

"Os atos cooperativos não estão sujeitos à incidência da COFINS, porquanto o art. 79 da Lei n.º 5.764/71 (Lei das Sociedades Cooperativas) dispõe que o ato cooperativo não implica operação de mercado, nem contrato de compra e venda de produto ou mercadoria" (STJ, AgRg no REsp 727.450/PE, 2006).

SÍNTESE DOS PRINCIPAIS ENTENDIMENTOS JURIPRUDENCIAIS

"Promulgada a Constituição, a União, os Estados, o Distrito Federal e os Municípios poderão editar as leis necessárias à aplicação do sistema tributário nacional nela previsto [...] essas normas de direito intertemporal, portanto, permitem que, quando não fossem imprescindíveis as normas gerais estabelecidas pela lei complementar, consoante o disposto no artigo 146, III, que a União, os Estados, o Distrito Federal e os Municípios editassem leis instituindo, de imediato ou com vigência a partir de 1º de março de 1989, conforme a hipótese se enquadrasse na regra geral do caput ou nas exceções do par. 1º, ambos do art. 34 do ADCT, as novas figuras das diferentes modalidades de tributos, inclusive, pois, as contribuições sociais" (STF, RE 146.733/SP, 1992);

"Incide o PIS/PASEP sobre atos ou negócios jurídicos praticados por cooperativa prestadora de serviço com terceiros tomadores de serviço, resguardadas as exclusões e deduções legalmente previstas [...] O Tribunal registrou que o cerne da controvérsia seria saber se as receitas auferidas pelas cooperativas de trabalho decorrentes dos negócios jurídicos praticados com terceiros – não cooperados – se inseririam na materialidade da contribuição ao PIS/PASEP [...] No âmbito tributário, o comando constitucional seria dirigido ao ato cooperativo e teria eficácia imediata naquilo que garantisse a quem o praticasse o direito negativo de impedir que os poderes do Estado viessem a inserir nos respectivos ordenamentos regras que deixassem de respeitar a eficácia mínima da norma constitucional. Dessa forma, seria evitado tratamento gravoso ou prejudicial ao ato cooperativo, além de se respeitarem, igualmente, as peculiaridades das cooperativas com relação às demais sociedades de pessoas e de capitais [...] O Plenário consignou que a Lei 5.764/1971 fora recepcionada pela Constituição com natureza de lei ordinária e que o seu artigo 79 apenas definiria o que seria ato cooperativo, sem nada referir quanto ao regime de tributação. Aduziu-se que a alegação de que as sociedades cooperativas não possuiriam faturamento, nem receita – e que, portanto, não haveria a incidência de qualquer tributo sobre a pessoa jurídica –, levaria ao mesmo resultado prático de se conferir a elas, sem expressa autorização constitucional, imunidade tributária. Asseverou-se que o tratamento tributário adequado ao ato cooperativo seria questão política que deveria ser resolvida na esfera competente. Destarte, eventual insuficiência de normas não poderia ser tida por violadora do princípio da isonomia" (STF, Informativo 766/2014).

23

LEGISLAÇÃO TRIBUTÁRIA

23.1 APRESENTAÇÃO DO TEMA

O Livro Primeiro do CTN veicula normas que tratam daquilo que o legislador de 1966 chamou de Sistema Tributário Nacional. São dispositivos que fixam o conceito de tributo; tratam da competência tributária; das espécies de tributos, como impostos, taxas e contribuições de melhoria, entre outros. Parte desses artigos foi analisada nos capítulos iniciais. O objeto de nosso estudo, agora, é o Livro Segundo, que estabelece as chamadas Normas Gerais de Direito Tributário. O objetivo é estudar:

- Título I – Legislação tributária;
- Título II – Obrigação tributária;
- Título III – Crédito tributário;
- Título IV – Administração tributária.

Comecemos com a análise do Título I, que dispõe sobre a Legislação tributária.

23.2 FONTES DO DIREITO TRIBUTÁRIO

De onde vem o direito? Qual é sua fonte?

Tercio Sampaio Ferraz Jr. explica que "a dogmática analítica, em suma, utiliza-se da expressão metafórica *fonte* para descrever os *modos de formação das normas jurídicas*, ou seja, sua entrada no sistema do ordenamento. Para ela, o direito emana de certos *procedimentos específicos* como a água emana de sua fonte" (FERRAZ JUNIOR, 2003, p. 227).

O direito não é um dado da natureza. Não encontramos as normas jurídicas tal como encontramos montanhas, florestas, rios etc. O direito é uma criação humana; uma relação social que se expressa por meio de normas, isto é, ordens institucionalizadas de condutas. Por isso, é fundamental compreender de onde vêm essas normas, quais são as autoridades que as criam etc.

No que toca ao nosso estudo, trata-se de compreender quais são as *fontes do direito tributário*. É preciso saber de onde vêm as normas que regulam a instituição, fiscalização e cobrança dos tributos.

Nesse sentido, Paulo de Barros Carvalho observa: "Por fontes do direito havemos de compreender os focos ejetores de regras jurídicas, isto é, os órgãos habilitados pelo sistema para produzirem normas, numa organização escalonada, bem como a própria atividade desenvolvida por esses entes, tendo em vista a criação de normas" (CARVALHO, 2012, p. 79). O autor divide as fontes de direito tributário em duas:

- os instrumentos primários; e
- os instrumentos secundários.

Os primeiros compreendem as leis em sentido amplo, isto é, as normas gerais e abstratas instituídas pelos órgãos legislativos federal, estaduais, distrital e municipais. São primários porque buscam fundamento de validade imediato na Constituição Federal. É a primazia do princípio da legalidade (CF/1988, art. 5º, II).

Os instrumentos secundários, a seu turno, não buscam fundamento de validade imediato na Constituição. Fundam-se nos atos primários, nas leis em sentido amplo. Tais instrumentos, no Brasil, "têm sua juridicidade condicionada às disposições legais, quer emanem preceitos gerais e abstratos, quer individuais e concretos" (CARVALHO, 2012, p. 90).

A "fonte das fontes" é a Constituição Federal. Trata-se da lei mais importante de nosso ordenamento jurídico porque se situa em seu ápice. É o fundamento formal e material *de validade* de todos os atos primários e secundários. A Constituição funda e confere unidade ao ordenamento jurídico. É a fonte de validade global e hermenêutica de todo o sistema de direito positivo que, por sua vez, assume o caráter de ordem hierárquica e escalonada de normas.

23.2.1 Instrumentos normativos primários

Os instrumentos normativos primários haurem fundamento de validade diretamente na Constituição Federal, sendo, portanto, aptos a inovar no ordenamento jurídico. Cumprem papel fundamental no que toca à instituição de tributos, fiscalização e cobrança. Vejamos.

A) Constituição

Como dissemos, a Constituição é a "fonte das fontes". O texto constitucional é o fundamento de validade formal e material de todas as normas de direito tributário. É fonte de validade *imediata* dos instrumentos primários e de validade *mediata* dos instrumentos secundários.

A Constituição, produzida pelo Poder Constituinte Originário, é o ponto de partida de todo o processo legislativo tributário, seja no que toca ao exercício da competência tributária, seja no que respeita às normas que disciplinam a própria relação jurídica cujo objeto é o pagamento do tributo ou da multa.

Luciano Amaro explica: "O direito tributário encontra na Constituição Federal, em primeiro lugar, sua estruturação sistemática: é ali que se desenham, na definição da competência tributária dos entes da federação, os contornos que irá ter cada peça integrante do sistema tributário nacional. Na Constituição encontra-se a matriz de todas as competências; nela se demarca os limites do poder de tributar e se estruturam os princípios, inclusive os de natureza especificamente tributária, que constituem a pilastra de sustentação de todo o sistema tributário. É ainda na Constituição que se disciplina o modo de expressão do direito tributário, ou seja, a regulação do processo produtivo de normas jurídico-tributárias (leis complementares, leis ordinárias, etc.) e o espaço de atuação de cada uma (ou seja, quais tarefas competem a cada tipo normativo)" (AMARO, 2011, p. 190).

Como fonte máxima do direito tributário, a Constituição estrutura o chamado Sistema Tributário Nacional, nos seguintes termos:

- *Normas de competência positiva e negativa* – O texto constitucional fixa as normas positivas de competência tributária, tais como as previstas nos artigos 145, 147, 148, 149, 149-A, 153, 155, 156 e 156-A, entre outras. Além do mais, estabelece dispositivos de competência negativa, que proíbem os entes federativos de tributarem certas pessoas, situações e bens. São as chamadas imunidades tributárias. Finalmente, atribui à lei complementar a importante função de estabelecer normas gerais em matéria de legislação tributária, como, por exemplo, a definição de tributos e suas espécies, obrigação tributária, lançamento etc. (CF/1988, art. 146);
- *Limitações ao poder de tributar* – A Constituição elenca os princípios constitucionais que limitam o poder estatal de tributar. Tais postulados fixam os limites dentro dos quais os entes federativos estão autorizados a exercer suas competências tributárias. São exemplos o princípio da legalidade, anterioridade, irretroatividade etc. As imunidades tributárias, normas negativas de competência, também são consideradas limitações constitucionais do poder de tributar;
- *Tributos de competência de cada ente federativo* – A Constituição enumera a série de materialidades, isto é, de fatos ou condutas econômicas passíveis de serem tributadas por impostos e as divide, com exclusividade, a cada ente federativo. Assim, encontra-se nos artigos 153 e 154 o rol de impostos de competência da União; no artigo 155, os impostos de competência dos Estados e Distrito Federal; no artigo 156, os impostos que pertencem aos Municípios de Distrito Federal e; no art. 156-A, o imposto de competência compartilhada entre Estados, Distrito Federal e Municípios. Além do mais, descreve o âmbito normativo de tributos vinculados, tais como as taxas e contribuições de melhoria, além de prever a competência da União para a instituição de empréstimos compulsórios e contribuições especiais;
- *Repartição das receitas tributárias* – O texto constitucional almeja um federalismo de equilíbrio. Por isso, além de distribuir previamente as competências tributárias entre os entes federativos, o texto constitucional estabelece uma repartição do "bolo tributário", isto é, dos recursos arrecadados. Tal repartição encontra-se nos artigos 157 a 162.

B) Emenda à Constituição

A Constituição brasileira é considerada *rígida*. Isso significa que o texto constitucional pode ser alterado, isto é, admite modificação, desde que certas regras materiais e formais fixadas pelo próprio texto constitucional sejam rigorosamente observadas. Tais regras, ademais, impõem requisitos mais rigorosos do que aqueles exigidos para a elaboração das leis em geral. Daí a rigidez constitucional.

O instrumento normativo hábil à alteração do texto constitucional, previsto em seu art. 59, I, denomina-se *Emenda à Constituição*. O art. 60 estabelece:

> **CF, art. 60.** A Constituição poderá ser emendada mediante proposta:
>
> I – de um terço, no mínimo, dos membros da Câmara dos Deputados ou do Senado Federal;
>
> II – do Presidente da República;
>
> III – de mais da metade das Assembleias Legislativas das unidades da Federação, manifestando-se, cada uma delas, pela maioria relativa de seus membros.
>
> § 1º A Constituição não poderá ser emendada na vigência de intervenção federal, de estado de defesa ou de estado de sítio.
>
> § 2º A proposta será discutida e votada em cada Casa do Congresso Nacional, em dois turnos, considerando-se aprovada se obtiver, em ambos, três quintos dos votos dos respectivos membros.
>
> § 3º A emenda à Constituição será promulgada pelas Mesas da Câmara dos Deputados e do Senado Federal, com o respectivo número de ordem.
>
> § 4º Não será objeto de deliberação a proposta de emenda tendente a abolir:
>
> I – a forma federativa de Estado;
>
> II – o voto direto, secreto, universal e periódico;
>
> III – a separação dos Poderes;
>
> IV – os direitos e garantias individuais.
>
> § 5º A matéria constante de proposta de emenda rejeitada ou havida por prejudicada não pode ser objeto de nova proposta na mesma sessão legislativa.

Os requisitos exigidos para a aprovação de uma emenda à Constituição são mais rigorosos quando comparados aos exigidos para a aprovação das leis comuns. Nesse sentido, a proposta de emenda deve ser discutida e votada em cada Casa do Congresso Nacional, em dois turnos, considerando-se aprovada se obtiver, em ambos, três quintos dos votos dos respectivos membros.

Além do mais, devemos chamar a atenção para o núcleo imodificável do texto constitucional. Trata-se do conjunto de matérias que estão parcialmente fora do alcance do Poder Constituinte de Reforma. São as denominadas *cláusulas pétreas*, nos termos do art. 60, § 4º, da CF/1988.

Dissemos "parcialmente fora do alcance" porque o Poder Constituinte de Reforma, muito embora não tenha autorização para deliberar sobre emenda que tenha por objeto a abolição das cláusulas pétreas, pode, contudo, deliberar sobre propostas que tenham como objeto a consolidação ou ampliação das matérias ali assinaladas.

Uma vez que a emenda modifica o texto constitucional, ingressa no sistema do direito positivo com o status de Constituição. Desse modo, coloca-se no ápice do ordenamento jurídico, goza de idêntica hierarquia e confere validade formal e material aos demais atos normativos infraconstitucionais. É, por isso, importante fonte de direito tributário.

Nesse sentido, pergunta-se: emenda à Constituição tem aptidão para a criação de tributos?

JURISPRUDÊNCIA DO STF – EMENDA À CONSTITUIÇÃO E CRIAÇÃO DE TRIBUTOS

Paulo de Barros Carvalho observa que "o texto constitucional não é o núcleo jurídico adequado para a criação de tributos. Por abrigar normas de sobrenível, soaria mal, em termos de boa técnica, encontrarmos lá disposição que ferisse diretamente a conduta, regulando-a com modal deôntico obrigatório (Op), para o fim de instituir alguma exação" (CARVALHO, 2012, p. 91). Sem dúvida, a Constituição estabelece os princípios gerais que conformam o Sistema Tributário Nacional; fixa as regras de competência positiva e negativa (imunidades); elenca os princípios limitadores do poder de tributar; distribui o rol de materialidades que admitem a tributação por impostos; entre outros temas.

Em termos *técnicos* realmente não ficaria bem à Constituição a instituição de tributos. Haveria, contudo, impedimento *jurídico*? Antes de tudo, é preciso compreender que a criação de tributo pela Constituição é diferente de sua instituição por emenda constitucional. Ora, o Poder Constituinte Originário, encarregado de produzir inicialmente o texto constitucional, é ilimitado e incondicionado, razão pela qual não haveria qualquer problema em reconhecer-lhe a aptidão para instituir tributos, ainda que o texto constitucional não seja o local tecnicamente adequado para isso. A emenda constitucional, por outro lado, submete-se ao crivo do controle de constitucionalidade. Por ser manifestação do Poder Constituinte de Reforma, a instituição de tributo por emenda não pode esbarrar no núcleo intangível da Constituição, isto é, em qualquer de suas *cláusulas pétreas*.

Nesse sentido, o STF deparou-se com ação direta de inconstitucionalidade cujo objeto girava em torno de saber se emenda à Constituição poderia instituir tributos ou prorrogar a vigência de leis anteriores que os criaram. Marciano Seabra de Godoi explica: "O contexto do julgado era o seguinte: as leis ordinárias que instituíram a CPMF (9.311/96 e 9.539/97) já haviam perdido vigência e eficácia quando da promulgação da EC 21/99, que recriou a CPMF e repristinou as mencionadas Leis ordinárias. Na exordial (petição inicial) da ADI, alegou-se que uma emenda constitucional não poderia ela própria revigorar aquelas leis decaídas, pois isso retiraria do Chefe do Poder Executivo o poder de veto quanto à matéria aprovada no Parlamento" (GODOI, 2006, p. 31).

Quanto à objeção segundo a qual a criação do tributo é matéria reservada à lei e, portanto, não poderia dar-se por meio de emenda à Constituição na medida em que restaria afastada a participação do Presidente da República do processo decisório, a relatora, Ministra Ellen Gracie, assentou:

> "O argumento de que somente por meio de lei poder-se-ia inovar no campo tributário, criando ou majorando tributo, esbarra, no caso, no § 4º do art. 66 da Carta, que dispõe sobre o 'veto' presidencial. Se este (o veto) é suscetível

> de rejeição pelo Parlamento pelo voto da maioria absoluta dos Deputados e Senadores, a *criação de tributo por emenda constitucional*, com a manifestação da vontade de uma maioria qualificada de 3/5 dos membros de cada Casa, em 2 (dois) turnos de votação, supera o obstáculo que residiria na participação do Presidente da República no processo legislativo com o seu poder de veto, como observou com propriedade do Ministro Sepúlveda Pertence no julgamento da liminar" (STF, ADI nº 2031/DF, 2002).

Em suma, de acordo com o STF, tributos podem ser criados ou aumentados por emenda à Constituição, desde que restem observadas as limitações formais e materiais impostas pelo próprio texto constitucional.

ATENÇÃO! Reforma tributária!

APROFUNDANDO! REFORMA TRIBUTÁRIA E PACTO FEDERATIVO

A Emenda Constitucional nº 132/2023, que veiculou a chamada reforma tributária, acrescentou ao texto da Constituição o art. 156-A, dispondo o seguinte: "Lei complementar instituirá imposto sobre bens e serviços de competência compartilhada entre Estados, Distrito Federal e Municípios". Isso significa que a União, através de lei complementar, deve instituir o IBS, cuja fiscalização, arrecadação e recursos ficarão com os Estados, DF e Municípios. Além do mais, o art. 22, II, da Emenda, revoga os artigos 155, II e 156, III, da CF, ou seja, o ICMS e o ISS, a partir de 2033. Em suma: o Poder Constituinte de Reforma: (a) eliminou um imposto de competência dos Estado e um imposto de competência dos Municípios (não quaisquer impostos, mas importantes fontes de receita) e; (b) previu um imposto cuja instituição fica a cargo da União, com competência administrativa compartilhada entre Estados, DF e Municípios. Pergunta-se: houve violação de cláusula pétrea, sobretudo a prevista no art. 60, § 4º, I, da CF/1988, ou seja, a forma federativa de Estado? Pensamos que não. Para que houvesse violação de cláusula pétrea, a modificação teria que tender à abolição da forma federativa de Estado. Ora, estamos longe disso. Além do mais, a Emenda retira fonte de financiamento dos Estados, DF e Municípios (ICMS e ISS), mas introduz outra, teoricamente mais eficiente e racional (IBS). Finalmente, é preciso que se diga, a forma federativa de Estado não é um modelo rígido de distribuição de competências, mas flexível e adaptável. Portanto, sua interpretação deve levar em conta elementos textuais, históricos, teleológicos, sistemáticos etc.

C) Lei complementar

Já estudamos o importante papel que a lei complementar cumpre dentro do Sistema Tributário Nacional. Vimos que, de acordo com o artigo 146 da Constituição, cabe-lhe dispor sobre conflitos de competência entre os entes federativos; regular as limitações constitucionais ao poder de tributar; estabelecer normas gerais em matéria de direito tributário, entre outros. Além destas funções, cumpre que conheçamos outras desempenhadas por esse instrumento normativo em âmbito tributário:

- *Instituição de empréstimos compulsórios* – Nos termos do artigo 148 da Constituição, cabe à União instituir empréstimos compulsórios nos termos de lei complementar;
- *Instituição do imposto sobre grandes fortunas* – De acordo com o artigo 153, VII, a União tem autorização para instituir imposto sobre grandes fortunas (IGF) nos termos de lei complementar;
- *Instituição dos impostos residuais* – O artigo 154, I, autoriza a União a instituir impostos não previstos no artigo 153, desde que sejam não cumulativos, não tenham fatos geradores e bases de cálculo próprios dos discriminados na Constituição, e sejam veiculados por meio de lei complementar;
- *Instituição das contribuições sociais residuais destinadas ao custeio da seguridade social* – De acordo com o artigo 195, § 4º, combinado com o artigo 154, I, a União poderá instituir contribuições sociais residuais para a manutenção ou expansão do financiamento da seguridade social, desde que o faça por meio de lei complementar;
- *Regulação dos critérios para o exercício da competência relativa ao ITCMD* – O artigo 155, § 1º, III, alíneas *a* e *b*, determina que cabe à lei complementar regular a competência para a instituição do imposto sobre transmissão *causa mortis* e doação (ITCMD), de competência dos Estados e Distrito Federal, nas hipóteses em que: (a) "o doador tiver domicilio ou residência no exterior" e (b) "se o de *cujus* possuía bens, era residente ou domiciliado ou teve o seu inventário processado no exterior";
- *Regulação do imposto sobre a circulação de mercadorias e serviços (ICMS)* – Nos termos do artigo 155, § 2º, XII, cabe à lei complementar disciplinar uma série de aspectos relacionados ao ICMS, dentre os quais, a definição de seus contribuintes, o regime de substituição tributária, o regime de compensação, etc. A propósito, a Lei Complementar nº 87/1996 disciplina a instituição e arrecadação desse imposto pelos Estados e Distrito Federal;
- *Regulação do imposto sobre serviços de qualquer natureza (ISS)* – De acordo com o artigo 156, III, os Municípios e o Distrito Federal têm autorização para instituir o imposto sobre serviços de qualquer natureza, tal como definidos em lei complementar. Cabe a esta espécie normativa, pois, definir os serviços sobre os quais deve incidir o tributo. Além do mais, está sob seu alcance, nos termos do § 3º do mesmo artigo, fixar as alíquotas máximas e mínimas do ISS; excluir de sua incidência a exportação de serviços para o exterior e regular a forma e as condições como isenções, incentivos e benefícios fiscais serão concedidos e revogados. A Lei Complementar nº 116/2003 disciplina a instituição e arrecadação do imposto sobre serviços (ISS) pelos Municípios e Distrito Federal;
- *Repartição das receitas tributárias* – De acordo com o artigo 161 da Constituição, cabe à lei complementar definir valor adicionado para fins do disposto no art. 158, § 1º, I; estabelecer normas sobre a entrega dos recursos de que trata o art. 159, especialmente sobre os critérios de rateio dos fundos previstos em seu inciso I, objetivando promover o equilíbrio socioeconômico

entre Estados e entre Municípios e dispor sobre o acompanhamento, pelos beneficiários, do cálculo das quotas e da liberação das participações previstas nos arts. 157, 158 e 159;

- *Fixação de teto máximo para fins de concessão de remissão ou anistia relativas às contribuições destinadas ao custeio da seguridade social, incidentes sobre a folha de salários e às contribuições a cargo dos trabalhadores* – Nos termos do artigo 195, § 11, com redação dada pela EC 103/2019 (reforma da previdência) "são vedados a moratória e o parcelamento em prazo superior a 60 (sessenta) meses e, na forma de lei complementar, a remissão e a anistia das contribuições sociais de que tratam a alínea 'a' do inciso I e o inciso II do *caput*".

ATENÇÃO! Reforma tributária!

- *IBS e CBS em operações contratadas pela Administração Pública* – O art. 149-C, *caput*, da Constituição, incluído pela EC 132/2023, que veiculou a chamada reforma tributária, estabelece: "O produto da arrecadação do imposto previsto no art. 156-A e da contribuição prevista no art. 195, V, incidentes sobre operações contratadas pela administração pública direta, por autarquias e por fundações públicas, inclusive suas importações, será integralmente destinado ao ente federativo contratante, mediante redução a zero das alíquotas do imposto e da contribuição devidos aos demais entes e equivalente elevação da alíquota do tributo devido ao ente contratante". Os §§ 1º e 2º, por sua vez, determinam: "As operações de que trata o *caput* poderão ter alíquotas reduzidas de modo uniforme, nos termos de lei complementar". "Lei complementar poderá prever hipóteses em que não se aplicará o disposto no *caput* e no § 1º". Vejamos de modo esquematizado, para facilitar:

    - *Aspecto subjetivo da regra-matriz do IBS e da CBS* – De acordo com o dispositivo, quando a União, os Estados, o DF e os Municípios, por meio de suas administrações diretas, autarquias e fundações públicas, praticarem negócios jurídicos que se sujeitam ao IBS ou à CBS, inclusive importações, o valor do tributo deve ser destinado ao ente contratante. Assim, se a União adquiriu cinquenta automóveis para equipar a polícia federal, o valor devido a título de IBS não fica com o ente competente, mas deve ser entregue à União;
    - *Imunidade específica* – A devolução ao ente contratante deve ocorrer por meio de dois expedientes: (a) alíquota zero nas operações das quais participa; (b) elevação da alíquota do tributo devido ao ente contratante. No primeiro caso (alíquota zero), temos típica imunidade específica, pois a própria Constituição anula a regra-matriz de incidência nestes casos. Ora, qualquer valor multiplicado por zero é zero que, por sua vez, é um conjunto vazio. Portanto, a norma perde o sentido da tributação, configurando imunidade tributária;

  - *Regulação por lei complementar* – A regulação de imunidade teria mesmo que ocorrer por meio de lei complementar (CF, art. 146, II), de modo que, neste caso, o dispositivo apenas reitera mandamento constitucional. Além disso, cabe à esta espécie normativa: (a) estipular redução uniforme das alíquotas do IBS e da CBS nas operações citada no *caput*; (b) estabelecer os casos em que o *caput* e o § 1º não se aplicam, isto é, situações em que o valor do tributo devido não deve ser entregue ao ente contratante.

- *Imposto federal sobre bens e serviços prejudiciais à saúde e ao meio ambiente* – O art. 153, inciso VIII, da CF/1988, incluído pela EC 132/2023, estabeleceu nova competência para a União instituir impostos sobre a "produção, extração, comercialização ou importação de bens e serviços prejudiciais à saúde ou ao meio ambiente, nos termos de lei complementar". Note-se que a lei complementar deve descrever a regra-matriz de incidência do imposto;
- *Imunidade específica do ITCMD e regulação por lei complementar* – O art. 155, § 1º, inciso VI, da CF/1988, incluído pela EC 132/2023, que veiculou a chamada reforma tributária, determina que o ITCMD "não incidirá sobre as transmissões e as doações para as instituições sem fins lucrativos com finalidade de relevância pública e social, inclusive as organizações assistenciais e beneficentes de entidades religiosas e institutos científicos e tecnológicos, e por elas realizadas na consecução dos seus objetivos sociais, observadas as condições estabelecidas em lei complementar". Cabe a lei complementar estabelecer as condições que devem ser observadas para que transmissões e doações às entidades acima mencionadas sejam imunes ao imposto;
- *Imposto sobre bens e serviços* – A EC 132/2023 introduziu o art. 156-A no texto da Constituição, estabelecendo o seguinte: "Lei complementar instituirá imposto sobre bens e serviços de competência compartilhada entre Estados, Distrito Federal e Municípios". Note-se que lei complementar federal deve descrever a regra-matriz de incidência do tributo, com exceção das alíquotas, que ficam a cargo de leis estaduais, distrital e municipais (CF, art. 156-A, § 1º, V);
- *Regulamentação do IBS* – Além da instituição, o IBS deve ser regulamentado, em muitos aspectos, por lei complementar. Esta lei apresenta nítido caráter de lei nacional:

  - *Não cumulatividade* – De acordo com o art. 156-A, § 1º, VIII, o IBS "será não cumulativo, compensando-se o imposto devido pelo contribuinte com o montante cobrado sobre todas as operações nas quais seja adquirente de bem material ou imaterial, inclusive direito, ou de serviço, excetuadas exclusivamente as consideradas de uso ou consumo pessoal *especificadas em lei complementar* e as hipóteses previstas nesta Constituição;
  - *Disciplina da resolução do senado que fixa a alíquota de referência* – O art. 156-A, § 1º, XII, estabelece: "Resolução do Senado Federal fixará alíquota de referência do imposto para cada esfera federativa, *nos termos de lei complementar*, que será aplicada se outra não houver sido estabelecida pelo próprio ente federativo";

- o *Responsabilidade tributária* – De acordo com o art. 156-A, § 3º, "Lei complementar poderá definir como sujeito passivo do imposto a pessoa que concorrer para a realização, a execução ou o pagamento da operação, ainda que residente ou domiciliada no exterior";
- o *Distribuição do produto da arrecadação, compensação, desoneração etc.* – De acordo com o art. 156-A, § 5º, lei complementar deve regulamentar uma série de aspectos do IBS, tais como a distribuição do produto arrecadado, as formas de compensação, desonerações, ressarcimentos etc.;
- o *Regimes específicos de tributação* – Nos termos do art. 156-A, § 6º, lei complementar deve tratar dos regimes específicos de tributação do IBS, sobretudo, para combustíveis, serviços financeiros, sociedades cooperativas, hotelaria, transporte coletivo de passageiros, operações alcançadas por tratados e convenções internacionais.

- *Comitê gestor do IBS* – Nos termos do art. 156-B da CF/1988, incluído pela EC 132/2023, "os Estados, o Distrito Federal e os Municípios exercerão de forma integrada, exclusivamente por meio do Comitê Gestor do Imposto sobre Bens e Serviços, nos termos e limites estabelecidos nesta Constituição e em *lei complementar*, as seguintes competências administrativas relativas ao imposto de que trata o art. 156-A (...)";
- *Contribuição social sobre bens e serviços (CBS)* – De acordo com o art. 195, inciso V, da CF/1988, incluído pela EC 132/2023, a União tem competência para instituir "contribuição sobre bens e serviços, *nos termos de lei complementar*";
- *Regime fiscal favorecido para biocombustíveis* – O art. 225 da Constituição disciplina a proteção do meio ambiente. O inciso VIII, do § 1º, com redação dada pela EC 132/2023, estabelece que incumbe ao Poder Público: "manter regime fiscal favorecido para os biocombustíveis e para o hidrogênio de baixa emissão de carbono, na forma de lei complementar, a fim de assegurar-lhes tributação inferior à incidente sobre os combustíveis fósseis, capaz de garantir diferencial competitivo em relação a estes, especialmente em relação às contribuições de que tratam o art. 195, I, "b", IV e V, e o art. 239 e aos impostos a que se referem os arts. 155, II, e 156-A".

Jurisprudência do STJ e STF: ISENÇÃO DE COFINS PARA SOCIEDADES CIVIS

A LC nº 70/1991 instituiu a contribuição para o financiamento da seguridade social (COFINS) que incide sobre a receita e o faturamento das empresas. O art. 6º, II, dispõe: "São isentas da contribuição [...] as sociedades civis de que trata o art. 1° do Decreto-Lei n° 2.397, de 21 de dezembro de 1987". Este último dispositivo, por sua vez, dispunha: "A partir do exercício financeiro de 1989, não incidirá o imposto de renda das pessoas jurídicas sobre o lucro apurado, no encerramento de cada período-base, pelas sociedades civis de prestação de serviços profissionais relativos ao exercício de profissão legalmente regulamentada, registradas no Registro Civil das Pessoas Jurídicas e constituídas exclusivamente por pessoas físicas domiciliadas no País". Quer dizer, as sociedades civis de prestação de serviços profissionais cujo registro deve ser efetuado no Registro Civil das Pessoas Jurídicas, como, por exemplo, as sociedades de advogados, médicos etc., estavam isentas da contribuição sobre o faturamento (COFINS). Não obstante, o art. 56 da Lei nº 9.430/96, passou a prever: "As sociedades civis de prestação de serviços de profissão legalmente regulamentada passam a contribuir para a seguridade social com base na receita bruta da prestação de serviços, observadas as normas da Lei Complementar nº 70, de 30 de dezembro de 1991". Em outras palavras, uma lei ordinária dispôs em sentido contrário a uma lei complementar, isto é, a isenção assegurada pela LC 70/91 foi expressamente revogada pela Lei nº 9.430/96. Obviamente os contribuintes se insurgiram contra este entendimento e o questionaram judicialmente. A questão chegou ao STJ, cuja Primeira Seção, em 2003, manifestou-se nos seguintes termos:

> "Permitir-se que uma fonte formal de menor bitola possa revogar a dispensa do pagamento da COFINS, conferida por lei complementar, resulta em desconsiderar a potencialidade hierarquicamente superior da lei complementar frente à lei ordinária" (STJ, EREsp 354.012/SC, 2003).

O STJ entendia, à época, que a relação de hierarquia entre lei complementar e ordinária (de modo que a primeira prevaleceria sobre a segunda), impedia que houvesse a revogação da isenção em detrimento do sujeito passivo tributário. O entendimento fora, inclusive, sumulado (Súmula nº 276 do STJ): "As sociedades civis de prestação de serviços profissionais são isentas da Cofins, irrelevante o regime tributário adotado". Não obstante, a questão chegou ao STF, que entendeu ser competente para a solução do problema, uma vez que a relação entre lei complementar e ordinária possui, no entender da Corte, status constitucional. Em 2008, o Pleno manifestou-se do seguinte modo:

> "Contribuição social sobre o faturamento – COFINS (CF, art. 195, I). Revogação pelo art. 56 da Lei 9.430/96 da isenção concedida às sociedades civis de profissão regulamentada pelo art. 6º, II, da Lei Complementar 70/91. Legitimidade. Inexistência de relação hierárquica entre lei ordinária e lei complementar. Questão exclusivamente constitucional, relacionada à distribuição material entre as espécies legais [...] A LC 70/91 é apenas formalmente complementar, mas materialmente ordinária, com relação aos dispositivos concernentes à contribuição social por ela instituída" (STF, RE 377.457/PR, 2008).

De acordo com o STF, *não existe hierarquia entre lei complementar e ordinária.* O que existe, sim, é a estrita delimitação, pela Constituição, do campo material reservado às primeiras. Assim, a utilização de lei ordinária para dispor sobre matéria reservada à lei complementar desemboca em inconstitucionalidade porque, em última instância, há violação do texto constitucional. Além do mais, a instituição e a disciplina das contribuições sociais previstas no art. 195, I, da CF/1988, dentre as quais se encontra a COFINS, não está sob reserva da lei complementar. Por isso, a LC 70/91 é complementar apenas em sentido formal, isto é, foi aprovada como tal.

No entanto, em termos materiais, quer dizer, com relação à matéria sobre a qual dispõe, é lei ordinária, razão pela qual não há nenhum problema em ser revogada por outra lei ordinária, qual seja, a Lei nº 9.430/96. A decisão acabou por repercutir na jurisprudência do STJ que em 2008 reajustou sua jurisprudência. Para consolidar o novo entendimento a Corte adotou novo enunciado de súmula:

> ***Súmula nº 508 do STJ*** – A isenção da COFINS concedida pelo art. 6º, II, da LC n. 70/1991 às sociedades civis de prestação de serviços profissionais foi revogada pelo art. 56 da Lei n. 9.430/1996.

A) Lei ordinária

A lei ordinária está prevista no art. 59, III, da Constituição. É o veículo normativo mais adequado à inovação no ordenamento jurídico. Nesse sentido, Paulo de Barros Carvalho observa: "A lei ordinária é inegavelmente o item do processo legislativo mais apto a veicular preceitos relativos à regra-matriz dos tributos, assim no plano federal, que no estadual e municipal. É o instrumento por excelência da imposição tributária" (CARVALHO, 2012, p. 94).

De fato, a Constituição, ao preceituar que ninguém será obrigado a fazer ou deixar de fazer alguma coisa, senão em virtude de lei (art. 5º, II, da CF/1988), remete, como regra, à lei ordinária. Da mesma forma, o texto constitucional, ao determinar que é vedado aos entes federativos exigir tributo sem lei que o estabeleça (CF/1988, art. 150, I), refere-se, também como regra, a esta espécie normativa.

A propósito, é preciso sempre ter em mente que o Estado brasileiro é uma República Federativa. Assim, haverá sempre quatro ordens jurídicas autônomas, cada qual estipulando direitos e deveres dentro de seu campo de competência:

- *Lei Federal* – Editada pela União no exercício de competência que representa seus interesses particulares. O órgão responsável é o Congresso Nacional. Considere-se, claro, a participação do Chefe do Poder Executivo, isto é, o Presidente da República, no processo legislativo. Exemplo: lei ordinária federal que institui o imposto sobre a renda e proventos de qualquer natureza (IR);
- *Lei estadual* – Editada pelos Estados-Federados no exercício das competências que lhe são designadas pela Constituição. É aprovada pela Assembleia Legislativa com a participação do Governador do Estado. Exemplo: lei ordinária estadual que institui o imposto sobre a propriedade de veículos automotores (IPVA);
- *Lei distrital* – Editada pelo Distrito Federal no exercício das competências que lhe são reservadas pelo texto constitucional. É aprovada pela Câmara Legislativa com a participação do Governador. Exemplo: lei ordinária distrital que institui o imposto sobre a transmissão de bens imóveis (ITBI);
- *Lei municipal* – Editada pelos Municípios no exercício de suas competências. Aprovada pela Câmara Municipal com a participação do Prefeito. Exemplo: lei ordinária municipal que institui o imposto predial e territorial urbano (IPTU).

A lei ordinária deve ser aprovada por maioria simples (CF/1988, art. 47), ao contrário da lei complementar, que exige maioria absoluta. Importante incumbência da lei ordinária, talvez a mais significativa, é a descrição detalhada da hipótese de incidência tributária, isto é, da regra-matriz de incidência do tributo. Nesse sentido, importa registrar que o art. 97 do CTN representa típico *adensamento* do princípio da legalidade. Quer dizer, especifica os conteúdos da lei tributária, fixando o conjunto de matérias que deve obrigatoriamente ser veiculado por intermédio de lei. Vejamos:

> **CTN, art. 97**. Somente a lei pode estabelecer:
>
> I – a instituição de tributos, ou a sua extinção;
>
> II – a majoração de tributos, ou sua redução, ressalvado o disposto nos artigos 21, 26, 39, 57 e 65;
>
> III – a definição do fato gerador da obrigação tributária principal, ressalvado o disposto no inciso I do § 3º do artigo 52, e do seu sujeito passivo;
>
> IV – a fixação de alíquota do tributo e da sua base de cálculo, ressalvado o disposto nos artigos 21, 26, 39, 57 e 65;
>
> V – a cominação de penalidades para as ações ou omissões contrárias a seus dispositivos, ou para outras infrações nela definidas;
>
> VI – as hipóteses de exclusão, suspensão e extinção de créditos tributários, ou de dispensa ou redução de penalidades.
>
> § 1º Equipara-se à majoração do tributo a modificação da sua base de cálculo, que importe em torná-lo mais oneroso.
>
> § 2º Não constitui majoração de tributo, para os fins do disposto no inciso II deste artigo, a atualização do valor monetário da respectiva base de cálculo.

O dispositivo comporta análise esquematizada:

- *Instituição de tributos ou sua extinção* – Ora, como regra, uma lei apenas pode ser revogada por outra. Assim, se o tributo foi criado por lei ordinária, deve ser revogado por lei ordinária. Se foi criado por lei complementar, apenas por veículo idêntico poderá ser revogado. Ressalte-se que não há impedimento quanto à revogação de lei ordinária por lei complementar, uma vez que esta possui quórum de aprovação qualificado;
- *Majoração de tributos ou sua redução* – O aumento de tributo equivale à nova exigência em face do contribuinte, razão pela qual apenas pode ser veiculada por lei. A redução de tributo, porque interfere com o aspecto quantitativo da hipótese de incidência, deve dar-se por lei também;
- *Definição do fato gerador da obrigação tributária principal e do seu sujeito passivo* – Trata-se da descrição dos aspectos material e pessoal da regra-matriz de incidência tributária. No primeiro caso, a previsão legal do ato, fato ou conduta que desencadeia a obrigação tributária; no segundo, a fixação do contribuinte ou/e responsável pelo adimplemento da obrigação;
- *Fixação de alíquota do tributo e da sua base de cálculo* – Trata-se da fixação do aspecto quantitativo da hipótese de incidência tributária. O contribuinte tem o direito de saber exatamente quanto deve recolher aos cofres públicos.

Ressalte-se os tributos considerados exceção ao princípio da legalidade, de forma que a alíquota pode ser fixada por decreto do Poder Executivo ou ato inferior (II, IE, IPI, IOF, ICMS-Combustíveis e CIDE-Combustíveis);

- *Cominação de penalidades para as ações ou omissões contrárias a seus dispositivos, ou para outras infrações nela definidas* - Muito embora tributo e multa sejam institutos diferentes (art. 3º, do CTN), a fixação das penalidades deve obediência ao princípio da legalidade, razão pela qual apenas a *lei* tem autorização para veiculá-las;
- *Hipóteses de exclusão, suspensão e extinção de créditos tributários, ou de dispensa ou redução de penalidades* - Veremos, oportunamente, que o crédito tributário pode ser suspenso (art. 151, do CTN), extinto (art. 156, do CTN) ou excluído (art. 175, do CTN). Em todos estes casos, tanto quanto na dispensa ou redução de penalidades, há que haver lei em sentido formal;

Vale lembrar que se equipara à majoração do tributo a modificação da sua base de cálculo que importe em torná-lo mais oneroso (CTN, art. 97, § 1º). Nesse caso, portanto, tal alteração deve ser veiculada por meio de lei. Lembre-se também que não constitui majoração de tributo a atualização do valor monetário da respectiva base de cálculo (CTN, art. 97, § 2º). A atualização do valor monetário, isto é, a aplicação dos *índices de correção monetária*, não precisa ser veiculada por meio de lei. Pode sê-lo por decreto do poder executivo, por exemplo.

B) Lei delegada

A lei delegada está prevista no artigo 59, IV, da Constituição Federal. Trata-se de veículo normativo primário de competência do Presidente da República. Representa o exercício de função legislativa atípica, na medida em que a função típica do Poder Executivo é administrar. Por isso, o texto constitucional disciplina sua utilização de forma razoavelmente detalhada. Nesse sentido, o artigo 68 da Constituição estabelece:

> **Art. 68**. As leis delegadas serão elaboradas pelo Presidente da República, que deverá solicitar a delegação ao Congresso Nacional.
>
> § 1º Não serão objeto de delegação os atos de competência exclusiva do Congresso Nacional, os de competência privativa da Câmara dos Deputados ou do Senado Federal, a matéria reservada à lei complementar, nem a legislação sobre:
>
> I – organização do Poder Judiciário e do Ministério Público, a carreira e a garantia de seus membros;
>
> II – nacionalidade, cidadania, direitos individuais, políticos e eleitorais;
>
> III – planos plurianuais, diretrizes orçamentárias e orçamentos.
>
> § 2º A delegação ao Presidente da República terá a forma de resolução do Congresso Nacional, que especificará seu conteúdo e os termos de seu exercício.
>
> § 3º Se a resolução determinar a apreciação do projeto pelo Congresso Nacional, este a fará em votação única, vedada qualquer emenda.

Percebe-se, pois, que o chefe do Poder Executivo, se quiser, poderá exercer função legislativa, desde que solicite autorização ao titular desta função, o Congresso

Nacional. Se o Poder Legislativo federal opta por autorizar o chefe do Poder Executivo a legislar por meio desse instrumento normativo, a delegação ao Presidente da República terá a forma de resolução do Congresso Nacional, que especificará seu conteúdo e os termos de seu exercício.

Pergunta-se: é possível a instituição ou o aumento da carga tributária por meio de lei delegada? Em princípio sim, pois não há qualquer impedimento, senão aqueles que decorrem do próprio texto constitucional.

Luciano Amaro explica: "As leis delegadas prestam-se à criação de tributos (ressalvados os que demandem lei complementar), matéria que não se inclui entre as vedadas pelo art. 68. No direito tributário, não se tem feito uso desse modelo normativo, que, previsto na Constituição de 1967, sofria então a concorrência dos decretos-lei e dos projetos de urgência, mecanismos mais céleres que o das leis delegadas; na atual Constituição, as medidas provisórias têm deixado no esquecimento a figura da lei delegada" (AMARO, 2011, p. 197). Duas observações importantes devem ser extraídas desse ensinamento:

- *Lei delegada e medida provisória* – A medida provisória, veremos logo mais, dispensa a análise prévia do Congresso Nacional. O Presidente da República adota a medida que, a partir de sua publicação, tem força de lei. Apenas depois o Congresso Nacional fará sua análise, aprovando-a ou rejeitando-a. Por isso, a lei delegada acabou fadada ao esquecimento, uma vez que exige a análise *prévia* do Congresso Nacional, o que restringe o âmbito de atuação do chefe do Poder Executivo;
- *Vedação da utilização de lei delegada para tributos sujeitos à lei complementar* – De acordo com o artigo 68, § 1º, *não* será objeto de delegação, dentre outras, a matéria *reservada à lei complementar*. Assim, todas as matérias constantes do artigo 146 da Constituição, por exemplo, estão fora do alcance das leis delegadas. Além do mais, os tributos para os quais a Constituição exige lei complementar para a instituição também *não* podem ser objeto de lei complementar, a saber.

C) Medida provisória

A medida provisória está prevista no artigo 59, V, da CF/1988. Tal qual a lei delegada, é veículo normativo de competência exclusiva do Presidente da República. Por ser instrumento primário, busca fundamento de validade imediato na Constituição Federal. Tem, portanto, autorização para inovar na ordem jurídica, criando direitos e obrigações. A medida provisória representa exercício de função legislativa por meio da qual se veicula norma geral e abstrata.

Sabemos, contudo, que o exercício de função legislativa é atribuição típica do Poder Legislativo. A edição de normas gerais e abstratas que inovam no ordenamento jurídico, em âmbito federal, foi atribuída, como regra, ao Congresso Nacional. Por isso, a medida provisória, uma vez que está sob a competência do Presidente da República, significa exercício de função legislativa atípica. Justamente por isso, apenas pode ser utilizada em casos *relevantes* e *urgentes*. Nesse sentido, o artigo 62, *caput*, da CF/1988, estabelece:

> **CF, art. 62.** Em caso de relevância e urgência, o Presidente da República poderá adotar medidas provisórias, com força de lei, devendo submetê-las de imediato ao Congresso Nacional.

Sim, apenas em casos de relevância e urgência, porque o Presidente da República não deve legislar, a não ser excepcionalmente. Desse modo, o § 5º do artigo 62 determina:

> **CF, art. 62.** (...)
>
> § 5º A deliberação de cada uma das Casas do Congresso Nacional sobre o mérito das medidas provisórias dependerá de juízo prévio sobre o atendimento de seus pressupostos constitucionais.

O Poder Legislativo, antes de averiguar o conteúdo da medida, deve decidir sobre a urgência e relevância de sua edição.

Nos termos do artigo 62, *caput*, a medida provisória tem "força de lei". Quer dizer, a medida adotada pelo Presidente da República, em caso de relevância e urgência, não viola o princípio da legalidade. Ora, se "ninguém é obrigado a fazer ou deixar de fazer alguma coisa senão em virtude de lei" (art. 5º, II, da CF/1988) e a medida provisória tem "força de lei", conclui-se que as pessoas podem ser obrigadas a fazer ou deixar de fazer em virtude de medida provisória.

Entretanto, uma vez que a função legislativa típica pertence ao Poder Legislativo, a Constituição determina que a medida provisória, assim que adotada pelo Presidente da República, seja imediatamente submetida ao Congresso Nacional. Cabe-lhe a última palavra sobre a validade da medida adotada pelo chefe do Poder Executivo. Dessa forma, o § 3º do artigo 62 prescreve:

> **CF, art. 62.** [...]
>
> § 3º As medidas provisórias, ressalvado o disposto nos §§ 11 e 12 perderão eficácia, desde a edição, se não forem convertidas em lei no prazo de sessenta dias, prorrogável, nos termos do § 7º, uma vez por igual período, devendo o Congresso Nacional disciplinar, por decreto legislativo, as relações jurídicas delas decorrentes.

Em outras palavras, o Congresso Nacional deve apreciar a medida provisória em até 60 (sessenta dias), prazo que pode ser prorrogado uma vez por igual período. Portanto, a validade da medida pode estender-se por 120 (cento e vinte) dias. Se aprová-la, deve convertê-la em lei ordinária. Caso a rejeite, seus efeitos cessam desde a edição, devendo o Poder Legislativo editar *decreto legislativo* para disciplinar as condutas adotadas pelos particulares durante esse período.

Pois bem, uma vez que tem "força de lei", a medida provisória seria fonte de direito tributário? A resposta é afirmativa. Embora tenha havido, e ainda exista, por parte da doutrina nacional, grande rejeição à utilização desta espécie normativa, não resta dúvida de que a medida provisória é fonte de direito tributário, podendo, inclusive, *instituir ou aumentar tributos federais*. Nesse sentido, a EC nº 32, de 2001, acrescentou o § 2º ao artigo 62, nos seguintes termos:

> **CF, art. 62.** [...]
>
> § 2º Medida provisória que implique instituição ou majoração de impostos, exceto os previstos nos arts. 153, I, II, IV, V, e 154, II, só produzirá efeitos no exercício financeiro seguinte se houver sido convertida em lei até o último dia daquele em que foi editada.

Quer dizer, no que tange aos impostos, a medida provisória adotada pelo Presidente da República (estamos falando, portanto, somente de impostos federais) apenas produzirá efeitos no exercício financeiro seguinte se for convertida em lei até o último dia do exercício em que foi publicada.

Constitui exceção e, portanto, produz efeitos imediatos (observadas regras de anterioridade comum e nonagesimal), a medida provisória que se refira aos impostos sobre a importação (II), exportação (IE), produtos industrializados (IPI), operações financeiras (IOF) e extraordinários de guerra (IEG).

É uma tentativa do legislador constituinte reformador de conciliar a urgência da medida provisória, com o princípio da anterioridade tributária (art. 150, III, *b* e *c*, da CF/1988).

A medida provisória que implicar instituição ou aumento de outras espécies de tributos também deve observar o princípio da anterioridade. Contudo, não há a restrição apontada pelo § 2º do artigo 62, de maneira que se deve observar a regra da anterioridade contando-se a partir da publicação da medida. Esse é, aliás, posicionamento antigo do STF:

> "O termo *a quo* do prazo de anterioridade da contribuição social criada ou aumentada por medida provisória é a data de sua primitiva edição, e não daquela que – após sucessivas reedições – tenha sido convertida em lei" (STF, RE 419.010/RJ, 2006).

Cumpre assinalar, finalmente, que medida provisória não pode versar sobre matéria reservada à lei complementar, nos termos do artigo 62, § 1º, III, da Constituição. Fica vedada, por exemplo, a adoção de medida provisória para a instituição ou aumento de empréstimos compulsórios (CF/1988, art. 148); imposto sobre grandes fortunas (CF/1988, art. 153, VII); impostos residuais da União (CF/1988, art. 154, I) e contribuições sociais residuais destinadas à seguridade social (CF/1988, art. 195, § 4º c.c. 154, I).

Seria possível a utilização desse instrumento normativo para a disciplina de outros elementos relativos à relação jurídica tributária, como a definição de obrigação tributária, crédito tributário, lançamento, etc.? A resposta é negativa na medida em que o artigo 146 da Constituição reserva tais matérias à disciplina por lei complementar. Devemos, por isso, reconhecer que utilização de medida provisória como fonte de direito tributário assume caráter excepcional.

D) Decreto legislativo e tratados internacionais: artigo 98 do CTN

O decreto legislativo está previsto no artigo 59, VI, da Constituição Federal. Trata-se de ato normativo de competência exclusiva do Congresso Nacional.

Sabemos que o Poder Legislativo federal é bicameral, pois o Congresso é composto por duas casas: a Câmara dos Deputados e o Senado Federal. Sempre que a Constituição reserva determinada matéria à manifestação do Congresso Nacional (e não simplesmente da Câmara ou do Senado, separadamente), o ato normativo a ser utilizado é o decreto legislativo. É o que ocorre nos casos previstos no artigo 49 do texto constitucional. Não custa ressaltar que nesses casos não há participação do Presidente da República.

Como fonte de direito tributário, cumpre duas importantes funções:

- *Disciplina jurídica da medida provisória rejeitada* – De acordo com o artigo 62, § 3º, da CF/1988, "as medidas provisórias, ressalvado o disposto nos §§ 11 e 12 perderão eficácia, desde a edição, se não forem convertidas em lei no prazo de sessenta dias, prorrogável, nos termos do § 7º, uma vez por igual período, devendo o Congresso Nacional disciplinar, por decreto legislativo, as relações jurídicas delas decorrentes". A medida provisória tem força de lei e produz efeitos imediatamente à sua publicação. O Congresso Nacional, contudo, pode rejeitá-la caso os pressupostos constitucionais não sejam observados ou o conteúdo da medida não for politicamente oportuno ou conveniente. Nesse caso, quer dizer, na hipótese em que não é convertida em lei, deve-se reconhecer que, no período em que permaneceu válida, a medida provisória disciplinou juridicamente determinadas condutas. Por isso, de acordo com a Constituição, cabe ao decreto legislativo dispor sobre tais relações jurídicas, no sentido de "remediar" as consequências oriundas da rejeição da medida provisória. Caso a medida tenha por objeto a disciplina de relações tributárias, o decreto legislativo será fonte de direito tributário;
- *Integração de tratados internacionais à ordem jurídica interna* – "Tratado é todo acordo formal concluído entre sujeitos de direito internacional público, e destinado a produzir efeitos jurídicos" (REZEK, 2002, p. 14). Dois ou mais Estados soberanos contraem obrigações recíprocas, mutuamente vinculantes, sendo certo que o tratado internacional é o instrumento normativo por intermédio do qual direitos e deveres são fixados juridicamente. Ocorre que o tratado internacional precisa ser inserido na ordem jurídica interna para que passe a obrigar os Estados pactuantes. Além do mais, o tratado tem que estar de acordo com a Constituição Federal para que crie direitos e obrigações para os nacionais. Por isso, existe um procedimento de integração do acordo internacional à ordem jurídica interna. O decreto legislativo, nesse caso, cumpre papel fundamental, pois é o ato normativo adequado à internalização do tratado. Se este versar sobre matéria tributária, então o decreto é fonte de direito tributário. Não é outra a lição de Paulo de Barros Carvalho: "Esclareça-se que os tratados e as convenções internacionais, bem como os convênios interestaduais, não são portadores de força vinculante.

É imperioso, por decorrência do princípio da legalidade, que a ordem jurídica recolha a matéria desses atos multilaterais de vontade, sem o que não se dá a produção de normas válidas no direito pátrio. E é precisamente por essa razão que o decreto legislativo assume importância significativa como instrumento primário de introdução de regras tributárias" (CARVALHO, 2012, p. 106, 107).

À luz desta última função desempenhada pelos decretos legislativos, qual seja, a de internalização de tratados internacionais, cumpre averiguar a posição destes no interior do ordenamento jurídico brasileiro quando tratam de matéria tributária. Luciano Amaro observa: "Os tratados internacionais têm, modernamente, uma grande atuação no campo dos tributos, ao estabelecerem mecanismos que evitam a dupla tributação internacional de rendimentos e reduzem ou excluem ônus tributários no comércio exterior" (AMARO, 2011, p. 202).

De fato, imagine-se que certa empresa brasileira preste serviço em algum país estrangeiro. Como resultado dessa atividade econômica obtém, naquele país, renda e proventos de qualquer natureza. Ora, se lá houver a cobrança de imposto sobre a renda (IR) e a empresa deseja enviar parte de seus resultados ao Brasil, então será constrangida a recolher duas vezes o imposto: primeiro para o país estrangeiro; segundo para o Brasil. Os acordos internacionais têm como objetivo, dentre outros, evitar ou amenizar, essa dupla tributação.

Como vimos, o tratado ingressa no ordenamento jurídico interno, como regra, com status de lei ordinária. Isso significa que pode ser revogado por outra lei que disponha contrariamente. Ocorre, contudo, que o artigo 98 do Código Tributário Nacional parece dispor de maneira diversa. O dispositivo estabelece:

CTN, art. 98. Os tratados e as convenções internacionais revogam ou modificam a legislação tributária interna, e serão observados pela que lhes sobrevenha.

Luciano Amaro explica: "Segundo o testemunho de Gilberto Ulhôa Canto, esse dispositivo foi inserido com a intenção de firmar o primado dos tratados internacionais sobre a lei interna. Embora o assunto agitasse a doutrina, estava assente no Supremo Tribunal Federal, na época de edição do Código Tributário Nacional, a posição que este quis consagrar no referido artigo. Com o preceito codificado, portanto, ter-se-ia pretendido que, nas situações objeto de norma de tratado, eventual disposição contrária da lei interna – mesmo quando posterior ao tratado – teria de ceder o passo para o preceito convencional" (AMARO, 2012, p. 202).

Portanto, o artigo 98 do CTN, lido de maneira literal, determina que os tratados internacionais sobre matéria tributária: revogam ou alteram a legislação ordinária já existente, no que forem contrários; *não* são revogados ou alterados por legislação interna posterior que, eventualmente, disponha em sentido diverso.

A propósito, Valerio de Oliveira Mazzuoli observa: "Tal dispositivo, como se percebe nitidamente, atribui primazia aos tratados internacionais em matéria tributária sobre toda a legislação tributária interna, apontando para o fato de os tratados revogarem ou modificarem as normas domésticas sem, contudo, poderem ser revogados por estas, o que evidentemente lhes atribui um *status* de supralegalidade absoluto dentro do sistema jurídico-tributário nacional, em respeito à regra *pacta sunt servanda* inscrita no art. 26 da Convenção de Viena sobre o Direito dos Tratados. Aliás, verdade seja dita: o art. 98 do CTN é o único dispositivo existente, em toda a legislação brasileira, a atribuir expressa primazia do tratado sobre a nossa legislação doméstica" (MAZZUOLI, 2007, p. 315).

Diante da particularidade da situação no âmbito do direito tributário, a doutrina enfrenta a questão a partir do chamado *conflito aparente de normas*. Quer dizer, se o tratado internacional colide com a lei ordinária na disciplina de determinada matéria tributária, cabe a aplicação dos mecanismos pelos quais as antinomias jurídicas são solucionadas. Nesse caso, trata-se de aplicar a norma especial em detrimento da norma geral.

Luciano Amaro esclarece: "O conflito entre lei interna e o tratado resolve-se, pois, a favor da norma especial (do tratado), que excepciona a norma geral (da lei interna), tornando-se indiferente que a norma interna seja anterior ou posterior ao tratado. Este prepondera em ambos os casos (abstraída a discussão sobre se ele é ou não superior à lei interna) porque traduz preceito especial, harmonizável com a norma geral" (AMARO, 2011, p. 205).

Não se trata, pois, de saber se o tratado é hierarquicamente superior à lei nacional ou não. Trata-se apenas de aplicar, para o caso específico regido pelo tratado internacional, a norma especial. Assim, a norma especial (o tratado) prevalece sobre a geral (a lei interna), independentemente do momento em que esta foi publicada (se antes ou depois do acordo internacional).

De qualquer maneira, não resta dúvida de que o artigo 98 do CTN concede ao tratado internacional uma espécie de "posição privilegiada" dentro do sistema normativo. Ocorre, contudo, que, com exceção das emendas constitucionais, não existe hierarquia entre as espécies normativas previstas no artigo 59 do texto constitucional.

Assim, indaga-se: em que medida o CTN, que possui status de lei complementar, tem competência para conceder tratamento privilegiado aos tratados internacionais em detrimento das leis ordinárias?

A doutrina relata que o STF adotou posição no sentido de que os tratados internacionais, por serem incorporados ao ordenamento jurídico com status de lei ordinária, cedem passo a leis posteriores que eventualmente disponham em sentido contrário.

Eduardo Sabbag, a propósito, observa: "O STF firmou jurisprudência iterativa, após acessas discussões, ratificando que os tratados internacionais comuns (à exceção dos tratados de direitos humanos) incorporam-se ao direito interno com o mesmo *status* das leis ordinárias, havendo, *ipso facto*, entre estas e os atos de direito internacional, mera relação de paridade normativa. A consequência é simples: para o STF, se uma lei interna de caráter meramente ordinário, posterior a um tratado comum, já internalizado, for com este incompatível, o tratado deixará de ser aplicado, prevalecendo a lei interna. Como consequência, no plano interno, despontaria a denúncia do diploma internacional, e, no plano internacional, ficaria o país sujeito às eventuais sanções previstas no tratado" (SABBAG, 2014, p. 620).

Ricardo Alexandre segue a mesma trilha: "Contudo, ressalvada a hipótese do § 3º do art. 5º da CF/1988, a jurisprudência do STF é pacífica no sentido de que, após regular incorporação no direito interno, o tratado internacional adquire posição hierárquica idêntica à de uma lei ordinária, não podendo disciplinar, por isso, matéria reservada à lei complementar (ADIMC 1.480 e RE 80.004-SE), mas possibilitando que uma lei ordinária venha a modificá-lo ou revogá-lo internamente (o que equivaleria a uma denúncia no âmbito externo)" (ALEXANDRE, 2013, p. 205).

É necessário ressaltar, no entanto, que neste mesmo precedente mencionado pelos autores há uma ressalva no que concerne ao entendimento adotado pela Corte:

> Os tratados ou convenções internacionais, uma vez regularmente incorporados ao direito interno, situam-se, no sistema jurídico brasileiro, nos mesmos planos de validade, de eficácia e de autoridade em que se posicionam as leis ordinárias, havendo, em consequência, entre estas e os atos de direito internacional público, mera relação de paridade normativa [...] No sistema jurídico brasileiro, os atos internacionais não dispõem de primazia hierárquica sobre as normas de direito interno. *A eventual precedência dos tratados ou convenções internacionais sobre as regras infraconstitucionais de direito interno somente se justificará quando a situação de antinomia com o ordenamento doméstico impuser, para a solução do conflito, a aplicação alternativa do critério cronológico ("lex posterior derogat priori") ou, quando cabível, do critério da especialidade* (STF, Pleno, ADI 1480/MC, 2001).

Posteriormente, em julgamento de recurso extraordinário, o Plenário a Corte esbarrou na matéria e por pouco não a decidiu. Infelizmente o apelo extremo perdeu objeto. A ementa ficou assim redigida:

> [...] No que se refere à condição jurídica dos tratados internacionais em face de normas de direito interno, os principais entendimentos dos Ministros integrantes da corrente a favor do provimento de tal recurso podem ser sintetizados do seguinte modo: de um lado, defendeu-se que (i) tratados internacionais são espécies normativas infraconstitucionais distintas e autônomas, as quais não se confundem com normas federais, tais como decretos-legislativos, decretos executivos, medidas provisórias, leis ordinárias ou leis complementares e (ii) a Carta Federal não respalda o paradigma dualista; de outro lado, alegou-se existir paridade normativa entre atos internacionais e leis infraconstitucionais de direito interno, resolvendo-se as antinomias entre essas normas pelo critério cronológico ou da especialidade e ressalvando-se os tratados e as convenções internacionais sobre direitos humanos. Argumentou-se, também, que o art. 98 do CTN, de modo legítimo, atribui precedência aos tratados ou convenções internacionais em matéria tributária e estabelece, em virtude do critério da especialidade, a suspensão provisória da eficácia e da aplicabilidade do ordenamento positivo interno. O entendimento sobre a alegada afronta ao princípio da isonomia é de que

> o acórdão recorrido confundiu o critério de conexão nacionalidade com o de residência, estendendo a todos os súditos suecos residentes no exterior benefícios fiscais apenas concedidos aos residentes no Brasil (STF, Pleno, RE 460.320/PR, 2020).

Em suma, parece que a questão da problemática interpretação do art. 98 do CTN ainda não foi devidamente solucionada. É sintomático que, à luz da possibilidade concreta de solução de um problema que há muito opõe doutrina e jurisprudência, o STF opte pela solução formalista de considerar a "perda de objeto" do recurso.

JURISPRUDÊNCIA DO STF – TRATADOS INTERNACIONAIS DE DIREITOS HUMANOS

O artigo 5º, § 2º, da CF/1988, estabelece: "Os direitos e garantias expressos nesta Constituição não excluem outros decorrentes do regime e dos princípios por ela adotados, ou dos tratados internacionais em que a República Federativa do Brasil seja parte". À luz desse dispositivo, instaurou-se no interior da doutrina acirrado debate acerca do tema. Para alguns, os tratados internacionais sobre direitos humanos celebrados pela República Federativa do Brasil teriam status de norma constitucional, em virtude do artigo 5º, § 2º. Para outros, os tratados manteriam o mesmo status de lei ordinária. Dessa forma, poderiam ser revogados por outras leis ordinárias, posteriores, que dispusessem de forma contrária. Para tentar solucionar a questão, a EC nº 45/2004 acrescentou o § 3º ao artigo 5º da Constituição, com o seguinte enunciado: "Os tratados e convenções internacionais sobre direitos humanos que forem aprovados, em cada Casa do Congresso Nacional, em dois turnos, por três quintos dos votos dos respectivos membros, serão equivalentes às emendas constitucionais". Quer dizer, o tratado internacional sobre *direitos humanos*, aprovado pelo Congresso Nacional com a mesma sistemática utilizada para a aprovação das emendas constitucionais (CF/1988, art. 60, § 3º), goza do mesmo status destas últimas. Em outras palavras, é *materialmente* constitucional. O que será, contudo, do tratado internacional sobre *direitos humanos* que *não* seja aprovado pelo mesmo rito exigido para a aprovação das emendas à Constituição? Permanece com status de lei ordinária? Nesse caso, o STF decidiu que os tratados têm status *supralegal*. Estão *entre* a Constituição e as demais espécies constantes do artigo 59 da CF/1988 (exceto as emendas à Constituição, que têm status constitucional). Assim, uma vez que estão imediatamente acima das leis ordinárias e complementares, *paralisam as eficácias destas*, toda vez que as disposições legais contrariarem o conteúdo dos tratados que protegem direitos humanos. O tratado em matéria tributária, em razão do art. 98 do CTN, prevalece no confronto com lei interna que eventualmente o contrarie, seja o pacto anterior ou posterior à legislação nacional. Trata-se do primado da lei especial no confronto com a lei geral. Não é impossível, contudo, que um tratado em matéria tributária tenha como conteúdo normas protetivas dos direitos humanos. Basta pensar em um tratado que veicule isenção sobre alimentos que compõem a cesta básica de populações carentes em todo o mundo. Ou tratado que desonere mercadorias, bens e serviços utilizados em ações humanitárias, como remédios, por exemplo. Assim, a depender da situação, existem três possibilidades:

- Tratado em matéria tributária que veicule normas protetivas de direitos humanos, com observância do art. 5º, § 3º, da CF/1988 – aprovado nos termos desse dispositivo, o tratado equivale à emenda constitucional;
- Tratado em matéria tributária que veicule normas protetivas de direitos humanos em que *não* há observância do art. 5º, § 3º, da CF/1988 – nesse caso, o tratado tem status supralegal, isto é, situa-se entre a Constituição e os atos normativos do artigo 59 da CF/1988, razão pela qual paralisa a eficácia das disposições que lhe forem contrárias;
- Tratado internacional em matéria tributária que não veicule normas protetivas dos direitos humanos – nesse caso, o acordo internacional segue é incorporado de acordo com o que determina o artigo 98 do CTN: "Os tratados e as convenções internacionais revogam ou modificam a legislação tributária interna, e serão observados pela que lhes sobrevenha".

E) Resolução

A resolução está prevista no artigo 59, VII, da CF/1988. Trata-se de instrumento normativo de competência exclusiva da Câmara dos Deputados e do Senado Federal, nas ocasiões em que devem se manifestar separadamente. É o que ocorre nos casos previstos nos artigos 51 e 52 do texto constitucional.

Assim, por exemplo, o Senado determina, por resolução, as providências cabíveis nos casos em que deve "avaliar periodicamente a funcionalidade do Sistema Tributário Nacional, em sua estrutura e seus componentes, e o desempenho das administrações tributárias da União, dos Estados, do Distrito Federal e dos Municípios" (art. 52, XV, da CF/1988).

Como fonte de direito tributário, as *resoluções do Senado Federal cumprem importante papel no que toca aos impostos de competência dos Estados e Distrito Federal.* E não poderia ser diferente, uma vez que o Senado é a casa representativa desses entes federativos, de acordo com o artigo 46 do texto constitucional.

Vejamos os dispositivos mais importantes:

- *Imposto sobre transmissão "causa mortis" e doação de quaisquer bens ou direitos (art. 155, I, da CF/1988)* – O ITCMD incide sobre as transmissões de propriedade que ocorrem por ocasião do falecimento de alguém (herança) ou pela doação de bens ou direitos. De acordo com o artigo 155, § 1º, inciso IV, o imposto "terá suas *alíquotas máximas* fixadas pelo Senado Federal". As alíquotas máximas devem ser fixadas por *resolução* para impedir o abuso na instituição do imposto por quaisquer Estados da federação. Nesse sentido, o Senado adotou, em 1992, a Resolução nº 09, cujo artigo 1º prescreve: "A alíquota máxima do imposto de que trata a alínea *a*, inciso I, do art. 155 da Constituição Federal será de oito por cento, a partir de 1° de janeiro de 1992". O texto se refere à alínea *a*, do inciso I, do artigo 155, porque a Resolução foi adotada antes da Emenda Constitucional nº 03, de 1993, que alterou a redação do artigo 155 do texto constitucional;

- *Imposto sobre operações relativas à circulação de mercadorias e sobre prestações de serviços de transporte interestadual e intermunicipal e de comunicação, ainda que as operações e as prestações se iniciem no exterior (art. 155, II, da CF/1988)* – No que tange ao ICMS, as resoluções do Senado Federal são importantes em *duas* circunstâncias abaixo assinaladas:
    - *Operações e prestações interestaduais e de exportação* – Nos termos do artigo 155, § 2º, inciso IV, "resolução do Senado Federal, de *iniciativa* do Presidente da República ou de um terço dos Senadores, aprovada pela *maioria absoluta* de seus membros, *estabelecerá* as *alíquotas* aplicáveis às operações e prestações interestaduais e de exportação". A Constituição determina a participação do Senado na fixação das *alíquotas* do ICMS com vistas a prevenir eventuais guerras fiscais entre os Estados membros. Por isso, nas operações *interestaduais* e de *exportação*, deve-se observar: (a) o texto constitucional utiliza a expressão "estabelecerá", o que significa tratar-se de um mandamento constitucional e, portanto, obrigação do Senado, e não de uma faculdade; (b) a *iniciativa* para a adoção da resolução é do Presidente da República *ou* de um terço dos Senadores; (c) o projeto de resolução deve ser aprovado por *maioria absoluta* do Senado, e (d) a resolução deve fixar as *alíquotas* incidentes nesses casos;
    - *Operações internas* – No caso das operações *internas* (o inciso IV, analisado logo acima, refere-se às operações *interestaduais* e de *exportação*), o artigo 155, § 2º, V, determina que "é facultado ao Senado Federal": (a) estabelecer alíquotas mínimas nas operações internas, mediante resolução de iniciativa de um terço e aprovada pela maioria absoluta de seus membros (alínea *a*); (b) fixar alíquotas máximas nas mesmas operações para resolver conflito específico que envolva interesse de Estados, mediante resolução de iniciativa da maioria absoluta e aprovada por dois terços de seus membros (alínea *b*);
- *Imposto sobre a propriedade de veículos automotores (art. 155, III, da CF/1988)* – Os Estados e o Distrito Federal têm competência para a instituição e cobrança do IPVA. De acordo com o artigo 155, § 6º, I, acrescentado pela EC nº 42/2003, o imposto "terá alíquotas mínimas fixadas pelo Senado Federal". Uma vez mais, desponta a preocupação do legislador com a guerra fiscal entre os entes da federação. Dessa maneira, o Senado deve fixar por resolução as alíquotas mínimas do imposto, de modo a evitar que os Estados e o Distrito Federal concorram entre si com o intuito de terem os veículos licenciados em seu território;

ATENÇÃO! Reforma tributária!

- *Imposto sobre bens e serviços (IBS)* – O artigo 156-A, acrescentado à Constituição Federal pela Emenda Constitucional nº 132/2023, estabeleceu, em seu inciso XII, que "resolução do Senado Federal fixará alíquota de referência do imposto para cada esfera federativa, nos termos de lei complementar, que será aplicada se outra não houver sido estabelecida pelo próprio ente federativo". Note-se que, embora deva ser instituído por lei complementar federal, as alíquotas do IBS devem ser estabelecidas por lei específica dos Estados, DF e Municípios (CF, art. 156-A, § 1º, V). Nesse sentido, resolução do Senado deve fixar as *alíquotas de referência*, que funcionarão como parâmetro para as leis estaduais, distrital e municipais. Se, no entanto, os entes federativos permanecerem em inércia, então as alíquotas aplicáveis serão aquelas estabelecidas pela resolução senatorial. Ressalte-se o disposto no art. 130, § 1º, do ADCT: "§ 1º As alíquotas de referência serão fixadas no ano anterior ao de sua vigência, não se aplicando o disposto no art. 150, III, "c", da Constituição Federal, com base em cálculo realizado pelo Tribunal de Contas da União";

- *Contribuição social sobre bens e serviços (CBS)* – Tal ocorre com o IBS, também a CBS deve observar as alíquotas de referência estabelecidas por resolução do Senado Federal. De fato, o art. 130, *caput*, do ADCT, incluído pela EC 132/2023, determina: "Resolução do Senado Federal fixará, para todas as esferas federativas, as alíquotas de referência dos tributos previstos nos arts. 156-A e 195, V, da Constituição Federal, observados a forma de cálculo e os limites previstos em lei complementar, de forma a assegurar (...)". Ressalte-se o disposto no art. 130, § 1º, do ADCT: "§ 1º As alíquotas de referência serão fixadas no ano anterior ao de sua vigência, não se aplicando o disposto no art. 150, III, "c", da Constituição Federal, com base em cálculo realizado pelo Tribunal de Contas da União";

23.2.2 Instrumentos normativos secundários

Não apenas os intrumentos normativos primários estão autorizados a criar deveres aos sujeitos passivos tributários. Os instrumentos secundários, ligados àqueles, também estão. Paulo de Barros Carvalho, a propósito, observa: "Os instrumentos secundários são todos os atos normativos que estão subordinados à lei. Não obrigam os particulares e, quanto aos funcionários públicos, devem-lhe obediência não propriamente em vista de seu conteúdo, mas por obra da lei que determina sejam observados os mandamentos superiores da Administração" (CARVALHO, 2012, p. 107).

Os instrumentos primários previstos no artigo 59 da Constituição Federal estão autorizados a inovar na ordem jurídica: criam direitos e obrigações. Os instrumentos secundários não. Apenas dão executoriedade aos mandamentos primários, especialmente às leis. Esclarecem, concretizam, singularizam as determinações legais, mas não podem inovar na ordem jurídica.

A) Decreto do Poder Executivo: artigo 99 do CTN

O art. 84, IV, da Constituição, estabelece:

> **CF, art. 84.** Compete privativamente ao Presidente da República:
>
> [...]IV – sancionar, promulgar e fazer publicar as leis, bem como expedir decretos e regulamentos para sua fiel execução.

O dispositivo exprime o fundamento de validade do chamado poder regulamentar, função que cabe ao Poder Executivo. O decreto e o regulamento são tidos, atualmente, como figuras sinônimas, atos administrativos de caráter normativo semelhante. A Constituição Federal alude a eles no art. 84, IV, como forma pela qual o Presidente da República dá curso à fiel execução das leis. Não têm natureza jurídica legislativa.

Os decretos podem ser caracterizados como atos que provêm da manifestação de vontade dos chefes do Poder Executivo, o que os torna resultantes de competência administrativa específica. Já os regulamentos são atos que dispõem sobre meios instrumentais necessários ao cumprimento das normas tributárias em geral, esclarecendo contribuintes e Fisco a respeito das formalidades e regras a serem cumpridas no dever de exação e de recolhimento dos tributos.

Normalmente são expedidos por ministros de Estado ou secretários municipais ou estaduais, no âmbito de suas respectivas funções técnico-administrativas.

O regulamento não poderá interferir nem limitar, por si só, a liberdade ou a propriedade dos cidadãos, sem que a lei tenha feito isso antes. Assim, é possível entender que o regulamento está subordinado às determinações da lei, não podendo ir além do que está prescrito legalmente, isto é, não poderá inovar no ordenamento jurídico por ser considerado fonte secundária do direito.

Quando a lei estabelece uma ordem, é impossível que nela estejam contidos todos os detalhes para seu cumprimento. Nesse momento surge o regulamento para criar as condições ideais para que a lei seja obedecida de forma correta e equânime. Ressalta-se que, se ocorrer de o regulamento ultrapassar seu âmbito de função, ou melhor, se tentar disciplinar matéria estranha à lei, será decretada sua nulidade.

a) Função secundária

De acordo com o art. 84, IV, primeira parte, da CF/1988, o chefe do Poder Executivo participa do processo legislativo, função que é típica do Poder Legislativo, através da sanção, promulgação e publicação das leis. Exerce, neste caso, atividade ligada ao chamado sistema de freios e contrapesos.

Por outro lado, cabe ao Presidente da República expedir decretos e regulamentos para a fiel execução das leis (art. 84, IV, segunda parte). O que isso significa? Ora, leis são atos normativos primários, caracterizados por sua natureza geral e abstrata. São ordens de conduta, institucionalizadas, direcionadas a todas as pessoas e que descrevem atos ou condutas, mas apenas em tese.

Uma vez que são comandos gerais e abstratos, as leis demandam, em certas circunstâncias, algumas especificações. O objetivo é viabilizar sua aplicação a casos singulares e concretos. Quer dizer, necessita-se de um ato normativo, ligado à lei, mas que com ela não se confunde, pois cumpre a função de especificá-la, particularizá-la para lhe dar executoriedade, isto é, permitir sua aplicação à realidade prática.

É aí que entra o decreto do Poder Executivo. De acordo com o artigo 84, IV, da CF/1988, cumpre-lhe dar executoriedade às leis. Dessa forma, nos termos do esquema constitucional, cabe às leis, como ordens de condutas *primárias*, gerais e abstratas, *inovar* na ordem jurídica, criar direitos e obrigações. Aos decretos cabe, como normas gerais e abstratas *secundárias*, especificar o alcance das leis, viabilizando sua aplicação aos casos concretos. Os decretos, contudo, *não* podem inovar na ordem jurídica, quer dizer, *não* estão autorizados a criar direitos ou obrigações.

Em âmbito tributário, os decretos são peças normativas importantes porque dão executoriedade a uma série de leis. Justamente por isso, o artigo 99 do CTN refere-se a eles nos seguintes termos:

> **CTN, art. 99.** O conteúdo e o alcance dos decretos restringem-se aos das leis em função das quais sejam expedidos, determinados com observância das regras de interpretação estabelecidas nesta Lei.

Hugo de Brito Machado observa que o dispositivo tem caráter meramente didático. Uma vez que o decreto é ato normativo secundário, não pode contrariar, ampliar ou reduzir o alcance da lei. Está proibido de inovar no ordenamento jurídico: "Ainda que em nosso ordenamento jurídico nada houvesse a respeito da posição inferior dos decretos e regulamentos em relação às leis, tais atos normativos não podiam ter posição diferente na hierarquia das normas do sistema" (MACHADO, 2004, p. 87).

Eduardo Sabbag ressalta outra importante função dos decretos executivos, qual seja, a de "veicular (ou instituir) os Regulamentos (RIR, RIPI, RICMS, RISS, entre outros), consolidadores de leis tributárias afetas aos impostos (IR, IPI, ICMS e ISS, entre outros). Como é cediço, à lei compete instituir o tributo e, quando o faz, define, *v.g.*, a obrigatoriedade da emissão do documentário fiscal (notas fiscais, livros, etc.). No entanto, a própria lei não definirá os modelos e formatos a serem empregados, ficando tais providências a cargo da regulamentação por decreto" (SABBAG, 2014, p. 604).

Em suma, decreto executivo é ato normativo geral, abstrato e secundário. Representa exercício de função normativa por parte do chefe do Poder Executivo. O objetivo é dar executoriedade às leis que criam direitos e obrigações. Não pode, portanto, contrariar, ampliar ou reduzir o alcance das determinações legais.

b) Função primária

É importante não confundir os *decretos regulamentares* acima estudados, com os decretos do Poder Executivo previstos nos artigos 153, § 1º, e 177, § 4º, I, *b*, da Constituição Federal.

Os decretos regulamentares, cujo fundamento encontra-se no artigo 84, IV, da CF/1988, têm como objetivo dar executoriedade às leis aprovadas pelo Poder Legislativo federal. Sem inovar na ordem jurídica, devem especificar os preceitos legislativos de modo a que a lei tenha aplicação nos casos singulares e concretos.

Os decretos previstos nos artigos 153, § 1º e 177, § 4º, I, *b*, da Constituição, por outro lado, estão autorizados, pelo texto próprio constitucional, a alterar as alíquotas dos tributos ali previstos dentro dos limites estabelecidos em lei.

Em outras palavras, podem alterar parte do *aspecto quantitativo* da regra-matriz de incidência tributária daqueles tributos, ou seja, a alíquota. Ocorre que a regra-matriz de incidência do tributo, como sabemos, está sob a reserva de estrita legalidade. Portanto, em decorrência de autorização dada pela própria Constituição, *tais decretos têm força de lei formal*, razão pela qual são estudados por ocasião da análise do princípio da legalidade, sob a rubrica das exceções a tal princípio.

Luciano Amaro, a propósito, esclarece: "Assim, por exemplo, o decreto do Presidente da República que modifica a alíquota do IOF (obedecidas as condições e os limites definidos na em lei) é lei material e tem força equivalente à da lei formal, já que é veículo idôneo para modificar a definição, *in abstracto*, do fato gerador do tributo (num de seus elementos valorizadores, qual seja, alíquota)" (AMARO, 2011, p. 213).

Em suma, não se deve confundir os *decretos regulamentares*, previstos no art. 84, IV, da CF/1988, instrumento normativo secundário, com os *decretos* previstos nos artigos 153 e 177, instrumentos primários, na medida em que, por autorização expressa da Constituição, podem compor parte do aspecto quantitativo (alíquota) da regra-matriz de incidência tributária.

APROFUNDANDO! OUTROS INSTRUMENTOS NORMATIVOS SECUNDÁRIOS

De acordo com Paulo de Barros Carvalho (CARVALHO, 2012, p. 108, 110), pode-se enumerar outros instrumentos normativos secundários, quais sejam:

- *Instruções ministeriais* – De acordo com o artigo 87, parágrafo único, II, da CF/1988, compete ao Ministro de Estado "expedir instruções para a execução das leis, decretos e regulamentos". O autor anota: "As instruções ministeriais são veículos úteis para introduzir no ordenamento regras jurídicas de nível secundário, fazendo possível a aplicação das leis e dos decretos regulamentares e assegurando, desse modo, a uniformidade da ação administrativa" (CARVALHO, 2012, p. 108, 109);
- *Circulares, portarias, ordens de serviço etc.* – José dos Santos Carvalho Filho observa: "Todos esses atos servem para que a Administração organize sua atividade e seus órgãos, e, por essa razão, são denominados por alguns autores de ordinatórios. Apesar de auxiliarem a Administração a definir melhor sua organização interna, a verdade é que, na prática, encontramos muitos deles ostentando caráter normativo, fato que provoca a imposição de regras gerais e abstratas [...] o sistema legislativo pátrio não adotou o processo de codificação administrativa, de modo que cada pessoa federativa, cada pessoa administrativa ou até órgãos autônomos dispõem sobre quem vai expedir esses atos e qual será seu conteúdo" (CARVALHO FILHO, 2013, p. 138). À luz dessa multiplicidade, Paulo de Barros Carvalho consigna que, como regra, as circulares visam à "ordenação uniforme do serviço administrativo"; as portarias são "regras gerais ou individuais que o superior edita para serem observadas pelo subalterno"; as ordens de serviços são "autorizações ou estipulações concretas, mas para um determinado tipo de serviço", havendo ainda outros atos normativos, como os pareceres normativos, adotados por agentes administrativos especializados (procuradores) e que "adquirem foros

normativos, vinculando a interpretação entre funcionários, no que concerne ao tópico debatido" (CARVALHO, 2012, p. 109, 110);

B) Normas complementares: artigo 100 do CTN

O ordenamento jurídico estrutura-se em forma piramidal. No topo encontramos a Constituição Federal, fundamento de validade último de todo o sistema, que pode ser modificada pelas Emendas, desde que estas observem os limites formais e materiais, estes últimos denominados de cláusulas pétreas.

Logo em seguida, existem as leis ordinárias, complementares e delegadas, a medida provisória, o decreto legislativo e as resoluções, atos primários que podem inovar no ordenamento jurídico, mas sempre dentro dos limites estabelecidos rigidamente pelo texto constitucional.

Abaixo encontram-se os atos secundários, necessários à especificação das leis, de modo que possam ser adequadamente executadas. O mais importante deles é o decreto do Poder Executivo, ato normativo geral e abstrato adotado pelo chefe do Executivo, porém, secundário, isto é, sem autorização para inovar no ordenamento jurídico.

Num escalão inferior encontram-se os atos administrativos adotados pelas autoridades que, na prática, dão vazão à atividade administrativa. No campo tributário, são atos que disciplinam a atividade concreta de fiscalização e arrecadação de tributos. Muito embora não possam impor deveres aos contribuintes, acabam por disciplinar, indiretamente, a conduta dos particulares na medida em que ordenam etapas e ritmos do expediente administrativo.

O artigo 100 do CTN se refere-se a eles, denominando-os de *normas complementares*:

> **CTN, art. 100.** São normas complementares das leis, dos tratados e das convenções internacionais e dos decretos:
>
> I – os atos normativos expedidos pelas autoridades administrativas;
>
> II – as decisões dos órgãos singulares ou coletivos de jurisdição administrativa, a que a lei atribua eficácia normativa;
>
> III – as práticas reiteradamente observadas pelas autoridades administrativas;
>
> IV – os convênios que entre si celebrem a União, os Estados, o Distrito Federal e os Municípios.
>
> Parágrafo único. A observância das normas referidas neste artigo exclui a imposição de penalidades, a cobrança de juros de mora e a atualização do valor monetário da base de cálculo do tributo.

Como a própria denominação permite antever, os incisos do art. 100 enumeram normas que buscam complementar as leis, os tratados, as convenções internacionais e os decretos. Através delas se alcança a concreção necessária à aplicação do direito tributários aos casos particulares.

Nos dizeres de Eduardo Sabbag, as normas complementares "materializam-se em instrumentos normativos menores, de menor porte, de cunho instrumental e operacional, que cuidam de explicitar (não de 'inovar') o Direito Tributário. Tendem a suprir, normativamente, as fontes formais principais, a estas se mantendo subordinadas" (SABBAG, 2014, p. 642).

O dispositivo comporta análise esquematizada:

- *Atos normativos expedidos pelas autoridades administrativas* – São as instruções ministeriais, circulares, portarias, ordens de serviços, instruções normativas, entre outros. São os instrumentos normativos secundários. Por exemplo, as instruções normativas expedidas pela Secretaria da Receita Federal;
- *Decisões dos órgãos singulares ou coletivos de jurisdição administrativa* – Se o sujeito passivo não concorda com a exigência de algum tributo efetuada pela Administração Pública, pode acionar a denominada "jurisdição" administrativa no sentido de ver a cobrança afastada. Tais decisões de órgãos singulares ou coletivos são normas complementares da legislação tributária. Se previsto em lei, podem ter força normativa;
- *Práticas reiteradamente observadas pelas autoridades administrativas* – Hugo de Brito Machado explica: "Elas representam uma posição sedimentada do Fisco na aplicação da legislação e devem ser acatadas como boa interpretação da lei. Se as autoridades fiscais interpretam a lei em determinado sentido, e assim a aplicam reiteradamente, essa prática constitui *norma complementar* da lei. De certo modo, isto representa a aceitação do costume como fonte de Direito" (MACHADO, 2004, p. 93);
- *Convênios que entre si celebrem a União, os Estados, o Distrito Federal e os Municípios* – José dos Santos Carvalho Filho explica: "Consideram-se convênios administrativos os ajustes firmados por pessoas administrativas entre si, ou entre estas e entidades particulares, com vistas a ser alcançado determinado objetivo de interesse público [...] Os convênios não se formam com personalidade jurídica autônoma e representam, na verdade, o vínculo que aproxima várias entidades com personalidade jurídica própria" (CARVALHO FILHO, 2013, p. 224, 225). Os convênios dos quais fala o artigo 100 do CTN são aqueles formulados entre União, Estados, Distrito Federal e Municípios. Fixam regras mutuamente vinculantes e que funcionam como normas complementares.

Questão importante gira em torno de saber se as normas complementares podem criar obrigações para os contribuintes. É consenso na doutrina que tais normas obrigam a Administração Pública, isto é, os administradores encarregados de fiscalizar e cobrar os tributos. Mas podem obrigar os particulares, sujeitos passivos da relação jurídica tributária?

Hugo de Brito Machado observa: "Há quem sustente que as normas complementares só produzem efeitos relativamente aos funcionários, no âmbito interno das repartições. Estamos, porém, com os que entendem que as suas normas aplicam-se à relação Fisco-contribuinte, desde que respeitadas as limitações decorrentes de sua posição hierárquica inferior" (MACHADO, 2004, p. 95).

Parece-nos, contudo, que as normas complementares *não* têm autorização para inovar na ordem jurídica, isto é, criar obrigações ou deveres que vinculem os particulares. Ora, apenas os instrumentos primários, cada qual dentro de sua esfera de competência, podem fazê-lo. Portanto, tais normas devem limitar-se a esclarecer o conteúdo dos decretos ou leis em razão dos quais são expedidos, vinculando apenas a Administração Pública, e não os contribuintes.

Finalmente, de acordo com o parágrafo único do artigo 100, "a observância das normas referidas neste artigo exclui a imposição de penalidades, a cobrança de juros de mora e a atualização do valor monetário da base de cálculo do tributo".

Trata-se da proteção da boa-fé do contribuinte ou responsável. Ora, se o sujeito passivo observou as normas complementares é porque julgava que estavam de acordo com os respectivos decretos, leis, tratados, etc. Não seria justo, portanto, que pudesse sofrer qualquer tipo de penalidade justamente por tê-las observado.

APROFUNDANDO! A EXPRESSÃO "LEGISLAÇÃO TRIBUTÁRIA"

Depois do que foi dito pode-se compreender com maior rigor o que determina o artigo 96 do CTN:

> **CTN, art. 96.** A expressão "legislação tributária" compreende as leis, os tratados e as convenções internacionais, os decretos e as normas complementares que versem, no todo ou em parte, sobre tributos e relações jurídicas a eles pertinentes.

Na sistemática do CTN, a expressão "legislação tributária" *não* significa apenas lei em sentido formal. A expressão designa todo o conjunto normativo que estudamos até agora: as leis, os tratados e convenções, os decretos e, inclusive, as normas complementares. *Legislação tributária não é sinônimo de reserva legal.* Pelo contrário, a reserva de lei em sentido formal está prevista como parte do conteúdo do artigo 97. Essa diferença, entre legislação tributária e reserva legal, é importante no contexto do CTN. Algumas matérias, de acordo com o Código, podem ser veiculadas pela legislação tributária, isto é, pelas leis, tratados, decretos ou normas complementares. Outras, porém, estão sob reserva de lei, quer dizer, apenas podem ser veiculadas por meio de lei em sentido formal. Vejamos alguns exemplos:

- *Obrigação acessória* – De acordo com o art. 113, § 2º, do CTN, "a obrigação acessória decorre da *legislação tributária* e tem por objeto as prestações, positivas ou negativas, nela previstas no interesse da arrecadação ou da fiscalização dos tributos". Em outras palavras, a obrigação tributária acessória decorre de algum dos atos previstos pelo artigo 96, de acordo com sua natureza específica, e não necessariamente de lei em sentido formal;
- *Fato gerador* – De acordo com o artigo 114 do CTN, "fato gerador da obrigação principal é a situação definida em lei como necessária e suficiente à sua ocorrência". O fato gerador deve constar em *lei em sentido formal*, elaborada pelo Poder Legislativo competente. Aqui, não se trata de aplicar a expressão "legislação tributária", tal como prevista no artigo 96.

23.3 VIGÊNCIA DA LEGISLAÇÃO TRIBUTÁRIA

Estudamos as fontes do direito tributário. São os modos de formação (órgãos e procedimentos) por meio dos quais se obtém as normas tributárias. O estudo das fontes permitiu-nos o conhecimento das autoridades encarregadas de produzir o direito tributário e o modo como o produzem.

É preciso, agora, saber a partir de que *momento* as pessoas naturais e jurídicas consideram-se obrigadas perante as normas criadas pelas autoridades competentes. É necessário conhecer, também, até que *instante* tais pessoas estarão vinculadas pelos dispositivos tributários.

A) Vigência da norma jurídica

A questão da vigência da norma jurídica lida justamente com o conhecimento dos momentos inicial e final dentro dos quais os sujeitos passivos estão vinculados pelas regras jurídicas. O que significa, contudo, *vigência* da norma? Para compreendermos adequadamente o significado desse importante conceito é preciso compará-lo com outras noções semelhantes.

Com fundamento nas lições de Tercio Sampaio Ferraz Jr. (FERRAZ JR., 2003, p. 203), vejamos:

- *Validade* – "É uma qualidade da norma que designa sua pertinência ao ordenamento, por terem sido obedecidas as condições formais e materiais de sua produção e consequente integração no sistema" (FERRAZ JR., 2003, p. 203). Sabemos, por exemplo, que o Presidente da República está autorizado a adotar medidas provisórias com "força de lei". Pois bem, nos termos do artigo 62, § 4º, da CF/1988, uma vez que a medida adotada pelo Presidente tenha sido publicada passa a ter validade, ou seja, está formalmente integrada ao ordenamento jurídico brasileiro;
- *Vigência* – "É uma qualidade da norma que diz respeito ao tempo de validade, ao período que vai do momento em que ela entra em vigor (passa a ter força vinculante) até o momento em que é revogada, ou em que se esgota o prazo prescrito para a sua duração" (FERRAZ JR., 2003, p. 203). Uma norma pode ser válida, estar integrada ao ordenamento jurídico, mas não ter força vinculante; não obrigar as pessoas; não ter *vigência*. Basta pensarmos no artigo 1º da Lei de Introdução às normas do Direito Brasileiro (Lei nº 4.675/42): "Salvo disposição contrária, a lei começa a vigorar em todo o país quarenta e cinco dias depois de oficialmente publicada". Quer dizer, a lei passou por todo o processo fixado constitucionalmente para a sua produção (processo legislativo) e foi publicada. A partir desse momento, é válida. Contudo, apenas terá força vinculante, isto é, obrigará as pessoas, estará *vigendo*, quarenta e cinco dias depois da sua publicação. Esse lapso temporal dentro do qual a lei, muito embora seja válida, ainda não é vigente, denomina-se *vacatio legis*;
- *Eficácia* – "É uma qualidade da norma que se refere à possibilidade de produção concreta de efeitos, porque estão presentes as condições fáticas exigíveis para

a sua observância, espontânea ou imposta, ou para a satisfação dos objetivos visados (efetividade ou eficácia social), ou porque estão presentes as condições técnico-normativas exigíveis para a sua aplicação (eficácia técnica)" (FERRAZ JR., 2003, p. 203). O artigo 85 da Lei de Execuções Penais (Lei nº 7.210/84), por exemplo, determina que "o estabelecimento penal deverá ter lotação compatível com a sua estrutura e finalidade". Ora, uma rápida visita aos estabelecimentos penais brasileiros, superlotados, permite concluir que tal norma não tem eficácia. Note-se: a norma é válida e vigente, porém, não produz efeitos na realidade, não é observada pelo Estado, logo, é ineficaz;

- *Vigor* – "É uma qualidade da norma que diz respeito a sua força vinculante, isto é, à impossibilidade de os sujeitos subtraírem-se a seu império, independentemente da verificação de sua vigência ou de sua eficácia" (FERRAZ JR., 2003, p. 203). É o caso de medida provisória rejeitada pelo Congresso Nacional que, por sua vez, deixa de editar o decreto legislativo necessário à disciplina das situações jurídicas constituídas sob a vigência da primeira. Nos termos do artigo 62, § 11, da CF/1988, "não editado o decreto legislativo a que se refere o § 3º até sessenta dias após a rejeição ou perda de eficácia de medida provisória, as relações jurídicas constituídas e decorrentes de atos praticados durante sua vigência conservar-se-ão por ela regidas". A medida provisória não é mais válida porque deixou de integrar o ordenamento jurídico (foi rejeitada pelo Congresso Nacional). Logo, não é mais vigente, uma vez que a vigência depende da validade. Entretanto, tem *vigor*, quer dizer, ainda rege as situações que ocorreram durante o período de sua vigência. "*Vigor*, portanto, é expressão dogmática que manifesta a qualidade imperativa da norma, cuja força pode subsistir mesmo quando ela já não mais pertence ao sistema do ordenamento [...]" (FERRAZ JR., 2003, p. 203).

Vigência da norma jurídica designa, portanto, *os momentos inicial e final* no interior dos quais a norma, válida, tem força vinculante, isto é, tem aptidão para produzir seus efeitos jurídicos. Se a norma produzirá efeitos na realidade, essa é outra questão, ligada à sua eficácia. Vigência designa a aptidão da norma para produzir seus efeitos, a força que vincula as pessoas naturais e jurídicas.

B) Lei de Introdução às normas do Direito Brasileiro

O artigo 1º da Lei de Introdução às normas do Direito Brasileiro (Lei nº 4.657/42) estabelece:

> **LINDB, art. 1º.** Salvo disposição contrária, a lei começa a vigorar em todo o país quarenta e cinco dias depois de oficialmente publicada.

A publicação da lei significa o término de seu processo de elaboração. A partir daí está integrada ao ordenamento jurídico nacional, sendo, portanto, válida. A aptidão para produzir efeitos, a força vinculante, contudo, adquire a lei, no Brasil, quarenta e cinco dias depois de publicada, salvo disposição em contrário. Este prazo, dentro do qual a lei, muito embora válida, não vincula, é chamado *vacatio legis*.

A cláusula "salvo disposição em contrário" é importante. Muitas leis optam por dilatar o prazo de *vacatio legis* para além dos quarenta e cinco dias. Tanto melhor que assim o façam, em algumas situações, porquanto permitem às pessoas uma melhor assimilação de seu conteúdo. É o caso da Lei nº 10.406/2002 (Código Civil), cujo artigo 2.044 estabelece: "Este Código entrará em vigor 1 (um) ano após a sua publicação".

Outras leis, contudo, optam por dar início à vigência no momento de sua publicação. Nesses casos, é preciso observar o artigo 8º da LC nº 95/98:

> **LC 95/98, art. 8º.** A vigência da lei será indicada de forma expressa e de modo a contemplar prazo razoável para que dela se tenha amplo conhecimento, reservada a cláusula 'entra em vigor na data de sua publicação' para as leis de pequena repercussão.

Além do mais, o artigo 2º da Lei de Introdução determina:

> **LINDB, art. 2º.** Não se destinando à vigência temporária, a lei terá vigor até que outra a modifique ou revogue.

No Brasil, como regra geral, a vigência da lei apenas termina com o início da vigência de outra lei. Trata-se da denominada revogação, "termo genérico, que indica a ideia de cessação da existência da norma obrigatória. Assim sendo, ter-se-á a permanência da lei quando, uma vez promulgada e publicada, começa a obrigar indefinidamente até que outra a revogue" (DINIZ, 2011, p. 87).

Em suma, o início da vigência das leis ocorre quarenta e cinco dias depois de sua publicação, salvo disposição contrária. O término de sua vigência dá-se com a revogação, isto é, com o início da vigência de outra lei incompatível com a anterior.

Não custa mencionar que, salvo disposição em contrário, a lei revogada não se restaura por ter a lei revogadora perdido a vigência. Em outras palavras, no Brasil as leis *não* possuem, como regra, efeito repristinatório.

C) Vigência da norma tributária: artigo 101 do CTN

O 101 do CTN determina:

> **CTN, art. 101.** A vigência, no espaço e no tempo, da legislação tributária rege-se pelas disposições legais aplicáveis às normas jurídicas em geral, ressalvado o previsto neste Capítulo.

A vigência da lei tributária segue as mesmas regras aplicáveis às normas jurídicas em geral. Apenas nas hipóteses em que determinada situação enquadra-se em disposições particulares do CTN haverá disciplina específica, prescrita pelo próprio Código.

É importante relembrar o chamado princípio da anterioridade comum e nonagesimal. Tais postulados valem apenas em situações nas quais há a criação ou aumento de tributos. Nestes casos, não se aplicam as disposições do CTN e tampouco as da LINDB, pois prevalece, evidentemente, a disciplina imposta pelo texto constitucional.

D) Vigência no espaço: artigo 102 do CTN

O art. 102 do CTN estabelece:

> **CTN, art. 102.** A legislação tributária dos Estados, do Distrito Federal e dos Municípios vigora, no País, fora dos respectivos territórios, nos limites em que lhe reconheçam extraterritorialidade os convênios de que participem, ou do que disponham esta ou outras leis de normas gerais expedidas pela União.

De acordo com o CTN, a vigência da legislação tributária no espaço segue as mesmas regras aplicáveis às normas jurídicas em geral. Vigência no espaço significa, nos termos do Código, o âmbito de validade territorial da norma tributária. Significa responder à seguinte indagação: em que território vale, isto é, têm vigência, as leis tributárias editadas pelo Estado brasileiro?

Nesse ponto é preciso recordar, como fazemos constantemente, que o Brasil é uma República Federativa. A federação brasileira implica a coexistência de quatro ordens jurídicas que vigem simultaneamente, embora com âmbitos territoriais distintos, a saber:

- *Municípios* – São as menores unidades territoriais da federação brasileira. O território de cada Município é a célula territorial do Estado. Pois bem, as leis municipais vigem espacialmente no território de cada um destes e apenas ali, ao menos como regra;
- *Estados Federados* – Representam as unidades territoriais médias, de caráter regional. O território de cada Estado da federação abrange uma série de Municípios. Os indivíduos que vivem nesses Municípios vinculam-se à legislação do Estado respectivo. Desse modo, as leis estaduais vigem espacialmente apenas no interior do território de cada Estado, como regra;
- *Distrito Federal* – Unidade federativa excepcional. Sua função é abrigar a capital federal: Brasília. Para que a capital da República não fique no território de um Estado Federado específico, cria-se um território cujo objetivo é unicamente abrigá-la. Por isso, o Distrito Federal não pode ser dividido em Municípios (CF/1988, art. 32). As leis distritais têm vigência espacial apenas em seu território, como regra;
- *União* – Representa a unificação de uma série de competências. Seu território compreende o espaço territorial de todo o Estado brasileiro. Engloba, assim, os territórios dos Estados Federados e Distrito Federal, bem como o território de todos os Municípios. A lei federal vige espacialmente em todo o território nacional e vincula as pessoas naturais ou jurídicas que vivem em quaisquer Municípios, Estados e Distrito Federal.

É importante ressaltar que no Estado federal brasileiro ocorre a *coexistência das quatro ordens jurídicas* acima assinaladas. As leis federais, estaduais, distritais e municipais convivem *simultaneamente* no ordenamento jurídico. Cada qual corresponde à competência do respectivo ente federativo, fixada no texto da Constituição.

É preciso compreender, contudo, que há parcial *coincidência de vigência espacial* das leis federal, estaduais e municipais. Assim, por exemplo, um indivíduo que tenha domicílio no Município de São Paulo, deve submeter-se às leis deste Município; às leis do Estado de São Paulo e às leis da União. Outro indivíduo, que vive no Município do Rio de Janeiro, submete-se às leis desse Município; do Estado do Rio de Janeiro e da União.

Sob a perspectiva tributária, significa, no primeiro caso, que o sujeito passivo deve recolher tributos para o Município de São Paulo, para o Estado de São Paulo e para a União; no segundo caso, para o Município do Rio de Janeiro, para o Estado do Rio de Janeiro e para a União.

a) Regra pressuposta

À luz dessas indicações, compreende-se por que o artigo 102 do CTN determina que a legislação tributária dos Estados, do Distrito Federal e dos Municípios vigora, no País, fora dos respectivos territórios, nos limites em que lhe reconheçam extraterritorialidade os convênios de que participem, ou do que disponham esta ou outras leis de normas gerais expedidas pela União.

É interessante constatar que o dispositivo pressupõe a regra e enuncia apenas a exceção. Qual seria a regra? Ora, que a legislação municipal vigora no território de cada Município; a legislação estadual no território de cada Estado e a distrital no território do Distrito Federal.

Portanto, o princípio que norteia é o *princípio da territorialidade*. Tal postulado prescreve o óbvio: as leis de cada ente da federação vigoram apenas no interior de seus territórios e não no território de outro ente. Regina Helena Costa explica: "A vigência das leis no espaço, por sua vez, orienta-se pelo princípio da territorialidade. Assim, a lei de cada pessoa política vigora apenas nos limites de seu território. Essa noção prestigia a autonomia das pessoas políticas e, em consequência, a própria federação" (COSTA, 2014, p. 177).

O que confirma a interpretação de que o CTN pressupõe a regra é a verificação de que ele sequer menciona a União. Fala apenas dos Estados, Distrito Federal e Municípios. Sim, porque a lei da União, a lei federal, vige em todo o território nacional. O CTN poderia tratar da vigência da lei federal fora do território nacional, isto é, no território de Estado estrangeiro. Mas, como vimos, essa matéria está reservada aos tratados internacionais.

b) O enunciado da exceção

Voltemos ao enunciado da exceção. De acordo com o artigo 102, "a legislação tributária dos Estados, do Distrito Federal e dos Municípios vigora, no País, fora dos respectivos territórios, nos limites em que lhe reconheçam *extraterritorialidade* os convênios de que participem, ou do que disponham esta ou outras leis de normas gerais expedidas pela União".

Em outras palavras, a legislação tributária dos Estados, Distrito Federal e Municípios vigora, como regra, dentro se seus respectivos territórios, de acordo com o princípio da territorialidade. A *extraterritorialidade*, ou seja, a possibilidade de que a legislação daqueles entes federativos vigore fora de seus respectivos territórios, isto é, no território de outro ente federado, fica condicionada ao reconhecimento, quer dizer, *à autorização*:

- *Dos convênios dos quais participem* – Como vimos, convênio "é o acordo levado a efeito entre pessoas jurídicas de direito público, ou entre órgão público e particular, objetivando uma prestação de serviços de interesse comum" (DINIZ, 2010, p. 160). Assim, de acordo com o dispositivo, se os entes federativos celebrarem *convênios entre si* é possível que a legislação de um vigore no território de outro. A natureza federal de nosso Estado, contudo, impõe alguns problemas;
- *Código Tributário Nacional* – O artigo 102 do CTN admite a aplicação da lei de um ente federativo no território de outro também quando há autorização prevista por "esta lei", ou seja, pelo próprio Código. Assim, a extraterritorialidade é admita nos casos em que o próprio Código Tributário Nacional estabelece;
- *Outras leis de normas gerais estabelecidas pela União* – Além dos convênios e do próprio CTN, é possível que "outras leis de normas gerais estabelecidas pela União" autorizem a extraterritorialidade. Não poderia ser diferente, pois a competência para legislar sobre direito tributário é concorrente (CF/1988, art. 24, I), razão pela qual cabe à União estabelecer as normas gerais.

Para finalizar, convém assinalar que os convênios, o CTN e outras leis federais de normas gerais que eventualmente tratem do tema podem ser denominados de *fontes de vigência extraterritorial* porque têm aptidão para reconhecer extraterritorialidade à legislação tributária.

E) Vigência no tempo

A vigência no tempo, como vimos, designa os momentos exatos de *início* e *fim* da força vinculativa da lei. Como regra geral, as leis tributárias têm vigência depois de quarenta e cinco dias de sua publicação, salvo disposição em contrário. O CTN, nos artigos 103 e 104, estabelece as regras especiais de vigência.

a) Vigência no tempo das normas complementares: artigo 103 do CTN

O artigo 100 do CTN enumera as normas complementares da legislação tributária. Pois bem, o artigo 103 trata da vigência dessas normas no tempo:

> **Art. 103.** Salvo disposição em contrário, entram em vigor:
>
> I – os atos administrativos a que se refere o inciso I do artigo 100, na data da sua publicação;
>
> II – as decisões a que se refere o inciso II do artigo 100, quanto a seus efeitos normativos, 30 (trinta) dias após a data da sua publicação;
>
> III – os convênios a que se refere o inciso IV do artigo 100, na data neles prevista.

O dispositivo comporta análise esquematizada. Atente-se para a cláusula *salvo disposição em contrário*:

- *Os atos administrativos a que se refere o inciso I do artigo 100, na data da sua publicação* – Os atos normativos expedidos pelas autoridades administrativas (art. 100, I, do CTN) entram em vigor *na data de sua publicação*, salvo disposição em contrário;
- *As decisões a que se refere o inciso II do artigo 100, quanto a seus efeitos normativos, 30 (trinta) dias após a data da sua publicação* – As decisões dos órgãos singulares ou coletivos de jurisdição administrativa, a que a lei atribua eficácia normativa (art. 100, II, do CTN) entram em vigor 30 dias depois de sua publicação, salvo disposição em contrário;
- *Os convênios a que se refere o inciso IV do artigo 100, na data neles prevista* – Os convênios que entre si celebrem a União, os Estados, o Distrito Federal e os Municípios (art. 100, IV, do CTN) entram em vigor na data neles prevista, salvo disposição em contrário.

b) Regra de anterioridade: artigo 104 do CTN

O artigo 104 do CTN estabelece:

> **CTN, art. 104**. Entram em vigor no primeiro dia do exercício seguinte àquele em que ocorra a sua publicação os dispositivos de lei, referentes a impostos sobre o patrimônio ou a renda:
>
> I – que instituem ou majoram tais impostos;
>
> II – que definem novas hipóteses de incidência;
>
> III – que extinguem ou reduzem isenções, salvo se a lei dispuser de maneira mais favorável ao contribuinte, e observado o disposto no artigo 178.

O dispositivo estabelece regra de anterioridade comum, vale dizer, desloca a vigência de algumas leis para o primeiro dia do exercício financeiro seguinte àquele em que foram publicadas. O problema está na abrangência do artigo: a norma refere-se apenas aos *impostos sobre o patrimônio ou a renda.*

Tais impostos, nos termos da sistemática do CTN, são apenas o imposto territorial rural (ITR), o imposto predial e territorial urbano (IPTU), o imposto sobre a transmissão de bens imóveis (ITBI) e o imposto sobre a renda e proventos de qualquer natureza (IR).

No capítulo 09 deste *Curso*, estudamos o princípio da anterioridade tributária de forma detalhada (CF/1988, art. 150, III, *b* e *c*). Vimos que tal princípio aplica-se a *todas* as *espécies* de *tributos*, ressalvados aqueles previstos no próprio texto constitucional. Não se restringe apenas aos impostos sobre o patrimônio e a renda. Por ter sede constitucional, o princípio sobrepõe-se ao Código Tributário Nacional.

Dessa forma, o artigo 104 ganha foros de mera explicitação da vontade constitucional no que toca a seus incisos I e II. Vale dizer, o CTN apenas reafirma, para *alguns impostos*, a regra que vale normalmente para *todos* os *tributos* por disposição constitucional.

Quanto ao inciso III, por outro lado, o dispositivo é importante, na medida em que dá subsídio legal para contradizer a jurisprudência consolidada do STF, segundo a qual o princípio *não* se aplicaria em caso de extinção ou redução de isenções.

Como vimos no *capítulo 09* deste *Curso*, o STF entende que a extinção ou redução de isenções *não* implica criação ou aumento de tributo, razão pela qual *não* é necessária a observância do princípio da anterioridade. Nesse sentido, há manifestação antiga da Segunda Turma, de acordo com a qual há a:

> "[...] possibilidade de cobrança imediata do tributo após a revogação da isenção. Não há de confundir-se revogação de isenção com instituição do tributo, posto que se regem por normas tributárias diversas [...] Inaplicação, portanto, no caso de isenção, do princípio da anterioridade" (STF, RE 102.993/SP, 1985).

Obviamente, a interpretação dada pelo STF prevalece sobre o dispositivo do CTN, uma vez que se trata de interpretação constitucional. Entretanto, o artigo é importante porque sinaliza a vontade do legislador no sentido de equiparar a extinção ou redução de isenções à criação ou aumento do tributo.

A jurisprudência, como se sabe, está sujeita a constantes alterações, mormente nos casos em que se trata de ajustar a interpretação do texto normativo aos direitos e garantias individuais. De nossa parte, pensamos que o dispositivo ora em análise é um importante ponto de apoio nesse sentido.

APROFUNDANDO! REGRA ESPECIAL DE VIGÊNCIA PARA LEIS QUE CRIAM OU AUMENTAM TRIBUTOS

A lei tributária que implica a *instituição* ou *aumento* de tributos está sujeita à *regra especial de vigência* fixada no artigo 150, III, *b* e *c*, da CF/1988. Trata-se do princípio da anterioridade tributária, estudado no capítulo 09 deste *Curso*. De acordo com o postulado, a vigência da lei que implica criação ou aumento de tributo apenas tem início no exercício financeiro seguinte ao de sua publicação, observado, ainda, o prazo de noventa dias.

Paulo de Barros Carvalho observa: "Na hipótese, o que ocorre é a convergência de dois fatores condicionantes, que interagem provocando o deslocamento do termo inicial da vigência, de modo que a regra jurídica que entraria em vigor quarenta e cinco dias depois de publicada ou na data que estabelecer continua sem força vinculante, até que advenha o primeiro dia do novo exercício financeiro. Isso nos autoriza a falar numa vigência predicada pela norma e noutra imperiosamente estabelecida pelo sistema" (CARVALHO, 2012, p. 120).

Dessa forma, é preciso registrar: (a) a vigência no tempo da legislação tributária rege-se, como regra, pelas disposições legais aplicáveis às normas jurídicas em geral; a vigência no tempo, assim, tem início após quarenta e cinco dias depois de publicada a lei, salvo disposição em contrário; (b) em casos específicos aplicam-se as regras previstas nos artigos 103 e 104 do CTN; (c) as leis que implicam *criação* ou *aumento* de tributos submetem-se à *regra especial de vigência* prevista no artigo 150, III, *b* e *c*, da CF/1988; trata-se do princípio da anterioridade tributária segundo o qual a vigência da lei desloca-se para o exercício financeiro seguinte ao de sua publicação, observado, ainda, o prazo de noventa dias.

23.4 APLICAÇÃO DA LEGISLAÇÃO TRIBUTÁRIA

A aplicação da norma jurídica não se confunde com sua validade, vigência, eficácia ou vigor.

Validade significa que a norma jurídica foi produzida de acordo com as regras previstas e todo o procedimento de elaboração foi concluído com sua publicação; vigência designa os momentos inicial e final dentro dos quais a norma tem força vinculante; eficácia aponta para a produção de efeitos na realidade; e vigor designa a qualidade da norma que não é mais válida ou vigente, mas que, por alguma razão, tem força vinculante para determinada situação.

Pois bem, *aplicação* da norma é fenômeno que se situa entre a vigência e eficácia. A norma válida e vigente deve ser aplicada. A autoridade competente deve fazê-la incidir sobre os fatos concretos. A aplicação engendra a eficácia da norma, isto é, a produção dos efeitos queridos na realidade. A norma que deixa de ser aplicada torna-se ineficaz e corre o risco de cair em desuso (*desuetudo*).

Paulo de Barros Carvalho observa: "Aplicar o direito é dar curso ao processo de positivação, extraindo de regras superiores o fundamento de validade para a edição de outras regras. É o ato mediante o qual alguém interpreta a amplitude do preceito geral, fazendo-o incidir no caso particular e sacando, assim, a norma individual. É pela aplicação que se constrói o direito em cadeias sucessivas de regras, a contar da norma fundamental, axioma básico da existência do direito enquanto sistema, até as normas particulares, não passíveis de ulteriores desdobramentos, e que funcionam como pontos terminais do processo derivativo de produção do direito" (CARVALHO, 2012, p. 122).

Percebe-se, pois, que a aplicação da norma jurídica tem íntima relação com a vontade da autoridade competente. Se a autoridade quiser, a norma será aplicada; se não quiser o dispositivo permanecerá "congelado" no sistema. É o que acontece com o imposto sobre grandes fortunas (CF/1988, art. 153, VII). O Congresso Nacional não quer criá-lo. A norma constitucional permanece "congelada" no sistema de direito positivo, sem ser aplicada.

A) Regra geral prospectiva: artigo 105 do CTN

O artigo 105 do CTN determina:

> **CTN, art. 105.** A legislação tributária aplica-se imediatamente aos fatos geradores futuros e aos pendentes, assim entendidos aqueles cuja ocorrência tenha tido início, mas não esteja completa nos termos do artigo 116.

A lei tributária válida e vigente deve ser aplicada imediatamente, qualificando fatos que ocorram no futuro, isto é, depois de sua publicação. Por um lado, o dispositivo enuncia o óbvio: a lei tributária aplica-se para o futuro. Não poderia ser diferente à luz do princípio da irretroatividade das leis.

Entretanto, como observa Luciano Amaro, o dispositivo diz mais do que isso: "O Código afirma a vigência para o futuro de toda e qualquer norma tributária (inclusive, portanto, a que, porventura, reduza tributo)" (AMARO, 2011, p. 225). Assim, registre-se para evitar incompreensões: também a lei que *extingue* ou *reduz* tributo aplica-se apenas para o futuro. Não deve retroagir.

O CTN, contudo, distingue entre fatos geradores futuros e pendentes. Vejamos:

- *Fato gerador futuro* – É aquele que ocorrerá em momento posterior ao início de vigência da lei. A lei tributária publicada é válida. Cumprido o prazo de *vacatio legis*, se houver, torna-se vigente. Deve, pois, ser aplicada *imediatamente* aos fatos geradores que ocorrerão a partir de então. Imagine-se que a lei tenha reduzido as alíquotas do imposto sobre a importação (II). O dispositivo foi publicado em fevereiro de 2020. Pois bem, as importações que ocorram a partir daquela data devem submeter-se ao novo regime de alíquotas;
- *Fato gerador pendente* – Nos termos do CTN é aquele "cuja ocorrência tenha tido início, mas não esteja completa nos termos do artigo 116". Pois bem, o artigo 116 determina: "Salvo disposição de lei em contrário, considera-se ocorrido o fato gerador e existentes os seus efeitos: (I) tratando-se de situação de fato, desde o momento em que se verifiquem as circunstâncias materiais necessárias a que produza os efeitos que normalmente lhe são próprios; e (II) tratando-se de situação jurídica, desde o momento em que esteja definitivamente constituída, nos termos de direito aplicável". Do que se depreende que fato gerador pendente é aquele que já teve início, contudo, tratando-se de situação de fato, as circunstâncias materiais necessárias à produção de seus efeitos ainda não ocorreram, e, tratando-se de situação jurídica, não está definitivamente constituída nos termos da legislação aplicável.

Não custa ressaltar que as leis que implicam criação ou aumento de tributo submetem-se, como regra, a norma especial de vigência, de forma que não se aplica o disposto no artigo 105 do CTN. O princípio da anterioridade "bloqueia" a aplicação imediata da lei, deslocando sua vigência para o exercício financeiro seguinte, observado, ainda, o prazo de noventa dias a partir da publicação. O princípio da irretroatividade, por sua vez, não permite que a lei colha os fatos pendentes porque ainda não estão concluídos.

B) Retroatividade da lei tributária: artigo 106 do CTN

O art. 106 do CTN determina:

> **CTN, art. 106**. A lei aplica-se a ato ou fato pretérito:
>
> I – em qualquer caso, quando seja expressamente interpretativa, excluída a aplicação de penalidade à infração dos dispositivos interpretados;

> II – tratando-se de ato não definitivamente julgado:
>
> a) quando deixe de defini-lo como infração;
>
> b) quando deixe de tratá-lo como contrário a qualquer exigência de ação ou omissão, desde que não tenha sido fraudulento e não tenha implicado em falta de pagamento de tributo;
>
> c) quando lhe comine penalidade menos severa que a prevista na lei vigente ao tempo da sua prática.

No capítulo 08 deste *Curso* estudamos o princípio da irretroatividade tributária. Vimos que, como regra geral, as leis tributárias produzem efeito prospectivo, isto é, qualificam fatos e condutas que ocorram posteriormente ao início de sua vigência.

O art. 150, III, *a*, do texto constitucional proíbe explicitamente a cobrança de tributo com relação a fatos geradores que ocorreram antes do início da vigência da lei que houver instituído ou aumentado a exação. Também a lei que extingue ou reduz tributos produz efeitos prospectivos.

O CTN, no entanto, prevê duas situações em que a lei tributária está autorizada a retroagir: (1) tratando-se de lei interpretativa (excluída a aplicação de penalidade); (2) tratando de ato não definitivamente julgado, quando, de modo geral, deixe de defini-lo como infração ou comine penalidade menos severa.

23.5 INTERPRETAÇÃO E INTEGRAÇÃO DA LEGISLAÇÃO TRIBUTÁRIA

O art. 107 do CTN estabelece:

> **CTN, art. 107.** A legislação tributária será interpretada conforme o disposto neste Capítulo.

Como afirma Hans Kelsen, "quando o direito é aplicado por um órgão jurídico, este necessita de fixar o sentido das normas que vai aplicar, tem de interpretar estas normas. A interpretação é, portanto, uma operação mental que acompanha o processo de aplicação do direito no seu progredir de um escalão superior para um escalão inferior" (KELSEN, 1995, p. 387).

Percebe-se, pois, que a *interpretação* significa a operação mental pela qual se fixa o sentido de certos objetos. No caso da interpretação jurídica, deve-se atribuir sentido a *textos normativos*, pois, como sabemos, as normas jurídicas são exteriorizadas na forma de artigos, parágrafos, incisos, alíneas etc.

Além do mais, a interpretação do direito envolve um ato de conhecimento *e* um ato de vontade. Quer dizer, deve-se conhecer o texto que se está interpretando a partir da extração dos inúmeros sentidos que ele viabiliza e, posteriormente, escolher um desses sentidos. A escolha de apenas um entre vários sentidos viabilizados pelo texto normativo é um ato de política do direito. Portanto, toda decisão jurídica é também uma decisão política, apesar do fato de os juízes não gostarem muito de admitir esta situação.

É nesse contexto que se deve compreender o art. 107 do CTN. O legislador nacional estabeleceu uma série de regras a partir das quais se deve interpretar a legislação tributária. Em outras palavras, todo aquele que se debruça sobre os textos jurídicos tributários deve observar as regras estabelecidas pelo CTN para orientar sua atividade de interpretação.

A propósito, Eduardo Sabbag observa: "Tal comando normativo traz à baila o princípio da exclusividade dos critérios de interpretação, ao representar balizamentos no trabalho hermenêutico, dispostos com privatividade no próprio Código Tributário Nacional" (SABBAG, 2014, p. 675).

É importante compreender, no entanto, que o CTN não afasta a aplicação dos métodos tradicionais de interpretação, como o gramatical, sistemático ou teleológico. Todos podem e devem ser utilizados, desde que sejam manuseados à luz das normas específicas para a interpretação dos textos normativos tributários estabelecidas pelo próprio Código.

Assim, como explica Hugo de Brito Machado, "as normas sobre interpretação de normas podem ser de parca utilidade, mas não são desprovidas de validade no sentido jurídico formal. Como normas produzidas por quem pode produzir normas, elas são válidas, embora tenham eficácia duvidosa em muitos casos" (MACHADO, 2004, p. 182).

A) Integração da legislação tributária: art. 108 do CTN

O art. 108 do CTN estabelece:

> **CTN, art. 108.** Na ausência de disposição expressa, a autoridade competente para aplicar a legislação tributária utilizará sucessivamente, na ordem indicada:
>
> I – a analogia;
>
> II – os princípios gerais de direito tributário;
>
> III – os princípios gerais de direito público;
>
> IV – a equidade.
>
> § 1º O emprego da analogia não poderá resultar na exigência de tributo não previsto em lei.
>
> § 2º O emprego da equidade não poderá resultar na dispensa do pagamento de tributo devido.

Para compreender adequadamente o problema relativo à integração da legislação tributária é preciso, antes, tratar da questão da completude do ordenamento jurídico. Trata-se de saber o que são as chamadas *lacunas do direito* e se elas realmente existem.

A propósito do assunto, Tercio Sampaio Ferraz Jr. observa: "Uma lacuna, para adotar heuristicamente uma definição proposta por Engisch (1968:135), é uma incompletude insatisfatória dentro da totalidade jurídica [...] Quando dizemos, portanto, que a *lacuna* é uma incompletude insatisfatória, exprimimos uma falta, uma insuficiência que não devia ocorrer, dentro de um limite" (FERRAZ JR., 2003, p. 219).

Lacuna do direito, portanto, remete à ideia de que existem situações de fato que não são cobertas pelas normas jurídicas. É o caso, por exemplo, de uma empresa que comercializa uma nova bebida alcoólica, cujos efeitos se aproximam daqueles produzidos por substâncias entorpecentes ilícitas. Se não há norma jurídica proibindo a comercialização, então a empresa goza da liberdade fundamental de comércio; por outro lado, o novo produto está causando danos à saúde dos consumidores. Como agir?

O problema de se reconhecer a existência de uma lacuna reside no poder que se atribui ao juiz de direito. No exemplo acima citado, se o juiz decide proibir a comercialização da bebida está produzindo direito novo para o caso concreto, pois não há lei que proíba a comercialização. Nada obstante, como determina o art. 5º, II, da Constituição, "ninguém será obrigado a fazer ou deixar de fazer alguma coisa, senão em virtude de *lei*".

Alguns autores não reconhecem a existência de lacunas. Ora, se o sistema jurídico não proibiu determinada conduta é porque, indiretamente, liberou-a. Trata-se da denominada *regulação negativa*, segundo a qual "o que não é proibido é permitido". Se não se proíbe o consumo de bebidas alcoólicas é porque tal consumo está autorizado. Não deve o juiz, sob o argumento de que existe uma lacuna, proibir tal conduta.

Esta é lição de Hans Kelsen, que combate a teoria das lacunas: "Esta teoria é errônea, pois funda-se na ignorância do fato de que, quando a ordem jurídica não estatui qualquer dever de um indivíduo de realizar determinada conduta, *permite* essa conduta. A aplicação da ordem jurídica vigente não é, no caso em que a teoria tradicional admite a existência de uma lacuna, logicamente impossível. Na verdade, não é possível, neste caso, a aplicação de uma norma jurídica singular. Mas é possível a aplicação da ordem jurídica – e isso também é aplicação do Direito" (KELSEN, 1995, p. 273).

Quer se aceite ou não a teoria das lacunas, o fato é que o CTN expressamente a reconhece no artigo 108 ao determinar que, "na ausência de disposição expressa de lei", a autoridade competente adote as orientações ali elencadas. Em outras palavras, na lacuna da lei tributária, o legislador federal de normas gerais busca um meio de "controlar", por assim dizer, a atividade de integração da ordem jurídica, isto é, de manutenção de sua completude, enfim, da "criação" do direito pela autoridade singular.

a) Modos de integração da legislação tributária

Tercio Sampaio Ferraz Jr. observa: "A questão dos *modos de* integração diz respeito aos instrumentos técnicos à disposição do intérprete para efetuar o preenchimento ou a colmatação da lacuna" (FERRAZ JR., 2003, p. 299). Quer dizer, existem procedimentos específicos, prescritos pela ordem jurídica ou pela ciência normativa, que devem ser observados pelo intérprete para o preenchimento "legítimo" da lacuna.

Não vamos nos ater à análise de todos os "modos de integração", mas apenas daqueles previstos pelo CTN. Assim, de acordo com o art. 108 do CTN devem ser utilizados os seguintes modos de integração, *sucessivamente e na ordem indicada*:

- *Analogia* – Tercio Sampaio Ferraz Jr. anota: "Em geral, fala-se em analogia quando uma norma, estabelecida com e para determinada *facti species*, é aplicável à conduta para a qual não há norma, havendo entre ambos os supostos fáticos uma *semelhança*" (FERRAZ JR., 2003, p. 301). A identificação de uma lacuna da lei implica em reconhecer que determinado fato não é disciplinado por norma geral e abstrata. Pois bem, uma maneira de suprir esta lacuna é tomar "emprestada" uma norma que regula um fato *semelhante* e aplicá-la ao fato para o qual não há dispositivo normativo particular. A jurisprudência tem admitido a aplicação da analogia nas circunstâncias em que se deve fixar índices de correção monetária ou juros de mora a determinados casos de repetição de indébito tributário para os quais não há previsão legal específica (STJ, Informativo 394/2009);

- *Princípios gerais de direito tributário* – Na ordem indicada pelo artigo 108 do CTN, que deve ser cumprida pelo intérprete, em segundo lugar devem ser aplicados os chamados princípios gerais de direito tributário. Roque Carrazza explica: "Etimologicamente o termo 'princípio' (do latim principium, principii) encerra a ideia de começo, origem, base. Em linguagem leiga é, de fato, o ponto de partida e o fundamento (causa) de um processo qualquer [...] Segundo pensamos, o princípio jurídico é um enunciado lógico, implícito ou explícito, que, por sua grande generalidade, ocupa posição de proeminência nos vastos quadrantes do Direito e, por isso mesmo, vincula, de modo inexorável, o entendimento e a aplicação das normas jurídicas que com ele se conectam" (CARRAZZA, 2011, p. 44, 47). Princípio geral é aquele que disciplina uma generalidade de situações, não descendo a casos específicos ou determinados. O princípio da isonomia tributária, por exemplo, é um princípio geral de direito tributário, uma vez que incide sobre uma série infindável de situações e não sobre casos específicos. A vantagem do princípio geral como modo de "preenchimento" da lacuna está em que ele se refere a uma variedade de fatos e funciona como fonte "direta" de suprimento da lacuna. São exemplos de princípios gerais de direito tributário o princípio da legalidade; isonomia; capacidade contributiva; irretroatividade; anterioridade; vedação do confisco; liberdade de tráfego etc.;
- *Princípios gerais de direito público* – Os princípios gerais de direito público são enunciados lógicos genéricos, explícitos ou implícitos, que veiculam decisões políticas e valores determinados e vinculam os aplicadores do direito na atividade de interpretação, aplicação e criação do direito. Aplicam-se, como regra geral, em situações ou relações em que está presente o Estado. Dois dos mais importantes são o princípio da supremacia do interesse público sobre o privado e o princípio da indisponibilidade do interesse público pelo administrador (BANDEIRA DE MELLO, 2005, p.60-66) Na ordem indicada pelo artigo 108 do CTN, aparecem em terceiro lugar. Também são exemplos: princípio republicano; federativo; da razoabilidade e proporcionalidade; moralidade; isonomia etc.;
- *Equidade* – Tercio Sampaio Ferraz Jr. Anota: "Fala-se aqui no sentimento do justo concreto, em harmonia com as circunstâncias e adequado ao caso. O juízo por equidade, na falta de norma positiva, é o recurso a uma espécie de intuição, no concreto, das exigências da justiça enquanto igualdade proporcional" (FERRAZ JR., 2003, p. 305). A equidade significa a decisão do juiz no caso concreto pautado pela consideração de valores importantes da sociedade e em harmonia com o sentido de justiça. Destina-se igualmente a situações muito particulares, que não têm a pretensão de ampliar seu alcance para a sociedade em geral;

Para finalizar, é importante registrar duas observações:

- *Autoridade competente* – O dispositivo dirige-se à *autoridade competente.* Paulo de Barros Carvalho esclarece: "O preceito tem endereço certo: a autoridade competente para aplicar a legislação tributária, seja ela o funcionário da Fazenda, seja o órgão judicial que preside o feito" (CARVALHO, 2012, p. 135). Assim, não apenas no âmbito judicial, mas também em processos administrativos, o art. 108 do CTN deve ser aplicado;
- *Ordem indicada pelo CTN* – Os modos de integração mencionados pelo artigo 108 devem ser aplicados pela autoridade *na ordem em que indicados* no dispositivo. Encontrada uma lacuna, aplica-se, antes de tudo, a analogia. Tal modo mostrou-se infrutífero? Aplicam-se os princípios gerais de direito tributário. Insuficientes? Os princípios gerais de direito público. Nada ainda? A equidade;

Tal roteiro não é bem quisto pela doutrina. Regina Helena Costa observa: "Enseja crítica a dicção desse artigo pois, como exposto, a interpretação resulta da conjugação de diversos métodos, cujo emprego independe da observância de critério cronológico. Cremos que o entendimento que viabiliza emprestar-se validade ao dispositivo legal é aquele que considera tal 'roteiro' como meramente *indicativo* ao intérprete da legislação tributária, não estampando, portanto, uma ordem a ser rigorosamente seguida ou, mesmo, um rol taxativo de itens" (COSTA, 2014, p. 180).

De toda forma, para fins de concursos públicos, tal "roteiro" deve ser memorizado e seguido à risca.

b) Analogia e equidade: vedação à exigência ou dispensa de tributo

O artigo 108, § 1º, do CTN, estabelece que "o emprego da analogia não poderá resultar na exigência de tributo não previsto em lei". O § 2º, por sua vez, determina que "o emprego da equidade não poderá resultar na dispensa do pagamento de tributo devido".

Os dispositivos não são de difícil compreensão, especialmente à luz do artigo 97 do CTN. De acordo com inciso I deste, "somente a lei pode estabelecer a instituição de tributos ou a sua extinção". Ora, a exigência de quaisquer tributos está sob reserva de estrita legalidade. Apenas a lei em sentido formal, isto é, o ato normativo primário aprovado pelo Poder Legislativo, fundamenta a exigência de tributo.

Assim, um modo de integração da legislação tributária, como é a analogia, não poderia, evidentemente, dar fundamento à exigência do gravame. Muito embora o § 1º não se refira expressamente às multas ou penalidades, fica claro que a analogia também não pode resultar na exigência destas. O artigo 97, V, reserva à lei em sentido estrito "a cominação de penalidades para as ações ou omissões contrárias a seus dispositivos, ou para outras infrações nela definidas".

Por outro lado, se o tributo deve ser criado ou majorado por lei, é lógico que sua redução ou extinção devem se dar por meio de lei também, ressalvadas as exceções previstas na Constituição. Dessa forma, a utilização da equidade não pode redundar em dispensa do tributo devido.

Como se vê, os parágrafos do artigo 108 vocalizam os princípios da estrita legalidade tributária e tipicidade fechada, estudados no capítulo 05 deste *Curso.*

JURISPRUDÊNCIA DO STJ - ANALOGIA EXTENSIVA

O Superior Tribunal de Justiça adotou entendimento que prestigia o disposto no art. 108, § 1º, do CTN, vedando a adoção da chamada analogia extensiva: "Processo civil. Agravo regimental. ICMS. Incidência sobre a habilitação de telefones celulares. Impossibilidade. Atividade que não se constitui em serviço de telecomunicações. Analogia extensiva. Exigência de tributo sobre fato gerador não previsto em lei. Proibição. Art. 108, § 1º, do CTN. – I – No ato de habilitação de aparelho móvel celular inocorre qualquer serviço efetivo de telecomunicação, senão de disponibilização do serviço, de modo a assegurar ao usuário a possibilidade de fruição do serviço de telecomunicações. II – O ICMS incide, tão somente, na atividade final, que é o serviço de telecomunicação propriamente dito, e não sobre o ato de habilitação do telefone celular, que se afigura como atividade meramente intermediária. III – O Convênio ICMS nº 69/98, ao determinar a incidência do ICMS sobre a habilitação de aparelho móvel celular, empreendeu verdadeira analogia extensiva do âmbito material de incidência do tributo, em flagrante violação ao art. 108, § 1º, do CTN [...]" (STJ, Primeira Turma, AgRg nos EDcl no REsp 712418/SE, 19.12.2005). Em outra oportunidade o STJ não permitiu a interpretação extensiva ou analogia quanto ao termo "serviços hospitalares" para efeito da tributação do imposto de renda (IR): "Consultas. Clínica oftalmológica. Não-equiparação. Serviços hospitalares. O conceito de serviços hospitalares, ao qual faz referência o art. 15, § 1º, III, a, da Lei n. 9.245/1995, deve ser compreendido mais restritivamente do que os serviços médicos. A norma referida, por se tratar de isenção parcial, deve ter interpretação literal" (art. 111, II do CTN), não devendo ser ampliada nem aplicada por analogia. Logo, as consultas médicas realizadas em clínicas oftalmológicas não estão inseridas no conceito de serviços hospitalares para efeito de apuração da base de cálculo do imposto de renda incidente sobre o lucro presumido no percentual de 8% sobre a receita bruta [...]" (STJ, Informativo nº 300).

B) Princípios gerais de direito privado: artigo 109 do CTN

O art. 109 do CTN estabelece:

> **CTN, art. 109.** Os princípios gerais de direito privado utilizam-se para pesquisa da definição, do conteúdo e do alcance de seus institutos, conceitos e formas, mas não para definição dos respectivos efeitos tributários.

A distinção entre direito público e privado é tão antiga quanto problemática. O direito público seria o conjunto de normas que disciplina as relações jurídicas nas quais o Estado figura como parte. Assim, tendo em vista o interesse tutelado (interesse público), o poder estatal coloca-se em relação de superioridade frente ao particular, podendo impor suas decisões de forma verticalizada. "O princípio máximo do direito público é o princípio da soberania" (FERRAZ JR., 2003, p. 139).

O direito privado, por sua vez, é o conjunto de regras jurídicas disciplinadoras das relações entre particulares, pautadas pela igualdade de posições. No âmbito do direito privado é inconcebível a imposição de uma vontade sobre outra. As vontades devem ajustar-se por meio de acordos, em que a liberdade de cada um é pressuposto fundamental. Daí a importante disciplina dos contratos.

Tercio Sampaio Ferraz Jr. anota: "No direito privado vige, supremamente, o princípio da autonomia privada. Os entes privados gozam dessa capacidade ao estabelecer normas conforme seus interesses. Esse princípio está na base dos acordos de vontade (como os contratos), mas também dos atos de vontade unilaterais (como a doação)" (FERRAZ JR., 2003, p. 140).

Como vimos, o direito tributário é típico ramo do direito público. Nele, a soberana vontade do Estado aparece de forma bastante nítida. O sujeito passivo não tem opção entre pagar ou não o tributo. Caso não o recolha, terá seu patrimônio executado. A relação de força e verticalidade é clara. Aliás, o próprio nome dado a uma das espécies de tributo, os "impostos", designa que algo é imposto ao sujeito passivo independente de sua concordância.

Ocorre que a imposição tributária, isto é, as normas instituidoras de tributos, tomam como base de incidência negócios jurídicos pactuados entre pessoas iguais e regidos por regras de direito privado. As normas tributárias incidem, quase sempre, sobre fatos ou condutas econômicas representadas por negócios efetuados entre particulares e regidos por disposições privadas.

A circulação de mercadorias, a prestação de serviços, a importação ou exportação de produtos etc., são operações econômicas que dependem de ajustes contratuais para que ocorram. São objetos de negócios jurídicos efetuados entre particulares e regidos por normas de direito empresarial, civil etc. Assim, o direito privado desempenha importante papel na interpretação de dispositivos tributários. Os institutos e figuras privadas expressam juridicamente o conteúdo econômico sobre os quais as normas tributárias incidem.

Justamente por isso, os princípios gerais de direito privado podem e devem ser utilizados para a pesquisa da definição, do conteúdo e do alcance de *seus* institutos, conceitos e formas, mas *não* para a interpretação dos efeitos tributários decorrentes desses negócios. Como se percebe, o CTN insiste na divisão entre direito público e direito privado. Cada ramo do direito deve submeter-se a seus princípios particulares.

Existe, por exemplo, toda uma sistemática privada relativa à transferência da propriedade de bens imóveis. De acordo com o artigo 1.245 do Código Civil, "transfere-se entre vivos a propriedade mediante o registro do título translativo no Registro de Imóveis". O imposto sobre a transferência de bens imóveis (ITBI) incide justamente sobre essa figura jurídica privada.

Os princípios gerais de direito privado, como o princípio da autonomia da vontade, podem ser utilizados para a interpretação dessa figura jurídica privada – a transferência da propriedade do bem imóvel –, mas *não* para a fixação dos *efeitos tributários* oriundos da incidência da norma do ITBI sobre essa transação.

De fato, não faria sentido, na sistemática do CTN, que princípios privados fossem utilizados para a fixação de efeitos provenientes do direito público.

Dessa maneira, se a lei tributária determina que sujeito passivo do tributo é o comprador do imóvel e não o vendedor, não há que se utilizar do princípio da isonomia dos entes privados para sustentar a interpretação segundo a qual o ônus tributário deveria ser repartido entre as partes.

Os princípios jurídicos privados podem ser utilizados para a definição do instituto privado, mas não para a fixação dos efeitos tributários decorrentes. Assim, no silêncio da lei tributária, pressupõe-se que as figuras de direito privado são tomadas tal como constituídas na órbita da disciplina jurídica privada.

Não é outra a lição de Ruy Barbosa Nogueira: "Isto significa que, quando as categorias de direito privado estejam apenas referidas na lei tributária, o intérprete há de ingressar no direito privado para bem compreendê-las, porque neste caso elas continuam sendo institutos, conceitos e formas de puro direito privado, porque não foram alteradas pelo direito tributário, mas incorporadas sem alteração e portanto vinculantes dentro deste" (NOGUEIRA, 1993, p. 104).

Finalmente, importa registrar que, em certas circunstâncias, a lei tributária *altera* a natureza jurídica dos institutos ou figuras de direito privado para viabilizar ou facilitar a incidência da norma de direito tributário. Pergunta-se: tal alteração é possível?

Luciano Amaro explica: "A identidade do instituto, no direito privado e no direito tributário, dá-se sempre que o direito tributário não queira modificá-lo para fins fiscais, bastando, para que haja essa identidade, que ele se reporte ao instituto sem ressalvas. Se, porém, o direito tributário *quiser* determinar alguma modificação, urge que diga de modo expresso" (AMARO, 2011, p. 244).

Desse modo, se a lei tributária não faz nenhuma ressalva, pressupõe-se que a natureza jurídica do instituto de direito privado mencionado é aquela construída pelos princípios e regras deste ramo do direito. Por outro lado, o legislador tributário pode, se quiser, alterar esta natureza jurídica com vistas a viabilizar ou facilitar a tributação. Nesse caso, contudo, deve mencionar de forma expressa a alteração de sentido.

C) Institutos de direito privado e competência tributária: artigo 110 do CTN

O artigo 110 do CTN determina:

> **CTN, art. 110.** A lei tributária não pode alterar a definição, o conteúdo e o alcance de institutos, conceitos e formas de direito privado, utilizados, expressa ou implicitamente, pela Constituição Federal, pelas Constituições dos Estados, ou pelas Leis Orgânicas do Distrito Federal ou dos Municípios, para definir ou limitar competências tributárias.

O dispositivo refere-se à lei tributária. Isso significa que os legisladores dos quatro entes federativos não devem alterar a definição, o conteúdo e o alcance dos conceitos e formas de direito privado fixados na Constituição Federal, estaduais ou leis orgânicas municipais ou distrital *para definir ou limitar o exercício da competência tributária.*

Assim, por exemplo, o IPVA incide sobre a propriedade de veículos automotores. Não pode a lei tributária, desvirtuando o uso comum que se faz da definição de veículo automotor (aquele cujo movimento resulta de mecanismo próprio, sem intervenção de força exterior), tentar equiparar a estes, para fins tributários, veículos que não possuem essa característica (como carroças, bicicletas etc.). Se o fizesse, feriria a delimitação constitucional de competência tributária, incidindo em inconstitucionalidade, como se observa na seguinte decisão do STF:

> Imposto sobre Serviços (ISS). Locação de veículo automotor. Inadmissibilidade, em tal hipótese, da incidência desse tributo municipal. Distinção necessária entre locação de bens móveis (obrigação de dar ou de entregar) e prestação de serviços (obrigação de fazer). Impossibilidade de a legislação tributária municipal alterar a definição e o alcance de conceitos de direito privado (CTN, art. 110). Inconstitucionalidade do item 79 da antiga lista de serviços anexa ao Decreto-lei nº 406/68. Precedentes do Supremo Tribunal Federal. Recurso improvido. Não se revela tributável, mediante ISS, a locação de veículos automotores (que consubstancia obrigação de dar ou de entregar), eis que esse tributo municipal somente pode incidir sobre obrigações de fazer, a cuja matriz conceitual não se ajusta a figura contratual da locação de bens móveis [...] (STF, Segunda Turma, RE-AgR 446003/PR., DJ 04.08.2006).

O art. 110 do CTN tem o objetivo de manter a unidade do direito privado e público em todo o território nacional, bem como garantir a efetividade da instituição de impostos a cada entidade política frente às limitações constitucionais ao poder de tributar. Por isso, o dispositivo legal faz referência não somente à legislação federal, mas também as leis estaduais e municipais.

Boa parte da doutrina assinala que o artigo 110 do CTN é mera norma de explicitação daquilo que já está contido de forma implícita na Constituição. Vale dizer, a simples interpretação do texto constitucional levaria a compreender que os legisladores dos entes federativos não estão autorizados a alterar o significado, definição e alcance dos institutos de direito privado utilizados pelo texto constitucional para a fixação das competências tributárias.

APROFUNDANDO! INTERPRETAÇÃO CONJUNTA DOS ARTIGOS 109 E 110 DO CTN

É importante sistematizar a interpretação conjunta dos artigos 109 e 110 do CTN para evitarmos má compreensão:

- *Princípios gerais de direito privado* – Podem ser utilizados para a pesquisa e definição dos institutos e figuras de direito privado, mas *não* para a fixação dos *efeitos tributários* (art. 109 do CTN). Utilizam-se os princípios de direito privado para se delimitar o conceito do contrato de *leasing*, por exemplo, mas não para estabelecer os efeitos tributários relacionados a este contrato;
- *Normas de competência* – Os institutos e figuras de direito privado constantes das normas constitucionais de competência tributária *não* podem ser alterados ou modificados pelos legisladores da União, Estados, Distrito Federal e Municípios (art. 110 do CTN). Como vimos, sobretudo no que tange a impostos, a Constituição autoriza a tributação de alguns fatos, atos ou negócios jurídicos de expressão econômica, e não todos. Se o legislador

pudesse modificar como quisesse as definições usadas pela Constituição, por exemplo, a noção de limite constitucional cairia por terra;

- *Legislação tributária e alteração de institutos e figuras de direito privado* – No que toca a outras normas de direito tributário que não as delimitadoras de competência tributária, abrem-se duas possibilidades à luz da interpretação conjunta dos artigos 109 e 110 do CTN:

    - *Silêncio da lei tributária* – No silêncio, entende-se que a lei tributária tomou determinado instituto ou figura de direito privado nos termos do que lhe conformam a natureza jurídica os princípios e regras de direito privado;
    - *Modificação do conceito pela lei tributária* – Excepcionalmente a legislação tributária pode alterar tais definições ou conceitos com vistas a viabilizar ou facilitar a tributação; nesses casos, contudo, deve haver disposição expressa nesse sentido.

D) Interpretação literal ou gramatical: artigo 111 do CTN

O artigo 111 do CTN estabelece:

> **CTN, art. 111**. Interpreta-se literalmente a legislação tributária que disponha sobre:
> I – suspensão ou exclusão do crédito tributário;
> II – outorga de isenção;
> III – dispensa do cumprimento de obrigações tributárias acessórias.

A interpretação literal ou gramatical é o método segundo o qual a fixação do sentido de determinado dispositivo normativo deve dar-se com base na consideração exclusiva das *palavras* e *frases* que o compõem, sem maiores considerações pelo contexto em que se encontram tais signos, as finalidades vinculadas, os valores envolvidos, as conexões com outros dispositivos etc.

Paulo de Barros Carvalho, a propósito, esclarece: "Na análise literal prepondera a investigação sintática, ficando impedido o intérprete de aprofundar-se nos planos semânticos e pragmáticos. Certificamo-nos, com ela, se as palavras da oração prescritiva da lei estão bem colocadas, cumprindo os substantivos, adjetivos, verbos, advérbios e conectivos suas específicas funções na composição frásica, segundo os cânones da gramática da língua portuguesa. Só a arrumação dos signos tem a virtude de formar aquilo que se conhece por validade sintática, nada mais" (CARVALHO, 2012, p. 139).

O dispositivo recebe pesadas críticas da doutrina. Para uns, a interpretação gramatical é absolutamente insuficiente para a fixação dos possíveis sentidos extraíveis dos textos normativos; para outros representa inadmissível limitação à atividade construtora do intérprete. Há ainda aqueles que sustentam que a interpretação literal seria apenas o primeiro passo, necessário, por certo, porém, absolutamente insuficiente para a extração do sentido adequado ao caso em análise.

Para além da crítica imanente ao dispositivo – que, no interior do positivismo, não tem lá tanta serventia – talvez fosse o caso de, nos termos do uma interpretação normativa, buscar compreender o significado do artigo 111. Vale dizer, seria o caso de não cometer o erro de subestimar a inteligência daqueles que projetaram o CTN. Ora, por que o artigo 111 estabelece interpretação literal para os casos arrolados em seus incisos? Porque são circunstâncias que impedem a transformação do crédito tributário em receita fiscal.

O CTN quis dizer apenas: "uma vez que a passagem do crédito tributário à categoria de receita fiscal será interrompida nos casos abaixo assinalados, que se interprete os dispositivos de forma literal, isto é, de forma a diminuir os prejuízos estatais".

Feitas estas observações, cumpre que saibamos em que circunstâncias a interpretação deve ser literal. O artigo 111, que comporta análise esquematizada, determina que se deve interpretar literalmente a legislação tributária que disponha sobre:

- *Suspensão ou exclusão do crédito tributário* – As causas de suspensão da exigibilidade do crédito tributário estão arroladas no artigo 151 do CTN. São circunstâncias em que a exigibilidade do crédito, isto é, o dever imediato que tem o sujeito passivo de extinguir o crédito tributário, está temporariamente afastada. Por isso, o crédito, que estava em vias de ingressar no patrimônio estatal na qualidade de receita pública, tem seu caminho obstado. As causas de exclusão estão previstas no artigo 175 do Código. A isenção exclui o crédito proveniente do tributo, enquanto a anistia aquele que provém das multas. Em ambas as hipóteses há a exclusão definitiva daquilo que seriam futuras receitas públicas, razão pela qual a interpretação dos dispositivos que preveem isenções e anistias deve ser literal;
- *Outorga de isenção* – O inciso é redundante, pois repete o disposto no inciso I. Ora, a isenção é uma das causas de exclusão do crédito tributário (CTN, art. 175, I). No entanto, devemos reconhecer que, no Brasil, muitas vezes certa redundância, apenas por precaução, talvez não seja de todo criticável;
- *Dispensa do cumprimento de obrigações tributárias acessórias* – As obrigações acessórias são deveres de fazer, não fazer ou tolerar que se faça no interesse da fiscalização e arrecadação dos tributos (CTN, art. 113, § 2º). Tais obrigações independem das principais. Quer dizer, mesmo para as entidades imunes ou isentas, ou nas circunstâncias em que o crédito está com a exigibilidade suspensa, subsistem as obrigações tributárias acessórias. O descumprimento dessas obrigações (por exemplo, o empresário que deixa de emitir nota fiscal), acarreta a aplicação de penalidade pecuniária, isto é, de multa (CTN, art. 113, § 3º). Ora, a multa pode ser objeto de uma obrigação tributária principal (CTN, art. 113, § 1º) e, portanto, engendrar a constituição de futuro crédito tributário (CTN, art. 139). Fica claro, portanto, que a dispensa do cumprimento de obrigações acessórias significa potencial dispensa do pagamento futuro de multas. Logo, interpreta-se tais dispositivos de forma literal.

Para finalizar, cumpre registrar importante observação de Regina Helena Costa: "Ao determinar, nesse dispositivo, que a interpretação de normas relativas à suspensão ou exclusão do crédito tributário, à outorga de isenção e à dispensa do cumprimento de obrigações acessórias seja 'literal', o legislador provavelmente quis significar 'não extensiva', vale dizer, sem alargamento de seus comandos, uma vez que o padrão em nosso sistema é a *generalidade da tributação* e, também, das *obrigações acessórias*, sendo taxativas as hipóteses de suspensão da exigibilidade do crédito tributário e de anistia. Em outras palavras, quis prestigiar os princípios da isonomia e da legalidade tributária" (COSTA, 2014, p. 184).

Vale ressaltar que não se deve subestimar a inteligência do legislador que elaborou o CTN. Obviamente não pretendia que a interpretação fosse *literal* no sentido de que o intérprete deve simplesmente se apegar ao significado estrito das palavras. O objetivo é restringir ao máximo a atividade "construtora" do intérprete, diminuindo os espaços de possibilidade significativa que podem ser atribuídos aos textos normativos que têm por objeto as matérias acima mencionadas, para que não seja obstada a transformação do crédito tributário em receita pública.

JURISPRUDÊNCIA DO STJ – INTERPRETAÇÃO LITERAL DAS LEIS DE ISENÇÃO

Apesar de questionável, o método de interpretação literal tem sido considerado legítimo para os casos enumerados taxativamente no art. 111 do CTN, conforme entendimento do Superior Tribunal de Justiça: "O entendimento do STJ é de que, à luz do art. 111, II, do Código Tributário Nacional, a norma tributária concessiva de isenção deve ser interpretada literalmente. Assim, a isenção do imposto de renda, na forma prescrita no art. 6º, XIV, da Lei 7.713/1988, diz respeito aos proventos de aposentadoria, e não à remuneração do servidor ativo. 4. Agravo Interno não provido" (STJ, Segunda Turma, Ag.nt no REsp. 1784245/DF, 18/10/2019). Dessa forma, o artigo 111 do CTN desautoriza a possibilidade de alargar a interpretação as hipóteses previstas.

E) Interpretação mais benigna: artigo 112 do CTN

O artigo 112 do CTN estabelece:

> **CTN, art. 112.** A lei tributária que define infrações, ou lhe comina penalidades, interpreta-se da maneira mais favorável ao acusado, em caso de dúvida quanto:
>
> I – à capitulação legal do fato;
>
> II – à natureza ou às circunstâncias materiais do fato, ou à natureza ou extensão dos seus efeitos;
>
> III – à autoria, imputabilidade, ou punibilidade;
>
> IV – à natureza da penalidade aplicável, ou à sua graduação.

A doutrina é unânime ao assinalar que o artigo recebe influência do princípio *in dubio pro reo*, que tem lugar no âmbito do direito penal e processual penal.

A propósito, Guilherme de Souza Nucci explica: "Na relação processual, em caso de conflito entre a inocência do réu – e sua liberdade – e o direito-dever do Estado de punir, havendo *dúvida razoável*, deve o juiz decidir em favor do acusado.

Exemplo disso está na previsão de absolvição quando não existir prova suficiente da imputação formulada (art. 386, VI, CPP)" (NUCCI, 2008, p. 90).

O fundamento axiológico do princípio reside em que, do ponto de vista de uma persecução penal razoável e proporcional, agride o senso de justiça que predomina na sociedade a possibilidade de, *na dúvida*, condenar-se um inocente. Trata-se, além do mais, de desdobramento do princípio da presunção de inocência, previsto no artigo 5º, LVII, da Constituição. Ora, se vigora presunção de que o indivíduo é inocente até sentença final transitada em julgado, é razoável que, na dúvida, seja absolvido.

Justamente por isso, é importante compreender que o artigo 112 do CTN refere-se apenas e tão somente à *lei tributária que define infrações ou comina penalidades*.

A regra de interpretação mais benigna *não* se dirige às normas tributárias instituidoras de tributos. Não se trata de interpretar de forma benéfica a situação do sujeito passivo no que tange à adequação de sua conduta à hipótese de incidência tributária ou a circunstâncias que poriam em dúvida o dever de pagar ou não o *tributo*.

Trata-se, pelo contrário, de interpretação benigna *em caso de dúvida* quanto à situação do sujeito passivo nas hipóteses em que se encontra obrigado ao pagamento de *multas*, ou seja, de *penalidades pecuniárias*.

Além do mais, o artigo não se refere ao crédito tributário já formalizado, ainda que proveniente da prática de infrações tributárias. O dispositivo não trata da suspensão, extinção ou exclusão do crédito. Seu objeto é a conduta do sujeito passivo *antes* da formalização do auto de infração. O administrador, em caso de dúvida quanto às circunstâncias que envolvem a conduta potencialmente ilícita, pode adotar uma interpretação mais benigna nos casos elencados no art. 112 do CTN, e deixar de formalizar a infração.

Vejamos, então, de maneira esquematizada as hipóteses em que tem lugar a interpretação mais favorável ao sujeito passivo no que concerne à lei tributária que define infrações ou comina penalidades e, ainda assim, *apenas nas situações de dúvida*:

- *Capitulação legal do fato* – As normas que preveem sanções descrevem fatos que, uma vez praticados pelo contribuinte, ensejam a aplicação da punição. Imagine-se, por exemplo, uma norma segundo a qual "o exportador deve preencher declaração de exportação no prazo de trinta dias contados da prática do fato gerador". Caso não o faça, isto é, caso não preencha a declaração, o contribuinte está sujeito à multa. Pois bem, muitas vezes o administrador, por ocasião do lançamento do tributo, tem dúvida sobre se o fato praticado adequa-se perfeitamente à descrição prevista na lei. O exportador, por exemplo, enviou mercadoria a uma filial em país estrangeiro, mas não emitiu a declaração. Isso significa exportação? Deve ser multado? Nos casos de *dúvida* quanto à capitulação legal do fato, ou seja, quanto a seu exato enquadramento na lei, deve-se interpretar a norma de forma mais favorável ao contribuinte;
- *Natureza ou circunstâncias materiais do fato ou natureza ou extensão dos seus efeitos* – Muitas vezes o contribuinte pratica um fato que deixa dúvidas quanto ao exato enquadramento na norma que prevê a punição. Imagine-se

que determinado indivíduo venha do exterior proveniente de viagem de turismo. Sabemos que existe um limite de mercadorias que pode trazer consigo, além do qual deve ser compelido ao pagamento do imposto sobre importação e, logo, ao preenchimento da declaração de importação, sob pena de *multa*. Suponha-se que o sujeito desembarque usando um casaco novo que, se adquirido no exterior, faria com que o valor-limite fosse extrapolado. A pessoa afirma que o casaco foi comprado no Brasil, mas não tem como provar, já que deixou a nota fiscal em sua residência. Como agir? A autoridade deve multá-lo? Nos casos em que há dúvida quanto ao fato praticado pelo sujeito passivo, interpreta-se a legislação de forma mais favorável ao contribuinte;

- *Autoria, imputabilidade ou punibilidade* – Hugo de Brito Machado narra curioso caso em que uma senhora foi autuada pela Administração porque teria recebido depósito de alto valor em sua conta bancária. Tratava-se, segundo o Fisco, de "omissão de rendimentos". Ocorre que o depósito havia sido efetuado por seu marido, que era o contribuinte do imposto de renda, sendo certo que a autuada era apenas dependente dele. "Nesse caso, portanto, a autuada não era de nenhum modo autora da infração que, se efetivamente houve, tinha como autor o marido da autuada. Entretanto, como a conta bancária era da mulher, os agentes do fisco entenderam que a infração havia sido cometida por ela, e contra ela iniciaram a ação fiscal" (MACHADO, 2004, p. 283). Nesse caso, como pairava dúvida quanto à autoria do fato, deveria ter sido aplicada a regra de interpretação mais favorável ao contribuinte;
- *Natureza da penalidade aplicável ou sua graduação* – Muitas vezes há dúvida quanto à natureza da penalidade a ser aplicada. É o caso de multa ou suspensão das exportações? Em outras circunstâncias, há dúvida quanto ao montante a ser cobrado: R$ 100,00, R$ 200,00, R$ 300,00? Nesses casos, aplica-se a interpretação mais benéfica ao sujeito passivo.

Uma vez mais, insista-se: o dispositivo não se refere ao crédito tributário. Refere-se, antes, ao exato enquadramento da conduta adotada pelo sujeito passivo aos contornos das leis que descrevem infrações tributárias. Depois que tenha sido definido tal enquadramento – adotada, se for o caso, a interpretação mais favorável nos termos do art. 112 do CTN – a autoridade formaliza o auto de infração e o crédito está constituído. A partir daí, sua suspensão, extinção ou exclusão devem ocorrer nos termos dos artigos 151, 156 ou 175 do CTN.

Para finalizar, é preciso ressaltar que o artigo 112 apenas poderá ser aplicado em caso de *dúvida* quanto às circunstâncias ali enumeradas. A jurisprudência do STJ é pacífica nesse sentido:

> "A interpretação mais benéfica ao acusado ocorre, na seara tributária, apenas 'em caso de dúvida', conforme expressamente disposto no art. 112 do CTN, inaplicável, o que não sucedeu" (STJ, REsp. 1248445/PR, 2011).

APROFUNDANDO! TEORIA DA INTERPRETAÇÃO ECONÔMICA DO DIREITO TRIBUTÁRIO

A teoria da interpretação econômica do direito tributário nasceu na Alemanha, no início do século XX, em um momento em que o país emergia da primeira guerra mundial como nação derrotada. Os pesados encargos impostos pelas nações vencedoras, bem como a alteração de perspectivas políticas e jurídicas que vieram à tona com a nova Constituição de Weimar, abriram caminho para uma reformulação das teorias tributárias até então aceitas.

Luís Eduardo Schoueri observa: "Do ponto de vista doutrinário, vivia-se na época a influência da Jurisprudência dos Interesses, além do movimento do Direito Livre. Ambos pregavam a liberação dos métodos de interpretação do Direito Civil. Sob a influência de tais correntes, foi possível a Enno Becker, de formação civilista mas com larga atuação profissional no Direito Público, como juiz do Superior Tribunal Administrativo de Oldenburg, introduzir, em seu projeto de normas gerais sobre a matéria tributária, que resultaria na *Reichsabgabenordnung* de 1919, acima referida, dois dispositivos que trariam a consideração econômica à matéria tributária" (SCHOUERI, 2012, p. 651).

De acordo com a teoria da interpretação econômica do direito tributário, o intérprete (o juiz ou o administrador), no momento em que se depara com uma conduta do contribuinte passível de ser tributada, deve considerar apenas a substância econômica, isto é, o evento econômico praticado, ignorando sua roupagem jurídica sempre que seja utilizada para disfarçar ou dissimular a real natureza da conduta. Quer dizer, a forma jurídica da conduta deve ser relegada a segundo plano, cabendo ao intérprete investigar a essência econômica, isto é, suas finalidades e circunstâncias.

Imagine-se, por exemplo, que duas pessoas tenham celebrado contrato de compra e venda de um imóvel. Sabem que, no momento em que a propriedade for transferida – o que se dá com o registro da escritura no Registro de Imóveis competente –, o comprador ou o vendedor, conforme a determina a lei, deverá recolher o imposto sobre a transmissão de bens imóveis (ITBI) à alíquota de 5% sobre o valor do bem. As partes sabem, contudo, que, no Estado em que o imóvel se situa, há isenção relativa ao imposto sobre transmissão causa mortis e doação (ITCMD), que compreende o limite de valor envolvido na transação.

Pois bem, no lugar de efetivarem um negócio jurídico de compra e venda do imóvel, nos termos do art. 481 do Código Civil, optam por celebrar uma doação, de acordo com o art. 538 do mesmo diploma. O proprietário "doa" o imóvel ao adquirente; este, por sua vez, "doa" o dinheiro ao primeiro. Como há isenção de ITCMD não estão sujeitos ao recolhimento de qualquer imposto. A consideração econômica, nesse caso, autoriza o intérprete (administrador ou juiz) a desconsiderar a forma jurídica, ou seja, a "roupagem" de direito adotada pelas partes. No lugar da doação, considera-se, isso sim, a substância econômica do evento, isto é, a compra e venda. Dessa maneira, à luz da interpretação econômica, o intérprete qualifica o evento como compra e venda de bem imóvel e determina o pagamento do imposto sobre a transmissão de bens imóveis (ITBI) devido na operação.

A interpretação econômica do direito tributário fez adeptos no Brasil, como Amílcar de Araújo Falcão, dentre outros. Conseguiu também antagonistas. Alguns ferozes, como Alfredo Augusto Becker, segundo o qual "a doutrina da interpretação do Direito Tributário segundo a realidade econômica é filha do maior equívoco que tem impedido do Direito Tributário de evoluir como Ciência Jurídica. Esta doutrina, inconscientemente, nega a utilidade do Direito, porquanto destrói precisamente o que há de jurídico dentro do Direito Tributário" (BECKER, 2010, p. 138). Muito embora tenha influenciado Rubens Gomes de Souza, redator do anteprojeto do CTN, Schoueri observa que o dispositivo que pretendera fazer constar a positivação da interpretação econômica do direito tributário no Brasil "não foi acolhido na redação final do Código Tributário Nacional, o que permite levantar a crença de que o legislador complementar não quis que se desse espaço à consideração econômica no Brasil" (SCHOUERI, 2012, p. 661).

Por outro lado, como anota Luciano Amaro, alguns doutrinadores interpretam o artigo 109 do CTN como veiculador da interpretação econômica do direito tributário no Brasil. Tal perspectiva, contudo, causa estranheza, sobretudo porque o dispositivo prescreve justamente o contrário. De acordo com o artigo, como vimos, os princípios gerais de direito privado devem ser utilizados para a interpretação e fixação dos conceitos relativos aos institutos de direito privado. Não devem ser considerados apenas com relação aos "efeitos tributários". Amaro observa: "Ora, esse artigo não pode querer dizer que o intérprete da lei tributária seja obrigado a utilizar princípios do direito privado para pesquisar a definição, o conteúdo e o alcance de certo instituto de direito privado (por exemplo, a compra e venda) para, concluído esse trabalho, atirá-lo ao lixo [...] Não nos parece, portanto, que o aplicador da lei tributária esteja autorizado a transfigurar o instituto de direito privado, nem se lhe permite ignorar o instituto, e substituí-lo por outro, a pretexto de que este produza maiores (ou menores, o problema é o mesmo) efeitos fiscais" (AMARO, 2011, p. 253).

Em suma, a interpretação econômica do direito tributário não está positivada no Brasil e conta com parco reconhecimento jurisprudencial. Apenas na doutrina, aqui e ali, há manifestações que lhe são favoráveis.

SÚMULAS DO STF E DO STJ:

SÚMULA STF

Súmula 575 – "À mercadoria importada de país signatário do (GATT), ou membro da (ALALC), estende-se a isenção do imposto de circulação de mercadorias concedida a similar nacional";

SÚMULA STJ

Súmula 20 – "A mercadoria importada de país signatário do GATT é isenta do ICM, quando contemplada com esse favor o similar nacional";

Súmula 71 – "O bacalhau importado de país signatário do GATT é isento do ICM";

Súmula 508 – "A isenção da COFINS concedida pelo art. 6º, II, da LC n. 70/1991 às sociedades civis de prestação de serviços profissionais foi revogada pelo art. 56 da Lei n. 9.430/1996".

SÍNTESE DOS PRINCIPAIS ENTENDIMENTOS JURIPRUDENCIAIS

"É inconstitucional a aplicação retroativa de lei que majora a alíquota incidente sobre o lucro proveniente de operações incentivadas ocorridas no passado, ainda que no mesmo ano-base, tendo em vista que o fato gerador se consolida no momento em que ocorre cada operação de exportação, à luz da extrafiscalidade da tributação na espécie"(RE 592.396 – Tema 168).

"As leis interpretativas – desde que reconhecida a sua existência em nosso sistema de direito positivo – não traduzem usurpação das atribuições institucionais do judiciário e, em consequência, não ofendem o postulado fundamental da divisão funcional do poder – mesmo as leis interpretativas expõem-se ao exame e à interpretação dos juízes e tribunais. Não se revelam, assim, espécies normativas imunes ao controle jurisdicional" (STF, Tribunal Pleno, ADI-MC 605/DF).

"Impossibilidade de a legislação tributária municipal alterar a definição e o alcance de conceitos de direito privado (CTN, art. 110). Inconstitucionalidade do item 79 da antiga lista de serviços anexa ao Decreto-lei nº 406/68" (STF. 2ª T. RE-AgR 446003/PR).

"O entendimento do STJ é de que, à luz do art. 111, II, do Código Tributário Nacional, a norma tributária concessiva de isenção deve ser interpretada literalmente" (AgInt no REsp 1784245/DF).

"O Código Tributário Nacional, em seu art. 106, estabelece que a lei nova mais benéfica ao contribuinte aplica-se ao fato pretérito, razão por que correta a redução da multa para 20% nos casos, como na espécie, em que a execução fiscal não foi definitivamente julgada. Somente se tem por definitivamente julgada a execução fiscal quando realizadas a arrematação, adjudicação ou remição, nos moldes de rr. Precedentes desta Egrégia Corte Superior. Recurso especial não conhecido. Decisão unânime" (STJ, 2.a T., REsp 183.994/SP).

24

OBRIGAÇÃO TRIBUTÁRIA

24.1 APRESENTAÇÃO DO TEMA

O artigo 113 do CTN inaugura o Título II, do Livro Segundo, denominado "Obrigação Tributária". O Título, por sua vez, desdobra-se em cinco capítulos: (I) disposições gerais; (II) fato gerador; (III) sujeito ativo; (IV) sujeito passivo e (VI) responsabilidade tributária.

Uma análise estrutural do CTN permite concluir que, após estabelecer os traços fundamentais de organização das leis tributárias, isto é, dispor sobre vigência, interpretação, aplicação, entre outros, o Código passa a delinear os elementos normativos estruturantes da *relação jurídica obrigacional tributária.*

De fato, o tributo é uma prestação pecuniária compulsória (CTN, art. 3º). Ocorre, contudo, que o efetivo adimplemento dessa prestação deve ocorrer no seio de uma *relação jurídica.* É preciso que haja um vínculo de direito unindo o contribuinte ou responsável ao Estado para que a exigência do tributo seja legítima.

Não é dado ao Poder Público exigir o tributo de pessoas que não mantenham com ele nenhuma relação jurídica. Seria como se alguém cobrasse uma dívida de pessoa com a qual nunca tivera tido contato antes. É importante, portanto, conhecermos um pouco mais sobre o significado de obrigação jurídica. Depois, veremos como se estrutura, em particular, a obrigação tributária.

Sobre o conceito geral de *obrigação jurídica*, Antunes Varela observa: "Diz-se *obrigação* a relação jurídica por virtude da qual uma (ou mais) pessoa pode exigir de outra (ou outras) a realização de uma prestação" (ANTUNES VARELA, 1989, p. 61).

De acordo com a doutrina civilista, são três os elementos constitutivos da relação obrigacional:

- *Sujeitos* – "Que são os titulares (ativo e passivo, ou simultaneamente ativo e passivo quando se trata, por exemplo, de obrigação nascida de um contato bilateral) da relação [...] O *credor* é a pessoa a quem se proporciona a vantagem resultante da prestação, o titular do interesse (patrimonial, espiritual ou moral) que o dever de prestar visa satisfazer [...] O *devedor* é, por seu turno, a pessoa sobre a qual recai o dever (específico) de efetuar a prestação (o comprador, quanto à entrega do preço; a entidade patronal, quanto ao salário; o empreiteiro, quanto à entrega da obra" (ANTUNES VARELA, 1989, p. 73, 74). No direito tributário, o sujeito ativo (credor) é o Estado; o sujeito passivo (devedor) é o contribuinte ou o responsável;

- *Objeto* – "Que é a prestação debitória [...] O objeto da obrigação é a *prestação devida ao credor*. É o meio que satisfaz o interesse do credor, que lhe proporciona a vantagem a que ele tem direito. A prestação consiste, como regra, numa atividade ou numa ação do devedor (entregar uma coisa, realizar uma obra, dar uma consulta, patrocinar alguém numa causa, transportar alguns móveis, transmitir um crédito, dar certo número de lições, etc.)" (ANTUNES VARELA, 1989, p. 73, 79). Em âmbito tributário, o objeto é a obrigação do devedor (contribuinte ou responsável) de dar dinheiro ao Estado na forma de tributo ou multa (obrigação principal) ou de fazer, não fazer ou tolerar que se faça no interesse da fiscalização e arrecadação tributária (obrigação acessória);
- *Vínculo* – "Que é o nexo que liga os poderes do credor aos deveres do obrigado [...] Este vínculo, constituído pelo enlace dos poderes conferidos ao credor com os correlativos deveres impostos ao titular passivo da relação, forma o *núcleo central* da obrigação, o elemento substancial da economia da relação [...] Aliás, a própria etimologia da palavra *obrigar* (de *obligare*, ou *ligare ob – ligar por causa de, ligar para*) aponta desde logo para o vínculo que prende um ao outro os sujeitos da relação" (ANTUNES VARELA, 1989, p. 73, 110, 111). Em âmbito tributário, trata-se do nexo jurídico que tem fundamento na *lei* (e *não* na *vontade* das partes), e que nasce com a ocorrência do fato gerador.

Pois bem, a obrigação tributária segue a mesma estrutura básica das obrigações de direito privado. Ocorre, contudo, que a primeira decorre da lei e rege-se por normas de direito público; a segunda decorre da vontade das partes e rege-se por normas de direito privado. Por isso, existem diferenças importantes no que concerne ao surgimento, existência e encerramento da relação.

De qualquer maneira, a análise atenta do CTN permite concluir que houve uma "adaptação" da obrigação jurídica de direito privado às necessidades impostas pelo direito tributário como ramo do direito público. A relação de tributação é uma relação de poder. O CTN, contudo, pretendeu dar a essa relação de submissão dos particulares à soberania estatal a feição de uma relação jurídica.

Sacha Calmon Navarro Coêlho captou esta sutileza: "Seja lá como for, o CTN se escorou na teoria obrigacional para regrar juridicamente a relação entre o Estado que tributa e o contribuinte que paga" (COÊLHO, 2009, p. 692).

É claro que, como relação de direito público, a relação jurídica obrigacional tributária não poderia ser idêntica à relação obrigacional privada. Não faria sentido se assim fosse. Entretanto, o CTN inspira-se nas categorias e figuras de direito privado para desenhar normativamente, e de forma autônoma, a relação jurídica tributária.

Deve-se compreender, pois, que a exigência prática do tributo perante o sujeito passivo fica subordinada à existência de uma *relação jurídica*, isto é, da *obrigação tributária*. Sem este vínculo, a exigência do tributo, da multa ou de obrigações de fazer não subsiste juridicamente.

O surgimento da obrigação tributária, contudo, difere essencialmente do surgimento das obrigações de direito privado. Neste caso, basta o ajuste de vontade das partes para que o vínculo obrigacional venha à tona. A obrigação tributária, por sua vez, tem origem na lei. A vontade das partes é irrelevante.

Isso não significa, evidentemente, que apenas a existência da lei faz surgir a relação jurídica. Se assim fosse, todos e todas estaríamos sujeitos aos tributos instituídos pelo Estado indistintamente. Não é o que ocorre. O surgimento da relação jurídica tributária depende da ocorrência de um *fato* ou *ato* praticado pelo contribuinte, fato ou ato que se amoldam à descrição legal prévia.

A aquisição da propriedade de um veículo automotor; a utilização do serviço público de recolhimento de lixo; o pertencimento a uma determinada profissão organizada por entidade representativa; enfim, exige-se uma determinada *ocorrência* ou *comportamento* por parte da pessoa, previamente descritos em lei, para que o vínculo jurídico tributário venha à tona.

Se o fato ou ato foi praticado em razão da *vontade* da pessoa, isso é importante para averiguar a existência da relação jurídica de direito privado. Do ponto de vista tributário a *vontade* é irrelevante. Quer dizer, constata-se a existência do *ato ou fato concreto*. Se este ocorreu, surgiu a relação jurídica tributária, ainda que a pessoa não queira ou não concorde com a exigência do tributo.

Em suma, a obrigação tributária é uma relação jurídica de direito público cuja origem remonta à lei. Não se confunde com as obrigações de direito privado, embora sua estrutura básica (sujeito, objeto e vínculo) tenha sido "adaptada" a partir daquele modelo. Esta adaptação deve-se ao fato de que a relação tributária é uma relação de poder que, no Estado Democrático de Direito, deve apresentar-se como relação jurídica, isto é, relação em que ambas as partes têm direitos e deveres recíprocos e mutuamente condicionantes.

24.2 OBRIGAÇÃO TRIBUTÁRIA (ART. 113 DO CTN)

O Código Tributário Nacional tem como função, entre outras, estabelecer as normas gerais de direito tributário. Dentre elas, aquelas relativas à obrigação. Isso é importante porque o CTN desenha a estrutura normativa da relação jurídica tributária, conferindo uniformidade e padrão a esta relação, quer ela envolva a União, os Estados, o DF ou os Municípios.

O que seria se cada Município brasileiro pudesse desenhar normativamente sua própria relação jurídica tributária? A segurança jurídica, que já não é muito prestigiada em nosso país, desapareceria em definitivo. Nesse sentido, o art. 113 do CTN estabelece:

Art. 113. A obrigação tributária é principal ou acessória.

§ 1º A obrigação principal surge com a ocorrência do fato gerador, tem por objeto o pagamento de tributo ou penalidade pecuniária e extingue-se juntamente com o crédito dela decorrente.

§ 2º A obrigação acessória decorre da legislação tributária e tem por objeto as prestações, positivas ou negativas, nela previstas no interesse da arrecadação ou da fiscalização dos tributos.

§ 3º A obrigação acessória, pelo simples fato da sua inobservância, converte-se em obrigação principal relativamente à penalidade pecuniária.

A obrigação tributária é a relação jurídica de direito público que vincula o Estado, na qualidade de sujeito ativo, ao contribuinte, responsável, pessoal natural ou jurídica, na qualidade de sujeitos passivos, e tem como objeto o pagamento de tributo, multa ou prestações de fazer, não fazer ou tolerar que se faça no interesse da fiscalização e arrecadação de tributos.

A obrigação tributária, ao contrário da obrigação de direito privado, não tem origem na vontade das partes. Pelo contrário, o dever de pagar tributo, multa, fazer, não fazer ou tolerar que se faça no interesse da fiscalização tem origem na lei ou na legislação tributária. A obrigação tributária tem origem *ex lege*.

Surge com a ocorrência de certo fato; a prática de determinado ato; a adoção de alguma conduta; ou uma posição jurídica específica ocupada pelo sujeito passivo, desde que todas aquelas circunstâncias estejam previstas em lei ou na legislação tributária, independentemente da vontade das pessoas envolvidas.

Note-se que o sujeito pode até optar entre praticar ou não um negócio jurídico privado. Pode, por exemplo, tornar-se proprietário de veículo automotor ou não. Sua vontade, nesse caso, é fonte da obrigação jurídica privada. Entretanto, uma vez que opte por tornar-se proprietário do veículo, adota uma conduta tal qual a descrita na regra-matriz de incidência do imposto sobre a propriedade de veículos automotores (IPVA).

Está configurado o *fato gerador* da obrigação principal. Sua vontade, a partir de então, é irrelevante, pois tem o dever de pagar o tributo, quer queira, quer não. Aliás, se não pagar está sujeito à execução forçada de seu patrimônio por meio da ação de execução fiscal a ser proposta pela Procuradoria da Fazenda Pública.

A) Espécies de obrigação tributária

De acordo com o artigo 113 do CTN, a obrigação tributária é *principal* ou *acessória*.

Sabemos que o vínculo tributário é uma relação jurídica de direito público, de natureza *ex lege*, que liga o Estado ao sujeito passivo e tem como *objeto* o pagamento de tributo ou multa, prestações de fazer, não fazer ou tolerar que se faça em nome da fiscalização ou arrecadação tributária.

O que permite desdobrar a obrigação em duas espécies distintas, com regimes jurídicos próprios, é a *natureza específica do objeto* de cada uma delas:

- *Principal* – É a obrigação cuja natureza jurídica a caracteriza como *obrigação de dar*, isto é, *entregar* ao Estado certa quantia em dinheiro a título de tributo ou multa;
- *Acessória* – É obrigação do sujeito passivo cuja natureza jurídica a caracteriza como *obrigação de fazer em sentido amplo*, quer dizer, *fazer*, *não fazer* ou *tolerar que se faça*, no interesse da arrecadação ou fiscalização dos tributos.

Paulo de Barros Carvalho sustenta que uma análise rigorosa das obrigações acessórias permite compreender que não são "obrigações" na acepção precisa do termo: "Por sem dúvida, que a prestação pecuniária a que alude o art. 3º do Código dá uma feição nitidamente patrimonial ao vínculo tributário, pois o dinheiro – a pecúnia – é a mais viva forma de manifestação econômica. Esse dado, que salta à evidência, nos autoriza a tratar o laço jurídico, que se instala entre sujeito pretensor e sujeito devedor, como uma autêntica e verdadeira *obrigação*, levando-se em conta a ocorrência do fato típico, previsto no descritor da norma. Mas é inaplicável àqueloutras relações, também de índole fiscal, cujo objeto é um *fazer* ou *não fazer*, insusceptível de conversão para valores econômicos" (CARVALHO, 2012, p. 359).

Por isso, o eminente autor prefere a denominação *deveres instrumentais ou formais* à expressão *obrigação acessória* utilizada pelo CTN. De toda forma, prevalece na doutrina e na jurisprudência a compreensão de que a obrigação acessória é típica obrigação jurídica, uma vez que consiste em um vínculo jurídico que une Estado a sujeito passivo e impõe certos deveres ao último.

Feitas essas observações, passemos à análise de cada espécie de obrigação.

B) Obrigação tributária principal

De acordo com o artigo 113, § 1º, do CTN, "a obrigação principal surge com a ocorrência do fato gerador, tem por objeto o pagamento de tributo ou penalidade pecuniária e extingue-se juntamente com o crédito dela decorrente".

O tributo é instituído por lei. Isso significa que a lei descreve a regra-matriz de incidência tributária. Todos estamos sujeitos à lei, uma vez que se trata de ato normativo, imperativo, geral, abstrato e impessoal. Ocorre, contudo, que nem todos estão sujeitos ao pagamento do tributo ou penalidade pecuniária. O dever de recolher essas prestações surge com a ocorrência do *fato gerador* atribuído ao contribuinte.

A obrigação tributária principal, portanto, *surge, tem origem, vem à tona*, a partir da ocorrência de um fato ou através da prática de um ato, ou, ainda, pela adoção de uma conduta por parte de uma pessoa natural ou jurídica, ato, fato ou conduta que estejam perfeitamente adequados à descrição legislativa abstrata contida na lei, isto é, na regra-matriz de incidência tributária.

De acordo com o CTN, a obrigação principal tem como *objeto* o pagamento de *tributo* ou *penalidade pecuniária*. A palavra "pagamento" indica que a obrigação principal tem natureza jurídica de *dar*, isto é, entregar dinheiro aos cofres públicos. Trata-se de obrigação pecuniária, portanto.

Ocorre que, nos termos do artigo 3º do CTN, tributo não se confunde com multa. Portanto, é preciso compreender que a obrigação tributária principal apresenta *dois objetos pecuniários* possíveis, mas distintos:

- O *tributo*, prestação pecuniária que *não* constitui sanção de ato ilícito;
- A *multa*, prestação pecuniária que *constitui* sanção de ato ilícito.

Nesse sentido, é preciso considerar o disposto no art. 114 do CTN:

> **CTN, art. 114.** Fato gerador da obrigação principal é a situação definida em lei como necessária suficiente à sua ocorrência.

Constata-se, portanto, a existência de duas espécies de fatos geradores:

- *Fato gerador do tributo* – É o fato, ato ou conduta *lícitos*, isto é, de acordo com a lei, ocorridos ou adotados pelo contribuinte, na realidade concreta, e que coincidem com a descrição normativa contida na regra-matriz de incidência da norma que instituiu o tributo. "Adquirir renda ou proventos de qualquer natureza" é um ato lícito que se amolda à descrição do aspecto material da hipótese de incidência da lei que instituiu o imposto sobre a renda e proventos de qualquer natureza (IR). Uma vez que tal conduta seja levada a cabo por uma pessoa natural ou jurídica, na realidade concreta, qualifica-se como *fato gerador* e faz surgir a obrigação tributária principal, quer dizer, o dever de recolher certa quantia a título de *tributo*;
- *Fato gerador da multa* – É a conduta adotada pelo sujeito passivo e que está em *descordo* com o mandamento contido na legislação. A norma, nesse caso, foi violada. Liga, portanto, ao descumprimento de seu comando, a aplicação de uma *sanção* como consequência. Trata-se, assim, de um *ilícito administrativo tributário*. Digamos, por exemplo, que o contribuinte deve recolher o tributo até o dia 15 de fevereiro de determinado ano. Caso não o faça, está sujeito à multa de R$ 300,00 (trezentos reais). O recolhimento ocorre, contudo, apenas no dia 16 deste mês. Percebe-se que sua conduta está em *desacordo* com o prescrito pela norma. Logo, praticou um *ilícito*, uma *infração*. É exatamente este o fato gerador da obrigação tributária principal cujo objeto é o pagamento de *penalidade pecuniária (multa)*. Luciano Amaro anota: "A conceituação legal leva a indagar sobre qual seja o 'fato gerador' da obrigação tributária principal que tenha por objeto o pagamento de penalidade. A resposta (à vista do art. 114 do CTN) seria: *a infração*. Assim, a própria omissão no cumprimento do dever de recolher o tributo seria fato gerador de outra obrigação 'tributária', que teria por objeto a sanção administrativa cominada para a infração do comando legal que determina o pagamento do tributo" (AMARO, 2011, p. 274).

Para finalizar, note-se que o artigo 113, § 1º, do CTN, aponta para um momento da relação jurídica tributária que ainda é desconhecido para nós: *o crédito tributário*.

Esta figura é definida no artigo 139 do CTN, que determina: "O crédito tributário decorre da obrigação tributária principal e tem a mesma natureza desta".

Ora, se o crédito tributário tem a mesma natureza da obrigação, trata-se, então, de uma relação jurídica de direito público que vincula o Estado, como sujeito ativo, ao contribuinte ou responsável, como sujeitos passivos e que tem como objeto o pagamento do tributo ou penalidade pecuniária.

Entretanto, o crédito, como veremos, possui alguns atributos que não se encontram na obrigação: formalização, liquidez, certeza e exigibilidade. Desse modo, o crédito é um segundo momento da relação jurídica tributária. Ele pressupõe a obrigação, isto é, depende da existência prévia da obrigação principal.

O que nos interessa agora, contudo, é apenas registrar que, de acordo com o artigo 113, § 1º, a obrigação tributária principal *extingue-se* juntamente com o crédito. As causas de extinção deste estão previstas no artigo 156 do CTN. Assim, como regra geral, uma vez que ocorra qualquer daquelas causas e, portanto, esteja extinto o crédito tributário, estará extinta também, por consequência, a obrigação tributária principal.

Se o contribuinte, por exemplo, efetua o pagamento do tributo na data prevista em lei ou no lançamento tributário, extingue, juntamente com o crédito, a obrigação. Se logra êxito em compensar os valores devidos com créditos que possui perante a Fazenda, extingue o crédito tributário e também a obrigação, e assim por diante.

Em suma, a obrigação tributária principal é uma das figuras mais importantes do direito tributário. A partir da existência desta relação jurídica, tem o Estado o direito de constituir o crédito tributário, isto é, formalizar, tornar líquida, certa e exigível a quantia a ser extraída do patrimônio privado. O futuro crédito é receita pública potencial, quantia pecuniária que deverá ingressar nos cofres públicos uma vez que forem cumpridos todos os requisitos impostos pelo ordenamento jurídico.

C) Obrigação tributária acessória

De acordo com o artigo 113, § 2º, do CTN, "a obrigação acessória decorre da legislação tributária e tem por objeto as prestações, positivas ou negativas, nela previstas no interesse da arrecadação ou da fiscalização dos tributos".

Pois bem, obrigações acessórias são relações jurídicas previstas na legislação tributária que vinculam o Estado, como sujeito ativo, à pessoa natural ou jurídica, como sujeito passivo, e têm como objeto certas condutas desta última que consistem em *fazer*, *não fazer* ou *tolerar que se faça* no interesse da arrecadação ou fiscalização de tributos.

Enquanto a obrigação principal tem natureza jurídica de *dar*, entregar dinheiro aos cofres públicos, a obrigação acessória tem natureza jurídica de *fazer em sentido amplo*, isto é, fazer, não fazer ou tolerar que se faça em prol da fiscalização e arrecadação de tributos e multas.

São exemplos de obrigações acessórias: emitir nota fiscal; preencher declaração de exportação ou importação; entregar declaração de renda; fazer inscrição no Cadastro de Pessoas Físicas (CPF); fazer inscrição no Cadastro Nacional de Pessoas

Jurídicas (CNPJ); permitir que a autoridade fiscalizadora faça a vistoria nos registros contábeis da empresa; dentre outros.

As obrigações acessórias existem no interesse da *arrecadação* e *fiscalização* de tributos e multas. Não dependem, contudo, da *existência efetiva* do dever de recolher o gravame. Tais obrigações têm como objetivo viabilizar o conhecimento, por parte da fiscalização tributária, da ocorrência ou não do *fato gerador* da obrigação principal. Uma vez que tenha ocorrido o fato imponível, surge para o contribuinte ou responsável o dever de pagar o tributo.

Por isso, a fiscalização tem todo o interesse em saber se determinados fatos ou certas condutas adotadas pelo sujeito passivo enquadram-se ou não na descrição contida na hipótese de incidência tributária. As obrigações acessórias, na medida em que constituem deveres de fazer, não fazer ou tolerar que se faça por parte de pessoas naturais ou jurídicas, permitem que a fiscalização saiba se houve ou não a prática do fato gerador. Nesse sentido, duas questões devem ser pontuadas:

- *Caráter acessório dos deveres instrumentais* – Em que sentido a obrigação é *acessória*? No sentido de que apenas existe se existir a principal? Não! A obrigação acessória existe para que a fiscalização saiba se ocorreu ou não o fato gerador da principal. Dessa forma, em diversas circunstâncias as obrigações acessórias dão conta de que não houve a prática do fato imponível. Ora, se este não ocorreu, não há que se cogitar de obrigações principais. Mesmo assim, contudo, as acessórias continuam existindo e vinculando as pessoas naturais ou jurídicas. As obrigações acessórias, na verdade, têm como objetivo *assessorar* as autoridades administrativas no trabalho de fiscalização dos indivíduos e empresas para saberem se ocorreu ou não o fato gerador da obrigação principal. Em direito tributário, logo se percebe, não tem lugar o postulado de direito privado segundo o qual "o acessório segue a sorte do principal". A obrigação acessória independe da existência da obrigação principal. Sua função consiste, justamente, em viabilizar o conhecimento da ocorrência ou não do fato gerador pela fiscalização tributária;
- *Circunstâncias em que não há obrigação principal, mas subsistem as acessórias* – Existem circunstâncias em que não há a possibilidade de surgimento da obrigação principal, uma vez que a prática do fato gerador é logicamente impossível. Ainda assim, permanece o dever de cumprir as obrigações acessórias. Três são as situações principais:
    - *Imunidade* – Como vimos, imunidade tributária é a norma constitucional negativa de competência tributária. Trata-se do dispositivo constitucional que proíbe o exercício da competência por parte dos entes federativos. O tributo, portanto, não pode logicamente ser criado. Certas imunidades, contudo, dependem do cumprimento de alguns requisitos por parte das pessoas beneficiadas, como ocorre no caso das instituições mencionadas no artigo 150, VI, *c*, da CF/1988. Dessa maneira, tais instituições *devem cumprir as obrigações acessórias* ainda que não estejam sujeitas às obrigações principais por impossibilidade lógica de ocorrência do fato gerador. Há decisão da Primeira Turma do STF precisamente nesse sentido:

> Exigir de entidade imune a manutenção de livros fiscais é consentâneo com o gozo da imunidade tributária. Essa a conclusão da 1ª Turma ao negar provimento a recurso extraordinário no qual o recorrente alegava que, por não ser contribuinte do tributo, não lhe caberia o cumprimento de obrigação acessória de manter livro de registro do ISS e autorização para a emissão de notas fiscais de prestação de serviços [...] Na espécie, o Tribunal de origem entendera que a pessoa jurídica de direito privado teria direito à imunidade e estaria obrigada a utilizar e manter documentos, livros e escrita fiscal de suas atividades, assim como se sujeitaria à fiscalização do Poder Público [...] O Ministro Luiz Fux explicitou que, no Direito Tributário, inexistiria a vinculação de o acessório seguir o principal, porquanto haveria obrigações acessórias autônomas e obrigação principal tributária. Reajustou o voto o Ministro Marco Aurélio, relator (STF, Informativos 662/2012; 668/2012);

- *Suspensão da exigibilidade do crédito tributário* – O artigo 151 do CTN enumera as causas que suspendem a exigibilidade do crédito tributário. *Suspender a exigibilidade* significa dizer que o crédito existe, foi constituído, entretanto, o dever que o sujeito passivo tem de extingui-lo está temporariamente afastado. Em outras palavras, o sujeito passivo não tem o dever *imediato* de efetuar o pagamento. O artigo 151, parágrafo único, no entanto, determina: "O disposto neste artigo não dispensa o cumprimento das obrigações acessórias dependentes da obrigação principal cujo crédito seja suspenso, ou dela consequentes". O sujeito passivo, pois, não tem o dever de adimplir o crédito tributário, logo, a obrigação principal; permanece, no entanto, vinculado ao cumprimento das obrigações acessórias;
- *Isenção e anistia* – Nos termos do artigo 175 do CTN, a isenção e a anistia excluem o crédito tributário. A primeira exclui o crédito que decorre do tributo; a segunda, aquele que decorre da multa. As pessoas isentas ou anistiadas não se submetem à obrigação principal, uma vez que a lei criadora da isenção ou anistia "fulmina" parte da lei que instituiu o tributo ou a multa de maneira que os atos e condutas eventualmente adotados pelo sujeito passivo e que normalmente seriam considerados fatos geradores deixam de sê-lo. Entretanto, de acordo com o parágrafo único do artigo 175, "a exclusão do crédito tributário não dispensa o cumprimento das obrigações acessórias dependentes da obrigação principal cujo crédito seja excluído, ou dela consequente". Em outras palavras, pessoas e entidades isentas e anistiadas, mesmo não tendo o dever de recolher o tributo ou a multa, devem cumprir normalmente as obrigações acessórias previstas na legislação tributária.

Finalmente, importa registrar alguma controvérsia no que concerne à criação das obrigações acessórias. Como vimos, de acordo com o artigo 96 do CTN, a expressão "legislação tributária" compreende as leis, os tratados e as convenções internacionais, os decretos e as normas complementares que versem, no todo ou em parte, sobre tributos e relações jurídicas a eles pertinentes.

Desse modo, o artigo 113, § 2º, ao assinalar que a obrigação acessória decorre da *legislação tributária*, dá a entender que as leis, os tratados, os decretos e as normas complementares (CTN, art. 100) têm aptidão para criar obrigações acessórias.

Ocorre, contudo, que, de acordo com o artigo 5º, II, da CF/1988, "ninguém será obrigado a fazer ou deixar de fazer alguma coisa senão em virtude de lei". Surge, portanto, a questão: não estaria o artigo 113, § 2º, do CTN, contrariando o artigo 5º, II, da Constituição Federal, na medida em que autoriza a criação de obrigações acessórias por meio da legislação tributária quando o texto constitucional exige lei?

A doutrina encontra-se dividida, com predominância daqueles e daquelas que entendem que as obrigações acessórias podem ser criadas por atos normativos de hierarquia inferior à lei. De nossa parte, entendemos que o artigo 5º, II, da CF/1988 deve prevalecer, de maneira que a lei em sentido estrito deve prever as obrigações acessórias e a legislação tributária deve efetuar apenas seu detalhamento.

Seja como for, do ponto de vista jurisprudencial a questão está razoavelmente pacificada. Em 2018, no âmbito de recurso repetitivo que abordou indiretamente essa questão, a Primeira Seção do STJ assentou:

> [...] 4. De fato, a diferença fundamental entre obrigação tributária principal e obrigação tributária acessória é a natureza da prestação devida ao Estado. Enquanto aquela (principal) consubstancia entrega de dinheiro, esta (acessória) tem natureza prestacional (fazer, não fazer ou tolerar). 5. *Embora ao Fisco seja dado impor ao sujeito passivo certas obrigações acessórias por meio da legislação tributária – expressão que compreende não só as leis, mas, também, os tratados e as convenções internacionais, os decretos e as normas complementares que versem, no todo ou em parte, sobre tributos e relações jurídicas a eles pertinentes* –, o mesmo não ocorre no âmbito das taxas, que devem obediência à regra da estrita legalidade tributária, nos termos do art. 97, IV do CTN (STJ, 1ª Seção, REsp 1405244/SP, DJe 13/11/2018).

D) A "conversão" da obrigação acessória em principal

De acordo com o artigo 113, § 3º, do CTN, "a obrigação acessória, pelo simples fato da sua inobservância, converte-se em obrigação principal relativamente à penalidade pecuniária".

O dispositivo, interpretado literalmente, leva a crer que a obrigação acessória poderia se "converter", ou seja, se "transformar" em obrigação principal, pelo simples fato de sua inobservância.

A interpretação literal, no entanto, é sempre insuficiente e deve ser considerada apenas o primeiro passo para a fixação do sentido do objeto interpretado.

A obrigação tributária principal tem como objeto o tributo ou a multa. No primeiro caso, o fato gerador consiste na ocorrência de fato, prática de ato ou adoção de conduta lícita que coincide com a descrição contida na regra-matriz de incidência tributária; no segundo, significa a prática de ato ou adoção de conduta ilícita, isto é, que contraria a exigência prevista na legislação, violação que acarreta a aplicação de penalidade pecuniária.

Pois bem, as obrigações acessórias envolvem condutas de fazer, não fazer ou tolerar que se faça previstas na legislação tributária. A *inobservância*, por parte da pessoa natural ou jurídica, destas obrigações, acarreta a *violação da norma jurídica*. A violação do dispositivo, por sua vez, significa a prática de *ato ilícito*. Assim, a não observância da legislação que prevê a obrigação acessória constitui fato gerador da obrigação principal que tem como objeto o pagamento de multa.

A legislação exige, por exemplo, que as empresas importadoras, por ocasião da prática do fato gerador do tributo, isto é, da importação de certo produto, emitam declaração de importação. Ora, a emissão da declaração constitui obrigação de fazer do sujeito passivo no interesse da fiscalização. Uma obrigação acessória, portanto.

O que ocorre se a empresa não emite a declaração? Há o descumprimento da legislação tributária. Portanto, a prática de um *ilícito*. Essa inobservância constitui o fato gerador da obrigação principal que tem por objeto o pagamento de multa. É isso o que o Código chama de "conversão" da obrigação acessória em principal. Não há, na verdade, qualquer "conversão". O que ocorre é que o descumprimento da obrigação acessória constitui fato gerador de uma obrigação principal que tem por objeto o pagamento de penalidade pecuniária.

Não à toa, Ricardo Lobo Torres tece dura crítica ao mandamento: "Esse dispositivo é consequência da inexata caracterização do dever instrumental como obrigação acessória. Sendo ele impropriamente considerado pelo CTN como obrigação de fazer, do seu descumprimento resulta uma obrigação de dar, ou seja, o não fazer é punido com multa fiscal, que se transforma, também impropriamente, em obrigação principal. O esquema aqui coincide com o do direito civil: o descumprimento de uma obrigação de fazer se resolve em pagamento de perdas e danos, convertendo-se em obrigação de dar" (TORRES, 2011, p. 241).

24.3 FATO GERADOR DA OBRIGAÇÃO TRIBUTÁRIA

De acordo com o art. 113, § 1º, do CTN, a obrigação principal surge com a ocorrência do fato gerador. O art. 114, por sua vez, determina:

> **CTN, art. 114.** Fato gerador da obrigação principal é a situação descrita em lei como necessária e suficiente à sua ocorrência.

Perceba-se, pois, que a existência de um *fato* qualificado como *gerador* depende, *antes*, da existência de uma lei que o descreva enquanto situação. Apenas haverá fato gerador quando a conduta do contribuinte estiver amoldada a uma situação descrita previamente em lei.

"Ser proprietário de veículo automotor" apenas é fato gerador do IPVA porque existem leis estaduais descrevendo esta situação (a propriedade de veículo automotor) como produtora de efeitos jurídicos tributários. Pois bem, esta descrição legal é chamada pela doutrina de *hipótese de incidência tributária* ou *regra-matriz de incidência*. É por ela que começaremos o estudo do fato gerador.

A) Regra-matriz de incidência ou hipótese de incidência tributária

A Constituição não cria tributos. Apenas autoriza que os entes federativos o façam, por meio de lei, dentro de suas esferas de competência. O CTN também não cria tributo. Estabelece as normas gerais a serem observadas para a criação das imposições. O tributo é instituído pelos entes federativos, no exercício de suas competências tributárias, por meio de lei em sentido formal.

"Criar tributo", portanto, significa *descrever legalmente sua regra-matriz ou hipótese de incidência.*

a) Conceito

Que fatos, atos ou condutas levam o sujeito passivo ao dever de pagar o tributo? Que fatos, atos ou condutas, pelo contrário, são capazes de evitar a obrigação de recolher o gravame?

O princípio da segurança jurídica implica que as pessoas têm o direito de saber, com antecedência, que eventos são aptos a desencadear o surgimento da obrigação tributária, e que eventos são capazes de evitar o aparecimento desta.

Por outro lado, uma vez que a obrigação tributária tenha surgido, é preciso saber com exatidão para quem deve ser entregue a prestação relativa ao tributo. Além do mais, o sujeito passivo tem o direito de saber exatamente quanto deve ser entregue, isto é, que quantia deve transferir de seu patrimônio aos cofres estatais.

Nota-se que a instituição do tributo envolve a fixação, em lei, de uma série de informações necessárias à configuração da relação jurídica tributária, de modo tão extato e preciso quanto seja possível.

Essa descrição legal é denominada de *regra-mariz de incidência* ou *hipótese de incidência tributária.*

Geraldo Ataliba explica: "A hipótese de incidência é primeiramente a descrição legal de um fato: é a formulação hipotética, prévia e genérica, contida na lei, de um fato (é o espelho do fato, a imagem conceitual de um fato; é seu desenho). É, portanto, mero conceito, necessariamente abstrato. É formulado pelo legislador fazendo abstração de qualquer fato concreto. Por isso é mera 'previsão legal' (a lei é, por definição, abstrata, impessoal e geral)" (ATALIBA, 2002, p. 58).

A hipótese de incidência tributária é a descrição, prevista na lei que institui o tributo, de todos os elementos necessários ao surgimento de uma relação jurídica tributária.

A lei, como sabemos, é instrumento normativo abstrato (porque prevê um fato em tese); geral (porque direcionada a todas as pessoas que se encontram sob a soberania do Estado) e impessoal (porque trata a todos com isonomia, isto é, com fundamento no princípio da igualdade).

A regra-matriz de incidência ou hipótese de incidência tributária é, portanto, uma descrição abstrata, geral e impessoal, prevista em lei, através da qual se cria tributo.

Geraldo Ataliba observa: "A hipótese de incidência é a descrição hipotética e abstrata de um fato. É parte da norma tributária. É o meio pelo qual o legislador institui um tributo. Está criado um tributo, desde que a lei descreva sua hipótese de incidência, a ela associando o mandamento 'pague'. A criação de tributos, que se traduz na descrição hipotética dos fatos cuja ocorrência dá nascimento às obrigações tributárias concretas – é a mais solene e elevada manifestação da competência tributária de que são investidas as pessoas públicas políticas. Esta manifestação precede lógica e cronologicamente a atividade concreta e efetiva de tributar. É primária, no sentido de que, sem ela, não pode haver ação tributária (tributação). *É o próprio início da ação tributária*" (ATALIBA, 2002, p. 66).

A descrição hipotética prevista em lei compõe-se de informações relativas ao fato, ato ou conduta adotada pelo contribuinte e que dá ensejo à obrigação tributária; às partes que integram a relação jurídica; à quantia que deve ser recolhida aos cofres públicos; ao local em que o fato, ato ou conduta desencadeiam os efeitos previstos na norma; e, finalmente, ao momento em que se considera ocorrido o fato, ato ou conduta. São os chamados *elementos ou aspectos da hipótese de incidência.*

Geraldo Ataliba esclarece: "São, pois, aspectos da hipótese de incidência, as qualidades que esta tem de determinar hipoteticamente os sujeitos da obrigação tributária, bem como seu conteúdo substancial, local, e momento de nascimento. Daí designarmos os aspectos essenciais da hipótese de incidência tributária por: a) aspecto pessoal; b) aspecto material; c) aspecto temporal; e d) aspecto espacial" (ATALIBA, 2002, p. 78).

b) Aspectos ou elementos da hipótese de incidência

Os elementos ou aspectos da regra-matriz ou hipótese de incidência tributária, cuja presença significa que o tributo foi efetivamente criado, devem estar previstos na lei criadora do gravame. Vejamos quais são:

- *Elemento ou aspecto material* – "O aspecto mais complexo da hipótese de incidência é o material. Ele contém a designação de todos os dados de ordem objetiva, configuradores do arquétipo em que ela (h.i.) consiste; é a própria consistência material do fato ou estado de fato descrito pela h.i.; é a descrição dos dados substanciais que servem de suporte à h.i." (ATALIBA, 2002, p. 106). A Constituição vincula o pagamento do tributo a certos fatos, atos, condutas ou comportamentos adotados pelo sujeito passivo, isoladamente ou na conexão com condutas e comportamentos adotados pelo Poder Público. Pois bem, a descrição de tais fatos, atos, condutas ou comportamentos constitui o *aspecto material* da hipótese de incidência e devem constar de forma razoavelmente detalhada na lei que institui o tributo. "Aspecto material é a imagem abstrata de um fato jurídico: propriedade imobiliária, patrimônio, renda, produção, consumo de bens, prestação de serviços, ou uma atuação pública (como o estado realizar obra, produzir um serviço, conceder uma licença, uma autorização, uma dispensa, etc.)" (ATALIBA, 2002, p. 107). Dessa maneira, a lei que institui o IPVA, por exemplo, deve descrever com rigor o aspecto material: "ser proprietário de veículo automotor";

- *Elemento ou aspecto pessoal ou subjetivo* – "O aspecto pessoal, ou subjetivo, é a qualidade – inerente à hipótese de incidência – que determina os sujeitos da obrigação tributária, que o fato imponível fará nascer. Consiste numa conexão (relação de fato) entre o núcleo da hipótese de incidência e duas pessoas, que serão erigidas, em virtude do fato imponível e por força da lei, em sujeitos da obrigação. É, pois, um critério de indicação de sujeitos que se contém na hipótese de incidência" (ATALIBA, 2002, p. 80). A relação obrigacional tributária é sempre uma relação entre credor e devedor, tendo o Estado como polo ativo e o contribuinte ou responsável como polo passivo. Entretanto, cada tributo envolve um ente federativo particular como sujeito ativo, dependendo da esfera de competência fixada na Constituição. Além do mais, o aspecto material da hipótese de incidência indicará, também, um sujeito passivo específico. Quer dizer, não faz sentido que o sujeito passivo do imposto sobre a propriedade de veículos automotores (IPVA) seja o proprietário de bem imóvel. Por isso, a lei deve descrever em sua hipótese de incidência, com precisão, os sujeitos que compõem o polo ativo e passivo da relação obrigacional;
- *Elemento ou aspecto quantitativo* – O tributo, como sabemos, implica transferência de propriedade privada do particular para o Estado. É necessário, portanto, que o sujeito passivo saiba exatamente *quanto* terá de deslocar de seu patrimônio para os cofres estatais. É o chamado *quantum debeatur*. A hipótese de incidência deve prever de forma clara as dimensões de valor envolvidas na prática de determinado fato gerador. O aspecto quantitativo lida justamente com essas informações e designa a *base de cálculo* e a *alíquota* do tributo. Geraldo Ataliba opta por tratar o elemento quantitativo como um aspecto particular do elemento material. De fato, a base de cálculo, em especial, não passa de uma particularidade do aspecto material. A doutrina, contudo, prefere trabalhar tais elementos de forma separada, como se formassem outro aspecto da hipótese de incidência. Seguiremos essa tendência. Assim, devemos esquematizar:

    - *Base de cálculo* – Também chamada de *base imponível* ou *base tributável*, "é uma perspectiva dimensível do aspecto material da hipótese de incidência que a lei qualifica com a finalidade de fixar critério para a determinação, em cada obrigação tributária concreta, do *quantum debeatur*" (ATALIBA, 2002, p. 108). O aspecto material da hipótese de incidência sempre indica um *valor* a ser tomado como base para a tributação. No caso do IPVA, por exemplo, a base de cálculo deve ser o *valor* do veículo automotor. No caso do IPTU, o *valor* do imóvel urbano. A base de cálculo está sempre ligada ao aspecto material da hipótese de incidência. Justamente por isso, o artigo 145, § 2º, da CF/1988 determina: "As taxas não poderão ter base de cálculo própria de impostos". Claro, o aspecto material das taxas indica atividade estatal vinculada de forma específica a um contribuinte singular. O aspecto material dos impostos, por sua vez, indica conduta do sujeito passivo que *não* tem qualquer relação com uma atividade estatal. Logo, as bases de cálculo não podem ser idênticas. "Efetivamente fica evidente a posição central da base imponível – relativamente à hipótese de incidência – pela circunstância de ser impossível que um tributo, sem se desnaturar, tenha por base imponível uma grandeza que não seja ínsita na materialidade de sua hipótese de incidência" (ATALIBA, 2002, p. 111);

- *Alíquota* – "Deve receber a designação de alíquota só esse termo que se consubstancia na fixação de um critério indicativo de uma parte, fração – sob a forma de percentual, ou outra – da base imponível. A própria designação (alíquota) já sugere a ideia que esteve sempre na raiz do conceito assim expresso: é a quota (fração), ou parte da grandeza contida no fato imponível que o estado se atribui (editando a lei tributária)" (ATALIBA, 2002, p. 114). A base de cálculo indica a dimensão de valor ligada ao aspecto material da hipótese de incidência que servirá como fundamento à cobrança do tributo. Ocorre, contudo, que o Estado não pode deslocar simplesmente *toda* a base de cálculo indicada na lei, sob pena de violar o princípio da vedação do confisco (CF/1988, art. 150, IV). Neste caso, a quantia a ser cobrada a título de IPVA, por exemplo, seria o valor integral do veículo automotor. No caso do IPTU, o valor integral do imóvel urbano. Por isso, o Poder Público deve extrair apenas uma *parte*, uma *fração* da base de cálculo. Essa fração denomina-se "alíquota", que pode ser:

  - *Ad valorem* – A alíquota *ad valorem* ou "sobre o valor" é a alíquota que se usa tradicionalmente. Uma porcentagem que incide sobre determinado valor. O IPVA no Estado de São Paulo, por exemplo, possui alíquota *ad valorem* de 4% que incide sobre o valor dos veículos automotores; o imposto sobre a renda e proventos de qualquer natureza (IR) possui alíquotas progressivas, que aumentam conforma aumenta a base de cálculo. São quatro faixas, a saber: 7,5%, 15%, 22,5% e 27,5%;
  - *Fixa* – Alíquota *fixa* é um valor pecuniário predeterminado que incide sobre uma unidade de medida adotada pela lei. O imposto sobre a exportação, por exemplo, pode ter a alíquota fixada em R$ 10,00 (dez reais) por grama de ouro exportado (CTN, art. 24, I). A CIDE-Combustíveis poderia ostentar a alíquota de R$ 0,10 (dez centavos de reais) por litro de gasolina, por exemplo. Geraldo Ataliba anota: "Se – como é, hoje, raro – a base imponível for outra (peso, volume, tamanho, capacidade, etc.) já a alíquota deverá ser expressa diretamente em dinheiro, cuja expressão numérica será multiplicada pela base imponível. Assim, por exemplo, a lei tributária dirá: 'pague $ 1,00 por quilo', ou 'por metro' etc." (ATALIBA, 2002, p. 114);

- *Elemento ou aspecto temporal* – O aspecto material da hipótese de incidência indica sempre um fato, ato ou conduta que, uma vez que ocorra ou seja praticada pelo contribuinte na realidade concreta, dá ensejo à obrigação tributária. Esse ato, fato ou conduta concreta, real, denomina-se fato gerador ou fato imponível.

Pois bem, a lei deve indicar, de forma explícita ou implícita, o *momento exato em que tal evento factual considera-se ocorrido*. O sujeito passivo deve conhecer, previamente, as circunstâncias de tempo, isto é, o *momento* em que, adotada certa conduta, será considerada um fato gerador ou imponível. "Define-se o aspecto temporal da hipótese de incidência como a propriedade que esta tem de designar (explícita ou implicitamente) o momento em que se deve reputar consumado (acontecido, realizado) um fato imponível" (ATALIBA, 2002, p. 94). Por exemplo, de acordo com o artigo 3º, I, da Lei nº 13.296/2008, do Estado de São Paulo, "considera-se ocorrido o fato gerador do imposto sobre a propriedade de veículos automotores (IPVA) no dia 1º de janeiro de cada ano, em se tratando de veículo usado". Quer dizer, toda a pessoa que, nesta data, for proprietária de automóvel usado, pratica o fato gerador do IPVA. Fica a critério do legislador fixar o exato momento em que se considera ocorrido o fato gerador. É necessário, claro, observar os limites estabelecidos pelos princípios da irretroatividade e anterioridade tributárias (CF/1988, art. 150, III, *a*, *b* e *c*):

JURISPRUDÊNCIA DO STF – PRAZO PARA PAGAMENTO E SÚMULA VINCULANTE Nº 50

É importante registrar que a fixação do prazo para pagamento do tributo não integra o aspecto temporal da hipótese de incidência. Logo, não está sob o domínio da reserva legal. Nesse sentido, há julgado da Segunda Turma do STJ: "É pacífica a jurisprudência desta Corte no sentido de que a definição de prazo para recolhimento de tributo pode ser delegada pela lei ao regulamento, porquanto não inclui entre as matérias sujeitas a reserva legal pelo art. 97 do CTN" (STJ, REsp. 84.554/SP, 1997). O entendimento é tão pacífico que já foi sumulado pelo STF:

> ***Súmula vinculante nº 50:*** Norma legal que altera o prazo de recolhimento de obrigação tributária não se sujeita ao princípio da anterioridade.

- *Elemento ou aspecto espacial ou local* – "Designa-se por aspecto espacial a indicação de circunstâncias de lugar, contidas explícita ou implicitamente na hipótese de incidência, relevantes para a configuração do fato imponível. Os fatos imponíveis – como fatos concretos da vida real – inseridos no mundo fenomênico – acontecem num determinado lugar. A ubicação dos fatos imponíveis é essencial à configuração da obrigação tributária" (ATALIBA, 2002, p. 104). Os fatos, atos ou condutas praticadas pelos contribuintes ocorrem em algum *local* do território nacional. Uma vez que o Estado brasileiro é uma federação, existem quatro ordens jurídicas que convivem no mesmo território, coincidindo em alguns casos: a federal, as estaduais, a distrital e as municipais. Por isso, a indicação do lugar em que ocorre o fato gerador é fundamental, especialmente para o controle adequado da competência dos entes federativos. No caso do imposto sobre serviços de qualquer natureza (ISS), por exemplo, é essencial delimitar com exatidão o local, isto é, o território do Município em que se deu a prestação do serviço para que se identifique o sujeito ativo do tributo. "Se a lei nada disser estará implicitamente dispondo que lugar relevante é aquele mesmo em que se consuma o fato imponível. Dentro de certos limites, a lei pode estabelecer presunções ao atribuir efeitos diversos a fatos imponíveis ocorridos em lugares diferentes, (desde que no território do legislador)" (ATALIBA, 2002, p. 106);

c) Relativa liberdade para a descrição da hipótese de incidência

O leitor e a leitora devem compreender, entretanto, que o legislador dos entes federativos não tem total liberdade para desenhar a hipótese de incidência tributária conforme queira. Duas limitações básicas devem ser assinaladas:

- *Disciplina constitucional das espécies tributárias em conexão com as normas de competência* – Os legisladores dos quatro entes federativos estão previamente vinculados à observância dos dispositivos constitucionais que estruturam a natureza jurídica das espécies de tributos em conexão com as normas de competência tributária. As taxas, por exemplo, estão ao alcance da União, Estados, Distrito Federal e Municípios, porém, são tributos vinculados a uma contraprestação estatal direcionada de forma particular ao contribuinte. Por isso, a hipótese de incidência da taxa, prevista na lei instituidora do tributo, deve, obrigatoriamente, observar o caráter de tributo vinculado, tal como previsto na Constituição. Todos os aspectos da hipótese de incidência devem guardar consonância com a disciplina constitucional estabelecida para o tributo;
- *Disciplina prevista no CTN, especialmente para impostos, taxas e contribuições de melhoria* – Como sabemos, o CTN foi publicado em uma época em que as espécies de tributos eram consideradas apenas três: impostos, taxas e contribuições de melhoria. Com a Constituição de 1988 é preciso agregar mais duas: empréstimos compulsórios e contribuições especiais. Por isso, o CTN cumpre um papel importante no que toca à vinculação da hipótese de incidência daqueles três tributos. De acordo com o artigo 146, III, *a*, da CF/1988, "cabe à lei complementar estabelecer normas gerais em matéria de legislação tributária, especialmente sobre a definição de tributos e de suas espécies, bem como, em relação aos *impostos* discriminados nesta Constituição, a dos respectivos fatos geradores, bases de cálculo e contribuintes". Assim, os legisladores, no momento em que forem descrever as respectivas hipóteses de incidência dos seguintes tributos, devem vincular-se ao CTN:

    - *Impostos* – De acordo com o dispositivo constitucional acima citado, não apenas a definição de impostos, como também a fixação dos respectivos *fatos geradores, bases de cálculo* e *contribuintes*, devem estar previstas no CTN. Assim, o legislador municipal, por exemplo, além de vincular-se à definição de imposto contida no artigo 16 do Código, deve observar, caso queira instituir o IPTU, as descrições do fato gerador; base de cálculo e contribuinte, já previstas nos artigos 33 e 34. Isso vale para outros impostos também;

- *Taxas e contribuições de melhoria* – De acordo com o artigo 146, III, *a*, da CF/1988, a definição de tributos e de suas espécies está prevista no CTN. Por isso, ao descrever a hipótese de incidência das taxas e contribuições de melhoria, os legisladores devem atentar para as definições previstas nos artigos 77 e 81 do CTN e respectiva disciplina jurídica;
- *Empréstimos compulsórios e contribuições especiais* – O CTN não se ocupa dos empréstimos compulsórios e das contribuições especiais, senão apenas de passagem. Assim, o artigo 15 estabelece algumas regras de observância obrigatória pela União que acabam por vincular eventual hipótese de incidência do tributo. Quanto às contribuições especiais, não há no CTN disciplina específica. Isso não significa que sua hipótese de incidência esteja completamente livre, porquanto o legislador federal deve ater-se, por exemplo, ao conceito de tributo previsto no artigo 3º do CTN.

APROFUNDANDO! A REGRA-MATRIZ DE INCIDÊNCIA NA TEORIA DE PAULO DE BARROS CARVALHO

Paulo de Barros Carvalho, um dos mais conceituados tributaristas do Brasil, analisa com rigor metodológico a norma tributária em seus elementos constitutivos e nexos estruturais, sob a perspectiva do que denomina de regra-matriz de incidência.

O autor observa: "A norma tributária em sentido estrito, reiteramos, é a que define a incidência fiscal. Sua construção é obra do cientista do Direito e se apresenta, de final, com a compostura própria dos juízos hipotético-condicionais. Haverá uma hipótese, suposto ou antecedente, a que se conjuga um mandamento, uma consequência ou estatuição. A forma associativa é a cópula deôntica, o dever-ser que caracteriza a imputação jurídico-normativa. Assim, para obter-se o vulto abstrato da regra-matriz é mister isolar as proposições em si, como formas de estrutura sintática; suspender o vector semântico da norma para situações objetivas (tecidas por fatos e por comportamentos do mundo); ao mesmo tempo em que se desconsidera os atos psicológicos de querer e pensar a norma. Dentro desse arcabouço, a hipótese trará a previsão de um fato (se alguém industrializar produtos), enquanto a consequência prescreverá a relação jurídica (obrigação tributária) que se vai instaurar, onde e quando acontecer o fato cogitado no suposto (alguém deverá pagar à Fazenda Federal 10% do valor do produto industrializado. A hipótese alude a um fato e a consequência prescreve os efeitos jurídicos que o acontecimento irá propagar, razão pela qual se fala em descritor e prescritor, o primeiro para designar o antecedente normativo e o segundo para indicar seu consequente" (CARVALHO, 2012, p. 298).

Assim, para o autor, a regra-matriz divide-se em:

- Antecedente – É a hipótese tributária, o suposto normativo, formado pelos critérios:
    - Material – Referência ao comportamento de pessoas físicas ou jurídicas;
    - Espacial – Referência ao local em que o fato deve ocorrer;
    - Temporal – Referência ao instante preciso em que o fato deve ocorrer;

- Consequente – É o prescritor normativo, formado pelos critérios:
  - Pessoal – Referência aos sujeitos que compõem o vínculo tributário;
  - Quantitativo – Referência ao valor devido pelo sujeito passivo, base de cálculo e alíquota.

A propósito desta construção teórica, Luís Eduardo Schoueri explica: "A regra-matriz é apresentada como um método, um recurso para a compreensão do fenômeno jurídico-tributário. Partindo da premissa segundo a qual toda norma jurídica tem estrutura lógica de um juízo hipotético, ao qual é ligada uma consequência jurídica, quando acontecido o fato precedente, chega-se ao esquema proposto. No polo antecedente, o esquema da regra matriz tributária aponta a descrição hipotética de uma situação que, concretizada, motivará o surgimento da relação em questão. O antecedente é corriqueiramente denominado 'fato gerador', denominação que recebe severas críticas que serão apresentadas no próximo capítulo. Por sua vez, o prescritor da regra matriz de incidência apresenta a relação jurídica que se instaura a partir da concretização do 'fato gerador'. Essa relação, como se verá, tem a natureza obrigacional, implicando que o sujeito passivo tem a obrigação de pagar um valor ao sujeito ativo. Surgem, assim, os critérios pessoal (i.e.: as pessoas que se vinculam pela relação jurídica assim estabelecida – sujeitos ativo e passivo) e quantitativo (o montante a ser recolhido, expresso pela base de cálculo e a alíquota)" (SCHOUERI, 2012, p. 447).

B) Conceito de fato gerador

Não basta a descrição legislativa instituidora do tributo para que as pessoas sejam obrigadas ao pagamento do gravame. É preciso que tenha lugar um *fato, ato, conduta ou comportamento* adotado pelo sujeito passivo na realidade concreta, e que esteja plenamente adequada à descrição contida na regra-matriz ou hipótese de incidência tributária.

Fato gerador é, portanto, o fato, ato, conduta ou comportamento, ocorridos ou adotados pela pessoa natural ou jurídica, na realidade efetiva, concreta, que se adequa com precisão à descrição abstrata contida na regra-matriz ou hipótese de incidência tributária.

Designa-se "gerador" porque tal ato, fato, conduta ou comportamento, ocorridos na realidade concreta do mundo do ser, "gera", "dá origem", "faz surgir" uma relação jurídica entre Estado e sujeito passivo, quer dizer, uma obrigação tributária.

Antes da prática do fato gerador, as pessoas estão apenas potencialmente sujeitas ao pagamento dos tributos. Existe lei aprovada pelo Estado, de acordo com a Constituição Federal, que prevê abstratamente certos fatos ou condutas capazes de ensejar a obrigação tributária. É preciso, contudo, que estes fatos ocorram ou que determinados sujeitos pratiquem, *na realidade*, as condutas descritas legalmente. Apenas a ocorrência do fato ou a prática da conduta descrita na hipótese de incidência tributária é capaz de submeter as pessoas, efetivamente, ao pagamento do tributo.

Nesse sentido, Ricardo Lobo Torres explica: "Fato gerador é a circunstância da vida – representada por um fato, ato ou situação jurídica – que, definida em lei, dá nascimento à obrigação tributária. O fato gerador da obrigação tributária pode ser, portanto, um qualquer *fato jurídico* ou um conjunto de fatos jurídicos. A morte do *de cujus* é um fato jurídico previsto no direito civil que se transforma em fato gerador tributário, deflagrando a obrigação principal do imposto *causa mortis*" (TORRES, 2011, p. 243).

As pessoas naturais e jurídicas adotam uma quantidade infinita de condutas jurídicas ou estão sujeitas a uma série incontável de fatos jurídicos. Compras e vendas, transmissões de propriedades, doações, mortes, exportações, importações, produção de bens, prestações de serviços; enfim, um conjunto de infinitas possibilidades que têm lugar na economia de mercado.

Pois bem, a Constituição *seleciona* apenas *alguns* desses fatos e atribui aos entes federativos aptidão para tributá-los. Uma vez que as pessoas, na prática, adotem *aquelas* condutas ou sujeitem-se *àqueles* fatos, descritos previamente em lei, estão sujeitas à imposição tributária. É, portanto, a prática do *fato gerador* que dá ensejo à obrigação tributária e ao consequente dever de pagar o tributo.

APROFUNDANDO! HIPÓTESE DE INCIDÊNCIA E FATO GERADOR: DIFERENÇAS

Há certa confusão na doutrina quando se menciona a expressão "fato gerador". Para alguns, trata-se da descrição abstrata contida na lei que institui o tributo, ou seja, aquilo que chamamos de "regra-matriz de incidência" ou "hipótese de incidência tributária". Outros, porém, designam por "fato gerador" a situação concreta, isto é, o fato ou conduta adotada pelo contribuinte na realidade efetiva e que se adequa à hipótese abstrata.

A mesma dubiedade tem lugar na legislação. Quando a Constituição determina, no artigo 154, I, que os impostos residuais não devem ter "fatos geradores" ou base de cálculo próprios dos discriminados no texto constitucional, refere-se, obviamente, à descrição abstrata que deve constar da lei complementar que eventualmente instituir o tributo. Em termos técnicos, refere-se à regra-matriz de incidência tributária. Por outro lado, quando, no artigo 150, III, *a*, a Constituição determina que aos entes federativos é vedado cobrar tributos "com relação a fato geradores ocorridos antes do início da vigência da lei que os instituir ou aumentar", o texto refere-se claramente ao fato concreto adotado pelo contribuinte no passado, e que não deve ser colhido pela lei nova que cria ou aumenta tributo.

A confusão quanto à adoção da expressão "fato gerador" para designar situações essencialmente diversas está ligada à utilização do conceito de *Tatbestand*, oriunda da legislação e doutrina alemãs, notoriamente influenciadoras dos idealizadores do CTN e da doutrina brasileira que se formou à época. Luís Eduardo Schoueri assinala: "Assim, na língua alemã, existem as expressões *Tatbestand*, para referir-se à descrição hipotética, em lei, daquilo que, uma vez concretizado, dará origem à obrigação tributária, e *Sachverhalt*, termo que se deve reservar para o observado no mundo fenomênico" (SCHOUERI, 2012, p. 452).

Para contornar a dificuldade, alguns autores falam em "fato gerador abstrato" e "fato gerador concreto". O primeiro designa a descrição abstrata legal dos elementos necessários ao surgimento de uma relação jurídica obrigacional. O segundo designa o fato ou conduta adotados na realidade concreta e que corresponde à descrição legal. A doutrina mais recente de direito tributário, contudo, solucionou o problema, utilizando a expressão hipótese de incidência tributária no primeiro caso e fato gerador no segundo.

C) Fenomenologia da incidência da norma tributária

Paulo de Barros Carvalho se preocupa, sobretudo, com as questões relativas à fenomenologia de incidência da norma tributária. Sem dúvida, da perspectiva do positivismo jurídico, as relações entre ser e dever-ser são de capital importância.

Nesse sentido, o autor observa: "A devida compreensão da fenomenologia da incidência tributária tem o caráter de ato fundamental para o conhecimento jurídico, posto que assim atuam todas as regras do direito, em qualquer de seus subdomínios, ao serem aplicados no contexto da comunidade social. Seja qual for a natureza do preceito jurídico, sua atuação dinâmica é a mesma: opera-se a concreção do fato previsto na hipótese, propalando-se os efeitos jurídicos prescritos na consequência. Mas esse enquadramento do fato à hipótese normativa tem que ser completo, para que se dê, verdadeiramente, a subsunção. É aquilo que se tem por *tipicidade* que, no Direito Tributário, assim como no Direito Penal, adquire transcendental importância. Para que seja tido como *fato jurídico tributário*, a ocorrência da vida real, descrita no suposto da norma individual e concreta expedida pelo órgão competente, tem de satisfazer a todos os critérios identificadores tipificados na hipótese da norma geral e abstrata. Que apenas um não seja reconhecido, e a dinâmica que descrevemos ficará inteiramente comprometida" (CARVALHO, 2012, p. 316).

Vejamos as categorias relacionadas à fenomenologia da incidência da norma de imposição tributária:

- *Incidência ou subsunção tributária* – A lei que institui o tributo descreve abstratamente todos os aspectos necessários ao surgimento da relação jurídica tributária. Há a descrição do fato ou conduta que, uma vez praticada, dá origem à obrigação tributária (aspecto material); dos sujeitos que compõem a relação, credor e devedor (aspecto pessoal); da base de cálculo e alíquota (aspecto quantitativo); e do momento e território em que têm lugar a ocorrência do fato ou adoção da conduta (aspectos temporal e local). Pois bem, uma vez que o fato tenha ocorrido ou o contribuinte tenha praticado, na realidade concreta, a conduta descrita legislativamente, diz-se que a norma tributária incidiu. *Incidência*, portanto, designa a relação de adequação da descrição abstrata contida na norma ao fato ocorrido ou ato praticado pelo contribuinte. Após a incidência da norma tributária, o fato qualifica-se como *gerador*. É possível, contudo, encarar esse fenômeno, não da perspectiva da norma, mas do ponto de vista do evento concreto. Analisa-se o fato para qualificá-lo e, a partir daí, conclui-se que a conduta ou comportamento estão adequados à norma. A análise da fenomenologia desde a perspectiva do fato e a conclusão de que se adequa à norma recebe o nome de *subsunção tributária*. Este é o nome que se dá à relação de adequação do evento, fato ou conduta à descrição contida abstratamente na norma. Paulo de Barros Carvalho explica: "O objeto sobre o qual converge o nosso interesse é a fenomenologia da incidência da norma tributária em sentido estreito ou regra-matriz de incidência tributária. Nesse caso, diremos que houve a subsunção, quando o fato (fato jurídico tributário constituído pela linguagem prescrita pelo direito positivo) guardar absoluta identidade com o desenho normativo da hipótese de incidência (hipótese tributária). Ao ganhar concretude o fato, instala-se, automática e infalivelmente, como diz Alfredo Augusto Becker, o laço abstrato pelo qual o sujeito ativo torna-se titular do direito subjetivo público de exigir a prestação, ao passo que o sujeito passivo ficará na contingência de cumpri-la" (CARVALHO, 2012, p. 316). A subsunção do fato à norma, ou, sob outra perspectiva, a incidência da norma sobre o fato, faz com que este se torne fato gerador. Como vimos no capítulo 05 deste *Curso*, trata-se de exigência do princípio da tipicidade fechada ou cerrada. A lei deve descrever de forma detalhada todos os aspectos da hipótese de incidência tributária. No entanto, para que o fato seja considerado gerador, a conduta adotada pelo sujeito passivo deve adequar-se perfeitamente à descrição abstrata contida na norma;

- *Não incidência tributária* – Se o fato ou conduta adotada pelo contribuinte, contudo, não se ajustam à descrição abstrata contida na lei que instituiu o tributo, tem-se a situação denominada de *não incidência tributária*. Esta, pois, designa a circunstância em que a conduta do contribuinte, muito embora pareça adequar-se à descrição abstrata contida na norma, não se adequa. Se alguém adquire uma bicicleta de carbono especialmente projetada para corridas, deverá desembolsar algo em torno de R$ 70.000,00 (setenta mil reais). Nem por isso, contrudo, poderá ser compelido ao recolhimento de IPVA. Como não se trata de veículo *automotor*, a norma que veicula o imposto não incide sobre a situação concreta. Alguns autores falam em "não incidência natural ou pura e simples" em oposição à "não incidência juridicamente qualificada". Vejamos:
  - *Não incidência natural ou pura e simples* – É o fenômeno do qual se tratou logo acima. De acordo com Luciano Amaro, "todos os fatos que não têm aptidão de gerar tributos compõem o campo da não incidência (de tributo)" (AMARO, 2011, p. 305). Sem dúvida, se alguém recebe uma indenização de R$ 100.000,00 (cem mil reais), ainda que em razão de dano moral, não pode ser compelido ao pagamento de imposto sobre a renda e proventos de qualquer natureza (IR). E isso porque o fato gerador do IR é o acréscimo patrimonial. Ora, a indenização visa a reparar um dano, ou seja, a recompor uma diminuição patrimonial anterior. Logo, não há acréscimo e, portanto, a norma do IR não incide;
  - *Não incidência juridicamente qualificada* – Ocorre nos casos em que o fato poderia ser tributado, mas, *em virtude de lei*, é excluído do campo de incidência da norma. O fato ou conduta acarretaria normalmente a subsunção tributária, entretanto, *por opção legal*, é retirado do campo de incidência normativo. É o que se dá, por exemplo, no caso do artigo

2º, III, da Lei Complementar nº 116/2003, segundo o qual o imposto sobre serviços de qualquer natureza (ISS) "não incide sobre o valor intermediado no mercado de títulos e valores mobiliários, o valor dos depósitos bancários, o principal, juros e acréscimos moratórios relativos a operações de crédito realizadas por instituições financeiras". Veremos, contudo, que as circunstâncias chamadas de *não incidência juridicamente qualificada* não passam, na verdade, de hipóteses de *isenção*, isto é, de exclusão do crédito tributário.

D) Fato gerador da obrigação principal e acessória

De acordo com o art. 113 do CTN, "a obrigação tributária é principal ou acessória". Duas são, portanto, as *espécies* de obrigação. A primeira consiste na relação jurídica que vincula o Estado ao sujeito passivo e que tem como objeto o pagamento de tributo ou de penalidade pecuniária; a segunda é a relação que une o Estado a pessoas naturais ou jurídicas e que tem como objeto prestações de fazer, não fazer ou tolerar que se faça no interesse da fiscalização e arrecadação dos tributos.

A obrigação tributária decorre sempre da ocorrência do fato gerador. Portanto, ambas as obrigações, a principal e a acessória, têm origem em seus respectivos fatos geradores. Não obstante, tais obrigações possuem natureza jurídica distinta. A principal é obrigação de dar (dar dinheiro a título de tributo ou multa); a acessória é obrigação de fazer em sentido amplo (fazer, não fazer ou tolerar que se faça).

Logo, também os respectivos fatos geradores têm natureza diversa e correspondem às peculiaridades das obrigações às quais dão origem. Vejamos.

a) Fato gerador da obrigação principal: artigo 114 do CTN

Comecemos pelo fato gerador da obrigação principal. O art. 114 do CTN estabelece:

> **CTN, art. 114.** Fato gerador da obrigação principal é a situação definida em lei como necessária e suficiente à sua ocorrência.

Note-se:

- *Fato gerador* – É o fato, situação ou comportamento adotado pelo contribuinte na realidade concreta e que, nos termos do artigo 114, dá origem à obrigação tributária principal. Antes da aquisição da propriedade de um veículo automotor, a pessoa não tem qualquer relação com o Fisco estadual; depois desta aquisição, ou seja, uma vez que tenha praticado o fato gerador, surge o dever de recolher certa quantia a título de IPVA;
- *Obrigação principal* – É a obrigação de dar dinheiro, isto é, de efetuar o pagamento do tributo ou da penalidade pecuniária. É importante recordar que, de acordo com o artigo 3º do CTN, tributo não se confunde com multa. O primeiro decorre da prática de ato lícito; a segunda, da prática de ato ilícito. Portanto, devemos considerar duas espécies de fatos geradores:

- *Fato gerador do tributo* – É o fato, situação ou comportamento adotado pelo contribuinte na realidade e que corresponde à descrição legislativa abstrata, isto é, à hipótese de incidência contida na lei que instituiu o tributo. Sua conduta, nesse caso, *está plenamente de acordo com a prescrição abstrata contida na norma*, sendo, portanto, uma *conduta lícita*. No caso do imposto sobre a renda e proventos de qualquer natureza (IR), por exemplo, o fato gerador é a aquisição, pelo contribuinte, de disponibilidade econômica ou jurídica de acréscimo patrimonial, isto é, renda. Uma vez que a tenha adquirido, deve, por consequência, recolher certa quantia a título de imposto de renda;
- *Fato gerador da multa* – Tributo não é multa. Logo, o fato gerador da penalidade pecuniária não pode ser da mesma ordem daquele que acarreta o dever de pagar o tributo. No caso da multa, o fato gerador é a conduta ou comportamento adotado pelo sujeito passivo, mas que está em *desacordo com a conduta exigida pela lei*. Imagine-se que determinada norma fixe como prazo final para pagamento de certo tributo o dia 15 de fevereiro. Que conduta a lei impõe? Ora, que o pagamento seja efetuado até a data aprazada. O que acontece se o sujeito passivo recolhe o gravame no dia 16 desse mês? Adotou uma conduta que está em *desacordo* com a lei. Praticou, portanto, um *ilícito tributário*, isto é, o fato gerador da obrigação principal que tem como objeto o pagamento de penalidade pecuniária, ou seja, de multa. Esta conduta violadora da norma chama-se *infração tributária*.

De acordo com o art. 114 do CTN, o fato gerador da obrigação principal é a situação *definida em lei*. Como vimos, o artigo 97, III, do CTN, determina que somente a lei pode estabelecer o fato gerador da obrigação tributária principal. Ademais, nos termos do inciso V, somente a lei pode estabelecer a cominação de penalidades para as ações ou omissões contrárias a seus dispositivos, ou para outras infrações nela definidas.

Por isso, o fato gerador da obrigação principal cujo objeto é o pagamento do tributo ou penalidade pecuniária deve ser uma situação prevista em *lei em sentido estrito*, isto é, descrita em ato normativo primário criado pelo Poder Legislativo competente. O princípio da estrita legalidade irradia seus efeitos aqui, de maneira que o fato gerador não deve estar descrito em atos normativos secundários, como decretos, portarias etc.

Finalmente, de acordo com o art. 114, o fato praticado pelo contribuinte deve ser *necessário* e *suficiente* ao surgimento da obrigação tributária principal. Situação "necessária" é aquela descrita em lei. Sem a adoção do fato ou conduta descrita legalmente não há fato gerador. Logo, não há obrigação tributária principal. Situação "suficiente" é aquela que preenche todos os requisitos hipoteticamente descritos.

Imagine-se que determinada pessoa tenha adquirido, de uma loja especializada em maquinário agrícola, um veículo de tração animal. Essa situação é *suficiente* à ocorrência do fato gerador do IPVA? Evidentemente, não. O fato gerador deste imposto é a propriedade de veículos *automotores*. Essa situação, por outro lado, é *suficiente* à ocorrência do fato gerador do ICMS? Sim, porque houve a transferência da titularidade jurídica de um bem, isto é, a circulação de uma mercadoria.

b) Fato gerador da obrigação acessória: artigo 115 do CTN

O art. 115 do CTN determina:

> **Art. 115.** Fato gerador da obrigação acessória é qualquer situação que, na forma da legislação aplicável, impõe a prática ou a abstenção de ato que não configure obrigação principal.

A obrigação acessória é a relação jurídica que une o Estado ao sujeito passivo e tem por objeto prestações de fazer, não fazer ou tolerar que se faça no interesse da fiscalização e arrecadação de tributos. Enquanto a obrigação principal é uma obrigação de dar dinheiro, a acessória é uma obrigação de fazer em sentido amplo.

Note-se que o fato gerador da obrigação acessória aponta para uma situação *passiva*, enquanto o fato gerador da obrigação principal aponta para uma situação *ativa*.

Para que reste configurado o fato gerador da obrigação acessória não é preciso que a pessoa natural ou jurídica faça alguma coisa. Basta que se encontre em uma situação específica prevista na legislação como ensejadora do dever de fazer, não fazer ou tolerar que se faça. Essa situação envolve a *possibilidade* da ocorrência do fato gerador da obrigação principal, mas não a *necessidade* de sua ocorrência. E isso porque as obrigações acessórias são independentes das principais.

A declaração de isentos no caso do imposto sobre a renda da pessoa física (IRPF) é um bom exemplo. Tal obrigação acessória tem como fato gerador justamente a situação em que a pessoa *não* aufere renda (caso contrário, não seria isenta). No entanto, há a *possibilidade* de que aufira. Um jovem de 18 (dezoito) anos, idade apta a trabalhar, está em situação de auferir renda. Poder ser que aufira; pode ser que não. Portanto, está apto a ser compelido à entrega da declaração de isentos. Ou seja, sua situação específica (a *possibilidade* de auferir renda) é fato gerador desta obrigação acessória.

As entidades que gozam de imunidade de impostos nos termos do art. 150, VI, *c*, da CF/1988, isto é, os partidos políticos e suas fundações, as entidades sindicais dos trabalhadores e as instituições de educação e assistência social sem fins lucrativos, por exemplo, não se encontram na sujeição passiva da obrigação principal de recolher o tributo, mas se encontram na sujeição passiva das obrigações acessórias relacionadas à fruição de tal imunidade. Possuem muitos deveres de fazer, não fazer ou tolerar que se faça em prol da fiscalização tributária, como, por exemplo, a entrega de documentos que comprovem que não mantêm finalidade lucrativa.

Em suma, a situação que configura mera *possibilidade*, ainda que remota, de prática do fato gerador da obrigação principal já é uma situação suficiente para ser considerada fato gerador da obrigação acessória. Havendo legislação tributária apontando a pessoa natural ou jurídica como sujeito passivo da relação jurídica, surge para o ela o dever de realizar as prestações de fazer, não fazer ou tolerar que se faça.

E) Momento de ocorrência do fato gerador: artigo 116 do CTN

Em que momento se considera ocorrido o fato gerador? Esta informação é importante sobretudo quando se trata de averiguar a aplicação da legislação tributária no tempo.

Imaginemos que o importador de um produto do exterior fechou o contrato de importação no dia 16 de março de 2024. No dia 18 de abril o produto foi despachado do país de origem, tendo chegado ao Brasil no dia 20 de maio. No dia 03 de junho ingressou no setor aduaneiro para a conferência dos documentos de importação e recolhimento do imposto.

Pois bem, no dia 22 de maio o Presidente da República adotou um decreto reduzindo as alíquotas do imposto sobre a importação para zero. Pergunta-se: o importador, no caso acima citado, será compelido ao recolhimento do tributo?

Tudo depende de saber em que momento, exatamente, considera-se ocorrido o fato gerador. Se ocorreu antes do rebaixamento das alíquotas, não há como valer-se do benefício, pois vimos que norma que reduz tributo não retroage. Se ocorreu depois, então faz jus à redução das alíquotas, pois as normas tributárias, como regra, têm efeito prospectivo.

Nesse sentido, o art. 116 do CTN estabelece:

> **CTN, art. 116.** Salvo disposição de lei em contrário, considera-se ocorrido o fato gerador e existentes os seus efeitos:
>
> I – tratando-se de situação de fato, desde o momento em que o se verifiquem as circunstâncias materiais necessárias a que produza os efeitos que normalmente lhe são próprios;
>
> II – tratando-se de situação jurídica, desde o momento em que esteja definitivamente constituída, nos termos de direito aplicável.
>
> Parágrafo único. A autoridade administrativa poderá desconsiderar atos ou negócios jurídicos praticados com a finalidade de dissimular a ocorrência do fato gerador do tributo ou a natureza dos elementos constitutivos da obrigação tributária, observados os procedimentos a serem estabelecidos em lei ordinária. (Incluído pela Lcp nº 104, de 2001)

De acordo com o CTN, o fato gerador pode ligar-se a uma *situação de fato* ou a uma *situação jurídica*. Na verdade, todo fato gerador constitui uma situação jurídica, pois o fato só é gerador se há a incidência de uma norma. Ora, em havendo a incidência de uma norma, tem-se uma situação jurídica.

Para compreendermos o que o CTN pretende disciplinar, precisamos verificar as *circunstâncias* dentro das quais está envolvida a situação que constitui o fato gerador. Dependendo delas, isto é, das *circunstâncias*, conclui-se que predominam, para a sua ocorrência, uma situação "de fato" ou uma situação "jurídica".

Tomemos a circulação de mercadorias, por exemplo. A ocorrência do fato gerador do ICMS liga-se principalmente a uma situação de fato: a saída da mercadoria do estabelecimento do contribuinte. No caso do imposto sobre a renda e proventos de qualquer natureza (IR), por outro lado, o fato gerador liga-se a uma situação jurídica: a aquisição de disponibilidade econômica ou jurídica de renda ou proventos de qualquer natureza, não de modo isolado, mas ao longo de um ano completo. As entradas e saídas de dinheiro que serão consideradas para saber se houve ou não acréscimo patrimonial dependem da legislação tributária, muitas vezes do Regulamento do IR, o que constitui típica "situação jurídica".

O CTN preocupou-se em disciplinar, de forma detalhada, quando se deve considerar ocorrido o fato gerador no primeiro e no segundo caso. Ressalte-se que o artigo 116 aplica-se às hipóteses em que não há previsão legal expressa, pois o dispositivo contém a cláusula "salvo disposição legal em contrário". Assim, se houver disposição específica relativa a determinado tributo dispondo de maneira contrária, esta deve prevalecer. Assim, na ausência de dispositivo expresso, aplica-se o artigo 116. Vejamos:

- *Situação de fato* – Os fatos geradores cuja configuração depende, sobretudo, de uma situação de fato, devem considerar-se ocorridos e existentes seus efeitos, "desde o momento em que se verifiquem as circunstâncias materiais necessárias a que produza os efeitos que normalmente lhe são próprios". O imposto sobre produtos industrializados (IPI), por exemplo, de acordo com o artigo 46, II, do CTN, tem como fato gerador a saída do produto dos estabelecimentos a que se refere o parágrafo único do artigo 51. Assim, o fato gerador do IPI considera-se ocorrido no momento em que o produto, submetido à modificação de sua natureza ou finalidade ou a aperfeiçoamento para o consumo, sai do estabelecimento do contribuinte. Nesse momento consideram-se ocorridas as circunstâncias materiais, isto é, relativas à realidade material, necessárias à produção dos efeitos que normalmente lhe são próprios. Hugo de Brito Machado explica: "Caracteriza-se o fato gerador do tributo como *situação de fato* quando em sua definição não sejam utilizados conceitos jurídicos como elementos essenciais à configuração da situação descrita como hipótese de incidência tributária. Em outras palavras, tem-se uma situação de fato quando o conhecimento dela independe do conhecimento especificamente jurídico" (MACHADO, 2004, p. 355);
- *Situação jurídica* – O fato gerador de certos tributos depende, sobretudo, da configuração de uma *situação jurídica*. O imposto sobre operações financeiras (IOF), por exemplo, tem como fato gerador, "quanto às operações de crédito, a sua efetivação pela entrega total ou parcial do montante ou do valor que constitua o objeto da obrigação, ou sua colocação à disposição do interessado" (CTN, art. 63, I). A entrega do valor àquele que necessita de crédito é uma operação jurídica, isto é, de direito, que consiste na transferência da titularidade de certa quantia em dinheiro que, muitas vezes, depende de operações contábeis. Por isso, o fato gerador do IOF considera-se ocorrido no momento em que, escrituralmente, considera-se transferida a quantia emprestada. Hugo de Brito Machado esclarece: "O que na verdade importa é saber se para a configuração da situação colhida pela norma na definição da hipótese de incidência está, ou não, algum conceito jurídico. Algo regulado pelo Direito" (MACHADO, 2004, p. 355).

A preocupação do CTN em definir exatamente em que momento se considera ocorrido o fato gerador tem razão de ser. Como dissemos, em algumas situações a definição desse momento é crucial para a fixação do *valor* exato a ser recolhido a título de tributo.

De acordo com o artigo 143 do CTN, por exemplo, como regra geral, quando o valor tributário esteja expresso em moeda estrangeira, no lançamento far-se-á sua conversão em moeda nacional ao câmbio do dia da ocorrência do fato gerador da obrigação. Nesse caso, é preciso saber exatamente se o fato gerador gira em torno de *situação de fato* ou de *situação jurídica* para que se determine exatamente em que momento se considera ocorrido o fato gerador e, portanto, que câmbio será utilizado para a conversão de moeda estrangeira em moeda nacional.

F) Norma geral antielisão: artigo 116, parágrafo único, do CTN

O artigo 116, parágrafo único, do CTN, positivou o que a doutrina chama de *norma geral antielisão*. O dispositivo estabelece:

> **CTN, art. 116.**
>
> **Parágrafo único.** A autoridade administrativa poderá desconsiderar atos ou negócios jurídicos praticados com a finalidade de dissimular a ocorrência do fato gerador do tributo ou a natureza dos elementos constitutivos da obrigação tributária, observados os procedimentos a serem estabelecidos em lei ordinária.

A obrigação tributária surge com a ocorrência do fato gerador. Este, como vimos, é a situação ou conduta adotada pelo contribuinte e que coincide integralmente com a descrição contida na hipótese de incidência tributária. Ocorre que muitas vezes o fato praticado pelo contribuinte não se adequa à hipótese de incidência. Nesse caso, fala-se em não incidência tributária.

Pois bem, o contribuinte, na condução normal de sua vida, pode optar por não praticar determinadas condutas, com o objetivo de *evitar* a incidência da norma tributária. Determinado indivíduo, por exemplo, dispõe do dinheiro suficiente à aquisição de certo imóvel urbano. Ele sabe, contudo, que, ao se tornar proprietário do imóvel, será obrigado a recolher o IPTU devido. Opta, portanto, por não adquirir.

Este é um comportamento legítimo, que não ofende a lei. Trata-se do chamado *planejamento tributário*, isto é, da elaboração de um plano a partir do qual certas condutas e comportamentos poderiam ser adotados, mas não o são, com o objetivo claro que evitar a incidência da norma de tributação.

Ocorre que, em algumas circunstâncias, o contribuinte, muito embora tenha praticado o fato gerador, tenta *dissimular* sua ocorrência com o objetivo de evitar a incidência da norma tributária.

É o que ocorre, por exemplo, nos casos em que o pai faz uma "doação" ao filho, mas tenta fazer parecer que houve uma compra e venda. Ele sabe que, no primeiro caso, incide o imposto sobre transmissão *causa mortis* e doação (ITCMD); no segundo, não incide qualquer tributo. Assim, ele "compra" o veículo do filho, que vale R$ 10.000,00 (dez mil reais), pela quantia de R$ 300.000,00 (trezentos mil reais). Caso receba a notificação relativa ao lançamento do ITCMD, pode alegar que houve uma compra e venda e não uma doação. Logo, não precisa recolher qualquer quantia. Nesse caso, pai e filho tentam *dissimular* a ocorrência do fato gerador. "Dissimular" significa "ocultar", "disfarçar", "encobrir".

Existe importante diferença entre *evitar* a prática do fato gerador e *dissimular* o fato gerador praticado, o que nos conduz às diferenças entre *evasão* e *elisão* fiscais.

JURISPRUDÊNCIA DO STF! CONSTITUCIONALIDADE DA NORMA GERAL ANTIELISÃO

O art. 116, parágrafo único, do CTN, já passou pelo crivo de constitucionalidade do Supremo Tribunal Federal. De fato, em abril de 2022, o STF assentou: "Não viola o texto constitucional a previsão contida no parágrafo único do art. 116 do Código Tributário Nacional" (ADI 2446/DF, rel. Min. Cármen Lúcia, 08.04.2022).

a) Evasão e elisão fiscais

A doutrina costuma distinguir duas situações importantes no que toca à subsunção da conduta praticada pela pessoa à norma tributária.

A primeira é aquela em que o contribuinte adota certos cuidados que têm como objetivo *evitar* a prática do fato que ensejaria a incidência da norma. Ou, o que dá no mesmo, adota um comportamento *diverso* daquele que produziria a incidência. Assim, no lugar de adquirir um imóvel urbano e tornar-se proprietário, o que gera a obrigação de recolher o IPTU, o indivíduo opta pela locação.

Outra situação é aquela em que o contribuinte pratica o fato que enseja a incidência, no entanto, *dissimula-o*, isto é, *oculta*, *disfarça*, *faz parecer* que não adotou a conduta que se adequa à norma tributária. É o caso da doação em que as partes "fingem" que se trata de um contrato de compra e venda.

A primeira consiste numa prática *lícita*, ao alcance de todos os particulares que queiram planejar a carga tributária à qual pretendem submeter-se. No âmbito das empresas privadas, denomina-se planejamento tributário, isto é, a adoção de condutas que evitam a incidência da norma. É o que se denomina *elisão fiscal*. No segundo caso, está-se diante de uma conduta *ilícita* porque *dissimula* a ocorrência do fato gerador. A pessoa furta-se ao cumprimento da obrigação legal. Trata-se da chamada *evasão fiscal*.

São, portanto, duas as possibilidades:

- *Elisão fiscal* – Regina Helena Costa observa: "A expressão *elisão fiscal* é preferencialmente utilizada para denominar processos legítimos, permitidos ao contribuinte, no intuito de fazer reduzir o ônus tributário, ou, ainda, significando a possibilidade de diferimento de obrigações fiscais. Visa, assim, à economia fiscal, mediante a utilização de alternativas lícitas, menos onerosas ao contribuinte, afinando-se à ideia de planejamento tributário" (COSTA, 2014, p. 202). Como ressaltado, o contribuinte opta por *evitar* a prática de ato que redundaria em incidência da norma tributária ou por praticar fato *diverso* daquele que resultaria na subsunção tributária. Hugo de Brito Machado apresenta o seguinte exemplo: "Um empresário importava ventiladores e os vendia no mercado nacional. Verificando que a alíquota do imposto de importação para esse produto é significativamente mais elevada do que a alíquota referente para a importação de componentes desse produto, resolveu estabelecer uma empresa para fazer a montagem de ventiladores no Brasil, passando a importar os componentes. Com isso fazia economia de impostos que lhe permitia pagar os custos da montagem e ainda tinha um lucro um pouco maior do que se importasse o produto pronto" (MACHADO, 2004, p. 372). Perceba-se que, nesse caso, o contribuinte opta pela prática de fato que acarreta a incidência de norma tributária menos onerosa. Ele poderia importar o ventilador já pronto, entretanto, escolhe importar as peças e montar o aparelho no Brasil. Trata-se de *elisão fiscal*, prática *lícita* que evita a incidência da norma mais gravosa;

- *Evasão fiscal* – Regina Helena Costa explica: "Embora não haja uniformidade terminológica no direito tributário brasileiro, ainda prepondera a distinção entre os dois termos, com fundamento na sempre citada obra de Sampaio Dória, que assim conceitua *evasão fiscal*: 'toda e qualquer ação ou omissão tendente a elidir, reduzir ou retardar o cumprimento de obrigação tributária [...] fuga ardilosa, dissimulada, sinuosa, furtiva, ilícita em suma, a um dever ou obrigação" (COSTA, 2014, p. 202). Nesse caso, o contribuinte pratica o fato gerador, entretanto, adota uma série de condutas que têm como objetivo dissimular, disfarçar, ocultar, sua ocorrência. Suponha-se, por exemplo, que determinado contribuinte pretende *doar* um veículo automotor a seu filho, no valor de R$ 300.000,00 (trezentos mil reais). No entanto, sabe que deve recolher o imposto sobre a transmissão *causa mortis* ou doação (ITCMD) à alíquota de 4% sobre o valor da doação. Para evitar a incidência do imposto, o contribuinte opta por receber de seu filho, a título de "preço" pelo veículo, o valor de R$ 5.000,00 (cinco mil reais). Ora, o contribuinte alega que *não* houve doação, mas apenas *compra e venda*, razão pela qual não deve incidir o imposto. Ocorre que este é um típico caso de *simulação* (Código Civil, art. 167). O "verdadeiro" negócio é uma doação. O preço apenas "simula" uma compra e venda. A simulação torna *nulo* o negócio jurídico privado e acarreta, conforme o caso, a *dissimulação* do fato gerador. Trata-se de *evasão fiscal*, forma *ilícita* de esquivar-se do pagamento do tributo.

Não se deve negar que a chamada interpretação econômica do direito tributário faz eco aqui. Muito embora ela não tenha sido admitida no ordenamento jurídico brasileiro (isso é quase consenso entre os doutrinadores), a constatação de que houve simulação de um negócio jurídico privado e, portanto, dissimulação no que toca à ocorrência do fato gerador, depende da análise da substância do negócio em detrimento de sua forma. O que, de fato, ocorreu? Compra e venda ou doação? A conclusão depende da análise da transação econômica em si, independentemente da vontade das partes ou da figura jurídica adotada.

APROFUNDANDO! EVASÃO FISCAL E OMISSÃO DE RECEITAS

Uma norma utilizada pela Receita Federal do Brasil para combater a evasão tributária é o art. 42 da Lei 9.430/1996, que estabelece que se caracterizam como omissão de receita ou de rendimento os valores creditados em conta de depósito ou de investimento mantida junto a instituição financeira, em relação aos quais o titular, pessoa física ou jurídica, regularmente intimado, não comprove, mediante documentação hábil e idônea, a origem dos recursos utilizados nessas operações. *In verbis*:

Lei nº 9.430/1996. Art. 42. Caracterizam-se também omissão de receita ou de rendimento os valores creditados em conta de depósito ou de investimento mantida junto a instituição financeira, em relação aos quais o titular, pessoa física ou jurídica, regularmente intimado, não comprove, mediante documentação hábil e idônea, a origem dos recursos utilizados nessas operações.

Embora a hipótese de incidência do IRPF, descrito no art. 43 do CTN, seja a aquisição ou disponibilidade de renda ou acréscimos patrimoniais, o artigo 42 da Lei 9.430/1996 não ampliou o fato gerador do tributo; ao contrário, trouxe apenas a possibilidade de se impor a exação quando o contribuinte, embora intimado, não consegue comprovar a origem de seus rendimentos.

JURISPRUDÊNCIA DO STF – EVASÃO FISCAL E OMISSÃO DE RECEITAS

Ao ser instado no RE nº 855649, o Supremo Tribunal Federal decidiu ser legítima a inversão do ônus da prova, no sentido de que cabe ao contribuinte provar a origem dos depósitos efetuados em sua conta de investimento. Caso contrário, bastaria que o contribuinte fizesse mera alegação de que os depósitos efetuados em sua conta corrente pertencem a terceiros. Dessa forma, é constitucional a tributação de todas as receitas depositadas em conta, cuja origem não foi comprovada pelo titular:

> "Diversamente do apontado pelo recorrente, o artigo 42 da Lei 9.430/1996 não ampliou o fato gerador do tributo; ao contrário, trouxe apenas a possibilidade de se impor a exação quando o contribuinte, embora intimado, não conseguir comprovar a origem de seus rendimentos (...) Para se furtar da obrigação de pagar o tributo e impedir que o Fisco procedesse ao lançamento tributário, bastaria que o contribuinte fizesse mera alegação de que os depósitos efetuados em sua conta corrente pertencem a terceiros, sem se desincumbir do ônus de comprovar a veracidade de sua declaração. Isso impediria a tributação de rendas auferidas, cuja origem não foi comprovada, na contramão de todo o sistema tributário nacional, em violação, ainda, aos princípios da igualdade e da isonomia. A omissão de receita resulta na dificuldade de o Fisco auferir a origem dos depósitos efetuados na conta corrente do contribuinte, bem como o valor exato das receitas/rendimentos tributáveis, o que também justifica atribuir o ônus da prova ao correntista omisso. Dessa forma, é constitucional a tributação de todas as receitas depositadas em conta, cuja origem não foi comprovada pelo titular (...) Recurso Extraordinário a que se nega provimento. Tema 842, fixada a seguinte tese de repercussão geral: "O artigo 42 da Lei 9.430/1996 é constitucional" (STF, RE 855649, Relator(a): MARCO AURÉLIO, Relator(a) p/ Acórdão: ALEXANDRE DE MORAES, Tribunal Pleno, 03/05/2021).

b) Análise do dispositivo

Antes de tudo, registre-se a observação de Regina Helena Costa: "Dessarte, prestigiando a distinção que é da tradição do direito pátrio, parece-nos algo imprópria a expressão 'norma geral antielisiva', a designar a norma que visa impedir práticas ilícitas destinadas a evitar a configuração da obrigação tributária principal. Melhor seria, então, falar-se em norma geral "antievasiva" ou "antissimulação"" (COSTA, 2014, p. 202).

Sem dúvida, a observação é pertinente. *Elisão é prática lícita* que tem como objetivo evitar a conduta que configura o fato gerador ou adotar conduta diversa daquela que se adequa à norma tributária; *evasão*, sim, é a conduta *ilícita* que tem como objetivo dissimular a ocorrência do fato gerador. Desse modo, a norma deveria chamar-se norma geral antievasiva (e não antielisiva).

Feito esse registro, passemos à análise do dispositivo. De acordo com o parágrafo único do art. 116 do CTN, "a autoridade administrativa poderá desconsiderar atos ou negócios jurídicos praticados com a finalidade de dissimular a ocorrência do fato gerador do tributo ou a natureza dos elementos constitutivos da obrigação tributária, observados os procedimentos a serem estabelecidos em lei ordinária".

Vejamos de forma esquematizada:

- *Autoridade administrativa* – O dispositivo dirige-se à *autoridade administrativa*. Trata-se da autoridade encarregada de efetuar o lançamento tributário. Assim, por ocasião da constituição do crédito tributário, a autoridade pode desconsiderar os negócios simulados, quer dizer, aqueles travados com o objetivo de dissimular a ocorrência do fato gerador. Paulo de Barros Carvalho, entretanto, explica: "O ordenamento jurídico brasileiro, a meu ver, já autorizava a desconsideração de negócios jurídicos dissimulados, a exemplo do disposto no art. 149, VII, do Código Tributário Nacional. O dispositivo comentado veio apenas a ratificar regra existente no sistema em vigor. Por isso mesmo, assiste razão a Heleno Torres, ao asseverar que a referida alteração tão só aperfeiçoa o que já se encontrava previsto, de modo genérico, afastando quaisquer dúvidas concernentes à possibilidade da Administração em desconsiderar os negócios fictícios ou dissimulados" (CARVALHO, 2012, p. 346);
- *Desconsiderar atos ou negócios jurídicos* – A autoridade deve *desconsiderar* o ato ou negócio jurídico simulado e considerar, em seu lugar, o ato ou negócio dissimulado. Em outras palavras, o administrador deve afastar a *aparência* de negócio jurídico ardilosamente efetuado e considerar o negócio que ocorreu na realidade, isto é, aquele que tentou ser escondido pelas partes. No exemplo citado, deve desconsiderar a compra e venda, negócio simulado, e considerar a doação, negócio dissimulado (escondido). A partir daí, procede normalmente ao lançamento do ITCMD, pois se tem como ocorrido o fato gerador;
- *Praticados com a finalidade de dissimular a ocorrência do fato gerador do tributo ou a natureza dos elementos constitutivos da obrigação tributária* – A

autoridade administrativa não está autorizada a desconsiderar os fatos ou negócios jurídicos praticados pelos particulares de forma indiscriminada e sem quaisquer critérios. É preciso que haja fortes indícios de que o negócio é fruto de ardil, de simulação. Caso contrário, os direitos e garantias individuais estariam todos abolidos na prática. Ora, a autonomia da vontade é um pilar do direito privado. Ela pode se expressar das mais variadas formas e os negócios jurídicos podem assumir tantas formas quantas sejam permitidas pelo ordenamento jurídico. Por isso, a autoridade administrativa deve demonstrar, de forma cabal, a *finalidade* dos particulares em dissimular a ocorrência do fato gerador. Caso contrário, pode ser responsabilizada. Além do mais, como explica Luciano Amaro, "o preceito legal parte do pressuposto de que o fato gerador tenha efetivamente ocorrido, dado que, só nessa hipótese, pode-se cogitar da possibilidade de ele ter sido objeto de práticas *dissimulatórias*. Assim, a demonstração concreta da dissimulação (com a consequente possibilidade de o ato dissimulador ser desconsiderado) pressupõe que o fato gerador tenha ocorrido" (AMARO, 2011, p. 264);

- *Observados os procedimentos a serem estabelecidos em lei ordinária* – O CTN condiciona a desconsideração dos atos ou negócios simulados à observância, pela autoridade administrativa, de procedimento a ser estabelecido em lei ordinária. Percebe-se, pois, que a autoridade administrativa fica vinculada à observância dos direitos e garantias individuais, como os importantes princípios do contraditório e ampla defesa. A doutrina registra que a Medida Provisória nº 66/2002 continha dispositivos que regulamentavam o procedimento mencionado no artigo 116, parágrafo único. Entretanto, no momento em que foi convertida na Lei nº 10.637/2002 os dispositivos foram suprimidos. Assim, a norma geral antielisão está com sua eficácia paralisada, aguardando a regulamentação exigida pelo CTN.

G) Fato gerador e negócio jurídico condicional: artigo 117 do CTN

Como vimos, o CTN associa o momento de ocorrência do fato gerador a determinadas circunstâncias que ele denomina como "situação de fato" ou "situação jurídica". Neste último caso, significa que o fato, ato ou negócio jurídico, para se consolidar definitivamente, depende mais da disciplina jurídica que se aplica à situação, do que dos elementos factuais que a compõem. É nesse contexto que emerge o art. 117 do CTN:

> **Art. 117.** Para os efeitos do inciso II do artigo anterior e salvo disposição de lei em contrário, os atos ou negócios jurídicos condicionais reputam-se perfeitos e acabados:
>
> I – sendo suspensiva a condição, desde o momento de seu implemento;
>
> II – sendo resolutória a condição, desde o momento da prática do ato ou da celebração do negócio.

Os negócios jurídicos privados dependem da vontade das partes. O princípio da autonomia da vontade é um alicerce do direito privado. Por isso, o ordenamento confere ampla maleabilidade à vontade das pessoas e permite que os negócios sejam concluídos, mas a produção de seus efeitos fique na dependência da ocorrência de um *evento futuro e incerto*. É o que estipula o art. 121 do Código Civil:

> **CC, art. 121.** Considera-se condição a cláusula que, derivando exclusivamente da vontade das partes, subordina o efeito do negócio jurídico a evento futuro e incerto.

Condição é, portanto, uma cláusula que faz com que a eficácia do negócio dependa de evento futuro e incerto. A condição pode ser *suspensiva* ou *resolutiva* (o CTN chama de *resolutória*). Ambas estão previstas nos artigos 125 e 127 do Código Civil:

> **CC, art. 125.** Subordinando-se a eficácia do negócio jurídico à condição suspensiva, enquanto esta se não verificar, não se terá adquirido o direito, a que ele visa.
>
> [...]
>
> **CC, art. 127.** Se for resolutiva a condição, enquanto esta se não realizar, vigorará o negócio jurídico, podendo exercer-se desde a conclusão deste o direito por ele estabelecido.

Exemplo de condição suspensiva: o pai faz a doação de um veículo automotor ao filho sob condição suspensiva de sua aprovação no vestibular. Do ponto de vista da existência e validade do negócio, a doação é perfeita; sua eficácia, no entanto, está suspensa, isto é, paralisada. O filho ainda não é proprietário do veículo. Apenas será eficaz quando a condição for implementada, isto é, quando o filho for aprovado no vestibular.

Exemplo de condição resolutiva: o pai faz a doação de um veículo automotor ao filho sob condição resolutiva do trancamento da faculdade. Do ponto de vista da existência, validade e eficácia, a doação está perfeita e acabada. O veículo pertence de fato e de direito ao filho. Se, no entanto, ele efetua o trancamento da faculdade, então advém a condição, isto é, o evento futuro e incerto. O negócio se "resolve", quer dizer, se desfaz e o veículo retorna à propriedade do pai.

Pois bem, quais são os efeitos tributários dos negócios jurídicos sujeitos à condição do ponto de vista da ocorrência do fato gerador? O art. 117 disciplina a situação. Ante de tudo, note-se que o dispositivo menciona expressamente a cláusula *salvo disposição de lei em contrário*. Isso significa que, em havendo lei dispondo em contrário, não se aplica o CTN. Se não houver lei, então se aplica o disposto no art. 117, nos seguintes termos:

- *Condição suspensiva* – "Os atos ou negócios jurídicos condicionais reputam-se perfeitos e acabados, sendo suspensiva a condição, desde o momento de seu implemento". Os negócios sujeitos a condição suspensiva ficam na dependência do advento da condição para que produzam seus efeitos. Apenas quando o *evento futuro e incerto ocorre* os efeitos consideram-se existentes, inclusive para fins de ocorrência do fato gerador. Ademais, Luciano Amaro observa: "Se a condição é suspensiva, não há efeito na esfera tributária, enquanto não se realiza o evento de cuja implementação depende justamente a produção dos efeitos do ato ou negócio jurídico" (AMARO, 2011, p. 299). Assim, na doação sob condição suspensiva, o negócio produz efeitos apenas no momento em que o filho é aprovado no vestibular. O ITCMD, portanto, deve incidir apenas no momento em que a condição se verifica, isto é, no momento em que o evento ocorre;

- *Condição resolutiva* – A condição resolutiva é aquela que resolve o negócio; dissolve-o. A doação foi feita, está perfeita e acabada. O carro é de propriedade do filho. No entanto, o negócio está sujeito a um evento futuro e incerto (condição), qual seja: se o filho trancar a faculdade o negócio se desfaz, isto é, deixa de existir. O artigo 117, II, determina que "os atos ou negócios jurídicos condicionais reputam-se perfeitos e acabados, sendo resolutória a condição, desde o momento da prática do ato ou da celebração do negócio". Quer dizer, feita a doação, o ITCMD incide desde logo. E isso porque, na condição resolutória, o negócio está perfeito e acabado e produz imediatamente seus efeitos jurídicos, inclusive os tributários;

É importante registrar que o art. 117, *caput*, faz menção expressa ao art. 116, II. Portanto, para o legislador do CTN os negócios sujeitos à condição são considerados fatos geradores que expressam uma *situação jurídica* (e não uma situação de fato).

APROFUNDANDO! ADVENTO DE CONDIÇÃO RESOLUTIVA E REPETIÇÃO DO INDÉBITO TRIBUTÁRIO

Uma vez que ocorre a condição resolutiva, os efeitos do negócio se resolvem, isto é, desfazem-se. No entanto, de acordo com o art. 117, II, do CTN, o fato gerador já ocorreu, pois este se verifica no momento da celebração do negócio, quer dizer, no momento em que o negócio se reputa "perfeito e acabado". Portanto, o tributo já foi recolhido. Neste caso, devemos nos perguntar: é possível a *restituição* do que foi pago? Uma vez que, com o advento da condição, o fato gerador deixou de caracterizar-se, é viável a repetição do indébito tributário?

A doutrina, de modo geral, silencia quanto ao assunto. Hugo de Brito Machado, por outro lado, ao referir-se à condição resolutiva, afirma: "A condição, neste caso, não tem relevância tributária no que diz respeito ao momento em que se tem como consumado o fato gerador do tributo, embora possa ensejar a restituição deste" (MACHADO, 2011, p. 133). Luciano Amaro, por sua vez, afirma: "Se é resolutiva a condição, o ato ou negócio reputa-se desde logo apto à produção dos efeitos tributários, ainda que, no futuro, eventualmente, possam ser resolvidos, *ex nunc*, os efeitos que o ato ou negócio tenham produzido na esfera do direito privado" (AMARO, 2011, p. 299).

Ora, se os efeitos serão resolvidos *ex nunc*, isso significa que não devem retroagir. Por isso, o fato gerador reputa-se perfeito e acabado e não se cogita de repetição do valor pago. Sacha Calmon Navarro Coêlho, a seu turno, explica: "Ao contrário, se a condição é resolutória, o negócio ocorre, e, com ele, o fato gerador. Mais tarde, ocorrente a condição, o negócio se resolve, se desfaz. Mas, para que ocorra o desfazimento, é necessário ter sido feito o negócio. O desfazimento é irrelevante para o

Direito Tributário. A condição resolutória, por não impedir o negócio jurídico, não impede, de igual forma, o fato gerador nele substanciado" (COÊLHO, 2009, p. 619).

Se o desfazimento é irrelevante para o direito tributário, não se há de cogitar sobre devolução do valor recolhido. Assim, de acordo com a doutrina que se refere ao assunto, parece que o advento de condição resolutiva *não* implica a possibilidade de repetição do indébito tributário.

H) Interpretação objetiva do fato gerador (princípio "non olet"): artigo 118 do CTN

Ao estudarmos o conceito de tributo (CTN, art. 3º), vimos que se trata de prestação pecuniária compulsória, que não constitui sanção de ato ilícito. Isso significa que o tributo apenas pode ser exigido quando o contribuinte pratica uma conduta *lícita* descrita previamente em lei. A prestação pecuniária que provém da prática de *ato ilícito* chama-se multa.

Vimos também que, em algumas circunstâncias, a pessoa, ao praticar uma conduta ilícita, dá ensejo, simultaneamente, a um ato lícito que é, também, fato gerador de tributo. Uma gleba utilizada para o cultivo de plantas psicotrópicas ilegais, por exemplo, deve ser expropriada, pois está sendo utilizada para o cometimento de crime. Nada obstante, enquanto o processo criminal não acaba, o ITR continua incidindo sobre a propriedade do imóvel rural. Afinal de contas, enquanto não transita em julgado a sentença penal condenatória, o indivíduo é inocente e, como tal, está plenamente apto ao recolhimento do tributo.

O artigo 118 do CTN refere-se a situações parecidas com estas. Vejamos:

> **Art. 118.** A definição legal do fato gerador é interpretada abstraindo-se:
>
> I – da validade jurídica dos atos efetivamente praticados pelos contribuintes, responsáveis, ou terceiros, bem como da natureza do seu objeto ou dos seus efeitos;
>
> II – dos efeitos dos fatos efetivamente ocorridos.

"Abstrair" significa "considerar isoladamente"; "separar"; "apartar" (AURÉLIO, 2009, p. 18). O que o artigo 118 do CTN determina é que a definição legal do fato gerador seja interpretada *separando*, *afastando*, *desconsiderando* a validade jurídica dos atos efetivamente praticados pelos contribuintes, responsáveis ou terceiros, bem como a natureza de seu objeto ou seus efeitos. Deve-se, ademais, "abstrair", *apartar*, da interpretação, os efeitos dos fatos efetivamente ocorridos.

Aqui se encontra outra significativa diferença entre o regramento do direito privado e a disciplina do direito tributário para os efeitos jurídicos dos atos ilícitos. Determina o CTN que a declaração de nulidade dos negócios jurídicos é irrelevante para o direito tributário.

Ricardo Lobo Torres observa: "[...] se o cidadão pratica atividades ilícitas com consistência econômica, deve pagar o tributo sobre o lucro obtido, para não ser agraciado com tratamento desigual frente às pessoas que sofrem a incidência tributária sobre os ganhos provenientes do trabalho honesto ou da propriedade legítima" (TORRES, 2000, p. 60).

a) Abstração da validade jurídica e dos efeitos dos atos praticados

De acordo com o artigo, a definição legal do fato gerador deve ser interpretada abstraindo, deixando de considerar a validade jurídica, a natureza, o objeto e os efeitos dos atos efetivamente praticados pelos contribuintes. Nesse sentido, em princípio, a nulidade de um negócio jurídico privado, por exemplo, não afeta o fato gerador da obrigação tributária principal.

Tomemos a compra e venda de bem imóvel e consequente registro da escritura no Oficial de Registro de Imóveis. Com o registro, opera-se a transferência da propriedade do bem imóvel e incide o imposto sobre a transmissão de bens imóveis (ITBI).

Suponha-se que o negócio jurídico tenha sido travado entre pessoas incapazes. A incapacidade absoluta acarreta a nulidade do negócio jurídico (Código Civil, art. 166). Pois bem, o fato gerador do ITBI deve ser considerado inválido? A nulidade do negócio acarreta, como consequência, a nulidade da obrigação tributária principal?

Hugo de Brito Machado explica: "Assim, se alguém vende um imóvel, existente a escritura pública de compra e venda e o competente registro no cartório de imóveis, estão presentes as circunstâncias materiais e assim está consumado o fato gerador da obrigação tributária respectiva. Não se pode alegar, perante a Fazenda Pública, que os signatários da escritura pública de compra e venda do imóvel são juridicamente incapazes e, portanto, o ato é desprovido de validade jurídica. Desde que no mundo dos fatos aquele ato tenha produzido o efeito que lhe é próprio, estabelecendo-se na realidade esse efeito, ainda que não correspondente ao efeito que se pode afirmar no plano da abstração jurídica, para o Direito Tributário essa realidade é suficiente e assim há de ser considerado consumado o fato gerador do tributo" (MACHADO, 2004, p. 387).

Assim, a ausência de validade dos negócios praticados em âmbito privado não interfere com a interpretação da definição legal do fato gerador. Em outras palavras, eventual irregularidade na constituição desses negócios não tem o condão de afastar a subsunção do fato à norma, desde que o ato ou conduta estejam perfeitamente adequados à descrição contida na hipótese de incidência tributária.

b) Tributação dos atos ilícitos: "Pecunia non olet"

De acordo com doutrina e jurisprudência, o artigo 118 do CTN autoriza a tributação dos *atos ilícitos ou imorais*. Antes de tudo, importa recordar que, de acordo com o artigo 3º do CTN, tributo é prestação pecuniária compulsória que não constitui sanção de ato ilícito. Quer dizer, a parcela da propriedade privada extraída ao particular não pode decorrer da prática de ato ilícito, caso em que fica configurada como multa e não como tributo. Este, por sua vez, é fração da propriedade retirada do particular em razão da adoção de condutas lícitas.

Como pensar, então, em tributação dos atos ilícitos?

Luciano Amaro esclarece: "A questão, segundo nos parece, não é, propriamente, a de se tributarem ou não os atos ilícitos. Ato ilícito, como tal, não é fato gerador de tributo, mas suporte fático de sanção, que (mesmo quando se cuida de infração tributária) com aquele não se confunde (CTN, art. 3º). Dessa forma, se 'A' furtou de

'B' certa quantia, não se pode, à vista do furto, tributar 'A', a pretexto de que tenha adquirido renda; cabem, no caso, as sanções civil e penal, mas não tributo" (AMARO, 2011, p. 302).

De fato, não faz sentido pensar em um imposto sobre a circulação de mercadorias que incidisse sobre a venda e compra de "papelotes de cocaína". Além de o negócio civil ser nulo por ilicitude do objeto (Código Civil, art. 166, II), a prática constitui crime tipificado no artigo 33 da Lei nº 11.343/2006.

Ora, a sanção pecuniária decorrente de ato ilícito é multa e não tributo. Entretanto, a pergunta persiste: como pensar na tributação de atos ilícitos? Recorrendo às lições de Alfredo Augusto Becker, Luciano Amaro observa: "O problema – a advertência ainda é de Becker – surge na fase de lançamento, vale dizer, ao investigar a ocorrência do fato gerador (cuja descrição legal não é integrada por uma ilicitude), pode-se *ignorar a ilicitude* que eventualmente se constate no exame do fato concreto?" (AMARO, 2011, p. 302).

Pensemos em uma propriedade rural em que se cultivam plantas psicotrópicas ilícitas. O proprietário deve ser compelido ao pagamento do imposto sobre a propriedade territorial rural (ITR)? Ou, uma vez que se trata de ato ilícito, inclusive do ponto de vista criminal, estaria dispensado do recolhimento?

Luciano Amaro explica: "A resposta, dependendo da natureza ou das características dos fatos, pode ser positiva. Desde que a situação material corresponda ao tipo descrito na norma de incidência, o tributo incide [...] O advogado impedido que, não obstante, advogue, ou o indivíduo inabilitado que, apesar disso, clinique como médico, não podem invocar tais circunstâncias para furtar-se ao pagamento dos tributos que incidam sobre suas atividades, ou sobre a renda que auferam, a pretexto de que o fato gerador não se aperfeiçoaria diante das irregularidades apontadas" (AMARO, 2011, p. 302).

Em outras palavras, a prática de ato ilícito não afasta a incidência da norma tributária. Se a pessoa, ao praticar uma ilicitude, pratica *simultaneamente* o fato gerador de determinado tributo, surge a obrigação tributária principal e, portanto, o dever de recolher o tributo. Assim, o cultivo de plantas psicotrópicas em uma propriedade rural não afeta o vínculo de propriedade que constitui o suporte fático para a incidência da norma de tributação do ITR. Ocorreu, portanto, o fato gerador e o tributo é devido.

Outro exemplo: suponhamos que certo imóvel urbano seja utilizado como local para a receptação de carros roubados, crime tipificado no artigo 180 do Código Penal. Por acaso o proprietário estará dispensado do pagamento do imposto predial e territorial urbano (IPTU)? É claro que não.

Um ponto interessante a observar consiste na circunstância de que a doutrina parece ter chegado a certo consenso no que toca à importância da distinção entre *hipótese de incidência* e *fato gerador* para a tributação de atos ilícitos:

- *Hipótese de incidência tributária* – O legislador não pode descrever, na *hipótese de incidência tributária*, qualquer fato ou conduta ilícita, sob pena de contrariar o conceito de tributo previsto no artigo 3º do CTN. Se tributo é prestação pecuniária que "não constitui sanção de ato ilícito", a lei que o institui apenas pode descrever um fato ou conduta *lícitas*. A descrição de um *ilícito* na hipótese de incidência descaracteriza a prestação como tributo e a qualifica como *multa*;

- *Fato gerador* – Por outro lado, é possível que a pessoa pratique um fato gerador tributário, um fato ou conduta perfeitamente adequados à descrição legal instituidora do tributo e, *simultaneamente*, um fato ou conduta que correspondam também a um ilícito. Por vezes uma mesma conduta se adequa a duas normas: a norma tributária, que implica o pagamento do tributo; e a penal, que prevê a sanção. Nesse caso, será compelido ao pagamento do tributo sem prejuízo de submeter-se à pena adequada.

O artigo 118 do CTN, admitindo a tributação de atos ilícitos ou imorais, inspira-se no princípio de que "dinheiro não cheira", ou seja, "pecunia non olet". Como vimos no capítulo 02, o Imperador Vespasiano determinou a cobrança de tributo sobre a utilização dos banheiros públicos em Roma. Seu filho, Titus, indignou-se com a cobrança, reclamando junto ao pai sobre a origem "nojenta" da prestação. Vespasiano respondeu-lhe: *Pecunia non olet*, isto é, "dinheiro não cheira". O Imperador quis dizer que não importa a origem do tributo, desde que o dinheiro ingresse nos cofres públicos.

Para alguns doutrinadores a tributação de atos ilícitos não deveria ser admita porque implicaria violação do princípio da moralidade. Ora, se o Estado tributa o ato ilícito significa que, de alguma maneira, reconhece certa legitimidade na prática da ilicitude, uma vez que concorda em extrair riqueza a partir de conduta reprovável. Para outros, contudo, a não tributação configuraria violação do princípio da isonomia. Sim, porque se as pessoas que praticam atos lícitos estão sujeitas ao pagamento do tributo, por que aqueles que praticam atos ilícitos estariam dispensados?

Na doutrina e jurisprudência prevalece o último ponto de vista. Deve-se admitir a tributação de atos ilícitos ou imorais sob pena de violar-se o princípio da igualdade ou isonomia tributária.

Em suma, de acordo com o artigo 118 do CTN, os atos ilícitos ou imorais devem ser tributados. A prática do fato gerador tributário, ainda que coincida com a prática do ilícito, faz surgir a obrigação tributária principal e o dever de recolher o gravame. O que não se admite é que a lei que institui o tributo descreva, em sua hipótese de incidência, conduta ilícita. Neste caso, o artigo 3º do CTN, segundo o qual tributo é prestação pecuniária que não constitui sanção de ato ilícito, restaria violado.

JURISPRUDÊNCIA DO STF – TRIBUTAÇÃO DE ATOS ILÍCITOS

A jurisprudência do STF vem reconhecendo como legítima a tributação dos atos imorais ou ilícitos:

- *Renda obtida de atividade ilícita* – "A jurisprudência da Corte, à luz do art. 118 do Código Tributário Nacional, assentou entendimento de ser possível a tributação de renda obtida em razão de atividade ilícita, visto que a definição legal do fato gerador é interpretada com abstração da validade jurídica do ato efetivamente praticado, bem como da natureza do seu objeto ou dos seus efeitos. Princípio do 'non olet'" (STF, HC 94.240/SP, Primeira Turma, 2011);

- *Lucro obtido com o tráfico de drogas* – "Sonegação fiscal de lucro advindo de atividade criminosa: 'non olet'. Drogas: tráfico de drogas envolvendo sociedades comerciais organizadas, com lucros vultosos subtraídos à contabilização regular das empresas e subtraídos à declaração de rendimentos: caracterização, em tese, de crime de sonegação fiscal, a acarretar a competência da Justiça Federal e atrair, pela conexão, o tráfico de entorpecentes: *irrelevância da origem ilícita, mesmo quando criminal, da renda subtraída à tributação.* A exoneração tributária dos resultados econômicos de fato criminoso – antes de ser corolário do princípio da moralidade – constitui violação do princípio de isonomia fiscal, de manifesta inspiração ética" (STF, HC 77.530/RS, Primeira Turma, 1998).

I) Classificação dos fatos geradores

A doutrina apresenta uma classificação dos fatos geradores de acordo com o *momento* em que se consideram realizados. O fato gerador significa o fato ou conduta adotada pelo sujeito passivo e que se adequa perfeitamente à descrição abstrata contida na hipótese de incidência. Pois bem, um e outra podem realizar-se instantaneamente ou prolongar-se em períodos maiores de tempo. Conforme o caso, tem-se:

- *Fato gerador instantâneo ou simples* – Em muitos casos, o fato, ato ou conduta adotada pelo contribuinte exaure-se imediatamente, em um único momento. O serviço de pintura de uma parede, por exemplo, estará concluído em poucas horas e, com ele, terá ocorrido o fato gerador do ISS. Ricardo Lobo Torres explica: "É o fato simples que ocorre em certa fração de tempo e que nela se esgota totalmente. Por exemplo: a saída da mercadoria do estabelecimento comercial é fato gerador instantâneo do ICMS, pois cada uma daquelas operações é independente das demais" (TORRES, 2011, p. 253, 254). O fato ou a conduta adotada pelo sujeito passivo estão perfeitas e acabadas no exato instante em que ocorrem. No caso do imposto sobre a exportação (IE), por exemplo, o fato gerador ocorre instantaneamente, com a saída do produto do território nacional (CTN, art. 23);
- *Fato gerador continuado ou contínuo* – Em outras circunstâncias, o fato, ato ou conduta se prolongam no tempo, de maneira que apenas a passagem de dias, meses ou anos faz com que fique caracterizado o fato gerador do tributo. Luciano Amaro observa: "O fato gerador do tributo chama-se continuado quando é representado por situação que se mantém no tempo e que é mensurada em cortes temporais. Esse fato tem em comum com o instantâneo a circunstância de ser aferido e qualificado para fins de determinação da obrigação tributária, num determinado momento do tempo (por exemplo, todo dia 'x' de cada ano); e tem em comum com o gerador periódico a circunstância de incidir por períodos de tempo. É o caso dos tributos sobre a propriedade ou sobre o patrimônio" (AMARO, 2011, p. 294). A propriedade

de um imóvel urbano, por exemplo, é situação que se prolonga por longos períodos de tempo, muitas vezes sem qualquer alteração relevante. A lei tributária, nesses casos, escolhe um dia do ano civil e o considera o momento em que aquela situação se considera perfeita e acabada. Veja-se o caso do imposto sobre a propriedade de veículos automotores (IPVA), cuja lei determina que o fato gerador se considera ocorrido todo o dia 1º de janeiro, em se tratando de veículos usados. Note-se que o aspecto jurídico do fato, a propriedade, prolonga-se por período indeterminado de tempo, às vezes por vários anos. Entretanto, a lei opta por considerá-lo perfeito e acabado todo o dia 1º de cada ano. Outros exemplos, além do IPVA, são o imposto sobre a propriedade predial e territorial urbana (IPTU) e o imposto territorial rural (ITR);

- *Fato gerador complexivo, periódico ou complexo* – *Complexivo* seria o fato gerador "cujo processo de formação tivesse implemento com o transcurso de unidades sucessivas de tempo, de maneira que, pela integração dos vários fatores, surgiria o fato final" (CARVALHO, 2012, p. 336). A denominação é utilizada basicamente para designar o fato gerador do imposto sobre a renda e proventos de qualquer natureza (IR). "Auferir renda ou proventos" é uma situação jurídica que se prolonga por determinado período de tempo, *mas com variações significativas*. Um pai de família, por exemplo, tem, em determinado ano, poucos gastos com a saúde de seus filhos; no ano subsequente, contudo, esses gastos são ampliados pela infeliz descoberta de uma doença etc. Note-se que, ao contrário do que ocorre com os fatos geradores continuados, que são relativamente *estáveis* durante o tempo, o fato complexivo tende a *variar*. Por isso, a lei escolhe um determinado dia do ano, o dia 31 de dezembro, por exemplo, para que haja a consolidação do resultado. Nesse dia faz-se a averiguação das entradas (recebimentos) e saídas (pagamentos) e se verifica se houve ou não acréscimo patrimonial que, afinal, é o fato gerador do IR. O fato gerador *complexivo* também é chamado de fato gerador *completivo, continuativo* ou de *formação sucessiva*. A propósito, vale registrar a observação de Eduardo Sabbag: "A nosso ver, o fato gerador do IR deve ser classificado, quanto ao tempo, em *complexo* ou *complexivo*. Não obstante a doutrina mais abalizada já tê-lo associado a fato gerador 'continuado', entendemos que, para *concursos públicos*, a melhor classificação é a que aproxima o IR *a fato gerador complexo, complexivo ou periódico*" (SABBAG, 2014, p. 704).

24.4 SUJEITO ATIVO DA OBRIGAÇÃO TRIBUTÁRIA: ARTIGO 119 DO CTN

Depois de estabelecer normativamente o conceito de obrigação tributária principal e acessória, o legislador disciplinou o aspecto material do vínculo obrigacional, isto é, tratou dos fatos geradores daquelas obrigações e de elementos circunstanciais, tais como o momento de ocorrência, negócios sujeitos a condições etc. O próximo passo do Código consiste na disciplina dos *sujeitos* da relação jurídica tributária e de aspectos a eles relacionados.

Ora, a relação tributária pressupõe dois sujeitos vinculados por direitos e deveres recíprocos. O primeiro ocupa o polo ativo, titular do direito de exigir o pagamento do tributo ou multa, ou o cumprimento das prestações de fazer, não fazer ou tolerar que se faça no interesse da arrecadação; o segundo ocupa o polo passivo, sobre o qual recaem os deveres correspondentes aos direitos acima enumerados.

O CTN começa pelo primeiro, isto é, o sujeito ativo, cuja disciplina ocupa os artigos 119 e 120. Vejamos:

> **CTN, art. 119.** Sujeito ativo da obrigação é a pessoa jurídica de direito público, titular da competência para exigir o seu cumprimento.
>
> **Art. 120.** Salvo disposição de lei em contrário, a pessoa jurídica de direito público, que se constituir pelo desmembramento territorial de outra, subroga-se nos direitos desta, cuja legislação tributária aplicará até que entre em vigor a sua própria.

Antes de estudar mais detalhadamente a figura do sujeito ativo, entretanto, convém estudar o conceito de *capacidade tributária ativa* e diferenciá-lo da noção de competência tributária.

A) Capacidade tributária ativa

No *capítulo 04* deste *Curso*, estudamos a competência tributária. Fizemos, de passagem, uma comparação com a figura da *capacidade tributária ativa*. São conceitos semelhantes, mas que não podem ser confundidos.

Competência tributária significa a aptidão que os entes federativos têm para criar, em abstrato, tributos. É a autorização que a Constituição lhes confere para instituir, por meio de lei, os tributos que lhes foram reservados, com exclusividade, pelo próprio texto constitucional. Apenas a União, os Estados-Federados, o Distrito Federal e os Municípios têm competência tributária. São pessoas jurídicas e *políticas* de direito público interno porque são os únicos que possuem Poder Legislativo. Logo, apenas eles têm aptidão para legislar e, por meio do exercício desta função, criar, em abstrato, os tributos de sua competência.

Capacidade tributária ativa, por outro lado, significa aptidão para figurar no polo ativo da relação jurídica tributária. É a capacidade para ocupar a sujeição ativa do vínculo obrigacional que consiste em ter o direito de exigir do sujeito passivo o pagamento do tributo, da multa ou o cumprimento das obrigações de fazer, não fazer ou tolerar que se faça. A utilização da capacidade tributária ativa significa exercício de *função administrativa*. Trata-se de aplicar a lei a casos singulares e concretos.

Cabe, como regra, ao Poder Executivo dos entes federativos, na figura de suas Administrações Diretas e, em algumas circunstâncias, também na figura das Administrações Indiretas, o exercício de tal mister, isto é, a prática das funções de fiscalização e arrecadação do crédito tributário. Por se tratar de exercício de função administrativa, a capacidade tributária ativa possui características distintas e até contrárias às da competência tributária. Vejamos:

- *Vinculação* – O exercício da capacidade tributária ativa é obrigatório. São vinculados os atos administrativos por meio dos quais o sujeito ativo da relação obrigacional tributária fiscaliza e arrecada seus gravames. O *ato vinculado* é aquele que não deixa qualquer margem à discricionariedade do administrador. Não abre possibilidade para que decida desta ou daquela maneira. Uma vez que o fato gerador tenha ocorrido, o lançamento é obrigatório. Os artigos 3º e 142 do CTN determinam, de forma expressa, que o tributo deve ser cobrado por ato administrativo plenamente vinculado;
- *Delegabilidade* – *A capacidade tributária ativa pode ser delegada*, isto é, transferida a ente diverso daquele que a possui inicialmente. É o que autoriza o artigo 7º, *caput*, do CTN, segunda parte: "A competência tributária é indelegável, *salvo atribuição das funções de arrecadar ou fiscalizar tributos, ou de executar leis, serviços, atos ou decisões administrativas em matéria tributária, conferida por uma pessoa jurídica de direito público a outra* [...]". Assim, a União pode instituir determinado tributo (exercício da competência tributária) e transferir, por lei, a capacidade tributária ativa, ou seja, a função administrativa de arrecadar e fiscalizar, à pessoa jurídica de direito público diversa, como uma autarquia, por exemplo;
- *Transferência das garantias e privilégios processuais* – De acordo com o artigo 7º, § 1º, do CTN, "a atribuição compreende as garantias e os privilégios processuais que competem à pessoa jurídica de direito público que a conferir". O crédito tributário é receita pública potencial. Significa, portanto, dinheiro que ingressará nos cofres públicos. Por isso, a função de fiscalizar e arrecadar possui algumas garantias e privilégios processuais que decorrem do princípio da supremacia do interesse público sobre o privado. A delegação da capacidade tributária ativa compreende, também, a transferência das garantias e privilégios processuais que o ente federativo possui;
- *Revogação imediata* – Nos termos do artigo 7º, § 2º, do CTN, "a atribuição pode ser revogada, a qualquer tempo, por ato unilateral da pessoa jurídica de direito público que a tenha conferido". Ao contrário da competência tributária, que se situa na Constituição e, por isso, foge do alcance dos entes federativos, a capacidade tributária ativa é estabelecida por lei. Por isso, se pode ser legalmente conferida, poder ser também legalmente revogada. É preciso, nesse ponto, registrar a observação de Hugo de Brito Machado: "Essa revogação, porém, há de ser vista em face da lei específica que tenha autorizado a atribuição de capacidade tributária a outra pessoa jurídica. Não se deve esquecer que tanto aquela atribuição, como sua revogação, implicam alterar a competência de órgãos públicos, definida em lei" (MACHADO, 2003, p. 156). De fato, a transferência da capacidade tributária ativa deve dar-se por lei. Logo, sua revogação imediata e unilateral deve ser feita nos termos do que preceitua a lei;
- *Decadência e prescrição* – O exercício da capacidade tributária ativa está sujeito a prazo decadencial. O prolongamento judicial desta capacidade, que consiste em acionar o Poder Judiciário para executar o patrimônio do devedor, sujeita-se a prazo prescricional. O lançamento, como veremos, é ato

administrativo por meio do qual a administração pública constitui o crédito tributário, exercendo, portanto, sua capacidade tributária ativa. Entretanto, o artigo 173 do Código determina: "O direito de a Fazenda Pública constituir o crédito tributário extingue-se após 5 anos [...]". Quer dizer, o direito de a Fazenda Pública efetuar o lançamento *decai* após cinco anos. Na mesma esteira segue o artigo 174, que trata da prescrição tributária. De acordo com o dispositivo, "a ação para a cobrança do crédito tributário prescreve em cinco anos, contados da data da sua constituição definitiva". Em outras palavras, a fiscalização possui o prazo de cinco anos para ingressar com ação de execução fiscal contra o sujeito passivo, caso contrário, ocorre a prescrição.

B) Parafiscalidade

De acordo com Regina Helena Costa, *parafiscalidade* é a "delegação, pela pessoa política, mediante lei, da capacidade tributária ativa a terceira pessoa – de direito público ou privado –, para que esta arrecade o tributo, fiscalize sua exigência e utilize-se dos recursos auferidos para a consecução de seus fins. A parafiscalidade somente será legítima se a pessoa delegatária perseguir interesse público. Todas as espécies tributárias podem servir à parafiscalidade, embora, em nosso direito positivo, tal ocorra com maior frequência nas contribuições previstas no art. 149, CR" (COSTA, 2014, p. 168, 169).

A capacidade tributária ativa, em princípio, é atributo do ente que possui a competência tributária. As pessoas políticas que podem instituir o tributo também podem, como consequência lógica, fiscalizá-lo e arrecadá-lo. A União, por exemplo, é competente para a instituição do imposto sobre a renda e proventos de qualquer natureza (IR). Possui, como consequência, capacidade tributária ativa, ou seja, aptidão para figurar no polo ativo das relações jurídicas tributárias e, portanto, a prerrogativa de efetuar a cobrança do tributo.

No entanto, a União também pode delegar esta capacidade, por exemplo, a uma autarquia federal. Se a autarquia fiscaliza, arrecada e *fica com o produto da arrecadação para financiar suas atividades*, então se verifica o fenômeno da *parafiscalidade*.

Um exemplo concreto de parafiscalidade é a *Taxa de Fiscalização e Controle Ambiental (TCFA)*, instituída pela União através da Lei nº 10.165/2000, cuja fiscalização e arrecadação foram atribuídas ao *Instituto Brasileiro do Meio Ambiente e dos Recursos Naturais Renováveis (IBAMA)* para controle e fiscalização das atividades potencialmente poluidoras e utilizadoras de recursos naturais.

Como regra, na *parafiscalidade* a pessoa que recebe a delegação para a fiscalização e arrecadação de determinado tributo *permanece com o produto da arrecadação* para que aplique em suas finalidades institucionais. É o que ocorria com o INSS (Instituto Nacional do Seguro Social) que, antes da criação da Secretaria da Receita Federal do Brasil, fiscalizava e arrecadava as contribuições previdenciárias e permanecia com o produto da arrecadação.

Para finalizar, registre que nos casos de parafiscalidade há delegação da capacidade tributária ativa, razão pela qual se aplica normalmente o art. 7º do CTN, especialmente seus parágrafos.

APROFUNDANDO! ORIGENS DO FENÔMENO DA PARAFISCALIDADE

Quanto às da parafiscalidade, vejamos a lição de Luís Eduardo Schoueri: "A ideia de parafiscalidade, em sua origem, tinha menos a ver com a natureza do sujeito ativo, e mais com a destinação dos recursos: existindo, ao lado do orçamento geral, outros orçamentos a que se destinariam tributos específicos (as contribuições), então tais tributos estariam na parafiscalidade, i.e., ao lado da fiscalidade. Hoje não há mais essa separação orçamentária. O § 5º do artigo 165 da Constituição exige que a lei orçamentária compreenda todos os orçamentos, seja da administração direta seja indireta. Nesse sentido, a ideia de uma fiscalidade ao lado daquela constante dos orçamentos perde o sentido. Entretanto, a expressão parafiscalidade se manteve corrente na doutrina, para identificar as situações em que o sujeito ativo da relação tributária não seja a própria administração direta" (SCHOUERI, 2012, p. 497, 498).

Alguns autores compreendem que elemento *essencial* à configuração da *parafiscalidade* reside na *destinação* que se dá aos recursos arrecadados. Haverá *parafiscalidade* sempre que a entidade que recebe a capacidade tributária ativa fiscaliza, arrecada e *permanece com o produto da arrecadação.* Se a entidade *não* permanece com os recursos arrecadados, estar-se-ia diante de mera sujeição ativa auxiliar, como veremos logo mais. Para outros autores, *parafiscalidade* indicaria o recebimento, por entidade que não detém a competência tributária, das atribuições de fiscalizar e arrecadar o tributo, independentemente de saber se o sujeito ativo fica ou não com o produto arrecadado.

C) Municípios e a cobrança do imposto territorial rural (ITR)

A Emenda Constitucional nº 42, de 2003, introduziu modificações no artigo 153, § 4º e 158, II, do texto constitucional, autorizando de maneira explícita uma situação de parafiscalidade.

O imposto territorial rural (ITR) é de competência da União (art. 153, VI, da CF/1988). Uma vez que a competência pertence a este ente federativo, cabe-lhe, como regra, a sujeição ativa, nos termos do artigo 119 do CTN. Dessa maneira, a capacidade tributária ativa permanece, em princípio, com esta pessoa jurídica de direito público.

Nada obstante, o artigo 153, § 4º, III, c.c. art. 158, II, da CF/1988, determinam:

> **CF, art. 153.** Compete à União instituir impostos sobre: [...]
>
> VI – propriedade territorial rural;
>
> [...]
>
> § 4º. O imposto previsto no inciso VI do *caput*: [...]
>
> III – será fiscalizado e cobrado pelos Municípios que assim optarem, na forma da lei, desde que não implique redução do imposto ou qualquer outra forma de renúncia fiscal. (Incluído pela Emenda Constitucional nº 42, de 19.12.2003)
>
> [...]
>
> **Art. 158.** Pertencem aos Municípios: [...]
>
> II – cinquenta por cento do produto da arrecadação do imposto da União sobre a propriedade territorial rural, relativamente aos imóveis neles situados, cabendo a totalidade na hipótese da opção a que se refere o art. 153, § 4º, III; (Redação dada pela Emenda Constitucional nº 42, de 19.12.2003)

Note-se, pois, que a EC 42/2003 previu a possibilidade de a União transferir aos Municípios a capacidade tributária ativa para a fiscalização e arrecadação do imposto territorial rural (ITR). Devemos considerar, portanto, duas situações:

- *Fiscalização e arrecadação pela União* – Como regra, o imposto territorial rural (ITR) deve ser fiscalizado e cobrado pela União porque este ente federativo detém a competência tributária. Nesse caso, cabe ao Município dentro do qual se situa o imóvel rural 50% (cinquenta por cento) do produto da arrecadação. O Município figura aqui como mero destinatário do produto da arrecadação;
- *Fiscalização e arrecadação pelo Município* – O Município, contudo, pode optar por fiscalizar e cobrar o imposto territorial rural (ITR) relativamente aos imóveis situados em seu território. Tem-se, assim, *transferência da capacidade tributária ativa*. O Município assumirá a condição de sujeito ativo do ITR. Trata-se de típica *parafiscalidade*. Aqui, cabe ao Município 100% (cem por cento) do produto da arrecadação.

A Lei nº 11.250/2005 disciplinou a maneira pela qual os Municípios podem optar pela fiscalização e cobrança do ITR, caso em que devem permanecer com 100% do produto arrecadado. Embora a Constituição tenha mencionado apenas os Municípios, a lei, corretamente, estende a opção ao Distrito Federal.

Vale mencionar, finalmente, que a transferência da capacidade tributária ativa para Municípios ou Distrito Federal não pode implicar redução do imposto ou qualquer outra forma de renúncia fiscal. Quer dizer, a regra-matriz de incidência do imposto territorial rural será desenhada por lei ordinária federal, de modo que os Municípios e o DF não dispõem de competência para abrir mão de sua arrecadação ou arrecadá-lo em montante menor do que aquele estabelecido legalmente.

ATENÇÃO! Reforma tributária!

Os artigos 156-A, *caput*, e 156-B, *caput*, e inciso II, da CF/1988, incluídos pela Emenda Constitucional nº 132, de 2023, que veiculou a chamada reforma tributária, estabelecem:

> **CF, art. 156-A.** Lei complementar instituirá imposto sobre bens e serviços de competência compartilhada entre Estados, Distrito Federal e Municípios (...)
>
> (...)
>
> **Art. 156-B.** Os Estados, o Distrito Federal e os Municípios exercerão de forma integrada, exclusivamente por meio do Comitê Gestor do Imposto sobre Bens e Serviços, nos termos e limites estabelecidos nesta Constituição e em lei complementar, as seguintes competências administrativas relativas ao imposto de que trata o art. 156-A:
>
> (...)
>
> **II –** arrecadar o imposto, efetuar as compensações e distribuir o produto da arrecadação entre Estados, Distrito Federal e Municípios;

Note-se que, de acordo com a Constituição, cabe à lei complementar federal instituir o imposto sobre bens e serviços (IBS). Uma vez instituído, o imposto será fiscalizado e arrecadado pelo Comitê Gestor do Imposto sobre Bens e Serviços (CGIBS), ao qual cabe, também, efetuar as compensações e distribuir o produto da arrecadação entre Estados, Distrito Federal e Municípios.

Ora, uma leitura mais apressada poderia sugerir que, no caso, verifica-se típica parafiscalidade, já que o tributo é instituído pela União, mas a fiscalização, arrecadação e o produto desta (da arrecadação) ficam com ente distinto. Não é, entretanto, o que ocorre. Na parafiscalidade, o ente que detém a competência tributária tem autonomia para, por meio de lei, transferir a capacidade tributária ativa e o produto da arrecadação. Mesmo no caso do ITR acima citado, perceba-se que os Municípios devem optar por receberem a capacidade tributária ativa.

No caso do IBS não é isso o que ocorre. Nem a União tem autonomia para delegar a capacidade tributária ativa, nem os Estados, DF e Municípios tem autonomia para recusá-la. Por determinação constitucional, a lei complementar federal que descreve a regra-matriz de incidência do tributo já posicionará no polo ativo da relação jurídica tributária os Estados, DF e Municípios, representados pelo CGIBS, entidade que exercerá as funções relacionadas à fiscalização, arrecadação e distribuição do produto arrecadado a título de IBS. Não se trata, pois, de parafiscalidade.

APROFUNDANDO! FIGURAS SEMELHANTES À PARAFISCALIDADE

Algumas figuras assemelham-se à parafiscalidade, embora não se caracterizem como tal. Vejamos:

- *Sujeição ativa auxiliar* – De acordo com Roque Carrazza, ocorre quando "terceira pessoa arrecada o tributo em seu próprio nome, mas para a entidade tributante (...) está-se diante da *sujeição ativa auxiliar*, fenômeno raro, em que a pessoa que arrecada o tributo não passa de um substituto *ex lege* do sujeito ativo; arrecada o tributo e repassa o produto arrecadado à pessoa política tributante. O sujeito ativo auxiliar, caso a lei a tanto autorize (nem sempre isso se dá), tem a faculdade de exigir do contribuinte algumas compensações pecuniárias (ágio, indenização de mora etc.), em ordem a cobrir os custos de serviço arrecadatório e a experimentar um pequeno ganho, que lhe permita levar avante suas atividades [...] Cuida-se de pessoa autorizada, por lei, a exigir o tributo – inclusive valendo-se dos meios judiciais adequados –, *com o encargo de encaminhar o produto arrecadado à entidade tributante.* É o caso, por exemplo, da empresa telefônica, que, no Estado de São Paulo, ao cobrar a taxa (impropriamente rotulada *tarifa*) de telefone, apura e arrecada também o *ICMS-Comunicação* devido pelo usuário. O produto da arrecadação deste imposto é, por determinação legal, enviado à Fazenda Pública paulista" (CARRAZZA, 2011, p. 252);
- *Mero arrecadador* – Não devemos confundir a delegação da capacidade tributária ativa (parafiscalidade) com a função de mero arrecadador. De acordo com o artigo 7º, § 3º, do CTN, "não constitui delegação de competência o

cometimento, a pessoas de direito privado, do encargo ou da função de arrecadar tributos". Mero arrecadador é, por exemplo, a instituição bancária, pública ou privada, as lotéricas ou as agências dos correios, autorizadas a *recolher* os pagamentos efetuados pelos sujeitos passivos dos tributos e transferi-los à Fazenda Pública. Tais instituições são remuneradas normalmente pelos serviços que prestam. Não significa função administrativa e, portanto, não autoriza o exercício, por parte do arrecadador, de qualquer prerrogativa jurídica especial em face do particular;

- *Destinatário* – A figura do destinatário não se confunde com a do sujeito ativo, sujeito ativo auxiliar ou do mero arrecadador. Trata-se da pessoa jurídica de direito público ou privado que, por lei, recebe o produto da arrecadação de determinado tributo. Como regra, é o próprio ente que detém a competência tributária, o que ocorre nos casos em que os entes federativos ficam com o produto da arrecadação. Pode ser também a pessoa jurídica de direito público ou privado, desde que exerçam atividade de interesse público e não tenham finalidade lucrativa. O texto constitucional prevê tal situação, por exemplo, nos casos em que menciona os sindicatos (art. 8º, IV, da CF/1988) e os serviços sociais autônomos (art. 240 do CF/1988).

D) O sujeito ativo: conceito e natureza jurídica

Competência tributária não se confunde com capacidade tributária ativa. A primeira, prevista na Constituição, significa a aptidão para instituir, em abstrato, por lei, os tributos. Pertence exclusivamente aos quatro entes federativos que compõem a República Federativa: União, Estados, Distrito Federal e Municípios.

A capacidade tributária ativa consiste na aptidão para figurar no polo ativo da relação jurídica tributária, isto é, para ser o sujeito ativo da obrigação. Trata-se do exercício de função administrativa que consiste em fiscalizar e arrecadar tributos e multas. Porque é função administrativa, funda-se na lei que provém do ente federativo competente para a instituição do gravame.

De acordo com o artigo 119 do CTN, "sujeito ativo da obrigação é a pessoa jurídica de direito público, titular da competência para exigir o seu cumprimento".

Pois bem, como devemos interpretar a palavra "competência"? Duas são as possibilidades:

- *Competência legislativa* – Interpretada como competência *legislativa*, então se trata da aptidão para instituir tributos. Neste caso, apenas os entes dotados de competência tributária, quais sejam, a União, os Estados, o Distrito Federal e os Municípios podem ser considerados sujeitos ativos da obrigação tributária;
- *Competência administrativa* – Pode-se, por outro lado, interpretar a palavra "competência" no sentido de atribuição *administrativa* fixada em lei. Neste caso, sujeito ativo será a pessoa jurídica de direito público que receber da lei a prerrogativa para fiscalizar, cobrar e arrecadar determinado tributo;

A doutrina, como regra, faz a crítica da redação do dispositivo. Há, no entanto, certo consenso no sentido de que a palavra "competência" significa a atribuição, por lei, do exercício de *funções administrativas*, com as prerrogativas que lhe são inerentes, para a fiscalização, arrecadação e cobrança do crédito tributário.

Hugo de Brito Machado explica: "Na verdade, esse dispositivo não cuida de competência para instituir tributo, mas de competência para exigir o cumprimento da obrigação tributária" (MACHADO, 2004, p. 407).

Assim, sujeito ativo da obrigação tributária é a pessoa colocada por lei no polo ativo da relação jurídica. É o credor da obrigação principal e o titular do direito de exigir o cumprimento das obrigações de fazer, não fazer ou tolerar que se faça no interesse da fiscalização e arrecadação dos tributos. Em princípio, portanto, sujeito ativo sãos os próprios entes federativos, isto é, a União, os Estados, o Distrito Federal e os Municípios.

Eventualmente poderá haver a delegação da capacidade tributária ativa e, com ela, outra entidade poderá ocupar o polo ativo da relação jurídica, portanto, assumir a condição de sujeito ativo.

Uma vez que a exigência do tributo consiste no exercício de função administrativa, cabe ao Poder Executivo dos entes federativos, na qualidade de Administração Direta, figurar no polo ativo da relação jurídica tributária. Neste polo se encontram, portanto, as Secretarias de Receitas Tributárias, como, por exemplo, a Secretaria da Receita Federal do Brasil, no âmbito da União.

Uma questão importante deve ser abordada neste momento. De acordo com o art. 119 do CTN, apenas *pessoas jurídicas de direito público* podem ser sujeitos ativos da relação jurídica tributária. Portanto, apenas os entes federativos, suas autarquias ou fundações públicas (nestes dois últimos casos, se houver delegação da capacidade tributária ativa).

Assim, pessoa jurídica de direito privado não poderia ser sujeito ativo da relação jurídica tributária? A doutrina está dividida quanto ao assunto.

Hugo de Brito Machado, por exemplo, observa: "É certo que uma pessoa jurídica de direito privado pode receber a atribuição de arrecadar um tributo. E pode até ser destinatária do produto de sua arrecadação. Mesmo assim, *ela não pode ser qualificada como sujeito ativo da obrigação tributária por lhe faltar a competência para exigir o seu cumprimento*, no sentido em que esse exigir está empregado no art. 119 do Código Tributário Nacional [...] Assim, se por titular da competência para exigir o cumprimento da obrigação tributária entendemos a pessoa jurídica que tem condições de constituir o crédito, inscrevê-lo em Dívida Ativa e promover a execução fiscal correspondente, *com certeza não podemos colocar nessa condição a pessoa jurídica de direito privado, nem a pessoa natural*. Tais pessoas podem receber a atribuições de arrecadar o tributo. Não, porém, de exigi-lo, nos termos aqui referidos" (MACHADO, 2004, p. 412, 413).

Paulo de Barros Carvalho, por outro lado, anota: "O sujeito ativo, que dissemos ser o titular do direito de exigir a prestação pecuniária, *no direito tributário brasileiro pode ser uma pessoa jurídica pública ou privada*, mas não visualizamos óbices que impeçam venha a ser pessoa física [...] A redação do art. 119 do Código Tributário Nacional aparenta desmentir o que foi exposto. Prescreve que *sujeito* ativo da obrigação é a pessoa jurídica de direito público titular da competência para exigir o seu cumprimento. O preceptivo suprime, descabidamente, gama enorme de possíveis sujeitos ativos, reduzindo o campo de eleição, única e tão somente, às pessoas jurídicas de direito público, portadoras de personalidade política. Estamos diante de uma formulação legal que briga com o sistema [...] Não é tarde para reconhecermos que o art. 119 do Código Tributário Nacional é letra morta no sistema do direito positivo brasileiro" (CARVALHO, 2012, p. 369, 370).

Seja como for, até 2017 havia um exemplo bastante claro de pessoa jurídica de direito privado ocupando o polo ativo de relação jurídica tributária. Tratava-se da Confederação Nacional da Agricultura, entidade sindical que detinha capacidade tributária ativa para fiscalizar e arrecadar a contribuição sindical rural, espécie de contribuição de interesse de categoria profissional ou econômica (CF/1988, art. 149). O Superior Tribunal de Justiça havia inclusive sumulado entendimento sobra a questão:

> ***Súmula nº 396 do STJ:*** A Confederação Nacional da Agricultura tem legitimidade ativa para a cobrança da contribuição sindical rural.

No entanto, com o advento da Lei nº 13.467/2017 (reforma trabalhista), o recolhimento das contribuições sindicais, como vimos, passou a ser facultativo, de modo que tais contribuições perderam a natureza jurídica tributária, isto é, deixaram se ser tributos. Logo, a CNA perdeu a capacidade tributária ativa da qual dispunha.

De maneira geral, entendia-se que pessoas jurídicas de direito privado, sem finalidade lucrativa e que representassem interesse público, poderiam ocupar o polo ativo de relações jurídicas tributárias. O exemplo que se dava girava em torno das entidades que compõem o chamado "terceiro setor", como o SESI, o SESC, o SENAI, o SENAC etc., que, como sabemos, recebem contribuições nos termos do art. 240 da Constituição.

No entanto, com o advento da Lei 11.457/2007, que criou a Secretaria da Receita Federal do Brasil, tal exemplo não pode mais ser utilizado. De fato, o artigo 3º da lei dispõe o seguinte:

> **Lei nº 11.457/2007, art. 3º.** As atribuições de que trata o art. 2º desta Lei se estendem às contribuições devidas a terceiros, assim entendidas outras entidades e fundos, na forma da legislação em vigor, aplicando-se em relação a essas contribuições, no que couber, as disposições desta Lei.

O art. 2º acima mencionado atribui à Secretaria da Receita Federal do Brasil a competência para fiscalizar e arrecadar contribuições que, antes, eram fiscalizadas e arrecadadas pelo INSS. Juntamente com estas, o art. 3º acima citado transfere à SRFB a fiscalização e arrecadação das *contribuições devidas a terceiros*, isto é, *outras entidades e fundos*, o que abrange as entidades do terceiro setor.

A partir de então, o STJ firmou entendimento no sentido de que as entidades do terceiro setor *não* podem mais ocupar o polo ativo da relação jurídica tributária. De fato, em 2019 a Primeira Seção assentou:

> PROCESSUAL CIVIL, FINANCEIRO E TRIBUTÁRIO. EMBARGOS DE DIVERGÊNCIA. CONTRIBUIÇÕES DESTINADAS A TERCEIROS. SERVIÇOS SOCIAIS AUTÔNOMOS. DESTINAÇÃO DO PRODUTO. SUBVENÇÃO ECONÔMICA. LEGITIMIDADE PASSIVA *AD CAUSAM*. LITISCONSÓRCIO. INEXISTÊNCIA.
>
> 1. O ente federado detentor da competência tributária e aquele a quem é atribuído o produto da arrecadação de tributo, bem como as autarquias e entidades às quais foram delegadas a capacidade tributária ativa, têm, em princípio, legitimidade passiva *ad causam* para as ações declaratórias e/ou condenatórias referentes à relação jurídico-tributária.
>
> 2. Na capacidade tributária ativa, há arrecadação do próprio tributo, o qual ingressa, nessa qualidade, no caixa da pessoa jurídica.
>
> 3. Arrecadado o tributo e, posteriormente, destinado seu produto a um terceiro, há espécie de subvenção.
>
> 4. A constatação efetiva da legitimidade passiva deve ser aferida caso a caso, conforme a causa de pedir e o contexto normativo em que se apoia a relação de direito material invocada na ação pela parte autora.
>
> 5. Hipótese em que não se verifica a legitimidade dos serviços sociais autônomos para constarem no polo passivo de ações judiciais em que são partes o contribuinte e o/a INSS/União Federal e nas quais se discutem a relação jurídico-tributária e a repetição de indébito, porquanto aqueles (os serviços sociais) são meros destinatários de subvenção econômica.
>
> 6. Embargos de divergência providos para declarar a ilegitimidade passiva ad causam do SEBRAE e da APEX e, por decorrência do efeito expansivo, da ABDI (STJ, Primeira Seção, EREsp 1619954 / SC, 16/04/2019).

A partir da Lei nº 11.457/2007, estreitou-se ainda mais a possibilidade de que pessoas jurídicas de direito privado ocupem o polo ativo da relação jurídica tributária.

E) Desmembramento territorial: artigo 120 do CTN

De acordo com o artigo 120 do CTN, "salvo disposição de lei em contrário, a pessoa jurídica de direito público que se constituir pelo desmembramento territorial de outra, subroga-se nos direitos desta, cuja legislação tributária aplicará até que entre em vigor a sua própria".

O dispositivo trata das hipóteses em que há desmembramento de ente federativo. Quer dizer, determinado Estado ou Município, por exemplo, desmembra-se em dois outros. Como fica a sujeição ativa nesse caso? O artigo 18, §§ 3º e 4º, da Constituição Federal, trata dessas possibilidades:

> **CF, art. 18.** [...]
>
> § 3º Os Estados podem incorporar-se entre si, subdividir-se ou desmembrar-se para se anexarem a outros, ou formarem novos Estados ou Territórios Federais, mediante aprovação da população diretamente interessada, através de plebiscito, e do Congresso Nacional, por lei complementar.

> § 4º A criação, a incorporação, a fusão e o desmembramento de Municípios, far-se-ão por lei estadual, dentro do período determinado por Lei Complementar Federal, e dependerão de consulta prévia, mediante plebiscito, às populações dos Municípios envolvidos, após divulgação dos Estudos de Viabilidade Municipal, apresentados e publicados na forma da lei.

Como se percebe, a criação de novos Estados exige o cumprimento de dois requisitos: aprovação da população interessada por meio de plebiscito e aprovação do Congresso Nacional por meio de lei complementar. A criação de novos Municípios, por sua vez, deve observar os seguintes requisitos: (a) lei estadual; (b) período fixado em lei complementar federal; (c) consulta prévia, mediante plebiscito, à população interessada; e (d) divulgação de estudo de viabilidade municipal.

A competência tributária é atributo dos entes federativos. A capacidade tributária ativa, em princípio, também. Logo, uma alteração no conjunto de Estados ou Municípios, com a criação ou extinção de alguns deles, repercute tanto na competência quanto no exercício da capacidade tributária ativa.

O art. 120 do CTN disciplina essa situação. Antes de tudo, registre-se a cláusula *salvo disposição de lei em contrário*. Isso significa que o dispositivo deve ser aplicado somente nas hipóteses em que não há lei disciplinando a situação de forma particular. A interpretação da ressalva deve ser feita de maneira conjugada com o artigo 102 do CTN, já estudado. Vejamos:

- *Desmembramento territorial* – O CTN menciona apenas o *desmembramento* territorial. Quer dizer, determinado Estado ou Município, observando os requisitos alinhados no artigo 18 da Constituição Federal, *divide-se* em dois ou mais entes. O Código, como se percebe, não trata da fusão ou *incorporação*, que são outras formas de criação de novas entidades federativas;
- *Sucessão na sujeição ativa* – De acordo com o artigo 120 do CTN, a nova pessoa jurídica de direito público que se constituir pelo desmembramento territorial de outra deve *subrogar-se* nos direitos da pessoa que a antecedeu. O novo Estado ou Município, fruto do desmembramento do ente anterior, ingressa na sujeição ativa das relações obrigacionais tributárias que até então contavam com o Estado ou Municípios desmembrado na sujeição ativa. Duas observações devem ser registradas:
    - *Importância do território* – De acordo com Luciano Amaro, "a sub-rogação, obviamente, limita-se aos direitos referíveis à porção do território que passou a constituir o novo ente político (aplicando-se os elementos de conexão pertinentes: local do imóvel, domicílio do sujeito passivo etc., conforme o tributo de que se trate)" (AMARO, 2011, p. 321). No caso do IPTU, por exemplo, o novo Município ingressa na sujeição ativa das relações obrigacionais relativas aos imóveis que se situam no interior de seu novo território;
    - *Momento em que se opera a sub-rogação* – O autor observa: "Analogamente à regra do art. 129 (que cuida da sucessão passiva), a sub-rogação ativa abrange os direitos relativos a *obrigações tributárias surgidas até o*

momento da cisão, independentemente de já terem sido objeto de lançamento, mesmo porque, na consecução deste, deve aplicar-se a lei vigente na data de ocorrência do fato gerador (art. 144)" (AMARO, 2011, p. 321). Como vimos, a obrigação tributária principal surge com a ocorrência do fato gerador. Este é, portanto, o marco temporal levado em consideração. Assim, os fatos geradores ocorridos *até* o momento do desmembramento dão origem a obrigações tributárias cuja sujeição ativa será ocupada pelo novo ente federativo. Valendo-se analogamente da regra do artigo 129, a nova sujeição ativa alcança os "créditos tributários definitivamente constituídos ou em curso de constituição à data dos atos nela referidos, e aos constituídos posteriormente aos mesmos atos, desde que relativos a obrigações tributárias surgidas até a referida data";

- *Recepção da legislação tributária* – De acordo com o artigo 120, o novo ente federativo aplicará a legislação tributária do ente que o precedeu até que entre em vigor a sua própria. Se o Estado "B" foi criado a partir do desmembramento do Estado "A", o novo ente federativo deve valer-se da legislação tributária deste último até que suas próprias leis sejam aprovadas. Luciano Amaro observa: "Trata-se de uma manifestação do princípio da recepção: o ordenamento jurídico do novo ente político recepciona a lei que vigorava no território desmembrado até que edite sua própria legislação" (AMARO, 2011, p. 322). O artigo 120, como registrado, traz a ressalva "salvo disposição de lei em contrário". Isso significa que se utiliza a legislação do ente anterior desde que não exista disposição diversa da nova pessoa jurídica em sentido contrário. Se houver, esta prevalece. No entanto, parece que se deve considerar o disposto no artigo 102 do CTN: "A legislação tributária dos Estados, do Distrito Federal e dos Municípios vigora, no País, fora dos respectivos territórios, nos limites em que lhe reconheçam extraterritorialidade os convênios de que participem, ou do que disponham esta ou outras leis de normas gerais expedidas pela União". Assim, o novo ente federativo poderia optar por utilizar a legislação de outra unidade política que não aquela da qual provém. Basta que utilize dos mecanismos previstos no artigo 102 do CTN, como o *convênio*, por exemplo.

Finalmente, registre-se que o CTN não trata da sucessão de novos entes federativos na sujeição passiva. Imagine-se que certo Município tenha um débito para com determinado contribuinte, fruto de pagamento indevido de tributo por parte deste último (CTN, art. 165). Suponha-se que tal Município venha a desaparecer em virtude da fusão com outro. Como proceder?

Parece que a solução é idêntica àquela utilizada no que toca à sucessão na sujeição ativa. Se os novos entes federativos devem suceder no polo ativo, devem suceder, também, no polo passivo. Os critérios para a solução de problemas concretos devem seguir os mesmos padrões acima mencionados.

24.5 SUJEITO PASSIVO DA OBRIGAÇÃO TRIBUTÁRIA

A obrigação tributária é uma relação jurídica. É o vínculo que une sujeito ativo a sujeito passivo, caracterizado por direitos e deveres recíprocos. O primeiro está autorizado a exigir o cumprimento das prestações fixadas em lei, sejam de ordem pecuniária, sejam de fazer, não fazer ou tolerar que se faça. O segundo tem o dever de cumpri-las.

O polo ativo da obrigação tributária já foi estudado. Cabe-nos agora estudar o outro lado da moeda, isto é, o sujeito passivo do vínculo obrigacional.

F) Sujeito passivo da obrigação principal: artigo 121 do CTN

O art. 121 do CTN estabelece:

> **CTN, art. 121.** Sujeito passivo da obrigação principal é a pessoa obrigada ao pagamento de tributo ou penalidade pecuniária.
>
> Parágrafo único. O sujeito passivo da obrigação principal diz-se:
>
> I – contribuinte, quando tenha relação pessoal e direta com a situação que constitua o respectivo fato gerador;
>
> II – responsável, quando, sem revestir a condição de contribuinte, sua obrigação decorra de disposição expressa de lei.

O art. 121, *caput*, do CTN é, à primeira vista, uma obviedade. Ora, se a obrigação tributária principal consiste no dever de pagar o tributo ou a multa, é claro que o sujeito passivo deve ser a pessoa obrigada ao pagamento de tais prestações.

O parágrafo único, no entanto, supera a obviedade de seu *caput*. Desdobra a figura do sujeito passivo em duas, conforme a relação de cada uma com o fato gerador. De acordo com o dispositivo, o sujeito passivo pode ser: (1) contribuinte, quando tenha relação pessoal e direta com a situação que constitua o respectivo fato gerador; (2) responsável, quando, sem revestir a condição de contribuinte, sua obrigação decorra de disposição expressa de lei.

Tem-se, a partir de agora, uma noção mais clara do sujeito passivo da obrigação principal: é a pessoa obrigada ao pagamento do tributo ou da multa; será chamado *contribuinte* quando tiver relação pessoal e direta com a situação que constitui o fato gerador; denominar-se-á *responsável* quando, sem manter relação pessoal e direta com aquela situação, sua obrigação decorre de lei. Vejamos:

- *Contribuinte* – É a pessoa que praticou o fato gerador. Contribuinte do IPVA, por exemplo, é o proprietário do veículo automotor; contribuinte do IPTU é o proprietário do imóvel urbano. É chamado por alguns de *sujeito passivo direto*. A figura do contribuinte é especialmente importante no direito tributário já que é a pessoa que participa do núcleo central da relação jurídica tributária. Por isso, a capacidade contributiva que se tem em vista é sempre deste e não do responsável. Assim, o aspecto quantitativo da hipótese de incidência (a conjugação entre base de cálculo e alíquotas) deve ser desenhado com fundamento na capacidade contributiva dos contribuintes que integrarão o polo passivo da relação tributária e não dos responsáveis. Justamente por isso, o art. 145, § 1º, da CF/1988, determina que, sempre que possível os impostos terão caráter pessoal e serão graduados de acordo com a capacidade econômica do contribuinte;

- *Responsável* – É a pessoa obrigada ao pagamento do tributo ou da multa, mas que não praticou o fato gerador da obrigação principal. É chamado por alguns autores de *sujeito passivo indireto*. Se o contribuinte tem relação *direta* com a situação que constitui o fato gerador, o responsável tem relação *indireta*. Sua condição de sujeito passivo decorre da lei. É obrigado ao pagamento do tributo ou da multa em razão de determinação legal, embora não tenha praticado o fato gerador. É o caso da empresa que tem uma série de funcionários. Estes recebem salário, e, portanto, auferem renda. "Auferir renda" é situação que constitui fato gerador do imposto sobre a renda e proventos de qualquer natureza (IR). O funcionário, aquele que pratica o fato gerador, é o *contribuinte* do IR porque mantém relação pessoal e direta com a situação que constitui o fato gerador; a empresa, que mantém relação indireta, poderá ser a *responsável* pelo recolhimento do gravame, desde que seja posta nesta situação por lei. O responsável, como se percebe, tem a obrigação, *proveniente de lei*, de efetuar o pagamento de tributo ou multa cujos fatos geradores foram praticados *não* por ele, mas pelo contribuinte. A responsabilidade tributária é um mecanismo que permite ao Fisco efetuar a atividade de fiscalização e cobrança dos tributos de forma mais eficiente. Está ligada ao *princípio da eficiência da arrecadação*. No lugar de vincular apenas aquele que pratica o fato gerador ao dever de pagar o tributo ou a multa, isto é, o contribuinte, o mecanismo de responsabilidade permite alcançar outras pessoas, ampliando o leque de patrimônios privados sujeitos ao poder estatal de tributação.

F) Sujeito passivo da obrigação acessória: artigo 122 do CTN

O art. 122 do CTN determina:

> **CTN, art. 122.** Sujeito passivo da obrigação acessória é a pessoa obrigada às prestações que constituam o seu objeto.

Como vimos, obrigação acessória é a relação jurídica que vincula o Estado, como sujeito ativo, ao particular, como sujeito passivo, e que tem como objeto prestações de fazer, não fazer ou tolerar que se faça no interesse da arrecadação e fiscalização de tributos. Tal obrigação não tem conteúdo pecuniário imediato. *Pode* "converter-se" em obrigação principal, caso o sujeito passivo não cumpra as exigências previstas em lei.

Ora, se a obrigação acessória não tem conteúdo pecuniário, não cabe pensar em contribuinte ou responsável. Tais figuras, como vimos, estão relacionadas ao pagamento de prestações pecuniárias que assumem a forma de tributo ou multa, conforme o caso.

O sujeito passivo da obrigação acessória deve ser, portanto, a pessoa natural ou jurídica, apontada na legislação tributária, sobre a qual recai o dever de fazer, não fazer ou tolerar que se faça. Este é o sentido do art. 122 do CTN.

Trata-se, portanto, do empresário obrigado à emissão da nota fiscal nos casos em que a mercadoria é vendida; da pessoa física cujo dever consiste no preenchimento da declaração de rendimentos ou de isento, no caso do imposto sobre a renda (IR); da instituição educacional ou assistencial que precisa comprovar a ausência de finalidade lucrativa para que goze de imunidade tributária, dentre outros.

Uma vez que a obrigação acessória é autônoma com relação à principal, isto é, não se vincula ao fato gerador desta, seus sujeitos passivos podem coincidir ou não.

Em outras palavras, contribuintes e responsáveis são, como regra, sujeitos passivos de obrigações acessórias. Entretanto, é possível que também o sejam pessoas que não se enquadram em nenhuma daquelas situações.

Dessa maneira, entidades imunes ou isentas, por exemplo, que não se enquadram na figura de contribuintes ou responsáveis, podem ser designadas como sujeitos passivos de obrigações acessórias pela legislação tributária. Basta que exista dispositivo normativo impondo obrigação de fazer, não fazer ou tolerar que se faça em prol da fiscalização e arrecadação de tributos.

Esta é, justamente, a determinação do artigo 194, parágrafo único, do CTN:

> **CTN, art. 194.** A legislação tributária, observado o disposto nesta Lei, regulará, em caráter geral, ou especificamente em função da natureza do tributo de que se tratar, a competência e os poderes das autoridades administrativas em matéria de fiscalização da sua aplicação.
>
> Parágrafo único. A legislação a que se refere este artigo aplica-se às pessoas naturais ou jurídicas, contribuintes ou não, inclusive às que gozem de imunidade tributária ou de isenção de caráter pessoal.

G) Convenções particulares: artigo 123 do CTN

O artigo 123 do CTN determina:

> **CTN, art. 123.** Salvo disposições de lei em contrário, as convenções particulares relativas à responsabilidade pelo pagamento de tributos não podem ser opostas à Fazenda Pública para modificar a definição legal do sujeito passivo das obrigações tributárias correspondentes.

Convenções particulares são acordos feitos por pessoas naturais ou jurídicas privadas quando efetuam seus negócios. Suponha-se que certa empresa contrate outra para a entrega de uma mercadoria em determinado porto visando à exportação. As partes podem firmar uma convenção particular, um acordo, no sentido de que os custos com pedágio sejam suportados pela contratante e não pela contratada. Se, eventualmente, aquela não arca com os encargos, esta pode acionar o Poder Judiciário para a cobrança dos prejuízos.

O tributo é uma prestação pecuniária, em dinheiro. Significa, portanto, um custo econômico que afeta o preço final dos bens. Os remédios, por exemplo, seriam muito mais baratos se não houvesse a incidência do ICMS sobre sua comercialização. O valor recolhido a título de tributo é sempre repassado ao preço final das mercadorias.

Esse custo afeta os acordos feitos entre particulares. Muitas vezes uma empresa deixa de fechar um negócio porque a carga tributária elevada compromete sua lucratividade. Por isso, as pessoas naturais e jurídicas, com frequência, pactuam convenções particulares com o objetivo de "direcionar" os encargos tributários. Por meio destas convenções os custos são transferidos ou redirecionados de uma empresa, que é sujeito passivo, para outra, que não tem relação com o Fisco.

A questão que se deve enfrentar, pois, é a seguinte: estas convenções particulares, estes acordos feitos entre particulares, podem afetar o vínculo de sujeição passiva tributária? Em outras palavras: os acordos privados podem *modificar* o sujeito passivo que tem o dever de recolher determinado tributo ou multa?

A resposta não chega a ser complicada. A obrigação tributária tem origem *ex lege*, o que significa que o vínculo jurídico nasce em virtude de lei e não da vontade das partes.

É possível, então, que um negócio fundado única e exclusivamente na vontade de pessoas privadas tenha o condão de alterar a sujeição passiva tributária fixada em lei? É claro que não. Uma vez que o sujeito passivo do vínculo obrigacional está fixado em lei, não é possível que um acordo entre particulares altere esta posição.

Por isso, nos termos do artigo 123 do CTN, as convenções particulares não podem ser opostas à Fazenda Pública "para modificar a definição legal do sujeito passivo das obrigações tributárias correspondentes".

Em outras palavras, os acordos privados que redirecionam a carga tributária desta ou daquela maneira não afetam a relação jurídica tributária instaurada entre Fisco e sujeito passivo. A vontade privada não pode modificar a lei.

Exemplo que ocorre com frequência é o do imposto sobre a propriedade predial e territorial urbana (IPTU) nos casos de *locação* do bem imóvel. O artigo 34 do CTN estatui:

> **CTN, art. 34.** Contribuinte do imposto é o proprietário do imóvel, o titular do seu domínio útil, ou o seu possuidor a qualquer título.

Veja-se que, de acordo com a lei, contribuinte do IPTU é o proprietário do imóvel, isto é, o locador, aquele que aluga seu imóvel a um terceiro. Ocorre que nos contratos de locação geralmente consta cláusula segundo a qual este último, o locatário, fica "responsável" pelo pagamento do IPTU. Trata-se de convenção particular que tem como objetivo deslocar o custo tributário, integrando-o ao valor do aluguel.

Imagine-se que o locatário, por qualquer razão, não pague o imposto. O locador, acreditando no contrato firmado, também não se preocupa em efetuar o pagamento. Como fica a situação? De quem a Fazenda Pública municipal deve cobrar?

Ora, a Fazenda deve cobrar daquele que, *de acordo com a lei*, é o sujeito passivo do imposto. E, de acordo com o artigo 34 do CTN, trata-se do proprietário do imóvel, portanto, do locador. A Fazenda fará a cobrança perante o sujeito passivo fixado em lei, pouco importando a convenção particular existente. Não é outro, aliás, o entendimento do STJ:

> [...] 2. O Superior Tribunal de Justiça possui vastidão de precedentes no sentido de que o locatário é parte ativa ilegítima para impugnar lançamento de IPTU, pois não se enquadra na sujeição passiva como contribuinte e nem como responsável tributário (arts. 121 e 123 do CTN). 3. "Contribuinte do imposto é o proprietário do imóvel, o titular do seu domínio útil, ou o seu possuidor a qualquer título" (art. 34 do CTN). O "possuidor a qualquer título" refere-se, tão-somente, para situações em que ocorre posse *ad usucapionem*, não inserida nesta seara a posse indireta exercida pelo locatário. 4. Os documentos de quitação do tributo discutido estão em nome do proprietário. 5. O contrato de locação, com cláusula determinando a responsabilidade do inquilino pela liquidação do IPTU, não pode ser oponível à certidão de pagamento de imposto (STJ, Primeira Turma, REsp 818618/RJ, 02.05.2006).

A regra geral, portanto, consiste em que as convenções particulares não podem ser opostas à Fazenda, isto é, não obrigam o Poder Público quando pretendem transferir os encargos econômicos relativos à tributação de uma pessoa a outra.

Mas, então, tais convenções não têm qualquer valor? Não servem para nada?

Se assim fosse o direito privado seria profundamente modificado pelo direito público. Não é este o caso. Evidentemente, as pessoas podem pactuar livremente entre si, da maneira como bem entenderem, desde que respeitem as regras inerentes à validade do negócio jurídico previstas na legislação civil.

Portanto, é preciso compreender que as convenções particulares *obrigam normalmente as partes contratantes*, mas não a Fazenda Pública. O locador pode acionar o locatário judicialmente para a execução do contrato, isto é, para a cobrança do valor relativo ao IPTU que este comprometeu-se a recolher, mas não fez. O acordo vincula normalmente as pessoas que o formularam, mas não pode ser oposto à Fazenda Pública.

Finalmente, deve-se registrar uma importante observação: o artigo 123 do CTN contém a cláusula "salvo disposições de lei em contrário".

Isso significa que o Código deve ser aplicado apenas se não houver lei aceitando expressamente que as convenções particulares sejam opostas à Fazenda Pública. Assim, se as leis federais, estaduais, distritais ou municipais, específicas de cada tributo, admitirem expressamente que tais convenções sejam opostas à Fazenda, o art. 123 do CTN não tem lugar.

24.6 SOLIDARIEDADE TRIBUTÁRIA

Os artigos 124 e 125 do CTN tratam da solidariedade tributária. Antes de analisá-los, contudo, é importante tecer alguns comentários sobre o conceito de solidariedade, suas espécies e efeitos. O artigo 264 do Código Civil estabelece:

> **CC, art. 264.** Há solidariedade quando na mesma obrigação concorre mais de um credor, ou mais de um devedor, cada um com direito, ou obrigado, à dívida toda.

Vimos que obrigação é o vínculo jurídico que une o sujeito ativo ao sujeito passivo e que tem como objeto uma prestação de dar, fazer, não fazer ou tolerar que se faça. É possível, pois, que no polo ativo ou passivo desta relação exista *mais de uma pessoa*, isto é, dois ou mais credores ou dois ou mais devedores. Neste caso, as pessoas que compõem a sujeição ativa ou passiva têm direito ou estão obrigadas à totalidade da dívida.

Nos termos do artigo 264, acima citado, o que caracteriza a solidariedade é a natureza do vínculo que credores ou devedores mantêm entre si, segundo o qual todos têm direito ou estão obrigados à totalidade da dívida. Em outras palavras, qualquer deles está habilitado e receber ou tem o dever de pagar a dívida *inteira*, independentemente dos demais.

É claro que posteriormente terão que resolver entre si eventuais créditos e débitos. No caso dos credores, aquele que recebeu deve repassar a parte dos outros; no caso dos devedores, aquele que pagou tem o direito de receber a parte devida pelos demais. Tal vínculo assegura ao credor que recebe toda a dívida uma espécie de "privilégio"; ao mesmo tempo, impõe ao devedor que tem que arcar com esta um pesado ônus.

O Código, por isso, é claro no sentido de que tal vínculo provém de lei ou da vontade das partes. Não se deve presumir a solidariedade fora destas hipóteses. É o que determina o art. 265 do Código Civil: "A solidariedade não se presume; resulta da lei ou da vontade das partes".

A solidariedade, portanto, é um vínculo que consolida em várias pessoas a totalidade de uma dívida. Esta consolidação pode dar-se na sujeição ativa (caso em que mais de uma pessoa tem direito à totalidade da dívida) ou na sujeição passiva (caso em que mais de uma pessoa responde pela dívida inteira). Decorrem daí as *espécies de solidariedade*:

- *Solidariedade ativa* – É a solidariedade entre *credores*. De acordo com o artigo 267 do Código Civil, "cada um dos credores solidários tem direito a exigir do devedor o cumprimento da prestação por inteiro". Se o devedor efetua o pagamento da totalidade da dívida perante um dos credores, a relação está extinta. Por isso, determina o artigo 272 que "o credor que tiver remitido a dívida ou recebido o pagamento responderá aos outros pela parte que lhes caiba". Assim, o credor que recebe o pagamento da dívida tem, para com os outros credores, o dever de repassar-lhes suas partes;
- *Solidariedade passiva* – É a solidariedade entre *devedores*. O artigo 275 do Código Civil prescreve: "O credor tem direito a exigir e receber de um ou de alguns dos devedores, parcial ou totalmente, a dívida comum; se o pagamento tiver sido parcial, todos os demais devedores continuam obrigados solidariamente pelo resto". A solidariedade passiva, pois, implica o direito de o credor cobrar a dívida de *qualquer* dos devedores e o dever que estes têm de efetuar o pagamento, independentemente dos demais. O devedor que efetua o pagamento da dívida tem direito a obter ressarcimento dos demais. É o que estatui o artigo 283 do Código Civil: "O devedor que satisfez a dívida por inteiro tem direito a exigir de cada um dos codevedores a sua quota, dividindo-se igualmente por todos a do insolvente, se o houver, presumindo-se iguais, no débito, as partes de todos os codevedores".

H) Disciplina da solidariedade tributária: artigo 124 do CTN

O art. 124 do CTN estabelece:

> **Art. 124**. São solidariamente obrigadas:
>
> I – as pessoas que tenham interesse comum na situação que constitua o fato gerador da obrigação principal;
>
> II – as pessoas expressamente designadas por lei.
>
> Parágrafo único. A solidariedade referida neste artigo não comporta benefício de ordem.

O dispositivo contempla hipótese de *solidariedade passiva*, isto é, de vínculo de solidariedade entre *devedores*. Significa, portanto, a situação em que mais de uma pessoa ocupa o polo passivo da relação obrigacional tributária.

A solidariedade ativa, como vimos, implica a existência de mais de um credor no polo ativo da obrigação. Essa situação, em âmbito tributário, configuraria típico caso de *bitributação*, inadmissível, como regra, na ordem jurídica brasileira.

O sujeito passivo da obrigação tributária principal é a pessoa obrigada ao pagamento do tributo ou da multa. Vimos, ademais, que a sujeição passiva desdobra-se em duas figuras: *contribuinte*, quando tenha relação pessoal e direta com a situação que constitui o fato gerador e; *responsável*, quando, sem revestir a primeira condição, sua obrigação decorre de disposição expressa de lei.

A solidariedade tributária pode alcançar, portanto, essas duas figuras. Dois ou mais contribuintes; dois ou mais responsáveis; contribuintes *e* responsáveis no polo passivo da relação obrigacional tributária. Tudo depende de que ocorra, na prática, uma das situações previstas pelo artigo 124 do CTN que, no fim das contas, disciplina o vínculo de solidariedade passiva em âmbito tributário.

De acordo com o dispositivo são solidariamente obrigadas:

- *As pessoas que tenham interesse comum na situação que constitua o fato gerador da obrigação principal* – Também chamada de *solidariedade natural*. O sujeito passivo da relação tributária é a pessoa obrigada ao pagamento do tributo ou da multa. Esta obrigação, como sabemos, decorre da prática do fato gerador, isto é, da prática de um fato ou adoção de uma conduta que está de acordo com a descrição prevista na hipótese de incidência tributária. Pois bem, é possível que *mais de uma pessoa* tenha *interesse comum* na situação que constitui o fato gerador de determinado tributo. É o que ocorre no caso do *condomínio* sobre bem imóvel urbano. Dá-se *condomínio* "quando o mesmo bem pertence a mais de uma pessoa, cabendo a cada uma delas igual direito, idealmente, sobre o todo e cada uma de suas partes" (DINIZ, 2009, p. 142). O fato gerador do IPTU é, nos termos do artigo 32 do CTN, "a propriedade, o domínio útil ou a posse de bem imóvel por natureza ou por acessão física, como definido na lei civil, localizado na zona urbana do Município". Imaginemos que duas pessoas sejam proprietárias do mesmo bem. Tem-se um *condomínio*. Nesse caso, fica claro que ambas têm interesse comum na situação que constitui o fato gerador da obrigação principal. São, portanto, *devedores solidários*. A Fazenda Pública municipal pode exigir o pagamento do imposto de qualquer delas, e, por tratar-se de solidariedade, qualquer delas tem o dever de efetuar o pagamento do tributo;

- *As pessoas expressamente designadas por lei* – Também chamada de *solidariedade de direito ou legal*. É a hipótese de solidariedade prevista pela lei instituidora do tributo ou dispositivo legal de igual hierarquia. Neste caso, a própria lei aponta como devedores solidários determinadas pessoas, independentemente de terem ou não interesse comum na situação que constitui o fato gerador. É uma opção do legislador para viabilizar a praticidade da tributação. Exemplo deste tipo de solidariedade pode ser encontrado no artigo 30, VI, da Lei nº 8.212/91, que trata das contribuições sociais para a seguridade social:

Lei nº 8.212/91, art. 30.

[...]

VI – O proprietário, o incorporador definido na Lei nº 4.591, de 16 de dezembro de 1964, o dono da obra ou condômino da unidade imobiliária, qualquer que seja a forma de contratação da construção, reforma ou acréscimo, são *solidários* com o construtor, e estes com a subempreiteira, pelo cumprimento das obrigações para com a Seguridade Social, ressalvado o seu direito regressivo contra o executor ou contratante da obra e admitida a retenção de importância a este devida para garantia do cumprimento dessas obrigações, não se aplicando, em qualquer hipótese, o benefício de ordem.

É claro que o legislador *não* tem total liberdade para fixar a solidariedade da maneira que bem lhe convém. Em primeiro lugar, é preciso que haja *relação com o fato gerador*. Ora, o sujeito passivo da obrigação principal deve ter relação com o fato gerador: no caso do contribuinte, tal relação é *direta*; no caso do responsável, *indireta*). A solidariedade deve respeitar esses limites. Assim, a lei que prevê a solidariedade de direito deve fixar como devedores solidários pessoas que tenham relação direta ou indireta com a situação que constitui o respectivo fato gerador. Em segundo lugar, os legisladores devem observar a *disciplina estabelecida pelo CTN*. Quer dizer, os legisladores federal, estaduais, distrital e municipais, por ocasião da fixação em lei do vínculo de solidariedade, devem estrita observância ao CTN no que toca aos dispositivos que regulam a sujeição passiva, inclusive as regras de solidariedade;

Para finalizar, vale ressaltar o disposto no art. 124, parágrafo único: "A solidariedade referida neste artigo não comporta benefício de ordem".

Hugo de Brito Machado explica: "Estabelece o Código Civil que 'o fiador demandado pelo pagamento da dívida tem direito a exigir, até a contestação da lide, que sejam primeiro executados os bens do devedor'. Indicará, nesse caso, bens do devedor, situados no mesmo Município, livres e desembaraçados, bastantes para o pagamento débito. Isso é o benefício de ordem. É o direito à observância de uma ordem, de uma sequência, quanto à execução, que é assegurado ao fiador, de sorte que a execução opera-se primeiramente contra o devedor. Para evitar que os responsáveis tributários aleguem o benefício de ordem, o Código Tributário Nacional estabeleceu que a solidariedade tributária não comporta benefício de ordem. Em outras palavras, estabeleceu que as dívidas tributárias, quando exista mais de um sujeito passivo, podem ser cobradas, em regra, de qualquer deles, indistintamente" (MACHADO, 2004, p. 468-469).

JURISPRUDÊNCIA DO STF - SOLIDARIEDADE TRIBUTÁRIA E OBSERVÂNCIA DO CTN

O STF interpretou o artigo 124, II, do CTN no sentido de que o legislador deve observar o disposto no CTN quando decidiu pela inconstitucionalidade do artigo 13 da Lei nº 8.620/93, que dispunha sobre a solidariedade no recolhimento de contribuições à seguridade social. De acordo com o voto da relatora, Ministra Ellen Gracie, "o preceito do art. 124, II, no sentido de que são solidariamente obrigadas 'as pessoas expressamente designadas por lei', não autoriza o legislador a criar novos casos de responsabilidade tributária sem a observância dos requisitos exigidos pelo art. 128 do CTN, tampouco a desconsiderar as regras matrizes de responsabilidade de terceiros estabelecidas em caráter geral pelos arts. 134 e 135 do mesmo diploma. A previsão legal de solidariedade entre devedores - de modo que o pagamento efetuado por um aproveite aos demais, que a interrupção da prescrição, em favor ou contra um dos obrigados, também lhes tenha efeitos comuns e que a isenção ou remissão de crédito exonere a todos os obrigados quando não seja pessoal (art. 125 do CTN) - pressupõe que a própria condição de devedor tenha sido estabelecida validamente" (STF, RE 562.276/2010);

I) Interesse comum e grupo econômico

O *interesse comum* previsto no art. art. 124, I, do CTN, ocorre quando dois ou mais sujeitos realizam conjuntamente a situação que constitui o fato gerador do tributo. A propósito, o Superior Tribunal de Justiça tem continuamente decidido no sentido de que não é qualquer situação que caracteriza interesse comum para configurar a solidariedade tributária:

> Somente se estabelece o nexo entre os devedores da prestação tributária originária, quando todos os partícipes contribuem para a realização de uma situação que constitui fato gerador da exação, ou seja, que a hajam praticado conjuntamente. Esta é a melhor inteligência do art. 124, I do CTN, pois, se assim não for, poderá a solidariedade tributária ser identificada em qualquer relação jurídica contratual, por exemplo, o que conduziria à inaceitável conclusão de universalidade da corresponsabilidade tributária. Assim, não se pode dizer, neste caso, que há interesse comum do marido na situação constitutiva do fato gerador do IRPF da esposa, pelo menos na acepção prevista no inciso I do art. 124 do CTN, porquanto se pressupõe, para esse efeito, que tivesse havido participação ativa dele, ao lado da esposa, na produção do fato gerador da percepção dos rendimentos tidos por tributáveis. Tampouco, se poderá dizer haver expressa disposição legal capaz de atribuir a carga tributária a pessoa que não contribuiu para realização do fato previsto como gerador da obrigação, no caso, a percepção de renda [...] O interesse comum, como requisito da corresponsabilidade tributária,

> envolve, necessariamente, a atuação de mais de uma pessoa na situação de conformação do fato gerador do tributo. Não se trata, portanto, da ulterior fruição comum ou igualitária por mais de uma pessoa dos resultados ou dos proveitos da atividade produtora do aumento de renda dela decorrente. Trata-se, na verdade, de atuação simultânea e conjunta de mais de uma pessoa na anterior situação configuradora do próprio fato gerador. Se assim não fosse, qualquer indivíduo, que auferisse alguma benesse do percebente da renda, poderia ser designado corresponsável tributário (STJ, Primeira Turma, REsp 1273396/DF, 12/12/2019).

Neste julgamento, o Superior Tribunal de Justiça apreciou o caso em que o sujeito foi autuado pela Receita Federal para exigir-lhe o pagamento de IRPF sobre os rendimentos auferidos pela esposa, percebidos diretamente por ela, como resultado de seu trabalho pessoal, sem que o marido tivesse participação alguma na formação do fato gerador correspondente.

Entendeu a Corte que não estaria configurado *interesse comum*, uma vez que o marido não é originariamente coobrigado ao pagamento do IRPF eventualmente incidente sobre aqueles valores, oriundos da prestação de serviço desempenhado pela esposa, embora tenham feito, ulteriormente, a chamada declaração conjunta.

É por isso que merece toda a atenção a perfeita identificação da expressão "interesse comum" no caso concreto.

O tema é extremamente polêmico e tem gerado uma série de controvérsias jurisprudenciais e legais, na medida em que vários Estados e Municípios estão incluindo sujeitos e instituições privadas como solidárias ao pagamento do tributo. É bastante comum a aplicação da responsabilidade solidária no caso dos chamados "grupos econômicos", especificamente quando há abuso da personalidade jurídica em que se desrespeita a autonomia patrimonial das pessoas jurídicas.

É importante que fique claro que não é a existência do grupo econômico que enseja a responsabilidade solidária, mas o abuso da personalidade jurídica. Isso ocorre quando a divisão da empresa em diversas pessoas jurídicas é fictícia, sendo que a direção é única e a confusão patrimonial é utilizada com o intuito de fraude em desfavor da Fazenda Pública.

Para José Eduardo Soares de Melo, por exemplo, não basta que uma lei estabeleça a responsabilidade solidária e inclua aleatoriamente alguém como responsável pelo pagamento do tributo, uma vez que as pessoas envolvidas devem guardar íntima conexão com o fato tributário (MELO, 2010, p. 290).

É preciso que exista uma configuração além do mero interesse econômico entre os participantes para que haja uma responsabilidade solidária. A solidariedade tributária é um dos temas mais polêmicos na prática tributária, uma vez que abre margem para discussões sobre diversos fatos e situações jurídicas. Nesse sentido, há um estudo da Receita Federal do Brasil, que resultou na publicação do Parecer Normativo Cosit 04/2018.

Esse parecer foi confeccionado para orientar a fiscalização federal a respeito da identificação do conceito de "interesse comum" que justifica a aplicação da solidariedade tributária a um terceiro que não realizou o fato jurídico tributário.

Nesta trilha, o referido parecer estabelece que:

> [...] a responsabilidade solidária por interesse comum decorrente de ato ilícito demanda que a pessoa a ser responsabilizada tenha vínculo com o ato e com a pessoa do contribuinte ou do responsável por substituição. Deve-se comprovar o nexo causal em sua participação comissiva ou omissiva, mas consciente, na configuração do ato ilícito com o resultado prejudicial ao Fisco dele advindo.

Este instrumento normativo orienta a aplicação da solidariedade tributária em casos como o abuso da personalidade jurídica em que se desrespeita a autonomia patrimonial e operacional das pessoas jurídicas. Existem pontos interessantes que fornecem subsídio para um entendimento concreto a fim de evitar responsabilizações equivocadas, como, por exemplo, de assessores e consultores por eventuais operações ilícitas praticadas pelo contribuinte, salvo se comprovada hipótese de dolo.

Algumas conclusões desse Parecer Normativo merecem ser apontadas:

> a) a responsabilidade tributária solidária a que se refere o inciso I do art. 124 do CTN decorre de interesse comum da pessoa responsabilizada na situação vinculada ao fato jurídico tributário, que pode ser tanto o ato lícito que gerou a obrigação tributária como o ilícito que a desfigurou;
>
> b.1) a responsabilidade solidária por interesse comum decorrente de ato ilícito demanda que a pessoa a ser responsabilizada tenha vínculo com o ato e com a pessoa do contribuinte ou do responsável por substituição; deve-se comprovar o nexo causal em sua participação comissiva ou omissiva, mas consciente, na configuração do ato ilícito com o resultado prejudicial ao Fisco dele advindo;
>
> b.2) o mero interesse econômico, sem comprovação do vínculo com o fato jurídico tributário (incluídos os atos ilícitos a ele vinculados) não pode caracterizar a responsabilização solidária, não obstante ser indício;
>
> b.3) são atos ilícitos que ensejam a responsabilidade solidária: (i) abuso da personalidade jurídica em que se desrespeita a autonomia patrimonial e operacional das pessoas jurídicas mediante direção única ('grupo econômico irregular'); (ii) evasão e simulação e demais atos deles decorrentes; (iii) abuso de personalidade jurídica pela sua utilização para operações realizadas com o intuito de acarretar a supressão ou a redução de tributos mediante manipulação artificial do fato gerador (planejamento tributário abusivo);
>
> c.4) deve-se comprovar o cometimento do ilícito societário, mesmo que por prova indireta ou indiciária, pois mero interesse econômico no lucro não é passível de responsabilização solidária; não obstante, cabe observar que a distribuição disfarçada de lucros a que se referem os arts. 60 e 61 do Decreto-Lei nº 1.598, de 26 de dezembro de 1977, denota a existência de abuso de personalidade jurídica a caracterizar grupo econômico irregular;
>
> e.1) atrai a responsabilidade solidária a configuração do planejamento tributário abusivo na medida em que os atos jurídicos complexos não possuem

> essência condizente com a forma para supressão ou redução do tributo que seria devido na operação real mediante abuso da personalidade jurídica;
>
> e.3) para a responsabilização solidária há que restar comprovado o abuso da personalidade jurídica cuja existência é fictícia ou utilizada para uma sequência de transação com o fito de reduzir ou suprimir tributo; esse nexo causal entre a artificialidade da personalidade jurídica e a operação conjunta deve estar demonstrado, mesmo que mediante conjunto de provas indiciárias (Parecer Cosit 04/2008).

Sabemos que os pareceres não têm força normativa, isto é, não significam legislação, nem criam situações incontestáveis, mas, antes, dão subsídio aos Auditores da Receita para uniformizarem sua atuação no contexto da fiscalização tributária.

Nesse caso, trata-se de ato federal, que não possui força normativa vinculante para esfera municipal e estadual, nem impede o contribuinte de impugná-lo no contencioso administrativo ou judicial. Apesar não ter força de lei, é um instrumento significativo para demonstrar o entendimento orientativo da Fazenda Pública Federal sobre o assunto, cumprindo com o dever de transparência administrativa.

Em linhas gerais, a solidariedade tributária estaria configurada nas situações em que ocorrem ilícitos tributários e nos casos em que os contribuintes, sob pretexto de planejamento tributário, tenham maquiado o fato gerador para enganar a Fazenda Pública.

A Receita Federal tem identificado esta prática como "planejamento tributário abusivo". Apesar de polêmico, deve-se diferenciar o termo do planejamento tributário propriamente dito, sendo este uma conduta lícita e pertencente ao núcleo de possibilidades dos quais os contribuintes podem lançar mão para economizar custos. Já o chamado "planejamento tributário abusivo" seria algo ilícito, baseado em vícios, conluio, simulação e abuso de personalidade jurídica.

Independentemente do entendimento da Fazenda Pública, tem-se que observar que a mera presença de interesse econômico entre várias empresas não autoriza a aplicação da solidariedade tributária por formação de grupo econômico. A circunstância de várias empresas possuírem, ao mesmo tempo, sócio, acionista, dirigente ou gestor comum pode até indicar a presença de grupo econômico, de fato, mas não é suficiente para configurar a responsabilidade solidária. Há decisão do STJ sobre o tema:

> A respeito da definição da responsabilidade entre as empresas que formam o mesmo grupo econômico, de modo a uma delas responder pela dívida de outra, a doutrina tributária orienta que esse fato (o grupo econômico) por si só, não basta para caracterizar a responsabilidade solidária prevista no art. 124 do CTN, exigindo-se, como elemento essencial e indispensável, que haja a induvidosa participação de mais de uma empresa na conformação do fato gerador, sem o que se estaria implantando a solidariedade automática, imediata e geral; contudo, segundo as lições dos doutrinadores, sempre se requer que estejam atendidos ou satisfeitos os requisitos dos arts. 124 e 128 do CTN. 2. Em outras palavras, pode-se dizer que uma coisa é um grupo econômico, composto de várias empresas, e outra é a responsabilidade de

umas pelos débitos de outras, e assim é porque, mesmo havendo grupo econômico, cada empresa conserva a sua individualidade patrimonial, operacional e orçamentária; por isso se diz que a participação na formação do fato gerador é o elemento axial da definição da responsabilidade; não se desconhece que seria mais cômodo para o Fisco se lhe fosse possível, em caso de grupo econômico, cobrar o seu crédito da empresa dele integrante que mais lhe aprouvesse; contudo, o sistema tributário e os institutos garantísticos de Direito Tributário não dariam respaldo a esse tipo de pretensão, mesmo que se reconheça que ela (a pretensão) ostenta em seu favor a inegável vantagem da facilitação da cobrança. Fundando-se nessas mesmas premissas, o STJ repele a responsabilização de sociedades do mesmo grupo econômico com base apenas no suposto interesse comum previsto no art. 124, I do CTN, exigindo que a atuação empresarial se efetive na produção do fato gerador que serve de suporte à obrigação. Nesse sentido, cita-se o REsp. 859.616/RS, Rel. Min. LUIZ FUX, DJ 15.10.2007. Assim, para fins de responsabilidade solidária, não basta o interesse econômico entre as empresas, mas, sim, que todas realizem conjuntamente a situação configuradora do fato gerador (STJ, Primeira Turma, AgInt no AREsp 1035029/SP, 30/05/2019).

O interesse qualificado pela lei não há de ser o interesse econômico no resultado ou no proveito da situação que constitui o fato gerador da obrigação principal, mas o interesse jurídico, vinculado à atuação comum ou conjunta da situação que constitui o fato jurídico tributário.

Na forma da jurisprudência do Superior Tribunal de Justiça, a responsabilidade solidária não decorre exclusivamente da demonstração da formação de grupo econômico, mas demanda a comprovação de práticas comuns, prática conjunta do fato gerador ou, ainda, quando há confusão patrimonial. Para isso, é necessária uma eficiente fiscalização tributária para identificação correta do "interesse comum".

Em suma, para que seja configurada a responsabilidade solidária do art. 124, I, CTN é necessário que existam situações como a prática conjunta do fato gerador, práticas comuns entre as empresas e confusão patrimonial.

J) Efeitos da solidariedade: artigo 125 do CTN

O artigo 125 do CTN estabelece:

> **CTN, art. 125.** Salvo disposição de lei em contrário, são os seguintes os efeitos da solidariedade:
>
> I – o pagamento efetuado por um dos obrigados aproveita aos demais;
>
> II – a isenção ou remissão de crédito exonera todos os obrigados, salvo se outorgada pessoalmente a um deles, subsistindo, nesse caso, a solidariedade quanto aos demais pelo saldo;
>
> III – a interrupção da prescrição, em favor ou contra um dos obrigados, favorece ou prejudica aos demais.

O vínculo de solidariedade, como vimos, significa que o polo ativo ou passivo da relação jurídica é ocupado por mais de uma pessoa, que possui o direito ou o dever com relação à totalidade da dívida. Uma vez que tal vínculo une diversas pessoas com a relação ao mesmo dever, ela acarreta alguns efeitos específicos.

O art. 125 do CTN enumera estes efeitos, lembrando, sempre, que a solidariedade tributária é uma solidariedade *passiva*. Vejamos:

- *O pagamento efetuado por um dos obrigados aproveita aos demais* – Pagamento é a entrega, à Fazenda Pública, pelo sujeito passivo, de quantia pecuniária referente ao tributo ou à penalidade pecuniária. O pagamento extingue o crédito tributário (CTN, art. 156, I). A solidariedade tributária significa que os devedores respondem pela totalidade da dívida. Logo, o pagamento efetuado por um deles beneficia os demais, extinguindo o crédito tributário também com relação a eles;
- *A isenção ou remissão de crédito exonera todos os obrigados, salvo se outorgada pessoalmente a um deles, subsistindo, nesse caso, a solidariedade quanto aos demais pelo saldo* – Isenção é causa de exclusão do crédito tributário (CTN, art. 175, I). Significa que o crédito poderia existir, porém, há lei que impede o surgimento da obrigação, excluindo-o. A isenção pode ser subjetiva ou objetiva. No primeiro caso, refere-se ao aspecto pessoal da hipótese de incidência, excluindo o crédito com relação a *determinadas pessoas*. É o que ocorre, por exemplo, no caso de isenção de IPTU concedida a idosos com mais de sessenta e cinco anos. No segundo caso, refere-se aos demais aspectos da norma de imposição, como, por exemplo, a isenção de imposto sobre a renda (IR) para pessoas físicas que aufiram renda até um determinado valor. Remissão é causa de extinção do crédito tributário (CTN, arts. 156, IV, c.c. 172). Significa o perdão da dívida, desde que autorizado em lei. Nos termos deste último dispositivo, a remissão pode ser concedida, dentre outros, a *determinadas pessoas* em virtude de sua situação econômica (CTN, art. 172, I). Pois bem, o artigo 125, II, do CTN, estabelece uma *regra* e uma *exceção*. Vejamos:

    - *Regra – A isenção ou remissão exonera todos os obrigados* – O artigo 124 do CTN estabelece solidariedade passiva, isto é, entre devedores. A isenção e a remissão são causas de exclusão e extinção do crédito, respectivamente. São, portanto, causas que afastam o dever de pagar o tributo ou a multa. *Nesse sentido, a isenção ou remissão que levem em consideração tão somente aspetos objetivos alcançam todos os devedores solidários*. É o que ocorre, por exemplo, no caso de eventual isenção de IPTU que atinja imóveis populares, que não ultrapassem certo valor considerado baixo pela lei. Os condôminos, nesse caso, serão todos dispensados do pagamento do tributo. É o que ocorre também no caso de remissão em virtude da diminuta importância do crédito (CTN, art. 172, III). O perdão, nesse caso, atinge todos os devedores solidários;
    - *Exceção – Salvo se outorgada pessoalmente a um deles* – A isenção ou remissão, entretanto, podem ser subjetivas. Neste caso, leva-se em consideração o aspecto pessoal da hipótese de incidência tributária. Exclui-se ou perdoa-se o crédito em razão da diminuta capacidade contributiva de

determinados sujeitos passivos. Nessas situações, como regra, a isenção ou remissão são concedidas em caráter específico, por ato administrativo da autoridade competente, que verifique se as pessoas cumprem os requisitos exigidos por lei. *Neste caso, a isenção ou remissão alcança apenas as pessoas que, do ponto de vista subjetivo, são alcançadas pela lei.* Em hipóteses tais com essas, subsiste a solidariedade quanto aos demais pelo saldo remanescente. Vejamos um exemplo:

- Suponha-se que o IPTU de certo imóvel seja de R$ 900,00 (novecentos reais). Imagine-se, ainda, que se trata de condomínio composto por três pessoas, uma delas idosa com mais de sessenta e cinco anos. Cada um dos contribuintes responde por sua parte ideal, isto é, por 1/3 (um terço) do valor relativo ao crédito tributário, ou seja, R$ 300,00 (trezentos reais). Digamos que haja uma lei municipal concedendo isenção pessoal de IPTU para idosos. Pois bem, a isenção, nesta hipótese, alcança *apenas* a parte ideal *do idoso*, ou seja, R$ 300,00 (trezentos reais). Permanece "a *solidariedade* quanto aos demais pelo saldo", isto é, os dois proprietários condôminos que *não* são idosos respondem solidariamente pelo *saldo*, ou seja, pelo montante do crédito menos o valor descontado a título de isenção (R$ 900,00 - R$ 300,00 = R$ 600,00). Respondem, pois, solidariamente, por R$ 600,00 (seiscentos reais);

- *A interrupção da prescrição em favor ou contra um dos obrigados favorece ou prejudica aos demais* – Regina Helena Costa esclarece: "Prescrição, outra expressão de segurança jurídica, é instituto associado à ideia de *perda do direito de ação* ante o seu não exercício, por certo período de tempo" (COSTA, 2014, p. 290). As pessoas têm o direito, assegurado constitucionalmente, de acionar o Poder Judiciário na defesa de seus interesses eventualmente violados por outrem. Trata-se do direito de ação. Esse direito, contudo, deve ser exercido dentro de certos prazos estabelecidos em lei. Se a pessoa permanece em *inércia*, se *não* exerce seu direito dentro de um prazo determinado, então ocorre a *prescrição* e este direito considera-se extinto. No âmbito do direito tributário, a *interrupção* da contagem do prazo de prescrição pode *favorecer* ou *prejudicar* o sujeito passivo:

    - *Favorecimento do sujeito passivo* – O artigo 165 do CTN prevê hipóteses em que o pagamento efetuado pelo sujeito passivo considera-se indevido. São circunstâncias, por exemplo, nas quais o contribuinte efetua o pagamento de um crédito que não deve ou recolhe um valor maior que o devido. Nesses casos, pode pedir a devolução do valor recolhido. Pode fazê-lo judicial ou administrativamente. Neste último caso, pode ser que a Administração Tributária negue o pedido. Nessa situação, o artigo 169 do CTN determina: "Prescreve em dois anos a ação anulatória da decisão administrativa que denegar a restituição". Em outras palavras, o sujeito passivo tem o prazo de dois anos para ingressar com ação judicial de anulação da decisão administrativa que negou seu pedido de restituição. Após esse prazo ocorre a prescrição, isto é, a perda do direito de ingressar com a ação judicial contra a Fazenda Pública. De acordo com o parágrafo único do artigo 169, "o prazo de prescrição é interrompido pelo início da ação judicial, recomeçando o seu curso, por metade, a partir da data da intimação validamente feita ao representante judicial da Fazenda Pública interessada". Se o prazo prescricional for interrompido perante um dos obrigados solidários, essa interrupção aproveita aos demais;

- *Prejuízo ao sujeito passivo* – O artigo 174 do CTN determina: "A ação para a cobrança do crédito tributário prescreve em cinco anos, contados da data da sua constituição definitiva". A Fazenda Pública possui o prazo de cinco anos para ingressar junto ao Poder Judiciário com ação de execução fiscal contra o sujeito passivo que não recolheu o tributo ou a multa devida. A inércia da Fazenda leva à perda do direito de ingressar com a ação judicial. Trata-se da *prescrição* que, nos termos do artigo 156, V, do CTN, acarreta a extinção do crédito tributário. O prazo prescricional, no entanto, pode ser interrompido. Interrupção significa que a contagem do prazo cessa e inicia-se desde o começo, contando-se cinco anos novamente, desde o início. O art. 174, parágrafo único, do CTN, enumera as hipóteses de interrupção da contagem do prazo prescricional. Se qualquer dos eventos ocorrer perante um dos devedores solidários, os efeitos estendem-se aos demais.

Finalmente, mas não menos importante, o artigo 125, *caput*, do CTN, faz a seguinte ressalva: "Salvo disposição de lei em contrário". Assim, a lei que institui o tributo está autorizada a prescrever *outros efeitos* para o vínculo de solidariedade, que não os enumerados no artigo 125 do CTN. Se a lei é omissa, então se aplica a disciplina prevista no Código.

24.7 CAPACIDADE TRIBUTÁRIA PASSIVA: ARTIGO 126 DO CTN

O art. 126 do CTN estabelece:

> **Art. 126.** A capacidade tributária passiva independe:
>
> I – da capacidade civil das pessoas naturais;
>
> II – de achar-se a pessoa natural sujeita a medidas que importem privação ou limitação do exercício de atividades civis, comerciais ou profissionais, ou da administração direta de seus bens ou negócios;
>
> III – de estar a pessoa jurídica regularmente constituída, bastando que configure uma unidade econômica ou profissional.

A obrigação tributária é uma relação jurídica. Logo, possui os polos ativo e passivo. No primeiro, figura o sujeito ativo, titular do direito de exigir o cumprimento do dever de pagar o tributo ou a multa, ou de fazer, não fazer ou tolerar que se faça no interesse da fiscalização. No segundo figura o sujeito passivo, aquele que tem os deveres que correspondem aos direitos acima descritos. A *capacidade tributária passiva* refere-se, obviamente, a esta última figura.

Vimos que sujeitos ativos, como regra, são os entes federativos, suas autarquias e fundações. Portanto, como regra geral, as pessoas jurídicas de direito público. Elas é que têm aptidão para figurar no polo ativo da relação jurídica.

Pois bem, quem tem aptidão para figurar no polo passivo? Em outras palavras, que pessoas são dotadas de capacidade tributária passiva? Outra pergunta importante: a capacidade tributária passiva depende da capacidade civil?

Paulo de Barros Carvalho explica: "Define-se capacidade tributária como a aptidão que as pessoas têm para serem sujeitos ativos e passivos de relações jurídicas de índole tributária. Se assim é, podemos dizer que *capacidade tributária passiva* é a habilitação que a pessoa, titular de direitos fundamentais, tem para ocupar o papel de sujeito passivo de relações jurídicas de natureza fiscal" (CARVALHO, 2012, p. 377).

Note-se que não se trata da capacidade para praticar ou não certos fatos ou condutas que configuram fatos geradores. Trata-se, isso sim, da aptidão para figurar no polo passivo da relação jurídica, isto é, para ser titular de direitos e deveres tributários, independentemente de poder praticar ou não os respectivos fatos geradores.

Nesse sentido, quaisquer pessoas naturais ou jurídicas podem ocupar o polo passivo das relações jurídicas tributárias. Todas as pessoas têm qualidade para figurar como sujeitos passivos de obrigações principais ou acessórias. O dever de recolher o tributo ou a multa pode recair sobre qualquer sujeito de direito, independentemente de sua capacidade jurídica ou problemas de constituição.

Isso ocorre porque a capacidade tributária passiva não tem relação necessária com a prática do fato gerador. Quer dizer, eventuais irregularidades nos fatos ou condutas, que, do ponto de vista do direito privado, dão ensejo à possibilidade de reconhecer a nulidade ou anulabilidade do negócio, não afetam a higidez da relação jurídica tributária.

Aliás, como vimos, de acordo com o art. 118 do CTN, "a definição legal do fato gerador é interpretada abstraindo-se da validade jurídica dos atos efetivamente praticados pelos contribuintes, responsáveis, ou terceiros, bem como da natureza do seu objeto ou dos seus efeitos e dos efeitos dos fatos efetivamente ocorridos".

Quando se afirma que quaisquer pessoas naturais ou jurídicas têm aptidão para figurar no polo passivo de relações tributárias, pode-se pensar, certamente, nas situações de *incapacidade absoluta ou relativa* das pessoas naturais ou nas circunstâncias em que as pessoas jurídicas não estão *regularmente constituídas*. Para afastar eventuais dúvidas, o artigo 126 do CTN determina que *a capacidade tributária passiva independe*:

- *Da capacidade civil das pessoas naturais* – A aptidão para figurar no polo passivo de obrigações tributárias independente da capacidade civil das pessoas naturais. Pouco importa se o indivíduo é relativa ou absolutamente incapaz. De acordo com o CTN, a pessoa tem plena capacidade de figurar como sujeito passivo da relação tributária, ainda que tenha sua capacidade civil total ou parcialmente restringida. Imagine-se que uma criança de dez anos tenha herdado um imóvel urbano. De acordo com o Código Civil, é absolutamente incapaz para praticar os atos da vida civil. Entretanto, tal criança figura como sujeito passivo do imposto predial e territorial urbano (IPTU) na qualidade de contribuinte. Sua incapacidade civil não interfere em sua capacidade tributária passiva. É claro que outra pessoa, representante do menor, ficará encarregado de executar os atos da vida prática, isto é, efetuar o pagamento do tributo, cumprir deveres instrumentais etc. O sujeito passivo, contudo, permanece sendo a criança;

- *De achar-se a pessoa natural sujeita a medidas que importem privação ou limitação do exercício de atividades civis, comerciais ou profissionais, ou da administração direta de seus bens ou negócios* – Digamos que certo advogado tenha prestado "concurso a clientes ou a terceiros para realização de ato contrário à lei ou destinado a fraudá-la". De acordo com o artigo 37, I, da Lei nº 8.906/94 (Estatuto da OAB), o advogado está sujeito à *suspensão,* que acarreta ao infrator "a interdição do exercício profissional, em todo o território nacional, pelo prazo de trinta dias a doze meses", de acordo com critérios de individualização (art. 37, § 1º). Suponha-se que o advogado continue a prestar serviços, ainda que suspenso, atendendo em seu escritório, redigindo petições, produzindo pareceres etc. Estará, por acaso, dispensado do pagamento do imposto sobre serviços de qualquer natureza (ISS)? Poderá alegar que, por estar com a habilitação para o exercício de profissão suspensa, não tem aptidão para figurar no polo passivo de relação obrigacional? O CTN deixa claro que a capacidade tributária passiva independe de estar a pessoa natural sujeita a medidas deste tipo. O advogado deve cumprir normalmente com suas obrigações tributárias;
- *De estar a pessoa jurídica regularmente constituída, bastando que configure uma unidade econômica ou profissional* – De acordo com o artigo 45 do Código Civil, "começa a existência legal das pessoas jurídicas de direito privado com a inscrição do ato constitutivo no respectivo registro, precedida, quando necessário, de autorização ou aprovação do Poder Executivo, averbando-se no registro todas as alterações por que passar o ato constitutivo". Imagine-se que certa empresa não tenha efetuado os atos necessários à sua constituição regular. Não obstante, a empresa pratica quotidianamente atos econômicos como compra e venda de mercadorias, prestação de serviços etc. Em virtude da prática de tais atos, possui faturamento, aufere lucro etc. Estará, por acaso, dispensada do pagamento do imposto sobre a renda (IR), da contribuição para o financiamento da seguridade social (COFINS), imposto sobre serviços (ISS) etc.? Poderá alegar que, por não estar devidamente constituída nos termos da legislação civil, deverá ser dispensada do pagamento dos tributos? O CTN antecipou-se a todos esses argumentos e determinou, expressamente, que a capacidade tributária da pessoa jurídica independe de estar regularmente constituída, bastando que configure uma unidade econômica ou profissional. Quer dizer, desde que pratique atos com expressão econômica ou profissional, deve sujeitar-se às obrigações tributárias;

Como regra geral, devem figurar no polo passivo das relações jurídicas tributárias os *particulares*, isto é, as pessoas naturais e jurídicas de direito privado. Nesse sentido, a capacidade tributária passiva *independe* da capacidade civil das pessoas naturais e da regularidade constitutiva das pessoas jurídicas.

E por quê? Porque a obrigação tributária tem natureza *ex lege*. Trata-se de relação jurídica cujo surgimento independe da vontade das partes.

O vínculo tributário surge com a ocorrência do fato gerador, isto é, com a prática de fato ou adoção de conduta adequada à descrição normativa e abstrata contida em lei. A vontade do sujeito passivo, seu "querer" quanto à realização do ato, é *irrelevante*.

O fenômeno é justamente o contrário do que ocorre no âmbito do direito privado. Os negócios entre particulares dependem da adequada manifestação de vontade de cada parte. O Código Civil, por isso, vincula a validade do negócio jurídico à capacidade dos agentes.

O direito tributário é ramo do direito público. Assim, se as pessoas naturais são capazes ou não de manifestar suas vontades acaba sendo indiferente para a relação jurídica. Se são absoluta ou relativamente incapazes ou se estão sujeitas a medidas que privam ou limitam o exercício de atividades civis, isso não importa.

Por outro lado, como vimos também, o objetivo do direito tributário é a transferência de parcela da propriedade privada para os cofres públicos. A substância econômica tem maior relevância no âmbito tributário no que em outros ramos do direito. Por isso, a forma jurídica tem sua importância atenuada.

Dessa maneira, se a pessoa natural sofre limitação no exercício de sua atividade profissional ou se a pessoa jurídica não está regularmente constituída, tais circunstâncias não são empecilhos para a cobrança do tributo.

Em suma, seja porque a obrigação tributária decorre da lei e não da vontade das partes, seja porque os atos econômicos têm grande relevância à luz das finalidades do direito tributário, a capacidade tributária passiva independe da capacidade das pessoas naturais, de estarem sujeitas a restrições civis ou profissionais ou da constituição regular das pessoas jurídicas.

24.8 DOMICÍLIO TRIBUTÁRIO: ARTIGO 127 DO CTN

O art. 127 do CTN estabelece:

> **CTN, art. 127.** Na falta de eleição, pelo contribuinte ou responsável, de domicílio tributário, na forma da legislação aplicável, considera-se como tal:
>
> I – quanto às pessoas naturais, a sua residência habitual, ou, sendo esta incerta ou desconhecida, o centro habitual de sua atividade;
>
> II – quanto às pessoas jurídicas de direito privado ou às firmas individuais, o lugar da sua sede, ou, em relação aos atos ou fatos que derem origem à obrigação, o de cada estabelecimento;
>
> III – quanto às pessoas jurídicas de direito público, qualquer de suas repartições no território da entidade tributante.

> § 1º Quando não couber a aplicação das regras fixadas em qualquer dos incisos deste artigo, considerar-se-á como domicílio tributário do contribuinte ou responsável o lugar da situação dos bens ou da ocorrência dos atos ou fatos que deram origem à obrigação.
>
> § 2º A autoridade administrativa pode recusar o domicílio eleito, quando impossibilite ou dificulte a arrecadação ou a fiscalização do tributo, aplicando-se então a regra do parágrafo anterior.

De acordo com a doutrina civilista, *domicílio* é o local habitual onde as pessoas naturais e jurídicas travam seus negócios, exercitam seus interesses, enfim, desenvolvem sua vida jurídica. Por local "habitual", deve-se entender o lugar contínuo e permanente, onde tais pessoas contraem direitos e obrigações.

Silvio de Salvo Venosa observa: "Impõe-se, portanto, fixar a noção de *domicílio*, a sede jurídica, a sede da pessoa onde ela se presume presente para uma série de efeitos jurídicos" (VENOSA, 2006, p. 206).

Nesse sentido, *domicílio tributário* só pode ser o local em que as pessoas naturais ou jurídicas têm sua sede tributária, isto é, o local delimitado no espaço onde se presumem presentem para uma série de efeitos jurídico-tributários. Ricardo Alexandre observa: "O domicílio do sujeito passivo determina qual autoridade administrativa terá atribuição para cobrar-lhe tributo e em que ponto do território da entidade tributante tal sujeito deve ser procurado caso se faça necessário" (ALEXANDRE, 2013, p. 289).

A) Regra geral: eleição do domicílio tributário

O art. 127 do CTN enuncia, em seu *caput*, a regra geral de domicílio tributário: *domicílio de eleição pelo sujeito passivo*. Em princípio, portanto, o domicílio tributário das pessoas naturais ou jurídicas é o local que elas elegem como tal. No caso das pessoas naturais, o domicílio tributário pode coincidir ou não com o domicílio ou residência civis; quanto às pessoas jurídicas, pode coincidir ou não com a sede da empresa.

Paulo de Barros Carvalho anota: "Vige a regra geral da *eleição do domicílio* que o sujeito passivo pode fazer a qualquer tempo, decidindo, espontaneamente, sobre o local de sua preferência. Todas as comunicações fiscais, de avisos e esclarecimentos, bem como os atos, propriamente, de intercâmbio procedimental – intimações e notificações – serão dirigidas àquele lugar escolhido, que consta dos cadastros das repartições tributárias, e onde o fisco espera encontrar a pessoa, para a satisfação dos mútuos interesses" (CARVALHO, 2012, p. 374, 375).

Assim, apenas se *não* houver eleição de domicílio tributário pela pessoa natural ou jurídica é que entram em cena as regras enumeradas nos incisos e parágrafos do art. 127. É preciso, pois, atentar-se para o fato de que o *caput* estabelece a regra e os incisos as exceções. Vejamos:

- *Pessoas naturais* – Regra: eleição do domicílio tributário. Na *ausência* de escolha do domicílio tributário, determina o artigo 127, I, do CTN, que se deve considerá-lo, "quanto às pessoas naturais, a sua residência habitual, ou, sendo esta incerta ou desconhecida, o centro habitual de sua atividade".

Se a pessoa natural não escolheu seu domicílio, a Administração Tributária deve adotar o inciso I do artigo 127 e considerar como tal o local de sua *residência habitual*. Se esta for incerta ou desconhecida, deve-se considerar o *centro habitual de sua atividade*. Imagine-se o exemplo de um caminhoneiro. Suponha-se que não tenha residência habitual, uma vez que vive percorrendo o país. "Centro habitual de sua atividade" pode ser considerado, por exemplo, o local onde sempre carrega seu caminhão e percebe seu pagamento;

- *Pessoas jurídicas de direito privado ou firmas individuais* – Regra: eleição do domicílio tributário. Na falta de escolha do domicílio tributário, determina o artigo 127, II, do CTN, que se deve considerar, "quanto às pessoas jurídicas de direito privado ou às firmas individuais, o lugar da sua sede, ou, em relação aos atos ou fatos que derem origem à obrigação, o de cada estabelecimento". As pessoas jurídicas podem escolher livremente seu domicílio tributário, conforme sua comodidade e de modo que reduza seus custos. Uma empresa com sede numa cidade do interior e filial na capital do Estado pode fixar seu domicílio tributário neste último local para facilitar o trabalho e reduzir suas despesas. Caso *não* proceda à *eleição* do domicílio tributário, então a Administração deve considerar:

    - *O local de sua sede* – Se a pessoa jurídica não optou por um local determinado, presume-se que sua *sede*, isto é, o local onde se encontra o centro decisório da empresa, seja seu domicílio tributário. É o que ocorre no caso do imposto sobre a renda (IR). Se não houve escolha do domicílio tributário, considera-se a sede da empresa como o local em que comunicações devem ser enviadas, por exemplo;
    - *Local de cada estabelecimento* – Existem, contudo, alguns tributos para os quais o local do estabelecimento, independentemente de saber se trata-se de sede ou filial, é importante. De acordo com o artigo 46, II, do CTN, por exemplo, o fato gerador do imposto sobre produtos industrializados (IPI) é, dentre outros, a saída do produto do estabelecimento industrial. O artigo 51, parágrafo único, por sua vez, determina que se considera como "contribuinte autônomo" o estabelecimento que promove a saída do produto. Quer dizer, não importa se o estabelecimento é sede ou filial, pois será considerado *contribuinte autônomo* para fins de IPI, desde que promova a saída do produto. Nesses casos, *se não há opção* por parte da pessoa jurídica quanto a seu domicílio tributário (se deve ser a sede ou determinada filial ou ainda outro lugar qualquer) e levando em conta a especificidade de certos tributos, como o IPI, o ICMS etc., deve-se considerar como domicílio, *em relação aos atos ou fato que deram origem à obrigação*, "o local de cada estabelecimento";

- *Pessoas jurídicas de direito público* – Regra: eleição do domicílio tributário. A União, os Estados, o DF, os Municípios, suas respectivas autarquias e fundações, em *certas circunstâncias*, estão sujeitos a obrigações tributárias. Nesses casos, na ausência de eleição de seus domicílios tributários, considera-se, "quanto às pessoas jurídicas de direito público, qualquer de suas repartições no território da entidade tributante". A Secretaria da Receita Federal do Brasil, por exemplo, é um órgão da Administração Direta da União. Este órgão utiliza veículos automotores para que cumpra suas funções de maneira adequada. Muito embora não deva recolher o imposto sobre a propriedade de veículos automotores (IPVA), em virtude da imunidade genérica à qual faz jus nos termos do artigo 150, VI, a, da CF/1988, pode ser constrangida ao pagamento de eventual taxa relativa à prestação de determinado serviços público ou fiscalização ambiental. Nesse caso, *se não houve opção pelo domicílio tributário*, o Estado-Federado, isto é, o sujeito ativo da taxa, pode encaminhar a cobrança para *qualquer repartição* da Receita Federal que esteja situada em seu território.

B) Regras excepcionais

Pois bem, o sujeito passivo tem o direito de escolher seu domicílio tributário. Esta é a regra. Na ausência de escolha, o próprio CTN fixa as normas que devem ser aplicadas, conforme o sujeito passivo seja pessoa natural ou pessoa jurídica de direito privado ou público.

Pode acontecer, no entanto, que seja impossível aplicar mesmo as regras de exceção. Quer dizer, tratando-se de pessoa natural, por exemplo, não se consegue identificar sua residência habitual ou o centro habitual de suas atividades.

Em casos como estes, isto é, nas hipóteses em que são inaplicáveis a regra geral prevista no *caput* e as exceções previstas nos incisos, determina o artigo 127, § 1º, do CTN: "Quando não couber a aplicação das regras fixadas em qualquer dos incisos deste artigo, considerar-se-á como domicílio tributário do contribuinte ou responsável o lugar da situação dos bens ou da ocorrência dos atos ou fatos que deram origem à obrigação".

Três são, portanto, as informações importantes:

- *Impossibilidade de aplicação da regra geral e das exceções* – O art. 127, § 1º, do CTN, deve ser aplicado apenas nas hipóteses em que não é possível a aplicação da regra geral e das normas de exceção. Aplicável uma ou outra, não tem lugar o dispositivo em comento;
- *O lugar da situação dos bens* – Imagine-se que certa empresa tenha adquirido um bem imóvel em determinado Município. A empresa não fez opção pelo domicílio tributário e o local de sua sede é desconhecido. Por outro lado, também não possui qualquer estabelecimento no Município em que se situa o imóvel. Nesse caso, considera-se domicílio tributário o "lugar da situação do bem", isto é, a localidade onde se situa o bem imóvel;
- *Lugar de ocorrência dos atos ou fatos que deram origem à obrigação* – Suponha-se que a mesma empresa tenha adquirido veículo automotor em determinado Estado da federação, uma vez que as alíquotas do IPVA, ali, são mais baixas. Se não fez opção pelo domicílio tributário e se não há informação quanto à sede ou estabelecimento da pessoa jurídica, considera-se como tal o "lugar de ocorrência do fato que deu origem à obrigação", isto é, o território do próprio Estado e do Município por onde o veículo foi licenciado.

C) Recusa do domicílio tributário eleito

Finalmente, de acordo com o artigo 127, § 2º, do CTN, "a autoridade administrativa pode recusar o domicílio eleito quando impossibilite ou dificulte a arrecadação ou a fiscalização do tributo, aplicando-se então a regra do parágrafo anterior".

Suponha-se que determinada empresa tenha escolhido como domicílio tributário uma cidade situada em extremo distante do nosso país, de difícil acesso, o que não é incomum em certas regiões do Brasil. Dependendo da circunstância, pode-se deduzir que se trata de expediente utilizado para dificultar a arrecadação ou fiscalização do tributo.

Em casos como esses, a autoridade administrativa está autorizada a *recusar o domicílio eleito*. Aplica, então, a regra do artigo 127, § 1º, do CTN, isto é, considera-se "domicílio tributário do contribuinte ou responsável o lugar da situação dos bens ou da ocorrência dos atos ou fatos que deram origem à obrigação".

Algumas observações são importantes:

- *Razoabilidade e proporcionalidade* – A recusa da Administração Tributária deve estar fundada em critérios razoáveis e proporcionais. Caso o domicílio tributário escolhido pelo sujeito passivo seja, de fato, distante e de difícil acesso, mas esteja relacionado com a natureza da atividade que desenvolve, não parece razoável a recusa por parte da Administração. Deve-se analisar caso a caso, para saber se a recusa é legítima ou não;
- *Contraditório e ampla defesa* – Muito embora o CTN não mencione, parece-nos que a recusa de domicílio não pode ser ato unilateral da Administração Pública. Deve-se instaurar procedimento adequado, em que se assegure ao sujeito passivo contraditório e ampla defesa, até para que se possa expor as razões pelas quais escolheu este ou aquele lugar como domicílio tributário. Somente depois da análise das razões é que se pode saber se a recusa se funda em critérios razoáveis e proporcionais.

A autorização dada pelo CTN para que a autoridade administrativa recuse o domicílio tributário funda-se no *princípio da praticidade da tributação* ou *praticidade fiscal*. Dentre várias alternativas possíveis, opta-se pela mais ágil e menos onerosa aos cofres públicos, observados, claro, os direitos do sujeito passivo tributário.

SÚMULAS DO STF E DO STJ:

SÚMULA STF

Súmula vinculante nº 31 – "É inconstitucional a incidência do imposto sobre serviços de qualquer natureza – ISS sobre operações de locação de bens móveis".

Súmula vinculante nº 32 – "O ICMS não incide sobre alienação de salvados de sinistro pelas seguradoras".

Súmula vinculante nº 48 – "Na entrada de mercadoria importada do exterior, é legítima a cobrança do ICMS por ocasião do desembaraço aduaneiro".

SÚMULA STJ

Não há.

SÍNTESE DOS PRINCIPAIS ENTENDIMENTOS JURIPRUDENCIAIS

"A instrução normativa 73/96 estabelece apenas os regramentos administrativos para a apresentação das DCTF's, revelando-se perfeitamente legítima a exigibilidade da obrigação acessória, não havendo que se falar em violação ao princípio da legalidade [...]" (STJ. 1ª T. EDcl no AgRg no REsp 507467/PR. Rel. Min. Luiz Fux. DJ 09.12.2003).

"No caso ***sub judice***, houve a declaração de nulidade do negócio jurídico de compra e venda de imóvel entabulado pelas partes, sem que houvesse dolo do recorrido, tendo-se desfeito o fato gerador do ITBI. Desse modo, nada mais justo que o restabelecimento do ***status quo ante***, para que não haja enriquecimento ilícito do Estado. Na hipótese dos autos trata da declaração de nulidade do próprio fato que gerou a exação, o que não originou benefício econômico para a parte. Recurso Especial não provido" (REsp 1493162/DF, Rel. Ministro HERMAN BENJAMIN, SEGUNDA TURMA, julgado em 25/11/2014, DJe 19/12/2014).

"A exoneração tributária dos resultados econômicos de fato criminoso – antes de ser corolário do princípio da moralidade – constitui violação do princípio de isonomia fiscal, de manifesta inspiração ética" (STF, HC 77.530/RS, Primeira Turma, 1998).

25

RESPONSABILIDADE TRIBUTÁRIA

25.1 CONCEITO DE RESPONSABILIDADE TRIBUTÁRIA

O sujeito passivo da obrigação tributária principal é a pessoa obrigada ao pagamento do tributo ou da penalidade pecuniária. De acordo com o Código (art. 121), duas são as possíveis figuras:

- *Contribuinte* – É a pessoa que mantém relação pessoal e direta com a situação que constitui o respectivo fato gerador. Quando a pessoa obrigada ao pagamento do tributo ou multa tiver praticado o fato gerador, é considerado *contribuinte* e deve ser tratado como tal;
- *Responsável* – É aquele que, *sem revestir a condição de contribuinte*, tem o dever de recolher o tributo ou multa em razão de disposição expressa de lei. Considera-se *responsável* a pessoa obrigada à extinção do crédito tributário sem que tenha praticado o fato gerador. A condição de responsável é atribuída expressamente por lei.

O objeto de nosso estudo neste capítulo é esta última figura: o responsável tributário. É importante compreender que este (o responsável) está tão obrigado ao recolhimento do tributo ou da multa quanto o contribuinte. O que os diferencia é que o segundo pratica o fato gerador, enquanto o primeiro não.

Isso não significa, contudo, que a prática do fato gerador seja irrelevante. Pelo contrário. Vimos que a obrigação tributária principal surge com a ocorrência deste. Logo, se não existe fato gerador, também não existe obrigação tributária principal, e, consequentemente, tributo ou multa a serem recolhidos.

Por outro lado, praticado o fato gerador, certamente há contribuinte. Para saber se há responsável ou não é preciso verificar a existência de lei que designe sua presença.

Assim, sujeito passivo da obrigação principal é a pessoa que tem o dever de efetuar o pagamento do tributo ou da multa. Tendo praticado o fato gerador, designa-se *contribuinte*; se não o praticou e existe lei estipulando sua presença no polo passivo da relação, então se designa *responsável*.

Nesse sentido, o art. 128 do CTN prevê:

> **CTN, art. 128.** Sem prejuízo do disposto neste capítulo, a lei pode atribuir de modo expresso a responsabilidade pelo crédito tributário a terceira pessoa, vinculada ao fato gerador da respectiva obrigação, excluindo a responsabilidade do contribuinte ou atribuindo-a a este em caráter supletivo do cumprimento total ou parcial da referida obrigação.

O dispositivo estabelece *cláusula geral de responsabilidade tributária*. Em outras palavras, os vínculos de responsabilidade eventualmente previstos nas legislações da União, Estados, Distrito Federal e Municípios, dentro de suas respectivas competências, devem estrita observância às normas elencadas no CTN.

Em algumas circunstâncias, o CTN estabelece apenas orientações gerais a serem observadas, como no caso da responsabilidade por substituição. Em outras, existem regras específicas, como no caso da responsabilidade por sucessão. Uma vez que o Código é lei de normas gerais, impõe-se sua observância pelas legislações dos quatro entes federativos, nos termos do artigo 146 da CF/1988.

Vejamos, pois, de forma esquematizada, as determinações do art. 128:

- *Observância das regras previstas no CTN* – A expressão "sem prejuízo do disposto neste capítulo" significa que as leis dos quatro entes federativos podem dispor sobre responsabilidade tributária. Devem, no entanto, estrita *obediência* aos artigos do CTN que versam sobre o assunto. Estes prevalecem em face de legislação federal, estadual, distrital ou municipal eventualmente contrária;
- *Previsão expressa em lei* – De acordo com o artigo 128, "a lei pode atribuir de modo expresso a responsabilidade pelo crédito tributário a terceira pessoas". O artigo 121, parágrafo único, II, do CTN, já consignou que responsável é o sujeito passivo cuja obrigação de pagar o tributo ou a multa *decorre de disposição expressa de lei*. A cláusula geral de responsabilidade, portanto, não faz mais do que reafirmar essa garantia das pessoas naturais ou jurídicas de que apenas serão designadas como responsáveis por obrigações tributárias desde que exista *lei em sentido estrito*. Ademais, a lei deve atribuir a responsabilidade de modo *expresso*, ou seja, não se admite a fixação da qualidade de responsável por meio de analogia, interpretação extensiva ou presunção. A lei deve ser clara ao atribuir a responsabilidade a esta ou aquela pessoa. Assim, União, Estados, Distrito Federal e Municípios têm autonomia para disciplinar os vínculos de responsabilidade, entretanto, além de observar o CTN, devem dispor sobre o assunto por meio de lei federal, estadual, distrital ou municipal e de maneira expressa:
- *Vinculação ao fato gerador* – A obrigação tributária principal surge com a prática do fato gerador. Este, por sua vez, é desencadeado pelo contribuinte, pessoa que tem relação pessoal e direta com a situação que o constitui. Por

isso, em princípio, a relação jurídica tributária tem como partes *duas* pessoas: o Estado, como sujeito ativo, e o contribuinte, como sujeito passivo. O artigo 128, como se percebe, autoriza que um *terceiro* seja colocado na sujeição passiva da obrigação principal. Alguém que, embora não tenha praticado o fato gerador, tem, por virtude de lei, o dever de pagar o tributo ou a multa. O dispositivo, entretanto, faz uma *ressalva* importante: *o terceiro, responsável, deve ser pessoa vinculada ao fato gerador da respectiva obrigação*. Quer dizer, o responsável não pode ser *qualquer* pessoa, escolhida pelo legislador ao acaso. Deve ser pessoa natural ou jurídica que, de alguma maneira, esteja vinculada ao fato ou conduta geradores da respectiva obrigação. Suponha-se os funcionários de uma empresa. Recebem normalmente seus salários ao fim do mês, de maneira que auferem "acréscimo patrimonial". Praticam, portanto, o fato gerador do imposto sobre a renda (IR). São os contribuintes desse tributo. A lei, contudo, pode atribuir à empresa a qualidade de *responsável*, isto é, o dever de recolher o imposto em substituição a seus funcionários. A empresa, como se percebe, está *vinculada ao fato gerador da obrigação tributária*, uma vez que efetua mensalmente o pagamento de salários. Cabe a ela, portanto, ao efetuar o pagamento, descontar a quantia relativa ao IR e recolhê-la aos cofres públicos. Se não o fizer, incorrerá em sanções previstas na legislação;

- *Exclusão da responsabilidade ou responsabilidade supletiva* – Em princípio, o dever de recolher o tributo ou a multa pertence ao contribuinte, isto é, à pessoa que praticou o fato gerador da respectiva obrigação. O artigo 128, contudo, permite que tal dever seja atribuído a terceira pessoa, chamada de responsável. Quer dizer, a incumbência quanto ao pagamento do tributo ou da multa pode ser atribuída a pessoa que não praticou o fato gerador, apontada de maneira expressa na lei, desde que tenha relação com a situação ou conduta que constitui o fato gerador. Nos termos do dispositivo, portanto, a lei pode determinar:
    - *Exclusão do dever do contribuinte* – A lei pode retirar do contribuinte o dever de recolhimento do tributo ou da multa, atribuindo-o exclusivamente ao responsável. Caso este não efetue o pagamento, estará sujeito às sanções fixadas em lei. Nesse caso, o contribuinte não tem qualquer dever perante o Fisco;
    - *Dever supletivo do contribuinte* – A lei pode atribuir ao contribuinte o dever *supletivo* de efetuar o pagamento do tributo ou da multa. O contribuinte completa o dever atribuído ao responsável. É o caso da chamada responsabilidade subsidiária. Dessa forma, ambas as figuras garantem o crédito tributário: o responsável e o contribuinte. O CTN abre a possibilidade de que as leis dos entes federativos prevejam de que maneira devem relacionar-se o dever do contribuinte e do responsável.

As sociedades contemporâneas são extremamente complexas. A economia capitalista do século XXI viabiliza uma série infinita de transações econômicas entre pessoas naturais e jurídicas, nacionais e internacionais. A multiplicidade de fatos geradores que ocorrem diuturnamente é de tal magnitude que torna cada vez mais difícil o controle, por parte da Administração Pública, de todos os tributos que devem ser recolhidos pelos contribuintes. O vínculo de responsabilidade tributária desponta como mecanismo que viabiliza e facilita a arrecadação por parte da fiscalização.

Suponha-se que centenas de produtores de leite vendam suas mercadorias a alguns laticínios. O que é mais fácil? Fiscalizar todos os produtores, cada qual em suas propriedades agrícolas embrenhadas no meio rural ou atribuir aos laticínios a responsabilidade pelo cumprimento das obrigações tributárias dos produtores?

Obviamente, atribuir o dever de recolher o tributo aos laticínios facilita, simplifica e torna muito mais eficiente a fiscalização e arrecadação do crédito tributário. Assim, três são as razões que justificam a adoção do mecanismo de responsabilidade tributária:

- a necessidade/obrigação de arrecadar;
- a praticidade do vínculo de responsabilidade;
- eficiência do procedimento.

Uma vez que a Administração Pública não pode ser onipresente, isto é, estar em toda parte e em todos os momentos em que ocorrem fatos geradores, a lei autoriza que se atribua aos particulares certos deveres que têm como objetivo viabilizar e tornar eficiente a fiscalização e arrecadação de tributos e multas.

Responsabilidade tributária, portanto, é o vínculo jurídico que resulta de lei, por meio da qual se transfere, de forma expressa, o dever de recolher o tributo ou a multa a terceira pessoa vinculada ao fato gerador da obrigação principal, de forma que o dever do contribuinte, relativo ao cumprimento total ou parcial da obrigação, é inteiramente excluído ou compartilhado com o responsável.

Para finalizar, enfrentemos uma questão que atormenta a doutrina. Consiste em saber se o vínculo de responsabilidade admite a transferência do dever de recolhimento da *multa* também. Quanto ao *tributo* não há maiores problemas, porque o núcleo da obrigação principal certamente é esta prestação pecuniária que provém de conduta lícita. A *penalidade*, como sabemos, provém de conduta *ilícita*. Aí reside o problema.

A relevância da distinção está em que a multa, por ser sanção de ato ilícito, tem natureza *punitiva*, isto é, tem como finalidade punir e prevenir a ocorrência de ilícitos. A multa não tem como finalidade viabilizar a arrecadação de recursos financeiros, como é o caso do tributo. Seu objetivo é punir o infrator, submetê-lo a sanção pelo descumprimento do dever.

Ocorre que a disciplina jurídica das sanções se submete ao *princípio da pessoalidade e individualidade da pena*, previsto no artigo 5º, XLV e XLVI, da CF/1988. Isso significa que as sanções devem alcançar apenas a *pessoa do infrator* e ajustarem-se a suas *características específicas*. Apenas assim viabilizam, de fato, sua ressocialização. Não faz muito sentido que alcancem um terceiro, que não teve qualquer participação na adoção da conduta violadora das normas jurídicas.

Desse modo, a ideia de se *transferir* o dever relativo ao recolhimento das multas a um terceiro comprometeria, em princípio, a validade desses dois postulados.

O problema é que o artigo 128 do CTN autoriza a atribuição da responsabilidade a terceira pessoa pelo *crédito tributário*. Ao mencionar "crédito tributário", de maneira geral, o Código admite a presunção de que se trata do crédito que provém dos tributos *ou* das multas, a critério do legislador.

Além do mais, ao longo das seções que tratam da responsabilidade tributária de forma específica, isto é, os casos disciplinados pelo próprio Código e que, portanto, devem ser observados pelos entes federativos, o legislador vale-se indistintamente das expressões "crédito tributário", "tributos" e "penalidades".

Isso remete o intérprete à conclusão de que existem situações particulares, em que ora se deve compreender a responsabilidade por tributos, ora por multas, ora por ambas as prestações pecuniárias. Isso, evidentemente, produz insegurança jurídica.

A propósito do assunto, Luís Eduardo Schoueri anota: "Evidencia-se, daí, que nem sempre a responsabilidade terá idêntica extensão, já que *tributo* é expressão definida no artigo 3º do Código Tributário Nacional que exclui, expressamente, sanções por ato ilícito, enquanto *crédito tributário* tem a mesma natureza da obrigação principal (artigo 139 do Código Tributário Nacional) e este, por sua vez, tem por objeto o pagamento de tributo ou penalidade pecuniária (artigo 133, § 1º do Código Tributário Nacional). Como a responsabilidade é matéria que necessariamente decorre expressamente da lei (artigo 121, parágrafo único, I, do Código Tributário Nacional), parece acertado o raciocínio de que se o legislador complementar se refere a responsabilidade por *tributo*, não se pode ali entender compreendido o *crédito tributário*, já que, afinal, por diversas vezes o legislador complementar utilizou a última expressão" (SCHOUERI, 2012, p. 520).

Não bastasse isso, a jurisprudência, em especial a do Superior Tribunal de Justiça, interpreta os dispositivos do CTN de forma muito "peculiar". Atribui sentidos que, muitas vezes, parecem não remontar ao texto do Código. Por vezes se compreende que a responsabilidade alcança as *multas*, nas hipóteses em que o CTN fala apenas em *tributos* e vice-versa.

Cabe-nos, portanto, apresentar o tema da responsabilidade tributária de forma a albergar também as decisões judiciais que, ao final, compõem os sentidos jurídicos concretos que vinculam os sujeitos passivos tributários. Por isso, talvez seja o caso de afirmar que não há uma regra geral no caso da extensão da responsabilidade tributária. Se o leitor ou leitora insistirem em uma orientação básica, seja-nos permitido dizer que, como regra, a transferência da responsabilidade refere-se apenas aos créditos que decorrem dos tributos. As multas, como regra, não comportam transferência da responsabilidade. De qualquer maneira, à luz dos posicionamentos do STJ, é preciso verificar caso a caso.

25.2 ESPÉCIES DE RESPONSABILIDADE TRIBUTÁRIA

A doutrina assinala duas espécies ou modalidades de responsabilidade tributária:

- *Responsabilidade por substituição* – Na responsabilidade por substituição, o responsável, também chamado *substituto tributário*, fica obrigado ao pagamento do tributo desde o momento em que o contribuinte pratica o fato gerador. Em outras palavras, a prática do fato gerador pelo contribuinte faz surgir imediatamente para o substituto a obrigação tributária principal, isto é, o dever de recolher as quantias devidas aos cofres públicos. Luciano Amaro esclarece: "Na substituição, a lei desde logo põe o 'terceiro' no lugar da pessoa que naturalmente seria definível como contribuinte, ou seja, a obrigação tributária já nasce com seu polo passivo ocupado por um *substituto legal tributário*" (AMARO, 2011, p. 333). A substituição tributária pode ser dividida em:

- *Substituição tributária ordinária ou comum* – Corresponde ao conceito acima assinalado. O contribuinte pratica o fato gerador e o dever de recolhimento do tributo surge imediatamente para o substituto, com exclusão do dever daquele. É chamada de ordinária ou comum porque foi o primeiro modelo adotado pela legislação brasileira;
- *Substituição tributária progressiva ou "para frente"* – Ocorre nos casos em que a lei determina que o substituto tributário recolha o tributo por fato gerador que *ainda não ocorreu, mas ocorrerá no futuro*. Aplica-se, como regra, aos tributos que incidem sobre a cadeia produtiva, como o IPI ou o ICMS. Sabe-se que o fato gerador ocorrerá no futuro com altíssima probabilidade (por isso se chama *fato gerador presumido*), razão pela qual se impõe ao substituto, antes da ocorrência do evento, o recolhimento do tributo;
- *Substituição tributária regressiva ou "para trás"* – Ocorre nos casos em que a lei determina que o substituto tributário recolha o tributo por fato gerador que *já ocorreu, isto é, que teve lugar no passado*. Aplica-se também, como regra, aos tributos que incidem sobre a cadeia produtiva, como o IPI e o ICMS. Se vários produtores de café entregam suas colheitas em determinado estabelecimento empresarial, este pode ser considerado substituto tributário. Fará o recolhimento do ICMS relativo aos fatos geradores que *ocorreram* no passado, quando os produtores entregaram a mercadoria no estabelecimento;

- *Responsabilidade por transferência* – Na responsabilidade por transferência, o dever de recolhimento do tributo surge normalmente para o contribuinte. Se este, por qualquer razão, não cumpre seu dever, isto é, não recolhe a quantia devida, então o dever *transfere-se* a um terceiro que terá de efetuar o pagamento. Há um *evento* que desloca a obrigação do contribuinte para o responsável. Em outras palavras, o contribuinte pratica o fato gerador, o dever de recolhimento surge para ele, contribuinte, que, no entanto, não o cumpre; ocorre então um evento jurídico que opera a transferência desse dever a um terceiro. É o que se passa quando alguém adquire um automóvel com IPVA atrasado. Neste caso o imposto refere-se a fato gerador que ocorreu quando o antigo proprietário era contribuinte, tinha o dever de recolher o imposto, mas não o fez. Pelo mecanismo da responsabilidade por transferência o novo proprietário torna-se responsável pelo pagamento do tributo atrasado. De acordo com o CTN, a responsabilidade por transferência divide-se em:

- *Responsabilidade dos sucessores* – São situações em que o contribuinte praticou o fato gerador, o dever de recolher o tributo surgiu para ele, contudo, em razão de alguma circunstância específica, como, por exemplo, seu falecimento, a responsabilidade é atribuída a um terceiro, seu sucessor. Encontra-se disciplinada nos artigos 130 a 133 do CTN;
- *Responsabilidade de terceiros* – São situações em que certas pessoas respondem pelo crédito tributário em razão de ações ou omissões que contrariam deveres legais ou contratuais. É o caso, por exemplo, da responsabilidade dos pais por tributos devidos pelos filhos menores nas circunstâncias em que intervieram ou nas que, muito embora tivessem o dever de agir, permaneceram omissos. Está prevista nos artigos 134 e 135 do CTN. Registre-se que há divergência na doutrina quanto ao exato enquadramento deste último.

APROFUNDANDO! RESPONSABILIDADE TRIBUTÁRIA E SUCESSÃO

Alguns autores entendem que a solidariedade tributária, já estudada, classificar-se-ia como responsabilidade por transferência. Nesse sentido, Ricardo Lobo Torres exemplifica: "Rubens Gomes de Souza (*op. cit.*, p. 66), que foi um dos autores do CTN, dizia que 'a sujeição passiva indireta se apresenta sob duas modalidades: transferência e substituição; por sua vez, a transferência comporta três hipóteses: solidariedade, sucessão e responsabilidade'" (TORRES, 2011, p. 264). Não concordamos com esse ponto de vista porquanto solidariedade remete à ideia de compartilhamento da sujeição passiva, o que não ocorre nos casos de responsabilidade por transferência. Nestes casos, o dever de recolhimento surge primeiro para o contribuinte e apenas depois se transfere ao responsável. Há uma espécie de "benefício de ordem". Na solidariedade não existe esta precedência, pois a dívida pode ser cobrada de qualquer das pessoas que ocupe o polo passivo da relação. Este argumento parece ganhar força quando se constava que o próprio CTN não trata da solidariedade no capítulo V, referente à responsabilidade tributária, mas no capítulo IV, que trata de sujeição passiva. De qualquer maneira, fica registrada a classificação, adotada por alguns autores, no sentido de que a responsabilidade por solidariedade enquadrar-se-ia na modalidade de responsabilidade por transferência. Diga-se, aliás, que, para fins de concurso público, esta talvez seja a melhor opção, haja vista que é a classificação apontada como correta por Eduardo Sabbag. A propósito da responsabilidade por transferência, o autor observa: "Esta comporta três situações possíveis: a *responsabilidade por solidariedade*, a *responsabilidade dos sucessores* e a *responsabilidade de terceiros*, conforme será estudado adiante" (SABBAG, 2014, p. 726).

25.3 RESPONSABILIDADE POR SUBSTITUIÇÃO

A economia de mercado é extraordinariamente dinâmica e complexa. Os negócios multiplicam-se com tamanha velocidade que seria simplesmente irreal admitir a possibilidade de a Administração Tributária fiscalizar todos os fatos potencialmente desencadeadores de obrigações tributárias. Nesse contexto, a responsabilidade por substituição é uma realidade inafastável dos sistemas de fiscalização modernos.

A) Substituição tributária comum ou ordinária

Na substituição tributária o contribuinte pratica o fato gerador, mas o dever de recolhimento do tributo surge imediatamente para o terceiro, substituto. Quer dizer, a lei determina que, uma vez ocorrido o fato gerador, o dever de recolhimento do tributo venha à tona desde logo para o responsável com exclusão da obrigação para o contribuinte.

Alfredo Augusto Becker explica: "Existe substituto legal tributário toda a vez em que o legislador escolher para sujeito passivo da relação jurídica tributária um outro qualquer indivíduo em substituição daquele determinado indivíduo de cuja renda ou capital a hipótese de incidência é fato-signo presuntivo. Em síntese: se em lugar daquele determinado indivíduo (de cuja renda ou capital a hipótese de incidência é signo presuntivo) o legislador escolheu para sujeito passivo da relação tributária um outro qualquer indivíduo, este outro qualquer indivíduo é o substituto legal tributário" (BECKER, 2010, p. 589, 590).

Obviamente, não apenas os indivíduos, como também e principalmente as empresas podem figurar como substitutos tributários. Será substituto, portanto, a pessoa natural ou jurídica designada em lei como responsável pelo recolhimento do tributo no lugar do contribuinte, isto é, daquele que praticou o fato gerador.

Exemplo típico de responsabilidade por substituição dá-se no caso do imposto sobre a renda e proventos de qualquer natureza (IR). Trata-se, aliás, da chamada *substituição comum ou ordinária*, primeiro modelo adotado pela legislação. O art. 45, parágrafo único, do CTN, determina:

> **CTN, art. 45**. [...]
> Parágrafo único. A lei pode atribuir à fonte pagadora da renda ou dos proventos tributáveis a condição de responsável pelo imposto cuja retenção e recolhimento lhe caibam.

Assim, a empresa que efetua o pagamento dos salários de seus empregados fica responsável, na qualidade de substituto tributário, pelo recolhimento do imposto sobre a renda (IR) cujos contribuintes são os trabalhadores. Note-se: (1) quem pratica o fato gerador é o empregado, em razão do acréscimo patrimonial que provém da percepção do salário (ele é o contribuinte); (2) a capacidade contributiva perseguida é a deste último e não da empresa, razão pela qual se deve aplicar as alíquotas adequadas à sua faixa de renda.

Finalmente, o fundamento de validade da substituição tributária comum ou ordinária encontra-se no artigo 128 do CTN. O dispositivo, como vimos, determina:

> **CTN, art. 128.** Sem prejuízo do disposto neste capítulo, a lei pode atribuir de modo expresso a responsabilidade pelo crédito tributário a terceira pessoa, vinculada ao fato gerador da respectiva obrigação, excluindo a responsabilidade do contribuinte ou atribuindo-a a este em caráter supletivo do cumprimento total ou parcial da referida obrigação.

Perceba-se que a lei pode atribuir a responsabilidade tributária a terceira pessoa, *excluindo a responsabilidade do contribuinte.* Essa exclusão é justamente o elemento fundamental da substituição tributária. O substituto, como vimos, responde, ele mesmo, pelos tributos decorrentes da prática do fato gerador pelo contribuinte.

B) Substituição tributária progressiva ou "para frente"[1]

A substituição tributária progressiva ou "para a frente" é mecanismo fundamental no contexto das relações econômicas estruturadas em cadeias que ligam o produtor ao consumidor final, passando pelo distribuidor de produtos, mercadorias e serviços.

a) *Conceito*

Fala-se em substituição tributária progressiva ou "para frente" sempre que o responsável, o substituto tributário, tem o dever de recolher tributo cujo fato gerador ainda *não ocorreu*, mas que ocorrerá, no futuro, com razoável grau de certeza. A lei atribui ao substituto a responsabilidade pelo recolhimento de tributo relativo a *fato gerador presumido*, isto é, *fato gerador ainda não praticado*, mas que se sabe que ocorrerá, com elevadíssimo grau de probabilidade.

É importante compreender que o fato gerador presumido, ou seja, aquele que deverá ocorrer no futuro, será praticado *pelo contribuinte* e não pelo responsável. O substituto deve recolher, hoje, tributo relativo a fato imponível que será praticado, no futuro, pelo contribuinte, pessoa que tem relação pessoal e direta com a situação que constitui o respectivo fato gerador. Portanto, na substituição tributária progressiva o *recolhimento é antecipado*. Justamente por isso o *substituto* é *responsável tributário*, porque mantém apenas uma relação *indireta* com a situação que constitui o fato gerador.

A substituição tributária "para frente" é sistemática adotada com frequência no caso de tributos multifásicos ou plurifásicos. Tais são os gravames que incidem sobre toda a cadeia produtiva, em operações sucessivas.

Tome-se, por exemplo, a produção e comercialização de bebidas alcoólicas. Sabe-se que a indústria cervejeira reúne as matérias-primas necessárias e elabora o produto final, a cerveja engarrafada. A indústria vende a cerveja para o distribuidor; este, por sua vez, vende o produto ao comerciante; que, finalmente, revende a cerveja ao consumidor final.

Pois bem, são três operações econômicas de venda e compra, portanto, três circulações de mercadorias. Logo, três são os fatos geradores relativos ao imposto sobre a circulação de mercadorias (ICMS). Por isso, o ICMS é multifásico ou plurifásico. Incide em várias fases da cadeia econômica.

Na primeira circulação, a indústria é o contribuinte; na segunda, o distribuidor; na terceira, o comerciante. São todos contribuintes do ICMS porque cada um pratica o fato gerador em determinado momento da cadeia.

Pensando em termos de *praticidade da tributação*, entretanto, parece que seria mais fácil recolher diretamente da indústria não só o ICMS relativo ao fato gerador que *ela* pratica enquanto *contribuinte*, como também o imposto que os *outros* contribuintes, distribuidor e comerciante, praticarão no futuro.

---

1. Súmula 654 do STJ. A tabela de preços máximos ao consumidor (PMC) publicada pela ABCFarma, adotada pelo Fisco para a fixação da base de cálculo do ICMS na sistemática da substituição tributária, não se aplica aos medicamentos destinados exclusivamente para uso de hospitais e clínicas. Referências Legislativas: CÓDIGO TRIBUTÁRIO NACIONAL ART:148. SUM DO STJ: 431.

Ora, sabe-se que a cerveja é produzida para ser vendida finalmente ao consumidor, e não ao distribuidor ou ao comerciante. Pode-se presumir, com razoável certeza, que o distribuidor venderá a cerveja ao comerciante e que este revenderá ao consumidor.

A lei, portanto, pode atribuir à indústria a responsabilidade pelo recolhimento do seu ICMS, na qualidade de *contribuinte*, e do imposto relativo aos fatos geradores que ocorrerão no futuro, fato geradores presumidos. Neste último caso, ela, a indústria, atua como substituto tributário, quer dizer, recolhe antecipadamente o tributo relativo aos fatos geradores que serão praticados por outros contribuintes (distribuidor e comerciante).

Daí a denominação de substituição tributária progressiva ou "para frente", porque refere-se a fato gerador que deve ocorrer no futuro.

O leitor ou a leitora deve pensar neste momento: mas então a indústria sofrerá prejuízo, pois, além do *seu* ICMS, deve recolher o imposto dos *outros* contribuintes?

Não há prejuízo porque a indústria repassa para o preço final do produto o valor que deve recolher. Ela poderia vender a cerveja a R$ 8,00 (oito reais). Vende-a, entretanto, pelo preço de R$ 10,00 (dez reais). Acresce R$ 0,50 (cinquenta centavos) relativo ao seu ICMS, isto é, o imposto que deve recolher como contribuinte, e mais R$ 1,50 (um real e cinquenta centavos) relativo aos dois ICMS que serão recolhidos como substituta tributária.

Luís Eduardo Schoueri observa: "Vê-se daí que a substituição tributária 'para frente' adapta-se aos tributos plurifásicos sobre o consumo, quando um agente econômico recolhe, ao lado do tributo devido em nome próprio (i.e., em virtude da situação imputável ao próprio agente), outro montante, a título de antecipação daquele tributo que poderá vir a ser devido quando o produto passar pelas etapas seguintes de produção de comercialização. O referido agente econômico será, portanto, sujeito passivo na qualidade de contribuinte, no que se refere ao primeiro montante e na qualidade de substituto, no montante concernente ao fato presumido" (SCHOERI, 2012, p. 512).

Em suma, a substituição tributária "para frente" é técnica legal de antecipação do recolhimento de tributos plurifásicos. Sabe-se que os fatos geradores devem ocorrer no futuro, e, portanto, antecipa-se o recolhimento dos respectivos valores, atribuindo a terceiro a qualidade de responsável como substituto tributário.

C) *Fundamento constitucional de validade*

Os entes federativos têm plena autonomia para estabelecer os mecanismos de substituição tributária "para frente" relativos aos tributos de sua competência. Devem, contudo, observar as disposições da Constituição Federal e do CTN.

Quanto ao último, vimos que o fundamento de validade da substituição tributária encontra-se no artigo 128. Cabe agora analisar o dispositivo constitucional que a legitima. O artigo 150, § 7º, da CF/1988, acrescentado pela EC nº 03/1993, determina:

CF, art. 150. [...]

§ 7º. A lei poderá atribuir a sujeito passivo de obrigação tributária a condição de responsável pelo pagamento de imposto ou contribuição, cujo fato gerador deva ocorrer posteriormente, assegurada a imediata e preferencial restituição da quantia paga, caso não se realize o fato gerador presumido.

Vejamos de maneira esquematizada:

- *Reserva de lei* – A substituição tributária para frente deve estar prevista em lei em sentido formal. Cada ente federativo tem autonomia para instituí-la, entretanto, deve fazê-lo por meio de lei em sentido estrito;
- *Imposto ou contribuição* – A Constituição autoriza o mecanismo de substituição tributária para frente apenas no que toca aos *impostos* e *contribuições*. De fato, os impostos são tributos cuja obrigação decorre de fato gerador desvinculado de qualquer atividade estatal direcionada de forma singular ao contribuinte. As contribuições, por sua vez, definem-se pela finalidade de sua instituição, qual seja, viabilizar a atuação da União em uma área específica dentre aquelas apontadas pelo artigo 149 da CF/1988. Logo, impostos e contribuições são os tributos que têm vocação para a incidência plurifásica. A substituição tributária para frente implica a existência de fato gerador *presumido*. É preciso, portanto, que haja uma cadeia de incidências para que o recolhimento possa ser antecipado;
- *Fato gerador presumido* – De acordo com o dispositivo, o terceiro fica responsável por *fato gerador que deve ocorrer posteriormente*. O substituto recolhe o valor relativo ao imposto ou contribuição *antes* da ocorrência do fato imponível. Por isso se diz que o fato gerador é *presumido*. "Presume-se" que ocorrerá no futuro e recolhe-se antecipadamente o respectivo valor. Neste caso a base de cálculo do imposto ou contribuição também é "presumida". Ora, uma vez que o fato gerador ocorrerá no futuro, é possível que o valor tomado como base seja diferente. No exemplo citado, ninguém pode saber, com absoluta certeza, por qual preço será vendida a cerveja. Pode ser vendida por R$ 10,00 (dez reais) ou por R$ 1,00 (um real), a depender das circunstâncias de escassez e concorrência. Não importa. A lei "presume" uma base de cálculo como provável, e, a partir deste valor, o substituto deve recolher o imposto ou a contribuição;
- *Imediata e preferencial restituição da quantia paga caso não se realize o fato gerador presumido* – Ora, presume-se a ocorrência do fato gerador. Entretanto, pode ser que, na realidade, ele não ocorra. Como agir nessa situação? Imagine-se, no nosso exemplo, que o caminhão que transportava as caixas de cerveja da indústria para o distribuidor tenha tombado na rodovia em virtude de uma tempestade. Perdeu-se toda a mercadoria. Nesse caso, fica claro que os fatos geradores presumidos, quer dizer, a venda da cerveja do distribuidor para o comerciante, e, depois, a revenda para o consumidor final, nunca ocorrerão. O substituto tributário (a indústria), nesse caso, fica com o prejuízo? *Nessas hipóteses, em que o fato gerador presumido não se realiza, garante-se a imediata e preferencial restituição da quantia paga*. O pedido de restituição, isto é, de devolução pode dar-se em âmbito administrativo ou judicial, conforme o caso.

Houve muito questionamento da doutrina quanto à constitucionalidade da EC nº 03/93. Os principais argumentos podem ser resumidos da seguinte maneira:

- *Tributação de fato futuro* – A substituição tributária progressiva seria inconstitucional porque ensejaria a tributação de fato futuro. Tributa-se hoje fato gerador que ainda vai ocorrer, de maneira que surge a obrigação tributária sem que, antes, o fato imponível tenha se consumado. Carrazza observa: "Ora, a Constituição veda a tributação baseada em fato de provável ocorrência. Para que o mecanismo da substituição tributária seja adequadamente utilizado é preciso que se estribe em fatos concretamente ocorridos; nunca em fatos futuros, de ocorrência incerta. Esta é uma barreira constitucional inafastável pois integra o conjunto de direitos e garantias que a Lei Maior confere ao contribuinte. É ela que – sistematicamente interpretada – não admite que haja a substituição tributária 'para frente'" (CARRAZZA, 2011, p. 491, 492). Haveria, ademais, ofensa ao *princípio da capacidade contributiva*, na medida em que se tributa uma demonstração de riqueza que, no futuro, pode não se revelar ou revelar-se de forma distinta da tributada;

- *Princípio da verdade real ou realidade* – Regina Helena Costa anota: "Com efeito, homenageando o Direito Tributário *o princípio da verdade material ou realidade*, a utilização de abstrações generalizantes, tais como as presunções e ficções, deve ser efetuada com parcimônia e apenas nas hipóteses em que não seja possível a prova direta do fato, sem demasiado custo ao Poder Público" (COSTA, 2014, p. 227). O fato gerador presumido envolveria ficção não razoável à luz do princípio da verdade material ou realidade.

O STF rejeitou todos os argumentos no sentido da inconstitucionalidade da EC nº 03/93. No julgamento da ADI nº 1.851-4, de relatoria do Ministro Ilmar Galvão, o Tribunal assentou:

> A EC nº 03/93, ao introduzir no art. 150 da CF/88 o § 7º, aperfeiçoou o instituto, já previsto em nosso sistema jurídico-tributário, ao delinear a figura do fato gerador presumido e ao estabelecer a garantia de reembolso preferencial e imediato do tributo pago quando não verificado o mesmo fato a final. A circunstância de ser presumido o fato gerador não constitui óbice à exigência antecipada do tributo, dado tratar-se de sistema instituído pela própria Constituição, encontrando-se regulamentado por lei complementar que, para definir-lhe a base de cálculo, se valeu de critério de estimativa que a aproxima o mais possível da realidade. O fato gerador presumido, por isso mesmo, não é provisório, mas definitivo, não dando ensejo a restituição ou complementação do imposto pago, senão, no primeiro caso, na hipótese de sua não-realização final. Admitir o contrário valeria por despojar-se o instituto das vantagens que determinaram a sua concepção e adoção, como a redução, a um só tempo, da máquina-fiscal e da evasão fiscal a dimensões mínimas, propiciando, portanto, maior comodidade, economia, eficiência e celeridade às atividades de tributação e arrecadação (STF, ADI 1851-4 (AL)/2002).

Para finalizar, é importante registrar que na substituição tributária "para frente" não há violação da lógica de tributação estabelecida pelo CTN, pois o fato gerador presumido existe enquanto ficção jurídica. A circunstância de ser presumido não significa que o fenômeno não exista do ponto de vista *jurídico*, quer dizer, enquanto manifestação da ordem do *dever ser*. O que não existe, ou melhor, existirá apenas no futuro, é o substrato material da ficção, isto é, o evento do mundo do ser. Se, no entanto, este não se consolidar, a Constituição determina a imediata e preferencial restituição do quanto fora pago de modo adiantado.

APROFUNDANDO! SUBSTITUIÇÃO TRIBUTÁRIA E ANTECIPAÇÃO TRIBUTÁRIA

É importante não confundir substituição tributária com antecipação tributária. O art. 150, § 7º, da CF/1988 autoriza a possibilidade desta última, que pode ocorrer com ou sem a primeira. Na antecipação sem substituição, o contribuinte recolhe de forma antecipada somente o tributo relativo ao fato gerador que presumidamente será por ele praticado, sem qualquer responsabilidade sobre o tributo incidente no restante da cadeia produtiva. Na antecipação com substituição, que é substituição progressiva propriamente dita, existe a responsabilidade de pessoas ocupantes de posições iniciais na cadeia de produção substituírem, no dever de pagar tributo, aquelas que ocupam as posições subsequentes, antecipando o pagamento do encargo fiscal que grava toda a cadeia. No caso do ICMS, a regulamentação da substituição tributária se encontra na Lei complementar 87/96, em cumprimento da regra estatuída no art. 155, § 2º, XII, b, da Constituição, e endossado pelo STF, quando da fixação da tese de repercussão geral do RE 598.677/RS:

> "A antecipação, sem substituição tributária, do pagamento do ICMS para momento anterior à ocorrência do fato gerador necessita de lei em sentido estrito. A substituição tributária progressiva do ICMS reclama previsão em lei complementar federal" (STF, Pleno, RE 598.677/RS, Rel. Min. Dias Toffoli, j. 29/03/2021, DJe 04/05/2021).

Após a edição da lei complementar nacional, exigência que já foi cumprida com o advento da LC 87/96, a substituição deve ser criada pelas legislações estaduais e distritais para sua efetivação.

JURISPRUDÊNCIA DO STF – BASE DE CÁLCULO PRESUMIDA E BASE DE CÁLCULO REAL

O recolhimento do tributo com fato gerador presumido implica presunção da base de cálculo também. Ora, se não se sabe com absoluta certeza se, do ponto de vista do mundo do ser, o fato gerador ocorrerá, também não se sabe com inexorável certeza, do ponto de vista concreto, por qual valor será vendida a mercadoria. Nesse sentido, é possível que o valor real seja diverso do valor presumido. Se o valor presumido foi maior do que o valor real, então houve recolhimento indevido de tributo, pois a base de cálculo presumida não coincidiu com a base de cálculo real. Em 2017 o STF decidiu que nestes casos (nos casos em que a base de cálculo presumida foi maior do que a base de cálculo real) o contribuinte tem o direito à repetição do indébito, quer dizer, à devolução do montante recolhido a mais:

> "1. Fixação de tese jurídica ao Tema 201 da sistemática da repercussão geral: 'É devida a restituição da diferença do Imposto sobre Circulação de Mercadorias e Serviços – ICMS pago a mais no regime de substituição tributária para frente se a base de cálculo efetiva da operação for inferior à presumida'. 2. A garantia do direito à restituição do excesso não inviabiliza a substituição tributária progressiva, à luz da manutenção das vantagens pragmáticas hauridas do sistema de cobrança de impostos e contribuições. 3. O princípio

da praticidade tributária não prepondera na hipótese de violação de direitos e garantias dos contribuintes, notadamente os princípios da igualdade, capacidade contributiva e vedação ao confisco, bem como a arquitetura de neutralidade fiscal do ICMS. 4. O modo de raciocinar 'tipificante' na seara tributária não deve ser alheio à narrativa extraída da realidade do processo econômico, de maneira a transformar uma ficção jurídica em uma presunção absoluta. 5. De acordo com o art. 150, § 7º, *in fine*, da Constituição da República, a cláusula de restituição do excesso e respectivo direito à restituição se aplicam a todos os casos em que o fato gerador presumido não se concretize empiricamente da forma como antecipadamente tributado. 6. Altera-se parcialmente o precedente firmado na ADI 1.851, de relatoria do Ministro Ilmar Galvão, de modo que os efeitos jurídicos desse novo entendimento orientam apenas os litígios judiciais futuros e os pendentes submetidos à sistemática da repercussão geral. 7. Declaração incidental de inconstitucionalidade dos artigos 22, § 10, da Lei 6.763/1975, e 21 do Decreto 43.080/2002, ambos do Estado de Minas Gerais, e fixação de interpretação conforme à Constituição em relação aos arts. 22, § 11, do referido diploma legal, e 22 do decreto indigitado. 8. Recurso extraordinário a que se dá provimento" (STF, Pleno, RE 593.849, 05/04/2017).

JURISPRUDÊNCIA DO STJ – SUSPENSÃO PROVISÓRIA DO REGIME DE SUBSTITUIÇÃO

A Primeira Turma do STJ fixou entendimento no sentido de que é possível a suspensão do regime de substituição tributária. Quando tal pedido for feito pela empresa substituída, não se pode exigir da empresa substituta – que ocupa o início da cadeia produtiva – o recolhimento de tributo relativo ao período em que durou a suspensão. In verbis:

> "Suspenso o regime de substituição tributária por determinação judicial deferida em favor da empresa substituída, não se mostra possível exigir da substituta o pagamento do ICMS/ST que deixou de ser recolhido enquanto vigente essa decisão (AREsp 1.423.187-SP, Rel. Min. Gurgel de Faria, Primeira Turma, por unanimidade, julgado em 10/05/2022, DJe. 25/05/202225)".

D) Substituição tributária regressiva ou "para trás"

Mecanismo igualmente importante para a fiscalização e arrecadação de tributos que incidem sobre a cadeia econômica que liga a produção ao consumidor final é a chamada substituição tributária regressiva ou "para trás". Ao contrário da substituição progressiva ou "para frente", contudo, não provoca maiores questionamentos, pois lida com um fato gerador que já ocorreu. Já houve a prática do fato imponível pelo contribuinte, que, entretanto, por razões de praticidade fiscal, não fica obrigado ao pagamento do tributo. Cabe ao substituto efetuar o recolhimento da quantia devida, no futuro, em momento oportuno.

Note-se que na substituição tributária "para trás" não se fala em fato gerador presumido. *O fato ocorreu, foi praticado pelo contribuinte, no passado*. O que a lei faz é deslocar o dever de recolhimento da quantia devida a terceiro vinculado ao fato gerador da respectiva obrigação. Recolhe-se, em determinada circunstância, quantia relativa a fato gerador que já se praticou. Daí por que se fala em substituição tributária "para trás" ou "regressiva".

É o que ocorre, por exemplo, no caso dos produtores rurais de leite. O produtor extrai o leite de seus animais e fornece ao laticínio que processa, envasilha e distribui o produto. São centenas de produtores ligados a cada laticínio. A entrega do leite significa circulação de mercadoria, logo, fato gerador do imposto sobre a circulação de mercadorias (ICMS). Imagine-se o que ocorreria se Fisco cobrasse o ICMS de cada produtor em particular. Seria necessária uma rede de centenas de fiscais para alcançar cada um dos contribuintes. Por isso, a lei atribui ao laticínio a responsabilidade pelo recolhimento do ICMS relativo ao fato gerador praticado por cada produtor rural. O laticínio é o substituto tributário, isto é, o responsável pelo recolhimento do ICMS referente a fato gerador que ocorreu no passado.

Luís Eduardo Schoueri observa: "O modelo acima descrito é o da chamada substituição tributária 'para trás', que ocorre nas situações em que o substituto, sujeito passivo, responsabiliza-se pelo recolhimento do tributo devido pelo substituído, referente ao fato jurídico tributário por este praticado. Assim, por exemplo, quando a legislação prevê que o comerciante de ferro-velho será o substituto, no ICMS, do vendedor de sucata, tem-se que o último, ao dar saída à mercadoria, é o contribuinte; o legislador, entretanto, reconhecendo a informalidade dos sucateiros, haverá por bem fiscalizar e exigir o tributo do comerciante estabelecido; esse, por outro lado, está diretamente vinculado ao fato jurídico tributário (já que é o comprador) e pode, já no momento da compra, assegurar-se de que o valor do tributo seja computado adequadamente no preço final" (SCHOUERI, 2012, p. 510).

Na substituição "para trás", assim como na substituição "para frente", o responsável não fica com o prejuízo. No momento em que efetua a compra de determinada mercadoria, o substituto já desconta do preço pago o valor que deverá ser retido a título de ICMS. O produtor de leite poderia vender o litro a R$ 2,00 (dois reais) para o laticínio. Vende-o, contudo, por R$ 1,50 (um real e cinquenta centavos). A diferença de R$ 0,50 (cinquenta centavos) deve-se à quantia que o comprador, substituto tributário, deverá recolher a título de ICMS devido pelo produtor, o substituído.

APROFUNDANDO! SUBSTITUIÇÃO "PARA TRÁS" E DIFERIMENTO

É importante não confundir a substituição tributária regressiva com o a figura do diferimento. Neste caso, o dever de recolhimento do tributo continua atribuído ao contribuinte. O que ocorre é que o legislador elege como contribuinte uma pessoa que é parte da relação econômica e que pode efetuar o recolhimento da quantia devida em momento futuro. No primeiro caso, isto é, na substituição para "trás", o dever de recolhimento do tributo é atribuído ao responsável, isto é, ao substituto tributário. "Diferir" significa "adiar", "prorrogar", "retardar". Constitui técnica pela qual se desloca temporalmente o dever de recolher o tributo para momento posterior àquele que normalmente ocorreria. Praticado o fato, surge a obrigação de recolher a quantia devida. Entretanto, existe norma específica que "desloca" o dever de recolhimento para momento posterior, sendo certo que a obrigação fica momentaneamente suspensa. É importante ressaltar, contudo, que alguns autores tratam a substituição tributária "para trás" e o diferimento como sinônimos. Regina Helena Costa, por exemplo, sustenta: "Outra figura pertinente ao gênero substituição tributária é a *substituição tributária regressiva*, que se dá mediante o *diferimento de tributo* [...] O diferimento é, assim, técnica oposta à da substituição tributária 'para frente', mas igualmente fundada em razões de comodidade e praticidade, voltada à simplificação da atividade fiscalizatória". Em suma, a substituição tributária "para trás" e o diferimento são técnicas utilizadas para facilitar a fiscalização e recolhimento de certos tributos. Para aqueles que veem diferença nos institutos, a questão principal reside na figura do sujeito passivo. Será o responsável no primeiro caso e o contribuinte no segundo.

25.4 RESPONSABILIDADE POR TRANSFERÊNCIA

Na responsabilidade por transferência, o dever relativo ao pagamento do crédito tributário surge inicialmente na figura do contribuinte. Quer dizer, uma vez praticado o fato gerador, ele, contribuinte, ocupa o polo passivo da relação jurídica tributária. Se, por alguma razão, não cumpre a obrigação, isto é, não efetua o pagamento do quanto devido, o dever é transferido a um terceiro. Este terceiro, no entanto, deve manter relação direta ou indireta com o evento que constitui o fato gerador.

Suponha-se que certa pessoa é proprietária de um automóvel. Logo, é também sujeito passivo, na qualidade de contribuinte, do imposto sobre a propriedade de veículos automotores (IPVA). O que acontece se essa pessoa vende o veículo a um terceiro sem que tenha recolhido o imposto devido? O vínculo de responsabilidade por transferência impõe ao adquirente o dever de recolhimento dos impostos atrasados. Nesse sentido, o terceiro passa a ocupar o polo passivo da relação jurídica tributária no lugar do contribuinte, o antigo proprietário.

Na responsabilidade por substituição, a prática do fato gerador pelo contribuinte desencadeia, desde logo, o dever de um terceiro recolher o tributo; na responsabilidade por transferência, ao contrário, o dever surge inicialmente para o contribuinte e apenas nas circunstâncias em que este não cumpre com sua obrigação é *transferida* para terceiro que tenha relação com o fato gerador da respectiva obrigação.

Existe divergência doutrinária quanto à maneira como o CTN tratou das hipóteses de responsabilidade por transferência.

Vimos que o artigo 128 é cláusula geral que fundamenta a responsabilidade por substituição. O dispositivo também fundamenta as hipóteses de responsabilidade por transferência eventualmente adotadas pelos entes federativos, desde que os dispositivos que tratam diretamente do tema no CTN sejam observados.

Por outro lado, o próprio Código enumera diversas espécies de responsabilidade nos artigos 129 a 138, que têm precedência sobre o tratamento eventualmente conferido pelos entes federativos.

Seria muito tentador afirmar que tais artigos veiculam simples espécies de responsabilidade por transferência. Entretanto, não é bem assim. Como vimos, a doutrina diverge quanto ao assunto e essa divergência é autorizada pelo próprio texto do CTN, que não prima pelo rigor ao disciplinar a matéria.

Nesse sentido, pode-se, com muito cuidado, esquematizar da seguinte maneira:

- *Responsabilidade dos sucessores* – Típico caso de responsabilidade por transferência. O dever de recolher o tributo surge inicialmente para o contribuinte, que, por alguma razão, deixa de efetuar o pagamento. A responsabilidade transfere-se a terceiro, chamado de *sucessor*, desde que mantenha relação direta ou indireta com a ocorrência do fato gerador. Tal responsabilidade divide-se em:
  - Responsabilidade por sucessão relativamente a bens imóveis (CTN, art. 130);
  - Responsabilidade pessoal por sucessão de bens móveis (CTN, art. 131, I);
  - Responsabilidade do sucessor a qualquer título, cônjuge meeiro e espólio (CTN, art.131, II);
  - Responsabilidade por sucessão no caso de metamorfose empresarial (CTN, art. 132);
  - Responsabilidade por sucessão na aquisição de fundo de comércio (CTN, art. 133);

- *Responsabilidade de terceiros* – Ocorre nos casos em que o terceiro é chamado a responder nos casos em que foi omisso quando tinha a obrigação de atuar ou agiu fora dos parâmetros jurídicos dentro dos quais poderia atuar. Divide-se em:

  - Responsabilidade decorrente da intervenção ou omissão de terceiro (CTN, art. 134) – Caso de responsabilidade por transferência, uma vez que se deve cobrar, primeiro, do contribuinte. Apenas nas circunstâncias em que está impossibilitado de cumprir sua obrigação, abre-se a responsabilidade do terceiro;
  - Responsabilidade decorrente da prática, pelo terceiro, de atos com excesso de poderes ou infração de lei, contrato social ou estatutos (CTN, art. 135) – Nesse caso há séria divergência, sendo certo que alguns autores a consideram exemplo de responsabilidade por substituição. A responsabilidade surgiria diretamente na figura do terceiro, *excluindo* a obrigação do contribuinte;

- *Responsabilidade por infrações (CTN, art. 136 a 138)* – Trata-se da responsabilidade pela prática de infrações tributárias e não pelo crédito tributário em si. Envolve tanto o contribuinte como o responsável, de forma geral, sendo que a obrigação de pagar pode ser de um ou outro. Há dúvida, no entanto, quanto a saber se enquadra-se nas hipóteses de responsabilidade por substituição ou transferência.

E) Responsabilidade dos sucessores

A responsabilidade dos sucessores é o caso típico de responsabilidade por transferência. O dever de extinguir o crédito tributário surge primeiramente na figura do contribuinte. Se este, por qualquer razão, não efetua o pagamento, o dever transfere-se ao terceiro, que deve manter relação direta ou indireta com o fato gerador. O CTN disciplina este vínculo jurídico nos artigos 129 a 133. Vejamos.

a) Cláusula geral temporal: artigo 129 do CTN

O artigo 129 do CTN estabelece:

> **CTN, art. 129.** O disposto nesta Seção aplica-se por igual aos créditos tributários definitivamente constituídos ou em curso de constituição à data dos atos nela referidos, e aos constituídos posteriormente aos mesmos atos, desde que relativos a obrigações tributárias surgidas até a referida data.

Já estudamos a obrigação tributária principal. Vimos que surge com a ocorrência do fato gerador e é extinta juntamente com o crédito tributário que dela decorre. Portanto, existe um lapso temporal entre a prática do fato imponível e o pagamento da dívida. Nesse ínterim é possível que ocorra algum evento que faz com que um terceiro seja chamado a assumir a dívida tributária.

É importante compreender, no entanto, que o fato gerador foi praticado pelo contribuinte. Por isso, poderia surgir dúvida sobre o *momento* a partir do qual o terceiro poderia ser chamado a responder pelo crédito. O art. 129 tem como objetivo disciplinar a questão. Vejamos de modo esquematizado:

- *Aplicação aos créditos definitivamente constituídos* – O disposto nos artigos 130 a 133 aplica-se aos créditos tributários definitivamente constituídos. Vimos que a responsabilidade por sucessão caracteriza-se por um evento a partir do qual o terceiro sucede o contribuinte. Pois bem, ainda que esse evento ocorra no momento em que o crédito já se encontra definitivamente constituído, opera-se a sucessão. Diz-se que o crédito está constituído de maneira definitiva quando ocorreu a prática do fato gerador, surgiu a obrigação tributária, houve o lançamento tributário e a quantia está pronta para ser recolhida. Digamos que o proprietário do imóvel recebeu a notificação para recolhimento de IPTU e, mesmo assim, vendeu seu imóvel a terceira pessoa. O adquirente torna-se responsável pelo recolhimento do imposto;
- *Aplicação aos créditos em curso de constituição à data dos atos nela referidos* – O disposto nos artigos 130 a 133 também se aplica aos créditos que estejam "em curso de constituição à data dos atos nela referidos". Tomemos o exemplo anterior. O proprietário do imóvel ainda não recebeu qualquer

notificação para o pagamento do IPTU porque a Administração ainda está trabalhando no lançamento. Mesmo assim, opta por vender seu imóvel. O adquirente torna-se responsável pelo IPTU devido pelo antigo proprietário a partir do evento, ainda que o crédito esteja em vias de constituição;

- *Aplicação aos créditos constituídos posteriormente aos atos, desde que relativos a obrigações tributárias surgidas até a referida data* – O disposto nos artigos 130 a 133 aplica-se, finalmente, aos créditos "constituídos posteriormente aos mesmos atos, desde que relativos a obrigações tributárias surgidas até a referida data". O terceiro pode ser responsabilizado pelo crédito tributário não pago pelo contribuinte, *mesmo que ainda não se tenha iniciado a constituição do crédito*. Basta que a obrigação tributária tenha surgido até a referida data, quer dizer, até a data em que se dá o evento que altera a titularidade da relação jurídica. Imagine-se que certa pessoa tenha adquirido um imóvel urbano no dia 15 de dezembro de 2012. Em 1º de janeiro de 2013 ocorre a prática do fato gerador do IPTU. Esta pessoa, como contribuinte, tem o dever de pagar o imposto. No dia 02 de janeiro vende o imóvel, transferindo a propriedade deste a um terceiro. Note-se que ainda não houve tempo para que a constituição do crédito relativo à obrigação que surgiu no dia 1º de janeiro tenha início. Ainda assim, o novo proprietário é responsável pelo pagamento do IPTU. Na data em que se dá a sucessão, 02 de janeiro, já havia surgido a obrigação tributária (1º de janeiro).

Em suma, o determinante é a data de ocorrência do fato gerador. Ocorrido este *antes* do evento que dá origem à sucessão, transfere-se a responsabilidade ao terceiro, independentemente da data em que teve início o lançamento, foi constituído o crédito e assim por diante.

JURISPRUDÊNCIA DO STJ – Extensão da responsabilidade tributária

O art. 129 do CTN é importante, ademais, em razão da expressão "crédito tributário". A partir desta cláusula o STJ decidiu que a responsabilidade dos sucessores alcança não apenas a dívida proveniente de tributos, como também de multa, moratórias e punitivas. No julgamento de recurso especial de relatoria do Ministro Castro Meira, a Segunda Turma do STJ assentou:

> "A responsabilidade tributária não está limitada aos tributos devidos pelos sucedidos, mas também se refere às multas, moratórias ou de outra espécie, que, por representarem dívida de valor, acompanham o passivo do patrimônio adquirido pelo sucessor [...] nada obstante os art. 132 e 133 apenas refiram-se aos tributos devidos pelo sucedido, o art. 129 dispõe que o disposto na Seção II do Código Tributário Nacional aplica-se por igual aos créditos tributários definitivamente constituídos ou em curso de constituição, compreendendo o crédito tributário não apenas as dívidas decorrentes de tributos, mas também de penalidades pecuniárias (art. 139 c/c § 1º do art. 113 do CTN)" (STJ, REsp. 1017186/SC, 2008).

a) Responsabilidade pela aquisição de bem imóvel: artigo 130 do CTN

O artigo 130 do CTN determina:

> **CTN, art. 130.** Os créditos tributários relativos a impostos cujo fato gerador seja a propriedade, o domínio útil ou a posse de bens imóveis, e bem assim os relativos a taxas pela prestação de serviços referentes a tais bens, ou a contribuições de melhoria, sub-rogam-se na pessoa dos respectivos adquirentes, salvo quando conste do título a prova de sua quitação.
>
> Parágrafo único: No caso de arrematação em hasta pública, a sub-rogação ocorre sobre o respectivo preço.

O dispositivo trata da responsabilidade tributária pela aquisição de *bens imóveis*. Alcança, portanto, os tributos que têm relação com a propriedade de tais bens, como os impostos sobre a propriedade urbana (IPTU) e rural (ITR), taxas pela prestação de serviços e contribuições de melhoria.

Ao referir-se a "créditos tributários", o CTN parece determinar a transferência da obrigação relativa a créditos provenientes de *tributos* e *multas*. Assim, por exemplo, se o antigo proprietário, então contribuinte, não pagou o IPTU ou eventual multa relativa a este imposto, o novo proprietário, agora responsável por aquelas dívidas, subroga-se na obrigação de fazê-lo.

Luís Eduardo Schoueri, a propósito, observa: "Versando sobre a responsabilidade por transferência (sucessão) em virtude da aquisição dos imóveis, o artigo 130 do Código Tributário Nacional traz importante regra transferindo a responsabilidade de créditos tributários (*tributos e penalidades*) para o adquirente" (SCHOUERI, 2012, p. 523, 524).

Seja como for, é importante compreender a abrangência do dispositivo no que concerne aos *tributos* relacionados à propriedade do bem imóvel. Em primeiro lugar, o artigo menciona os *impostos*. Mesmo dentre estes, contudo, não alcança todos, mas apenas aqueles cujo fato gerador seja a *propriedade*, o *domínio útil* ou a *posse*. Enquadram-se nessa categoria, portanto, os impostos sobre a propriedade de bens imóveis, isto é, o imposto sobre a propriedade predial e territorial urbana (IPTU) e o imposto territorial rural (ITR).

Atente-se à observação de Eduardo Sabbag: "A propósito, observa-se que não foram incluídos os impostos sobre a *transmissão de bens imóveis*, isto é, o ITBI municipal e o ITCMD estadual, todavia, a nosso sentir, deve prevalecer uma interpretação extensiva, sob pena de incongruência no sistema normativo" (SABBAG, 2014, p. 746).

Também se transfere a responsabilidade pelo crédito tributário oriundo das *taxas pela prestação de serviços* referentes a bens imóveis.

Como vimos no capítulo 18 deste *Curso*, existem duas espécies de taxas: (1) em razão do exercício do *poder de polícia* ou (2) pela prestação de *serviços públicos específicos e divisíveis*, prestados ao contribuinte ou postos a sua disposição.

Muito embora a doutrina não trate de forma particularizada desta questão, parece que o CTN determina a responsabilidade do sucessor apenas no que tange às *taxas pela prestação de serviços públicos* e *não* pelas taxas de polícia. Mesmo dentre as primeiras, apenas aquelas que se *referem ao imóvel*, como, por exemplo, as taxas pelo serviço de fornecimento residencial da água, esgotamento sanitário, taxa do lixo etc.

A responsabilidade também se transfere no que tange às *contribuições de melhoria*. Nos termos do artigo 145, III, da CF/1988 e do artigo 81 do CTN, este tributo deve ser instituído para fazer face ao custo de obras públicas de que decorra valorização *imobiliária*. O vínculo com o bem imóvel é patente.

Vale ressaltar que depois da Constituição de 1988 várias contribuições entraram em cena. Muitas delas vinculam-se direta ou indiretamente ao bem imóvel, como certas contribuições previdenciárias.

É importante registrar, porém, que, nos termos do artigo 130 do CTN, o sucessor reponde apenas pelas *contribuições de melhoria*. As demais devem ser cobradas do antigo proprietário, então contribuinte, como é o caso da contribuição para o custeio do serviço de iluminação pública (COSIP), por exemplo.

Existe, porém, uma maneira de o adquirente prevenir-se quanto à eventual responsabilidade tributária pela aquisição do bem imóvel. De acordo com o art. 130, *caput*, *in fine*, se *constar do título prova da quitação* dos tributos acima mencionados, não há que se cogitar do dever de pagamento de tributos.

Como regra geral, os direitos reais sobre bens imóveis, como a propriedade, são transferidos por meio do registro da escritura pública junto ao Oficial de Registro de Imóveis. "Constar do título" significa que à escritura pública de compra e venda deve-se juntar as certidões negativas de débitos (CND), nos termos do art. 205 do CTN, referentes aos tributos que possam implicar a responsabilidade do adquirente.

Junta-se, por exemplo, certidão negativa de débitos municipais dando conta de que não há dívida tributária relativa ao imóvel objeto de compra e venda. Ora, se não há dívida tributária, então não há como o adquirente sub-rogar-se nela.

Algumas dessas certidões, no entanto, muito embora informem que não há dívida tributária com relação a determinado imóvel, fazem constar "ressalva" do direito do Fisco de cobrar os créditos que, porventura, venham a ser apurados no futuro.

Hugo de Brito Machado adverte: "As certidões de quitação fornecidas pela Fazenda Pública sempre ressalvam o direito de cobrar créditos tributários que venham a ser apurados. Essa ressalva, porém, não retira da certidão o efeito que lhe atribui o art. 130 do CTN. Se retirasse, aliás, ela não teria nenhum sentido, pois o adquirente ficaria sempre na incerteza, sem segurança para fazer o negócio. A ressalva constante dessas certidões prevalece apenas no sentido de poder o Fisco cobrar créditos tributários que porventura venha a apurar, *contra o contribuinte,* pois a certidão de quitação, mesmo com a ressalva, impede que se configure a responsabilidade tributária do adquirente do bem" (MACHADO, 2011, p. 153).

Em outras palavras, se constar do título translativo da propriedade as certidões negativas de débito, mesmo com as "ressalvas", o adquirente deixa de sub-rogar-se nos débitos existentes, mas a Fazenda pode dirigir sua pretensão contra o contribuinte, isto é, o antigo proprietário.

Finalmente, de acordo com o artigo 130, parágrafo único, do CTN, "no caso de arrematação em hasta pública, a sub-rogação ocorre sobre o respectivo preço".

De acordo com Maria Helena Diniz, *hasta publica* significa a "venda judicial de bens penhorados depositados em juízo ou cuja alienação deve ser feita, por lei, mediante praça efetuada por leiloeiro público, ou pelo porteiro dos auditórios forenses, ou por oficial de justiça indicado para esse fim, a quem der maior lanço, que não pode ser inferior ao preço estipulado judicial e previamente" (DINIZ, 2010, p. 302).

Pois bem, o adquirente do imóvel que é leiloado em hasta pública, por venda judicial, sub-roga-se no respectivo *preço*, isto é, no preço dado em arrematação, *excluindo-se* a responsabilidade por dívidas tributárias eventualmente existentes relativas ao imóvel. A transferência da propriedade, nesse caso, não tem origem em uma transação jurídica entre o antigo proprietário e o novo, mas no ato judicial de expropriação (CPC, art. 647). O adquirente, portanto, não assume a qualidade de responsável tributário.

Aliás, a Segunda Turma do Superior Tribunal de Justiça firmou jurisprudência nesse sentido:

> "Em se tratando de arrematação em hasta pública, os créditos tributários relativos a tributos incidentes sobre bens imóveis sub-rogam-se no respectivo preço (art. 130 do CTN), *afastada a responsabilidade do arrematante* pelos débitos tributários referentes ao período anterior à arrematação" (STJ, RMS 27486/RS, 2012).

b) Responsabilidade pessoal: artigo 131 do CTN

O art. 131 do CTN estabelece:

> **CTN, art. 131.** São pessoalmente responsáveis:
>
> I – O adquirente ou remitente, pelos tributos relativos aos bens adquiridos ou remidos;
>
> II – O sucessor a qualquer título e o cônjuge meeiro, pelos tributos devidos pelo 'de cujus' até a data da partilha ou adjudicação, limitada esta responsabilidade ao montante do quinhão do legado ou da meação;
>
> III – O espólio, pelos tributos devidos pelo 'de cujus' até a data da abertura da sucessão;

O que significa dizer que a responsabilidade é *pessoal*? Luciano Amaro explica: "O Código deve ter querido dizer que as pessoas e o espólio referidos no dispositivo assumem a condição de responsáveis, como únicos ocupantes do polo passivo da obrigação. Não respondem supletiva ou subsidiariamente (nem solidariamente), já que o devedor sucedido ou terá desaparecido (nos casos dos itens II e III) ou é desprezado (no caso do item I)" (AMARO, 2011, p. 347).

i) Adquirente e remitente

O artigo 130 tratou da responsabilidade tributária com relação à aquisição de bens imóveis. O artigo 131, I, por sua vez, tem como objeto a responsabilidade do adquirente ou remitente no que toca aos *bens móveis*. A pessoa que adquire um automóvel assume a responsabilidade pelas dívidas tributárias relativas ao veículo, contraídas pelo antigo proprietário e não pagas. É o que ocorre no caso do IPVA.

Adquirente é aquele que adquire a propriedade do bem. *Remitente* é aquele que pratica remição, isto é, o resgate da dívida, e, com isso, investe-se na propriedade da coisa.

Ricardo Alexandre observa: "Tradicionalmente, a remição era exercida quando o cônjuge, o ascendente ou o descendente resgatava bens que, num processo de execução, haviam sido levados à hasta pública, depositando o preço pelo qual tais bens foram alienados ou adjudicados. O instituto era disciplinado pelos arts. 787 e 788 do CPC, hoje revogados" (ALEXANDRE, 2013, p. 312).

Duas observações, a propósito, são importantes:

- *Alcance da responsabilidade* – O artigo 131, I, do CTN, fala em responsabilidade pelos *tributos* relativos aos bens adquiridos ou remidos. O que significa que, em princípio, o adquirente ou o remitente respondem pelos créditos tributários oriundos de *tributos* e *não* de multas. Em princípio porque, como dissemos, existe jurisprudência do STJ em sentido contrário, fundada, entretanto, no artigo 129 e não no artigo 131. Por outro lado, note-se que o dispositivo fala em *tributos* e não em uma espécie particular, como impostos, taxas etc. Do que se depreende, portanto, que o adquirente ou remitente respondem por *quaisquer* tributos relativos ao bem adquirido ou remido: impostos, taxas, contribuições etc.;
- *Exclusão da responsabilidade* – O artigo 131, I, do CTN, ao contrário do que faz o artigo 130, não prevê o afastamento da responsabilidade caso o adquirente esteja de posse de uma certidão negativa de débito, por exemplo. Nesse sentido, Eduardo Sabbag explica: "Para provas de concursos públicos, vínhamos recomendando a interpretação literal do dispositivo, em que a responsabilidade do adquirente deveria ser considerada 'absoluta', embora sempre deixássemos claro que não nos parecia de todo acertado afastar do art. 131, I, do CTN os efeitos da prova de quitação dos tributos ou mesmo da sub-rogação real em hasta pública, tratados no dispositivo anterior. A interpretação analógica tem sido considerada apropriada para este caso. Para nossa surpresa, o tema foi solicitado em prova recente, elaborada pelo Cespe/UnB, vindo ao encontro do modo como analisávamos o fenômeno" (SABBAG, 2014, p. 750).

Finalmente, é importante não confundir a "remição" (ç), que significa o resgate da dívida e consequente ingresso na propriedade do bem, com "remissão" (ss), que significa o perdão da dívida e, em direito tributário, redunda na extinção do crédito (CTN, art. 156, IV, c.c. art. 172). São institutos distintos, com consequências diversas.

JURISPRUDÊNCIA DO STJ – IPVA E SOLIDARIEDADE ENTRE ALIENANTE E ADQUIRENTE

A Primeira e Segunda Turma do STJ assentaram jurisprudência no sentido de que se o alienante do veículo automotor não comunicar ao órgão de trânsito a alienação do veículo no prazo fixado em lei, então reponde solidariamente com o adquirente pelas dívidas tributárias, desde que haja lei estadual fixando vínculo de solidariedade. Veja-se decisão da lavra da Primeira Turma:

> "A recente jurisprudência do STJ é de que, na falta de comunicação ao órgão de trânsito da transferência de veículo automotor pelo alienante, será solidária a sua responsabilidade tributária pelo pagamento do IPVA, desde que haja previsão em lei estadual" (STJ, Primeira Turma, AgInt no AgRg no AREsp 791680/SP, 11/03/2020). A Segunda Turma decidiu no mesmo sentido, com a seguinte observação: "O não cumprimento de obrigação imposta pela Lei Estadual, qual seja, de informar ao órgão competente sobre a alienação do veículo, fica o vendedor atrelado ao fato gerador do IPVA" (STJ, Segunda Turma, AgInt no REsp 1777596/SP, 11/12/2019).

ii) Sucessor a qualquer título e cônjuge meeiro

Nos termos do art. 131, II, do CTN, "são pessoalmente responsáveis o sucessor a qualquer título e o cônjuge meeiro, pelos tributos devidos pelo 'de cujus' até a data da partilha ou adjudicação, limitada esta responsabilidade ao montante do quinhão do legado ou da meação".

Chama-se *de cujus* a pessoa natural que falece. A morte da pessoa acarreta o fim de sua existência, e, consequentemente, abre a sucessão no seu patrimônio. Em direito civil, *sucessão* significa, no sentido estrito, "a transferência, total ou parcial, da herança, por morte de alguém, a um ou mais herdeiros" (DINIZ, 2010, p. 539).

Sucessor a qualquer título é aquele que sucede no patrimônio do *de cujus* em razão de sua morte. Pode ser um herdeiro necessário, como um descendente (filho) ou um legatário, isto é, aquele que recebe legado por testamento. *Cônjuge meeiro* é "aquele que é casado, legalmente, sob o regime de comunhão universal ou parcial de bens, por ter propriedade da metade ideal ou parcial dos bens que integram o patrimônio comum da sociedade conjugal" (DINIZ, 2010, p. 146).

Partilha significa a repartição dos bens recebidos por herança ou legado entre os sucessores. *Adjudicação* é "o ato judicial de índole coativa pelo qual se opera a transferência de propriedade de certos bens a determinadas pessoas, mediante pagamento do preço ou reposição da diferença, em razão de processos de execução, execução fiscal, inventário e condomínio de coisa indivisível" (DINIZ, 2010, p. 24).

Pois bem, os sucessores do *de cujus*, quer dizer, os filhos, o cônjuge, o legatário etc., assumem a responsabilidade pelos tributos devidos e não pagos por aquele até a data da partilha ou adjudicação.

Assim, por exemplo, se o falecido deixou de recolher imposto de renda (IR) nos anos que antecederam sua morte, a responsabilidade pelo pagamento *transfere-se* a seus sucessores, de maneira que seus herdeiros passam a ter o dever de efetuar o recolhimento junto à Secretaria da Receita Federal do Brasil.

Registre-se que o dispositivo fala em *tributos*, do que se depreende, como vimos, que os sucessores respondem apenas pelos créditos que provêm de impostos, taxas, contribuições etc. Quer dizer, ao menos em princípio, não lhes alcança a responsabilidade por *multas*, com a ressalva da jurisprudência do STJ, já mencionada.

Note-se que a responsabilidade fica *limitada* ao montante do quinhão, legado ou meação. Em outras palavras, a responsabilidade dos sucessores fica limitada à quota-parte que cada um recebeu a título de sucessão.

Suponha-se o *de cujus* devia R$ 100.000,00 (cem mil reais) a título de imposto sobre a renda (IR). Seu filho, herdeiro, recebeu R$ 80.000,00 (oitenta mil reais) a título de herança. Sua responsabilidade tributária fica *limitada* ao quinhão recebido, isto é, aos R$ 80.000,00. Não pode ser compelido a recolher valor superior àquele que recebeu como quinhão.

iii) Espólio

De acordo com o art. 131, III, do CTN, o espólio fica responsável pelos tributos devidos pelo *de cujus* até a data da abertura da sucessão. Define-se *espólio* como a "soma dos bens deixados pelo falecido; acervo hereditário administrado e representado, ativa e passivamente, pelo inventariante, até sua partilha entre os herdeiros e legatários" (DINIZ, 2010, p. 243).

Abre-se a sucessão no momento em que a pessoa natural morre. Até o momento da partilha ou adjudicação, em que os bens são distribuídos entre os sucessores, o patrimônio do falecido reúne-se sob a denominação de *espólio* e é administrado pelo *inventariante*, isto é, aquele que tem o dever de cuidar dos bens para que não sejam dilapidados.

Assim, nos termos do CTN, o espólio responde pelos tributos devidos e não pagos pelo falecido até a data da abertura da sucessão. Em outras palavras, cabe ao inventariante, em nome do espólio, efetuar o recolhimento de todos os tributos devidos pelo *de cujus*. Se o inventariante não os recolhe, poderá responder pessoalmente, com seus próprios bens, nos termos dos artigos 134, IV e 135 do CTN, como veremos.

Ressalte-se que o dispositivo fala em responsabilidade pelos *tributos* devidos pela pessoa falecida. Vale aqui a observação feita nos casos acima analisados. Ao menos em princípio, não há o dever de recolher valores relativos a *multas*.

Ademais, aqui também não se fala em *limitação* da responsabilidade. O espólio responderá pela dívida *integral* porque se trata, na verdade, do patrimônio do próprio *de cujus*, que ainda não foi partilhado ou adjudicado, isto é, não foi "dividido" entre os herdeiros.

Para finalizar, duas observações são importantes:

- *Espólio como contribuinte* – É possível, ainda, que o espólio seja sujeito passivo na qualidade de *contribuinte* e não de responsável. É o que ocorre se, *depois do óbito, mas antes da partilha*, são praticados fatos geradores de tributos. Neste caso, o sujeito passivo não pode ser o de *cujus*, que já faleceu, nem os herdeiros, pois ainda não houve partilha. O espólio, pois, será considerado contribuinte e representado pelo inventariante. Sacha Calmon Navarro Coêlho observa: "Isto posto, pelos débitos à conta do 'de cujus' responde o espólio. E pelas dívidas do espólio, *posteriores ao passamento*, responderá, obviamente, o próprio espólio, representado pelo inventariante. Mas aqui não há falar em sucessão. As dívidas do espólio são próprias" (COÊLHO, 2009, p. 659).

Alguns autores entendem que não é o caso, pois caberia às pessoas assinaladas no inciso II do art. 131 responder pelos tributos devidos pelo espólio. Milita contra este entendimento, contudo, o art. 192 do CTN, segundo o qual "nenhuma sentença de julgamento de partilha ou adjudicação será proferida sem prova da quitação de todos os tributos relativos aos bens do espólio, ou às suas rendas". Do que se depreende, portanto, que, antes da sentença de partilha o inventariante deve recolher os tributos devidos pelo espólio na qualidade de *responsável*, que se referem aos fatos geradores praticados em vida pelo de *cujus*, e, se for o caso, na qualidade de *contribuinte*, com relação aos fatos geradores praticados depois da morte, mas antes da partilha;

- *Análise combinada da responsabilidade dos sucessores a qualquer título, cônjuge meeiro e espólio* – Nos termos do art. 131, II e III, tem-se a seguinte situação: (1) a pessoa natural é contribuinte dos tributos com relação aos quais tenha praticado os respectivos fatos geradores, como, por exemplo, o imposto sobre a renda e proventos de qualquer natureza (IR); (2) no momento em que *morre*, abre-se a sucessão, de maneira que o espólio, representado pelo inventariante, assume a qualidade de responsável pelos tributos devidos e não pagos pelo de *cujus* e carrega essa responsabilidade até a data da partilha ou adjudicação; (3) se, nesse ínterim, ocorre o fato gerador de algum tributo, o espólio fica obrigado na qualidade de contribuinte, representado pelo inventariante. A responsabilidade deste (do inventariante), no caso, será subsidiária ou pessoal, conforme a circunstância e de acordo com os arts. 134 e 135 do CTN, como veremos; (4) feita a partilha ou adjudicação, os herdeiros, legatários ou o cônjuge meeiro, conforme o caso, assumem o posto de responsáveis pelos tributos devidos pelo *de cujus* até o limite das respectivas quotas-partes recebidas. Estes não respondem pelos tributos devidos pelo espólio na qualidade de contribuinte, pois esta responsabilidade é do inventariante.

c) Responsabilidade da pessoa jurídica de direito privado: artigo 132 do CTN

O art. 132 do CTN estabelece:

> **CTN, art. 132.** A pessoa jurídica de direito privado que resultar de fusão, transformação ou incorporação de outra ou em outra é responsável pelos tributos devidos até à data do ato pelas pessoas jurídicas de direito privado fusionadas, transformadas ou incorporadas.
>
> Parágrafo único. O disposto neste artigo aplica-se aos casos de extinção de pessoas jurídicas de direito privado, quando a exploração da respectiva atividade seja continuada por qualquer sócio remanescente, ou seu espólio, sob a mesma ou outra razão social, ou sob firma individual.

As pessoas jurídicas de direito privado estão sujeitas ao que se denomina *mutação ou metamorfose empresarial ou societária*. São fusões, incorporações, transformações etc. Se uma empresa adquire outra, é preciso saber como fica a responsabilidade pelos tributos devidos pela empresa adquirida. Se duas pessoas jurídicas fundem-se, é necessário compreender como fica a responsabilidade tributária.

i) Mutação empresarial

É importante conhecer, ainda que de maneira apenas superficial, alguns conceitos de direito privado, com vistas a uma compreensão mais adequada do tema:

- *Fusão* – Significa a *união* de duas ou mais pessoas jurídicas de direito privado para a formação de uma nova. As pessoas anteriores são extintas. O artigo 1.119 do Código Civil estabelece: "A fusão determina a extinção das sociedades que se unem, para formar sociedade nova, que a elas sucederá nos direitos e obrigações". A empresa "A" funde-se à empresa "B". O resultado é a extinção destas e a criação de uma nova pessoa, "C". A nova empresa sucede nos direitos e obrigações das anteriores, inclusive os de natureza tributária;
- *Transformação* – Significa a alteração no *tipo* de sociedade sem que ocorra sua extinção. A partir da transformação, que se opera, como regra, pela alteração no estatuto social e quadro societário, a empresa passa a reger-se pelas disposições que vinculam o novo *tipo* de sociedade no qual se converteu. Uma sociedade anônima (S.A.), por exemplo, torna-se sociedade por quotas de responsabilidade limitada ou vice-versa. O artigo 1.113 do Código Civil estatui: "O ato de transformação independe de dissolução ou liquidação da sociedade, e obedecerá aos preceitos reguladores da constituição e inscrição próprios do tipo em que vai converter-se";
- *Incorporação* – Significa que uma pessoa jurídica de direito privado *absorve* outra ou outras, sucedendo nos respectivos direitos e obrigações, inclusive tributários. Nesse caso, não há o surgimento de nova sociedade. A empresa "A", por exemplo, incorpora as empresas "B" e "C". A empresa incorporadora ("A") continua existindo, sendo certo que as empresas incorporadas ("B" e "C") deixam de existir. De acordo com o artigo 1.116, "na incorporação, uma ou várias sociedades são absorvidas por outra, que lhes sucede em todos os direitos e obrigações, devendo todas aprová-la, na forma estabelecida para os respectivos tipos". A empresa "A" passa a ser responsável pelas dívidas tributárias das empresas incorporadas;
- *Cisão* – O artigo 132 do CTN não fala em *cisão*. A Lei nº 6.404/76, que trata das sociedades por ações, determina em seu artigo 229: "A cisão é a operação pela qual a companhia transfere parcelas do seu patrimônio para uma ou mais sociedades, constituídas para esse fim ou já existentes, extinguindo-se a companhia cindida, se houver versão de todo o seu patrimônio, ou dividindo-se o seu capital, se parcial a versão". A sociedade "A" transfere parte de seu patrimônio para as empresas "B" e "C". A sociedade "A" será extinta se houver versão de todo o seu patrimônio. Muito embora não conste do artigo 132, a Primeira Turma do STJ já decidiu que o regime aplicado em caso de responsabilidade tributária é o mesmo: "Embora não conste expressamente do rol do art. 132 do CTN, a cisão da sociedade é modalidade de mutação empresarial sujeita, para efeito de responsabilidade tributária, ao mesmo tratamento jurídico conferido às demais espécies de sucessão" (STJ, REsp. 852972/PR, 2010).

ii) Responsabilidade tributária

Em todas as circunstâncias acima descritas, a pessoa jurídica que resultar da fusão, transformação ou incorporação das outras, torna-se responsável pelos tributos devidos pela pessoa ou pessoas jurídicas anteriores, devidos *até a data do ato.*

Sim, porque *depois* do ato de fusão, transformação ou incorporação, a nova pessoa responde, ela mesma, pelos fatos geradores que praticar e assume, portanto, a qualidade de *contribuinte* e não de responsável.

A nova pessoa jurídica é *responsável* pelos créditos oriundos de fato geradores ocorridos *antes* da fusão, transformação ou incorporação; é *contribuinte* com relação aos créditos que têm origem *depois* da fusão, transformação ou incorporação.

Inclusive, segundo jurisprudência do Superior Tribunal de Justiça, torna-se dispensável que, em havendo lançamento já elaborado, seja retificado em face da empresa incorporadora, bastando o redirecionamento da execução fiscal:

> A decisão recorrida traduz a jurisprudência deste Superior Tribunal de Justiça, cujo teor afirma que a sucessão empresarial por incorporação, ocorrida antes do lançamento tributário, permite o redirecionamento da execução à sociedade incorporadora, sem que haja necessidade de alteração do ato de lançamento. Os arts. 132 e 133 do CTN impõem à empresa sucessora a responsabilidade integral pelos tributos devidos de forma que, praticado o fato gerador pela empresa sucedida, não se pode falar em ilegitimidade passiva ou nulidade da CDA. 3. Cabível o prosseguimento da execução proposta contra a empresa incorporada, na medida em que essa, já extinta na ocasião do lançamento, se confunde com a sucessora (STJ, Segunda Turma, AgInt nos EDcl no REsp 1820732/SP, 09/03/2020).

Desse modo, a empresa sucessora recebe tanto o ativo como o passivo da empresa sucedida, tornando-se automaticamente responsável também pelas dívidas tributárias da extinta empresa, diante da aplicação do instituto da responsabilidade por sucessão, expressamente prevista nos arts. 130 a 133 do CTN.

Suponha-se que a empresa "A" devia imposto sobre a renda e proventos de qualquer natureza (IR). A empresa "B" devia contribuição social sobre o lucro líquido (CSSL). Depois da fusão, a empresa "C" passa a ser devedora, na qualidade de *responsável por sucessão*, do IR e da CSSL que outrora eram devidos pelas empresas fusionadas, na qualidade de contribuintes.

Finalmente, o que ocorre no caso de *cisão*? Hugo de Brito Machado responde: "A sociedade *cindida* que subsistir, naturalmente por ter havido versão apenas parcial de seu patrimônio, e as que absorverem parcelas de seu patrimônio responderão *solidariamente* pelas obrigações da primeira anteriores à cisão. Havendo extinção da sociedade cindida, isto é, no caso de versão total, as sociedades que absorverem as parcelas de seu patrimônio responderão *solidariamente* pelas obrigações da cindida (Lei 6.404/1976, art. 223). Respondem, assim, obviamente, pelas dívidas tributárias" (MACHADO, 2011, p. 156).

JURISPRUDÊNCIA DO STJ - EXTENSÃO DA RESPONSABILIDADE

A Primeira Seção do STJ assentou entendimento no sentido de que a responsabilidade tributária por sucessão empresarial envolve as dívidas relativas e tributos e multas:

> "Tanto o tributo quanto as multas a ele associadas pelo descumprimento da obrigação principal fazem parte do patrimônio (direitos e obrigações) da empresa incorporada que se transfere ao incorporador, de modo que não pode ser cingida a sua cobrança, até porque a sociedade incorporada deixa de ostentar personalidade jurídica" (STJ, Primeira Seção, EDcl no REsp 923012/MG, 24/04/2013). Para consolidar o entendimento, a Corte houve por bem adotar súmula:

Súmula 554 do STJ: "Na hipótese de sucessão empresarial, a responsabilidade da sucessora abrange não apenas os tributos devidos pela sucedida, mas também as multas moratórias ou punitivas referentes a fatos geradores ocorridos até a data da sucessão".

iii) Sucessão empresarial "de fato"

De acordo com o parágrafo único do artigo 132, o disposto no *caput* "aplica-se aos casos de extinção de pessoas jurídicas de direito privado, quando a exploração da respectiva atividade seja continuada por qualquer sócio remanescente, ou seu espólio, sob a mesma ou outra razão social, ou sob firma individual". Trata-se da denominada *sucessão empresarial de fato*. Nessa situação, é preciso distinguir duas circunstâncias:

- *Extinção da pessoa jurídica sem prosseguimento da atividade* – As pessoas jurídicas podem ser extintas, nos termos da lei. Nas hipóteses em que ocorre a extinção *sem prosseguimento da atividade*, a própria empresa deverá responder por suas dívidas tributárias, como regra, na qualidade de contribuinte;
- *Extinção da pessoa jurídica com prosseguimento da atividade* – A pessoa jurídica pode ser extinta, contudo, *prossegue-se na atividade por ela exercida*. É o que ocorre quando um dos sócios, por exemplo, decide manter-se no mesmo ramo econômico antes desempenhado pela empresa.

Neste último caso, ainda que tenha havido a extinção "de fato", isto é, sem a observância dos trâmites jurídicos estabelecidos em lei, o sócio remanescente ou seu espólio, valendo-se da mesma denominação ou de outra, ainda que sob firma individual, responde pelas dívidas tributárias da pessoa jurídica extinta.

Como explica José Eduardo Soares de Melo, "término da pessoa jurídica pode ocorrer "de fato" (desaparecimento do estabelecimento), sem que tenha ocorrido 'de direito' (dissolução contratual e baixa de seus registros nos órgãos competentes). Em quaisquer situações, as Fazendas têm o direito de receber seus tributos, que podem vir a ser exigidos das pessoas que deem prosseguimento às suas atividades" (MELO, 2010, p. 286, 287).

Finalmente, o art. 132 fala em responsabilidade pelos *tributos* devidos. Pergunta-se: a responsabilidade alcançaria também os créditos decorrentes de *multas*?

Vimos que existem divergências sobre o assunto. Alguns autores compreendem que a responsabilidade restringe-se aos créditos provenientes de tributos; outros admitem a responsabilidade por multas, porém, apenas as de caráter moratório, e assim por diante. O STJ, contudo, vem firmando entendimento, desde 2004, no sentido de que a responsabilidade abrange os créditos provenientes de *tributos e multas*, sejam estas de caráter moratório ou punitivo. A Primeira Turma assentou:

> Os arts. 132 e 133, do CTN, impõem ao sucessor a responsabilidade integral, tanto pelos eventuais *tributos* devidos quanto pela *multa* decorrente, seja ela de caráter moratório ou punitivo. A multa aplicada antes da sucessão se incorpora ao patrimônio do contribuinte, podendo ser exigida do sucessor, sendo que, em qualquer hipótese, o sucedido permanece como responsável. É devida, pois, a multa, sem se fazer distinção se é de caráter moratório ou punitivo; é ela imposição decorrente do não-pagamento do tributo na época do vencimento (STJ, REsp. 592.007/RS, 2004).

d) Responsabilidade por aquisição de fundo de comércio ou estabelecimento comercial: artigo 133 do CTN

O art. 133 do CTN estabelece:

> **CTN, art. 133.** A pessoa natural ou jurídica de direito privado que adquirir de outra, por qualquer título, fundo de comércio ou estabelecimento comercial, industrial ou profissional, e continuar a respectiva exploração, sob a mesma ou outra razão social ou sob firma ou nome individual, responde pelos tributos, relativos ao fundo ou estabelecimento adquirido, devidos até à data do ato:
>
> I – integralmente, se o alienante cessar a exploração do comércio, indústria ou atividade;
>
> II – subsidiariamente com o alienante, se este prosseguir na exploração ou iniciar dentro de seis meses a contar da data da alienação, nova atividade no mesmo ou em outro ramo de comércio, indústria ou profissão.
>
> § 1º O disposto no caput deste artigo não se aplica na hipótese de alienação judicial: (Incluído pela Lcp nº 118, de 2005)
>
> I – em processo de falência; (Incluído pela Lcp nº 118, de 2005)
>
> II – de filial ou unidade produtiva isolada, em processo de recuperação judicial.(Incluído pela Lcp nº 118, de 2005)
>
> § 2º Não se aplica o disposto no § 1o deste artigo quando o adquirente for: (Incluído pela Lcp nº 118, de 2005)
>
> I – sócio da sociedade falida ou em recuperação judicial, ou sociedade controlada pelo devedor falido ou em recuperação judicial;(Incluído pela Lcp nº 118, de 2005)
>
> II – parente, em linha reta ou colateral até o 4o (quarto) grau, consangüíneo ou afim, do devedor falido ou em recuperação judicial ou de qualquer de seus sócios; ou (Incluído pela Lcp nº 118, de 2005)
>
> III – identificado como agente do falido ou do devedor em recuperação judicial com o objetivo de fraudar a sucessão tributária.(Incluído pela Lcp nº 118, de 2005)

> § 3º Em processo da falência, o produto da alienação judicial de empresa, filial ou unidade produtiva isolada permanecerá em conta de depósito à disposição do juízo de falência pelo prazo de 1 (um) ano, contado da data de alienação, somente podendo ser utilizado para o pagamento de créditos extraconcursais ou de créditos que preferem ao tributário. (Incluído pela Lcp nº 118, de 2005)

O dispositivo trata da responsabilidade tributária relativa à aquisição de fundo de comércio ou estabelecimento comercial, industrial ou profissional. É importante não confundir com a responsabilidade pela mutação empresarial, como vimos no artigo anterior.

i) Fundo de comércio e estabelecimento comercial, industrial ou profissional

No artigo 132 estudamos os casos de responsabilidade pela mutação empresarial ou societária. São as alterações de formas a que estão sujeitas as empresas e sua repercussão no âmbito tributário. O artigo 133 trata de situação diversa. Uma pessoa natural ou jurídica adquire de outra um estabelecimento comercial ou empresarial, como uma padaria, por exemplo. Como fica a responsabilidade tributária nesse caso? Antes de aprofundar a questão, vejamos alguns conceitos importantes:

- *Fundo de comércio* – Maria Helena Diniz explica que se trata do patrimônio, isto é, do conjunto de bens e serviços destinados ao exercício de certa atividade econômica lucrativa vinculados a determinado imóvel ou conjunto de imóveis e ligados a uma clientela relativamente consolidada, pertencentes ao empresário ou à sociedade empresária (DINIZ, 2010, p. 283, 284);
- *Estabelecimento comercial, industrial ou profissional* – Ainda de acordo com a autora, estabelecimento empresarial consiste no complexo de coisas, bens e serviços destinados à exploração de atividade econômica lucrativa pertencente ao empresário ou sociedade empresarial e ligados a determinada clientela (DINIZ, 2010, p. 244, 245). De acordo com o artigo 1.143 do Código Civil, "considera-se estabelecimento todo complexo de bens organizado, para exercício da empresa, por empresário, ou por sociedade empresária";

Os conceitos são semelhantes, razão pela qual o CTN os mencionou em conjunto, evitando, assim, mal-entendidos. *Fundo de comércio* remete à ideia de patrimônio imaterial, como o nome da empresa, a marca de fantasia etc. *Estabelecimento*, por outro lado, tende a indicar os bens materiais utilizados no exercício da atividade empresarial. Como dissemos, tais conceitos são fluidos. Uma vez que o CTN os reuniu no mesmo dispositivo, os problemas são evitados.

ii) Transferência da responsabilidade para o adquirente

Suponha-se que uma pessoa natural ou jurídica adquira de outra um fundo de comércio ou estabelecimento empresarial. O *adquirente* responde pelos tributos devidos pelo fundo ou estabelecimento adquirido? A resposta adequada é: *depende.*

Note-se que, nos termos do que preceitua o artigo 133, o adquirente apenas responderá pelos tributos devidos *se continuar a respectiva exploração*, sob mesma ou outra razão social ou sob firma ou nome individual. Se o adquirente *não* continua a respectiva exploração, *não* há que se cogitar de responsabilidade.

Imagine-se que certa pessoa adquire de outra uma farmácia de manipulação. A aquisição deste fundo pressupõe, além da transferência da titularidade de todos os bens reunidos no empreendimento, também a transferência da clientela, do potencial econômico do nome, da tradição empresarial conquistada pela farmácia etc. Se o adquirente, contudo, *não* continua a respectiva atividade, isto é, se resolve montar ali uma padaria, por exemplo, então é claro que ele *não* está se valendo do potencial econômico inerente ao fundo adquirido.

A transferência da responsabilidade tributária depende, portanto, da transferência da potencialidade econômica ínsita ao fundo ou estabelecimento adquirido.

Hugo de Brito Machado observa: "Aliás, é lógico que seja assim, pois o objetivo da norma em questão é alcançar a unidade econômica ou profissional, evitando que o contribuinte fuja de seu dever de pagar o tributo transferindo essa unidade econômica ou profissional a outra pessoa" (MACHADO, 2004, p. 562).

Assim, apenas haverá a *transferência* da responsabilidade dos tributos devidos pelo fundo de comércio ou estabelecimento empresarial *se o adquirente continuar a exploração da atividade econômica desenvolvida pelo alienante*. Caso contrário, isto é, se o adquirente interrompe essa atividade ou muda o ramo de negócios, então não há que se cogitar da transferência da responsabilidade tributária.

iii) Responsabilidade do adquirente e do alienante

Pois bem, uma vez que tenha ocorrido a aquisição do fundo de comércio ou estabelecimento comercial, industrial ou profissional *e o adquirente tenha mantido a respectiva exploração*, sabemos que a responsabilidade por tributos devidos até a data do ato transfere-se a este.

A questão a ser respondida agora é: essa transferência *exclui* a responsabilidade do alienante, isto é, do *antigo proprietário*, pelos tributos devidos e não pagos antes da venda do fundo ou estabelecimento? De acordo com o art. 133 do CTN, *não*. A natureza de sua responsabilidade, no entanto, depende da *postura* adotada pelo alienante depois que vende seu fundo ou estabelecimento.

Assim, o adquirente responde:

- *Integralmente, se o alienante cessar a exploração do comércio, indústria ou atividade* – De acordo com o art. 133, I, do CTN, o adquirente do fundo ou comércio responde integralmente pela dívida se o alienante, antigo proprietário, *deixar de explorar qualquer atividade econômica após a venda do fundo ou estabelecimento*. Trata-se, de acordo com a literalidade do dispositivo, de *responsabilidade pessoal e exclusiva*. Nesse caso, a Fazenda Pública efetuará a cobrança do tributo devido diretamente em face do novo proprietário. Deve-se, no entanto, fazer uma ressalva, porque a interpretação do dispositivo não é pacífica na doutrina. O antigo proprietário não teria *nenhuma* responsabilidade em face do Fisco pelos créditos tributários não pagos em sua época? Duas perspectivas são sustentadas pela doutrina:

- *Integralmente entendido como exclusivamente* – Luciano Amaro sustenta: "O que, na verdade, o Código quis dizer é que, nesse caso, o adquirente responde *sozinho*, ou seja, não há obrigação do alienante" (AMARO, 2011, p. 350). Luís Eduardo Schoueri concorda: "Não obstante os argumentos da última corrente, que é majoritária, assiste razão a Luciano Amaro e Alberto Xavier. Afinal, a solidariedade não se presume" (SCHOUERI, 2012, p. 531). O alienante não poderia ser acionado pelo Fisco para o pagamento do crédito devido porque a cessação da atividade econômica faria presumir que não tem condições econômicas de arcar com o débito tributário;
- *Integralmente entendido como solidariamente* – Hugo de Brito Machado, fundado nas lições de Aliomar Baleeiro, explica: "A nosso ver a palavra integralmente, no art. 133 do Código Tributário Nacional, quer dizer solidariamente. Na verdade, o sentido da apalavra *integral* está muito mais próximo do sentido da apalavra *solidário*, do que da apalavra *só*, ou *isolado*. Responder *integralmente*, portanto, quer dizer responder pela dívida em sua totalidade, e não apenas pelo que o devedor não puder pagar" (MACHADO, 2004, p. 567). Sob esse ponto de vista, a Fazenda pode cobrar o crédito do adquirente, do alienante, dos dois ao mesmo tempo ou separadamente, pois não há benefício de ordem. Parece-nos que esta corrente mostra-se mais adequada a uma interpretação *sistemática* do CTN. Devemos recordar que o adquirente é responsável por créditos tributários cuja origem são fatos geradores praticados pelo antigo proprietário, contribuinte à época. Não faria sentido fazer o adquirente responder sozinho pela omissão praticada pelo contribuinte. Parece, portanto, que a responsabilidade deve ser solidária. Por outro lado, opte-se por uma ou outra interpretação, sempre restará assegurada ao adquirente ação de regresso em face do alienante para obter a quantia que teve de pagar na qualidade de responsável tributário;

- *Subsidiariamente com o alienante, se este prosseguir na exploração ou iniciar dentro de seis meses a contar da data da alienação nova atividade no mesmo ou em outro ramo de comércio, indústria ou profissão* – Suponha-se que o proprietário de um fundo de comércio o tenha vendido, mas, no lugar de retirar-se da vida empresarial, resolve *continuar a exploração da respectiva atividade ou iniciar outra ainda que sem relação com a atividade anterior*. Neste caso, o alienante também responde pelas dívidas tributárias do fundo ou estabelecimento que vendeu. Trata-se, de acordo com o CTN, de *responsabilidade subsidiária*. Isso significa que em primeiro lugar a Fazenda deve cobrar o crédito do *alienante*, pois este praticou os fatos geradores que deram origem ao crédito tributário. Apenas nas hipóteses em que este não tem condições de arcar com a dívida é que está autorizada a acionar o *adquirente*, isto é, o novo proprietário. Assim, este último goza de *benefício de ordem*, pois o alienante deve ser acionado em primeiro lugar Ressalte-se que o antigo proprietário responde pelo crédito tributário se prosseguir *imediatamente* ou iniciar, *dentro de seis meses*, a contar da data da alienação, nova atividade no mesmo ou em outro ramo do comércio, indústria ou profissão.

Finalmente, no que toca à transferência da responsabilidade pelas *multas*, reitere-se a jurisprudência do STJ acima citada. De acordo com o julgado, transferem-se os créditos relativos aos *tributos e às multas*, sejam estas de caráter moratório ou punitivo.

iv) Exclusão da responsabilidade em casos de falência ou recuperação judicial

De acordo com o § 1º, do artigo 133, do CTN, acrescentado pela Lei Complementar nº 118, de 2005, o disposto no *caput* do artigo não se aplica na hipótese de *alienação judicial* em processo de falência ou alienação judicial de filial ou unidade produtiva isolada em processo de recuperação judicial.

O § 1º foi acrescentado ao CTN em 2005 para adaptar o Código às modificações produzidas pela disciplina jurídica da recuperação judicial, recuperação extrajudicial e falência dos empresários e sociedades empresárias, introduzidas pela Lei nº 11.101, de fevereiro de 2005.

O dispositivo tem o claro objetivo de *facilitar* a aquisição de fundos de comércio ou estabelecimentos comerciais em processo de falência ou recuperação. Ao excluir a responsabilidade do adquirente pelos tributos devidos, torna-se a aquisição mais atraente porque se afasta, de maneira expressa e sem que reste quaisquer dúvidas, um passivo tributário que, muitas vezes, é bastante elevado.

Dois conceitos são importantes para a compreensão do dispositivo:

- *Falência* – É o processo judicial por meio do qual se liquida o empresário ou a sociedade empresarial que não tem condições de arcar com suas dívidas. O processo viabiliza o pagamento dos débitos juntos aos trabalhadores, credores privados e Fazendas Públicas. De acordo com o artigo 75 da Lei nº 11.101/2005, "a falência, ao promover o afastamento do devedor de suas atividades, visa a preservar e otimizar a utilização produtiva dos bens, ativos e recursos produtivos, inclusive os intangíveis, da empresa";
- *Recuperação judicial* – A recuperação judicial consiste em uma série de medidas excepcionais disciplinadas em lei que têm como objetivo a recuperação econômico-financeira da empresa em situação de crise, *sem que seja decretada sua falência*. Nos termos do artigo 47 da Lei nº 11.101/2005, "a recuperação judicial tem por objetivo viabilizar a superação da situação de crise econômico-financeira do devedor, a fim de permitir a manutenção da fonte produtora, do emprego dos trabalhadores e dos interesses dos credores, promovendo, assim, a preservação da empresa, sua função social e o estímulo à atividade econômica".

Pois bem, nos termos do artigo 133, § 1º, do CTN, em caso de *alienação judicial* em processo de falência ou recuperação judicial de filial ou unidade produtiva isolada, *o adquirente não responde* pelos tributos devidos pelo fundo ou estabelecimento comercial. *Trata-se de exclusão da responsabilidade por sucessão empresarial.* O objetivo, como dissemos, é facilitar a liquidação da empresa ou sua recuperação judicial.

A propósito, Kiyoshi Harada explica: "Agora, pelo § 1º, do art. 133 do CTN, não haverá responsabilidade tributária integral ou subsidiária da pessoa física ou jurídica adquirente, quando a sucessão empresarial ocorrer por alienação judicial em *processo de falência*, ou em caso de alienação de filial ou unidade produtiva isolada, em *processo de recuperação judicial.* A espinha dorsal da nova Lei de Falências é a manutenção da unidade produtiva sob dificuldade econômico-financeira, atenta à finalidade social da empresa, de sorte a não interromper a atividade produtiva, assegurar o emprego e acautelar os interesses dos credores, por meio de um plano viável de recuperação da empresa devedora" (HARADA, 2006, p. 98).

Além do mais, o artigo 133, § 3º, do CTN, determina que "em processo de falência, o produto da alienação judicial de empresa, filial ou unidade produtiva isolada permanecerá em conta de depósito à disposição do juízo de falência pelo prazo de 1 (um) ano, contado da data de alienação, somente podendo ser utilizado para o pagamento de créditos extraconcursais ou de créditos que preferem ao tributário".

Em outras palavras, *no processo de falência*, o produto da venda de filial ou unidade produtiva isolada deve ser preservado para pagamento preferencial dos:

- *Créditos extraconcursais* – Os créditos extraconcursais, nos termos do artigo 84 da Lei nº 11.101/2005, devem ser pagos antes dos créditos previstos no artigo 83 do mesmo diploma. De acordo com o inciso V do artigo 84, os créditos provenientes de tributos cujos fatos geradores foram praticados *após* a decretação da falência são considerados extraconcursais;
- *Créditos que preferem ao tributário* – Nos termos do artigo 83, são créditos que *preferem* ao tributário, isto é, que devem ser pagos *antes* dos créditos tributários: os créditos derivados da legislação do trabalho, limitados a 150 (cento e cinquenta) salários-mínimos por credor e os decorrentes de acidentes de trabalho; créditos com garantia real até o limite do valor do bem gravado.

v) Exceção quanto à regra de exclusão

O artigo 133, § 2º, do CTN, também acrescentado pela LC nº 118/2005, enumerou algumas circunstâncias em que *não* se aplica o disposto no § 1º do dispositivo. Em outras palavras, são situações em que não tem lugar a exclusão da responsabilidade prevista pelo § 1º, embora envolva as mesmas situações. O texto consagra, portanto, a "exceção da exceção", ou seja, retoma a regra geral de responsabilização do adquirente prevista no *caput* do artigo 133.

Assim, não se aplica o disposto no § 1º do art. 133 quando o adquirente for:

- Sócio da sociedade falida ou em recuperação judicial, ou sociedade controlada pelo devedor falido ou em recuperação judicial;

- Parente, em linha reta ou colateral até o 4º (quarto) grau, consanguíneo ou afim, do devedor falido ou em recuperação judicial ou de qualquer de seus sócios;
- Identificado como agente do falido ou do devedor em recuperação judicial com o objetivo de fraudar a sucessão tributária.

O objetivo é evitar *fraudes*. Nas hipóteses enumeradas encontram-se pessoas que, de alguma maneira, têm relação com o empresário ou sociedade empresarial em curso de falência ou recuperação judicial. A lei quer evitar que aqueles que deram *causa* à difícil situação econômica da empresa sejam beneficiados pelo regime de exclusão da responsabilidade tributária.

Se isso fosse permitido, os empresários poderiam endividar propositalmente suas empresas, efetuar o pedido de falência e, depois, adquirir, diretamente ou por meio de um parente ou terceiro, o fundo de comércio ou estabelecimento comercial desonerado de quaisquer dívidas tributárias. A lei, é claro, impede esse tipo de fraude.

a) Responsabilidade de terceiros por ação ou omissão: artigo 134 do CTN

A Seção III, do Capítulo V, composta pelos artigos 134 e 135, estabelece a chamada "responsabilidade de terceiros". *Terceiro* aqui tem significado restrito quando comparado com a expressão "terceira pessoa" que consta do artigo 128 do CTN. Neste último caso, tem-se cláusula geral de responsabilidade. "Terceira pessoa" significa aquele que não se enquadra na qualidade de contribuinte, mas que tem fixada por lei a responsabilidade de adimplir o crédito tributário.

Para os artigos 134 e 135, por outro lado, *terceiros* são as pessoas mencionadas em seus incisos e que mantêm uma relação particular e específica com o contribuinte, isto é, têm o dever de zelar e guardar o patrimônio deste para que não se consuma, ou, em razão de profissão ou função exercida, participam da situação que consubstancia fato gerador.

São chamados a responder em casos de ação ou omissão (art. 134) ou de atos praticados com excesso de poderes, infração de lei, contrato social ou estatuto (art. 135).

Iniciemos a análise pelo artigo 134 do CTN, que estabelece:

> **CTN, art. 134.** Nos casos de impossibilidade de exigência do cumprimento da obrigação principal pelo contribuinte, respondem solidariamente com este nos atos em que intervierem ou pelas omissões de que forem responsáveis:
>
> I – os pais, pelos tributos devidos por seus filhos menores;
>
> II – os tutores e curadores, pelos tributos devidos por seus tutelados ou curatelados;
>
> III – os administradores de bens de terceiros, pelos tributos devidos por estes;
>
> IV – o inventariante, pelos tributos devidos pelo espólio;
>
> V – o síndico e o comissário, pelos tributos devidos pela massa falida ou pelo concordatário;
>
> VI – os tabeliães, escrivães e demais serventuários de ofício, pelos tributos devidos sobre os atos praticados por eles, ou perante eles, em razão do seu ofício;
>
> VII – os sócios, no caso de liquidação de sociedade de pessoas.

Parágrafo único. O disposto neste artigo só se aplica, em matéria de penalidades, às de caráter moratório.

Três observações são importantes:

- *Benefício de ordem* – O dispositivo faz a ressalva: "Nos casos de impossibilidade de exigência do cumprimento da obrigação principal pelo contribuinte [...]". Note-se, pois, que o terceiro não é chamado a responder pelo crédito tributário imediatamente. É necessário, *antes*, que a cobrança seja efetuada junto ao contribuinte, isto é, aquele que praticou o fato gerador da obrigação principal. Feita a cobrança e verificada a *impossibilidade* de adimplemento, aí sim deve o Fisco direcioná-la a um dos terceiros responsáveis elencados nos incisos do artigo. Esta cláusula inicial consagra típico *benefício de ordem*. O terceiro tem o direito de apenas ser acionado *depois* que o contribuinte tenha sido;
- *Responsabilidade subsidiária* – Muito embora, de acordo com o artigo, o terceiro deva responder "solidariamente" com o contribuinte, o contexto permite concluir que *não* se trata de *responsabilidade solidária*. Uma vez que a cláusula inicial consagra típico benefício de ordem, o dispositivo prevê vínculo de responsabilidade subsidiária. Primeiro aciona-se o contribuinte; verificada a impossibilidade de que este resolva o crédito, aciona-se o terceiro. Nesse sentido, a Primeira Seção do STJ assentou: "Flagrante ausência de tecnicidade legislativa se verifica no artigo 134, do CTN, em que se indica hipótese de responsabilidade solidária 'nos casos de impossibilidade de exigência do cumprimento da obrigação principal pelo contribuinte', uma vez cediço que o instituto da solidariedade não se coaduna com o benefício de ordem ou de excussão. *Em verdade, o aludido preceito normativo cuida de responsabilidade subsidiária*" (STJ, EREsp. 446.955/SC, 2008);
- *Exigência de ação ou omissão do terceiro* – Para que o vínculo de responsabilidade reste configurado, o art. 134, *caput*, exige, além da impossibilidade do cumprimento da obrigação pelo contribuinte, outra condição, qual seja, a de que o terceiro: (1) *tenha intervindo na situação que constitui o respectivo fato gerador* ou; (2) *que tenha sido omisso quanto a tal situação*. Quer dizer, o terceiro deve relacionar-se com a situação que constitui o fato gerador, seja por ação, seja por omissão. Se ele não participa da prática do fato gerador, não pode ser chamado a responder, ainda que o contribuinte não tenha condições de fazê-lo. Nesse sentido, Hugo de Brito Machado explica: "A responsabilidade de terceiros, prevista no art. 134 do CTN, pressupõe duas condições: a primeira é que o contribuinte não possa cumprir sua obrigação, e a segunda é que o terceiro tenha participado do ato que configure o fato gerador do tributo, ou em relação a este tenha indevidamente se omitido. De modo nenhum se pode concluir que os pais sejam sempre responsáveis pelos tributos devidos por seus filhos menores. Nem que os tutores ou curadores sejam sempre responsáveis pelos tributos devidos pelos seus tutelados ou curatelados etc. É preciso que exista uma relação entre a obrigação tributária e o comportamento daquele a quem a lei atribui responsabilidade" (MACHADO, 2011, p. 159).

Pois bem, feitas as considerações necessárias para que a responsabilidade do terceiro reste configurada, vejamos, de maneira esquematizada, quem, de acordo com o art. 134, pode ser chamado a responder:

- *Os pais, pelos tributos devidos pelos filhos menores* – Filhos menores são aqueles que têm idade inferior a dezoito anos completos. Recordemos, contudo, que a capacidade tributária passiva *independe* da capacidade civil das pessoas naturais (CTN, art. 126, I). Logo, os filhos menores podem ser *contribuintes* de tributos. A responsabilidade dos pais apenas tem lugar quando os filhos estão *impedidos* de cumprir a obrigação tributária, e eles, os pais, tenham *intervindo* ou foram *omissos* quanto à situação que constitui o fato gerador. Imagine-se, por exemplo, que um menor de dois anos de idade seja proprietário de um automóvel recebido por herança. Quem é o contribuinte do IPVA? O menor, sem dúvida. É fácil perceber, entretanto, que um indivíduo com dois anos de idade não tem condições de administrar seus bens. Logo, seus pais, como regra, são seus representantes civis. Se os últimos não efetuarem o recolhimento do tributo, ou seja, forem omissos numa situação em que tinham a obrigação de agir, abre-se a possibilidade de imputar-lhes a responsabilidade pelo pagamento do imposto, cumpridos os requisitos enumerados no caput do art. 134;
- *Os tutores e curadores, pelos tributos devidos por seus tutelados ou curatelados* – "Deixando a criança ou o adolescente de estar sob o poder familiar dos genitores" – explica Maria Berenice Dias –, "é preciso que alguém se responsabilize por ela. Na ausência de ambos os pais, a representação é atribuída a outra pessoa: o *tutor*, que ocupa o lugar jurídico deixado pelo vazio da autoridade parental. Tal ocorre no caso de morte dos pais, ou por terem sido declarados ausentes, ou, ainda, quando tenham 'decaído', por perda ou suspensão do poder familiar. Assim, o tutor é investido dos poderes necessários para a proteção que os genitores não podem prestar" (DIAS, 2011, p. 609). "Ao completar 18 anos" – continua a autora –, "implementa-se a maioridade e a pessoa adquire a plena capacidade (CC 3º e 4º). Assim, por presunção legal, todos os maiores de idade são capazes de administrar sua pessoa e seus bens. No entanto, por motivos diversos, há quem, em razão de doença ou deficiência mental, se acha na impossibilidade de cuidar dos próprios interesses. Nesses casos, é necessário atribuir esse encargo a outrem: um *curador*. A curatela é instituto *protetivo* dos *maiores de idade*, mas *incapazes*, isto é, sem condições de zelar por seu próprio interesse, reger sua vida e administrar seu patrimônio" (DIAS, 2011, p. 621). Assim, a tutela liga-se à criança e ao adolescente que precisam ser representados ou assistidos; a curatela, como regra, liga-se aos maiores de idade, que, entretanto, sejam incapazes. Em ambos os casos, se o tutor ou o curador intervieram, ou, tendo a obrigação de fazê-lo, permaneceram omissos, abre-se a possibilidade de responsabilizá-los pelas dívidas tributárias, nos termos do art. 134, *caput*, do CTN;

- *Os administradores de bens de terceiros pelos tributos devidos por estes* – Aqui os parâmetros de razoabilidade e proporcionalidade são fundamentais. Antes de tudo, registre-se, novamente, que esse administrador apenas será chamado a responder se o contribuinte estiver impossibilitado de fazê-lo, e ele, o administrador, interveio ou foi omisso quanto à situação que constitui o fato gerador. Lembre-se que o terceiro responde por tributo cujo fato gerador foi praticado por outrem: o contribuinte. Assim, de acordo com Hugo de Brito Machado, "os administradores de imóveis, os que cuidam da locação e do recebimento dos respectivos aluguéis, por exemplo, respondem pelos tributos relativos a tais imóveis" (MACHADO, 2004, p. 574);
- *O inventariante, pelos tributos devidos pelo espólio* – Como ensina Sílvio de Salvo Venosa, espólio é "a entidade jurídica com personificação anômala, com representação processual definida em lei (art. 12, V, do CPC), podendo participar de inúmeros negócios jurídicos no plano material, a exemplo da massa falida, do condomínio de unidades autônomas, e outros. Com a morte do sujeito, desaparece o titular do patrimônio. Por necessidades práticas, esse patrimônio permanecerá íntegro até a partilha, sob a denominação de espólio" (VENOSA, 2010, p. 1624). Inventário, explica o autor, "consiste na descrição pormenorizada dos bens da herança, tendente a possibilitar o recolhimento de tributos, o pagamento de credores e, por fim, a partilha" (VENOSA, 2010, p. 1793). O inventário é um processo judicial cuja administração é conferida ao *inventariante*. A este, por sua vez, "cabe a administração dos bens da herança. O inventariante é nomeado pelo juiz do inventário [...] Esse administrador representa o espólio ativa e passivamente (art. 986 do CPC) [...] Como acentuado, o espólio não é pessoa jurídica, porém a lei lhe outorgou personalidade processual (trata-se de uma entidade com personalidade anômala ou reduzida), cabendo sua representação ativa e passiva ao inventariante (arts. 12, V, e 991, I, do CPC)" (VENOSA, 2010, p. 1793, 1794). Em suma, aberta a sucessão com a morte da pessoa, seu patrimônio reúne-se sob a ficção jurídica denominada "espólio", que possui personalidade anômala. Em seguida, deve-se proceder ao "inventário", isto é, ao arrolamento dos bens deixados pelo de *cujus*. Nomeia-se, para tanto, o inventariante. Pois bem, vimos que o espólio já é *responsável* pelos tributos devidos pelo de *cujus* até a data da abertura da sucessão, nos termos do art. 131, III, do CTN. Nada obstante, vimos também que o espólio está apto a praticar fatos geradores reativamente aos quais ele, espólio, é contribuinte. Dessa maneira, o inventariante é o "responsável do responsável", quer dizer, responderá pelas dívidas tributárias não solvidas pelo espólio enquanto contribuinte. Natural que seja assim, pois o inventariante representa o espólio até a data da partilha, ou seja, até o momento em que os bens da herança são efetivamente transferidos aos herdeiros;
- *O síndico e o comissário, pelos tributos devidos pela massa falida ou pelo concordatário* – Síndico, explica Maria Helena Diniz, é "o administrador de uma massa falida, havendo falência, designado pelo magistrado, em regra, entre os maiores credores do falido" (DINIZ, 2010, p. 530). O síndico deve recolher

os tributos devidos pela massa falida. Ora, se não o faz, isto é, se age com omissão, responde pelas dívidas tributárias da própria massa. Nesse ponto, merece registro a observação de Hugo de Brito Machado: "É importante, porém, esclarecer que os tributos devidos pela massa falida, pelos quais o síndico responde, são apenas aqueles que se tornaram devidos *durante* sua atuação como síndico. Não aqueles que já eram devidos pela empresa que veio a falir" (MACHADO, 2004, p. 576). De fato, o síndico responde pelas dívidas tributárias da *massa falida* e *não* da *empresa* que faliu. Obviamente o síndico não pode ser responsabilizado pelo não pagamento das dívidas tributárias por insuficiência de recursos da massa. Com a nova lei de falências, a figura do síndico foi substituída pela do *administrador judicial. Comissário*, por sua vez, seria o credor escolhido pelo magistrado para gerir uma concordata mediante remuneração por ele atribuída. A concordata, no entanto, foi revogada pela Lei nº 11.101/2005. O inciso V, do art. 134, portanto, perdeu parte de seu sentido;

- *Os tabeliães, escrivães e demais serventuários de ofício pelos tributos devidos sobre os atos praticados por eles, ou perante eles, em razão do seu ofício* – De acordo com o artigo 3º da Lei nº 8.935/94, "notário, ou tabelião, e oficial de registro, ou registrador, são profissionais do direito, dotados de fé pública, a quem é delegado o exercício da atividade notarial e de registro". Compete aos tabeliães, por exemplo, reconhecer firmas, autenticar cópias, lavrar escrituras de compra e venda de imóveis etc. Ora, os *tabeliães* têm funções específicas que se relacionam com a *substância* de muitos negócios jurídicos. Certos imóveis, por exemplo, só podem ter a propriedade transferida se houver prévia escritura pública, lavrada pelo tabelião. Por "demais serventuários de ofício" entende-se, por exemplo, o *Oficial de Registro de Imóveis*. Trata-se da pessoa física que recebe, por concurso público, delegação estatal para realizar atos de registro de compra e venda de bens imóveis, instituição de bem de família, servidões em geral, dentre outros (art. 167 da Lei nº 6.015/73). O oficial deve fiscalizar o recolhimento dos tributos que incidem em transações com imóveis, como o imposto sobre a transmissão de bens imóveis (ITBI). Caso o registrador *omita-se* na fiscalização, abre-se a possibilidade de responsabilizá-lo pela dívida tributária oriunda do negócio. Cite-se, ainda, como possíveis responsáveis tributários na qualidade de "serventuários de ofício" os oficiais de registro de títulos e documentos e civis das pessoas jurídicas, oficiais de registro civis das pessoas naturais e de interdições e tutelas, oficiais de registro de distribuição etc.;
- *Os sócios, no caso de liquidação de sociedade de pessoas* – De acordo com o dispositivo, os sócios obrigam-se na qualidade de responsáveis por dívidas tributárias das *sociedades de pessoas*. Este tipo societário é aquele cuja formação e o consequente desempenho da atividade escolhida depende fundamentalmente de características *pessoais dos sócios*. O capital reunido para a formação da sociedade desempenha papel secundário. É o caso, por exemplo, de uma sociedade cujo objeto seja a restauração de livros antigos dos Cartórios de Registro de Imóveis. A atividade, nesse caso, depende

> mais da perícia individual dos sócios do que do dinheiro nela investido. A sociedade em nome coletivo (Código Civil, art. 1.039 a 1044) e a sociedade em comandita simples (Código Civil, art. 1.045 a 1.051) são exemplos de sociedades de pessoas. Pois bem, de acordo com o artigo 134, VII, do CTN, os sócios das sociedades de pessoas respondem pelas dívidas tributárias não adimplidas pela empresa no caso de sua liquidação. Note-se, contudo, que essa responsabilidade não é "automática". Depende, nos termos do que vimos na análise do *caput*, de que o sócio tenha *intervindo* ou se *omitido* com relação à situação que constitui o respectivo fato gerador. Em outras palavras, a mera qualidade de *sócio* não atrai a responsabilidade pelas dívidas da sociedade. É preciso mais, que ele tenha *intervindo* ou se *omitido* com relação à situação que constitui o fato gerador.

Finalmente, o parágrafo único do art. 134 lança alguma luz sobre a intrincada questão de saber se a responsabilidade tributária inclui o dever de recolher apenas as quantias relativas a tributos ou também aquelas relacionadas às multas. O dispositivo determina: "O disposto neste artigo só se aplica, em matéria de penalidades, às de caráter moratório".

Percebe-se que a responsabilidade das pessoas elencadas no artigo 134 alcança os créditos provenientes de tributos *e* multas. Não todas estas, no entanto. Apenas as de caráter *moratório*, isto é, aquelas que decorrem de *atraso* no pagamento por parte do contribuinte. Excluem-se, assim, as multas *punitivas*, ou seja, aquelas aplicadas pela prática de atos ilícitos tributários.

b) Responsabilidade pessoal: artigo 135 do CTN (responsabilização dos sócios)

O art. 135 do CTN estabelece:

> **CTN, art. 135.** São pessoalmente responsáveis pelos créditos correspondentes a obrigações tributárias resultantes de atos praticados com excesso de poderes ou infração de lei, contrato social ou estatutos:
>
> I – as pessoas referidas no artigo anterior;
>
> II – os mandatários, prepostos e empregados;
>
> III – os diretores, gerentes ou representantes de pessoas jurídicas de direito privado.

i) Espécie de responsabilidade: pessoal, solidária ou subsidiária?

Registre-se desde logo o seguinte: a responsabilidade prevista no art. 135 do CTN compreende o dever de arcar com as dívidas provenientes de *tributos e multas*. Dentre estas, as de caráter *moratório* e *punitivo*. Note-se que o dispositivo fala em "obrigações tributárias", o que abrange não apenas os créditos relacionados aos tributos, como também às multas de ambas as espécies.

De acordo com o artigo, a responsabilidade tributária do terceiro por ato praticado com excesso de poderes, infração de lei, contrato social ou estatutos é *pessoal*.

O diretor de uma empresa, por exemplo, deve responder por determinada dívida tributária caso tenha agido com excesso de poderes, infração de lei, contrato social ou estatutos. Em princípio o dever de recolhimento do tributo seria da própria empresa, que praticou o fato gerador e se qualifica, portanto, como contribuinte. No entanto, como o diretor agiu fora dos limites jurídicos de sua atuação, assume ele mesmo o dever.

A responsabilidade seria exclusivamente do terceiro porque o artigo 135 fala em responsabilidade "pessoal". Ora, o terceiro, quer dizer, uma das pessoas elencadas pelo dispositivo, deve responder *pessoalmente* nas situações ali assinaladas.

A doutrina, de maneira geral, concorda em afirmar que a responsabilidade pessoal prevista no artigo 135 do CTN significa *responsabilidade exclusiva do terceiro*. Isso significa que, nos casos em que age com excesso de poderes, infração de lei, contrato social ou estatutos, *exclui-se* o dever do contribuinte de arcar com crédito tributário e atribui-se única e exclusivamente ao terceiro a responsabilidade pelo adimplemento da dívida.

Essa é a lição de Sacha Calmon Navarro Coêlho: "Em suma, o art. 135 retira a 'solidariedade' e a 'subsidiariedade' do art. 134. Aqui a responsabilidade se transfere inteiramente para os terceiros, liberando os seus dependentes e representados. A responsabilidade passa a ser pessoal, plena e exclusiva desses terceiros. Isto ocorrerá quando eles procederem com manifesta malícia (*mala fides*) contra aqueles que representam, toda vez que for constatada a prática de ato ou fato eivado de excesso de poderes ou com infração de lei, contrato social ou estatuto" (COÊLHO, 2009, p. 668).

Existem, contudo, divergências. Hugo de Brito Machado explica: "A lei diz que são *pessoalmente* responsáveis, mas não diz que sejam os únicos. A exclusão da responsabilidade, a nosso ver, teria de ser expressa [...] Pela mesma razão que se exige dispositivo legal expresso para a atribuição da responsabilidade a terceiro, também se há de exigir dispositivo legal expresso para excluir a responsabilidade do contribuinte" (MACHADO, 2011, p. 163).

Luís Eduardo Schoueri concorda com Hugo de Brito Machado, ao menos no que toca ao crédito oriundo do tributo: "No que se refere ao tributo propriamente dito, não parece acertado entender que a "pessoalidade" exclua a responsabilidade do sujeito passivo originário [...] Ou seja: a responsabilidade tributária não é instrumento pelo qual o contribuinte deixa de arcar com o ônus do tributo: mesmo quando deslocado do polo passivo, a lei assegura meios para que ele seja atingido" (SCHOUERI, 2012, p. 538).

ii) Pressupostos para a responsabilização

O artigo 135 do CTN enumera alguns *pressupostos* sem os quais não se pode responsabilizar de maneira *pessoal* o terceiro. Na *ausência* de tais requisitos, as pessoas enumeradas no dispositivo *não* devem ser compelidas a responder pelas dívidas tributárias contraídas pelo contribuinte.

O artigo 134, como vimos, também estabelece certas exigências para a fixação da responsabilidade *subsidiária* das pessoas ali enumeradas. De acordo com o dispositivo, é necessário que o responsável tenha *intervindo* ou se *omitido* quanto à situação que constitui o fato gerador da obrigação tributária.

O artigo 135, por sua vez, estabelece pressupostos mais *rígidos* para a responsabilização do terceiro. É necessário que as pessoas ali enumeradas procedam com *excesso de poderes, infração de lei, contrato social* ou *estatutos*.

Cabe ressaltar que são pressupostos *de fato*, quer dizer, *condutas* adotadas pelos terceiros e que fazem surgir o vínculo de responsabilidade. Por isso, exige-se a comprovação da prática de tais comportamentos para que o dever de recolhimento lhes seja imputado. Vejamos:

- *Excesso de poderes* – Todas as pessoas enumeradas no artigo 135 do CTN, de uma maneira ou outra, exercem *funções*. "Função" significa um conjunto de poderes-deveres fixados em lei ou convenções particulares e atribuídos a alguém para o desempenho de determinadas atividades. O tabelião, por exemplo, exerce função que consiste em conferir autenticidade e fé pública a documentos privados que consubstanciam negócios jurídicos. Se o tabelião agir com *excesso de poderes*, isto é, se extrapolar o conjunto de poderes-deveres que recebeu da lei, deverá responder *pessoalmente* pelas dívidas tributárias contraídas pelo contribuinte. Vale notar que, se o tabelião apenas *interveio* ou se *omitiu* quanto a determinada conduta do contribuinte, sem que tenha agido com *excesso de poderes ou violação de lei*, deve responder nos termos do artigo 134 do CTN (responsabilidade *subsidiária*) e não nos termos do artigo 135 (responsabilidade *pessoal*);
- *Infração de lei* – A expressão "infração de lei" é muito ampla e desperta dificuldades quanto à adequada interpretação. Suponha-se que o empregado de uma empresa tenha deixado de recolher certos tributos. Ora, se a lei tributária determina o recolhimento de tributo, o não recolhimento é, certamente, "infração de lei". Abre-se a possibilidade de responsabilização pessoal do empregado? Parece exagero. A doutrina, de maneira geral, indica que a expressão "infração de lei" apontada pelo artigo 135 refere-se a *leis não tributárias*. O terceiro deve ser responsabilizado pessoalmente caso tenha agido com infração de lei civil, empresarial, administrativa, mas não tributária. Assim, o não pagamento do tributo, por implicar infração de lei tributária, não ensejaria a responsabilização pessoal. O STJ tem decidido justamente nesse sentido:

> "É igualmente pacífica a jurisprudência do STJ no sentido de que a simples falta de pagamento do tributo não configura, por si só, nem em tese, circunstância que acarreta a responsabilidade subsidiária do sócio, prevista no art. 135 do CTN. É indispensável, para tanto, que tenha agido com excesso de poderes ou infração à lei, ao contrato social ou ao estatuto da empresa" (STJ, REsp 1.101.728/SP, 2009). O entendimento está de tal modo consolidado que a Corte houve por bem sumular o entendimento:

Súmula nº 430 do STJ: "O inadimplemento da obrigação tributária pela sociedade não gera, por si só, a responsabilidade solidária do sócio-gerente";

- *Contrato social ou estatuto* – As pessoas enumeradas no artigo 135 do CTN, que agirem com *infração de contrato social ou estatuto* respondem pessoalmente pelas dívidas tributárias. De acordo com Maria Helena Diniz, *contrato social* "é o contrato que constitui uma sociedade simples ou empresária, regendo os direitos e deveres dela decorrentes". *Estatuto*, por sua vez, "é o pacto social que rege a sociedade empresária, impondo obrigações e conferindo direitos aos sócios" (DINIZ, 2010, p. 158, 247). Conclui-se, portanto, que infração de contrato social ou estatuto dirige-se predominantemente às pessoas previstas no inciso II e III do art. 135, quais sejam: os mandatários, prepostos e empregados e os diretores, gerentes ou representantes de pessoas jurídicas de direito privado. Dessa maneira, o sócio de uma empresa, por exemplo, pode ser chamado a responder pessoalmente pelas dívidas tributárias contraídas pela pessoa jurídica, caso tenha agido com violação de contrato social ou estatuto. É claro que também pode ser chamado a responder caso tenha agido com infração de lei ou excesso de poderes.

JURISPRUDÊNCIA DO STJ – DISSOLUÇÃO IRREGULAR DE PESSOA JURÍDICA

As pessoas jurídicas devem ser dissolvidas regularmente, isto é, de acordo com a lei, momento em que se apuram as dívidas e se efetuam os respectivos pagamentos, inclusive de natureza tributária. Ocorre, contudo, que muitas vezes os sócios dissolvem a empresa de forma irregular, sem a observância dos procedimentos legais, o que implica, em certas ocasiões, o não pagamento de dívidas privadas ou tributárias e a ausência de comunicação às autoridades competentes. Surge a questão de saber se, nesses casos, tem-se *infração de lei* capaz de gerar a responsabilidade pessoal dos sócios. O STJ firmou entendimento no sentido de que a dissolução irregular de pessoa jurídica permite a responsabilização pessoal dos sócios. Há manifestação da Segunda Turma nesse sentido:

> "É firme a orientação desta Corte no sentido de que a responsabilidade fiscal somente pode ser atribuída ao sócio-gerente quando for inequivocadamente comprovada a prática de atos com excesso de poderes ou infração de lei, contrato social ou estatuto ou dissolução irregular da sociedade durante a sua gestão (artigo 135 do CTN), o que não foi demonstrado nos autos" (STJ, EDcl. no REsp 1.246.520/BA, 2011). Ressalte-se que, para a Corte, configura dissolução irregular a empresa que deixa de funcionar em seu domicílio fiscal sem efetuar a comunicação aos órgãos competentes. A Corte sumulou tal entendimento:

Súmula 435 do STJ: "Presume-se dissolvida irregularmente a empresa que deixar de funcionar no seu domicílio fiscal, sem comunicação aos órgãos competentes, legitimando o redirecionamento da execução fiscal para o sócio-gerente";

JURISPRUDÊNCIA DO STJ - DISSOLUÇÃO IRREGULAR DA EMPRESA E JULGAMENTO DO TEMA 962

No julgamento do Tema 962, a Primeira Seção do STJ firmou entendimento no sentido de que a responsabilidade tributária da empresa em caso de dissolução irregular ou sua presunção, não pode ser atribuída ao sócio que, mesmo exercendo funções de direção ou gerência, não praticou atos ilícitos ou irregulares e dela se retirou de forma legal. A questão submetida foi a seguinte:

> "Discute-se a possibilidade de redirecionamento da execução fiscal contra o sócio que, apesar de exercer a gerência da empresa devedora à época do fato tributário, dela regularmente se afastou, sem dar causa, portanto, à posterior dissolução irregular da sociedade empresária".

A tese firmada foi a seguinte:

> "O redirecionamento da execução fiscal, quando fundado na dissolução irregular da pessoa jurídica executada ou na presunção de sua ocorrência, não pode ser autorizado contra o sócio ou o terceiro não sócio que, embora exercesse poderes de gerência ao tempo do fato gerador, sem incorrer em prática de atos com excesso de poderes ou infração à lei, ao contrato social ou aos estatutos, dela regularmente se retirou e não deu causa à sua posterior dissolução irregular, conforme art. 135, III, do CTN" (STJ, Primeira Seção, 2021).

JURISPRUDÊNCIA DO STJ - DISSOLUÇÃO IRREGULAR DA EMPRESA E JULGAMENTO DO TEMA 981

No julgamento do Tema 981, a Primeira Seção do STJ firmou entendimento no sentido de que o sócio que participou a dissolução irregular da empresa deve responder pessoalmente pelas dívidas tributárias da pessoa jurídica, ainda que não tenha exercido funções de direção ou gerência à época de ocorrência do fato gerador da obrigação principal. Isso, com fundamento no art. 135, III, do CTN. A questão submetida foi a seguinte:

> "À luz do art. 135, III, do CTN, o pedido de redirecionamento da Execução Fiscal, quando fundado na hipótese de dissolução irregular da sociedade empresária executada ou de presunção de sua ocorrência (Súmula 435/STJ), pode ser autorizado contra: (i) o sócio com poderes de administração da sociedade, na data em que configurada a sua dissolução irregular ou a presunção de sua ocorrência (Súmula 435/STJ), e que, concomitantemente, tenha exercido poderes de gerência, na data em que ocorrido o fato gerador da obrigação tributária não adimplida; ou (ii) o sócio com poderes de administração da sociedade, na data em que configurada a sua dissolução irregular ou a presunção de sua ocorrência (Súmula 435/STJ), ainda que não tenha exercido poderes de gerência, na data em que ocorrido o fato gerador do tributo não adimplido".

A tese firmada foi a seguinte:

> "O redirecionamento da execução fiscal, quando fundado na dissolução irregular da pessoa jurídica executada ou na presunção de sua ocorrência, pode ser autorizado contra o sócio ou o terceiro não sócio, com poderes de administração na data em que configurada ou presumida a dissolução irregular, ainda que não tenha exercido poderes de gerência quando ocorrido o fato gerador do tributo não adimplido, conforme art. 135, III, do CTN" (STJ, Primeira Seção, 2022).

iii) Pessoas chamadas a responder

Pois bem, que pessoas são chamadas a responder *pessoalmente* pelas dívidas tributárias caso tenham agido com excesso de poderes, violação de lei, contrato social ou estatutos?

De acordo com os incisos do artigo 135, são elas:

- *As pessoas referidas no artigo anterior* – Como vimos, estão elencados no art. 134 os pais, tutores e curadores, administradores, inventariante, síndico e comissário, tabeliães, escrivães e demais serventuários e os sócios, no caso de liquidação de sociedade de pessoas. Todos estes sujeitos *podem* responder pessoalmente pelas dívidas tributárias, a depender da situação na qual se encontrem. Se tiverem agido com excesso de poderes, violação de lei, contrato social ou estatuto, aplica-se a regra do art. 135. No entanto, se tiverem apenas intervindo ou se omitido, mas sem a comprovação dos pressupostos acima mencionados, aplica-se o disposto no art. 134. Dessa maneira, existem duas regras a fixar no que toca à responsabilidade tributária dessas pessoas:
    - *Responsabilidade subsidiária* – Caso tenham *intervindo* ou se *omitido* nas situações que constituem o respectivo fato gerador da obrigação principal, tais pessoas devem responder *subsidiariamente*. Lembre-se que o *caput* do art. 134 estatui: "Nos casos de impossibilidade de exigência do cumprimento da obrigação principal pelo contribuinte". Cobra-se primeiro do contribuinte e, apenas depois, das pessoas ali enumeradas;
    - *Responsabilidade pessoal* – Caso tais pessoas tenham agido com *excesso de poderes, violação de lei, contrato social ou estatutos*, então devem responder *pessoalmente* pelas dívidas tributárias contraídas pelo contribuinte. Em outras palavras, cobra-se diretamente delas;

- *Mandatários, prepostos e empregados* – Mandatário é a pessoa que recebe mandato ou procuração de outrem. Por meio do mandato está autorizado a praticar atos em nome de outra pessoa nos limites do instrumento. *Preposto* é a pessoa nomeada por uma sociedade para praticar atos de administração ou gestão nos limites da nomeação. *Empregado* é aquele contratado para prestar serviços a empregador mediante recebimento de salário e de acordo com a legislação trabalhista. Hugo de Brito Machado observa: "Como se vê, a norma abrange pessoas com qualificações jurídicas diferentes mas que têm características comuns, que as tornam iguais para os fins visados pelo legislador. *Elas praticam atos em nome do contribuinte*, e nesse agir podem eventualmente ultrapassar os limites do desempenho do mandato, da preposição ou dos encargos que lhe foram legitimamente atribuídos pelo mandante, pelo preponente ou pelo empregador" (MACHADO, 2004, p. 597);

- *Os diretores, gerentes ou representantes de pessoas jurídicas de direito privado* – Diretor é a pessoa que "dirige", isto é, que tem poder de decisão em uma empresa. O diretor do departamento de assuntos exteriores é a pessoa que tem poder de decisão nessa área de negócios da empresa. De forma semelhante, *gerente* é a pessoa que faz a gestão dos negócios. Muitas vezes as atividades de direção e gerência confundem-se na mesma pessoa. *Representante*, finalmente, é aquele que recebe poderes para agir em nome da empresa. Nas acertadas palavras de Hugo de Brito Machado, "no essencial, para os fins do art. 135 do Código Tributário Nacional, as palavras *gerente*, *administrador* e *representante* significam a mesma coisa, vale dizer, significam a *pessoa que age em nome da pessoa jurídica*, que corporifica a pessoa jurídica contribuinte" (MACHADO, 2004, p. 599).

As pessoas elencadas nos incisos do art. 135 responderão *pessoalmente* desde que tenham agido com excesso de poderes, infração de lei, contrato social ou estatuto. Caso tais pressupostos não fiquem comprovados, a responsabilidade pelas dívidas tributárias permanece com o contribuinte.

iv) Responsabilização dos sócios

Uma questão importante no que toca à análise do artigo 135 do CTN gira em torno de saber se os *sócios* que participam de pessoa jurídica podem ser responsabilizados por dívidas tributárias contraídas por esta. A principal característica das sociedades, de modo geral, é a constituição de uma personalidade jurídica distinta e autônoma com relação à de seus sócios. Dessa forma, a pessoa jurídica assume seus próprios deveres e obrigações, de maneira que o patrimônio pessoal dos sócios fica, como regra, protegido em face de eventuais dívidas.

A disciplina jurídica de cada espécie de sociedade é fixada por lei e o grau de responsabilidade dos sócios varia de acordo com o tipo de sociedade. Assim, na sociedade limitada, por exemplo, a responsabilidade de cada sócio alcança apenas o valor de suas quotas, mas todos devem responder solidariamente pela integralização do capital social (Código Civil, art. 1.052); na sociedade anônima, por outro lado, o capital divide-se em ações, obrigando-se cada sócio ou acionista somente pelo preço de emissão das ações que subscrever ou adquirir (Código Civil, art. 1.088).

As sociedades podem ser dissolvidas por vontade dos próprios sócios ou por incapacidade de cumprirem com suas dívidas privadas, trabalhistas, tributárias etc. A falência, por exemplo, é o processo por meio do qual se dissolve uma sociedade empresária quando esta não tem mais condições econômicas de operar. Apuram-se as dívidas, organizam-se os credores conforme certas ordens de preferência e liquida-se a sociedade.

No processo de falência pode-se averiguar eventual responsabilidade pessoal dos sócios. É o que determina, por exemplo, o artigo 82, *caput*, da Lei nº 11.101/2005:

> **Lei nº 11.101/2005, art. 82.** A responsabilidade pessoal dos sócios de responsabilidade limitada, dos controladores e dos administradores da sociedade falida, estabelecida nas respectivas leis, será apurada no próprio juízo da falência, independentemente da realização do ativo e da prova da sua insuficiência para cobrir o passivo, observado o procedimento ordinário previsto no Código de Processo Civil.

Dependendo da situação, muito embora a personalidade jurídica da empresa não se confunda com a de seus sócios, estes podem ser chamados a responder com seu patrimônio pessoal pelas dívidas contraídas pela pessoa jurídica. Tudo depende da disciplina legal e das circunstâncias concretas do caso.

No que tange às dívidas tributárias assumidas pela pessoa jurídica, sabemos que, como regra, ela deve responder com seu próprio patrimônio. Assumirá a condição de contribuinte ou responsável, respectivamente, conforme pratique o fato gerador da obrigação, ou, muito embora não o tenha praticado, sua obrigação decorra de disposição expressa de lei (CTN, art. 121 c.c. art. 128).

Além do mais, vimos que, no que toca às *sociedades de pessoas* (em nome coletivo, em comandita simples etc.), os sócios podem ser chamados a responder *subsidiariamente* por dívidas tributárias, desde que tenham *intervindo* ou sido *omissos* quanto às situações que constituem os fatos geradores (CTN, art. 134, VII).

Ocorre que as sociedades de pessoas são, atualmente, muito raras. O exercício de atividade econômica lucrativa e os riscos inerentes a tal exercício levam os sócios a adotarem, como regra, a modalidade da sociedade de capital, isto é, sociedade em que o importante é o dinheiro investido e o patrimônio formado e não a qualidade dos sócios. É o caso da sociedade anônima e da sociedade limitada, por exemplo. O art. 134, VII, do CTN aplica-se às sociedades de pessoas e não às sociedades de capital.

Decorre daí a seguinte questão: uma sociedade de capital, como uma sociedade anônima, por exemplo, contraiu uma série de dívidas tributárias. Suponha-se que o patrimônio da empresa não seja suficiente para arcar com tais dívidas. Os sócios podem ser chamados para responder com seu patrimônio pessoal pelo crédito tributário?

O artigo 135, como vimos, autoriza apenas a responsabilização pessoal dos mandatários, prepostos, empregados, diretores, gerentes e representantes de pessoas jurídicas, *mas não menciona os sócios* (com exceção dos sócios no caso de sociedade de pessoas, em razão da remissão que faz o art. 135, I, do CTN).

Como agir nesse caso?

Uma vez que a personalidade jurídica das sociedades não se confunde com a de seus sócios, e, consequentemente, seus patrimônios são autônomos, conclui-se que, *como regra, os sócios não respondem pelas dívidas tributárias contraídas pela pessoa jurídica.*

Dessa maneira, a responsabilização dos sócios é sempre excepcional e apenas pode ocorrer nos exatos termos do que preceitua o art. 135 do CTN, sendo necessário, portanto, que tenham agido com excesso de poderes ou infração de lei, contrato social ou estatutos.

Em outras palavras, é necessário comprovar que, além da qualidade de sócio, o indivíduo tenha participado das decisões que deram origem ao crédito tributário cobrado junto à empresa.

É comum, por isso, que a responsabilidade pessoal alcance a figura do *sócio-gerente* ou *sócio-diretor* que, como regra, participam da vida quotidiana da empresa e têm poder de decisão quanto às situações que constituem os respectivos fatos geradores de obrigações tributárias.

Anote-se a observação de Eduardo Sabbag: "Assim, a responsabilidade prende-se ao período em que o administrador tenha efetivamente exercido essa função na pessoa jurídica. Se os tributos referirem-se a período anterior ao início de sua gestão ou a período posterior a seu término, ausente estará o requisito mencionado da contemporaneidade, não gerando sua responsabilidade pessoal" (SABBAG, 2014, p. 744).

Há pronunciamento da Primeira Seção do STJ nesse sentido:

> É pacífico nessa corte o entendimento acerca da responsabilidade subjetiva do sócio-gerente em relação aos débitos da sociedade. De acordo com o art. 135 do CTN, a responsabilização fiscal dos sócios restringe-se à prática de atos que configurem abuso de poder ou infração de lei, contrato social ou estatutos da sociedade (STJ, EAg 494.887/RS, 2008).

Em suma, como regra, o sócio *não* responde pessoalmente pelas dívidas tributárias da empresa. *Poderá* responder, nos termos do art. 135 do CTN, se tiver agido com excesso de poderes, infração de lei, contrato social, estatutos e, para o STJ, se tiver participado de dissolução irregular da empresa.

JURISPRUDÊNCIA DO STJ – RESPONSABILIZAÇÃO DOS SÓCIOS

Vejamos mais alguns posicionamentos importantes do STJ sobre o tema:

- *Falta de pagamento do tributo ou insuficiência de bens por parte da empresa* – "É firme a orientação desta Corte no sentido de que a responsabilidade fiscal somente pode ser atribuída ao sócio-gerente quando for inequivocamente comprovada a prática de atos com excesso de poderes ou infração de lei, contrato social ou estatuto ou *dissolução* irregular da sociedade durante a sua gestão (artigo 135 do CTN), o que não foi demonstrado nos autos. A simples falta de pagamento do tributo associada à inexistência de bens penhoráveis no patrimônio da devedora, por si só, não enseja a responsabilização do sócio, tendo em vista que a responsabilidade prevista no artigo 135, III, do Código Tributário Nacional não é objetiva" (STJ, Segunda Turma, EDcl. no REsp 1.246.520/BA, 2011). Relembre-se que, para o STJ, a *dissolução irregular da empresa* configura "infração de lei". Dessa maneira, como registrado no julgado acima transcrito, se houve dissolução irregular da sociedade *durante a gestão do sócio*, abre-se a possibilidade de responsabilizá-lo pessoalmente;

- *Responsabilidade dos sócios e falência* – "No STJ o entendimento é de que o simples inadimplemento da obrigação tributária não enseja a responsabilidade solidária do sócio-gerente, nos termos do art. 135, III, do CTN. A falência não configura modo irregular de dissolução da sociedade, pois, além de estar prevista legalmente, consiste numa faculdade estabelecida em favor do comerciante impossibilitado de honrar compromissos assumidos. Em qualquer espécie de sociedade comercial, é o patrimônio social que responde sempre e integralmente pelas dívidas sociais. Com a quebra, a massa falida responde pelas obrigações a cargo da pessoa jurídica até o encerramento da falência, só estando autorizado o redirecionamento da Execução Fiscal caso fique demonstrada a prática pelo sócio de ato ou fato eivado de excesso de poderes ou de infração a lei, contrato social ou estatutos" (STJ, Segunda Turma, AgRg. no AREsp 128.924/ SP, 2012).

v) Redirecionamento da execução fiscal contra os sócios

Execução fiscal é o processo judicial por meio do qual a Fazenda Pública efetua a exigência do crédito tributário vencido e não pago pelo sujeito passivo. É disciplinado pela Lei nº 6.830/80 e viabiliza a cobrança rápida e ágil das dívidas, sem deixar de observar os princípios do devido processo legal, contraditório e ampla defesa. Difere do processo judicial de execução das dívidas privadas, regido pelo Código de Processo Civil (CPC), porque garante à Fazenda Pública certas prerrogativas e "privilégios", que facilitam a transferência, forçada se necessário, do patrimônio das pessoas naturais e jurídicas devedoras de tributos e multas para o Estado.

Para que o sujeito passivo da obrigação tributária seja chamado a responder judicialmente em processo de execução fiscal é necessário que alguns *requisitos* sejam cumpridos.

Primeiro, deve ser considerado oficialmente *inadimplente*. Quer dizer, foi notificado com relação à cobrança de certo tributo (notificação do lançamento), abriu-se prazo razoável para pagamento ou impugnação da cobrança e, escoado o interregno, o sujeito passivo não pagou nem impugnou a cobrança. Caso não tenha ocorrido uma destas duas hipóteses, a execução fiscal pode ser iniciada. Em segundo lugar, é preciso que o crédito tributário vencido e não pago seja *inscrito em dívida ativa tributária*, nos termos do art. 201 do CTN e arts. 2º e 3º da Lei 6.830/80. A inscrição, que constitui ato de controle administrativo da legalidade da cobrança, é de competência da Procuradoria da Fazenda Pública nacional, estadual, distrital ou municipal.

A inscrição é reduzia a termo (*Termo de Inscrição em Dívida Ativa – TIDA*) no qual devem constar informações precisas sobre o devedor, montante da dívida, cobrança de multas etc. (CTN, art. 202 c.c. Lei nº 6.830/80, art. 2º, § 5º). A dívida ativa regularmente inscrita goza de presunção de certeza e liquidez e tem efeito de prova pré-constituída (CTN, art. 204 c.c. Lei nº 6.830/80, art. 3º).

Com base no termo de dívida ativa (TIDA), a Fazenda Pública extrai a chamada *Certidão da Dívida Ativa (CDA)*. A CDA é título executivo extrajudicial (CPC, art. 585, VII), ou seja, documento dotado de presunção de legitimidade, liquidez e certeza.

Dá subsídio para o início do processo de execução fiscal (Lei nº 6.830/80, art. 6º, § 1º). Com este documento, o procurador da Fazenda nacional, estadual, distrital ou municipal dá início à execução forçada do patrimônio do sujeito passivo.

Pois bem, se uma empresa é devedora de tributos e não paga, certamente seu patrimônio será executado forçadamente. A empresa será citada para responder à ação de execução fiscal, podendo efetuar o pagamento do quanto é devido ou garantir a execução, o que autoriza a oposição dos *embargos*, que é a reposta adequada à situação (Lei nº 6.830/80, art. 16).

O que tem ocorrido com frequência, no entanto, é o redirecionamento da execução fiscal contra os sócios da empresa. A Fazenda Pública ingressa com a execução fiscal contra a pessoa jurídica, porém, na hipótese de a empresa não contar com patrimônio suficiente ao pagamento, requer que os *sócios* sejam citados para ingressar como parte passiva do processo. Abre-se, assim, a possibilidade de penhora de seus bens pessoais para que paguem as obrigações contraídas pela pessoa jurídica.

Esse redirecionamento tem sido admitido. É necessário, entretanto, considerar com atenção duas circunstâncias:

- *Notificação do sócio quanto ao lançamento tributário* – O lançamento tributário precede a inscrição do crédito em dívida ativa. É o momento que tem o sujeito passivo para defender-se da cobrança. Se, por ocasião da notificação da empresa, notifica-se também o sócio, uma vez que há comprovação de que agiu com excesso de poderes, infração de lei, contrato social ou estatuto, então se assegurou o contraditório e a ampla defesa. A futura inscrição do crédito em dívida ativa levará também seu nome e ele será citado para responder à execução fiscal. Esse é o procedimento que nos parece regular;
- *Ausência de notificação do sócio quanto ao lançamento* – Muitas vezes, contudo, não há notificação do sócio quanto ao lançamento. Faz-se a inscrição em dívida ativa apenas da empresa como devedora, extrai-se a certidão apenas em nome desta e, *no curso da execução já movida*, o procurador da Fazenda pede a inclusão de sócio para responder juntamente com a pessoa jurídica. Hugo de Brito Machado observa: "Os defensores da possibilidade desse redirecionamento sustentam que o dirigente da pessoa jurídica responde pelos créditos tributários desta, e por isso mesmo não se faz necessário o nome deste na inicial da execução, nem na certidão de Dívida Ativa que a instrui" (MACHADO, 2004, p. 606).

Importa, ainda, registrar mais duas observações:

- *Nome do sócio consta da CDA* – Se o nome do sócio, bem como a indicação dos fundamentos legais e jurídicos de sua responsabilidade, *consta na certidão de dívida ativa (CDA)*, então se *presume* que foi adequadamente apurada sua responsabilidade por ocasião do lançamento. A presunção de certeza e liquidez é *relativa*, e, portanto, pode ser afastada pelo sócio cujo nome consta da CDA por meio de embargos à execução;

- *Nome do sócio não consta da CDA* – A jurisprudência tem admitido, contudo, a citação do sócio para responder à execução sem que seu nome conste da CDA. Ora, esse procedimento parece-nos irregular na medida em que a execução *não* está fundada em título executivo extrajudicial.

Assim, a responsabilidade do sócio pelas dívidas tributárias contraídas pela empresa deve ser averiguada por ocasião do lançamento tributário, assegurando-se o contraditório e a ampla defesa, e comprovando-se os pressupostos exigidos pelo CTN. Neste caso, deve constar seu nome do termo de dívida ativa (TIDA) e posterior certidão de dívida ativa (CDA).

Finalmente, a jurisprudência tem admitido o redirecionamento da execução fiscal ajuizada em face da empresa contra o sócio. Neste caso, dois pontos devem ser analisados:

- Se consta da CDA o nome do sócio, os fundamentos legais e jurídicos da cobrança etc., então cabe ao responsável afastar a cobrança por meio de embargos do devedor;
- Se *não* consta da CDA o nome do sócio e demais informações exigidas pela lei, deve-se instaurar regular procedimento administrativo para a apuração da responsabilidade, assegurando-se o contraditório, ampla defesa e viabilizando a extração de *outra* CDA para regular processo de execução fiscal.

JURISPRUDÊNCIA DO STJ – REDIRECIONAMENTO DA EXECUÇÃO

O entendimento do STJ quanto ao redirecionamento da execução aos sócios tem sido flexível. A Corte vem admitindo em várias circunstâncias. Vejamos:

- *Execução ajuizada contra a empresa, mas o nome do sócio consta da CDA* – "A orientação da Primeira Seção desta Corte firmou-se no sentido de que, se a execução foi ajuizada apenas contra a pessoa jurídica, *mas o nome do sócio consta da CDA, a ele incumbe o ônus da prova* de que não ficou caracterizada nenhuma das circunstâncias previstas no art. 135 do CTN, ou seja, não houve a prática de atos "com excesso de poderes ou infração de lei, contrato social ou estatutos" (STJ, REsp 1.104.900/ES, 2009);
- *Ônus da prova* – "(1) No julgamento dos EREsp 702.232/RS, de relatoria do Min. Castro Meira, a Primeira Seção firmou entendimento de que o ônus da prova quanto à ocorrência das irregularidades previstas no art. 135 do CTN – 'excesso de poder', 'infração da lei' ou 'infração do contrato social ou estatutos' – *incumbirá à Fazenda ou ao contribuinte, a depender do título executivo (CDA)*; (2) Se o nome do sócio *não* consta da CDA e a execução fiscal foi proposta somente contra a pessoa jurídica, ônus da prova caberá ao Fisco; (3) Caso o nome do sócio *conste* da CDA como corresponsável tributário, caberá a ele demonstrar a inexistência dos requisitos do art. 135 do CTN, tanto no caso de execução fiscal proposta apenas em relação à sociedade empresária e posteriormente redirecionada para o sócio-gerente,

quanto no caso de execução proposta contra ambos. (4) A Primeira Seção do STJ, no julgamento do REsp 1.104.900/ES, relatoria da Ministra Denise Arruda, submetido ao regime dos recursos repetitivos (art. 543-C do CPC), reiterou o entendimento de que a presunção de liquidez e certeza do título executivo faz com que, nos casos em que o nome do sócio conte da CDA, o ônus da prova seja transferido ao gestor da sociedade [...]" (STJ, AgRg no AREsp 8282/RS, 2012).

vi) Redirecionamento e a Fazenda Pública

Note-se que o redirecionamento tem início com o requerimento realizado pela Fazenda Pública, apontando e demonstrando as razões jurídicas para incluir o terceiro no polo passivo. Essa prova é indispensável, na medida em que, por exemplo, a responsabilidade pessoal dos sócios das sociedades por quotas de responsabilidade limitada só existe quando presentes as condições estabelecidas no art. 135, III, do CTN. Não é outro o entendimento do STJ:

> O redirecionamento de ação executiva contra sócio de empresa (art. 135 do CTN) somente se configura no caso de ele ter agido com abuso de poder, infringência de lei ou do contrato social no exercício da gerência ou de outro cargo na empresa. Ademais, carece também de comprovação que a sociedade tenha sido dissolvida irregularmente. (STJ, Informativo STJ 217)

Desse modo, a prova da configuração das hipóteses previstas em lei é ônus do fisco, exceto se o nome do contribuinte constar no título executivo (certidão da dívida ativa). Também há jurisprudência do STJ nesse sentido: "Se a execução foi ajuizada apenas contra a pessoa jurídica, mas o nome do sócio consta da CDA, cabe a ele o ônus de provar que não ocorreu nenhuma das circunstâncias previstas no art. 135 do CTN" (STJ, Informativo STJ 388).

Em diversos casos, no entanto, a Corte descartou a aplicação da responsabilidade dos sócios pelo simples fato de ter sido decretada a falência da empresa, sem que tivessem ocorrido fatos infracionais:

> A falência da empresa não leva os sócios à condição de coobrigados na responsabilidade tributária. Necessário apurar se houve infração à lei, contrato social, estatuto, ou se houve dissolução irregular da sociedade, o que, conforme o art. 135 do CTN, poderia ensejar a responsabilidade pessoal do dirigente, sendo necessário comprovar, ainda, que este agiu dolosamente, com fraude ou excesso de poderes. Assim, o pedido de suspensão da execução fiscal, após o exaurimento dos bens da falida, para que seja redirecionada para a pessoa dos sócios da empresa extinta, não pode ser acolhido por falta de previsão legal (STJ, Informativo 243).

A responsabilidade prevista no art. 135 do CTN exige que a atuação dos responsáveis ali definidos seja caracterizada por um elemento subjetivo, consistente na prática de ato infracional.

Outra situação, pouco abordada pela doutrina, merece ser trazida à tona, sendo que há previsão expressa de responsabilidade tributária na legislação complementar que regulamenta as empresas optantes do Simples Nacional.

O art. 9º, §§ 4º e 5º, da Lei Complementar nº 123/2006 permite a responsabilização pessoal dos sócios pelo simples fato de encerramento da empresa com débitos vencidos. Vejamos:

> **LC 123/2006, art. 9º.** O registro dos atos constitutivos, de suas alterações e extinções (baixas), referentes a empresários e pessoas jurídicas em qualquer órgão dos 3 (três) âmbitos de governo ocorrerá independentemente da regularidade de obrigações tributárias, previdenciárias ou trabalhistas, principais ou acessórias, do empresário, da sociedade, dos sócios, dos administradores ou de empresas de que participem, sem prejuízo das responsabilidades do empresário, dos titulares, dos sócios ou dos administradores por tais obrigações, apuradas antes ou após o ato de extinção.
>
> [...]
>
> § 4º A baixa do empresário ou da pessoa jurídica não impede que, posteriormente, sejam lançados ou cobrados tributos, contribuições e respectivas penalidades, decorrentes da falta do cumprimento de obrigações ou da prática comprovada e apurada em processo administrativo ou judicial de outras irregularidades praticadas pelos empresários, pelas pessoas jurídicas ou por seus titulares, sócios ou administradores.
>
> § 5º A solicitação de baixa do empresário ou da pessoa jurídica importa responsabilidade solidária dos empresários, dos titulares, dos sócios e dos administradores no período da ocorrência dos respectivos fatos geradores.

O encerramento das empresas que eram optantes do Simples Nacional independe da apresentação da prova de quitação, regularidade ou inexistência de débito referente a tributo ou contribuição de qualquer natureza.

Contudo, caso exista algum crédito tributário da pessoa jurídica, segundo a legislação complementar, haverá o redirecionamento da execução fiscal para os sócios sem que haja o contribuinte praticado qualquer dos atos inseridos no art. 135 do Código Tributário Nacional.

A intepretação literal leva a crer que o art. 9º da Lei Complementar nº 123/2006 pode gerar a sensação de que a responsabilidade tributária seria objetiva. Isso porque o § º 4º disciplina que após a baixa poderá ser constituído o crédito, *"decorrentes da simples falta de recolhimento ou da prática, comprovada e apurada em processo administrativo ou judicial, de outras irregularidades praticadas pelos empresários, pelas microempresas, pelas empresas de pequeno porte ou por seus sócios ou administradores"*.

Ocorre que essa conclusão é contraditória com o que dispõe o art. 135 do Código Tributário Nacional, bem como o entendimento consolidado no âmbito do Superior Tribunal de Justiça. O mero fato de ocorrer a baixa da empresa sem a quitação do crédito tributário não pode ser o único fundamento para ocorrer a responsabilidade solidária dos sócios.

Não basta a ocorrência do mero inadimplemento do tributo, mas também será imprescindível a comprovação dos requisitos do art. 135 do CTN, conforme entendimento do Superior Tribunal de Justiça:

> Sustenta o recorrente que a interpretação do art. 9º, §§ 4º e 5º, da Lei Complementar n. 123/2006 permite o redirecionamento da execução fiscal para o sócio-gerente sem que haja o executado praticado qualquer dos atos inseridos no art. 135 do Código Tributário Nacional aptos ao redirecionamento, quais sejam, excesso de poder, infração à lei, contrato social ou estatutos. É certo que o art. 9º, *caput*, permite a responsabilidade solidária do empresário, dos sócios ou dos administradores, pelas obrigações tributárias, previdenciárias ou trabalhistas. Porém, ressalte-se que o § 4º dispõe que após a baixa poderá ser constituído o crédito "decorrentes da simples falta de recolhimento ou da prática, comprovada e apurada em processo administrativo ou judicial, de outras irregularidades praticadas pelos empresários, pelas microempresas, pelas empresas de pequeno porte ou por seus sócios ou administradores". Contudo, a Primeira Seção, no julgamento do REsp n. 1.101.728/SP, submetido ao regime dos recursos repetitivos, em 11.3.2009, reiterou o entendimento já sedimentado nesta Corte Especial no sentido que "a simples falta de pagamento do tributo não configura, por si só, nem em tese, circunstância que acarreta a responsabilidade subsidiária dos sócios, prevista no art. 135 do CTN" [...] Não basta, portanto, o simples inadimplemento do tributo, com a falta de seu recolhimento a fim de que se redirecione o feito executivo, mas também imprescindível a comprovação de irregularidades, que poderão ser apuradas em processo administrativo ou judicial. Neste momento, a pergunta que se provoca para solução da controvérsia é: quais irregularidades seriam aptas a permitir a responsabilização dos sócios? Indubitavelmente, a aplicação do art. 135 do CTN é medida que se impõe. Deverá ficar claro que as irregularidades consistiram na prática de atos com excesso de poder ou quebra das normas legais, contratuais ou estatutárias. Deixar de aplicar os requisitos inseridos no art. 135 do Código Tributário Nacional às microempresas e empresas de pequeno porte é deturpar a intensão máxima do normativo complementar n. 123/2006. Afastar sua aplicação é violar, de forma indireta, o objetivo insculpido nos arts. 146, III, d, e 179 da Constituição Federal de 1988, qual seja, fomentar e favorecer as empresas inseridas neste contexto. Portanto, a aplicação subsidiária dos elementos normativos insculpidos no art. 135 do Codex Tributário é medida inafastável para que se conjeture o redirecionamento da execução fiscal, ainda que se trate de microempresa (STJ, Segunda Turma, AgInt no REsp 1601373/DF, 03/05/2019).

Dessa maneira, resta inafastável a necessidade de que a Fazenda Pública comprove os requisitos previstos no art. 135 do CTN.

Responsabilidade pessoal dos sócios (requisitos do art. 135 do CTN)
1ª Condição: está no caput: prática de atos dolosos.
2ª Condição: está no inciso III: poder de gestão.
3ª Condição: ser administrador na época da irregularidade.

vii) Incidente de desconsideração da personalidade jurídica

[A propósito desse assunto, desenvolvemos considerações aprofundadas em LUSTOZA (2019, 127-144). A seguir apresentamos as principais conclusões].

O Código de Processo Civil de 2015, com a finalidade de garantir o contraditório e sem enfraquecer a efetividade dos atos constritivos, previu a utilização do chamado *incidente de desconsideração da personalidade jurídica* no art. 133. Vejamos:

> **CPC, art. 133.** O incidente de desconsideração da personalidade jurídica será instaurado a pedido da parte ou do Ministério Público, quando lhe couber intervir no processo.
>
> § 1º O pedido de desconsideração da personalidade jurídica observará os pressupostos previstos em lei.
>
> § 2º Aplica-se o disposto neste Capítulo à hipótese de desconsideração inversa da personalidade jurídica.

Em linhas gerais, o incidente é um procedimento obrigatório para inclusão do terceiro no polo passivo de uma execução, não significando a necessidade da abertura de uma ação autônoma, mas sim procedimento incidente.

O pedido pode vir na própria petição inicial, situação e que o sócio ou sociedade serão concomitantemente citados e incluídos como réus no processo. Porém, também será possível – que se acredita ser o mais comum – haver um pedido incidental para instauração do incidente do art. 133 e seguintes do CPC.

Nesses termos, no requerimento, em regra, a parte interessada deverá demonstrar o preenchimento dos pressupostos legais da desconsideração. Contudo, não havendo esta demonstração neste momento, poderá as partes produzir as provas que entenderem pertinentes para solucionar a lide (ALVIM, 2016, p. 111). E, ao final, o incidente de desconsideração será julgado através de uma decisão interlocutória (art. 136 CPC).

No âmbito do processo tributário há um debate entre aqueles que sustentam a necessidade de instauração do incidente de desconsideração da personalidade jurídica para a averiguação da responsabilidade dos sócios e aqueles que entendem que tal incidente é desnecessário em razão das especificidades da relação jurídica tributária, caracterizada pela normatização de direito público.

Nesse sentido, a primeira corrente se apega ao argumento de que deva haver a prevalência do princípio do contraditório sobre a eficiência do processo. Dentro dessa linha de argumentação, Leonardo da Carneiro da Cunha defende a impossibilidade de afastar a obrigatoriedade da utilização do incidente para redirecionamento no processo de execução fiscal: "Não é possível simplesmente redirecionar uma execução sem que sejam apurados os elementos subjetivos da responsabilidade, assegurados o contraditório e a ampla defesa" (CUNHA, 2016, p. 413).

Nada obstante, filiamo-nos à segunda corrente. Em primeiro lugar, porque o art. 134, § 3°, do CPC prevê expressamente a suspensão do processo com a instauração do incidente de desconsideração, sendo que na execução fiscal essa suspensão somente pode ocorrer com a garantia do juízo. Portanto, admitir a aplicação do incidente de desconsideração da personalidade jurídica ao procedimento da execução fiscal implicaria aceitar uma hipótese de suspensão do procedimento executivo sem garantia do juízo, subvertendo-se a lógica do sistema.

Em segundo lugar, porque a aplicação do incidente criaria uma absurda hipótese de suspensão do processo sem a correspondente suspensão da prescrição do crédito tributário, gerando um claro risco de prescrição tributária.

Outro aspecto que reforça o argumento da inaplicabilidade procedimental do incidente às execuções fiscais é a possibilidade de ampla instrução probatória no incidente. A produção de provas no curso da execução fiscal somente pode ocorrer em sede de embargos à execução, conforme dispõe o § 2° do art. 16 da Lei de Execução Fiscal. Já o incidente de desconsideração da personalidade jurídica permite a instauração de verdadeira fase instrutória, como um processo de conhecimento comum (arts. 135 e 136 do CPC).

É pelas razões expostas que diversas instituições de magistrados já vêm se manifestando pela inaplicabilidade do referido incidente à execução fiscal. Com efeito, a Escola Nacional de Formação e Aperfeiçoamento de Magistrados (Enfam) editou diversos enunciados acerca da aplicação do Novo Código de Processo Civil, dentre os quais se destaca o de número 53:

> Enunciado n. 53/Enfam: "O redirecionamento da execução fiscal para o sócio-gerente prescinde do incidente de desconsideração da personalidade jurídica previsto no art. 133 do CPC/2015".

Conclusão semelhante foi adotada pelo Fórum de Execuções Fiscais da 2ª Região (Forexec), do qual participaram juízes atuantes nas varas federais de execuções fiscais do Rio de Janeiro e Espírito Santo. Vale conferir o enunciado nº 6 do Fórum:

> Enunciado n. 6/Forexec: "A responsabilidade tributária regulada no art. 135 do CTN não constitui hipótese de desconsideração da personalidade jurídica, não se submetendo ao incidente previsto no art. 133 do CPC/2015".

Esses enunciados orientativos, fixados após algumas reflexões e debates, demonstram que prevaleceu o entendimento de que o incidente não teria aplicação no redirecionamento da execução fiscal na responsabilidade tributária do art. 135 do CTN, pois este não se confundiria com desconsideração da personalidade jurídica.

Acompanhando tais entendimentos, percebe-se que os julgados do Tribunal de Justiça do Estado do Paraná também caminham no sentido de fazer uma diferenciação entre o redirecionamento da execução fiscal e a desconsideração da personalidade jurídica (TJPR, 3ª Câmara Cível, AI – 1637893-5, 01.08.2017). Esse também foi o entendimento seguido em vários julgados do Tribunal de Justiça do Estado de São Paulo e Rio Grande do Sul (TJ-SP, AI 2115726-95.2017.8.26.0000, 15ª Câmara de Direito Público, 04/08/2017; TJ-RS, Nº 70069646966).

Parece que esse entendimento está se consolidando na esfera dos tribunais de segunda instância, de modo que o Tribunal Regional Federal da 4ª Região também já uniformizou entre as Turmas que tratam da matéria fiscal a inaplicabilidade desse incidente na Execução Fiscal (TRF4, AG 5016360-77.2017.404.0000, Segunda Turma, 09/08/2017; TRF4, AG 5032640-60.2016.404.0000, Primeira Turma, 18/08/2016). Nesse sentido, aliás, registra o enunciado da súmula 112 do Tribunal Regional Federal da 4ª Região:

> **Súmula nº 112 do TRF 04:** "A responsabilização dos sócios fundada na dissolução irregular da pessoa jurídica (art. 135 do CTN) prescinde de decretação da desconsideração de personalidade jurídica da empresa e, por conseguinte, inaplicável o incidente processual previsto nos arts. 133 a 137 do CPC/15".

Nada obstante essa tendência jurisprudencial razoavelmente consolidada, a Primeira Turma do Superior Tribunal de Justiça, em fevereiro de 2019, proferiu um entendimento de que haveria, sim, a obrigatoriedade da utilização do incidente para caracterização de grupo econômico no âmbito tributário:

> O redirecionamento de execução fiscal a pessoa jurídica que integra o mesmo grupo econômico da sociedade empresária originalmente executada, mas que não foi identificada no ato de lançamento (nome na CDA) ou que não se enquadra nas hipóteses dos arts. 134 e 135 do CTN, depende da comprovação do abuso de personalidade, caracterizado pelo desvio de finalidade ou confusão patrimonial, tal como consta do art. 50 do Código Civil, daí porque, nesse caso, é necessária a instauração do incidente de desconsideração da personalidade da pessoa jurídica devedora (STJ, Primeira Turma, REsp 1775269/PR, 01/03/2019).

Curioso notar que, no mesmo dia, a mesma Turma fixou o entendimento de que a responsabilização pessoal do administrador no direito tributário prescinde da utilização do incidente:

> "A atribuição, por lei, de responsabilidade tributária pessoal a terceiros, como no caso dos sócios-gerentes, autoriza o pedido de redirecionamento de execução fiscal ajuizada contra a sociedade empresária inadimplente, sendo desnecessário o incidente de desconsideração da personalidade jurídica estabelecido pelo art. 134 do CPC/2015" (STJ, Primeira Turma, AREsp 1173201/SC, 01/03/2019).

Por outro lado, em outubro de 2019, a Segunda Turma do STJ decidiu que é inaplicável o incidente de desconsideração de personalidade jurídica na execução fiscal em razão de sua incompatibilidade:

> O acórdão recorrido está em consonância com a jurisprudência deste Superior Tribunal de Justiça, que tem pacificado o entendimento no sentido de que há verdadeira incompatibilidade entre a instauração do incidente de desconsideração da personalidade jurídica e o regime jurídico da execução fiscal, considerando que deve ser afastada a aplicação da lei geral, – Código de Processo Civil –, considerando que o regime jurídico da lei especial, – Lei

> de Execução Fiscal –, não comporta a apresentação de defesa sem prévia garantia do juízo, nem a automática suspensão do processo, conforme a previsão do art. 134, § 3º, do CPC/2015. A propósito, confira-se: REsp n. 1.786.311/PR, Rel. Ministro Francisco Falcão, Segunda Turma, julgado em 9/5/2019, DJe 14/5/2019. (STJ, Segunda Turma, AgInt no REsp 1759512/RS, 18/10/2019).

Em face das decisões aparentemente contraditórias, houve a interposição de embargos de divergência a fim de consolidar o entendimento sobre a matéria.

Ocorre que a Primeira Seção, ao apreciar esse recurso, rejeitou-o sob a fundamento de que não haveria divergência de entendimentos:

> De acordo com os arts. 1.043 do CPC/2015 e 266 do RISTJ, os Embargos de Divergência somente serão cabíveis quando – além da comprovação e da demonstração da divergência jurisprudencial, na forma prevista na legislação processual, bem como da configuração da similitude fático-jurídica entre os casos confrontados – os acórdãos embargado e paradigma forem de mérito, ou quando um deles, embora não conhecendo do Recurso Especial, houver apreciado a controvérsia [...] *Na hipótese dos autos, os Embargos de Divergência são incabíveis, por ausência de similitude fático-jurídica, porquanto os acórdãos embargados e paradigma foram proferidos em juízo de cognição distintos.* Com efeito, a Primeira Turma do STJ, no acórdão embargado, conheceu e deu provimento ao Recurso Especial 1.775.269/PR, ao entendimento de que, para fins de redirecionamento da Execução Fiscal a pessoa jurídica que integra o mesmo grupo econômico da sociedade empresária originalmente executada, mas não identificada no ato de lançamento ou não enquadrada nas hipóteses dos arts. 134 e 135 do CTN, faz-se necessária a instauração do incidente de desconsideração da personalidade jurídica, previsto no art. 133 do CPC/2015, enquanto a Segunda Turma desta Corte, no acórdão paradigma, proferido no Recurso Especial 1.689.431/ES, oriundo de Ação Cautelar Fiscal, conheceu do Recurso apenas em parte, somente no que se refere à alegada ofensa ao art. 535 do CPC/73, e no tocante à suscitada divergência jurisprudencial e à alegada ofensa aos arts. 333, II, do CPC/73, 2º da Lei 8.397/92 e 124 e 135 do CTN, não conheceu do Especial, por incidência, no particular, da Súmula 7/STJ, trazendo considerações sobre o mérito recursal apenas como *obiter dictum*. [...] No caso, não resta caracterizada a hipótese de cabimento de Embargos de Divergência, prevista no art. 1.043, III, do CPC/2015, pois, na forma da jurisprudência do STJ, mostra-se incabível a comparação e, por conseguinte, o processamento dos Embargos de Divergência, quando o mérito do Recurso Especial, no acórdão paradigma – como no caso –, é apreciado somente como *obiter dictum* [...] De todo modo, no acórdão embargado, que contém, entre seus fundamentos determinantes, exegese acerca dos arts. 133 e 134 do CPC/2015, a Primeira Turma do STJ – por entender que, 'sem a indicação da pessoa jurídica no ato de lançamento, ou sendo inexistentes as hipóteses dos arts. 134 e 135 do CTN, a imputação da responsabilidade a grupo econômico ou a pessoa jurídica dele integrante dependerá da desconsideração da personalidade jurídica, o que somente pode

> ocorrer com a instauração do referido incidente (art. 133 do CPC/2015)' – deu provimento ao Recurso Especial, 'para cassar o acórdão recorrido e determinar o retorno dos autos ao Tribunal de origem para que ordene a instauração do incidente de desconsideração da personalidade da pessoa jurídica antes de decidir acerca do redirecionamento em questão'. Todavia, o fundamento do acórdão embargado, alusivo aos arts. 133 e 134 do CPC/2015, não foi impugnado nas razões recursais dos Embargos de Divergência, falta que atrai a incidência, por analogia, da Súmula 283 do STF. Nesse sentido: STJ, AgInt nos EREsp 1.278.755/MG, Rel. Ministra MARIA THEREZA DE ASSIS MOURA, CORTE ESPECIAL, DJe de 28/02/2019" (STJ, Primeira Seção, AgInt nos EREsp 1775269/PR, 14/04/2020).

À luz da recusa da Primeira Seção no que concerne ao enfrentamento do problema e uniformização do entendimento jurisprudencial, algo que se espera naturalmente de um tribunal como o STJ, pode-se extrair a seguinte conclusão, não obstante marcada pela provisoriedade: o redirecionamento de execução fiscal a pessoa jurídica que integra o mesmo grupo econômico da sociedade empresária originalmente executada, mas que não foi identificada no ato de lançamento (nome na CDA) ou que não se enquadra nas hipóteses dos arts. 134 e 135 do CTN, depende da instauração do incidente de desconsideração da personalidade da pessoa jurídica; nos demais casos de responsabilidade tributária (como, por exemplo, a responsabilização pessoal dos sócios previsto no art. 135 CTN) o incidente seria dispensável.

APROFUNDANDO! EFEITOS DA RESPONSABILIZAÇÃO PESSOAL

Atualmente a construção doutrinária tem identificado três efeitos da desconsideração da personalidade jurídica, que poderão atingir não só o patrimônio dos sócios, mas também da pessoa jurídica:

- *Direta* – É a configuração clássica de responsabilização pessoal dos sócios, exigindo-se a comprovação de sua ativa participação no ato vinculado ao fato jurídico tributário, incluído o ato ilícito.
- *Inversa* – Prevista no § 2º do art. 133 do Código de Processo Civil, resta configurada quando a pessoa jurídica apenas existe para utilização da sua fictícia personalidade por sócios ou administradores para fins de cometimento de ato ilícito. Nesse sentido, entendimento do STJ:

> A personalidade jurídica e a separação patrimonial dela decorrente são véus que devem proteger o patrimônio dos sócios ou da sociedade, reciprocamente, na justa medida da finalidade para a qual a sociedade se propõe a existir. Com a desconsideração inversa da personalidade jurídica, busca-se impedir a prática de transferência de bens pelo sócio para a pessoa jurídica sobre a qual detém controle, afastando-se momentaneamente o manto fictício que separa o sócio da sociedade para buscar o patrimônio que, embora conste no nome da sociedade, na realidade, pertence ao sócio fraudador (STJ, Terceira Turma, Resp nº 1.647.362, 10/08/2017).

- *Expansiva* – Nessa situação, a responsabilização pessoal não alcançaria apenas os sócios formais, mas também os ocultos, inclusive por intermédio de outras pessoas jurídicas. É muito comum a configuração desta hipótese em grupos econômicos irregulares:

> A constituição de nova sociedade, com o mesmo objeto social, com os mesmos sócios e com o mesmo endereço, em substituição a outra declarada inidônea para licitar com a Administração Pública Estadual, com o objetivo de burlar à aplicação da sanção administrativa, constitui abuso de forma e fraude à Lei de Licitações Lei n.º 8.666/93,[2] de modo a possibilitar a aplicação da teoria da desconsideração da personalidade jurídica para estenderem-se os efeitos da sanção administrativa à nova sociedade constituída. A Administração Pública pode, em observância ao princípio da moralidade administrativa e da indisponibilidade dos interesses públicos tutelados, desconsiderar a personalidade jurídica de sociedade constituída com abuso de forma e fraude à lei, desde que facultado ao administrado o contraditório e a ampla defesa em processo administrativo regular (STJ, Segunda Turma, RMS 15.166/BA, DJ 08/09/2003).

A forma expansiva é encontrada na doutrina como uma maneira da Fazenda Pública responsabilizar contribuintes a partir da prática de comportamentos abusivos, que criam novas pessoas jurídicas para se esquivarem de dívidas e penalidades. Todos os efeitos supramencionados demonstram os caminhos que os advogados públicos podem trabalhar para alcançar fraudes tributárias a fim de resgatar bens suficientes para saldar o crédito tributário. Isso tanto nos casos mais tradicionais, em que o empresário desvia bens da pessoa jurídica em favor de sua pessoa física, quanto para situações em que os bens são desviados para outras pessoas jurídicas, isto é, as famosas "empresas laranjas".

Efeitos processuais mais corriqueiros do art. 135 do CTN
– *Desconsideração da personalidade jurídica da empresa;*
– *Redirecionamento da execução fiscal contra sócios e dirigentes;*
– *Admissão da dissolução irregular da sociedade como pressuposto do redirecionamento;*
– *Inversão do ônus da prova em caso de dissolução irregular da sociedade;*
– *Não admissão do redirecionamento por mero inadimplemento de obrigação tributária.*

25.5 RESPONSABILIDADE POR INFRAÇÕES

O Título II, Seção IV, do CTN, trata da *responsabilidade por infrações*. O vínculo aí referido deve ser compreendido em sentido amplo, abrangendo o dever que pode ser atribuído ao contribuinte ou ao responsável. Além do mais, trata-se de

2. Lei 14.133/2021.

responsabilidade por *infração*, isto é, por ter deixado o sujeito passivo de cumprir uma obrigação tributária principal ou acessória.

A propósito, Eduardo Sabbag observa: "O tema da 'responsabilidade por infrações' quer significar, na verdade, a 'responsabilidade por multas aplicáveis a um liame jurídico-tributário', não tendo nada a ver com 'sujeição passiva indireta'. É, sim, uma 'responsabilidade' em acepção peculiar e diversa: a sujeição de alguém às consequências dos seus atos praticados ou a responsabilidade pelo pagamento de multas, quando se descumpre uma obrigação. Traduz-se, portanto, na aplicação da máxima 'se cometo uma infração 'respondo' por ela'" (SABBAG, 2014, p. 775).

A) Cláusula geral: artigo 136 do CTN

O artigo 136 do CTN estabelece:

> **CTN, art. 136**. Salvo disposição de lei em contrário, a responsabilidade por infrações da legislação tributária independe da intenção do agente ou do responsável e da efetividade, natureza e extensão dos efeitos do ato.

Trata-se de cláusula geral de responsabilidade por infrações. Vejamos:

- *Norma supletiva* – O dispositivo faz a ressalva expressa: "Salvo disposição de lei em contrário". Isso significa que o artigo 136 deve ser aplicado apenas nos casos para os quais não exista regulação jurídica específica. Se o legislador federal, estadual, distrital ou municipal, por ocasião da disciplina de determinado tributo, estabelece regras particulares para a responsabilidade por infração, estas devem prevalecer. Segundo nos parece, contudo, as regras específicas não devem prescrever tratamento mais rigoroso para o sujeito passivo. Caso isso ocorra, então prevalece a disciplina do CTN;
- *Responsabilidade por infrações* – O não recolhimento de um tributo no prazo assinalado em lei significa descumprimento da legislação tributária. Logo, *infração tributária*. O descumprimento de uma obrigação acessória, como deixar de emitir declaração de importação, o mesmo. O artigo 136, portanto, estabelece regras de como aferir esta responsabilidade. Quer dizer, fixa os parâmetros que devem ser utilizados para ligar as sanções aplicáveis (as multas) à pessoa, natural ou jurídica, que praticou a infração. Esta pessoa, como dissemos, pode ser o contribuinte, o responsável ou qualquer outra pessoa que não se enquadrem nessa condição, mas pratiquem uma conduta que viola norma tributária;
- *Responsabilidade objetiva?* – De acordo com o dispositivo, a responsabilidade por infrações "independe da intenção do agente ou do responsável". Alguns autores entendem, por isso, que tal vínculo é *objetivo*, isto é, independe da averiguação da culpa do sujeito passivo. Em outras palavras, pouco importa que o contribuinte ou responsável tenham agido com dolo, negligência, imprudência ou imperícia. Uma vez que tenham deixado de observar a legislação tributária, responde pela infração. Para outros, contudo, a adequada

interpretação do dispositivo não autoriza a opção pela responsabilidade objetiva. Nesse sentido, Hugo de Brito Machado anota: "Não é certo, porém, que o contribuinte seja objetivamente responsável, vale dizer, que esteja sujeito à sanção enquanto penalidade, sem qualquer consideração do elemento subjetivo, seja dele próprio, seja de terceiros que atuam no espaço em que vicejam suas relações com o fisco [...] Não se tem consagrada de nenhum modo em nosso direito positivo a responsabilidade objetiva enquanto sujeição à penalidade" (MACHADO, 2004, p. 620). O Superior Tribunal de Justiça, como regra, considera *objetiva* a responsabilidade por infrações tributárias, admitindo, entretanto, uma interpretação temperada pela equidade, consideração da boa-fé do sujeito passivo e *in dubio pro contribuinte*. Confira-se entendimento da Primeira e Segunda Turmas:

> "Apesar da norma tributária expressamente revelar ser *objetiva a responsabilidade* do contribuinte ao cometer um ilícito fiscal (art. 136 do CTN), sua hermenêutica admite temperamentos, tendo em vista que os arts. 108, IV e 112 do CTN permitem a aplicação da equidade e a interpretação da lei tributária segundo o princípio do *in dúbio pro contribuinte*" (STJ, Primeira Turma, REsp 699700/RS, 2005). "Ademais, a jurisprudência do Superior Tribunal de Justiça entende que, apesar de prever o art. 136 do CTN que a responsabilidade do contribuinte ao cometer um ilícito é objetiva, admitem-se temperamentos na sua interpretação, diante da possibilidade de aplicação da equidade e do princípio da lei tributária "in dubio pro contribuinte" (STJ, Segunda Turma, AgRg no REsp 1220414/SC, 2011).

- *Efetividade, natureza e extensão dos efeitos do ato* – A responsabilização pelo ilícito tributário independe da efetividade, natureza, extensão e dos efeitos decorrentes do ato. Pode ser que a conduta do contribuinte não tenha ocasionado quaisquer prejuízos à Fazenda Pública, ou, por outro lado, que a multa cominada ao ilícito seja de caráter irrisório ou meramente simbólico. Não importa. A atribuição de responsabilidade por infrações dar-se-á em qualquer caso, independentemente da efetividade, natureza, extensão e efeitos do ato praticado.

B) Responsabilidade pessoal por infrações: artigo 137 do CTN

O artigo 137, *caput*, do CTN, fixa a responsabilidade *pessoal* do agente quanto à prática de infrações à legislação tributária. O dispositivo estabelece:

> **Art. 137.** A responsabilidade é pessoal ao agente:
>
> I – quanto às infrações conceituadas por lei como crimes ou contravenções, salvo quando praticadas no exercício regular de administração, mandato, função, cargo ou emprego, ou no cumprimento de ordem expressa emitida por quem de direito;
>
> II – quanto às infrações em cuja definição o dolo específico do agente seja elementar;
>
> III – quanto às infrações que decorram direta e exclusivamente de dolo específico:

a) das pessoas referidas no artigo 134, contra aquelas por quem respondem;

b) dos mandatários, prepostos ou empregados, contra seus mandantes, preponentes ou empregadores;

c) dos diretores, gerentes ou representantes de pessoas jurídicas de direito privado, contra estas.

Hugo de Brito Machado explica: "O art. 137 do Código Tributário Nacional definiu as hipóteses nas quais a responsabilidade por infrações tributárias funda-se no *elemento subjetivo* e portanto tem caráter pessoal. Assim, ocorrendo qualquer das hipóteses nele previstas, a responsabilidade pelo cometimento da infração será pessoal do agente, vale dizer, há de ser atribuída necessariamente à pessoa natural, ou física, cuja conduta configura o cometimento do ilícito" (MACHADO, 2004, p. 635).

Como vimos, a responsabilidade por infrações à legislação tributária é, como regra, objetiva, isto é, independe da averiguação de culpa. Se, no entanto, houve a prática de ato cujas características se adequam às hipóteses elencadas no art. 137 do CTN, então a responsabilidade passa a ser *subjetiva*, exigindo-se a comprovação de que o agente agiu com *dolo* ou *culpa*.

Além do mais, nesse caso, o agente responde *pessoalmente*. Ainda que ligado uma pessoa jurídica, por exemplo, a responsabilidade deixa de ser imputada a esta para ser atribuída ao agente, isto é, ao indivíduo que praticou a infração.

Dessa maneira, se o gerente de uma empresa pratica uma infração tributária e a definição desta infração exige que o dolo específico do agente seja elementar (CTN, art. 137, II), a responsabilidade pelo pagamento da multa deixa de ser da empresa e passa a ser *pessoal* do agente que adotou tal conduta. Registre-se, que, neste caso, cuida-se da responsabilidade por *infrações*. Por isso, o agente deverá responder pelo crédito que provém das *multas* e não dos tributos. Quanto a estes, a responsabilidade permanece normalmente com a empresa.

Pois bem, uma vez compreendida a natureza e extensão de tal responsabilidade, acentuando seu caráter *pessoal* e *subjetivo*, importa conferir, de maneira esquematizada, as hipóteses nas quais tem lugar, descritas nos incisos do art. 137.

Assim, a responsabilidade é pessoal do agente:

- *Quanto às infrações conceituadas por lei como crimes ou contravenções, salvo quando praticadas no exercício regular de administração, mandato, função, cargo ou emprego, ou no cumprimento de ordem expressa emitida por quem de direito* – A responsabilidade por infrações é pessoal do agente que a pratica, e exclui, portanto, a responsabilidade da empresa, quando a conduta adotada caracteriza infração tributária, e, *simultaneamente, crime ou contravenção*. Quer dizer, a mesma conduta enquadra-se como ilícito tributário e ilícito penal. Assim, é importante considerar, principalmente, a Lei nº 8.137/90, que tipifica os crimes contra a ordem tributária. Muito embora a doutrina não tenha por costume aprofundar-se nesse assunto, pensamos que cabe aqui uma observação: a prática de crime ou contravenção exige sempre a comprovação do elemento subjetivo. Trata-se de princípio básico que informa o direito penal. Dessa maneira, não basta que a conduta praticada pelo agente ajuste-se, em tese, à conduta tipificada como ilícito penal. É necessário que fique comprovado que agiu com dolo ou culpa. Apenas nesse caso parece adequada a atribuição de responsabilidade pela infração tributária;

- *Exceção* – De acordo com o art. 137 a responsabilidade é pessoal ao agente quanto às infrações conceituadas por lei como crime ou infração, "*salvo* quando praticadas no exercício regular de administração, mandato, função, cargo ou emprego, ou no cumprimento de ordem expressa emitida por quem de direito". Nesses casos, duas situações restam configuradas. Primeiro, a pessoa jurídica é beneficiada pela prática adotada pelo agente. A palavra "regular" implica que a empresa tinha conhecimento da conduta adotada pelo agente ou a quis. Uma vez que obtém vantagem com a infração praticada, a pessoa jurídica deve responder também. Em segundo lugar, o elemento subjetivo da conduta, isto é, o dolo ou culpa do agente, é substituída pela *ordem* emanada por pessoa de hierarquia superior nos quadros da pessoa jurídica. Nesse caso, a responsabilidade deixa de ser pessoal do agente e passa a ser daquele que ordena;

- *Quanto às infrações em cuja definição o dolo específico do agente seja elementar – Dolo específico* significa a vontade livre, consciente e clara do agente de praticar *especificamente* determinada conduta e não outra qualquer. Diz-se do dolo específico que é *elementar* da conduta quando a configuração desta depende justamente da presença da vontade livre, clara e consciente do agente. Se a pessoa adota certo comportamento *acreditando* que pratica outro, quer dizer, com vontade clara e consciente de se comportar de maneira diversa daquela que efetivamente ocorreu, então não se cogita da aplicação do disposto no art. 137, II, do CTN;
- *Quanto às infrações que decorram direta e exclusivamente de dolo específico das pessoas referidas no artigo 134, contra aquelas por quem respondem; dos mandatários, prepostos ou empregados, contra seus mandantes, preponentes ou empregadores; dos diretores, gerentes ou representantes de pessoas jurídicas de direito privado, contra estas* – Muitas vezes o dolo específico não é elementar para a caracterização de certa infração. A vontade livre e consciente quanto a determinado resultado específico, querido pelo agente, não precisa ser demonstrada para que se considere ocorrido o ilícito. Se, nesses casos, embora o dolo específico não seja elementar da infração, esta *decorre direta e exclusivamente dele*, abre-se a possibilidade de responsabilização pessoal das pessoas referidas no artigo 134 e 135;

A responsabilidade por infrações, prevista pelo art. 137 do CTN, funda-se no *princípio da pessoalidade da pena* (CF/1988, art. 5º, XLV). Daí por que a responsabilidade, neste caso, é pessoal do agente que praticou o ilícito tributário, *excluindo* a responsabilidade da pessoa representada ou da pessoa jurídica da qual o agente faça parte. Justamente por isso, o art. 137 aplica-se a créditos tributários decorrentes de *multas* e *não* de tributos. O objetivo é punir o infrator e, ao mesmo tempo, prevenir novas ocorrências.

C) Denúncia espontânea da infração: artigo 138 do CTN

O artigo 138 do CTN estatui:

> **CTN, art. 138.** A responsabilidade é excluída pela denúncia espontânea da infração, acompanhada, se for o caso, do pagamento do tributo devido e dos juros de mora, ou do depósito da importância arbitrada pela autoridade administrativa, quando o montante do tributo dependa de apuração.
>
> Parágrafo único. Não se considera espontânea a denúncia apresentada após o início de qualquer procedimento administrativo ou medida de fiscalização, relacionados com a infração.

Trata-se da chamada *denúncia espontânea da infração, autodenúncia* ou ainda *confissão espontânea*. É importante compreender que o dispositivo fala em denúncia espontânea da *infração* e não do tributo.

Não se há de pensar, portanto, que o sujeito passivo pode eximir-se do pagamento de impostos, taxas, contribuições etc. porque confessou à Administração que praticou o fato gerador. Nada disso. O art. 138 permite que se exclua a responsabilidade com relação a *multas*, isto é, ao crédito tributário que decorre da prática de *infrações tributárias*.

Evidentemente, o objetivo claro do dispositivo consiste em incentivar o sujeito passivo a "confessar" a prática de infrações. Com isso, o CTN reconhece os limites da materiais da Administração Tributária, que não pode fiscalizar todos os contribuintes e responsáveis ao mesmo tempo. Além do mais, possibilita que o sujeito passivo desonere-se do custo econômico ao qual estaria submetido caso fosse pego pela fiscalização. As multas, em alguns casos, são fixadas em 75% do valor relativo aos tributos devidos.

a) Características

O art. 138, *caput*, comporta análise detalhada de seus aspectos:

- *Exclusão da responsabilidade* – Como dissemos, trata-se da responsabilidade por *infrações* à legislação tributária. Exclui-se a obrigação do sujeito passivo de efetuar o pagamento do crédito que decorre de *multas* aplicadas pela Administração Tributária por ocasião da prática de ilícitos. Ressalte-se, uma vez mais, que *não* se trata da exclusão da responsabilidade pelo pagamento do crédito que decorre da prática do fato gerador de tributos;
- *Espontaneidade da denúncia – Denunciar* significa *noticiar, declarar, revelar*. *Denúncia da infração* significa que a conduta violadora da legislação tributária, adotada pelo contribuinte ou responsável, foi comunicada à autoridade competente. O art. 138, contudo, fala em denúncia *espontânea*. Isso significa que a própria pessoa que praticou o ilícito revela à fiscalização o ato. O contribuinte, por exemplo, deveria ter emitido declaração de importação. Não o fez. No lugar de permanecer calado, "torcendo" para que os fiscais não percebam, ele mesmo comunica a ocorrência da infração. O que o sujeito passivo ganha com isso? Exclui-se a responsabilidade pelo pagamento

da *multa*, isto é, fica desonerado deste pesado encargo. Como dissemos, as multas tributárias têm forte caráter punitivo, razão pela qual seus valores geralmente são elevados, representando, em certos casos, até 75% do valor devido a título de tributo;

- *Pagamento do tributo e juros de mora* – A denúncia da infração *não* afasta a responsabilidade pelo pagamento do tributo. O que o art. 138 do CTN dispensa é o recolhimento da *multa*. Por isso, o dispositivo é claro ao determinar que a denúncia espontânea apenas será regular se for acompanhada do pagamento (1) do tributo e (2) dos juros de mora. *Juro de mora* é o "preço" que se cobra do devedor pelo atraso no pagamento. É a quantia que deve recolher por ter permanecido com dinheiro que, a partir de certo momento, não lhe pertencia mais. O dispositivo deixa claro que o recolhimento do tributo deve ser acompanhado dos juros de mora. A correção monetária, por sua vez, é o reajuste que se aplica ao valor devido para compensar as perdas inflacionárias. Significa a atualização do valor devido e não seu acréscimo. Deve ser recolhida normalmente por ocasião da denúncia espontânea;
- *Depósito da importância arbitrada* – Muitas vezes o montante a ser arrecadado pelo sujeito passivo depende de apuração. É o que ocorre, como veremos, nas hipóteses de lançamento por declaração em que a autoridade, recusando o valor apurado pelo contribuinte, arbitra o montante que entende devido (CTN, art. 147). Nesses casos, a regularidade da denúncia espontânea fica vinculada ao depósito da importância arbitrada, ou seja, do valor estipulado pela autoridade administrativa competente. Registre-se, finalmente, que a denúncia espontânea não se confunde com a figura da consulta fiscal, prevista no art. 161, § 2º, do CTN, como veremos.

b) Forma da denúncia, lançamento por homologação e jurisprudência do STJ

A lei não estabelece *forma específica* para a denúncia espontânea. O sujeito passivo pode comunicar à Administração Pública a prática da infração da maneira que julgue mais adequada e eficiente. É claro que alguns requisitos devem ser observados, ainda que não haja exigência legal, por razões de segurança jurídica.

O primeiro deles é a redução da autodenúncia à forma escrita, documental. Isto é importante porque evita dúvidas quanto à *data e horário* precisos em que foi efetuada. Veremos que, a partir de determinado momento, a informação levada à autoridade não é mais considerada "espontânea".

Outra providência é o adequado *protocolo* na repartição competente, com o que se comprova que a Administração teve efetiva ciência da comunicação.

No caso de lançamento por homologação, modalidade em que o próprio sujeito passivo apura o montante devido e efetua o pagamento antecipado sem análise prévia por parte das autoridades competentes, o preenchimento adequado da guia de recolhimento, com os dados corretos relativos ao código da receita, valor do principal, juros de mora etc., é suficiente para que a autodenúncia seja considerada regular.

Quanto a esta modalidade de lançamento, contudo, importa assinalar três observações importantes no que toca ao atual entendimento do STJ quanto à matéria:

- *Lançamento por homologação com antecipação integral do pagamento e dentro do prazo fixado legalmente* – No caso de lançamento por homologação, em que o contribuinte efetua o pagamento *integral* do valor devido a título de tributo e juros de mora *dentro do prazo* fixado legalmente para recolhimento, o STJ entende que a denúncia espontânea é regular e aproveita seus efeitos quanto à exclusão da multa;
- *Lançamento por homologação com antecipação parcial do pagamento ou recolhimento fora do prazo* – A Corte, por outro lado, entende que o lançamento por homologação acompanhado do recolhimento apenas *parcial* do valor devido ou *fora do prazo* fixado em lei, *não* dá ensejo à aplicação do art. 138, de maneira que restam excluídos os efeitos da denúncia espontânea. A Primeira Seção assentou:

> "É que a apresentação de Declaração de Débitos e Créditos Tributários Federais (DCTF), de Guia de Informação e Apuração do ICMS (GIA), ou de outra declaração dessa natureza, prevista em lei, é modo de constituição do crédito tributário, dispensando, para isso, qualquer outra providência por parte do Fisco. Se o crédito foi assim previamente declarado e constituído pelo contribuinte, não se configura denúncia espontânea (art. 138 do CTN) o seu posterior recolhimento *fora do prazo* estabelecido" (STJ, Primeira Seção, REsp. 962379/RS, 2008). Há entendimento sumulado a propósito do assunto:

Súmula 360 do STJ **–** "O benefício da denúncia espontânea não se aplica aos tributos sujeitos a lançamento por homologação regularmente declarados, mas pagos a destempo";

- *Retificação do lançamento por homologação como formalização da denúncia espontânea* – É possível, contudo, que o sujeito passivo, *depois* de ter efetuado o lançamento por homologação *sem* a formalização da denúncia espontânea, *retifique-o*, quer dizer, *corrija-o*, procedendo ao recolhimento do valor correto *antes* de qualquer manifestação da Administração Tributária. Neste caso, fica assegurado o direito de valer-se do benefício previsto no art. 138. Há decisão da Primeira Seção do STJ:

> A denúncia espontânea resta configurada na hipótese em que o contribuinte, após efetuar a declaração parcial do débito tributário (sujeito a lançamento por homologação) acompanhado do respectivo pagamento integral, *retifica-a* (antes de qualquer procedimento da Administração Tributária), noticiando a existência de diferença a maior, cuja quitação se dá concomitantemente. Destarte, quando o contribuinte procede à retificação do valor declarado a menor (integralmente recolhido), elide a necessidade de o Fisco constituir

> o crédito tributário atinente à parte não declarada (e quitada à época da retificação), razão pela qual aplicável o benefício previsto no artigo 138, do CTN [...] A denúncia espontânea não resta caracterizada, com a consequente exclusão da multa moratória, nos casos de tributos sujeitos a lançamento por homologação declarados pelo contribuinte e *recolhidos fora do prazo de vencimento*, à vista ou parceladamente, ainda que anteriormente a qualquer procedimento do Fisco (Súmula 360/STJ) (STJ, REsp. Nº 1.149.022/SP, 2010).

c) *Exclusão da espontaneidade*

O parágrafo único do art. 138 do CTN, como vimos, determina que "não se considera espontânea a denúncia apresentada após o início de qualquer procedimento administrativo ou medida de fiscalização, relacionados com a infração".

Ora, "espontâneo" significa aquilo que se pratica de livre vontade; voluntariamente. O sujeito passivo, por vontade própria, sem qualquer constrangimento externo, resolve comunicar à Administração Tributária a prática de infração. Neste caso, considera-se a espontânea a denúncia e o pagamento da multa é excluído.

Se, no entanto, já houve início de *procedimento administrativo* ou *medida de fiscalização* que tenham como objetivo apurar se o contribuinte ou responsável praticaram ou não infração à legislação tributária, então é óbvio que a denúncia, nesse caso, já não é mais *espontânea*. O sujeito passivo sabe que pode ser pego. Não faz a denúncia de forma voluntária, mas porque está constrangido pela possibilidade da multa que pode ser aplicada.

Exatamente em que momento, contudo, deve-se afirmar que a denúncia perdeu o caráter da espontaneidade? Luciano Amaro anota: "A denúncia não é considerada espontânea se apresentada após o início de qualquer procedimento administrativo ou medida de fiscalização, relacionados com a infração. Não é, pois, qualquer possível motivação externa à vontade do infrator que exclui sua responsabilidade, para efeitos do artigo em estudo; requer-se a existência de um procedimento fiscal ou medida de fiscalização que já tenha tido início; obviamente, não se pode tratar de procedimento ou medida *interna corporis*, que a fiscalização tenha implementado mas de que ainda não tenha dado ciência ao infrator. A ciência deste é necessária para o efeito em análise" (AMARO, 2011, p. 478).

Em outras palavras, não basta que a Fiscalização tenha baixado ato administrativo, direcionado aos fiscais que compõem sua estrutura interna, determinando a fiscalização deste ou daquele contribuinte. Para que a denúncia deixe de ser considerada espontânea, é preciso que o sujeito passivo tenha tido *ciência* de que contra ele teve *início* procedimento administrativo ou medida de fiscalização.

Imagine-se, por exemplo, que certa pessoa é proprietária de uma empresa e atua no ramo de prestação de serviços. Fica sabendo que as empresas do setor passarão a sofrer constante fiscalização por parte da Administração municipal. Se, desde logo, antecipa-se à fiscalização e determina que o setor competente da empresa efetue a autodenúncia das infrações praticadas, deve-se considerar espontânea a denúncia, pois ocorreu *antes* do início de qualquer procedimento formal de fiscalização.

Ademais, Luciano Amaro observa: "Não basta o início de *qualquer* procedimento ou a existência de *qualquer* medida de fiscalização por parte da repartição fiscal para apurar a infração praticada. É necessário, além disso, que a atuação do Fisco esteja 'relacionada' com a infração, no sentido de que o prosseguimento normal dos trabalhos de investigação tenha a possibilidade (não a certeza) de identificar a prática da infração. Se a medida de fiscalização diz respeito limitadamente ao exame de determinado assunto, e a infração se refere a matéria estranha àquela que esteja sendo objeto da investigação, a espontaneidade não está afastada" (AMARO, 2011, p. 479).

Existiria, entretanto, um critério objetivo, legal, a partir do qual se pode considerar *não espontânea* a denúncia? Em âmbito federal, o art. 7º do Decreto nº 70.235/72, que disciplina o processo administrativo fiscal, determina:

> **Dec. 70.235/72, art. 7º**. O procedimento fiscal tem início com:
>
> I – o primeiro ato de ofício, escrito, praticado por servidor competente, cientificando o sujeito passivo da obrigação tributária ou seu preposto;
>
> II – a apreensão de mercadorias, documentos ou livros;
>
> III – o começo de despacho aduaneiro de mercadoria importada;
>
> § 1º O início do procedimento exclui a espontaneidade do sujeito passivo em relação aos atos anteriores e, independentemente de intimação a dos demais envolvidos nas infrações verificadas".
>
> § 2º Para os efeitos do disposto no § 1º, os atos referidos nos incisos I e II valerão pelo prazo de sessenta dias, prorrogável, sucessivamente, por igual período, com qualquer outro ato escrito que indique o prosseguimento dos trabalhos.

O primeiro ato de ofício praticado por autoridade competente, do qual o sujeito passivo tenha tido *ciência*; a apreensão de mercadorias, documentos ou livros; e o começo do despacho aduaneiro de mercadorias importadas *excluem* a espontaneidade da denúncia efetuada pelo sujeito passivo. Quer dizer, a partir destes momentos, *não* se considera mais espontânea a autodenúncia promovida pelo contribuinte ou responsável.

Se, contudo, a autoridade administrativa *interrompe* a fiscalização por um prazo de sessenta dias (prorrogável, sucessivamente, por mais sessenta) e permanece inerte, isto é, sem realizar mais qualquer ato, então as denúncias efetuadas pelo sujeito passivo a partir de então passam a ser consideradas novamente *espontâneas*.

Correto que assim seja, pois a inércia da Administração não pode redundar na perda de um direito subjetivo por parte do sujeito passivo.

APROFUNDANDO! QUESTÕES CONEXAS E JURISPRUDÊNCIA DO STJ

De acordo com Regina Helena Costa, "doutrina e jurisprudência controvertem acerca da eficácia da denúncia espontânea, principalmente em relação a três aspectos: a) se ela afasta tão somente a multa punitiva, ou também a multa moratória; b) se ela aplica-se apenas à obrigação principal ou alcança também obrigações acessórias; e c) se o parcelamento pode configurar denúncia espontânea" (COSTA, 2014, p. 313). Vejamos tais questões, inclusive com a análise da jurisprudência do STJ:

- *Multas punitivas e multas moratórias* – Existem as multas punitivas e as multas moratórias. As primeiras cumprem o papel de punir o agente que cometeu a infração, pelo simples fato de não ter observado a legislação tributária. As segundas têm como objetivo punir o agente por não ter cumprido o prazo assinalado para o pagamento do tributo. Para a autora, entendimento com o qual concordamos, "considerando-se que a denúncia espontânea visa afastar as consequências sancionatórias da infração, cremos que quaisquer multas são alcançadas pelo benefício. O entendimento contrário, a nosso ver, inova o conteúdo do art. 138, CTN" (COSTA, 2014, p. 313). Registre-se que a denúncia espontânea exclui a *multa moratória* e não o *juro moratório*. O STJ já se manifestou a propósito:

> "É desnecessário fazer distinção entre multa moratória e multa punitiva, visto que ambas são excluídas em caso de configuração da denúncia espontânea" (STJ, Primeira Turma, REsp. 774058/PR, 2009). Também a Segunda Turma decidiu desta maneira: "Com a denúncia espontânea, fica afastada a multa moratória, até porque inexiste distinção entre esta e a multa punitiva" (STJ, REsp 1009897/PR, 2008).

- *Obrigação principal e obrigações acessórias* – As obrigações principais têm como objeto o pagamento do tributo ou da penalidade pecuniária; as obrigações acessórias têm como objeto prestações de fazer, não fazer ou tolerar que se faça em proveito da fiscalização e arrecadação. A inobservância das *últimas* acarreta sua "conversão" nas primeiras. A denúncia espontânea afasta a responsabilidade pelo pagamento das multas punitivas e moratórias. Pois bem, a autodenúncia afasta as multas que decorrem apenas do não pagamento do crédito tributário, isto é, do descumprimento de obrigações principais, ou alcança também aquelas que decorrem da inobservância das normas de fiscalização, quer dizer, do descumprimento de obrigações acessórias? De acordo com Regina Helena Costa, "a doutrina tem se inclinado a admitir a denúncia espontânea não somente à vista do descumprimento da obrigação principal, mas também das obrigações acessórias. A expressão 'se for o caso' é indicativa dessa conclusão" (COSTA, 2014, p. 313). Concordamos com a autora e, como dissemos acima, entidades imunes, por exemplo, que estão logicamente impedidas de praticar fatos geradores que redundem na obrigação de recolher impostos, estão perfeitamente sujeitas à observância das obrigações acessórias. Decorre daí que, em caso de inobservância e consequente denúncia espontânea, deve-se excluir a responsabilidade por multas. O STJ, no entanto, tem entendimento pacífico no sentido que o art. 138 do CTN não abrange as multas provenientes do descumprimento de obrigações acessórias. Confira-se manifestação da Primeira Turma:

> "A entrega extemporânea das referidas declarações é ato puramente formal, sem qualquer vínculo com o fato gerador do tributo e, como obrigação

acessória autônoma, não é alcançada pelo art. 138 do CTN, estando o contribuinte sujeito ao pagamento da multa moratória devida" (STJ, AgRg. no REsp 884.939/MG, 2009). De maneira idêntica, há manifestação da Segunda Turma: "Segundo orientação firmada nesta Corte, 'a denúncia espontânea não tem o condão de afastar a multa decorrente do atraso na entrega da declaração de rendimentos, uma vez que os efeitos do artigo 138 do CTN não se estendem às obrigações acessórias autônomas'" (STJ, AgRg. no REsp. 1.279.038/MG, 2012).

- *Parcelamento* – O parcelamento é causa de suspensão da exigibilidade do crédito tributário, nos termos do art. 151, VI, do CTN. Consiste na divisão do valor devido a título de tributo em várias prestações mensais, recolhidas pelo sujeito passivo conforme a data especificada em lei. Ocorre que, para que a denúncia espontânea seja regular, como vimos, o sujeito passivo deve recolher o valor relativo ao tributo e os respectivos juros de mora. Com o parcelamento, contudo, esse valor é fracionado ao longo de determinado período de tempo. Suponha-se, por exemplo, que o contribuinte deve R$ 120.000,00 (cento e vinte mil reais). No lugar de recolher tal quantia, pode parcelá-la em doze vezes de R$ 10.000,00 (dez mil reais). Imagine-se que, juntamente com o pedido de parcelamento, o contribuinte faça a denúncia espontânea de suas infrações. Nesse cato, uma vez que o valor inteiro do tributo não será recolhido à vista (já que foi parcelado), fará jus aos efeitos da autodenúncia, isto é, ao afastamento do dever de pagar as multas moratórias e punitivas? Após idas e vindas, o STJ firmou entendimento no sentido de que o parcelamento não pode ser equiparado ao pagamento ao qual se refere o art. 138 do CTN, de maneira que a denúncia espontânea não deve ser aplicada no primeiro caso. Confira-se jurisprudência da Primeira Seção:

> "O instituto da denúncia espontânea da infração constitui-se num favor legal, uma forma de estímulo ao contribuinte, para que regularize sua situação perante o Fisco, procedendo, quando for o caso, ao pagamento do tributo, antes do procedimento administrativo ou medida de fiscalização relacionados com a infração. Nos casos em que há parcelamento do débito tributário, não deve ser aplicado o benefício da denúncia espontânea da infração, visto que o cumprimento da obrigação foi desmembrado, e só será quitada quando satisfeito integralmente o crédito" (STJ, REsp 378.795/GO, 2004).

SÚMULAS DO STF E DO STJ:

SÚMULA STF

Não há.

SÚMULA STJ

Súmula 360 do STJ – "O benefício da denúncia espontânea não se aplica aos tributos sujeitos a lançamento por homologação regularmente declarados, mas pagos a destempo".

Súmula STJ 430: "O inadimplemento da obrigação tributária pela sociedade não gera, por si só, a responsabilidade solidária do sócio-gerente".

Súmula 435 do STJ: "Presume-se dissolvida irregularmente a empresa que deixar de funcionar no seu domicílio fiscal, sem comunicação aos órgãos competentes, legitimando o redirecionamento da execução fiscal para o sócio-gerente".

Súmula 554 do STJ: "Na hipótese de sucessão empresarial, a responsabilidade da sucessora abrange não apenas os tributos devidos pela sucedida, mas também as multas moratórias ou punitivas referentes a fatos geradores ocorridos até a data da sucessão."

SÍNTESE DOS PRINCIPAIS ENTENDIMENTOS JURIPRUDENCIAIS

"O interesse comum, como requisito da corresponsabilidade tributária, envolve, necessariamente, a atuação de mais de uma pessoa na situação de conformação do fato gerador do tributo. Não se trata, portanto, da ulterior fruição comum ou igualitária por mais de uma pessoa dos resultados ou dos proveitos da atividade produtora do aumento de renda dela decorrente. Trata-se, na verdade, de atuação simultânea e conjunta de mais de uma pessoa na anterior situação configuradora do próprio fato gerador. Se assim não fosse, qualquer indivíduo, que auferisse alguma benesse do percebente da renda, poderia ser designado corresponsável tributário" (REsp 1273396/DF, Rel. Ministro NAPOLEÃO NUNES MAIA FILHO, PRIMEIRA TURMA, julgado em 05/12/2019, DJe 12/12/2019).

"A empresa locatária de aparelho de ultrassom diagnóstico (recorrente), mesmo com a isenção especial do art. 149, III, do Dec. n. 91.030/1985 (Regulamento Aduaneiro), foi responsabilizada pelo Fisco para pagar os tributos incidentes sobre a importação do bem (imposto de importação e de IPI), com base no art. 124, I, do CTN. Isso caracterizaria a solidariedade de fato porque a recorrente se enquadraria nos termos do art. 1º do referido codex, por possuir interesse comum na situação" (Rel. Min. Francisco Falcão, julgado em 15/3/2012).

"Fundando-se nessas mesmas premissas, o STJ repele a responsabilização de sociedades do mesmo grupo econômico com base apenas no suposto interesse comum previsto no art. 124, I do CTN, exigindo que a atuação empresarial se efetive na produção do fato gerador que serve de suporte à obrigação" (AgInt no AREsp 1035029/SP, Rel. Ministro NAPOLEÃO NUNES MAIA FILHO, PRIMEIRA TURMA, julgado em 27/05/2019, DJe 30/05/2019).

"A interrupção da prescrição em desfavor da pessoa jurídica também projeta seus efeitos em relação aos responsáveis solidários [...]" (STJ. 2ª T. EDcl no REsp 717250/SP. Rel. Minª. Eliana Calmon. DJ 25.09.2006).

"O contrato de locação, com cláusula determinando a responsabilidade do inquilino pela liquidação do IPTU, não pode ser oponível à certidão de pagamento de imposto" (STJ. 1ª T. REsp 818618/RJ. Rel. Min. José Delgado. DJ 02.05.2006).

"É devida a restituição da diferença do Imposto sobre Circulação de Mercadorias e Serviços – ICMS pago a mais no regime de substituição tributária para frente se a base de cálculo efetiva da operação for inferior à presumida". (Tese definida no RE 593.849, rel. min. Edson Fachin, P, j. 19-10-2016, DJE 177 de 31-3-2017 – tema 201)."A responsabilidade tributária do sucessor abrange, além dos tributos devidos pelo sucedido, as multas moratórias ou punitivas, que, por representarem dívida de valor, acompanham o passivo do patrimônio adquirido pelo sucessor, desde que seu fato gerador tenha ocorrido até a data da sucessão" (REsp 923.012/MG, Rel. Ministro LUIZ FUX, PRIMEIRA SEÇÃO, julgado em 09/06/2010, DJe 24/06/2010).

"Os arts. 132 e 133 do CTN impõem à empresa sucessora, a responsabilidade integral pelos tributos devidos de forma que, praticado o fato gerador pela empresa sucedida, não se pode falar em ilegitimidade passiva ou nulidade da CDA. Cabível o prosseguimento da execução proposta contra a empresa incorporada, na medida em que essa, já extinta na ocasião do lançamento, se confunde com a sucessora" (AgInt nos EDcl no REsp 1820732/SP, Rel. Ministro MAURO CAMPBELL MARQUES, SEGUNDA TURMA, julgado em 03/03/2020, DJe 09/03/2020).

"Nos casos de dissolução irregular da sociedade empresária, o redirecionamento da execução fiscal para o sócio-gerente não constitui causa de exclusão da responsabilidade tributária da pessoa jurídica" (REsp 1455490, Informativo STJ 550).

"É pacífico nesta Corte o entendimento acerca da responsabilidade subjetiva do sócio-gerente em relação aos débitos da sociedade. De acordo com o artigo 135 do CTN, a responsabilidade fiscal dos sócios restringe-se à prática de atos que configurem abuso de poder ou infração de lei, contrato social ou estatutos da sociedade" (STJ, EAg 494.887/RS, 2008).

"O redirecionamento de ação executiva contra sócio de empresa (art. 135 do CTN) somente se configura no caso de ele ter agido com abuso de poder, infringência de lei ou do contrato social no exercício da gerência ou de outro cargo na empresa. Ademais, carece também de comprovação que a sociedade tenha sido dissolvida irregularmente" (REsp 641407, Informativo STJ 217).

"Se a execução foi ajuizada apenas contra a pessoa jurídica, mas o nome do sócio consta da CDA, cabe a ele o ônus de provar que não ocorreu nenhuma das circunstâncias previstas no art. 135 do CTN" (Recurso repetitivo, REsp 1104900, Informativo STJ 388).

"A falência da empresa não leva os sócios à condição de coobrigados na responsabilidade tributária. Necessário apurar se houve infração à lei, contrato social, estatuto, ou se houve dissolução irregular da sociedade, o que, conforme o art. 135 do CTN, poderia ensejar a responsabilidade pessoal do dirigente, sendo necessário comprovar, ainda, que este agiu dolosamente, com fraude ou excesso de poderes" (REsp 718541, Informativo STJ 243).

"O redirecionamento de execução fiscal a pessoa jurídica que integra o mesmo grupo econômico da sociedade empresária originalmente executada, mas que não foi identificada no ato de lançamento (nome na CDA) ou que não se enquadra nas hipóteses dos arts. 134 e 135 do CTN, depende da comprovação do abuso de personalidade, caracterizado pelo desvio de finalidade ou confusão patrimonial, tal como consta do art. 50 do Código Civil, daí porque, nesse caso, é necessária a instauração do incidente de desconsideração da personalidade da pessoa jurídica devedora" (REsp 1775269/PR, Rel. Ministro GURGEL DE FARIA, PRIMEIRA TURMA, julgado em 21/02/2019, DJe 01/03/2019).

"A atribuição, por lei, de responsabilidade tributária pessoal a terceiros, como no caso dos sócios-gerentes, autoriza o pedido de redirecionamento de execução fiscal ajuizada contra a sociedade empresária inadimplente, sendo desnecessário o incidente de desconsideração da personalidade jurídica estabelecido pelo art. 134 do CPC/2015" (AREsp 1173201/SC, Rel. Ministro GURGEL DE FARIA, PRIMEIRA TURMA, julgado em 21/02/2019, DJe 01/03/2019).

"É desnecessário fazer distinção entre multa moratória e multa punitiva, visto que ambas são excluídas em caso de configuração da denúncia espontânea" (STJ, REsp. 774058/PR, 2009).

"A entrega extemporânea das referidas declarações é ato puramente formal, sem qualquer vínculo com o fato gerador do tributo e, como obrigação acessória autônoma, não é alcançada pelo art. 138 do CTN, estando o contribuinte sujeito ao pagamento da multa moratória devida" (STJ, AgRg. no REsp 884.939/MG, 2009).

"Nos casos em que há parcelamento do débito tributário, não deve ser aplicado o benefício da denúncia espontânea da infração, visto que o cumprimento da obrigação foi desmembrado, e só será quitada quando satisfeito integralmente o crédito" (STJ, REsp 378.795/GO, 2004).

26

CRÉDITO TRIBUTÁRIO E LANÇAMENTO

26.1 O CRÉDITO TRIBUTÁRIO

Os entes federativos são titulares de competência tributária. Trata-se da autorização que lhes confere a Constituição para instituir, por lei, os tributos que lhes são reservados pelo próprio texto constitucional. Esta rígida distribuição de competências relaciona-se diretamente com o princípio federativo.

Instituir o tributo significa legislar. Os entes federativos, por meio de seus poderes legislativos, criam os gravames. A criação significa a descrição abstrata, isto é, legislativa, dos elementos necessários à configuração da relação jurídica tributária concreta. Trata-se de descrever os aspectos da regra-matriz ou hipótese de incidência: aspectos material, pessoal, quantitativo, temporal e espacial.

Uma vez descrita a hipótese de incidência em lei e observados os demais princípios constitucionais, surge a possibilidade de que certa pessoa natural ou jurídica seja constrangida ao pagamento do tributo. Para que isso ocorra, no entanto, é necessário que ocorre um fato ou pratique uma conduta que se ajustem perfeitamente à descrição abstrata contida na hipótese tributária.

Se a conduta se adequa *perfeitamente* à descrição legal, ou seja, se todos os elementos concretos do fato se ajustam aos aspectos descritos abstratamente, então está configurado o denominado fato gerador. Este, por sua vez, significa o fato ou conduta adotada pela pessoa na realidade concreta e que corresponde à hipótese de incidência tributária.

Diz-se do fato que é gerador porque "gera", isto é, faz surgir a obrigação tributária principal. É a relação jurídica que vincula o Estado, como sujeito ativo, ao contribuinte ou responsável, como sujeitos passivos, e que tem por objeto o pagamento do tributo ou da penalidade pecuniária.

Ocorre, contudo, que o simples surgimento da obrigação tributária não impõe ao contribuinte o dever *imediato* de recolher a quantia devida. Na sistemática do CTN, é preciso algo mais. *É necessário que a obrigação tributária se transforme em crédito tributário.* É preciso agregar à obrigação certas características que permitam ao Estado *exigir* o cumprimento *imediato* do dever por parte do sujeito passivo.

O crédito tributário é, pois, a obrigação tributária, com alguns atributos agregados. É a própria relação jurídica, instaurada concretamente com a ocorrência do fato gerador, mas com certas características que permitem ao Estado exigir *imediatamente* da pessoa natural ou jurídica o pagamento do tributo ou da multa.

O crédito é a obrigação tornada líquida, certa e exigível.

Esta liquidez, certeza e exigibilidade provêm do lançamento tributário. Trata-se do ato administrativo por meio do qual a obrigação tributária transforma-se em crédito. A autoridade administrativa, ao lançar, identifica, com precisão, os sujeitos da relação, a quantia a ser cobrada, a multa a ser aplicada etc.

Nesse sentido, pode-se afirmar que, *antes* do lançamento existe apenas a obrigação principal; *depois* do lançamento, tem-se o crédito tributário. A primeira significa a relação jurídica cujo objeto é o pagamento do tributo e/ou da multa; o segundo, esta mesma relação, tornada líquida, certa e exigível.

É neste contexto que emerge o art. 139 do CTN:

> **CTN, art. 139.** O crédito tributário decorre da obrigação principal e tem a mesma natureza desta.

Note-se que: o crédito *decorre* da obrigação e tem a mesma *natureza* desta. Conclui-se, em primeiro lugar, que a existência da obrigação tributária principal *precede* logicamente a existência do crédito. Não há crédito sem obrigação; entretanto, tem que haver obrigação *antes* do crédito. O crédito é um momento posterior da relação jurídica tributária e fica na dependência lógica da existência da obrigação.

Em segundo lugar, o crédito tem a mesma *natureza* da obrigação tributária principal. Ora, qual é a natureza desta? Trata-se, como vimos, da relação jurídica *ex lege*, de cunho patrimonial e que consiste no dever que tem pessoa natural ou jurídica de dar dinheiro ao Estado, compulsoriamente, a título de tributo ou multa.

O crédito tem essa mesma natureza jurídica e assume idêntica característica. Pode-se afirmar, pois, que é uma relação jurídica *ex lege*, patrimonial, que consiste no dever de o sujeito passivo dar dinheiro ao Estado, de forma compulsória, a título de tributo ou multa. Esta é sua natureza jurídica.

O crédito é, assim, a própria obrigação tributária principal, com atributos particulares, a saber, *liquidez, certeza e exigibilidade*. Crédito e obrigação são a mesma relação, porém, em momentos diferentes, e, portanto, com atributos distintos. Vejamos:

- *Liquidez* – Diz-se de qualquer obrigação jurídica que é *líquida* quando seu valor está determinado de *forma precisa*. Sabe-se exatamente que valor é objeto da relação. Em âmbito tributário, a simples ocorrência do fato gerador não permite que a Administração saiba com precisão quanto o sujeito passivo deve. É necessário um procedimento administrativo por meio do qual se apure esse valor por meio da identificação da base de cálculo adequada e posterior aplicação da alíquota prevista em lei. Após o lançamento tributário, em que tais informações concretas são reunidas, sabe-se com precisão quanto o sujeito passivo deve: a obrigação foi tornada *líquida* e passa a ser tratada como crédito tributário. Assim, por exemplo, após a ocorrência do fato gerador do IPVA, que é a propriedade do veículo automotor, aplica-se a alíquota de 4% à base de cálculo concreta (valor do automóvel) de R$ 50.000,00. Sabe-se que o contribuinte deve a quantia *líquida* de R$ 2.000,00 (dois mil reais);

- *Certeza* – Diz-se que a obrigação é *certa* quando existem elementos suficientes para comprovar a idoneidade de sua existência jurídica. Havendo dúvida entre particulares a propósito do objeto ou valores pactuados em um contrato, por exemplo, pode-se obter sua transformação em obrigação *certa* por meio da declaração judicial de sua existência. A passagem da obrigação tributária ao crédito é mediada pelo lançamento, que confere à primeira a atributo da certeza. O lançamento é ato administrativo. Este, por sua vez, goza do atributo da presunção de legitimidade e legalidade, segundo a qual se presumem verdadeiros e conformes ao direito, até prova em contrário, os atos e fatos declarados pela autoridade. Por isso, a obrigação ali descrita obtém a presunção de que é real e juridicamente idônea. Passa, portanto, a ser *certa*: torna-se crédito tributário;
- *Exigibilidade* – De acordo com Celso Antônio Bandeira de Mello, exigibilidade "é a qualidade em virtude da qual o Estado, no exercício da função administrativa, pode exigir de terceiros o cumprimento, a observância, das obrigações que impôs [...] A exigibilidade é o atributo do ato pelo qual se impele à obediência, ao atendimento da obrigação já imposta, sem necessidade de recorrer ao Poder Judiciário para induzir o administrado a observá-la" (BANDEIRA DE MELLO, 2005, p. 388). Dizer que o crédito é *exigível* significa dizer que o sujeito passivo está obrigado a adimpli-lo, que já existe o dever jurídico concreto de efetuar o pagamento do valor ali assinalado. A exigibilidade é decorrência lógica de outro atributo do ato, a *imperatividade*. Esta, ainda de acordo com Bandeira de Mello, "é a qualidade pela qual os atos administrativos se impõem a terceiros independentemente de sua concordância" (BANDEIRA DE MELLO, 2005, p. 388). Em outras palavras, a Administração Pública, ao efetuar o lançamento tributário, fixa para o sujeito passivo, independentemente de sua vontade e concordância, o dever de efetuar o pagamento do tributo ou multa devidos. Isso não significa que o contribuinte ou responsável não possam escapar ao dever. Podem. Para que o façam, no entanto, devem obter outra decisão, da própria Administração ou do Poder Judiciário, que o liberem. Caso contrário, isto é, caso não obtenham decisão administrativa ou judicial em sentido contrário, permanecem obrigados ao cumprimento do dever de recolhimento imposto pelo lançamento.

O crédito tributário é, portanto, a obrigação tributária principal tornada líquida, certa e exigível. Obviamente não são conceitos idênticos, pois designam momentos distintos da relação que se estabelece entre o Estado e o sujeito passivo. Esta relação denomina-se obrigação tributária desde a ocorrência do fato gerador até o momento em que se realiza o lançamento; depois deste, passa a denominar-se crédito tributário, pois adquire as características acima apontadas: certeza, liquidez e exigibilidade.

A) Modificações no crédito e efeitos quanto à obrigação tributária: artigo 140 do CTN

O art. 140 do CTN estatui:

> **CTN, art. 140.** As circunstâncias que modificam o crédito tributário, sua extensão ou seus efeitos, ou as garantias ou os privilégios a ele atribuídos, ou que excluem sua exigibilidade não afetam a obrigação tributária que lhe deu origem.

A obrigação precede ao crédito. Para que este exista é necessário, antes, que tenha ocorrido o fato gerador, e, como consequência, tenha surgido a obrigação tributária principal. O que separa a obrigação do crédito, isto é, o que dá origem a este *a partir daquela*, é o lançamento.

Pois bem, existem *circunstâncias* que podem afetar o crédito tributário. O art. 151 do CTN, por exemplo, elenca uma série de hipóteses em que a exigibilidade do crédito permanece suspensa. É o que ocorre com a moratória, por exemplo. Por meio de lei prorroga-se o prazo para o recolhimento do tributo.

Em casos como estes, pode-se afirmar que a obrigação tributária também está suspensa? Quer dizer, esta circunstância, que afeta o crédito, alcança a obrigação? De acordo com o art. 140 do CTN, não.

Embora a suspensão da exigibilidade imponha uma restrição ao crédito, que continua líquido e certo, mas momentaneamente *inexigível*, a obrigação tributária principal permanece intocada, pois corresponde a um momento diferente (e anterior) da relação jurídica.

O mesmo ocorre nas circunstâncias em que há irregularidade no lançamento. Como veremos, este ato administrativo é adotado no seio de um procedimento em que se deve assegurar ao sujeito passivo tributário a observância do contraditório e ampla defesa. Se tais postulados não forem observados, o ato de formalização da dívida é nulo, consequentemente, o crédito não subsiste. A obrigação tributária, contudo, permanece intacta.

A razão disso é que, em termos lógicos, a obrigação tributária principal *antecede* a existência do crédito. Para que este exista, aquela tem que ter surgido antes.

De qualquer maneira, não se deve exagerar no teor desta relação, pois a autonomia da obrigação tributária com relação ao crédito não é absoluta, mas *relativa*.

Nesse sentido, registre-se a observação de Luciano Amaro: "Não obstante o lançamento possa ser maculado por circunstâncias que não viciam a obrigação tributária objeto do lançamento, advirta-se da existência de situações que fulminam o lançamento (ou, como quer o Código, o 'crédito tributário') e, igualmente, implicam o necessário reconhecimento da inexistência da obrigação tributária que se lançara. É o que se dá, por exemplo, se o motivo pelo qual se reconhece a inexigibilidade do crédito lançado for a inexistência de fato gerador da obrigação tributária" (AMARO, 2011, p. 367).

Conclui-se, portanto, que, em princípio e como regra, uma alteração no crédito não prejudica a obrigação. A autonomia desta, contudo, é *relativa* e não absoluta, pois existem circunstâncias em que a extinção do crédito também atinge a obrigação.

B) Taxatividade das hipóteses de modificação do crédito tributário: artigo 141 do CTN

O art. 141 do CTN determina:

> **CTN, art. 141.** O crédito tributário regularmente constituído somente se modifica ou extingue, ou tem sua exigibilidade suspensa ou excluída, nos casos previstos nesta Lei, fora dos quais não podem ser dispensadas, sob pena de responsabilidade funcional na forma da lei, a sua efetivação ou as respectivas garantias.

Quatro observações são importantes:

- *Crédito regularmente constituído* – A constituição do crédito tributário opera-se com o lançamento, nos termos do art. 142 do CTN. Crédito *regularmente constituído* significa aquele em que as etapas procedimentais foram devidamente observadas, assegurando-se ao sujeito passivo o direito ao contraditório e à ampla defesa. Hugo de Brito Machado anota: "O lançamento tributário torna-se definitivo na via administrativa no momento em que se esgotam os recursos cabíveis no questionamento da exigência perante os órgãos julgadores da própria Administração Tributária" (MACHADO, 2005, p. 49). Ao final do procedimento, a autoridade competente formaliza a dívida tributária pela confecção do ato administrativo do lançamento. O crédito está constituído, isto é, a obrigação tornou-se líquida, certa e exigível;
- *Modificação, extinção, suspensão da exigibilidade e exclusão do crédito* – *Modificar* o crédito tributário significa aplicar critério diverso daquele que foi utilizado na sua constituição. Uma alteração na base de cálculo, por exemplo, implica em modificação do crédito. *Extinção* significa o desaparecimento do crédito, nos termos do art. 156 do CTN. O pagamento, por exemplo, é uma causa de extinção. *Suspensão da exigibilidade* significa o afastamento *temporário* do dever que tem o sujeito passivo de extinguir o crédito. O art. 151 do CTN arrola as hipóteses, dentre as quais, por exemplo, o parcelamento. *Excluir* o crédito significa inviabilizar sua exigência. O art. 175 do CTN estabelece duas hipóteses: isenção e anistia;
- *Nos casos previstos nesta Lei, fora dos quais não podem ser dispensadas a sua efetivação ou as respectivas garantias* – Interpretado de maneira literal, as hipóteses de modificação, extinção, suspensão da exigibilidade e exclusão do

crédito tributário já constituído *apenas podem ser as previstas pelo Código Tributário Nacional*. Mesmo outras *leis complementares federais* não teriam competência para veicular novas hipóteses. O dispositivo não parece razoável ao determinar que apenas o CTN seria capaz de introduzir novas hipóteses de modificação, extinção, suspensão e exclusão do crédito. Ora, desde que se observa a exigência de lei complementar, não parece haver impedimento a que outra lei disponha sobre tais situações. De qualquer maneira, o sentido do artigo, se interpretado de maneira sistemática, aponta para a proteção do crédito já constituído, de maneira que as autoridades administrativas apenas podem alterá-lo nos termos do que preceitua a legislação complementar federal;

- *Sob pena de responsabilidade funcional na forma da lei* – A autoridade administrativa que modificar, extinguir, suspender a exigibilidade ou excluir o crédito tributário já constituído está sujeita às penalidades da lei. O crédito tributário não pertence ao administrador. Pertence ao ente federativo que detém competência tributária de acordo com a Constituição. Por isso, o CTN proíbe expressamente o ato administrativo discricionário modificador da relação jurídica tributária já formalizada pelo lançamento. A doutrina assinala a incidência do *princípio da indisponibilidade do interesse público pelo administrador* como o fundamento normativo e axiológico do dispositivo. Registre-se que eventual responsabilização do administrador deve dar-se "na forma da lei".

C) A constituição do crédito tributário

O crédito tributário é o segundo momento da relação jurídica tributária. O primeiro momento, denominado obrigação tributária principal, vem a lume com a prática do fato gerador pelo contribuinte. O crédito é a própria obrigação tornada líquida, certa e exigível.

Pois bem, se a obrigação tributária surge com a simples ocorrência do fato gerador, ou seja, com o advento de uma conduta do contribuinte que esteja previamente descrita em lei, o crédito tributário, por sua vez, precisa ser *constituído*.

"Constituir" o crédito significa atribuir-lhe *existência jurídica, criá-lo*. A presença da obrigação principal é necessária à existência do crédito, contudo, não é suficiente. A constituição do crédito opera-se, como regra, por um ato da Administração Pública denominado *lançamento tributário*. O lançamento é ato administrativo. Logo, possui os mesmos atributos deste. Destaca-se, entre todos, o *efeito constitutivo* de relações jurídicas.

Celso Antônio Bandeira de Mello explica que atos constitutivos são "os que fazem nascer uma situação jurídica, seja produzindo-a originariamente, seja extinguindo ou modificando a situação anterior" (BANDEIRA DE MELLO, 2005, p. 394).

O lançamento faz surgir uma situação jurídica nova, qual seja, o dever *imediato* do sujeito passivo de efetuar o pagamento do tributo ou penalidade pecuniária.

Com a obrigação tributária principal este dever é apenas *mediato*, na medida em que faltam informações necessárias à formalização da dívida. É verdade que o sujeito passivo já está obrigado, mas a conduta de "levar dinheiro aos cofres públicos" ainda não é *exigível*. Apenas com a constituição do crédito tributário passará a sê-lo.

O ato de lançamento, portanto, opera a passagem da relação jurídica tributária a um segundo momento, denominado crédito.

Antes do lançamento, o dever de o sujeito passivo pagar o tributo ou a multa é apenas *mediato* e a relação denomina-se *obrigação tributária*; depois do lançamento o dever é *imediato*, *exigível*, e a relação jurídica passa a denominar-se *crédito tributário*.

O lançamento é, pois, como uma "ponte" que conduz a relação jurídica tributária do estágio da obrigação ao estágio do crédito.

Por isso, é necessário fixar: *antes* da obrigação tributária não há que se cogitar do crédito; sua existência é logicamente impossível, pois, como afirma o art. 139 do CTN, "o crédito decorre da obrigação principal". *Depois* da obrigação, que surge com a ocorrência do fato gerador, existe a *possibilidade* de existência do crédito, que fica na dependência da realização do lançamento. *Após* este o ato o crédito está constituído, isto é, goza de existência jurídica.

Como se vê, o lançamento é um "divisor de águas". *Antes* dele fala-se apenas em obrigação tributária principal; depois fala-se em ambos, obrigação e crédito.

Importa, agora, estudá-lo.

26.2 O LANÇAMENTO TRIBUTÁRIO: ARTIGO 142 DO CTN

O art. 142 do CTN estabelece que:

> **CTN, art. 142.** Compete privativamente à autoridade administrativa constituir o crédito tributário pelo lançamento, assim entendido o procedimento administrativo tendente a verificar a ocorrência do fato gerador da obrigação correspondente, determinar a matéria tributável, calcular o montante do tributo devido, identificar o sujeito passivo e, sendo caso, propor a aplicação da penalidade cabível.
>
> Parágrafo único. A atividade administrativa de lançamento é vinculada e obrigatória, sob pena de responsabilidade funcional.

A obrigação tributária principal tem origem com a concretização da hipótese de incidência tributária, isto é, o fato gerador. Ocorre que a lei tributária não pode exigir do sujeito passivo o pagamento do tributo enquanto não houver, por parte do sujeito ativo, a prática de um específico ato jurídico denominado lançamento tributário.

Assim, não obstante tenha ocorrido o surgimento da obrigação tributária, com a ocorrência do fato gerador, por exemplo, a propriedade de um bem imóvel, o proprietário somente será obrigado a recolher o valor relativo ao imposto sobre a propriedade predial e territorial urbana (IPTU) a partir do lançamento e com a notificação deste (via carnê).

É por meio do lançamento tributário que o ente federativo competente irá efetivar o ato formal previsto em lei com o objetivo de determinar o valor devido, identificando o sujeito passivo e trazendo a exigibilidade à exação.

Nesse sentido, é o magistério do Professor Paulo de Barros Carvalho: "Lançamento tributário é o ato jurídico administrativo, da categoria dos simples, constitutivos e vinculados, mediante o qual se insere na ordem jurídica brasileira uma norma individual e concreta, que tem como antecedente o fato jurídico tributário e, como consequente, a formalização do vínculo obrigacional, pela individualização dos sujeitos ativo e passivo, a determinação do objeto da prestação, formado pela base de cálculo e correspondente alíquota, bem como pelo estabelecimento dos termos espaço-temporais em que do crédito há de ser exigido" (CARVALHO, 2012, p. 464).

Na sistemática do Código Tributário Nacional, o lançamento tributário é requisito necessário à exigibilidade da obrigação tributária, sem o qual o ente federativo tributante não pode exercer nenhuma medida para a cobrança do tributo. Somente após a realização do lançamento com a notificação do sujeito passivo é que se estará autorizada a exigência em face do sujeito passivo.

Assim, com a realização do lançamento é possível constituir o crédito tributário e determinar a matéria tributável, declarando a legitimidade da relação obrigacional anteriormente ocorrida. É importante não confundir esta fase com um simples cálculo do tributo, uma vez que significa muito mais do que isso, a ponto de declarar a legitimidade da obrigação tributária.

Além disso, como veremos, o art. 142 do CTN estabelece a chamada *natureza jurídica dúplice* do lançamento, sendo que ao mesmo tempo em que declara a obrigação tributária também constitui o crédito tributário.

Vale transcrever o seguinte ensinamento de Eurico Marcos Diniz de Santi: "Nesta acepção restrita, definimos este conceito de "lançamento" com o ato-norma administrativo que apresenta estrutura hipotético-condicional associando à ocorrência do fato jurídico tributário (hipótese) uma relação jurídica intranormativa (consequência) que tem por termos o sujeito ativo e o sujeito passivo, e por objeto a obrigação deste em prestar a conduta de pagar quantia determinada pelo produto matemático da base de cálculo pela alíquota" (DE SANTI, 2010, p. 156).

Embora a doutrina se esforce por delimitar o conceito de lançamento, é importante reiterar que fonte primária de direito é a lei. Nesse sentido, o art. 142 do CTN estabelece uma definição que precisa ser detidamente considerada e analisada. Vejamos.

D) Competência privativa da autoridade administrativa

O art. 3º do CTN, ao estabelecer o conceito de tributo, deixou claro que se trata de prestação pecuniária cobrada "mediante atividade administrativa plenamente vinculada". O art. 142 reafirma essa determinação, ao estipular que "compete privativamente à autoridade administrativa a constituição do crédito tributário pelo lançamento".

Assim, o lançamento tributário consiste em atividade privativa da Administração Pública da União, Estados, Distrito Federal e Municípios, de acordo com a competência de cada um. Dentro do esquema de separação de poderes, os dispositivos têm como objetivo impedir que os Poderes Legislativo e Judiciário efetuem a cobrança de tributos. Quer dizer, cabe apenas ao Poder Executivo, no exercício de função administrativa, a cobrança do tributo ou da multa por meio do lançamento tributário.

Nada obstante, algumas observações devem ser pontuadas:

- *Lançamento por homologação* – Muitos autores assinalam a impropriedade do art. 142 do CTN ao determinar que o lançamento é ato *privativo* da autoridade administrativa. Segundo esse entendimento, o art. 150, que trata do lançamento por homologação, contradita aquele dispositivo na medida em que determina o recolhimento do tributo pelo próprio sujeito passivo, independentemente de ato da Administração Pública. Abordaremos o tema logo mais. Ressalte-se apenas que o art. 150 do CTN não chega a dispensar o lançamento. Determina que se realize *posteriormente* ao recolhimento efetuado pelo contribuinte ou responsável. Por isso, parece-nos que não há contradição entre os dispositivos. Vale ressaltar, ainda, que nesses casos encontra-se consolidado entendimento de que a entrega de declaração do tributo pelo contribuinte resultará na constituição do crédito tributário, dispensando qualquer medida posterior pela Fazenda Pública, conforme enunciado. Cita-se a decisão do STJ nesse sentido, com entendimento sumulado:

> "A apresentação de Declaração de Débitos e Créditos Tributários Federais – DCTF, de Guia de Informação e Apuração do ICMS – GIA, ou de outra declaração dessa natureza, prevista em lei, é modo de constituição do crédito tributário, dispensando, para isso, qualquer outra providência por parte do fisco" (STJ, REsp 1101728, Recurso repetitivo).

> ***Súmula STJ nº 436:*** "A entrega de declaração pelo contribuinte reconhecendo débito fiscal constitui o crédito tributário, dispensada qualquer outra providência por parte do fisco".

- *Lançamento pela Justiça do Trabalho* – De acordo com certa doutrina, a EC nº 20/98 teria introduzido um curioso caso de constituição do crédito tributário pelo Poder Judiciário. O preceito contido no art. 114, § 3º, da CF/1988, posteriormente deslocado para o inciso VIII do mesmo artigo pela EC nº 45/2004, determina:

> **CF, art. 114.** Compete à Justiça do Trabalho processar e julgar: [...]
>
> VIII – a execução, de ofício, das contribuições sociais previstas no art. 195, I, *a*, e II, e seus acréscimos legais, decorrentes das sentenças que proferir".

Nesse sentido, se o trabalhador ingressa com ação trabalhista, e, por meio desta, obtém sentença que reconhece o vínculo laboral e o consequente fato gerador da contribuição sobre a folha de salários (CF/1988, art. 195, I, *a*) ou da contribuição a cargo do trabalhador (CF/1988, art. 195, II), o próprio juiz ou Tribunal está autorizado a "constituir" o crédito daí proveniente e executar as contribuições respectivas. Trata-se de regra alternativa ao CTN, sem dúvida, mas que possui status hierárquico superior já que cravada no texto constitucional. Para alguns autores a modificação seria inconstitucional na medida em que violaria o princípio da separação de poderes (CF/1988, art. 2º). Além da função jurisdicional, o juiz funcionaria como uma espécie de "fiscal tributário", o que comprometeria sua inércia e imparcialidade. Para outros, contudo, certas modificações introduzidas na CLT teriam o condão de caracterizar tal procedimento como lançamento por homologação. Ricardo Alexandre, à luz do art. 879, § 3º, da CLT, com redação dada pela Lei nº 11.457/2007, que determina a *manifestação da União* nos casos de execução das contribuições acima mencionadas, sustenta: A manifestação de concordância da Fazenda Pública pode ser encarada como ato homologatório que eventualmente poderá ser tácito (no caso de preclusão em 10 dias) [...] Há de se concluir, portanto, que a situação estudada configura uma peculiar sistemática de lançamento por homologação que conta com a fundamental participação da autoridade judiciária no procedimento, o que pode vir a ser considerado agressivo à separação de poderes e comprometedor da imparcialidade do magistrado (ALEXANDRE, 2013, p. 351). De qualquer maneira, o STF já pacificou o entendimento de que a execução de contribuições sociais por magistrados não viola o texto constitucional. Para tanto, adotou enunciado de súmula vinculante:

> ***Súmula vinculante nº 53:*** "A competência da Justiça do Trabalho prevista no art. 114, VIII, da Constituição Federal alcança a execução de ofício das contribuições previdenciárias relativas ao objeto da condenação constante das sentenças que proferir e acordos por ela homologados".

APROFUNDANDO! LANÇAMENTO TRIBUTÁRIO E AUDITORES DA RECEITA

Para se identificar como autoridade competente nos termos do art. 142 CTN, os auditores fiscais devem fazer parte de uma carreira de Estado, sendo servidores públicos obrigatoriamente pertencentes a uma carreira específica, nos termos do artigo 37, XXII da CF/1988. No âmbito federal, por exemplo, existe a carreira dos Auditores Fiscais da Receita Federal do Brasil, os quais, após aprovação por concurso público, possuem a competência exclusiva para realizar a fiscalização e lançamento dos tributos federais. É de tamanha importância a função exercida pelas administrações tributárias, que o artigo 52, XV, da Constituição Federal, estabelece que cabe ao Senado Federal avaliar periodicamente o desempenho das administrações tributárias federal, estaduais e municipais. Assim, a função de lançar tributos é privativa dos auditores fiscais, de modo que o Superior Tribunal de Justiça tem se pronunciado no sentido de que o Secretário de Fazenda não é parte legítima para figurar como autoridade coatora em mandados de segurança em que se discute a exigibilidade de tributos:

> Nesse caso, porém, autoridade coatora é aquela que tem competência para o lançamento *ex officio*, que, certamente, não é o Secretário de Estado da Fazenda. Tal entendimento pode ser transposto para o caso dos autos, em que se questiona obrigação acessória (aposição de selos de controle). Na espécie, a autoridade coatora é aquela que tem competência para exigir o cumprimento da aludida obrigação ou autuar o contribuinte pelo seu descumprimento [...] A jurisprudência da Segunda Turma do STJ orienta-se no sentido de que o Secretário de Estado da Fazenda não possui legitimidade para figurar, como autoridade coatora, em mandado de segurança que visa afastar exigência fiscal supostamente ilegítima (STJ, Segunda Turma, RMS 54.823/PB, 05/06/2020).

E) Constituição do crédito tributário

A principal função do lançamento é fazer a passagem da relação jurídica tributária, do momento em que se denomina "obrigação tributária principal", para o momento em que, de acordo com o CTN, chama-se "crédito tributário". É a mesma relação jurídica, que, no entanto, recebe alguns atributos inexistentes no primeiro momento, quais sejam: liquidez, certeza e exigibilidade.

"Constituir o crédito tributário" significa formalizar a obrigação principal, dando concretude e singularidade ao débito tributário. A constituição do crédito pelo lançamento é manifestação do princípio da segurança jurídica, na medida em que viabiliza o controle da atividade administrativa pela própria Administração e também pelo sujeito passivo tributário.

F) Lançamento como procedimento ou ato administrativo?

Há discussão doutrinária a respeito de saber se o lançamento é um *procedimento*, como afirma literalmente o CTN, ou se é um *ato administrativo*. A noção de procedimento administrativo remete à ideia de sequência de atos que seguem uma determinada ordem cuja lógica é estabelecida pela lei e que visa a um resultado último no seio de uma relação processual. Ato administrativo, por sua vez, é o próprio resultado, alcançado por intermédio do procedimento, e, em sentido mais amplo, do processo administrativo.

Pois bem, o lançamento, de acordo com a ampla maioria dos doutrinadores, é ato administrativo e não procedimento.

Paulo de Barros Carvalho, a propósito, anota: "Lançamento é ato jurídico e não procedimento, como expressamente consigna o art. 142 do Código Tributário Nacional. Consiste, muitas vezes, no resultado de um procedimento, mas com ele não se confunde. É preciso dizer que o procedimento não é imprescindível para o lançamento, que pode consubstanciar ato isolado, independente de qualquer outro. Quando muito, o procedimento antecede e prepara a formação do ato, não integrando com seus pressupostos estruturais, que somente nele estarão contidos" (CARVALHO, 2012, p. 464).

Existe, como regra, um procedimento que antecede o lançamento. Ele mesmo, lançamento, contudo, configura *ato administrativo*, manifestação de vontade da Administração Pública no sentido de constituir o sujeito passivo no dever de recolher o valor fixado a título de tributo ou penalidade pecuniária.

Dessa forma, prevalece na doutrina a corrente que defende a natureza jurídica do lançamento tributário como ato administrativo. Neste caso, concorda-se com a doutrina de Luciano Amaro: "O lançamento pressupõe que todas as investigações eventualmente necessárias tenham sido feitas e que o fato gerador tenha sido identificado nos seus vários aspectos subjetivos, material, quantitativo, espacial, temporal, pois só com essa prévia identificação é que o tributo pode ser Lançado" (AMARO, 2011, p. 371).

G) Conteúdo do lançamento

De acordo com o CTN, lançamento é "procedimento" cuja tendência é "verificar a ocorrência do fato gerador da obrigação correspondente, determinar a matéria tributável, calcular o montante do tributo devido, identificar o sujeito passivo e, sendo o caso, propor a aplicação da penalidade cabível". Este é seu *conteúdo*.

Vimos que o crédito tributário é um momento posterior à obrigação. Esta, por sua vez, surge com a ocorrência do fato gerador. É óbvio, portanto, que a primeira tarefa da autoridade administrativa é "verificar a ocorrência do fato gerador". Sem este, não há obrigação tributária; sem esta não há a possibilidade lógica de constituição do crédito tributário e, portanto, do lançamento.

Constatada a ocorrência do fato gerador, trata-se, então, de "determinar a matéria tributável", isto é, delimitar com precisão o suporte fático e, a partir daí, o conjunto normativo que a Administração deve fazer incidir. À luz da aquisição da propriedade de um imóvel, por exemplo, a autoridade deve verificar a legislação aplicável à espécie.

De posse desses dados, o administrador deve "calcular o montante devido", quer dizer, aplicar à base de cálculo a alíquota adequada, tal como previsto em lei. Tem-se, aí, o chamado *quantum debeatur*.

É necessário, além do mais, "identificar o sujeito passivo". Vimos que esta figura se divide entre contribuinte e responsável, conforme tenha ou não relação pessoal e direta com a situação que constitui o respectivo fato gerador. Pois bem, no lançamento a autoridade designará com precisão *quem* deve ocupar a sujeição passiva da relação obrigacional.

O CTN afirma que o lançamento é o procedimento administrativo "tendente" a verificar a ocorrência do fato gerador, porque pode ser que este não ocorra. Se, após a prática do fato, o administrador descobre que a situação averiguada está protegida por uma imunidade tributária, por exemplo, então não se há de falar em fato gerador.

Finalmente, compete à autoridade administrativa, em sendo o caso, "propor a aplicação da penalidade cabível". O vocábulo "propor" dá a impressão de que o administrador não estaria obrigado à aplicação da multa quando se deparasse com alguma infração à legislação tributária. A autoridade apenas "proporia" aplicação da sanção. Isso ocorre porque, à época em que o CTN foi publicado, existia um procedimento autônomo para a aplicação das penalidades tributárias. Atualmente não é assim. Por isso, a autoridade *deve* aplicar, desde logo, a multa, quando constata que o sujeito passivo praticou alguma infração.

H) Atividade vinculada

O art. 142, parágrafo único, do CTN, determina que "a atividade administrativa de lançamento é vinculada e obrigatória, sob pena de responsabilidade funcional". O art. 3º do CTN, ao estabelecer o conceito de *tributo*, já consignara que se trata de prestação pecuniária cobrada mediante atividade administrativa plenamente *vinculada*. O parágrafo único do art. 142 apenas reitera essa prescrição.

José dos Santos Carvalho Filho anota: "*Atos vinculados*, como o próprio adjetivo demonstra, são aqueles que o agente pratica reproduzindo os elementos que a lei previamente estabelece. Ao agente, nesses casos, não é dada liberdade de apreciação da conduta, porque se limita, na verdade, a repassar para o ato o comando estatuído na lei. Isso indica que nesse tipo de ato não há qualquer subjetivismo ou valoração, mas apenas a averiguação de conformidade entre o ato e a lei" (CARVALHO FILHO, 2013, p. 131).

À luz de um fato gerador praticado pelo sujeito passivo, o administrador não tem opção entre efetuar ou não o lançamento. *Deve fazê-lo; é obrigado a tanto.* O ato administrativo é *vinculado* (e não discricionário), razão pela qual não lhe cabe verificar a oportunidade e conveniência em sua adoção. Se o administrador se omite quanto à prática do lançamento, responde civil, penal e administrativamente por sua conduta.

Para finalizar, é importante registrar que o disposto no art. 142, parágrafo único, do CTN, é de importância tal que o STJ possui entendimento consolidado no sentido de que, mesmo que o sujeito passivo obtenha alguma causa suspensiva da exigibilidade do crédito tributário *antes* da realização do lançamento, ainda assim autoridade administrativa deve realizá-lo, de molde a afastar o risco de decadência. A Primeira Seção assentou:

> A suspensão da exigibilidade do crédito tributário na via judicial impede o Fisco de praticar qualquer ato contra o contribuinte visando à cobrança de seu crédito, tais como inscrição em dívida, execução e penhora, *mas não impossibilita a Fazenda de proceder à regular constituição do crédito tributário para prevenir a decadência do direito de lançar* (STJ, EREsp. 572.603/PR, 2005).

I) Natureza jurídica do lançamento

A doutrina controverte a respeito da natureza jurídica do lançamento. Ainda hoje a tertúlia não foi devidamente equalizada. A discussão gira em torno de saber se o lançamento tem natureza *constitutiva* da obrigação tributária, ou, pelo contrário, se apenas *declara* sua existência jurídica. Assim, as teorias *constitutivas* e *declaratórias* disputam há anos seus argumentos. Em linhas gerais, pode-se afirmar:

- *Natureza constitutiva* – Para os defensores desse ponto de vista, a obrigação tributária apenas teria lugar com o advento do lançamento, quer dizer, com a existência do ato administrativo que formaliza a dívida tributária. Luís Eduardo Schoueri explica: "Diante da importância do lançamento, surgiu corrente doutrinária que passou a negar que a mera ocorrência do fato jurídico tributário seria suficiente para o surgimento da obrigação tributária, pelo menos nos casos em que o lançamento é exigência para que se dê o recolhimento. Aquele fato, ocorrido no mundo fenomênico, não constituiria a relação obrigacional; esta exigiria o lançamento. Ou seja: daria azo ao lançamento e, com este, surgiria a relação obrigacional" (SCHOUERI, 2012, p. 550);
- *Natureza declaratória* – Para os adeptos desta teoria, a obrigação tributária surge com a ocorrência do fato gerador. O lançamento cumpre apenas o papel de *declarar* a existência da obrigação, porém, não de constituí-la. Luís Eduardo Schoueri esclarece: "Não é dizer que os que defendem a natureza declaratória do lançamento o desprezem. Já em sua tese de Cátedra para a Universidade de São Paulo, defendida na mesma época em que se editava o

Código Tributário Nacional e escrita com base no projeto daquilo que viria a se tornar o último, Ruy Barbosa Nogueira via no lançamento, enquanto *ato declaratório*, as funções reparadora e reveladora: o lançamento declara, na conformidade da lei material e preexistente, se há um débito tributário, qual o montante devido e quem é o devedor, operando, assim, a liquidação do débito ao remover os obstáculos da incerteza e liquidez, sem o que a Fazenda Pública não pode exigir administrativamente seu direito creditório nem tampouco executá-lo judicialmente. Ou seja: o lançamento, ao criar a certeza, dá a possibilidade de ser exercido o direito já criado com o fato" (SCHOUERI, 2012, p. 551, 552).

Pois bem, no âmbito do direito positivo brasileiro, ou seja, nos termos do que preceitua o CTN, parece que prevaleceu a teoria que sustenta a *natureza declaratória* do lançamento tributário. Tal conclusão decorre de dois dispositivos importantes:

- O art. 113, § 1º, do CTN, diz expressamente que "a obrigação principal surge com a ocorrência do fato gerador". Se quisesse, o CTN poderia ter deixado claro que a obrigação surge com o lançamento;
- O art. 142, *caput*, do CTN, determina que o lançamento constitui o crédito tributário e não a obrigação. Se quisesse, o CTN poderia ter atribuído ao ato administrativo efeito constitutivo desta última.

Luís Eduardo Schoueri transcreve trecho do relatório elaborado por Rubens Gomes de Souza como parte do então "Projeto de Código Tributário Nacional": "Ao especificar que a obrigação principal decorre exclusivamente da lei tributária, o Projeto toma posição na controvérsia doutrinária quanto ao efeito constitutivo ou declaratório do lançamento. Alguns autores, fundados na circunstância de que a cobrança do tributo depende de uma prévia atividade administrativa visando a sua determinação, atribuem a essa mesma atividade o nascimento da própria obrigação tributária [...] Outros, ligando o nascimento da obrigação à ocorrência do pressuposto de fato definido na lei tributária como dando lugar à incidência, atribuem ao lançamento simples efeito declaratório do obrigação preexistente. A segunda orientação é, indubitavelmente, a que melhor corresponde ao regime de legalidade dos tributos" (SCHOUERI, 2012, p. 553).

Não se deve esquecer, contudo, que, se é verdade que o lançamento apenas *declara* a existência da obrigação tributária, cujo surgimento remonta à prática do fato gerador, não é menos verdade que o ato administrativo *constitui* o crédito tributário. O lançamento parece ter, assim, efeito jurídico duplo: (1) *declara* a existência da obrigação e (2) *constitui* o crédito tributário.

Não é outra a conclusão que consta do relatório da lavra de Rubens Gomes de Souza, transcrito por Schoueri: "Assim, o lançamento, em seguida à constatação, meramente declaratória, da ocorrência do fato gerador e do consequente nascimento da obrigação, efetua a constituição do crédito correspondente, através da liquidação do montante a ser pago e da identificação do devedor" (SCHOUERI, 2012, p. 554).

A doutrina, por isso, vem afirmando a *natureza jurídica mista ou dúplice do lançamento*: o ato administrativo *declara* a existência da obrigação tributária principal e, simultaneamente, *constitui* o crédito tributário.

a) Critério para a conversão de moeda estrangeira em nacional: artigo 143 do CTN

O art. 143 do CTN estabelece:

> **CTN, art. 143.** Salvo disposição de lei em contrário, quando o valor tributário esteja expresso em moeda estrangeira, no lançamento far-se-á sua conversão em moeda nacional ao câmbio do dia da ocorrência do fato gerador da obrigação.

A natureza declaratória do lançamento, no que refere à obrigação tributária, é reforçada pelo art. 143 do CTN. Imagine-se que a importação de certo produto ocorreu no dia 22 de março de 2014, momento em que um dólar americano valia, por exemplo, um real e noventa centavos. Suponha-se que a Administração Pública efetue o lançamento e notifique o sujeito passivo depois de um mês, no dia 22 de abril de 2014, momento em que um dólar americano vale dois reais.

Ora, fica claro que a escolha da *data* a ser considerada para o cálculo do valor devido é importante porque, dependendo do dia escolhido, o sujeito passivo pagará mais ou menos, em reais, muito embora o valor em dólares permaneça o mesmo.

Considerando que a obrigação tributária surge com a ocorrência do fato gerador, o CTN determina que a conversão da moeda estrangeira em moeda nacional dê-se com base no câmbio do dia em que o *fato* ocorreu. Se o Código houvesse optado pela natureza constitutiva do lançamento no que toca à obrigação tributária, então certamente o valor seria aquele vigente no momento em que o administrador realizasse o ato administrativo de cobrança.

É importante ressaltar, contudo, a expressão "salvo disposição de lei em contrário", que consta no início do dispositivo. O CTN estabelece a *regra*, mas abre espaço para que os entes federativos exerçam suas autonomias, fixando a *exceção*. Assim, é possível que a conversão se faça no momento em que a autoridade administrativa lança o tributo, *desde que haja previsão expressa em lei*.

b) Legislação aplicável ao lançamento: artigo 144 do CTN

O art. 144 do CTN determina:

> **CTN, art. 144.** O lançamento reporta-se à data da ocorrência do fato gerador da obrigação e rege-se pela lei então vigente, ainda que posteriormente modificada ou revogada.
>
> § 1º Aplica-se ao lançamento a legislação que, posteriormente à ocorrência do fato gerador da obrigação, tenha instituído novos critérios de apuração ou processos de fiscalização, ampliado os poderes de investigação das autoridades administrativas, ou outorgado ao crédito maiores garantias ou privilégios, exceto, neste último caso, para o efeito de atribuir responsabilidade tributária a terceiros.
>
> § 2º O disposto neste artigo não se aplica aos impostos lançados por períodos certos de tempo, desde que a respectiva lei fixe expressamente a data em que o fato gerador se considera ocorrido.

Uma vez que, de acordo com o CTN, o lançamento pressupõe a existência da obrigação tributária, e esta, por sua vez, surge com a ocorrência do fato gerador, o procedimento administrativo que desemboca na formalização do crédito, como regra, ocorre em período posterior à data de ocorrência do fato imponível.

Em outras palavras, o momento em que se dá o lançamento pode distanciar-se, mais ou menos, do momento em que ocorreu o fato gerador.

É possível que nesse lapso temporal ocorram alterações nas legislações vigentes e aplicáveis à relação instaurada entre sujeito passivo e Estado. Imagine-se, por exemplo, que, *após* a prática do fato gerador e *antes* do lançamento tributário, tenha havido o aumento ou a diminuição da alíquota aplicável ao caso. Como a autoridade administrativa deve proceder? Aplica a nova alíquota ou permanece vinculada à legislação passada?

O art. 144 do CTN cuida dessas situações. Uma vez que o dispositivo estabelece critérios distintos conforme se trate da legislação aplicável à relação jurídica material ou à atividade de fiscalização desempenhada pela Administração Pública, cabe que analisemos as situações de maneira esquematizada.

Quatro são as possibilidades:

- *Lei tributária material* – De acordo com o *caput* do art. 144, "o lançamento reporta-se à data da ocorrência do fato gerador da obrigação e rege-se pela lei então vigente, ainda que posteriormente modificada ou revogada". No que se refere à *lei tributária material*, isto é, aquela que disciplina os *aspectos da hipótese de incidência tributária*, vale dizer, os aspectos material, pessoal, quantitativo, espacial e temporal, o administrador deve aplicar, por ocasião do lançamento, *a lei vigente na época do fato gerador, ainda que posteriormente modificada ou revogada*:

    - *Exemplo:* Suponha-se que no dia 22 de março de 2014 certo importador praticou o fato gerador do imposto sobre a importação (II). Nessa época, vigia lei que estabelecia alíquota de 15% aplicável à situação. Dois meses depois, em maio, foi aprovada nova lei *reduzindo* a alíquota aplicável à operação para o patamar de 5%. O administrador responsável fará o lançamento do imposto no mês de junho. Pergunta-se: que alíquota deve o administrador utilizar? De 15% ou 5%? Resposta: alíquota de 15%. De acordo com o art. 144, *caput*, do CTN, aplica-se ao lançamento *a legislação que vigia à época do fato gerador, ainda que posteriormente modificada ou revogada*;

- *Lei que fixa critérios de apuração e fiscalização ou garantias e privilégios do crédito tributário* – Nos termos do art. 144, § 1º, do CTN, "aplica-se ao lançamento a legislação que, *posteriormente à ocorrência do fato gerador da obrigação*, tenha instituído novos critérios de apuração ou processos de fiscalização, ampliado os poderes de investigação das autoridades administrativas, ou outorgado ao crédito maiores garantias ou privilégios, *exceto*, neste último caso, para o efeito de atribuir responsabilidade tributária a terceiros".

O CTN dispensa tratamento jurídico diferenciado no que toca à legislação a ser aplicada nos seguintes casos: (1) instituição de novos critérios de apuração ou fiscalização; (2) ampliação dos poderes de investigação das autoridades administrativas e (3) outorga ao crédito de maiores garantias ou privilégios. A tais casos, que *não* se referem à hipótese de incidência tributária, mas a *procedimentos e prerrogativas instrumentais*, aplica-se a legislação que vige no *momento em que ocorre o lançamento*, ainda que aquela que vigorava por ocasião da prática do fato gerador tenha sido modificada ou revogada:

- *Exemplo:* Suponha-se que determinado contribuinte tenha praticado o fato gerador do imposto sobre a importação no dia 23 de março de 2014. Nesta ocasião, não havia qualquer exigência, por parte da lei, de que o importador entregasse *declaração de importação de produtos geneticamente modificados*. Pois bem, algumas semanas depois foi aprovada lei alterando a disciplina anterior e exigindo a entrega desta *declaração* por parte de todos quantos importem aquele tipo de produto. Pergunta-se: o contribuinte que praticou o fato gerador em março de 2014, antes, portanto, da nova legislação, fica obrigado a entregar a declaração? Resposta: sim. Tal legislação amplia os poderes de fiscalização da Administração Pública, e, portanto, tem aplicação *imediata* no curso do procedimento que visa ao lançamento.

No que toca ao último caso previsto pelo § 1º, isto é, "outorga ao crédito de maiores garantias ou privilégios", o dispositivo prevê *regra expressa de exceção* quando se trata de "atribuir responsabilidade tributária a terceiros". Isso significa que não se aplica a legislação posterior à ocorrência do fato gerador quando se trata de responsabilidade tributária. O responsável, como vimos, compõe, ao lado do contribuinte, o vínculo de sujeição passiva tributária (CTN, art. 121, parágrafo único). Compõe, assim, o aspecto pessoal da hipótese de incidência tributária. Nesse caso, contudo, aplica-se o art. 144, *caput*, do CTN, que determina utilização da lei que vigora por ocasião da prática do fato gerador;

- *Impostos lançados por período certo de tempo* – Nos termos do art. 144, § 2º, do CTN, "o disposto neste artigo não se aplica aos impostos lançados por períodos certos de tempo, desde que a respectiva lei fixe expressamente a data em que o fato gerador se considera ocorrido". Tributos lançados por *período certo de tempo* são aqueles que possuem regra prefixada de início e fim da cobrança. O sujeito passivo sabe, de antemão, o período de tempo dentro do qual está sujeito à imposição tributária. Nesses casos, em virtude da particularidade da cobrança, o CTN admite que a lei instituidora fixe um regime jurídico alternativo. Registre-se, contudo, a *ressalva* feita pelo Código: "desde que a respectiva lei fixe *expressamente* a data em que o fato gerador se considera ocorrido". Quer dizer, no *silêncio* da lei prevalece a regra do art. 144 do CTN;
- *Imposição de penalidades e lei aplicável* – Tudo o quanto estudamos nesse tópico refere-se às relações jurídicas ligadas material ou formalmente à instituição,

fiscalização e cobrança de *tributos*. Sabemos, contudo, que o crédito tributário pode ser composto também por valores que se referem a *multas* aplicadas pela autoridade administrativa em razão da prática, pelo sujeito passivo, de infrações tributárias. Neste caso, deve-se aplicar a regra já estudada e que consta do art. 106 do CTN, que determina a *retroatividade da lei mais benéfica*. Assim, havendo modificação para baixo do valor da multa ou simplesmente revogação, por lei, da penalidade, deve-se, por ocasião do lançamento, aplicar a legislação nova mais benéfica. Trata-se, como vimos no capítulo 08 deste *Curso*, de relativização do princípio da irretroatividade tributária:

- *Exemplo:* Suponha-se que determinado contribuinte praticou o fato gerador do imposto sobre a importação (II) no dia 18 de fevereiro de 2014. A alíquota fixada para a operação era de 15%. Na ocasião, o sujeito passivo deveria ter emitido *declaração de importação*. Contudo, não o fez. A multa prevista estava fixada em 10 (dez) salários mínimos. No dia 02 de abril de 2014 publicou-se lei que reduziu a alíquota, na mesma operação, para 5%. Além do mais, reduziu a multa para o valor de 05 (cinco) salários mínimos. Em 1º de maio de 2014 a autoridade administrativa dá início ao procedimento que visa à constituição do crédito tributário. Pergunta-se: qual alíquota e que valor referente à multa devem ser considerados? Resposta: utiliza-se a alíquota de 15%, que vigorava por ocasião da prática do fato gerador, nos termos do art. 144, *caput*, do CTN. Aplica-se a multa de apenas 05 (cinco) salários mínimos em virtude da retroatividade da lei mais benéfica, nos termos do art. 106, II, *c*, do CTN.

J) Inalterabilidade do lançamento: artigo 145 do CTN

O art. 145 do CTN estabelece:

> **CTN, art. 145.** O lançamento regularmente notificado ao sujeito passivo só pode ser alterado em virtude de:
>
> I – impugnação do sujeito passivo;
>
> II – recurso de ofício;
>
> III – iniciativa de ofício da autoridade administrativa, nos casos previstos no artigo 149.

O lançamento, como vimos, é ato administrativo vinculado que constitui o crédito tributário e formaliza a dívida que o sujeito passivo tem perante o Fisco. O lançamento, por sua natureza administrativa, dá ensejo à concretização da obrigação tributária.

Compilam-se todas as informações importantes e necessárias para que a Administração Tributária, à luz da legislação tributária, saiba exatamente de quem; quanto; como; em que prazo etc., deve-se efetuar a cobrança do tributo.

Percebe-se claramente que o lançamento cumpre um importante papel no que toca à *segurança jurídica* das relações tributárias. A Administração e o sujeito passivo têm plena ciência, a partir do lançamento, dos parâmetros fáticos e jurídicos que subsidiaram a cobrança de determinado tributo ou multa.

O ato administrativo fixa os contornos *concretos* da relação instaurada no passado com a ocorrência do fato gerador. A partir do lançamento está como que "congelada" a relação entre Fisco e sujeito passivo. Justamente por isso, o art. 145 do CTN positiva o chamado *princípio da imutabilidade do lançamento tributário.*

Uma vez que a Administração Pública, valendo-se das prerrogativas que lhe conferem os atributos do ato administrativo (presunção de legitimidade, imperatividade e exigibilidade), delimita a extensão da relação jurídica e fixa de maneira concreta os valores a serem perseguidos, tem o sujeito passivo o direito de *não* ver modificada a situação jurídica, a não ser em circunstâncias bem específicas.

Dessa maneira, contribuinte e responsável estão munidos das informações necessárias para que, querendo, efetuem o pagamento do montante devido ou questionem o lançamento em âmbito administrativo ou judicial.

A inalterabilidade do lançamento é requisito de segurança jurídica, pois estabiliza os pressupostos fáticos e jurídicos a partir dos quais o sujeito passivo pode defender-se da cobrança.

a) A importância da notificação

Ocorre, contudo, que essa inalterabilidade é relativa e não absoluta. Nem poderia ser diferente, pois a relação jurídica tributária está sujeita a variadas interpretações, tanto quanto a questões de fato como àquelas que se referem aos aspectos jurídicos. O que pode ser interpretado como típico fato gerador em determinado momento, pode receber interpretação diversa em momento posterior.

Por isso, o art. 145 determina que "o lançamento *regularmente notificado* ao sujeito passivo só pode ser alterado em virtude de [...]". Como se percebe, a *notificação* ao sujeito passivo é um momento importante. *Antes* dela, a Administração pode efetuar as modificações que entender necessárias a fim de propiciar a adequada tutela do interesse público; *depois* da notificação, contudo, o administrador apenas pode alterar o lançamento nas circunstâncias enumeradas nos incisos do art. 145 do CTN.

Hugo de Brito Machado observa que *notificação* "é o ato pelo qual a autoridade administrativa leva o lançamento ao conhecimento do sujeito passivo da obrigação tributária. Notificação regular é aquela procedida pela forma prescrita na legislação respectiva. O lançamento, enquanto dele não é notificado o sujeito passivo da obrigação tributária, pode ser considerado um ato interno da Administração Tributária. Com a notificação esse ato transpõe os limites da Administração. Exterioriza-se. Pode-se dizer, portanto, que a notificação é o ato de exteriorização do lançamento tributário. E como tal a notificação torna o lançamento um ato perfeito e acabado no plano jurídico" (MACHADO, 2005, p. 117).

Sem a notificação o sujeito passivo sequer tem conhecimento de que, contra ele, foi apurada uma dívida tributária. Portanto, a notificação é um elemento essencial para que o contribuinte ou responsável tenham ciência da cobrança, e, a partir daí, posicionem-se juridicamente.

A propósito, o art. 11 do Decreto nº 70.235/72, estabelece:

> **Dec. 70.235/72, art. 11.** A notificação de lançamento será expedida pelo órgão que administra o tributo e conterá obrigatoriamente: a qualificação do notificado; o valor do crédito tributário e o prazo para recolhimento ou impugnação; a disposição legal infringida, se for o caso; e a assinatura do chefe do órgão expedidor ou de outro servidor autorizado e a indicação de seu cargo ou função e o número de matrícula.
>
> Parágrafo único. Prescinde de assinatura a notificação de lançamento emitida por processo eletrônico.

Em suma, a notificação cumpre *três funções* principais: (1) dá *publicidade* ao ato administrativo de lançamento; (2) dá início ao efeito da *exigibilidade* em face do sujeito passivo que, a partir dela, está formalmente obrigado ao adimplemento e (3) *preserva* o contribuinte ou o responsável contra lançamentos extemporâneos, ou seja, lançamentos feitos depois que o prazo decadencial escoou.

b) Circunstâncias que autorizam a alteração do lançamento

O art.145 do CTN elenca três situações a partir das quais o lançamento, já notificado, pode ser alterado:

- *Impugnação do sujeito passivo* – O sujeito passivo pode adotar uma série de condutas a partir do momento em que recebe a notificação de que contra ele foi formalizado um lançamento tributário. Se concorda com o ato, efetua o pagamento do valor assinalado no prazo fixado pela autoridade. Caso discorde, pode *impugná-lo*. De acordo com o art. 14 do Decreto nº 70.235/72, "a *impugnação* da exigência instaura a fase litigiosa do procedimento". Quer dizer, a impugnação consubstancia as razões fáticas e jurídicas pelas quais o sujeito passivo entende não ser devida a cobrança ou que é devida, contudo, em valor diverso. O importante é compreender que a impugnação autoriza a *alteração* do lançamento por parte da Administração;
- *Recurso de ofício* – Trata-se de determinação legal para que o próprio administrador, em determinadas situações, faça com que o ato administrativo de lançamento seja examinado por autoridade de hierarquia superior. É expediente que visa, sem dúvida, a aprofundar os atos de controle interno da Administração. O art. 34, I e II, do Decreto nº 70.235/72, enumera as hipóteses em que a autoridade administrativa deve "recorrer de ofício" em âmbito federal;
- *Iniciativa de ofício da autoridade administrativa, nos casos previstos no artigo 149* – Logo mais estudaremos de maneira pormenorizada o art. 149 do CTN. O dispositivo fixa as hipóteses em que o administrador deve se valer do chamado *lançamento de ofício*. De acordo com o art. 145, tais hipóteses também autorizam a alteração do lançamento já efetuado;

K) Modificação dos critérios jurídicos adotados no lançamento: artigo 146 do CTN

O art. 146 do CTN estabelece:

> **CTN, art. 146.** A modificação introduzida, de ofício ou em consequência de decisão administrativa ou judicial, nos critérios jurídicos adotados pela autoridade administrativa no exercício do lançamento somente pode ser efetivada, em relação a um mesmo sujeito passivo, quanto a fato gerador ocorrido posteriormente à sua introdução.

Deve-se, desde logo, destacar uma observação importante: o art. 146 não trata de alteração do *lançamento*, mas de modificação dos *critérios jurídicos* adotados pela autoridade administrativa em sua elaboração. A possibilidade de alteração do ato de formalização da dívida consta do art. 145, já estudado. O art. 146 trata da possibilidade de modificação dos *parâmetros jurídicos* utilizados pelo administrador.

Pois bem, o que são *critérios jurídicos*? A doutrina parece estar de acordo ao assinalar que critério jurídico significa a *interpretação* da qual se vale o administrador para efetuar determinado lançamento tributário. Sabemos que a interpretação jurídica conjuga dois movimentos: a interpretação dos *fatos* (alguns destes, em direito tributário, podem configurar fatos geradores) e a interpretação do *direito*, do conjunto de dispositivos normativos aplicáveis ao fato predeterminado.

Assim, de acordo com o dispositivo, os "critérios jurídicos" utilizados pelo administrador, ou seja, a interpretação jurídica da qual se vale para efetuar o lançamento "congela-se" com relação aos fatos geradores já ocorridos. Eventual modificação destes critérios, isto é, da *interpretação* adotada vale apenas para fatos geradores que ocorram no *futuro*, *depois* que a modificação dos critérios passou a valer.

Trata-se da positivação do chamado *princípio da proteção da confiança*. Note-se que *duas* são as esferas de proteção:

- *Impossibilidade de retratação* – O ato administrativo do lançamento *consolida* uma determinada relação jurídica, "congelando", por assim dizer, os deveres singulares e concretos aos quais está sujeito o contribuinte ou responsável, como, por exemplo, o valor fixado a título de tributo e/ou multa. Ora, o sujeito passivo *confia* nesse ato da Administração porquanto presume que corresponde a uma apuração prévia fundada nos princípios vetores da Administração Pública: legalidade, impessoalidade, moralidade, publicidade, eficiência, dentre outros. Assim, se o administrador pudesse, a qualquer momento, desconsiderar os critérios jurídicos dos quais se valeu para fixar o dever concreto do sujeito passivo, então toda a segurança jurídica estaria ameaçada;
- *Irretroatividade dos atos normativos administrativos* – O lançamento é um ato administrativo vinculado, concreto e singular. A partir do momento em que o sujeito passivo foi *notificado*, reputa-se perfeito e acabado. Pois bem, se as modificações de interpretação adotadas pela Administração Pública pudessem alcançar lançamentos efetuados com base em fatos geradores que ocorreram *antes* destas modificações, estaríamos diante de típico caso de *retroatividade* do ato normativo administrativo. O art. 146 do CTN, ao

determinar que eventuais modificações dos critérios jurídicos devem atingir apenas *fatos geradores ocorridos posteriormente à sua introdução*, prestigia, sem dúvida, o postulado da irretroatividade dos atos normativos administrativos.

a) Conteúdo do dispositivo

Fixada a noção de "critério jurídico" e estabelecidos os princípios e valores que o art. 146 do CTN protege, importa analisar de maneira esquematizada o conteúdo do dispositivo:

- *Modificação de ofício ou em consequência de decisão administrativa ou judicial* – A alteração dos "critérios jurídicos" utilizados para que o lançamento seja efetuado, quer dizer, a alteração da *interpretação* adotada pela autoridade administrativa, pode provir de três fontes de acordo com o art. 146: (1) *de ofício*; (2) como consequência de *decisão administrativa*; ou (3) como consequência de *decisão judicial*. Modificação *de ofício* significa a alteração introduzida pelo próprio administrador, isto é, pela autoridade encarregada de efetuar o lançamento, independentemente da provocação de terceiros. Provém do dever que possui a Administração Pública de controlar a legalidade de sua própria atuação. Verificado que algum parâmetro utilizado foge aos contornos legais, o próprio administrador tem o dever de corrigi-lo. *Decisão administrativa* significa a decisão que provém da Administração Pública. Nesse caso, parece querer significar a decisão de uma autoridade hierarquicamente superior àquela que procedeu originariamente ao lançamento. Finalmente, *decisão judicial* é aquela proferida pelo Poder Judiciário no julgamento das lides tributárias que lhe são submetidas;
- *Alteração dos critérios jurídicos* – Como vimos, "critério jurídico" significa a *interpretação* utilizada pela autoridade administrativa para a formalização do lançamento. Deve-se fazer apenas uma ressalva, com fundamento na arguta observação de Luciano Amaro: "Em primeiro lugar, deve-se anotar que ele nada tem que ver com a modificação no estado *de fato* apreciado pela autoridade lançadora; o dispositivo trata de modificações de critérios *jurídicos* adotados no lançamento. Se houver fatos novos – ou melhor, situações ou aspectos fáticos não conhecidos por ocasião do lançamento –, este pode ser revisto, nos termos do art. 149" (AMARO, 2011, p. 377). O trecho deve ser considerado com cuidado. A interpretação jurídica envolve, necessariamente, a interpretação dos *fatos* que devem ser subsumidos às normas. Por isso, entendemos que a expressão "critérios jurídicos" também envolve a interpretação fática da qual se valeu o administrador, que fica vinculado a ela. No que tange a *fatos novos* ou aspectos de fatos *desconhecidos*, aí sim, concordamos com o autor, porquanto ninguém pode interpretar aquilo que desconhece;
- *Irretroatividade do novo critério jurídico* – Note-se que, segundo o dispositivo, a restrição às modificações nos critérios jurídicos refere-se "a um mesmo sujeito passivo". A proteção do art. 146 dirige-se a uma relação jurídica específica, singular e concreta. Além do mais, a aplicação da nova interpretação apenas pode ocorrer com relação a fatos geradores praticados no *futuro*, em momento *posterior* à introdução dos novos critérios. Assim, à luz de um novo critério, este

não pode retroagir, não deve ser aplicado a fatos geradores que já ocorreram. Tem eficácia apenas *prospectiva*, isto é, tão somente para o futuro.

Em suma, de acordo com o art. 146 do CTN, os critérios jurídicos adotados por ocasião do lançamento de um tributo não podem ser modificados com relação a um mesmo sujeito passivo. Isso apenas é possível para fatos geradores futuros, isto é, fatos que apenas ocorram depois que a nova interpretação foi formalmente adotada pela Administração Pública.

b) Erro de direito x erro de fato

Uma vez realizado o lançamento tributário, devem ser aplicados os critérios jurídicos então vigentes à época do fato gerador. Isso significa que se a autoridade fiscal promover a mudança dos critérios jurídicos, deverá aplicá-la somente para fato geradores futuros.

Em razão da dinamicidade do direito público, é comum a Fazenda Pública alterar o seu entendimento acerca da aplicação dos institutos tributários, implicando em mudança nos encargos do contribuinte. Caso a mudança implique situação mais favorável ao contribuinte, não há problemas de o novo critério interpretativo ser aplicado retroativamente, em razão do princípio da retroatividade benéfica (art. 106 CTN).

Contudo, se a nova interpretação implicar em situação mais gravosa, é irremediável a aplicação dos limites do art. 146 do CTN. Esse dispositivo legal representa a materialização dos princípios da segurança jurídica e legítima defesa, na medida em que garante que a alteração do critério jurídico de interpretação só pode ser aplicada em relação a um mesmo sujeito passivo, quanto ao fato gerador ocorrido posteriormente a essa alteração.

Na prática, é garantido ao contribuinte que a fiscalização sob a égide de um critério interpretativo então vigente não possibilita ao Fisco sancionar sob o pretexto de que houve alteração no critério jurídico de interpretação.

Observe-se o comentário muito pertinente do professor Sacha Calmon Navarro Coelho acerca dos elementos que compõe o erro de direito: "O erro de direito seria, à sua vez, decorrente da escolha equivocada de um módulo normativo inservível ou não mais aplicável à regência da questão que estivesse sendo juridicamente considerada. Entre nós, os critérios jurídicos (art. 146, do CTN) reiteradamente aplicados pela Administração na feitura de lançamentos têm conteúdo de precedente obrigatório. Significa que tais critérios podem ser alterados em razão de decisão judicial ou administrativa, mas a aplicação dos novos critérios somente pode dar-se em relação aos fatos geradores posteriores à alteração" (CÔELHO, 2009, p. 708).

Nesse sentido, a jurisprudência do Superior Tribunal de Justiça reafirma a aplicação do art. 146 do CTN nos casos em que se identifique a mudança de critérios jurídicos (erro de direito):

> Em virtude do princípio de proteção à confiança, o art. 146 do Código Tributário Nacional impede a revisão do ato administrativo de lançamento tributário em desfavor do contribuinte pela alteração dos critérios jurídicos empregados pela autoridade administrativa 'em relação a um mesmo sujeito

> passivo'. Ou seja, a autoridade administrativa não poderia adotar novos critérios, ou dar interpretação diversa à norma tributária que institui o tributo, para o fim de determinar a ocorrência de fato gerador e mensurar a obrigação principal, quando já existe uma situação jurídica consolidada, cuja estabilidade deve ser resguardada. A alteração do lançamento somente afigura-se legítima acaso constatado erro de fato, consistente na inexatidão de dados fáticos, atos ou negócios que dão origem à obrigação tributária (STJ, Segunda Turma, REsp 1174900/RS, 09/05/2011).

Em outra oportunidade, o Superior Tribunal de Justiça também reconheceu a impossibilidade da aplicação de novo entendimento da Receita Federal adotado a partir de uma solução de consulta tributária, impedindo a aplicação aos fatos geradores pretéritos:

> A inobservância dos procedimentos previstos na IN SRF 660/06 não leva à presunção de incidência das contribuições para efeito de eventual direito a creditamento. Entendimento adotado pela administração tributária somente após a Solução de Consulta Interna (SCI) n. 58/SRF, de 25/11/2008. Até essa data, por equivocada valoração jurídica dos fatos, reconhece-se a prática de erro de direito. A orientação firmada na SCI n. 58/SRF aplica-se apenas às situações cujos fatos geradores ocorreram após 25/11/2008, proibida a retroatividade - art. 146 do CTN (STJ, Segunda Turma, REsp 1233389/PR, 18/12/2013).

É importante notar que tanto as atividades administrativas quanto as atividades jurisdicionais podem implicar mudanças de critérios jurídicos, sendo que ambos os casos devem respeitar os limites impostos pelo art. 146 do CTN. Também se deve notar que existe uma diferença significativa entre os termos alteração de "critério jurídico" e alteração promovida por "erro de fato".

Não há dúvidas acerca da impossibilidade de aplicar um novo critério jurídico de interpretação pelo Fisco para rever as atividades do passado para exigir tributos ou aplicar sanções a pretexto de que a administração alterou seu entendimento acerca da matéria.Porém, não há impedimento à Fazenda Pública para promover a revisão de lançamentos tributários realizados acerca de fatos geradores passados quando estiver diante de um erro de fato. Até porque, diante de um erro quanto aos fatos que embasaram o lançamento, reclama o poder-dever de autotutela da Administração Pública em promover a revisão de ofício, diante das hipóteses do art. 149 do CTN.

Em caos como esses, arrolados pelo dispositivo, é possível a revisão do lançamento tributário por erro de fato. Seria indispensável, no entanto, que a Fazenda Pública desconhecesse a existência ou houvesse a impossibilidade da comprovação desse erro à época da constituição do crédito tributário.

Reforça essa tese a doutrina de Misabel Abreu Machado Derzi, quando afirma que o erro de fato que justifica a revisão do lançamento deve recair sobre circunstâncias fáticas que não tinham sido levados ao conhecimento da Fazenda Pública ou que foram dolosamente ocultados pelo contribuinte: "Segundo essa corrente dominante, erro de fato resulta da inexatidão ou incorreção dos dados fáticos, situações, atos ou negócios que dão origem à obrigação. Erro de direito é concernente à incorreção dos critérios e conceitos jurídicos que fundamentaram a prática do ato" (DERZI, 2008, p. 392).

O entendimento jurisprudencial e doutrinário se encontram consolidados a respeito da possibilidade da revisão do lançamento tributário em casos de erro de fato. O problema consiste em identificar, caso a caso, o que se enquadraria como erro de fato e o que seria mudança de critério jurídico.

Para se evitar problemas de interpretação equivocadas acerca da aplicação do art. 146 do CTN, é essencial compreender que o erro de fato se identifica como uma situação de extranormatividade, um verdadeiro desajuste interno do enunciado normativo em relação ao caso concreto-individual. São exemplos disso a incorreção quanto a erro de edificação no imóvel sujeito ao IPTU, equívoco na composição da base de cálculo do ISSQN, dentre outras situações.

Assim, o Superior Tribunal de Justiça estabeleceu critérios para que o erro de fato seja o fundamento da revisão do lançamento tributário:

> O erro de fato ou erro sobre o fato dar-se-ia no plano dos acontecimentos: dar por ocorrido o que não ocorreu. Valorar fato diverso daquele implicado na controvérsia ou no tema sob inspeção [...] O comando dispõe sobre a apreciação de fato não conhecido ou não provado à época do lançamento anterior. Diz-se que este lançamento teria sido perpetrado com erro de fato, ou seja, defeito que não depende de interpretação normativa para sua verificação. Frise-se que não se trata de qualquer "fato", mas aquele que não foi considerado por puro desconhecimento de sua existência. Não é, portanto, aquele fato, já de conhecimento do Fisco, em sua inteireza, e, por reputá-lo despido de relevância, tenha-o deixado de lado, no momento do lançamento. Se o Fisco passa, em momento ulterior, a dar a um fato conhecido uma "relevância jurídica", a qual não lhe havia dado, em momento pretérito, não será caso de apreciação de fato novo, mas de pura modificação do critério jurídico adotado no lançamento anterior, com fulcro no artigo 146, do CTN, [...] Recurso especial provido. Acórdão submetido ao regime do artigo 543-C, do CPC, e da Resolução STJ 08/2008 (STJ, Primeira Seção, REsp 1130545/RJ, 22/02/2011).

Portanto, tanto critérios jurídicos como erros de fato podem ser alterados pela Fazenda Pública. A diferença consiste em que somente "erro de fato" autoriza a revisão do lançamento tributário a ponto de alcançar fatos geradores pretéritos. Ademais, somente haverá justificativa para revisão se o erro ocorrer sobre fato não conhecido ou não provado à época do lançamento anterior.

L) Espécies ou modalidades de lançamento

O lançamento tributário é *ato administrativo*. Isso significa que é ato jurídico proveniente da Administração Pública. É confeccionado pelas autoridades competentes e tem como objetivo a formalização da dívida tributária, isto é, a atribuição à obrigação tributária dos atributos de certeza, liquidez e exigibilidade. Em suma: trata-se de promover a passagem da obrigação ao crédito tributário.

Isso não significa, contudo, que o sujeito passivo não deva desempenhar nenhum papel no que concerne ao *procedimento administrativo* que conduz ao ato do lançamento. Pelo contrário. Nas sociedades contemporâneas, de massa, caracterizadas por relações econômicas extremamente complexas, cada vez mais o sujeito passivo da relação jurídica tributária cumpre importantes funções, auxiliando a Administração Pública no que toca à fiscalização e arrecadação dos tributos.

O que cumpre compreender, portanto, é que o lançamento tributário é *ato privativo* da autoridade administrativa. O *procedimento* que conduz ao lançamento, no entanto, admite graus mais ou menos elevados de participação do sujeito passivo. Assim, em algumas circunstâncias, o contribuinte de determinado tributo nada terá que fazer, pois a Administração reúne todas as informações necessárias para a confecção do lançamento. Em outras situações, contudo, ele será compelido a oferecer informações de fato sem as quais a autoridade administrativa não poderá lançar.

Por isso, o CTN fala em *modalidades de lançamento*. O *procedimento* que conduz ao ato que formaliza a cobrança da dívida tributária pode variar de acordo com a maior ou menor participação do sujeito passivo em sua confecção. Assim, se a participação do sujeito passivo for muito reduzida, circunstancial, o CTN chama-o de *lançamento de ofício*; se o contribuinte ou responsável forem obrigados a prestar informações de fato necessárias ao procedimento, então o denomina *lançamento por declaração*; finalmente, se o sujeito passivo ficar encarregado de calcular quanto deve e antecipar todo o pagamento, então o lançamento denomina-se *por homologação*.

Paulo de Barros Carvalho observa: "As modalidades de lançamento, estipuladas no Código Tributário Nacional, revelam, no fundo, singularidades procedimentais e, vimos de ver, o procedimento não é da essência do lançamento [...] Além disso, mesmo nas conjunturas em que se desenvolve um procedimento, com o escopo de formalizar o crédito tributário, o lançamento será o derradeiro ato da série, com peculiaridades intrínsecas que o individualizam, razão pela qual as três espécies de que trata o Código são, na verdade, espécies de procedimento e não de lançamento" (CARVALHO, 2012, p. 502, 503).

Para finalizar importa consignar que não há um vínculo necessário ou "natural" entre as espécies de tributos e as modalidades de lançamento. Tudo depende da lei.

É verdade que, a depender dos elementos que conformam a hipótese de incidência de cada tributo, uma modalidade ou outra de lançamento seja mais interessante do ponto de vista de eficiência arrecadatória. Ainda assim, cabe ao legislador a escolha.

Assim, por exemplo, tributos que admitem o prévio cadastro administrativo de todas as informações necessárias à efetivação do lançamento, como o IPVA ou o IPTU, por exemplo, adotam geralmente a modalidade de lançamento de ofício. Tributos em que há grande dificuldade na colheita de informações de fato, como o ITCMD ou o ITBI, por exemplo, costumam adotar lançamento por declaração. Finalmente, tributos que incidem sobre a cadeia econômica e têm como sujeitos passivos empresas, como as contribuições especiais, adotam comumente a modalidade de lançamento por homologação.

Espécie de lançamento	
Modalidade	***Norma***
– Por declaração	*– Art. 147*
– Ex officio	*– Art. 149*
– Por homologação	*– Art. 150*

26.3 LANÇAMENTO POR DECLARAÇÃO OU MISTO: ARTIGO 147 DO CTN

O art. 147 do CTN estabelece:

> **CTN, art. 147.** O lançamento é efetuado com base na declaração do sujeito passivo ou de terceiro, quando um ou outro, na forma da legislação tributária, presta à autoridade administrativa informações sobre matéria de fato, indispensáveis à sua efetivação.
>
> § 1º. A retificação da declaração por iniciativa do próprio declarante, quando vise a reduzir ou a excluir tributo, só é admissível mediante comprovação do erro em que se funde, e antes de notificado o lançamento.
>
> § 2º. Os erros contidos na declaração e apuráveis pelo seu exame serão retificados de ofício pela autoridade administrativa a que competir a revisão daquela.

M) Conceito

No *lançamento por declaração ou misto* a lei exige a participação do sujeito passivo, que consiste na entrega de uma *declaração* que contenha informações sobre *matéria de fato*. De posse destas informações, a autoridade administrativa está apta a subsumir o fato à norma adequada, calcular o montante do tributo devido e notificar o sujeito passivo para que efetue o pagamento da quantia apurada.

Luciano Amaro anota: "A declaração, portanto, configura uma *obrigação formal ou instrumental* (*obrigação acessória*, nos termos do CTN, art. 113, § 2º) do sujeito passivo (ou de terceiro, por exemplo, o pai, o tutor, o curador, o administrador). Essa declaração destina-se a registrar os *dados fáticos* que, de acordo com a lei do tributo, sejam relevantes para a consecução, pela autoridade administrativa, do ato de lançamento" (AMARO, 2011, p. 384).

O *conteúdo* da declaração que o sujeito passivo ou terceiro devem entregar à Administração Pública consiste no *fato* ou *conjunto de fatos* que podem engendrar a incidência da norma de tributação. O contribuinte, responsável ou terceiro não têm a obrigação de fornecer informações "de direito", isto é, dos dispositivos jurídicos a partir dos quais os fatos serão apreciados. Têm, sim, a obrigação de narrar, de maneira fiel e honesta, os *fatos* praticados e que podem dar ensejo à obrigação tributária.

Regina Helena Costa observa: "O lançamento misto ou por declaração é assim denominado porque, nesse caso, na concepção adotada pelo CTN, há participação do contribuinte a possibilitar a prática do lançamento. Vale dizer, o Fisco depende de dados e informações em poder do contribuinte para aperfeiçoar o crédito tributário" (COSTA, 2014, p. 246).

É importante compreender que a declaração é apenas um dos elementos que permitem compreender determinado lançamento como "misto". É necessário, contudo, averiguar outras características para que não se confunda, sobretudo, com o *lançamento por homologação*. Tem-se, assim, duas possíveis situações:

- *Lançamento por declaração* – O sujeito passivo ou o terceiro entregam a declaração com informações *de fato* e aguardam para que a autoridade administrativa calcule o montante devido e proceda à notificação, comunicando o valor devido e fixando o prazo para pagamento;
- *Lançamento por homologação* – Muito embora o contribuinte ou responsável tenham entregue informações *de fato* à autoridade administrativa, eles mesmos, independentemente de notificação por parte da Administração Pública, calculam o montante devido e antecipam o pagamento.

De acordo com o art. 147, § 1º, do CTN, "a retificação da declaração por iniciativa do próprio declarante, quando vise a reduzir ou a excluir tributo, só é admissível mediante comprovação do erro em que se funde, e antes de notificado o lançamento".

Uma vez que o sujeito passivo e o terceiro têm a obrigação legal de prestar as informações de fato indispensáveis ao lançamento do tributo, presume-se que agirão sempre de boa-fé e com honestidade por ocasião da elaboração da declaração.

Por isso, a necessidade de eventual *retificação*, isto é, de *modificação* da declaração prestada, deve ocorrer apenas em caso de *erro*. Não se admite possa o sujeito passivo ter mentido para o Fisco com o intuito de sonegar tributos, porque, nesse caso, trata-se de aplicar as sanções tributárias, e, eventualmente, penais, cabíveis.

Assim, o dispositivo estabelece:

- *Iniciativa do sujeito passivo* – O artigo trata da retificação da declaração, isto é, de sua correção, por iniciativa do próprio *declarante*. É possível que a declaração seja modificada por iniciativa da Administração Pública, aplicando-se, nesse caso, o disposto no art. 147, § 2º, do CTN;
- *Redução ou exclusão de tributo* – O dispositivo protege o crédito tributário que será constituído. Por isso, aplica-se nas hipóteses em que o sujeito passivo ou terceiro pretendem *reduzir* ou *excluir* o tributo devido. A propósito, Luciano Amaro anota: "A retificação feita pelo declarante, quando implicar *aumento do valor do tributo devido*, pode ser feita antes ou depois da notificação do lançamento, de modo que ou a autoridade já efetivará o lançamento de acordo com os dados corretos, ou realizará um lançamento complementar" (AMARO, 2011, p. 386);
- *Comprovação do erro em que se funde* – Como assinalado, presume-se que o sujeito passivo ou o terceiro agem sempre de boa-fé e com honestidade por ocasião da declaração das informações de fato. Por isso, eventual retificação só pode justificar-se por *erro* eventualmente cometido;

- *Anterior à notificado do lançamento* – Mais uma vez, percebe-se que a *notificação* cumpre importante papel na sistemática do lançamento. Admite-se a retificação da declaração desde que ocorra *antes* da notificação. *Depois* desta, considera-se perfeito e acabado o lançamento e o crédito devidamente constituído. Digamos, no entanto, que, mesmo depois da notificação, o sujeito passivo percebe que errou ao emitir a declaração. Nada mais poderá fazer? Luciano Amaro apresenta de maneira didática a solução: "O preceito legal não significa que, *após a notificação* do lançamento, o declarante tenha de sofrer as consequências do seu erro na indicação dos fatos, e conformar-se em pagar tributo indevido. O problema é que, *após a notificação*, a 'retificação' a ser requerida não será mais *da declaração*, mas sim do *lançamento* (mediante a impugnação a que se refere o CTN, art. 145, I). Mesmo após o eventual pagamento do tributo indevido, ou maior que o devido, o sujeito passivo não é obrigado a conformar-se com a consequência de seu erro; cabe, porém, nessa circunstâncias, pleitear a restituição do valor indevidamente recolhido (CTN, art. 165). Requer-se do sujeito passivo (ou do terceiro, que o represente) demonstrar que o tributo (apurável conforme a declaração, ou já lançado e impugnado, ou pago e objeto de pedido de restituição) é, total ou parcialmente, indevido" (AMARO, 2011, p. 385).

Finalmente, o art. 147, § 2º, do CTN, determina que "os erros contidos na declaração e apuráveis pelo seu exame serão retificados de ofício pela autoridade administrativa a que competir a revisão daquela".

O art. 37, *caput*, da CF/1988 estipula que a Administração Pública se submeta aos princípios da legalidade, impessoalidade, moralidade, publicidade e eficiência. Ora, de acordo com princípio da legalidade, no âmbito tributário, a lei instituidora do tributo deve descrever com exatidão o aspecto material da hipótese de incidência, isto é, as características factuais que permitirão a cobrança do tributo. Sob o ângulo administrativo, o princípio impõe que o administrador atenha-se aos contornos dos fatos descritos na lei e não se afaste deles.

O princípio da moralidade, por seu turno, impõe que a Administração haja sempre com boa-fé e honestidade, antecipando-se a eventuais erros, mesmo que cometidos pelo sujeito passivo da relação tributária. Por isso, ao deparar-se com uma declaração que de maneira evidente demonstre estar errada, deve o administrador, de ofício, corrigir o erro, retificar a declaração e proceder ao lançamento de acordo com os parâmetros legais estabelecidos.

Isso deve ocorrer nas hipóteses em que o erro prejudique a Administração, mas, também, nas circunstâncias em que o erro prejudique o próprio sujeito passivo. Vale lembrar que, de acordo com a doutrina administrativa mais autorizada, a Administração age na tutela de interesse público primário e não secundário.

Assim, o art. 147, § 2º, do CTN, determina a revisão *de ofício*, isto é, por *iniciativa da própria autoridade administrativa* encarregada de apreciar a declaração, toda vez que se deparar com erro praticado pelo sujeito passivo ou terceiro.

N) Arbitramento: artigo 148 do CTN

O art. 148 do CTN estabelece:

> **CTN, art. 148.** Quando o cálculo do tributo tenha por base, ou tome em consideração, o valor ou o preço de bens, direitos, serviços ou atos jurídicos, a autoridade lançadora, mediante processo regular, *arbitrará* aquele valor ou preço, sempre que sejam omissos ou não mereçam fé as declarações ou os esclarecimentos prestados, ou os documentos expedidos pelo sujeito passivo ou pelo terceiro legalmente obrigado, ressalvada, em caso de contestação, avaliação contraditória, administrativa ou judicial.

Como bem afirma Luciano Amaro, o art. 148 está "perdido" entre os artigos 147 e 149. Em princípio, reportar-se-ia tão somente ao primeiro, isto é, ao lançamento por declaração. Uma análise mais detida, contudo, revela que se aplica às várias modalidades de lançamento.

O dispositivo merece análise esquematizada:

- *Cálculo do tributo que tenha por base o valor ou o preço de bens, direitos, serviços ou atos jurídicos* – O art. 148 tem lugar "quando o cálculo do tributo tenha por base, ou tome em consideração, o valor ou o preço de bens, direitos, serviços ou atos jurídicos". Ora, o comando é, de certa maneira, redundante. Como regra, a base de cálculo dos tributos gira em torno do valor ou preço de bens, direitos, serviços ou atos jurídicos. A textura aberta do dispositivo indica, assim parece, que se aplica ao lançamento de quaisquer tributos. Do ponto de vista da interpretação sistemática, o dispositivo parece querer indicar aqueles tributos cujo estabelecimento da base de cálculo concreta admite um espaço de avaliação subjetiva razoavelmente amplo. É o caso, por exemplo, do imposto sobre a transmissão de bens imóveis (ITBI). O tributo incide sobre a transferência da propriedade do bem imóvel. Ha grande margem de manobra pelas partes do negócio, o vendedor e o comprador, para ajustarem o preço final do bem, o chamado "valor venal", que funciona como base de cálculo do tributo. Isso não ocorre no caso do IPVA, por exemplo, em que os valores dos veículos são determinados objetivamente pelo mercado, cabendo ao Poder Público apenas verificação dos valores de acordo com modelos, ano etc.;
- *Arbitramento mediante processo regular* – "Arbitrar" significa decidir na qualidade de árbitro, isto é, mediar, dirimir uma questão. Não se confunde com "arbitrariedade", que remete àquilo que extrapola, que não se apega a regras razoáveis, que não se atém à lógica. Uma vez que o ato de lançamento é *vinculado* e não discricionário, a palavra adquire sentido próprio. Quando o CTN determina que a autoridade administrativa pode "arbitrar" um determinado valor diferente daquele que fora apontado pelo sujeito passivo, está, obviamente, dizendo que deve agir dentro dos parâmetros legais. Assim, *arbitrar* significa atribuir valor diverso daquele originariamente estipulado pelo contribuinte ou responsável, seguindo, contudo, os estritos limites impostos pela lei e o princípio de razoabilidade. A autoridade lançadora deve fazê-lo

mediante *processo regular*. Isso significa que um conjunto de atos administrativos, cuja sequência está predeterminada em lei e por meios dos quais se obtém um resultado final, deve ser observado. Hugo de Brito Machado observa: "O procedimento administrativo no qual é feito o arbitramento do valor ou do preço é simples e unilateral. Certamente que o sujeito passivo da obrigação tributária tem o direito de ser cientificado de sua prática, porque tem direito, se discordar do valor ou preço arbitrado, de pedir que se proceda a uma avaliação contraditória, como adiante será explicado" (MACHADO, 2005, p. 145);

- *Omissão ou dúvida relativa às declarações ou os esclarecimentos prestados ou os documentos expedidos pelo sujeito passivo* – O arbitramento deve ser utilizado "sempre que sejam omissos ou não mereçam fé as declarações ou os esclarecimentos prestados, ou os documentos expedidos pelo sujeito passivo ou pelo terceiro legalmente obrigado". Como vimos, no lançamento por declaração o sujeito passivo presta às autoridades administrativas informações *de fato*. Muito embora se presuma que tais informações correspondem à verdade, afinal, o sujeito passivo cumpre dever estipulado em lei, pode ser que a Administração de depare com alguma omissão ou com *indícios* de que as declarações, esclarecimentos ou documentos apresentados não merecem fé, isto é, não estão de acordo com a realidade dos fatos. Não basta que o administrador simplesmente "desconfie" das informações prestadas. É necessário um parâmetro objetivo a partir do qual se pode levantar uma suspeita. Assim, se imóveis de uma determinada região da cidade valem, na média, quinhentos mil reais, uma declaração que dê conta de um imóvel com valor de dez mil reais deve, certamente, ser averiguada;
- *Avaliação contraditória* – De acordo com a parte final do dispositivo, fica "ressalvada, em caso de contestação, avaliação contraditória, administrativa ou judicial". Esta *ressalva* é de fundamental importância. Muito embora a autoridade administrativa possa arbitrar o valor que julgar adequado à situação específica, pode ser que ela mesma, autoridade, esteja equivocada. Por isso, o art. 148 garante ao sujeito passivo o direito de *contestar* o arbitramento por meio de *avaliação contraditória* a ser realizada na esfera *administrativa* ou *judicial*. Tal avaliação deve ser executada por profissionais especializados, como peritos, técnicos contábeis etc. Hugo de Brito Machado explica: "Diz-se que a avaliação é *contraditória* porque é feita por dois avaliadores. Um indicado pela autoridade administrativa e outro indicado pelo requerente da avaliação. Como não existe um procedimento administrativo específico autônomo, entende-se que essa avaliação há de ser realizada como uma diligência do processo administrativo do lançamento tributário" (MACHADO, 2005, p. 147).

Em suma, Luciano Amaro adverte: "O arbitramento não é um procedimento discricionário, haja vista que se garante ao sujeito passivo o direito ao contraditório, tanto na instância administrativa quanto na judicial. Trata-se de técnica de descoberta da verdade material e não de critério discricionário utilizável segundo o alvedrio da autoridade" (AMARO, 2011, p. 397).

26.4 LANÇAMENTO DE OFÍCIO OU DIRETO: ARTIGO 149 DO CTN

O art. 149 do CTN estabelece:

> **CTN, art. 149.** O lançamento é efetuado e revisto de ofício pela autoridade administrativa nos seguintes casos:
>
> I – quando a lei assim o determine;
>
> II – quando a declaração não seja prestada, por quem de direito, no prazo e na forma da legislação tributária;
>
> III – quando a pessoa legalmente obrigada, embora tenha prestado declaração nos termos do inciso anterior, deixe de atender, no prazo e na forma da legislação tributária, a pedido de esclarecimento formulado pela autoridade administrativa, recuse-se a prestá-lo ou não o preste satisfatoriamente, a juízo daquela autoridade;
>
> IV – quando se comprove falsidade, erro ou omissão quanto a qualquer elemento definido na legislação tributária como sendo de declaração obrigatória;
>
> V – quando se comprove omissão ou inexatidão, por parte da pessoa legalmente obrigada, no exercício da atividade a que se refere o artigo seguinte;
>
> VI – quando se comprove ação ou omissão do sujeito passivo, ou de terceiro legalmente obrigado, que dê lugar à aplicação de penalidade pecuniária;
>
> VII – quando se comprove que o sujeito passivo, ou terceiro em benefício daquele, agiu com dolo, fraude ou simulação;
>
> VIII – quando deva ser apreciado fato não conhecido ou não provado por ocasião do lançamento anterior;
>
> IX – quando se comprove que, no lançamento anterior, ocorreu fraude ou falta funcional da autoridade que o efetuou, ou omissão, pela mesma autoridade, de ato ou formalidade especial.

Parágrafo único. A revisão do lançamento só pode ser iniciada enquanto não extinto o direito da Fazenda Pública.

O dispositivo elenca as situações nas quais o lançamento deve ser *efetuado* e *revisto de ofício* pela autoridade administrativa. Percebe-se que *duas* são as possibilidades indicadas no dispositivo: *elaboração* ou *revisão* do lançamento. Em ambas as circunstâncias, contudo, a autoridade competente deve agir *de ofício*, isto é, independentemente de provocação.

Como restou assinalado, as modalidades de lançamento variam conforme a maior ou menor participação do sujeito passivo no procedimento administrativo que desemboca no ato final de constituição do crédito tributário. Em algumas circunstâncias, contudo, o sujeito passivo desempenha um papel muito restrito. Pois bem, neste último caso fala-se em *lançamento de ofício ou direto*.

O CTN não o conceitua, tal como o faz com relação ao lançamento por declaração. Coube à doutrina, à luz da interpretação sistemática do Código, elaborar tal conceito.

Nesse sentido, Regina Helena Costa explica: "No lançamento efetuado de ofício, a Administração dispõe de todos os elementos necessários ao lançamento do tributo. Não há, portanto, nenhuma colaboração do contribuinte na apuração e formalização do crédito tributário. Modalidade muito utilizada no passado, hoje está restrita a alguns poucos impostos (e.g. IPTU, IPVA), diante da adoção, cada vez mais frequente, da sistemática de lançamento por homologação" (COSTA, 2014, p. 245).

Hugo de Brito Machado, por sua vez, observa: "Realmente, dizer-se que o tributo deve ser *lançado ordinariamente de ofício* significa dizer que o sujeito não tem nenhum dever para com a Fazenda Pública até que receba a notificação, seja do lançamento, seja ainda para prestar alguma informação que em face da lei não tenha o dever de prestar por sua própria iniciativa. Uma vez notificado, portanto, há de ter um prazo para o atendimento da notificação, sem que nenhuma penalidade lhe possa até então ser imposta, visto que não descumpriu nenhum dever jurídico" (MACHADO, 2005, p. 157).

Assim, o *lançamento* será *de ofício* ou *direto* nas situações em que a Administração Pública dispõe de todas as informações de fato e de direito necessárias e indispensáveis à formalização e constituição do crédito tributário. Nesse caso, o sujeito passivo não desempenha nenhum papel ou o faz excepcionalmente, isto é, não tem qualquer dever prévio de endereçar à autoridade informações de fato ou antecipar o pagamento do valor devido, como acontece no lançamento por declaração ou homologação.

O art. 149 do CTN estabelece as hipóteses em que o lançamento deve ser efetuado e revisto de ofício. O dispositivo aponta, portanto, para duas possibilidades: *realização* e *revisão ex officio* do lançamento.

Efetuar o lançamento significa que, tendo ocorrido um comportamento do sujeito passivo que se ajusta à hipótese descrita legalmente, deve o administrador dar início ao procedimento que tende a desembocar no ato administrativo que dá certeza, liquidez e exigibilidade à obrigação, constituindo o crédito tributário.

Revisão, por sua vez, significa que o lançamento já foi realizado, mas, por alguma razão, deve ser *modificado*. Alguma irregularidade de fato ou de direito foi constatada, de maneira que a adequação do ato à lei demanda sua alteração. Isso pode ocorrer no seio do próprio lançamento de ofício ou nos casos de lançamento por declaração ou homologação.

Dessa maneira, fala-se em duas espécies de lançamento de ofício:

- *Lançamento de ofício comum o ordinário* – Tem lugar quando a lei determina que seja feito. O procedimento tem início já como lançamento de ofício;
- *Lançamento de ofício supletivo* – Tem lugar quando há irregularidade no lançamento anteriormente efetuado, seja ele de ofício, por declaração ou por homologação.

Fixadas estas premissas, o lançamento de ofício deve ser efetuado ou revisto pela autoridade administrativa nos seguintes casos:

- *Quando a lei assim o determine* – O lançamento de ofício deve ocorrer nas hipóteses em que a lei determinar. Obviamente, o legislador deve considerar a estrutura do tributo e, de acordo com ela, saber se essa modalidade de lançamento é a mais adequada à hipótese. Luciano Amaro esclarece: "Como regra, o lançamento de ofício é adequado aos tributos que têm como fato gerador uma situação permanente (como a propriedade imobiliária, por exemplo), cujos dados constam dos cadastros fiscais, de modo que basta à autoridade administrativa a consulta àqueles registros para que tenha à mão os dados fáticos necessários à realização do lançamento" (AMARO, 2011, p. 387);
- *Quando a declaração não seja prestada, por quem de direito, no prazo e na forma da legislação tributária* – O inciso se refere ao lançamento por declaração (CTN, art. 147). Nas circunstâncias em que o sujeito passivo, por qualquer razão, não entrega a declaração que contém as informações de fato indispensáveis ao lançamento, cabe à autoridade administrativa lançar de ofício. O lançamento, neste caso, assume caráter *supletivo*;
- *Quando a pessoa legalmente obrigada, embora tenha prestado declaração nos termos do inciso anterior, deixe de atender, no prazo e na forma da legislação tributária, a pedido de esclarecimento formulado pela autoridade administrativa, recuse-se a prestá-lo ou não o preste satisfatoriamente, a juízo daquela autoridade* – O inciso também se refere ao lançamento por declaração. Neste caso, embora o sujeito passivo *tenha* entregue a declaração da qual constam as informações de fato, *deixou*, contudo, de atender a *pedido de esclarecimento* efetuado pela Administração ou não o prestou de maneira satisfatória. Tal como ocorre no inciso anterior, neste caso o lançamento assume caráter *supletivo*;
- *Quando se comprove falsidade, erro ou omissão quanto a qualquer elemento definido na legislação tributária como sendo de declaração obrigatória* – Pode ser que o sujeito passivo tenha entregue a declaração com informações de fato, tal como exige a legislação. Verifica-se, contudo, que ali constam *falsidades*, *erros* ou *omissões* que comprometem a regularidade da constituição do crédito. Assim, por exemplo, determinada pessoa adquire um imóvel com três salas, cinco quartos, piscina e quintal amplos e, na declaração relativa ao ITBI, faz constar que o imóvel possui 100 (cem) metros quadrados. Percebe-se, desde logo, que houve erro ou falsidade da informação, pois um imóvel com tal descrição não pode ter dimensões tão restritas. Situações como estas engendram o lançamento de ofício *supletivo* por parte da Administração Pública;
- *Quando se comprove omissão ou inexatidão, por parte da pessoa legalmente obrigada, no exercício da atividade a que se refere o artigo seguinte* – O artigo seguinte ao qual se refere o inciso é, obviamente, o art. 150, que trata do *lançamento por homologação*. Pois bem, veremos que, neste caso, o sujeito passivo deve, ele mesmo, por sua própria conta, averiguar quanto deve recolher aos cofres públicos e *antecipar o pagamento* antes de qualquer ato da Administração. Pode ser que, na execução desse dever, o sujeito passivo seja

omisso ou inexato em sua atividade. Nestas hipóteses, o Fisco deve corrigir a irregularidade e lançar de ofício em caráter *supletivo*;

- *Quando se comprove ação ou omissão do sujeito passivo, ou de terceiro legalmente obrigado, que dê lugar à aplicação de penalidade pecuniária* – O art. 142 do CTN, como vimos, determina que, por ocasião do lançamento, sejam constituídos os créditos provenientes de *multas* aplicadas em razão da prática, pelo sujeito passivo, de *infrações* à legislação tributária. Pois bem, o inciso ora em análise determina que tais valores sejam lançados de ofício pela autoridade administrativa quando se comprove ação ou omissão que constituam ilícitos tributários;
- *Quando se comprove que o sujeito passivo, ou terceiro em benefício daquele, agiu com dolo, fraude ou simulação* – Obviamente, se o sujeito passivo tiver agido com dolo, fraude ou simulação, isto é, se tiver adotado condutas ilícitas com o objetivo de furtar-se ao pagamento do tributo, deve a autoridade administrativa proceder a lançamento de ofício, cobrando o crédito proveniente de tributos e multas;
- *Quando deva ser apreciado fato não conhecido ou não provado por ocasião do lançamento anterior* – Luciano Amaro observa: "No item VIII contempla-se caso de revisão, já que o preceito se reporta expressamente à existência de um lançamento anterior, na hipótese de caber à autoridade a apreciação de fato não conhecido ou não provado por ocasião ao lançamento anterior" (AMARO, 2011, p. 388). O inciso refere-se às três modalidades de lançamento, ou melhor, ao desconhecimento ou não comprovação de fato que tinha relevância para a cobrança do tributo ou multa por ocasião de lançamento de ofício, por declaração ou por homologação, anteriormente efetuados;
- *Quando se comprove que, no lançamento anterior, ocorreu fraude ou falta funcional da autoridade que o efetuou, ou omissão, pela mesma autoridade, de ato ou formalidade especial* – Tal como o anterior, o inciso IX trata de *revisão* do lançamento anteriormente efetuado. Nesse caso, contudo, não se trata de conduta imputada ao sujeito passivo, mas à própria Administração Pública, cujo agente competente, por ocasião do lançamento anterior, praticara fraude, falta funcional ou omissão de ato ou formalidade especial.

Finalmente, de acordo com o art. 149, parágrafo único, do CTN, "a revisão do lançamento só pode ser iniciada enquanto não extinto o direito da Fazenda Pública". O dispositivo refere-se a *prazo decadencial* do qual falaremos por ocasião do estudo das causas extintivas do crédito tributário. Cabe registrar, nesse ponto, que a autoridade administrativa possui, como regra, o prazo de 05 anos para *efetuar* o lançamento ou sua revisão. Esgotado este prazo considera-se decaído o direito da Fazenda Pública e definitivamente extinto o crédito tributário, nos termos do art. 156, V, do CTN.

Ricardo Lobo Torres adverte: "A revisão do lançamento, produzindo os mesmos efeitos deste, só pode ser iniciada enquanto não extinto o direito da Fazenda Pública, isto é, enquanto não esgotado o prazo de decadência – 5 anos a contar das datas indicadas no art. 173 do CTN" (TORRES, 2011, p. 284).

Assim, uma vez que a autoridade administrativa se depare com alguma das situações descritas no art. 149 e que impõem a *revisão* do lançamento, deve verificar se o prazo decadencial de 05 anos ainda não transcorreu. Caso tenha se exaurido, resta decaído o direito de rever o ato de formalização da dívida e definitivamente extinto o crédito tributário.

26.5 LANÇAMENTO POR HOMOLOGAÇÃO OU AUTOLANÇAMENTO: ARTIGO 150 DO CTN

O art. 150 do CTN determina:

> **Art. 150**. O lançamento por homologação, que ocorre quanto aos tributos cuja legislação atribua ao sujeito passivo o dever de antecipar o pagamento sem prévio exame da autoridade administrativa, opera-se pelo ato em que a referida autoridade, tomando conhecimento da atividade assim exercida pelo obrigado, expressamente a homologa.
>
> § 1º O pagamento antecipado pelo obrigado nos termos deste artigo extingue o crédito, sob condição resolutória da ulterior homologação ao lançamento.
>
> § 2º Não influem sobre a obrigação tributária quaisquer atos anteriores à homologação, praticados pelo sujeito passivo ou por terceiro, visando à extinção total ou parcial do crédito.
>
> § 3º Os atos a que se refere o parágrafo anterior serão, porém, considerados na apuração do saldo porventura devido e, sendo o caso, na imposição de penalidade, ou sua graduação.
>
> § 4º Se a lei não fixar prazo a homologação, será ele de cinco anos, a contar da ocorrência do fato gerador; expirado esse prazo sem que a Fazenda Pública se tenha pronunciado, considera-se homologado o lançamento e definitivamente extinto o crédito, salvo se comprovada a ocorrência de dolo, fraude ou simulação.

O art. 150 do CTN dispõe sobre o *lançamento por homologação*, também chamado de *autolançamento*. É atualmente a modalidade mais utilizada porque atribui ao sujeito passivo o dever de calcular o montante devido e antecipar o pagamento do tributo independentemente de qualquer ação administrativa.

A) Características gerais

O lançamento por homologação desperta grande celeuma entre os tributaristas. Para alguns, ajusta-se perfeitamente aos contornos do art. 142 do CTN; para outros, sequer poderia ser chamado de "lançamento"; uns vociferam contra a sua utilização porque significaria "privatização" da atividade de fiscalização e arrecadação de tributos, tipicamente estatal; outros o saúdam como a única saída viável à econômica massificada.

Não resta dúvida de que a sistemática do lançamento por homologação significa uma espécie de "privatização" da atividade administrativa. Ela transfere ao particular certas incumbências que, em princípio, deveriam permanecer sob a responsabilidade da Administração Pública. Entretanto, a complexidade econômica do capitalismo moderno e a consequente impossibilidade prática de que o Estado fiscalize todos os sujeitos passivos ao mesmo tempo impõem a utilização cada vez mais acentuada do autolançamento.

Vejamos, pois, o dispositivo de forma esquematizada para melhor compreensão:

- *Homologação* – Quanto ao sentido da palavra "homologação", Gabriel Lacerda Troianelli explica: "Etimologicamente, a palavra homologação resulta de duas palavras gregas, *homo* e *logos*, que significam, respectivamente, *mesmo(a)* e *palavra. Homologar, portanto, é dizer a mesma palavra*, fenômeno que ocorre no mundo jurídico, sempre que a *autoridade competente para a prática de determinado ato confirma o ato praticado por quem, mesmo não tendo competência, o pratica materialmente*, seja por livre vontade, como na homologação de um acordo judicial entre as partes, seja por expressa determinação legal como no lançamento por homologação" (TROIANELLI, 2008, p. 28). A etimologia da palavra "homologação" permite compreender que essa modalidade de lançamento gira em torno de uma atividade executada previamente pelo sujeito passivo e que fica na dependência de posterior confirmação por parte da autoridade administrativa. Cabe a esta última, ao analisar o comportamento do contribuinte ou responsável, homologar, isto é, "dizer a mesma palavra", *confirmar* ou *não* a atividade executada pelo sujeito passivo;
- *Dever legal de antecipação do pagamento* – O lançamento por homologação tem lugar nas hipóteses em que a legislação atribui ao sujeito passivo "o dever de *antecipar o pagamento* sem prévio exame da autoridade administrativa". O que isso significa? Que o sujeito passivo, ao praticar o fato gerador do tributo, deve, ele mesmo, sem prévia comunicação ou notificação da autoridade administrativa, determinar a matéria tributável, calcular o montante devido e antecipar o pagamento, isto é, efetuar o recolhimento do valor apurado na data estipulada em lei independentemente de qualquer exame realizado pela fiscalização tributária. Como vimos, nos lançamentos por declaração e de ofício, o sujeito passivo apenas tem o dever de efetuar o recolhimento do tributo ou multa *depois* que recebe a *notificação* por intermédio da qual toma ciência de que contra ele foi formalizada uma dívida tributária. No autolançamento, ao contrário, o sujeito passivo deve *antecipar* o pagamento desde logo, ou seja, recolher o valor apurado *antes* de qualquer exame prévio feito pela autoridade administrativa;
- *Momento em que se considera realizado* – Nos termos do art. 150, *caput*, última parte, do CTN, o lançamento por homologação "opera-se pelo ato em que a referida autoridade, tomando conhecimento da *atividade* assim exercida pelo obrigado, expressamente a homologa". Percebe-se, pois, que se considera realizado o autolançamento no momento em que a autoridade administrativa *homologa a atividade* executada pelo sujeito passivo. À luz das informações prestadas pelo contribuinte ou responsável e do valor que este recolhera aos cofres públicos, cabe à Administração averiguar se está tudo correto e de acordo com o que exige a lei. Em caso positivo, a autoridade homologa a atividade executada, situação que se denomina *homologação expressa.* Caso encontre alguma irregularidade, a sistemática do CTN determina que a Administração deve efetuar o *lançamento de ofício supletivo* e cobrar o valor

correto nos termos do art. 149, V, do CTN, já estudado. No que concerne ao ato de homologação, há certa divergência entre os autores no sentido de saber se a autoridade administrativa deve homologar a *atividade* executada pelo sujeito passivo ou o *pagamento* por ele antecipado:

- *Homologação do pagamento* – Luciano Amaro indaga: "E o lançamento? Este - diz o Código Tributário Nacional - *opera-se* por meio do ato da autoridade que, tomando conhecimento da atividade exercida pelo devedor, nos termos do dispositivo, homologa-a. A *atividade* aí referida outra não é senão a de *pagamento*, já que esta é a única providência do sujeito passivo tratada no texto. Melhor seria falar em 'homologação do pagamento', se é isso que o Código parece ter querido dizer" (AMARO, 2011, p. 391);
- *Homologação da atividade* – Hugo de Brito Machado, por sua vez, sustenta: "O objeto da homologação não é o pagamento, como alguns têm afirmado. É a apuração do montante devido, de sorte que é possível a homologação mesmo que não tenha havido pagamento [...] O que caracteriza essa modalidade de lançamento é a exigência legal de pagamento antecipado. Não o efetivo pagamento antecipado. Tendo o contribuinte feito a apuração do valor do tributo e prestado a declaração a que está legalmente obrigado, se não faz o pagamento correspondente a autoridade administrativa pode homologar dita apuração e notificar o contribuinte para pagar ou explicar por que não pagou - vale dizer, para se defender da cobrança –, sob pena de inscrição em Dívida ativa e posterior cobrança executiva" (MACHADO, 2011, p. 180, 181).

Por fim, é importante ressaltar que o "lançamento" propriamente dito, no caso do art. 150, opera-se pelo ato de homologação, isto é, o ato administrativo que confere a atividade executada pelo sujeito passivo e a confirma. Caso esteja equivocada, quer dizer, caso o sujeito passivo tenha praticado alguma irregularidade, então, pela sistemática do CTN, a Administração Tributária deve efetuar o lançamento direto nos termos do art. 149, V, do CTN. Mas, a partir de então, já não se trata mais de lançamento por homologação, mas de *lançamento de ofício supletivo*.

APROFUNDANDO! LANÇAMENTO POR HOMOLOGAÇÃO E RELAÇÃO JURÍDICA UNIDEMSIONAL

Do ponto de vista de um debate teórico e acadêmico mais aprofundado, é importante colocar em destaque o seguinte: até o artigo 149 do CTN estudamos um perfil muito claro de relação jurídica tributária. A prática do fato gerador pelo contribuinte instaura a chamada obrigação tributária principal e faz surgir o dever *mediato* de recolher o tributo. Este dever torna-se *imediato*, isto é, adquire o atributo da *exigibilidade* apenas com o advento do lançamento de ofício ou por declaração, quer dizer, por intermédio da atividade administrativa que resulta num ato formal e constitutivo do crédito tributário. Por isso, a relação jurídica tributária é *bidimensional*: no seu primeiro momento, chamado de *obrigação tributária principal*, o deve der recolhimento é *mediato*; em seu segundo momento, chamado de *crédito tributário*, o dever de recolhimento é *imediato*. Pois bem, a sistemática prevista no art. 150 do CTN é diferente. No caso de tributos lançados por homologação, a prática do fato gerador pelo sujeito passivo faz surgir, desde logo, o dever *imediato* de recolher o valor devido, ou seja, a obrigação tributária principal já surge exigível. Daí por que a relação jurídica tributária é *unidimensional*. O Código dispensa o ato administrativo como elemento que constitui o crédito, isto é, que confere exigibilidade à obrigação e faz com que o dever imediato surja desde logo, pela simples subsunção do fato praticado pelo contribuinte à norma tributária. O CTN ainda mantém a distinção entre obrigação e crédito, no entanto, a diferença é relativizada, como veremos. O "lançamento" propriamente dito, no caso do art. 150, opera-se pelo ato da homologação, ato administrativo que confere a atividade executada pelo sujeito passivo e a confirma.

B) Extinção do crédito sob condição resolutória

De acordo com o art. 150, § 1º, do CTN, "o pagamento antecipado pelo obrigado nos termos deste artigo extingue o crédito, sob condição resolutória da ulterior homologação ao lançamento". O dispositivo, a pretexto de sistematizar o recolhimento dos tributos sujeitos a lançamento por homologação, acaba albergando uma contradição.

Vimos que o sujeito passivo, ao praticar o fato gerador de certo tributo, adéqua sua conduta à norma jurídica de regência, aplica a alíquota correta à base de cálculo correspondente, calcula o montante do tributo devido e *antecipa o pagamento* sem que seja necessário qualquer ato ou procedimento prévio por parte da Administração Pública.

Esse pagamento antecipado *extingue* o crédito tributário, quer dizer, põe fim à relação jurídica que nascera com a ocorrência do fato gerador, liberando o sujeito passivo de seu dever para com o Fisco. Natural que seja assim, pois, se o sujeito passivo calculou adequadamente o valor devido e recolheu o tributo no prazo designado em lei, nada mais deve à Administração Tributária.

Ocorre, contudo, que o dispositivo faz uma *ressalva*: o crédito permanece extinto "sob *condição resolutória* da ulterior homologação". O que significa isso?

Segundo Maria Helena Diniz, *condição resolutória* ou *resolutiva*, "é a que subordina a ineficácia do negócio a um evento futuro e incerto. Assim sendo, enquanto ela não se realiza, vigora o ato negocial, podendo exercer-se desde o momento deste o direito por ele estabelecido, mas, verificada a condição, para todos os efeitos extingue-se o direito a que ela se opõe" (DINIZ, 2010, p. 142).

Assim, o art. 150, § 1º, do CTN, se interpretado literalmente, conduz a uma contradição ou antinomia jurídica, pois diz exatamente isso: "o pagamento antecipado extingue o crédito, entretanto, caso a Administração *homologue* o recolhimento (isto é, conclua que tudo correu bem e de acordo com o que está previsto em lei), opera-se uma condição que torna ineficaz a relação jurídica, ou seja, que faz com que o crédito deixe de estar extinto".

O que o dispositivo *deveria* dizer, na verdade, é: "o pagamento antecipado pelo obrigado nos termos deste artigo extingue o crédito sob condição resolutória da ulterior *não homologação* do lançamento".

Em outras palavras: o pagamento antecipado extingue o crédito. Contudo, se, ao verificar a lisura do procedimento, a Administração constata que houve algum problema ou irregularidade, então *deixa de homologar* a atividade executada pelo sujeito passivo de maneira que opera uma condição resolutória que faz com que o crédito, que até então se considerava extinto, deixe de sê-lo.

A contradição não passou despercebida a Luciano Amaro: "Outra impropriedade está na menção à natureza *resolutória* (ou resolutiva) *da homologação*. Ora, os sinais aí estão trocados. Ou se deveria prever, como condição *resolutória*, a *negativa* de homologação (de tal sorte que, implementada essa negativa, a extinção restaria resolvida) ou teria de definir-se, como condição *suspensiva*, a *homologação* (no sentido de que a extinção ficaria suspensa até o implemento da homologação). O Código provavelmente quis definir uma condição resolutiva. Vale dizer, o pagamento seria eficaz para extinguir o crédito tributário, mas essa eficácia poderia ser desfeita se adviesse negativa da homologação. Errou ao trocar o sinal negativo pelo positivo. Ora, a homologação, *afirmativa* por sua própria natureza, não resolve nem desfaz coisa alguma, ela mantém, endossa, confirma" (AMARO, 2011, p. 393).

Em suma, ou se interpreta o art. 150, § 1º, do CTN, subvertendo os sentidos possíveis que ele admite ou se reconhece que existe aí uma antinomia jurídica insuperável. Obviamente, por questões práticas, jurisprudência e doutrina "invertem os sinais" do dispositivo, como afirma Luciano Amaro, com o intuito de mantê-lo integrado ao sistema. Assim, o pagamento antecipado extingue o crédito sob condição resolutiva de ulterior não homologação do lançamento.

C) Obrigação e os atos anteriores à homologação

De acordo com o art. 150, § 2º, do CTN, "não influem sobre a obrigação tributária quaisquer atos anteriores à homologação, praticados pelo sujeito passivo ou por terceiro, visando à extinção total ou parcial do crédito". O CTN distingue claramente a *obrigação tributária principal* do *crédito tributário*.

Ambos são momentos da relação jurídica que vincula o Fisco, como sujeito ativo, ao contribuinte ou responsável, como sujeitos passivos e que tem como objeto o pagamento do tributo e eventualmente da multa. A obrigação é o momento que antecede o lançamento; o crédito, por sua vez, surge em decorrência desta e significa simplesmente a obrigação tornada líquida, certa e exigível.

Pois bem, no lançamento por homologação a sistemática adotada pelo CTN é um pouco diferente. A prática do fato gerador pelo sujeito passivo enseja, a um só tempo, o *dever imediato* de recolhimento do tributo devido. Neste caso não é necessário que a autoridade adote ato administrativo conferindo exigibilidade à obrigação. *Por força de lei, a relação jurídica já nasce exigível.* Assim, cabe ao sujeito passivo calcular o montante devido e antecipar o pagamento no prazo assinalado legalmente.

Não obstante, no art. 150, § 2º, o Código ainda mantém a autonomia formal da obrigação como momento relativamente independente do crédito. Por isso, os atos praticados pelo sujeito passivo *antes* da homologação e que tenham como objetivo extinguir total ou parcialmente o crédito tributário *não* atingem a obrigação, isto é, não modificam a estrutura da relação jurídica que vincula o Fisco ao sujeito passivo.

Imagine-se, por exemplo, que o contribuinte deve ao Fisco o valor de R$ 8.000,00 (oito mil reais) a título de imposto. No entanto, efetua o pagamento de apenas R$ 6.000,00 (seis mil reais). Não resta dúvida de que o valor é insuficiente. Dessa forma, muito embora o crédito esteja *parcialmente* extinto, o fato é que a obrigação permanece *totalmente* intacta, de maneira que a Administração Tributária está autorizada a lançar de ofício supletivamente para cobrar o valor que resta a pagar acrescido de correção monetária, juros, multa etc.

Justamente por isso, o art. 150, § 3º, do CTN, determina: "Os atos a que se refere o parágrafo anterior serão, porém, considerados na apuração do saldo porventura devido e, sendo o caso, na imposição de penalidade, ou sua graduação".

O legislador do CTN foi cuidadoso em demasia, pois o dispositivo traduz uma obviedade. De qualquer maneira, não quis deixar espaço para dúvidas. Muito embora a obrigação seja autônoma com relação ao crédito, ainda assim os atos praticados devem ser considerados, pois determinam o saldo devido, isto é, o montante que ainda deve ser recolhido pelo sujeito passivo a título de tributo e as eventuais multas impostas por descumprimento de obrigação acessória ou atraso no pagamento.

Desse modo, no exemplo acima citado, o lançamento supletivo apontará como valor devido os R$ 2.000,00 (dois mil reais) que não foram recolhidos, além da correção monetária, juros de mora e multa pelo atraso no pagamento.

Em suma, ainda que a sistemática do lançamento por homologação aponte para a relativização da distinção entre obrigação e crédito, uma vez que aquela já surge dotada de exigibilidade, o CTN ainda mantém uma autonomia relativa, de maneira que os atos praticados pelo sujeito passivo visando à extinção do crédito não afetam a obrigação. No entanto, tais atos devem ser considerados para apuração de eventual saldo devido e aplicação de multa ou sua graduação.

E) Homologação expressa e homologação tácita

A sistemática do lançamento por homologação determina que o sujeito passivo, uma vez que tenha praticado o fato gerador de certo tributo, apure o montante devido e recolha o valor independentemente da formalização administrativa do débito tributário. O lançamento opera-se pelo ato em que a autoridade, conferindo a atividade executada pelo sujeito passivo, expressamente a homologa.

Isso não significa, contudo, que o contribuinte ou responsável devam permanecer por tempo indeterminado à mercê da boa vontade do Fisco, aguardando eternamente pela homologação expressa. O direito não admite que as relações jurídicas se prolonguem demasiadamente no tempo, sob pena de gerarem insegurança jurídica no seio da sociedade. No âmbito do direito tributário ocorre o mesmo.

Por isso, o art. 150, § 4º, do CTN, determina que, "se a lei não fixar prazo à homologação, será ele de cinco anos, a contar da ocorrência do fato gerador; expirado esse prazo sem que a Fazenda Pública se tenha pronunciado, considera-se homologado o lançamento e definitivamente extinto o crédito, salvo se comprovada a ocorrência de dolo, fraude ou simulação". Vejamos:

- *Homologação expressa* – Nos termos do art. 150, § 4º, do CTN, "se a lei não fixar prazo à homologação, será ele de cinco anos *contados da ocorrência do fato gerador*". Percebe-se, pois, que tal regra é *supletiva*. Quer dizer, apenas tem aplicação nas hipóteses em que *não* há previsão legal de prazo diverso. Assim, a Administração Pública dispõe de *05 (cinco) anos* para *homologar expressamente* o valor recolhido pelo sujeito passivo. Note-se que o prazo é contado da *ocorrência do fato gerador* e não da data em que o contribuinte ou responsável anteciparam o pagamento. Se o sujeito passivo, por exemplo, praticou o fato gerador em 10 de março de 2008 e antecipou o pagamento no dia 15 de maio do mesmo ano, o prazo conta-se da primeira data. A Administração tem, portanto, até o dia 10 de março de 2013 para efetuar a *homologação expressa* do valor recolhido;
- *Homologação tácita* – De acordo com o dispositivo, "expirado esse prazo sem que a Fazenda Pública se tenha pronunciado, considera-se homologado o lançamento e definitivamente extinto o crédito". Trata-se daquilo que a doutrina chama de *homologação tácita*. O Fisco possui o prazo de cinco anos, contados da ocorrência do fato gerador, para efetuar a *homologação expressa* do montante recolhido pelo sujeito passivo. Caso a Administração permaneça inerte, isto é, não se pronuncie a respeito da atividade executada, determina o CTN que se considera homologado o lançamento e definitivamente extinto o crédito. Trata-se obviamente de uma *ficção jurídica* utilizada pelo Código para que o princípio da segurança jurídica seja observado. Assim, se a Fazenda Pública não se manifesta, ou seja, se não há homologação expressa do valor recolhido, então "se considera", ou seja, adota-se a *ficção jurídica* de que houve a homologação e de que o sujeito passivo nada mais deve ao Estado. O CTN não permite que a relação jurídica tributária permaneça em aberto por mais de cinco anos em homenagem à segurança jurídica que deve nortear as relações entre Fisco e contribuinte;
- *Casos de dolo, fraude ou simulação* – O art. 150, § 4º, parte final, do CTN, faz ressalva de que a regra *não* se aplica se restar comprovada "a ocorrência de fraude, dolo ou simulação". Se o contribuinte ou a Administração – ou ambos em conjunto – agirem de maneira dolosa, fraudulenta ou simulatória, não se aplica regra do art. 150, § 4º, isto é, não se adota a ficção jurídica segundo a qual, expirado o prazo de cinco anos sem que o Fisco se tenha pronunciado, considera-se homologado o lançamento e definitivamente extinto do crédito tributário. O que o Código quer significar é que, em casos de dolo, fraude ou simulação, a autoridade administrativa deve lançar de ofício supletivo. Esta interpretação funda-se no art. 149, incisos VII e IX, do CTN, segundo os quais se deve lançar de ofício "quando se comprove que o sujeito passivo,

ou terceiro em benefício daquele, agiu com dolo, fraude ou simulação" ou "quando se comprove que, no lançamento anterior, ocorreu fraude ou falta funcional da autoridade que o efetuou, ou omissão, pela mesma autoridade, de ato ou formalidade especial".

Em suma, a homologação pode ser *expressa* ou *tácita*. A primeira ocorre quando a autoridade administrativa toma ciência da atividade executada pelo sujeito passivo (apuração do montante devido + antecipação do pagamento), e, constatando sua regularidade, extingue definitivamente o crédito tributário. A segunda tem lugar quando a autoridade administrativa permanece *inerte*, sem tomar conhecimento da atividade levada a cabo pelo contribuinte ou responsável, sem saber sequer se ocorreu. Neste caso, depois de 05 (cinco) anos contados da ocorrência do fato gerador (pois é possível que não tenha havido nem apuração, nem antecipação de pagamento), entra em cena uma ficção jurídica pela qual se considera que o crédito está definitivamente extinto. Tal ficção se chama *homologação tácita*.

F) Ausência de pagamento ou recolhimento com valor insuficiente

A sistemática do lançamento por homologação funciona muito bem caso o sujeito passivo tenha perfeito domínio da legislação tributária e recolha o tributo de maneira correta e no valor devido. Neste caso, duas situações são possíveis:

- O sujeito passivo pratica o fato gerador, calcula o montante devido e antecipa o pagamento (CTN, art. 150, *caput*). Ocorre a extinção do crédito sob condição resolutória da ulterior não homologação (CTN, art. 150, § 1º). A Fazenda verifica a atividade praticada pelo contribuinte ou responsável e o valor que fora recolhido. Uma vez que tudo está correto, *homologa expressamente* o pagamento e o crédito tributário está definitivamente extinto, nos termos do art. 156, VII, do CTN;
- O sujeito passivo pratica o fato gerador, calcula o montante devido e antecipa o pagamento, de maneira que se considera extinto o crédito sob condição resolutória da ulterior não homologação (CTN, art. 150, *caput* e § 1º). Esgotado o prazo de cinco anos, contados da data de ocorrência do fato gerador, sem que a Fazenda se tenha pronunciado, adota-se a ficção jurídica de que a atividade executada pelo sujeito passivo foi homologada e de que o crédito tributário está definitivamente extinto (CTN, art. 150, § 4º c.c. art. 156, VII). Fala-se, nesse caso, de *homologação tácita*.

De acordo com o CTN, portanto, sempre haverá homologação, quer seja expressa, quer seja tácita, dependendo da ação ou omissão do Fisco no que tange à análise da atividade executada pelo sujeito passivo e conferência do valor recolhido. No primeiro caso existe uma atividade real executada pela Administração; no segundo, uma ficção que tem como objetivo garantir a segurança jurídica das relações tributárias.

O que ocorre, contudo, nos casos em que o sujeito passivo não efetua o recolhimento do montante devido ou o faz em valor inferior àquele apontado em lei? Pela sistemática adotada pelo Código, deve-se aplicar o disposto no art. 149, V, segundo o qual o lançamento é efetuado ou revisto de ofício pela autoridade administrativa "quando se comprove omissão ou inexatidão, por parte da pessoa legalmente obrigada, no exercício da atividade a que se refere o artigo seguinte".

Portanto, se o sujeito passivo não efetua o recolhimento do tributo devido ou se o faz em valor inferior ao apontado em lei, deve a Administração efetuar o *lançamento de ofício supletivo* e notificar o contribuinte ou responsável para que efetuem o pagamento respectivo.

Além do mais, de acordo com o art. 149, VI, deve-se lançar de ofício "quando se comprove ação ou omissão do sujeito passivo, ou de terceiro legalmente obrigado, que dê lugar à aplicação de penalidade pecuniária". Assim, mesmo que o contribuinte ou responsável tenham recolhido o valor devido, é possível que o tenham feito em *prazo diverso* daquele estipulado na legislação, o que constitui infração tributária e dá ensejo à aplicação de multa.

Em todos esses casos, estamos diante de *lançamento de ofício supletivo*, já estudado em tópico anterior.

26.6 CONSTITUIÇÃO DO CRÉDITO TRIBUTÁRIO POR ATO DO SUJEITO PASSIVO: SÚMULA 436 DO STJ

Em 2010 o STJ adotou súmula com o seguinte enunciado:

> ***Súmula nº 436 do STJ:*** A entrega de declaração pelo contribuinte reconhecendo débito fiscal constitui o crédito tributário, dispensada qualquer outra providência por parte do Fisco.

À luz da sistemática adotada pelo Código Tributário Nacional, a Súmula nº 436 causa perplexidade. Ora, de acordo com o art. 142, a constituição do crédito tributário opera-se pelo lançamento, considerado atividade privativa da administração pública. Nesse sentido, o Código não parece admitir que o crédito seja constituído pela atividade dos particulares.

Por outro lado, no contexto do lançamento por homologação, o art. 150, § 2º, determina que "não influem sobre a obrigação tributária quaisquer atos anteriores à homologação, praticados pelo sujeito passivo ou por terceiro, visando à extinção total ou parcial do crédito".

Nota-se que o CTN mantém a figura do crédito, ainda que não exista atividade administrativa que o constitua. A homologação, como vimos, confirma ou não a atividade exercida pelo sujeito passivo, mas o crédito já existia, tanto que, nos termos do art. 150, § 1º, é extinto sob condição resolutória uma vez que o pagamento é corretamente antecipado.

De certa maneira, o Código admite a existência do crédito a partir da atividade desempenhada pelo sujeito passivo, independentemente de ato administrativo, ao menos da sistemática do lançamento por homologação. Na verdade, não parece haver nada de tão incompreensível nisso, pois, como vimos, nestes casos a relação jurídica tributária é unidimensional. A questão é decidir se é possível utilizar a expressão "constituição do crédito" nesses casos, já que o art. 142 reserva esta possibilidade com exclusividade à Administração.

Seja como for, o STJ adotou o entendimento de que os atos jurídicos praticados pelo sujeito passivo visando ao reconhecimento da dívida tributária, tanto quanto aqueles que não têm este objetivo, mas redundas indiretamente neste reconhecimento, são suficientes à constituição do crédito.

Como exemplos de tais atos, cite-se, dentre outros, a DCTF (Declaração de Débitos e Créditos Tributários Federais), a GFIP (Guia de Recolhimento do FGTS e Informações à Previdência Social), a GIA (Guia de Informação e Arrecadação), declaração de rendimentos, confissão de dívida etc.

A jurisprudência do STJ tem reconhecido a idoneidade desses instrumentos como suficientes à exigibilidade da dívida tributária. Admite-se, além do efeito de constituírem o crédito tributário, que sejam desde logo inscritos em dívida ativa, seja extraído o respectivo título executivo extrajudicial (CDA) e que tenha início o processo de execução fiscal. A Primeira Seção assentou julgado nesse sentido já em 2008:

> É que a apresentação de Declaração de Débitos e Créditos Tributários Federais – DCTF, de Guia de Informação e Apuração do ICMS – GIA, ou de outra declaração dessa natureza, prevista em lei, é modo de constituição do crédito tributário, dispensando, para isso, qualquer outra providência por parte do Fisco (STJ, REsp. 962.379/RS, 2008).

SÚMULAS DO STF E DO STJ:

SÚMULA STF

Súmula vinculante nº 53: "A competência da Justiça do Trabalho prevista no art. 114, VIII, da Constituição Federal alcança a execução de ofício das contribuições previdenciárias relativas ao objeto da condenação constante das sentenças que proferir e acordos por ela homologados".

SÚMULA STJ

Súmula nº 360: "O benefício da denúncia espontânea não se aplica aos tributos sujeitos a lançamento por homologação regularmente declarados, mas pagos a destempo".

Súmula nº 436: "A entrega de declaração pelo contribuinte reconhecendo débito fiscal constitui o crédito tributário, dispensada qualquer outra providência por parte do fisco".

Súmula nº 446: "Declarado e não pago o débito tributário pelo contribuinte, é legítima a recusa de expedição de certidão negativa ou positiva com efeito de negativa".

Súmula nº 555: "Quando não houver declaração do débito, o prazo decadencial quinquenal para o Fisco constituir o crédito tributário conta-se exclusivamente na forma do art. 173, I, do CTN, nos casos em que a legislação atribui ao sujeito passivo o dever de antecipar o pagamento sem prévio exame da autoridade administrativa".

Súmula nº 622: "A notificação do auto de infração faz cessar a contagem da decadência para a constituição do crédito tributário; exaurida a instância administrativa com o decurso do prazo para a impugnação ou com a notificação de seu julgamento definitivo e esgotado o prazo concedido pela Administração para o pagamento voluntário, inicia-se o prazo prescricional para a cobrança judicial".

SÍNTESE DOS PRINCIPAIS ENTENDIMENTOS JURIPRUDENCIAIS

"O Superior Tribunal de Justiça possui jurisprudência pacífica no sentido de que, em se tratando de lançamento decorrente de auto de infração, inclusive de multas lançadas de ofício, o termo inicial do prazo prescricional não ocorre na data do vencimento da obrigação, mas sim quando quando do esgotamento do prazo para a impugnação do lançamento, conforme o Enunciado Sumular n. 622/STJ" (REsp 1806439/PB, Rel. Ministro FRANCISCO FALCÃO, SEGUNDA TURMA, julgado em 13/08/2019, DJe 19/08/2019).

"A competência da justiça trabalhista, quanto à execução das contribuições previdenciárias, limitar-se-ia às sentenças condenatórias em pecúnia que proferir e aos valores, objeto de acordo homologado, que integrassem o salário de contribuição" (STF, Informativo 680/2012).

"A suspensão da exigibilidade do crédito tributário na via judicial impede o Fisco de praticar qualquer ato contra o contribuinte visando à cobrança de seu crédito, tais como inscrição em dívida, execução e penhora, mas não impossibilita a Fazenda de proceder à regular constituição do crédito tributário para prevenir a decadência do direito de lançar" (STJ, EREsp. 572.603/PR, 2005).

"Em virtude do princípio de proteção à confiança, o art. 146 do Código Tributário Nacional impede a revisão do ato administrativo de lançamento tributário em desfavor do contribuinte pela alteração dos critérios jurídicos empregados pela autoridade administrativa 'em relação a um mesmo sujeito passivo'" (EDcl no REsp 1174900/RS, Rel. Ministro MAURO CAMPBELL MARQUES, SEGUNDA TURMA, julgado em 03/05/2011, DJe 09/05/2011).

"A competência da Justiça do Trabalho para execução de contribuições sociais pressupõe ***decisão condenatória*** em parcela trabalhista geradora da incidência da referida espécie tributária. Com fulcro nesse entendimento, a Primeira Turma desproveu agravos regimentais em decisões do Ministro Marco Aurélio, que negara seguimento a recursos extraordinários, dos quais relator, em que o INSS pretendia estender à Justiça do Trabalho ***a competência para execução de acordo extrajudicial não baseada em título emanado por essa justiça especializada***. Reputou-se que, no caso, a competência constitucional disposta no art. 114, VIII [...] estaria restrita às ***decisões prolatadas pela Justiça do Trabalho*** e que o tribunal ***a quo*** teria observado o Verbete 368 da Súmula do TST, no sentido de que a competência da justiça trabalhista, quanto à execução das contribuições previdenciárias, limitar-se-ia às ***sentenças condenatórias em pecúnia que proferir*** e aos valores, objeto de ***acordo homologado***, que integrassem o salário de contribuição"(STF, Informativo 680/2012).

27

SUSPENSÃO DO CRÉDITO TRIBUTÁRIO

27.1 A SUSPENSÃO DA EXIGIBILIDADE

Segundo o CTN, o crédito relativo aos tributos lançados por declaração ou de ofício está devidamente constituído no momento em que o ato administrativo é formalizado e o sujeito passivo recebe a notificação por meio da qual tem ciência de sua dívida tributária. Esta, a notificação, é o ato que torna o lançamento perfeito e acabado. A partir daí, surge para o contribuinte ou o responsável o *dever imediato* de recolher o montante assinalado pela Administração.

No caso de tributos lançados por homologação, a prática do fato gerador, por si só, dá ensejo à relação jurídica tributária unidimensional. A distinção entre obrigação e crédito é mantida pelo Código, no entanto, é relativizada, no sentido de que a prática do fato imponível acarreta o *dever imediato* de o sujeito passivo calcular o montante do tributo devido e antecipar o pagamento.

No caso de tributos lançados por declaração ou de ofício é fundamental que a obrigação tributária passe a um segundo momento. É necessário que se transforme naquilo que o CTN chama de crédito tributário. Por outro lado, na sistemática do lançamento por homologação, a Administração Tributária tem grande vantagem porquanto a relação jurídica surge simultaneamente como obrigação/crédito.

Em qualquer dos três casos, é importante que a relação tributária se caracterize pela liquidez, certeza, e, sobretudo, *exigibilidade*. Esta última é a palavra-chave.

Dizer que o crédito que *exigível* significa dizer que o sujeito passivo tem o *dever imediato* de recolher o montante devido a título de tributo ou multa, calculado pela Administração ou por ele mesmo, no prazo assinalado em lei. Caso não o faça, isto é, caso não efetue o pagamento do quanto é devido, o contribuinte ou o responsável passam à situação de *inadimplência*, de devedores "oficiais" do Estado.

A situação de inadimplência é importante, e, sobretudo, perigosa para o sujeito passivo, porque autoriza que o Estado proceda à *inscrição do crédito em dívida ativa*. O crédito constituído e não adimplido, ou seja, a omissão do contribuinte ou responsável em face da *exigibilidade* que caracteriza a relação jurídica tributária após os lançamentos por declaração ou de ofício, ou em decorrência da prática do fato gerador nos casos de tributos lançados por homologação, faz com que a Administração Pública tenha legítimo interesse em efetuar a *cobrança judicial forçada* da dívida tributária.

O crédito, que é *exigível*, torna-se, com a inércia do sujeito passivo e consequente inadimplência, à qualidade de *exequível*, o que autoriza sua inscrição em dívida ativa. O atributo da *exequibilidade* permite que o crédito se torne *título executivo extrajudicial* e, a partir daí, dê ensejo à *ação judicial de execução fiscal* que tem como objetivo expropriar o contribuinte ou responsável, quer dizer, retirar-lhes tanto patrimônio quanto seja necessário e suficiente para satisfazer a dívida em face do Estado.

É nesse contexto que emerge o art. 151 do CTN:

> **Art. 151.** Suspendem a exigibilidade do crédito tributário:
>
> I – moratória;
>
> II – o depósito do seu montante integral;
>
> III – as reclamações e os recursos, nos termos das leis reguladoras do processo tributário administrativo;
>
> IV – a concessão de medida liminar em mandado de segurança;
>
> V – a concessão de medida liminar ou de tutela antecipada, em outras espécies de ação judicial; (Incluído pela Lcp nº 104, de 2001)
>
> VI – o parcelamento. (Incluído pela Lcp nº 104, de 2001)
>
> Parágrafo único. O disposto neste artigo não dispensa o cumprimento das obrigações acessórias dependentes da obrigação principal cujo crédito seja suspenso, ou dela consequentes.

O momento em que o crédito torna-se *exigível* é fundamental na relação jurídica tributária porque, a partir de então, o sujeito passivo tem o *dever imediato* de recolher determinada quantia aos cofres públicos.

Dizer que o dever é imediato significa que há um prazo para pagamento já determinado em lei ou pelo ato administrativo de cobrança. Escoado esse prazo e tendo o sujeito passivo permanecido em inércia, ingressa em estado de mora, com todas as consequências que daí advêm.

A *exigibilidade* é, pois, um divisor de águas. A partir de sua existência, o contribuinte ou responsável, se permanecerem inertes tornam-se *inadimplentes*, o que abre as vias da execução judicial forçada de seus patrimônios.

Por outro lado, é possível que o sujeito passivo não concorde com a exigência feita pela Administração Pública. Pode ser que não tenha praticado o fato gerador ou que seja titular de uma isenção; discorde da lei aprovada pelo Poder Legislativo, argumentando que o ato normativo é inconstitucional; goza de uma imunidade. Enfim, a Constituição assegura ao sujeito passivo o direito de questionar a exigência tributária imposta pelo Estado (CF, art. 5º, incs. XXXV e LV).

Dessa maneira, em face de cobrança eventualmente ilegítima, o sujeito passivo pode se valer dos mecanismos administrativos e judiciais necessários para tentar afastar a cobrança injusta.

Uma vez que o crédito está constituído e, portanto, é *exigível*, o contribuinte ou o responsável estão sujeitos à execução forçada de seu patrimônio caso deixem transcorrer o prazo assinalado legalmente para pagamento e permaneçam inertes.

A primeira providência a adotar, caso se queira questionar a cobrança em âmbito administrativo ou judicial, é buscar a *suspensão da exigibilidade do crédito tributário*. É preciso fazer com que o *dever* de recolher determinada quantia aos cofres públicos deixe de ser *imediato* e torne-se *mediato*, isto é, passe a depender da retirada de um obstáculo jurídico. Suspender a exigibilidade do crédito tributário significa, portanto, afastar momentaneamente o dever imediato de recolher o tributo ou a multa ao Estado.

Como se trata de suspender a *exigibilidade*, e *não o crédito* em si, que continua existindo, o dever de recolher ainda existe, contudo, torna-se mediato, isto é, fica na dependência de que certo obstáculo jurídico, que consiste em uma das causas de suspensão arroladas no art. 151 do CTN, seja retirado.

A) Suspensão prévia ou impedimento da exigibilidade?

É possível que, em algumas circunstâncias, o crédito tributário ainda não esteja devidamente constituído, e, ainda assim, o sujeito passivo obtenha uma das causas arroladas no art. 151 do CTN. Nesses casos, parece mais apropriado falar-se de *suspensão prévia* ou *impedimento da exigibilidade* do crédito tributário.

É o que ocorre, por exemplo, nas situações em que o contribuinte obtém liminar em mandado de segurança preventivo. Ora, o caráter *preventivo* da medida indica que a cobrança do crédito ainda não foi efetuada. O sujeito passivo, contudo, antecipa-se à formalização da dívida, de maneira que a liminar, uma vez concedida, antecede a constituição do crédito. Nesse sentido, a causa não significa, propriamente, suspensão da exigibilidade, mas causa *impeditiva* desta.

Esta é a lição de Hugo de Brito Machado: "É certo que se pode falar de suspensão *prévia*, ou impedimento, que ocorre antes do lançamento, e *posterior*, que ocorre depois do lançamento. É outra forma de explicar o art. 151 do Código Tributário Nacional, tendo-se em vista que a maioria das causas de suspensão da exigibilidade no mesmo arroladas podem ocorrer antes, e podem ocorrer depois do lançamento tributário. Realmente, só se deve falar de suspensão da exigibilidade do crédito tributário depois da constituição deste, pelo lançamento, pois é somente a partir daí que existe a exigibilidade do crédito tributário e, portanto, é somente a partir daí que se pode dar sua suspensão. Antes do lançamento o que a rigor ocorre é a suspensão da exigibilidade de um dever jurídico legalmente atribuído ao sujeito passivo da obrigação tributária, que pode consistir no pagamento de tributo ainda não lançado, ou em prestações não pecuniárias, entre estas as denominadas obrigações tributárias acessórias" (MACHADO, 2005, p. 2005).

Seja como forma, a Lei nº 9.430/96 determina a realização do lançamento ainda que o sujeito passivo tenha obtido alguma causa de suspensão da exigibilidade do crédito antes de sua constituição. O objetivo é evitar a possibilidade de que ocorra a decadência do direito de lançar. Assim, a discussão perde parte de seu interesse prático.

JURISPRUDÊNCIA DO STJ – SUSPENSÃO DA EXIGIBILIDADE E REALIZAÇÃO DO LANÇAMENTO

O art. 142, parágrafo único, do CTN, estatui: "A atividade administrativa de lançamento é *vinculada* e *obrigatória*, sob pena de responsabilidade funcional". O Código não deixa margem para dúvidas: ocorrido o fato gerador do tributo, a autoridade administrativa *deve* proceder ao lançamento com o intuito de constituir o crédito tributário. Pois bem, o que ocorre se, *antes* de ter início o procedimento administrativo, o sujeito passivo obtém uma das causas que suspendem a exigibilidade do crédito? Como restou assinalado no tópico anterior, seria o caso de se pensar em *suspensão prévia* ou *impedimento* da exigibilidade. A liminar em mandado de segurança preventivo, por exemplo, deveria impedir que o administrador formalizasse a cobrança em face do sujeito passivo. A jurisprudência do STJ, no entanto, vem entendendo que, não obstante exista uma causa de suspensão da exigibilidade do crédito tributário obtida *antes* do lançamento, *a autoridade administrativa deve efetuar sua constituição*, por duas razões: (1) porque, de acordo com o art. 142, parágrafo único, o lançamento é *ato vinculado e obrigatório*, sob pena de responsabilidade funcional, de maneira que o administrador não pode deixar de cumprir seu dever; (2) porque a constituição crédito afasta a possibilidade de o sujeito passivo invocar a *decadência* do direito de lançar, nos termos dos arts. 150, § 4º ou 173 do CTN, conforme o caso. Assim, em 2005 a Primeira Seção do STJ assentou:

> "A suspensão da exigibilidade do crédito tributário na via judicial impede o Fisco de praticar qualquer ato contra o contribuinte visando à cobrança de seu crédito, tais como inscrição em dívida, execução e penhora, mas não impossibilita a Fazenda de proceder à regular constituição do crédito tributário para prevenir a decadência do direito de lançar" (STJ, Informativo 250/2005).

Os precedentes são antigos e demonstram que o entendimento se encontra consolidado no âmbito do STJ, sendo que em 2020, a Segunda Turma julgou neste sentido:

> "O decisium não encontra amparo na jurisprudência deste e.STJ, segundo a qual a suspensão judicial da exigibilidade do crédito tributário impede tão somente a prática de ato contra o contribuinte visando à cobrança de seu crédito, tais como inscrição em dívida, execução e penhora. A existência de discussão judicial acerca do percentual de alíquota aplicável não impossibilita o Fisco de proceder ao lançamento com a intenção de evitar a decadência, cuja contagem não se sujeita a causas suspensivas ou interruptivas" (STJ, Segunda Turma, AgInt no AREsp 1621841/RS, 02/09/2020).

Em suma, de acordo com a jurisprudência do STJ, a suspensão da exigibilidade não impede que a Administração Pública efetue o lançamento e constitua o crédito em face do contribuinte, pois o ato do lançamento é vinculado é obrigatório, afastando, ademais, o risco de decadência. Registre-se que, neste caso, a autoridade deve efetuar o lançamento, e, *imediatamente*, suspender a exigibilidade do crédito.

B) Efeitos da suspensão da exigibilidade

A suspensão da exigibilidade do crédito tributário significa que o dever imediato de recolher aos cofres públicos valores relativos a tributos ou multas é momentaneamente afastado. O dever torna-se mediato porque fica na dependência de que a causa de suspensão seja removida.

Vejamos, de maneira esquematizada, alguns dos *efeitos* produzidos:

- *Impede o estado de inadimplência* – A suspensão da exigibilidade do crédito tributário faz com que o prazo assinalado para recolhimento do tributo ou multa torne-se inoperante. Assim, o sujeito passivo não se torna inadimplente em face do Fisco, não tendo que arcar com as consequências que daí provêm;
- *Impede o ajuizamento da ação de execução fiscal ou suspende a execução já ajuizada* – Se o sujeito passivo *não* alcança o estado de inadimplência, então a Administração Pública *não* tem legítimo *interesse processual* para propor ação de execução fiscal visando à cobrança judicial da dívida do contribuinte ou responsável. Caso o processo já tenha sido ajuizado, a suspensão da exigibilidade faz com que o seu curso seja suspenso também;
- *Suspende o prazo prescricional* – Para alguns autores, a suspensão da exigibilidade do crédito tributário resulta na suspensão do prazo prescricional. Nada obstante, são fenômenos distintos, que *podem* estar relacionados. Nesse sentido, Regina Helena Costa observa: "Importante ressaltar que a suspensão da exigibilidade do crédito tributário não se confunde com a *suspensão da prescrição*. Em outras palavras, nem sempre a existência de uma causa suspensiva da exigibilidade implicará a suspensão da fluência do prazo prescricional. Para que a suspensão da exigibilidade enseje a suspensão da prescrição, é necessário que a primeira ocorra em momento subsequente àquele em que o sujeito ativo teve condições de acesso à ação judicial de cobrança. Isto é, a suspensão da exigibilidade somente acarretará a suspensão do prazo prescricional se este já tiver iniciado seu curso quando aquela for deflagrada. Assim, por exemplo, nos casos de reclamações e recursos administrativos, a exigibilidade está suspensa por força desses expedientes, e, portanto, a prescrição ainda nem começou a fluir. Já nos casos de depósito do montante integral e liminar ou antecipação de tutela, diversamente, a suspensão da exigibilidade acarreta, forçosamente, a suspensão da prescrição" (COSTA, 2014, p. 253);
- *Emissão de certidão positiva com efeito de negativa* – Os artigos 205 e 206 do CTN estabelecem:

CTN, art. 205. A lei poderá exigir que a prova da quitação de determinado tributo, quando exigível, seja feita por certidão negativa, expedida à vista de requerimento do interessado, que contenha todas as informações necessárias à identificação de sua pessoa, domicílio fiscal e ramo de negócio ou atividade e indique o período a que se refere o pedido.

Parágrafo único. A certidão negativa será sempre expedida nos termos em que tenha sido requerida e será fornecida dentro de 10 (dez) dias da data da entrada do requerimento na repartição.

Art. 206. Tem os mesmos efeitos previstos no artigo anterior a certidão de que conste a existência de créditos não vencidos, em curso de cobrança executiva em que tenha sido efetivada a penhora, ou cuja exigibilidade esteja suspensa.

- O primeiro dispositivo trata da chamada *certidão negativa de débitos (CND)* por meio da qual o sujeito passivo comprova que nada deve ao Fisco. Tal comprovação é por vezes exigida pela lei, como, por exemplo, no caso de empresas que desejam participar de processos de licitação e contratar com o Poder Público. O segundo trata da denominada *certidão positiva com efeitos de negativa*. Muito embora *conste* a existência de dívida tributária (daí a designação de *certidão positiva*), consta também a presença alguma circunstância que, de acordo com a lei, faz com que o sujeito passivo ainda não esteja inadimplente; assegure a execução fiscal ou *suspenda a exigibilidade do crédito tributário*, nos termos do art. 151 do CTN (daí os *efeitos de negativa*);
- *Suspende a inscrição no CADIN* – A Lei nº 10.522/2002 disciplina o denominado *CADIN – Cadastro Informativo dos créditos não quitados de órgãos e entidades federais*. De acordo com art. 2º, "o CADIN conterá relação das pessoas físicas e jurídicas que (I) sejam responsáveis por obrigações pecuniárias vencidas e não pagas, para com órgãos e entidades da Administração Pública Federal, direta e indireta; (II) estejam com a inscrição nos cadastros indicados, do Ministério da Fazenda, em uma das seguintes situações [...] (a) cancelada no Cadastro de Pessoas Físicas – CPF; (b) declarada inapta perante o Cadastro Geral de Contribuintes – CGC". Pois bem, nos termos do art. 7º, II, "será suspenso o registro no Cadin quando o devedor comprove que [...] esteja suspensa a exigibilidade do crédito objeto do registro, nos termos da lei";
- *Obrigações acessórias* – A suspensão da exigibilidade do crédito tributário não produz *nenhum* efeito no que concerne ao cumprimento das obrigações tributárias acessórias. De fato, nos termos do art. 151, parágrafo único, do CTN, "o disposto neste artigo não dispensa o cumprimento das obrigações assessórias dependentes da obrigação principal cujo crédito seja suspenso, ou dela consequentes". As obrigações acessórias são prestações positivas ou negativas impostas pela legislação tributária no interesse da fiscalização e arrecadação de tributos. Possuem autonomia com relação à obrigação principal. Aliás, os deveres instrumentais existem justamente para que a Administração Tributária saiba se houve ou não a prática do fato gerador. É possível,

portanto, que este último não exista, e, ainda assim, os deveres relacionados à fiscalização e cobrança de tributos permaneçam obrigatórios para o sujeito passivo. Ora, se as obrigações acessórias independem da principal, é lógico que independam tanto mais do crédito, já que este é um segundo momento da relação tributária material. Em outras palavras, se a inexistência de fato gerador não significa afastamento dos deveres instrumentais, evidentemente a inexistência de crédito ou sua suspensão também não afastam o dever de cumprir com as obrigações acessórias. Assim, por exemplo, uma empresa que obtenha, em juízo, liminar em mandado de segurança, continua obrigada à emissão de declarações relativas a tributos, preenchimento de guias fiscais etc. A propósito, a Primeira Turma do STJ já decidiu:

> Os deveres instrumentais (obrigações acessórias) são autônomos em relação à regra matriz de incidência tributária, aos quais devem se submeter, até mesmo, as pessoas físicas ou jurídicas que gozem de imunidade ou outro benefício fiscal, ex vi dos artigos 175, parágrafo único, e 194, parágrafo único, do CTN (STJ, REsp. 866.851/RJ, 2008).

C) Taxatividade das causas

De acordo com o art. 97, VI, do CTN, "somente a lei pode estabelecer [...] as hipóteses de exclusão, *suspensão* e extinção de créditos tributários, ou de dispensa ou redução de penalidades". Além do mais, o art. 141, já estudado, determina que "o crédito tributário regularmente constituído somente se modifica ou extingue, ou tem sua *exigibilidade suspensa* ou excluída, *nos casos previstos nesta Lei*, fora dos quais não podem ser dispensadas, sob pena de responsabilidade funcional na forma da lei, a sua efetivação ou as respectivas garantias".

Em outras palavras, as causas de suspensão da exigibilidade do crédito tributário são *apenas* aquelas previstas de maneira *taxativa* no CTN. Uma vez que estão sob *estrita reserva legal*, a Administração Pública ou o Poder Judiciário estão proibidos de criar novas hipóteses de suspensão. Diga-se, além do mais, que, de acordo com o art. 146, III, *b*, da CF/1988, apenas *lei complementar federal* pode prever novas causas de suspensão. A propósito, a Primeira Seção do STJ decidiu:

> A fiança bancária não é equiparável ao depósito integral do débito exequendo para fins de suspensão da exigibilidade do crédito tributário, ante a *taxatividade* do art. 151 do CTN e o teor do Enunciado Sumular nº 112 desta Corte, cujos precedentes são de clareza hialina. Deveras, a suspensão da exigibilidade do crédito tributário (que implica óbice à prática de quaisquer atos executivos) encontra-se *taxativamente* prevista no art. 151 do CTN, sendo certo que a prestação de caução, mediante o oferecimento de fiança bancária, ainda que no montante integral do valor devido, não ostenta o efeito de suspender a exigibilidade do crédito tributário, mas apenas de garantir o débito exequendo, em equiparação ou antecipação à penhora, com o escopo precípuo de viabilizar a expedição de Certidão Positiva com Efeitos de Negativa e a oposição de embargos (STJ, REsp 1.156.668/DF).

Recorde-se, ainda, que, de acordo com o art. 111, I, do CTN, "interpreta-se *literalmente* a legislação que disponha sobre suspensão ou exclusão do crédito tributário". A interpretação de qualquer dispositivo relativo a uma causa de suspensão da exigibilidade do crédito tributário deve dar-se de maneira o mais próxima possível do enunciado. Cite-se, como exemplo, entendimento sumulado citado no acórdão acima transcrito, que interpreta literalmente o disposto no art. 151, II, do CTN.

APROFUNDANDO! RAZÃO DE SER DAS HIPÓTESES DE SUSPENSÃO DA EXIGIBILIDADE DO CRÉDITO TRIBUTÁRIO

Duas ordens de razões explicam a existência das causas de suspensão da exigibilidade do crédito tributário. As primeiras ligam-se ao interesse geral, e, por isso, são de iniciativa do Poder Público. As segundas ligam-se à concretização do contraditório e ampla defesa, e, por isso, são de iniciativa do sujeito passivo tributário. De fato, como veremos, moratória e parcelamento consistem em prorrogações do prazo para pagamento do tributo com recolhimento em parcela única, no primeiro caso, ou em várias parcelas, no segundo. Devem ser adotadas em circunstâncias excepcionais que ocasionem diminuição geral da capacidade contributiva, como, por exemplo, crises econômicas ou eventos da natureza. Justamente por isso, devem estar previstas em lei do ente federativo competente para a instituição do tributo ou multa à qual se referem. Depósito, reclamações e recursos administrativos, liminar em mandado de segurança e liminar ou tutela antecipada em ações judiciais, por sua vez, estão ligados diretamente ao contraditório e à ampla defesa. Quer dizer, para que o sujeito passivo consiga se defender adequadamente de uma exigência tributária que julga indevida, precisa, antes, não ser compelido ao recolhimento imediato do tributo ou da multa. Por isso, o questionamento da relação jurídica tributária em âmbito administrativo ou judicial pode ser acompanhado da suspensão da exigibilidade do crédito tributário.

Hipóteses de suspensão da exigibilidade do crédito tributário:
Iniciativa do sujeito ativo:
– Moratória. – Parcelamento.
Iniciativa do sujeito passivo:
– Depósito do seu montante integral. – Reclamações e recursos no processo tributário administrativo. – Concessão de liminar em mandado de segurança. – Concessão de liminar ou de tutela antecipada em ações judiciais.

27.2 MORATÓRIA

A primeira causa suspensiva da exigibilidade do crédito tributário é a *moratória*. Está relativamente em desuso nos dias de hoje porque o parcelamento tem ocupado o lugar que antes lhe era reservado. De toda forma, representa importante decisão político-legislativa, no sentido amenizar a carga tributária a que estão sujeitas as pessoas naturais e jurídicas em certas circunstâncias de tempo e lugar.

A) Conceito

De acordo com Hugo de Brito Machado, "a palavra *moratória*, que vem do latim *moratorius*, ou aquilo que retarda, ou dilata, é empregada na linguagem jurídica no sentido literal para designar a *dilatação de prazo* concedido pelo credor a seu devedor, para que cumpra a obrigação, já vencida ou por vencer" (MACHADO, 2005, p. 207).

No âmbito do direito tributário, moratória significa a prorrogação legal do prazo para o pagamento do tributo. Nos termos do art. 97, VI, do CTN, a concessão de moratória está sujeita à *reserva legal*, de maneira que apenas *lei em sentido formal* do ente federativo competente tem aptidão para prevê-la.

Ricardo Lobo Torres anota: "Justifica-se nos casos de calamidade pública, enchentes e catástrofes que dificultem aos contribuintes o pagamento dos tributos. Também encontra justificativa nas conjunturas econômicas desfavoráveis a certos ramos de atividade. Segue-se daí que pode se circunscrever a determinada região do território da entidade tributante, onde tenham sido mais graves os reflexos da crise provocada pela calamidade ou pela conjuntura econômica" (TORRES, 2011, p. 287).

Se, por exemplo, uma lei municipal desloca o vencimento do IPTU de todos os contribuintes do dia 15 do mês de janeiro para o dia 15 do mês de julho de determinado ano, tem-se uma *moratória*.

Suspende-se, pois, a exigibilidade do crédito tributário. Em circunstâncias que acarretam dificuldades econômicas aos contribuintes, é mais vantajoso à Fazenda Pública prorrogar o prazo para recebimento do tributo, dando uma "folga" ao sujeito passivo, do que arriscar-se a não receber o quanto lhe é devido.

Na prática, é concedida em situações que atingem a capacidade de pagamento de certos segmentos econômicos: quebra de safras agrícolas, crises cambiais, crises econômicas, calamidades, pandemias epidemiológicas etc., e impede que o sujeito ativo proceda à cobrança do crédito durante o prazo dilatório adicional concedido ao sujeito passivo.

B) Espécies de moratória: artigo 152 do CTN

O art. 152 do CTN estabelece:

> **CTN, art. 152.** A moratória somente pode ser concedida:
>
> I – em caráter geral:
>
> a) pela pessoa jurídica de direito público competente para instituir o tributo a que se refira;
>
> b) pela União, quanto a tributos de competência dos Estados, do Distrito Federal ou dos Municípios, quando simultaneamente concedida quanto aos tributos de competência federal e às obrigações de direito privado;
>
> II – em caráter individual, por despacho da autoridade administrativa, desde que autorizada por lei nas condições do inciso anterior.

> Parágrafo único. A lei concessiva de moratória pode circunscrever expressamente a sua aplicabilidade à determinada região do território da pessoa jurídica de direito público que a expedir, ou a determinada classe ou categoria de sujeitos passivos.

A União, os Estados, o Distrito Federal e os Municípios possuem autonomia para decidir, por meio de lei em sentido estrito, sobre a conveniência e oportunidade na concessão de moratória relativa aos créditos oriundos dos tributos de sua competência.

O CTN, contudo, tem status de lei complementar de normas gerais em matéria tributária, razão pela qual as disposições do Código vinculam os legisladores das quatro esferas federativas (CF/1988, art. 146, III, *b*).

O art. 152, I e II, prevê duas *espécies* de moratória: *geral* e *individual.* Vejamos:

- *Moratória geral* – Moratória em caráter *geral* significa que a lei que a concede destina-se a *todos* os sujeitos passivos, sem a exigência de quaisquer condições ou restrições. Se uma lei estadual, por exemplo, prorroga o prazo para o pagamento do IPVA de maneira generalizada, está-se diante de moratória em caráter geral. Pode ser concedida:

    - *Pela pessoa jurídica de direito público competente para instituir o tributo a que se refira* – Também chamada de *moratória autonômica ou autônoma.* A moratória deve estar sempre prevista em lei em sentido estrito. Sua concessão significa decisão político-legislativa de cada ente federativo no sentido de avaliar a oportunidade e conveniência da medida, uma vez que ela significa o afastamento momentâneo das receitas públicas que proviriam do crédito tributário que terá a exigibilidade suspensa. Portanto, a concessão de moratória geral fica a cargo da União, Estados, Distrito Federal e Municípios, dentro do âmbito de suas respectivas competências;
    - *Pela União, quanto a tributos de competência dos Estados, do Distrito Federal ou dos Municípios, quando simultaneamente concedida quanto aos tributos de competência federal e às obrigações de direito privado* – Também chamada de *moratória heterônoma.* De acordo com o dispositivo, a União tem competência para conceder, por *lei federal*, moratória de tributos *estaduais, distritais* e *municipais, desde que conceda simultaneamente*: (1) moratória com relação a *tributos federais*; e (2) moratória com relação às *obrigações de direito privado*, ou seja, dívidas pactuadas entre sujeitos de direito privado. O dispositivo causa certa polêmica na doutrina quanto à sua recepção pela Constituição de 1988.

- *Moratória individual* – Será concedida por *despacho da autoridade administrativa,* desde que autorizada por lei nas condições do inciso anterior, isto é, nas condições do art. 152, I, do CTN. Antes de tudo, reafirme-se: mesmo a moratória individual depende de expressa previsão legal. Assim, cabe ao legislador de cada ente federativo, de acordo com sua autonomia e critérios de oportunidade e conveniência políticas, estabelecer, por lei, as hipóteses em que a moratória individual pode ser concedida. Diz-se que a moratória é *individual* porque a lei a concede para sujeitos passivos que se encontrem em situação *particularizada*, isto é, que cumpram determinados *requisitos específicos* elencados pela norma. Assim, por exemplo, uma lei estadual que garanta moratória de IPVA a proprietários de veículos automotores que tenham instalado dispositivo tecnológico que diminua ou elimine a poluição ambiental. Duas observações são importantes:

- *Despacho administrativo* – Note-se que a moratória individual é concedida por *despacho da autoridade administrativa*. O CTN impõe esta exigência porque é preciso que cada sujeito passivo comprove o cumprimento dos requisitos exigidos em lei. No exemplo citado, deve-se comprovar a instalação do dispositivo antipoluição. Este despacho, obviamente, não cria o direito à moratória, mas apenas verifica se o sujeito passivo cumpriu os requisitos exigidos legalmente. O direito subjetivo à suspensão da exigibilidade do crédito decorre diretamente da lei. Portanto, o despacho administrativo tem caráter *declaratório* e não constitutivo. Apenas declara a existência do direito à medida que verifica a adequação dos fatos à descrição contida na norma;
- *Princípio da isonomia* – A lei que concede a moratória em caráter individual deve estar atenta ao princípio da isonomia e às consequências que o postulado impõe. Uma vez que esta espécie de moratória visa a sujeitos em situações particularizadas e exige o cumprimento de certos requisitos, é necessário que o critério de discriminação, isto é, o parâmetro adotado pelo legislador para a escolha das pessoas beneficiadas, seja razoável, proporcional e esteja de acordo com valores protegidos pela Constituição. A concessão de moratória individual não pode descambar para o chamado "privilégio odioso", o que configura típica violação ao princípio republicano.

Finalmente, de acordo com o art. 152, parágrafo único, "a lei concessiva de moratória pode circunscrever expressamente a sua aplicabilidade à determinada região do território da pessoa jurídica de direito público que a expedir, ou a determinada classe ou categoria de sujeitos passivos".

De acordo com o dispositivo, os entes federativos podem selecionar certas regiões de seu território ou escolher determinada classe ou categoria de sujeitos passivos para os quais a moratória será concedida. Nesse caso, o princípio da isonomia cumpre papel decisivo porque a escolha política de certos "beneficiados" deve dar-se de acordo com o espírito republicano de nossa Constituição.

Assim, moratória concedida a certa região atingida por catástrofes naturais como enchentes, terremotos etc. é constitucional. No que tange a certas classes ou categorias de sujeitos passivos a lei deve redobrar os cuidados.

Para finalizar, registre-se que, de acordo com a doutrina, o art. 152, parágrafo único, do CTN, autoriza que se fale em *moratória total ou parcial*. A primeira remete ao benefício concedido para todo o território do ente federativo; a segunda, à suspensão endereçada apenas para uma parte do território.

APROFUNDANDO! RECEPÇÃO OU NÃO DA MORATÓRIA HETERÔNOMA

De acordo com alguns autores, o art. 152, I, *b*, do CTN, não foi recepcionado pela CF/1988 porque viola de maneira explícita o princípio federativo, na medida em que elimina a isonomia e autonomia dos entes federativos em face da União. Nesse sentido, Regina Helena Costa: "Note-se que o inciso I, alínea b, do dispositivo, contempla hipótese inconstitucional, uma vez que a União não poderia conceder moratória de tributos de outras pessoas políticas sem flagrante ofensa aos princípios federativo e da autonomia municipal" (COSTA, 2014, p. 255). O argumento é reforçado pela disposição contida no art. 151, I, do texto constitucional, segundo a qual "é vedado à União instituir isenções de tributos da competência dos Estados, do Distrito Federal ou dos Municípios". Ora, se a Constituição preserva a autonomia dos demais entes federativos no que toca a uma causa de exclusão do crédito tributário, por que não o faria no que tange à uma causa de suspensão da exigibilidade? Para outros autores, contudo, o dispositivo teria sido recepcionado pelo texto constitucional. Nesse sentido, Luís Eduardo Schoueri: "Embora se reconheça a pertinência da dúvida, não é inconstitucional o dispositivo. Primeiramente porque, como visto, o constituinte veda a concessão de isenções, não de moratória. Aquelas implicam afastamento da pretensão tributária. Concedida a isenção, o ente federativo já não mais receberá o crédito (ou melhor: não surgirá o crédito); a moratória, ao contrário, apenas implica uma dilação no prazo do tributo, o qual continua devido [...] E aqui se encontra a segunda justificativa para que se defenda sua constitucionalidade: o referido dispositivo permite que a União conceda moratória de tributos estaduais e municipais quando, simultaneamente, concedida não só quanto aos tributos de competência federal, como também às obrigações de direito privado. Assim, durante o período do favor, nenhum credor, público ou privado, receberá o quanto lhe é devido. Assegura-se a recuperação da saúde financeira do sujeito passivo" (SCHOUERI, 2012, p. 576). Nunca tivemos qualquer simpatia pelo dispositivo em comento. Nada obstante, a pandemia de Covid-19, doença causada pelo vírus Sars-Cov-02, nos fez repensar o assunto. Em certo momento da quarentena que foi imposta a toda sociedade, houve diminuição geral de capacidade contributiva. Nesse sentido, não teria sido desarrazoada uma medida que visasse ao afastamento momentâneo das dívidas tributárias dos particulares perante os quatro entes federativos, acompanhada de moratória de dívidas privadas. Assim, parece-nos que, em situações absolutamente excepcionais, o art. 152, I, *b*, do CTN, tem realmente sua razão de ser.

A) Requisitos para a concessão de moratória: artigo 153 do CTN

O art. 153 do CTN estabelece:

> **CTN, art. 153.** A lei que conceda moratória em caráter geral ou autorize sua concessão em caráter individual especificará, sem prejuízo de outros requisitos:
>
> I – o prazo de duração do favor;
>
> II – as condições da concessão do favor em caráter individual;
>
> III – sendo caso:
>
> a) os tributos a que se aplica;

> b) o número de prestações e seus vencimentos, dentro do prazo a que se refere o inciso I, podendo atribuir a fixação de uns e de outros à autoridade administrativa, para cada caso de concessão em caráter individual;
>
> c) as garantias que devem ser fornecidas pelo beneficiado no caso de concessão em caráter individual.

O dispositivo enumera uma série de *requisitos* a serem observados pela lei de cada ente federativo para a concessão de moratória. Duas observações são importantes:

- Os requisitos devem constar tanto das leis que preveem moratórias concedidas em caráter *geral* como daquelas que as concedem em caráter *individual*;
- O dispositivo fala em "sem prejuízo de outros requisitos". Isso significa que o CTN impõe apenas as *exigências mínimas*. O legislador dos entes federativos está autorizado a elencar outros requisitos, contanto, obviamente, que as novas exigências não inviabilizem o gozo do benefício pelos sujeitos passivos.

Registre-se, ademais, sutil observação de Hugo de Brito Machado: "Com a palavra *requisitos* estamos designando as exigências que a lei deve atender, quando concede a moratória em caráter geral ou autoriza a concessão da moratória em caráter individual. O não atendimento desses requisitos pode ser causa de invalidade da lei, que pode estar contrariando o Código Tributário Nacional. Já com a palavra *condições* estamos designando as exigências que a lei deve estabelecer para serem atendidas pelo interessado na concessão da moratória em caráter individual" (MACHADO, 2005, p. 264).

Vejamos de maneira esquematizada os incisos e alíneas:

- *O prazo de duração do favor* – Tanto a moratória concedida em caráter *geral* como em caráter *individual* devem ser fixadas por *prazo determinado*. A dilação do prazo para pagamento não pode ser indeterminado, perpétuo, o que significaria retirar ao ente federativo sua fonte de receita pública. A moratória não é causa de extinção ou exclusão do crédito, mas de mera suspensão de sua exigibilidade;
- *As condições da concessão do favor em caráter individual* – No que tange à moratória *individual*, a lei deve fixar as *condições* para que a suspensão da exigibilidade seja fruída pelo sujeito passivo. Como vimos, o caráter *individual* da moratória significa que a lei relaciona sua concessão a certas *características particulares* dos contribuintes. Por isso, a própria lei deve estabelecer quais condições devem ser cumpridas. No exemplo citado, deve-se demonstrar a instalação do equipamento tecnológico, sua adequação a normas técnicas etc. Lembre-se, contudo, que o despacho da autoridade administrativa é meramente *declaratório*, o que significa que não cabe à Administração Pública decidir se o sujeito passivo tem ou não direito à moratória, mas apenas verificar a adequação dos fatos à descrição normativa;

- *Sendo o caso (...) os tributos a que se aplica* – Tanto a lei que concede moratória geral como a que prevê a individual devem apontar, de maneira expressa, os tributos aos quais se aplica. Assim, por exemplo, lei estadual concessiva de moratória deve deixar claro que se aplica ao ICMS, ao ITCMD, ao IPVA, e assim por diante. O que ocorre, contudo, no silêncio da lei? Para Hugo de Brito Machado, "entende-se que se aplica a todos os tributos da entidade respectiva, salvo, é claro, situação na qual não se possa assim entender em face de circunstâncias objetivamente consideradas" (MACHADO, 2005, p. 265). A ressalva que o autor faz é muito ampla. Se levada a sério, comprometeria as receitas públicas do ente federativo. Além do mais, se considerarmos, por outro lado, que muitos tributos federais e estaduais estão sujeitos à repartição constitucional de receitas tributárias (CF/1988, arts. 167 a 169), não se pode concluir que, em caso de omissão legal, a moratória se estende a todos os tributos da pessoa política. Tal interpretação comprometeria o cumprimento desse mandamento constitucional. Optamos por entender, assim, que o descumprimento do disposto no art. 153, III, a, acarreta a invalidade da lei por ausência de requisito essencial;
- *Sendo o caso (...) o número de prestações e seus vencimentos, dentro do prazo a que se refere o inciso I, podendo atribuir a fixação de uns e de outros à autoridade administrativa, para cada caso de concessão em caráter individual* – Se a moratória for concedida na forma de prestações, deve a lei fixar (1) o números destas e (2) seus respectivos vencimentos, dentro do prazo previamente estipulado de acordo com o inciso I acima citado. Tratando-se de moratória individual, o CTN autoriza que a lei preveja apenas o prazo, sendo certo que as prestações e os vencimentos podem ser fixados pela autoridade administrativa para cada caso singular. Obviamente, a lei deve fixar os parâmetros dentro dos quais o administrador deve agir, uma vez que a atividade da Administração é vinculada e não discricionária;
- *Sendo do caso (...) as garantias que devem ser fornecidas pelo beneficiado no caso de concessão em caráter individual* – No que toca exclusivamente à moratória individual, a lei deve enumerar as garantias a serem fornecidas pelo sujeito passivo. A moratória é causa de suspensão da exigibilidade do crédito, e, por isso, implica inevitável adiamento de receitas para o Estado. Além do mais, por ser concedida, como regra, em circunstâncias que impõem ao contribuinte diminuição de sua capacidade contributiva (como catástrofes naturais, crises econômicas etc.), a Fazenda assume, de certa maneira, algum risco de que o crédito venha a ser inadimplido ao final. Por isso, o CTN determina que o legislador dos entes federativos exija certas garantias (fiança, caução de títulos etc.) por parte do sujeito passivo, que têm como objetivo assegurar o cumprimento futuro da dívida tributária.

Para finalizar, lembre-se que a atividade administrativa de tributação é vinculada. Além do mais, incide no âmbito tributário o princípio da indisponibilidade do interesse público pelo administrador. Daí por que o CTN desce a certa minudência no que tange aos contornos jurídicos da moratória. Não se dá ao administrador discricionariedade quanto a decidir se a moratória deve ser concedida ou não, e nem mesmo quanto aos requisitos a serem cumpridos pelo sujeito passivo, uma vez que todos devem estar enumerados em lei.

B) Moratória e constituição do crédito tributário: art. 154 do CTN

O art. 154 do CTN determina:

> **CTN, art. 154.** Salvo disposição de lei em contrário, a moratória somente abrange os créditos definitivamente constituídos à data da lei ou do despacho que a conceder, ou cujo lançamento já tenha sido iniciado àquela data por ato regularmente notificado ao sujeito passivo.
>
> Parágrafo único. A moratória não aproveita aos casos de dolo, fraude ou simulação do sujeito passivo ou do terceiro em benefício daquele.

Antes de tudo, registre-se que o dispositivo do Código é *supletivo*. Apenas tem aplicação nas hipóteses em que as leis federal, estaduais, distrital ou municipais, concessivas de moratória permaneçam em silêncio quanto ao assunto. Assim, é possível que o legislador dos entes federativos disponha de maneira diversa, autorizando a concessão de moratória em circunstâncias diferentes.

Pois bem, nos termos do dispositivo, a moratória somente abrange:

- *Créditos definitivamente constituídos* – Em primeiro lugar, a moratória abrange apenas "os créditos definitivamente constituídos à data da lei ou do despacho que a conceder". Diz-se que o crédito está *definitivamente constituído* quando todos os atos necessários à sua confecção foram adotados pela autoridade administrativa, nos termos do que preceitua a legislação. Além do mais, a formalização da dívida tributária considera-se perfeita e acabada apenas com a *notificação* ao sujeito passivo. Assim, se por ocasião da publicação da lei ou da adoção do despacho pela autoridade administrativa, o sujeito passivo praticou o fato gerador, porém, o crédito ainda não foi devidamente constituído, a moratória não pode ser concedida. Paulo de Barros Carvalho anota: "A regra mantém sintonia com o princípio segundo o qual a exigibilidade que se suspende é atributo do lançamento e, desse modo, o ato jurídico administrativo é pressuposto para sua aplicação" (CARVALHO, 2012, p. 518);
- *Lançamento já iniciado* – A moratória aplica-se também às situações em que, à data da lei ou despacho que a concede, o "lançamento já tenha sido iniciado [...] por ato regularmente notificado ao sujeito passivo". Em outras palavras, é possível que o procedimento que resulta no ato administrativo do lançamento já tenha começado quando da publicação da lei concessiva da moratória ou adoção do despacho pela autoridade administrativa, mas ainda não tenha sido concluído. Se o sujeito passivo foi *notificado* deste começo de procedimento, então faz jus à moratória prevista em lei ou em despacho. Ressalte-se, uma vez mais, que a regra deste artigo é supletiva. A lei dos entes federativos, se quiser, pode autorizar a concessão de moratória mesmo antes dos prazos assinalados no CTN.

O que dizer, no entanto, das hipóteses de *lançamento por homologação*? Em casos como estes não há que se cogitar de lançamento definitivo ou de início do procedimento por meio de notificação.

Luciano Amaro observa: "O dispositivo tem o mérito de admitir disposição de lei em contrário. É mais do que evidente que, nos casos de tributos sujeitos a lançamento por homologação, a disposição em contrário decorre da própria natureza da hipótese. Se se fosse circunscrever a moratória aos tributos já lançados (por homologação), seria impossível aplicá-las em tais casos, pois, neles, os tributos são pagos antes do lançamento" (AMARO, 2011, p. 407).

De fato, na sistemática do lançamento por homologação, o dever de antecipar o pagamento surge *antes* da adoção de qualquer ato por parte da administração. Se, de acordo com o art. 154, *caput*, do CTN, a moratória apenas aproveita *depois* que o crédito está definitivamente constituído, ou ao menos *depois* de ter a autoridade fiscalizadora notificado o sujeito passivo, então é óbvio que esta causa de suspensão da exigibilidade nunca poderia ser aplicada aos tributos lançados por homologação. A lei que institui a moratória deve conter disposição expressa adaptando a moratória à sistemática do "autolançamento".

Finalmente, de acordo com o art. 154, parágrafo único, "a moratória não aproveita aos casos de dolo, fraude ou simulação do sujeito passivo ou do terceiro em benefício daquele". Ora, todo dispositivo jurídico normativo fixa um *valor moral ou ético* que é prestigiado e passa a ser institucionalmente protegido. O direito, ao menos como aspiração, deve guardar como conteúdo de suas normas mandamentos fundados na ética. Assim, o CTN proíbe que sujeitos passivos que adotem comportamentos imorais, como o são aqueles que correspondem a dolo, fraude ou simulação, façam jus ao benefício da dilação do prazo para pagamento do tributo.

C) Moratória individual, direito adquirido e revogação: artigo 155 do CTN

O art. 155 do CTN estatui:

> **Art. 155.** A concessão da moratória em caráter individual não gera direito adquirido e será revogado de ofício, sempre que se apure que o beneficiado não satisfazia ou deixou de satisfazer as condições ou não cumprira ou deixou de cumprir os requisitos para a concessão do favor, cobrando-se o crédito acrescido de juros de mora:
>
> I – com imposição da penalidade cabível, nos casos de dolo ou simulação do beneficiado, ou de terceiro em benefício daquele;
>
> II – sem imposição de penalidade, nos demais casos.
>
> Parágrafo único. No caso do inciso I deste artigo, o tempo decorrido entre a concessão da moratória e sua revogação não se computa para efeito da prescrição do direito à cobrança do crédito; no caso do inciso II deste artigo, a revogação só pode ocorrer antes de prescrito o referido direito.

a) A questão do direito adquirido

O dispositivo deve ser interpretado com cuidado, sob pena ferir a proteção constitucional do direito adquirido prevista no art. 5º, XXXVI, da CF/1988, segundo o qual "a lei não prejudicará o direito adquirido, o ato jurídico perfeito e a coisa julgada". Ademais, o art. 6º, § 2º, da Lei de Introdução às Normas do Direito Brasileiro determina:

> **LINDB, art. 6º**. [...]
>
> § 2º. Consideram-se adquiridos assim os direitos que o seu titular, ou alguém por ele, possa exercer, como aqueles cujo começo do exercício tenha termo pré-fixo, ou condição pré-estabelecida inalterável, a arbítrio de outrem.

Ora, se o sujeito passivo que pleiteou a moratória individual cumpre todas as condições e requisitos estabelecidos em lei, de maneira que reste tudo conferido pela autoridade administrativa por ocasião do despacho de concessão, então é óbvio que a moratória incorpora-se em seu patrimônio jurídico pelo período fixado no texto legal. A moratória individual, se corretamente deferida, gera direito adquirido à sua percepção até o termo final.

O que o art. 155 parece determinar, na verdade, são as situações nas quais se constata, posteriormente à concessão da moratória individual, que o sujeito passivo *não* satisfazia (ou deixou de satisfazer) as condições ou *não* cumpria (ou deixou de cumprir) os requisitos para a fruição do benefício.

Se o contribuinte não cumpre, a qualquer tempo, as condições e requisitos exigidos por lei, é claro que não há que se falar em "direito adquirido" ao benefício. Ausente o cumprimento das exigências impostas pela lei, o direito não se incorpora ao patrimônio do sujeito passivo.

Diante de uma situação como esta, o CTN determina que a moratória individual seja *revogada de ofício*.

O administrador, por vontade própria, independentemente de qualquer provocação externa, deve retirar o benefício concedido ao sujeito passivo logo que tenha ciência de que este não cumpria ou deixou de cumprir as condições ou os requisitos legais.

Paulo de Barros Carvalho anota: "Convém registrar que o legislador se utiliza do termo *revogar*, quando o correto seria *anular*. O não cumprimento dos requisitos legais, ou seu descumprimento, é tema de legalidade e motivo de anulação. Lembremo-nos que *revogação* é o desfazimento do ato por razões de conveniência ou oportunidade, e esse não é o caso da cassação do ato concessivo da moratória" (CARVALHO, 2012, p. 520).

A distinção é importante quando se considera entendimento sumulado pelo STF:

> **Súmula nº 473 do STF:** A Administração pode anular seus próprios atos quando eivados de vícios que os tornam ilegais, porque deles não se originam direitos; ou revogá-los, por motivo de conveniência ou oportunidade, respeitados os direitos adquiridos e ressalvada, em tais casos, a apreciação judicial.

b) Recolhimento do crédito com juros de mora e eventual penalidade pecuniária

À luz do descumprimento, pelo sujeito passivo, das condições ou requisitos estabelecidos por lei, não se deve falar em direito adquirido à moratória. Nesse caso a autoridade administrativa deve "revogar", isto é, *anular de ofício* o benefício, e, nos termos do que preceitua a parte final do *caput*, "cobrar o crédito acrescido de juros de mora".

Ora, anulada a moratória, isso significa que o prazo para pagamento volta a fluir normalmente. Uma vez que o sujeito passivo não cumpria os requisitos exigidos por lei, determina o CTN que recolha seu crédito como se estivesse em atraso, daí por que prescreve que o faça *acrescido de juros de mora*. É como se a moratória nunca tivesse sido concedida.

Os juros são cobrados como retribuição pelo valor que o sujeito passivo manteve em seu patrimônio, mas que já não lhe pertencia mais.

É possível, contudo, que o sujeito passivo seja compelido a recolher o valor devido, acrescido de juros de mora *e penalidade pecuniária*. Isso depende da averiguação do elemento subjetivo de sua conduta. Assim, de acordo com os incisos I e II do art. 155, existem as seguintes possibilidades:

- *Valor devido + juros de mora + penalidade* – Se o sujeito passivo deixa de cumprir as condições ou requisitos estabelecidos na lei e o faz valendo-se de *dolo ou simulação* ou por intermédio de um terceiro que também incorre em *ato doloso ou simulado*, então deve recolher o crédito acrescido de juros de mora mais a penalidade a ser imposta pelo administrador nos termos da legislação tributária;
- *Valor devido + juros de mora* – Se, por outro lado, o sujeito passivo descumpria, ou passou a descumprir as condições e requisitos legais sem que tenha agido com dolo ou simulação, isto é, sem que tivesse conhecimento das irregularidades, então deve recolher o crédito tão somente com juros de mora, mas sem a aplicação de penalidade. Como dissemos, o CTN opta por punir os atos antiéticos e por "premiar" aqueles dotados de boa-fé.

c) Anulação da moratória individual e prescrição

De acordo com o art. 155, parágrafo único, "no caso do inciso I deste artigo, o tempo decorrido entre a concessão da moratória e sua revogação não se computa para efeito da prescrição do direito à cobrança do crédito; no caso do inciso II deste artigo, a revogação só pode ocorrer antes de prescrito o referido direito".

Prescrição significa a perda do direito de mover a ação de cobrança judicial da dívida tributária (execução fiscal) contra o sujeito passivo pelo decurso do prazo de cinco anos (CTN, art. 174).

A anulação da moratória gera consequências no que toca a este prazo, porque, durante seu período de vigência, a exigibilidade do crédito permanece suspensa, de maneira que o sujeito passivo não se torna inadimplente. Sem a inadimplência, a Administração Pública não tem interesse processual para mover a ação de execução fiscal, de maneira que a contagem do prazo prescricional não pode ser iniciada.

À luz do parágrafo único do art. 155, a anulação da moratória individual produz os seguintes efeitos no que tange à prescrição:

- *Desconsideração do prazo de prescrição* – No caso do inciso I do art. 155, o tempo decorrido entre a concessão da moratória e sua revogação não se computa para efeito da prescrição do direito à cobrança do crédito. Anulada a moratória, deve o sujeito passivo recolher o valor devido dentro do prazo assinalado pela legislação. Caso não o faça, cai no estado de inadimplência, de maneira que a Fazenda tem o prazo de cinco anos para ingressar com a ação de execução fiscal. Pois bem, caso tenha o sujeito passivo agido com dolo ou simulação, *não entra na contagem do prazo de cinco anos o período em que gozou do benefício*. Em outras palavras, conta-se o prazo de cinco anos sem "descontar" dele o período em que a moratória esteve em vigor;
- *Consideração do prazo de prescrição* – No caso do inciso II do art. 155, a revogação só pode ocorrer antes de prescrito o referido direito. Se o sujeito passivo não agiu com dolo ou simulação, então o administrador deve verificar se, entre a concessão da moratória individual e sua anulação por descumprimento de condição ou requisito, *transcorreu o prazo de cinco anos*. Caso este prazo tenha se exaurido, então não há que se falar em anulação da moratória. Hugo de Brito Machado explica: "Essa regra teria de ser colocada expressamente, como está, no Código Tributário Nacional, posto que ela implica restrição ao alcance da regra albergada pelo art. 151, inciso I, do mesmo Código, segundo o qual a moratória suspende a exigibilidade do crédito tributário. Sem a norma, a situação seria diversa porque em regra a suspensão da exigibilidade do crédito tributário deve ter o efeito de suspender o curso da prescrição. Pode-se entender que a regra do art. 155, parágrafo único, pode ser entendida como uma desvantagem legalmente imposta à Fazenda Pública pelo erro na concessão da moratória. Se o beneficiário da moratória não atendia as exigências legais para obtê-la e ocorreu erro da autoridade administrativa ao conceder a moratória, o prazo de prescrição continua a correr, pois, a rigor, a exigibilidade não estava suspensa. Havia erro da Fazenda ao considerá-la assim. E a demora na correção do erro prejudica quem o cometeu, no caso, prejudica a Fazenda Pública" (MACHADO, 2005, p. 276, 277). Assim, se a moratória for revogada porque o beneficiado deixou de satisfazer as condições previstas na lei sem agir com dolo ou simulação, o tempo decorrido entre a concessão da moratória e a sua revogação é incluído no prazo da prescrição. Essa conclusão é extraída da parte final do parágrafo único do art. 155, que dispõe que a revogação da moratória, nesse caso, só pode ocorrer antes de prescrito o direito de cobrança do crédito tributário. Com isso, fica claro que o prazo da prescrição está correndo durante a moratória. Nesse caso, a Fazenda Pública é penalizada pela prescrição, porque, concedendo irregularmente a moratória, deixou de cobrar, no prazo devido, um crédito tributário, cujo pagamento não poderia ter sido beneficiado pela moratória. Entretanto, caso o contribuinte tenha obtido a moratória mediante dolo ou simulação, estará sujeito a aplicação de multa e juros, além da suspensão do prazo prescricional durante esse período.

27.3 DEPÓSITO DO MONTANTE INTEGRAL: ARTIGO 151, II, DO CTN

De acordo com o art. 151, II, do CTN, o "depósito do montante integral" também suspende a exigibilidade do crédito tributário. Esta causa de suspensão desponta como muitíssimo importante no contexto das relações entre Fisco e sujeito passivo porque não depende da decisão da Administração Pública ou do Poder Judiciário. Uma vez que o depósito é realizado no montante integral da dívida, obtém-se "automaticamente" a suspensão da exigibilidade do crédito tributário.

A) Conceito

De acordo com o art. 627 do Código Civil, "pelo contrato de depósito recebe o depositário um objeto móvel, para guardar, até que o depositante o reclame". No âmbito do direito privado, *depósito* é um contrato pactuado entre as partes de acordo com o qual o proprietário de um objeto móvel o entrega à guarda de outrem, o depositário, cuja responsabilidade assume até a restituição ao depositante.

No sistema do direito tributário, o depósito apresenta sentido sensivelmente distinto. Não se trata de contrato, mas de direito subjetivo assegurado por lei ao sujeito passivo. Assim, a vontade do depositário é irrelevante. Uma vez que seja apontado em lei como tal (geralmente uma instituição bancária), não pode eximir-se da responsabilidade. Tampouco podem o Fisco ou o Poder Judiciário recusar ao contribuinte ou responsável o gozo desse direito.

A característica essencial do depósito consiste em não opera a transferência da propriedade. Distingue-se, por isso, do pagamento, causa de extinção do crédito tributário nos termos do art. 156, I, do CTN. Dessa maneira, o depósito é hipótese de suspensão da exigibilidade. A Fazenda Pública *não* se torna *proprietária* do valor depositado. O terceiro depositário fica na guarda dos valores, que pertencem, até final solução do litígio, ao sujeito passivo.

Nesse sentido, Luciano Amaro adverte: "O depósito não é pagamento; é garantia que se dá ao suposto credor da obrigação tributária num procedimento administrativo ou em ação judicial, no sentido de que, decidido o feito, se o depositante sucumbe, o valor depositado é levantado pelo credor, extinguindo-se, dessa forma, a obrigação. Por isso, o depósito há de ser feito no valor *integral*, isto é, no montante a que o suposto credor se considera com direito" (AMARO, 2011, p. 408).

Ao contrário do que ocorre com a moratória, que é uma decisão político-legislativa do ente federativo, a opção pelo depósito fica a critério do sujeito passivo. Os legisladores dos quatro entes federativos não podem negá-lo porque está previsto de maneira expressa em norma geral nacional, que é o CTN.

O depósito é, portanto, *voluntário* para o contribuinte ou responsável. Estes decidem se querem ou não efetuá-lo. Ao fazê-lo, contudo, obtêm o efeito que dele se espera: *a suspensão da exigibilidade do crédito tributário*.

B) Características e efeitos

Vejamos as características do depósito, efeitos, questões conexas etc.:

- *Depósito administrativo ou judicial* – O depósito pode ser efetuado em âmbito administrativo ou judicial. Uma vez que seja notificado quanto à realização do lançamento, abre-se ao sujeito passivo a oportunidade para questionar a exigência. Tem início a denominada fase litigiosa do procedimento. Caso opte por depositar, deve a Administração Pública suspender, automaticamente, a exigibilidade do crédito tributário até a decisão final. Caso deseje ingressar com ação judicial, o contribuinte ou o responsável têm o direito subjetivo assegurado de depositar. Não é necessária nenhuma petição específica solicitando ao juiz autorização para tanto. Basta efetuar o depósito e comunicar o julgador para que este notifique a Fazenda no sentido de suspender a exigibilidade do crédito tributário. A propósito, a Primeira Turma e Segunda Turma do STJ assentaram:

> "Tributário. Suspensão da exigibilidade do crédito. Depósito do seu montante integral. *Direito do contribuinte que independe de autorização judicial.* Precedentes. Agravo regimental a que se nega provimento" (STJ, Primeira Turma, AgRg no AREsp 164.651/DF, 2012). "O Tribunal de origem, ao concluir pela carência da ação cautelar, acabou por contrariar o entendimento desta Corte esposado no recurso representativo da controvérsia, sobretudo porque *o depósito do montante integral do crédito tributário controvertido, a fim de suspender a exigibilidade do tributo, constitui direito do contribuinte, prescindindo de autorização judicial* e podendo ser efetuado nos autos de processo cautelar ou da ação principal (declaratória ou anulatória)" (STJ, Segunda Turma, REsp 1.232.447/SC, 2011).

- *Em dinheiro e no valor integral do débito* – Para suspender a exigibilidade do crédito, o depósito deve obrigatoriamente ser em *dinheiro e no valor integral* correspondente ao débito do sujeito passivo. Como regra, portanto, o valor será aquele apurado pela autoridade administrativa e apontado no lançamento. Não se admite, ademais, o oferecimento de caução ou outras formas de garantias, como títulos da dívida pública, fiança bancária etc. Para que fossem admitidas deveriam constar de maneira *taxativa* do art. 151 do CTN. Nesse sentido, a jurisprudência do STJ tem afastado, por exemplo, a admissibilidade de precatórios judiciais. Registre-se, inclusive, a existência de entendimento sumulado:

> "Segundo a jurisprudência desta Corte, inclusive sumulada nos verbetes nº 112 e 406, o precatório não se equipara ao dinheiro e somente o dinheiro no montante equivalente ao crédito tributário suspende-lhe a exigibilidade" (STJ, REsp. nº 1349552/RS, 2013).

Súmula nº 112 do STJ: "O depósito do montante integral somente suspende a exigibilidade do crédito se for integral e em dinheiro";

- *Efeitos do depósito* – Em primeiro lugar, diga-se que o depósito acautela ambas as partes da relação tributária. "Acautelar" significa precaver, prevenir, garantir. O sujeito passivo e a Fazenda Pública ficam precavidos com o depósito. O primeiro porque garante a suspensão da exigibilidade do crédito, e, com isso, a segurança necessária para que questione o débito em âmbito administrativo ou judicial. A segunda porque tem a segurança de que, uma vez que saia vitoriosa do litígio, terá seu crédito satisfeito;
- *Depósito como "pagamento provisório"* – A Medida Provisória nº 1.721/98, convertida na Lei nº 9.703/98, instituiu disciplina de gestão dos depósitos suspensivos da exigibilidade do crédito tributário em âmbito federal, que os teria transformado, segundo alguns, em "pagamentos antecipados", ou, de acordo com outros, em "empréstimos compulsórios". O art. 1º, §§ 2º e 3º, estabelecem:

> **Lei nº 9.703/98, art. 1º.** Os depósitos judiciais e extrajudiciais, em dinheiro, de valores referentes a tributos e contribuições federais, inclusive seus acessórios, administrados pela Secretaria da Receita Federal do Ministério da Fazenda, serão efetuados na Caixa Econômica Federal, mediante Documento de Arrecadação de Receitas Federais – DARF, específico para essa finalidade.
>
> [...]
>
> § 2º Os depósitos serão repassados pela Caixa Econômica Federal para a Conta Única do Tesouro Nacional, independentemente de qualquer formalidade, no mesmo prazo fixado para recolhimento dos tributos e das contribuições federais.
>
> § 3º Mediante ordem da autoridade judicial ou, no caso de depósito extrajudicial, da autoridade administrativa competente, o valor do depósito, após o encerramento da lide ou do processo litigioso, será:
>
> I – devolvido ao depositante pela Caixa Econômica Federal, no prazo máximo de vinte e quatro horas, quando a sentença lhe for favorável ou na proporção em que o for, acrescido de juros, na forma estabelecida pelo § 4º do art. 39 da Lei nº 9.250, de 26 de dezembro de 1995, e alterações posteriores; ou
>
> II – transformado em pagamento definitivo, proporcionalmente à exigência do correspondente tributo ou contribuição, inclusive seus acessórios, quando se tratar de sentença ou decisão favorável à Fazenda Nacional.

O § 2º, ao determinar o *repasse* dos valores depositados na Caixa Econômica Federal para a conta única do Tesouro Nacional sem qualquer formalidade, viabiliza ao Estado o acesso *imediato* à quantia depositada. De fato, os *efeitos práticos* são idênticos aos do pagamento. Embora a doutrina, de maneira geral, tenha se insurgido contra a disciplina legal, o fato é que o STF vem considerando-a plenamente *constitucional*. Em um dos primeiros julgados, por ocasião de medida liminar pleiteada pelo Conselho Federal da OAB, houve a seguinte manifestação:

> À primeira vista, o Tribunal indeferiu o pedido pela ausência de plausibilidade jurídica da arguição de inconstitucionalidade sustentada pelo autor da ação com fundamento no princípio da separação dos poderes (CF, art. 2º) em que se alegava a invasão do Poder Judiciário pelo Poder Executivo,

transformando os depósitos judiciais em verdadeiros empréstimos (STF, Informativo 230/2001. Confira-se igualmente: Informativos 443/2006; 256/2002; 582/2010).

C) O depósito na sistemática do lançamento por homologação

Nos tributos lançados por homologação, cabe ao sujeito passivo, após a prática do fato gerador, o cálculo do montante devido e a antecipação do pagamento. É possível, não obstante, que, no lugar de efetuar o *pagamento*, com o qual obtém a *extinção* do crédito tributário, o sujeito opte pelo *depósito* da quantia devida, causa que *suspende* a exigibilidade com o objetivo de discutir a cobrança.

Em situações como estas, como esclarece Hugo de Brito Machado, trata-se muito mais de *impedir* a exigibilidade do crédito: "O depósito suspende a exigibilidade do crédito tributário, certamente, mas suspende também a exigibilidade do cumprimento do dever jurídico de fazer o pagamento antecipado. É lógico que, se o depósito tem a força de suspender a exigibilidade do crédito tributário, impedindo que a Fazenda Pública promova a sua cobrança executiva, há de ter também a força de impedir que a Fazenda Pública considere inadimplente o sujeito passivo que, antes de constituído o crédito tributário, já efetuou o depósito do montante respectivo, garantindo plenamente o direito da Fazenda Pública de haver o tributo se este a final for considerado devido" (MACHADO, 2005, p. 215).

Pois bem, imagine-se um caso de tributo lançado por homologação e considere-se que o sujeito passivo, no lugar de efetuar o pagamento, fez o *depósito* em dinheiro e no valor integral com o objetivo de discutir judicialmente a questão. Neste caso, ao contrário do que determina o § 1º do art. 150, não se considera extinto o crédito sob condição resolutória porque não houve pagamento. Como agir nessa situação? Terá a Fazenda Pública que efetuar o lançamento de ofício ou por declaração para evitar a decadência?

Alguns autores entendem que, neste caso, a Fazenda deve constituir o crédito tributário pelo lançamento de ofício supletivo (CTN, art. 149, V) dentro prazo decadencial, sob pena de perder o direito de fazê-lo. Esta tese obteve certa acolhida no STJ durante algum tempo.

Hugo de Brito Machado, no entanto, sustenta opinião diversa: "O depósito pressupõe a determinação do valor que a Fazenda Pública pretende lhe seja devido a título de tributo. Pressupõe o acertamento da relação tributária, no seu aspecto quantitativo. Pressupõe a determinação do valor do tributo que a Fazenda pretende lhe seja pago e o contribuinte, no caso, considera indevido. Essa determinação é exatamente o que ocorre quando o contribuinte, considerando devido o tributo, vai fazer o seu pagamento antecipado [...] Se a Fazenda concorda expressa ou tacitamente, com o valor depositado, está indiscutivelmente consumado o lançamento tributário que na verdade nada mais é do que o acertamento da relação tributária. A concordância da Fazenda Pública, com os valores depositados, constitui a homologação de que trata o art. 150, do Código Tributário Nacional. Se não ocorrer de forma expressa, dar-se-á tacitamente, nos termos do § 4º do referido art. 150, pelo decurso do prazo de cinco anos, contados do fato gerador do tributo em disputa" (MACHADO, 2005, p. 217, 218).

Em outras palavras, de acordo com o autor, o depósito cumpre o papel que cabe ao pagamento antecipado na sistemática do lançamento por homologação.

De toda forma, o STJ tem decidido de acordo com a opinião do autor. Nos casos de lançamento por homologação, o depósito efetuado pelo sujeito passivo deve ser considerado uma espécie de "pagamento antecipado", de maneira que pode ser convertido diretamente em renda da Fazenda Pública caso o contribuinte ou responsável saiam vencidos da demanda. Em outras palavras, não há a necessidade de lançamento de ofício supletivo por parte da Administração, a não ser que pretenda cobrar um valor maior do que aquele apurado pelo sujeito passivo. A Primeira Seção reafirmou esse entendimento em 2009:

> No julgamento dos ERESP nº 686.479/RJ, relatora Ministra Denise Arruda, a Primeira Seção pacificou o entendimento de que, nos tributos sujeitos a lançamento por homologação, 'o contribuinte, ao realizar o depósito judicial com vistas à suspensão da exigibilidade do crédito tributário, promove a constituição deste nos moldes do que dispõe o art. 150 e parágrafos do CTN. Isso porque verifica a ocorrência do fato gerador, calcula o montante devido e, em vez de efetuar o pagamento, deposita a quantia aferida, a fim de impugnar a cobrança da exação. Assim, o crédito tributário é constituído por meio da declaração do sujeito passivo, não havendo falar em decadência do direito do Fisco de lançar, caracterizando-se, com a inércia da autoridade fazendária apenas a homologação tácita da apuração anteriormente realizada. *Não há, portanto, necessidade de ato formal de lançamento por parte da autoridade administrativa quanto aos valores depositados*'. Precedentes da Primeira Seção e de ambas as Turmas de Direito Público (STJ, AgRg no EREsp. 1037202/PR, 2009).

Em suma, nos casos de lançamento por homologação o depósito efetuado pelo sujeito passivo funciona como uma espécie de "pagamento antecipado", de maneira que, restando vencido o contribuinte ou responsável, a Administração não precisa efetuar lançamento de ofício supletivo, a não ser que pretenda cobrar valor *maior* do que aquele apurado pelo sujeito passivo. Neste caso, deve-se atentar para o prazo decadencial, mas apenas no que refere à quantia cobrada a maior.

JURISPRUDÊNCIA DO STF – EXIGÊNCIA DE DEPÓSITO E ACESSO À JURISDIÇÃO – SÚMULA VINCULANTE Nº 28

O art. 38, *caput*, da Lei nº 6.830/80 (Lei de Execuções Fiscais) estabelece: "A discussão judicial da Dívida Ativa da Fazenda Pública só é admissível em execução, na forma desta Lei, salvo as hipóteses de mandado de segurança, ação de repetição do indébito ou ação anulatória do ato declarativo da dívida, esta precedida do depósito preparatório do valor do débito, monetariamente corrigido e acrescido dos juros e multa de mora e demais encargos". Note-se que a ação anulatória do ato declarativo da dívida apenas pode ser proposta perante o Poder Judiciário *desde que haja depósito prévio do valor devido*, monetariamente corrigido, acrescido de juros de mora e demais encargos. Conclui-se, portanto, que o depósito é uma condição estabelecida pela lei para que o sujeito passivo questione judicialmente a dívida tributária, ao menos no âmbito da ação anulatória. O artigo confronta diretamente alguns dispositivos constitucionais, tais como o art. 5º, incisos, XXXIV, XXXV, LIV, LV, que tratam dos princípios do contraditório e ampla defesa, inafastabilidade da jurisdição etc. Regina Helena Costa, a propósito, explica: "O entendimento de que tal depósito constitui condição de procedibilidade há de ser afastado, por ser incompatível com o princípio da inafastabilidade do controle judicial (art. 5º, XXXV, CR). Assim, a interpretação consentânea com tal diretriz é no sentido de que a ação anulatória pode ser proposta sem a necessidade de depósito; mas o depósito do montante integral do débito em discussão, uma vez efetuado, impede a Fazenda Pública de ajuizar a execução fiscal" (COSTA, 2014, p. 258, 259). O antigo Tribunal Federal de Recursos (TRF) já havia consolidado entendimento sobre o assunto, assentado no enunciado sumulado: Súmula nº 247 do TFR – "Não constitui pressuposto da ação anulatória do débito fiscal o depósito de que trata o art. 38 da Lei nº 6.380, de 1980". O debate sobre a constitucionalidade de tal exigência chegou ao STF por meio da ação direta de inconstitucionalidade (ADIN) nº 1074. O objeto da ação foi o art. 19, caput, da Lei nº 8.870/94: "As ações judiciais, inclusive cautelares, que tenham por objeto a discussão de débito para com o INSS serão, obrigatoriamente, precedidas do depósito preparatório do valor do mesmo, monetariamente corrigido até a data de efetivação, acrescido dos juros, multa de mora e demais encargos". O STF julgou procedente o pedido e declarou a inconstitucionalidade do artigo. Restou assentada a "violação do disposto no artigo 5º, incisos XXXV e LV, da Constituição do Brasil". Além do mais, "o artigo 19 da Lei n. 8.870/94 impõe condição à propositura das ações cujo objeto seja a discussão de créditos tributários. Consubstancia barreira ao acesso ao Poder Judiciário" (STF, ADI 1074/DF, 2007). A Corte houve por bem adotar súmula vinculante:

> ***Súmula Vinculante nº 28 do STF:*** "É inconstitucional a exigência de depósito prévio como requisito de admissibilidade de ação judicial na qual se pretenda discutir a exigibilidade de crédito tributário".

27.4 RECLAMAÇÕES E RECURSOS ADMINISTRATIVOS: ARTIGO 151, III, DO CTN

De acordo com o art. 151, III, do CTN, "suspendem a exigibilidade do crédito tributário [...] as reclamações e os recursos, nos termos das leis reguladoras do processo tributário administrativo". Ora, se o lançamento ocorre no seio de um procedimento administrativo, nada mais natural do que obter-se a suspensão da exigibilidade do crédito pelo questionamento formulado ainda neste âmbito.

Vale ressaltar que as reclamações e recursos aptos a promover a suspensão de exigibilidade são aqueles que discutem o próprio lançamento tributário, ou seja, a exigibilidade do crédito tributário. Não tem esse efeito as impugnações a temas estranhos como, por exemplo, reclamação administrativa que questiona a legalidade de ato de exclusão de parcelamento (STJ, Segunda Turma, REsp 1372368, 11/05/2005).

Finalmente, é importante registrar que as reclamações e recursos administrativos suspendem a exigibilidade do crédito independentemente do depósito do valor integral do montante devido.

Quer dizer, se fizer o depósito, o sujeito passivo tem a vantagem de não ter que arcar com a correção monetária, além de afastar a incidência juros de mora. Nada impede, contudo, que apenas apresente a reclamação ou interponha o recurso sem depositar. Se, no entanto, ao final restar vencido deverá recolher o valor devido acrescido de correção monetária e juros moratórios.

A) Cobrança administrativa e direitos fundamentais

Nos termos do art. 142 do CTN, o lançamento é *procedimento administrativo* cujo objetivo final é a constituição do crédito tributário. Embora a doutrina, de maneira geral, considere-o simples *ato administrativo*, não se pode negar que há um procedimento no bojo do qual este ato é adotado pela Administração Pública. Caso contrário, ter-se-ia que reconhecer que o administrador age desvinculado da lei. Esse não é o caso, obviamente.

A instituição do tributo pelo Poder Legislativo e sua cobrança pela Administração Tributária colidem com o direito fundamental das pessoas, previsto no art. 5º, XXII, da CF/1988, qual seja, *o direito à propriedade privada*. Uma vez que o texto constitucional consagra autêntico Estado Democrático de Direito, princípios e regras constitucionais precisam ser observados pelo Poder Público ao longo da atividade de instituição, fiscalização e cobrança dos tributos.

Dois deles, talvez os mais importantes, são típicos direitos e garantias fundamentais, já que previstos no art. 5º da CF/1988. Vejamos:

- *Devido processo legal* – De acordo com o art. 5º, LIV, "ninguém será privado da liberdade ou de seus bens sem o devido processo legal". Ainda que autorizada pela Constituição e veiculada por lei, a tributação é uma forma de privar as pessoas de seus bens. Daí por que o texto constitucional assegura a todos a observância do devido processo legal que, no sentido material, significa a adequação da lei aos parâmetros de razoabilidade e proporcionalidade, e, no sentido formal, a observância de garantias que permitam ao sujeito passivo defender-se efetivamente em face da cobrança do tributo;
- *Contraditório e ampla defesa* – De acordo com o art. 5º, LV, "aos litigantes, em *processo* judicial ou *administrativo*, e aos acusados em geral são assegurados o contraditório e ampla defesa, com os meios e recursos a ela inerentes". Ainda que se considere o lançamento simples ato administrativo, o fato é que a formalização e respectiva cobrança do crédito dão-se por meio de um *processo administrativo*. Assim, nos termos do que determina a Constituição, o sujeito passivo tem assegurado o direito de insurgir-se contra a cobrança e de ver observado o contraditório e a ampla defesa com os meios e recursos a ela inerentes. Isso significa que a lei deve assegurar a possibilidade de o

sujeito contestar *administrativamente* a exigência, manifestando-se e sendo ouvido, produzindo provas etc. Vencido num primeiro momento, tem ainda o direito de obter uma segunda decisão, uma revisão do primeiro pronunciamento administrativo;

Dessa maneira, cada ente federativo, no exercício de sua autonomia, deve aprovar lei própria que instrumentalize o processo administrativo por meio do qual se dá a cobrança das dívidas tributárias e se garanta aos sujeitos passivos a estrita observância de seus direitos fundamentais, em especial do contraditório e da ampla defesa.

Em âmbito federal, o Decreto nº 70.235/72, que institui o Processo Administrativo Fiscal (PAF), foi recepcionado pela Constituição de 1988 como lei ordinária. Nos termos do art. 1º, o Decreto "rege o processo administrativo de determinação e exigência dos créditos tributários da União e o de consulta sobre a aplicação da legislação tributária federal".

B) Lançamento e processo administrativo

O lançamento é ato administrativo que se reputa perfeito e acabado com a notificação de cobrança ao sujeito passivo. Pois bem, nos termos do art. 7º, I, do Decreto nº 70.235/72, "o procedimento fiscal tem início com o primeiro ato de ofício, escrito, praticado por servidor competente, *cientificado* o sujeito passivo da obrigação tributária ou seu preposto".

Assim, como ensina Sacha Calmon Navarro Coêlho, o lançamento não se confunde com o processo administrativo, porquanto, "uma vez realizado o lançamento ou provocada a Administração, por iniciativa dos contribuintes ou mesmo *ex officio*, abre-se a instância de revisão, formando-se o *procedimento administrativo tributário*, que será regido nos termos da lei (art. 151, III, do CTN)" (COELHO, 2011, p. 733).

Vimos que, com a notificação do lançamento, o sujeito passivo possui um prazo dentro do qual, muito embora o crédito seja exigível, não se considera inadimplente. Logo, o crédito ainda não pode passar ao estágio da exequibilidade. Ocorre, contudo, que o sujeito passivo não pode permanecer inerte. Ele deve posicionar-se a respeito da cobrança.

Abrem-se, nesse caso, três possibilidades:

- *Concordância com a exigência* – Se o contribuinte ou responsável concordam com a exigência, ou seja, se, de acordo com a análise que fazem, a cobrança está de acordo com a lei instituidora do tributo, CTN, Constituição etc., então efetuam o *pagamento* da quantia exigida no prazo assinalado na notificação e extinguem o crédito tributário nos termos do art. 156, I, do CTN;
- *Discordância em face da exigência* – Pode ser que o sujeito passivo discorde da exigência. A cobrança parece-lhe inconstitucional ou acredita que não praticou o fato gerador; faz jus a imunidade ou isenção, de maneira que não pode ser constrangido ao pagamento etc. Nessa situação, duas possibilidades se abrem:

- *Processo administrativo* – O sujeito passivo tenta reverter a situação em âmbito administrativo. De acordo com o art. 14 do Decreto nº 70.235/72, que rege o processo administrativo em âmbito federal, "a impugnação da exigência instaura a fase litigiosa do procedimento". *Fase litigiosa* significa que o contribuinte ou o responsável incitam a Administração Pública a exercer *função atípica de julgamento* do conflito de interesses instaurado com a insurgência do sujeito passivo em face da cobrança efetuada;
- *Processo judicial* – O sujeito passivo pode pleitear diretamente ao Poder Judiciário, haja vista que a Constituição assegura a inafastabilidade do acesso à jurisdição. Neste caso, dará início a processo judicial cujo objeto é a lide tributária;

- *Inércia* – É possível, embora não seja aconselhável, que o sujeito passivo permaneça em inércia. Neste caso, uma vez que tenha transcorrido o prazo para pagamento ou impugnação do lançamento, o contribuinte ou responsável torna-se inadimplente e ingressa em estado de mora, com todas as consequências que daí provêm. O crédito deixa de ser apenas *exigível* e passa a ser também *exequível*, ou seja, será inscrito em dívida ativa com extração da respectiva certidão da *dívida ativa (CDA)*, que dará subsídio à instauração do processo de cobrança judicial forçada da dívida tributária, isto é, execução fiscal.

JURISPRUDÊNCIA DO STF – DEPÓSITO PRÉVIO E PROCESSO ADMINISTRATIVO – SÚMULA VINCULANTE Nº 21

Salvo em alguns dispositivos esparsos, o CTN não disciplina o processo administrativo fiscal. O Código, no entanto, presume sua existência, na medida em que determina que "leis" devem regulá-lo. Em âmbito federal, como vimos, esta lei é o Decreto nº 70.235/72 que, como afirmado, foi recepcionado pela CF/1988 com status de lei ordinária. Pois bem, de acordo com o vernáculo utilizado pelo CTN, *reclamação* corresponde justamente à impugnação referida no art. 14 do Decreto. É a petição endereçada pelo contribuinte ou responsável à autoridade administrativa competente, de primeira instância, com a qual inaugura a fase litigiosa do procedimento. *Recurso*, por sua vez, tem o sentido rigoroso e corresponde à insurgência do sujeito passivo em face da decisão de primeira instância e sua consequente remessa à análise da autoridade de segundo grau (art. 33 do Decreto nº 70.235/72). Luciano Amaro explica: "As reclamações e os recursos no procedimento administrativo têm o efeito de suspender a exigibilidade do crédito tributário. Apresentada a reclamação ou o recurso, aguarda-se a decisão da autoridade ou do tribunal administrativo a que caiba seu exame. Se a decisão definitiva for favorável ao reclamante, a exigência fiscal se extingue (CTN, art. 156, IX). Se desfavorável, restabelece-se a exigibilidade, tendo, em regra, o sujeito passivo um prazo para satisfazer a obrigação, sob pena de o Fisco atuar no sentido da cobrança judicial (com a inscrição da dívida, que mais adiante examinaremos, e a execução judicial); é óbvio que, nessa mesma hipótese, o sujeito passivo também pode ingressar em juízo, antecipando-se à ação do Fisco" (AMARO, 2011, p. 409). Pois bem, o art. 33, § 2º, do Decreto nº 70.235/72, incluído pela Lei nº 10.522/2002, dispunha o seguinte: "Em qualquer caso, o recurso voluntário somente terá seguimento se o recorrente arrolar bens e direitos de valor equivalente a 30% (trinta por cento) da exigência fiscal definida na decisão, limitado o arrolamento, sem prejuízo do seguimento do recurso, ao total do ativo permanente se pessoa jurídica ou ao patrimônio se pessoa física". Nota-se que o Decreto condicionava a interposição do recurso administrativo e, consequentemente, a suspensão da exigibilidade do crédito tributário, à garantia da cobrança de 30% do valor assinalado pela Administração. O STF, inicialmente, posicionou-se no sentido da constitucionalidade da exigência (STF, Informativo 165/1999). Com a alteração na composição da Corte, contudo, o Tribunal houve por bem reavaliar seu posicionamento (STF, Informativos 317/2003 e 423/2006). No anos de 2006 decidiu que é inconstitucional a exigência de depósito prévio como condição de admissibilidade de recurso na esfera administrativa: "O Tribunal, por maioria, deu provimento a recurso extraordinário interposto contra acórdão do Tribunal Regional Federal da 5ª Região, e declarou a inconstitucionalidade do art. 33, § 2º, do Decreto 70.235/72, na redação do art. 32 da Medida Provisória 1.863-51/99, convertida na Lei 10.522/2002. Entendeu-se que a exigência do depósito ofende o art. 5º, LV, da CF – que assegura aos litigantes, em processo judicial ou administrativo, e aos acusados em geral, o contraditório e a ampla defesa, com os meios e recursos a ela inerentes –, bem como o art. 5º, XXXIV, 'a', da CF, que garante o direito de petição, gênero no qual o pleito administrativo está inserido, independentemente do pagamento de taxas" (STF, Informativo 461/2007). Sacramentando seu entendimento, o STF adotou súmula vinculante:

> ***Súmula Vinculante nº 21:*** "É inconstitucional a exigência de depósito ou arrolamento prévios de dinheiro ou bens para a admissibilidade de recurso administrativo".

27.5 LIMINAR EM MANDADO DE SEGURANÇA: ARTIGO 151, IV, DO CTN

De acordo com o art. 151, IV, do CTN, "suspendem a exigibilidade do crédito tributário [...] a concessão de *medida liminar* em mandado de segurança". Perceba-se, desde logo, que a suspensão da exigibilidade *não* provém da simples *impetração* do mandado de segurança, mas de eventual concessão de *medida liminar* por parte do juiz de direito. Nesse sentido, o art. 5º, LXIX, da CF/1988, estabelece:

> **CF, art. 5º**, LXIX. Conceder-se-á mandado de segurança para proteger direito líquido e certo, não amparado por 'habeas-corpus' ou 'habeas-data', quando o responsável pela ilegalidade ou abuso de poder for autoridade pública ou agente de pessoa jurídica no exercício de atribuições do Poder Público.

O art. 1º da Lei nº 12.016/2009, que regula o mandado de segurança individual e coletivo, praticamente reproduz o dispositivo constitucional:

> **Lei nº 12.016/2009**. Conceder-se-á mandado de segurança para proteger direito líquido e certo, não amparado por *habeas corpus* ou *habeas data*, sempre que, ilegalmente ou com abuso de poder, qualquer pessoa física ou jurídica sofrer violação ou houver justo receio de sofrê-la por parte de autoridade, seja de que categoria for e sejam quais forem as funções que exerça.

O mandado de segurança volta-se à proteção de *direito líquido e certo* de quaisquer pessoas naturais ou jurídicas que eventualmente sofram ilegalidade ou abuso de poder perpetrado por autoridade pública ou agente de pessoa jurídica no exercício de atribuições do Poder Público.

A relação jurídica tributária, como vimos, envolve a constante oposição entre Estado e particular. Seu objeto é a cobrança do tributo, isto é, a pretensão que visa à transferência de parcela da propriedade privada ao Poder Público.

São frequentes, pois, os casos em que as autoridades fazendárias agem através de ilegalidades ou abusos de poder. O mandado de segurança, por isso, é muito utilizado pelos sujeitos passivos na defesa de seus direitos líquidos e certos violados ou na iminência de sê-los.

Vejamos, de maneira sumária, algumas características desta ação:

- *Ação constitucional* – De acordo com Alexandre de Moraes, "o mandado de segurança é uma ação constitucional, de natureza civil, cujo objeto é a proteção de direito líquido e certo, lesado ou ameaçado de lesão, por ato ou omissão de autoridade pública ou agente de pessoa jurídica no exercício de atribuições do Poder Público" (MORAES, 2008, p. 152);
- *Espécies* – Diz-se que o mandado de segurança é *repressivo* quando o ato de ilegalidade ou de abuso de poder *já ocorreu*. Por outro lado, chama-se *preventivo* quando o ato ilegal ou abusivo *ainda não ocorreu*, mas está *prestes a ocorrer*;
- *Direito líquido e certo* – Alexandre de Moraes explica que "direito líquido e certo é o que resulta de *fato certo*, ou seja, é *aquele capaz de ser comprovado, de plano, por documentação inequívoca*. Note-se que o direito é sempre líquido e certo. A caracterização de imprecisão e incerteza recai sobre os *fatos*, que necessitam de comprovação" (MORAES, 2008, p. 155);
- *Sujeição ativa e passiva* – A relação jurídica tributária tem como sujeito ativo o Estado e como sujeito passivo o contribuinte ou responsável. Pois bem, na relação processual que se instaura com a impetração do mandado de segurança os polos se invertem. *Sujeito ativo*, neste caso, é o titular do direito líquido e certo violado, isto é, o particular que suporta a pretensão estatal; *sujeito passivo*, por sua vez, é a pessoa jurídica de direito público a cujos quadros pertence a autoridade coatora, ou seja, a autoridade que, investida na função pública, pratica a ilegalidade ou o abuso de poder. Há

certa divergência doutrinária quanto a este último ponto, mas não importa neste momento.

O que nos interessa de maneira mais próxima é a disciplina legal relativa à concessão da *medida liminar*. Como restou assinalado, *não* basta a simples *impetração* do mandado de segurança para que a exigibilidade do crédito seja suspensa. É necessário que o juiz conceda *medida liminar* para que este efeito seja alcançado.

A propósito, o art. 7º, III, da Lei nº 12.016/2009, estabelece:

> **Lei nº 12.016/2009, art. 7º.** Ao despachar a inicial, o juiz ordenará:
>
> [...]
>
> III – que se suspenda o ato que deu motivo ao pedido, quando houver fundamento relevante e do ato impugnado puder resultar a ineficácia da medida, caso seja finalmente deferida, sendo facultado exigir do impetrante caução, fiança ou depósito, com o objetivo de assegurar o ressarcimento à pessoa jurídica.

O particular, titular do direito líquido e certo violado, ao impetrar o mandado de segurança junto à autoridade judicial competente, deve *pleitear* a concessão de *medida liminar*. Para que o juiz a conceda, deve restar demonstrado:

- *Fundamento relevante* – Também chamado de *fumus boni juris* ou "fumaça do bom direito". A liminar é decisão adotada pelo julgador com base em uma *cognição não exauriente da demanda*, ou seja, uma análise que não se aprofunda nos detalhes da causa. Por isso, o *fundamento* deve ser *relevante*, quer dizer, é necessário que o julgador, numa análise rápida, perceba que a pretensão do impetrante é protegida, ao menos em princípio, pelo ordenamento jurídico;
- *Ineficácia da medida* – Também chamada de *periculum in mora* ou "perigo na demora". O impetrante deve demonstrar ao juiz que a situação na qual se encontra é urgente, isto é, que a ilegalidade ou o abuso de poder devem ser desde logo afastados e que não se pode esperar o trâmite completo da ação. Imagine-se, por exemplo, que certas mercadorias perecíveis foram barradas pela autoridade fazendária que cuida das importações. Se a decisão do julgador demorar muito, as mercadorias podem se perder. A liminar, que pode ser concedida logo que o juiz despacha a petição inicial, pode "salvar" os produtos do perecimento, assegurando que cheguem logo ao destinatário final e que sejam consumidas.

Ao contrário do que ocorre com o depósito do montante integral e com as reclamações e recursos administrativos, cuja suspensão da exigibilidade do crédito tributário pode ser obtida automaticamente, a liminar em mandado de segurança depende da análise do juiz e de uma decisão favorável ao impetrante.

Em suma, nos termos do art. 151, IV, do CTN, a *concessão de medida liminar* em mandado de segurança suspende a exigibilidade do crédito tributário. Lembre-se que a liminar é uma decisão temporária, cuja função consiste em garantir a eficácia da decisão final. Sua concessão fica na dependência de que o impetrante demonstre o fundamento relevante e que a demora resultará na ineficácia da medida.

27.6 LIMINAR OU TUTELA ANTECIPADA EM OUTRAS AÇÕES JUDICIAIS: ARTIGO 151, V, DO CTN

De acordo com o art. 151, V, do CTN, "suspendem a exigibilidade do crédito tributário [...] a concessão de medida liminar ou de tutela antecipada em outras espécies de ação judicial". Registre-se desde logo: a suspensão da exigibilidade não decorre do simples ingresso em juízo com outras espécies de ações judiciais, porém, com a concessão, pelo juiz, de eventual *medida liminar* ou *tutela de urgência* requeridas pelo autor.

O inciso V do art. 151 do CTN foi incluído pela Lei Complementar nº 104/2001. Como vimos, muito embora o Código seja lei ordinária, foi recepcionado pela CF/1988 com status de lei complementar. Por isso, quaisquer alterações em seu texto devem provir desta última espécie normativa.

Por que houve a necessidade de tal acréscimo? Vimos que uma das exigências para que a impetração do mandado de segurança é a comprovação da existência de *direito líquido e certo*. A liquidez e certeza não se referem ao direito em si, mas aos *fatos* que servem de base à impetração. O ato de ilegalidade ou abuso de poder deve estar comprovado logo que a petição inicial seja protocolizada.

O rito do mandado de segurança não comporta dilação probatória. Não há produção de provas ao longo do processo. Uma vez que o caráter incontroverso dos fatos pode ser obtido pela presença de documentos, diz-se que há direito líquido e certo, como regra, quando os fatos narrados pelo impetrante são comprovados desde logo por prova documental.

É o que ocorre, por exemplo, quando o contribuinte tem negado seu pedido de certidão negativa de débitos. Se estiver de posse dos documentos que comprovam que houve o pagamento do tributo que consta como dívida, então está presente o direito líquido e certo.

Pois bem, em muitos casos o sujeito passivo não consegue comprovar, com a protocolização da petição inicial, os fatos que subsidiam sua pretensão. Muitas vezes a comprovação da ilegalidade ou do abuso de poder dependem, por exemplo, da realização de uma perícia contábil. Em situações tais como estas, não existe direito líquido e certo. Logo, a via do mandado de segurança fica bloqueada.

Antes do advento da Lei Complementar nº 104/2001, não havia outra opção ao sujeito passivo que não efetuar o depósito do montante integral (CTN, art. 151, II) ou ingressar com reclamação ou recurso administrativo (CTN, art. 151, III) caso almejasse a suspensão da exigibilidade do crédito tributário.

Eram as únicas opções que dependiam apenas dele, porquanto a moratória, como sabemos, depende de lei do ente federativo competente.

Ocorre que tais medidas eram por vezes ineficazes, porque, frequentemente, o contribuinte ou o responsável não possuíam os recursos financeiros necessários ao depósito e precisavam da rápida suspensão da exigibilidade do crédito tributário. É o que se dava, por exemplo, no caso de empresas que necessitavam de certidões positiva com efeitos de negativa para que pudessem participar de licitações públicas.

Quando tais empresas tentavam obter medida liminar em outras espécies de ações judiciais que não o mandado de segurança, até obtinham algum sucesso, porquanto o juiz decidia pela concessão. Entretanto, tais liminares *não suspendiam a exigibilidade do crédito* porque, segundo a jurisprudência, não constavam do rol do art. 151 do CTN.

Os julgadores valiam-se do art. 111, I, do CTN, segundo o qual "interpreta-se *literalmente* a legislação tributária que disponha sobre *suspensão* ou exclusão do crédito tributário". Ora, o art. 151 dispõe sobre suspensão do crédito. Logo, deve ser interpretado *literalmente*. Se, antes da Lei Complementar 104/2001, constava apenas liminar em mandado de segurança, então liminares concedidas em outras espécies de ações judiciais não poderiam acarretar a suspensão da exigibilidade do crédito tributário. Este era o raciocínio.

Para contornar a controvérsia doutrinária e jurisprudencial que se formou em torno do assunto, o legislador federal houve por bem acrescentar o inciso V ao art. 151 do CTN, prevendo de maneira expressa a possibilidade de que medida liminar e tutela antecipada em outras espécies de ações judiciais podem suspender a exigibilidade do crédito tributário.

Tal como ocorre no caso da liminar em mandado de segurança, contudo, essa causa de suspensão depende de decisão do Poder Judiciário. De fato, não faz sentido limitar o poder de suspender a exigibilidade do crédito tributário apenas à liminar em mandado de segurança. Essa decisão teria um status especial com relação às outras decisões provenientes do Poder Judiciário? Parece que não.

Nesse sentido, o art. 300 do novo Código de Processo Civil estabelece:

> **NCPC, art. 300.** A tutela de urgência será concedida quando houver elementos que evidenciem a probabilidade do direito e o perigo de dano ou o risco ao resultado útil do processo.
>
> § 1º Para a concessão da tutela de urgência, o juiz pode, conforme o caso, exigir caução real ou fidejussória idônea para ressarcir os danos que a outra parte possa vir a sofrer, podendo a caução ser dispensada se a parte economicamente hipossuficiente não puder oferecê-la.
>
> § 2º A tutela de urgência pode ser concedida liminarmente ou após justificação prévia.
>
> § 3º A tutela de urgência de natureza antecipada não será concedida quando houver perigo de irreversibilidade dos efeitos da decisão.

O novo Código de Processo Civil houve por bem disciplinar as diversas espécies de tutelas emergenciais ou tutelas de urgência. Quer assumam a forma de tutela antecipada, cautelar ou de evidência, desde que o provimento jurisdicional seja antecipado a título de cognição não exauriente, a decisão deve produzir os efeitos que a liminar em mandado de segurança produz, isto é, a suspensão da exigibilidade do crédito tributário.

Nesse sentido, em âmbito tributário, a tutela de urgência tem lugar frequentemente nas ações declaratórias de inexistência da relação jurídica tributária e nas ações anulatórias do débito fiscal. O objetivo é justamente obter a suspensão da exigibilidade do crédito tributário enquanto se debate a questão principal. Assim, o contribuinte ou responsável não podem ser considerados em mora pela Administração Pública.

Finalmente, importa mencionar que a liminar ou a tutela provisória concedidas *antes* do lançamento *não* têm aptidão para impedir que a autoridade administrativa o realize. Trata-se do *lançamento para evitar a decadência*. Não obstante, a Administração fica impedida de efetuar a cobrança da *multa de mora*. Eis o teor do art. 63, *caput*, e § 2º, da Lei nº 9.430/96:

> **Lei nº 9.430/96, art. 63.** Na constituição de crédito tributário destinada a prevenir a decadência, relativo a tributo de competência da União, cuja exigibilidade houver sido suspensa na forma dos incisos IV e V do art. 151 da Lei nº 5.172, de 25 de outubro de 1966, não caberá lançamento de multa de ofício.
>
> [...]
>
> § 2º. A interposição da ação judicial favorecida com a medida liminar interrompe a incidência da multa de mora, desde a concessão da medida judicial, até 30 dias após a data da publicação da decisão judicial que considerar devido o tributo ou contribuição.

27.7 PARCELAMENTO: ARTIGO 151, VI, DO CTN

Finalmente, de acordo com o art. 151, VI, do CTN, "suspendem a exigibilidade do crédito tributário [...] o parcelamento". Esta modalidade de suspensão tem sido utilizada com muita frequência nos últimos anos, superando, inclusive, sua antecessora direta, a moratória.

De fato, representa vantagem tanto para o sujeito passivo como para o Fisco. Quanto ao primeiro, viabiliza o recolhimento do montante devido em múltiplas parcelas, com periodicidade, em regra, mensal, que se estende, muitas vezes, ao longo de dez anos ou mais, conforme dispõe a lei concessiva do benefício. No que toca ao segundo, dá-lhe acesso a quantias que pareciam, em princípio, perdidas, em razão da situação de fragilidade econômica dos sujeitos passivos ou a valores que demorariam a ingressar em seus cofres em razão de questionamentos administrativos ou judiciais.

Infelizmente, como tudo no Brasil, sua finalidade tem sido constantemente desvirtuada. Vem funcionando, através da pressão de grandes empresas devedoras junto aos políticos, como forma de escaparem às punições por frequentes e propositais atrasos no recolhimento de quantias que são sabidamente devidas. Prejudica-se, assim, o contribuinte honesto, que cumpre com sua obrigação na data aprazada em lei e não se utiliza de subterfúgios escusos para conseguir, junto aos poderes constituídos e facilmente convencíveis pela força econômica, a prorrogação de suas dívidas tributárias inconfessáveis.

A) Conceito

O *parcelamento* é a última causa de suspensão da exigibilidade do crédito tributário. O inciso VI do art. 151 do CTN também foi introduzido pela LC nº 104/2001.

As razões são basicamente idênticas àquelas que justificaram a inclusão do inciso V. Muitas vezes os entes federativos optavam por parcelar as dívidas tributárias de seus sujeitos passivos. Uma vez que o parcelamento não constava originariamente do art. 151, negava-se a suspensão da exigibilidade sob o argumento da *taxatividade* das causas enumeradas no dispositivo e da imposição de interpretá-las *literalmente*. O legislador federal houve por bem eliminar a controvérsia doutrinária e jurisprudencial.

Luís Eduardo Schoueri observa: "O parcelamento nada mais é que uma moratória, com a peculiaridade de que se preveem pagamentos parcelados do débito, na forma e prazos previstos em lei. Daí acertar o art. 155-A, § 2º, do Código Tributário Nacional, ao determinar que se apliquem, subsidiariamente, ao parcelamento as regras referentes à moratória" (SCHOUERI, 2012, p. 582).

Sem dúvida, de acordo com o dispositivo, "aplicam-se subsidiariamente ao parcelamento as disposições desta Lei relativas à moratória". Assim, nos casos de *omissão* da lei que institui o parcelamento quanto a certos aspectos do programa, aplicam-se as disposições previstas no CTN relativas à moratória.

Como vimos, *moratória* é a prorrogação legal do prazo para pagamento do tributo. No parcelamento ocorre o mesmo, pois se tem a dilação do prazo para que o sujeito passivo recolha o valor devido. Neste caso, entretanto, no lugar de recolher tudo de uma só vez ao final do prazo assinalado em lei, o contribuinte ou o responsável o fazem em *parcelas*, geralmente mensais.

Uma vez deferido o parcelamento, suspende-se a exigibilidade de todo o montante que, a partir de então, será recolhido aos poucos. Quanto às diferenças entre moratória e parcelamento, Regina Helena Costa explica: "Pode-se dizer que os institutos distinguem-se pelo fato de que, enquanto a moratória pode se dar mediante execução *unitária* ou *parcelada* – pagamento do débito em uma ou várias parcelas –, o parcelamento, somente desta última forma" (COSTA, 2014, p. 262).

JURISPRUDÊNCIA DO STJ – SUSPENSÃO DA EXIGIBILIDADE E BLOQUEIO DE ATIVOS

Como vimos, o parcelamento consiste na prorrogação do prazo para o recolhimento do valor devido, na forma de parcelas a serem recolhidas aos poucos pelo sujeito passivo, geralmente com frequência mensal. Uma vez deferido pela Administração Pública, suspende-se a exigibilidade do crédito tributário. Com isso, o bloqueio de ativos, não pode ser determinado se o crédito tributário se encontra com exigibilidade suspensa. Assim, conforme definido pelo Superior Tribunal de Justiça na sistemática dos recursos repetitivos, caso efetivada a penhora de ativos em momento posterior à concessão do parcelamento, o bloqueio é nulo, e deve ser levantado. Caso o bloqueio tenha ocorrido em momento anterior à adesão ao parcelamento a constrição permanece legítima:

> "O bloqueio de ativos financeiros do executado via sistema BACENJUD, em caso deconcessão de parcelamento fiscal, seguirá a seguinte orientação: (i) será levantado o bloqueio se a concessão é anterior à constrição; e (ii) fica mantido o bloqueio se a concessão ocorre em momento posterior à constrição,

ressalvada, nessa hipótese, a possibilidade excepcional de substituição da penhora online por fiança bancária ou seguro garantia, diante das peculiaridades do caso concreto, mediante comprovação irrefutável, a cargo do executado, da necessidade de aplicação do princípio da menor onerosidade. REsp 1.696.270-MG, Rel. Min. Mauro Campbell Marques, Primeira Seção, por unanimidade, julgado em 08/06/2022. (Tema 1012)

B) Disciplina: artigo 155-A do CTN

O art. 155-A do CTN estabelece:

CTN, art. 155-A. O parcelamento será concedido na forma e condição estabelecidas em lei específica. (Incluído pela Lcp nº 104, de 2001)

§ 1º Salvo disposição de lei em contrário, o parcelamento do crédito tributário não exclui a incidência de juros e multas. (Incluído pela Lcp nº 104, de 2001)

§ 2º Aplicam-se, subsidiariamente, ao parcelamento as disposições desta Lei, relativas à moratória. (Incluído pela Lcp nº 104, de 2001)

§ 3º Lei específica disporá sobre as condições de parcelamento dos créditos tributários do devedor em recuperação judicial. (Incluído pela Lcp nº 118, de 2005)

§ 4º A inexistência da lei específica a que se refere o § 3o deste artigo importa na aplicação das leis gerais de parcelamento do ente da Federação ao devedor em recuperação judicial, não podendo, neste caso, ser o prazo de parcelamento inferior ao concedido pela lei federal específica. (Incluído pela Lcp nº 118, de 2005)

Vejamos de modo esquematizado:

- *Lei específica* – De acordo com o *caput* do dispositivo, "o parcelamento será concedido na forma e condição estabelecidas em *lei específica*". A concessão do parcelamento, tal como da moratória, depende de *lei em sentido estrito*. Trata-se de decisão político-legislativa proveniente do Poder Legislativo da União, Estados, DF e Municípios, que optam por parcelar ou não a dívida de seus sujeitos passivos em situações nas quais julgam conveniente. Não deve, pois, ser concedido por decreto do Poder Executivo, portaria da Administração Pública etc. Não obstante, o CTN é ainda mais exigente neste caso, porque exige *lei específica*. Significa a lei que trata *apenas e tão somente* de uma *matéria determinada*. Se o seu conteúdo abrange variados temas, então não se está diante de lei específica. No caso ora em análise, eventual lei federal, estadual, distrital ou municipal que preveja esta modalidade de suspensão da exigibilidade deve veicular, única e exclusivamente, normas sobre o parcelamento. Caso extrapole deste conteúdo, está em frontal contradição com o Código Tributário Nacional. Nada impede que uma medida provisória veicule o benefício. Nos termos do art. 62, *caput*, da Constituição, este ato normativo possui "força de lei", de maneira que cumpre a exigência prevista no art. 155-A do CTN, já que o parcelamento está sob *reserva de lei específica ordinária* e não complementar. Diga-se, além do mais, que a Administração Pública deve ater-se às exigências estabelecidas em lei e atuar dentro de seus estritos limites. Em outras palavras, o ato administrativo que defere ou não o parcelamento é *vinculado* e não discricionário. Uma vez que o sujeito passivo cumpra os requisitos exigidos legalmente, não há que se negar a fruição do benefício. Registre-se, finalmente, que, se a concessão do parcelamento é causa de suspensão da exigibilidade do crédito, a *inadimplência* por parte do contribuinte ou responsável faz retornar a exigibilidade. Se o sujeito passivo atrasa uma ou algumas parcelas, tudo a depender da lei, considera-se em estado de inadimplência, de maneira que o Fisco está autorizado a inscrever o crédito em dívida ativa e ingressar com a respectiva ação de execução fiscal;

- *Juros e multas* – Nos termos do art. 155-A, § 1º, do CTN, "salvo disposição de lei em contrário, o parcelamento do crédito tributário não exclui a incidência de juros e multas". O dispositivo, tal como o *caput*, também foi incluído pela LC nº 104/2001. Se o sujeito passivo deixa escoar o prazo fixado para o pagamento do tributo torna-se inadimplente, o que abre espaço para a aplicação de juros e respectivas multas pelo atraso no pagamento. A obtenção do parcelamento, no entanto, dá ensejo à suspensão da exigibilidade do crédito tributário. Nesse sentido, pergunta-se: o deferimento do benefício exclui os juros e a multa provenientes do *atraso* no recolhimento do valor devido? De acordo com o dispositivo ora em análise, *não*. Soma-se ao valor a ser parcelado o montante relativo aos juros e multa decorrentes da inadimplência do sujeito passivo. Perceba-se, contudo, que o § 1º faz a ressalva "salvo disposição de lei em contrário". Isso significa que as leis dos entes federativos que preveem seus programas de parcelamento estão autorizadas a excluir do valor a ser parcelado o montante que seria devido a título de juros e multas. Cabe observar, finalmente, que, ao estudarmos o art. 138 do CTN, vimos que "a responsabilidade é excluída pela denúncia espontânea da infração, acompanhada, se for o caso, do *pagamento* do *tributo devido* e dos *juros de mora*, ou do depósito da importância arbitrada pela autoridade administrativa, quando o montante do tributo dependa de apuração". Pois bem, de acordo com o art. 155-A, § 1º, portanto, e salvo disposição de lei em contrário, *o parcelamento não tem os mesmos efeitos da denúncia espontânea no que tange à exclusão da penalidade*, isto é, não afasta a cobrança da multa;
- *Parcelamento e recuperação judicial* – De acordo com o art. 155-A, § 3º, "lei específica disporá sobre as condições de parcelamento dos créditos tributários do devedor em recuperação judicial". O dispositivo foi incluído pela Lei Complementar nº 118/2005, que adaptou o Código às mudanças instituídas no regime jurídico da falência que vieram a lume com a Lei nº 11.101/2005. De acordo com o novo diploma legal, antes de decretar falência a sociedade empresarial pode experimentar um regime especial de gestão que tem como objetivo tentar sua recuperação econômica, chamado de *recuperação judicial*. Pois bem, de acordo com o CTN, *lei ordinária específica de cada ente federativo* deverá dispor sobre um "parcelamento especial" para os devedores de tributos nesta situação. Regras especiais, mais brandas, devem viabilizar a recuperação econômico-financeira da empresa. Não obstante, incidem aqui, de maneira contundente, os postulados da razoabilidade e proporcionalidade, de maneira

que os chamados "privilégios odiosos" sejam evitados. O art. 155-A, § 4º, por sua vez, determina que "a inexistência da lei específica a que se refere o § 3º deste artigo importa na aplicação das leis gerais de parcelamento do ente da Federação ao devedor em recuperação judicial, não podendo, neste caso, ser o prazo de parcelamento inferior ao concedido pela lei federal específica". Se os entes federativos *não* criarem a *lei específica* da qual fala o § 3º, isto é, a lei aplicável às empresas em recuperação judicial, então devem aplicar a *lei geral de parcelamento* de cada um deles, isto é, a lei que disciplina o parcelamento para as empresas que estão funcionando normalmente. O § 4º, ademais, pressupõe a existência de uma *lei federal específica* sobre parcelamento para empresas em recuperação judicial, pois determina aos Estados, Distrito Federal e Municípios que, no caso da aplicação de suas *leis gerais de parcelamento* (no caso de não existir a lei específica), o prazo adotado não poderá ser inferior àquele adotado pela *lei federal específica.* Eduardo Sabbag ressalta: "Entretanto, o CTN não estabelece regra para o caso de inexistir essa lei federal específica. Entendemos que, neste caso, o mais lógico será a aplicação da lei de parcelamento dos créditos tributários federais em geral, atualmente, a Lei n. 10.522/2002" (SABBAG, 2014, p. 893);

- *Parcelamento e prescrição* – A adesão a programa de parcelamento tributário é causa de suspensão da exigibilidade do crédito e interrompe o prazo prescricional (REsp 1.922.063-PR, Rel. Min. Francisco Falcão, Segunda Turma, por unanimidade, julgado em 18/10/2022, DJe 21/10/2022).

APROFUNDANDO! EXEMPLOS DE PARCELAMENTO EM ÂMBITO FEDERAL

Vejamos alguns exemplos de parcelamentos concedidos em âmbito federal:

- *REFIS (Programa de Recuperação Fiscal)* – Instituído pela Lei nº 9.964/2000, o programa teve como objetivo promover a regularização de créditos da União, decorrentes de débitos de *pessoas jurídicas*, relativos a tributos e contribuições administrados pela Secretaria da Receita Federal e pelo Instituto Nacional do Seguro Social (INSS), com vencimento até 29 de fevereiro de 2000, constituídos ou não, inscritos ou não em dívida ativa, ajuizados ou a ajuizar, com exigibilidade suspensa ou não, inclusive os decorrentes de falta de recolhimento de valores retidos. A opção pelo *REFIS* sujeitou o contribuinte ou responsável à observância de algumas condições, dentre elas, *a confissão irrevogável e irretratável da dívida tributária*, a autorização de acesso irrestrito, pela Secretaria da Receita Federal, às informações relativas à sua movimentação financeira, ocorrida a partir da data de opção pelo Refis etc.;
- *PAES – (Parcelamento Especial – REFIS 02)* – Instituído pela Lei nº 10.864/2003, autorizou que os débitos junto à Secretaria da Receita Federal ou à Procuradoria-Geral da Fazenda Nacional, com vencimento até 28 de fevereiro de 2003, fossem parcelados em *até cento e oitenta prestações mensais e sucessivas.* O programa alcançou os débitos constituídos ou não, inscritos ou não como

dívida ativa, mesmo em fase de execução fiscal já ajuizada ou que tivessem sido objeto de parcelamento anterior, não integralmente quitado, ainda que cancelado por falta de pagamento. Note-se que o programa admitia a transferência dos débitos do *REFIS* para o novo parcelamento;

- *PAEX – (Parcelamento Excepcional – REFIS 03)* – Instituído pela Medida Provisória nº 303/2006, autorizou que os débitos de pessoas jurídicas junto à Secretaria da Receita Federal (SRF), à Procuradoria-Geral da Fazenda Nacional (PGFN) e ao Instituto Nacional do Seguro Social (INSS), com vencimento até 28 de fevereiro de 2003, pudessem ser excepcionalmente parcelados em *até cento e trinta prestações mensais e sucessivas*. Admitiu, ainda, a transferência de débitos do *REFIS* e do *PAES*;
- *REFIS 04 (Parcelamento da Crise)* – Instituído pela Lei nº 11.941/2009, autorizou o parcelamento *em até 180 meses*, dos débitos administrados pela Secretaria da Receita Federal do Brasil e os débitos para com a Procuradoria-Geral da Fazenda Nacional, inclusive o saldo remanescente dos débitos consolidados no Programa de Recuperação Fiscal (*REFIS*), no Parcelamento Especial (*PAES*), no Parcelamento Excepcional (*PAEX*), dentre outros, ainda que os sujeitos passivos tivessem sido excluídos de tais parcelamentos. As Leis nº 12.865/2013 e 12.249/2014 prorrogaram o prazo para a adesão a este parcelamento;
- *Parcelamento Extraordinário (REFIS das autarquias e fundações)* – O art. 65, *caput*, da Lei nº 12.249/2010, autorizou novo parcelamento, nos seguintes termos: "Poderão ser pagos ou parcelados, *em até 180 (cento e oitenta) meses*, nas condições desta Lei, os débitos administrados pelas autarquias e fundações públicas federais e os débitos de qualquer natureza, tributários ou não tributários, com a Procuradoria-Geral Federal". Note-se que dívidas perante *autarquias e fundações públicas federais* também podem ser parceladas, o que levou alguns a apelidar o regime de "REFIS das autarquias e fundações". O § 2º prescreve: "Para os fins do disposto no *caput* deste artigo, poderão ser pagas ou parceladas as *dívidas vencidas até 30 de novembro de 2008*, de pessoas físicas ou jurídicas, consolidadas pelo sujeito passivo, com exigibilidade suspensa ou não, inscritas ou não em dívida ativa, consideradas isoladamente, mesmo em fase de execução fiscal já ajuizada, assim considerados". A Lei nº 12.973/2014 dilatou o prazo para adesão ao parcelamento.

SÚMULAS DO STF E DO STJ:

SÚMULA STF

Súmula vinculante nº 21: "É inconstitucional a exigência de depósito ou arrolamento prévios de dinheiro ou bens para admissibilidade de recurso administrativo".

Súmula vinculante nº 28: "É inconstitucional a exigência de depósito prévio como requisito de admissibilidade de ação judicial na qual se pretenda discutir a exigibilidade de crédito tributário".

Súmula nº 473: "A Administração pode anular seus próprios atos quando eivados de vícios que os tornam ilegais, porque deles não se originam direitos; ou revogá-los, por motivo de conveniência ou oportunidade, respeitados os direitos adquiridos e ressalvada, em tais casos, a apreciação judicial".

SÚMULA STJ

Súmula nº 112: "O depósito somente suspende a exigibilidade do crédito tributário se for integral e em dinheiro".

Súmula nº 437: "A suspensão da exigibilidade do crédito tributário superior a quinhentos mil reais para opção pelo Refis pressupõe a homologação expressa do comitê gestor e a constituição de garantia por meio do arrolamento de bens".

Súmula nº 373: "É ilegítima a exigência de depósito prévio para admissibilidade de recurso administrativo".

SÍNTESE DOS PRINCIPAIS ENTENDIMENTOS JURIPRUDENCIAIS

"É do entendimento pacífico desta corte a inadmissibilidade da suspensão da exigência de crédito tributário pela via cautelar, tendo em vista a determinação expressa das hipóteses do art. 151, e incisos, do CTN" (STJ. 2ª T. REsp 118022/RS. Rel. Min. Adhemar Maciel. DJ 11.05.1998).

"A suspensão da exigibilidade do crédito tributário na via judicial impede o Fisco de praticar qualquer ato contra o contribuinte visando à cobrança de seu crédito, tais como inscrição em dívida, execução e penhora, mas não impossibilita a Fazenda de proceder à regular constituição do crédito tributário para prevenir a decadência do direito de lançar" (STJ, Informativo 250/2005).

"A existência de discussão judicial acerca do percentual de alíquota aplicável não impossibilita o Fisco de proceder ao lançamento com a intenção de evitar a decadência, cuja contagem não se sujeita a causas suspensivas ou interruptivas" (AgInt no AREsp 1621841/RS, Rel. Ministro MAURO CAMPBELL MARQUES, SEGUNDA TURMA, julgado em 24/08/2020, DJe 02/09/2020).

"Os deveres instrumentais (obrigações acessórias) são autônomos em relação à regra matriz de incidência tributária, aos quais devem se submeter, até mesmo, as pessoas físicas ou jurídicas que gozem de imunidade ou outro benefício fiscal, ex vi dos artigos 175, parágrafo único, e 194, parágrafo único, do CTN" (STJ, REsp. 866.851/RJ, 2008).

"Deveras, a suspensão da exigibilidade do crédito tributário (que implica óbice à prática de quaisquer atos executivos) encontra-se taxativamente prevista no art. 151 do CTN, sendo certo que a prestação de caução, mediante o oferecimento de fiança bancária, ainda que no montante integral do valor devido, não ostenta o efeito de suspender a exigibilidade do crédito tributário, mas apenas de garantir o débito exequendo, em equiparação ou antecipação à penhora, com o escopo precípuo de viabilizar a expedição de Certidão Positiva com Efeitos de Negativa e a oposição de embargos" (STJ, REsp 1.156.668/DF).

"Não há, portanto, necessidade de ato formal de lançamento por parte da autoridade administrativa quanto aos valores depositados'. Precedentes da Primeira Seção e de ambas as Turmas de Direito Público" (STJ, AgRg no EREsp. 1037202/PR, 2009).

28

EXTINÇÃO DO CRÉDITO TRIBUTÁRIO

28.1 EXTINÇÃO DO CRÉDITO TRIBUTÁRIO: ARTIGO 156 DO CTN

O art. 156 do CTN estabelece:

> **CTN, art. 156.** Extinguem o crédito tributário:
>
> I – o pagamento;
>
> II – a compensação;
>
> III – a transação;
>
> IV – remissão;
>
> V – a prescrição e a decadência;
>
> VI – a conversão de depósito em renda;
>
> VII – o pagamento antecipado e a homologação do lançamento nos termos do disposto no artigo 150 e seus §§ 1º e 4º;
>
> VIII – a consignação em pagamento, nos termos do disposto no § 2º do artigo 164;
>
> IX – a decisão administrativa irreformável, assim entendida a definitiva na órbita administrativa, que não mais possa ser objeto de ação anulatória;
>
> X – a decisão judicial passada em julgado;
>
> XI – a dação em pagamento em bens imóveis, na forma e condições estabelecidas em lei. (Incluído pela Lcp nº 104, de 2001);
>
> Parágrafo único. A lei disporá quanto aos efeitos da extinção total ou parcial do crédito sobre a ulterior verificação da irregularidade da sua constituição, observado o disposto nos artigos 144 e 149.

As causas de suspensão da exigibilidade do crédito tributário, como vimos, afastam *momentaneamente* o dever imediato que tem o sujeito passivo de efetuar o recolhimento do tributo ou da multa. Este dever existe, entretanto, de maneira apenas mediata, porque fica na dependência de que a causa seja removida para que a exigibilidade do crédito seja restaurada.

Pois bem, a relação jurídica tributária, mais cedo ou mais tarde, terá de resolver-se, isto é, chegar a seu fim. A maneira pela qual este encerramento ocorre depende de uma série de circunstâncias dentro das quais está envolvido o caso concreto.

A extinção do crédito tributário significa justamente isso, o desaparecimento do dever imediato de recolher o tributo ou a multa.

No âmbito do direito tributário, contudo, a maneira pela qual se dá a extinção do crédito não fica a cargo da vontade dos sujeitos da relação. Nem o Estado, nem o contribuinte ou o responsável podem escolher livremente como devem extinguir a dívida tributária. O CTN enumera de forma explícita as causas que dão ensejo ao encerramento do dever de recolhimento do tributo ou multa. Os sujeitos da relação devem adequar-se a alguma daquelas causas para que a dívida seja extinta.

Em suma, extinguir o crédito tributário significa pôr fim ao dever que tem o sujeito passivo de recolher certa quantia a título de tributo ou multa. O modo mais frequente de extinção, como ocorre com as obrigações privadas, é o pagamento. Existem, contudo, outras dez causas capazes de acarretar o mesmo efeito.

A) Extinção do crédito, da obrigação ou de ambos?

De acordo com o CTN, a relação jurídica tributária, que surge com a ocorrência do fato gerador, é formada por dois momentos conexos: aquilo que o Código chama de obrigação tributária principal e aquilo que denomina crédito tributário. São faces da mesma moeda; momentos de uma relação. Designam, contudo, um feixe de direitos e deveres distintos. No primeiro caso, o sujeito passivo possui o dever *mediato* de efetuar o recolhimento do tributo; no segundo, este dever torna-se *imediato*.

A transição de um momento a outro se dá pelo lançamento, ao menos para aqueles tributos cuja obrigação deve ser formalizada por meio do lançamento por declaração ou de ofício. Nestes casos, a notificação endereçada ao sujeito passivo aponta o prazo dentro do qual a dívida deve ser recolhida.

No caso de tributos lançados por homologação, a relação jurídica é *unidimensional*. Ainda que o CTN mantenha a distinção entre obrigação e crédito, a prática do fato gerador pelo sujeito passivo acarreta, desde logo, o *dever imediato* de recolher o valor devido.Sob esta perspectiva, devemos nos perguntar: a extinção do crédito acarreta também a extinção da obrigação tributária principal? Ou, pelo contrário, pode-se pensar em encerramento do crédito sem que, necessariamente, a obrigação extinga-se?

Para a adequada compreensão desta questão, o leitor e a leitora devem recordar que, nos termos do que preceitua o CTN, a obrigação tributária *antecede* em termos lógicos o crédito tributário. Para que este último exista é necessário, *antes*, que aquela tenha surgido com a ocorrência do fato gerador. É possível, pois, que a extinção do crédito seja um fenômeno autônomo, que *não* acarrete o desaparecimento da obrigação. O fim desta, contudo, tem como consequência necessária o encerramento daquele.

Além do mais, a extinção do crédito pode provir das várias causas enumeradas pelo CTN em seu art. 156. Para que saibamos se o fim deste é algo autônomo, ou, pelo contrário, envolve também o desaparecimento da obrigação, é preciso saber exatamente *qual foi a causa extintiva*. Apenas de posse desta informação sabe-se com tranquilidade se a extinção do crédito foi algo isolado ou se atingiu a obrigação também.

Pode-se afirmar, portanto, que a extinção do crédito acarreta, como regra, a extinção da obrigação tributária principal.

Esse é o sentido do art. 113, § 1º, do CTN, quando afirma que "a obrigação principal surge com a ocorrência do fato gerador, tem por objeto o pagamento de tributo ou penalidade pecuniária e extingue-se juntamente com o crédito dela decorrente". Em outras palavras, a obrigação *extingue-se* juntamente com a *extinção* do crédito que dela decorre. Esta é a *regra*.

Existem, contudo, exceções. É possível, e muitas vezes até comum, que o encerramento do crédito não atinja a obrigação tributária principal, preservando a relação jurídica que impõe ao sujeito passivo o dever mediato de efetuar o pagamento do tributo ou multa.

É o que ocorre, por exemplo, quando o crédito é extinto por decisão judicial passada em julgado (CTN, art. 156, X) que invalida o lançamento por vício de forma. Isso ocorre geralmente quando a autoridade administrativa nega ao sujeito passivo o direito ao contraditório e à ampla defesa.

Ora, se o lançamento é considerado inválido por vício formal, quer dizer, por algum problema que atingiu sua estrutura interna, mas não comprometeu a relação jurídica material, ou seja, o vínculo que surgiu com a ocorrência do fato gerador, então autoridade administrativa está autorizada a "corrigir" seu erro e efetuar novo lançamento. O crédito vinculado ao primeiro lançamento está extinto. No entanto, novo crédito pode ser constituído, desde que se observe o prazo decadencial.

É necessário, portanto, analisar sempre o caso concreto para saber se a extinção do crédito acarretou a extinção da obrigação também. Como dissemos, a *regra* estampada no art. 113, § 1º, do CTN, é a de que o encerramento daquele tem como consequência o fim desta. Entretanto, existem exceções, de maneira que a extinção do crédito pode manter intacta a obrigação.

O que se pode afirmar com alguma certeza é que, em termos lógicos, a extinção da obrigação acarreta, necessariamente, a eliminação do crédito. Como vimos, de acordo com o art. 139 do CTN, "o crédito tributário *decorre* da obrigação principal e tem a mesma natureza desta". Ora, se o crédito decorre da obrigação, a inexistência desta determina a impossibilidade lógica daquele.

Em suma, podemos esquematizar da seguinte maneira:

- *Extinção do crédito e da obrigação* – Como regra, a extinção do crédito acarreta a extinção da obrigação tributária. Este é o sentido do art. 113, § 1º, do CTN, segundo o qual a obrigação tributária principal extingue-se justamente com o crédito dela decorrente. Neste caso chega ao fim a relação jurídica que une o Fisco ao sujeito passivo e que teve por objeto o pagamento de tributo ou multa;

- *Extinção do crédito e manutenção da obrigação* – O crédito é um momento *posterior* à obrigação. Seu surgimento depende do ato administrativo do lançamento ou ocorre por ato do próprio sujeito passivo, no caso do lançamento por homologação. É possível, por isso, que a extinção do crédito *não* acarrete a extinção da obrigação. Neste caso, o Fisco pode efetuar a constituição de novo crédito, desde que o faça dentro do prazo de decadência;
- *Extinção da obrigação* – Como a obrigação precede logicamente o crédito, é possível que aquela seja extinta sem que este tenha sequer sido constituído. Neste caso, fica "bloqueada" a atividade administrativa porque não encontra mais fundamento de validade para ser adotada. Desse modo, uma vez extinta a obrigação, não há que se cogitar sequer da *possibilidade* de crédito tributário. Assinale-se que o CTN não enumera as modalidades de extinção das *obrigações tributárias acessórias* (CTN, art. 113, § 2º). A propósito, Luciano Amaro observa: "E agiu bem o legislador, pois não carecia fazê-lo. Obviamente, as obrigações acessórias extinguem-se mediante a implementação das prestações, positivas ou negativas, que constituem seu objeto" (AMARO, 2011, p. 413). A obrigação de emitir uma declaração, por exemplo, extingue-se com o cumprimento do dever por parte do sujeito passivo. Caso não o faça, incide o art. 113, § 3º, do CTN: a obrigação acessória "converte-se" em principal relativamente à penalidade pecuniária. Em outras palavras, cobra-se a multa.

B) Rol exaustivo

As causas de extinção do crédito tributário enumeradas no art. 156 do CTN são importantes, dentre outros motivos, porque, dependendo da situação, acarretam a extinção do crédito *e* da obrigação, ou apenas de um *ou* outro. Além do mais, nos termos do art. 97, VI, do CTN, estas causas estão sob *reserva legal.* São apenas aquelas previstas em lei.

O art. 141, como vimos, determina que "o crédito tributário regularmente constituído somente se modifica ou *extingue,* ou tem sua exigibilidade suspensa ou excluída, *nos casos previstos nesta Lei* [...]". "Nesta Lei" significa, é claro, nos termos do que preceitua o próprio CTN.

Dessa forma, põe-se a questão: o rol do art. 156 é *exaustivo* ou *exemplificativo*? Quer dizer, admitem-se apenas as causas de extinção ali arroladas, ou, pelo contrário, o sujeito passivo está autorizado a extinguir o crédito de tantas formas quantas existam no direito brasileiro?

Bem, de acordo com a letra fria do CTN, sem dúvida o rol do art. 156 é *exaustivo* ou *taxativo*, na medida em que apenas as causas ali arroladas admitem a extinção regular do crédito tributário. Milita a favor desse entendimento o fato de que a dação em pagamento de bens imóveis (CTN, art. 156, XI) foi acrescentada ao CTN pela Lei Complementar nº 104/2001, justamente para que esta causa, que extingue as obrigações em geral, fosse admitida especificamente em âmbito tributário.

Eduardo Sabbag, a propósito, explica: "A maioria dos autores considera a enumeração do art. 156 do CTN taxativa (ou exaustiva), e não meramente exemplificativa.

Isso significa que, em regra, apenas as modalidades expressamente nela elencadas podem dar ensejo à válida e legítima extinção do crédito tributário, e qualquer acréscimo de outras hipóteses à lista requer lei complementar da União sobre normas gerais tributárias. Essa também tem sido a orientação disposta em recentes julgados do Supremo Tribunal Federal" (SABBAG, 2014, p. 895).

Por outro lado, existem sólidas opiniões em contrário. Regina Helena Costa, por exemplo, explica: "O rol de modalidades extintivas é longo, *mas não exaustivo*. Pode-se, ainda, cogitar de outras modalidades de extinção das obrigações em geral, segundo a disciplina do Código Civil, como a hipótese de confusão" (COSTA, 2014, p. 265). Luciano Amaro, a seu turno, apresenta um argumento bastante sólido: "O rol do art. 156 não é taxativo. Se a lei pode o mais (que vai até o *perdão* da dívida tributária) pode também o menos, que é regular outros modos de extinção do dever de pagar tributo" (AMARO, 2011, p. 416).

De fato, se o CTN autoriza que os entes federativos concedam, por meio de lei, *remissão* de seus créditos tributários (CTN, art. 156, IV, c.c. art. 172), isto é, o *perdão* de suas dívidas, por que não admitir que a lei preveja outras hipóteses de extinção do crédito que signifiquem o *recebimento* da quantia devida?

Amaro conclui: "A *dação em pagamento*, por exemplo, não figurava naquele rol até ser acrescentada pela Lei Complementar nº 104/2001; como essa lei só se refere à dação de *imóveis*, a dação de *outros bens* continua não listada, mas nem por isso se deve considerar banida. Outro exemplo, que nem sequer necessita de disciplina específica na legislação tributária, é a *confusão*, que extingue a obrigação se, na mesma pessoa, se confundem a qualidade de credor e a de devedor (CC/2002, art. 381). Há, ainda, a *novação* (CC/2002, art. 360)" (AMARO, 2011, p. 416, 417).

Em suma, de maneira geral, considera-se o rol do art. 156 do CTN *exaustivo (taxativo)*, muito embora existam importantes opiniões em sentido contrário.

C) Extinção do crédito e verificação de sua irregularidade

De acordo com o art. 156, parágrafo único, do CTN, "a lei disporá quanto aos efeitos da extinção total ou parcial do crédito sobre a ulterior verificação da irregularidade da sua constituição, observado o disposto nos artigos 144 e 149".

O dispositivo cuida das hipóteses em que, *posteriormente* à extinção total ou parcial do crédito, verifica-se que foi constituído de maneira irregular, isto é, sem a observância de algum dos preceitos legais que disciplinavam a cobrança. Nestes casos, de acordo com o Código, a lei deve dispor sobre os *efeitos* da constituição irregular, observados, contudo, os artigos 144 e 149.

O art. 144, como vimos, trata da lei a ser aplicada no caso concreto por ocasião do lançamento. No que toca aos aspectos materiais da relação aplica-se o *caput* do dispositivo, segundo o qual o lançamento reporta-se à data de ocorrência do fato gerador e rege-se pela lei então vigente, ainda que posteriormente modificada ou revogada. Quanto à *apuração e fiscalização*, aplica-se a legislação que, posteriormente à ocorrência do fato gerador, tenha instituído novos critérios, ampliado os poderes de investigação das autoridades administrativas ou outorgado ao crédito maiores garantias ou privilégios.

O art. 149, por sua vez, trata das hipóteses em que o tributo deve ser lançado de ofício. Além do mais, fixa, em seu parágrafo único, a regra segundo a qual "a revisão do lançamento só pode ser iniciada enquanto não extinto o direito da Fazenda Pública".

A ulterior verificação de irregularidade na constituição do crédito poderá dar ensejo a lançamento de ofício supletivo. Nesse caso, a autoridade deve observar os parâmetros estabelecidos pelo art. 149, bem como o prazo decadencial após o qual fica impedida de lançar.

Em suma, nos termos do art. 156, parágrafo único, a lei, ao disciplinar os efeitos da extinção total ou parcial do crédito nas hipóteses em que posteriormente se verifica a irregularidade de sua constituição, deve ater-se aos parâmetros jurídicos fixados pelo art. 144 no que toca à lei tributária a ser aplicada e vincular-se à disciplina fixada pelo art. 149 no que refere a eventual lançamento de ofício supletivo, observando, ainda, o prazo decadencial estabelecido pelo CTN.

28.2 PAGAMENTO

De acordo com o art. 156, I, do CTN, o pagamento extingue o crédito tributário. O Código disciplina essa causa de extinção do art. 157 ao art. 169, incluído aí o chamado pagamento indevido.

Ao tratar das obrigações em geral, Antunes Varela explica: "O cumprimento da obrigação é a realização voluntária da prestação debitória. É a atuação da relação obrigacional, no que toca ao dever de prestar" (ANTUNES VARELA, 1990, p. 7, 10).

Ora, sabemos que, no âmbito tributário, os objetos da obrigação tributária principal, isto é, o tributo ou a multa, são prestações pecuniárias. Por isso, o pagamento é o adimplemento voluntário da obrigação com a entrega de dinheiro ao Estado. Nesse sentido, Luciano Amaro explica: "O pagamento, segundo se adiantou, é o modo natural de extinção da obrigação tributária. Nas obrigações pecuniárias, como é o caso da obrigação tributária principal, o devedor paga quando entrega, ao credor, a quantia em dinheiro que corresponde ao objeto da obrigação" (AMARO, 2011, p. 417).

O pagamento é espécie de adimplemento, isto é, de extinção da obrigação jurídica, seja ela privada ou pública. É a forma mais comum de fazê-lo, pois a moeda é signo de valor de curso forçado legalmente determinado. Uma vez que o contribuinte ou o responsável é notificado quanto à realização do lançamento de ofício ou por declaração, dirige-se ao estabelecimento bancário e, de posse de certa quantia em dinheiro, correspondente ao valor assinalado no documento, efetua o *pagamento*. Com isso, extingue o crédito tributário. No caso de lançamento por homologação, uma vez que tenha praticado o fato gerador, efetua o cálculo do montante devido e entrega, independentemente de qualquer provocação por parte da autoridade administrativa, a quantia em dinheiro correspondente à dívida apurada.

Em suma, Sacha Calmon Navarro Coêlho observa: "A palavra *pagamento*, na Teoria das Obrigações, tem um sentido amplo e outro restrito. Orlando Gomes pontifica que no primeiro sentido significa o adimplemento de todo o tipo de obrigação. No segundo sentido significa o adimplemento das obrigações pecuniárias [...] O CTN, já anotamos, usa o vocábulo em *sentido estrito*, até porque o pagamento do tributo só pode ser mesmo em moeda ou em valor que nela se possa exprimir (papel selado, selo, estampilha, vale-postal, cheque)" (COÊLHO, 2009, p. 740).

D) Pagamento do tributo e da penalidade: artigo 157 do CTN

O art. 157 do CTN estatui:

> **CTN, art. 157.** A imposição da penalidade não ilide o pagamento integral do crédito tributário.

O que dispositivo pretende dizer é que a aplicação da multa ao sujeito passivo não refuta, não rebate, não afasta o pagamento integral do crédito tributário.

O art. 3º do CTN, como sabemos, distingue muito claramente o tributo da multa. O primeiro significa a prestação pecuniária que decorre da prática de *ato lícito* descrito na norma impositiva; a segunda representa prestação pecuniária imposta como consequência da prática de *ato ilícito*. Tem nítido caráter sancionatório.

Ocorre que o art. 113, § 1º, reúne ambas as prestações como objeto da obrigação tributária principal. Ademais, nos termos do art. 142, a autoridade administrativa, por ocasião do lançamento, deve "propor" a aplicação da penalidade pecuniária, isto é, impô-la ao sujeito passivo caso tenha verificado a ocorrência de algum ilícito.

Assim, realizado o fato gerador de determinado tributo, e praticada, pelo sujeito passivo, eventual infração à legislação tributária, cabe à autoridade formalizar o crédito tributário incluindo no valor total as quantias relativas ao tributo e à multa. Dessa maneira, o art. 157 apenas ressalta algo que já está implícito na sistemática desenhada pelo CTN: a multa não substitui o recolhimento do tributo; pelo contrário, agrega-se a ele.

E) Presunção de pagamento no direito tributário: artigo 158 do CTN

O art. 158 do CTN determina:

> **CTN, art. 158.** O pagamento de um crédito não importa em presunção de pagamento:
> I – quando parcial, das prestações em que se decomponha;
> II – quando total, de outros créditos referentes ao mesmo ou a outros tributos.

De acordo com o art. 322 do Código Civil, "quando o pagamento for em quotas periódicas, a quitação da última estabelece, até prova em contrário, a *presunção* de estarem solvidas as anteriores". Note-se que a disciplina *civil* das obrigações estabelece a *presunção* relativa de que o pagamento da última parcela de certa dívida significa que todas as anteriores já foram quitadas.

Pois bem, o CTN estabelece um tratamento *contrário* àquele que tem lugar no âmbito privado. O Código *veda* a presunção relativa de que o pagamento de certa parcela signifique o pagamento de quaisquer outras. Nada se presume, a não ser que determinada parcela específica fora paga. Assim, de acordo com o art. 158 do Código, "o pagamento de um crédito não importa em presunção do pagamento":

- *Quando parcial, das prestações em que se decomponha* – As dívidas tributárias podem ser parceladas para que o sujeito passivo não seja onerado de maneira desproporcional. O IPTU, por exemplo, pode ser recolhido em três, quatro, cinco vezes, dependendo da legislação municipal específica. Ora, nos termos do art. 158, I, do CTN, o pagamento da quinta parcela não implica a presunção de que todas as anteriores foram pagas. O sujeito passivo deve sempre guardar consigo o comprovante de pagamento ao menos até depois do transcurso do prazo prescricional para a cobrança judicial da dívida, qual seja, 05 anos, nos termos do art. 174 do Código;
- *Quando total, de outros créditos referentes ao mesmo ou a outro tributo* – Pode ser que o sujeito passivo recolha todo o valor devido, à vista. Isso significa que eventuais dívidas referentes a períodos anteriores ou a outros tributos presumem-se quitadas? Nos termos do inciso II do art. 158, *não*. Assim, por exemplo, a quitação do IPTU relativo ao exercício de 2013 não significa a presunção de que o valor relativo ao exercício de 2012 tenha sido quitado. Da mesma forma, o pagamento do crédito relativo ao imposto sobre importação (II) não significa que o imposto sobre a exportação (IE) tenha sido quitado pelo sujeito passivo e assim por diante.

F) Lugar e tempo do pagamento: artigos 159 e 160 do CTN

Os artigos 159 e 160 do CTN estabelecem:

> **CTN, art. 159.** Quando a legislação tributária não dispuser a respeito, o pagamento é efetuado na repartição competente do domicílio do sujeito passivo.
>
> **Art. 160.** Quando a legislação tributária não fixar o tempo do pagamento, o vencimento do crédito ocorre trinta dias depois da data em que se considera o sujeito passivo notificado do lançamento.
>
> Parágrafo único. A legislação tributária pode conceder desconto pela antecipação do pagamento, nas condições que estabeleça.

Os dispositivos tratam respectivamente do lugar e tempo do pagamento. Comecemos pelo primeiro. Duas observações devem ser, desde logo, ressaltadas:

- *Autonomia federativa* – O CTN prestigia a *autonomia* dos entes federativos. Por isso, vale, em primeiro lugar, a determinação legal do local de pagamento prevista na lei federal, estadual, distrital ou municipal de cada tributo;
- *Norma supletiva* – Apenas na *ausência* de disposição legal específica, isto é, no caso de ter sido a legislação do ente federativo *omissa*, o sujeito passivo deve recolher o tributo na repartição administrativa situada em seu domicílio.

Cabe recordar, a propósito, que, como regra, o domicílio tributário é aquele *eleito* pelo sujeito passivo (CTN, art. 127). Logo, a "repartição competente do domicílio do sujeito passivo" será, como regra, aquela situada no local em que o próprio sujeito escolheu como seu domicílio fiscal.

Nesse sentido, Ricardo Alexandre esclarece: "Assim, se a legislação tributária não previsse o local de pagamento do Imposto de Renda, deveria o sujeito passivo procurar uma repartição da Receita Federal em seu domicílio. Dessa forma, o contribuinte domiciliado em Maceió efetuaria o pagamento na repartição fiscal em cuja circunscrição estivesse inserido o seu domicílio, no caso, a Delegacia da Receita Federal na cidade. A obrigação, portanto, não deixaria de ser *portável* (o devedor procura o credor até a data do vencimento), até porque não é razoável imaginar uma obrigação de natureza tributária legalmente definida como *quesível* (quando o credor deve procurar o devedor na data do vencimento" (ALEXANDRE, 2013, p. 402).

Registre-se, ademais, que, nos termos do art. 7º, § 3º, do CTN, "não constitui delegação de competência o cometimento, a pessoas de direito privado, do encargo ou da função de arrecadar tributos".

Atualmente, as instituições bancárias públicas e privadas cumprem a função de recolher os valores devidos a título de tributo ou multa. De maneira que, como regra, a legislação já prevê que o pagamento pode ser feito na instituição bancária, de forma que o sujeito passivo não precisa se deslocar à repartição administrativa competente.

Aliás, nos dias de hoje é comum que os tributos sejam recolhidos pela *rede mundial de computadores (Internet)*. O contribuinte ou responsável sequer precisam sair de suas residências ou estabelecimentos para efetuar o pagamento das dívidas tributárias. Basta que acessem o endereço eletrônico da receita competente, façam a impressão da guia de recolhimento, dirijam-se à página virtual da instituição bancária e efetuem o recolhimento do quanto é devido.

Quanto ao tempo do pagamento, é importante ressaltar que o art. 160 não trata do aspecto temporal da hipótese de incidência, ou seja, do momento em que se considera realizado o fato gerador. Trata, sim, do *prazo* que tem o sujeito passivo para, uma vez notificado do lançamento contra ele efetuado, efetuar o pagamento do tributo ou multa.

Esse prazo é importante porque, enquanto transcorre, o sujeito passivo *não* pode ser considerado inadimplente. O crédito é exigível porque já foi constituído, entretanto, dentro do prazo para pagamento, sua situação ainda é regular. Três observações devem ser ressaltadas:

- *Norma supletiva e reserva legal* – Com a ressalva "quando a legislação tributária não fixar o tempo do pagamento", o art. 160 do CTN caracteriza-se como regra *supletiva*. Aplica-se apenas na hipótese em que a legislação do ente federativo competente *não* fixar prazo diverso. Uma vez mais, o Código prestigia a *autonomia* dos entes competentes. Além do mais, ao mencionar de maneira explícita a expressão "legislação tributária", o CTN remete o tratamento da questão ao art. 96, segundo o qual "a expressão 'legislação tributária' compreende as leis, os tratados e as convenções internacionais, os decretos e as normas complementares que versem, no todo ou em parte, sobre tributos e relações jurídicas a eles pertinentes". Assim, muito embora haja certa discordância na doutrina, o fato é que a jurisprudência já consolidou o entendimento de que *a fixação do prazo para o pagamento do crédito não está sob reserva legal* podendo ser fixado por ato infralegal, como decretos, portarias etc. Nesse sentido, a Primeira Turma do STF já decidiu "não se encontrar sob o princípio da legalidade estrita e da anterioridade a fixação do vencimento da obrigação tributária" (STF, RE nº 195.218/MG, 2002);

- *Prazo de 30 (trinta) dias* – Note-se que a lei de cada ente federativo está autorizada a fixar o prazo para pagamento do tributo da maneira que bem lhe aprouver, contanto que seja razoável, isto é, que viabilize ao sujeito passivo um interregno que lhe permita ao menos tomar conhecimento da dívida e adotar as providências necessárias ao adimplemento. Apenas nos casos em que a legislação federal, estadual, distrital ou municipal for *omissa*, vale a regra que determina o prazo de 30 dias após a notificação. Registre-se, uma vez mais, o importante papel que cumpre a *notificação* neste contexto. Apenas a partir do momento em que o contribuinte ou o responsável têm ciência do lançamento contra eles efetuado é que se abre o prazo de vencimento da dívida;
- *Desconto pela antecipação do pagamento* – De acordo com o parágrafo único, "a legislação tributária pode conceder desconto pela antecipação do pagamento, nas condições que estabeleça". O Estado pode conceder um "incentivo" ao sujeito passivo para que antecipe o pagamento, isto é, para que recolha o valor devido *antes* do prazo fixado para o vencimento. Existem vantagens para os dois lados. O Poder Público antecipa o ingresso de receitas; o sujeito passivo tem reduzido o valor a ser recolhido.

Quanto à extensão do art. 160, Regina Helena Costa ressalva: "Observe-se estarem *excluídos* da sua abrangência os tributos sujeitos a *lançamento por homologação*, visto que, nessa hipótese, não há que se falar em notificação ao sujeito passivo. De todo modo, necessária, igualmente, a fixação de lapso temporal dentro do qual deverá ser realizado o pagamento de tais tributos" (COSTA, 2014, p. 267).

A observação é importante. Na disciplina do lançamento por homologação, como sabemos, não há notificação ao sujeito passivo. Esta – a notificação –, existe apenas na sistemática do lançamento de ofício e por declaração. Dessa forma, o sujeito passivo deve permanecer atento à legislação específica de cada tributo sujeito a autolançamento porque ali está fixado o prazo para recolhimento das quantias devidas, independentemente de qualquer comunicação proveniente da Administração Tributária.

G) Efeitos da inadimplência do crédito: artigo 161 do CTN

O art. 161, *caput*, do CTN, prescreve:

> **CTN, art. 161.** O crédito não integralmente pago no vencimento é acrescido de juros de mora, seja qual for o motivo determinante da falta, sem prejuízo da imposição das penalidades cabíveis e da aplicação de quaisquer medidas de garantia previstas nesta Lei ou em lei tributária".
>
> § 1º. Se a lei não dispuser de modo diverso, os juros de mora são calculados à taxa de um por cento ao mês.
>
> § 2º O disposto neste artigo não se aplica na pendência de consulta formulada pelo devedor dentro do prazo legal para pagamento do crédito.

a) Correção monetária, juros de mora e multas: natureza

É importante não confundir a natureza de alguns valores que geralmente acrescem a quantia devida pelo sujeito passivo a título de tributo.

Uma vez que o contribuinte ou responsável sejam notificados quanto ao lançamento de ofício ou por declaração, ou, no caso de tributos lançados por homologação, tenham praticado o fato gerador, abre-se o prazo de 30 dias para que efetuem o recolhimento do quanto devido, caso não exista disposição legal em contrário. Escoado este interregno sem que o pagamento tenha sido efetuado, o sujeito passivo é considerado em *mora*, quer dizer, em uma situação que caracteriza o *descumprimento* da obrigação tributária.

A partir de então entram em cena certos valores que devem compor a dívida e que têm relação com os efeitos provocados pela passagem do tempo.

Em primeiro lugar, é necessário compreender que a moeda sofre certo desgaste em seu valor aquisitivo, em razão do chamado processo inflacionário. *Inflação* significa, grosso modo, o aumento *generalizado* e contínuo dos preços dos produtos, mercadorias e serviços. Como o dinheiro é trocado por bens, o aumento do preço destes acarreta a diminuição do valor de cada unidade daquele.

Se, em um determinado mês, R$ 100,00 (cem reais) permitem a aquisição de cinco quilos de carne de certa qualidade, e, no mês seguintes, a mesma quantia em dinheiro viabiliza o acesso a somente quatro quilos, não resta dúvida de que a moeda sofreu um *desgaste* com relação aos bens aos quais dá acesso. É necessário um montante mais elevado de dinheiro para adquirir a mesma quantidade da mercadoria.No exemplo acima mencionado, a aquisição de cinco quilos de carne passa a exigir R$ 125 (cento e vinte e cinco) reais. Houve, portanto, um desgaste de 25% do valor da moeda. Para que aquele valor original seja preservado, é necessário que se acresça, em dinheiro, o montante relativo à desvalorização, ou seja, 25%.

A *correção monetária* significa justamente o índice pelo qual se calcula o valor que deve ser agregado ao montante original com o objetivo de repor a desvalorização a que está sujeita a moeda em razão do processo inflacionário. Se a inflação em certo período foi, por exemplo, de 6%, então o índice deve ostentar essa magnitude. Percebe-se, pois, que a correção monetária não significa acréscimo do valor original devido, mas apenas a *reposição* da quantia "corroída" pela inflação.

Em segundo lugar, é necessário reconhecer que, se o sujeito passivo não recolhe o montante devido dentro do prazo assinalado em lei, então está na propriedade de uma quantia pecuniária que já não lhe pertence mais. O valor que ainda permanece em seu patrimônio deveria ter sido transferido aos cofres estatais desde o momento em que o prazo para recolhimento escoou.

Pois bem, quando uma pessoa usa o dinheiro que pertence a outra, com ou sem o seu consentimento, deve retribuir-lhe um determinado valor que funciona como *compensação*. Se alguém toma emprestado certa quantia, é certo que aquele que a emprestou está privado do uso do valor transferido. Poderia comprar algo para si, viajar, investir na poupança etc., no entanto, está impedido. Como contraprestação à cessão do uso deste valor, o emprestador cobra um preço, que se chama *juro*. Este, portanto, nada mais é do que a quantia monetária que se deve pela utilização do dinheiro que pertence a outrem.

Em âmbito tributário, presume-se que no momento em que o sujeito passivo está em mora, ou seja, atrasou o pagamento, mantém incorporado a seu patrimônio uma quantia que pertence ao Estado. O contribuinte ou o responsável, portanto, devem pagar um "preço extra" por reterem a titularidade de um valor que juridicamente já não lhes pertence mais. Devem recolher a magnitude relativa ao crédito tributário *acrescida* dos *juros de mora*.

Finalmente, correção monetária e juros não se confundem com as *multas*. Estas são prestações pecuniárias compulsórias decorrentes da prática de *ato ilícito* pelo sujeito passivo.

Nos termos do art. 113, § 1º, do CTN, a obrigação tributária principal tem como objeto o pagamento do tributo ou da *multa*, quer dizer, do valor referente à prática do fato gerador, no primeiro caso e, eventualmente, da quantia relativa à adoção de uma conduta ilícita, no segundo.

A multa moratória nada mais é que um tipo de penalidade pecuniária que pode ser cobrada concomitantemente com os juros de mora, pois têm fundamentos diferentes: estes visam evitar a deterioração do crédito pelo decurso do tempo; aquela, sancionar o recolhimento em atraso.

Em suma, uma vez que seja considerado em mora, o sujeito passivo está sujeito ao recolhimento da quantia principal relativa ao tributo, acrescida de correção monetária, juros de mora e, eventualmente, multa pelo descumprimento de obrigação acessória ou atraso no pagamento.

b) Disciplina fixada pelo CTN: taxa SELIC e pendência de consulta

No que concerne à análise detida do art. 161, três observações são importantes:

- *Juros de mora + penalidades + medidas de garantia* – De acordo com o *caput* do dispositivo, "o crédito não integralmente pago no vencimento é acrescido de (1) *juros de mora*, seja qual for o motivo determinante da falta, sem prejuízo da imposição das (2) *penalidades cabíveis* e da aplicação de quaisquer (3) *medidas de garantia* previstas nesta Lei ou em lei tributária". Note-se que o artigo se refere ao crédito que não é integralmente pago no vencimento. O crédito, como vimos, decorre da obrigação e tem a mesma natureza desta (CTN, art. 139). A obrigação principal, por sua vez, compreende o valor relativo ao tributo, e, eventualmente, à multa (CTN, art. 113, § 1º). Portanto, os juros de mora são aplicados, em caso de atraso, tanto ao crédito que corresponde ao *tributo*, como àquele que corresponde à *multa*. Além do mais, aplicam-se os juros "sem prejuízo" da aplicação da multa. Quer dizer, a incidência de juros *não exclui* a imposição da multa. Registre-se, ainda, que a incidência de juros também não exclui a utilização das *medidas de garantia* previstas no próprio CTN ou em outras leis tributárias. Finalmente, "os juros de mora pelo atraso no pagamento do tributo são devidos 'seja qual for o motivo determinante da falta', cláusula que significa ser *irrelevante* se o sujeito passivo agiu ou não com culpa" (COSTA, 2014, p. 268);

- *Taxa de 1% ao mês e Taxa SELIC* – De acordo com o art. 161, § 1º, do CTN, "se a lei não dispuser de modo diverso, os juros de mora são calculados à taxa de um por cento ao mês". O dispositivo é norma *supletiva*. Tem aplicação somente nas hipóteses em que *não* existe lei dispondo de maneira diversa. Em âmbito federal, por exemplo, aplica-se a denominada Taxa SELIC (Sistema Especial de Liquidação e de Custódia), criada pelas Leis nº 9.065/95 e 9.250/95. A peculiaridade da SELIC reside no fato de que engloba a um só tempo os índices relativos aos juros de mora e correção monetária. Por isso, eventual aplicação de ambas (SELIC + correção monetária), constitui *bis in idem*. Embora tenha havido algum questionamento no que concerne à utilização da taxa SELIC, o STJ pacificou o entendimento de que a aplicação do índice é legal. Nesse sentido, a Primeira Seção assentou:

> A Taxa SELIC é legítima como índice de correção monetária e de juros de mora na atualização dos débitos tributários pagos em atraso, *ex vi* do disposto no artigo 13, da Lei 9.065/95" (STJ, REsp nº 1.073.846/SP, 2009). "A Primeira Seção, no julgamento do REsp 1.111.175/SP, em 10.6.2009, feito submetido à sistemática do art. 543-C do CPC, reafirmou entendimento no sentido da legalidade da taxa SELIC para fins tributários" (STJ, AgRg nos EAg. Nº 1.146.721/RS, 2011). "A incidência da taxa SELIC como juros moratórios exclui a correção monetária, sob pena de *bis in idem*, considerando que *a referida taxa já é composta de juros e correção monetária* (STJ, Informativo 510/2012).

- *Pendência de consulta* – Nos termos do art. 161, § 2º, "o disposto neste artigo não se aplica na pendência de consulta formulada pelo devedor dentro do prazo legal para pagamento do crédito". De acordo com Regina Helena Costa, *consulta* "é direito do cidadão-contribuinte, ao qual corresponde dever do Fisco, que lhe deve prestar assistência, orientando-o para que possa bem cumprir suas obrigações tributárias. Prestigia o princípio da segurança jurídica, afastando dúvidas interpretativas concernentes à aplicação da lei fiscal [...] Assinale-se que a consulta resguarda o contribuinte-consulente de penalidades, uma vez que seguiu a orientação traçada pelo Fisco. A orientação adotada vincula a Administração Pública pelo período em que prevalecer a interpretação dada" (COSTA, 2014, p. 433). Em âmbito federal, a consulta está disciplinada, como regra, pela Lei nº 9.430/96. Nos termos desta, a consulta é processo administrativo por meio do qual o sujeito passivo soluciona *dúvida* que possui sobre a aplicação da legislação tributária a determinado fato ou conduta sua. De acordo com o art. 41, § 2º, "os atos normativos expedidos pelas autoridades competentes serão observados quando da solução da consulta". Assim, a resposta administrativa à consulta elaborada pelo sujeito passivo é *ato normativo vinculante*, pois obriga a própria Administração. A solução por ela adotada funcionará como norma concreta de regência do caso singular apresentado pelo consulente. A decisão, pois, ingressa no âmbito prescritivo fixado pelos arts. 96 e 100, I, do CTN, vale dizer, é *norma complementar da legislação tributária*. Como tal, produz alguns efeitos, dentre os quais este que é assinalado no § 2º do art. 161, segundo o qual, na pendência de consulta, não se aplica o disposto no *caput*, isto é, *não incidem juros e multa de mora*. Assim, se, *dentro do prazo para pagamento*, o sujeito passivo formula consulta junto à autoridade administrativa, a ultrapassagem do prazo não acarreta a aplicação de juros e multa porque o "atraso" não foi causado pelo contribuinte ou responsável;

- *Correção monetária* – Eduardo Sabbag observa: "É importante realçar que o consulente pratica conduta comissiva, tradutora de boa-fé, respondendo, apenas, pelo *tributo + correção monetária*. Não se cobram juros moratórios nem multa, caso a resposta à consulta – de forma escrita e observados os requisitos legais que a permeiam – se aperfeiçoe antes da data de vencimento do pagamento do tributo objeto de questionamento (art. 161, § 2º). Portanto, nesta consulta, o sujeito passivo tem apenas o encargo do *tributo em questão e a devida correção monetária*, ficando afastada a possibilidade de cobrança de multa ou juros por meio desse procedimento. Caso a formulação da consulta ao Fisco seja ulterior ao vencimento do prazo para pagamento do tributo, a quantia será 'vitaminada' pelo acréscimo de juros" (SABBAG, 2014, p. 899).

H) Formas de pagamento: artigo 162 do CTN

O art. 162 do CTN estabelece:

> **Art. 162.** O pagamento é efetuado:
>
> I – em moeda corrente, cheque ou vale postal;
>
> II – nos casos previstos em lei, em estampilha, em papel selado, ou por processo mecânico.
>
> § 1º A legislação tributária pode determinar as garantias exigidas para o pagamento por cheque ou vale postal, desde que não o torne impossível ou mais oneroso que o pagamento em moeda corrente.
>
> § 2º O crédito pago por cheque somente se considera extinto com o resgate deste pelo sacado.
>
> § 3º O crédito pagável em estampilha considera-se extinto com a inutilização regular daquela, ressalvado o disposto no artigo 150.
>
> § 4º A perda ou destruição da estampilha, ou o erro no pagamento por esta modalidade, não dão direito a restituição, salvo nos casos expressamente previstos na legislação tributária, ou naquelas em que o erro seja imputável à autoridade administrativa.

§ 5º O pagamento em papel selado ou por processo mecânico equipara-se ao pagamento em estampilha.

De acordo com o art. 3º do CTN, tributo é toda *prestação pecuniária compulsória em moeda ou cujo valor nela se possa exprimir*. Quer dizer, deve-se recolher o valor assinalado a título de tributo em *real*, que é a moeda brasileira, ou por outra forma, desde que tenha a aptidão de se expressar em termos de valor monetário. Nesse sentido, o art. 162 do Código autoriza que o pagamento seja efetuado:

- *Em moeda corrente, cheque ou vale postal* – Ao prescrever o pagamento em *moeda corrente*, em *real*, o art. 162, I, apenas reafirma o disposto no art. 3º. A vantagem de se pagar em moeda está em seu curso forçado, legalmente garantido. O credor não pode recusar seu recebimento. Depois de mencionar a moeda, o inciso arrola outras formas que se expressam em termos de valor monetário, tais como o cheque e o vale postal. O primeiro significa "título de crédito que representa uma ordem de pagamento à vista contra um banco (sacado) para pagar certa soma, ao portador ou à pessoa indicada (tomador), por conta de fundos que são do emitente (sacador)" (DINIZ, 2010, p. 114). Justamente porque é possível que o sujeito passivo não tenha o valor correspondente à quantia devida em sua conta bancária, o § 2º do art. 162 determina que "o crédito pago por cheque somente se considera extinto com o resgate deste pelo sacado". Apenas depois que o banco resgatou a quantia da conta do sacador, isto é, do sujeito passivo, considera-se extinto o crédito tributário. O vale postal, por sua vez, é "espécie de ordem ou letra postal para transferência de fundos entre particulares, dum lugar para outro" (AURÉLIO, 2009, p. 2032). Nos termos do CTN, obviamente, é vale representativo de valor a ser transferido ao Estado. Atualmente o vale postal não tem mais aplicação, a não ser muito circunstancialmente. De qualquer maneira, uma vez que está previsto no CTN deve ser considerado. Finalmente, de acordo com o art. 162, § 1º, do CTN, "a legislação tributária pode determinar as *garantias* exigidas para o pagamento por cheque ou vale postal, desde que não o torne impossível ou mais oneroso que o pagamento em moeda corrente". O cheque e o vale postal não têm a liquidez que possui a moeda em razão do curso legalmente forçado desta e a garantia estatal que lhe subjaz. Por isso, a legislação pode exigir certas *garantias* do sujeito passivo. De qualquer maneira, tais garantias não podem: (1) tornar *impossível* o pagamento; ou (2) torná-lo mais *oneroso*. Nesse sentido, Hugo de Brito Machado explica: "Inadmissível, portanto, a exigência de fiança ou aval, prática que poderá ensejar a cobrança de remuneração pelo fiador ou avalista, onerando, assim, esse meio de pagamento" (MACHADO, 2005, p. 361);
- *Nos casos previstos em lei, em estampilha, em papel selado, ou por processo mecânico* – Note-se que, de acordo com o CTN, o pagamento em estampilha, papel selado ou processo mecânico apenas pode ocorrer "nos casos previstos em lei". Assim, moeda corrente, cheque e vale postal devem ser aceitos normalmente pela Administração porque não ficam na dependência de autorização legal. *Estampilha* é o "selo postal ou do Erário colocado em correspondência, documentos ou produtos tributados, representativo de imposto ou taxa para fins de pagamento, controle e garantia de exação" (DINIZ, 2010, p. 246). Foi muito utilizado no passado, razão pela qual o CTN, publicado em 1966, autoriza seu recebimento. De acordo com o § 3º, "o crédito pagável em estampilha considera-se extinto com a *inutilização* regular daquela, ressalvado o disposto no artigo 150". O crédito não se extingue com a aquisição da estampilha perante o órgão da Administração, porém, com sua inutilização pelo sujeito passivo, quer dizer, com a afixação destas nos

livros adequados. Além do mais, nos termos do § 4º, "a perda ou destruição da estampilha, ou o erro no pagamento por esta modalidade, não dão direito a restituição, *salvo* nos casos expressamente previstos na legislação tributária, ou naquelas em que o erro seja imputável à autoridade administrativa". Se o sujeito passivo, após adquirir a estampilha, perde-a ou a destrói, *não* tem direito à restituição do valor devido. O CTN abre *exceções*, de maneira que *haverá* restituição: (1) caso a legislação tributária assim preveja; (2) caso o erro seja apenas da autoridade administrativa. *Papel selado* era uma reminiscência do direito português e consistia na forma de pagamento de imposto por meio de um papel que possuía uma marca oficial (selo). *Processo mecânico* significa o processo por meio do qual se obtém o mesmo efeito do selo, isto é, da marca oficial. São formas antigas de pagamento de tributos. De qualquer maneira, o § 5º determina que "o pagamento em papel selado ou por processo mecânico equipara-se ao pagamento em estampilha".

Para finalizar, importa comparar o art. 162 com o 156. Pode parecer, à primeira vista, que existe alguma contradição. Trata-se de mera aparência. O último elenca as causas extintivas do crédito tributário, enquanto o primeiro enumera as formas de pagamento admitidas pelo CTN. É necessário considerar que existem várias maneiras de se extinguir o crédito tributário, como a compensação, transação, remissão etc. Dentre elas, há o pagamento. Caso o sujeito passivo opte pelo último, então existem várias formas de efetuá-lo: por moeda corrente, cheque, vale postal etc.

Assim, uma coisa é *extinguir* o crédito; outra é optar pela extinção através do *pagamento*. Feita a opção pelo último, então se pode valer das formas enumeradas no art. 162. Não há contradição entre os dispositivos.

I) Imputação do pagamento: art. 163 do CTN

O art. 163 do CTN estabelece:

> **CTN, art. 163.** Existindo simultaneamente dois ou mais débitos vencidos do mesmo sujeito passivo para com a mesma pessoa jurídica de direito público, relativos ao mesmo ou a diferentes tributos ou provenientes de penalidade pecuniária ou juros de mora, a autoridade administrativa competente para receber o pagamento determinará a respectiva imputação, obedecidas as seguintes regras, na ordem em que enumeradas:
>
> I – em primeiro lugar, aos débitos por obrigação própria, e em segundo lugar aos decorrentes de responsabilidade tributária;
>
> II – primeiramente, às contribuições de melhoria, depois às taxas e por fim aos impostos;
>
> III – na ordem crescente dos prazos de prescrição;
>
> IV – na ordem decrescente dos montantes.

De acordo com o art. 352 do Código Civil, "a pessoa obrigada por dois ou mais débitos da mesma natureza, a um só credor, tem o direito de indicar a qual deles oferece pagamento, se todos forem líquidos e vencidos". No direito civil, *imputação do pagamento* é o nome que se dá ao direito que tem o *devedor* de escolher, entre dois ou mais débitos líquidos e *vencidos* perante o *mesmo* credor, qual deles considera quitado.

No âmbito do direito tributário, todavia, a sistemática é um pouco distinta. Nos termos do que preceitua o art. 163 do CTN, cabe ao *credor*, isto é, ao *Fisco*, escolher, dentre duas ou mais dívidas *vencidas*, qual se deve considerar quitada.

Além do mais, o administrador não pode escolher livremente. O Código fixa uma *ordem* a ser obrigatoriamente seguida. Assim, a imputação do pagamento, no direito tributário, apenas se "inspira" na imputação do direito civil. Suas características, contudo, são sensivelmente distintas.

Nesse sentido, cabe análise detida no art. 163 e seus inciso:

- *Pluralidade de débitos e identidade de sujeitos* – Note-se que devem existir, *simultaneamente*, dois ou mais *débitos vencidos*, do *mesmo* sujeito passivo para com a *mesma* Fazenda Pública. Obviamente, se houver apenas *um* débito não há que se cogitar da imputação, porquanto não há escolha a ser efetuada. Por outro lado, se o sujeito passivo estiver em débito com várias Fazendas, caberá a ele escolher qual delas receberá o pagamento;
- *Dívidas vencidas* – Insista-se nesse ponto: a imputação do pagamento apenas tem lugar com mais de uma dívida tributária *vencida*. Se o sujeito passivo ainda estiver dentro do prazo para o pagamento do tributo ou se obteve alguma causa de suspensão da exigibilidade, então não há que se cogitar da imputação do pagamento;
- *Dívidas provenientes de tributos, penalidades ou juros de mora* – As várias dívidas tributárias podem se referir ao *mesmo* ou a *diferentes* tributos. Por exemplo, duas dívidas perante a certo Município, relativas ao IPTU dos exercícios de 2011 e 2012 (mesmo tributo), ou, pelo contrário, relativas ao ISS e a alguma taxa municipal (tributos diferentes). Ademais, as dívidas provenientes de multas ou da aplicação de juros de mora também podem ser imputadas;
- *Imputação pelo credor e ato vinculado* – Ao contrário do que ocorre no âmbito civil, em direito tributário a imputação é feita pelo *credor*, ou seja, pela autoridade administrativa competente para o recebimento. Além do mais, o ato da imputação é *vinculado*, de maneira que não cabe ao administrador escolher livremente quais dívidas devem ser quitadas. *Cabe-lhe tão somente seguir as regras e a ordem indicada pelo CTN, exposta nos incisos do art. 163*;
- *Ordem de imputação* – O administrador tributário deve seguir estritamente a seguinte ordem de imputação:
    - *Em primeiro lugar, aos débitos por obrigação própria, e, em segundo lugar, aos decorrentes de responsabilidade tributária* – Em primeiro lugar deve-se imputar o pagamento "aos débitos por obrigação própria", isto é, às dívidas na quais o sujeito passivo figura como *contribuinte*. Afinal, neste caso ele teve relação pessoal e direta com a situação que constituiu o fato gerador. Em um segundo momento, a imputação deve recair nos "débitos decorrentes de responsabilidade tributária", quer dizer, aqueles nos quais o sujeito passivo figura como *responsável*. Nestes casos, muito

embora não assuma a qualidade de contribuinte, é designado por lei como sujeito passivo tributário;

- *Primeiramente as contribuições de melhoria, depois as taxas e, por fim, os impostos* – Depois de solucionado o problema referente ao inciso I, a autoridade deve verificar quais *espécies* de tributos constam como dívida do sujeito passivo. Se houver mais de uma espécie, deve, em primeiro lugar, imputar o pagamento às *contribuições de melhoria*, depois, às *taxas* e, finalmente aos *impostos*. O CTN pretende que as dívidas relativas aos tributos *vinculados* sejam liquidadas em primeiro lugar;
- *Na ordem crescente dos prazos de prescrição* – Superadas as hipóteses relativas aos primeiros dois incisos, deve a autoridade administrativa imputar o pagamento, em primeiro lugar, às dívidas tributárias cujos prazos prescricionais são os *menores*. Prazo de prescrição é o prazo dentro do qual a autoridade competente deve ingressar com a ação de execução fiscal contra o sujeito passivo, uma vez que este seja considerado inadimplente (CTN, art. 174). De acordo com o art. 174, *caput*, do CTN, o prazo de prescrição é de 05 anos. Assim, se determinada dívida prescreve em 01 ano (porque se passaram 04 anos) e outra em 02 anos (porque se passaram 03), deve-se imputar o pagamento à primeira, isto é, àquela cujo prazo fatal é *menor*;
- *Na ordem decrescente dos montantes* – Finalmente, ultrapassados os três incisos, chega-se ao critério final. A autoridade deve imputar o pagamento às dívidas que correspondem aos *maiores* valores, e, apenas depois, àquelas de montante *menor*. Assim, na presença de duas dívidas, uma de R$ 20.000,00 (vinte mil reais) e outra de R$ 10.000,00 (dez mil reais), imputa-se o pagamento à primeira. O CTN pretende que o Fisco receba os valores mais elevados em primeiro lugar.

Luís Eduardo Schoueri introduz questão interessante: "O dispositivo acima transcrito não esclarece o que deve ser feito no caso de *pagamento parcial* de crédito já acrescido de juros de mora ou de penalidade. Nesse caso, importa ter em mente que os juros e a penalidade integram o próprio crédito; não há que dizer que tenha sido o principal, ficando pendentes os juros ou vice-versa. Uma vez formado um crédito, é o todo que será satisfeito, ou não. Daí que na hipótese de pagamento parcial imputa-se o pagamento parcialmente ao principal, aos juros e à penalidade, conforme o caso" (SCHOUERI, 2012, p. 586).

J) Consignação em pagamento: artigo 164 do CTN

O art. 164 do CTN estabelece:

> **CTN, art. 164.** A importância de crédito tributário pode ser consignada judicialmente pelo sujeito passivo, nos casos:
>
> I – de recusa de recebimento, ou subordinação deste ao pagamento de outro tributo ou de penalidade, ou ao cumprimento de obrigação acessória;

II – de subordinação do recebimento ao cumprimento de exigências administrativas sem fundamento legal;

III – de exigência, por mais de uma pessoa jurídica de direito público, de tributo idêntico sobre um mesmo fato gerador.

§ 1º A consignação só pode versar sobre o crédito que o consignante se propõe pagar.

§ 2º Julgada procedente a consignação, o pagamento se reputa efetuado e a importância consignada é convertida em renda; julgada improcedente a consignação no todo ou em parte, cobra-se o crédito acrescido de juros de mora, sem prejuízo das penalidades cabíveis.

De acordo com o artigo 156, VIII, do CTN, "extingue o crédito tributário a consignação em pagamento, nos termos do disposto no § 2º do artigo 164".

Do ponto de vista do direito privado, a consignação em pagamento tem lugar nas hipóteses em que o credor se recusa a receber a quantia devida ou está impossibilitado de recebê-la da maneira como foi acordado; paira dúvida quanto a quem se deve pagar ou existe litígio cujo objeto é a prestação devida; dentre outros.

Em âmbito tributário, Luciano Amaro observa: "A consignação em pagamento de obrigação tributária é uma ação judicial que visa à proteção do direito que o sujeito passivo tem de pagar sua dívida e obter quitação [...]" (AMARO, 2010, p. 420).

Se o sujeito passivo tributário pretende efetuar o pagamento relativo à sua dívida tributária, mas a Administração, em razão de uma das hipóteses descritas no art. 164, recusa o recebimento, surge para ele o legítimo interesse processual para ingressar com ação de consignação em pagamento. O objetivo é que o Poder Judiciário declare, se for o caso, legítimo o pagamento efetuado e definitivamente extinto o crédito, nos termos do art. 156, VIII, do Código.

A justificativa para a existência desta ação gira em torno de dois argumentos:

- Tanto quanto um dever, o pagamento da dívida é um *direito* do sujeito passivo;
- O devedor tem legítimo interesse em não sofrer os efeitos decorrentes da mora, quer dizer, de não se ver na qualidade de inadimplente, o que autoriza a inscrição do crédito em dívida ativa e, com isso, a propositura da ação de execução fiscal.

a) Hipóteses que admitem a consignação em pagamento

Sob a perspectiva tributária, uma peculiaridade deve ser assinalada: a ação de consignação *somente* pode ser utilizada pelo sujeito passivo nas *hipóteses* expressamente enumeradas no art. 164 do CTN. De acordo com o dispositivo, a importância do crédito tributário pode ser consignada judicialmente pelo sujeito passivo, nos seguintes casos:

- *Recusa de recebimento ou subordinação deste ao pagamento de outro tributo ou de penalidade ou ao cumprimento de obrigação acessória* – Note-se, em primeiro lugar, que o *caput* do dispositivo fala em *sujeito passivo*. Por isso, são legitimados o contribuinte e o responsável, conforme o caso, desde que estejam enquadrados numa das hipóteses descritas nos incisos do art. 164. Assim, nos termos deste inciso, se a autoridade administrativa: (1) recusa-se a receber o tributo que o sujeito passivo se propõe a pagar; (2) subordina o recebimento ao pagamento de outro tributo ou multa; ou (3) ao cumprimento de obrigação acessória (o preenchimento de uma declaração, por exemplo), têm o contribuinte ou responsável legítimo interesse para ingressar com a ação de consignação em pagamento. Alerte-se, contudo, que o sujeito passivo deve ter a convicção de que a recusa por parte da autoridade não tem legitimidade. Caso contrário, correrá o risco de ver seu pedido julgado improcedente e terá de arcar com as consequências da mora;

- *Subordinação do recebimento ao cumprimento de exigências administrativas sem fundamento legal* – Caso a autoridade subordine o recebimento do valor que o sujeito passivo pretende pagar a exigências administrativas sem fundamento legal, isto é, sem que exista na lei previsão para tanto, está autorizada a propositura de ação de consignação em pagamento. Luciano Amaro observa: "Ademais, embora, a *contrario sensu*, o item pareça permitir que a autoridade possa fazer exigências com fundamento legal (no sentido de condicionar o recebimento do tributo), é preciso lembrar que o inciso anterior veda a recusa fundada na exigência de cumprimento de obrigação acessória (que, supõe-se, tenha fundamento legal). Sobrarão, portanto, poucos motivos (legais) para que a autoridade recuse o pagamento, já que eles estarão limitados às formalidades legais inerentes ao pagamento (por exemplo, local em que a obrigação deve ser satisfeita, cumprimento de eventual requisito legal para pagamento em cheque, modo de pagamento por selo etc.)" (AMARO, 2011, p. 421). Como afirmamos, o sujeito passivo deve analisar a situação com cuidado para realmente ter a certeza de que a exigência administrativa não tem fundamento. Julgado improcedente o pedido, arcará com as consequências relativas à mora;
- *Exigência, por mais de uma pessoa jurídica de direito público, de tributo idêntico sobre um mesmo fato gerador* – Com exceção dos casos previstos constitucionalmente, é vedada no Brasil a *bitributação*, isto é, a exigência, por mais de um ente competente, de tributo idêntico sobre um mesmo fato gerador. É o que ocorreria, por exemplo, se a União e certo Município exigissem de determinado sujeito passivo IPTU relativo a um mesmo bem imóvel. O problema, caso isto ocorra, é mais grave do que se imagina. O sujeito passivo não pode simplesmente "escolher" quem deve pagar, porque, nesse caso, estará inadimplente em face da Fazenda Pública preterida. Surge, a partir de então, legítimo interesse do ente que não teve o crédito recolhido de inscrevê-lo em dívida ativa e mover ação de execução fiscal. O contribuinte ou o responsável, portanto, devem ingressar com a ação de consignação em pagamento e deixar que o Poder Judiciário decida qual das Fazendas deve receber. Uma vez mais, diga-se: o sujeito passivo deve analisar o problema com muito cuidado.

a) Interesse processual e extinção do crédito tributário: artigo 164, §§ 1º e 2º do CTN

De acordo com o art. 164, § 1º, do CTN, "a consignação só pode versar sobre o crédito que o consignante se propõe pagar". É importante compreender que a consignação em pagamento pressupõe que o sujeito passivo tributário *concorda* com a exigência do tributo ou da multa, isto é, pretende efetuar o pagamento. Ocorre que, por alguma razão, não consegue fazê-lo.

Ao contrário do que ocorre com o depósito que suspende a exigibilidade do crédito tributário (CTN, art. 151, II), instrumento utilizado pelo sujeito passivo quando *discorda* da cobrança efetuada pela Administração Pública, a ação de consignação em pagamento tem lugar quando o contribuinte ou responsável *pretendem* pagar, ou seja, *querem* recolher o montante devido, mas, por algumas das razões elencadas no art. 164, estão impossibilitados de fazer.

Ao consignar, o sujeito passivo indica que entende *legítima* a cobrança feita pela Fazenda Pública. Como não consegue efetuar o recolhimento e não pode correr o risco de ingressar em estado de mora, o sujeito passivo recorre à tutela jurisdicional com o objetivo de extinguir o crédito tributário.

Nesse sentido, de acordo como art. 164, § 2º, do CTN, "julgada procedente a consignação, o pagamento se reputa efetuado e a importância consignada é convertida em renda; julgada improcedente a consignação no todo ou em parte, cobra-se o crédito acrescido de juros de mora, sem prejuízo das penalidades cabíveis".

O pedido formulado na ação de consignação em pagamento pode ser julgado procedente ou improcedente, conforme o sujeito passivo tenha ou não razão em sua postulação. Duas são, pois, as possibilidades:

- *Procedência do pedido* – Julgado procedente o pedido, isso significa que o sujeito passivo estava correto. Tinha, desde sempre, o direito de efetuar o recolhimento nos termos em que entendia adequado. Nesse caso, o pagamento considera-se efetuado e este, por sua vez, é convertido em renda da Fazenda Pública, nos termos do que determina o art. 156, VIII, do CTN. Assim, está extinto o crédito tributário;
- *Improcedência do pedido* – Se o pedido for julgado total ou parcialmente improcedente, isso significa que o sujeito passivo estava errado. Logo, atrasou o pagamento, e, portanto, deve efetuar o recolhimento do tributo acrescido de juros de mora, sem prejuízo das penalidades cabíveis. Note-se que a correção monetária fica a cargo da instituição que recebera o depósito. Quanto à cobrança de juros e penalidade, Luciano Amaro explica que, "na pendência da ação de consignação, entendemos que a exigibilidade da obrigação fica *suspensa*, o que é confirmado pelo § 2º, segunda parte, ao dizer que, julgada improcedente a consignação (*e não antes*), o crédito é cobrável" (AMARO, 2011, p. 421, 422). Ora, se a exigibilidade fica suspensa, então o sujeito passivo não está em mora, razão pela qual não deve recolher o valor acrescido de juros e multas.

APROFUNDANDO! CONSIGNAÇÃO EM PAGAMENTO E PEDIDO DE PARCELAMENTO

Alguns contribuintes ingressaram com ações de consignação em pagamento junto ao Poder Judiciário com o objetivo de obter o reconhecimento do direito ao *parcelamento*, e, com ele, a suspensão da exigibilidade do crédito tributário (CTN, art. 151, II). A Primeira Seção do STJ, no entanto, firmou entendimento segundo o qual a consignação *não* pode ser utilizada com tal finalidade:

> "A ação consignatória, que é de natureza meramente declaratória, tem por objetivo apenas liberar o devedor de sua obrigação com a quitação de seu débito, por meio de depósito judicial, quando o credor injustificadamente se recusa a fazê-lo. Recolher parceladamente o valor do débito fiscal na seara da ação consignatória é desviar-se da finalidade por ela pretendida. De acordo com o Min. Luiz Fux, a referida ação não pode ser servil à obtenção de parcelamento do débito tributário, sob pena de se estar fazendo da legislação, que prevê o referido benefício, letra morta" (STJ, AgRg nos EREsp 690.478/RS, 2008).

K) Pagamento indevido

"Indevido" significa o que não é devido, aquilo que não se deve. Se o sujeito passivo efetuou um pagamento considerado "indevido", então pagou algo que não devia, transferiu ao Estado parcela de sua propriedade sem que tivesse o dever de fazê-lo. O Poder Público, por sua vez, recebeu uma quantia com relação à qual não tem qualquer direito. Trata-se, portanto, de enriquecimento ilícito ou sem causa. Deve devolver ao legítimo proprietário o dinheiro que não lhe pertence.

Justamente por isso, o CTN trata, nos artigos 165 a 169, do chamado *pagamento indevido*. Embora não seja uma causa de extinção do crédito tributário, o Código houve por bem disciplina-lo ao cabo das normas relativas ao pagamento e antes de tratar das outras modalidades de extinção.

Nesse sentido, Luciano Amaro esclarece: "Com efeito, na restituição (ou repetição) do indébito, não se cuida de tributo, mas de valores recolhidos (indevidamente) a esse título. Alguém (o *solvens*), falsamente posicionado como sujeito passivo, paga um valor (sob o rótulo de tributo) a outrem (o *accipiens*), falsamente rotulado de sujeito ativo. Se inexistia obrigação tributária, de igual modo não havia nem sujeito ativo, nem sujeito passivo, nem tributo devido" (AMARO, 2011, p. 445).

O fundamento para a previsão legal da *repetição*, isto é, da *devolução* daquilo que foi indevidamente pago, reside, dentre outros, no direito à propriedade privada (CF/1988, art. 5º, XXII); nos princípios da legalidade e moralidade e no princípio segundo o qual ninguém deve enriquecer sem causa. Aquele que recolheu valor indevido ao Fisco pode pleitear sua restituição em via administrativa ou judicial. Neste último caso, deve valer-se da chamada *ação de repetição do indébito tributário*.

a) Disciplina jurídica: artigo 165 do CTN

O art. 165 do CTN determina:

> **CTN, art. 165.** O sujeito passivo tem direito, independentemente de prévio protesto, à restituição total ou parcial do tributo, seja qual for a modalidade do seu pagamento, ressalvado o disposto no § 4º do artigo 162, nos seguintes casos:
>
> I – cobrança ou pagamento espontâneo de tributo indevido ou maior que o devido em face da legislação tributária aplicável, ou da natureza ou circunstâncias materiais do fato gerador efetivamente ocorrido;
>
> II – erro na edificação do sujeito passivo, na determinação da alíquota aplicável, no cálculo do montante do débito ou na elaboração ou conferência de qualquer documento relativo ao pagamento;
>
> III – reforma, anulação, revogação ou rescisão de decisão condenatória.

O dispositivo fixa as hipóteses em que o sujeito passivo tem direito à devolução do montante indevidamente recolhido. Vejamos, antes, os contornos jurídicos gerais:

- *Titular do direito* – A expressão "sujeito passivo" remete ao art. 121 do CTN, segundo o qual o polo passivo da relação tributária é ocupado por aquele que tem o dever de pagar o tributo ou a penalidade pecuniária. Assim, são titulares do direito de pleitear a devolução da quantia indevidamente paga o contribuinte ou o responsável, conforme o caso específico. É necessário identificar, com precisão, quem, de fato, efetuou o pagamento indevido, isto é, qual foi o patrimônio efetivamente afetado pela transferência indevida de recursos ao Poder Público. A partir daí, descobre-se concretamente o sujeito que tem o interesse processual na repetição do indébito;
- *Inexigibilidade de prévio protesto* – De acordo com o CTN, o sujeito passivo tem direito à restituição do valor indevidamente pago "independentemente de prévio protesto". Não é necessário que a pessoa tenha efetuado o recolhimento indevido "sob protesto", isto é, deixando formalmente expressa sua discordância quanto ao pagamento. Ainda que o tenha feito por ignorância ou descuido, tem pleno direito à restituição. A ressalva é importante porque no direito privado a sistemática é distinta. O art. 877 do Código Civil determina que "àquele que voluntariamente pagou o indevido incumbe a prova de tê-lo feito por erro". Em outras palavras, no direito civil, a pessoa, além de ter pago indevidamente, deve comprovar que o fez por erro. No âmbito do direito tributário essa exigência *não* existe;
- *Restituição total ou parcial do tributo* – A restituição é sempre *total*. Precisa é a lição de Luciano Amaro: "A restituição – diz o Código – pode ser *total* ou *parcial*. A restituição do indébito há de ser sempre *total*. O que pode ter ocorrido é que, num pagamento, por exemplo, de 1.000, só 800 fossem devidos, e, portanto, teria ocorrido um recolhimento indevido de 200. O indébito é de 200, e esse valor deve ser *totalmente* devolvido. Mesmo aí, portanto, o direito é à restituição *total* e não *parcial* do indébito. A parcela de certa quantia paga que não é restituível representa tributo *devido* e, por isso, não é restituível" (AMARO, 2011, p. 447);

- *Multas* – O dispositivo fala em *tributo*, mas é claro que os valores relativos a *multas* indevidamente recolhidos devem ser restituídos ao sujeito passivo. A propósito, há decisão da Primeira Seção do STJ nesse sentido:

> Reconhecido que a parte autora faz jus ao benefício da denúncia espontânea em relação às competências de dezembro de 1990 a dezembro de 1998, é devida a restituição dos valores indevidamente recolhidos a título de *multa*, os quais devem ser monetariamente atualizados (STJ, EDcl na AR 3.746/RS, 2012);

- *Qualquer modalidade de pagamento, ressalvado o disposto no § 4º do artigo 162* – Vimos que o pagamento pode ser feito de várias maneiras, a saber: em moeda corrente; cheque; vale postal, e, nos casos previstos em lei, também em estampilha; papel selado e por processo mecânico (CTN, art. 162, I e II). Pois bem, em quaisquer destas hipóteses o recolhimento indevido abre espaço para a restituição, independentemente de protesto, com a ressalva do que prevê o § 4º do art. 162. De acordo com este, "a perda ou destruição da estampilha, ou o erro no pagamento por esta modalidade, *não dão direito a restituição* [...]". Quer dizer, a pessoa *não* tem direito à restituição caso tenha manuseado a estampilha de maneira incorreta. Caso opte por esta modalidade de pagamento, o sujeito passivo deve assumir o risco. Note-se, contudo, que a última parte do § 4º faz uma *ressalva*: "Salvo nos casos expressamente previstos na legislação tributária, ou naquelas em que o erro seja imputável à autoridade administrativa". Trata-se de "exceção da exceção", ou seja, nos casos previstos de maneira expressa na legislação ou nas hipóteses em que houve erro administrativo, mesmo a inutilização da estampilha dá ensejo à restituição do valor pago indevidamente.

b) Hipóteses de cabimento

Registrados os contornos normativos do direito à restituição, trata-se de analisar as *situações* que a autorizam, nos termos dos incisos I a III do art. 165:

- *Cobrança ou pagamento espontâneo de tributo indevido ou maior que o devido em face da legislação tributária aplicável ou da natureza ou circunstâncias materiais do fato gerador efetivamente ocorrido* – Este primeiro inciso deve ser analisado sob três perspectivas:
  - *Cobrança ou pagamento espontâneo* – Observe-se que o sujeito passivo pode ter recolhido o valor indevido em virtude de *cobrança* efetuada pelo Fisco ou em função de *pagamento espontâneo*. A primeira situação ocorre, por exemplo, nos casos de lançamento por declaração ou de ofício; a segunda, dentre outras, quando o contribuinte ou responsável procedem ao lançamento por homologação. Isso não importa. A pessoa natural ou jurídica tem direito à repetição do quanto fora indevidamente recolhido;
  - *Tributo indevido ou maior que o devido* – Perceba-se que a causa da restituição pode residir no *an debeatur* ou no *quantum debeatur*. No primeiro

caso, a obrigação tributária não se configurou, quer dizer, não havia o dever de o sujeito passivo recolher qualquer valor a título de tributo ou multa. Por isso, o montante era indevido. É possível, no entanto, que *exista* a relação jurídica tributária, isto é, o tributo seja *devido* e, não obstante, o sujeito passivo tenha recolhido um valor *superior* àquele que estava, de fato, obrigado. Neste último caso, como vimos, terá lugar a restituição total apenas do valor recolhido a mais;

- *Fundamento jurídico ou fático* – A inexistência da relação jurídica tributária pode decorrer de um problema "jurídico" ou "fático". Se o sujeito passivo recolhe certo valor depois que já ocorreu a decadência ou a prescrição, causas extintivas do crédito (CTN, art. 156, V), tem direito à restituição, pois se trata de tributo indevido. É um problema em face da "legislação tributária aplicável". É possível, por outro lado, que o *fato* que a pessoa praticou não se ajuste à descrição contida na hipótese de incidência. Em outras palavras, que não tenha ocorrido a subsunção tributária. Ora, se a conduta adotada não se ajusta à descrição normativa, então o fato não pode ser considerado gerador. Logo, não há obrigação tributária e, portanto, não existe o dever de recolher qualquer quantia. Se o sujeito passivo pagou, pode pleitear a devolução, pois houve irregularidade na "natureza ou circunstância material do fato gerador". No que toca a tributo recolhido em valor *maior que o devido*, os problemas "jurídicos" ou "fáticos" giram em torno da definição da base de cálculo ou das alíquotas aplicáveis à situação concreta. Nestes casos, a relação jurídica existe, pois o tributo é *devido*, muito embora o *quantum debeatur* tenha sido obtido de maneira irregular, o que acarretou o recolhimento de valor superior àquele devido e, consequentemente, o direito à devolução;

- *Erro na identificação do sujeito passivo, na determinação da alíquota aplicável, no cálculo do montante do débito ou na elaboração ou conferência de qualquer documento relativo ao pagamento* – Sabemos que o polo passivo da relação obrigacional principal pode ser ocupado pelo contribuinte ou pelo responsável. É possível, portanto, que a autoridade administrativa cometa erro na *identificação* (na redação oficial "edificação", evidente erro de grafia) do sujeito passivo. São hipóteses possíveis, também, as de erro na determinação da alíquota aplicável, no cálculo para a fixação do valor devido, ou na elaboração ou conferência de documentos. Em todas essas circunstâncias, abre-se a possibilidade para a restituição dos valores recolhidos;
- *Reforma, anulação, revogação ou rescisão de decisão condenatória* – Uma vez instaurado processo administrativo ou judicial questionando a incidência de determinado tributo, é possível que o sujeito passivo saia derrotado da disputa. Uma vez que tenha sido condenado em âmbito judicial ou cumprido a determinação administrativa e, como decorrência, tenha recolhido a quantia assinalada, abre-se a possibilidade de que o pagamento seja, posteriormente, considerado indevido ou maior que o devido. É o que ocorre, por exemplo, se a lei instituidora do tributo for declarada inconstitucional pelo STF. Neste

caso, a quantia recolhida, em princípio, de maneira regular, torna-se indevida, pois a decisão da Corte retira a validade da lei que instituiu o tributo. Pois bem, se o sujeito passivo obtém a reforma, anulação, "revogação" ou rescisão *da decisão que determinou o pagamento indevido*, faz jus à devolução do valor que fora recolhido de maneira irregular. Assinale-se que, em termos técnicos mais rigorosos, não cabe falar em *revogação*, pois esta pressupõe a discricionariedade do ato administrativo, o que, em âmbito tributário, não se verifica.

c) Restituição de tributos indiretos: artigo 166 do CTN

O art. 166 do CTN estabelece:

> **CTN, art. 166.** A restituição de tributos que comportem, por sua natureza, transferência do respectivo encargo financeiro somente será feita a quem prove haver assumido o referido encargo, ou, no caso de tê-lo transferido a terceiro, estar por este expressamente autorizado a recebê-la.

i) Imposição indireta e translação econômica do tributo

O dispositivo trata do pagamento indevido, e, como consequência, do direito à restituição no caso de tributos chamados *indiretos*. São tributos que permitem a transferência do encargo financeiro a terceiros. É o que ocorre tipicamente com o ICMS, o IPI, dentre outros.

Suponha-se que certa pessoa vá a um restaurante e peça um refrigerante. O fornecimento do produto significa *circulação de mercadoria*, portanto, fato gerador do ICMS. Quem é o sujeito passivo desta relação? Ora, o empresário, dono do restaurante. Ele possui o dever de recolher certa quantia em razão da incidência do imposto.

O que corre neste caso é que o valor devido a título de ICMS foi "embutido" no preço final do refrigerante. A mercadoria deveria custar R$ 4,00 (quatro reais). Custa, no entanto, R$ 4,50 (quatro reais e cinquenta centavos). A diferença de R$ 0,50 (cinquenta centavos) representa o valor do imposto que é repassado ao consumidor final.

Perceba-se que, muito embora o empresário seja o *contribuinte de direito*, isto é, a pessoa que ocupa o polo passivo da obrigação tributária principal, não assume o encargo econômico-financeiro do imposto. Este é repassado ao consumidor final, chamado de *contribuinte de fato*, que não figura na relação jurídica que vincula o Fisco ao sujeito passivo tributário.

Tais são os aspectos da chamada *imposição indireta*, que se expressa pelo fenômeno da *repercussão tributária* ou *translação econômica do tributo*.

Como explica Regina Helena Costa, é a situação na qual "o contribuinte *de jure* não é aquele que absorve o impacto econômico da imposição tributária, pois o repassa ao contribuinte 'de fato', o consumidor final. Constituem exemplos de impostos indiretos o Imposto sobre Produtos Industrializados – IPI e o Imposto sobre Circulação de Mercadorias e Prestação de Serviços – ICMS" (COSTA, 2014, p. 273).

Pois bem, suponhamos que, no exemplo citado, o empresário, ao calcular o montante devido a título de ICMS, aplica, por engano, uma alíquota de 40%, no lugar de aplicar a alíquota correta, que seria de 18%. Neste caso, recolheu ao Fisco um valor *maior* do que aquele que era devido. Ocorre, contudo, que essa quantia foi repassada para o preço do produto. Logo, foi suportada pelo consumidor final. Percebe-se claramente que o patrimônio desfalcado, *na realidade*, não é o do contribuinte "de direito", porém, o do contribuinte "de fato".

Mesmo nesta situação, entretanto, houve pagamento indevido, porquanto o Estado recebeu um valor superior àquele que lhe era devido. O princípio que veda o enriquecimento sem causa proíbe que esta quantia permaneça nos cofres estatais. Ela deve ser devolvida a seu titular. É justamente aí que reside o problema, pois:

- Se o Estado devolve a quantia recolhida ao empresário, isto é, ao contribuinte "de direito", este experimenta um enriquecimento sem causa porque o valor recolhido *não* saiu de *seu* patrimônio, mas do patrimônio do consumidor final;
- Por outro lado, o contribuinte de fato *não* mantém *relação jurídica* com o Estado. Sujeito passivo é aquele que tem o dever de recolher o tributo ou a penalidade devida porque adotara uma conduta descrita em lei. Os consumidores finais não se encontram nesta situação, pois não praticam qualquer fato que os vincule juridicamente ao Fisco.

Esta situação configura certo paradoxo, pois se o valor indevidamente recolhido permanece nos cofres estatais, o Poder Público enriquece sem causa; se a quantia é devolvida ao contribuinte "de direito", este também enriquece sem causa, porquanto o valor devido a título de tributo fora "embutido" no valor final do produto; finalmente, o contribuinte de fato não mantém relação jurídica com o Fisco, isto é, não há lei que o relacione diretamente com o poder tributante.

ii) A solução adotada pelo Código

O CTN adotou solução que tem o mérito de desagradar a gregos e troianos. O artigo 166 recebe críticas tanto dos que o consideram adequado, como daqueles que o veem como sinônimo de injustiças.

Retomando o dispositivo, "a restituição de tributos que comportem, por sua natureza, transferência do respectivo encargo financeiro somente será feita a quem prove haver assumido o referido encargo, ou, no caso de tê-lo transferido a terceiro, estar por este expressamente autorizado a recebê-la".

A análise deve girar em torno de três observações:

- *Transferência do encargo financeiro* – Tributos que comportam, por sua natureza, a "transferência do respectivo encargo financeiro", como dissemos, são os chamados tributos *indiretos*. Ocorre que esta translação deve ocorrer em virtude da "natureza" do tributo. A translação da qual fala o art. 166 não é simplesmente *econômica*, mas também *jurídica*. É preciso que a *estrutura normativa* do tributo preveja a possibilidade da transferência, isto é, que a lei de instituição tenha, de alguma maneira, contemplado a hipótese da translação do ônus. Dessa forma, somente os tributos que, "por sua natureza", ou seja, por *estipulação normativa*, comportem a transferência do encargo financeiro, devem submeter-se à disciplina do art. 166 no caso de repetição do indébito tributário. Nesse contexto, os conceitos de *contribuinte de direito* e *contribuinte de fato* assumem significados sensivelmente distintos daqueles que foram apresentados. A exigência de que a transferência do encargo financeiro esteja prevista de alguma maneira na *norma jurídica* faz com que o chamado *contribuinte de fato* não seja uma pessoa qualquer, alheia à relação jurídica, porém, um sujeito que se insere na cadeia das relações tributárias disciplinadas normativamente. Dessa forma, *contribuinte de fato*, neste contexto, não é apenas aquele que suporta o ônus econômico da tributação, mas aquele colhido por uma norma jurídica que autoriza, de maneira expressa, a transferência do encargo financeiro. *Contribuinte de direito*, por sua vez, é aquele que figura no povo passivo da relação jurídica tributária, isto é, o contribuinte ou responsável, e, em uma destas qualidades, recolheu o tributo indevido;

- *Prova de assunção do encargo* – A primeira exigência do art. 166 é a de que a restituição deve ser dirigida àquele que *provou* ter assumido o encargo financeiro. Se o contribuinte de direito consegue provar que, por qualquer razão, *não* repassou o ônus ao contribuinte de fato, então faz jus à repetição do indébito. É importante compreender que o objetivo da norma é evitar o enriquecimento sem causa. Essa é a situação ideal, pois o contribuinte de direito mantém relação jurídica com o Estado, portanto, está autorizado a pleitear a repetição. Se prova que assumiu o respectivo encargo, então todas as condições para a devolução do montante injustamente recolhido estão contempladas;
- *Autorização do terceiro* – Se o contribuinte de direito repassou o encargo econômico ao contribuinte de fato, então o pagamento indevido não lhe causou prejuízo. Se ele obtém a restituição, ocorre enriquecimento sem causa. Por isso o CTN exige que ele esteja autorizado, pelo contribuinte de fato, a pleitear a repetição. O que se presume, neste caso, é que o último está ciente de que o primeiro poderá obter o recebimento de um valor que, na verdade, pertence-lhe. Por isso, está habilitado a obter a quantia de maneira amigável ou, se necessário, litigiosa.

Em suma, no caso de tributo indiretos é preciso que o contribuinte de direito, único que mantém relação jurídica com o Estado, prove que assumiu o encargo financeiro. Caso não consiga fazê-lo, deve comprovar que está autorizado pelo contribuinte de fato a proceder ao pedido de restituição.

JURISPRUDÊNCIA DO STF – REPETIÇÃO DE TRIBUTO INDIRETOS

Vejamos como o STF lidou com a questão, isto é, como evoluiu sua jurisprudência:

- *Súmula nº 71 – "Embora pago indevidamente, não cabe restituição de tributo indireto".*

Tal entendimento foi adotado no ano de 1963. Antes, portanto, do advento do CTN, que data de 1966. Note-se que a opção do STF quanto ao paradoxo assinalado foi no sentido de que os valores, ainda que recolhidos indevidamente, deveriam permanecer com o Estado. Entre duas soluções ruins, quais sejam, o enriquecimento sem causa do Poder Público ou do contribuinte de direito, considerou-se a primeira menos ofensiva aos valores jurídicos da época.

- *Súmula nº 546 – "Cabe restituição do tributo pago indevidamente quando reconhecido, por decisão, que o contribuinte 'de jure'* não recuperou do contribuinte *'de facto' o 'quantum' respectivo".*

Após o advento do CTN, a jurisprudência do STF evolui no sentido de admitir a restituição de tributos indiretos pagos indevidamente. Perceba-se, no entanto, que a Corte condiciona a devolução ao reconhecimento, por decisão judicial, de que o empresário não transferiu o encargo ao consumidor final. Se esta circunstância não restar comprovada judicialmente, então os valores indevidamente recolhidos devem continuar no patrimônio estatal.

iii) A legitimidade para o pedido de restituição

Um dos graves problemas que marcam a interpretação do art. 166 gira em torno de fixar a *legitimidade ativa* para o pleito da restituição do indébito tributário. Seria apenas do contribuinte de direito? Estender-se-ia também ao contribuinte de fato?

O "espírito" do art. 166, por assim dizer, indica que, em tese, a restituição poderia ser pleiteada por qualquer dos dois, desde que fique comprovada a assunção do encargo financeiro. Assim, tanto o contribuinte de direito, como o contribuinte de fato poderiam pleitear a devolução do montante recolhido em âmbito administrativo ou judicial.

Hugo de Brito Machado, no entanto, tem posição contrária: "O terceiro que tenha suportado o encargo financeiro do tributo indevidamente pago, não é parte legítima para pedir a restituição" (MACHADO, 2011, p. 208). De fato, para o autor, o contribuinte de fato não mantém relação jurídica com o Fisco, razão pela qual não há como pleitear a devolução. O STJ adotou entendimento neste sentido. De acordo com a Primeira Seção:

> [...] o 'contribuinte de fato' (*in casu*, distribuidora de bebida) não detém legitimidade ativa *ad causam* para pleitear a restituição do indébito relativo ao IPI incidente sobre os descontos incondicionais, recolhido pelo 'contribuinte de direito' (fabricante de bebida), por não integrar a relação jurídica tributária pertinente [...] Deveras, o condicionamento do exercício do direito subjetivo do contribuinte que pagou tributo indevido (contribuinte de direito) à comprovação de que não procedera à repercussão econômica do tributo ou à apresentação de autorização do 'contribuinte de fato' (pessoa que sofreu a incidência econômica do tributo), à luz do disposto no artigo 166, do CTN, não possui o condão de transformar sujeito alheio à relação jurídica tributária em parte legítima na ação de restituição de indébito (STJ, REsp. nº 903.394/AL, 2010).

Ressalte-se, contudo, *exceção* quanto a este entendimento, quando se trata da restituição de tributos cuja relação tributária obrigacional desenrola-se no seio de serviços públicos concedidos pelo Estado à iniciativa privada. Nesse sentido, a Primeira Seção assentou que:

> [...] diante do que dispõe a legislação que disciplina as concessões de serviço público e da peculiar relação envolvendo o Estado-concedente, a concessionária e o consumidor, esse último tem legitimidade para propor ação declaratória c/c repetição de indébito na qual se busca afastar, no tocante ao fornecimento de energia elétrica, a incidência do ICMS sobre a demanda contratada e não utilizada. O acórdão proferido no REsp. nº 903.394/AL (repetitivo), da Primeira Seção, Ministro Luiz Fux, dizendo respeito a distribuidores de bebidas, não se aplica aos casos de fornecimento de energia elétrica (STJ, REsp nº 1.299.303/SC, 2012).

O relator, Ministro Cesar Asfor Rocha, salientou que:

> [...] em situações como estas, o Estado-concedente e a concessionária do serviço público encontram-se lado a lado, no mesmo polo, em situação absolutamente cômoda e sem desavenças, inviabilizando qualquer litígio em casos como o presente. O consumidor da energia elétrica, por sua vez, observada a mencionada relação paradisíaca concedente/concessionária, fica relegado e totalmente prejudicado e desprotegido. Esse quadro revela que a concessionária assume o papel de contribuinte de direito apenas 'formalmente', assim como o consumidor também assume a posição de contribuinte de fato em caráter meramente 'formal'" (STJ, REsp nº 1.299.303/SC, 2012).

Em suma, quando a lei não determina que o pagamento da exação seja feito por um terceiro, como é o caso do ICMS e do IPI, a prova da não repercussão é obrigatória, e, nos casos em que a lei determina que o terceiro assuma o encargo, necessidade há, de modo absoluto, que esse terceiro autorize a repetição de indébito. Este é o entendimento do Superior Tribunal de Justiça:

> Em ação de repetição de indébito, os documentos indispensáveis mencionados pelo art. 283 do CPC/73 são aqueles hábeis a comprovar a legitimidade ativa "ad causam" do contribuinte que arcou com o pagamento indevido da exação. Desnecessária, para fins de reconhecer o direito alegado pelo autor, a juntada de todos os comprovantes de recolhimento do tributo, providência que deverá ser levada a termo, quando da apuração do montante que se pretende restituir, em sede de liquidação do título executivo judicial (STJ, Recurso repetitivo, REsp 1111003).

Dessa forma, em se tratando dos denominados "tributos indiretos" a norma tributária (artigo 166, do CTN) impõe que a restituição do indébito somente se faça ao contribuinte que comprovar haver arcado com o referido encargo ou, caso contrário, que tenha sido autorizado expressamente pelo terceiro a quem o ônus foi transferido.

L) Composição do valor restituído

O art. 167 do CTN estabelece:

> **Art. 167.** A restituição total ou parcial do tributo dá lugar à restituição, na mesma proporção, dos juros de mora e das penalidades pecuniárias, salvo as referentes a infrações de caráter formal não prejudicadas pela causa da restituição.
>
> Parágrafo único. A restituição vence juros não capitalizáveis, a partir do trânsito em julgado da decisão definitiva que a determinar.

A quantia indevidamente recolhida pelo sujeito passivo a título de tributo ou multa pode englobar os juros de mora e as penalidades pecuniárias, conforme o caso. Se, por exemplo, o contribuinte efetua o pagamento de determinado montante a pretexto de imposto e o faz após o prazo assinalado em lei, deve pagar o montante principal, acrescido de juros de mora e multa, em razão justamente do atraso.

No caso de repetição do indébito, isto é, de devolução destes valores, o Poder Público deve introduzir no cálculo, além do montante relativo ao tributo ou multa em si considerados, também a quantia referente aos juros e às multas eventualmente recolhidos. Em outras palavras, os valores "acessórios" seguem a sorte do "principal".

O dispositivo estabelece uma *exceção*: o valor devido a título de "infrações de caráter formal não prejudicadas pela causa da restituição". A redação é confusa e, na verdade, possui um significado distinto daquele que consta na primeira parte, que fixa a regra.

Infrações de caráter formal não prejudicadas pela causa da restituição são as condutas dos sujeitos passivos que violam as *obrigações acessórias* impostas pela legislação tributária. Não têm relação com a obrigação principal, isto é, com a relação jurídica *material* que deu ensejo ao recolhimento indevido.

Imaginemos que determinada instituição educacional seja *imune* a impostos. Sabemos que a imunidade não afasta o dever de cumprir obrigações acessórias. Se a entidade recolhe o imposto sobre a renda (IR) e, concomitantemente, uma multa porque deixou de preencher declaração que comprova sua imunidade, terá direito à restituição do valor indevidamente recolhido a título de imposto, porém, *não* do valor referente à multa. É que, neste último caso, a obrigação acessória independe da principal, ou seja, é uma infração de caráter formal, que não se prejudica pela causa da restituição.

Como ensina Paulo de Barros Carvalho, a exceção é desnecessária, pois "se o ilícito formal está caracterizado, não ficando comprometido pela causa que motivou a restituição, careceria de sentido imaginar que o valor atinente à multa pudesse vir a ser devolvido" (CARVALHO, 2012, p. 535).

O parágrafo único do art. 167 determina que "a restituição rende *juros não capitalizáveis*", ou seja, "juros simples, juros que não se incorporam ao do tributo indevido para que sobre eles incidam juros de período subsequente" (MACHADO, 2005, p. 434).

Além do mais, nos termos do que preceitua a segunda parte do dispositivo, os juros devem calculados "a partir do *trânsito em julgado* da decisão definitiva" que determinar a restituição.

Se considerarmos, por analogia, o art. 161, § 1º, do CTN, conclui-se que os juros devem ser calculados à taxa de 1% ao mês, *salvo disposição de lei em contrário*. Ocorre, contudo, que o art. 39, § 4º, da Lei nº 9.250/95 estabeleceu índice diverso para as dívidas federais. O parágrafo determina:

> **Lei nº 9.250/95, art. 39** [...]
>
> § 4º A partir de 1º de janeiro de 1996, a compensação ou restituição será acrescida de juros equivalentes à taxa referencial do Sistema Especial de Liquidação e de Custódia – SELIC para títulos federais, acumulada mensalmente, calculados *a partir da data do pagamento indevido ou a maior até o mês anterior ao da compensação ou restituição* e de 1% relativamente ao mês em que estiver sendo efetuada.

Assim, a partir de 1º de janeiro de 1996, em âmbito federal, deveria ser aplicada a taxa SELIC, que comporta os índices de correção monetária e de juros de mora, calculada a partir da data do pagamento indevido e não da data em que transitou em julgado a decisão que determinou a restituição. No entanto, como se percebe, existe aí uma aparente antinomia porque o CTN determina a incidência dos juros de mora a partir do trânsito em julgado da decisão que determina a restituição, e a Lei nº 9.250/95, a partir da data em que restou efetuado o pagamento indevido.

O STJ, cumprindo seu papel uniformizador da legislação federal, eliminou o conflito. A Primeira Seção assentou o seguinte entendimento, inclusive sumulado:

> "Nas ações de repetição/compensação de indébito, os juros moratórios são devidos a partir do trânsito em julgado da sentença, nos termos do parágrafo único do art. 167 do CTN, mesmo nos casos de tributos declarados inconstitucionais. Inteligência da Súmula nº 188/STJ" (STJ, EREsp. 321.897/SP, 2006).

> ***Súmula nº 188 do STJ:*** "Os juros moratórios, na repetição do indébito tributário, são devidos *a partir do trânsito em julgado da sentença*";

Não obstante, um problema ainda persistia, porque a correção monetária, simples reposição do valor que a moeda perde em razão da inflação, é calculada a partir do pagamento indevido e não do trânsito em julgado. Há entendimento sumulado pelo STJ também nesse sentido:

> ***Súmula nº 162 do STJ:*** "Na repetição do indébito tributário, a correção monetária incide a partir do pagamento indevido";

Ocorre, contudo, que a taxa SELIC, como sabemos, comporta ambos os índices, isto é, juros de mora *e* correção monetária. Pois bem como conciliar ambos os termos iniciais: data do trânsito em julgado para os juros, e data do pagamento indevido, para a correção monetária?

Ricardo Alexandre observa: "Na prática, ao denominar, contraditoriamente, a SELIC de "índice de correção monetária", o STJ acabou por permitir a sua utilização desde a realização do pagamento tido por indevido, não levando em consideração o fato de o índice também incluir na sua composição o valor dos juros que, de acordo com o art. 167, parágrafo único, do CTN e com a Súmula 188 do próprio STJ, somente deveriam incidir a partir do trânsito em julgado da decisão" (ALEXANDRE, 2013, p. 420).

De fato, parece que, no final das contas, em termos práticos, a antinomia foi solucionada, mas no sentido inverso ao que a Primeira Seção havia fixado. Em outras palavras, ao determinar a aplicação da taxa SELIC desde a data do recolhimento indevido, o índice de juros acabou incidindo, indiretamente, a partir desta data inicial e não do trânsito em julgado.

Há algum tempo a Corte vem decidindo que, "relativamente a tributos federais, a jurisprudência da 1ª Seção está assentada no seguinte entendimento: na restituição de tributos, seja por repetição em pecúnia, seja por compensação:

São devidos juros de mora a partir do trânsito em julgado, nos termos do art. 167, parágrafo único, do CTN e da Súmula 188/STJ, sendo que;

Os juros de 1% ao mês incidem sobre os valores reconhecidos em sentenças cujo trânsito em julgado ocorreu em data *anterior* a 1º/01/1996, porque, a partir de então, passou a ser aplicável apenas a taxa SELIC, instituída pela Lei 9.250/95, *desde cada recolhimento indevido*" (STJ, REsp. nº 1.111.189/SP, 2009);

Em 2018 a Primeira Seção reafirmou tal entendimento na sistemática de recursos repetitivos:

> 3.3 Condenações judiciais de natureza tributária. A correção monetária e a taxa de juros de mora incidentes na repetição de indébitos tributários devem corresponder às utilizadas na cobrança de tributo pago em atraso. Não havendo disposição legal específica, os juros de mora são calculados à taxa de 1% ao mês (art. 161, § 1º, do CTN). Observada a regra isonômica e havendo previsão na legislação da entidade tributante, é legítima a utilização da taxa Selic, sendo vedada sua cumulação com quaisquer outros índices (STJ, Primeira Seção, REsp 1495146/MG, 02/03/2018).

J) Prazo para pleitear a restituição: artigo 168 do CTN

O art. 168 do CTN determina:

> **Art. 168**. O direito de pleitear a restituição extingue-se com o decurso do prazo de 5 (cinco) anos, contados:
>
> I – nas hipótese dos incisos I e II do artigo 165, da data da extinção do crédito tributário;
>
> II – na hipótese do inciso III do artigo 165, da data em que se tornar definitiva a decisão administrativa ou passar em julgado a decisão judicial que tenha reformado, anulado, revogado ou rescindido a decisão condenatória.

a) Natureza do prazo

Uma vez que o sujeito passivo tenha constatado que efetuou pagamento indevido ou maior que o devido, abre-se um *prazo de 05 (cinco) anos* para que pleiteie a restituição em âmbito administrativo ou judicial. Escoado este interregno sem que tenha ingressado com o pedido de devolução, não poderá mais fazê-lo.

Há discussão doutrinária a respeito de sua natureza prescricional ou decadencial.

Regina Helena Costa opta pelo primeiro ponto de vista: "Pensamos tratar-se de prazo *prescricional*, porquanto a inércia do sujeito passivo, após o decurso de cinco anos, não atinge a titularidade do crédito que possui em relação ao Fisco, mas sim o direito de pleitear a devolução da quantia paga indevidamente" (COSTA, 2014, p. 276).

Paulo de Barros Carvalho sustenta a segunda posição: "Quem tenha pago tributo indevidamente dispõe do prazo de cinco anos para requerer sua devolução. É um prazo de *decadência*, que fulmina o direito de pleitear o retorno. Manifestada a inércia do administrado, durante aquele período, acontece, inapelavelmente, o fato jurídico da decadência ou caducidade, extintivo do seu direito" (CARVALHO, 2012, p. 537).

Tem prevalecido no STJ o entendimento de que tal prazo tem natureza *prescricional*. A Primeira Seção, a propósito, assentou:

> A ação de repetição de indébito, ao revés, visa à restituição de crédito tributário pago indevidamente ou a maior, por isso que o termo *a quo* é a data da extinção do crédito tributário, momento em que exsurge o direito de ação contra a Fazenda Pública, sendo certo que, por tratar-se de tributo sujeito ao lançamento de ofício, o *prazo prescricional* é quinquenal, nos termos do art. 168, I, do CTN (STJ, REsp nº 947.206/RJ, 2010).

b) Termos iniciais

No que concerne ao termo inicial de contagem do prazo de 05 (cinco) anos, os incisos do art. 168 remetem ao art. 165 do CTN. São duas hipóteses. Vejamos.

i) Incisos I e II do art. 165

Quanto ao termo inicial de contagem, o inciso I do art. 168 determina que, nas hipóteses dos incisos I e II do art. 165, o interregno de 05 anos começa a ser contado a partir da *data de extinção do crédito tributário*.Tais hipóteses remetem às seguintes situações:

- Cobrança ou pagamento espontâneo de tributo indevido ou maior que o devido em face da legislação tributária aplicável ou da natureza ou circunstâncias materiais do fato gerador efetivamente ocorrido;
- Erro na identificação do sujeito passivo, determinação da alíquota aplicável, cálculo do montante do débito ou elaboração ou conferência de documento relativo ao pagamento.

Deve-se observar, no entanto, que não houve propriamente "extinção do crédito tributário" porque o pagamento é considerado *indevido*. Na verdade, nunca existiu o dever de recolhê-lo. De toda forma, o que o legislador parece ter querido dizer é que o prazo inicia-se a partir do momento em que o sujeito passivo efetuou o *recolhimento de certa quantia a título de pagamento extintivo do crédito tributário.*

Em outras palavras, a partir da data em que transferiu certa quantia em dinheiro aos cofres públicos a pretexto de recolher tributo que imaginava devido começa a contagem do prazo de 05 (cinco) anos para que pleiteie a devolução.

Contudo, deve-se considerar duas hipóteses:

- *Lançamento de ofício ou por declaração* – No caso de tributos lançados de ofício ou por declaração, a extinção do crédito ocorre, como regra, no momento em que o sujeito passivo, notificado quanto ao ato de lançamento, dirige-se à instituição bancária ou repartição administrativa competente e efetua o pagamento. A partir desta data conta-se o prazo de cinco anos para pleitear a restituição, caso tenha efetuado o recolhimento de maneira indevida;
- *Lançamento por homologação* – A sistemática do lançamento por homologação envolve três momentos em que o crédito considera-se extinto. De acordo com o § 1º do art. 150 o *pagamento antecipado* feito pelo sujeito passivo extingue o crédito sob condição resolutória da ulterior homologação. Em segundo lugar, a *homologação expressa* feita pela autoridade administrativa extingue o crédito definitivamente, nos termos do art. 156, VII, do CTN. Finalmente, ausente a manifestação formal da Administração Tributária, a *homologação tácita* extingue o crédito depois de cinco anos, contados da ocorrência do fato gerador (CTN, art. 150, § 4º c.c. art. 156, VII). Pois bem, no caso de pagamento indevido, a escolha do momento em que se considera extinto o crédito é de fundamental importância porque influencia na contagem do prazo decadencial para que o sujeito passivo pleiteie a restituição. A doutrina, de modo geral, optou pelo primeiro termo. Luciano Amaro observa: "Esse prazo – cinco anos contados da data do *pagamento indevido* – aplica-se, também, aos recolhimentos indevidos de tributos sujeitos ao lançamento por homologação, em relação aos quais o Código prevê que o pagamento antecipado (art. 150) 'extingue o crédito, sob condição resolutória' (§ 1º)" (AMARO, 2011, p. 453).

JURISPRUDÊNCIA DO STJ – A TESE DOS "CINCO MAIS CINCO"

O STJ adotou uma interpretação muito particular do dispositivo, criticada pela doutrina e com razão. De acordo com a Corte, a extinção definitiva do crédito, nos tributos lançados por homologação, dá-se com a homologação expressa ou tácita do pagamento. Antecipado este, aguarda-se a homologação expressa. Ocorrida esta, inicia-se o prazo de cinco anos dentro do qual o sujeito passivo deve pleitear a restituição. Caso a homologação expressa não ocorra, aguarda-se o prazo de cinco anos, contados da ocorrência do fato gerador, para que ocorra a homologação tácita. A partir daí, considera-se definitivamente extinto o crédito, e, portanto, inicia-se a contagem dos cinco anos para que o sujeito passivo efetue o pedido de restituição. Note-se que, nesse último caso, somam-se dois prazos de cinco anos. É a chamada tese dos "cinco mais cinco". O prazo para a repetição do indébito, portanto, de acordo com o STJ, seria de *dez anos* para tributos lançados por homologação nas situações em que ocorresse a homologação tácita. Nesse sentido, decidiu a Primeira Seção em julgamento ocorrido em 2004:

> "Consequentemente, o prazo para a restituição do imposto de renda incidente sobre valores referentes às verbas de caráter indenizatório começa a fluir decorridos 5 (cinco) anos, contados a partir da ocorrência do fato gerador, acrescidos de mais um quinquênio computados desde o termo final do prazo atribuído ao Fisco para verificar o *quantum* devido a título de tributo. Aplicação do brocardo *ubi eadem ratio ibi eadem dispositio*" (STJ, EREsp nº 504.571/DF, 2004).

Com o objetivo de contornar a jurisprudência do STJ, considerada equivocada por muitos, a Lei complementar nº 188/2005 dispôs da seguinte maneira em seu art. 3º: "Para efeito de interpretação do inciso I do art. 168 da Lei nº 5.172, de 25 de outubro de 1966 (Código Tributário Nacional), a extinção do crédito tributário ocorre, no caso de tributo sujeito a lançamento por homologação, *no momento do pagamento antecipado* de que trata o § 1º do art. 150 da referida Lei". O § 1º do art. 150, como vimos, determina que o pagamento antecipado efetuado pelo sujeito passivo extingue o crédito sob condição resolutória. Em suma, o prazo de cinco anos, de acordo com a lei, deve ser contado a partir do momento em que o pagamento antecipado, ainda que indevido, é efetuado. Com o advento da Lei complementar nº 118/2005, houve modificação no entendimento do STJ, que resolveu, enfim, curvar-se à nova sistemática. A Corte, no entanto, optou por aplicar a nova interpretação apenas aos pagamentos indevidos efetuados *depois* da data em que a referida lei passou a ter vigência (09/06/2005). Nesse sentido, assentou a Primeira Turma:

> "O princípio da irretroatividade impõe a aplicação da LC 118, de 09 de fevereiro de 2005, aos pagamentos indevidos realizados após a sua vigência e *não* às *ações* propostas posteriormente ao referido diploma legal, posto norma referente à extinção da obrigação e não ao aspecto processual da ação correspectiva" (STJ, REsp. nº 1.002.932/SP, 2009).

Quanto às possibilidades pragmáticas, a Turma assentou:

> "O advento da Lei complementar nº 118/2005 e suas consequências sobre a prescrição, do ponto de vista prático, implica dever a mesma ser contada da seguinte forma: relativamente aos *pagamentos* efetuados a partir da sua vigência (que ocorreu em 09.06.05), o prazo para a repetição do indébito é de cinco a contar da data do pagamento; e relativamente aos pagamentos anteriores, a prescrição obedece ao regime previsto no sistema anterior, limitada, porém, ao prazo máximo de cinco anos a contar da vigência da lei nova" (STJ, REsp. nº 1.002.932/SP, 2009).

O Pleno do Supremo Tribunal Federal, seguindo a mesma linha de raciocínio do STJ, em julgamento do RE nº 566.621/RS, reconheceu a inconstitucionalidade do art.

4º, segunda parte, da LC nº 118/05, considerando válida a aplicação do novo prazo de 5 anos tão somente com relação às ações ajuizadas após o decurso da *vacatio legis* de 120 dias, ou seja, a partir de 9 de junho de 2005. A relatora deste recurso, Min. Ellen Gracie, asseverou, inicialmente, que a LC 118/2005, não obstante se autoproclamar interpretativa, não seria uma lei materialmente interpretativa, mas constituiria lei nova, haja vista que a interpretação por ela imposta implicara redução do prazo de 10 anos – jurisprudencialmente fixado pelo STJ (STF, RE 566621/RS, 5.5.2010). Atualmente a jurisprudência do STF se encontra consolidada nesse sentido:

> "Direito tributário. Agravo regimental em recurso extraordinário com agravo. Prescrição. Lei complementar nº 118/2015. Tributo sujeito a lançamento por homologação. 1. O prazo prescricional de cinco anos, para as ações de repetição de indébito ou de compensação dos tributos sujeitos a lançamento por homologação, previsto na Lei Complementar nº 118/2005, é aplicável às ações ajuizadas após o decurso da *vacatio legis* de 120 dias, ou seja, a partir de 9 de junho de 2005, independentemente do período em que foram recolhidos os tributos tidos como indevidos [...] 2. Agravo regimental a que se nega provimento" (STF, Primeira Turma, ARE 915052 AgR. 28/09/2016).

Dessa forma, atualmente o prazo aplicável à repetição e indébito tributário é de 05 anos contados do pagamento indevido.

ii) Inciso III do art. 165

De acordo com o inciso II do artigo 168, deve-se contar o prazo de cinco anos, na hipótese do inciso III do art. 165, "a partir da *data em que se tornar definitiva* a decisão administrativa ou passar em julgado a decisão judicial que tenha reformado, anulado, revogado ou rescindido a decisão condenatória".

O inciso III do art. 165, por sua vez, determina que o sujeito passivo tem direito à devolução do quanto fora recolhido indevidamente nas hipóteses de "reforma, anulação, revogação ou rescisão de decisão condenatória".

Sabemos que o contribuinte ou responsável podem não concordar com a exigência tributária. Têm à sua disposição a possibilidade de questionar a cobrança em âmbito administrativo ou judicial. Pois bem, se a Administração Pública ou o Poder Judiciário decidem que o pagamento efetuado pelo sujeito passivo é indevido, ou maior que o devido e, em razão desta decisão, reformam, anulam ou rescindem *decisão anterior que condenou o sujeito passivo ao pagamento*, abre-se a este o prazo de cinco anos para pleitear, administrativa ou judicialmente, a devolução do quanto foi indevidamente recolhido.

Finalmente, importa saber a partir de que momento conta-se o prazo para pleitear a repetição do indébito tributário nas hipóteses em que o STF declara inconstitucional a lei que instituiu o gravame.

Durante algum tempo, prevaleceu o ponto de vista segundo o qual o termo inicial seria a data em que o STF declara a inconstitucionalidade da lei em controle abstrato ou da resolução adotada pelo Senado Federal, em controle difuso. A Primeira Seção do STJ, contudo, decidiu em sentido diverso:

> "[...] a declaração de inconstitucionalidade da lei instituidora do tributo em controle concentrado, pelo STF, ou a resolução do Senado (declaração de inconstitucionalidade em controle difuso) é despicienda para fins de contagem do prazo prescricional tanto em relação aos tributos sujeitos ao lançamento por homologação, quanto em relação aos tributos sujeitos ao lançamento de ofício" (STJ, REsp. nº 1.110.578/SP, 2010).

De acordo com o entendimento adotado, o prazo para a repetição deve ser contado nos termos do art. 168 c.c. art. 165 do CTN. Em outras palavras, da data em que se considera extinto o crédito tributário ou que se tornou definitiva a decisão administrativa ou judicial que tenha revisto decisão condenatória.

L) Prazo prescricional para ingresso com ação anulatória: artigo 169 do CTN

O art. 169 do CTN determina:

> **CTN, art. 169.** Prescreve em dois anos a ação anulatória da decisão administrativa que denegar a restituição.
>
> Parágrafo único. O prazo de prescrição é interrompido pelo início da ação judicial, recomeçando o seu curso, por metade, a partir da data da intimação validamente feita ao representante judicial da Fazenda Pública interessada.

O pedido de repetição do indébito tributário, como vimos, pode ser endereçado à Administração Pública ou ao Poder Judiciário, a critério do sujeito passivo. O prazo para fazê-lo é de cinco anos, cujos termos iniciais contam-se de acordo com o art. 168, acima estudado. Em ambos os casos, o pedido do contribuinte ou responsável está sujeito à análise e tanto pode ser aceito como pode ser negado.

Assim, é possível que a Administração compreenda que o valor recolhido pelo sujeito passivo é *devido*, e, portanto, que *não* faz jus à restituição da quantia paga. Em situações como estas, o sujeito passivo pode ingressar com *ação anulatória da decisão administrativa* que negou o direito à devolução.

O sujeito tem como objetivo, neste caso, não a repetição do valor, mas a obtenção de uma decisão judicial que *anule* a decisão administrativa denegatória da devolução. Caso opte por esse caminho, o contribuinte ou responsável possuem um prazo determinado para fazê-lo. Proferida a decisão administrativa denegatória do pedido, abre-se a contagem de *dois anos* para que ingressem em âmbito judicial pleiteando a anulação.

Registre-se que não existem maiores divergências doutrinárias quanto à *natureza* do prazo. Trata-se de *prazo prescricional*, extintivo do direito de ação, isto é, do direito que tem o sujeito passivo de ingressar com ação junto ao Poder Judiciário com o objetivo de tutelar seu direito material.

O parágrafo único contém norma que causa certa perplexidade na doutrina.

De acordo com o dispositivo, "o prazo de prescrição é interrompido pelo início da ação judicial, recomeçando o seu curso, por metade, a partir da data da intimação validamente feita ao representante judicial da Fazenda Pública interessada".

Uma vez que o sujeito passivo tenha ingressado com a ação anulatória dentro do prazo de dois anos, e tendo sido o representante da Fazenda Pública intimado (na verdade, *citado*) para respondê-la, o prazo de prescrição *interrompe-se*, isto é, cessa a sua contagem, e recomeça desde o início, entretanto, apenas pela metade (*um ano*).

Trata-se da chamada *prescrição intercorrente*, causa extintiva do direito de ação por decurso de certo período de tempo, que tem lugar *depois* que o processo judicial foi instaurado. Quer dizer, citado o representante da Fazenda, o processo deve, obrigatoriamente, encerrar-se em um ano, sob pena de prescrição.

Hugo de Brito Machado explica: "Com efeito, se o prazo de prescrição, que é, no caso, de apenas dois anos, recomeça seu curso, por metade, com a citação do representante judicial da Fazenda Pública, a ação terá de ser julgada, em definitivo, no prazo de um ano. E isto, em face da nossa legislação processual, e do número de processos em tramitação, é inteiramente impossível" (MACHADO, 2011, p. 212).

De fato, o dispositivo tem sido considerado inconstitucional pela doutrina. Paulo de Barros Carvalho, a propósito, esclarece: "O enunciado normativo que se contém nesse parágrafo é, no nosso entender, uma regra inconstitucional, por contrariar, grosseiramente, o art. 5º, XXXV, da Carta Magna. Se a lei não pode excluir da apreciação do Poder Judiciário lesão ou ameaça a direito, salta à mais pura evidência que o Código não poderia limitar o exercício do direito de ação a tal ponto que viesse a comprometê-lo no plano concreto" (CARVALHO, 2012, p. 538).

APROFUNDANDO! RESTITUIÇÃO DE CRÉDITOS PRESCRITOS

Com respeito aos princípios da segurança jurídica e vedação ao enriquecimento ilícito, é perfeitamente possível a repetição de valores recolhidos, ainda que voluntariamente, após a ocorrência da decadência ou pela prescrição. Não se pode olvidar que o pagamento espontâneo desses tributos é indevido, conforme reza o art. 165, I, do Código Tributário Nacional. Nesse sentido é a jurisprudência do Superior Tribunal de Justiça:

> "A partir de uma interpretação conjunta dos arts. 156, V, (que considera a prescrição como uma das formas de extinção do crédito tributário) e 165, I, (que trata a respeito da restituição de tributo) do CTN, há o direito do contribuinte à repetição do indébito, uma vez que o montante pago foi em razão de um crédito tributário prescrito, ou seja, inexistente" (Informativo STJ 397).

Grosso modo, esta corte jurisdicional partiu da interpretação de que os artigos 156 e 165 do Código Tributário Nacional garantem o direito do contribuinte à repetição de indébito, uma vez que o montante pago o foi em razão de um crédito tributário prescrito, ou seja, inexistente. Da mesma forma, caso o contribuinte tenha realizado pagamento de tributo que, segundo a legislação pertinente, estaria isento, também geraria o direito à repetição de indébito:

> "Quanto à restituição de valores pagos a título de ISSQN, discutiu-se, à luz do CTN, o sentido e o alcance dos institutos da remissão e isenção constantes de lei municipal. É certo que o pagamento de tributo de que é isento o contribuinte dá ensejo à repetição do indébito. Porém, isso não é permitido quando há o pagamento de tributo que é sujeito posteriormente a uma norma remissiva (arts. 156, I e IV, e 175, I, do CTN). A lei tributária que trata da isenção deve ser interpretada literalmente (art. 111, II, do CTN). A exação em questão (ISSQN em serviços de indústria cinematográfica) era devida ao tempo do pagamento, pois, como já dito, só depois foi objeto de remissão. Dessa forma, o caso dos autos não é um dos elencados no art. 165 do CTN que permitem a restituição do tributo" (Informativo STJ 400).

Assim, nesse ponto o direito tributário difere de forma significativa do direito civil, sendo que o instituto da renúncia da prescrição (prevista no art. 191 do Código Civil) não será aplicado na relação jurídico-tributária. De forma que uma vez ocorrido o pagamento de tributo prescrito, o contribuinte possui direito à repetição de indébito tributário.

28.3 COMPENSAÇÃO

Nos termos do art. 156, II, do CTN, a compensação é a segunda causa extintiva do crédito tributário. O Código a disciplina nos artigos 170 e 170-A. Fixa, no entanto, apenas normas gerais destinadas aos entes federativos. Cabe a cada um deles estabelecer, por leis próprias, seus regimes particulares de compensação.

A compensação é modalidade de extinção das obrigações jurídicas que tem lugar quando, na mesma relação, as duas partes são, respectivamente, credor e devedor uma da outra.

Suponha-se que José tenha emprestado a João a quantia de R$ 10.000,00 (dez mil reais). O primeiro é o credor; o segundo o devedor. Imagine-se, ainda, que ambos sejam amigos e que José pediu emprestado a João seu veículo automotor para uma viagem. Ao longo do percurso ocorre um acidente e o veículo é danificado, sendo certo que o valor do reparo é fixado em R$ 8.000,00 (oito mil reais).

Não é difícil compreender que José e João são, reciprocamente, credor e devedor um do outro. O primeiro deve ao segundo em virtude do dano produzido no veículo; o segundo deve ao primeiro em razão do contrato de empréstimo.

Ora, é razoável exigir de João que pague R$ 10.000,00 (dez mil reais) a José para, depois, exigir deste último que entregue R$ 8.000,00 (oito mil reais) em contrapartida? Ou é mais rápido, fácil e econômico que se faça um "encontro de contas", verificando quanto cada um deve ao outro e fixando como dívida apenas eventual diferença? A compensação é justamente isso. É a modalidade de extinção da obrigação por meio da qual se verifica quanto cada parte deve à outra e, por meio dessa operação aritmética, elimina-se a dívida inteira ou recolhe-se apenas a diferença.

A) *Compensação no direito tributário: artigo 170 do CTN*

Os artigos 170 e 170-A do CTN estabelecem:

> **CTN, art. 170.** A lei pode, nas condições e sob as garantias que estipular, ou cuja estipulação em cada caso atribuir à autoridade administrativa, autorizar a compensação de créditos tributários com créditos líquidos e certos, vencidos ou vincendos, do sujeito passivo contra a Fazenda pública.
>
> Parágrafo único. Sendo vincendo o crédito do sujeito passivo, a lei determinará, para os efeitos deste artigo, a apuração do seu montante, não podendo, porém, cominar redução maior que a correspondente ao juro de 1% (um por cento) ao mês pelo tempo a decorrer entre a data da compensação e a do vencimento.
>
> **Art. 170-A.** É vedada a compensação mediante o aproveitamento de tributo, objeto de contestação judicial pelo sujeito passivo, antes do trânsito em julgado da respectiva decisão judicial. (Artigo incluído pela Lcp nº 104, de 2001)

No âmbito do direito tributário a compensação sofre algumas modificações em sua disciplina. De modo geral, contudo, carrega consigo a mesma fisionomia do direito privado. Trata-se de modalidade de extinção do crédito tributário que tem lugar quando o sujeito passivo possui crédito em face do Estado.

Além de serem devedores, pois o contribuinte ou o responsável são as pessoas obrigadas ao pagamento do tributo ou da penalidade pecuniária, são também credores, isto é, têm, junto ao Poder Público, uma quantia para receber. A análise que fizemos do pagamento indevido permite compreender que não é rara a situação na qual o sujeito passivo possui um crédito perante o Estado. Basta que tenha efetuado recolhimento de valor indevido ou maior que o devido.

Pode, como vimos, ingressar com ação de repetição do indébito tributário, pleiteado a devolução do montante indevidamente pago, ou, por outro lado, pedir a compensação deste valor com eventual dívida que possua em face do mesmo ente.

O CTN não disciplina diretamente a compensação. Não fixa as regras pelas quais os sujeitos passivos podem compensar imediatamente suas dívidas com eventuais créditos em face da União, Estados, DF e Municípios. O Código estabelece apenas as *normas gerais*, os comandos genéricos que os entes federativos devem necessariamente observar no momento em que, por meio de suas leis específicas, forem fixar os mecanismos concretos de compensação. Vejamos:

- *Reserva legal* – Como dissemos, o CTN não estabelece as regras de compensação. Apenas autoriza que os entes federativos, isto é, a União, os Estados, o DF e os Municípios, fixem, por meio de suas próprias leis, seus regimes. A compensação está, pois, sob o *princípio de estrita legalidade*. Assim, o sujeito passivo, para poder valer-se do encontro de contas, deve verificar se existe lei do ente junto ao qual possui algum crédito e, a partir daí, cumprir os requisitos fixados legalmente. A propósito, a Primeira Turma do STJ manifestou-se no seguinte sentido:

A compensação de ICMS só é permitida se existir lei estadual que a autorize. Não se aplica o art. 66, da Lei 8383/91, cuja área de atuação é restrita aos tributos federais. Conforme expressamente exige o art. 170, do CTN, só se admite compensação quando existir lei ordinária a regulamentá-la, em cada esfera dos entes federativos (STJ, AgRg no REsp 331.323/RJ, 2003);

- *Condições e garantias* – A lei instituidora das regras de compensação pode estipular condições e garantias a serem cumpridas ou oferecidas pelo sujeito passivo. Além do mais, pode atribuir à autoridade administrativa a competência para analisar, caso a caso, o cumprimento dos requisitos e se o oferecimento das garantias atende às exigências. Note-se, contudo, que a lei não pode transferir à autoridade o poder de *estabelecer* as exigências. Apenas a competência para *averiguar o cumprimento* destas. Paulo de Barros Carvalho explica: "Quer isso significar que, num ou noutro caso, a *atividade é vinculada*, não sobrando ao agente público qualquer campo de discricionariedade, antagônico ao estilo de reserva legal estrita que preside toda a normalização dos momentos importantes da existência das relações jurídicas tributárias" (CARVALHO, 2012, p. 539);
- *Créditos líquidos e certos, vencidos ou vincendos* – Para que a compensação tenha lugar, é necessário que os créditos que o sujeito passivo possui contra a Fazenda Pública sejam: *líquidos*, *certos* e *vencidos ou vincendos*. Créditos líquidos e certos, como sabemos, são os que podem ser desde logo exigidos em um montante já determinado com precisão. Já foram devidamente apurados. Crédito *vencido* é aquele cujo prazo para o adimplemento já escoou. A novidade da compensação tributária, quando comparada àquela prevista no art. 369 do Código Civil, está em que o CTN admite a compensação de créditos *vincendos*, ou seja, que ainda estão por vencer; que vencerão no futuro. Se o contribuinte ou responsável tem perante o Fisco um crédito que vencerá em um ano, pode, desde logo, compensá-lo com uma dívida sua existente.

Para finalizar, importa considerar o disposto no art. 170, parágrafo único: "Sendo vincendo o crédito do sujeito passivo, a lei determinará, para os efeitos deste artigo, a apuração do seu montante, não podendo, porém, cominar redução maior que a correspondente ao juro de 1% (um por cento) ao mês pelo tempo a decorrer entre a data da compensação e a do vencimento".

O sujeito passivo está autorizado a compensar créditos *vincendos*, isto é, que vencerão apenas no futuro. Não é difícil perceber que, nessa circunstância, o Fisco *antecipa* o adimplemento de sua dívida. Poderia resgatá-la, por exemplo, no prazo de um ano, mas a lei autoriza que o faça desde logo, por intermédio da compensação.

Neste caso, deve-se apurar o montante exato a ser compensado. Deve-se, ademais, fixar uma redução do montante, proporcional ao período de tempo que deveria transcorrer entre a compensação presente, e a futura extinção da dívida. Não é possível, contudo, fixar uma redução que seja maior que a correspondente ao juro de 1% ao mês, pelo tempo que deve transcorrer ao longo do período acima mencionado.

B) *Características*

Vejamos as principais características da compensação em âmbito tributário:

- *Identidade subjetiva* – Como restou assinalado, a compensação tem lugar quando duas pessoas que compõem uma relação jurídica são, simultaneamente, credoras e devedoras uma da outra. No âmbito do direito tributário, um dos polos deve ser ocupado por uma pessoa jurídica de direito público (com raras exceções). Pois bem, no contexto de uma *federação* é importante assinalar a necessidade da *identidade subjetiva da relação*, isto é, de que o sujeito passivo tributário seja, ao mesmo tempo, devedor e credor do *mesmo ente federativo*. Além do mais, a Corte Especial do STJ firmou entendimento no sentido de que os créditos e dívidas devem se referir à mesma *pessoa jurídica* e não simplesmente a idêntico ente federativo. Assim, não se permite, em princípio, compensação de crédito em face de certa *autarquia*, com débito perante determinado *Estado*, ainda que a primeira tenha criada pelo segundo:

> As Turmas de Direito Público desta Corte e a Primeira Seção já decidiram que é ilegítima a compensação de créditos tributários de ICMS com precatórios devidos por ente jurídico de natureza distinta, no caso, o Instituto de Previdência do Estado do Rio Grande do Sul – IPERGS, autarquia previdenciária dotada de autonomia administrativa e financeira (STJ, AgRg nos EREsp 987.770/RS, 2013);

- *Natureza dos créditos* – A compensação é um "encontro de contas". Comparam-se créditos e dívidas recíprocas, e, após uma operação aritmética, deduz-se o saldo a pagar. É possível, ainda, que não exista qualquer saldo e a obrigação seja completamente extinta, o que é raro. Pela letra fria do art. 170 do CTN, não há qualquer restrição no que toca à natureza do crédito que o sujeito passivo deve ter perante a Fazenda. Sacha Calmon Navarro Coêlho explica: "Note-se que *quaisquer* créditos, como, por exemplo, os decorrentes de contratos com os Poderes Públicos e os provenientes de precatórios, títulos da dívida pública ou de desapropriações, podem ser opostos aos *débitos tributários* favoráveis às Fazendas Públicas [...] Na prática, porém, fica-se a depender dos legisladores das ordens de governo que convivem na Federação. Estes já não nos representam a contento. As maiorias parlamentares servem aos governos, ao Fisco" (COÊLHO, 2009, p. 768). De fato, em razão da autonomia dos entes federativos, cabe a cada pessoa jurídica de direito público, ao legislar, optar por autorizar apenas a compensação de créditos *tributários* que o sujeito passivo tenha em face da Fazenda Pública, ou de créditos de *quaisquer* naturezas;
- *Multas e tributos* – É possível a compensação de valores pagos indevidamente a título de *multas* com quantias que o sujeito passivo deve a título de *tributo*? Ora, o crédito tributário, como vimos, decorre da obrigação principal e tem a mesma natureza desta (CTN, art. 139). A obrigação principal, por sua vez,

tem como objeto o pagamento de *tributo* ou de *penalidade pecuniária* (CTN, art. 113, § 1º). Assim, o valor recolhido indevidamente a título de multa, tanto quanto a quantia recolhida indevidamente a título de tributo, configura crédito de *natureza tributária* do sujeito passivo em face da Fazenda Pública. Não há razão, pois, para não se admitir compensação entre estes valores. A Primeira Seção do STJ já assentou entendimento nesse sentido:

> Admite-se a compensação de valores recolhidos indevidamente a título de multa moratória com tributo. Precedentes da Primeira Seção. 'Considerando a amplitude conferida à expressão 'crédito relativo a tributo ou contribuição' (art. 74 da Lei 9.430/96), deve-se entender que ela abarca qualquer pagamento indevido feito pelo contribuinte a título de crédito tributário. Por outro lado, do exame sistemático das normas insertas no Código Tributário Nacional (arts. 113, §§ 1º e 3º, e 139), observa-se que crédito tributário não diz respeito apenas a tributo em sentido estrito, mas alcança, também, as penalidades que incidam sobre ele' [...] (STJ, EREsp. nº 928.379/SP, 2009).

B) Compensação e tributo objeto de contestação judicial: artigo 170-A do CTN

A Lei complementar nº 104/2001 introduziu o art. 170-A ao CTN, com o seguinte enunciado: "É vedada a compensação mediante o aproveitamento de tributo, objeto de contestação judicial pelo sujeito passivo, antes do trânsito em julgado da respectiva decisão judicial". Este entendimento estava abalizado pelo Superior Tribunal de Justiça através do enunciado da Súmula n° 212:

> ***Súmula nº 212 do STJ:*** "A compensação de créditos tributários não pode ser deferida em ação cautelar ou por medida liminar cautelar ou antecipatória";

Pois bem, caso opte por contestar judicialmente o crédito, alegando que o pagamento efetuado é indevido, o sujeito passivo fica impedido de aproveitá-lo para efeito de compensação com outras dívidas tributárias até que a respectiva decisão judicial *transite em julgado.*

28.4 TRANSAÇÃO: ARTIGO 171 DO CTN

O art. 156, III, do CTN, estabelece a transação como terceira modalidade de extinção do crédito tributário. O art. 171, por sua vez, estabelece regras gerais para a sua aplicação. Vejamos:

> **CTN, art. 171.** A lei pode facultar, nas condições que estabeleça, aos sujeitos ativo e passivo da obrigação tributária celebrar transação que, mediante concessões mútuas, importe em determinação de litígio e consequente extinção de crédito tributário.
>
> Parágrafo único. A lei indicará a autoridade competente para autorizar a transação em cada caso.

Tal como ocorre com a compensação, a transação prevista no CTN inspira-se na categoria oriunda do direito privado. Nesse sentido, o art. 840 do Código Civil estatui: "É lícito aos interessados prevenirem ou terminarem o litígio mediante concessões mútuas". Dois requisitos despontam desde logo:

- A existência de *litígio*, que pode ser prevenido ou terminado, e;
- A obrigação de que sejam feitas *concessões mútuas*, isto é, ambas as partes devem abrir mão de certas exigências até que cheguem a um acordo.

Sob a perspectiva específica do direito tributário, Ricardo Lobo Torres explica: "A transação implica no encerramento do litígio através de ato do sujeito passivo que reconhece a legitimidade do crédito tributário, mediante concessão recíproca da Fazenda Pública. O objetivo primordial da transação é, por conseguinte, *encerrar o litígio*, tornando seguras as relações jurídicas" (TORRES, 2011, p. 300).

O art. 171 estabelece norma geral por meio da qual a transação pode ser aplicada concretamente no âmbito de competência de cada ente federativo. Assim, quatro são as *características* da transação em âmbito tributário:

- *Reserva legal para a instituição e fixação das condições* – Ao contrário do que ocorre no direito privado, em que predomina os postulados da autonomia da vontade e livre disponibilidade dos interesses, no direito tributário tem lugar o princípio da estrita legalidade, supremacia do interesse público sobre o privado e, principalmente, da indisponibilidade do interesse público pelo administrador. Não faria sentido, portanto, que a Administração Pública pudesse decidir livremente em que situações celebraria ou não transação e em que termos isso se daria. Assim, apenas a lei de cada ente federativo, no âmbito de suas respectivas competências tributárias, pode "facultar", isto é, *autorizar* a Administração a celebrar transação. Além do mais, a lei deve fixar as *condições* a serem observadas, de maneira que não reste ao administrador qualquer discricionariedade quanto à adoção ou não, no caso concreto, dessa modalidade de extinção. Luís Eduardo Schoueri explica: "Tem-se, aqui uma conciliação entre, de um lado, o Princípio da Legalidade, que exige a presença de uma lei para que se dê a transação e, de outro, o interesse público, que muitas vezes será mais bem atendido se forem encurtadas as demandas judiciais, por meio da transação" (SCHOUERI, 2012, p. 596, 597);
- *Concessões mútuas* – Essa característica é "herdada" do direito privado. Só se pode falar em *transação* quando existem *concessões mútuas*, ou seja, quando ambas as partes da relação obrigacional abrem mão de interesse seu ou de parte dele, em prol do acordo. Assim, é possível que a lei autorize o administrador a deixar de exigir o cumprimento de certas obrigações acessórias por parte do sujeito passivo e, como contrapartida, este se comprometa a recolher o valor assinalado na notificação do lançamento, e não uma quantia menor que eventualmente estivesse pleiteando. Note-se que as concessões mútuas não têm origem na vontade da Administração Pública, porém, estão autorizadas e elencadas na *lei*. O administrador deve cumprir aquilo que a lei determina. Se

alguém tem plena liberdade para optar ou não pelo acordo é o sujeito passivo e não a Administração. Esta, por sua vez, limita-se a observar a lei, enquanto aquele está na livre disposição de seus bens. Entretanto, uma vez que aceite as condições estabelecidas pela norma, fica vinculado à observância destas;

- *Terminação de litígio* – Esta é outra característica "herdada" do direito privado, ainda que de maneira apenas parcial. Vimos que, de acordo com o art. 840 do Código Civil, a transação pode *prevenir* ou *terminar* litígio. Pois bem, o CTN *admite* apenas a transação *terminativa*, que encerra litígio já instaurado e não a transação *preventiva*, que tem como objetivo prevenir a desavença. Esta é uma característica importante da transação em âmbito tributário, pois só se pode falar nessa modalidade de extinção do crédito se do acordo resultar o *encerramento de litígio* que envolva a Administração e o sujeito passivo. A só existência de concessões mútuas, que, no entanto, não deem ensejo a *término de litígio*, não implica transação. Questão que se coloca na doutrina consiste em saber de que "litígio" fala o Código, se apenas do judicial ou também do administrativo. Em outras palavras, admite-se a transação para encerrar processos administrativos ou apenas judiciais? A doutrina, de maneira geral, concorda em que ambas as possibilidades estão ao alcance do legislador. Assim, fica a critério da lei. Nesse sentido, Paulo de Barros Carvalho explica: "Agora, divergem os autores a propósito das proporções semânticas do vocábulo *litígio*. Querem alguns que se trate de conflito de interesses deduzido judicialmente, ao passo que outros estendem a acepção a ponto de abranger as controvérsias meramente administrativas. Em tese, concordamos com a segunda alternativa. O legislador do Código não primou pela rigorosa observância das expressões técnicas, e não vemos por que o entendimento mais largo viria em detrimento do instituto ou da racionalidade do sistema. O diploma legal permissivo da transação trará, certamente, o esclarecimento desejado, indicando a autoridade ou as autoridades credenciadas a celebrá-la" (CARVALHO, 2012, p. 540, 541);
- *Extinção do crédito tributário* – Parece uma obviedade afirmar que uma das características da transação está em que extingue o crédito tributário, uma vez que consta expressamente no art. 156, III, do CTN. Há, entretanto, uma questão interessante e que pode complicar um pouco a questão: a extinção do crédito ocorre com a *transação* em si considerada ou com o *pagamento* que pode ter lugar como decorrência da autocomposição das partes? A resposta tem consequências interessantes, como, por exemplo, a possibilidade de repetição do indébito tributário. Segundo Paulo de Barros Carvalho, "é curioso verificar que a extinção da obrigação, quando ocorre na figura transacional, não se dá, propriamente, por força das concessões recíprocas, e sim do pagamento. O processo de transação tão somente prepara o caminho para que o sujeito passivo quite sua dívida, promovendo o desaparecimento do vínculo. Tão singela meditação já compromete o instituto como forma extintiva de obrigações" (CARVALHO, 2012, p. 540). Por outro lado, Luís Eduardo Schoueri explica: "O raciocínio deve ser claro: a transação implica novação. Ela extingue o crédito tributário, por força do art. 171 do Código

Tributário Nacional. O que surge em seu lugar é um novo crédito, resultado da transação. Claro que esse crédito tem natureza pública, mas seu 'fato gerador' é a própria transação" (SCHOUERI, 2012, p. 598). De acordo com o art. 360, I, do Código Civil, "dá-se a novação quando o devedor contrai com o credor nova dívida para extinguir e substituir a anterior". Assim, quando o autor afirma que "a transação implica novação", está dizendo que a transação significa que nova dívida extingue a anterior.

APROFUNDANDO! TRANSAÇÃO NO ÂMBITO FEDERAL (Lei Nº 13.988/2020)

Veio à tona a Lei 13.988/2020 regulamentando como esses "acordos" transacionais ocorrerão e possibilitando que o crédito tributário seja extinto com a menor onerosidade do devedor:

> Art. 1º Esta Lei estabelece os requisitos e as condições para que a União, as suas autarquias e fundações, e os devedores ou as partes adversas realizem transação resolutiva de litígio relativo à cobrança de créditos da Fazenda Pública, de natureza tributária ou não tributária. A União, em juízo de oportunidade e conveniência, poderá celebrar transação em quaisquer das modalidades de que trata esta Lei, sempre que, motivadamente, entender que a medida atende ao interesse público.

O que torna a Lei 13.988/2020 significativa é que ela quebra o tabu que impedida a Administração Pública burocrática de negociar e de ouvir os contribuintes, passando agora a admitir soluções que premiem o juízo de razoabilidade e a ponderação de situações individuais. Embora a lei seja aplicável somente na esfera federal, os Estado e Municípios têm a opção de lançar mão de uma legislação similar que possibilite realizarem "acordos" tributários sem ferir o princípio da legalidade. A situação ainda não é muito clara, mas fato é que Estados e Municípios poderiam implementar medidas legislativas similares, sem desconsiderar-se eventuais leis instituidoras de programas de refinanciamento fiscal – as conhecidas moratórias – com vistas a dois objetivos claros a saber: (1) facilitar o pagamento de débitos tributários de contribuintes (pessoas físicas e jurídicas) que se encontrem em situação mais sensível à luz da pandemia e das consequências econômico-financeiras daí decorrentes; (2) possibilitar ao Fisco a arrecadação, ainda que parcelada, de débitos tributários anteriores não recolhidos, funcionando tal receita adicional como incremento para o financiamento das ações de Estados e Municípios nas mais diferentes áreas, arrecadação adicional esta que pode ser expressiva a considerar eventual saldo de débitos em aberto em relação aos impostos sobre serviços e comercialização de mercadorias, afora aqueles incidentes sobre bens patrimoniais (imóveis e automóveis). Por óbvio que a implementação de uma medida como esta requer prévia e cuidadosa análise do panorama de cada unidade de governo, de cada Município, de cada Estado a fim de identificar a situação de inadimplência quanto a cada um de seus respectivos tributos sob o ponto de vista quantitativo e qualitativo, o que permitirá o planejamento de um programa de moratória consistente e eficiente com vistas a atender os dois objetivos supraindicados.

28.5 REMISSÃO

O art. 156, IV, do CTN aponta a *remissão* como quarta modalidade de extinção do crédito tributário. O art. 172 estabelece a norma geral a ser observada por cada ente federativo que deseje utilizá-la no âmbito de sua respectiva competência.

A) Conceito

Remissão significa ato ou efeito de remir, isto é, livrar. Em âmbito jurídico, fica caracterizada quando o credor *perdoa* a dívida do devedor e, com isso, extingue a obrigação. O art. 308 do Código Civil prescreve: "A remissão da dívida, aceita pelo devedor, extingue a obrigação, mas sem prejuízo de terceiro".

No direito tributário a remissão tem idêntico significado, muito embora submeta-se a regime jurídico distinto. Trata-se do *perdão* da dívida do sujeito passivo, autorizada expressamente por lei, reconhecida em cada caso pela autoridade administrativa e que acarreta a extinção do crédito tributário. A remissão atinge imediatamente o direito subjetivo do ente federativo, de maneira que sua pretensão ao crédito tributário é diretamente eliminada.

Eis a lição de Paulo de Barros Carvalho: "Na remissão desaparece o direito subjetivo de exigir a prestação e, por decorrência lógica e imediata, some também o dever jurídico cometido ao sujeito passivo. Isso, naturalmente, se a remissão for total" (CARVALHO, 2012, p. 542).

Finalmente, é importante não confundir *remissão* ("ss"), com *remição* ("ç"). Em âmbito jurídico, a primeira remete à ideia de "livramento", enquanto a segunda à noção de "resgate". Ricardo Alexandre observa: "A remissão, como será detalhado em momento oportuno, é o perdão concedido por lei, que extingue o crédito tributário. Já a remição não extingue crédito algum, consistindo, pelo contrário, em caso de transferência da sujeição passiva" (ALEXANDRE, 2013, p. 311).

B) Dispositivos constitucionais relativos à remissão

Ao menos dois dispositivos constitucionais referem-se à remissão. O primeiro é o art. 150, § 6º, com redação dada pela EC nº 03/1993:

> **CF, art. 150** [...]
>
> § 6º. Qualquer subsídio ou isenção, redução de base de cálculo, concessão de crédito presumido, anistia ou remissão, relativos a impostos, taxas ou contribuições, só poderá ser concedido mediante lei específica, federal, estadual ou municipal, que regule exclusivamente as matérias acima enumeradas ou o correspondente tributo ou contribuição, sem prejuízo do disposto no art. 155, § 2º, XII, *g*.

Algumas observações devem ser pontuadas:

- *Lei específica* – Significa que a lei que prevê a remissão deve restringir-se a esse assunto, quer dizer, tratar com *exclusividade* desta modalidade de extinção do crédito tributário. Não se admite, pois, que leis que tratem de outros assuntos, como direito econômico, financeiro, urbanístico etc., tragam artigos, incisos ou parágrafos isolados que prevejam a remissão de dívidas tributárias de certos contribuintes ou responsáveis. O objetivo é evitar que, durante o processo legislativo, sejam inseridos, à sorrelfa, benefícios tributários;

- *Lei federal, estadual ou municipal* – Note-se que a remissão fica a cargo de cada ente federativo no âmbito de sua competência tributária. A União pode perdoar as dívidas federais; os Estados, as estaduais; os Municípios, as municipais. Muito embora o dispositivo não mencione o Distrito Federal, é óbvio que a determinação constitucional o alcança. Cada um dos entes federativos, contudo, deve observar rigorosamente a disposições do CTN sobre a matéria, como veremos logo mais;
- *Impostos, taxas ou contribuições* – O dispositivo alcança todos os impostos, taxas e contribuições, incluídas, a nosso ver, as de melhoria e as especiais;
- *Exceção* – De acordo com o dispositivo, é exceção à exigência de *lei específica* o disposto no art. 155, § 2º, XII, *g*, que trata do ICMS, e que determina que "cabe à lei complementar regular a forma como, *mediante deliberação dos Estados e do Distrito Federal*, isenções, incentivos e benefícios fiscais serão concedidos e revogados". No caso do ICMS, a remissão pode estar prevista em deliberação adotada no âmbito do CONFAZ e não necessariamente em leis estaduais e distritais.

O segundo é o art. 195, § 11, incluído pela EC nº 103/2019:

> **CF, art. 195** [...]
>
> § 11. São vedados a moratória e o parcelamento em prazo superior a 60 (sessenta) meses e, na forma de lei complementar, a remissão e a anistia das contribuições sociais de que tratam a alínea «a» do inciso I e o inciso II do *caput*.

Perceba-se que o legislador federal está proibido de conceder moratória, parcelamento superior a 60 (sessenta) meses, e, *na forma de lei complementar,* remissão e *anistia* relativamente às contribuições sociais destinadas ao custeio da seguridade social, cobradas, respectivamente, das empresas e incidente sobre a folha de salários (art. 195, I, *a*), e (2) do trabalhador (art. 195, II).

O dispositivo deve ser interpretado à luz do art. 167, XI, da CF/1988, segundo o qual "são vedados a utilização dos recursos provenientes das contribuições sociais de que trata o art. 195, I, *a*, e II, para a realização de despesas distintas do pagamento de benefícios do *regime geral de previdência social* de que trata o art. 201". Uma vez que os recursos provenientes dessas duas contribuições ficam vinculados ao financiamento de benefícios previdenciários, a Constituição determina que eventual remissão e anistia sejam disciplinas em *lei complementar.*

A) Requisitos: artigo 172 do CTN

O art. 172 do CTN estabelece:

> **CTN, art. 172.** A lei pode autorizar a autoridade administrativa a conceder, por despacho fundamentado, remissão total ou parcial do crédito tributário, atendendo:
>
> I – à situação econômica do sujeito passivo;
>
> II – ao erro ou ignorância excusáveis do sujeito passivo, quanto a matéria de fato;
>
> III – à diminuta importância do crédito tributário;
>
> IV – a considerações de eqüidade, em relação com as características pessoais ou materiais do caso;
>
> V – a condições peculiares a determinada região do território da entidade tributante.
>
> Parágrafo único. O despacho referido neste artigo não gera direito adquirido, aplicando-se, quando cabível, o disposto no artigo 155.

O dispositivo estabelece os *requisitos* a serem observados pelos entes federativos caso pretendam determinar a remissão suas dívidas tributárias. À luz do artigo, três observações devem ser destacadas:

- *Reserva legal* – A remissão, tal como a transação, deve ser expressamente autorizada em *lei* do ente federativo competente. Depende, portanto, de decisão político-legislativa. Ademais, tal lei deve ser *específica*, nos termos do disposto no art. 150, § 6º, da CF/1988. O princípio da indisponibilidade do interesse público pelo administrador proíbe que se conceda remissão fora dos casos previstos legalmente. Além do mais, os entes federativos devem observar os incisos do art. 172, isto é, apenas podem conceder remissão de suas dívidas caso uma das hipóteses ali mencionadas tenha lugar. Assim, as leis específicas devem reproduzir as situações previstas no art. 172 do CTN;
- *Despacho fundamentado* – O ato administrativo que concede remissão é *vinculado*. Deve observar precisamente aquilo que foi estipulado em lei. A autoridade administrativa verifica se o sujeito passivo adequa-se a uma das condições elencadas nos incisos do art. 172. Se a averiguação for positiva, o despacho é concessivo; se for negativa, é denegatório. Em ambos os casos, a decisão deve ser *fundamentada*. A autoridade deve demonstrar as *razões* de fato e de direito que a levaram a decidir desta ou daquela maneira;
- *Espécies de remissão* – Ainda de acordo com o *caput* a remissão pode ser *total* ou *parcial*. No primeiro caso, fica extinto *todo* o crédito tributário; no segundo, apenas *parte* dele, restando ainda um valor a ser adimplido. A quantia restante deve ser recolhida pelo sujeito passivo por meio do pagamento ou outra modalidade de extinção, dependendo da circunstância. Alguns autores falam, ainda, em *remissão pessoal e material*. Luís Eduardo Schoueri explica: "A doutrina separa os casos de *remissão pessoal* e *material*. A primeira pressupõe a necessidade [...], i.e., que a exigência tributária possa impedir ou pôr em sério perigo a existência do sujeito passivo, e o mérito [...], i.e., que o sujeito passivo não possa ser culpado por sua falta de capacidade contributiva. A remissão material dá-se quando, conforme a

vontade declarada ou pressuposta do legislador, pode-se concluir que ele teria tomado tal medida diante das particularidades do caso concreto, ou quando a tributação implicar uma infração a um direito fundamental. A remissão material surge, portanto, como uma correção da lei [...] diante de um caso concreto atípico" (SCHOUERI, 2012, p. 599).

B) Hipóteses

Não basta que os entes federativos disponham, por meio de lei, sobre a remissão de suas dívidas tributárias. Ficam vinculados, ainda, ao CTN, norma geral de direito tributário. Assim, podem instituí-la, desde que se verifiquem as hipóteses descritas nos incisos do art. 172.

No fundo, a lei federal, estadual, distrital e municipal deve limitar-se a reproduzir as circunstâncias descritas no CTN, de maneira que a remissão pode ser concedida, desde que se atenda:

- À situação econômica do sujeito passivo – A primeira circunstância a autorizar a concessão do perdão da dívida tributária é a *situação econômica do sujeito passivo*. Se o contribuinte vem passando por uma adversidade econômica apta a conduzi-lo à falência, como a crise financeira de 2008, por exemplo, é possível que sua dívida seja perdoada, desde que autorizado por lei. Neste caso, o *princípio da isonomia* é especialmente importante porque não se pode transformar a remissão em privilégio odioso. Em outras palavras, o benefício deve alcançar todos quantos se encontrem em idêntica situação. O critério de discriminação deve ser razoável e estar de acordo com a pauta de valores prevista na CF/1988;
- *Ao erro ou ignorância escusáveis do sujeito passivo, quanto a matéria de fato* – A segunda hipótese a justificar a concessão de remissão é o erro ou ignorância *escusáveis* quanto a matéria *de fato*. "Escusável" é aquilo que se pode desculpar. Se o erro ou a ignorância do sujeito passivo forem razoáveis, não agredirem o senso de "justiça" da comunidade, então podem ser desculpados e sua dívida é objeto de perdão. Anote-se que o erro ou a ignorância devem se referir à matéria *de fato*. Imagine-se que certo indivíduo, analfabeto (algo que, no Brasil, não é raro) cruze a fronteira com o Paraguai e adquira certas especiarias nativas (como produtos artesanais inexistentes no Brasil), cuja declaração e recolhimento do imposto sobre a importação são obrigatórios. Ora, neste caso, a ignorância quanto ao fato é desculpável, dada a característica pessoal do sujeito e a particularidade do produto, razão pela qual, *se a lei autorizar*, eventual dívida tributária pode ser perdoada;
- À diminuta importância do crédito tributário – Muitas vezes o valor a ser cobrado do sujeito passivo é tão pequeno que os gastos com a formalização do crédito tributário, tais como a autuação documental, notificação por correio etc., o superam. O Estado gastará mais com a cobrança do que receberá com o pagamento do tributo. Nestes casos, desde que autorizado por lei, pode-se remitir a dívida do sujeito passivo, isto é, perdoá-la por meio da remissão;
- *A considerações de equidade, em relação com as características pessoais ou materiais do caso* – Ricardo Lobo Torres explica: "A equidade, aí, entende com a

correção do direito tributário, ou seja, implica na superação da antinomia que pode resultar entre a previsão legal genericamente justa e o caso individual em que a tributação se tornou iníqua em virtude de características personalíssimas do sujeito passivo. Abre a possibilidade permanente de a autoridade administrativa conceder o benefício e se inspirou no Código Tributário alemão (art. 227)" (TORRES, 2011, p. 302). Suponha-se que certa lei concedeu remissão relativa ao imposto sobre a importação (II) incidente sobre a aquisição, no exterior, de aparelho que permite a certos indivíduos com paralisia cerebral permanecerem vivos. Imagine-se que certa pessoa, muito embora não tenha paralisia cerebral, possua outro tipo de enfermidade muito semelhante e para a qual o aparelho importado proporciona idêntico resultado. Nesse caso, muito embora a lei tenha sido omissa, a autoridade administrativa pode conceder, por equidade (isto é, por justiça no caso concreto), a remissão. Obviamente, o princípio da isonomia aqui é importantíssimo na medida em que decisões por equidade são muito difíceis de serem adotadas. Deve-se atentar para o critério de discriminação, para a razoabilidade da decisão e para os valores que caracterizam a sociedade brasileira e que estão positivados na CF/1988;

- *A condições peculiares a determinada região do território da entidade tributante* – De acordo com o dispositivo, o ente federativo pode conceder remissão a sujeitos passivos que se encontrem em determinada região de seu território, em razão de certas "condições peculiares". Tais condições, a nosso ver, só podem consistir em alguma situação objetiva que tenha lhes causado diminuição excepcional da capacidade contributiva. Um período de seca que tenha resultado no aniquilamento da produção agrícola ou agropecuária, por exemplo, poderia justificar a remissão da dívida tributária de alguns sujeitos passivos relacionados a determinada região. Insista-se, uma vez mais, que, nestes casos, o princípio da isonomia ganha especial destaque porque a remissão não pode descambar para o privilégio odioso.

C) Direito adquirido

De acordo com o art. 172, parágrafo único, "o despacho referido neste artigo não gera direito adquirido, aplicando-se, quando cabível, o disposto no artigo 155". Ao estudarmos este último dispositivo, o art. 155, ressaltamos que deve ser bem compreendido, para evitar mal-entendidos. Igual preocupação existe com relação ao parágrafo único do art. 172.

Entenda-se: o despacho concessivo da remissão, bem como o que concede a moratória, fazem, *sim*, direito adquirido, desde que o sujeito passivo cumpra os requisitos exigidos por lei. Atendidas as condições legais, o direito incorpora-se a seu patrimônio de maneira definitiva.

O que o parágrafo único do art. 172 afirma, na verdade, é que, caso o sujeito passivo *não* cumpra qualquer dos requisitos previstos em lei, aí sim tem lugar a *anulação* (e não a revogação) do ato concessivo. Neste caso, aplica-se a mesma disciplina prevista no art. 155, I e II, e parágrafo único, do CTN. Assim, o sujeito passivo deve recolher o crédito com juros de mora, acrescido de:

- *Imposição da penalidade cabível, nos casos de dolo ou simulação do beneficiado, ou de terceiro em benefício daquele* – Havendo dolo ou simulação daquele que gozou da remissão ou do terceiro em benefício daquele, deve-se recolher o montante com correção monetária, juros de mora e a penalidade cabível. Aplica-se, ainda, o disposto no art. 155, parágrafo único, de acordo com o qual "o tempo decorrido entre a concessão da moratória e sua revogação não se computa para efeito da prescrição do direito à cobrança do crédito". Aplicado à remissão, significa que o período que se compreende entre a concessão do benefício e sua anulação não deve ser computado na contagem de 05 anos a partir dos quais a cobrança do crédito tributário considera-se prescrita;
- *Sem imposição de penalidade, nos demais casos* – Caso o sujeito passivo não tenha agido com dolo ou simulação, isto é, tenha atuado com boa-fé, deve recolher a quantia devida com correção monetária e juros de mora, *mas sem a aplicação de qualquer multa*. Neste caso, de acordo com o art. 155, parágrafo único, "a revogação só pode ocorrer antes de prescrito o referido direito". Isso significa que a anulação da remissão apenas poderá ter lugar se, entre a concessão do benefício e sua anulação, *não* tenham se passado mais de 05 anos. Caso contrário, isto é, caso este prazo tenha transcorrido, ainda que o sujeito passivo tenha deixado de cumprir os requisitos elencados em lei, a remissão considera-se incorporada em seu patrimônio, de maneira que não poderá haver anulação.

APROFUNDANDO! DIFERENÇAS ENTRE REMISSÃO, ISENÇÃO E ANISTIA

Muito embora ainda não tenhamos estudado a isenção e a anistia, é importante registramos, desde logo, as diferenças que guardam com a remissão. Relembre-se que esta última é modalidade de *extinção* do crédito tributário. As duas primeiras, por sua vez, são causas de *exclusão*. Ademais, a remissão refere-se ao *crédito tributário*, que comporta valores provenientes do tributo e eventualmente da multa, enquanto a isenção exclui o crédito que provém *apenas* do *tributo* e a anistia o que provém *tão somente* da *multa*. Ademais, a remissão extingue o crédito já formalizado, enquanto a isenção e a anistia excluem o crédito *antes* de sua formalização. Em outras palavras, se já ocorreu o lançamento, fala-se apenas na primeira; se o ato ainda não foi adotado, fala-se em isenção ou anistia, conforme se trate de crédito que provém do tributo ou da multa. Em suma, Ricardo Lobo Torres explica: "A remissão abrange assim o tributo como a sanção pecuniária já aplicada. Distingue-se da anistia porque este implica no perdão relativamente à infração cometida e ainda não descoberta, isto é, ainda não punida com a sanção pecuniária. A remissão da multa aproxima-se da figura do *indulto*, que, no Direito Penal, é o perdão da pena já imposta" (TORRES, 2011, p. 301).

28.6 DECADÊNCIA E PRESCRIÇÃO

O art. 156, V, do CTN, prevê a decadência e a prescrição como modalidades de extinção do crédito tributário. O art. 173 trata da primeira, enquanto o art. 174 disciplina a segunda. São típicos exemplos de fatos modificativos das relações jurídicas que se operam pelo *transcurso do tempo* aliado à *inércia* do titular de certo direito. A primeira refere-se à extinção do direito material; a segunda à extinção do direito de ação.

Luciano Amaro observa: "A certeza e segurança do direito não se compadecem com a permanência, no tempo, da possibilidade de litígios instauráveis pelo suposto titular de um direito que tardiamente venha a reclamá-lo. *Dormientibus non succurrit jus.* O direito positivo não socorre quem permanece inerte, durante largo espaço de tempo, sem exercitar seus direitos. Por isso, esgotado certo prazo, assinalado em lei, prestigiam-se a certeza e a segurança, e sacrifica-se o eventual direito daquele que se manteve inativo no que respeita à atuação ou defesa desse direito" (AMARO, 2010, p. 422).

No domínio do direito tributário, decadência e prescrição são causas extintivas do crédito tributário e recebem tratamento particularizado.

A) Reserva de lei complementar

Antes de tudo, registre-se que normas relativas à decadência e prescrição no direito tributário estão sob *reserva de lei complementar*. De fato, o art. 146, III, *b*, da Constituição determina:

CF, art. 146. Cabe à lei complementar:

[...]

III – estabelecer normas gerais em matéria de legislação tributária, especialmente sobre:

[...]

b-obrigação, lançamento, crédito, prescrição e decadência tributários.

Justamente por isso, a disciplina da decadência e prescrição encontra-se no CTN que, afinal, é a lei nacional de normas gerais e possui status de lei complementar.

Isso não significa que os entes federativos não possam legislar a respeito. Podem. A legislação de cada um deles, contudo, deve respeitar as normas gerais fixadas no Código. Exemplo é o prazo de 05 anos estabelecido nos artigos 173 e 174. Os entes federativos até podem até estabelecer um prazo menor; nunca, entretanto, um interregno maior do que aquele previsto na lei complementar.

Quer dizer, é possível que legislem de modo diverso do que o estabelecido no CTN, *desde que* o objetivo seja o de beneficiar o sujeito passivo tributário. Caso contrário, devem ater-se às normas gerais fixadas no Código. A propósito, o STF já declarou a inconstitucionalidade dos arts. 45 e 46 da Lei nº 8.212/91, que fixavam em 10 (dez) anos o prazo de decadência e prescrição das contribuições sociais destinadas ao custeio da seguridade social. O prazo estabelecido pelo CTN, como dissemos, é de 05 anos.

Confira-se enunciado sumulado pela Corte:

Súmula Vinculante nº 08 do STF: "São inconstitucionais o parágrafo único do art. 5º do Decreto-Lei nº 1569/1977 e os artigos 45 e 46 da Lei nº 8.212/1991, que tratam de prescrição e decadência de crédito tributário";

B) Conceito

Praticado o fato gerador pelo contribuinte, surge para o Estado o direito e o dever de efetuar a constituição do crédito tributário pelo lançamento. É um direito que deflui diretamente da lei, sem a necessidade de que a vontade do agente público ou do contribuinte ou responsável se ajustem para tanto. O fato gerador é o evento da realidade que faz surgir tal prerrogativa.

O Fisco possui, no entanto, um *prazo* para que atue. Caso permaneça em inércia, sem agir, é obrigado a suportar a extinção do direito de lançar. Nos termos do art. 173 do CTN, este prazo é de natureza *decadencial*: "O direito de a Fazenda Pública *constituir* o crédito tributário extingue-se após 5 anos [...]".

Paulo de Barros Carvalho explica: "A Fazenda dispõe de cinco anos para efetuar o ato jurídico administrativo do lançamento. Não o praticando, nesse período, decai do direito de celebrá-lo. A decadência ou caducidade é tida como o fato jurídico que faz perecer um direito pelo seu não exercício durante certo lapso de tempo. Para que as relações jurídicas não permaneçam indefinidamente, o sistema positivo estipula certo período a fim de que os titulares de direitos subjetivos realizem os atos necessários à sua preservação, e perante a inércia manifestada pelo interessado, deixando fluir o tempo, fulmina a existência do direito, decretando-lhe a extinção" (CARVALHO, 2012, p. 542, 543).

Portanto, a *decadência*, em âmbito tributário, significa o fato jurídico extintivo do direito que tem o Fisco de efetuar o lançamento por deixar transcorrer o prazo de cinco anos ao longo do qual permanece em inércia. De acordo com o art. 156, V, do CTN, produz, como consequência, a *extinção* do crédito tributário.

Prescrição, a seu turno, também se refere à inércia do Fisco, mas que ocorre em outro momento da relação jurídica tributária. De fato, o art. 174, *caput*, do CTN, estatui: "A *ação* para a cobrança do crédito tributário *prescreve* em cinco anos, contados da data da sua constituição definitiva".

Note-se que a prescrição refere-se à *perda do direito de ação*, isto é, à perda do direito que tem o Fisco de ingressar com ação judicial de execução fiscal em face do sujeito passivo visando à cobrança de crédito já vencido. Assim, prescrição, no direito tributário, significa o fato jurídico extintivo do direito de ação que possui a Fazenda Pública para ingressar com a execução fiscal em face do sujeito passivo inadimplente. Opera-se depois de *cinco anos*, contados da constituição definitiva do crédito tributário. Acarreta, como consequência, a extinção do crédito tributário, nos termos do art. 156, V, do CTN.

Perceba-se que a inércia da Fazenda Pública acarretará a extinção do crédito tributário conforme o *momento* em que ocorra. Em ambas as hipóteses, contudo, existem características comuns, quais sejam: são modalidades de *extinção do crédito tributário* e ocorrem após o transcurso do prazo de *05 (cinco) anos*.

Quadro comparativo entre decadência e prescrição	
Semelhanças	*Diferenças*
Modalidades de extinção do crédito tributário	*A decadência opera a extinção do direito material que tem o Fisco de constituir o crédito tributário pelo lançamento*
Prazo de 05 (cinco) anos	*A prescrição opera a extinção do direito de ação que tem o Fisco para cobrar judicialmente a dívida tributária*

C) Decadência tributária: artigo 173 do CTN

O art. 173 do CTN estabelece:

> **Art. 173.** O direito de a Fazenda Pública constituir o crédito tributário extingue-se após 5 (cinco) anos, contados:
>
> I – do primeiro dia do exercício seguinte àquele em que o lançamento poderia ter sido efetuado;
>
> II – da data em que se tornar definitiva a decisão que houver anulado, por vício formal, o lançamento anteriormente efetuado.
>
> Parágrafo único. O direito a que se refere este artigo extingue-se definitivamente com o decurso do prazo nele previsto, contado da data em que tenha sido iniciada a constituição do crédito tributário pela notificação, ao sujeito passivo, de qualquer medida preparatória indispensável ao lançamento.

A Fazenda Pública possui o prazo de cinco anos para constituir o crédito tributário pelo lançamento. Caso extrapole esse prazo, tem lugar a decadência, e, com ela, a extinção do crédito. Uma vez que a relação jurídica surge com a ocorrência do fato gerador, poderia parecer, à primeira vista, que este seria o termo inicial a partir do qual se iniciaria a contagem do prazo.

O CTN, contudo, fixou disciplina diversa. Existe uma *regra geral*, prevista no art. 173 e aplicada aos tributos lançados de ofício ou por declaração e uma *regra especial*, prevista no art. 150, § 4º, destinada aos tributos lançados por homologação. Para facilitar a compreensão, vejamos cada qual em separado.

Decadência tributária	
Regra geral – CTN, art. 173	*Lançamento por declaração*
	Lançamento de ofício
Regra especial – CTN, art. 150, § 4º	*Lançamento por homologação*

a) Regra geral: lançamento de ofício ou por declaração

Os tributos *lançados de ofício* ou por *declaração* submetem-se à *regra geral* fixada no art. 173, I e II, e parágrafo único. De acordo com o dispositivo, *o direito de a Fazenda Pública constituir o crédito tributário extingue-se após 05 anos, contados*:

- *Do primeiro dia do exercício seguinte àquele em que o lançamento poderia ter sido efetuado* – Note-se: em que *momento* a autoridade administrativa está autorizada a efetuar o lançamento tributário? Ora, a partir do momento em que surge a obrigação tributária principal, portanto, desde a prática do fato gerador pelo contribuinte. Se este ocorreu no dia 15 de maio de 2018, o Fisco está autorizado a efetuar o lançamento desde essa data. Ocorre, contudo, que o CTN "desloca" o termo inicial de contagem do prazo decadencial para um momento futuro. Os cinco anos não começam a ser contados do dia em que o fato gerador ocorreu, *mas do primeiro dia do exercício financeiro seguinte.*

No exemplo acima citado, se o fato gerador ocorreu no ano de 2018, então este é o exercício dentro do qual o lançamento pode ser efetuado. O CTN, no entanto, determina que a contagem do prazo tenha início apenas no *primeiro dia do exercício seguinte*, quer dizer, em 1º de janeiro de 2019. Assim, a Fazenda Pública tem até o dia 31 de dezembro de 2023 para lançar. Nesse sentido, Regina Helena Costa explica: "Vê-se que, consoante a hipótese do inciso I, o prazo decadencial sempre iniciar-se-á algum tempo depois de a inércia da Fazenda Pública ter se manifestado, uma vez que a lei posterga o termo *a quo* para o primeiro dia do exercício seguinte àquele em que o lançamento poderia ter sido efetuado. Trata-se, portanto, de prerrogativa deferida à Fazenda Pública, justificada pelo princípio da indisponibilidade do patrimônio público, porquanto, por meio de tal norma, outorga-se mais tempo para a prática do lançamento" (COSTA, 2014, p. 287, 288);

- *Da data em que se tornar definitiva a decisão que houver anulado, por vício formal, o lançamento anteriormente efetuado* – Imagine-se que certo contribuinte tenha praticado o fato gerador de determinado tributo no dia 27 de agosto de 2011. Qual é a data limite para lançamento, supondo que se trate de tributo lançado de ofício ou por declaração? Ora, de acordo com o art. 173, I, do CTN, 31 de dezembro de 2016, isto é, cinco anos contados do primeiro dia do exercício seguinte àquele em que o lançamento poderia ter sido efetuado. Suponha-se que a Fazenda tenha formalizado o crédito com o ato de lançamento sendo lavrado no dia 15 de março de 2012, dentro, pois, do prazo de cinco anos, razão pela qual não há que se falar em decadência. Ocorre, contudo, que o Fisco não concedeu ao sujeito passivo a possibilidade de se manifestar. Vedou-lhe o contraditório e a ampla defesa, violando, assim, o disposto no inciso LV, do art. 5º, da CF/1988. É possível que o contribuinte recorra em âmbito administrativo ou judicial, pleiteando a *anulação* do lançamento por *vício formal*, ou seja, por irregularidade no procedimento ou no documento que materializa a cobrança. Caso seu pleito tenha sido atendido, ou seja, a autoridade administrativa revisora ou o Poder Judiciário tenham *anulado* o lançamento anteriormente efetuado, abre-se novo prazo para que o Fisco efetue a cobrança, desta feita de maneira regular. Abre-se, pois, prazo decadencial, de cinco anos, para que o lançamento seja efetuado. Nesse caso, *conta-se o prazo a partir da data em que se tornou definitiva a decisão anulatória*. Assim, se a decisão judicial transitou em julgado em 10 de janeiro de 2014, novo lançamento deve ser efetuado até o dia 10 de janeiro de 2019, sob pena de a Administração Tributária perder o direito de fazê-lo. Note-se que o novo prazo decadencial apenas terá lugar se a decisão administrativa for anulada por *vício formal* e *não* por *vício material*;
- *Data em que tenha sido iniciada a constituição do crédito tributário pela notificação, ao sujeito passivo, de qualquer medida preparatória indispensável ao lançamento* – De acordo com o parágrafo único do art. 173, "o direito a que se refere este artigo extingue-se definitivamente com o decurso do prazo nele previsto, contado da data em que tenha sido iniciada a constituição do crédito tributário pela notificação, ao sujeito passivo, de qualquer medida

preparatória indispensável ao lançamento". Muitas vezes as autoridades administrativas notificam os sujeitos passivos, não quanto à existência do lançamento, mas quanto à necessidade de alguma *medida preparatória indispensável* àquele. É o que ocorre, por exemplo, se o contribuinte é notificado para preencher declaração que dê conta de conduta por ele praticada e que configura *fato gerador* de certo tributo. Nesse caso, a contagem do prazo de cinco anos tem início na data em que o sujeito passivo foi *notificado* e não do primeiro dia do exercício seguinte àquele em que o lançamento poderia ser efetuado, como preceitua o art. 173, I. O CTN fixa um termo *a quo* mais favorável ao sujeito passivo porque entende que a Fazenda Pública já iniciara os procedimentos relativos à formalização do crédito. Não há razão, pois, para que a contagem inicial seja deslocada para o futuro. No entanto, a doutrina assinala que, caso a contagem do prazo decadencial já tenha sido iniciada por força do inciso I, não se aplica a regra do parágrafo único. Luciano Amaro observa: "O problema está na hipótese em que tal notificação seja feita *após* já ter tido início o prazo de decadência (contado de acordo com a regra do item I do *caput* do dispositivo). Nessa hipótese, o prazo decadencial já terá tido início, e o prazo a que se refere o citado item é um prazo para 'constituir o crédito' e não para 'começar a constituir o crédito'. Em suma, parece-nos que o parágrafo só opera para *antecipar* o início do prazo decadencial, não para *interrompê-lo*, caso ele já tenha tido início de acordo com o item I do *caput* do dispositivo" (AMARO, 2011, p. 434).

APROFUNDANDO! INTERRUPÇÃO DO PRAZO DECADENCIAL

Sabe-se que no âmbito do direito privado os prazos decadenciais não comportam, como regra, interrupção ou suspensão. Nesse sentido, o art. 207 do Código Civil prescreve: "Salvo disposição legal em contrário, não se aplicam à decadência as normas que impedem, suspendem ou interrompem a prescrição". Para a doutrina de direito tributário, contudo, o art. 173, II, do CTN, consagra típica hipótese de interrupção do prazo decadencial. Com a prática do fato gerador, inicia-se a primeira contagem. Lançado o tributo e anulada a cobrança por vício formal, inicia-se a segunda contagem. O prazo é interrompido porque volta a ser contado integralmente, isto é, contam-se os cinco anos inteiros a partir da data em que se torna definitiva a decisão anulatória. Luciano Amaro explica: "O dispositivo comete um dislate. De um lado, ele, a um só tempo, introduz, para o arrepio da doutrina, causa de interrupção e suspensão do prazo decadencial (suspensão porque o prazo não flui na pendência do processo em que se discute a nulidade do lançamento, e interrupção porque o prazo recomeça a correr do início e não da marca já atingida no momento em que ocorreu o lançamento nulo). De outro, o dispositivo é de uma irracionalidade gritante. Quando muito, o sujeito ativo poderia ter a devolução do prazo que faltava quando foi praticado o ato nulo. Ou seja, se faltava um ano para a consumação da decadência, e é realizado um lançamento nulo, admita-se até que, enquanto se discute esse lançamento, o prazo fique suspenso, mas, resolvida a pendenga formal, não faz nenhum sentido dar ao sujeito ativo um novo prazo de cinco anos, inteirinho, como 'prêmio' por ter praticado um ato nulo" (AMARO, 2011, p. 433, 434). Registre-se, no entanto, que a Primeira Seção do STJ tem pronunciamento segundo o qual a decadência em âmbito tributário não se interrompe nem se suspende: "Transcorrido o prazo decadencial de cinco anos (art. 150, § 4º, do CTN), insuscetível de interrupção ou suspensão, e não efetuado o lançamento dos valores impugnados e depositados em juízo, deve ser reconhecida a decadência do direito do fisco efetuar a constituição do crédito tributário" (STJ, EREsp nº 464.343/DF, 2007).

a) Regra especial: lançamento por homologação

Retomemos o art. 150, *caput*, do CTN:

CTN, art. 150. O lançamento por homologação, que ocorre quanto aos tributos cuja legislação atribua ao sujeito passivo o dever de antecipar o pagamento sem prévio exame da autoridade administrativa, opera-se pelo ato em que a referida autoridade, tomando conhecimento da atividade assim exercida pelo obrigado, expressamente a homologa.

i) Pagamento regular: CTN, art. 150, § 4º

No sistema do lançamento por homologação, o contribuinte, ao praticar o fato gerador, deve apurar o montante devido e antecipar o pagamento sem qualquer atividade prévia por parte da Administração Pública. Nos termos do art. 150, § 1º, o pagamento antecipado extingue o crédito sob condição resolutória de sua ulterior não homologação.

Se a dívida foi apurada corretamente e o pagamento antecipado de maneira regular, dentro do prazo e no valor fixado legalmente, não resta alternativa à Fazenda Pública que não homologar expressamente a atividade executada pelo sujeito passivo. Extingue-se o crédito tributário em definitivo, nos termos do art. 150, *caput,* c.c. art. 156, VII, do CTN.

É possível, no entanto, que a Fazenda Pública permaneça *inerte*. Vimos que o contribuinte ou o responsável não podem ficar à mercê da boa vontade do Fisco. Em situações como estas, tem lugar o disposto no art. 150, § 4º, do Código:

CTN, art. 150 [...]

§ 4º. Se a lei não fixar prazo à homologação, será ele de cinco anos, a contar da ocorrência do fato gerador; expirado esse prazo sem que a Fazenda Pública se tenha pronunciado, considera-se homologado o lançamento e definitivamente extinto o crédito, salvo se comprovada a ocorrência de dolo, fraude ou simulação.

É a chamada *homologação tácita*. Transcorrido o prazo de cinco anos, *contados da ocorrência do fato gerador*, sem que a Fazenda Pública tenha se manifestado, tem lugar a ficção jurídica segundo a qual se considera homologado o lançamento e definitivamente extinto o crédito tributário.

Pois bem, esta é a regra especial de decadência para tributos sujeitos a lançamento por homologação. O prazo de cinco anos após o qual o crédito de considera extinto não se conta a partir do primeiro dia do exercício financeiro seguinte àquele em que o lançamento poderia ter sido realizado, como preceitua a regra geral do art. 173, I, do Código, porém, *a partir do momento em que fora praticado o fato gerador.*

Suponha-se que determinada empresa tenha feito circular mercadorias no dia 1º de março de 2019. Uma vez que praticou o fato gerador do ICMS, tributo sujeito a lançamento por homologação, a própria empresa calculou o montante devido e antecipou o pagamento. Pois bem, se a Fazenda estadual permanecer em inércia, a partir de 1º de março de 2024, *cinco anos após a ocorrência do fato gerador*, considerar-se-á homologado o lançamento e definitivamente extinto o crédito tributário.

ii) Pagamento irregular: art. 173 do CTN

Situação que provoca certa celeuma na doutrina consiste na hipótese em que o contribuinte, muito embora tendo praticado o fato gerador do tributo, deixa de efetuar o recolhimento do montante devido ou recolhe quantia insuficiente. Nesse caso, continua-se aplicando a regra especial do art. 150, § 4º, do CTN?

Alguns autores sustentam que sim, quer dizer, mesmo na hipótese de não recolhimento ou pagamento a menor, deve-se aplicar a regra especial de contagem do prazo de decadência. Desse modo, a Fazenda Pública possui o prazo de cinco anos, *contados da ocorrência do fato gerador*, para homologar expressamente a atividade executada pelo sujeito passivo ou proceder ao lançamento de ofício supletivo, sob pena de homologação tácita.

Hugo de Brito Machado Segundo anota: "Assim, em se tratando de *lançamento por homologação*, o direito de a Fazenda Pública homologar o lançamento – *ou, obviamente, de não fazê-lo, e lançar eventuais diferenças* – extingue-se em cinco anos, contados da ocorrência do fato gerador. Após o transcurso desse prazo, considera-se homologado o lançamento e definitivamente extinto o crédito tributário, salvo se verificado dolo, fraude ou simulação. Constatada a ocorrência desses vícios, ou em qualquer outra hipótese na qual não ocorra lançamento por homologação, aplicável será a regra mais abrangente contida no art. 173 do CTN" (MACHADO SEGUNDO, 2012, p. 88).

Esse ponto de vista é sustentado pela tese de que a autoridade administrativa homologa a *atividade* executada pelo sujeito passivo, e não o pagamento: "É relevante lembrar, nesse ponto, que o objeto da homologação é a *atividade* desenvolvida pelo contribuinte, e não o pagamento. Quando impropriamente se diz haver a homologação do pagamento, em verdade se está fazendo referência à homologação da atividade que motivou aquele pagamento" (MACHADO SEGUNDO, 2012, p. 93).

Para outros, contudo, deve-se aplicar o disposto no art. 173, I, do CTN, ou seja, a regra geral de decadência. Eduardo Sabbag explica: "Com a devida vênia, pensamos que o raciocínio, não obstante louvável e, até mesmo, largamente exitoso na órbita administrativa federal, choca-se com a visão do STJ, que possui precedentes nos quais afirma a aplicabilidade do art. 150, § 4º, do CTN *apenas* às hipóteses em que o sujeito passivo *apura, declara e paga* alguma quantia, enquanto o lançamento de ofício (art. 173, I) a ser feito pela Fazenda serve para a exigência de uma diferença decorrente de eventual equívoco verificado na apuração feita pelo contribuinte" (SABBAG, 2014, p. 823).

De acordo com este último ponto de vista, uma vez que o contribuinte ou o responsável tenham praticado alguma irregularidade na apuração ou no recolhimento do montante devido, aplicam-se as regras do art. 149, V e 173, I do CTN. Em outras palavras, trata-se de efetuar o lançamento de ofício supletivo com prazo decadencial de 05 (cinco) anos contados do primeiro dia do exercício seguinte àquele em que o lançamento poderia ter sido realizado.

Esta última orientação é a que tem prevalecido, de modo geral, na doutrina.

APROFUNDANDO! PODE-SE FALAR DE DECADÊNCIA EM CASOS DE LANÇAMENTO POR HOMOLOGAÇÃO?

Todos os apontamentos até agora alinhavados conduzem-nos a uma interessante conclusão: o lançamento por homologação não pode ser atingido pela decadência! De fato, note-se que, se o sujeito passivo pratica o fato gerador, apura o montante devido e antecipa o pagamento de maneira regular e nos termos da lei, cabe à autoridade administrativa tão somente proceder à *homologação expressa*. Se, pelo contrário, a Fazenda Pública permanece inerte, deixando de verificar a atividade executada pelo contribuinte ou responsável, ocorre, após o interregno de cinco anos, a denominada *homologação tácita*. Em ambas as circunstâncias, como se vê, o resultado fatal é a homologação, expressa ou tácita, conforme o caso. Se, no entanto, a autoridade, verificando a atividade executada pelo sujeito passivo, constata que houve alguma irregularidade, como a ausência de pagamento, o recolhimento a menor, fora da data prevista etc., deve, no prazo de cinco anos, proceder ao *lançamento de ofício supletivo*, tal como determina o art. 149, V, do CTN. A discussão, aqui, gira em torno de saber se a contagem do prazo tem início na data em que ocorreu o fato gerador (regra especial) ou a partir do primeiro dia do exercício financeiro seguinte àquele em que o lançamento poderia ter sido efetuado (regra geral). Perceba-se que, qualquer que seja a situação, aplica-se a regra especial do art. 150, § 4º ou a regra geral do art. 173, I, para o *lançamento de ofício supletivo* e *não* para o lançamento por homologação. Homologação haverá, expressa ou tácita. Ela apenas não terá lugar se a Fazenda Pública, à luz de alguma irregularidade, promover o lançamento de ofício supletivo. Nesse sentido, Luciano Amaro esclarece: "O lançamento *por homologação* não é atingido pela decadência, pois, feito o pagamento (dito 'antecipado'), ou a autoridade administrativa anui e homologa expressamente (lançamento por homologação expressa) ou deixa transcorrer, em silêncio, o prazo legal e, dessa forma, anui tacitamente (lançamento por homologação tácita). Em ambos os casos, não se pode falar em decadência (do lançamento por homologação), pois o lançamento terá sido realizado (ainda que pelo silêncio)" (AMARO, 2011, p. 433).

iii) Ocorrência de dolo, fraude ou simulação

Finalmente, é possível que o sujeito passivo, a Administração Pública ou ambos tenham agido com *dolo, fraude ou simulação*. É a situação à qual alude a última parte do § 4º do art. 150, que fixa justamente a *exceção* à regra especial de decadência. Neste caso, conforme estudamos, o Fisco deve proceder ao *lançamento de ofício supletivo* (CTN, art. 149, VI e VII).

Aqui, entretanto, há consenso na doutrina e na jurisprudência no sentido de que *não* se aplica a regra especial do art. 150, § 4º. Aplica-se, pelo contrário, a *regra geral* prevista no art. 173, I, do CTN.

Como explica Paulo de Barros Carvalho, "o trato de tempo para a formalização da exigência e para a aplicação de penalidade é de cinco anos, contados do primeiro dia do exercício seguinte àquele em que o lançamento poderia ter sido realizado (CARVALHO, 2012, p. 508).

Dessa maneira, em casos comprovados de *dolo, fraude ou simulação*, o prazo decadencial deve ser contado a partir do primeiro dia do exercício seguinte àquele em que o lançamento poderia ter sido efetuado. A Fazenda possui um interregno maior para efetuar o lançamento de ofício supletivo e constituir o crédito relativo ao tributo e à multa a ser aplicada.

JURISPRUDÊNCIA DO STJ – CONTAGEM DO PRAZO DECADENCIAL NO LANÇAMENTO POR HOMOLOGAÇÃO

No que toca à contagem do prazo decadencial para tributos lançados por homologação, o STJ valeu-se, durante algum tempo, de uma interpretação insólita. De acordo com o posicionamento adotado antigamente, as regras especial (art. 150, § 4º) e geral (art. 173, I) eram *somadas*, obtendo-se, ao final, a conclusão de que apenas após o transcurso de 10 anos, contados da ocorrência do fato gerador, ocorreria a decadência do direito de lançar. Era a chamada teses dos "cinco mais cinco". Atualmente a Corte adota interpretação distinta. Para o STJ a irregularidade na prática do lançamento por homologação desdobra-se em duas possibilidades, passíveis de aplicação da regra especial (art. 150, § 4º) ou da regra geral (art. 173, I), conforme o caso. Se o sujeito passivo *antecipa o pagamento*, mas o faz em quantia *insuficiente*, recolhendo valor apenas parcial, então se aplica a *regra especial* prevista no art. 150, § 4º, do CTN, sendo certo que a Fazenda Pública possui o prazo de 05 anos, *contados da ocorrência do fato gerador*, para efetuar o lançamento de ofício supletivo. Esta regra apenas não será aplicada, cedendo espaço à regra geral do art. 173, I, do CTN, se o sujeito passivo efetuou pagamento parcial munido, contudo, de dolo, fraude ou simulação, nos termos do que preceitua a parte final do art. 150, § 4º, do CTN. A Primeira Seção manifestou-se neste sentido em julgado de 2011:

> "[...] ocorrendo o pagamento antecipado por parte do contribuinte, o prazo decadencial para o lançamento de eventuais diferenças é de cinco anos *a contar do fato gerador*, conforme estabelece o § 4º do art. 150 do CTN' [...] Com efeito, a jurisprudência consolidada por esta Corte dirime a questão jurídica apresentada a partir da *existência, ou não, de pagamento antecipado por parte do contribuinte*. Para essa finalidade, salvo os casos de dolo, fraude ou simulação, despiciendo se mostra indagar a razão pela qual o contribuinte não realizou o pagamento integral do tributo" (STJ, AgRg nos EREsp nº 1.199.262/MG, 2011).

Se, por outro lado, o sujeito passivo *não* efetua o pagamento antecipado e tampouco executa qualquer atividade de apuração do débito, a Fazenda dispõe do prazo de cinco anos, *contados do primeiro dia do exercício seguinte àquele em que o lançamento poderia ter sido efetuado*, para proceder ao lançamento de ofício supletivo. Aplica-se, nesse caso, a regra geral do art. 173, I, do CTN. A Primeira Seção assentou tal entendimento em 2009:

> "O prazo decadencial quinquenal para o Fisco constituir o crédito tributário (lançamento de ofício) conta-se do primeiro dia do exercício seguinte àquele em que o lançamento poderia ter sido efetuado, nos casos em que a lei não prevê o pagamento antecipado da exação ou quando, *a despeito da previsão legal, o mesmo inocorre*, sem a constatação de dolo, fraude ou simulação do contribuinte, *inexistindo declaração prévia do débito*. O *dies a quo* do prazo quinquenal da aludida regra decadencial rege-se pelo disposto no artigo 173, I, do CTN, sendo certo que o 'primeiro dia do exercício seguinte àquele em que o lançamento poderia ter sido efetuado' corresponde, iniludivelmente, ao primeiro dia do exercício seguinte à ocorrência do fato imponível, *ainda que se trate de tributos sujeitos a lançamento por homologação*, revelando-se inadmissível a aplicação cumulativa/concorrente dos prazos previstos nos artigos 150, § 4º, e 173, do *Codex* Tributário, ante a configuração de desarrazoado prazo decadencial decenal" (STJ, REsp nº 973.733/SC, 2009).

Finalmente, devemos registrar algo que veremos com maior rigor logo mais: no caso de tributos sujeitos a lançamento por homologação em que *não há pagamento*, porém, o sujeito passivo *executa a atividade de apuração e declaração de ocorrência do fato gerador*, o STJ entende que a atividade "constitui", por si só, o crédito, de maneira que tem aptidão para ser desde logo inscrita em dívida ativa e executada judicialmente. Inicia-se, portanto, a contagem do *prazo prescricional* e não do prazo decadencial. Confira-se entendimento sumulado:

> ***Súmula nº 555 do STJ***: "Quando não houver declaração do débito, o prazo decadencial quinquenal para o Fisco constituir o crédito tributário conta-se exclusivamente na forma do art. 173, I, do CTN, nos casos em que a legislação atribui ao sujeito passivo o dever de antecipar o pagamento sem prévio exame da autoridade administrativa".

<table>
<tr><td rowspan="4">Jurisprudência do STJ quanto à decadência em tributos lançados por homologação</td><td rowspan="2">Há antecipação do pagamento</td><td>Sem dolo, fraude ou simulação</td><td>Regra especial do art. 150, § 4º – Contagem a partir da ocorrência do fato gerador</td></tr>
<tr><td>Com dolo, fraude ou simulação</td><td>Regra especial do art. 150, § 4º, in fine – Aplica-se a regra do art. 173, I – Primeiro dia do exercício seguinte</td></tr>
<tr><td rowspan="2">Não há antecipação do pagamento</td><td>Não há apuração/formalização da dívida pelo sujeito passivo</td><td>Regra geral do art. 173, I, do CTN – Primeiro dia do exercício financeiro seguinte</td></tr>
<tr><td>Há atividade de apuração/formalização da dívida pelo sujeito passivo</td><td>Crédito se considera "constituído" – Início da contagem do prazo prescricional</td></tr>
</table>

D) Prescrição tributária: artigo 174 do CTN

O art. 174 do CTN estabelece:

> **Art. 174.** A ação para a cobrança do crédito tributário prescreve em cinco anos, contados da data da sua constituição definitiva.
>
> Parágrafo único. A prescrição se interrompe:
>
> I – pelo despacho do juiz que ordenar a citação em execução fiscal; (Redação dada pela Lei Complementar nº 118, de 2005)
>
> II – pelo protesto judicial;
>
> III – por qualquer ato judicial que constitua em mora o devedor;
>
> IV – por qualquer ato inequívoco ainda que extrajudicial, que importe em reconhecimento do débito pelo devedor.

Uma vez que o crédito tributário esteja devidamente constituído, sem qualquer problema ou irregularidade, não há que se falar em decadência. Efetuado o lançamento por parte da Administração Pública dentro do prazo de cinco anos, não se cogita mais desta modalidade de extinção.

Antes do lançamento, portanto, existe a possibilidade da *decadência*; *depois do lançamento* (desde que tenha sido regular), tão somente de *prescrição*.

A partir do momento em que o sujeito passivo é notificado do lançamento, possui um prazo dentro do qual deve efetuar o pagamento do tributo ou impugnar a cobrança. Se permanece inerte e deixa escoar esse prazo sem que tome qualquer providência, ingressa em estado de mora.

Uma vez que se considera *inadimplente*, abre-se para o Fisco a contagem do prazo de cinco anos para que proponha a *ação judicial* cabível visando à cobrança forçada da dívida tributária. Escoado esse prazo e tendo permanecido inerte a Fazenda Pública, opera-se a *prescrição*, isto é, o fato jurídico que ocasiona a perda do direito de ação e, como consequência, a extinção do crédito tributário.

Regina Helena Costa explica: "A prescrição, outra expressão de segurança jurídica, é instituto associado à ideia de *perda do direito de ação* ante o seu não exercício, por certo período de tempo. Aproxima-se da decadência porque, igualmente, pressupõe a inércia do titular do direito em exercê-lo no prazo assinalado pela lei. No entanto, dela distancia-se porque, consoante o entendimento clássico sobre o assunto, não atinge o direito material, mas somente a possibilidade de sua proteção ser reclamada judicialmente, vale dizer, o *direito de ação* (art. 5º, XXXV, do CR). No direito tributário, a prescrição corresponde à perda do direito do Fisco (poder-dever) de ajuizar a ação de execução do crédito tributário – a *execução fiscal*, disciplinada pela Lei n. 8.830, de 1980" (COSTA, 2014, p. 290).

APROFUNDANDO! MULTAS E RECONHECIMENTO DE OFÍCIO DA PRESCRIÇÃO

Antecipemos duas questões importantes:

- *Cobrança de multas* – Nos termos do art. 139 do CTN, o "crédito tributário decorre da obrigação principal e tem a mesma natureza desta". O art. 113,

§ 1º, por sua vez, determina: "A obrigação principal surge com a ocorrência do fato gerador, tem por objeto o pagamento de tributo ou penalidade pecuniária e extingue-se juntamente com o crédito dela decorrente". Ora, o art. 156 trata das modalidades de extinção do crédito tributário. Logo, das dívidas oriundas dos tributos e das multas. Portanto, também a cobrança judicial das penalidades pecuniárias submete-se à prescrição, nos termos do art. 174 do CTN;

- *Reconhecimento de ofício* – O advento da prescrição e a consequente extinção do crédito tributário podem ser reconhecidas de ofício, independentemente de provocação, não apenas pelo Poder Judiciário como também pela Administração Pública. A propósito, há entendimento sumulado do STJ:

> ***Súmula 409 do STJ*** – "Em execução fiscal, a prescrição ocorrida antes da propositura da ação pode ser decretada de ofício (art. 219, § 5º, do CPC)";

a) Contagem do prazo prescricional

De acordo com o art. 174, *caput*, do CTN, "a ação para a cobrança do crédito tributário prescreve em cinco anos, contados da data da sua *constituição definitiva*". Note-se que, de acordo com o dispositivo, a partir do momento em que o crédito estiver *definitivamente constituído* tem início a contagem do prazo de cinco anos para que a Fazenda Pública ingresse com a ação de execução fiscal.

Ocorre, contudo, que o Estado apenas terá legítimo interesse processual para mover a ação quando o sujeito passivo encontrar-se formalmente na situação de *inadimplência*. Esta, por sua vez, não se verifica com a simples constituição definitiva do crédito tributário. É necessário, antes, o exaurimento do *prazo* para pagamento do tributo e que o sujeito passivo permaneça *inerte*. Vimos que, salvo disposição de lei em contrário, esse prazo é de trinta dias (CTN, art. 160).

Uma vez que a autoridade administrativa tenha constituído o crédito tributário pelo lançamento de ofício ou por declaração, deve *notificar* o sujeito passivo, isto é, comunicá-lo para que adote as providências cabíveis. Salvo disposição de lei em contrário, contribuinte ou responsável devem agir no prazo de trinta dias. Nesse ínterim, estão em situação regular perante a Administração Pública. Ao término deste prazo, abrem-se duas possibilidades para o sujeito passivo:

- Extingue o crédito tributário, por exemplo, pelo pagamento (CTN, art. 156, I);
- Impugna o lançamento em âmbito administrativo ou judicial, com o que suspende a exigibilidade do crédito tributário (CTN, art. 151).

Se o contribuinte ou o responsável permanecem em inércia, ou seja, não efetuam a extinção do crédito e tampouco suspendem sua exigibilidade, então tem início a contagem do prazo prescricional de 05 (cinco anos) para que a Fazenda Pública ingresse com ação de execução fiscal. A Segunda Turma do STJ manifestou-se neste sentido:

> "Estabelece o art. 174 do CTN que o prazo prescricional do crédito tributário começa a ser contado da data da sua constituição definitiva. Ora, a constituição definitiva do crédito tributário pressupõe a inexistência de discussão ou possibilidade de alteração do crédito. Ocorrendo a impugnação do crédito tributário na via administrativa, o prazo prescricional começa a ser contado a partir da apreciação, em definitivo, do recurso pela autoridade administrativa. Antes de haver ocorrido esse fato, não existe *dies a quo* do prazo prescricional, pois, na fase entre a notificação do lançamento e a solução do processo administrativo, não ocorrem nem a prescrição nem a decadência" (STJ, AgRg no Ag nº 1.336.961/SP, 2012).

Nesse sentido, importa registrar entendimento sumulado pelo STJ:

> ***Súmula 622 do STJ:*** A notificação do auto de infração faz cessar a contagem da decadência para a constituição do crédito tributário; exaurida a instância administrativa com o decurso do prazo para a impugnação ou com a notificação de seu julgamento definitivo e esgotado o prazo concedido pela Administração para o pagamento voluntário, inicia-se o prazo prescricional para a cobrança judicial

Pois bem, na sistemática do lançamento por homologação, a lógica é diferente. Sabemos que, uma vez praticado o fato gerador, cabe ao sujeito passivo averiguar o montante devido e antecipar o pagamento. Não há notificação por parte da Fazenda Pública. Se houver, fará referência ao lançamento de ofício supletivo (e não ao lançamento por homologação). Desse modo, em que medida se pode falar em contagem do prazo prescricional no caso de lançamento por homologação?

Luciano Amaro captou o problema: "Assim como não há decadência do lançamento por homologação (embora possa havê-la quanto ao lançamento de ofício, efetuável no lugar do lançamento por homologação), também não cabe falar em *prescrição* no caso de tributos lançados por homologação. Se essa forma de lançamento, quer na modalidade expressa, quer na tácita, supõe o *prévio* pagamento, é intuitivo que, uma vez realizado o lançamento (por homologação expressa ou tácita), *não há o que cobrar*, e, portanto, não se pode falar em prescrição da *ação de cobrança*. Diversamente, se o tributo (*lançável* por homologação) for *lançado* de ofício (porque o sujeito passivo não 'antecipou' o pagamento ou o fez a menor), poderá ocorrer a prescrição, mas aí já não se trata de prescrição da ação de cobrança de tributo lançado por homologação, e sim do tributo lançado de ofício" (AMARO, 2011, p. 443).

Nada obstante, a jurisprudência tem admitido a possibilidade de ocorrência de prescrição mesmo na sistemática do lançamento por homologação.

Como vimos, o lançamento efetuado pela autoridade administrativa não é a única forma de constituição do crédito tributário. Tem-se admitido a "constituição" do crédito por atos do próprio sujeito passivo, como as confissões de dívidas etc. Assim, no lançamento por homologação, a apuração da dívida feita pelo sujeito passivo, ainda que implique ausência de pagamento ou recolhimento a menor, tem sido considerada pela jurisprudência como ato que formaliza o crédito, de maneira que se considera "constituído".

Ora, se o crédito já está "constituído", então a atividade administrativa, isto é, o lançamento propriamente dito, é desnecessário, ou melhor, fica *suprido*. Abre-se então a contagem do prazo prescricional para que a Fazenda ingresse com ação de execução fiscal em face do sujeito passivo.

O STJ vem reconhecendo o caráter "constitutivo" das declarações e apurações feitas pelo próprio sujeito passivo, como a DCTF, GFIP, GIA etc. Nesse sentido, a Primeira Turma assentou:

> A entrega de Declaração de Débitos e Créditos Tributários Federais (DCTF), de Guia de Informação e Apuração do ICMS (GIA), ou de outra declaração dessa natureza prevista em lei (dever instrumental adstrito aos tributos sujeitos a lançamento por homologação), é modo de constituição do crédito tributário, dispensando a Fazenda Pública de qualquer outra providência conducente à formalização do valor declarado (STJ, AgRg no AREsp nº 75.651/SP, 2013).

Muito embora a atividade executada pelo sujeito passivo "constitua" o crédito tributário, o *termo inicial* para a contagem do prazo prescricional inicia-se *na data de vencimento da obrigação tributária* (e *não* na data em que a declaração é entregue). Esta é a jurisprudência assentada pela Primeira Seção do STJ:

> O prazo prescricional quinquenal para o Fisco exercer a pretensão de cobrança judicial do crédito tributário *conta-se da data estipulada como vencimento para o pagamento da obrigação tributária* declarada (mediante DCTF, GIA, entre outros), nos casos de tributos sujeitos a lançamento por homologação, em que, não obstante cumprido o dever instrumental de declaração da exação devida, não restou adimplida a obrigação principal (pagamento antecipado), nem sobreveio quaisquer das causas suspensivas da exigibilidade do crédito ou interruptivas do prazo prescricional [...] Consequentemente, o *dies a quo* do prazo prescricional para o Fisco exercer a pretensão de cobrança judicial do crédito tributário declarado, mas não pago, é a *data do vencimento da obrigação tributária* expressamente reconhecida (STJ, REsp nº 1.120.295/SP, 2010).

Para finalizar, é importante compreender que a "constituição" do crédito pelo sujeito passivo, e, consequentemente, a abertura do prazo prescricional para o Fisco ingressar com ação de execução fiscal, não compromete o direito que tem a Fazenda de constituir o crédito tributário pelo lançamento de ofício supletivo, e, consequentemente, não obsta o início da contagem do prazo decadencial nos casos em que há eventual saldo a ser cobrado. Tal prazo decadencial, como vimos, será contado do primeiro dia do exercício financeiro seguinte ao da ocorrência do fato gerador.

Imagine-se, por exemplo, uma empresa que deva R$ 100.000,00 (cem mil reais) a título de imposto sobre a renda (IR). No momento em que formalizou a dívida, a empresa lançou o valor de R$ 50.000,00 (cinquenta mil reais), mas não efetuou o pagamento. Pois bem, de acordo com o STJ são duas as circunstâncias:

- No que concerne à formalização da dívida do valor de 50.000,00 (cinquenta mil reais) feita pelo próprio contribuinte, considera-se que o crédito foi "constituído". Não há que se falar de decadência. A Fazenda dispõe de prazo prescricional de 05 (cinco) anos para ingressar com ação de execução fiscal, contados da ocorrência do fato gerador;
- No que concerne ao restante do valor, isto é, os R$ 50.000,00 (cinquenta mil reais) que não foram formalizados pela empresa, a Fazenda possui o direito-dever de efetuar o lançamento de ofício supletivo. Como não houve antecipação de pagamento, o Fisco goza do prazo decadencial de 05 (cinco) anos para constituir o crédito tributário, nos termos do art. 173, I, do CTN;

Há jurisprudência da Primeira Turma do STJ nesse sentido:

> Lavrada a declaração de reconhecimento do débito, via DCTF, constituindo o crédito tributário, remanesce ao Fisco o prazo quinquenal para a propositura da ação de exigibilidade da exação reconhecida. Deveras, o fato de a declaração de débito provir do contribuinte não significa preclusão administrativa para o Fisco impugnar o quantum desconhecido. Isto porque impõe-se distinguir a possibilidade de execução imediata pelo reconhecimento da legalidade do crédito com a situação de o Fisco concordar (homologar) a declaração unilateral do particular, prestada. A única declaração unilateral constitutiva *ipso jure* do crédito tributário é a do Fisco, por força do lançamento compulsório (art. 142 do CTN) [...] Prestando o contribuinte informação acerca da efetiva existência do débito, dispõe o Fisco do prazo para realizar o eventual lançamento suplementar, acaso existente saldo, *prazo este decadencial*, porquanto constitutivo da dívida. Findo este prazo, para o qual a Fazenda dispõe de cinco anos, inaugura-se o lapso de prescrição para o ajuizamento do respectivo executivo fiscal, visando a cobrança do montante não declarado e objeto de lançamento suplementar, que também obedece ao quinquênio. Assim é porque decorrido o prazo de cinco anos da data da declaração, e não havendo qualquer lançamento de ofício, considera-se que houve aquiescência tácita do Fisco com relação ao montante declarado pelo contribuinte. Conquanto disponha o Fisco de um quinquênio para efetuar lançamento do débito não declarado, somente conta com cinco anos da data da declaração para cobrar judicialmente o débito declarado em DCTF (STJ, EDcl no REsp nº 720.612/PR, 2006);

b) Interrupção do prazo prescricional

O art. 174, parágrafo único, do CTN, elenca quatro causas de *interrupção* do prazo prescricional. De fato, o que se interrompe ou suspende não é a prescrição em si, porém, o *prazo* ao fim do qual se tem o fato jurídico da prescrição que, por sua vez, extingue o crédito tributário, nos termos do art. 156, V, do CTN.

O dispositivo estatui: "A prescrição se interrompe":

- *Pelo despacho do juiz que ordenar a citação em execução fiscal* – A *execução fiscal* é a ação judicial por meio da qual a Fazenda Pública efetua a cobrança forçada da dívida tributária em face do sujeito passivo. Uma vez que as decisões administrativas, como regra, não são autoexecutáveis, isto é, não podem valer-se da força para alcançar seus objetivos, o Fisco necessita de uma decisão do Poder Judiciário que detenha tal eficácia. Esta sim é capaz de retirar a propriedade privada do sujeito passivo contra a sua vontade, se necessário for. Desse modo, o *despacho* do juiz que ordena a citação do devedor interrompe a contagem do prazo prescricional que, como vimos, voltará a correr novamente desde seu início, isto é, mais cinco anos;

- *Pelo protesto judicial* – O protesto judicial é medida cautelar por meio da qual, em petição dirigida ao juiz, previne-se responsabilidade, conserva-se ou se ressalva direito. Embora o CTN não especifique em que momento se considera interrompido o prazo prescricional, parece que tem lugar a aplicação analógica do disposto no inciso I, razão pela qual o *despacho* do juiz que determina a intimação é o momento em que se interrompe o prazo e, consequentemente, reinicia-se sua contagem;
- *Por qualquer ato judicial que constitua em mora o devedor* – Como ensina Eduardo Sabbag: "O inciso III, ao se referir a 'qualquer ato judicial que constitua em mora o devedor', parece ter feito menção às interpelações, notificações ou intimações judiciais – atos que poderiam se traduzir na intenção do credor de receber o pagamento do tributo. A bem da verdade, este inciso, por ser genérico, alcança o protesto judicial já citado no inciso precedente. Procure memorizar que comando em análise faz menção ao *ato judicial* e não a 'ato extrajudicial'" (SABBAG, 2014, p. 849);
- *Qualquer ato inequívoco ainda que extrajudicial, que importe em reconhecimento do débito pelo devedor* – Eduardo Sabbag anota: "Destaque-se que este inciso hospeda a única hipótese de interrupção do prazo prescricional que decorre de iniciativa do próprio devedor. Aliás, com igual exclusivismo, é a única situação de interrupção na órbita administrativa (ou extrajudicial). Ocorre nos seguintes casos: carta ou petição do devedor, declaração escrita, requerimento reconhecendo o débito e pedindo compensação ou, até mesmo, pedido de parcelamento de débito, entre outras situações" (SABBAG, 2014, p. 849).

JURISPRUDÊNCIA DO STJ – PARCELAMENTO E INTERRUPÇÃO DO PRAZO PRESCRICIONAL

O parcelamento é modalidade de suspensão da exigibilidade do crédito tributário (CTN, art. 151, VI). À primeira vista, poderia redundar na suspensão do prazo prescricional, e não em sua interrupção. Ocorre que, como regra, para a obtenção do benefício, o sujeito passivo deve confessar sua dívida tributária. Assim, em virtude o disposto no inciso IV do art. 174, uma vez que a confissão importa em ato inequívoco de reconhecimento do débito pelo devedor, o parcelamento acaba por engendrar a interrupção do prazo de prescrição. Este é o entendimento da Primeira Seção do STJ:

> "A prescrição interrompe-se por qualquer ato, judicial ou extrajudicial, que constitua em mora o devedor; como exemplo, o preenchimento de termo de

confissão de dívida para fins de parcelamento do débito que, nos termos do art. 174, parágrafo único, do CTN, recomeça a fluir por inteiro" (STJ, AgRg nos EREsp nº 1.037.426/RS, 2011). Mencione-se, a propósito, entendimento sumulado pelo extinto TFR:

Súmula nº 248 do extinto TFR: "O prazo da prescrição interrompido pela confissão e parcelamento da dívida fiscal recomeça a fluir no dia em que o devedor deixa de cumprir o acordo celebrado".

c) Prescrição intercorrente

Dá-se o nome de *prescrição intercorrente* à fluência do prazo prescricional ocorrida no decurso do processo, seja administrativo, seja judicial. Nada obstante, a jurisprudência não admite prescrição intercorrente no processo administrativo, pois, pendente de resultado final, suspensa estará a exigibilidade do crédito:

> [...] 1. À luz do art. 174, caput, do CTN, firmou-se o entendimento de que a constituição definitiva do crédito tributário, quando impugnado via administrativa, ocorre quando da notificação do contribuinte do resultado final do recurso, e somente a partir daí começa a fluir o prazo prescricional de cinco anos para a cobrança do referido crédito (STJ. 2ª T. REsp 488429/DF. Rel. Min. João Otávio de Noronha. DJ 02.08.2006).

A parte da doutrina que advoga a tese da constituição definitiva do crédito tributário pela simples notificação regular do lançamento ao sujeito passivo, entretanto, aduz que, se a solução da lide administrativa ultrapassar os cinco anos, prescrito estará o direito de o Fisco cobrar, pois o contrário seria admitir a eternização do contencioso administrativo.

Pensamento razoável, mas em face da sua não aceitação pela doutrina e pela jurisprudência dominantes, melhor seria que a legislação impusesse prazos máximos para o deslinde do processo administrativo tributário – hoje, inexistentes –, apesar de recente previsão constitucional, acrescentada pela EC nº 45/2004, que visa assegurar uma duração razoável do processo e os meios que garantam a celeridade de sua tramitação (CF, art. 5º, LXXVIII).

Outrossim, a jurisprudência do Superior Tribunal de Justiça é no sentido de que o processo administrativo fiscal suspende a exigibilidade do crédito tributário, enquanto perdurar, nos termos do art. 151, III do CTN (REsp. 1.113.959/RJ, 11.3.2010).

Quanto à aplicação da prescrição intercorrente na esfera judicial – mais especificamente à execução fiscal – a jurisprudência do STJ admite a ocorrência. Assim, no caso no término do processo administrativo fiscal, se a Fazenda Pública permanecer inerte durante o período de 05 (cinco) anos, ocorrerá a prescrição, ou seja, haverá a perda desse direito de ação.

O problema surge quando a Fazenda Pública não consegue localizar o executado ou seus bens para saldar o crédito tributário. Nesse caso, o processo vai entrar no período de suspensão no prazo de um ano, conforme previsto no art. 40 da Lei nº 6.830/80:

Lei 6.830/80, art. 40. O Juiz suspenderá o curso da execução, enquanto não for localizado o devedor ou encontrados bens sobre os quais possa recair a penhora, e, nesses casos, não correrá o prazo de prescrição.

[...]

§ 2º – Decorrido o prazo máximo de 1 (um) ano, sem que seja localizado o devedor ou encontrados bens penhoráveis, o Juiz ordenará o arquivamento dos autos.

De acordo a Lei nº 6830/80, após esgotado o prazo de suspensão, começa-se a contar o prazo prescricional. Nesse tempo, o processo também poderá ser arquivado, caso não sejam encontrados novos bens sujeitos a penhora ou o executado. Há entendimento visto na *Súmula 314 STJ:*

Súmula 314 STJ: "Em execução fiscal, não localizados bens penhoráveis, suspende-se o processo por um ano, findo o qual se inicia o prazo da prescrição quinquenal intercorrente".

Quando não se encontravam bens do devedor que pudessem ser penhorados para adimplir a dívida tributária, arquivava-se a execução fiscal até que fossem encontrados bens executáveis (LEF, art. 40). Na maioria das vezes, esse arquivamento dava-se *ad aeternum.*

Esse procedimento, aliado à impossibilidade de o juiz pôr fim ao processo mediante iniciativa própria, fez com que as varas judiciais responsáveis pela cobrança da dívida ativa fossem entupidas de execuções sem solução até bem pouco tempo.

A fim de solucionar esse problema, a Primeira Seção do Superior Tribunal de Justiça, em julgamento do regime de recursos repetitivos dos temas 566, 567, 568, 569, 570 e 571, definiu os parâmetros da aplicação da prescrição intercorrente na execução fiscal:

> Não havendo a citação de qualquer devedor por qualquer meio válido [...] e/ou não sendo encontrados bens sobre os quais possa recair a penhora (o que permitiria o fim da inércia processual), inicia-se automaticamente o procedimento previsto no art. 40 da Lei n. 6.830/80, e respectivo prazo ao fim do qual restará prescrito o crédito fiscal. Esse o teor da Súmula n. 314/STJ: "Em execução fiscal, não localizados bens penhoráveis, suspende-se o processo por um ano, findo o qual se inicia o prazo da prescrição quinquenal intercorrente". Teses julgadas para efeito dos arts. 1.036 e seguintes do CPC/2015 (art. 543-C, do CPC/1973): 4.1.) [...] O prazo de 1 (um) ano de suspensão do processo e do respectivo prazo prescricional previsto no art. 40, §§ 1º e 2º da Lei n. 6.830/80 – LEF tem início automaticamente na data da ciência da Fazenda Pública a respeito da não localização do devedor ou da inexistência de bens penhoráveis no endereço fornecido, havendo, sem prejuízo dessa contagem automática, o dever de o magistrado declarar ter ocorrido a suspensão da execução; 4.1.1.) Sem prejuízo do disposto no item 4.1., nos casos de execução fiscal para cobrança de dívida ativa de natureza tributária (cujo despacho ordenador da citação tenha sido proferido antes da vigência da Lei Complementar n. 118/2005), depois da citação válida,

> ainda que editalícia, logo após a primeira tentativa infrutífera de localização de bens penhoráveis, o Juiz declarará suspensa a execução [...] em se tratando de execução fiscal para cobrança de dívida ativa de natureza tributária (cujo despacho ordenador da citação tenha sido proferido na vigência da Lei Complementar n. 118/2005) e de qualquer dívida ativa de natureza não tributária, logo após a primeira tentativa frustrada de citação do devedor ou de localização de bens penhoráveis, o Juiz declarará suspensa a execução. [...] Havendo ou não petição da Fazenda Pública e havendo ou não pronunciamento judicial nesse sentido, findo o prazo de 1 (um) ano de suspensão inicia-se automaticamente o prazo prescricional aplicável (de acordo com a natureza do crédito exequendo) durante o qual o processo deveria estar arquivado sem baixa na distribuição, na forma do art. 40, §§ 2º, 3º e 4º da Lei n. 6.830/80 – LEF, findo o qual o Juiz, depois de ouvida a Fazenda Pública, poderá, de ofício, reconhecer a prescrição intercorrente e decretá-la de imediato [...] A efetiva constrição patrimonial e a efetiva citação (ainda que por edital) são aptas a interromper o curso da prescrição intercorrente, não bastando para tal o mero peticionamento em juízo, requerendo, v.g., a feitura da penhora sobre ativos financeiros ou sobre outros bens. Os requerimentos feitos pelo exequente, dentro da soma do prazo máximo de 1 (um) ano de suspensão mais o prazo de prescrição aplicável (de acordo com a natureza do crédito exequendo) deverão ser processados, ainda que para além da soma desses dois prazos, pois, citados (ainda que por edital) os devedores e penhorados os bens, a qualquer tempo – mesmo depois de escoados os referidos prazos –, considera-se interrompida a prescrição intercorrente, retroativamente, na data do protocolo da petição que requereu a providência frutífera (STJ, Primeira Seção, REsp 1340553/RS, 16/10/2018).

A partir desse novo entendimento do Superior Tribunal de Justiça, pretende-se que nenhuma execução fiscal permaneça eternamente nos escaninhos do Poder Judiciário ou da Procuradoria Fazendária encarregada da execução das respectivas dívidas fiscais. Isso justifica a forma rigorosa com que a aplicação do prazo prescricional deverá ser interpretada perante os processos de execução fiscal.

Em síntese, por meio das teses fixadas nos recursos repetitivos, o Superior Tribunal de Justiça definiu que após a primeira tentativa frustrada de citação do devedor ou de localização de bens penhoráveis, o Juiz declarará suspensa a execução. Independente de requerimento da Fazenda Pública e de pronunciamento judicial nesse sentido, findo o prazo de um ano de suspensão, inicia-se automaticamente o prazo prescricional aplicável.

Esgotado o prazo prescricional, previsto no art. 174 do CTN, o Juiz, depois de ouvida a Fazenda Pública, poderá, de ofício, reconhecer a prescrição intercorrente.

28.7 CONVERSÃO DO DEPÓSITO EM RENDA: ARTIGO 156, VI, DO CTN

De acordo com o art. 156, VI, do CTN, "extinguem o crédito tributário [...] a conversão do depósito em renda". Obviamente, trata-se do depósito mencionado no art. 151, II, do Código, que, como vimos, suspende a exigibilidade do crédito tributário.

Não é difícil compreender que, nesse caso, o sujeito passivo saiu *vencido* na demanda administrativa ou judicial. Por isso, aquele depósito, que apenas acautelava as partes sem operar a transferência definitiva da propriedade, converte-se agora em renda da Fazenda Pública credora. Se o sujeito passivo sai *vencedor*, então a quantia deve ser-lhe devolvida.

O depósito pode ser feito em âmbito administrativo ou judicial. No primeiro caso, além de suspender a exigibilidade do crédito, busca-se afastar a incidência da correção monetária, juros, multas e eventual inadimplência. Uma vez que o sujeito passivo seja derrotado nesta esfera, o depósito converte-se em renda do Fisco. A conversão somente não ocorre se o contribuinte ou o responsável resolve disputar a questão em âmbito judicial e obtém uma das causas suspensivas previstas nos incisos IV e V do art. 151 do CTN.

Nesse sentido, em âmbito federal, tem lugar o art. 43, § 1º, do Decreto nº 70.235/72:

> **Dec. 70.235/72, art. 43.** [...]
>
> § 1º. A quantia depositada para evitar a correção monetária do crédito tributário ou para liberar mercadorias será convertida em renda *se* o sujeito passivo não comprovar, no prazo legal, a propositura de ação judicial.

Na seara judicial, a conversão do depósito em renda depende de ordem do juízo competente e pressupõe o trânsito em julgado da decisão que dá ganho de causa à Fazenda Pública. É o que determina o art. 32, § 2º, da Lei de Execuções Fiscais:

> **LEF, art. 32.** [...]
>
> § 2º. Após o trânsito em julgado da decisão, o depósito, monetariamente atualizado, será devolvido ao depositante ou entregue à Fazenda Pública, mediante ordem do Juízo competente.

O art. 1º, § 3º, II, da Lei nº 9.703/98, apresenta idêntico conteúdo:

> **Lei nº 9.703/98, art. 1º.** [...]
>
> § 3º Mediante ordem da autoridade judicial ou, no caso de depósito extrajudicial, da autoridade administrativa competente, o valor do depósito, após o encerramento da lide ou do processo litigioso, será:
>
> [...]
>
> II – transformado em pagamento definitivo, proporcionalmente à exigência do correspondente tributo ou contribuição, inclusive seus acessórios, quando se tratar de sentença ou decisão favorável à Fazenda Nacional.

Trata-se de "pagamento definitivo" porque, como vimos, o art. 1º, § 2º, estatui que os depósitos judiciais e extrajudiciais devem ser transferidos, desde o momento em que são depositados, à Conta Única do Tesouro Nacional. Nesse sentido, o depósito, antes do encerramento da lide, seria considerado "pagamento provisório".

A respeito do assunto, Hugo de Brito Machado assim se manifesta: "A Lei 9.703, de 17.11.1998, no plano federal praticamente aboliu a conversão do depósito em renda, na medida em que determinou que a Caixa Econômica credite os valores depositados à conta única do Tesouro Nacional. Mesmo assim tem-se uma situação provisória, que se torna definitiva com o trânsito em julgado da ação à qual estava vinculado o depósito" (MACHADO, 2011, p. 226).

Sem sombra de dúvida, a Lei nº 9.703/98 "subverteu" o sentido do instituto jurídico do *depósito* na medida em que determinada a imediata transferência da titularidade dos valores ao Tesouro Nacional. Não se põe em questão esta "subversão" de sentido dentro do subsistema do direito tributário porque, como decisão política que é, o direito positivo "constrói" sua própria realidade significativa.

O que se deve indagar é: até que ponto é constitucional a modificação produzida por *lei ordinária* no sentido normativo fixado por *lei complementar*?

O CTN, ao elencar o depósito como causa suspensiva da exigibilidade do crédito, não desdobra o seu significado, o que faz presumir que este se atém ao conteúdo posto pela tradição jurídica, ou, para ser mais exato, pelo direito privado, fonte originária de toda a tradição. Queira-se ou não, as normas tributárias que versam sobre *crédito* – e, portanto, sobre as causas que suspendem sua exigibilidade –, estão sob *reserva de lei complementar*. Assim, parece que apenas outra lei complementar poderia "subverter" o sentido posto pelo CTN e conferir ao depósito o status de "pagamento provisório".

28.8 O PAGAMENTO ANTECIPADO E A HOMOLOGAÇÃO DO LANÇAMENTO: ARTIGO 156, VII, DO CTN

De acordo com o art. 156, VII, do CTN, "extinguem o crédito tributário [...] o pagamento antecipado e a homologação do lançamento nos termos do disposto no artigo 150 e seus §§ 1º e 4º". O dispositivo fala em pagamento antecipado *e* homologação do lançamento. Assim, ambas as "etapas" constitutivas da sistemática do lançamento por homologação devem ser analisadas.

Sabemos que, de acordo com o art. 150, *caput*, do CTN, uma vez que tenha ocorrido o fato gerador de determinado tributo, cabe ao sujeito passivo, por sua própria conta, calcular o montante devido a antecipar o pagamento sem prévia análise da Administração Pública. Ainda nos termos do *caput*, o lançamento ocorre justamente com a homologação, por parte do Fisco, da atividade executada pelo sujeito passivo.

Ocorre, contudo, que, de acordo com o art. 150, § 1º, do Código, "o pagamento antecipado pelo obrigado nos termos deste artigo extingue o crédito sob condição resolutória da ulterior homologação ao lançamento".

Vimos que a interpretação que evita a antinomia é: o pagamento antecipado extingue o crédito sob condição resolutória de sua ulterior não homologação. Assim, a antecipação do pagamento já extingue o crédito. A homologação, expressa ou tácita, apenas opera a retirada da cláusula resolutiva. Afastada a cláusula que subordinava a eficácia do pagamento a evento futuro e incerto, este se tem por definitivo.

Lembre-se que homologação haverá de qualquer maneira, seja ela expressa ou tácita. Por isso, de acordo com o art. 156, VII, a extinção do crédito opera-se pelo pagamento antecipado *e* respectiva homologação.

Paulo de Barros Carvalho esclarece: "Não obstante o pagamento antecipado seja uma forma de pagamento, a legislação aplicável requer que ele se conjugue ao ato homologatório a ser realizado (comissiva ou omissivamente) pela Administração Pública. Apenas dessa maneira dar-se-á por dissolvido o vínculo, diferentemente do que ocorre nos casos de pagamento de débito tributário constituído por lançamento em que a conduta prestacional do devedor tem o condão de pôr fim, desde logo, à obrigação tributária" (CARVALHO, 2012, p. 554).

28.9 CONSIGNAÇÃO EM PAGAMENTO: ARTIGO 156, VIII, DO CTN

De acordo com o art. 156, VIII, do CTN, "extinguem o crédito tributário [...] a consignação em pagamento, nos termos do disposto no § 2º do artigo 164". O sujeito passivo tem o direito de consignar em pagamento o valor que deseja recolher a título de tributo, mas que, por quaisquer das hipóteses enumeradas no art. 164 do CTN, está impedido de fazer.

Como ficou registrado, "a consignação só pode versar sobre o crédito que o consignante se propõe pagar" (CTN, art. 164, § 1º). O contribuinte ou o responsável não pretendem discutir a legitimidade do recolhimento. Eles querem pagar. O objeto da discussão gira em torno das causas que o impedem de fazê-lo, que, contrariamente à sua vontade, não permitem que ele pague. Assim, qualquer que seja o resultado da demanda, o crédito restará extinto. A questão gira em torno de saber se o valor antecipado é suficiente ou se deve ocorrer cobrança complementar.

O art. 164, § 2º, do CTN, estabelece:

> **CTN, art. 164.** [...]
>
> § 2º. Julgada procedente a consignação, o pagamento se reputa efetuado e a importância consignada é convertida em renda; julgada improcedente a consignação no todo ou em parte, cobra-se o crédito acrescido de juros de mora, sem prejuízo das penalidades cabíveis.

Duas são, pois, as possibilidades:

- *Procedência do pedido* – Julgado procedente o pedido, isso significa que o sujeito passivo da relação tributária (que, no interior da relação processual, é sujeito ativo) estava correto. Reputa-se que o valor consignado equivale ao pagamento, ocorre a conversão em renda da Fazenda Pública e o crédito é extinto;
- *Improcedência do pedido* – Julgado improcedente o pedido, o valor consignado equivalerá ao pagamento, posto que o sujeito passivo da relação tributária pretendia, desde o início, pagar aquela quantia. Entretanto, impõe-se o dever de recolher uma quantia em acréscimo que corresponde à correção monetária, juros de mora e penalidades impostas.

28.10 DECISÕES ADMINISTRATIVA E JUDICIAL DEFINITIVAS: ARTIGO 156, IX E X DO CTN

De acordo com o art. 156, IX e X, do CTN, "extinguem o crédito tributário [...] a decisão administrativa irreformável, assim entendida a definitiva na órbita administrativa, que não mais possa ser objeto de ação anulatória e a decisão judicial passada em julgado".

Vimos que o sujeito passivo tem o direito de questionar a existência da relação jurídica tributária. Este questionamento pode dar-se em âmbito administrativo ou judicial, conforme o caso. Em ambas as hipóteses, uma vez que tenha saído *vitorioso* da demanda, as decisões, desde que *definitivas*, extinguem o crédito:

- *Decisão administrativa* – Nos termos do art. 156, IX, a decisão administrativa que extingue o crédito é a *definitiva*, que não pode mais ser objeto de ação anulatória. De acordo com o art. 42 do Decreto nº 70.235/72, que regula o processo administrativo federal, "são *definitivas* as decisões: (I) de primeira instância, esgotado o prazo para recurso voluntário sem que este tenha sido interposto; (II) de segunda instância, de que não caiba recurso ou, se cabível, quando decorrido o prazo sem sua interposição; (III) de instância especial". Uma vez que o art. 34 do Decreto determina *recurso de ofício* por parte da autoridade administrativa, a decisão contrária à Administração tende à definitividade somente depois de esgotadas todas as instâncias de julgamento. Reconhecida a *vitória* do sujeito passivo, a própria decisão extingue o crédito tributário. Se, por outro lado, a decisão der ganho de causa à Administração, assegura-se ao sujeito passivo um prazo razoável para efetuar o *pagamento* da quantia devida, com o que extingue o crédito nos termos do art. 156, I, do CTN;
- *Decisão judicial* – O sujeito passivo pode socorrer-se do Poder Judiciário, desde que tenha legítimo interesse processual, independentemente de ter sido instaurado processo administrativo (CF/1988, art. 5º, XXXV). A decisão judicial é dotada do poder de desconstituir o ato administrativo do lançamento, isto é, de retirar a exigibilidade que o ato administrativo impões unilateralmente ao sujeito passivo. Assim, uma vez que seja o *vencedor* da demanda e que a decisão judicial *transite em julgado*, ela mesma, a própria decisão, extingue o crédito tributário. Se, por outro lado, o contribuinte ou o responsável forem derrotados no processo judicial, então a extinção do processo ocorrerá por meio do pagamento, compensação, conversão do depósito em renda etc., conforme as peculiaridades do caso concreto. Vale ressaltar que a *definitividade* da decisão judicial atrela-se a seu *trânsito em julgado*, quer dizer, à impossibilidade de ser revista por órgão superior, seja em virtude do esgotamento dos recursos que podem ser interpostos, seja pela perda do prazo para recorrer. Trata-se da formação da denominada *coisa julgada material*. Nesse sentido, o art. 467 do CPC prescreve: "Denomina-se coisa julgada material a eficácia, que torna imutável e indiscutível a sentença, não mais sujeita a recurso ordinário ou extraordinário".

Note-se que a irregularidade que fulmina o lançamento pode ser *formal* ou *material*. Conforme o caso, as consequências são distintas. No primeiro caso, a Fazenda Pública está autorizada a efetuar novo lançamento; no segundo caso, não.

Ricardo Alexandre esclarece: "Quando o vício do lançamento é meramente formal, ele pode ser repetido (inclusive ocorre a devolução do prazo decadencial decorrente da decisão anulatória definitiva – CTN, art. 173, II). O típico exemplo é o do lançamento realizado por autoridade incompetente. É possível também que o lançamento tenha sido anulado por vício material (de conteúdo). Imagine-se, por exemplo, um lançamento de crédito relativo a imposto de importação não pago sobre a entrada de pescados capturados fora do mar territorial brasileiro. Ora, o pescado, nesta situação, não é mercadoria estrangeira. Não ocorre fato gerador, não há obrigação tributária. O crédito porventura constituído tem existência meramente formal. Após a anulação do lançamento, não se abre novo prazo para nova constituição de crédito e esta, por óbvio, não deve ser realizada" (ALEXANDRE, 2013, p. 468).

APROFUNDANDO! EXTINÇÃO DO CRÉDITO OU DA OBRIGAÇÃO?

Toda a sistemática do CTN gira em torno da concepção segundo a qual a relação jurídica tributária desdobra-se em dois momentos. O primeiro deles, que surge com a ocorrência do fato gerador, chama-se *obrigação tributária*. O segundo, que advém do lançamento, denomina-se *crédito tributário*. O que distingue ambos os momentos é a exigibilidade da quantia devida. No primeiro caso ela é apenas mediata; no segundo, imediata. Nos tributos lançados por homologação, a "secção" entre obrigação e crédito é relativizada porque a relação jurídica é unidimensional. A prática do fato gerador impõe ao sujeito passivo, desde logo, o dever imediato de recolher a quantia determinada em lei. Não obstante, o CTN ainda fala em "obrigação", "lançamento" e "crédito", o que dá a entender que os momentos autônomos da relação jurídica tributária ainda são preservados. Pois bem, muitas vezes o sujeito passivo ingressa com ação judicial contra a Fazenda Pública antes de realizado o lançamento tributário, como ocorre nos casos de ação declaratória de inexistência da relação jurídica ou nos casos de mandado de segurança preventivo. Imaginemos que certa ação gire em torno da inconstitucionalidade da lei que instituiu determinado tributo ou tenha como causa de pedir a não ocorrência do fato gerador. Suponhamos, ainda, que o Poder Judiciário dê ganho de causa ao sujeito passivo, de maneira que a ação transita em julgado e se torna definitiva. Ora, nesses casos, não há que se falar em crédito tributário porquanto não houve lançamento. Em verdade, em algumas circunstâncias, não se deve falar sequer da própria obrigação, porquanto a decisão judicial tem o condão de declarar justamente a inexistência do vínculo jurídico tributário entre a Fazenda Pública e o sujeito passivo. Em circunstâncias como estas, como admitir que as decisões administrativa ou judicial, conforme o caso, extinguem o crédito tributário se, como vimos, pode ser que este nem exista? Esta é justamente a observação de Luciano Amaro, quando coloca em destaque que "há situações nas quais inexiste obrigação, e o Código Tributário Nacional (procurando ser fiel à ideia de que o 'crédito' é uma categoria independente) discorre sobre 'extinção do crédito'. É o caso do art. 156, IX e X, onde se relacionam as decisões definitivas, na esfera administrativa ou judicial, como causas extintivas do 'crédito tributário' (se favoráveis ao suposto devedor, obviamente). Ora, se essas decisões se tiverem fundado, por exemplo, na inexistência da obrigação tributária, qual o 'crédito' que elas estariam extinguindo? E mais. Uma decisão definitiva numa ação declaratória negativa ou num mandado se segurança (em hipóteses nas quais não tenha havido ainda lançamento) seriam excrescências diante do art. 156, pois não extinguiriam nem obrigação nem 'crédito'" (AMARO, 2011, p. 412). Em termos acadêmicos o debate é muito interessante porque lida com as "incoerências" e mesmo "antinomias" do CTN. Sob o aspecto prático, no entanto, quer se admita a extinção da obrigação ou do crédito – ou de ambos, a depender da circunstância –, certo é que as decisões administrativa e judicial, definitivas, afastam a imposição tributária de maneira que o patrimônio do sujeito passivo resta preservado. De toda forma, para concurso público, o candidato deve fixar que ambas as decisões extinguem o crédito tributário nos termos do art. 156, IX e X do CTN.

28.11 DAÇÃO EM PAGAMENTO DE BENS IMÓVEIS: ARTIGO 156, XI, DO CTN

De acordo com o art. 156, XI, do CTN, incluído pela Lei Complementar nº 104, de 2001, "extinguem o crédito tributário [...] a dação em pagamento de *bens imóveis*, na forma e condições estabelecidas em lei". Para além das discussões acadêmicas que a seguir serão expostas, registre-se, desde logo, que, de acordo com a letra fria do CTN, apenas a dação de *bens imóveis* extingue o crédito. Logo, em princípio, a dação de *bens móveis* fica excluída.

A dação em pagamento em âmbito tributário é inspirada, como não poderia deixar de ser, no direito privado. O cumprimento da obrigação jurídica, como regra, deve dar-se nos termos do que foi pactuado entre as partes, de maneira que a *prestação* a ser entregue pelo devedor é precisamente aquela que foi acordada e não qualquer outra. Ocorre, contudo, que o ordenamento jurídico admite que o credor receba prestação diversa, *desde que concorde*. Nesse sentido, o art. 356 do Código Civil estabelece: "O credor pode consentir em receber prestação diversa da que lhe é devida".

No âmbito tributário, como se percebe, tem-se dação em pagamento quando o sujeito passivo entrega bem *imóvel* para extinguir o crédito tributário no lugar de fazê-lo em dinheiro, como determina o art. 3º do CTN, e desde que haja anuência expressa por parte do credor, isto é, da Fazenda Pública. Trata-se de situação excepcional e, por isso, depende sempre de lei autorizadora. Em face das múltiplas questões que envolvem essa modalidade de extinção, quatro são as principais indagações:

- *Lei complementar nº 104/2001* – O inciso XI do art. 156 foi acrescentado pela Lei Complementar nº 104, de 2001. Como o leitor e a leitora anteveem, esse acréscimo deu-se em virtude de controvérsias instauradas a respeito da admissibilidade da dação em pagamento no âmbito do direito tributário. O problema que despontava pode ser resumido assim: se o art. 3º do CTN prescreve, de maneira expressa, que tributo é prestação *pecuniária*, como admitir a extinção do crédito pela entrega de bem *imóvel*? Para que as controvérsias fossem superadas, o legislador federal houve por bem acrescentar o inciso XI ao art. 156, de maneira que a dação em pagamento de bens imóveis passasse a ser aceita de maneira definitiva como modalidade de extinção do crédito tributário;

- *Norma de eficácia limitada* – Note-se que, nos termos do inciso XI do art. 156, a dação em pagamento de bens imóveis apenas é admita "na forma e condições estabelecidas em lei". É necessário, pois, que cada ente federativo preveja, por meio de lei própria, as formas e condições por meio das quais os sujeitos passivos podem extinguir seus créditos através da dação de bens imóveis. Aliás, a Primeira Turma do STJ decidiu justamente nesse sentido:

> O inciso XI, do art. 156 do CTN (incluído pela LC 104/2001), que prevê, como modalidade de extinção do crédito tributário, 'a dação em pagamento em bens imóveis, na forma e condições estabelecidas em lei', é *preceito normativo de eficácia limitada*, subordinada à intermediação de norma regulamentadora. O CTN, na sua condição de lei complementar destinada a 'estabelecer normas gerais em matéria de legislação tributária' (CF, art. 146, III), autorizou aquela modalidade de extinção do crédito tributário, *mas não a impôs obrigatoriamente*, cabendo assim a cada ente federativo, no domínio de sua competência e segundo as conveniências de sua política fiscal, editar norma própria para implementar a medida (STJ, REsp nº 884.272/RJ, 2007);

- *Definição de tributo x dação em pagamento de bens imóveis* – O art. 3º do CTN define o tributo como prestação *pecuniária* em moeda ou cujo valor nela se possa exprimir. Por outro lado, o art. 162 autoriza o pagamento do tributo em moeda, cheque, vale postal, estampilhas etc., mas não menciona bens *imóveis*. Assim, o art. 156, XI, ao admitir a extinção do crédito pela entrega de *bem imóvel* não representaria uma *antinomia jurídica*, isto é, a existência de duas normas de mesma hierarquia, porém, com sentidos evidentemente opostos? A doutrina, de maneira geral, entende que *não*. Paulo de Barros Carvalho observa: "Não há por que confundir a regra-matriz de incidência tributária, que, no espaço sintático do consequente, traz elementos de uma relação jurídica cuja prestação consubstancia a entrega de certa soma em dinheiro, e a norma jurídica extintiva, que prevê, no seu antecedente, a hipótese de realização da dação de imóveis – cumpridas as condições previstas em lei ordinária de cada ente político, na esfera de sua competência impositiva – e, no consequente, enunciados que serão utilizados para, no cálculo lógico das relações normativas, fazer desaparecer o crédito tributário. Vê-se que a regra-matriz de incidência continua veiculando o dever de pagar em pecúnia, jamais mediante a entrega de bens. A norma individual e concreta decorrente da regra-matriz também estipulará um valor pecuniário no interior da relação jurídico-tributária. Outra norma preverá a possibilidade de o contribuinte satisfazer a obrigação mediante a entrega de bem imóvel. Logo, a definição de tributo prevista no art. 3º do Código Tributário Nacional não sofreu modificações, valendo todos os comentários que empreendemos no Capítulo 2 deste *Curso*" (CARVALHO, 2012, p. 558).

Ou, como afirma Hugo de Brito Machado, "o contribuinte continua tendo o dever de pagar o tributo em dinheiro, posto que se trata de uma prestação pecuniária. A inclusão da dação em pagamento como forma de extinção do crédito tributário o confirma, pois com ela apenas se explicitou ser admitido à Fazenda Pública, enquanto credora, aceitar prestação diversa da que lhe é devida pelo contribuinte" (MACHADO, 2011, p. 228, 229).

SÚMULAS DO STF E DO STJ:

SÚMULA STF

Súmula Vinculante nº 8: "São inconstitucionais o parágrafo único do artigo 5º do Decreto-lei n. 1.569/1977 e os artigos 45 e 46 da Lei n. 8.212/1991, que tratam de prescrição e decadência de crédito tributário".

SÚMULA STJ

Súmula nº162: "Na repetição de indébito tributário, a correção monetária incide a partir do pagamento indevido".

Súmula nº 188: "Os juros moratórios, na repetição do indébito tributário, são devidos a partir do trânsito em julgado da sentença".

Súmula nº 212: "A compensação de créditos tributários não pode ser deferida em ação cautelar ou por medida liminar cautelar ou antecipatória".

Súmula nº 213: "O mandado de segurança constitui ação adequada para a declaração do direito à compensação tributária".

Súmula nº 314: "Em execução fiscal, não localizados bens penhoráveis, suspende-se o processo por um ano, findo o qual se inicia o prazo da prescrição quinquenal intercorrente".

Súmula nº 406: "A Fazenda Pública pode recusar a substituição do bem penhorado por precatório".

Súmula nº 409 do STJ: "Em execução fiscal, a prescrição ocorrida antes da propositura da ação pode ser decretada de ofício (art. 219, § 5º, do CPC)";

Súmula nº 436: "A entrega de declaração pelo contribuinte reconhecendo débito fiscal constitui o crédito tributário, dispensada qualquer outra providência por parte do fisco".

Súmula nº 446: "Declarado e não pago o débito tributário pelo contribuinte, é legítima a recusa de expedição de certidão negativa ou positiva com efeito de negativa".

Súmula nº 460 STJ: "É incabível o mandado de segurança para convalidar a compensação tributária realizada pelo contribuinte".

Súmula nº 461: "O contribuinte pode optar por receber, por meio de precatório ou por compensação, o indébito tributário certificado por sentença declaratória transitada em julgado".

Súmula nº 464: "A regra de imputação de pagamentos estabelecida no art. 354 do Código Civil não se aplica às hipóteses de compensação tributária".

Súmula nº 555: "Quando não houver declaração do débito, o prazo decadencial quinquenal para o Fisco constituir o crédito tributário conta-se exclusivamente na forma do art. 173, I, do CTN, nos casos em que a legislação atribui ao sujeito passivo o dever de antecipar o pagamento sem prévio exame da autoridade administrativa".

Súmula nº 622: "A notificação do auto de infração faz cessar a contagem da decadência para a constituição do crédito tributário; exaurida a instância administrativa com o decurso do prazo para a impugnação ou com a notificação de seu julgamento definitivo e esgotado o prazo concedido pela Administração para o pagamento voluntário, inicia-se o prazo prescricional para a cobrança judicial".

SÍNTESE DOS PRINCIPAIS ENTENDIMENTOS JURIPRUDENCIAIS

"A efetiva constrição patrimonial e a efetiva citação (ainda que por edital) são aptas a interromper o curso da prescrição intercorrente, não bastando para tal o mero peticionamento em juízo, requerendo, v.g., a feitura da penhora sobre ativos financeiros ou sobre outros bens" (REsp 1340553/RS, Primeira Seção, 16/10/2018).

"O art. 170 do CTN, conforme expressamente exige, só admite compensação quando existir lei ordinária a regulamentá-la em cada esfera dos entes federativos" (Informativo STJ 160).

"[...] É cabível a ação consignatória para pagamento dos valores devidos a título de IPTU, independentemente do recolhimento das taxas de coleta e remoção de lixo e de combate a sinistros, constantes dos mesmos carnês de cobrança, desde que o contribuinte entenda indevida a cobrança das referidas taxas e pretenda discuti-las judicialmente. Inteligência do art. 164, I do CTN" (STJ. 2ª T. REsp 169951/SP, 28.02.2005).

"À luz do art. 174, ***caput***, do CTN, firmou-se o entendimento de que a constituição definitiva do crédito tributário, quando impugnado via administrativa, ocorre quando da notificação do contribuinte do resultado final do recurso, e somente a partir daí começa a fluir o prazo prescricional de cinco anos para a cobrança do referido crédito" (STJ. 2ª T., REsp 488429/DF, 02.08.2006).

"A obrigação tributária não declarada pelo contribuinte no tempo e modo determinados pela legislação de regência está sujeita ao procedimento de constituição do crédito pelo fisco, por meio do lançamento substitutivo, o qual deve se dar no prazo decadencial previsto no art. 173, I, do CTN, quando não houver pagamento antecipado, ou no art. 150, § 4º, do CTN, quando ocorrer o recolhimento de boa-fé, ainda que em valor menor do que aquele que a Administração entende devido, pois, nesse caso, a atividade exercida pelo contribuinte, de apurar, pagar e informar o crédito tributário, está sujeita à verificação pelo ente público, sem a qual ela é tacitamente homologada. Essa orientação também tem aplicação quando o pagamento parcial do tributo decorre de creditamento tido pelo fisco como indevido, hipótese dos autos. Precedentes" (AgInt nos EDcl no AREsp 1187701/SP, 27/04/2020).

"A ação consignatória, que é de natureza meramente declaratória, tem por objetivo apenas liberar o devedor de sua obrigação com a quitação de seu débito, por meio de depósito judicial, quando o credor injustificadamente se recusa a fazê-lo. Recolher parceladamente o valor do débito fiscal na seara da ação consignatória é desviar-se da finalidade por ela pretendida" (STJ, AgRg nos EREsp 690.478/RS, 2008).

"A correção monetária e a taxa de juros de mora incidentes na repetição de indébitos tributários devem corresponder às utilizadas na cobrança de tributo pago em atraso. Não havendo disposição legal específica, os juros de mora são calculados à taxa de 1% ao mês (art. 161, § 1º, do CTN). Observada a regra isonômica e havendo previsão na legislação da entidade tributante, é legítima a utilização da taxa Selic, sendo vedada sua cumulação com quaisquer outros índices" (Primeira Seção, REsp 1495146/MG, 02/03/2018).

"Aplica-se a taxa SELIC, a partir de 1º.1.1996, na atualização monetária do indébito tributário, não podendo ser cumulada, porém, com qualquer outro índice, seja de juros ou atualização monetária" (Primeira Seção, REsp 1111175/SP, 01/07/2009).

"Nesse contexto, em relação às situações futuras, a aplicação dos índices em comento, sobretudo o INPC e o IPCA-E, é legítima enquanto tais índices sejam capazes de captar o fenômeno inflacionário" (Primeira Seção, REsp 1495146/MG, 02/03/2018).

"O prazo prescricional de cinco anos, para as ações de repetição de indébito ou de compensação dos tributos sujeitos a lançamento por homologação, previsto na Lei Complementar nº 118/2005, é aplicável às ações ajuizadas após o decurso da vacatio legis de 120 dias, ou seja, a partir de 9 de junho de 2005, independentemente do período em que foram recolhidos os tributos tidos como indevidos" (STF, Primeira Turma, ARE 915052 AgR. 28/09/2016).

"A entrega de Declaração de Débitos e Créditos Tributários Federais (DCTF), de Guia de Informação e Apuração do ICMS (GIA), ou de outra declaração dessa natureza prevista em lei (dever instrumental adstrito aos tributos sujeitos a lançamento por homologação), é modo de constituição do crédito tributário, dispensando a Fazenda Pública de qualquer outra providência conducente à formalização do valor declarado" (STJ, AgRg no AREsp nº 75.651/SP, 2013).

"O prazo prescricional quinquenal para o Fisco exercer a pretensão de cobrança judicial do crédito tributário conta-se da data estipulada como vencimento para o pagamento da obrigação tributária declarada (mediante DCTF, GIA, entre outros)" (STJ, REsp nº 1.120.295/SP, 2010).

29

EXCLUSÃO DO CRÉDITO TRIBUTÁRIO

29.1 SIGNIFICADO: ARTIGO 175 DO CTN

Depois de tratar das causas de suspensão da exigibilidade do crédito tributário (art. 151) e regular as modalidades de sua extinção (art. 156), o CTN passa a dispor sobre a *exclusão* do crédito (art. 175).

No primeiro caso, afasta-se, momentaneamente, o dever imediato que tem o sujeito passivo de recolher certo montante a título de tributo ou multa; no segundo, trata-se de extinguir não apenas este dever, como a própria relação, conforme o caso. No terceiro caso há divergência entre os autores que já se prolonga por um bom tempo sobre o exato significado da expressão "exclusão do crédito tributário". Para uns, trata-se de fenômeno que alcança a hipótese de incidência da lei que institui o tributo ou a multa; para outros atinge apenas o crédito em sentido estrito.

Seja como for, o art. 175 do CTN estabelece:

> **CTN, art. 175**. Excluem o crédito tributário:
>
> I – a isenção;
>
> II – a anistia.
>
> Parágrafo único. A exclusão do crédito tributário não dispensa o cumprimento das obrigações acessórias dependentes da obrigação principal cujo crédito seja excluído, ou dela consequente.

Sabemos que o crédito decorre da obrigação principal e tem a mesma natureza desta. A obrigação, por sua vez, surge com a ocorrência do fato gerador e tem como objeto o pagamento de *tributo* ou de *penalidade pecuniária*. Assim, o crédito, enquanto valor líquido, certo e exigível, remete, necessariamente, ao tributo ou à multa. Quer dizer, tem origem numa obrigação que surge com a ocorrência do fato gerador (ato lícito), no primeiro caso, ou com a prática, pelo sujeito passivo, de infração à legislação tributária (ato ilícito), no segundo.

É fundamental compreender a relação entre crédito, obrigação, fato gerador e ilícito tributário para que se apreenda de maneira adequada a natureza jurídica da *isenção* e da *anistia*. A primeira exclui o crédito que se liga ao tributo; a segunda o crédito que se liga à multa. Pode-se esquematizar inicialmente:

- *Isenção* – Exclui o crédito que proviria do tributo, isto é, que seria constituído em razão da prática do fato gerador (CTN, art. 175, I);
- *Anistia* – Exclui o crédito que proviria da infração, ou seja, que seria constituído pela aplicação da multa em razão da conduta do sujeito passivo que viola a legislação tributária (CTN, art. 175, II).

Além do mais, de acordo com o art. 175, parágrafo único, do CTN, "a exclusão do crédito tributário não dispensa o cumprimento das obrigações acessórias dependentes da obrigação principal cujo crédito seja excluído, ou dela consequente".

As obrigações acessórias são autônomas com relação às principais. Aliás, aquelas existem justamente para que o Fisco tenha ciência destas, isto é, para que a fiscalização tenha conhecimento sobre eventual prática de fato gerador ou conduta ilícita, com o que surge a obrigação principal que tem por objeto o pagamento do tributo ou da multa.

Se as obrigações acessórias fossem afastadas com o advento de uma isenção ou anistia, como poderia o Fisco saber se o sujeito passivo está cumprindo os requisitos que eventualmente lhe são impostos para que faça jus à exclusão do crédito? É o que ocorre, por exemplo, com as isenções condicionadas. Estas apenas são concedidas se o contribuinte concorda em cumprir certos requisitos impostos pela lei. Ora, para que a Administração Tributária saiba se tais exigências são cumpridas ou não, é necessário que o sujeito passivo cumpra com determinadas obrigações acessórias.

Dessa forma, tal como se dá nos casos de imunidade e suspensão da exigibilidade do crédito, também nas hipóteses de exclusão o cumprimento das obrigações acessórias é fundamental.

APROFUNDANDO! EXCLUSÃO DO CRÉDITO E LEGISLAÇÃO TRIBUTÁRIA

Alguns dispositivos do CTN referem-se de modo específico à exclusão do crédito. Vejamos:

- *Reserva legal* – De acordo com o art. 97, VI, do CTN, "somente a lei pode estabelecer as hipóteses de *exclusão*, suspensão e extinção de créditos tributários ou de dispensa ou redução de penalidades". Reitere-se, assim, que *a concessão de isenção e anistia deve dar-se por meio de lei do ente federativo competente para tributar ou impor a penalidade*. De acordo com o art. 150, § 6º, da CF/1988, trata-se de *lei específica*, ou seja, lei que disponha com *exclusividade* sobre a exclusão do crédito. Aliás, o Supremo Tribunal Federal já declarou a inconstitucionalidade de concessão de anistia e remissão por meio de regulamento:

"A autorização para a concessão de remissão e anistia, a ser feita 'na forma prevista em regulamento' (art. 25 da Lei n. 6.489/2002), configura delegação ao Chefe do Poder Executivo em tema inafastável do Poder Legislativo. 3. Ação julgada procedente" (STF, Plano, ADI 3462, 15/02/2011). Essa decisão da Suprema Corte deixa clara a necessidade de que a exclusão do crédito tributária seja realizada exclusivamente por lei;

- *Interpretação literal* – De acordo com o art. 111 do CTN, interpreta-se *literalmente* a legislação que disponha sobre (I) a suspensão ou *exclusão* do crédito tributário; (II) outorga de *isenção*; (III) dispensa do cumprimento de obrigações tributárias acessórias. A interpretação literal, como vimos, é aquela que gira em torno do texto normativo, sem maiores considerações por outros aspectos importantes para a interpretação, como o sistema de normas, os valores positivados etc. Ressalte-se que o artigo não faz menção à *extinção* do crédito tributário, mas apenas às causas de suspensão e *exclusão*. Assim, a legislação que disponha sobre *isenção e anistia* deve ser interpretada *literalmente*. Eduardo Sabbag observa: "Nesse sentido, impende registrar que onde se interpreta literalmente, descabida será a utilização dos métodos integrativos da legislação tributária, constantes do art. 108, I ao IV, do CTN. Nesse diapasão, não se pode utilizar, *v.g.*, a analogia para obter a extensão dos efeitos de uma lei isentiva, aplicável a certa categoria de beneficiários, a outra categoria, sob a alegação de que se trata de atividade análoga" (SABBAG, 2014, p. 921).

29.2 ISENÇÃO

O CTN trata da isenção nos artigos 176 a 179. Sabemos que se trata da exclusão do crédito que se liga ao tributo. Sua natureza jurídica específica, contudo, desperta certa perplexidade na doutrina. Há dificuldade quanto à delimitação do significado de exclusão do crédito tributário.

Em primeiro lugar, pode-se afirmar que não existe um sentido único que englobe, ao mesmo tempo, os fenômenos da isenção e da anistia. Quer dizer, o significado da expressão "exclusão" caminha em um sentido para a primeira e em outro para a segunda. O desejável, ao menos em princípio, é que um único conceito apanhasse as duas. Em segundo lugar, a definição de isenção destoa entre os doutrinadores. As diversas correntes teóricas explicativas engendram conceitos que não coincidem, de maneira que as consequências teóricas e práticas também são divergentes.

Tentaremos expor um conceito de isenção e, posteriormente, de anistia, que signifique uma *construção* e não simplesmente uma apresentação. Em outras palavras, o sentido conceitual deve ser o *resultado* de um caminho percorrido e não seu começo.

A) Teorias explicativas

Ao menos três teorias sobre o conceito de isenção devem ser expostas:

- *Isenção como favor que consiste na dispensa legal do tributo devido* – Sustentada especialmente por Rubens Gomes de Souza, reconhece a incidência da norma de tributação, a ocorrência do fato gerador e, consequentemente, o surgimento da obrigação tributária principal cujo objeto é o pagamento do tributo. Entretanto, o legislador opta por desonerar o sujeito passivo, adotando, para tanto, *lei* que o dispensa do pagamento. Esta é justamente a lei de isenção. Ricardo Lobo Torres explica: "A doutrina contemporânea à elaboração do Código Tributário Nacional, capitaneada por Rubens Gomes de Souza (*Compêndio* ... cit., p. 70) inclinava-se pela tese da dispensa do tributo devido. Entendia que, apesar da isenção, ocorria o fato gerador, nascia a obrigação tributária e havia apenas a dispensa, pela lei, do seu pagamento" (TORRES, 2011, p. 308). ***Atenção!*** Esta é a teoria adotada pelo STF e também aquela apontada como correta pelas bancas de concursos;

- *Isenção como hipótese de não incidência legalmente qualificada* – Para José Souto Maior Borges, a isenção é regra veiculada por lei cujo conteúdo significa o comando para que a lei instituidora de determinado tributo não incida. Nesse sentido, não há que se cogitar de fato gerador e, consequentemente, de obrigação tributária. Daí por que *isenção* consiste em hipótese de não incidência *legalmente* qualificada. A lei que isenta impede a incidência da norma de tributação. Luís Eduardo Schoueri explica: "Foi José Souto Maior Borges que, de modo pioneiro, sustentou a tese de que a distinção entre 'não incidência' e 'isenção' é criticável de vez que a isenção, contrariamente ao que pretende a quase generalidade da doutrina, configura hipótese de não incidência legalmente qualificada, como a imunidade configura hipótese de não incidência constitucionalmente qualificada. Consequentemente, ter-se-ia apenas a categoria da incidência de um lado e a não incidência de outro; esta, por sua vez, surgiria de modo expresso (não incidência legalmente qualificada – isenção) ou tácito" (SCHOUERI, 2012, p. 616);
- *Isenção como regra de estrutura que modifica a regra-matriz de incidência tributária* – Ao que parece, Paulo de Barros Carvalho resolveu definitivamente as questões relativas à compreensão teórica da natureza jurídica da norma de isenção. De acordo com o autor, as isenções, sempre veiculadas por lei, estão contidas em *regras de estrutura* e não em regras de comportamento. Estas últimas dirigem-se às condutas das pessoas, proibindo ou autorizando certos comportamentos. As primeiras, por outro lado, "prescrevem o relacionamento que as normas de conduta devem manter entre si, dispondo também sobre sua produção e acerca das modificações que se queiram introduzir nos preceitos existentes, incluindo-se a própria expulsão de regras do sistema *(ab-rogação)*" (CARVALHO, 2012, p. 567). Logo, percebe-se que a regra de isenção pode desferir um "ataque" à regra-matriz de incidência tributária, fulminando-a parcialmente, de maneira que algum aspecto seja ab-rogado. Assim, uma determinada conduta que, em princípio, seria considerada fato gerador, deixa de ser. Exclui-se a obrigação e, com ela, o crédito tributário.

B) Conceito

O ponto de vista de Paulo de Barros Carvalho resolve os problemas que as teorias até então formuladas não puderam solucionar. Devemos adotá-la, portanto, como a explicação científica mais apta a fixar o conceito de isenção e o sentido de "exclusão" do crédito tributário.

Nesse sentido, a isenção pode ser compreendida como regra jurídica de estrutura, sempre veiculada por lei em sentido estrito, que modifica a hipótese de incidência tributária.

Como adiantado, a norma de isenção é regra de estrutura capaz de modificar, com força ab-rogatória, parcela da regra-matriz de incidência tributária. Assim, certas condutas que, até então, estariam subsumidas na norma tributária, deixam de estar.

Paulo de Barros Carvalho: "Guardando sua autonomia normativa, a regra de isenção investe contra um ou mais dos critérios da norma-padrão de incidência, mutilando-os, *parcialmente*. É óbvio que não pode haver supressão total do critério, porquanto equivaleria a destruir a regra-matriz, inutilizando-a como norma válida no sistema. O que o preceito de isenção faz é *subtrair parcela do campo de abrangência do critério do antecedente ou do consequente*" (CARVALHO, 2012, p. 568).

Sabemos que a hipótese de incidência tributária é formada pelos aspectos material, pessoal, quantitativo, temporal e territorial. A regra de isenção atinge um ou mais desses aspectos, *ab-rogando-os parcialmente*, de maneira que certa conduta, até então caracterizadora do fato gerador, deixa de configurar-se como tal.

O autor observa: "Vejamos um modelo: estão isentos do imposto sobre a renda e proventos de qualquer natureza os rendimentos do trabalho assalariado dos servidores diplomáticos de governos estrangeiros. É fácil notar que a norma jurídica de isenção do IR (pessoa física) vai de encontro à regra-matriz de incidência daquele imposto, alcançando-lhe o *critério pessoal* do consequente, no ponto exato do sujeito passivo. Mas não o exclui totalmente, subtraindo, apenas, no domínio dos possíveis sujeitos passivos, o subdomínio dos servidores diplomáticos dos governos estrangeiros, e mesmo assim quanto aos rendimentos do trabalhado assalariado. Houve uma diminuição do universo dos sujeitos passivos, que ficou desfalcado de uma pequena subclasse" (CARVALHO, 2012, p. 568, 569).

Sem dúvida. Se a regra de isenção dissesse: "estão isentos do imposto sobre a renda e proventos de qualquer natureza *todas* as pessoas físicas ou jurídicas dentro e fora do território nacional", então a regra-matriz de incidência tributária estaria desfalcada *totalmente* de seu aspecto pessoal. Isso equivaleria à pura e simples *revogação* da norma, porque, em termos lógicos, seu sentido normativo estaria comprometido.

Em suma, a isenção é causa de exclusão do crédito tributário ligado ao tributo, que consiste em regra de estrutura veiculada por lei sem sentido estrito, de competência do ente federativo competente para a instituição do tributo, e que modifica parcialmente a hipótese de incidência tributária, com força ab-rogatória.

Jurisprudência do STF – ISENÇÃO COMO FAVOR LEGAL

O STF assentou entendimento com base na primeira teoria apresentada. Há um julgamento antigo, proferido pela Primeira Turma, que compreende a isenção como dispensa legal do pagamento do tributo devido. Em outras palavras, tem-se a incidência da norma tributária; o fato praticado pelo sujeito passivo qualifica-se como gerador; surge a obrigação tributária principal; contudo, o pagamento do tributo é dispensado pela norma de isenção. Diz o julgado:

> "A expressão 'incidirá' pressupõe que o Estado-membro, como decorre do *caput* deste artigo 23, tenha instituído, por lei estadual, esse imposto, e nada impede, evidentemente, que ele conceda, também por lei estadual, isenção, que, aliás, pressupõe a incidência, uma vez que ela – no entendimento que é acolhido por este Tribunal – se caracteriza como a dispensa legal do pagamento de tributo devido" (STF, RE nº 113.711/SP, 1987).

Luís Eduardo Schoueri esclarece: "A discussão, que pode parecer apenas teórica, tem uma consequência prática bastante importante: se a isenção é uma dispensa de pagamento, a revogação da isenção não cria uma obrigação antes existente; apenas deixa de dispensar o pagamento. Já a ideia de uma isenção investindo contra a própria incidência, mutilando-a, implica dizer que a revogação da isenção cria hipótese de incidência antes inexistente" (SCHOUERI, 2012, p. 620). Veremos que uma das consequências dessa jurisprudência do STF é o entendimento de que a lei que revoga uma isenção não precisa observar o princípio da anterioridade porque não equivale à instituição ou aumento de tributo.

C) *Competência tributária e competência isentiva*

Existe um paralelo entre a *competência tributária* e a *competência isentiva*. A primeira consiste na aptidão que os entes federativos têm de criar, em abstrato, por meio de lei, os tributos que lhes foram reservados pela Constituição. A segunda consiste na aptidão que estes mesmos entes federativos têm de, também por meio de lei, não tributar, isto é, fazer com que a regra-matriz de incidência de certo tributo *não colha* determinadas pessoas, situações ou bens.

Percebe-se, pois, que em ambos os casos se trata de decisão político-legislativa, quer dizer, de deliberação adotada pelo Poder Legislativo de cada ente federativo no âmbito de sua competência tributária. A aptidão para isentar está intimamente ligada à *autonomia* dos entes federativos, que podem decidir se devem abrir mão de receitas tributárias.

Além do mais, a competência para isentar está ligada à competência para tributar no sentido de que cada ente federativo apenas pode excluir o crédito tributário relativo a tributos de sua competência. A União apenas pode isentar relativamente a tributos federais; os Estados com relação a tributos estaduais; os Municípios com relação a tributos municipais e o Distrito Federal com relação a tributos distritais.

Assim, se a competência para tributar busca fundamento de validade diretamente no texto constitucional, o mesmo ocorre com a competência para isentar. Daí por que algumas normas da Constituição devem ser estritamente observadas, a saber:

- *Art. 145, § 1º – Sempre que possível, os impostos terão caráter pessoal e serão graduados segundo a capacidade econômica do contribuinte [...]* – Um dos mais importantes critérios a justificar a adoção de isenções é a capacidade contributiva da pessoa natural ou jurídica. Aqueles que não têm capacidade econômica para suportar o ônus tributário ou a têm em caráter muito reduzido devem ser dispensados do recolhimento do tributo por meio de isenções. É o que se denomina *justiça fiscal.* Ricardo Lobo Tores observa: "Se os beneficiários, entretanto, possuírem forte capacidade contributiva, a isenção perde seu fundamento jurídico e se aproxima do privilégio odioso proibido pelo art. 150, III, da CF 88, a não ser que encontre justificativa no princípio do desenvolvimento econômico" (TORRES, 2011, p. 311);

- *Art.150, § 6º*, incluído pela EC nº 03/1993 – Qualquer subsídio ou isenção, redução de base de cálculo, concessão de crédito presumido, anistia ou remissão, relativos a impostos, taxas ou contribuições, só poderá ser concedido mediante lei específica, federal, estadual ou municipal, que regule exclusivamente as matérias acima enumeradas ou o correspondente tributo ou contribuição, sem prejuízo do disposto no art. 155, § 2.º, XII, g" – Apenas *lei específica* federal, estadual, distrital e municipal, que regule exclusivamente o tema, pode veicular isenções;
- *Art. 151, III* – É vedado à União instituir isenções de tributos da competência dos Estados, do Distrito Federal ou dos Municípios – O dispositivo proíbe as chamadas *isenções heterônomas*, quer dizer, as isenções criadas por um ente federativo, mas que se referem ao tributo de competência de outro. Assim, a União fica proibida, por exemplo, de instituir isenção relativa ao ICMS, de competência estadual, ou ao IPTU, de competência municipal, dentre outros.

Para finalizar, é importante não confundir *imunidade* com *isenção*. A primeira é norma *constitucional* negativa de competência. Ela proíbe o exercício da competência tributária. A segunda é norma *legal* ab-rogatória de regra-matriz de incidência tributária. Trata-se de decisão político-legislativa do próprio ente federativo quanto a não tributar certas pessoas, fatos ou bens.

D) Contornos normativos: artigo 176 do CTN

O art. 176 do CTN estabelece:

> **CTN, art. 176.** A isenção, ainda quando prevista em contrato, é sempre decorrente de lei que especifique as condições e requisitos exigidos para a sua concessão, os tributos a que se aplica e, sendo caso, o prazo de sua duração.
>
> Parágrafo único. A isenção pode ser restrita a determinada região do território da entidade tributante, em função de condições a ela peculiares.

Vejamos de maneira esquematizada:

- *Legalidade estrita* – Já está bem assentado que a isenção deve ser veiculada por *lei específica* do ente federativo competente para instituir o tributo ao qual ela, a isenção, se refere. Dois pontos devem ser destacados. Em primeiro lugar, a lei de isenção se reporta sempre a determinada lei instituidora de tributo. Como vimos, a primeira mutila parcialmente algum aspecto da hipótese de incidência da segunda. Assim, como regra, as isenções devem ser veiculadas por lei ordinária porque, também como regra, os tributos devem ser instituídos por tal veículo normativo. Ocorre, contudo, que algumas espécies tributárias exigem lei complementar. É o caso do empréstimo compulsório (CF/1988, art. 148). Nessas situações, a lei que veicula isenção deve ser *lei complementar* também, sob pena de inconstitucionalidade formal. Em segundo lugar, note-se que a competência para criar, por meio de lei, isenção, vincula-se à competência que o ente federativo tem para instituir, também por meio de lei, o tributo. *Assim, os entes federativos apenas podem isentar os tributos que estão sob sua competência.* Nesse sentido, somente a União pode estabelecer isenção relativa ao imposto sobre a renda (IR), tanto quanto apenas os Estados e o DF podem isentar em face do IPVA e os Municípios e o DF em relação ao IPTU;

- *Previsão contratual* – O dispositivo faz referência à previsão da isenção em contrato. Ora, por ser matéria de direito público, é claro que o "contrato" aí referido é o contrato administrativo, ou seja, o ajuste de vontades entre Estado e particular, que se submete ao influxo das normas de direito público, dentre elas, a supremacia do interesse público sobre o privado, a indisponibilidade do interesse público pelo administrador etc. De qualquer maneira, reitere-se que a isenção tem que ser criada por lei. Apenas os critérios a serem eventualmente observados pelo sujeito passivo podem estar fixados contratualmente. Ainda assim, nos exatos termos do que prescrito em lei. Nesse sentido, Regina Helena Costa explica: "O dispositivo contido no caput, secundando a Constituição (art. 150, § 6º), reitera que a isenção tem por fonte a lei, sendo que a referência a 'contrato' não deve conduzir à conclusão de que a isenção possa ter fonte contratual: *o contrato pode referir-se à isenção, mas esta somente pode ser concedida por lei*" (COSTA, 2014, p. 298);
- *Condições e requisitos* – O art. 176 refere-se às isenções *onerosas ou condicionadas*, cujo gozo pelo sujeito passivo depende do cumprimento de condições e requisitos estabelecidos em lei. É o que ocorre, por exemplo, quando determinado Município concede isenção de IPTU para certas empresas, se estas, em contrapartida, contratarem um determinado número de menores aprendizes, pessoas com deficiência etc. Note-se que, como afirmamos, ainda que exista um "contrato" por meio do qual os direitos e obrigações sejam pactuados, a isenção, bem como as condições e requisitos, devem estar previstos em lei;
- *Tributos a que se aplica* – Vimos que, de acordo com o art. 150, § 6º, da CF/1988, as isenções devem ser veiculadas por *lei específica* que trate com *exclusividade* da matéria. Ora, dentro do conceito de *especificidade* reside o comando para que o ato normativo seja claro quanto aos *tributos* em relação aos quais haverá isenção. O art. 178 do CTN apenas realça a determinação constitucional;
- *O prazo de duração* – As isenções podem ser *por prazo indeterminado* ou por *prazo determinado*. As primeiras têm vocação perpétua, isto é, produzem efeitos até o momento em que outra lei as revogue. As segundas, pelo contrário, têm prazos pré-estabelecidos. É o que ocorre se uma lei municipal, por exemplo, concede isenção relativa ao imposto sobre serviços (ISS) para empresas pelo prazo de um ano. Neste caso, de acordo com o art. 176 do CTN, tais prazos devem estar expressos em lei;

- *Isenções restritas, regionais ou geográficas* – De acordo com o parágrafo único do art. 176, "a isenção pode ser *restrita* a determinada região do território da entidade tributante, em função de condições a ela peculiares". São as chamada *isenções restritas ou regionais*. A União pode conceder isenção à região nordeste, em função de "condições a ela peculiares". Opõem-se às isenções *amplas*, que prevalecem em todo o território do ente federativo. O problema reside no fato de que o CTN não especifica o que se deve entender por "condições peculiares". Alguns autores entendem, por isso, que o dispositivo não teria sido recepcionado pela Constituição. Parece que não chega a tanto. É possível "salvar" sua constitucionalidade, desde que se utilize dos critérios elencados pelo art. 151, I, da CF/1988, de acordo com o qual o tributo deve ser uniforme em todo o território nacional, admitindo-se tratamento diferenciado, *desde que*: (1) ocorra no bojo de incentivos fiscais; (2) promovam o equilíbrio do desenvolvimento socioeconômico do país; (3) direcionem-se a certa região do território. O mesmo ocorre com as leis que instituem isenções *regionais ou restritas*. Se observarem tais critérios, parece não há problema de inconstitucionalidade.

E) Tributos aos quais se aplica: artigo 177 do CTN

O art. 177 do CTN estabelece:

> **CTN, art. 177.** Salvo disposição de lei em contrário, a isenção não é extensiva:
> I – às taxas e às contribuições de melhoria;
> II – aos tributos instituídos posteriormente à sua concessão.

Ao contrário do que pode parecer à primeira vista, a isenção, em princípio, *não* se aplica a todo e qualquer tributo. O CTN possui norma que a restringe, num primeiro momento, apenas aos *impostos* instituídos *antes* que seja promulgada a lei que prevê a isenção. De fato, segundo o art. 177 "salvo disposição de lei em contrário, a isenção *não* é extensiva às taxas e às contribuições de melhoria; aos tributos instituídos posteriormente à sua concessão".

Três observações devem ser destacadas:

- *Norma supletiva* – A cláusula "salvo disposição de lei em contrário" significa que o art. 177 fixa *regra supletiva*, observada apenas nos casos em que as legislações dos entes federativos permaneçam omissas;
- *Taxas e contribuições de melhoria* – Taxas e contribuições de melhoria são tributos vinculados, cujo fato gerador relaciona-se a uma contraprestação estatal específica direcionada de forma singular ao sujeito passivo. Por isso, estas espécies de tributos correspondem à justa remuneração que o Estado recebe como contrapartida aos gastos efetuados para o exercício do poder de polícia; prestação de serviço público ou execução de obra pública. Isenções com relação a essas espécies de tributos significam que um determinado sujeito passivo, que de fato fruiu de uma situação benéfica em virtude da

atuação do Poder Público, fica dispensado de sua contribuição para o custeio. Isso significa, em princípio, uma injustiça, pois o gasto suportado pelo Poder Público acaba sendo transferido para outros contribuintes. Por isso, como regra, as isenções dirigem-se aos *impostos*, cujos fatos geradores são *desvinculados* de qualquer contraprestação estatal e permitem, com maior clareza, identificar a capacidade contributiva de cada sujeito passivo;

- *Tributos instituídos posteriormente à sua concessão* – Regina Helena Costa observa: "Também, como regra, a isenção, constituindo modalidade de exoneração tributária, reporta-se a tributos em relação aos quais a competência tributária *já foi exercida*, não cabendo entender implícita sua abrangência a tributos instituídos posteriormente à sua concessão, diante da ausência de norma nesse sentido" (COSTA, 2014, p. 299). A isenção implica renúncia de receita. Ora, não é plausível que uma decisão política adotada em um determinado momento histórico vincule o legislador no futuro. A oportunidade e viabilidade quanto à renúncia de receita em um dado momento pode perder-se num momento posterior. *Por isso, a isenção vale apenas para tributos já instituídos e não para aqueles criados após o advento da lei isentiva.*

Aprofundando! IRRETROATIVIDADE DA LEI QUE PREVÊ ISENÇÃO

É importante compreender que a lei que cria uma isenção não retroage, isto é, não alcança fatos geradores que ocorreram antes do início de sua vigência. Ao determinar que a isenção aplica-se apenas aos tributos já instituídos, o CTN pretende que a exclusão do crédito dê-se apenas com relação aos tributos cujas leis instituidoras foram publicadas antes do advento da lei de isenção. Entretanto, apenas fatos praticados pelos sujeitos passivos depois que a lei de isenção foi publicada, e que se ajustam a seu comando, é que têm o crédito excluído. Imagine-se, por exemplo, uma empresa que pratique a importação de suplemento alimentar para animais de grande porte. Recolhe o imposto sobre a importação (II) à alíquota de 15%. Suponha-se que tenha praticado uma importação no dia 15 de março de 2014. No dia 27 de abril do mesmo ano é aprovada uma lei isentando do imposto sobre a importação (II) justamente o tipo de suplemento que a empresa importa. Nesse caso, pode-se afirmar que a exclusão do crédito retroage de maneira que a empresa está dispensada do recolhimento do tributo, caso ainda não o tenha feito? Obviamente não. Apenas as importações praticadas pela empresa a partir do dia 27 de abril de 2014, data em que a lei isentiva passou a ter vigência, estão isentas.

F) Revogação da lei que isenta: artigo 178 do CTN

O art. 178 do CTN estabelece:

> **CTN, art. 178.** A isenção, salvo se concedida por prazo certo e em função de determinadas condições, pode ser revogada ou modificada por lei, a qualquer tempo, observado o disposto no inciso III do art. 104.

A isenção deve ser instituída por lei específica do ente competente para tributar. Logo, sua revogação deve dar-se também por meio de lei proveniente do mesmo ente federativo. É importante compreender que as isenções, por estarem no âmbito da reserva legal, devem ser revogadas por *lei* e não por atos normativos inferiores, como decretos ou portarias adotadas pelo Poder Executivo.

Pois bem, o art. 178, como se percebe, comporta duas normas: a primeira refere-se às isenções incondicionadas ou concedidas por prazo indeterminado; a segunda, às isenções condicionadas e concedidas por prazo determinado.

Assim, quanto à *revogação* das leis isentivas, dois são os parâmetros normativos:

- *Isenção incondicionada ou por prazo indeterminado* – A isenção *incondicionada ou simples* é aquela que não impõe qualquer condição ou encargo ao contribuinte. O ente federativo a institui e não exige contrapartida por parte dos beneficiados. Uma isenção de IPTU para pessoas com mais de 65 anos, simplesmente por conta da idade, é uma isenção incondicionada. A isenção por *prazo indeterminado* é aquela que tem vocação perpétua, isto é, que tem vigência até o momento em que outra lei a revogue. *Pois bem, tais isenções podem ser revogadas ou modificadas, por lei, a qualquer momento, desde que se observe o art. 104, III, do CTN.* Hugo de Brito Machado explica: "*A regra geral é a revogabilidade das isenções.* O Estado, assim como pode tributar, pode também, evidentemente, revogar as isenções concedidas" (MACHADO, 2011, p. 232). Regina Helena Costa possui o mesmo entendimento: "Já as isenções incondicionadas e as concedidas por prazo indeterminado podem ser modificadas e suprimidas a qualquer tempo, com fundamento no *princípio da supremacia do interesse público sobre o particular*, observada, igualmente, a anterioridade da lei tributária" (COSTA, 2014, p. 300). Dois pontos devem ser registrados:
- *Isenção condicionada e por prazo determinado* – A isenção *condicionada ou onerosa* é aquela que exige do sujeito passivo o cumprimento de certas condições ou encargos que representam certos ônus. Por exemplo, uma lei municipal que assegure isenção de ISS a empresas instaladas em determinada região do Município, afastadas do centro e de bairros residenciais. A distância implica custo financeiro que, porém, pode ser compensado com a isenção. Isenção por *prazo determinado*, como o próprio nome afirma, é aquela cuja lei já prevê a data de seu término. Surge com período certo de existência. Pois bem, as isenções condicionadas *e* que sejam concedidas por prazo determinado *não* podem ser revogadas pelo ente federativo enquanto o prazo fixado em lei não houver expirado. Hugo de Brito Machado explica: "Entende-se, porém, que o contribuinte pode ser atraído pelo incentivo que a isenção representa e, assim, passe a desenvolver atividade em que não se lançaria, se não existisse a isenção, fazendo investimentos vultosos e ficando mesmo em situação de não poder, sem graves prejuízos, desistir. Nestes casos, a retirada da isenção representaria um ludíbrio, sendo, portanto, inadmissível. Assim, também, qualquer alteração que implique direta ou indiretamente, redução da isenção é inadmissível" (MACHADO, 2011, p. 232, 233). Regina Helena Costa reitera o posicionamento: "A isenção condicionada e por prazo certo não pode ser extinta pela pessoa política tributante antes do termo final assinalado, sob pena de ofensa ao direito adquirido, à vista do *princípio da segurança jurídica*" (COSTA, 2014, p. 299).

Finalmente, registre-se que o art. 178 do CTN tem redação dada pela LC nº 24/1975. Pela redação original, as isenções condicionadas *ou* por prazo determinado não podiam ser revogadas. Depois da lei, as isenções condicionadas *e* por prazo determinado é que não podem ser revogadas.

Quer dizer, a *irrevogabilidade* depende da *conjunção* das duas modalidades de isenção: condicionadas *e* por prazo determinado. Uma isenção condicionada por prazo *indeterminado* ou uma isenção *incondicionada* por prazo determinado estão fora da proteção conferida pelo art. 178 do CTN.

Há entendimento sumulado pelo STF nesse sentido:

> ***Súmula nº 544 do STF:*** "Isenções tributárias concedidas sob condição onerosa não podem ser livremente suprimidas".

JURISPRUDÊNCIA DO STF – REVOGAÇÃO DA LEI QUE PREVÊ ISENÇÃO E PRINCÍPIO DA ANTERIORIDADE

O STF compreende a isenção como mera *dispensa legal do tributo devido*. A hipótese de incidência da lei instituidora do gravame não é afetada pela lei isentiva. Por isso, o fato praticado adéqua-se à descrição normativa, sendo qualificado como *gerador*. Surge a obrigação tributária e o consequente dever de recolher o tributo. Ocorre que, antes da constituição do crédito, dá-se a dispensa legal do gravame. Para a Corte, portanto, *a revogação de uma isenção não equivale à criação ou aumento de tributo*. Trata-se simplesmente da revogação de um "favor" que o Estado concedera ao sujeito passivo. Logo, *não* atrai a aplicação do art. 150, III, *b* e *c*, da CF/1988, isto é, do *princípio da anterioridade tributária*. No julgamento de medida cautelar em ADI nº 4016, o Pleno assentou:

> "Destarte, até mesmo a revogação de isenção não tem sido equiparada pelo Tribunal à instituição ou majoração de tributo – ou seja, *não se considera válida a assertiva segundo a qual a revogação de isenção equivale à edição de norma de incidência tributária* –, parece certo, seguindo essa lógica, que a redução ou extinção de um desconto para pagamento do tributo sob determinadas condições previstas em lei, como o pagamento antecipado em parcela única (a vista), não pode ser equiparada à majoração do tributo em questão, no caso, o IPVA" (STF, ADI nº 4016 MC/PR, 2008).

Esse entendimento é antigo. Em 1982, por ocasião da análise da revogação de isenção em face do princípio da anualidade, a Segunda Turma assim se manifestou:

> "O princípio constitucional da anualidade [...] não alcança a isenção de tributo, pois esta, em nosso sistema jurídico, é caracterizada, não como hipótese de não-incidência, mas, sim, *como dispensa legal do tributo devido* [...]" (STF, RE nº 97.455/RS, 1982).

Há entendimento sumulado, adotado antes de 1988, nesse sentido:

> ***Súmula nº 615 do STF*** – "O princípio constitucional da anualidade (§ 29 do art. 153 da Constituição Federal) não se aplica à revogação de isenção de ICM.

A doutrina, de maneira geral, condena o ponto de vista do STF. Não parece complicado compreender que a revogação de uma isenção produz o mesmo *efeito* da criação ou aumento de tributo: o dever de transferir parcela da propriedade ao Estado. Assim, não há motivo para que o princípio da anterioridade, com seus conteúdos de não surpresa e segurança jurídica, não seja observado. Paulo de Barros Carvalho esclarece: "É questão assente que os preceitos de lei que extingam ou reduzam isenções só devam entrar em vigor no primeiro dia do exercício seguinte àquele em que foram publicados. Os dispositivos editados com esse fim equivalem, em tudo e por tudo, aos que instituem o tributo, inaugurando um tipo de incidência. Nesses termos, em homenagem ao princípio da anterioridade, o termo inicial de sua vigência fica diferido para o primeiro dia do próximo exercício" (CARVALHO, 2012, p. 578). Para complementar, pensamos que, após o advento da EC nº 42/2003, deve-se observar o primeiro dia do exercício financeiro seguinte e, também, o interregno de 90 dias entre a data de vigência da lei que revoga a isenção e o início da nova exigência. De toda forma, registre-se o alerta de Eduardo Sabbag: "Para fins de aplicação da matéria em concursos públicos, recomendamos a posição iterativamente adotada pelo STF" (SABBAG, 2014, p. 931).

G) Isenções gerais e específicas: artigo 179 do CTN

O art. 179 do CTN estabelece:

> **Art. 179.** A isenção, quando não concedida em caráter geral, é efetivada, em cada caso, por despacho da autoridade administrativa, em requerimento com o qual o interessado faça prova do preenchimento das condições e do cumprimento dos requisitos previstos em lei ou contrato para sua concessão.
>
> § 1º Tratando-se de tributo lançado por período certo de tempo, o despacho referido neste artigo será renovado antes da expiração de cada período, cessando automaticamente os seus efeitos a partir do primeiro dia do período para o qual o interessado deixar de promover a continuidade do reconhecimento da isenção.
>
> § 2º O despacho referido neste artigo não gera direito adquirido, aplicando-se, quando cabível, o disposto no artigo 155.

As isenções podem *gerais* ou *específicas.*

No primeiro caso, decorrem diretamente de lei e, como regra, não impõem quaisquer condições ou encargos aos beneficiados. Daí por que não são necessários requerimentos ou aprovações por atos administrativos. Uma isenção de IPVA para proprietários de carros antigos é um exemplo. Uma vez que a Administração Tributária dispõe de todas as informações necessárias à concretização do benefício, ocorre a exclusão automática do crédito.

As isenções específicas, por sua vez, impõem, como regra, algumas condições ou encargos. Por isso, os beneficiados devem *comprovar* o cumprimento dos requisitos exigidos legalmente. Uma isenção relativa ao imposto sobre a importação (II) para produtos ecologicamente sustentáveis requer que a empresa comprove a qualidade destes produtos. O gozo dessas isenções depende de *ato administrativo* declaratório do direito à exclusão do crédito.

a) Isenções específicas

O *caput* do artigo 179 faz a ressalva "quando não concedida em caráter geral". Isso significa que se refere às *isenções específicas*. Estas são *condicionadas*, de maneira que impõem ao contribuinte o cumprimento de certos *requisitos*. Cabe-lhe, pois, endereçar seu requerimento à autoridade administrativa com o objetivo de demonstrar que atende a todas as exigências e, com isso, obter o ato administrativo declaratório da isenção.

Insista-se em que toda isenção deve ser instituída por lei. A referência ao "contrato", como dissemos, significa apenas que a Administração Tributária pode pactuar com o contribuinte as condições e deveres recíprocos, concretizando e singularizando o comando abstrato e geral contido na lei. De nenhuma maneira, contudo, o contrato cria a isenção, uma vez que a exclusão do crédito está sob estrita reserva legal.

A isenção específica deve ser concedida por *despacho da autoridade administrativa*. Este despacho é *ato vinculado*. Limita-se, portanto, a averiguar se o contribuinte cumpre ou não os requisitos previstos em lei. Se o fizer, cabe à autoridade declarar o direito à exclusão do crédito tributário.

Regina Helena Costa, a propósito, explica: "A isenção, caso não concedida em caráter geral, é outorgada mediante ato administrativo de natureza *vinculada*, vale dizer, sua expedição é obrigatória uma vez preenchidos todos os requisitos legais pelo interessado. Assim, satisfeitas as exigências da lei, o interessado faz jus à isenção, não cabendo à autoridade administrativa recusá-la" (COSTA, 2014, p. 300).

Quanto ao despacho, registre-se certo debate na doutrina sobre sua natureza declaratória ou constitutiva. Duas são as correntes:

- *Natureza declaratória* – Sustentando o primeiro ponto de vista, Hugo de Brito Machado explica: "Esse ato administrativo tem, assim, natureza simplesmente *declaratória*, tal como ocorre com o lançamento tributário. Por isto, se uma norma isentiva incidiu, fez nascer o direito à isenção, de sorte que haverá de ser aplicada aos fatos contemporâneos à sua vigência, ainda que posteriormente modificada ou revogada" (MACHADO, 2011, p. 234);
- *Natureza constitutiva* – Optando pelo segundo entendimento, Luís Eduardo Schoueri sustenta: "É comum que se afirme que o ato administrativo a que se refere o art. 179 teria caráter meramente declaratório, já que isenção decorre da lei. Esta afirmação deve ser vista com cautela, já que, como visto, pode a própria lei prever o ato administrativo como requisito para a isenção. Com efeito, que dizer das situações em que o ato administrativo em questão se encontra no âmbito de *discricionariedade* da Administração Pública?" (SCHOUERI, 2012, p. 629).

Partindo do pressuposto de que o ato administrativo é *discricionário*, pode-se sustentar, de fato, que tem natureza *constitutiva*, na medida em que a vontade do administrador é elemento essencial à sua validade.

No entanto, prevalece na doutrina o ponto de vista segundo o qual o ato é *vinculado*, de maneira que sua natureza só pode ser considerada *declaratória*. Esta última corrente parece a mais adequada. Finalmente, há jurisprudência antiga da Segunda Turma do STF, acolhendo este último ponto de vista:

> "Isenção tributária especial. Interpretação do art. 179 do CTN. *O ato administrativo que a reconhece é declaratório e não constitutivo*. O requerimento é pressuposto para desfrute da isenção, mas não para seu nascimento. Isenção especial reconhecida desde a vigência da lei que a instituiu no interesse geral, uma vez verificados os seus requisitos legais" [...] (STF, RE 85.571/RJ, 1976).

b) Tributos lançados por período certo de tempo

Alguns tributos são lançados por período certo de tempo. Seus fatos geradores estão desde logo pré-fixados temporalmente. Em tais situações, aplica-se o disposto no § 1º do art. 179, segundo o qual "o despacho referido neste artigo será renovado antes da expiração de cada período, cessando automaticamente os seus efeitos a partir do primeiro dia do período para o qual o interessado deixar de promover a continuidade do reconhecimento da isenção".

Imagine-se que uma empresa comprometeu-se a manter 20% de sua mão de obra formada por pessoas com deficiência. Ela deve comprovar, ao cabo de cada período, o cumprimento desta condição, sob pena de perder o direito à isenção.

A doutrina vem criticando o caráter draconiano (muito rigoroso) do dispositivo. Ricardo Alexandre assevera: "Na prática, a regra tem sido aplicada em termos. Não há que se imaginar que o portador de deficiência irreversível, beneficiário de isenção de IPVA, seja, a cada ano, obrigado a comprovar que o que é irreversível não se reverteu" (ALEXANDRE, 2013, p. 476).

c) Despacho administrativo e direito adquirido

De acordo com o § 2º do art. 179, "o despacho referido neste artigo não gera direito adquirido, aplicando-se, quando cabível, o disposto no artigo 155". Tal como ocorre no caso da moratória individual (CTN, art. 152, II), o despacho concessivo de isenção específica não gera direito adquirido.

O dispositivo deve ser bem compreendido. Se o sujeito passivo cumpre todos os requisitos e condições exigidos por lei, então é certo que o direito à isenção incorpora-se em seu patrimônio jurídico e, portanto, considera-se adquirido o direito. Apenas nos casos em que o beneficiado deixa de cumprir (ou se descobre que nunca cumpriu) as exigências veiculadas em lei, o despacho pode ser *anulado* pela autoridade administrativa.

Regina Helena Costa observa: "A afirmativa segundo a qual o despacho da autoridade administrativa, concessivo da isenção, não gera direito adquirido, somente faz sentido se tal concessão for ilegal, o que ensejará a invalidação do ato [...] Tal qual na moratória, a concessão de isenção consubstancia ato administrativo vinculado, e sua extinção se dá mediante invalidação ou cassação, e não revogação, forma de extinção de ato discricionário por razões de mérito (oportunidade e conveniência)" (COSTA, 2014, p. 300, 301).

O dispositivo determina que se aplique o disposto no art. 155 do CTN, que trata do despacho concessivo da moratória individual. São, portanto, as seguintes situações:

- A concessão da isenção específica não gera direito adquirido e será revogado de ofício sempre que se apure que o beneficiado não satisfazia ou deixou de satisfazer as condições ou não cumprira ou deixou de cumprir os requisitos para a concessão do favor, cobrando-se o crédito acrescido de juros de mora;
- Haverá a imposição da penalidade cabível, nos casos em que o beneficiado agiu com dolo ou simulação ou ficar comprovado que terceiro agiu desta maneira em benefício daquele. Neste caso, o tempo decorrido entre a concessão da isenção e sua revogação não se computa para efeito da prescrição do direito à cobrança do crédito. Se, por exemplo, o beneficiado gozou da isenção durante 04 anos e 06 meses, este período é desconsiderado, de maneira que a Fazenda possui o prazo de 05 anos para cobrar judicialmente quantia, acrescida de correção monetária, juros de mora e penalidade pecuniária;
- Não haverá a imposição de penalidade se restar comprovado que o beneficiado não agiu com dolo ou simulação, nem que terceiro tenha agido desta maneira em favor daquele. Neste caso, a revogação só pode ocorrer antes de prescrito o referido direito. Se, por exemplo, o beneficiado gozou da isenção pelo período de 04 anos e 06 meses, então a Administração poderá "revogar" o benefício.

H) Renúncia de receita e Lei de Responsabilidade Fiscal

A concessão de isenções significa *renúncia de receita* porque o Estado abre mão de parte dos recursos aos quais teria acesso se a lei que institui determinado tributo incidisse normalmente. É uma decisão político-legislativa, sem dúvida, mas que traz consequências relacionadas à necessidade de manutenção do equilíbrio das contas públicas, o que se tornou verdadeiro dogma nos últimos anos.

Nesse sentido, o art. 14 da Lei de Responsabilidade Fiscal (LC 101/2000), estatui:

> **LC 101/2000, art. 14.** A concessão ou ampliação de incentivo ou benefício de natureza tributária da qual decorra renúncia de receita deverá estar acompanhada de estimativa do impacto orçamentário-financeiro no exercício em que deva iniciar sua vigência e nos dois seguintes, atender ao disposto na lei de diretrizes orçamentárias e a pelo menos uma das seguintes condições:I – demonstração pelo proponente de que a renúncia foi considerada na estimativa de receita da lei orçamentária, na forma do art. 12, e de que não afetará as metas de resultados fiscais previstas no anexo próprio da lei de diretrizes orçamentárias;
>
> II – estar acompanhada de medidas de compensação, no período mencionado no caput, por meio do aumento de receita, proveniente da elevação de alíquotas, ampliação da base de cálculo, majoração ou criação de tributo ou contribuição.

> § 1º A renúncia compreende anistia, remissão, subsídio, crédito presumido, concessão de isenção em caráter não geral, alteração de alíquota ou modificação de base de cálculo que implique redução discriminada de tributos ou contribuições, e outros benefícios que correspondam a tratamento diferenciado.
>
> § 2º Se o ato de concessão ou ampliação do incentivo ou benefício de que trata o caput deste artigo decorrer da condição contida no inciso II, o benefício só entrará em vigor quando implementadas as medidas referidas no mencionado inciso.
>
> § 3º O disposto neste artigo não se aplica:
>
> I – às alterações das alíquotas dos impostos previstos nos incisos I, II, IV e V do art. 153 da Constituição, na forma do seu § 1º;
>
> II – ao cancelamento de débito cujo montante seja inferior ao dos respectivos custos de cobrança.

Assim, para que uma *isenção em caráter não geral*, ou seja, *isenção específica*, seja concedida, *três requisitos* devem ser observados pela lei concessiva:

- Estar acompanhada de *estimativa do impacto orçamentário-financeiro* no exercício em que deva iniciar sua vigência e nos *dois* seguintes;
- Atender ao disposto na *lei de diretrizes orçamentárias*;
- Estar acompanhada de pelo menos *uma*, das duas exigências abaixo assinaladas:
    - Demonstração de que a renúncia foi considerada na estimativa de receita da lei orçamentária e de que não afetará as metas de resultados fiscais previstas no anexo próprio da lei de diretrizes orçamentárias;
    - Estar acompanhada de *medidas de compensação*, no período mencionado no *caput*, por meio do aumento de receita, proveniente da elevação de alíquotas, ampliação da base de cálculo, majoração ou criação de tributo ou contribuição. Ressalte-se que, nos termos do § 2º, neste caso, "o benefício só entrará em vigor quando implementadas as medidas referidas no mencionado inciso".

Finalmente, de acordo com o § 3º prescreve, "o disposto neste artigo não se aplica: (I) às alterações das alíquotas dos impostos previstos nos incisos I, II, IV e V do art. 153 da Constituição, na forma do seu § 1º; e (II) ao cancelamento de débito cujo montante seja inferior ao dos respectivos custos de cobrança".

No primeiro caso, trata-se dos impostos sobre a importação (II), exportação (IE), produtos industrializados (IPI) e operações financeiras (IOF) que, como sabemos, são exceções ao princípio da legalidade. Quer dizer, nos termos do art. 153, § 1º, da CF/1988, podem ter as alíquotas alteradas por ato do Poder Executivo. A segunda situação refere-se, em âmbito tributário, à *remissão*, isto é, ao perdão da dívida, que acarreta a extinção do crédito tributário. Sabemos que, de acordo com o art. 172, III, do CTN, a dívida do sujeito passivo pode ser perdoada em razão da "diminuta importância do crédito tributário".

29.3 ANISTIA

Os arts. 180 a 182 do CTN disciplinam a *anistia*. Tal como ocorre com a isenção, trata-se de causa excludente do crédito tributário (CTN, art. 175, II). A anistia, contudo, exclui o crédito relacionado à infração. Afasta-se a multa que seria imposta pelo descumprimento da legislação tributária. Se a isenção liga-se ao crédito que proviria do tributo, a anistia liga-se àquele que proviria da prática de ilícito tributário.

Tal como a isenção, a anistia está sob reserva de lei específica que trate com exclusividade da matéria (CF, art. 150, § 6º). Além do mais, somente pode ser veiculada por lei do ente federativo competente para legislar sobre a infração à qual se relaciona.

A) Conceito

Se a compreensão da natureza jurídica da isenção desperta acirrados debates doutrinários e jurisprudenciais, com a anistia não é diferente. Há toda uma discussão teórica em torno da questão.

a) O debate acadêmico

O debate acadêmico é acirrado porque o CTN determina, de maneira expressa, que por meio da anistia ocorre a exclusão do *crédito tributário*. Ora, o crédito decorre da obrigação principal e tem a mesma natureza desta. A obrigação, por sua vez, surge com a ocorrência do fato gerador e tem por objeto o pagamento do *tributo* ou da *penalidade pecuniária*.

A isenção, como vimos, exclui o crédito que se relaciona ao *tributo*. Para que se mantenha a coerência da interpretação *normativa*, a anistia deve ser compreendida como exclusão do crédito relacionado com a *penalidade*.

A questão é: exclui o crédito *antes* ou *depois* de sua constituição?

No caso da isenção, a exclusão ocorre antes que o fato praticado pelo sujeito passivo qualifique-se como *gerador*. Uma vez que a lei isentiva fulmina a lei instituidora do tributo, ab-rogando parcialmente um de seus aspectos, a conduta adotada pelo sujeito deixa de subsumir-se à norma impositiva. Não há fato gerador, logo, não existe obrigação tributária e, como consequência, o crédito está *excluído*.

Como se daria, no entanto, a fenomenologia da anistia?

Sabemos que a legislação impõe ao sujeito passivo uma série de deveres que têm como objetivo instrumentalizar a fiscalização tributária. O dever de emitir nota fiscal; preencher declarações; permitir o acesso de fiscais a documentos da pessoa jurídica; dentre outros. O *descumprimento* destes deveres significa a prática de *infração tributária* e tem, como consequência, a aplicação de *multa*.

Note-se que existem dois momentos distintos:

- O momento da *infração* praticada pelo sujeito passivo, que consiste na *conduta* que corresponde ao *descumprimento* do dever;
- O momento em que, como consequência, a autoridade administrativa lavra o auto de infração que correspondente à aplicação da *multa*.

Ricardo Lobo Torres, enfrentando o problema, afirma: "Anistia é o esquecimento da *infração* cometida à legislação tributária e o perdão da *multa ainda não aplicada*" (TORRES, 2011, p. 318).

Perceba-se que, para o autor, a anistia refere-se tão somente à *infração tributária*, ou seja, à conduta antijurídica praticada pelo sujeito passivo e à multa ainda não lavrada, isto é, *não constituída*.

Os diferentes modos de compreender o fenômeno provocam consequências importantes, como, por exemplo, a distinção com relação à *remissão*. Esta, como vimos, significa o *perdão do crédito tributário já constituído* (CTN, art. 156, IV c.c. art. 172).

Ora, remissão refere-se ao crédito, que, por sua vez, remonta à obrigação, que, por seu turno, tem como objeto o pagamento de *tributo* ou *penalidade*. Logo, a remissão, como causa de *extinção* do crédito, refere-se às dívidas provenientes dos tributos ou multas.

De acordo com alguns autores, a anistia deve ser compreendida como o *perdão das multas aplicadas*. Esse entendimento, entretanto, tem como consequência necessária a equiparação entre anistia e remissão. Ambas aparecem como modalidades de *extinção* do crédito. A primeira significa o perdão das dívidas referentes às *penalidades*, enquanto a segunda às dívidas relativas ao *tributo* em si.

Esta é, por exemplo, a lição de Luís Eduardo Schoueri: "A anistia surge como 'exclusão' do crédito tributário. Essa colocação merece duas notas. Primeiro, como dito acima, não é 'exclusão', mas vera extinção. A anistia implica extinção do crédito a que ela se refere. Desaparece a obrigação. Não há mais o vínculo jurídico. Não há mais o que o credor exigir do devedor. Melhor: não há mais credor ou devedor. Em segundo lugar, deve-se notar que a expressão 'anistia' é reservada pelo Código Tributário Nacional à remissão das penalidades pecuniárias. Ou seja: na terminologia daquele diploma normativo, 'remissão' está entre as hipóteses de extinção do crédito tributário (artigo 156, IV do Código Tributário Nacional) e alcança todo o crédito. A anistia é a remissão dirigida exclusivamente às penalidades pecuniárias. Se o crédito tributário for composto de principal, juros e multa, apenas a última é atingida pela anistia" (SCHOUERI, 2012, p. 630).

Nada obstante, parece que o entendimento segundo o qual a anistia significa o *perdão da infração* e não das multas aplicadas parece o mais consentâneo com a sistemática do Código Tributário Nacional.

Ricardo Lobo Torres esclarece: "A terminologia empregada pelo legislador nem sempre é muito rigorosa e se torna encontradiça a expressão 'cancelamento de débitos fiscais', que envolve a remissão do crédito de tributo e a anistia. Mas a distinção entre as duas figuras, como já vimos [...], consiste em que pela *remissão* extingue-se o *crédito correspondente à penalidade pecuniária já aplicada*, enquanto a *anistia* atua sobre a própria infração e suas consequências jurídicas *ainda não descobertas nem sancionadas*" (TORRES, 2011, p. 318).

Como se percebe, o ponto central do debate gira em torno da formalização do crédito tributário ou do lançamento efetuado por parte da autoridade administrativa. Dessa maneira, pode-se esquematizar:

- *Anistia como perdão de infrações e multas, mesmo as já constituídas* – Sacha Calmon Navarro Coêlho sustenta: "A anistia tributária diferencia-se da remissão porque esta dispensa o pagamento do tributo. A anistia dispensa o pagamento das multas que punem o descumprimento das obrigações tributárias. A anistia é, portanto, uma forma de *extinção* do crédito decorrente do conteúdo pecuniário das multas (crédito tributário em sentido lato)" (COÊLHO, 2009, p. 798);
- *Anistia como perdão de infrações e multas, desde que não constituídas* – Luciano Amaro, a seu turno, observa: "A anistia é o *perdão de infrações*, do que decorre a inaplicabilidade da sanção. Não é a sanção que é anistiada; o que se perdoa é o ilícito; perdoado este, deixa de ter lugar a sanção; o perdão, portanto, toma o lugar da sanção, obstando a que esta seja aplicada" (AMARO, 2011, p. 481).

b) Anistia como perdão das infrações tributárias antes da constituição do crédito

A teoria de Paulo de Barros Carvalho, que a respeito da isenção parece-nos irretocável, perde alguma de sua força ao tomar como objeto de estudo a anistia. Toda a sofisticação da análise sobre a primeira causa de exclusão é como que "abandonada" à medida que o autor se filia à primeira corrente explicativa da fenomenologia da anistia, porém, sem a perspicácia da crítica mais apurada, típica de sua obra.

Paulo de Barros Carvalho observa: "Da análise desse dispositivo desprende-se a noção de que a anistia fiscal esteja circunscrita às infrações da legislação tributária. Entretanto, pela leitura dos artigos subsecutivos, concluiremos que *a providência abarca igualmente a penalidade imposta*, sem o que pouco adiantaria. É bom que se diga existir certa desordem de conceitos, no que respeita à anistia, sobretudo porque nosso legislador reuniu o crédito do tributo e o crédito da penalidade fiscal numa só expressão: *crédito tributário*. As normas jurídicas que preveem a anistia fiscal são extintivas da relação jurídica sancionatória. Dispensado o dever jurídico de prestar o valor da penalidade pecuniária, desaparece o direito subjetivo correlato, esfacelando-se o vínculo. Tal efeito extintivo, porém, deixa intacta a relação jurídica tributária, propriamente dita, remanescendo o crédito do tributo e seu correspondente débito. Entendida dessa maneira, a anistia é uma modalidade de exclusão da dívida por penalidades tributárias, e, por ser excludente de um nexo fundamental à subsistência da obrigação, esta se extingue" (CARVALHO, 2012, p. 580, 582).

Parece-nos, com a devida vênia, que o ponto de vista que vê na anistia causa de exclusão do crédito proveniente de infrações e multas, mesmo as já constituídas, que a equipara à remissão, e, no fundo, compreende-a como mais uma modalidade de extinção do crédito, acaba por fazer vistas grossas à força normativa do CTN.

Ora, a desordem conceitual do legislador não é razão suficiente para que o intérprete fixe sentidos que fogem à moldura do direito. Nos termos do Código, a remissão não se confunde com a anistia. Tampouco as modalidades de extinção podem equiparar-se às de exclusão. Assim, parece que o ponto de vista mais adequado a uma interpretação normativa é aquele que compreende a anistia como perdão legal das infrações tributárias, antes, porém, que o crédito relativo à penalidade seja constituído.

Nesse sentido, a lição mais precisa é a de Hugo de Brito Machado: "Anistia é a exclusão do crédito tributário relativo a penalidades pecuniárias. O cometimento de infração à legislação tributária enseja a aplicação de penalidades pecuniárias, multas, e estas ensejam a constituição do crédito tributário correspondente. Pela anistia, o legislador extingue a punibilidade do sujeito passivo infrator da legislação tributária, *impedindo a constituição do crédito*" (MACHADO, 2011, p. 237).

De fato, a norma que veicula a anistia perdoa a *infração* praticada pelo sujeito passivo, isto é, a *conduta* contrária à legislação tributária.

Uma vez que o ato praticado é perdoado, deixando de ser antijurídico, afasta-se, por consequência, a imposição da penalidade, quer dizer, a constituição do crédito que proviria da aplicação da multa. Não faz sentido punir com a sanção uma conduta que não é mais considerada violadora da legislação tributária.

Por isso, fala-se de anistia apenas em um intervalo de tempo bem localizado, que se inicia com a prática do ato contrário à lei e termina no momento em que o crédito é formalizado ou a autoridade administrativa o constitui pelo lançamento.

Antes da conduta que viola a lei não há infração a ser perdoada; depois que o crédito foi constituído, o perdão apenas pode ser dado pela remissão.

Hugo de Brito Machado anota: "*Anistia* não se confunde com *remissão*. Diz respeito somente a penalidades. A remissão abrange todo o crédito tributário, *constituído já*. Abrange o tributo e as penalidades. É a dispensa legal do crédito. Por isto é forma de extinção deste (CTN, art. 156, IV). Já a anistia é perdão da falta, da infração, que impede o surgimento do crédito tributário correspondente à multa respectiva" (MACHADO, 2011, p. 238).

Em suma, anistia é causa de exclusão do crédito tributário que consiste no perdão legal da infração cometida pelo sujeito passivo antes que o crédito relativo à multa seja constituído.

B) A retroatividade da lei de anistia e suas exceções: artigo 180 do CTN

> **CTN, art. 180.** A anistia abrange exclusivamente as infrações cometidas anteriormente à vigência da lei que a concede, não se aplicando:
>
> I – aos atos qualificados em lei como crimes ou contravenções e aos que, mesmo sem essa qualificação, sejam praticados com dolo, fraude ou simulação pelo sujeito passivo ou por terceiro em benefício daquele;
>
> II – salvo disposição em contrário, às infrações resultantes de conluio entre duas ou mais pessoas naturais ou jurídicas.

Do ponto de vista etimológico, o significado das palavras "anistia" e "amnésia" se aproximam. Em ambos os casos se remete à noção de "esquecimento", "perdão". Ora, só se pode esquecer o que já ocorreu e não aquilo que ainda ocorrerá.

Nesse sentido, as leis que veiculam anistia devem retroagir. Não poderia ser diferente, na medida em que tais leis têm como objetivo perdoar a infração cometida pelo sujeito passivo, isto é, a conduta contrária à legislação e que fora praticada no passado.

Luís Eduardo Schoueri observa: "Se a anistia é um perdão de uma dívida, não faria sentido cogitar sua aplicação prospectiva. Ninguém pode ser perdoado de antemão, por algo que ainda não fez. Seria o caso de deixar de qualificar o fato como infração, simplesmente" (SCHOUERI, 2012, p. 631).

Analisemos o art. 180 com mais atenção:

- *Retroatividade da lei de anistia* – De acordo com o art. 180, *caput*, "a anistia abrange *exclusivamente* as infrações cometidas *anteriormente* à vigência da lei que a concede". Como dissemos, a lei que estipula anistia produz efeitos *retrospectivos*, ou seja, aplica-se a fatos que ocorreram no passado. Note-se que o dispositivo fala em "exclusivamente". Isso significa que não existe a possibilidade de que a lei de anistia produza efeitos *prospectivos*, ou seja, que colha fatos que ainda devem ocorrer no futuro, após o início de sua vigência. Duas observações devem ser registradas;
- *Âmbito de incidência* – A lei que veicula anistia produz efeitos exclusivamente com relação a fatos que ocorreram no passado. Ainda assim, seu âmbito de incidência é restrito porque, mesmo neste caso, *não se aplica*:
    - *Aos atos qualificados em lei como crimes ou contravenções e aos que, mesmo sem essa qualificação, sejam praticados com dolo, fraude ou simulação pelo sujeito passivo ou por terceiro em benefício daquele* – Se o ilícito tributário praticado pelo sujeito passivo for considerado *crime* ou *contravenção*, isto é, for qualificado como tal pela lei penal, então a anistia não deve ser aplicada. Paulo de Barros Carvalho explica que "a anistia instituída pela legislação tributária *afasta de seu campo* de irradiação jurídica os chamados *crimes fiscais*, isto é, as infrações tipificadas pela lei penal, que estão sujeitas, por isso mesmo, ao regime específico daquele ramo do direito" (CARVALHO, 2012, p. 581). O ilícito tributário, ainda que não seja considerado crime ou contravenção, também não é alcançado pela lei de anistia caso seja praticado com *dolo*, *fraude* ou *simulação* pelo sujeito passivo ou por terceiro em benefício deste. O CTN, nesse caso, parece ter como objetivo não agraciar aquele que, deliberadamente, com vontade específica, quis prejudicar a Administração Pública;
    - *Salvo disposição em contrário, às infrações resultantes de conluio entre duas ou mais pessoas naturais ou jurídicas* – Se o ilícito tributário for resultado de conluio entre duas ou mais pessoas naturais ou jurídicas, isto é, se agiram deliberadamente com o objetivo de prejudicar a Administração, a anistia não deve ser aplicada. O CTN parece querer reprimir a "associação para o delito". Ressalte-se a cláusula "salvo disposição de lei em contrário". É possível, desde que exista expressa disposição legal, que mesmo as infrações praticadas por meio do conluio entre duas ou mais pessoas sejam anistiadas;

APROFUNDANDO! PROBLEMAS ORIUNDOS DA RETROATIVIDADE DA LEI DE ANISTIA

O caráter retroativo da lei de anistia coloca alguns problemas. Vejamos:

- *Princípio da isonomia* – Luciano Amaro chama a atenção para um problema importante: "A anistia, voltando-se para fatos pretéritos, suscita um problema sério, que é o da isonomia na sua aplicação. Com efeito, só se anistiam *alguns* dos fatos passados, quais sejam, aqueles que ainda não foram punidos. Quem tenha praticado a infração e já tenha sofrido a sanção legalmente cominada (por exemplo, pagando a multa prevista) não é perdoado; aquele que, com maior sorte, ainda não tiver sido apanhado pelo Fisco é beneficiado. O problema é comum à *remissão de obrigações tributárias*, que só favorece quem ainda não tenha pago. Isso recomenda que esses dois institutos sejam aplicados com prudência pelo legislador" (AMARO, 2011, p. 484);
- *Anistia tácita* – A doutrina assinala que o art. 106, II, do CTN, comporta a denominada *anistia tácita*. O dispositivo estatui: "A lei aplica-se a ato ou fato pretérito [...] II – tratando-se de ato não definitivamente julgado: (a) quando deixe de defini-lo como infração; (b) quando deixe de tratá-lo como contrário a qualquer exigência de ação ou omissão, desde que não tenha sido fraudulento e não tenha implicado em falta de pagamento de tributo; (c) quando lhe comine penalidade menos severa que a prevista na lei vigente ao tempo da sua prática". A anistia seria *tácita* porque o perdão com relação ao ilícito seria uma decorrência dos efeitos produzidos pela lei, que, em princípio, visava a outro resultado, como, por exemplo, determinar que certo fato deixe de ser considerado como infração. Ora, se o fato deixa de ser considerado ilícito, a multa a ser aplicada perde o sentido.

C) Anistia geral e limitada: artigo 181 do CTN

O art. 181 do CTN determina:

> **Art. 181.** A anistia pode ser concedida:
>
> I – em caráter geral;
>
> II – limitadamente:
>
> a) às infrações da legislação relativa a determinado tributo;
>
> b) às infrações punidas com penalidades pecuniárias até determinado montante, conjugadas ou não com penalidades de outra natureza;
>
> c) a determinada região do território da entidade tributante, em função de condições a ela peculiares;
>
> d) sob condição do pagamento de tributo no prazo fixado pela lei que a conceder, ou cuja fixação seja atribuída pela mesma lei à autoridade administrativa.

De acordo com o art. 181 do CTN, a anistia pode ser *geral* ou *limitada*. O dispositivo causa certa perplexidade na doutrina, especialmente no que toca ao caráter "geral". O Código não desenvolve o sentido dessa prescrição, de maneira que cabe ao intérprete a fixação do conceito.

Assim, a anistia pode ser concedida:

- *Em caráter geral* – Trata-se da anistia que alcança a totalidade das infrações previstas em leis do ente federativo. Nesse sentido, todas as infrações são simultaneamente perdoadas. Ressalte-se que, nos termos do art. 14, § 1º, da LC 101/2000 (Lei de Responsabilidade Fiscal), a concessão de anistia configura *renúncia de receita*. Sua concessão depende da observância de uma série de condições, como, por exemplo, medidas de compensação. Logo, pensamos que a anistia em caráter geral tem aplicação muito restrita porque implica abrir mão de grande quantidade de recursos. É expediente que, na maioria das vezes veicula, de modo sub-reptício, favores escusos;
- *Limitadamente* – A anistia pode ser concedida em caráter limitado, de maneira particularizada, tendo em vista alguns casos específicos. O CTN enumera as situações em face das quais está autorizada:
    - Às infrações da legislação relativa a determinado tributo – A anistia pode ter como objeto as infrações relacionadas a certo e determinado tributo, e não, como no caso do inciso I, a todos quantos estejam sob a competência do ente federativo. Assim, determinado Município concede anistia, por exemplo, para infrações ligadas apenas ao IPTU;
    - Às infrações punidas com penalidades pecuniárias até determinado montante, conjugadas ou não com penalidades de outra natureza – A anistia concedida em caráter limitado pode ter como objeto infrações que giram em torno de determinados valores. Muitas vezes a cobrança de pequenos montantes não compensa, pois coloca em ação toda a máquina administrativa, que poderia estar concentrada no recolhimento de valores mais substanciais. Nestas situações, as penalidades anistiadas podem estar "conjugadas ou não com penalidades de outra natureza", ou seja, podem ser anistiadas outras espécies de sanções;
    - *A determinada região do território da entidade tributante, em função de condições a ela peculiares* – Tal como ocorre nos casos de moratória (CTN, art. 151, parágrafo único) e isenção (CTN, art. 176, parágrafo único), a anistia também pode ser concedida a sujeitos passivos que se encontrem em determinada região do território do ente competente e em função de condições a ele peculiares, como o advento de uma catástrofe natural, uma crise econômica particular etc. Valem as mesmas observações feitas nos casos de moratória e isenção, em especial a necessária observância do art. 151, I, da Constituição, como critério para a discriminação legal;
    - *Sob condição do pagamento de tributo no prazo fixado pela lei que a conceder, ou cuja fixação seja atribuída pela mesma lei à autoridade administrativa* – O legislador pode valer-se da anistia como forma de "incentivo" aos sujeitos passivos. Condiciona a exclusão do crédito relativo à multa ao pagamento de tributo no prazo fixado em lei. De acordo com

o dispositivo, a lei pode autorizar a autoridade administrativa a fixar os prazos conforme critérios de oportunidade e conveniência. Parece que esta é uma das poucas autorizações para atos discricionários existentes dentro da sistemática tributária. Obviamente, a fixação do prazo pela autoridade deve observar os limites fixados em lei e está sujeito, a todos o momento, a controle administrativo e judicial.

D) *Concessão da anistia limitada: artigo 182 do CTN*

O art. 182 do CTN estabelece:

> **CTN, art. 182**. A anistia, quando não concedida em caráter geral, é efetivada, em cada caso, por despacho da autoridade administrativa, em requerimento com a qual o interessado faça prova do preenchimento das condições e do cumprimento dos requisitos previstos em lei para sua concessão.
>
> Parágrafo único. O despacho referido neste artigo não gera direito adquirido, aplicando-se, quando cabível, o disposto no artigo 155.

O *caput*, ao estabelecer a ressalva "quando não concedida em caráter geral", tem como objeto imediato a *anistia limitada*. O gozo desta depende do cumprimento, pelo sujeito passivo, de requisitos e condições enumeradas em lei, além da comprovação de certos fatos, circunstâncias jurídicas etc.

Não obstante, o dispositivo acaba por tratar, mediatamente, da anistia geral. Quer dizer, ao disciplinar de maneira direta a anistia limitada, disciplina também, *a contrario sensu*, a anistia geral. Assim, duas normas estão contidas no *caput*:

- A anistia geral tem fundamento diretamente na lei e independente de despacho da autoridade administrativa, sendo certo que os sujeitos passivos podem gozar do benefício a partir da vigência do dispositivo legal;
- A anistia limitada, muito embora também decorra de lei, depende de despacho da autoridade administrativa. Tal despacho será adotado depois da provocação efetuada pelo sujeito passivo, isto é, da apresentação de requerimento por meio do qual o interessado comprove, junto à Administração Pública, o cumprimento dos requisitos e condições fixadas em lei. Diga-se, ainda, que o despacho tem natureza de ato vinculado. Cumpridas as exigências legais, a autoridade administrativa não pode recusar a concessão da anistia.

O parágrafo único reitera regra que já estudamos a propósito da moratória individual, da remissão e da isenção específica: "O despacho referido neste artigo não gera direito adquirido, aplicando-se, quando cabível, o disposto no artigo 155".

Como vimos, aplica-se o dispositivo nos casos em que o sujeito passivo não cumpre ou deixa de cumprir, ou se descobre que nunca cumpriu os requisitos fixados em lei. Caso os tenham cumprido desde o início, sem qualquer irregularidade, a anistia se incorpora ao patrimônio do sujeito passivo e produz, sim, direito adquirido. Em caso de descumprimento, a anistia limitada será "revogada" de ofício, cobrando-se o crédito acrescido de juros de mora:

- Com imposição da penalidade cabível, nos casos de dolo ou simulação do beneficiado, ou de terceiro em benefício daquele. Nesta situação, o tempo decorrido entre a concessão da anistia e sua revogação não se computa para efeito da prescrição do direito à cobrança do crédito;
- Sem imposição de penalidade, nos demais casos. Nesta situação, a revogação só pode ocorrer antes de prescrito o referido direito.

SÚMULAS DO STF E DO STJ:

SÚMULA STF

Súmula nº 544 – "Isenções tributárias concedidas sob condição onerosa não podem ser livremente suprimidas".

Súmula nº 581 – "A exigência de transporte em navio de bandeira brasileira, para efeito de isenção tributária, legitimou-se com o advento do Decreto-lei 666, de 02.7.69".

SÚMULA STJ

Súmula nº 178 – "O INSS não goza de isenção do pagamento de custas e emolumentos, nas ações acidentárias e de benefícios, propostas na justiça estadual".

SÍNTESE DOS PRINCIPAIS ENTENDIMENTOS JURIPRUDENCIAIS

"A autorização para a concessão de remissão e anistia, a ser feita 'na forma prevista em regulamento' (art. 25 da Lei n. 6.489/2002), configura delegação ao Chefe do Poder Executivo em tema inafastável do Poder Legislativo" (ADI 3462).

"Isenção tributária especial. Interpretação do art. 179 do CTN. O ato administrativo que a reconhece é declaratório e não constitutivo. O requerimento é pressuposto para desfrute da isenção, mas não para seu nascimento. Isenção especial reconhecida desde a vigência da lei que a instituiu no interesse geral, uma vez verificados os seus requisitos legais [...]" (STF, RE 85.571/RJ, 1976).

"O Supremo Tribunal Federal, no julgamento do RE 229.096, firmou entendimento de ser legítimo à União, no campo internacional, dispor sobre a isenção de impostos da competência estadual. 2. Agravo regimental desprovido" (STF, Primeira Turma, RE 234662, 20/11/2009).

"A concessão desse benefício isencional traduz ato discricionário que, fundado em juízo de conveniência e oportunidade do Poder Público, destina-se, a partir de critérios racionais, lógicos e impessoais estabelecidos de modo legítimo em norma legal, a implementar objetivos estatais nitidamente qualificados pela nota da extrafiscalidade. A exigência constitucional de lei formal para a veiculação de isenções em matéria tributária atua como insuperável obstáculo à postulação da parte recorrente, eis que a extensão dos benefícios isencionais, por via jurisdicional, encontra limitação absoluta no dogma da separação de poderes. Os magistrados e Tribunais – que não dispõem de função legislativa – não podem conceder, ainda que sob fundamento de isonomia, o benefício da exclusão do crédito tributário em favor daqueles a quem o legislador, com apoio em critérios impessoais, racionais e objetivos, não quis contemplar com a vantagem da isenção. Entendimento diverso, que reconhecesse aos magistrados essa anômala função jurídica, equivaleria, em última análise, a converter o Poder Judiciário em inadmissível legislador positivo, condição institucional esta que lhe recusou a própria Lei Fundamental do Estado" (STF. AI 142.348-AgR. Rel. Min. Celso de Mello. DJ 24.03.1995).

30

GARANTIAS, PRIVILÉGIOS E PREFERÊNCIAS DO CRÉDITO TRIBUTÁRIO

30.1 INTRODUÇÃO

Como vimos no capítulo 02 deste *Curso*, o crédito tributário tem a vocação de se transformar em *receita pública*. Aliás, o tributo é considerado receita pública derivada, nos termos do art. 9º da Lei nº 4.320/64:

> **Lei nº 4.320/64, art. 9º.** Tributo é a receita derivada instituída pelas entidades de direito público, compreendendo os impostos, as taxas e contribuições nos termos da Constituição e das leis vigentes em matéria financeira, destinando-se o seu produto ao custeio de atividades gerais ou especificas exercidas por essas entidades.

Receita pública, em sentido amplo, significa todo o ingresso definitivo de valores monetários nos cofres públicos. Suas fontes são variadas, como, por exemplo, a locação de um imóvel público a entidade privada. O tributo, no entanto, é a fonte primordial. É o meio natural por cujo intermédio o Estado obtém os recursos necessários ao cumprimento dos deveres impostos pela Constituição.

Sem receitas, isto é, sem recursos financeiros, o Estado não dá conta de suas despesas, não tem como efetuar os gastos que estão sob sua responsabilidade, como o financiamento do capital produtivo e financeiro, os gastos com a máquina pública e as despesas com serviços públicos e direitos sociais. Estes últimos, no Brasil, estão muito aquém daquilo que a Constituição determina.

É sempre importante recordar que o crédito tributário é apenas um *momento* da relação jurídica tributária. Esta relação inicia-se com a prática do fato gerador, passa pela obrigação, lançamento, crédito constituído e termina com a extinção deste. Sua transformação em receita é decorrência lógica e momento derradeiro. Só pode ser considerada matéria de direito financeiro em termos didáticos, porque, considerado como objeto de estudo, o ordenamento jurídico é sempre uno e indivisível.

Recorde-se, ademais, que a *receita derivada*, isto é, os ingressos definitivos provenientes do tributo, são tão importantes para o Estado que a legislação "converteu" o depósito que suspende a exigibilidade do crédito tributário em *pagamento provisório*, nos termos do art. 1º da Lei nº 9.703/98.

Garantir o crédito significa, portanto, assegurar, no presente, a receita futura, quer dizer, o ingresso definitivo de dinheiro nos cofres públicos. Os *privilégios*, a seu turno, significam o tratamento diferenciado que permite preservar, agora, o que, amanhã, será dinheiro estatal. Daí por que o CTN conta com um importante capítulo cuja missão é estabelecer regras protetivas dos futuros recursos.

Sobre tais conceitos, Paulo de Barros Carvalho explica: "Por *garantias* devemos entender os meios jurídicos assecuratórios que cercam o direito subjetivo do Estado de receber a prestação do tributo. E por *privilégios*, a posição de superioridade de que desfruta o crédito tributário, com relação aos demais, excetuando-se os decorrentes da legislação do trabalho. Vê-se aqui, novamente, a presença daquele princípio implícito, mas de grande magnitude, que prescreve a supremacia do interesse público" (CARVALHO, 2012, p. 645).

O princípio da supremacia do interesse público sobre o privado é o fundamento jurídico do tratamento discriminado que o Código confere ao crédito tributário. Em outras palavras, o CTN estabelece garantias, privilégios e preferências que não existem para o crédito privado. Estas normas e meios assecuratórios só não configuram "privilégios odiosos" porque o postulado acima citado os legitima.

30.2 CARÁTER NÃO EXAUSTIVO DAS GARANTIAS: ARTIGO 183 DO CTN

O art. 183 do CTN estabelece:

> **Art. 183.** A enumeração das garantias atribuídas neste Capítulo ao crédito tributário não exclui outras que sejam expressamente previstas em lei, em função da natureza ou das características do tributo a que se refiram.
>
> Parágrafo único. A natureza das garantias atribuídas ao crédito tributário não altera a natureza deste nem a da obrigação tributária a que corresponda.

O CTN, como sabemos, tem status de lei complementar de normas gerais. Trata-se de lei nacional que fixa os dispositivos normativos mais amplos e que vinculam igualmente as quatro esferas da federação: União, Estados, DF e Municípios.

Todos os entes federativos devem obediência ao CTN, o que não significa, contudo, que não tenham um amplo espaço de autonomia legislativa para cuidarem de seus interesses específicos.

O art. 183, *caput*, diz justamente isso: que as *garantias* estabelecidas pelo CTN são um *mínimo*, ou seja, fixam tão somente os meios assecuratórios *indispensáveis* à preservação do crédito tributário. O próprio Código, entretanto, reconhece a competência dos entes federativos para fixarem, *expressamente por lei*, outras garantias, em função da *natureza* ou *característica* dos tributos a que elas se refiram.

A contribuição de melhoria, por exemplo, ostenta características distintas do imposto ou da taxa. Logo, as garantias que giram em torno do crédito que resulta desta espécie de tributo podem ser diferentes daquelas previstas para aquelas. Assim, a União está autorizada, por lei federal, a enumerar outras garantias para os créditos decorrentes dos tributos federais; os Estados, DF e Municípios também têm autorização para tanto, sempre dentro de suas esferas de competência e observando o princípio da legalidade, como determina o art. 183 de maneira muito clara.

Luís Eduardo Schoueri ressalta uma questão importante, relacionada à competência legislativa dos entes federativos: "Quando o Código Tributário Nacional se refere a outras garantias previstas em lei, deve-se ter em conta a *repartição de competências legislativas* dada pela Constituição. Assim, uma municipalidade não pode, invocando o dispositivo acima transcrito, instituir normas processuais ou materiais que colidam com outras federais ou estaduais editadas nos âmbitos das respectivas competências" (SCHOUERI, 2012, p. 758).

Nesse sentido, é preciso ressaltar que, na maioria das vezes, as garantias e privilégios do crédito são veiculadas por normas de natureza civil e processual. Tais matérias, nos termos do art. 22, I, da CF/1988, são de competência privativa da União, razão pela qual, em muitas circunstâncias, resta pouco espaço de ação para os demais entes.

O que dificulta as coisas é que a competência para legislar sobre *direito tributário é concorrente* à União, Estados e Distrito Federal (CF/1988, art. 24, I). Além do mais, os Municípios possuem competência suplementar à legislação federal e estadual quanto a assuntos de interesse local (CF/1988, art. 30, II).

É preciso, portanto, muito cuidado para diferenciar o que é norma de direito tributário, civil e processual, de molde a fixar a competência *exata* de cada ente federativo. Obviamente, no limite, cabe à jurisprudência do STF decidir as questões.

É importante ressaltar, ainda, que o exercício da competência estatal para fixar as garantias e privilégios do crédito tributário confronta os direitos e garantias fundamentais do sujeito passivo tributário, dentre eles, a propriedade privada, a liberdade de exercício de atividade econômica, ofício e profissão, a privacidade etc.

Por isso, ganha especial destaque os princípios da razoabilidade e proporcionalidade, extraídos da interpretação substancial do art. 5º, LIV, da CF/1988, que fixa positiva o princípio do devido processo legal. Desse modo, a lei deve estipular garantias e privilégios razoáveis e que sejam proporcionais à natureza e extensão do crédito, bem como ao sacrifício que se exigirá do sujeito passivo.Finalmente, segundo o parágrafo único do art. 183, "a natureza das garantias atribuídas ao crédito tributário não altera a natureza deste nem a da obrigação tributária a que corresponda".

Muitas vezes as garantias do crédito tributário são veiculadas por normas processuais ou configuram institutos típicos do direito privado. Isso não significa, contudo, que a obrigação ou o crédito abandonem sua natureza especificamente *tributária*. Pelo contrário, o parágrafo único faz questão de ressaltar que esta natureza permanece, ainda que a garantia esteja prevista em norma que veicula matéria de outro ramo do direito. Em suma, o rol de garantias do crédito tributário previsto no Capítulo VI, do

Título III, é exemplificativo, ou seja, *numerus apertus*, e não exaustivo ou taxativo, o que lhe atribuiria o caráter de *numerus clausus*.

APROFUNDANDO! ARROLAMENTO DE BENS E DIREITOS

O CTN admite que lei disponha sobre outras garantias e privilégios do crédito tributário. O Código fixa um mínimo que assegure a higidez da futura receita estatal e abre aos entes federativos a possibilidade de ampliar o rol. Registre-se, no entanto, uma observação importante: as regras fixadas pelo CTN são vinculantes, isto é, não podem ser contrariadas pela legislação de cada ente. O arrolamento de bens e direitos, previsto no art. 64 da Lei nº 9.532/97, é exemplo de garantia do crédito tributário prevista em legislação federal. O *caput* estatui: "A autoridade fiscal competente procederá ao arrolamento de bens e direitos do sujeito passivo sempre que o valor dos créditos tributários de sua responsabilidade for superior a trinta por cento do seu patrimônio conhecido". Trata-se de procedimento assecuratório do crédito tributário, que consiste na discriminação dos bens do sujeito passivo e sua colocação num rol ou lista especial. O objetivo é viabilizar o acesso da Administração Tributária a informações sobre o patrimônio do contribuinte ou responsável. Dessa forma, o Fisco pode se precaver quanto a eventuais tentativas de escapar ao pagamento da dívida tributária. Nesse sentido, o art. 64-A, *caput*, determina: "O arrolamento de que trata o art. 64 recairá sobre bens e direitos suscetíveis de registro público, com prioridade aos imóveis, e em valor suficiente para cobrir o montante do crédito tributário de responsabilidade do sujeito passivo". O § 1º, que tem redação dada pela Lei nº 12.973/2014, prescreve: "O arrolamento somente poderá alcançar outros bens e direitos para fins de complementar o valor referido no *caput*". Perceba-se que o arrolamento não proíbe que o sujeito passivo aliene seus bens. O dever imposto consiste na comunicação ao órgão fazendário de eventual alienação, oneração ou transferência. O não cumprimento do dever acarreta o surgimento do interesse processual da Fazenda Pública para que ingresse com medida cautelar fiscal contra o sujeito passivo, nos termos da Lei nº 8.397, cujo art. 2º, caput, VII e VIII, determinam: "A medida cautelar fiscal poderá ser requerida contra o sujeito passivo de crédito tributário ou não tributário, quando o devedor: possui débitos, inscritos ou não em Dívida Ativa, que somados ultrapassem trinta por cento do seu patrimônio conhecido ou aliena bens ou direitos sem proceder à devida comunicação ao órgão da Fazenda Pública competente, quando exigível em virtude de lei". A anulação dos efeitos do arrolamento ocorre com a liquidação ou garantia do crédito tributário, conforme o caso, e nos termos do art. 64, §§ 8º e 9º.

30.3 REGRA GERAL RELATIVA AOS PRIVILÉGIOS: ARTIGO 184 DO CTN

O art. 184 do CTN estatui:

> **CTN, art. 184.** Sem prejuízo dos privilégios especiais sobre determinados bens, que sejam previstos em lei, responde pelo pagamento do crédito tributário a totalidade dos bens e das rendas, de qualquer origem ou natureza, do sujeito passivo, seu espólio ou sua massa falida, inclusive os gravados por ônus real ou cláusula de inalienabilidade ou impenhorabilidade, seja qual for a data da constituição do ônus ou da cláusula, *excetuados* unicamente os bens e rendas que a lei declare absolutamente impenhoráveis.

O privilégio do crédito tributário significa a prerrogativa, prevista em lei, que tem o Estado, de ter acesso, com certa *exclusividade*, aos bens dos sujeitos passivos necessários ao adimplemento de suas obrigações tributárias.

Nos termos do que preceitua o art. 184 do CTN, a *totalidade* dos *bens* e das *rendas* dos contribuintes ou responsáveis, *seu espólio ou massa falida*, responde por suas dívidas perante a Fazenda Pública.

Quer dizer, os bens materiais ou imateriais, corpóreos ou incorpóreos; as rendas oriundas dos investimentos em capital ou de atividade laborativa; em suma, a *totalidade* do patrimônio do sujeito passivo, *como regra*, responde pelo crédito tributário.

O privilégio fica assegurado *sem prejuízo dos privilégios especiais sobre determinados bens, previstos em lei.* Ainda que exista algum outro direito de exclusividade em face de certo bem, o crédito tributário se impõe com preferência.

Nesse sentido, de acordo com o CTN, mesmo que o bem seja gravado por ônus real ou cláusula de inalienabilidade ou impenhorabilidade, seja qual for a *data de constituição*, isto é, independentemente de ter sido aposta antes da prática do fato gerador; lançamento tributário; inscrição do crédito em dívida ativa ou do início da execução fiscal; o privilégio do crédito tributário persiste.

Hugo de Brito Machado observa: "Quem faz uma doação, ou um testamento pode determinar, no instrumento respectivo, que os bens doados, ou a serem herdados, não podem ser alienados pelo donatário, ou herdeiro, ou legatário. Pode também determinar que ditos bens não possam ser objeto de penhora em execução. Essas estipulações não produzem nenhum efeito perante o credor tributário. Prevalecem apenas entres os particulares. Não contra o Fisco" (MACHADO, 2011, p. 239).

De acordo com a parte final do art. 184, ficam "*excetuados* unicamente os bens e rendas que *a lei declare absolutamente impenhoráveis*".

A impenhorabilidade de determinado bem ou renda pode ter origem em:

- Disposição expressa de lei; ou,
- Disposição de vontade, testamentária ou contratual.

O CTN exclui apenas e tão somente a primeira classe de bens impenhoráveis, isto é, aqueles cuja cláusula decorre de lei. Hugo de Brito Machado anota: "A inalienabilidade e a impenhorabilidade decorrentes de cláusulas, vale dizer, de manifestações de vontade – testamento e contrato – não afastam a responsabilidade que vincula os bens do devedor ao pagamento dos créditos tributários. Pretendeu o Código deixar fora do alcance das vontades pessoais a exclusão da referida responsabilidade, porque a não ser assim seria muito fácil a criação de tais restrições ao interesse da Fazenda Pública" (MACHADO, 2005, p. 662).

JURISPRUDÊNCIA DO STJ – PRIVILÉGIO EM CONCURSO SINGULAR DE CREDORES

O concurso singular de credores tem lugar quando duas penhoras ocorrem simultaneamente sobre o mesmo bem do devedor-executado, solvente, de modo que se torna necessário estabelecer a ordem de preferência concreta. Não se confunde com o concurso universal, que ocorre na falência, por exemplo, em que todo o patrimônio do devedor insolvente fica reservado ao adimplemento da dívida e uma série de credores são arrolados conjuntamente. Nesse sentido, o STJ decidiu que, em âmbito de concurso singular, a Fazenda tem preferência na habilitação, mesmo que não tenha efetuado prévia constrição do bem. Vejamos:

> "Em concurso singular de credores, a Fazenda Pública possui preferência na habilitação no produto de arrematação de bem, ainda que sem ter perfectibilizado prévia constrição juntamente com os demais credores, estando, todavia, o levantamento deste valor condicionado à ordem de pagamento a ser exarada em demanda que certifique a certeza, a liquidez e a exigibilidade da obrigação encartada no título executivo. Na hipótese de não existir execução fiscal aparelhada, garante-se o exercício do direito do credor privilegiado mediante a reserva da totalidade (ou de parte) do produto da penhora levada a efeito em execução de terceiros" (EREsp. 1.603.324-SC, Rel. Min. Luis Felipe Salomão, Corte Especial, por unanimidade, julgado em 21/09/2022).

APROFUNDANDO! BENS E RENDAS ABSOLUTAMENTE IMPENHORÁVEIS

Vejamos os bens e rendas que a lei declara absolutamente impenhoráveis:

- *Bem de família* – O art. 1º da Lei nº 8.009/90 determina: "O imóvel residencial próprio do casal, ou da entidade familiar, é impenhorável e não responderá por qualquer tipo de dívida civil, comercial, fiscal, previdenciária ou de outra natureza, contraída pelos cônjuges ou pelos pais ou filhos que sejam seus proprietários e nele residam, salvo nas hipóteses previstas nesta lei". O art. 3º estatui: "A impenhorabilidade é oponível em qualquer processo de execução civil, fiscal, previdenciária, trabalhista ou de outra natureza [...]". O bem de família, em princípio, não responde por quaisquer dívidas tributárias. Atendidos os requisitos assinalados na lei, ainda que o proprietário possua diversas dívidas perante o Fisco federal, estadual, distrital ou municipal, o imóvel residencial está a salvo de penhora e da execução fiscal. Não obstante, a parte final do art. 3º fixa as exceções, isto é, situações nas quais o bem de família pode ser penhorado e executado. Dentre elas, encontram-se: (1) os créditos dos trabalhadores da própria residência e das respectivas contribuições previdenciárias; (2) a cobrança de impostos, predial ou territorial, taxas e contribuições devidas em função do imóvel familiar; (3) e o proprietário que, sabendo-se insolvente, adquire de má-fé imóvel mais valioso para transferir a residência familiar, desfazendo-se ou não da moradia antiga (§ 4º);
- *Imóvel rural* – O art. 3º, § 2º, da Lei nº 8.009/90, determina: "Quando a residência familiar constituir-se em imóvel rural, a impenhorabilidade restringir-se-á à sede de moradia, com os respectivos bens móveis e, nos casos do art. 5º, inciso XXVI, da Constituição, à área limitada como pequena propriedade rural". O art. 5º, XXVI, da CF/1988, prescreve: "A pequena propriedade rural, assim definida em lei, desde que trabalhada pela família, não será objeto de penhora para pagamento de débitos decorrentes de sua atividade produtiva,

dispondo a lei sobre os meios de financiar o seu desenvolvimento". Desse modo, se a residência familiar é imóvel rural, duas possibilidades despontam: (1) pequena propriedade ou (2) média/grande propriedade. No primeiro caso, a impenhorabilidade alcança toda a área delimitada como pequena propriedade; no segundo, apenas a sede da moradia, com os respectivos bens móveis. Um problema deve ser apontado quanto à pequena propriedade rural. O texto constitucional determina que sua impenhorabilidade relaciona-se aos "débitos decorrentes de sua atividade produtiva". Pergunta-se: a impenhorabilidade dá-se nos termos da Lei nº 8.009/90, isto é, admitindo-se penhora nos casos de contribuições previdenciárias, ITR (já que se trata de imóvel rural), taxas e contribuição de melhoria, ou, pelo contrário, nos termos da Constituição, quer dizer, sem que se admita nenhuma exceção, já que o texto constitucional silencia esse respeito? Pensamos que a solução deve ser conciliatória: (a) impenhorabilidade nos termos da Lei nº 8.009/90, com as exceções admitidas, caso a dívida não tenha relação com a exploração de atividade econômica produtiva; e (b) impenhorabilidade em face de quaisquer tributos, sem exceção, nos termos da CF/1988, quando a dívida provenha da exploração de atividade econômica produtiva;

- *Artigo 833 do Código de Processo Civil* – O art. 833 do CPC estabelece o rol de bens considerados absolutamente impenhoráveis. São os que escapam ao alcance do Fisco, nos termos do art. 184 do CTN, já que existe disposição expressa de lei a respeito. Com exceção do inciso I, todos os demais estão abrangidos pela norma do CTN. NCPC, art. 833. "São impenhoráveis: II – os móveis, os pertences e as utilidades domésticas que guarnecem a residência do executado, salvo os de elevado valor ou os que ultrapassem as necessidades comuns correspondentes a um médio padrão de vida; III – os vestuários, bem como os pertences de uso pessoal do executado, salvo se de elevado valor; IV – os vencimentos, os subsídios, os soldos, os salários, as remunerações, os proventos de aposentadoria, as pensões, os pecúlios e os montepios, bem como as quantias recebidas por liberalidade de terceiro e destinadas ao sustento do devedor e de sua família, os ganhos de trabalhador autônomo e os honorários de profissional liberal, ressalvado o § 2º; V – os livros, as máquinas, as ferramentas, os utensílios, os instrumentos ou outros bens móveis necessários ou úteis ao exercício da profissão do executado; VI – o seguro de vida; VII – os materiais necessários para obras em andamento, salvo se essas forem penhoradas; VIII – a pequena propriedade rural, assim definida em lei, desde que trabalhada pela família; IX – os recursos públicos recebidos por instituições privadas para aplicação compulsória em educação, saúde ou assistência social; X – a quantia depositada em caderneta de poupança, até o limite de 40 (quarenta) salários-mínimos; XI – os recursos públicos do fundo partidário recebidos por partido político, nos termos da lei; XII – os créditos oriundos de alienação de unidades imobiliárias, sob regime de incorporação imobiliária, vinculados à execução da obra".

30.4 PRESUNÇÃO DE ALIENAÇÃO OU ONERAÇÃO FRAUDULENTAS: ARTIGO 185 DO CTN

O art. 185 do CTN, com redação dada pela LC nº 118/2005, determina:

> **CTN, art. 185.** Presume-se fraudulenta a alienação ou oneração de bens ou rendas, ou seu começo, por sujeito passivo em débito para com a Fazenda Pública, por crédito tributário regularmente inscrito como dívida ativa".
>
> O parágrafo único estatui: "O disposto neste artigo não se aplica na hipótese de terem sido reservados, pelo devedor, bens ou rendas suficientes ao total pagamento da dívida inscrita.

A garantia fundamental do crédito tributário, assim como de qualquer outro crédito, consiste na *solvabilidade* do devedor, isto é, na situação em que seu patrimônio tem capacidade para responder pela totalidade de suas dívidas. Se o sujeito passivo não dispõe de bens ou rendas suficientes ao adimplemento da obrigação tributária, então se põe em risco os interesses do Estado. O art. 185 do CTN tem como objetivo resguardar o Fisco desta possibilidade, quer dizer, do eventual estado de *insolvência* do devedor.

Assim, *presumem-se* fraudulentos os negócios efetuados pelo sujeito passivo tributário que possua dívida em face da Fazenda Pública, quando resultarem na alienação ou oneração de bens ou rendas (ou ainda apenas o *começo* desta alienação ou oneração), *desde que o débito tenha sido inscrito em dívida ativa*. Antes da inscrição pode até ser que ocorre fraude contra a Fazenda, no entanto, *não haverá presunção*.

Luciano Amaro observa: "Se o sujeito passivo, tendo débito inscrito, aliena bens ou rendas, a presunção legal de fraude torna *ineficaz* o ato praticado, não importando se o devedor o praticou a título *oneroso* ou *gratuito*" (AMARO, 2011, p. 500). Assim, por exemplo, se uma pessoa natural com crédito tributário inscrito em dívida ativa começa a doar seus bens e direitos a seus filhos ou netos, *presumem-se* fraudulentos tais atos, de maneira que se consideram de pleno direito *ineficazes*, como se não tivessem produzido qualquer efeito.

A redação original do art. 185 possuía o seguinte enunciado: "Presume-se fraudulenta a alienação ou oneração de bens ou rendas, ou seu começo, por sujeito passivo em débito para com a Fazenda Pública por crédito tributário regularmente inscrito como dívida ativa *em fase de execução*".

Note-se que, *antes* da LC nº 118/2005, a *presunção de fraude* ocorria se a alienação ou oneração de bens e rendas tivesse lugar com o crédito inscrito em dívida ativa, porém, *já em fase de execução*. Era necessário que o processo de execução fiscal já tivesse sido instaurado contra o sujeito passivo.

Com a nova redação, o marco temporal a partir do qual se *presume* fraudulenta a alienação ou oneração de bens e rendas ocorre com a *inscrição em dívida ativa*. A lei *antecipou* o momento.

Ressalte-se uma vez mais: nada impede que anteriormente à inscrição, a oneração de bens e rendas pelo sujeito passivo seja fraudulenta. Ocorre que, apenas a partir da *inscrição em dívida ativa*, passa a valer a *presunção* de fraude.

Regina Helena Costa esclarece: "Pode-se figurar igualmente a hipótese de caracterizar-se a intenção de fraudar o Fisco ainda em momento anterior ao da inscrição do débito em Dívida Ativa. Nesse caso, porém, a Fazenda Pública não poderá contar com a facilidade que a presunção, como instrumento de praticabilidade, lhe proporciona, cabendo-lhe demonstrá-lo integralmente" (COSTA, 2014, p. 319).

Em suma, tais são os *requisitos* para que a *presunção de fraude* tenha lugar:

- *Sujeito passivo em débito com a Fazenda* – É necessário que o sujeito passivo esteja em *débito* para com a Fazenda Pública. Isso torna a aplicação do dispositivo mais difícil em casos de imunidade e isenção porque, nestas hipóteses, eventual débito terá como origem apenas a prática de infrações, haja vista que o fato gerador não pode, logicamente, ocorrer;
- *Alienação ou oneração de bens ou rendas ou seu começo* – A alienação ou oneração, ou ainda apenas seu *começo*, pode dar-se a título *gratuito* ou *oneroso*. Se o sujeito passivo passa a *vender* seus bens por preços muito *inferiores* aos de mercado, então se coloca em situação de *insolvência* e tem lugar a *presunção* de fraude, desde que o débito esteja *inscrito em dívida ativa*. Registre-se, a propósito, importante observação de Luciano Amaro: "Note-se que, à vista desse dispositivo, não é necessário que o devedor mantenha bens *imóveis*; nem mesmo se exige a manutenção de *bens*; o devedor pode despojar-se de todos os seus bens, desde que suas *rendas* sejam suficientes para o pagamento da dívida [...] Se alguém, devedor de 1.000,00, aliena o único imóvel que possui por 5.000,00, e aplica os recursos em depósitos bancários, não há por que se falar em fraude, mesmo porque o próprio parágrafo único do art. 185 a afasta, nessa hipótese" (AMARO, 2011, p. 502);
- *Inscrição em dívida ativa* – Uma vez mais, insista-se: a presunção de fraude tem início caso o crédito tributário tenha sido *inscrito em dívida ativa*. Antes, não. Pode até ocorrer fraude em momento anterior, contudo, nesse caso, não há presunção. Por outro lado, *não* é necessário aguardar o início da *execução fiscal*, como ocorria na redação anterior. A inscrição em dívida ativa é o marco inicial;
- *Ciência por parte do sujeito passivo* – Eduardo Sabbag chama a atenção para um requisito importante sem o qual a presunção de fraude não se caracteriza: a ciência, por parte do sujeito passivo, quanto à inscrição do crédito em dívida ativa. O autor observa: "A presunção de fraude só se integraliza nos casos em que houve prévia ciência oficial do ato de inscrição, a partir do qual 'o presumir' adquire ares de definitividade, tornando-se absoluto [...] Assim, hodiernamente, para a configuração da fraude basta a inscrição do crédito tributário em dívida ativa e sua regular notificação ao contribuinte-devedor, por meio de comunicação formal" (SABBAG, 2014, p. 996).

Questão que se coloca é a de saber se a presunção estabelecida pelo art. 185 é *relativa* ou *absoluta*, isto é, se admite ou não prova em contrário. Na doutrina, prevalece o primeiro ponto de vista, quer dizer, a opinião da que a presunção é relativa e admite que o sujeito passivo produza prova contrária.

Paulo de Barros Carvalho anota: "A presunção de fraude também não é absoluta, segundo acreditamos. Uma série de razões pode ser levantada para demonstrar que independeu da vontade do devedor. Todavia, a prova haverá de ser rigorosa e contundente. Caso contrário, prevalecerá o aspecto de fraude presumida" (CARVALHO, 2012, p. 656).

Registre-se, contudo, posição contrária e veemente de Hugo de Brito Machado: "Tal presunção é absoluta. Uma presunção *de direito* contra a qual não cabe nenhuma espécie de prova" (MACHADO, 2005, p. 673). Este, aliás, é o posicionamento do STJ. Em julgamento proferido no ano de 2010, a Primeira Seção assentou:

> "A natureza jurídica tributária do crédito conduz a que a simples alienação ou oneração de bens ou rendas, ou seu começo, pelo sujeito passivo por quantia inscrita em dívida ativa, sem a reserva de meios para quitação do débito, gera *presunção absoluta* (*jure et de jure*) de fraude à execução (lei especial que se sobrepõe ao regime do direito processual civil) [...]". "A fraude de execução prevista no artigo 185 do CTN encerra *presunção jure et de jure*, conquanto componente do elenco das 'garantias do crédito tributário'" (STJ, REsp nº 1.141.990/PR, 2010).

Finalmente, o parágrafo único do art. 185 determina: "O disposto neste artigo não se aplica na hipótese de terem sido reservados, pelo devedor, bens ou rendas suficientes ao total pagamento da dívida inscrita".

O art. 185 do CTN, como dissemos, tem em mira a possibilidade de *insolvência* do sujeito passivo, isto é, de que seu patrimônio não seja suficiente ao pagamento da dívida tributária. Se, no entanto, o devedor *reserva* bens ou rendas suficientes ao *total* pagamento da dívida inscrita, então não há que se falar em fraude e, tampouco, de *presunção* desta. Neste caso, pode alienar ou onerar livremente seus bens e rendas, sem qualquer problema.

A redação antiga do parágrafo único dispunha o seguinte: "O disposto neste artigo não se aplica na hipótese de terem sido reservados pelo devedor bens ou rendas suficientes ao total pagamento da dívida *em fase de execução*". Com o advento da LC nº 118/2005, foi dada nova redação, fixando-se como marco temporal a *inscrição em dívida ativa*. Desse modo, se o sujeito passivo reserva bens suficientes ao pagamento *total* da dívida tributária, então a alienação ou oneração de bens e rendas inscritos em dívida ativa *não* acarreta presunção de fraude.

Em suma, como afirma Luciano Amaro, "a presunção só cabe se a alienação puser o sujeito passivo em situação de insolvabilidade. Se o devedor possui outros bens que possam garantir a execução, então não há motivo para impedir que negocie livremente com algum bem de seu patrimônio" (AMARO, 2011, p. 501).

30.5 INDISPONIBILIDADE DE BENS E DIREITOS: ARTIGO 185-A DO CTN

O art. 185-A do CTN, incluído pela LC 118/2005, estabelece:

> **CTN, art. 185-A.** Na hipótese de o devedor tributário, devidamente citado, não pagar nem apresentar bens à penhora no prazo legal e não forem encontrados bens penhoráveis, o juiz determinará a indisponibilidade de seus bens e direitos, comunicando a decisão,

preferencialmente por meio eletrônico, aos órgãos e entidades que promovem registros de transferência de bens, especialmente ao registro público de imóveis e às autoridades supervisoras do mercado bancário e do mercado de capitais, a fim de que, no âmbito de suas atribuições, façam cumprir a ordem judicial.

§ 1º. A indisponibilidade de que trata o *caput* deste artigo limitar-se-á ao valor total exigível, devendo o juiz determinar o imediato levantamento da indisponibilidade dos bens ou valores que excederem esse limite.

§ 2º. Os órgãos e entidades aos quais se fizer a comunicação de que trata o *caput* deste artigo enviarão imediatamente ao juízo a relação discriminada dos bens e direitos cuja indisponibilidade houverem promovido.

De acordo com o art. 185-A, *caput*, primeira parte, na "hipótese de o devedor tributário, *devidamente citado*, não pagar nem apresentar bens à penhora no prazo legal e não forem encontrados bens penhoráveis", deverá o juiz determinar a indisponibilidade de seus bens.

O dispositivo pressupõe que *processo de execução fiscal* tenha sido devidamente instaurado contra o sujeito passivo tributário, nos termos da Lei nº 6.830/80 (Lei de Execuções Fiscais - LEF). Veremos que, após a inscrição do crédito tributário em dívida ativa (CTN, art. 201), a Fazenda Pública extrai a respectiva certidão (CDA) e pode, a partir de então, ingressar com a execução fiscal em face do devedor.

Nos termos do art. 8º da LEF, "o executado será citado para, no prazo de 5 dias, pagar a dívida com os juros e multa de mora e encargos indicados na Certidão de Dívida Ativa, ou garantir a execução [...]".

Caso opte por não pagar, pois pretende discutir a cobrança por meio de *embargos*, o executado pode *garantir a execução*, nos termos do art. 9º, efetuando depósito em dinheiro, oferecendo fiança bancária, nomeando bens à penhora ou indicando à penhora bens oferecidos por terceiros.

De acordo com o art. 10, no entanto, "não ocorrendo o pagamento, nem a garantia da execução de que trata o artigo 9º, a penhora poderá recair em qualquer bem do executado, exceto os que a lei declare absolutamente impenhoráveis".

Se o executado permanece *inerte*, deixando de pagar ou de garantir a execução, o oficial de justiça deve procurar e penhorar *quaisquer* bens do devedor, exceto os absolutamente impenhoráveis.

O objetivo do art. 185-A do CTN é fortalecer as medidas existentes de satisfação do crédito tributário, evitando que o patrimônio do devedor seja dilapidado em detrimento do interesse do credor. Registre-se que a indisponibilidade de bens, prevista no art. 185-A do CTN não se confunde com a penhora on-line. Enquanto a indisponibilidade tem natureza de direito material com função conservativa, a penhora on-line tem caráter estritamente executivo, recaindo sobre objeto certo e individualizado. Para ser deferida a indisponibilidade de bens em processos de execução fiscal, a Fazenda Pública deverá comprovar o esgotamento de diligências em busca de bens penhoráveis.

Foi nesse sentido que a Primeira Seção do Superior Tribunal de Justiça julgou na sistemática de recursos repetitivos (tema 714), estabelecendo os pressupostos para o deferimento da indisponibilidade de bens na execução fiscal:

> As disposições do art. 185-A do CTN abrangerão todo e qualquer bem ou direito do devedor, observado como limite o valor do crédito tributário, e dependerão do preenchimento dos seguintes requisitos: (i) citação do executado; (ii) inexistência de pagamento ou de oferecimento de bens à penhora no prazo legal; e, por fim, (iii) não forem encontrados bens penhoráveis. A aplicação da referida prerrogativa da Fazenda Pública pressupõe a comprovação de que, em relação ao último requisito, houve o esgotamento das diligências para localização de bens do devedor. Resta saber, apenas, se as diligências realizadas pela exequente e infrutíferas para o que se destinavam podem ser consideradas suficientes a permitir que se afirme, com segurança, que não foram encontrados bens penhoráveis, e, por consequência, determinar a indisponibilidade de bens. O deslinde de controvérsias idênticas à dos autos exige do magistrado ponderação a respeito das diligências levadas a efeito pelo exequente, para saber se elas correspondem, razoavelmente, a todas aquelas que poderiam ser realizadas antes da constrição consistente na indisponibilidade de bens. A análise razoável dos instrumentos que se encontram à disposição da Fazenda permite concluir que houve o esgotamento das diligências quando demonstradas as seguintes medidas: (i) acionamento do Bacen Jud; e (ii) expedição de ofícios aos registros públicos do domicílio do executado e ao Departamento Nacional ou Estadual de Trânsito – DENATRAN ou DETRAN (STJ, Primeira Seção, REsp 1377507/SP, 02/12/2014).

Posicionamento que, após consolidado, foi materializado na Súmula 560 do STJ:

> ***Súmula nº 560 do STJ:*** "A decretação da indisponibilidade de bens e direitos, na forma do art. 185-A do CTN, pressupõe o exaurimento das diligências na busca por bens penhoráveis, o qual fica caracterizado quando infrutíferos o pedido de constrição sobre ativos financeiros e a expedição de ofícios aos registros públicos do domicílio do executado, ao Denatran ou Detran".

Nesse caso, deverá haver a citação do devedor e, mesmo após ele ter se mantido inerte na indicação de bens para garantir o juízo, deverá haver tentativas, por parte do exequente, para encontrar bens suscetíveis de penhora. Após o cumprimento dessas etapas, o juiz determinará a indisponibilidade de seus bens e direitos, comunicando a decisão, preferencialmente por meio eletrônico, aos órgãos e entidades que promovem registros de transferência de bens, especialmente ao registro público de imóveis e às autoridades supervisoras do mercado bancário e do mercado de capitais, a fim de que, no âmbito de suas atribuições, façam cumprir a ordem judicial.

30.6 PREFERÊNCIA DO CRÉDITO TRIBUTÁRIO: ARTIGO 186 DO CTN

O art. 186 do CTN, com redação dada pela Lei Complementar nº 118/2005, estabelece:

> **CTN, art. 186.** O crédito tributário prefere a qualquer outro, seja qual for sua natureza ou o tempo de sua constituição, ressalvados os créditos decorrentes da legislação do trabalho ou do acidente de trabalho.
>
> Parágrafo único. Na falência:
>
> I – o crédito tributário não prefere aos créditos extraconcursais ou às importâncias passíveis de restituição, nos termos da lei falimentar, nem aos créditos com garantia real, no limite do valor do bem gravado;
>
> II – a lei poderá estabelecer limites e condições para a preferência dos créditos decorrentes da legislação do trabalho; e
>
> III – a multa tributária prefere apenas aos créditos subordinados.

Logo se percebe que a *preferência* do crédito tributário lida com duas situações distintas para as quais a disciplina jurídica é diferente:

- Preferência do crédito em geral, contra pessoas naturais ou pessoas jurídicas *sem* processo de falência instaurado e;
- Preferência do crédito *com* o processo de falência instaurado contra a pessoa jurídica devedora.

A) Preferência do crédito de modo geral: art. 186, "caput", do CTN

O art. 186, *caput*, do CTN, determina que "o crédito tributário prefere a qualquer outro, seja qual for sua natureza ou o tempo de sua constituição, *ressalvados* os créditos decorrentes da legislação do trabalho ou do acidente de trabalho".

De acordo com o Código, o crédito tributário goza de status especial e tem preeminência, quer dizer, impõe-se a todos os demais créditos, seja qual for a natureza ou o tempo de constituição, *exceto os decorrentes da legislação do trabalho ou do acidente do trabalho.* Se, por exemplo, uma pessoa natural possui dívidas simultâneas com a Fazenda Pública municipal, a escola de seus filhos, estabelecimentos comerciais etc., o crédito tributário deve ser pago em primeiro lugar, independentemente da situação dos demais credores, isto é, de verem ou não satisfeitos seus créditos.

Ademais, Luciano Amaro ressalta: "Não importa a *data* de constituição dos créditos: ainda que um crédito civil, por exemplo, seja *anterior* ao tributário, a preferência, em regra, é deste" (AMARO, 2011, p. 503).

Esta *preferência* decorre do *princípio da supremacia do interesse público sobre o privado*. Como o crédito tributário tem a vocação de se transformar em *receita pública* e esta, por sua vez, é a fonte dos recursos financeiros por meio dos quais o Estado cumpre seus deveres constitucionais, a preferência por honrar a dívida tributária vincula-se à necessidade de garantir os recursos necessários às despesas da comunidade.

Ainda de acordo com o CTN, o crédito tributário somente *não* prefere:

- *Aos créditos decorrentes da legislação do trabalho* – Os créditos trabalhistas possuem natureza alimentar, ou seja, são essenciais à manutenção da vida dos trabalhadores e de suas famílias. A ligação com o princípio da dignidade da pessoa humana é imediata. Hugo de Brito Machado observa: "Esse créditos têm privilégio absoluto por entender-se que os seus titulares merecem tal proteção especial da lei em face da posição econômica e social que ocupam" (MACHADO, 2011, p. 242);

- *Aos créditos decorrentes do acidente do trabalho* – O acidente do trabalho é um sinistro social, um risco ao qual se submete o trabalhador ao executar atividade laboral e que tem o potencial de impedi-lo de trabalhar. Portanto, este crédito *prefere*, quer dizer, deve ser pago *antes* do crédito tributário. Atente-se para o fato de que, antes da LC 118/2005, o art. 186 resumia-se apenas a seu *caput* e ostentava o seguinte enunciado: "O crédito tributário prefere a qualquer outro, seja qual for a natureza ou o tempo da constituição deste, *ressalvados* os *créditos decorrentes da legislação do trabalho*". A redação original colocava apenas os créditos decorrentes da legislação do trabalho antes dos créditos tributários. Não havia menção aos créditos decorrentes de acidente do trabalho. Com a nova redação, também estes têm preferência em face da dívida tributária.

B) Preferência do crédito tributário na falência: artigo 186, parágrafo único, do CTN

No sentido mais comum, falência significa a quebra ou bancarrota de um empresário. Ocorre quando este possui dívidas que, somadas, alcançam valor mais elevado do que o seu patrimônio. Em termos jurídicos, significa o processo judicial mediante o qual se executa o patrimônio do empresário ou da sociedade empresarial, garantindo-se, dentro do possível, os interesses de um ou mais credores.

Hugo de Brito Machado esclarece: "A falência é um processo de execução coletiva, cujo objetivo é a liquidação do patrimônio da empresa falida e o pagamento de seus credores. Com a decretação da falência a empresa passa a se denominar massa falida. Para a liquidação do patrimônio desta, para a transformação desse patrimônio em dinheiro e consequente pagamento aos credores, é indispensável a prática de uma série de atos. Em casos especiais pode até a massa falida desenvolver atividade lucrativa, objetivando minimizar prejuízos" (MACHADO, 2011, p. 245).

A falência está disciplinada pela Lei nº 11.101/2005. De acordo com o art. 75, o processo, "ao promover o afastamento do devedor de suas atividades, visa a preservar e otimizar a utilização produtiva dos bens, ativos e recursos produtivos, inclusive os intangíveis, da empresa".

Veja-se que, em princípio, busca-se manter a atividade produtiva para que os credores possam ter acesso às quantias relativas às suas dívidas. Se isto não for possível, tem-se, ao final, a extinção da pessoa jurídica.

A LC 118/2005 teve como objetivo "adaptar" o CTN às alterações provocadas pela Lei nº 11.101/2005 no regime jurídico de certos institutos tributários. *Uma vez que a falência tenha sido decretada, altera-se a disciplina jurídica de preferência do crédito tributário*. No lugar de se aplicar o *caput* do art. 186, aplica-se seu parágrafo único. De acordo com o dispositivo, na falência:

- O crédito tributário *não prefere* aos *créditos extraconcursais* ou às *importâncias passíveis de restituição*, nos termos da lei falimentar, nem aos *créditos com garantia real*, no limite do valor do bem gravado;
- A lei poderá estabelecer limites e condições para a preferência dos créditos decorrentes da legislação do trabalho;
- A multa tributária prefere apenas aos créditos subordinados".

Hugo de Brito Machado observa: "A grande novidade consistiu em colocar os créditos com garantia real fora do alcance da preferência. A inovação tem sido defendida ao argumento de que vai reduzir os juros bancários, na medida em que reduz os riscos. Isto pode até ser correto, mas ninguém duvida de que a novidade pode ensejar práticas danosas aos interesses da Fazenda Pública" (MACHADO, 2011, p. 242).

Explica-se: crédito com garantia real é, por exemplo, o empréstimo concedido por instituição bancária que tem como contrapartida hipoteca que recai sobre o imóvel do devedor. Se este não consegue pagar a dívida, o banco leva o imóvel a leilão de toma o dinheiro para si. Na falência, a nova lei colocou o crédito dos bancos antes do crédito tributário. Garante-se, primeiro, o dinheiro do banqueiro e, apenas depois, a quantia devida ao Estado.

30.7 NÃO SUJEIÇÃO A CONCURSO DE CREDORES: ARTIGO 187 DO CTN

O art. 187 do CTN, com redação dada pela LC 118/2005, estabelece:

> **Art. 187.** A cobrança judicial do crédito tributário não é sujeita a concurso de credores ou habilitação em falência, recuperação judicial, concordata, inventário ou arrolamento.
> Parágrafo único. O concurso de preferência somente se verifica entre pessoas jurídicas de direito público, na seguinte ordem:
>
> I – União;
>
> II – Estados, Distrito Federal e Territórios, conjuntamente e pró rata;
>
> III – Municípios, conjuntamente e pró rata.

A) O concurso propriamente dito

Em termos mais rigorosos, o concurso de credores existe apenas no caso de *devedor insolvente*, isto é, aquele cujo patrimônio é insuficiente para arcar com a totalidade das dívidas que contraiu.

Se o devedor é solvente, ou seja, possui bens cujo valor se iguala ou ultrapassa as dívidas contraídas, obviamente haverá "concurso de credores", mas, neste caso, não haverá conflito entre estes porque todos os seus créditos serão atendidos. Na insolvência, pelo contrário, como o patrimônio é insuficiente, é necessário observar uma *ordem* imposta legalmente para o recebimento dos créditos. Caso contrário, os credores poderiam controverter entre si. Justamente por isso, o art. 186 fixa as *preferências* do crédito tributário fora e dentro da falência.

Sacha Calmon Navarro Coêlho registra: "A comunhão de credores em face do devedor, quando este é solvente e possui bens suficientes para satisfazer a todos, não implica concurso. Contudo, quando o devedor é insolvente ou não tem condições de solver a tempo e hora os seus débitos, ocorre o concurso. Os credores de *ajuntam* e repartem as sobras o mais igualmente possível. Para tanto, é preciso *reuni-los* em torno de um juízo, por isso mesmo concentrador" (COÊLHO, 2009, p. 808).

Ao estabelecer que "a cobrança judicial do crédito tributário não se sujeita a concurso de credores", o art. 187 determina que a Fazenda Pública não precisa se *reunir* com outros credores, não tendo de *ajuntar-se* em torno de um juízo único e concentrador para receber seus créditos.

Pois bem, as Fazendas Públicas não participam do concurso de credores e não precisam se habilitar em processo de falência, recuperação judicial, inventário ou arrolamento. Elas mesmas inscrevem seus créditos em dívida ativa, extraem as respectivas certidões e promovem suas execuções independentemente da existência de outras ações judiciais em que credores buscam a satisfação de seus créditos.

Isso não significa, obviamente, que a Fazenda Pública sempre terá sua pretensão satisfeita. É importante não confundir as *preferências* (CTN, art. 186) do crédito tributário com a *não participação* do Fisco em concurso de credores, habilitação em falência etc. (CTN, art. 187).

O sucesso ou insucesso do Estado na obtenção de seus créditos depende da qualidade dos outros credores e da ordem de preferência em cada caso específico. Assim, por exemplo, a ordem de preferências é diferente conforme exista ou não falência decretada.

Regina Helena Costa esclarece: "Já a execução do crédito tributário independe, para a sua regular tramitação, da existência de outros credores que igualmente reclamem a satisfação de seus direitos do mesmo devedor. Em outras palavras, o crédito tributário não está sujeito a habilitação nos juízos universais mencionados na norma, garantindo-se à Fazenda Pública o direito de executá-lo mediante ação própria – a execução fiscal" (Lei n. 6.830, de 1980) (COSTA, 2014, p. 322).

Em caso de falência, duas possibilidades se abrem:

- A execução fiscal é instaurada *antes* da decretação da falência ou;
- A execução fiscal tem lugar *depois* que esta decretação ocorreu. Conforme o caso, duas são as soluções.

Na primeira hipótese, em que a execução fiscal tem lugar *antes* da decretação da falência, o ponto de vista adotado pelo STJ é sensivelmente diferente. A autonomia da execução fiscal prevalece, evidentemente; no entanto, cabe ao juízo da falência decidir sobre a ordem de preferência. À luz das especificidades do regime falimentar, a Corte entende que o produto obtido ao fim da execução fiscal deve ser remetido ao juízo da falência para que este distribua os valores conforme as preferências.

Apenas no caso de sobrarem recursos suficientes, obedecida a ordem da Lei nº 11.101/2005, combinada com o art. 186 do CTN, a Fazenda tem acesso aos recursos. A decisão é da Corte Especial:

> A decretação da falência não paralisa o processo de execução fiscal, nem desconstitui a penhora. A execução continuará a se desenvolver, até à alienação dos bens penhorados. Os créditos fiscais não estão sujeitos a habilitação no juízo falimentar, mas não se livram de classificação, para disputa de preferência com créditos trabalhistas (Dl. 7.661/45, Art. 126). Na execução fiscal contra falido, o dinheiro resultante da alienação de bens penhorados deve ser entregue ao juízo da falência, para que se incorpore ao monte e seja distribuído, observadas as preferências e as forças da massa (STJ, REsp. nº 188.148/RS, 2002).

Em suma, a jurisprudência do STJ varia conforma o momento em que a execução fiscal foi instaurada: *antes* ou *depois* da decretação da falência. No primeiro caso, a execução prossegue normalmente e a quantia obtida deve ser remetida ao juízo falimentar; no segundo, faz-se a penhora no rosto dos autos da falência, que prossegue normalmente. Se, ao final, restar alguma quantia, remete-se à Fazenda Pública.

APROFUNDANDO! LEGITIMIDADE DA FAZENDA PÚBLICA PARA PEDIR A FALÊNCIA DO DEVEDOR E HABILITAÇÃO DO CRÉDITO NOS AUTOS DO PROCESSO FALIMENTAR

Uma vez que os créditos tributários não se submetem à habilitação em falência, é de se perguntar sobre a legitimidade da Fazenda Pública para requerer a decretação da quebra. A doutrina, de modo geral, inclina-se pela *negativa*. Luís Eduardo Schoueri esclarece: "Desta forma, não cabe ao Fisco pedir a falência do devedor: seu crédito não é habilitado. Ele goza de preferência. Como bem se viu no Superior Tribunal de Justiça, seria ilógico o Fisco pedir a falência do contribuinte para, em seguida, informar que o crédito não será habilitado no processo" (SCHOUERI, 2012, p. 769). Há manifestação da Primeira Turma:

> "Afigura-se impróprio o requerimento de falência do contribuinte comerciante pela Fazenda Pública, na medida em que esta dispõe de instrumento específico para cobrança do crédito tributário. Ademais, revela-se ilógico o pedido de quebra, seguido de sua decretação, para logo após informar-se ao Juízo que o crédito tributário não se submete ao concurso falimentar, consoante dicção do art. 187 do CTN. O pedido de falência não pode servir de instrumento de coação moral para satisfação de crédito tributário (STJ, REsp. nº 287.824/MG, 2006).

É de se questionar se o comando inserto no art. 187, *caput*, do CTN, impõe um *dever* ou uma *faculdade* à Fazenda Pública. Se o primeiro entendimento prevalecer, então o pronunciamento da Segunda Turma, acima transcrito, está equivocado. Como vimos, o dispositivo determina que "a cobrança judicial do crédito tributário *não é sujeita* a concurso de credores ou *habilitação em falência* [...]". Portanto, em princípio, parece que a Fazenda *não* tem a prerrogativa de optar pela habilitação nos autos da falência ou pelo ingresso com a ação de execução fiscal. A última deve prevalecer. Ocorre que a Primeira Turma do Superior Tribunal de Justiça entendeu que é possível a coexistência da habilitação de crédito no processo falimentar com a execução fiscal sem garantia, desde que a Fazenda Pública se abstenha de requerer a constrição de bens em relação ao executado que também figure no polo passivo da ação falimentar. Com esse entendimento, o colegiado deu parcial provimento a recurso da Fazenda Nacional contra acórdão do Tribunal de Justiça de São Paulo que negou o pedido do fisco para habilitação de crédito na falência de uma empresa, pois estava pendente execução fiscal em relação à mesma sociedade. (REsp 1831186).

B) Concurso entre Fazendas Públicas: artigo 187, parágrafo único, do CTN

Vimos que, em sentido rigoroso, concurso de credores só existe quando se trata de devedor insolvente. O art. 187, *caput*, determina que as Fazendas Públicas não se submetam a concurso de credores, isto é, seus créditos são cobrados judicialmente de maneira autônoma, por meio das respectivas ações execução fiscal.

Há, no entanto, concurso de preferência *entre os entes federativos*. De acordo com o CTN, em primeiro lugar devem ser pagas as dívidas que o devedor tem perante a União; depois, as dívidas em face dos Estados, Distrito Federal e Territórios, conjuntamente e pro rata, isto é, proporcionalmente à dívida de cada um; finalmente, o que restar fica com os Municípios, conjuntamente e também pro rata.

É necessário que as execuções fiscais de cada ente federativo tenham sido efetivamente propostas contra o devedor e que seus bens tenham sido gravados por múltiplas penhoras. Não se admite, simplesmente, que determinada Fazenda intervenha na execução movida por outra e pretenda fazer valer a preferência de seu crédito.

Finalmente, para boa parte da doutrina os arts. 187, parágrafo único, do CTN, e 29, parágrafo único, da Lei de Execuções Fiscais, são inconstitucionais. Os dispositivos violam claramente o princípio federativo, especialmente o postulado de isonomia entre os entes federados. Além do mais, o art. 19, III, da Constituição, proíbe expressamente que a União, Estados, DF e Municípios criem preferências entre si.

JURISPRUDÊNCIA DO STF – INEXISTÊNCIA DE HIERARQUIA ENTRE ENTES FEDERATIVOS

O Supremo Tribunal Federal finalmente apreciou este dispositivo legal, reconhecendo a ofensa à Constituição Federal, mais especificamente ao fato de inexistir hierarquia entre os entes federativos:

> "A definição de hierarquia na cobrança judicial dos créditos da dívida pública da União aos Estados e Distrito Federal e esses aos Municípios descumpre o princípio federativo e contraria o inc. III do art. 19 da Constituição da República de 1988. (...) Cancelamento da Súmula n. 563 deste Supremo Tribunal editada com base na Emenda Constitucional n. 1/69 à Carta de 1967 (...) Arguição de descumprimento de preceito fundamental julgada procedente para declarar não recepcionadas pela Constituição da República de 1988 as normas previstas no parágrafo único do art. 187 da Lei n. 5.172/1966 (Código Tributário Nacional) e no parágrafo único do art. 29 da Lei n. 6.830/1980 (Lei de Execuções Fiscais). (ADPF 357, Relator(a): Cármen Lúcia, Tribunal Pleno, julgado em 24/06/2021).

A partir deste julgamento, as Súmulas 563 do STF e 497 do STJ foram canceladas, consolidando o entendimento no âmbito dos tribunais superiores a respeito da inexistência de hierarquia entre os entes federativos.

30.8 CRÉDITOS TRIBUTÁRIOS EXTRACONCURSAIS: ARTIGO 188 DO CTN

O art. 188, *caput*, do CTN, com redação dada pela LC 118/2005, determina:

> **CTN, art. 188.** São extraconcursais os créditos tributários decorrentes de fatos geradores ocorridos no curso do processo de falência.
>
> § 1º Contestado o crédito tributário, o juiz remeterá as partes ao processo competente, mandando reservar bens suficientes à extinção total do crédito e seus acrescidos, se a massa não puder efetuar a garantia da instância por outra forma, ouvido, quanto à natureza e valor dos bens reservados, o representante da Fazenda Pública interessada.
>
> § 2º O disposto neste artigo aplica-se aos processos de concordata.

Os créditos extraconcursais, no regime da Lei nº 11.101/2005, estão previstos no art. 84 e devem ser pagos antes dos créditos concursais que se situam-se no art. 83. O enquadramento do crédito tributário em uma ou outra categoria depende, assim, do momento em que o fato gerador é praticado:

- *Antes da decretação da falência* – Se o fato gerador foi praticado *antes* da decretação da falência, então foi praticado pela *pessoa jurídica*. O crédito tributário daí decorrente transforma-se em *crédito concursal*, nos termos do art. 83, III, e cede espaço aos créditos trabalhistas até o limite de 150 salários mínimos, os decorrentes de acidente do trabalho e os com garantia real, até o limite do valor do bem gravado;
- *Depois da decretação da falência* – Os fatos geradores praticados *depois* que a falência foi decretada o foram pela *massa falida*. Esta ocupa a sujeição passiva. Os créditos que daí decorrem qualificam-se como *extraconcursais* e devem ser recolhidos com preferência relativamente aos créditos previstos no art. 83 da Lei de Falências. "Isso quer dizer" – explica Hugo de Brito Machado – "que esses créditos devem ser satisfeitos diretamente pela massa falida, tal como o faz com relação ao pagamento de salários, de compras, enfim, das obrigações que vão surgindo ao longo do processo em decorrência de atividade no mesmo desenvolvida" (MACHADO, 2005, p. 710).

Nos termos do § 1º, uma vez que o crédito tenha sido contestado, deve o juiz remeter as partes ao processo competente, mandando reservar bens suficientes à sua extinção total, bem como de seus acrescidos, se a massa não puder efetuar a garantia da instância por outra forma, ouvido, quanto à natureza e valor dos bens reservados, o representante da Fazenda Pública interessada.

O crédito tributário que decorre da prática de fato gerador *posterior* à decretação da falência é crédito extraconcursal. No entanto, não perde sua natureza de crédito *tributário*, de acordo o art. 183, parágrafo único, do CTN: "A natureza das garantias atribuídas ao crédito tributário não altera a natureza deste nem a da obrigação tributária a que corresponda".

É possível, portanto, que a massa falida, como sujeito passivo da relação obrigacional tributária, questione-a juridicamente, em âmbito administrativo ou judicial. Pode ser que o fato não se qualifique como gerador; que a alíquota aplicada não seja aquela prevista em lei; que exista isenção, enfim, um sem número de questões.

Em tais circunstâncias, o juízo da falência *não* tem competência para julgar, devendo remeter a causa ao juízo competente, que decidirá a questão. Note-se, contudo, que, uma vez que exista execução fiscal, a quantia deve ser apurada e remetida ao juízo da falência para que este proceda à distribuição dos valores; ou, como admite o STJ, a própria Fazenda pode habilitar seu crédito junto ao juízo falimentar.

É possível, ademais, que a massa falida continue exercendo a atividade econômica desenvolvida pela pessoa jurídica antes da decretação da falência. Neste caso, a impugnação da cobrança fica condicionada ao oferecimento de garantia, isto é, de dinheiro, bens móveis ou imóveis que deem conta da dívida.

Caso contrário, se a massa não estiver desenvolvendo nenhuma atividade econômica, então deve o juiz determinar que se *reserve* bens suficientes à extinção total do crédito e seus acrescidos, como juros, multas etc.

Finalmente, sabemos que os bens *absolutamente impenhoráveis não* servem como garantia do crédito tributário (CTN, art. 184). Além do mais, pode ocorrer de a massa oferecer um bem cujo valor, na opinião de seus representantes, seja suficiente à extinção do crédito, porém, na realidade de mercado, não o seja.

Por isso, o representante judicial da Fazenda Pública, isto é, o *procurador da Fazenda*, deve ser ouvido pelo juiz, para que se manifeste sobre a natureza e valor das garantias oferecidas. O procurador deve atuar no sentido de preservar os interesses da Fazenda e, dependendo do caso, o juiz pode determinar à massa que substitua o bem oferecido como garantia.

30.9 PREFERÊNCIA DO CRÉDITO EM CASO DE INVENTÁRIO, ARROLAMENTO E LIQUIDAÇÃO DE PESSOA JURÍDICA DE DIREITO PRIVADO

Os artigos 189 e 190 do CTN dispõem:

> **CTN, art. 189.** São pagos preferencialmente a quaisquer créditos habilitados em inventário ou arrolamento, ou a outros encargos do monte, os créditos tributários vencidos ou vincendos, a cargo do de cujus ou de seu espólio, exigíveis no decurso do processo de inventário ou arrolamento.
>
> Parágrafo único. Contestado o crédito tributário, proceder-se-á na forma do disposto no § 1º do artigo anterior.
>
> **Art. 190.** São pagos preferencialmente a quaisquer outros os créditos tributários vencidos ou vincendos, a cargo de pessoas jurídicas de direito privado em liquidação judicial ou voluntária, exigíveis no decurso da liquidação.

A) Inventário e arrolamento: artigo 189 do CTN

Hugo de Brito Machado explica: "*Inventário* é o processo no qual se formaliza a transmissão dos bens decorrentes da sucessão por causa da morte. *Arrolamento* é um inventário com procedimento simplificado, que se realiza em casos especiais previstos na lei civil" (MACHADO, 2005, p. 714, 715).

Ao estudarmos a responsabilidade tributária pessoal (CTN, art. 131), vimos que o *espólio* responde pelos tributos devidos pelo *de cujus* até a data de abertura da sucessão. Após esta data e até a partilha – momento em que a propriedade dos bens é formalmente transferida aos sucessores –, caso ocorra a prática de algum fato gerador, o espólio tem o dever de recolher o tributo na qualidade de contribuinte. O *inventariante* é a pessoa encarregada de conduzir o processo de inventário e arrolamento e assume todas as responsabilidades daí decorrentes.

Justamente por isso, o art. 134, IV, do CTN, determina que, "nos casos de impossibilidade de exigência do cumprimento da obrigação principal pelo contribuinte, respondem solidariamente com este nos atos em que intervierem ou pelas omissões de que forem responsáveis [...] o inventariante, pelos tributos devidos pelo espólio".

Monte, por sua vez, é a "universalidade dos bens do *de cujus* arrecadados sem dedução dos encargos da herança e das despesas do espólio. Trata-se do valor bruto dos bens hereditários. Total dos bens inventariados [...]" (DINIZ, 2010, p. 401).

Pois bem, por ocasião do processo de inventário ou arrolamento, após a abertura da sucessão, o inventariante deve reunir todos os bens formadores do *monte*, isto é, da universalidade dos bens do *de cujus*, que passam a constituir-se em espólio. Assim, a totalidade das dívidas contraídas pelo autor da herança deve ser listada e paga. O passivo relativo ao espólio deve ser adimplido.

Neste caso, o art. 189 do CTN determina que "são pagos *preferencialmente* a quaisquer créditos habilitados em inventário ou arrolamento, ou a outros encargos do monte, *os créditos tributários vencidos ou vincendos*, a cargo do *de cujus* ou de seu espólio, exigíveis no decurso do processo de inventário ou arrolamento".

Quer dizer, *antes* de satisfazer todas as dívidas que o *de cujus* ou o espólio tenham contraído, o inventariante deve extinguir totalmente as obrigações tributárias. O crédito tributário prefere *a quaisquer créditos habilitados*. O dispositivo reafirma a ampla preferência do crédito tributário com relação aos demais.

Problema que deve ser enfrentado é o seguinte: aplica-se, no caso de inventário e arrolamento, a regra geral do art. 186, segundo a qual o crédito tributário prefere a qualquer outro *exceto* aos de natureza trabalhista e os decorrentes de acidente do trabalho, ou, pelo contrário, interpreta-se o art. 189 de maneira literal e isolada, de modo que o crédito tributário prefere a todos os outros, *sem exceção*?

Hugo de Brito Machado parece optar pelo último ponto de vista: "No plano civil, ao crédito tributário é assegurada *preferência absoluta*, embora a norma que assim o determina deva ser interpretada com temperamentos como a seguir se verá" (MACHADO, 2005, p. 714).

Paulo de Barros Carvalho vai no mesmo sentido: "De modo diverso, o crédito tributário mantém posição privilegiada nos processos de inventário e arrolamento. No quadro geral dos créditos habilitados, *a dívida tributária prefere a qualquer outro encargo do monte*, seja ela vencida ou vincenda, ensejada pelo autor da herança ou pelo espólio, exigível do curso do processo" (CARVALHO, 2012, p. 662).

Parece-nos, contudo, mais apropriada a posição de Luciano Amaro: "Não obstante esses artigos não ressalvem os *créditos trabalhistas e os acidentários*, vale, a nosso ver, a disposição geral do art. 186, que privilegia tais créditos, com a limitação de que trata o inciso II do parágrafo único do mesmo artigo, aplicável aos trabalhistas" (AMARO, 2011, p. 505).

Obviamente a interpretação sistemática e teleológica do direito tributário, integrando-o aos sentidos postos pela Constituição de 1988, em especial o vetor axiológico que expressa o princípio da dignidade da pessoa humana, conduz à interpretação segundo a qual o crédito tributário prefere amplamente, porém *não* aos créditos trabalhistas e provenientes de acidente do trabalho, que têm natureza alimentar.

Finalmente, o parágrafo único do art. 189 determina: "Contestado o crédito tributário, proceder-se-á na forma do disposto no § 1º do artigo anterior". Se o inventariante, responsável pelo espólio, entender que algum crédito tributário não é devido, seja qual for a razão, deve questioná-lo junto ao juízo competente e *não* perante o qual corre o inventário ou o arrolamento. O juiz, neste caso, deve determinar, nos termos do § 1º do art. 188: (1) a reserva de bens suficientes à extinção total do crédito e seus acrescidos, se o espólio não puder efetuar a garantia da instância por outra forma; e (2) a oitiva, quanto à natureza e valor dos bens reservados, do representante da Fazenda Pública interessada.

JURISPRUDÊNCIA DO STJ – DESNECESSIDADE DE RECOLHIMENTO DO ITCMD

Uma vez transitada em julgado a sentença homologatória, deve ser lavrado o formal e em seguida expedidos os alvarás, sendo o Fisco intimado para lançar o imposto de transmissão e outros tributos porventura incidentes nos termos da legislação tributária aplicável (art. 659, § 2º, do CPC/2015). O mesmo procedimento deve ser adotado na hipótese de herdeiro único no tocante ao pedido de adjudicação e expedição da respectiva "carta de adjudicação" (art. 659, § 1º, do CPC/2015). Frente a esta alteração procedimental no CPC/2015, o Superior Tribunal de Justiça entendeu que há compatibilidade com a exigência de "prova da quitação de todos os tributos relativos aos bens do espólio, ou às suas rendas" previsto no art. 192 do CTN. Isso significa que o tributo cuja comprovação de quitação é expressamente dispensada é o ITCMD causa mortis, cuja hipótese de incidência é a transferência do domínio decorrente da morte. Não se trata, portanto, de tributo diretamente incidente sobre a os bens que compõem o espólio (IPTU, IPVA, etc.), nem sobre suas rendas (IRPF). Este foi o entendimento adotado na tese firmada no Tema 1074 de recursos repetitivos:

> "No arrolamento sumário, a homologação da partilha ou da adjudicação, bem como a expedição do formal de partilha e da carta de adjudicação, não se condicionam ao prévio recolhimento do imposto de transmissão causa mortis, devendo ser comprovado, todavia, o pagamento dos tributos relativos aos bens do espólio e às suas rendas, a teor dos arts. 659, § 2º, do CPC/2015 e 192 do CTN" (STJ, 1ª Sessão, REsp 1.896.526/DF, Rel. Regina Helena Costa, j. 26/10/2022, DJe 28/10/2022).

B) Liquidação de pessoa jurídica de direito privado: artigo 190 do CTN

De acordo com o art. 190 do CTN, "são pagos preferencialmente a quaisquer outros os créditos tributários vencidos ou vincendos, a cargo de pessoa jurídica de direito privado em liquidação judicial ou voluntária, exigíveis no decurso da liquidação".

O art. 44 do Código Civil, por sua vez, determina: "São pessoas jurídicas de direito privado: as associações; as sociedades; as fundações; as organizações religiosas; os partidos políticos; e as empresas individuais de responsabilidade limitada".

A *personalidade jurídica* destas pessoas tem um começo e, naturalmente, um *fim*. O art. 190 do CTN refere-se justamente a esta última situação, isto é, à *liquidação judicial ou voluntária* das pessoas jurídicas.

"Liquidação" tem um sentido sensivelmente distinto de "extinção", que é o simples desaparecimento do ente. *Liquidar* significa encerrar as atividades da pessoa jurídica apurando, no entanto, seus ativos e passivos, com a finalidade de pagar os credores eventualmente existentes. Trata-se de procedimento análogo ao da falência. Esta, contudo, é reservada, como regra, ao *empresário* e à *sociedade empresária.*

O dispositivo fala em *liquidação judicial e voluntária.* Hugo de Brito Machado observa: "Em certos casos, pode dar-se a dissolução judicial da sociedade, processando-se em seguida sua liquidação, que será sempre o processo tendente a converter o ativo desta em dinheiro para que sejam então pagos os seus débitos e a final distribuído o saldo entre os sócios".

Por outro lado, *liquidação voluntária,* "no art. 190 do Código Tributário Nacional, é aquela que decorre de um ato de vontade, individual ou coletiva, materializado em ata da assembleia geral quando se trata de uma companhia, ou em um distrato, em se tratando de sociedades constituídas mediante contrato" (MACHADO, 2005, p. 722, 723).

Uma vez que no processo de liquidação trata-se de apurar o ativo e o passivo e, consequentemente, de saldar todas as dívidas da pessoa jurídica, pode ser que seu patrimônio seja insuficiente e, com isso, estabelece-se concurso de credores. Neste caso, segundo o art. 190 do CTN, o crédito tributário *prefere a quaisquer outros.* Tem, em princípio, *preferência absoluta.*

Volta-se à questão posta por ocasião do artigo anterior: o crédito tributário prefere também aos créditos *trabalhistas* e os decorrentes de *acidente do trabalho*?

Hugo de Brito Machado aponta para a preferência absoluta: "Ao dizer que são pagos preferencialmente a quaisquer outros os créditos tributários vencidos ou vincendos, a cargo de pessoas jurídicas de direito privado em liquidação judicial ou voluntária, exigíveis no curso de liquidação, o art. 190 do Código Tributário Nacional está a excluir *todo e qualquer tipo de preferência* sobre os créditos tributários" (MACHADO, 2005, p. 724).

Insistimos, contudo, no cerne do argumento anterior: ainda que não mencione expressamente, o CTN pressupõe a prevalência da cláusula geral inscrita no art. 186, *caput*, segundo a qual o crédito tributário prefere a qualquer outro *exceto* aos créditos *trabalhistas* e decorrentes do *acidente do trabalho.*

Finalmente, discute-se sobre se o art. 190 do CTN deve ser aplicado à liquidação de instituições financeiras e bancárias.

Sacha Calmon observa: "Certas pessoas jurídicas não entram em falência, são juridicamente extintas. Incluam-se no rol as liquidações extrajudiciais e involuntárias, dentre outras, por exemplo, *das instituições financeiras, sob o guante do Banco Central*, no exercício de seu poder polícia, no interesse da sociedade. Outras mais resolvem voluntariamente desaparecer, distribuindo os bens remanescentes entre os seus sócios. Pois bem, ainda aqui, os créditos tributários preferem a quaisquer outros créditos, *exceto os trabalhistas e os alimentares*. A Fazenda, mais uma vez, em posição de privilégio, recebendo antes" (COÊLHO, 2009, p. 811, 812).

30.10 EXIGÊNCIA DA PROVA DE QUITAÇÃO DE TRIBUTOS

Os arts. 191 a 193 encerram o Capítulo VI, do Título III, que trata das *garantias e privilégios* do crédito tributário. Os dispositivos exigem do sujeito passivo a *prova da quitação* de seus tributos nas mais variadas situações.

Esta prova se faz, como regra, pela apresentação da chamada *certidão negativa de débito (CND)*, nos termos do art. 205 do CTN:

> **CTN, art. 205.** A lei poderá exigir que a prova da quitação de determinado tributo, quando exigível, seja feita por certidão negativa, expedida à vista de requerimento do interessado, que contenha todas as informações necessárias à identificação de sua pessoa, domicílio fiscal e ramo de negócio ou atividade e indique o período a que se refere o pedido.

Em algumas circunstâncias, admite-se a apresentação de *certidão negativa com efeitos positivos*, também chamada de *certidão de regularidade fiscal* que, como regra, produz os mesmos efeitos da certidão acima citada, nos termos do art. 206:

> **CTN, art. 206**. Tem os mesmos efeitos previstos no artigo anterior a certidão de que conste a existência de créditos não vencidos, em curso de cobrança executiva em que tenha sido efetivada a penhora, ou cuja exigibilidade esteja suspensa.

A) Extinção das obrigações do falido: art. 191 do CTN

O art. 191 do CTN, com redação dada pela LC 118/2005, determina: "A extinção das obrigações do falido requer prova de quitação de todos os tributos". De acordo com a Lei de Falências, a extinção das obrigações do falido, como regra, pressupõe o encerramento da falência por sentença judicial transitada em julgado:

> **Lei nº 11.101/2005, art. 159.** Configurada qualquer das hipóteses do art. 158 desta Lei, o falido poderá requerer ao juízo da falência que suas obrigações sejam declaradas extintas por sentença.
>
> [...]
>
> **§ 3º** Findo o prazo, o juiz, em 15 (quinze) dias, proferirá sentença que declare extintas todas as obrigações do falido, inclusive as de natureza trabalhista. (Redação dada pela Lei nº 14.112, de 2020) (Vigência)

> **§ 4º** A sentença que declarar extintas as obrigações será comunicada a todas as pessoas e entidades informadas da decretação da falência.

Pois bem, de acordo com o art. 191 do CTN, a extinção das obrigações do falido, a ser decretada por sentença judicial, depende da comprovação da quitação de todos os tributos devidos em face das Fazendas Públicas. A comprovação, como assinalado, dá-se com a apresentação da respectiva certidão negativa de débitos (CND). O propósito do dispositivo é resguardar os interesses da Fazenda Pública em face de alguma dívida que tenha eventualmente passado despercebida.

B) Concessão de recuperação judicial: artigo 191-A do CTN

O art. 191-A do CTN, incluído pela LC 118/2005, determina:

> **CTN, art. 191-A.** A concessão de recuperação judicial depende da apresentação da prova de quitação de todos os tributos, observado o disposto nos arts. 151, 205 e 206 desta Lei.

A recuperação judicial veio para substituir a concordata. De acordo com o art. 47 da Lei nº 11.101/2005, "tem por objetivo viabilizar a superação da situação de crise econômico-financeira do devedor, a fim de permitir a manutenção da fonte produtora, do emprego dos trabalhadores e dos interesses dos credores, promovendo, assim, a preservação da empresa, sua função social e o estímulo à atividade econômica".

Com a recuperação judicial, busca-se evitar a decretação de falência da empresa que atravessa uma situação econômica difícil. O procedimento passa pela implementação de um *plano*, nos termos do art. 53:

> **Lei nº 11.101/2005, art. 53.** O plano de recuperação será apresentado pelo devedor em juízo no prazo improrrogável de 60 (sessenta) dias da publicação da decisão que deferir o processamento da recuperação judicial, sob pena de convolação em falência, e deverá conter:
>
> I – discriminação pormenorizada dos meios de recuperação a ser empregados, conforme o art. 50 desta Lei, e seu resumo;
>
> II – demonstração de sua viabilidade econômica; e
>
> III – laudo econômico-financeiro e de avaliação dos bens e ativos do devedor, subscrito por profissional legalmente habilitado ou empresa especializada.
>
> Parágrafo único. O juiz ordenará a publicação de edital contendo aviso aos credores sobre o recebimento do plano de recuperação e fixando o prazo para a manifestação de eventuais objeções, observado o art. 55 desta Lei.

O art. 57, a seu turno, determina:

> **Lei nº 11.101/2005, art. 57.** Após a juntada aos autos do plano aprovado pela assembleia-geral de credores ou decorrido o prazo previsto no art. 55 desta Lei sem objeção de credores, o devedor apresentará *certidões negativas de débitos tributários* nos termos dos arts. 151, 205, 206 da Lei no 5.172, de 25 de outubro de 1966 – Código Tributário Nacional.

Ora, se o objetivo da recuperação judicial é, como indica o próprio nome, viabilizar a *recuperação* econômica da empresa, tanto o art. 57 da Lei de Falências, quanto o art. 191-A do CTN, são *contraditórios* com a finalidade legal, porque exigem, como *condição* para a concessão do benefício, a comprovação de que a empresa está em dia com suas obrigações fiscais ou pelo menos as tem garantidas.

Ocorre, contudo, que muitas vezes as razões pelas quais a empresa está em dificuldade giram em torno dos pesados encargos tributários que lhe são impostos. As empresas brasileiras sujeitam-se a inúmeros impostos, taxas, contribuições etc., que, somados aos custos já tradicionalmente existentes relacionados à infraestrutura produtiva, muitas vezes acarretam a inviabilização do exercício da atividade econômica.

Como exigir a prova da quitação de todos os tributos para a concessão da recuperação judicial se, muitas vezes, é justamente essa pesada carga tributária a responsável por inviabilizar os negócios da empresa? Nesse sentido, parece que o próprio art. 191-A oferece uma solução que, se não é satisfatória, de todo modo é a única *legalmente* viável.

O dispositivo menciona expressamente os arts. 151, 205 e 206 do CTN. Como sabemos, o primeiro trata das causas que suspendem a exigibilidade do crédito tributário, enquanto que os dois últimos dispõem sobre as certidões negativas de débito (CND) e as positivas com efeito de negativa.

Quanto às últimas, podem ser expedidas quando conste a existência de: (1) créditos não vencidos; (2) em curso de cobrança executiva em que tenha sido efetivada a penhora; e (3) crédito cuja exigibilidade esteja suspensa.

Assim, a interpretação sistemática permite-nos concluir no seguinte sentido: a recuperação judicial pode ser concedida à luz da apresentação da prova de quitação de todos os tributos *ou*, na impossibilidade desta quitação, com a comprovação de que existem *dívidas* não vencidas, em curso de execução com penhora garantida ou, finalmente, com a exigibilidade do crédito suspensa em virtude de alguma das causas enumeradas no art. 151 do CTN.

Obtém-se, deste modo, a compatibilização entre os interesses do Fisco, preservados pelo art. 191-A do CTN, e os interesses dos empresários em dificuldades econômicas, tutelados pela Lei de Falências, ao contemplar a possibilidade de recuperação judicial antes da decretação formal da quebra.

Esse ponto de vista é reforçado pelo disposto no art. 155-A, § 3º, do CTN, que determina: "Lei específica disporá sobre as condições de *parcelamento* dos créditos tributários do *devedor em recuperação judicial*".

O próprio Código determina que haja um "parcelamento especial" para o devedor em recuperação judicial. Ora, o parcelamento, nos termos do art. 151, VI, do CTN, suspende a exigibilidade do crédito tributário. Logo, o Código indica, ele mesmo, o "caminho" a ser perseguido: (1) obtenção do parcelamento "especial"; (2) suspensão da exigibilidade do crédito; (3) aquisição da certidão de regularidade fiscal; e (4) concessão da recuperação judicial.

Este parece ser o entendimento de Luís Eduardo Schoueri: "Com efeito, o artigo 191-A não exige o pagamento dos tributos, mas uma 'prova de quitação'; o artigo 205 seria a referida prova (certidão negativa de débitos). Esta somente seria expedida se os tributos fossem pagos. Entretanto, o artigo 206 complementa aquele dispositivo, contemplando a certidão positiva, com efeitos negativos. Em síntese, havendo um débito tributário, não é possível a emissão de certidão negativa; entretanto, se, por exemplo, a exigibilidade do crédito estiver suspensa por uma das formas previstas no artigo 151 do Código Tributário Nacional, expedir-se-á uma certidão que noticiará a existência de crédito tributário (por isso mesmo, certidão positiva), mas cujos efeitos serão equivalentes aos de uma certidão negativa. Daí que, estando suspensa a exigibilidade do crédito, a certidão positiva com efeitos de negativa será a 'prova da quitação' exigida pelo art. 191-A do Código Tributário Nacional" (SCHOUERI, 2012, p. 762).

Em suma, o devedor que pretende a recuperação judicial tem direito ao parcelamento especial previsto no art. 155-A, §§ 3º e 4º do CTN. Com ele, obtém a suspensão da exigibilidade do crédito tributário e a consequente certidão positiva com efeito de negativa. Assim, resta atendida a exigência do art. 191-A e a recuperação judicial pode ser concedida à empresa.

C) Encerramento do inventário: artigo 192 do CTN

O art. 192 do CTN determina:

> **CTN, art. 192.** Nenhuma sentença de julgamento de partilha ou adjudicação será proferida sem prova da quitação de todos os tributos relativos aos bens do espólio, ou às suas rendas.

Inventário, como vimos, é o procedimento por meio do qual se faz o arrolamento do patrimônio do *de cujus*, enumeram-se os créditos e débitos e se faz o pagamento do quanto é devido, inclusive e preferencialmente dos créditos tributários – e não apenas daqueles com relação aos quais o espólio é o responsável, como também daqueles em que figura como contribuinte.

Hugo de Brito Machado explica: "A partilha de bens é o ato final do inventário. Ou, mais exatamente, é o ato para o qual tende o inventário, como sua natural e principal consequência. E, embora a transmissão da propriedade dos bens partilhados ocorra no momento da abertura da sucessão, é a partilha que permite a individualização da propriedade para cada um dos herdeiros" (MACHADO, 2005, p. 731).

Em suma, o término do inventário, que formalmente opera a individualização dos bens dos herdeiros, dá-se por meio de *sentença judicial* que, por sua vez, depende, para ser prolatada, da juntada aos autos das certidões negativas de débitos do espólio, quer na qualidade de responsável, quer como contribuinte. Os arts. 1.026 do CPC e 192 do CTN têm conteúdo quase idêntico e têm como objetivo, ambos, a garantia do crédito tributário.

D) Contratação com o Poder Público: artigo 193 do CTN

O art. 193 do CTN prescreve:

> **CTN, art. 193.** Salvo quando expressamente autorizado por lei, nenhum departamento da administração pública da União, dos Estados, do Distrito Federal, ou dos Municípios, ou sua autarquia, celebrará contrato ou aceitará proposta em concorrência pública sem que o contratante ou proponente faça prova da quitação de todos os tributos devidos à Fazenda Pública interessada, relativos à atividade em cujo exercício contrata ou concorre.

Perceba-se que o artigo se dirige às quatro esferas da federação: União, Estados, Distrito Federal e Municípios. Regina Helena Costa observa: "O dispositivo prestigia a ideia segundo a qual não deve o Estado celebrar contrato com quem é seu devedor, constituindo limitação legítima, ditada pelo interesse público, ao exercício do direito individual de licitar e contratar com a Administração Pública. De todo o modo, cabe ressaltar que tal limitação cinge-se, apenas, aos tributos devidos à Fazenda Pública interessada, relativos à atividade em cujo exercício o particular contrata ou concorre" (COSTA, 2014, p. 325).

SÚMULAS DO STF E DO STJ:

SÚMULA STF

Súmula nº 563 – "O concurso de preferência a que se refere o parágrafo único do art. 187 do CTN é compatível com o disposto no art. 9º, I, da Constituição Federal".

Súmula nº 565 – "A multa fiscal moratória constitui pena administrativa, não se incluindo no crédito habilitado em falência";

SÚMULA STJ

Súmula nº 497 – "Os créditos das autarquias federais preferem aos créditos da Fazenda estadual desde que coexistam penhoras sobre o mesmo bem";

Súmula n° 560 – "A decretação da indisponibilidade de bens e direitos, na forma do art. 185-A do CTN, pressupõe o exaurimento das diligências na busca por bens penhoráveis, o qual fica caracterizado quando infrutíferos o pedido de constrição sobre ativos financeiros e a expedição de ofícios aos registros públicos do domicílio do executado, ao Denatran ou Detran".

SÍNTESE DOS PRINCIPAIS ENTENDIMENTOS JURIPRUDENCIAIS

"Corte assentou o entendimento de que não se aplica à Execução Fiscal o Enunciado 375 da Súmula de sua jurisprudência, segundo o qual o reconhecimento da fraude à execução depende do registro da penhora do bem alienado ou da prova de má-fé do terceiro adquirente" (STJ, Primeira Turma, AgInt no REsp 1617159/PR, 03/03/2020).

"A natureza jurídica tributária do crédito conduz a que a simples alienação ou oneração de bens ou rendas, ou seu começo, pelo sujeito passivo por quantia inscrita em dívida ativa, sem a reserva de meios para quitação do débito, gera presunção absoluta (jure et de jure) de fraude à execução (lei especial que se sobrepõe ao regime do direito processual civil) [...]. A fraude de execução prevista no artigo 185 do CTN encerra presunção jure et de jure, conquanto componente do elenco das 'garantias do crédito tributário'" (STJ, REsp nº 1.141.990/PR, 2010).

"A decretação da falência não paralisa o processo de execução fiscal, nem desconstitui a penhora. A execução continuará a se desenvolver, até à alienação dos bens penhorados. Os créditos fiscais não estão sujeitos a habilitação no juízo falimentar, mas não se livram de classificação, para disputa de preferência com créditos trabalhistas" (STJ, REsp. nº 188.148/RS, 2002).

"A União e suas autarquias preferem aos Estados, mas quando tiver sido ajuizada a execução, com a instauração do concurso de credores (CTN, art. 187). Não é lícita sua intervenção em Execução movida pela Fazenda Estadual. Deverá ajuizar execução própria, exercendo oportunamente sua preferência" (STJ, REsp. nº 167.381/SP, 1998).

"A Primeira Seção do STJ pacificou o entendimento de que o crédito fiscal da União prefere ao do INSS na presença de execução movida por ambas as partes cuja penhora tenha recaído sobre o mesmo bem, ex vi do art. 187, parágrafo único, do Código Tributário Nacional e art. 29, parágrafo único, da Lei n. 6.830/80" (STJ, Segunda Turma, REsp. nº 575.484/RS, 2006);

31

ADMINISTRAÇÃO TRIBUTÁRIA E DISPOSIÇÕES FINAIS E TRANSITÓRIAS

31.1 ADMINISTRAÇÃO PÚBLICA E ADMINISTRAÇÃO TRIBUTÁRIA

A doutrina de direito administrativo tem por hábito definir a Administração Pública como síntese de dois sentidos: *subjetivo e objetivo.* José dos Santos Carvalho Filho, quanto ao primeiro sentido, observa: "[...] conjunto de agentes, órgãos e pessoas jurídicas que tenham a incumbência de executar as atividades administrativas. Toma-se aqui em consideração o *sujeito* da função administrativa, ou seja, quem a exerce de fato". O segundo é "a própria atividade administrativa exercida pelo Estado por seus órgãos e agentes, caracterizando, enfim, a *função administrativa*, com os lineamentos que procuramos registrar anteriormente" (CARVALHO FILHO, 2013, p. 11, 12).

Em outras palavras, conceito central para o direito administrativo é o de *função administrativa*. A partir dele pode-se definir Administração Pública em sentido objetivo – a própria função – e subjetivo – os sujeitos que a executam. O autor prossegue: "Na prática, a função administrativa tem sido considerada de caráter residual, sendo, pois, aquela que não representa a formulação da regra legal nem a composição de lides *in concreto*. Mais tecnicamente pode dizer-se que função administrativa é aquele exercida pelo Estado ou por seus delegados, subjacentemente à ordem constitucional e legal, sob regime de direito público, com vistas a alcançar os fins colimados pela ordem jurídica" (CARVALHO FILHO, 2013, p. 5).

Assim, a Administração Pública pode ser compreendida como o conjunto de agentes, órgãos e pessoas que exercem, como atividade típica, a função administrativa, que consiste em aplicar a lei, de ofício, aos casos concretos. Esta função submete-se, como regra, às normas jurídicas de direito público.

É importante recordar, ainda, que o Brasil se constitui como República *Federativa*. A Constituição optou por uma forma de estado que consagra a repartição do poder estatal por diferentes parcelas do território nacional, todas com personalidades jurídicas próprias e autônomas em termos políticos, administrativos e tributários. Tais entes, como sabemos, são a União, os Estados, o Distrito Federal e os Municípios.

A Administração Pública acompanha o caráter *federativo* do Estado brasileiro. As esferas administrativas federal, estaduais, distrital e municipais são todas *autônomas*. Os limites dentro dos quais devem se mover são estabelecidos pela lei de cada ente federativo, dentro de sua parcela de competência e de acordo com o que determina o texto constitucional. Os conflitos que naturalmente surgem são resolvidos pelo STF.

Não existe, pois, diferença essencial entre Administração Pública e Administração Tributária. Esta é aquela; é um *aspecto* da atividade administrativa geral; uma *especialização* da função administrativa, cujo objeto é a fiscalização e arrecadação de tributos e que tem como objetivo a eficiência. Trata-se de instituir, por lei, uma estrutura administrativa particular, cuja missão é exercer atividade pública específica.

De maneira que se pode definir Administração Tributária nos termos do que o faz Regina Helena Costa:

- *Subjetivamente* – "Em sentido *subjetivo*, primeiramente compreende o aparelhamento burocrático mantido pelos entes autorizados a tributar, composto por múltiplos órgãos, incumbidos da arrecadação e fiscalização de tributos" (COSTA, 2014, p. 326);
- *Objetivamente* – "Já em sentido *objetivo*, a Administração Tributária traduz atividade administrativa destinada a realizar a aplicação da lei fiscal, visando ao atendimento às finalidades de interesse público consubstanciadas na proteção dos direitos dos contribuintes e na arrecadação tributária. Assim, sujeita-se ao regime jurídico próprio da Administração Pública, devendo observar os princípios a ela pertinentes, especialmente os da *legalidade* e da *finalidade pública* [...]"(COSTA, 2014, p. 326).

Em suma, Administração Tributária é o conjunto de agentes, órgãos e pessoas que exercem função administrativa especializada e vinculada, consistente na fiscalização e arrecadação de tributos e multas, sob regime jurídico de direito público e respeitadora dos direitos e garantias individuais do administrado-contribuinte.

APROFUNDANDO! SECRETARIA DA RECEITA FEDERAL DO BRASIL

A Administração Pública também expressa a forma federativa do Estado brasileiro. Assim, uma vez que existem quatro entes federativos, deve existir, também, quatro esferas administrativas autônomas. São as administrações federal, estaduais, distrital e municipais. Os Estados, o Distrito Federal e cada Município possui sua própria estrutura administrativa tributária, prevista em lei e organizada por meio de decretos do Poder Executivo, de acordo com a Constituição, cujo objetivo é a fiscalização e arrecadação dos tributos estaduais, distritais e municipais, dentro, obviamente, de seus círculos de competência. No âmbito da União, por sua vez, a

Administração Tributária concentra-se em um órgão chamado *Secretaria da Receita Federal do Brasil*. Esta estrutura é fruto da unificação das antigas *Secretaria da Receita Federal* e da *Secretaria da Receita Previdenciária do Ministério da Previdência Social*. A Lei nº 11.457/2007 houve por bem concentrar, em uma única estrutura administrativa, as atividades de fiscalização que estes dois órgãos exerciam de forma autônoma. Nesse sentido, o art. 1º determina: "A Secretaria da Receita Federal passa a denominar-se Secretaria da Receita Federal do Brasil, órgão da administração direta, subordinado ao Ministro de Estado da Fazenda". O art. 2º elenca as *atribuições* do órgão: "Além das competências atribuídas pela legislação vigente à Secretaria da Receita Federal, cabe à Secretaria da Receita Federal do Brasil planejar, executar, acompanhar e avaliar as atividades relativas à tributação, fiscalização, arrecadação, cobrança e recolhimento das contribuições sociais previstas nas alíneas *a*, *b* e *c* do parágrafo único do art. 11 da Lei nº 8.212, de 24 de julho de 1991, e das contribuições instituídas a título de substituição". O § 2º determina: "Nos termos do art. 58 da Lei Complementar nº 101, de 4 de maio de 2000, a Secretaria da Receita Federal do Brasil prestará contas anualmente ao Conselho Nacional de Previdência Social dos resultados da arrecadação das contribuições sociais destinadas ao financiamento do Regime Geral de Previdência Social e das compensações a elas referentes". O § 3º, por sua vez, estatui: "As obrigações previstas na Lei nº 8.212, de 24 de julho de 1991, relativas às contribuições sociais de que trata o *caput* deste artigo serão cumpridas perante a Secretaria da Receita Federal do Brasil". O § 4º estabelece: "Fica extinta a Secretaria da Receita Previdenciária do Ministério da Previdência Social". Sem dúvida, antes de 2005 parte das contribuições destinadas ao custeio da seguridade social era fiscalizada e arrecadada pelo Instituto Nacional do Seguro Social (INSS), autarquia federal cuja missão consiste precipuamente em gerenciar a concessão de benefícios previdenciários. Com a Lei nº 11.098/2005, transferiu-se ao Ministério da Previdência Social a competência para "arrecadar, fiscalizar, lançar e normatizar o recolhimento, em nome do Instituto Nacional do Seguro Social – INSS, das contribuições sociais previstas nas alíneas *a*, *b* e *c* do parágrafo único do art. 11 da Lei no 8.212, de 24 de julho de 1991 [...]", dentre outras (art. 1º). Nos termos do art. 8º, o Poder Executivo ficava autorizado a criar a Secretaria da Receita Previdenciária, inserida na estrutura básica do Ministério da Previdência Social. Percebe-se que já estava em curso o processo de concentração das atividades de fiscalização e arrecadação dos tributos federais. Até 2005 algumas contribuições sociais podiam ser arrecadadas diretamente pelo INSS. A partir deste ano, concentrou-se no âmbito do Ministério da Previdência o exercício dessa atividade. Finalmente, a partir de 2007, toda a função de arrecadação dos tributos federais, com poucas exceções, ficou concentrada nas mãos do Ministério da Fazenda, sob a titularidade da Secretaria da Receita Federal do Brasil.

31.2 DISPOSITIVOS CONSTITUCIONAIS APLICÁVEIS À ADMINISTRAÇÃO TRIBUTÁRIA

Alguns dispositivos constitucionais aplicam-se à Administração Pública em sentido amplo. São os princípios relacionados à atividade administrativa como um todo, concentrados sobretudo no art. 37 da CF/1988. Outros aplicam-se à Administração Tributária em particular, em razão de suas especificidades. Vejamos estes últimos:

- *Art. 37, XVIII – A administração fazendária e seus servidores fiscais terão, dentro de suas áreas de competência e jurisdição, precedência sobre os demais setores administrativos, na forma da lei* – Coloque-se "jurisdição" entre parêntesis porque quem a exerce é o Poder Judiciário. A atividade administrativa divide-se por níveis e extratos de competência e, em termos territoriais, distribui-se por *circunscrições*. De toda forma, note-se que, *nos termos de lei*, a administração *fazendária*, isto é, *tributária*, e seus servidores, têm *precedência* sobre os demais setores administrativos. Assim, se determinada repartição recebe simultaneamente duas solicitações de informação, deve cumprir, primeiramente, aquela que provém do setor fazendário. As razões são óbvias: é o setor que dá ensejo ao ingresso de dinheiro, isto é, *receita*, aos cofres públicos;
- *Art. 37, XXII (incluído pela EC nº 42/2003) – As administrações tributárias da União, dos Estados, do Distrito Federal e dos Municípios, atividades essenciais ao funcionamento do Estado, exercidas por servidores de carreiras específicas, terão recursos prioritários para a realização de suas atividades e atuarão de forma integrada, inclusive com o compartilhamento de cadastros e de informações fiscais, na forma da lei ou convênio* – Quatro são os registros importantes:
    - *Atividades essenciais* – As administrações tributárias federal, estaduais, distrital e municipais são *atividades essenciais* ao funcionamento do Estado. São atividades sem as quais o Poder Público se descaracteriza enquanto tal. Isso repercute em algumas questões, como, por exemplo, o direito de greve de seus servidores, porque, como atividade essencial, sua interrupção deve ser moderada;
    - *Servidores de carreira* – No quadro geral das pessoas que colaboram com a Administração Pública, desde os agentes públicos até os empregados, há determinação expressa para que a Administração Tributária seja composta por *servidores de carreiras específicas*, sujeitos a regime jurídico estatutário próprio e com certas garantias que proporcionam, em tese, o bom funcionamento da atividade de fiscalização e arrecadação de tributos;
    - *Recursos prioritários* – Além da *precedência* mencionada no inciso XVIII, a Constituição assegura, neste dispositivo, *recursos prioritários para a realização de suas atividades*, dentre eles, obviamente, os recursos financeiros. Percebe-se que existe todo um *desenho normativo* no sentido que a Administração Tributária deve prevalecer, em certo sentido, sobre as demais;
    - *Atuação integrada com compartilhamento de informações* – A Constituição determina que a Administração Tributária da União, Estados, DF e Municípios *atuem de forma integrada*, com o *compartilhamento de cadastros e informações fiscais* na forma da *lei ou de convênio*. Sabemos que, nos dias de hoje, as atividades econômicas executadas pelo sujeito passivo tributário são tão complexas e exigem um nível tal de tecnologia que acabam repercutindo em várias órbitas de competência, afetando, simultaneamente, a área de atuação federal, estaduais, distrital e municipais. Por isso, a atuação *integrada*, isto é, em conjunto, e o compartilhamento

de cadastros e informações são importantes para que as Fazendas tenham ciência da prática de fatos geradores. Ressalte-se a autorização que a Constituição dá para que tal compartilhamento instrumentalize-se por meio de *convênio* celebrado pelos entes;

- *Art. 167, IV (com redação dada pela EC nº 42/2003) – São vedados [...] a vinculação de receita de impostos a órgão, fundo ou despesa, ressalvadas [...] a realização de atividades da administração tributária, como determinado, respectivamente, pelos arts. 198,§ 2º, 212 e 37, XXII [...]* – Em estreita conexão com os dispositivos acima citados, o art. 167, IV, da CF/1988 – importante porque fixa o *princípio da não vinculação da receita proveniente de impostos a órgão fundo ou receita* – abre *exceção expressa* para a vinculação da receita proveniente de impostos no que toca, dentre outros, às *atividades da administração tributária*, nos termos do que preceitua o art. 37, XXII, do texto constitucional. De fato, se a Administração Tributária deve ter *precedência* sobre as demais áreas e *prioridade de recursos*, então é óbvio que a fonte de receitas seja garantida. O que chama a atenção é que esta garantia poderia ser fixada simplesmente por *lei* de cada ente federativo. No entanto, a própria *Constituição* faz a ressalva, o que eleva a força vinculante do mandamento;
- *Art. 52, XV (incluído pela EC nº 42/2003) – Compete privativamente ao Senado Federal [...] avaliar periodicamente a funcionalidade do Sistema Tributário Nacional, em sua estrutura e seus componentes, e o desempenho das administrações tributárias da União, dos Estados e do Distrito Federal e dos Municípios* – O Senado é casa da federação porque é composto por representantes dos Estados e do Distrito Federal. Cabe-lhe, por isso, *avaliar* periodicamente a funcionalidade, isto é, o bom funcionamento, do Sistema Tributário Nacional, que é, também ele, expressão do pacto federativo. Cabe-lhe, ademais, avaliar o funcionamento das administrações tributárias das quatro esferas da federação. Trata-se, em certo sentido, de uma "contrapartida" à vinculação de receitas de impostos autorizada pelo art. 167, IV, do texto constitucional. Ora, se a Administração Tributária goza de uma fonte particular de recursos, deve, obviamente, dar satisfação sobre como desenvolve sua atividade, níveis de eficiência alcançados etc.

31.3 DISCIPLINA JURÍDICA DA FISCALIZAÇÃO TRIBUTÁRIA: ARTIGO 194 DO CTN

O art. 194 do CTN estabelece:

> **CTN, art. 194.** A legislação tributária, observado o disposto nesta Lei, regulará, em caráter geral, ou especificamente em função da natureza do tributo de que se tratar, a competência e os poderes das autoridades administrativas em matéria de fiscalização da sua aplicação.
>
> Parágrafo único. A legislação a que se refere este artigo aplica-se às pessoas naturais ou jurídicas, contribuintes ou não, inclusive às que gozem de imunidade tributária ou de isenção de caráter pessoal.

É importante não confundir *Administração* com *fiscalização* tributária. A primeira pode ser definida sob o aspecto subjetivo e objetivo. No primeiro caso, trata-se do conjunto de sujeitos que desenvolvem função administrativa tributária; no segundo, trata-se da própria função, que envolve a arrecadação de tributos e multas.

Ocorre que muitas atividades executadas pela Administração Tributária são voltadas para seu interior, para o funcionamento interno. O preenchimento de cargos; a concessão de férias, licenças e afastamentos; em suma, uma série de ações que se destinam à boa execução das atividades gerais.

A *fiscalização tributária*, por outro lado, é atividade administrativa que se dirige a terceiros. É função que se desempenha atingindo de maneira obrigatória a esfera jurídica de outrem, em especial daqueles que estão sujeitos à prática de fatos geradores. Daí deriva o cuidado que se deve ter na preservação dos direitos e garantias fundamentais, desde o momento em que se legisla, passando pelo momento em que se fiscaliza, até eventual análise judicial do problema.

JURISPRUDÊNCIA DO STF – FISCALIZAÇÃO TRIBUTÁRIA E SANÇÕES DE NATUREZA POLÍTICA

Embora a Administração Tributária goze de um status particular no contexto da Administração Pública em geral, deve, evidentemente, observar a estrita legalidade e preservar os direitos e garantias individuais do contribuinte. Nesse sentido, cabe notar que se encontra consolidado no âmbito do Supremo Tribunal Federal o entendimento de que não é possível à Fazenda Pública aplicar sanções políticas em face dos contribuintes. Vejamos os entendimentos sumulados:

> ***Súmula STF nº 547*** – "Não é lícito à autoridade proibir que o contribuinte em débito adquira estampilhas, despache mercadorias nas alfândegas e exerça suas atividades profissionais".
>
> ***Súmula STF nº 323*** – "É inadmissível a apreensão de mercadorias como meio coercitivo para pagamento de tributos".
>
> ***Súmula STF nº 70*** – "É inadmissível a interdição de estabelecimento como meio coercitivo para cobrança de tributo".

Apesar dessas regras, existem situações em que a jurisprudência do Supremo admite que haja medidas coercitivas como meio de combate à sonegação fiscal, de forma a fortalecer a efetividade da Administração Tributária. No primeiro caso, a Suprema Corte entendeu possível a retenção de mercadorias sem que tenha sido comprovada a propriedade pelo transportador:

- *Apreensão de mercadorias e poder de polícia tributária.* – "[...] 1. A retenção da mercadoria, até a comprovação da posse legítima daquele que a transporta, não constitui coação imposta em desrespeito ao princípio do devido processo legal tributário. 2. Ao garantir o livre exercício de qualquer trabalho, ofício ou profissão, o art. 5º, inc. XIII, da Constituição da República não o faz de forma absoluta, pelo que a observância dos recolhimentos tributários no desempenho dessas atividades impõe-se legal e legitimamente. 3. A hipótese de retenção temporária de mercadorias prevista no art. 163, § 7º, da

Constituição de São Paulo, é providência para a fiscalização do cumprimento da legislação tributária nesse território e consubstancia exercício do poder de polícia da Administração Pública Fazendária, estabelecida legalmente para os casos de ilícito tributário. Inexiste, por isso mesmo, a alegada coação indireta do contribuinte para satisfazer débitos com a Fazenda Pública" (STF, Informativo nº 467).

Em outra situação, o Supremo Tribunal Federal atestou a constitucionalidade da medida de cancelamento de registro de fabricante de cigarros, prevista no Decreto-Lei n. 1593/77, pela falta de pagamento de tributos:

- *Fabricante de cigarros: Decreto-lei 1.593/77 e cancelamento de registro especial* – O Tribunal, por maioria, indeferiu medida cautelar em ação cautelar proposta contra a União por empresa fabricante de cigarros, na qual visava à atribuição de efeito suspensivo a recurso extraordinário por ela interposto em face de acórdão proferido pelo TRF da 2ª Região que, ao dar provimento à apelação da União, declarara a constitucionalidade do art. 2º, II, do Decreto-lei 1.593/77, com a redação dada pela Lei 9.822/99, que autoriza a Secretaria da Receita Federal a cancelar, a qualquer tempo, o registro especial para o exercício, por empresa do setor tabagista, de atividade de fabricação e comercialização de produtos do tabaco, ante o descumprimento de obrigação tributária. Tendo em conta a singularidade factual e normativa do caso, entendeu-se faltar razoabilidade jurídica ao pedido, salientando-se que poderia haver periculum in mora inverso, consistente na exposição dos consumidores, da sociedade em geral e, em particular, da condição objetiva da livre concorrência, ao risco da continuidade do funcionamento de empresa para tanto inabilitada. Aduziu-se que o Decreto-lei 1.593/77 impôs como condição inafastável para o exercício da atividade econômica em questão um conjunto de requisitos que, não atendidos, acarretam a ilicitude da produção, e que haveria justificativa extrafiscal para a exigência da regularidade tributária, que, em princípio, à vista das características do mercado concentrado da indústria de cigarros, seria proporcional e razoável. Afirmou-se que o IPI – Imposto sobre Produtos Industrializados é rubrica preponderante no processo de formação do preço do cigarro, produto extremamente gravoso à saúde e tributado pela mais alta alíquota desse imposto, e que a diferença a menor no seu recolhimento tem reflexo superlativo na definição do lucro da empresa. Considerou-se, diante das características do mercado de cigarros, que tem na tributação dirigida um dos fatores determinantes do preço do produto, ser compatível com o ordenamento limitar a liberdade de iniciativa em prol de outras finalidades jurídicas tão ou mais relevantes, como a defesa da livre concorrência e o exercício da vigilância estatal sobre setor particularmente crítico para a saúde pública, não havendo se falar em lesão a direito subjetivo da autora, mas em ato administrativo regular que impediu a continuidade de uma situação ilegal. Registrou-se, ainda, que a empresa não estaria se recusando a pagar tributo controvertido, nem teria apresentado justificativas convincentes contra a argüição de inadimplemento, revelando, na verdade, adotar estratégia de não recolhimento sistemático de tributos como meio de obter vantagens competitivas indevidas, e figurando, inclusive, como uma das maiores sonegadoras de tributos do país. Concluiu-se não estar configurado caso de sanção política tendente a compelir contribuinte inadimplente a pagar tributo, diante da finalidade jurídica autônoma de que se reveste a norma, em resguardo da livre concorrência, e também de sua razoabilidade, e de não se aplicarem, à espécie, o precedente invocado pela recorrente (RE 415015/RS, DJU de 15.4.2005) e os Enunciados das Súmulas 70, 323 e 547, do STF" (STF, Informativo nº 473).

Fora as exceções aqui tratadas, é vedado à Fazenda Pública praticar atitudes que configurem meios coercitivos com o fim de compelir o pagamento de tributos, medida esta que viola o livre exercício da atividade econômica.

31.4 ACESSO A INFORMAÇÕES DE INTERESSE FISCAL: ARTIGO 195 DO CTN

O art. 195 do CTN estatui:

CTN, art. 195. Para os efeitos da legislação tributária, não têm aplicação quaisquer disposições legais excludentes ou limitativas do direito de examinar mercadorias, livros, arquivos, documentos, papéis e efeitos comerciais ou fiscais, dos comerciantes industriais ou produtores, ou da obrigação destes de exibi-los.

Parágrafo único. Os livros obrigatórios de escrituração comercial e fiscal e os comprovantes dos lançamentos neles efetuados serão conservados até que ocorra a prescrição dos créditos tributários decorrentes das operações a que se refiram.

De acordo com o art. 195, *caput*, o interesse da Administração Pública e o respectivo direito que lhe corresponde de examinar mercadorias, livros, arquivos, documentos, papeis e efeitos dos empresários ligados ao comércio, indústria, produção, finanças etc., não pode ser excluído ou limitado por qualquer espécie de legislação, de natureza civil, empresarial etc.

Antigamente a legislação comercial impunha certas restrições às autoridades administrativas quanto ao acesso a livros de escrituração contábil dos comerciantes. A legislação tributária, aos poucos, foi vencendo essas limitações e dando à Administração Pública acesso mais amplo aos documentos e livros dos empresários, com o objetivo de averiguar se fatos geradores eram praticados ou obrigações acessórias eram descumpridas.

Hugo de Brito Machado esclarece: "Com o advento do Código Tributário Nacional, ficou afastada a possibilidade de invocação das regras do Código Comercial, ou de qualquer outra lei que exclua ou limite o direito de examinar mercadorias, livros, arquivos, documentos, papéis e efeitos comerciais ou fiscais. As normas que preservam o sigilo comercial prevalecem entre os particulares, mas não contra a Fazenda Pública" (MACHADO, 2011, p. 250).

Fica claro, portanto, que, de acordo com o CTN, a legislação tributária prevalece em face de quaisquer outros dispositivos normativos que pretendam excluir ou limitar o direito dos fiscais de terem acesso a livros, mercadorias, registros contábeis, arquivos, enfim, aos elementos probatórios por meio dos quais se pode descobrir se um fato gerador foi praticado ou uma obrigação acessória foi descumprida.

Uma primeira observação importante gira em torno de compreender que o administrado não pode ser compelido, *por ato administrativo*, a acatar as determinações dos administradores. Tais atos *não são autoexecutáveis*, isto é, não podem *impor* ao sujeito passivo a pretensão fiscalizatória. Precisam buscar ordem judicial, ou seja, obter provimento judicial que lhes permita ter acesso a mercadorias, livros, documentos, sem a aquiescência do administrado.

Em segundo lugar, é importante consignar que a fiscalização deve limitar-se aos pontos importantes relacionados ao fato gerador ou obrigação acessória que têm como objetivo averiguar. A autoridade deve ter acesso aos livros, registros etc., que tenham relação com o objeto de sua investigação, e não a documentos outros que não tenham qualquer ligação com as questões específicas investigadas.

O STF possui entendimento sumulado nesse sentido:

> ***Súmula nº 439 do STF:*** "Estão sujeitos à fiscalização tributária ou previdenciária quaisquer livros comerciais, limitado o exame aos pontos objeto da investigação".

Note-se que estão sujeitos à fiscalização *quaisquer* livros, não importa a qualidade destes, se são de manutenção obrigatória ou não, relativos à contabilidade ou não etc. Contudo, a fiscalização deve *limitar-se* aos *pontos da investigação*, apenas à análise dos livros que se relacionam ao fato gerador praticado ou à obrigação acessória descumprida.

Além do mais, de acordo com o art. 195, parágrafo único, "os livros obrigatórios de escrituração comercial e fiscal e os comprovantes dos lançamentos neles efetuados serão conservados até que ocorra a prescrição dos créditos tributários decorrentes das operações a que se refiram".

Sabe-se que, nos termos do art. 174, "a ação para a cobrança do crédito tributário prescreve em cinco anos, contados da data da sua constituição definitiva". A prática do fato gerador dá ensejo à obrigação tributária principal. Abre-se o prazo de cinco anos para que a Fazenda Pública efetue o lançamento tributário, prazo este de natureza *decadencial*. Uma vez constituído o crédito e notificado o sujeito passivo, aguarda-se o interregno de 30 dias para que faça a impugnação da cobrança ou efetue o pagamento.

Escoado este período e tendo permanecido inerte, inicia-se o prazo de cinco anos para que a Fazenda Pública ingresse com a ação de execução fiscal. Findo esse interregno e tendo permanecido inerte a Fazenda, dá-se a prescrição e considera-se definitivamente extinto o crédito tributário.

Por isso, o art. 195, parágrafo único, determina que o sujeito passivo mantenha os livros, documentos e comprovantes de lançamentos efetuados até que tenha escoado o prazo prescricional porque, a partir de então, o Fisco não tem mais o direito de cobrar judicialmente o crédito.

Paulo de Barros Carvalho observa: "Fala-se, ordinariamente, que os sujeitos passivos de obrigações tributárias e deveres formais, relativos a tributos, devem manter seus livros, documentos e efeitos fiscais durante o prazo de *cinco anos*. A proposição não é verdadeira [...] Talvez pela circunstância de o legislador mencionar o instituto da prescrição, cujo prazo, genericamente considerado, é de cinco anos, tenham surgido interpretações como essa a que aludimos. Entretanto, o dever de guarda e manutenção dos livros, documentos e comprovantes, que interessem de modo direto ou indireto à caracterização das pretensões tributárias, perdura pelo intervalo de tempo que vai do seu surgimento até o instante em que as respectivas obrigações forem colhidas pelo fato jurídico da prescrição. E sabemos que o advento de qualquer das causas interruptivas do prazo prescricional tem o condão de tornar sem efeito o prazo já decorrido, iniciando-se nova contagem de cinco anos" (CARVALHO, 2012, p. 669, 670).

Sem dúvida, o dever de o sujeito passivo preservar livros e documentos perdura por cinco anos apenas sob condições normais. Quer dizer, apenas nos casos em que não há interrupção da contagem do prazo prescricional. Havendo interrupção ou suspensão, o prazo será maior, de acordo com o tempo em que a contagem temporariamente cessou.

Luciano Amaro também chama a atenção para algo que passou despercebido pelo Código: "O legislador esqueceu-se de que, ao tratar dos prazos extintivos, distinguiu entre a decadência e a prescrição, relacionando a primeira ao direito de lançar, e referindo a segunda à ação de cobrança. Talvez, considerando que, no tempo, a prescrição costuma vir *depois* da decadência, o Código economizou tempo e falou diretamente na prescrição. O problema é que, de acordo com a disciplina dada pelo mesmo Código, pode dar-se a decadência sem que haja lugar para a prescrição; é de convir, aliás, que a decadência é o prazo extintivo de maior ocorrência em matéria tributária. Obviamente, decorrido o prazo decadencial e, portanto, extinto o eventual direito de lançar que o Fisco pudesse ter, não haverá mais interesse fiscal na conservação dos documentos. Assim sendo, a menção que o Código faz à *prescrição* há de ser entendida como abrangente da decadência, até porque, em rigor, o preceito seria desnecessário para o efeito de que se trata. Na ausência do parágrafo, certamente se concluiria pela desnecessidade de manutenção de documentos fiscais após o prazo dentro do qual eles pudessem ter interesse" (AMARO, 2011, p. 509).

Em suma, importa fixar que o sujeito passivo deve guardar livros e documentos de interesse do Fisco:

- Até que ocorra a prescrição do direito de cobrar judicialmente o crédito;
- Trata-se, normalmente, do prazo de cinco anos a contar da constituição definitiva daquele;
- É possível que tal prazo se estenda por um período bem maior, caso ocorra interrupção ou suspensão de sua contagem;
- Finalmente, tendo lugar a decadência, desfaz-se o dever de preservação dos documentos porque, igualmente, o Fisco não tem mais o direito de efetuar a cobrança do crédito tributário;

31.5 PRINCÍPIO DOCUMENTAL: ARTIGO 196 DO CTN

O art. 196 do CTN estabelece:

> **CTN, art. 196.** A autoridade administrativa que proceder ou presidir a quaisquer diligências de fiscalização lavrará os termos necessários para que se documente o início do procedimento, na forma da legislação aplicável, que fixará prazo máximo para a conclusão daquelas.
>
> Parágrafo único. Os termos a que se refere este artigo serão lavrados, sempre que possível, em um dos livros fiscais exibidos; quando lavrados em separado deles se entregará, à pessoa sujeita à fiscalização, cópia autenticada pela autoridade a que se refere este artigo.

O dispositivo prevê o *princípio documental* como importante característica dos procedimentos de fiscalização adotados pela Administração Tributária. As diligências desempenhadas pelas autoridades administrativas devem ser lavradas em termos para que fique tudo *documentado, registrado por escrito*.

Luciano Amaro explica: "O princípio documental informa o procedimento fiscal. As diligências e investigações desenvolvidas pelas autoridades fiscais devem ser reduzidas a escrito e ordenadas logicamente. Para isso, o Código manda que sejam lavrados termos que documentem o início do procedimento, conforme a legislação respectiva, que deverá fixar prazo máximo para a conclusão das diligências fiscais" (art. 196) (AMARO, 2011, p. 510).

A legislação respectiva, em âmbito federal, é o Decreto nº 70.235/72, cujo art. 7º, I, estabelece que "o procedimento fiscal tem início com: o primeiro ato de ofício, *escrito*, praticado por servidor competente, cientificado o sujeito passivo da obrigação tributária ou seu preposto". Já o *início* do procedimento fiscal deve dar-se por *escrito.*

A redução das diligências administrativas a escrito é importante porque permite o acesso claro e seguro aos dados e informações sobre o exato momento em que ocorreram, como se desenvolveram, que problemas vieram à tona etc. Sabemos que os atos administrativos que visam à cobrança de tributos são vinculados em todos os seus aspectos.

Assim, o princípio documental permite:

- O *controle* dos atos por parte da Administração Pública, pelos sujeitos passivos e, eventualmente, pelo Poder Judiciário;
- Averiguar o *momento* exato em que teve início o procedimento para que se saiba: (a) se o sujeito passivo tem direito ao benefício que consta do art. 138 do CTN (denúncia espontânea da infração) ou (b) se é o caso de *decadência* do direito de lançar, nos termos dos arts. 173 e 150 do CTN.

Ademais, o art. 196 determina que a legislação fixe um *prazo* dentro do qual o procedimento administrativo de fiscalização deve encerrar-se. Nesse sentido, o art. 27 do Decreto nº 70.235/72 determina:

Dec. 70.235/72. Os processos remetidos para apreciação da autoridade julgadora de primeira instância deverão ser qualificados e identificados, tendo prioridade no julgamento aqueles em que estiverem presentes as circunstâncias de crime contra a ordem tributária ou de elevado valor, este definido em ato do Ministro de Estado da Fazenda.

Parágrafo único. Os processos serão julgados na ordem e nos prazos estabelecidos em ato do Secretário da Receita Federal, observada a prioridade de que trata o *caput* deste artigo.

Finalmente, o parágrafo único estabelece que os termos de fiscalização sejam lavrados em um dos *livros fiscais* exibidos ao sujeito passivo. Quando lavrados em separado, deve-se entregar *cópia autenticada* pela autoridade fiscalizadora. Tais *livros* são importantes porque materializam a atividade administrativa executada e permitem igualmente o controle dos atos praticados.

Hugo de Brito Machado observa: "A pessoa sujeita à fiscalização deve apor nos termos respectivos o seu "ciente". Assim também nos autos de infração acaso lavrados. Isto não significa que concordou com o procedimento fiscal. Estar ciente da lavratura de um auto de infração não quer dizer concordar com o que esteja afirmado naquele documento. Significa apenas que a pessoa autuada foi notificada, isto é, teve conhecimento da autuação" (MACHADO, 2011, p. 253).

31.6 DEVER DE PRESTAR A INFORMAÇÕES: ARTIGO 197 DO CTN

O art. 197 do CTN estatui:

CTN, art. 197. Mediante intimação escrita, são obrigados a prestar à autoridade administrativa todas as informações de que disponham com relação aos bens, negócios ou atividades de terceiros:

I – os tabeliães, escrivães e demais serventuários de ofício;

II – os bancos, casas bancárias, Caixas Econômicas e demais instituições financeiras;

III – as empresas de administração de bens;

IV – os corretores, leiloeiros e despachantes oficiais;

V – os inventariantes;

VI – os síndicos, comissários e liquidatários;

VII – quaisquer outras entidades ou pessoas que a lei designe, em razão de seu cargo, ofício, função, ministério, atividade ou profissão.

Parágrafo único. A obrigação prevista neste artigo não abrange a prestação de informações quanto a fatos sobre os quais o informante esteja legalmente obrigado a observar segredo em razão de cargo, ofício, função, ministério, atividade ou profissão.

A) Conteúdo do dispositivo à luz da Constituição Federal

De acordo com o artigo, a Administração Pública federal, estadual, distrital e municipal tem acesso, *mediante intimação escrita*, a informações sobre bens, negócios ou atividades relacionadas a pessoas naturais ou jurídicas, que estejam em posse de tabeliães, escrivães, serventuários de ofícios, bancos, caixas econômicas, empresas de administração de bens etc.

O CTN impõe a estas figuras, que, de uma maneira ou outra, têm relação direta ou indireta com a possível prática de fatos geradores, o *dever legal* de prestarem informações sobre potenciais ou efetivos sujeitos passivos tributários.

É o que ocorre, por exemplo, com o Oficial de Registro de Imóveis que, em função de seu ofício, tem acesso a informações precisas sobre a transferência da propriedade de bens imóveis, modificações ou reformas que aumentem o valor do bem etc. Condutas que, por vezes, configuram fatos geradores de determinados tributos ou acarretam modificações nas bases de cálculos, alíquotas aplicáveis, dentre outras.

Assim, os entes relacionados no art. 197 têm o dever de prestar informações sobre terceiros à Administração Pública, mediante simples *intimação escrita*. Do ponto de vista interno ao CTN, algumas restrições ao acesso a tais informações despontam desde logo. São, principalmente, de duas ordens:

- *Interesse da fiscalização e arrecadação* – De acordo com o art. 113, § 2º, do CTN, "a obrigação acessória decorre da legislação tributária e tem por objeto as prestações, positivas ou negativas, nela previstas *no interesse da arrecadação ou da fiscalização dos tributos*". Ora, se as obrigações acessórias, impostas a quem é parte da relação jurídica tributária, somente adquirem sua legitimidade se estiverem relacionadas *ao interesse específico da arrecadação ou fiscalização de tributos*, obviamente que o dever previsto no art. 197, direcionado a terceiros que não ostentam a qualidade de sujeito passivo, também se sujeita a tal limitação. Assim, não faz sentido que a Administração municipal oficie uma instituição financeira e requeira informações sobre a movimentação bancária de determinado sujeito passivo, porquanto os tributos que estão sob a sua competência possuem fatos geradores que não se relacionam a atividades vinculadas a estas instituições. De toda forma, é necessário que fique demonstrado o efetivo *interesse* da Administração em tais ou quais informações;
- *Obrigação legal de manter sigilo* – De acordo com o parágrafo único do art. 197, a obrigação de prestar informações não abrange os profissionais que têm o *dever legal de manter sigilo*. É o que ocorre, por exemplo, com os advogados que, de acordo com a Lei nº 8.906/94 (*Estatuto da Advocacia e da Ordem dos Advogados do Brasil*), cometem infração disciplinar caso violem, sem justa causa, o sigilo profissional (art. 7º, XIX e 34, VII). Hugo de Brito Machado explica: "O segredo profissional é garantia de ordem pública. Decorre de disposição expressa de lei, e segundo o Código Tributário Nacional prevalece sobre o dever de prestar informações ao Fisco. E nem podia mesmo ser de outra forma em nosso sistema jurídico, eis que a violação do segredo profissional está inclusive capitulada como crime (CP, art. 154)" (MACHADO, 2011, p. 254).

A interpretação do art. 197 do CTN, à luz do texto constitucional, torna-se um pouco mais complexa. A Constituição resguarda de maneira expressa a intimidade, a vida privada, a honra e a imagem das pessoas (art. 5º, X), e que protege o sigilo da correspondência e das comunicações telegráficas, de dados e das comunicações telefônicas (art. 5º, XII), ressalvas as hipóteses previstas pelo próprio texto constitucional.

Além do mais, o art. 145, § 1º, da CF/1988, autoriza o acesso da Administração Tributária a informações relativas ao patrimônio, bens e rendimentos do contribuinte, desde que sejam *respeitados os direitos individuais e nos termos da lei.*

Portanto, o dever que os terceiros têm de prestar informações à Administração deve ser compreendido não apenas nos termos do art. 197 do CTN, mas sobretudo de acordo com os direitos e garantias fundamentais previstos na Constituição.

As pessoas mencionadas no art. 197 devem averiguar se a atividade administrativa encontra-se dentro dos parâmetros fixados pelo texto constitucional. Caso contrário, podem negar-se, de maneira legítima, a prestar informações à Administração. Devem, ainda, se necessário for, socorrer-se do Poder Judiciário para que evitem o risco de se enquadrarem em qualquer infração administrativa ou penal.

A) Sigilo bancário: Lei Complementar nº 105/2001

No que toca especificamente ao art. 197, II, isto é, ao dever que têm os *bancos, casas bancárias, caixas econômicas e demais instituições financeiras* de prestar informações à autoridade administrativa, tal obrigação colide com o art. 5º, X e XII, da CF/1988, que protegem a privacidade e o sigilo de dados.

Parte da doutrina, com a qual concordamos, sustenta que o conceito de "dados" abrange o sigilo bancário, quer dizer, as informações às quais os bancos e instituições financeiras têm acesso em razão da movimentação econômica das pessoas naturais e jurídicas. Nesse sentido, o acesso da Fiscalização a tais informações estaria impossibilitado pela cláusula de reserva de jurisdição presente no inciso XII.

Ocorre, contudo, que as informações de particulares armazenadas nos bancos, caixas econômicas e instituições financeiras são importantes porque permitem conhecer amplamente a vida econômica do sujeito passivo tributário, de maneira que se pode identificar, com mais facilidade, a prática de fatos geradores, o descumprimento de obrigações acessórias, eventuais condutas que tipificam sonegação fiscal etc.

Por isso, a legislação sempre procurou viabilizar o acesso da Administração Tributária à movimentação bancária das pessoas naturais ou jurídicas, sendo possível traçar o seguinte histórico:

- *Lei nº 8.021/90* – O art. 8º prescreve: "Iniciado o procedimento fiscal, a autoridade fiscal poderá solicitar informações sobre operações realizadas pelo contribuinte em instituições financeiras, inclusive extratos de contas bancárias, não se aplicando, nesta hipótese, o disposto no art. 38 da Lei nº 4.595, de 31 de dezembro de 1964";
- *Lei nº 9.311/96* – Disciplinou a instituição e cobrança da CPMF. De acordo com o art. 11, § 2º, "as instituições responsáveis pela retenção e pelo recolhimento da contribuição prestarão à Secretaria da Receita Federal as informações necessárias à identificação dos contribuintes e os valores globais das respectivas operações, nos termos, nas condições e nos prazos que vierem a ser estabelecidos pelo Ministro de Estado da Fazenda";

- *Lei nº 10.174/2001* – Deu nova redação ao § 3º, do art. 11, da Lei nº 9.311/96 e passou a dispor que "a Secretaria da Receita Federal resguardará, na forma da legislação aplicável à matéria, o sigilo das informações prestadas, facultada sua utilização para instaurar procedimento administrativo tendente a verificar a existência de crédito tributário relativo a impostos e contribuições e para lançamento, no âmbito do procedimento fiscal, do crédito tributário porventura existente, observado o disposto no art. 42 da Lei nº 9.430, de 27 de dezembro de 1996, e alterações posteriores".

A Lei Complementar nº 105/2001, no entanto, aprofundou a disciplina relativa ao acesso da Administração Tributária às informações bancárias das pessoas naturais ou jurídicas. O art. 5º, *caput*, determina:

> **LC 105/2001, art. 5º.** O Poder Executivo disciplinará, inclusive quanto à periodicidade e aos limites de valor, os critérios segundo os quais as instituições financeiras informarão à administração tributária da União, as operações financeiras efetuadas pelos usuários de seus serviços.

Note-se que, de acordo com o dispositivo, cabe ao *Poder Executivo*, isto é, à própria Administração Pública, por meio de *decreto*, a disciplina dessa *transferência de informações* das instituições financeiras às autoridades fiscais. Para sustentar a *constitucionalidade* da lei, seus defensores valem-se do disposto no art. 5º, § 5º, segundo o qual "as informações a que refere este artigo serão conservadas sob sigilo fiscal, na forma da legislação em vigor". Quer dizer, muito embora a Administração tenha acesso a informações privadas, estas não serão divulgadas, de maneira que a intimidade do sujeito passivo estaria plenamente protegida.

Além do mais, o art. 10 determina:

> **LC 105/2001, art. 10.** A quebra de sigilo, fora das hipóteses autorizadas nesta Lei Complementar, constitui crime e sujeita os responsáveis à pena de reclusão, de um a quatro anos, e multa, aplicando-se, no que couber, o Código Penal, sem prejuízo de outras sanções cabíveis.

Em suma, de acordo com os dispositivos, ter-se-ia mera transferência de sigilo das instituições bancárias e financeiras para a Administração Pública. Esta, por sua vez, tem o dever de manter as informações sob estrito sigilo fiscal. Por isso, segundo os defensores da lei, não se trata de quebra de sigilo bancário. Não há inconstitucionalidade.

JURISPRUDÊNCIA DO STF – SIGILO BANCÁRIO

Há algum tempo o STF se depara com a questão de saber se os dispositivos da Lei Complementar nº 105/2001 são ou não constitucionais. O problema, como dissemos, reside especificamente no art. 5º, XII, da CF/1988, segundo o qual "é inviolável o sigilo da correspondência e das comunicações telegráficas, de *dados* e das comunicações telefônicas, salvo, no último caso, por *ordem judicial*, nas hipóteses e na forma que a lei estabelecer para fins de investigação criminal ou instrução processual penal". Na opinião de alguns, dentro do conceito de "dados" insere-se o sigilo bancário, de maneira que a "quebra" deste estaria sujeita à *cláusula de reserva de jurisdição*, isto é, à ordem emanada de autoridade judicial competente. Após o ajuizamento de várias ADIs e algumas oscilações de entendimentos, atualmente, o Supremo Tribunal Federal fixou a tese de que é possível o intercâmbio de informações bancárias entre as instituições financeiras e o Fisco, sem considerar que seja quebra de sigilo bancário, sendo, via de consequência, dispensável ordem judicial: "Ação direta de inconstitucionalidade. Julgamento conjunto das ADI nº 2.390, 2.386, 2.397 e 2.859. Normas federais relativas ao sigilo das operações de instituições financeiras. Decreto nº 4.545/2002. Exaurimento da eficácia. Perda parcial do objeto da ação direta nº 2.859. Expressão 'do inquérito ou', constante no § 4º do art. 1º, da Lei Complementar nº 105/2001. Acesso ao sigilo bancário nos autos do inquérito policial. Possibilidade. Precedentes. Art. 5º e 6º da Lei Complementar nº 105/2001 e seus decretos regulamentadores. Ausência de quebra de sigilo e de ofensa a direito fundamental. Confluência entre os deveres do contribuinte (o dever fundamental de pagar tributos) e os deveres do Fisco (o dever de bem tributar e fiscalizar). Compromissos internacionais assumidos pelo Brasil em matéria de compartilhamento de informações bancárias. Art. 1º da Lei Complementar nº 104/2001. Ausência de quebra de sigilo. Art. 3º, § 3º, da LC 105/2001. Informações necessárias à defesa judicial da atuação do Fisco. Constitucionalidade dos preceitos impugnados. ADI nº 2.859. Ação que se conhece em parte e, na parte conhecida, é julgada improcedente. ADI nº 2.390, 2.386, 2.397. Ações conhecidas" (STF, Pleno, ADI 2859, 21/10/2016). Entendimento que também foi seguido pelo Superior Tribunal de Justiça: "A quebra do sigilo bancário sem prévia autorização judicial, para fins de constituição de crédito tributário não extinto, é autorizada pela Lei 8.021/90 e pela LC 105/01, normas procedimentais, cuja aplicação é imediata, à luz do disposto no art. 144, § 1º, do CTN" (STJ, Recurso repetitivo, REsp 1134665). De maneira que os tribunais superiores reconheceram a constitucionalidade do art. 6º da Lei Complementar 105/01 em que permite que as autoridades e os agentes fiscais tributários da União, dos Estados, do Distrito Federal e dos Municípios poderão examinar documentos, livros e registros de instituições financeiras, inclusive os referentes a contas de depósitos e aplicações financeiras, quando houver processo administrativo instaurado ou procedimento fiscal em curso e tais exames sejam considerados indispensáveis pela autoridade administrativa competente.

31.7 SIGILO FISCAL: ARTIGO 198 DO CTN

O art. 198 do CTN, com redação dada pela LC 104/2001, determina:

> **CTN, art. 198.** Sem prejuízo do disposto na legislação criminal, é vedada a divulgação, por parte da Fazenda Pública ou de seus servidores, de informação obtida em razão do ofício sobre a situação econômica ou financeira do sujeito passivo ou de terceiros e sobre a natureza e o estado de seus negócios ou atividades.
>
> § 1º Excetuam-se do disposto neste artigo, além dos casos previstos no art. 199, os seguintes:I – requisição de autoridade judiciária no interesse da justiça;II – solicitações de autoridade administrativa no interesse da Administração Pública, desde que seja

comprovada a instauração regular de processo administrativo, no órgão ou na entidade respectiva, com o objetivo de investigar o sujeito passivo a que se refere a informação, por prática de infração administrativa.

§ 2º O intercâmbio de informação sigilosa, no âmbito da Administração Pública, será realizado mediante processo regularmente instaurado, e a entrega será feita pessoalmente à autoridade solicitante, mediante recibo, que formalize a transferência e assegure a preservação do sigilo.

§ 3º Não é vedada a divulgação de informações relativas a:

I – representações fiscais para fins penais;

II – inscrições na Dívida Ativa da Fazenda Pública;

III – parcelamento ou moratória.

A) Regra

O *caput* do artigo 198 estabelece a regra: a Fazenda Pública e seus servidores devem guardar sigilo com relação a informações fiscais de pessoas naturais e jurídicas de que dispõem em razão de seu ofício. O dispositivo concretiza o preceito contido no art. 5º, X e XII, da CF/1988, protetivo da privacidade e o sigilo de dados privados. Vejamos de maneira esquematizada:

- *Sem prejuízo da legislação criminal* – O artigo 325 do Código Penal tipifica a conduta de violação de sigilo funcional: "Revelar fato de que tem ciência em razão do cargo e que deva permanecer em segredo, ou facilitar-lhe a revelação: Pena – detenção, de seis meses a dois anos, ou multa, se o fato não constitui crime mais grave". Pois bem, "sem prejuízo do disposto na legislação criminal", ou seja, além de significar a prática de crime, a quebra do sigilo fiscal por servidor da Administração também configura ilícito civil e administrativo. A Fazenda Pública pode ser acionada para pagamento de indenização por dano material e moral ao sujeito passivo, nos termos do art. 37, § 6º, da Constituição. Trata-se de responsabilidade objetiva. Ressalte-se a possibilidade que tem a Administração de mover ação de regresso em face do servidor que tenha agido com dolo ou culpa. Além do mais, este, o servidor, sofrerá as sanções administrativas previstas em lei, além da possibilidade de indenizar o Poder Público caso tenha divulgado as informações com dolo ou culpa;
- *Informação obtida em razão do ofício* – Hugo de Brito Machado observa: "Ao mesmo tempo em que se assegura ao Fisco o direito de penetrar nos domínios particulares tomando conhecimento do que se passa com seus patrimônios, preserva o Código Tributário Nacional o interesse destes de que ao público em geral não chegue tal conhecimento" (MACHADO, 2011, p. 255). *O sigilo fiscal significa, justamente, que as informações obtidas pela Fazenda e seus servidores no exercício de sua função de fiscalização e arrecadação de tributos não devem ser divulgadas ao público.* Nada impede que a informação circule no *interior* da estrutura administrativa, ainda que passe de uma Fazenda a outra, desde que se faça nos termos da *legislação* e não haja o vazamento de

informações. Como registramos, é sempre necessário que esteja presente o *interesse* na fiscalização, como determina o art. 113, § 2º, do CTN;

- *Situação econômica ou financeira do sujeito passivo ou de terceiros, a natureza e o estado de seus negócios ou atividades* – Note-se que, de acordo com o dispositivo, *nenhuma* informação deve vazar, seja ela especificamente quanto à situação fiscal do sujeito passivo, seja quanto à situação econômica ou financeira de suas atividades ou negócios. Assim, se uma empresa possui uma dívida muito grande em face da Fazenda Pública, essa informação não deve ser divulgada, ainda que os detalhes relativos à situação sejam mantidos em sigilo. Um passivo fiscal pode comprometer a imagem da empresa que, como sabemos, é protegida pelo art. 5º, X, da CF/1988.

A) *A exceção*

O art. 198, § 1º, do CTN, estabelece três exceções à preservação das informações:

- *Casos previstos no art. 199* – A primeira exceção à regra do art. 198, caput, é o disposto no art. 199. Este, por sua vez, determina: "A Fazenda Pública da União e dos Estados, Distrito Federal e Municípios prestar-se-ão mutuamente assistência para a fiscalização dos tributos respectivos e permuta de informações, na forma estabelecida, em caráter geral ou específico, por lei ou convênio". O parágrafo único determina: "A Fazenda Pública da União, na forma estabelecida em tratados, acordos ou convênios, poderá permutar informações com Estados estrangeiros no interesse da arrecadação e da fiscalização de tributos". O *caput* autoriza o intercâmbio de informações entre Fazendas Públicas brasileiras. O parágrafo único, entre autoridades federais e internacionais. Se considerarmos, no entanto, que sigilo fiscal, num sentido mais rigoroso, significa a divulgação das informações relativas ao sujeito passivo para o público, não parece que temos aí uma exceção porque, no caso do art. 199, *caput*, as informações circulam no interior da Administração federal, estadual, distrital ou municipal. O parágrafo único desperta certos problemas dos quais trataremos quando da análise do dispositivo;
- *Requisição de autoridade judiciária no interesse da justiça* – De acordo com o art. 198, § 1º, I, é exceção à regra do caput a requisição de autoridade judiciária no interesse da justiça. Vimos que o art. 5º, XII, da CF/1988, autoriza a quebra do sigilo das comunicações telefônicas por meio de ordem judicial. Trata-se da chamada cláusula de reserva de jurisdição. O STF também vinculou a quebra do sigilo bancário à ordem judicial. Nesse sentido, parece que este inciso I não traz maiores complicações porque as informações serão repassadas pela Administração mediante requisição judicial, isto é, ordem emanada do Poder Judiciário. Reitere-se que, de acordo com a jurisprudência do STF, as CPIs têm competência para determinar a quebra do sigilo fiscal desde que devidamente fundamentada sua decisão;
- *Solicitações de autoridade administrativa* – De acordo com o art. 188, § 1º, II, também são exceções à regra de sigilo "as solicitações de autoridade

administrativa no interesse da Administração Pública, desde que seja comprovada a instauração regular de processo administrativo, no órgão ou na entidade respectiva, com o objetivo de investigar o sujeito passivo a que se refere a informação, por prática de infração administrativa". O dispositivo permite que outros órgãos da Administração Pública, que não os de fiscalização tributária, tenham acesso a informações relativas ao sujeito passivo. Para isso, basta que se cumpram dois requisitos: (1) instauração regular de processo administrativo e (2) investigação da prática de infração administrativa. Eduardo Sabbag explica: "Exemplo: Banco Central, ao apurar ilícito cambiário, requer informações à Secretaria da Receita Federal do Brasil). É claro que a troca de dados pressupõe processo administrativo aberto no órgão requisitante, que deverá, ao obter as informações, 'passar recibo' de que as bem recebeu, em uma verdadeira 'transferência de sigilo', consoante o disposto no art. 198, § 2º, do CTN, adiante reproduzido" [SABBAG, 2014, p.958]. Para Regina Helena Costa o dispositivo é inconstitucional: "No entanto, cumpre registrar que a exceção contemplada no inciso II do § 1º do art. 198, a nosso ver, padece de inconstitucionalidade, uma vez que autoriza a divulgação, pela Fazenda Pública, de informações relativas ao sujeito passivo ou terceiros, mediante solicitação de autoridade administrativa, com o objetivo de investigar a prática de infração administrativa (art. 199, CTN), o que abrange, inclusive, aquelas informações protegidas por sigilo bancário (arts. 197, II, CTN, e 6º da Lei Complementar n. 105, de 2001)" [COSTA, 2014, p.337].

B) Intercâmbio de informações sigilosas e autorização para divulgação

De acordo com o art. 198, § 2º, "o intercâmbio de informação sigilosa, no âmbito da Administração Pública, será realizado mediante processo regularmente instaurado, e a entrega será feita pessoalmente à autoridade solicitante, mediante recibo, que formalize a transferência e assegure a preservação do sigilo".

Recorde-se, desde logo, o problema assinalado no item anterior. Caso se entenda que o dispositivo é constitucional, a "transferência de sigilos" deve dar-se com estrita observância dos princípios da razoabilidade e proporcionalidade.

Pressuposta a constitucionalidade do artigo, a *circulação de informações sigilosas* no interior da Administração Pública deve observar os seguintes *requisitos*:

- Instauração regular de processo administrativo;
- Entrega pessoal à autoridade solicitante mediante recibo que formalize a transferência e assegure o sigilo.

Luís Eduardo Schoueri ressalta a prevalência do *princípio da pessoalidade*: "Já o caso previsto pelo inciso II do mesmo dispositivo pode gerar maior preocupação, o que exige a atenção da observância conjunta do § 2º, que mostra que não basta a existência de um processo administrativo "regular", mas também uma *pessoalidade* da entrega da informação e o recibo que assegure a preservação do sigilo. Nesses termos, a autoridade administrativa requisitante passa a ter uma obrigação *pessoal* de guardar sigilo" (SCHOUERI, 2012, p. 780).

O art. 198, § 3º, por sua vez, estabelece que "não é vedada a divulgação de informações relativas a (I) representações fiscais para fins penais; (II) inscrições na dívida ativa da Fazenda Pública; e (III) parcelamento ou moratória; IV – incentivo, renúncia, benefício ou imunidade de natureza tributária cujo beneficiário seja pessoa jurídica".

O dispositivo requer cuidado. A "divulgação de informações", acima citada, precisa ter relação com as hipóteses para as quais está autorizada. Assim, o sigilo pode ser relativizado, autorizando a divulgação para outros setores da Administração que estejam relacionados à persecução penal (como a polícia, por exemplo), ou cujo interesse concreto justifique o acesso, como o caso de licitação, contratação etc.

Não parece que está autorizada a divulgação indiscriminada, o que contraria frontalmente o disposto no *caput*. Por outro lado, parece que *terceiros* também podem ter acesso às informações.

Para finalizar, registre-se que a Lei nº 10.522/2002 instituiu o denominado CADIN (cadastro informativo de créditos não quitados do setor público federal).

Os artigos 2º e 6º determinam:

> **Lei 10.522/2002, art. 2º.** O Cadin conterá relação das pessoas físicas e jurídicas que:
>
> I – sejam responsáveis por obrigações pecuniárias vencidas e não pagas, para com órgãos e entidades da Administração Pública Federal, direta e indireta;
>
> II – estejam com a inscrição nos cadastros indicados, do Ministério da Fazenda, em uma das seguintes situações:
>
> a) cancelada no Cadastro de Pessoas Físicas – CPF;b) declarada inapta perante o Cadastro Geral de Contribuintes – CGC.
>
> [...]
>
> Art. 6º É obrigatória a consulta prévia ao Cadin, pelos órgãos e entidades da Administração Pública Federal, direta e indireta, para:I – realização de operações de crédito que envolvam a utilização de recursos públicos;
>
> II – concessão de incentivos fiscais e financeiros;
>
> III – celebração de convênios, acordos, ajustes ou contratos que envolvam desembolso, a qualquer título, de recursos públicos, e respectivos aditamentos.

Ao que parece, a validade da lei condiciona-se à observância do disposto no § 3º do art. 198 do CTN. No entanto, este dispositivo permite a divulgação de informações relativas a créditos *inscritos em dívida ativa* ou que sejam objeto de parcelamento ou moratória, e não simplesmente de créditos *vencidos e não pagos*, como autoriza o art. 2º, I, da lei. De toda forma, não se detecta contestações doutrinárias ou jurisprudências quanto à constitucionalidade da norma.

JURISPRUDÊNCIA DO STF – COMPARTILHAMENTO DE DADOS E LGPD

O STF já se pronunciou sobre a compatibilização do intercâmbio de dados fiscais no interior da organização administrativa fiscal e sua compatibilidade com a LGPD:

> "É legítimo, desde que observados alguns parâmetros, o compartilhamento de dados pessoais entre órgãos e entidades da Administração Pública federal, sem qualquer prejuízo da irrestrita observância dos princípios gerais e mecanismos de proteção elencados na Lei Geral de Proteção de Dados Pessoais (Lei 13.709/2018) e dos direitos constitucionais à privacidade e proteção de dados" (ADI 6649/DF, rel. Min. Gilmar Mendes, julgamento finalizado em 15.9.2022, ADPF 695/DF, relator Min. Gilmar Mendes, julgamento finalizado em 15.9.2022).

31.8 PERMUTA DE INFORMAÇÕES E ASSISTÊNCIA MÚTUA: ARTIGO 199 DO CTN

O art. 199 do CTN determina:

> **CTN, art. 199.** A Fazenda Pública da União e as dos Estados, do Distrito Federal e dos Municípios prestar-se-ão mutuamente assistência para a fiscalização dos tributos respectivos e permuta de informações, na forma estabelecida, em caráter geral ou específico, por lei ou convênio.
>
> Parágrafo único. A Fazenda Pública da União, na forma estabelecida em tratados, acordos ou convênios, poderá permutar informações com Estados estrangeiros no interesse da arrecadação e da fiscalização de tributos.

Vimos que a EC nº 42/2003 incluiu o inciso XXII ao art. 37, segundo o qual "as administrações tributárias da União, dos Estados, do Distrito Federal e dos Municípios, atividades essenciais ao funcionamento do Estado, exercidas por servidores de carreiras específicas, terão recursos prioritários para a realização de suas atividades e *atuarão de forma integrada, inclusive com o compartilhamento de cadastros e de informações fiscais, na forma da lei ou convênio*".

O *caput* do art. 199 não faz mais do que concretizar este dispositivo constitucional. Assim, as Fazendas federal, estaduais, distrital e municipais devem ajudar-se reciprocamente, com permuta, troca, de informações, cadastros etc. Regina Helena Costa observa: "Desse modo, por exemplo, numa operação de importação de produto industrializado que configurar mercadoria, há *interesse* do Fisco Estadual, em razão da exigência de ICMS, na assistência e fiscalização realizadas pelo órgão federal, responsável pela arrecadação do Imposto de Importação e do IPI" (COSTA, 2014, p. 338).

Tanto a Constituição quanto o CTN exigem regulamentação:

- Geral, na forma de lei ou;
- Específica, na forma de convênio.

Quer dizer, os administradores das quatro esferas da federação não podem agir como bem entenderem, permutando informações ou cadastros. É necessário, antes, que exista *lei* ou *convênio* celebrado entre os entes federativos para que as permutas ocorram de forma regular.

Ademais, se as informações permutadas forem sigilosas, isto é, estiverem no âmbito do *sigilo fiscal* do qual falamos por ocasião da análise do art. 198, as prescrições deste dispositivo devem ser rigorosamente obedecidas.

Finalmente, de acordo com o parágrafo único do art. 199, "a Fazenda Pública da União, na forma estabelecida em tratados, acordos ou convênios, poderá permutar informações com Estados estrangeiros no interesse da arrecadação e da fiscalização de tributos".

Três observações devem ser registradas:

- *Fazenda Pública da União* – De acordo com o art. 22, I, da CF/1988, "compete à União manter relações com Estados estrangeiros e participar de organizações internacionais". A União é pessoa jurídica de direito público *interno*, porém, representa a República Federativa do Brasil, pessoa jurídica de direito *internacional*, nas relações com Estados estrangeiros. Por isso, cabe à *Fazenda Pública Federal* e não às fazendas estaduais, distrital ou municipais, trocar informações com outros Estados;
- *Na forma estabelecida em tratados, acordos ou convênios* – A Fazenda Pública Federal não pode agir como bem quiser. Deve atuar dentro do que determina a lei brasileira e, caso pretenda permutar informações com Estado estrangeiro, deve fazê-lo nos termos de *tratados, acordos e convênios* celebrados de acordo com regras de direito nacional e internacional. Não há discricionariedade administrativa aqui; antes, prevalência da lei nacional e internacional;
- *No interesse da arrecadação e da fiscalização de tributos* – Uma vez mais, nota-se a menção ao *interesse* na arrecadação e fiscalização de tributos. Uma vez que cabe à Fazenda Federal permutar informações, tal interesse, em princípio, vincula-se aos tributos federais. Ocorre que, como vimos, a União representa a República Federativa do Brasil. Assim, comprovado o *interesse nacional*, pode-se sustentar a legitimidade de permuta de informações sobre tributos estaduais, distritais ou municipais, conforme o caso. Para finalizar, parece que os tratados, convenções ou convênios internacionais devem tomar o cuidado de prever cláusulas que obriguem os Estados estrangeiros a preservar o *sigilo fiscal* dos contribuintes e responsáveis brasileiros para que informações privadas não sejam divulgadas no exterior. Caso contrário, o art. 198 acaba sendo letra morta, ao menos no que toca à permuta internacional de informações e dados fiscais.

31.9 AUXÍLIO DE FORÇA PÚBLICA: ARTIGO 200 DO CTN

O art. 200 do CTN estabelece:

> **CTN, art. 200.** As autoridades administrativas federais poderão requisitar o auxílio da força pública federal, estadual ou municipal, e reciprocamente, quando vítimas de embaraço ou desacato no exercício de suas funções, ou quando necessário à efetivação de medida prevista na legislação tributária, ainda que não se configure fato definido em lei como crime ou contravenção".

A Administração Tributária frequentemente "invade" a órbita jurídica dos contribuintes e responsáveis, exigindo a apresentação de documentos, livros, prestação de declarações etc. São deveres instrumentais ou obrigações acessórias impostas por lei e pela legislação aos sujeitos passivos tributários.

No exercício da fiscalização, é possível que os administradores encontrem resistência. Um posto de fiscalização da receita estadual em uma rodovia pode deparar-se com a recusa dos motoristas que transportam mercadorias de pararem e mostrarem a posse das notas fiscais que comprovam o recolhimento do ICMS.

É importante ressaltar que o administrador tem o dever de agir nos limites daquilo que a lei ou a legislação, conforme o caso, autorizam. O sujeito passivo, por outro lado, tem o dever de cumprir as obrigações que as mesmas leis ou legislações determinam. As condutas de ambas as partes devem ser pautadas pela lei e não pela vontade privada ou pública de qualquer dos agentes.

Nesse sentido, o CTN autoriza que a Administração Pública valha-se do auxílio da força pública, isto é, dos órgãos de *polícia* descritos no art. 144 da Constituição, sempre que a atividade fiscalizatória puder comprometer a segurança individual dos agentes.

O dispositivo autoriza análise esquematizada:

- *Autoridades administrativas federais* – Muito embora o CTN mencione apenas as autoridades administrativas *federais*, também as estaduais, distritais e municipais podem solicitar o auxílio da força pública. Paulo de Barros Carvalho esclarece: "Quando for o caso, os funcionários *federais*, *estaduais* e *municipais* poderão requisitar a força pública (federal, estadual ou municipal) para garantir o desempenho de suas funções, efetivando as providências administrativas que determinaram a diligência" (CARVALHO, 2012, p. 675);
- *Força pública* – De acordo com o CTN, trata-se de *faculdade* da Administração, que pode decidir sobre a conveniência e oportunidade do auxílio da força pública. Por outro lado, o Código fala em "requisitar", o que dá a entender que, uma vez que seja solicitado o auxílio, os agentes da força pública não podem recusá-la. É de se ressaltar que as forças policiais têm suas competências fixadas na Constituição (art. 144) e nas leis federais, estaduais etc. De maneira que também têm o âmbito de sua atuação vinculado à legalidade. As guardas municipais, por exemplo, têm competência, nos termos do art. 144, § 8º, da CF/1988, para protegerem bens, serviços e instalações dos Municípios, o que torna muito restrita sua atividade como auxiliadora da Administração Tributária. Devemos lembrar que o CTN é filho da ditadura, entretanto, a Constituição de 1988 é fruto da democracia. O primeiro deve compatibilizar-se à segunda;
- *Embaraço ou desacato no exercício de suas funções, ou quando necessário à efetivação de medida prevista na legislação tributária* – De acordo com o CTN, as autoridades administrativas podem valer-se do auxílio da força pública quando vítimas de *embaraço*, *desacato* ou, ainda, quando necessário à *efetivação de medida prevista na legislação tributária*. Hugo de Brito Machado

explica: "*Embaraço* é qualquer forma de resistência à atividade fiscal. Não apenas a que configure o delito de *resistência* previsto no art. 329 do CP [...] *Desacato* é crime previsto no art. 331 do CP. Todavia, são irrelevantes para os fins do art. 200 do CTN, as controvérsias doutrinárias a respeito da configuração do delito de desacato" (MACHADO, 2011, p. 257, 258);

- *Ainda que não configure fato definido em lei como crime ou contravenção* – A conduta adotada pelo sujeito passivo, que resiste à fiscalização, não precisa ser tipificada como crime ou contravenção para que a força pública seja requisitada. Basta que configure ilícito de qualquer espécie, civil ou administrativo, para que esteja plenamente justificada a requisição. Por outro lado, é necessário pontuar que o agente da fiscalização também não pode adotar conduta que implique excesso ou descomedimento. Caso o faça, pode enquadrar-se no crime de *excesso de exação*, previsto no art. 316, § 1º, do Código Penal: "Se o funcionário exige tributo ou contribuição social que sabe ou deveria saber indevido, ou, quando devido, emprega na cobrança meio vexatório ou gravoso, que a lei não autoriza: Pena – reclusão, de três a oito anos, e multa".

31.10 DÍVIDA ATIVA

Os artigos 201 a 204 do CTN tratam da chama *dívida ativa*. Sua constituição é a última fase do percurso que conduz à execução fiscal.

A) Conceito: artigo 201 do CTN

O art. 201 do CTN estabelece:

> **CTN, art. 201.** Constitui dívida ativa tributária a proveniente de crédito dessa natureza, regularmente inscrita na repartição administrativa competente, depois de esgotado o prazo fixado, para pagamento, pela lei ou por decisão final proferida em processo regular.

De acordo com o art. 39, *caput*, da Lei nº 4.320/64, "os créditos da Fazenda Pública, de natureza tributária ou não tributária, serão escriturados como receita do exercício em que forem arrecadados, nas respectivas rubricas orçamentárias".

Segundo o § 1º do dispositivo, "os créditos de que trata este artigo, exigíveis pelo transcurso do prazo para pagamento, serão inscritos, na forma da legislação própria, como dívida ativa, em registro próprio, após apurada a sua liquidez e certeza, e a respectiva receita será escriturada a esse título".

Como se percebe, *dívida ativa* é o conjunto de créditos de que dispõe a Fazenda Pública, de natureza tributária ou não tributária, inscritos em conformidade com a lei.

São as quantias devidas por terceiros ao Poder Público e que devem ingressar em seus cofres na qualidade de *receita pública*. A dívida é *ativa* porque significa um *acréscimo* ao patrimônio estatal.

Nesse sentido, de acordo com o art. 39, § 2º, primeira parte, da Lei nº 4.320/64, "dívida ativa tributária é o crédito da Fazenda Pública dessa natureza, proveniente de obrigação legal relativa a tributos e respectivos adicionais e multas [...]".

Compreende-se, pois, que a *dívida ativa* do Estado divide-se em duas: *tributária e não tributária*. A primeira decorre das obrigações principais ligadas a tributos e multas; a segunda é definida por exclusão, isto é, decorre de outras relações jurídicas obrigacionais, que não as tributárias, como, por exemplo, as provenientes de aluguéis, preços de serviços prestados, indenizações, reposições, restituições etc. (art. 39, § 2º, segunda parte).

O art. 2º, *caput*, da Lei nº 6.830/80, reafirma esse caráter dúplice da dívida ativa:

> **LEF, art. 2º.** Constitui Dívida Ativa da Fazenda Pública aquela definida como tributária ou não tributária na Lei nº 4.320, de 17 de março de 1964, com as alterações posteriores, que estatui normas gerais de direito financeiro para elaboração e controle dos orçamentos e balanços da União, dos Estados, dos Municípios e do Distrito Federal.

Dívida ativa tributária, portanto, é a que provém de créditos da Fazenda Pública decorrentes de relações jurídicas *tributárias*. Sua origem é a obrigação principal, que tem por objeto o tributo ou a multa. Assume esta característica após *inscrição* na repartição administrativa competente, depois de esgotado o prazo para pagamento fixado em lei ou em decisão administrativa final.

B) Inscrição do crédito em dívida ativa

A prática do fato gerador ou o descumprimento de obrigação acessória dão origem à obrigação tributária principal que tem por objeto o pagamento de tributo ou multa (CTN, art. 113). O lançamento constitui o crédito e fixa o prazo para que o sujeito passivo pague ou questione. Se este não paga e nem impugna a cobrança, considera-se *inadimplente* e tem início o processo pelo qual o crédito se "transforma" em dívida ativa.

Dívida ativa tributária é, portanto, a qualidade que adquire o crédito constituído e não pago. Esta qualidade decorre de um *ato administrativo* denominado "inscrição". Por isso, o art. 201 afirma que a dívida ativa tributária provém do crédito de mesma natureza *regularmente inscrito na repartição administrativa competente.*

O art. 2º, § 3º, da Lei nº 6.830/80, por sua vez, determina:

> **LEF, art. 2º, § 3º.** A inscrição, que se constitui no ato de controle administrativo da legalidade, será feita pelo órgão competente para apurar a liquidez e certeza do crédito e suspenderá a prescrição, para todos os efeitos de direito, por 180 dias, ou até a distribuição da execução fiscal, se esta ocorrer antes de findo aquele prazo.

Quer dizer, a inscrição do crédito em dívida ativa é ato administrativo de controle da legalidade do crédito, ou seja, de apuração de sua certeza e liquidez.

A autoridade competente deve proceder à análise do lançamento efetuado. Este antecede a inscrição. Deve investigar eventuais impugnações e julgamentos para obter a certeza de que tudo está regular e transcorreu dentro daquilo que determina a lei. Caso se depare com alguma irregularidade, a autoridade deixa de inscrever o crédito, que não obtém, assim, a qualidade de dívida ativa.

Paulo de Barros Carvalho observa: "Esgotados os trâmites administrativos, pela inexistência de recursos procedimentais que possam atender a novas iniciativas do sujeito passivo, e não havendo medida judicial que suspenda a exigibilidade do crédito tributário, chegou a hora de a Fazenda Pública praticar quem sabe o mais importante ato de controle da legalidade sobre a constituição de seu crédito: o ato de apuração e de inscrição do débito no livro de registro da dívida pública. Sempre vimos o exercício de tal atividade revestido da mais elevada importância jurídica. É o único ato de controle da legalidade, efetuado sobre o crédito tributário já constituído, que se realiza pela apreciação crítica de profissionais obrigatoriamente especializados: os procuradores da Fazenda. Além disso, é a derradeira oportunidade que a Administração tem de rever os requisitos jurídicos-legais dos atos praticados" (CARVALHO, 2012, p. 675).

Sabemos que a constituição do crédito tributário, o lançamento, é efetuado pelo órgão administrativo competente que, em âmbito federal, é a Secretaria da Receita Federal do Brasil. Pois bem, a inscrição do crédito em dívida ativa fica a cargo de *outro* órgão, constituído por profissionais especializados e com formação técnico-jurídica adequada: a Procuradoria da Fazenda.

Nos Estados, Distrito Federal e Municípios a inscrição do crédito deve ser feita igualmente pelas Procuradorias da Fazenda. Caso estes órgãos não existam, especialmente no caso dos Municípios de pequeno porte, a inscrição deve ficar a cargo do setor ao qual compete a representação e defesa judicial do ente federativo.

C) Termo de inscrição em dívida ativa: artigo 202 do CTN

O art. 202 do CTN estabelece:

> **Art. 202.** O termo de inscrição da dívida ativa, autenticado pela autoridade competente, indicará obrigatoriamente:
>
> I – o nome do devedor e, sendo caso, o dos co-responsáveis, bem como, sempre que possível, o domicílio ou a residência de um e de outros;
>
> II – a quantia devida e a maneira de calcular os juros de mora acrescidos;
>
> III – a origem e natureza do crédito, mencionada especificamente a disposição da lei em que seja fundado;
>
> IV – a data em que foi inscrita;
>
> V – sendo caso, o número do processo administrativo de que se originar o crédito.
>
> Parágrafo único. A certidão conterá, além dos requisitos deste artigo, a indicação do livro e da folha da inscrição.

Termo de inscrição da dívida ativa (TIDA) é a materialização, o registro formal, feito pelas autoridades competentes, das informações *essenciais* relativas à relação obrigacional tributária, ao lançamento (ou à formalização realizada pelo próprio sujeito passivo no caso de lançamento por homologação – DCTF, GFIP, GIA etc.) e ao crédito constituído, que necessariamente precedem a *inscrição* em dívida ativa.

O TIDA reúne as informações mais importantes sem as quais o processo de execução fiscal não pode ser iniciado e, portanto, formaliza a inclusão da dívida no cadastro de dívida ativa. O ato administrativo de inscrição se materializa no *termo da dívida*, que servirá de base para a extração da *certidão da dívida ativa (CDA)*. Esta, por sua vez, é o título executivo extrajudicial que dará subsídio à ação judicial a ser promovida pela Procuradoria da Fazenda.

O art. 202 do CTN estabelece o *conteúdo* que deve apresentar o *termo de inscrição*. O art. 2º, § 5º, da Lei nº 6.830/80 (Lei de Execuções Fiscais), também enumera informações que, obrigatoriamente, devem ali constar. Muito embora a LEF seja lei ordinária, a matéria da qual trata, nesse ponto, não está sob a reserva de lei complementar. São normas de direito processual e não de direito tributário. Os dispositivos completam-se e devem ser observados conjuntamente.

Diz o art. 202 do CTN: "O termo de inscrição da dívida ativa, autenticado pela autoridade competente, indicará obrigatoriamente":

- *O nome do devedor e, sendo caso, o dos corresponsáveis, bem como, sempre que possível, o domicílio ou a residência de um e de outros* – O art. 2º, § 5º, I, da LEF, determina que conste o nome do devedor, dos corresponsáveis e, sempre que conhecido, o domicílio ou residência de um e de outros. Como regra, devedor será o contribuinte, isto é, a pessoa natural ou jurídica que praticou o fato gerador. Pode ser também o responsável, por substituição ou transferência, conforme o caso. Há um debate importante que gira em torno de saber se os nomes dos *corresponsáveis* – que geralmente são os *responsáveis tributários* previstos nos arts. 128 a 138 do CTN – devem constar ou não do ato administrativo de lançamento que precede a inscrição. Quer dizer, é possível que não conste o nome do corresponsável no *lançamento*, mas, na *inscrição*, ele seja introduzido? A doutrina, de modo geral, responde negativamente. Tais nomes devem ser apurados já por ocasião do lançamento. O STJ, contudo, orienta-se no sentido de que a CDA possui *presunção relativa de legitimidade*, razão pela qual eventual irregularidade não impede que a execução fiscal corra normalmente, devendo o problema ser levantado e solucionado pelas vias adequadas, especialmente os embargos à execução;
- *A quantia devida e a maneira de calcular os juros de mora acrescidos* – O art. 2º, § 5º, II da LEF exige a presença do valor originário da dívida, bem como o termo inicial e a forma de calcular os juros de mora e demais encargos previstos em lei ou contrato;
- *A origem e natureza do crédito, mencionada especificamente a disposição da lei em que seja fundado* – O art. 2º, § 5º, III, da Lei 6.830/80, determina que conste a origem, a natureza e o fundamento legal ou contratual da dívida. A LEF, como vimos, aplica-se à cobrança da dívida ativa tributária e *não tributária*. Por isso, o dispositivo fala também em natureza *contratual* da dívida. O CTN, pelo contrário, trata apenas da dívida ativa tributária;
- *A data em que foi inscrita* – O art. 2º, § 5º, IV e V, da LEF, determinam a indicação, se for o caso, de estar a dívida sujeita à atualização monetária, bem como o respectivo fundamento legal e o termo inicial para o cálculo e a data e o número da inscrição no Registro de Dívida Ativa. O CTN não faz

menção à indicação da *atualização monetária* e do respectivo fundamento legal e termo inicial. No entanto, os dispositivos se completam, razão pela qual essa informação também deve constar do *TIDA*. Ademais, o CTN também não faz menção ao número de inscrição no *registro de dívida ativa*;

- *Sendo caso, o número do processo administrativo de que se originar o crédito* – O art. 2º, § 5º, VI, da Lei nº 6.830/80, exige a presença do número do processo administrativo ou do auto de infração, se neles estiver apurado o valor da dívida. A LEF é mais exigente quanto ao controle de legalidade, liquidez e certeza porque exige também o número do *auto de infração* relativo à multa aplicada (se for o caso), além do número do processo administrativo que normalmente se refere apenas ao tributo. A propósito, a Primeira Turma do STJ já assentou:

> O termo de inscrição da dívida ativa indicará, obrigatoriamente, o número do processo administrativo de que se originou o crédito, acarretando, sua ausência, causa de nulidade da inscrição e do procedimento dela decorrente (STJ, REsp 212.974/MG, 1999).

De acordo com o art. 202, parágrafo único, do CTN, "a certidão conterá, além dos requisitos deste artigo, a indicação do *livro* e da *folha* da inscrição". O art. 2º, § 7º, da Lei 6.830/80, por sua vez, estatui que "o termo de inscrição e a certidão de dívida ativa poderão ser preparados e numerados por processo manual, mecânico ou eletrônico".

Antigamente, a inscrição do crédito e sua formalização em termo ocorriam em um *livro* de controle da Procuradoria da Fazenda. A CDA, de acordo com o parágrafo único do art. 202, devia reportar-se explicitamente a esse *livro*, bem como à *folha* na qual fora efetuada a inscrição.

D) Certidão da dívida ativa (CDA)

Certidão da dívida ativa (CDA) é o documento que a Procuradoria da Fazenda confecciona a partir do *termo de inscrição em dívida ativa (TIDA)*.

Por ser documento elaborado por órgão da Administração Pública, presumem-se verdadeiros os fatos ou atos jurídicos ali descritos, bem como a legalidade de sua extração. A certidão, como o próprio nome afirma, *certifica*, isto é, *comprova*, pela presunção que a lei atribui à sua simples existência, que uma dívida regularmente apurada por meio do lançamento de ofício, por declaração ou homologação, foi inscrita em dívida ativa por autoridade competente e nos termos legais.

O lançamento, como se sabe, ao constituir o crédito tributário, atribui à dívida os atributos da liquidez, certeza e *exigibilidade*. De acordo com esta última, o contribuinte ou responsável passam a ter o dever *imediato* de efetuar o recolhimento da quantia apontada na notificação. Caso não o façam nem impugnem a cobrança, ingressam em estado de inadimplência.

Pois bem, a inscrição do crédito em dívida ativa tem a aptidão de conferir-lhe um novo atributo: a *exequibilidade*. O débito tributário passa a ser *exequível*, isto é, passível de ser exigido por meio da ação judicial de execução fiscal. Antes da inscrição, o crédito é certo, líquido e *exigível*; depois, passa a ser certo, líquido, exigível e *exequível*. A CDA, portanto, é *título executivo extrajudicial*.

É documento que autoriza e dá subsídio ao ingresso com processo judicial de execução fiscal. Uma vez que é extraída a partir do TIDA, que, por sua vez, não passa da materialização do ato de inscrição em dívida ativa, a própria certidão goza da presunção de certeza, liquidez e exequibilidade.

Justamente por isso, o art. 784, IX, do Código de Processo Civil, prescreve: "São títulos executivos extrajudiciais [...] a certidão de dívida ativa da Fazenda Pública da União, dos Estados, do Distrito Federal, dos Territórios e dos Municípios, correspondente aos créditos inscritos na forma da lei".

Diz-se que o título é *executivo* porque ele permite o ingresso com *ação de execução*. Sem o título, o autor não possui interesse processual. Fala-se, por outro lado, que é *extrajudicial* porque representa dívida líquida, certa e exigível que não foi declarada ou constituída pelo Poder Judiciário, mas provém de relação jurídica obrigacional que não passou pelo crivo da análise deste Poder.

Regina Helena Costa explica: "Ressalte-se ser a Certidão de Dívida Ativa o único título executivo extrajudicial, no ordenamento jurídico pátrio, confeccionado *unilateralmente* pelo credor, o que se justifica em razão de atributo peculiar a todos os atos administrativos, qual seja, a *presunção de legalidade ou de legitimidade* de que desfrutam" (COSTA, 2014, p. 339).

De fato, todo o processo por meio do qual a dívida tributária obtém validade jurídica decorre de atos provenientes da Administração Pública. Atos administrativos que, como tais, presumem-se legítimos, imperativos, exigíveis e, no caso da inscrição, judicialmente exequíveis.

A propósito, o art. 2º, § 6º, da Lei nº 6.830/80, dispõe que "a Certidão de Dívida Ativa conterá os mesmos elementos do Termo de Inscrição e será autenticada pela autoridade competente".

Sem dúvida, a CDA é um "espelho" do TIDA, que, por sua vez, é a materialização do ato de inscrição do crédito em dívida ativa. Esta inscrição se reporta ao lançamento que, como sabemos, abre ao sujeito passivo a possibilidade de impugnação e questionamento. Por isso, presume-se, com a extração de CDA, que o contribuinte ou responsável tiveram a efetiva oportunidade de se manifestar sobre a formação da dívida tributária, "ajudando" a controlar a legalidade do processo.

Em suma, de posse da certidão de dívida ativa, a Procuradoria da Fazenda ingressa com ação de execução fiscal em face do sujeito passivo, visando à cobrança forçada do crédito tributário.

E) Nulidade da inscrição e do processo de cobrança: artigo 203 do CTN

O art. 203 do CTN estabelece:

> **CTN, art. 203.** A omissão de quaisquer dos requisitos previstos no artigo anterior, ou o erro a eles relativo, são causas de nulidade da inscrição e do processo de cobrança dela decorrente, mas a nulidade poderá ser sanada até a decisão de primeira instância, mediante substituição da certidão nula, devolvido ao sujeito passivo, acusado ou interessado o prazo para defesa, que somente poderá versar sobre a parte modificada.

A inscrição em dívida ativa pressupõe o crédito tributário devidamente constituído. Pressupõe, ademais, que o ato de lançamento foi regularmente formalizado, de maneira que o sujeito passivo teve a efetiva oportunidade de manifestar-se nas ocasiões em que a lei lhe permite.

É possível, no entanto, que ocorra algum problema por ocasião da *inscrição*, isto é, no momento em que o ato de controle da legalidade da dívida tem lugar. Caso isso ocorra, incide o art. 203 do CTN.

O dispositivo comporta análise esquematizada:

- *A omissão ou erro relativo a requisito essencial* – Os requisitos previstos no art. 202, como vimos, são um "reflexo" dos elementos que constituem a obrigação tributária e, portanto, das informações essenciais que foram colhidas por ocasião da confecção do lançamento. A *ausência* de qualquer destes requisitos ou o *erro* com relação a eles, faz com que a cobrança seja comprometida, ou afasta a necessária segurança jurídica que deve permear o procedimento. Assim, por exemplo, a ausência do *valor* torna a execução impossível por ausência parcial do objeto; o erro com relação ao nome ou número de identificação do contribuinte (CPF) faz com que a sujeição passiva do processo recaia em quem não tem relação com a Fazenda, e assim por diante;
- *Nulidade da inscrição e do processo de cobrança* – A omissão ou o erro no ato de inscrição produz a *nulidade* do próprio ato e, caso o processo de execução fiscal tenha sido instaurado, também deste. Não se trata de irregularidade no lançamento. Neste caso, a própria inscrição em dívida ativa ficaria comprometida porque seu pressuposto não subsiste. O art. 203 se refere a um problema no *ato de inscrição*. Desse modo, o ato em si e o processo de execução eventualmente existente são considerados nulos, mas não o lançamento anteriormente efetuado. Por isso, há a possibilidade de que a irregularidade seja sanada;
- *Nulidade sanável até decisão de primeira instância, com a substituição da certidão nula* – A nulidade que eventualmente atinge a inscrição do crédito em dívida ativa refere-se a algum aspecto formal, como, por exemplo, a ausência do nome do devedor ou codevedor, a quantia a ser cobrada etc. Não se trata de problema com o aspecto material da relação, como a não ocorrência do fato gerador, porque, neste caso, o próprio processo de cobrança (e não apenas a *inscrição* ou a *certidão*) estaria comprometido. Nesse sentido, a nulidade pode ser *sanada*, isto é, pode ser *corrigida*, para que a inscrição ou o processo não sejam perdidos. De acordo com o art. 203, a nulidade pode ser sanada até *decisão de primeira instância*. Que decisão é essa? Quando a Procuradoria da Fazenda ingressa com a ação de execução fiscal, o juiz manda que o devedor seja citado para pagar ou garantir a execução (LEF, art. 8º). Se optar pela segunda, o devedor pode opor *embargos à execução* e "contestar" o processo de execução, alegando, para tanto, toda a matéria que puder lhe beneficiar (LEF, art. 16). Pois bem, o juiz deve decidir sobre os embargos em *sentença de mérito*, ou seja, *decisão de primeira instância*.

Assim, até esse momento, quer dizer, até a sentença proferida pelo juiz em sede de embargos à execução, a Procuradoria pode sanar a nulidade com a substituição da CDA comprometida. A LEF traz dispositivo semelhante (art. 2º, § 8º): "Até a decisão de primeira instância, a Certidão de Dívida Ativa poderá ser *emendada* ou *substituída*, assegurada ao executado a devolução do prazo para embargos". Confira-se, a propósito, entendimento sumulado pelo STJ:

Súmula nº 392 do STJ: 'A Fazenda Pública pode substituir a certidão de dívida ativa (CDA) até a prolação da sentença de embargos, quando se tratar de correção de erro material ou formal, vedada a modificação do sujeito passivo da execução'";

F) Presunção de certeza e liquidez da dívida ativa: artigo 204

O art. 204 do CTN estatui:

CTN, art. 204. A dívida regularmente inscrita goza da presunção de certeza e liquidez e tem o efeito de prova pré-constituída.

Parágrafo único. A presunção a que se refere este artigo é relativa e pode ser ilidida por prova inequívoca, a cargo do sujeito passivo ou do terceiro a que aproveite.

De maneira idêntica, determina o art. 3º da Lei nº 6.830/80 que "a Dívida Ativa regularmente inscrita goza da presunção de certeza e liquidez". O parágrafo único, por sua vez, estabelece que "a presunção a que se refere este artigo é relativa e pode ser ilidida por prova inequívoca, a cargo do executado ou de terceiro, a quem aproveite".

Um dos atributos do ato administrativo, como se sabe, é a *presunção de legitimidade* que milita em seu favor. Presumem-se verdadeiros os fatos ou atos jurídicos ali narrados, bem como legais as medidas adotadas. Ora, tanto o lançamento como a inscrição em dívida ativa são atos administrativos, portanto, presumivelmente legítimos.

O art. 204 do CTN reitera e aprofunda essa presunção. Determina expressamente a presunção de *certeza*, *liquidez* e *prova pré-constituída* da dívida inscrita.

De acordo com a primeira, a dívida é certa, presume-se regularmente constituída, sem quaisquer irregularidades. Pela segunda, a dívida é líquida, quer dizer, devida num valor exato que corresponde àquele assinalado na CDA. Finalmente, pela terceira, é considerada pré-constituída, ou seja, presume-se que são efetivamente verdadeiros os fatos e atos ali narrados.

É importante registrar, contudo, que, nos termos do parágrafo único, a *presunção é relativa* e pode ser *ilidida*, isto é, *rebatida*, *refutada*, por prova inequívoca, a cargo do sujeito passivo ou do terceiro a que aproveite.

Presunção *relativa* ou *juris tantum* é aquela que admite prova em contrário. É diferente da presunção *absoluta* ou *juris et de jure*, que não permite que se prove o contrário daquilo que se presume.

Assim, em princípio, pressupõe-se que a cobrança judicial efetuada em face do sujeito passivo é correta e está de acordo com a lei. No entanto, como a presunção é *relativa*, admite-se que o sujeito passivo ou um terceiro possam *ilidi-la*, *afastá-la*, de maneira que podem comprovar a existência de alguma irregularidade que torne a cobrança ilegal.

31.11 CERTIDÕES NEGATIVAS

Os artigos 205 a 208 do CTN tratam das chamadas certidões negativas. Elas compreendem a certidão negativa de débito (CND) e a certidão positiva com efeito de negativa, também chamada de certidão de regularidade fiscal.

A) Certidão negativa de débito (CND): artigo 205 do CTN

O art. 205 do CTN estatui:

> **CTN, art. 205.** A lei poderá exigir que a prova da quitação de determinado tributo, quando exigível, seja feita por certidão negativa, expedida à vista de requerimento do interessado, que contenha todas as informações necessárias à identificação de sua pessoa, domicílio fiscal e ramo de negócio ou atividade e indique o período a que se refere o pedido.
>
> Parágrafo único. A certidão negativa será sempre expedida nos termos em que tenha sido requerida e será fornecida dentro de 10 (dez) dias da data da entrada do requerimento na repartição.

A certidão negativa de débito, como o próprio nome permite deduzir, é um ato administrativo que enuncia a negativa de dívida tributária, isto é, a inexistência de débito do sujeito passivo em face da Administração Tributária. Uma vez que a certidão possui fé pública, ela é suficiente para comprovar a regularidade fiscal das pessoas naturais e jurídicas.

Supre, assim, exigências previstas em certas leis, como, por exemplo, na Lei de Licitações (Lei nº 8.666/1993, art. 29, III): "A documentação relativa à regularidade fiscal e trabalhista, conforme o caso, consistirá em prova de regularidade para com a Fazenda Federal, Estadual e Municipal do domicílio ou sede do licitante, ou outra equivalente, na forma da lei".

Vejamos o dispositivo de maneira esquematizada:

- *Exigência legal, razoabilidade e proporcionalidade* – É importante registrar que apenas a lei, com estrita observância da Constituição, pode impor às pessoas naturais ou jurídicas a obrigação de terem que comprovar suas situações fiscais por meio de certidões. É que tais informações, como regra, pertencem ao âmbito de privacidade garantido constitucionalmente aos brasileiros e estrangeiros que estejam em território nacional. Dessa maneira, é preciso que a apresentação de certidões seja justificadamente *necessária*, como ocorre, por exemplo, nas circunstâncias em que os particulares pretendem contratar com o Poder Público. Trata-se da prevalência do interesse público sobre o privado. Neste caso, os *princípios da razoabilidade e proporcionalidade* são importantes porque impõem o necessário equilíbrio entre a exigência de certificação da regularidade fiscal do sujeito passivo tributário e o direito à privacidade das pessoas naturais e jurídicas;

- *Conteúdo da certidão* – De acordo com o art. 205, *caput*, parte final, do CTN, a certidão deve conter todas as informações necessárias à identificação do sujeito passivo, seu domicílio fiscal e ramo de negócio ou atividade e indicar o período a que se refere o pedido. A identificação precisa da pessoa natural ou jurídica é importante porque a certidão tem fé pública. Com ela, comprova-se a inexistência de dívidas perante o Fisco. Algum erro ou defeito na identificação pode acarretar, como consequência, a participação em licitações ou contratações com o Poder Público de pessoas que estão em situação irregular. Essencial, também, é a *indicação do período a que se refere o pedido*. Sim, porque pode ocorrer de o sujeito passivo tornar-se irregular logo após o pedido de certidão. Assim, a força probatória do documento vale apenas para o período ali indicado;
- *Requerimento do interessado e prazo para expedição* – É direito fundamental da pessoa natural ou jurídica "a obtenção de certidões em repartições públicas, para defesa de direitos e esclarecimento de situações de interesse pessoal" (CF/1988, art. 5º, XXXIV, *b*). Tal direito é prestigiado por *imunidade tributária*, na medida em que a Constituição afasta a possibilidade de instituição e cobrança de taxa. *Assim, uma vez que o interessado se dirija à repartição competente e faça o requerimento para o fornecimento da certidão, tem o direito líquido e certo à sua obtenção.* O art. 205, parágrafo único, do CTN, determina: "A certidão negativa será sempre expedida nos termos em que tenha sido requerida e será fornecida dentro de *10 (dez) dias* da data da entrada do requerimento na repartição". A Lei nº 9.051/95, por sua vez, prescreve no art. 1º: "As certidões para a defesa de direitos e esclarecimentos de situações, requeridas aos órgãos da administração centralizada ou autárquica, às empresas públicas, às sociedades de economia mista e às fundações públicas da União, dos Estados, do Distrito Federal e dos Municípios, deverão ser expedidas no prazo improrrogável de *15 (quinze) dias*, contado do registro do pedido no órgão expedidor". Pelo princípio da especialidade, aplica-se o prazo de *10 dias* no que toca aos requerimentos de *certidões negativas de débitos* e o prazo de 15 dias para as demais certidões;

JURISPRUDÊNCIA DO STJ – CERTIDÃO NEGATIVA DE DÉBITO

A Primeira Seção do STJ possui entendimentos importantes sobre a matéria:

- *Débito declarado e não pago no lançamento por homologação* – Como vimos, nos casos de lançamento por homologação, a apuração do sujeito passivo "constitui" o crédito tributário. Nestas circunstâncias, o débito declarado e não pago equivale à mora do contribuinte ou responsável, o que impede a obtenção de certidão negativa de débito: "[...] Nos tributos sujeitos a lançamento por homologação, o crédito tributário nasce, por força de lei, com o fato gerador, e sua exigibilidade não se condiciona a ato prévio levado a efeito pela autoridade fazendária, perfazendo-se com a mera declaração efetuada pelo contribuinte, razão pela qual, em caso do não pagamento do tributo declarado, afigura-se legítima a recusa de expedição da Certidão Negativa ou Positiva com Efeitos de Negativa" (STJ, REsp nº 1.123.557/RS, 2009). Há entendimento sumulado pela Corte:

> ***Súmula nº 446 do STJ*** – "Declarado e não pago o débito tributário pelo contribuinte, é legítima a recusa de expedição de certidão negativa ou positiva com efeito de negativa de débito";

- *Débito declarado e pago de forma parcial* – A CND só pode ser recusada caso exista crédito formalizado e não pago. No caso de lançamento por homologação com débito declarado e pago de maneira parcial, o montante com relação ao qual o sujeito passivo está em débito precisa ser constituído por lançamento de ofício supletivo. Nesse ínterim, a Administração *não* pode recusar a emissão de CND. No julgado acima citado encontramos a ressalva: "Ao revés, declarado o débito e efetuado o pagamento, ainda que a menor, não se afigura legítima a recusa de expedição de CND antes da apuração prévia, pela autoridade fazendária, do montante a ser recolhido. Isto porque, conforme dispõe a legislação tributária, o valor remanescente, não declarado nem pago pelo contribuinte, deve ser objeto de lançamento supletivo de ofício" (STJ, REsp nº 1.123.557/RS, 2009);
- *Compensação* – A compensação é modalidade de extinção do crédito tributário. Em âmbito federal, o sujeito passivo está autorizado a compensar, ele mesmo, as dívidas que possui em face de eventuais créditos a receber, e comunicar ao Fisco por meio de DCFT, DACON etc. Nesse caso, enquanto o Fisco não homologa a apuração o contribuinte ou responsável fazem jus à CND em razão da cláusula resolutiva. A Primeira Seção manifestou-se no seguinte sentido: "Realizando a compensação, e, com isso, promovendo a extinção do crédito tributário (CTN, art. 156, II), é indispensável que o contribuinte informe o Fisco a respeito. Somente assim poderá a Administração averiguar a regularidade do procedimento, para, então, (a) homologar, ainda que tacitamente, a compensação efetuada, *desde cuja realização, uma vez declarada, não se poderá recusar a expedição de Certidão Negativa de Débito*; (b) proceder ao lançamento de eventual débito remanescente, *a partir de quando ficará interditado o fornecimento da CND*" (STJ, EREsp nº 576.661/RS, 2006).

B) Certidão positiva com efeitos de negativa: artigo 206 do CTN

O art. 206 do CTN estatui: "CTN, art. 206. Tem os mesmos efeitos previstos no artigo anterior a certidão de que conste a existência de créditos não vencidos, em curso de cobrança executiva em que tenha sido efetivada a penhora, ou cuja exigibilidade esteja suspensa".

O dispositivo trata da *certidão positiva com efeitos de negativa*, também chamada de *certidão de regularidade fiscal*. Como o próprio indica, a certidão anuncia a *existência de dívida do sujeito passivo* (por isso certidão *positiva*). No entanto, o documento produz os mesmos efeitos da *certidão negativa*, isto é, faz presumir "a prova da quitação de determinado tributo", ou seja, a situação de *regularidade fiscal* do sujeito passivo perante o Fisco.

Três são as situações nas quais a certidão positiva tem efeitos de negativa:

- *Existência de créditos não vencidos* – O crédito decorre do lançamento tributário. Uma vez que o ato administrativo de cobrança esteja formalizado, isto é, que o crédito esteja definitivamente constituído, existe o dever imediato de o sujeito passivo de recolhê-lo. Neste caso, não se fala mais em certidão negativa de débito, porquanto a dívida já está juridicamente formalizada. Se, contudo, o crédito ainda não venceu, quer dizer, se o sujeito passivo ainda não se considera inadimplente porque está dentro do prazo para efetuar o pagamento, então a Administração Pública deve emitir *certidão positiva com efeitos de negativa*, comprovando a regularidade fiscal do contribuinte ou responsável;
- *Existência de créditos em curso de cobrança executiva em que tenha sido efetivada a penhora* – Uma vez que a Procuradoria da Fazenda tenha ingressado com a ação de execução fiscal, o juiz deve determinar a citação do devedor para que pague a dívida ou garanta a execução. Caso opte por esta última, está autorizado a oferecer bens à penhora (LEF, art. 9º, III). Ora, a penhora de bens *suficientes para cobrir toda a dívida* garante plenamente a execução e, com isso, a dívida perante a Fazenda Pública. Neste caso, *existe* a dívida, contudo, a situação o sujeito passivo está *regular*. Daí por que o CTN admite a emissão de *certidão positiva com efeitos de negativa*. Registre-se, no entanto, exceção interessante. Sabemos que os bens públicos são *impenhoráveis*. Por outro lado, é possível que os entes federativos submetam-se à execução judicial, uma vez que a imunidade recíproca diz respeitos apenas a impostos (CF/1988, art. 150, VI). Em outras palavras, existe a possibilidade de que sejam compelidos ao pagamento de taxas, contribuições etc. Nesse sentido, surge a questão de saber se a União, os Estados, o Distrito Federal ou os Municípios têm direito à certidão positiva com efeitos de negativa em caso de execução embargada em que não ocorre a penhora de seus bens. A Primeira Seção do STJ decidiu que sim, inclusive no caso de ação anulatória proposta com o objetivo de desconstituir a cobrança do crédito: "A Fazenda Pública, quer em ação anulatória, quer em execução embargada, faz jus à expedição da certidão positiva de débito com efeitos negativos, independentemente de penhora, posto inexpropriáveis os seus bens" (STJ, REsp. nº 1.123.306/SP, 2009);
- *Existência de créditos cuja exigibilidade esteja suspensa* – A suspensão da exigibilidade do crédito tributário (CTN, art. 151) significa que a dívida existe, porém, o dever de recolhê-la permanece temporariamente afastado. Esse afastamento decorre da possibilidade de que a dívida seja considerada irregular ou de opção política adotada pelo Estado com o objetivo de facilitar o adimplemento do débito por parte do sujeito passivo. Nesse sentido,

a dívida existe, é verdade, mas a situação do devedor é regular porque a exigibilidade está suspensa. Logo, o CTN autoriza a emissão de *certidão positiva com efeitos de negativa.*

Para finalizar, importa mencionar uma prática interessante da qual se valem alguns sujeitos passivos. É possível que o crédito tenha sido inscrito em dívida ativa, porém, a execução fiscal ainda não tenha sido ajuizada. Neste caso, o contribuinte ou o responsável não podem garantir a execução por meio da penhora, o que impede a obtenção da certidão de regularidade fiscal. Para contornar o problema, alguns sujeitos têm utilizado medida *cautelar de caução* com o objetivo de garantir a dívida mesmo antes do ajuizamento da execução fiscal e, com isso, obter o direito à certidão positiva com efeitos de negativa.

C) Dispensa da apresentação de certidões: artigo 207 do CTN

O art. 207 do CTN estatui:

> **CTN, art. 207**. Independentemente de disposição legal permissiva, será dispensada a prova de quitação de tributos, ou o seu suprimento, quando se tratar de prática de ato indispensável para evitar a caducidade de direito, respondendo, porém, todos os participantes no ato pelo tributo porventura devido, juros de mora e penalidades cabíveis, exceto as relativas a infrações cuja responsabilidade seja pessoal ao infrator.

Suponha-se que certa empresa esteja participando de um processo de licitação. Sabemos que, de acordo com a Lei de Licitações, todos os participantes devem comprovar sua regularidade fiscal, o que fazem com a apresentação das respectivas certidões negativas de débito ou positivas com efeitos negativos.

Pois bem, imagine-se que, prestes a esgotar-se o prazo fixado pela comissão de licitação para a entrega das certidões, os servidores públicos municipais decidem entrar em greve. Note-se que, nesse caso, a empresa não poderá participar do processo licitatório porque não cumpre os requisitos relativos à sua habilitação. Em outras palavras, perderá o direito que a lei lhe assegura. Nestas circunstâncias, emergenciais, o CTN autoriza a *dispensa da entrega das certidões.*

Hugo de Brito Machado explica: "Não é exigível certidão negativa para a prática de ato que tenha por fim evitar a caducidade de direito. Se bem aplicada a lei, portanto, ninguém será prejudicado à falta de certidão de quitação de tributo. Se a prática do ato é urgente, esta será permitida mesmo sem a certidão, e a consequência da prática do ato, sem a certidão, é a responsabilização de todos os que dele participam pelos tributos porventura devidos. Os que participam do ato assumem, voluntariamente, a responsabilização tributária pelo contribuinte que deveria apresentar a certidão e não fez" (MACHADO, 2011, p. 262).

O dispositivo comporta análise esquematizada:

- *Disposição legal permissiva* – O CTN cumpre o papel determinado pelo art. 146, III, *b*, da Constituição. Quer dizer, fixa normas gerais em matéria de legislação tributária. Assim, nesta matéria, o Código prevalece sobre as demais espécies normativas, como leis ordinárias, medidas provisórias etc.

Daí por que, "independentemente de disposição legal permissiva", quer dizer, ainda que não exista autorização expressa em lei específica, a Administração Pública não deve exigir certidões negativas em situações emergenciais, em que o exercício de certos direitos esteja em vias de caducar;

- *Dispensa da prova de quitação de tributos ou o seu suprimento* – O CTN dispensa a apresentação da *certidão negativa de débito (CND)* que, nos termos do art. 205, constitui "prova de quitação de tributos" e também da *certidão positiva com efeitos de negativa*, que significa seu "suprimento", isto é, produz os mesmo efeitos da primeira, nos termos do art. 206 do Código;
- *Prática de ato indispensável para evitar a caducidade de direito* – A *caducidade* ou *decadência* do direito é consequência da passagem do tempo. Significa a extinção de um direito subjetivo pelo seu não exercício durante determinado período de tempo. No entanto, ao que nos parece, o dispositivo não tem como objetivo resguardar o direito daquele que permaneceu inerte por descuido ou descaso. Parece, pelo contrário, que apenas em situações *emergenciais*, nas quais o sujeito passivo não consegue obter as certidões em tempo hábil por razões alheias à sua vontade, incide a regra do art. 207. "O direito não socorre aos que dormem" (*dormientibus non succurrit ius*);
- *Responsabilidade dos que participam do ato* – O CTN dispensa a apresentação de certidões em situações emergenciais. Determina, no entanto, de maneira expressa, que aqueles que participaram do ato devem responder, em caso de irregularidades, pelo (1) *tributo* porventura devido; (2) *juros de mora* (3) e *penalidades* cabíveis. A propósito dessa cláusula, Hugo de Brito Machado explica: "É certo, porém, que a expressão 'todos os participantes no ato', albergada pelo art. 207 do CTN, deve ser entendida em termos. Nela não se incluem, por exemplo, numa venda de imóvel, os oficiais de registros públicos, nem os eventuais procuradores das partes. 'Todos os participantes no ato', para os fins do art. 207 do Código, são todos os que nesse ato tenham interesse e que com sua prática tenham aumentada sua capacidade contributiva, obtenham algum acréscimo patrimonial. Ressalte-se, outrossim, que essa responsabilidade é subsidiária, supletiva da responsabilidade do contribuinte, que não desaparece" (MACHADO, 2011, p. 262). Desse modo, no exemplo citado, de participação em processo de licitação, sabemos que contribuinte é a empresa, pessoa jurídica que pretende habilitar-se no certame. Se, contudo, um dos sócios-administradores houve por bem invocar o art. 207 do CTN e reafirmar a habilitação da pessoa jurídica na licitação, deverá responder juntamente com ela pelos tributos eventualmente devidos, juros de mora e penalidades;
- *Exceto infrações cuja responsabilidade seja pessoal ao infrator* – No caso de responsabilidade por infrações, impera o *princípio da pessoalidade da pena*. Por isso, se a conduta ilícita for reconduzida não ao contribuinte, porém, a alguém que agiu em seu nome, a responsabilidade não se estende àquele, mas a este. É o que ocorreria no exemplo citado se o sócio-administrador agisse de má-fé, sabendo que a empresa tem dívidas perante o Fisco e, mesmo assim, optasse por proceder à habilitação invocando a incidência do art. 207 do CTN.

D) Responsabilidade em caso de erro: artigo 208 do CTN

O art. 208 do CTN estatui:

> **CTN, art. 208.** A certidão negativa expedida com dolo ou fraude, que contenha erro contra a Fazenda Pública, responsabiliza pessoalmente o funcionário que a expedir, pelo crédito tributário e juros de mora acrescidos".

Parágrafo único. O disposto neste artigo não exclui a responsabilidade criminal e funcional que no caso couber.

Os agentes públicos estão sujeitos a erros. É possível que os pratiquem por ocasião da emissão de certidões negativas de débito ou certidões positivas com efeitos negativos. Isso ocorre, por exemplo, se a certidão dá conta da *inexistência* de dívida tributária, quando, na verdade, ela existe. Ou nas circunstâncias em que se certifica que o crédito tributário está com a exigibilidade suspensa, quando, na verdade, não é isso o que ocorre.

Desse modo, a conduta do funcionário que emitir certidão negativa que contenha *erro* contra a Fazenda Pública, que a prejudique, acarreta sua *responsabilidade pessoal* pelo *crédito tributário* e *juros de mora.*

Atente-se, ademais, para a dicção do CTN, que fala em responsabilidade pelo "crédito tributário", ou seja, não apenas pelo valor devido a título de *tributo*, como também o devido a título de *multa*. O valor é acrescido dos juros de mora.

De acordo com o parágrafo único, o disposto no artigo "não exclui a responsabilidade *criminal* e *funcional* que no caso couber".

Além da responsabilidade pessoal pelo crédito e juros – responsabilidade *tributária* – o funcionário deve responder a processo *administrativo* e *criminal*, ou seja, está sujeito às sanções administrativas e penais.

Finalmente, o dispositivo fala em responsabilidade *pessoal*. Como vimos, tal responsabilidade seria *exclusiva*, no sentido de que recairia apenas e tão somente no funcionário. Assim, se interpretado literalmente, o dispositivo conduz à conclusão de que o funcionário deve recolher todo o valor devido, sem que o sujeito passivo, contribuinte ou responsável, tenha qualquer participação.

31.12 DISPOSIÇÕES FINAIS E TRANSITÓRIAS

Nos artigos 209 a 218, o CTN estabelece suas disposições finais e transitórias. Muitas delas não têm mais validade; outras continuam produzindo efeitos.

A) A expressão "Fazenda Pública": artigo 209 do CTN;

O art. 209 do CTN determina:

> **CTN, art. 209.** A expressão 'Fazenda Pública', quando empregada nesta Lei sem qualificação, abrange a Fazenda Pública da União, dos Estados, do Distrito Federal e dos Municípios.

A Fazenda é um aspecto do Estado; o conjunto de órgãos que lida com a gestão patrimonial e financeira do ente, e com a fiscalização e arrecadação de tributos. A expressão se refere a órgãos especializados da União, Estados, Distrito Federal e Municípios, suas respectivas autarquias e fundações.

Nesse sentido, usa-se a expressão "Fazenda Pública" para designar o âmbito administrativo-financeiro das pessoas jurídicas de *direito público* interno. Por outro lado, não se fala em "Fazenda Pública" para referir-se aos entes da Administração Indireta dotados de personalidade de *direito privado*, como as empresas públicas e sociedades de economia mista.

Uma vez que o Brasil é uma República *Federativa*, e que os entes que a conformam são *autônomos* nos termos da Constituição, cada qual possui sua própria "Fazenda Pública", isto é, um aspecto de sua estrutura administrativa submetida a normas de direito público e que se destina à gestão financeira e fiscal.

Daí o art. 209 do CTN. O Código quer deixar claro que, quando menciona de maneira ampla e sem qualificação a expressão "Fazenda Pública", refere-se às Fazendas dos quatros entes federativos: Fazenda Nacional, Estaduais, Distrital e Municipais.

O art. 198 do CTN, por exemplo, ao estatuir que fica "vedada a divulgação, por parte da Fazenda Pública ou de seus servidores, de informação obtida em razão do ofício sobre a situação econômica ou financeira do sujeito passivo ou de terceiros", refere-se, nos termos do art. 209, às Fazendas e aos servidores federais, estaduais, distritais e municipais.

O legislador do Código foi precavido neste ponto. O CTN é lei nacional. Vincula, portanto, os quatro entes federativos. Ainda que não houvesse a disposição do art. 209, seria o caso de presumir que a expressão "Fazenda Pública" refere-se às quatro esferas da federação.

B) *Contagem dos prazos: artigo 210 do CTN*

O art. 210 do CTN determina:

> **CTN, art. 210.** Os prazos fixados nesta Lei ou legislação tributária serão contínuos, excluindo-se na sua contagem o dia de início e incluindo-se o de vencimento.

O parágrafo único estatui: Os prazos só se iniciam ou vencem em dia de expediente normal na repartição em que corra o processo ou deva ser praticado o ato".

A contagem de prazos no âmbito do direito tributário é muito importante. Apenas para exemplificar, sabemos que o sujeito passivo tem o prazo de trinta dias para efetuar o recolhimento do valor apontado na notificação de lançamento, salvo disposição em contrário (CTN, art. 160). Ora, se não o fizer, ingressa em estado de inadimplência. Também nos casos de decadência e prescrição a contagem de prazo é fundamental. Dependendo da circunstância, o dever de pagar determinado valor, ou não, pode ser decidido em razão de um dia.

O dispositivo comporta análise esquematizada:

- *Prazos fixados no CTN ou legislação tributária* – Uma primeira observação importante está em que o artigo não traz consigo a cláusula "salvo disposição em contrário". Os entes federativos, nesse ponto, não têm qualquer autonomia, devendo observar com rigor o mecanismo de contagem de prazo fixado pelo CTN, que é norma geral de direito tributário. Além do mais, o CTN é expresso ao afirmar "nesta Lei ou legislação tributária". Assim, o art. 210 aplica-se ao próprio Código e também a todo o conteúdo prescrito pelo art. 96, as saber: leis, tratados e convenções internacionais, decretos e normas complementares que versem, no todo ou em parte, sobre tributos e relações jurídicas a eles pertinentes. Lembrando, ainda, que o conceito de "normas complementares" encontra-se no art. 100, que também se submete ao art. 210 no que toca à forma de contagem de prazos;
- *Prazos contínuos* – "Os prazos podem ser contados em dias úteis ou em dias corridos" - explica Hugo de Brito Machado. "Em regra, os prazos devem ser contados em dias corridos. Somente quando a norma que fixa o prazo o diz expressamente é que ele se conta em dias úteis. Mesmo sendo assim, ao dizer que os prazos serão contínuos, o art. 210 do Código Tributário Nacional espancou definitivamente qualquer dúvida. Ao dizer que os prazos serão contínuos a norma deste artigo está indicando que o número de dias inclui todos os dias, sejam úteis ou não. São dias corridos, ou todos os dias que se passarem a partir da data inicial do prazo" (MACHADO, 2005, p. 921). Assim, a contagem não deve ser interrompida "pulando" o feriado ou o final de semana, por exemplo. Conta-se direto, todos os dias, quer sejam úteis ou não;
- *Exclusão do dia de início e inclusão do dia de vencimento* – A contagem do prazo só pode ter início a partir do momento em que os destinatários da norma têm conhecimento de sua existência. No caso de normas gerais e abstratas, como as leis ou decretos, isso ocorre com a *publicação* do texto no veículo oficial. No caso de normas singulares e concretas, como o lançamento, a partir da notificação do sujeito passivo, quer seja efetiva, quer seja presumida (por edital). Nesse sentido, a contagem do prazo inicia-se a partir do dia em que ocorre a *cientificação oficial*, excluindo-se, no entanto, o dia do começo (isto é, o dia em que se deu a publicação ou notificação) e incluindo-se o dia do vencimento. Imagine-se, por exemplo, um prazo de 10 dias. O sujeito passivo foi notificado no dia 05 de maio de 2014. Pois bem, começa-se a contar o prazo no dia 06, e se conta de maneira contínua, isto é, sem interrupção, ainda que exista feriado ou final de semana. O sujeito deve cumprir a obrigação, o pagamento de tributo, no dia 15 de maio de 2014. Se, eventualmente, este dia cair num domingo ou feriado, o sujeito "ganha" mais um dia, pois, como veremos, o parágrafo único determina que "os prazos só se iniciam ou vencem em dia de expediente normal da repartição";
- *Início ou vencimento do prazo em dia de expediente normal na repartição em que corra o processo ou deva ser praticado o ato* – Suponha-se que o sujeito

passivo foi notificado para que cumpra determinada obrigação numa quarta-feira. De acordo com o art. 210, *caput*, a contagem do prazo começa no dia seguinte, pois se exclui o dia do começo. Imagine-se que quinta-feira seja feriado estadual e, sexta, feriado municipal. A contagem teria que começar no sábado. Contudo, de acordo com o parágrafo único, o prazo só se inicia ou vence "*em dia de expediente normal* na repartição em que ocorre o processo ou deva ser praticado o ato". Portanto, a contagem do prazo apenas começará na segunda-feira. O sujeito passivo, nesse caso, "ganha" alguns dias. O mesmo ocorre com o vencimento. Se este coincidir com um dia que é feriado ou final de semana, "joga-se" para o próximo dia de *expediente normal*, que não se confunde com *dia útil*. Hugo de Brito Machado observa: "Dia de expediente normal não se confunde com dia útil. Pode ocorrer que em um dia útil o expediente comece excepcionalmente mais tarde, ou termine excepcionalmente mais cedo. Se isto acontecer, qualquer que seja a razão que o determine, o dia pode ser considerado dia útil, mas não um dia de expediente normal da repartição" (MACHADO, 2005, p. 922).

SÚMULAS DO STF E DO STJ:

SÚMULA STF

Súmula nº 70 – "É inadmissível a interdição de estabelecimento como meio coercitivo para cobrança de tributo".

Súmula nº 323 – "É inadmissível a apreensão de mercadorias como meio coercitivo para pagamento de tributos".

Súmula nº 439 – "Estão sujeitos à fiscalização tributária ou previdenciária quaisquer livros comerciais, limitado o exame aos pontos objeto da investigação".

Súmula nº 542 – "Não é inconstitucional a multa instituída pelo Estado-membro, como sanção pelo retardamento do início ou da ultimação do inventário".

Súmula n° 547 – "Não é lícito à autoridade proibir que o contribuinte em débito adquira estampilhas, despache mercadorias nas alfândegas e exerça suas atividades profissionais".

SÚMULA STJ

Súmula n° 250 – "É legítima a cobrança de multa fiscal de empresa em regime de concordata".

Súmula n° 392 – "A Fazenda Pública pode substituir a certidão de dívida ativa (CDA) até a prolação da sentença de embargos, quando se tratar de correção de erro material ou formal, vedada a modificação do sujeito passivo da execução";

Súmula nº 446 – "Declarado e não pago o débito tributário pelo contribuinte, é legítima a recusa de expedição de certidão negativa ou positiva com efeito de negativa de débito";

SÍNTESE DOS PRINCIPAIS ENTENDIMENTOS JURIPRUDENCIAIS

"Fiscalização tributária. Apreensão de livros contábeis e documentos fiscais realizada, em escritório de contabilidade, por agentes fazendários e policiais federais, sem mandado judicial. Inadmissibilidade. Espaço privado, não aberto ao público, sujeito à proteção constitucional da inviolabilidade domiciliar (CF, art. 5º, XI). Subsunção ao conceito normativo de 'casa'. Necessidade de ordem judicial ". (STF. 2ª T. HC 82788/RJ. Rel. Min. Celso de Mello. DJ 02.06.2006).

"Apreensão de mercadorias e poder de polícia tributária. [...] 1. A retenção da mercadoria, até a comprovação da posse legítima daquele que a transporta, não constitui coação imposta em desrespeito ao princípio do devido processo legal tributário" (Informativo nº 467).

"Fabricante de cigarros: Decreto-lei 1.593/77 e cancelamento de registro especial. Aduziu-se que o Decreto-lei 1.593/77 impôs como condição inafastável para o exercício da atividade econômica em questão um conjunto de requisitos que, não atendidos, acarretam a ilicitude da produção, e que haveria justificativa extrafiscal para a exigência da regularidade tributária, que, em princípio, à vista das características do mercado concentrado da indústria de cigarros, seria proporcional e razoável. [...] Concluiu-se não estar configurado caso de sanção política tendente a compelir contribuinte inadimplente a pagar tributo, diante da finalidade jurídica autônoma de que se reveste a norma, em resguardo da livre concorrência, e também de sua razoabilidade, e de não se aplicarem, à espécie, o precedente invocado pela recorrente (RE 415015/RS, DJU de 15.4.2005) e os Enunciados das Súmulas 70, 323 e 547, do STF" (Informativo nº 473).

"A quebra do sigilo bancário sem prévia autorização judicial, para fins de constituição de crédito tributário não extinto, é autorizada pela Lei 8.021/90 e pela LC 105/01, normas procedimentais, cuja aplicação é imediata, à luz do disposto no art. 144, § 1º, do CTN" (STJ, Recurso repetitivo, REsp 1134665).

"Acesso ao sigilo bancário nos autos do inquérito policial. Possibilidade. Precedentes. Art. 5º e 6º da Lei Complementar nº 105/2001 e seus decretos regulamentadores. Ausência de quebra de sigilo e de ofensa a direito fundamental" (ADI 2859. Órgão julgador: Tribunal Pleno. Relator(a): Min. DIAS TOFFOLI. Julgamento: 24/02/2016. Publicação: 21/10/2016).

"Para os fins da proteção jurídica a que se refere o art. 5º, XI, da Constituição da República, o conceito normativo de 'casa' revela-se abrangente e, por estender-se a qualquer compartimento privado não aberto ao público, onde alguém exerce profissão ou atividade (CP, art. 150, § 4º, III), compreende, observada essa específica limitação espacial (área interna não acessível ao público), os escritórios profissionais, inclusive os de contabilidade, 'embora sem conexão com a casa de moradia propriamente dita' (NELSON HUNGRIA). Sem que ocorra qualquer das situações excepcionais taxativamente previstas no texto constitucional (art. 5º, XI) –, nenhum agente público, ainda que vinculado à administração tributária do Estado, poderá, contra a vontade de quem de direito ('invito domino'), ingressar, durante o dia, sem mandado judicial, em espaço privado não aberto ao público, onde alguém exerce sua atividade profissional, sob pena de a prova resultante da diligência de busca e apreensão assim executada reputar-se inadmissível, porque impregnada de ilicitude material" (STF, HC nº 82.788/RJ, 2006).

32

ASPECTOS GERAIS DA REFORMA TRIBUTÁRIA

32.1 INTRODUÇÃO: O IVA COMO INSPIRAÇÃO

A Emenda Constitucional nº 132, de 20 de dezembro de 2023, modificou e acrescentou dispositivos à Constituição Federal, tratando dos mais variados temas de direito tributário, financeiro, econômico, entre outros. Nada obstante, a chamada "Reforma Tributária" tem como objetivo central alterar o Sistema Tributário Nacional, adaptando-o, ainda que parcialmente, à sistemática de instituição e cobrança de tributos que tem lugar em países desenvolvidos.

A inspiração para a reforma teria vindo do chamado IVA (imposto sobre valor agregado), adotado, entre outros, nos países europeus. Como o próprio nome indica, na sistemática do IVA o tributo é recolhido em cada etapa da cadeia produtiva, mas apenas sobre o valor agregado na etapa, e não sobre todo o valor do bem ou serviço.

Assim, por exemplo, se a indústria vende uma geladeira ao distribuidor, e esta geladeira custa R$ 5.000,00 (cinco mil reais), esta é a base de cálculo do IVA. Se a alíquota do imposto é de 10%, então o valor a ser recolhido deve ser de R$ 500,00 (quinhentos reais).

No momento subsequente, em que o distribuidor vende a geladeira para o comerciante, vende-a pelo valor de R$ 5.500,00 (cinco mil e quinhentos reais). O IVA não incidirá sobre este valor, evidentemente, pois sua sistemática gira em torno do *valor agregado*. Qual foi o valor agregado nesta operação? Ora, R$ 500,00 (quinhentos reais). Esta é a base de cálculo sobre a qual deve incidir a alíquota de 10%. O valor arrecadado será de R$ 50,00 (cinquenta reais).

Finalmente, a geladeira será vendida pelo comerciante ao consumidor final. O valor cobrado será de R$ 6.000,00 (seis mil reais). Esta é a base de cálculo do IVA? Não. Apenas o valor agregado à operação, isto é, R$ 500,00 (quinhentos reais). Aplicando-se a alíquota de 10%, o valor a ser recolhido será de R$ 50,00 (cinquenta reais). O valor total do imposto, incidente sobre toda a cadeia de circulação do bem, é de R$ 600,00 (seiscentos reais). A alíquota real, que recaiu sobre todo o percurso econômico levado a cabo pelo bem, é de 12%.

Poder-se-ia pensar que a indústria sofre mais com isso, pois, aparentemente, ela recolheu mais do que o distribuidor e do que o comerciante. Ocorre que, neste mecanismo de tributação, o custo econômico do tributo fica "embutido" no valor final do bem.

Na verdade, a geladeira não custa R$ 5.000,00 (cinco mil reais), mas R$ 4.500,00 (quatro mil e quinhentos). O eletrodoméstico é vendido por aquele valor (R$ 5.000,00) porque, assim, a indústria repassa o valor do tributo para o distribuidor que, por sua vez, repassa para o comerciante que, a seu turno, repassa para o consumidor final. Isso significa que é o consumidor final quem suporta o ônus econômico do tributo, pois ele é quem recolhe, no preço final, o valor do bem, mais o imposto devido.

A vantagem do IVA é que ele simplifica a atividade de tributação do Estado. Sua sistemática é simples e os consumidores, se informados nas notas fiscais dos produtos, sabem inclusive quanto estão pagando. O problema é que ele funciona bem em países cujos Estados são unitários, ou seja, em que a competência tributária está concentrada nas mãos de uma única autoridade impositiva. No caso do Brasil, que é uma federação, a situação é mais complexa.

32.2 FEDERALISMO BRASILEIRO E TRIBUTAÇÃO DE PRODUTOS, MERCADORIAS E SERVIÇOS

O Estado brasileiro assumiu a forma de *federação*. Isso significa que existem quatro autoridades produtoras de normas jurídicas tributárias: União, Estados, Distrito Federal e Municípios. Cada um dos entes federativos tem aptidão para instituir, fiscalizar e cobrar os tributos que lhes foram reservados pela Constituição Federal.

As normas produzidas pelas pessoas jurídicas de direito público interno, isto é, os entes federativos, têm validade e eficácia apenas no interior de seu território. A lei que instituiu o IPTU do Município de São Paulo é válida e eficaz apenas nos limites de seu território. A lei que instituiu o IPVA do Estado do Rio de Janeiro é válida e eficaz apenas dentro de seus limites territoriais. Apenas as leis da União têm validade e eficácia em todo o território nacional.

Não é difícil compreender que a forma federativa de Estado, por si só, causa um problema. Uma geladeira é produzida na Zona de Franca de Manaus, por exemplo. O bem é vendido a um distribuidor situado no Distrito Federal. Este, por sua vez, revende para o comerciante, cuja sede da empresa se situa no Município de São Paulo. Finalmente, a sede envia o produto para a filial em Ribeirão Preto.

Pergunta-se: haverá incidência de imposto em todas as operações? Se a resposta for afirmativa: o imposto caberá a qual ente federativo, aquele de onde partiu o bem ou aquele que o recebe? Em sendo daquele do qual partiu o bem, então o Município de Ribeirão Preto, neste caso, não recebe nenhum valor. No entanto, o ato de consumo final, isto é, a venda definitiva para o consumidor, ocorre em seu território. Isso é justo?

Não bastasse isso, o direito tributário brasileiro sempre se preocupou com o *ato econômico que dá origem ao valor*, e não com o *valo em si* mesmo considerado.

Como vimos, o IVA se preocupa com o *valor em si*, ou seja, com a magnitude de riqueza que existe em cada operação. Não está preocupado em saber se o valor é fruto de um ato de produção, circulação ou serviço. Isso é irrelevante, pois, como vimos, *pecúnia non olet*, quer dizer, não importa de onde o tributo vem, o que importa é que ele seja pago.

No Brasil, o legislador sempre se preocupou com a *o ato econômico que dá origem ao valor*. Por isso, a estrutura de produção e circulação econômica brasileira, para fins tributários, foi dividida em três: (1) produção; (2) circulação; e (3) serviços. E, o que é pior, cada uma delas foi reservada a um ente diferente.

A União ficou com a tributação do ato econômico de produção, recebendo, por isso, competência para instituir e cobrar o imposto sobre produtos industrializados – IPI (CF, art. 153, III); os Estados ficaram com a tributação dos atos econômicos de circulação de mercadorias, recebendo, assim, a competência para a instituição do imposto sobre a circulação de mercadorias – ICMS (CF, art. 155, II). Os Municípios ficaram com a tributação do ato econômico de prestação de serviços, daí por que receberam a competência para instituírem o imposto sobre serviços de qualquer natureza – ISS (CF, art. 156, III). O Distrito Federal acumulou as competências dos Estados e Municípios (CF, art. 147, *in fine*, c.c. art. 155).

Apenas para mencionar um exemplo dos problemas que esse sistema causa, basta se perguntar: o que é produção? O que é circulação? O que é prestação? O que é industrialização? O que é mercadoria? O que é serviço? São questões jurídicas que, na sistemática do IVA, não existem, pois este se preocupa com o valor tributado e não com a origem econômica deste valor.

Assim, à luz do mecanismo tributário do IVA e dos Estados Unitários, o Sistema Tributário Brasileiro, desenhado para uma federação, é complexo e irracional, pois, além de não se preocupar com o valor em si – preocupando-se mais com a origem econômica deste – dividiu as bases tributáveis (produção, circulação e serviços) entre entes federativos distintos e autônomos, o que gera um emaranhado de normas, na maioria das vezes desconexas e confusas.

32.3 O SISTEMA DE NÃO CUMULATIVIDADE

Não bastasse o legislador brasileiro adotar, no que concerne aos tributos que incidem sobre a cadeia produtiva, a sistemática de "quebra" da atividade econômica, dividindo entre produção, circulação e prestação de serviços, e entregando cada base material a um ente federativo distinto, esse mesmo legislador adotou também, para tentar evitar os efeitos deletérios da cumulatividade, o chamado sistema de não cumulatividade.

A *cumulatividade* indica que um mesmo tributo incide várias vezes sobre um mesmo bem ou serviço, conforme este percorra os vários elos de uma cadeia produtiva.

Assim, por exemplo, a indústria vende a geladeira para o distribuidor pelo valor de R$ 5.000,00 (cinco mil reais). Esta é a base de cálculo do imposto (aqui não estamos falando de IVA). Supondo que a alíquota seja de 10%, o valor recolhido será de R$ 500,00 (quinhentos reais). Como vimos, o valor de R$ 5.000,00 (cinco mil reais) é "fictício" no sentido de que é fixado apenas como base de cálculo para submeter-se à tributação. O valor "real" da geladeira é de R$ 4.500,00 (quatro mil e quinhentos reais). Os R$ 500,00 (quinhentos reais) cobrados a mais têm a função de repassar o valor do tributo para a próxima etapa da cadeia econômica.

O distribuidor, por sua vez, adquiriu a geladeira por R$ 5.000,00 (cinco mil reais). Vende-a ao comerciante por R$ 6.000,00 (seis mil reais). Esta é a base de cálculo do tributo (aqui não estamos falando de IVA). Supondo uma alíquota de 10%, o valor a ser recolhido será de R$ 600,00 (seiscentos reais). O valor "real" da geladeira é de R$ 5.400,00 (cinco mil e quatrocentos reais). O distribuidor a vende por R$ 6.000,00 (seis mil reais), isto é, usa um "valor fictício" para "repassar" a quantia devida a título de tributo à próxima etapa.

Finalmente, o comerciante vende a geladeira para o consumidor final. Estabelece um preço de R$ 7.000,00 (sete mil reais). Esta é a base de cálculo do tributo (aqui não estamos falando de IVA). Supondo uma alíquota de 10%, o valor devido é de R$ 700,00 (setecentos reais). O valor "real" da geladeira é, no entanto, de R$ 6.300,00 (seis mil e trezentos reais). O comerciante a vende para o consumidor final por R$ 7.000,00 (sete mil reais), "valor fictício", porque repassa para o último elo da cadeia econômica a carga tributária acumulada. Se observarmos com cuidado toda a operação, chegaremos à seguinte conclusão:

	Valor real da geladeira	*Valor fictício da geladeira*	*Valor do tributo a ser recolhido*
Indústria	*R$ 4.500,00*	*R$ 5.000,00*	*R$ 500,00*
Distribuidor *	*R$ 5.400,00*	*R$ 6.000,00*	*R$ 600,00*
Comerciante **	*R$ 6.300,00*	*R$ 7.000,00*	*R$ 700,00*
Consumidor Final		*R$ 7.000,00* ***	*R$ 1.800,00* ****

* O distribuidor adquiriu a geladeira por R$ 5.000,00 e vendeu por R$ 6.000,00, obtendo um lucro bruto de R$ 1.000,00. Sobre esse valor, desconta-se o tributo devido, de R$ 600,00. Seu lucro líquido foi de R$ 400,00.

** O comerciante adquiriu a geladeira por R$ 6.000,00 e vendeu por R$ 7.000,00, obtendo um lucro bruto de R$ 1.000,00. Sobre esse valor, desconta-se o tributo devido, de R$ 700,00. Seu lucro líquido foi de R$ 300,00.

*** O consumidor só tem acesso ao preço final da mercadoria.

**** O consumidor arca com o total da carga tributária, que fica "embutida" (e escondida) no preço final da mercadoria.

Perceba-se que, se não fosse a carga tributária que vai se acumulando, o consumidor poderia pagar R$ 6.300,00 (seis mil e trezentos reais) pela geladeira, restando assegurado o lucro líquido de todos os empresários que participam da cadeia produtiva.

Por outro lado, o consumidor é chamado (erroneamente) de "contribuinte de fato". E isso porque, do ponto de vista econômico, ele é quem suporta a carga tributária, pois ele paga R$ 1.800,00 (mil e oitocentos reais) embutidos no preço final da mercadoria.

O consumidor não pode ser chamado de "contribuinte", pois ele não mantém relação jurídica com o Fisco. Apenas as empresas industrial, distribuidora e comercial são contribuintes. Às vezes são chamados de "contribuintes de direito" para diferenciar do "contribuinte de fato" (o consumidor). Isso também está errado, pois todo contribuinte (se for contribuinte mesmo), isto é, se estiver numa relação jurídica com o Fisco, é contribuinte de direito.

Para tentar contornar o problema da cumulatividade, o legislador brasileiro previu o mecanismo de não cumulatividade. Tributos como o IPI (CF, art. 153, § 3º, II), o ICMS (CF, art. 155, § 2º, I) e, agora, o IBS (CF, art. 156-A, § 1º, VIII), devem ser não cumulativos. A ideia básica desse sistema está enunciada na Constituição do seguinte modo: deve-se compensar o que for devido em cada operação com o montante cobrado nas anteriores.

O ponto central aqui é a noção de *compensação*, isto é, de abatimento. Deve-se abater o imposto devido na operação atual daquilo que foi cobrado na operação anterior. Antes de tudo, registre-se que não se trata da compensação que extingue o crédito tributário, como já estudamos (CTN, art. 156, II). Trata-se de uma *compensação contábil*, que só vale no interior do mecanismo de não cumulatividade.

Voltemos ao nosso exemplo, aplicando-se, agora, o sistema de não cumulatividade. A indústria vendeu a geladeira para o distribuidor por R$ 5.000,00 (cinco mil reais). Esta é a base de cálculo do ICMS, por exemplo. Suponhamos uma alíquota de 10%. O valor a ser recolhido a título de tributo será de R$ 500,00.

Aqui é o ponto fundamental: a indústria não recolhe esse valor! Ela registra essa quantia como *débito fiscal contábil*. Isso ocorre porque ela já registrou, como *crédito fiscal contábil*, os valores tributários relativos às operações que ocorreram em momento anterior da cadeia produtiva, relativamente a fatos geradores praticados por outros contribuintes.

Assim, somando-se os valores tributários recolhidos, na etapa anterior, pelo fornecedor de tinta; aço; plástico; cola; metal; isopor; acabamento etc., tem-se o valor de R$ 400,00 (quatrocentos reais). A indústria compensa o valor anterior, registrado como crédito, com o valor que ela deve em razão da venda da geladeira. A demonstração contábil da indústria aparecerá assim:

Demonstração contábil da indústria para fins do sistema de não cumulatividade do ICMS		
Valor recolhido na operação anterior, pelos contribuintes que antecederam a indústria	*Valor a ser recolhido pelo fato gerador praticado pela indústria*	*Valor que deve ser efetivamente pago*
Crédito fiscal contábil da indústria	*Débito tributário da indústria*	*Compensação contábil*
R$ 400,00	*R$ 500,00*	*R$ 100,00 **

* O valor final a ser recolhido (R$ 100,00) é o resultado do abatimento do valor devido na operação atual (R$ 500,00) com o valor devido na operação anterior (R$ 400,00). R$ 500,00 – R$ 400 = R$ 100,00.

No sistema de cumulatividade, como vimos, a indústria deve recolher R$ 500,00 (quinhentos reais). No sistema de não cumulatividade, recolhe apenas R$ 100,00 (cem reais). Assim, se o valor real da geladeira é de R$ 4.500,00 (quatro mil e quinhentos reais) e, no sistema de cumulatividade, a indústria precisa vendê-la por R$ 5.000,00 (cinco mil reais), no sistema de não cumulatividade ela pode vender, por exemplo, por R$ 4.700,00 (quatro mil e setecentos reais) e, ainda assim, manter sua margem de lucro.

Note-se que, neste caso, o valor a ser lançado como débito diminui, diminuindo, também, o valor a ser efetivamente recolhido. Vejamos:

Demonstração contábil da indústria para fins do sistema de não cumulatividade do ICMS		
Valor recolhido na operação anterior, pelos contribuintes que antecederam a indústria	*Valor a ser recolhido pelo fato gerador praticado pela indústria*	*Valor que deve ser efetivamente pago*
Crédito fiscal contábil da indústria	*Débito tributário da indústria*	*Compensação contábil*
R$ 400,00	*R$ 470,00*	*R$ 70,00 **

* O valor final a ser recolhido (R$ 70,00) é o resultado do abatimento do valor devido na operação atual (R$ 470,00) com o valor devido na operação anterior (R$ 400,00). R$ 470,00 – R$ 400 = R$ 70,00.

A ideia é que o sistema de não cumulatividade produz uma espécie de círculo virtuoso, de modo que as etapas da cadeia de produção e circulação vão se ajustando de maneira que assumem o menor ônus tributário possível e, com isso, façam repasses cada vez menores ao consumidor final.

Vejamos, para concluir, como fica a demonstração contábil do distribuidor e do comerciante. Para facilitar, supomos que a indústria tenha vendido a geladeira por R$ 5.000,00 (cinco mil reais); o distribuidor, por R$ 6.000,00 (seis mil reais) e o comerciante por R$ 7.000,00 (sete mil reais):

Demonstração contábil do distribuidor para fins do sistema de não cumulatividade do ICMS		
Valor recolhido na operação anterior pela indústria	*Valor a ser recolhido pelo fato gerador praticado pelo distribuidor*	*Valor que deve ser efetivamente pago*
Crédito fiscal contábil do distribuidor	*Débito tributário do distribuidor*	*Compensação contábil*
R$ 100,00	*R$ 600,00*	*R$ 500,00 **

* O valor final a ser recolhido (R$ 500,00) é o resultado do abatimento do valor devido na operação atual (R$ 600,00) com o valor devido na operação anterior (R$ 100,00). R$ 600,00 – R$ 100 = R$ 500,00.

Demonstração contábil do comércio para fins do sistema de não cumulatividade do ICMS		
Valor recolhido na operação anterior, pelos contribuintes que antecederam a comércio	*Valor a ser recolhido pelo fato gerador praticado pela indústria*	*Valor que deve ser efetivamente pago*
Crédito fiscal contábil do comércio	*Débito tributário do comércio*	*Compensação contábil*
R$ 500,00	*R$ 700,00*	*R$ 200,00 **

* O valor final a ser recolhido (R$ 200,00) é o resultado do abatimento do valor devido na operação atual (R$ 700,00) com o valor devido na operação anterior (R$ 500,00). R$ 700,00 – R$ 500 = R$ 200,00.

Note-se que usamos os mesmos valores utilizados como exemplo para o sistema de cumulatividade. Neste, a carga tributária que chega ao consumidor final foi de R$ 1.800,00 (mil e oitocentos reais). No sistema de não cumulatividade, a carga acumulada é de R$ 800,00 (oitocentos reais).

Embora o sistema de não cumulatividade seja melhor do que o de cumulatividade, ele apresenta uma série de problemas. No caso do ICMS, que é imposto estadual, cada Estado possui suas regras e as operações interestaduais dão ensejo a casos extremamente complexos. Além do mais, as empresas precisam criar setores inteiros de contabilidade para que as contas se mantenham em ordem, o que gera custos que, ao final, também são repassados aos consumidores.

Para finalizar, é importante compreender que o imposto sobre bens e serviços (IBS) e a contribuição sobre bens e serviços (CBS) *não* adotaram o modelo do imposto sobre valor agregado (IVA), mas, sim, o *sistema de não cumulatividade*. De fato, os arts. 149-B, inciso IV, e 156-A, § 1º, VIII, da CF/1988, incluídos pela EC 132/2023, determinam:

> **CF, art. 149-B.** Os tributos previstos nos arts. 156-A e 195, V, observarão as mesmas regras em relação a:
>
> (...)
>
> **IV** – regras de não cumulatividade e de creditamento.
>
> (...)
>
> **Art. 156-A.** Lei complementar instituirá imposto sobre bens e serviços de competência compartilhada entre Estados, Distrito Federal e Municípios.
>
> (...)
>
> VIII – será não cumulativo, compensando-se o imposto devido pelo contribuinte com o montante cobrado sobre todas as operações nas quais seja adquirente de bem material ou imaterial, inclusive direito, ou de serviço, excetuadas exclusivamente as consideradas de uso ou consumo pessoal especificadas em lei complementar e as hipóteses previstas nesta Constituição;

32.4 A SIMPLIFICAÇÃO TRIBUTÁRIA

A Emenda Constitucional nº 132, de 2023, que veiculou a reforma tributária, *não* implementou o sistema de tributação pelo valor agregado. Continuou se valendo do sistema de não cumulatividade. Nada obstante, conseguiu alguns avanços no que concerne à simplificação do sistema tributário brasileiro. Não por outra razão, o art. 145, § 3º, incluído pela emenda, estabelece:

> **CF, art. 145** (...).
>
> **§ 3º** O Sistema Tributário Nacional deve observar os princípios da simplicidade, da transparência, da justiça tributária, da cooperação e da defesa do meio ambiente.

Pois bem, em que consistiu essa simplificação? Em primeiro lugar, a reforma unifica a tributação de bens e serviços. Se antes estas bases estavam separadas, pois os Estados tributavam a circulação de mercadorias e os Municípios a prestação de serviços, agora elas foram reunidas. Substitui-se a palavra "mercadoria", de significação restrita, pela palavra "bem", cujo significado é mais amplo. Mantém-se a palavra "serviço", cuja definição jurídica não gera tantas indagações quanto a primeira (mercadoria),

Do ponto de vista legislativo, a reunião desta base será feita através de lei complementar federal, que estabelecerá a regra-matriz de incidência do tributo, com exceção da alíquota. Sob a perspectiva administrativa, a fiscalização e arrecadação ficarão a cargo dos Estados, Distrito Federal e Municípios. Assim, o "coração" da reforma encontra-se nos artigos 156-A e 156-B, cujos *caput* citamos abaixo:

> **CF, art. 156-A.** Lei complementar instituirá imposto sobre bens e serviços de competência compartilhada entre Estados, Distrito Federal e Municípios
>
> (...)
>
> **CF, art. 156-B.** Os Estados, o Distrito Federal e os Municípios exercerão de forma integrada, exclusivamente por meio do Comitê Gestor do Imposto sobre Bens e Serviços, nos termos e limites estabelecidos nesta Constituição e em lei complementar, as seguintes competências administrativas relativas ao imposto de que trata o art. 156-A

De acordo com os dispositivos, a instituição do IBS por lei complementar federal assegura a uniformidade necessária à simplificação das relações jurídicas tributárias. Se cada Estado possui sua própria lei de ICMS e cada Município sua própria lei de ISS, o art. 156-A elimina o problema, pois o IBS será veiculado por apenas uma lei válida em todo o território nacional.

Sob o ponto de vista da fiscalização, arrecadação e distribuição dos montantes recolhidos, a criação do Comitê Gestor do Imposto sobre Bens e Serviços (CGIBS), entidade pública sob regime especial, dotado de independência técnica, administrativa, orçamentária e financeira (CF, art. 156-B, § 1º), tenderá a garantir a uniformidade e padronização necessárias para a regulamentação infralegal do imposto, procedimentos administrativos de cobrança etc.

Além do mais, o IBS pauta-se pelo princípio da neutralidade (CF, art. 156-A, § 1º). Como observa Luís Eduardo Schoueri, "em termos ideais, a neutralidade tributária levaria à busca de um tributo que não afetasse o comportamento dos agentes econômicos" (SCHOUERI, 2012, p. 40).

Esta é precisamente a ideia que se encontra por trás da substituição do ICMS e do ISS pelo IBS. Pretende-se que o novo imposto não interfira nas opções e decisões das empresas, na medida em que não implique em vantagens ou desvantagens para determinado conjunto de bens produzidos e comercializados em detrimento de outros, ou para um setor específico de serviços prestados, com relação a outros.

Como observa Schoueri, no entanto, a ideia parece utópica, pois toda norma tributária, em maior ou menor medida, é indutora do comportamento do agente econômico: "Mais correto parece ser admitir que a neutralidade tributária não significa a não interferência do tributo sobre a economia, mas, em acepção mais restrita, neutralidade da tributação em relação à livre concorrência, visando garantir um ambiente de igualdade de condições competitivas, reflexo da neutralidade concorrencial do Estado. Em termos práticos, a neutralidade fiscal significa que produtos em condições similares devem estar submetidos à mesma carga fiscal" (SCHOUERI, 2012, p. 41).

O professor da USP tem razão. Toda norma tributária implica um custo e todo agente econômico busca desviar desse custo. É uma tendência, portanto, que as empresas adotem comportamentos contrários àqueles estabelecidos nas regras-matrizes de incidência tributária, com vistas a não praticarem o fato gerador e, com isso, não serem compelidas a pagar tributos. Se a importação de diamantes é fato gerador do imposto sobre a importação (II), o empresário tende a procurá-los no interior do território brasileiro, afastando, com isso, o ônus tributário.

Nada obstante, o princípio da neutralidade previsto no art. 156-A, § 1º, parece ter uma ambição mais modesta. Perceba-se que o texto constitucional não diz que o IBS deve se *submeter* a tal postulado; nem mesmo que deve *observá-lo*; tampouco que deve *atender* ao princípio; diz que "será informado". Ora, *informar* significa "dar a conhecer"; "levar em consideração"; "fazer perceber".

Assim, a regra-matriz do IBS deve considerar o princípio da neutralidade, de maneira que seus aspectos material, pessoal e quantitativo devem se articular de tal maneira que se tornem indiferentes às decisões dos agentes econômicos, de tal modo que eventual aumento ou diminuição da carga tributária afetem de tal maneira o mercado, que as empresas não decidam investir ou deixar de investir na produção e comercialização de algum bem, ou na prestação de certo serviço, em razão de modificações na carga tributária.

No que concerne às contribuições, que também compõem aspecto importante do Sistema Tributário Nacional e cuja competência está quase toda concentrada na União (CF, art. 149, *caput*), a reforma prevê a chamada contribuição social sobre bens e serviço (CBS), nos termos do art. 195, inciso V:

CF, art. 195. A seguridade social será financiada por toda a sociedade, de forma direta e indireta, nos termos da lei, mediante recursos provenientes dos orçamentos da União, dos Estados, do Distrito Federal e dos Municípios, e das seguintes contribuições sociais:

> (...)
>
> **V** – sobre bens e serviços, nos termos de lei complementar.

A CBS terá basicamente a mesma estrutura do IBS. Poderia, inclusive, ser considerada um adicional deste imposto, não fossem a competência distinta (cabe à União instituí-la) e a destinação vinculada (é uma contribuição para a seguridade social). Aliás, o art. 195, § 16, da CF/1988, e o art. 124, parágrafo único, do ADCT, parecem indicar esta unificação normativa, mantidas apenas as diferenças essenciais entre as naturezas jurídicas de imposto, do IBS, e contribuição, da CBS:

> **CF, art. 195** (...)
>
> **§ 16.** Aplica-se à contribuição prevista no inciso V do *caput* o disposto no art. 156-A, § 1º, I a VI, VIII, X a XIII, § 3º, § 5º, II a VI e IX, e §§ 6º a 11 e 13.
>
> (...)
>
> **ADCT, art. 124** (...)
>
> **Parágrafo único.** A contribuição prevista no art. 195, V, será instituída pela mesma lei complementar de que trata o art. 156-A, ambos da Constituição Federal."

O segundo aspecto da simplificação consiste na eliminação de tributos que incidem sobre bases distintas e a substituição pelo novo imposto e contribuição, que incidirão sobre a base unificada. Ressalte-se, nesse ponto, o fim da tributação da receita e faturamento das empresas, uma base irracional e contraproducente.

A receita e o faturamento são conceitos de extração contábil que indicam as entradas de dinheiro ou o aumento do patrimônio da empresa. Nada obstante, não consideram as despesas, gastos ou diminuição patrimonial. Por isso, são, num certo sentido, bases injustas, pois submetem empresas que por vezes não tiveram superavit econômico à tributação, ignorando, pois, o princípio da capacidade contributiva. Nesse sentido, o art. 126, incisos II e III, e o art. 129 do ADCT, estabelecem:

> **ADCT, art. 126.** A partir de 2027:
>
> (...)
>
> **II** – serão extintas as contribuições previstas no art. 195, I, "b", e IV, e a contribuição para o Programa de Integração Social de que trata o art. 239, todos da Constituição Federal, desde que instituída a contribuição referida na alínea "a" do inciso I;
>
> **III** – o imposto previsto no art. 153, IV, da Constituição Federal:
>
> a) terá suas alíquotas reduzidas a zero, exceto em relação aos produtos que tenham industrialização incentivada na Zona Franca de Manaus, conforme critérios estabelecidos em lei complementar; e
>
> b) não incidirá de forma cumulativa com o imposto previsto no art. 153, VIII, da Constituição Federal.
>
> (...)
>
> **art. 129.** Ficam extintos, a partir de 2033, os impostos previstos nos arts. 155, II, e 156, III, da Constituição Federal.

Além do mais, o art. 22 da Emenda Constitucional nº 132, de 2023, determina:

> **EC 132/2023, art. 22.** Revogam-se:
>
> **I** – em 2027, o art. 195, I, "b", e IV, e § 12, da Constituição Federal;
>
> **II** – em 2033:
>
> a) os arts. 155, II, e §§ 2º a 5º, 156, III, e § 3º, 158, IV, "a", e § 1º, e 161, I, da Constituição Federal; e
>
> (...)

Isso significa, em suma, que, a partir de 2027, desde que instituída a CBS, ficam extintas:

- A contribuição social sobre a receita ou o faturamento (COFINS);
- A contribuição social cobrada do importador de bens ou serviços do exterior ou de quem a ele a lei equiparar (COFINS-Importação e PIS-Importação);
- A contribuição social para o PIS;

A partir de 2027, o imposto sobre produtos industrializados (IPI) terá sua alíquota reduzida a zero (com exceção dos produtos produzidos na Zona Franca de Manaus), o que, a nosso ver, significa imunidade tributária específica, pois a Constituição passa anular a regra-matriz de incidência do tributo, na medida em que estabelece um conjunto vazio em seu aspecto quantitativo.

Além do mais, a partir de 2033 serão extintos o imposto sobre a circulação de mercadorias e prestação de serviços de transporte interestadual e intermunicipal e de comunicações (ICMS) e o imposto sobre serviços de qualquer natureza (ISS).

Se considerarmos, portanto, que a base tributária brasileira, no que concerne à tributação da cadeia econômica de produção e circulação, está "quebrada" em três porções (industrialização, circulação e serviços) e distribuída a três entes distintos (União, Estados e Municípios, com o DF acumulando as competências dos dois último), o novo panorama, que vigorará após a implementação completa da reforma, assumirá o seguinte perfil:

- Eliminação da tributação sobre a produção, com exceção da Zona Franca de Manaus;
- Unificação da tributação de bens e serviços no âmbito dos Estados, DF e Municípios;
- Eliminação da tributação sobre a receita e o faturamento e substituição pela tributação sobre bens e serviços.

O desiderato de simplificação tributária é alcançado pela reforma. Talvez não na extensão e intensidade que seriam necessários para que o sistema tributário brasileiro se aproxime do modelo de tributação que vigora nos países desenvolvidos. De qualquer maneira, foi a reforma possível, em um contexto político complexo.

32.5 AS REGRAS-MATRIZES DO IMPOSTO SOBRE BENS E SERVIÇOS (IBS) E DA CONTRIBUIÇÃO SOBRE BENS E SERVIÇOS (CBS)

O imposto sobre bens e serviços (IBS) é talvez a grande estrela da reforma. Anunciado como uma espécie de tributação sobre o valor agregado, ele na verdade mantém o sistema de não cumulatividade, mas com simplificações importantes quando comparado ao ICMS e ISS.

Vale lembrar, ainda, que, nos termos do art. 124, parágrafo único, do ADCT, "a contribuição prevista no art. 195, V, será instituída pela mesma lei complementar de que trata o art. 156-A, ambos da Constituição Federal". Quer dizer, a CBS será instituída juntamente com o IBS, o que simplifica ainda mais o sistema.

Não bastasse isso, nos termos do art. 149-B, I a IV, o IBS e a CBS observarão as mesmas regras em relação a fatos geradores, bases de cálculo, hipóteses de não incidência e sujeitos passivos; imunidades; regimes específicos, diferenciados ou favorecidos de tributação e regras de não cumulatividade e de creditamento.

Além do mais, o art. 195, § 16, da CF/1988, determina: "Aplica-se à contribuição prevista no inciso V do *caput* o disposto no art. 156-A, § 1º, I a VI, VIII, X a XIII, § 3º, § 5º, II a VI e IX, e §§ 6º a 11 e 13".

Nesse sentido, podemos analisar em conjunto as regras-matrizes de incidência do IBS e da CBS. Assim, de acordo com art. 156-A e § 1º, c.c. art. 195, V, da CF/1988, cabe à lei complementar federal estabelecer os elementos ou aspectos da regra-matriz de incidência do IBS e da CBS, cujas características são as seguintes:

- *Aspecto material* – O IBS e a CBS devem incidir sobre bens e serviços. Evidentemente, são transações, negócios, contratos que envolvam a entrega onerosa de bens ou a prestação onerosa de serviços. Nesse sentido, ambos os tributos incidirão "sobre operações com bens materiais ou imateriais, inclusive direitos, ou com serviços" (CF, art. 156-A, § 1º, I) e "sobre a importação de bens materiais ou imateriais, inclusive direitos, ou de serviços realizada por pessoa física ou jurídica, ainda que não seja sujeito passivo habitual do imposto, qualquer que seja a sua finalidade" (CF, art. 156-A, § 1º, II). De acordo com o art. 156-A, § 8º, a noção de serviço poderá ser ampliada: "Para fins do disposto neste artigo, a lei complementar de que trata o *caput* poderá estabelecer o conceito de operações com serviços, seu conteúdo e alcance, admitida essa definição para qualquer operação que não seja classificada como operação com bens materiais ou imateriais, inclusive direitos":
  - *Imunidades específicas* – O dispositivo também estabelece normas negativas de competência, ou seja, imunidades tributárias específicas. Nesse sentido, o IBS e a CBS não incidirão "sobre as exportações, assegurados ao exportador a manutenção e o aproveitamento dos créditos relativos às operações nas quais seja adquirente de bem material ou imaterial, inclusive direitos, ou serviço, observado o disposto no § 5º, III" (CF, art. 156-A, § 1º, III), nem sobre "as prestações de serviço de comunicação

nas modalidades de radiodifusão sonora e de sons e imagens de recepção livre e gratuita" (CF, art. 156-A, § 1º, XI);

- *Imunidades, isenções e sistema de não cumulatividade* – O IBS e a CBS são não cumulativos. Em havendo isenção ou imunidade, instaura-se um problema, pois em algum momento da cadeia econômica não haverá recolhimento do tributo. Se a imunidade ou isenção ocorreram na etapa anterior, o atual contribuinte não pode se creditar de nenhum valor, pois nenhum tributo foi recolhido. Ele precisa recolher todo o valor por ele devido. Se a imunidade ou isenção ocorrem no momento em que ele pratica o fato gerador, então ele não tem dívida tributária, de maneira que acumula créditos infinitos, além de prejudicar o contribuinte da próxima etapa. A reforma se antecipa a esse problema e estabelece, no art. 156-A, § 7: "A isenção e a imunidade: I – não implicarão crédito para compensação com o montante devido nas operações seguintes; II – acarretarão a anulação do crédito relativo às operações anteriores, salvo, na hipótese da imunidade, inclusive em relação ao inciso XI do § 1º, quando determinado em contrário em lei complementar";

- *Aspecto pessoal* – Embora o IBS seja instituído pela União, sujeitos ativos da relação jurídica tributária são os Estados, o Distrito Federal e os Municípios. A noção de "competência compartilhada" inscrita no art. 156-A, *caput* da Constituição, combinada com o disposto no art. 156-B, § 2º, V, impede que a União coloque-se a si mesma no polo ativo da relação, ainda que, na própria lei, faça a delegação da capacidade tributária ativa. A regra-matriz de incidência do IBS já deve estipular aqueles entes federativos como sujeitos ativos do gravame. No que concerne à CBS não há maiores dúvidas: a própria União é sujeito ativo:

  - *Capacidade tributária ativa* – O exercício efetivo da capacidade tributária ativa, isto é, das funções de fiscalização e cobrança do tributo, fica a cargo dos próprios entes federativos, por intermédio de seus órgãos de administração direta. É o que determina o art. 156-B, § 2º, V, da CF/1988: "Na forma da lei complementar (...) a fiscalização, o lançamento, a cobrança, a representação administrativa e a representação judicial relativos ao imposto serão realizados, no âmbito de suas respectivas competências, pelas administrações tributárias e procuradorias dos Estados, do Distrito Federal e dos Municípios, que poderão definir hipóteses de delegação ou de compartilhamento de competências, cabendo ao Comitê Gestor a coordenação dessas atividades administrativas com vistas à integração entre os entes federativos"

Tanto no IBS, quanto na CBS, sujeito passivo, na qualidade de contribuinte, será a pessoa natural (excepcionalmente) e jurídica (como regra) que pactue transações, negócios, contratos etc., envolvendo a entrega onerosa de bens ou a prestação onerosa de serviços:

  - *Responsabilidade tributária* – O art. 156-A, § 3º, por sua vez, estabelece: "Lei complementar poderá definir como sujeito passivo do imposto a pessoa que concorrer para a realização, a execução ou o pagamento da operação, ainda que residente ou domiciliada no exterior". O dispositivo autoriza designação, por lei complementar, da figura do *responsável tributário*, isto é, a pessoa que, sem ter praticado o fato gerador, tem o dever de recolhimento do tributo. Neste caso, poderá ser chamada a pessoa, ainda que residente ou domiciliada no exterior, que concorra para: (a) a realização do negócio; (b) a execução do negócio; (c) o pagamento da operação. Vale lembrar que esta regra se aplica à CBS também;

- *Aspecto quantitativo* – O aspecto quantitativo da regra-matriz é composto por dois elementos, a saber, a base de cálculo e a alíquota. A primeira designa a dimensão de valor que gira em torno do negócio ou operação. Tanto para o IBS, quanto para a CBS, deverá ser o valor do bem ou do serviço prestado. A alíquota, por sua vez, é a fração de valor, designada, como regra, em porcentagem, que será extraída da base de cálculo. No que toca à CBS, tanto a base de cálculo quanto a alíquota serão fixadas pela União. A peculiaridade está em que a última (a alíquota) pode ser fixada em lei ordinária federal (CF, art. 195, § 15), enquanto a primeira (a base de cálculo) deverá estar prevista em lei complementar. No que toca especificamente ao IBS, vejamos:

  - *Base de cálculo* – Será fixada em lei complementar federal. De acordo com o art. 156-A, § 1º, IX, da CF/1988, o IBS "não integrará sua própria base de cálculo nem a dos tributos previstos nos arts. 153, VIII, e 195, I, "b", IV e V, e da contribuição para o Programa de Integração Social de que trata o art. 239". Isso significa que o valor a ser cobrado a título de IBS não pode ser considerado para determinar sua própria base de cálculo, isto é, o valor final sobre qual deve incidir a alíquota. Sim, parece inacreditável, mas isso acontece no Brasil! O valor do IBS também não poderá compor a base de cálculo dos seguintes tributos: imposto sobre bens e serviços prejudiciais à saúde e meio ambiente (CF, art. 153, VIII); COFINS (CF, art. 195, I, *b*); COFINS-Importação e PIS-Importação (CF, art. 195, IV) e contribuição social sobre bens e serviços – CBS (CF, art. 195, V);
  - *Alíquota* – Nos termos do art. 156-A, § 1º, V, da CF/1988, "cada ente federativo fixará sua alíquota própria por lei específica". Ademais, o dispositivo, no § 2º, estabelece: "Para fins do disposto no § 1º, V, o Distrito Federal exercerá as competências estadual e municipal na fixação de suas alíquotas". Assim, no que concerne ao aspecto quantitativo da regra-matriz de incidência do IBS, a norma de tributação será composta por duas leis: (a) lei complementar federal, que estabelece a base de cálculo + (b) lei específica dos Estados, DF e Municípios, estabelecendo as alíquotas. No que toca a estas (às alíquotas), há que se registrar:

- *Alíquota idêntica para todos os bens e serviços* – De acordo com o art. 156-A, § 1º, VI, da CF/1988, "a alíquota fixada pelo ente federativo na forma do inciso

V será a mesma para todas as operações com bens materiais ou imateriais, inclusive direitos, ou com serviços, ressalvadas as hipóteses previstas nesta Constituição";

- *Cobrança pelo somatório das alíquotas* – Nos termos do art. 156-A, § 1º, VII, da CF/1988, o IBS "será cobrado pelo somatório das alíquotas do Estado e do Município de destino da operação". Percebe-se, pois, que haverá variação de alíquotas, conforme o Estado e Municípios para o qual sejam endereçados os bens ou prestados os serviços;
- *Alíquota de referência* – O art. 156-A, § 1º, XII, da CF/1988, estabelece que "resolução do Senado Federal fixará alíquota de referência do imposto para cada esfera federativa, nos termos de lei complementar, que será aplicada se outra não houver sido estabelecida pelo próprio ente federativo". Ademais, o § 10 dispõe: "Os Estados, o Distrito Federal e os Municípios poderão optar por vincular suas alíquotas à alíquota de referência de que trata o § 1º, XII". Assim, *resolução* senatorial deve estabelecer as alíquotas de referência, que servem como parâmetro para que Estados, DF e Municípios fixem as suas próprias, por meio de lei específica. Os entes podem, inclusive, optar por vincular, desde logo, suas alíquotas às de referência, de modo que não precisem legislar sobre o assunto. Se os Estados, DF e Municípios, no entanto, permanecerem inertes, isto é, não optarem pela vinculação e nem legislarem, então a resolução do senado deve ser aplicada diretamente, compondo, assim, o aspecto quantitativo da regra-matriz de incidência para a situação específica;
- *Alíquota de referência e aumento ou diminuição da arrecadação* – De acordo com o art. 156-A, § 11, da CF/1988, "projeto de lei complementar em tramitação no Congresso Nacional que reduza ou aumente a arrecadação do imposto somente será apreciado se acompanhado de estimativa de impacto no valor das alíquotas de referência de que trata o § 1º, XII".

> ***Atenção!*** No que concerne à CBS, um registro deve ser feito. O art. 149-B, da CF/1988, que unifica certas regras para o IBS e CBS, *não* menciona as alíquotas. Por outro lado, o art. 195, § 16, que determina sejam aplicados certos dispositivos do IBS à CBS, menciona explicitamente o art. 156-A, § 1º, XII, e § 10. Assim, parece-nos que a lei ordinária federal, que está autorizada a fixar as alíquotas de CBS (CF, art. 195, § 15), também pode optar vinculá-las (as alíquotas) à resolução senatorial que estabelece as alíquotas de referência para o IBS.

- *Aspecto temporal* – O aspecto temporal significa o momento em que se considera ocorrido o fato gerador. Como o IBS e a CBS incidem sobre bens e serviços, o que significam os pactos, contratos ou negócios jurídicos que envolvem a entrega ou o fornecimento onerosos daquelas prestações, os fatos geradores tendem a ser instantâneos, ou seja, consideram-se ocorridos no momento mesmo em que o bem é entregue ou o serviço prestado. Não obstante, nada impede que a lei estabeleça momentos distintos, anteriores ou posteriores à entrega do bem ou prestação do serviço, visando à praticidade da tributação ou a segurança da arrecadação, desde que sejam razoáveis e proporcionais e não violem direito e garantia fundamental do contribuinte;

- *Aspecto territorial* – O aspecto territorial indica os limites geográficos dentro dos quais o fato gerador ocorre. Quanto à CBS não há maiores problemas, pois, sendo tributo federal e sendo instituída por lei complementar federal, a validade e eficácia da lei abrange todo o território nacional. No que concerne ao IBS a situação não é tão simples, pois, embora seja instituído por lei complementar federal, a competência é compartilhada entre Estados, DF e Municípios, e as alíquotas são estabelecidas por leis específicas destes entes federativos. Parece, assim, que o fato gerador se considera ocorrido *no território do Município de destino* do bem ou serviço, conjugado com o território do Estado no interior do qual aquele ente se situa. E isso porque, como vimos, "será cobrado pelo somatório das alíquotas do Estado e do Município de destino da operação" (CF, art. 156-A, § 1º, VII):
  - *Flexibilização do aspecto territorial* – Embora a regra geral seja a de que o fato gerador se considere ocorrido no território do Município de destino do bem ou do serviço prestado, o art. 156-A, § 5º, IV, da CF/1988, estabelece: "Lei complementar disporá sobre (...) os critérios para a definição do destino da operação, que poderá ser, inclusive, o local da entrega, da disponibilização ou da localização do bem, o da prestação ou da disponibilização do serviço ou o do domicílio ou da localização do adquirente ou destinatário do bem ou serviço, admitidas diferenciações em razão das características da operação". Note-se que o legislador complementar terá relativa autonomia para determinar o conceito de destino da operação e, com isso, vincular o local em que se deve recolher o tributo. Vale ressaltar que esse dispositivo se aplica à CBS também (CF, art. 195, § 16);

32.6 O ARCABOUÇO NORMATIVO DO IBS E DA CBS

O IBS e a CBS devem ser instituídos por lei complementar federal, que deve descrever todos os elementos ou aspectos das regras-matrizes de incidência, com exceção das alíquotas. Estas, no caso do IBS, serão estabelecidas por leis específicas estaduais, distrital e municipais; no caso da CBD, por lei ordinária federal. Nada obstante, o arcabouço normativo de ambos os tributos envolve a disciplina de muitos outros aspectos, além daqueles que compõem estritamente suas regras-matrizes de incidência. Vejamos, então, a estrutura que lhes é comum:

- *Legislação única e uniforme em todo o território nacional* – Nos termos do art. 156-A, § 1º, IV, o IBS e a CBS terão "legislação única e uniforme em todo o território nacional, ressalvado o disposto no inciso V". O dispositivo tem efeito mais didático do que propriamente jurídico. Em primeiro lugar, porque ambos os tributos serão instituídos por lei complementar federal, cuja validade e eficácia abrange todo o território nacional. Em segundo lugar, porque o art. 151, I, da CF/1988 já determina que "é vedado à União instituir tributo que não seja uniforme em todo o território nacional ou que implique distinção ou preferência em relação a Estado, ao Distrito Federal ou a Município, em detrimento de outro (...)". Trata-se do princípio da uniformidade tributária ou geográfica, que invalida, por si só, tratamento não uniforme dispensado pela União. A ressalva que o art. 156-A, § 1º, IV faz refere-se ao inciso V, segundo o qual "cada ente federativo fixará sua alíquota própria por lei específica". Esta ressalva refere-se somente ao IBS, que terá suas alíquotas estabelecidas por leis estaduais, distrital e municipais;

- *Não cumulatividade* – De acordo com o art. 156-A, § 1º, VIII, o IBS "será não cumulativo, compensando-se o imposto devido pelo contribuinte com o montante cobrado sobre todas as operações nas quais seja adquirente de bem material ou imaterial, inclusive direito, ou de serviço, excetuadas exclusivamente as consideradas de uso ou consumo pessoal especificadas em lei complementar e as hipóteses previstas nesta Constituição". O dispositivo aplica-se à CBS também (CF, art. 149-B, IV). O sistema de não cumulatividade significa que o imposto e a contribuição devidos pelo contribuinte devem ser compensados, isto é, abatidos, dos valores que foram recolhidos na etapa econômica anterior, por contribuintes que o precederam na cadeia produtiva e circulatória. Assim, se a empresa comercializa bens e presta serviços no valor de R$ 500.000,00 (quinhentos mil reais) no mês, supondo uma alíquota de 10% de IBS, seria compelida a recolher R$ 50.000,00 (cinquenta mil reais), não fosse o sistema de não cumulatividade. Em razão deste (do sistema de não cumulatividade), a empresa deve lançar como crédito fiscal contábil a quantia que foi recolhida na etapa anterior, por contribuintes que a precederam. Supondo um crédito de 40.000,00 (quarenta mil reais), o valor que deve ser recolhido será de R$ 10.000,00 (dez mil reais). O mesmo raciocínio se aplica à CBS:

    - *Sistema de não cumulatividade ampliado* – Com relação ao sistema anterior à reforma, houve nítida ampliação da não cumulatividade. Em primeiro lugar, porque o imposto sobre serviços de qualquer natureza (ISS), de competência dos Municípios e Distrito Federal, não utiliza o sistema de não cumulatividade. Uma vez que o IBS abrange essa base tributável também (os serviços), amplia-se consideravelmente a possibilidade de compensação de débitos e créditos contábeis. Em segundo lugar, porque o IBS incide sobre o "bem" e não sobre a "mercadoria", como ocorre com o ICMS. Aquele conceito é mais amplo do que este. Finalmente, porque, de acordo com o dispositivo citado, o sistema de não cumulatividade deve abranger *bem material ou imaterial, inclusive direito, ou de serviço*. Ou seja, toda a sorte de bens e serviços produzidos ou fornecidos no interior da economia de mercado, estarão sujeitos ao sistema de não cumulatividade;
    - *Exclusão da não cumulatividade* – De acordo com o dispositivo, em duas situações a não cumulatividade pode ser excluída, de modo que o IBS e a CBS poderão ser cumulativos:

- *Bens e serviços de uso pessoal, definidos em lei complementar* – Se o bem ou serviço forem de uso pessoal, isto é, não integrarem a cadeia produtiva, então os valores envolvidos não poderão ser utilizados no sistema de não cumulatividade. Imagine-se que certa empresa prestadora de serviço de segurança residencial contrate firma que presta serviço de organização de confraternizações de fim de ano. A firma organizou os festejos de natal e ano novo. Prestou um serviço, portanto, deve recolher o IBS. Indaga-se: a empresa adquirente poderá utilizar, como crédito escritural, o valor recolhido pela firma a título de imposto? Resposta: não. O serviço prestado (organização de festas) não tem relação com o serviço que a empresa adquirente presta (segurança privada). É considerado, pois, "serviço de uso pessoal". ***Atenção!*** Não basta que o bem ou serviço sejam considerados de "uso pessoal"; é preciso, também, que estejam definidos em *lei complementar* para que o sistema de não cumulatividade possa ser validamente excluído;
- *Hipóteses previstas na Constituição* – A própria Constituição prevê hipóteses em que o sistema de não cumulatividade não deve ser aplicado. Por exemplo, no art. 156-A, § 7º, I e II, da Constituição, estabelece: "A isenção e a imunidade: I – não implicarão crédito para compensação com o montante devido nas operações seguintes; II – acarretarão a anulação do crédito relativo às operações anteriores, salvo, na hipótese da imunidade, inclusive em relação ao inciso XI do § 1º, quando determinado em contrário em lei complementar". Perceba-se que, de acordo com a própria Constituição, isenções e imunidades estão excluídas do sistema de não cumulatividade (exceto no caso da imunidade, se houver autorização em lei complementar);

o *Regime de compensação* – O sistema de não cumulatividade lida com compensações contábeis. Trata-se de mecanismo de abatimento pelo qual o contribuinte registra como *crédito fiscal contábil* o valor do tributo recolhido na etapa anterior da cadeia econômica (por um contribuinte que o antecedeu), e como *débito fiscal contábil* o valor que ele, contribuinte atual, deve recolher pela operação que acaba de praticar. Assim, se ele deve, em princípio, R$ 10.000,00 (dez mil reais) a título de IBS, registra este valor como *débito fiscal*. Verifica, então, quanto registrou como *crédito fiscal*, ou seja, quanto foi recolhido na etapa anterior pelo contribuinte que o antecedeu: digamos que R$ 8.000,00 (oito mil reais). Logo, o valor a ser recolhido será de R$ 2.000,00 (dois mil reais):

- *Aproveitamento dos créditos* – Pois bem, o art. 156-A, § 5º, II, da CF/1988, determina que "lei complementar disporá sobre o regime de compensação, podendo estabelecer hipóteses em que o aproveitamento do crédito ficará condicionado à verificação do efetivo recolhimento do imposto incidente sobre a operação com bens materiais ou imateriais, inclusive direitos, ou com serviços, desde que: (a) o adquirente possa efetuar o recolhimento do imposto incidente nas suas aquisições de bens ou serviços; ou (b) o recolhimento do imposto ocorra na liquidação financeira da operação". Em outras palavras, a lei complementar poderá condicionar a compensação, *em algumas hipóteses*, ao efetivo recolhimento do tributo, desde o adquirente possa efetuar o recolhimento do imposto que incide sobre suas operações (o que, em princípio, fica a cargo do contribuinte que o antecede) ou o recolhimento possa ocorrer na liquidação financeira da operação;

- *Ressarcimento dos créditos* – Além do mais, o mesmo dispositivo, no inciso III, determina que cabe à lei complementar estabelecer "a forma e o prazo para ressarcimento de créditos acumulados pelo contribuinte". Se os montantes recolhidos na etapa anterior forem sempre maiores do que os valores devidos pelo contribuinte atual, este, o contribuinte atual, registrará sempre *créditos contábeis* que são mais elevados do que os *débitos contábeis*. Isso ocorre sempre que o contribuinte, excepcionalmente, consegue diminuir o valor do bem ou serviço que ele presta. Neste caso, ele acumula créditos e esses créditos precisam ser devolvidos, na forma de lei complementar;

- *Vedação à concessão de incentivos fiscais* – O art. 156-A, § 1º, X, da CF/1988, determina que o IBS "não será objeto de concessão de incentivos e benefícios financeiros ou fiscais relativos ao imposto ou de regimes específicos, diferenciados ou favorecidos de tributação, excetuadas as hipóteses previstas nesta Constituição". O dispositivo aplica-se à CBS também (CF, art. 195, § 16). Trata-se de repercussão do princípio da neutralidade, que indica que a carga tributária não deve afetar a decisão dos agentes econômicos. Ora, em havendo benefícios ou incentivos, a tendência é que as empresas se desloquem às áreas econômicas incentivadas ou beneficiadas. Além do mais, o art. 155, § 2º, XII, alínea *g*, que trata do ICMS, determina que "cabe à lei complementar (...) regular a forma como, mediante deliberação dos Estados e do Distrito Federal, isenções, incentivos e benefícios fiscais serão concedidos e revogados". Por outro lado, o art. 156, § 3º, III, que trata do ISS, determina que "cabe à lei complementar (...) regular a forma e as condições como isenções, incentivos e benefícios fiscais serão concedidos e revogados". O IBS destoa do ICMS e do ISS também neste particular: *fica vedada a concessão de incentivos e benefícios financeiros ou fiscais, e regimes específicos, diferenciados ou favorecidos de tributação*. Esta vedação tende a acentuar a isonomia tributária e a uniformidade geográfica, na medida em que proíbe o tratamento discriminatório entre contribuintes e regiões. Contribui, também, para a diminuição da chamada "guerra fiscal", mecanismo através do qual Estados e Municípios concedem benefícios e facilidade fiscais para atrair empresas contribuintes para seus territórios;

  - *Autorização para benefícios, incentivos e regimes diferenciados* – De acordo com o dispositivo, incentivos, benefícios financeiros ou fiscais, regimes específicos, diferenciados ou favorecidos podem ser associados ao IBS (e também à CBS) quando previstos na própria Constituição. Isso acontece, por exemplo, no art. 156-A, § 6º, segundo o qual lei complementar estabelecerá regimes específicos de tributação para combustíveis e lubrificantes; serviços financeiros; sociedades cooperativas; serviços de hotelaria, dentre outros;

- *Desoneração de bens de capital* – O art. 156-A, § 5º, inciso V, determina que "lei complementar disporá sobre: a forma de desoneração da aquisição de bens de capital pelos contribuintes, que poderá ser implementada por meio de: (a) crédito integral e imediato do imposto; (b) diferimento; ou (c) redução em 100% (cem por cento) das alíquotas do imposto". O dispositivo também se aplica à CBS (CF, art. 195, § 16). O art. 153, § 3º, IV, da CF/1988 estabelece previsão semelhante no que concerne ao imposto sobre produtos industrializados (IPI). *Bens de capital* são aqueles que integram o processo econômico, usados para *produzir* coisas e não como simples matéria-prima. Uma máquina que amassa, recorta e amolda chapas de aço é um bem de capital, pois ela é utilizada para produzir outros bens, como, por exemplo, geladeiras. É diferente da chapa de aço, que é matéria-prima, isto é, ingressa como elemento que compõe o bem (a geladeira, no caso), mas não é usada para produzir o bem. Bens de capital são importantes porque eles integram o ativo fixo ou imobilizado das empresas, quer dizer, são, de alguma maneira, a própria empresa. A desoneração dos bens de capital acarreta a diminuição dos custos de manutenção da empresa; logo, o aumento de sua produtividade e lucratividade, o que tende a baratear bens e serviços, ampliar a contratação de mão-de-obra etc. De acordo com a Constituição, a desoneração de bens de capital será regulada por lei complementar, que poderá prever:

    - *Crédito integral e imediato do imposto* – Se a empresa adquire um bem de capital, supõe-se que este bem foi produzido por outra empresa, que antecede a atual na cadeia econômica. A empresa antecedente teve que recolher o IBS e a CBS incidentes na venda do bem. Este valor é registrado, pela empresa adquirente, como *crédito fiscal contábil*, para ser compensado com sua própria dívida, que será registrada como *débito fiscal contábil*. Pois bem, de acordo com a Constituição, no caso da aquisição de bens de capital, a empresa não precisa efetuar a compensação, podendo receber crédito integral e imediato relativamente ao imposto devido;
    - *Diferimento* – "Diferir" significa "postergar", "adiar", "deixar para Depois". *Diferimento tributário* é o mecanismo pelo qual as dívidas tributárias podem ser pagas em momento posterior àquele em que deveriam normalmente ser recolhidas. O diferimento é interessante porque as empresas podem usar o dinheiro com o qual deveriam pagar tributos para investir na expansão da produção, aumento de produtividade, contratação de mão-de-obra etc., já que a dívida poderá ser paga no futuro;
    - *Alíquota zero* – Redução em 100% da alíquota do imposto significa alíquota zero. Como vimos, alíquota zero significa anulação do aspecto quantitativo da regram-matriz de incidência. Como será veiculada por lei, trata-se, na

verdade de *isenção específica*. Uma vez que se trata de lei complementar federal prevendo isenção com relação a tributos de competências compartilhada dos Estados, DF e Municípios, poder-se-ia pensar em isenção heterônoma. Nada obstante, uma vez que esta lei tem caráter *nacional* e não federal, parece-nos que se trata, na verdade, delineamento negativo de competência por meio de isenção, e não isenção heterônoma;

- *Regimes aduaneiros e zonas de exportação* – O art. 156-A, § 5º, VI, da CF/1988, determina que "lei complementar disporá sobre as hipóteses de diferimento e desoneração do imposto aplicáveis aos regimes aduaneiros especiais e às zonas de processamento de exportação". O dispositivo se aplica à CBS também (CF, art. 195, § 16). *Regimes aduaneiros especiais* são tratamentos tributários benéficos aplicáveis às importações e exportações e que consistem, como regra, em suspensões momentâneas do dever de recolher tributos como contrapartida a certos compromissos assumidos pelo contribuinte. Eventualmente admitem a dispensa do tributo devido. São exemplos: o trânsito aduaneiro; o *Drawback*; a exportação temporária; admissão temporária; entre outros. *Zonas de processamento de exportação*, por outro lado, são áreas especializadas nos ritos e trâmites burocráticos relacionados à exportação, simplificando e reduzindo custos, e que reúnem empresas exportadoras que assumem certos compromissos relacionados à exportação. Pois bem, lei complementar deve prever formas de *diferimento* e *desoneração* de IBS e CBS relacionadas a estes regimes e zonas especiais;
- *Cashback* – A reforma tributária prevê o chamado *cashback* que, literalmente, significa "dinheiro de volta". Trata-se de expediente usado no âmbito privado, segundo o qual empresas devolvem, em dinheiro ou crédito, parte do valor que os clientes gastam adquirindo mercadorias ou serviços. No campo tributário, trata-se de devolver o dinheiro que foi pago a título de tributo. Nesse sentido, quanto ao IBS, o art. 156-A, § 5º, VIII, da CF/1988, estabelece que "lei complementar disporá sobre as hipóteses de devolução do imposto a pessoas físicas, inclusive os limites e os beneficiários, com o objetivo de reduzir as desigualdades de renda". O art. 195, § 18 estabelece regra semelhante para a CBS. Uma vez que o dispositivo fala em *pessoa física*, e os contribuintes do IBS e CBS serão, como regra, pessoas jurídicas, tem-se a impressão de que se trata de "devolver o dinheiro" ao consumidor final, isto é, à pessoa natural que, ao adquirir bens e serviços no final da cadeia econômica, paga, embutido no preço, o valor relativo aos tributos. São erroneamente chamados de "contribuintes de fato", pois suportam a carga econômico da tributação. O objetivo da lei é o de reduzir as desigualdades de renda, o que nos faz crer que as hipóteses de *cashback* terão de levar em conta o princípio da capacidade contributiva, devolvendo mais para quem tem renda menor; e devolvendo menos para quem tem renda maior. Aqui vem bem a calhar o mecanismo da seletividade, de acordo com o qual bens e serviços essenciais dão direito a uma devolução maior; e bens e serviços supérfluos dão direito a uma devolução menor:

- *Exclusão da base de cálculo* – De acordo com o art. 156-A, § 12, as quantias a serem devolvidas a título de *cashback*, relativamente ao IBS, não serão consideradas nas bases de cálculo relativas ao limite de despesas do Poder Legislativo Municipal (CF, art. 29-A); recursos mínimos aplicados nas ações de saúde pela União, Estados, DF e Municípios anualmente (CF, art. 198, § 2º); programa de apoio à inclusão e promoção social (CF, art. 204, parágrafo único); recursos mínimos destinados à educação pela União, Estados, DF e Municípios anualmente (CF, art. 212 e 212-A, II); fundo estadual de fomento à cultura (CF, art. 216, § 6º); destinação, aos Municípios, de parte do produto do IBS (CF, art. 158, IV, *b*);
- *Devolução obrigatória ao consumidor de baixa renda* – De acordo com o art. 156-A, § 13, da CF/1988, "a devolução de que trata o § 5º, VIII, será obrigatória nas operações de fornecimento de energia elétrica e de gás liquefeito de petróleo ao consumidor de baixa renda, podendo a lei complementar determinar que seja calculada e concedida no momento da cobrança da operação". O dispositivo também se aplica à CBS (CF, art. 195, § 16). Note-se que, neste caso, o legislador complementar não pode decidir entre devolver ou não, pois a devolução será obrigatória. O que a lei complementar pode decidir é sobre o momento em que ocorrerá a devolução, que pode ser por ocasião da cobrança da operação;

- *Dever de informação e princípio da transparência* – De acordo com o art. 156-A, § 1º, XIII, o IBS "sempre que possível, terá seu valor informado, de forma específica, no respectivo documento fiscal". O dispositivo também se aplica à CBS (CF, art. 195, § 16). Trata-se de repercussão do princípio da transparência (CF, art. 145, § 3º). Deve ser interpretados sob duas perspectivas: (a) os contribuintes que se situam ao longo da cadeia econômica têm o direito de saber exatamente quanto foi recolhido a título de tributo, não apenas para controle de sua contabilidade, como também para saberem quanto foi e será repassado ao preço do bem ou serviço; (b) o consumidor final, que não é contribuinte, tem o direito de saber quanto, do preço final, representa a magnitude de tributo embutido, para que possa, inclusive, reivindicar aumento ou diminuição da carga tributária. Esta última interpretação é confirmada pelo disposto no art. 150, § 5º, da CF/1988: "A lei determinará medidas para que os consumidores sejam esclarecidos acerca dos impostos que incidam sobre mercadorias e serviços";
- *Arcabouço formal* – Quanto aos aspectos formais relacionados ao IBS, registre-se que o art. 156-A, § 5º, VII e IX, da CF/1988, determina que cabe à lei complementar dispor sobre "o processo administrativo fiscal do imposto" e "os critérios para as obrigações tributárias acessórias, visando à sua simplificação". De fato, considerando que o IBS envolve competência compartilhada entre Estados, DF e Municípios, o processo administrativo fiscal deverá apresentar uma série de peculiaridades quando comparado ao processo administrativos fiscal federal (PAF) e os procedimentos de Estados, DF e Municípios, isoladamente considerados. O mesmo raciocínio se aplica às obrigações acessórias,

que comportarão novos formatos e novos deveres, visando à adaptação à competência compartilhada. Nos termos do que preceitua a Constituição, deve-se buscar a simplificação dos deveres instrumentais, ecoando o disposto no art. 145, § 3º, da CF/1988: "O Sistema Tributário Nacional deve observar os princípios da simplicidade, da transparência, da justiça tributária, da cooperação e da defesa do meio ambiente". No que concerne à competência judicial, registre-se o disposto na alínea *j*, do inciso I, do art. 105, da CF/1988, incluída pela EC 132/2023, no sentido de que "compete ao Superior Tribunal de Justiça processar e julgar, originariamente os conflitos entre entes federativos, ou entre estes e o Comitê Gestor do Imposto sobre Bens e Serviços, relacionados aos tributos previstos nos arts. 156-A e 195, V";

32.7 O COMITÊ GESTOR DO IMPOSTO SOBRE BENS E SERVIÇOS (CGIBS)

O IBS deve ser instituído por lei complementar federal, nos termos do art. 156-A, *caput*, da CF/1988. A lei deve descrever todos os elementos ou aspectos da regra-matriz de incidência do tributo. Com exceção da alíquota, que fica a cargos dos Estados, DF e Municípios, os aspectos material, pessoal, quantitativo (apenas a base de cálculo), temporal e territorial devem ser veiculados pelo legislador federal.

Pois bem, uma vez que o imposto for instituído, as atividades de fiscalização, arrecadação, distribuição do montante arrecadado, solução de controvérsias etc., devem ser levadas a cabo pelos Estados, DF e Municípios. Eis um dos sentidos da noção de *competência compartilhada* prevista no art. 156-A, *caput*, do texto constitucional.

Parte destas funções pode ser executada por cada unidade federativa, através das estruturas de fiscalização e cobrança de tributos estaduais e municipais já existentes. É nesse sentido que dispõe o art. 156-B, § 2º, V, da Constituição, incluído pela EC 132/2023:

> **CF, art. 156-B.** (...)
>
> **§ 2º.** Na forma da lei complementar:
>
> (...)
>
> V – a fiscalização, o lançamento, a cobrança, a representação administrativa e a representação judicial relativos ao imposto serão realizados, no âmbito de suas respectivas competências, pelas administrações tributárias e procuradorias dos Estados, do Distrito Federal e dos Municípios, que poderão definir hipóteses de delegação ou de compartilhamento de competências, cabendo ao Comitê Gestor a coordenação dessas atividades administrativas com vistas à integração entre os entes federativos

Nada obstante, pela própria natureza do IBS, toda essa atividade precisa ser coordenada. Se as funções de fiscalização, lançamento e representação são diluídas, uma vez que envolvem de um lado o ente federativo e, de outro, o contribuinte, existem funções que precisam ser unificadas e padronizadas, pois envolvem atividades que relacionam os entes federativos entre si, ou seja, unidades autônomas que têm interesses vitais na arrecadação e partilha do montante arrecadado.

Assim, a solução encontrada pela reforma encontra-se no art. 156-B, *caput*, da Constituição Federal, incluído pela Emenda Constitucional nº 132/2023:

> **CF, art. 156-B.** Os Estados, o Distrito Federal e os Municípios exercerão de forma integrada, exclusivamente por meio do Comitê Gestor do Imposto sobre Bens e Serviços, nos termos e limites estabelecidos nesta Constituição e em lei complementar, as seguintes competências administrativas relativas ao imposto de que trata o art. 156-A:
>
> I – editar regulamento único e uniformizar a interpretação e a aplicação da legislação do imposto;
>
> II – arrecadar o imposto, efetuar as compensações e distribuir o produto da arrecadação entre Estados, Distrito Federal e Municípios;
>
> III – decidir o contencioso administrativo.
>
> § 1º O Comitê Gestor do Imposto sobre Bens e Serviços, entidade pública sob regime especial, terá independência técnica, administrativa, orçamentária e financeira.

O Comitê Gestor do Imposto sobre Bens e Serviços (CGIBS) é uma entidade pública sob regime especial, com independência técnica, administrativa, orçamentária e financeira (CF, art. 156-B, § 1º).

Sua natureza jurídica específica será estabelecia em lei complementar que, nos termos do art. 156-B, § 2º, VII, deve estabelecer "a estrutura e a gestão do Comitê Gestor, cabendo ao regimento interno dispor sobre sua organização e funcionamento". Além do mais, o CGIBS "será financiado por percentual do produto da arrecadação do imposto destinado a cada ente federativo" (CF, art. 156-B, § 2º, III).

O que se adiantar, desde logo, é sua característica *nacional*, ou seja, é entidade que deve representar os interesses compartilhados de Estados, DF e Municípios, e não o interesse deste ou daquele Estado ou Município isoladamente. Não por outra razão, o controle externo será levado a cabo por estes entes federativos, de acordo com o art. 156-B, § 2º, IV: "o controle externo do Comitê Gestor será exercido pelos Estados, pelo Distrito Federal e pelos Municípios".

Dentre suas funções, todas de natureza *administrativa*, encontram-se:

- *Editar regulamento único e uniformizar a interpretação e a aplicação da legislação do imposto* – Cabe ao CGIBS a importante função de natureza administrativo-normativa. Trata-se de editar o Regulamento do IBS (RIBS), norma geral, abstrata e secundária, que dará executoriedade à lei complementar federal, sem inovar no ordenamento jurídico. O Regulamento cumprirá papel fundamental, pois estabelecerá as normas-quadro de atuação das Administrações Tributárias estaduais, distrital e municipais. Além do mais, o CGIBS deve funcionar como instância administrativa recursal, uniformizando e interpretação e aplicação dos dispositivos normativos relativos ao imposto;
- *Arrecadar o imposto, efetuar as compensações e distribuir o produto da arrecadação entre Estados, Distrito Federal e Municípios* – O CGIBS deve cumprir função essencial no contexto financeiro do IBS, no sentido de promover a arrecadação secundária do imposto, a partir das funções primárias de

fiscalização e lançamento executadas no âmbito das Administrações Tributárias estaduais, distrital e municipais. Assim, as funções administrativas no âmbito do IBS devem *compartilhadas* entre CGIBS, de um lado, e Administrações Tributárias federativas, de outro. Finalmente, as funções de compensação e distribuição do produto da arrecadação entre os entes federativos, de nítida natureza financeira, serão levadas a cabo pelo Comitê:

- o *Distribuição do produto da arrecadação* – Quanto à função de distribuição do produto arrecadado, o art. 156-A, § 4º, I e II, da CF/1988, dispõe: "Para fins de distribuição do produto da arrecadação do imposto, o Comitê Gestor do Imposto sobre Bens e Serviços: (I) reterá montante equivalente ao saldo acumulado de créditos do imposto não compensados pelos contribuintes e não ressarcidos ao final de cada período de apuração e aos valores decorrentes do cumprimento do § 5º, VIII; (II) distribuirá o produto da arrecadação do imposto, deduzida a retenção de que trata o inciso I deste parágrafo, ao ente federativo de destino das operações que não tenham gerado creditamento;
- o *Reserva de lei complementar* – As regras sobre a distribuição estão sob reserva de lei complementar, nos termos do art. 156-A, § 5º, I, da CF/1988: "Lei complementar disporá sobre: (I) as regras para a distribuição do produto da arrecadação do imposto, disciplinando, entre outros aspectos: (a) a sua forma de cálculo; (b) o tratamento em relação às operações em que o imposto não seja recolhido tempestivamente; (c) as regras de distribuição aplicáveis aos regimes favorecidos, específicos e diferenciados de tributação previstos nesta Constituição;

- *Decidir o contencioso administrativo* – O contencioso administrativo deve ter início no âmbito das Administrações Tributárias estaduais, distrital e municipais. Apenas os casos que não forem solucionados no âmbito das entidades federativas devem subir, sob a forma recursal, para o CGIBS (com exceção de matérias sensíveis, que podem restar sob competência originária da entidade). De toda forma, funcionando como instância de apelo, o CGIBS levará a cabo a função de interpretação, aplicação uniformização da legislação do imposto, citada logo acima:
  - o *Competências tributárias administrativas* – De acordo com o art. 156-B, § 2º, VI, da CF/1988, "as competências exclusivas das carreiras da administração tributária e das procuradorias dos Estados, do Distrito Federal e dos Municípios serão exercidas, no Comitê Gestor e na representação deste, por servidores das referidas carreiras". Vale dizer, a integração, no CGIBS, de agentes públicos estaduais, distritais e municipais que lidem com funções de fiscalização e arrecadação do tributo, são exclusivas de servidores de carreira;
  - o *Unificação do contencioso do IBS e da CBS* – Considerando que o IBS e a CBS serão instituídos pela mesma lei complementar (ADCT, art. 124, parágrafo único), suas regras-matrizes de incidência serão muito

parecidas (quase idênticas) e que, na prática (não sob aspecto jurídico), a CBS não passa de um IBS federal com receita vinculada, nada impede que, em homenagem à eficiência administrativa (CF, art. 37, *caput*) e praticidade da arrecadação, os procedimentos de fiscalização e cobrança sejam uniformizados e os contenciosos integrados. É o que autoriza o art. 156-B, §§ 6º, 7º e 8º do texto constitucional:

CF, art. 156-B (...)

§ 6º O Comitê Gestor do Imposto sobre Bens e Serviços, a administração tributária da União e a Procuradoria-Geral da Fazenda Nacional compartilharão informações fiscais relacionadas aos tributos previstos nos arts. 156-A e 195, V, e atuarão com vistas a harmonizar normas, interpretações, obrigações acessórias e procedimentos a eles relativos.

§ 7º O Comitê Gestor do Imposto sobre Bens e Serviços e a administração tributária da União poderão implementar soluções integradas para a administração e cobrança dos tributos previstos nos arts. 156-A e 195, V.

§ 8º Lei complementar poderá prever a integração do contencioso administrativo relativo aos tributos previstos nos arts. 156-A e 195, V.

Quanto à estrutura do CGIBS, o art. 156-B, § 2º, do texto constitucional reserva à *lei complementar* competência para:

- *Representação paritária dos Estados, DF e Municípios* – "Os Estados, o Distrito Federal e os Municípios serão representados, de forma paritária, na instância máxima de deliberação do Comitê Gestor do Imposto sobre Bens e Serviços" (CF, art. 156-B, § 2º, I);
- *Alternância na presidência* – "Será assegurada a alternância na presidência do Comitê Gestor entre o conjunto dos Estados e o Distrito Federal e o conjunto dos Municípios e o Distrito Federal" (CF, art. 156-B, § 2º, II). A propósito, o art. 156-B, § 5º, determina: "O Presidente do Comitê Gestor do Imposto sobre Bens e Serviços deverá ter notórios conhecimentos de administração tributária";
- *Composição da instância máxima* – De acordo com o art. 156-B, § 3º, da CF/1988, "a participação dos entes federativos na instância máxima de deliberação do Comitê Gestor do Imposto sobre Bens e Serviços observará a seguinte composição: (I) 27 (vinte e sete) membros, representando cada Estado e o Distrito Federal; (II) 27 (vinte e sete) membros, representando o conjunto dos Municípios e do Distrito Federal, que serão eleitos nos seguintes termos: (a) 14 (quatorze) representantes, com base nos votos de cada Município, com valor igual para todos; e (b) 13 (treze) representantes, com base nos votos de cada Município ponderados pelas respectivas populações;
- *Deliberações* – Nos termos do art. 156-B, § 4º, da CF/1988, "as deliberações no âmbito do Comitê Gestor do Imposto sobre Bens e Serviços serão consideradas aprovadas se obtiverem, cumulativamente, os votos: (I) em relação ao conjunto dos Estados e do Distrito Federal: (a) da maioria absoluta de seus representantes; e (b) de representantes dos Estados e do Distrito Federal

que correspondam a mais de 50% (cinquenta por cento) da população do País; e (II) em relação ao conjunto dos Municípios e do Distrito Federal, da maioria absoluta de seus representantes;

32.8 REGIMES ESPECÍFICOS DE TRIBUTAÇÃO

Como vimos, o IBS é informado pelo princípio da neutralidade. Isso significa que o tributo não deve influenciar a tomada de decisões por parte dos agentes econômicos. O imposto deve incidir de modo uniforme, onerando ou desonerando equitativamente todos os bens e serviços, para que os empresários não sejam compelidos a investirem neste ou naquele setor, ou migrarem para este ou aquele ramo de atividade econômica, em razão do tributo.

Não por outra razão, o IBS não é caracterizado pela *seletividade*, como ocorre com o IPI e ICMS, por exemplo. Tem-se a percepção (errônea, a nosso ver) de que o mecanismo de alíquotas seletivas poderia comprometer o ideal de neutralidade. Nesse sentido, o IBS seria um imposto tipicamente *fiscal*, vale dizer, utilizado simplesmente para a arrecadação de dinheiro. Daí o disposto no art. 156-A, § 9º, da CF/1988:

> **CF, art. 156-A.** (...)
>
> **§ 9º.** Qualquer alteração na legislação federal que reduza ou eleve a arrecadação do imposto:
>
> I – deverá ser compensada pela elevação ou redução, pelo Senado Federal, das alíquotas de referência de que trata o § 1º, XII, de modo a preservar a arrecadação das esferas federativas, nos termos de lei complementar;
>
> II – somente entrará em vigor com o início da produção de efeitos do ajuste das alíquotas de referência de que trata o inciso I deste parágrafo.

O princípio da neutralidade também informa a proibição de incentivos e benefícios fiscais, setorizados ou não. Esse tipo de indução acaba "neutralizando a neutralidade", isto é, faz com que o tributo funcione como indutor da produção de certos bens ou da prestação de determinados serviços, influenciando, assim, a decisão livre e "racional" dos agentes econômicos. Eis por que o art. 156-A, § 1º, X, determina:

> **CF, art. 156-A (...)**
>
> **§ 1º** O imposto previsto no *caput* será informado pelo princípio da neutralidade e atenderá ao seguinte:
>
> (...)
>
> **X** – não será objeto de concessão de incentivos e benefícios financeiros ou fiscais relativos ao imposto ou de regimes específicos, diferenciados ou favorecidos de tributação, excetuadas as hipóteses previstas nesta Constituição;

Ainda assim, seja em razão da natureza específica da atividade econômica relacionada à produção e circulação de certos bens e determinados serviços; seja em razão da posição estratégica que ocupam no contexto da economia nacional; seja porque alguns bens e serviços são mais sensíveis a alterações tributárias do que outros; seja, finalmente, porque alguns lobbies no Congresso Nacional são mais fortes e outros mais fracos; o fato é que a reforma tributária autorizou que certas e determinadas atividades econômicas obtivessem tratamento especial no que concerne à tributação por IBS (e também por CBS, em razão do art. 195, § 16, da CF/1988), nos termos do art. 156-A, § 6º:

> **CF, art. 156-A** (...)
>
> **§ 6º** Lei complementar disporá sobre regimes específicos de tributação para:
>
> I – combustíveis e lubrificantes sobre os quais o imposto incidirá uma única vez, qualquer que seja a sua finalidade, hipótese em que:
>
> a) serão as alíquotas uniformes em todo o território nacional, específicas por unidade de medida e diferenciadas por produto, admitida a não aplicação do disposto no § 1º, V a VII;
>
> b) será vedada a apropriação de créditos em relação às aquisições dos produtos de que trata este inciso destinados a distribuição, comercialização ou revenda;
>
> c) será concedido crédito nas aquisições dos produtos de que trata este inciso por sujeito passivo do imposto, observado o disposto na alínea "b" e no § 1º, VIII;
>
> II – serviços financeiros, operações com bens imóveis, planos de assistência à saúde e concursos de prognósticos, podendo prever:
>
> a) alterações nas alíquotas, nas regras de creditamento e na base de cálculo, admitida, em relação aos adquirentes dos bens e serviços de que trata este inciso, a não aplicação do disposto no § 1º, VIII;
>
> b) hipóteses em que o imposto incidirá sobre a receita ou o faturamento, com alíquota uniforme em todo o território nacional, admitida a não aplicação do disposto no § 1º, V a VII, e, em relação aos adquirentes dos bens e serviços de que trata este inciso, também do disposto no § 1º, VIII;
>
> III – sociedades cooperativas, que será optativo, com vistas a assegurar sua competitividade, observados os princípios da livre concorrência e da isonomia tributária, definindo, inclusive:
>
> a) as hipóteses em que o imposto não incidirá sobre as operações realizadas entre a sociedade cooperativa e seus associados, entre estes e aquela e pelas sociedades cooperativas entre si quando associadas para a consecução dos objetivos sociais;
>
> b) o regime de aproveitamento do crédito das etapas anteriores;
>
> IV – serviços de hotelaria, parques de diversão e parques temáticos, agências de viagens e de turismo, bares e restaurantes, atividade esportiva desenvolvida por Sociedade Anônima do Futebol e aviação regional, podendo prever hipóteses de alterações nas alíquotas, nas bases de cálculo e nas regras de creditamento, admitida a não aplicação do disposto no § 1º, V a VIII;
>
> V – operações alcançadas por tratado ou convenção internacional, inclusive referentes a missões diplomáticas, repartições consulares, representações de organismos internacionais e respectivos funcionários acreditados;
>
> VI – serviços de transporte coletivo de passageiros rodoviário intermunicipal e interestadual, ferroviário e hidroviário, podendo prever hipóteses de alterações nas alíquotas e nas regras de creditamento, admitida a não aplicação do disposto no § 1º, V a VIII;

Assim, existem os seguintes regimes específicos de tributação do IBS e da CBS, cuja regulamentação está sob reserva de *lei complementar*:

- *Combustíveis e lubrificantes* – Nestes casos, o IBS e a CBS serão *monofásicos*, incidindo uma única vez. As alíquotas submetem-se a regime especial, devendo der uniformes em todo o território nacional e diferenciadas por produto. Uma vez que a incidência é monofásica, deve ser concedido crédito ao contribuinte na aquisição de combustíveis e lubrificantes;

- *Serviços financeiros, operações com imóveis, planos de saúde e concursos de prognósticos* – Nestes casos, autoriza-se a modificação no sistema de alíquotas, regras de creditamento, base de cálculo etc. e, o que parece mais importante, *autoriza-se a incidência sobre a receita e o faturamento,* com alíquota uniforme em todo o território nacional;
- *Sociedades cooperativas* – Nestes casos, a submissão ao regime específico é *optativa*, pois se busca assegurar a competitividade deste tipo de sociedade. Lei complementar também poderá estabelecer isenções no que concerne às operações praticadas entre cooperativas e cooperados e entre as sociedades cooperativas;
- *Atividades lúdicas* – Também fazem jus ao regime específico atividades econômicas de lazer, turismo etc.: serviços de hotelaria, parques de diversão e parques temáticos, agências de viagens e de turismo, bares e restaurantes, atividade esportiva desenvolvida por Sociedade Anônima do Futebol e aviação regional;
- *Acordos internacionais* – Também se submetem a regime específico as operações alcançadas por tratado ou convenção internacional, inclusive referentes a missões diplomáticas, repartições consulares, representações de organismos internacionais e respectivos funcionários acreditados;
- *Transporte coletivo* – Finalmente, serviços de transporte coletivo de passageiros rodoviário intermunicipal e interestadual, ferroviário e hidroviário que, por implicarem serviços públicos, fazem jus a tratamento específico;

32.9 ASPECTOS CIRCUNSTANCIAIS DA REFORMA TRIBUTÁRIA

Vejamos os elementos circunstanciais da reforma tributária, isto é, que não dizem respeito diretamente ao IBS e à CBS ou que ingressaram como forma de aperfeiçoar o Sistema Tributário Nacional:

- *Imposto federal sobre bens e serviços prejudiciais à saúde ou ao meio ambiente* – A EC 132/2023 incluiu o inciso VIII ao art. 153 da CF/1988, autorizando a União a instituir imposto sobre produção, extração, comercialização ou importação de bens e serviços prejudiciais à saúde ou ao meio ambiente, nos termos de lei complementar". Também chamado de *imposto seletivo*, o objeto é complementar o IBS no sentido de onerar bens e serviços que sejam prejudiciais à saúde ou ao meio ambiente, nos termos do que preceitua a Constituição em seu Título VIII. Considerando que o IBS é "neutro" e, portanto, não pode ser seletivo, este imposto federal cumpre esta função extrafiscal. Vejamos algumas de suas características:

- *Reserva de lei complementar* – O imposto federal seletivo deve ser instituído por lei complementar, estando, portanto, fora do alcance das medidas provisórias;
- *Âmbito constitucional de incidência* – Deve incidir sobre as operações de produção, extração, comercialização e importação de bens e serviços prejudiciais à saúde e ao meio ambiente. Um imposto federal sobre cigarros ou sobre bebidas alcoólicas, por exemplo;
- *Arcabouço normativo* – Nos termos do art. 153, § 6º, I a VII, da CF/1988, apresenta o seguinte arcabouço normativo:
  - *Imunidade específica* – De acordo com a Constituição, o imposto seletivo "não incidirá sobre as exportações nem sobre as operações com energia elétrica e com telecomunicações". Uma vez que o próprio texto exclui a incidência do imposto, temos imunidade tributária específicas
  - *Incidência monofásica* – Nos termos da Constituição, o imposto "incidirá uma única vez sobre o bem ou serviço". Trata-se da incidência monofásica, o que simplifica a cobrança e ameniza a repercussão econômica do tributo;
  - *Exclusão da base de cálculo* – O imposto federal seletivo "não integrará sua própria base de cálculo", ou seja, não pode ser cobrado sobre seu próprio valor;
  - *Inclusão na base de cálculo* – Por outro lado, o imposto integrará a base de cálculo do ICMS, do ISS, do IBS e da CBS. O objetivo é tornar as operações com bens e serviços nocivos à saúde e meio ambiente mais ainda mais onerosos;
  - *Bis in idem e bitributação autorizados* – De acordo com a Constituição, o imposto federal "poderá ter o mesmo fato gerador e base de cálculo de outros tributos". Note-se que a Constituição usa a palavra *tributo*. Isso significa que o texto constitucional autoriza o *bis in idem* e a bitributação tanto no que concerne a impostos, quanto a taxas ou contribuições; e não apenas federais, mas também estaduais, distritais e municipais;
  - *Alíquotas fora da reserva de lei complementar* – O texto constitucional autoriza que as alíquotas sejam fixadas em lei ordinária, podendo ser específicas, por unidade de medida adotada, ou *ad valorem*. Isso significa que podem ser manuseadas por medida provisória;
  - *Alíquota máxima* – Na extração, o imposto será cobrado independentemente da destinação, caso em que a alíquota máxima corresponderá a 1% (um por cento) do valor de mercado do produto;

- *Imposto sobre transmissão "causa mortis" e doação de quaisquer bens e direitos* – O ITCMD está previsto no art. 155, inciso I, da CF/1988, É de competência dos Estados e Distrito Federal. A Emenda Constitucional nº 132, de 2023, modificou a redação de alguns de seus dispositivos. Vejamos:

- *Aspecto territorial da regra-matriz* – No que concerne a bens *imóveis*, o ITCMD compete ao Estado da situação do bem (ou ao DF), nos termos do art. 155, § 1º, I. No que concerne a *bens móveis, títulos e créditos*, houve modificação pela EC 132/2023, que alterou o art. 155, § 1º, II. A partir de agora, compete ao Estado *onde era domiciliado o "de cujus" ou onde tiver domicílio o doador (ou ao DF);*
- *Progressividade de alíquotas* – O inciso VI, do § 1º, do art. 155, foi incluído pela EC 132/2023, estabelecendo que o ITCMD "será progressivo em razão do valor do quinhão, do legado ou da doação". Havia uma discussão sobre a possibilidade de o ITCMD ser progressivo. O STF já decidiu nesse sentido, mas não houve edição de súmula ou algo parecido. Com a reforma tributária, desaparece a dúvida, de modo que as leis estaduais e distrital que tratam do ITCMD já podem estabelecer alíquotas progressivas;
- *Imunidade específica* – A EC 132/2023 acrescentou ao § 1º, do art. 155, o inciso VIII, estabelecendo que o ITCMD "não incidirá sobre as transmissões e as doações para as instituições sem fins lucrativos com finalidade de relevância pública e social, inclusive as organizações assistenciais e beneficentes de entidades religiosas e institutos científicos e tecnológicos, e por elas realizadas na consecução dos seus objetivos sociais, observadas as condições estabelecidas em lei complementar". A norma parece complementar e ampliar o disposto no art. 150, VI, *b* e *c*, que trata das imunidades genéricas relativas a impostos;

- *Imposto sobre a propriedade de veículos automotores* – O IPVA está previsto no art. 155, inciso III, da CF/1988, e é de competência dos Estados e do Distrito Federal. A EC 42/2003 já havia introduzido algumas alterações nas regras constitucionais deste imposto, mas a reforma tributária resolveu a questão mais controversa que havia e que consistia em saber se o imposto poderia incidir sobre veículos automotores aquáticos e aeronáuticos. O STF havia fixado interpretação restritivas, no sentido de que não podia haver incidência (STF, RE 134509, 2002). Felizmente a reforma contornou esta jurisprudência, estabelecendo, ainda, outras modificações. Assim, de acordo com o inciso III, do § 6º, do art. 155, incluído pela EC 132/2023, o IPVA:
- *Explicitação da incidência* – "Incidirá sobre a propriedade de veículos automotores terrestres, aquáticos e aéreos, *excetuados*" (...) A norma explicita o âmbito de incidência do art. 155, III, que, ao mencionar veículos "automotores", não se limitava aos terrestres. Alguns legisladores estaduais pretenderam, corretamente, tributar embarcações e aeronaves, mas foram obstados pelo STF, que atuou mais como legislador negativo do que como controlador de constitucionalidade. Estávamos na embaraçosa situação de aceitar que um motoboy que usa a motocicleta para trabalhar recolha IPVA, enquanto proprietários de jatinhos e lanchas estavam desonerados. A reforma andou muito bem neste ponto;

- *Imunidade específica* – A palavra "excetuados" que encerra o inciso III, do § 6º, é típico caso de imunidade, pois se trata de norma constitucional negativa de competência. Assim, estão imunes ao IPVA:
    - Aeronaves agrícolas e de operador certificado para prestar serviços aéreos a terceiros;
    - Embarcações de pessoa jurídica que detenha outorga para prestar serviços de transporte aquaviário ou de pessoa física ou jurídica que pratique pesca industrial, artesanal, científica ou de subsistência;
    - Plataformas suscetíveis de se locomoverem na água por meios próprios, inclusive aquelas cuja finalidade principal seja a exploração de atividades econômicas em águas territoriais e na zona econômica exclusiva e embarcações que tenham essa mesma finalidade principal;
    - Tratores e máquinas agrícolas;
- *Base de cálculo do imposto sobre a propriedade predial e territorial urbana* – O IPTU está previsto no art. 156, I, da CF/1988, e é de competência dos Municípios e do Distrito Federal. A regra-matriz de incidência do tributo deve ser descrita em lei ordinária municipal e distrital. A EC 132/2023, no entanto, acrescentou o inciso III, ao § 1º, do art. 156, estabelecendo que o IPTU poderá "ter sua base de cálculo atualizada pelo Poder Executivo, conforme critérios estabelecidos em lei municipal". O dispositivo atrai o art. 97, §§ 1º e 2º, do CTN, que estabelecem: "Equipara-se à majoração do tributo a modificação da sua base de cálculo que importe em torná-lo mais oneroso; não constitui majoração de tributo, para os fins do disposto no inciso II deste artigo, a atualização do valor monetário da respectiva base de cálculo". Ora, a atualização da base de cálculo, que significa simplesmente a aplicação dos índices de correção monetária, não significa aumento de tributo e, portanto, poderia, já antes da reforma, ser levada a cabo por ato do Poder Executivo. Se o objetivo da reforma é autorizar que o Poder Executivo aumente o valor da base de cálculo (o que significa mais do que "atualizar"), então se coloca a questão de saber se a lei municipal tem competência para fazê-lo. Parece-nos que, à luz do art. 146, III, *b*, da CF/1988, trata-se de matéria que está sob reserva de lei complementar;

32.10 REPARTIÇÃO DAS RECEITAS TRIBUTÁRIAS

A repartição das receitas tributárias significa um elemento importante no contexto do Estado federal. Embora a distribuição de competências tributárias seja o "coração" do pacto federativo, na medida em que assegura a cada ente federativo a autonomia necessária à realização de seus objetivos constitucionais, a distribuição de receitas funciona como um complemento fundamental, uma vez que permite refinar o equilíbrio da distribuição dos recursos arrecadados.

"Repartir as receitas" é uma ação que ocorre depois da arrecadação tributária. Os entes federativos instituem seus tributos, fiscalizam e arrecadam. Uma vez que o dinheiro ingressa nos cofres públicos, qualifica-se como *receita*. É este montante que será repartido, isto é, entregue de um ente federativo a outro, visando um equilíbrio federativo mais consistente e que busque amenizar as desigualdades sociais e regionais.

A direção na repartição das receitas segue uma linha bem definida, que consiste em encaminhar receitas do ente central para os entes regionais e locais. Em outras palavras, a regra geral consiste numa distribuição que parte da União para os Estados e Municípios e dos penúltimos para os últimos. Assim, ameniza-se os efeitos deletérios que a concentração das competências tributárias nas mãos da União causa à federação brasileira, na medida em que, por imposição constitucional, busca-se a distribuição de recursos por via financeira.

Dessa maneira, haverá basicamente dois modelos:

- Distribuição da União para Estados, Distrito Federal e Municípios;
- Distribuição dos Estados para os Municípios;

A) Repartição da União para Estados, DF e Municípios

Nos termos do art. 157 da CF/1988, pertencem aos Estados e Distrito Federal:

I. *O produto da arrecadação do imposto da União sobre renda e proventos de qualquer natureza, incidente na fonte, sobre rendimentos pagos, a qualquer título, por eles, suas autarquias e pelas fundações que instituírem e mantiverem* – Os Estados, o Distrito Federal e os Municípios, bem como suas autarquias e fundações, possuem servidores e empregados públicos, isto é, pessoas que trabalham ou prestam serviços, recebendo remunerações, subsídios ou salários. Tais remunerações significam, para aqueles que recebem, acréscimo patrimonial, o que é o fato gerador do imposto sobre a renda (IR). Pois bem, os servidores e empregados públicos devem recolher, normalmente, seus impostos de renda para a União, o que ocorre através do "desconto na fonte", quer dizer, a entidade pagadora desconta e efetua o pagamento do tributo antes mesmo de depositar os valores nas contas dos servidores ou empregados. O que a Constituição determina é que, posteriormente, a União entregue ("devolva") aos Estados e DF essas quantias, isto é, as quantias que os servidores ou empregados estaduais e distritais recolheram a título de IR, descontadas na fonte, ou seja, pelos próprios entes federativos;

II. *Vinte por cento do produto da arrecadação do imposto que a União instituir no exercício da competência que lhe é atribuída pelo art. 154, I* – Como vimos, o art. 154, I, da CF/1988 atribui à União a denominada *competência residual*, que consiste na aptidão de instituir, por meio de lei complementar, impostos não previstos no art. 153, desde que sejam não cumulativos e tenham fato gerador e base de cálculo diferentes dos já discriminados na Constituição. Pois bem, caso a União efetivamente institua esse imposto, 20% (vinte por cento) do que for arrecadado deve ser distribuído entre Estados e Distrito Federal;

Nos termos do art. 158 da CF/1988, pertencem aos Municípios:

I. *O produto da arrecadação do imposto da União sobre renda e proventos de qualquer natureza, incidente na fonte, sobre rendimentos pagos, a qualquer título, por eles, suas autarquias e pelas fundações que instituírem e mantiverem* – Como vimos acima, Estados, DF e Municípios, bem como suas autarquias e fundações, possuem servidores e empregados públicos, isto é, pessoas que trabalham ou prestam serviços, recebendo remunerações, subsídios ou salários. Tais remunerações significam, para aqueles que recebem, acréscimo patrimonial, o que é o fato gerador do imposto sobre a renda (IR). Pois bem, os servidores e empregados públicos devem recolher, normalmente, seus impostos de renda para a União, o que ocorre através do "desconto na fonte", quer dizer, a entidade pagadora desconta e efetua o pagamento do tributo antes mesmo de depositar os valores nas contas dos servidores ou empregados. O que a Constituição determina é que, posteriormente, a União entregue ("devolva") aos Municípios essas quantias, isto é, as quantias que os servidores ou empregados municipais recolheram a título de IR, descontadas na fonte, ou seja, pela própria entidade municipal;

II. *Cinquenta por cento do produto da arrecadação do imposto da União sobre a propriedade territorial rural, relativamente aos imóveis neles situados, cabendo a totalidade na hipótese da opção a que se refere o art. 153, § 4º, III* – O imposto sobre a propriedade territorial rural (ITR) é de competência da União. Nada obstante, os imóveis rurais situam-se em certos Municípios, na zona rural destes. Por isso, a Constituição determina que 50% (cinquenta por cento) do que a União arrecadar a título de ITR com relação aos imóveis situados nos territórios dos Municípios devem ser entregues ao ente municipal. Nada obstante, de acordo com o art. 153, § 4º, III, da CF/1988, o ITR "será fiscalizado e cobrado pelos Municípios que assim optarem, na forma da lei, desde que não implique redução do imposto ou qualquer outra forma de renúncia fiscal". Para estes casos, isto é, quando o Município opta, nos termos de lei, pela fiscalização e cobrança do ITR, a União deve entregar à municipalidade a totalidade do que fora arrecadado, isto é, 100% (cem por cento) do montante relativamente aos imóveis que se situam na zona rural municipal;

B) Repartição dos Estados para os Municípios

Nos termos do art. 158 da CF/1988, pertencem aos Municípios:

(...)

ATENÇÃO! Reforma Tributária!

III. *Cinquenta por cento do produto da arrecadação do imposto do Estado sobre a propriedade de veículos automotores licenciados em seus territórios e, em relação a veículos aquáticos e aéreos, cujos proprietários sejam domiciliados em seus territórios* – O imposto sobre a propriedade de veículos automotores (IPVA) é de competência dos Estados e do Distrito Federal (CF, art. 155, III). Este último não pode ser dividido em Municípios (CF, art. 32), portanto, esta regra não se aplica a ele. Nada obstante, o licenciamento dos veículos automotores está vinculado ao território de algum Município. Por isso, a Constituição determina que 50% (cinquenta por cento) do que o Estado arrecadar a título de IPVA deve ser entregue aos Municípios relativamente aos quais os automóveis foram licenciados;

- *Veículos aquáticos e aéreos* – A Emenda Constitucional nº 132, de 2023, que veiculou a chamada reforma tributária, deu nova redação ao § 6º do art. 155, determinando, no inciso III, que o IPVA "incidirá sobre a propriedade de veículos automotores terrestres, aquáticos e aéreos (...)". Pois bem, para o caso dos veículos automotores *aquáticos* e *aéreos*, o critério para a destinação dos 50% arrecadados a título de IPVA não é o licenciamento do veículo, mas *o local de domicílio do proprietário*;

ATENÇÃO! Reforma Tributária!

IV. Vinte e cinco por cento: (a) do produto da arrecadação do imposto do Estado sobre operações relativas à circulação de mercadorias e sobre prestações de serviços de transporte interestadual e intermunicipal e de comunicação; (b) do produto da arrecadação do imposto previsto no art. 156-A distribuída aos Estados. – Pertencem aos Municípios 25% (vinte e cinco por cento) do produto da arrecadação do Estado a título de ICMS e IBS. Importante considerar, no entanto, que, no que concerne ao ICMS, esse montante desaparecerá a partir de 2033, haja vista a revogação do art. 155, II, da CF/1988, nos termos do art. 22, inciso II, alínea *a*, da Emenda Constitucional nº 132, de 2023.

- *Produto da arrecadação do ICMS* – No que concerne ao produto da arrecadação do ICMS, o art. 159, § 1º, determina que "as parcelas de receita pertencentes aos Municípios mencionadas no inciso IV, "a", serão creditadas conforme os seguintes critérios: (I) – 65% (sessenta e cinco por cento), no mínimo, na proporção do valor adicionado nas operações relativas à circulação de mercadorias e nas prestações de serviços, realizadas em seus territórios. Neste caso, cabe à lei complementar definir o conceito de "valor adicionado" (CF, art. 161, I); (II) – até 35% (trinta e cinco por cento), de acordo com o que dispuser lei estadual, observada, obrigatoriamente, a distribuição de, no mínimo, 10 (dez) pontos percentuais com base em indicadores de melhoria nos resultados de aprendizagem e de aumento da equidade, considerado o nível socioeconômico dos educandos;
- *Produto da arrecadação do IBS* – No que concerne ao produto da arrecadação do IBS, o art. 159, § 2º, determina que "as parcelas de receita pertencentes aos Municípios mencionadas no inciso IV, "b", serão

creditadas conforme os seguintes critérios: (I) 80% (oitenta por cento) na proporção da população; (II) 10% (dez por cento) com base em indicadores de melhoria nos resultados de aprendizagem e de aumento da equidade, considerado o nível socioeconômico dos educandos, de acordo com o que dispuser lei estadual; (III) 5% (cinco por cento) com base em indicadores de preservação ambiental, de acordo com o que dispuser lei estadual; (IV) 5% (cinco por cento) em montantes iguais para todos os Municípios do Estado;

C) Entregas da União

ATENÇÃO! Reforma Tributária!

De acordo com o art. 159 da CF/1988, bastante modificado pela EC 132/2023, a União entregará:

I. *Do produto da arrecadação dos impostos sobre renda e proventos de qualquer natureza e sobre produtos industrializados e do imposto previsto no art. 153, VIII, 50% (cinquenta por cento), da seguinte forma* – No que toca ao IR, o art. 159, § 1º, determina que se exclua do cálculo "a parcela da arrecadação do imposto de renda e proventos de qualquer natureza pertencente aos Estados, ao Distrito Federal e aos Municípios, nos termos do disposto nos arts. 157, I, e 158, I", ou seja, o montante que se refere ao pagamento, pelos entes federativos, suas autarquias e fundações, de remunerações ou salários aos servidores ou empregados públicos estaduais, distritais e municipais. Esta parcela é entregue independentemente do que está previsto no art. 159, I. No que tange ao IPI, vale lembrar que, a partir de 2027, terá suas alíquotas reduzidas a zero, exceto para produtos produzidos na Zona Franca de Manaus, nos termos de lei complementar (EC 132/2023, art. 126, III, *a*). Finalmente, o imposto federal sobre bens e serviços prejudiciais à saúde e ao meio ambiente (CF, art. 153, VIII) será cobrado a partir de 2027 (EC 132/2023, art. 126, I, *b*). Pois bem, 50% do produto da arrecadação dos impostos federais previstos no art. 153, III, IV e VIII serão distribuídos do seguinte modo:

a) 21,5% ao Fundo de Participação dos Estados e do Distrito Federal;
b) 22,5% ao Fundo de Participação dos Municípios;
c) 03% para aplicação em programas de financiamento ao setor produtivo das Regiões Norte, Nordeste e Centro-Oeste, através de suas instituições financeiras de caráter regional, de acordo com os planos regionais de desenvolvimento, ficando assegurada ao semi-árido do Nordeste a metade dos recursos destinados à Região, na forma que a lei estabelecer;
d) 1% ao Fundo de Participação dos Municípios, que será entregue no primeiro decêndio do mês de dezembro de cada ano;

e) 1% ao Fundo de Participação dos Municípios, que será entregue no primeiro decêndio do mês de julho de cada ano;

f) 1% ao Fundo de Participação dos Municípios, que será entregue no primeiro decêndio do mês de setembro de cada ano;

g) Registre-se, ademais, o disposto no art. 161, II, da CF/1988: "Cabe à lei complementar (...) estabelecer normas sobre a entrega dos recursos de que trata o art. 159, especialmente sobre os critérios de rateio dos fundos previstos em seu inciso I, objetivando promover o equilíbrio socioeconômico entre Estados e entre Municípios". O parágrafo único do dispositivo, por sua vez, determina: "O Tribunal de Contas da União efetuará o cálculo das quotas referentes aos fundos de participação a que alude o inciso II".

II. *Do produto da arrecadação do imposto sobre produtos industrializados e do imposto previsto no art. 153, VIII, 10% (dez por cento) aos Estados e ao Distrito Federal, proporcionalmente ao valor das respectivas exportações de produtos industrializados* – Dez por cento do que for arrecadado a título de IPI e do imposto federal sobre bens e serviços prejudiciais à saúde e meio ambiente serão entregues aos Estados e DF, mas proporcionalmente ao valor das exportações de produtos industrializados. Nota-se claramente o intuito da reforma tributária de incentivar as exportações de bens industrializados. Ademais, nos termos do art. 159, § 2º, "a nenhuma unidade federada poderá ser destinada parcela superior a vinte por cento do montante a que se refere o inciso II, devendo o eventual excedente ser distribuído entre os demais participantes, mantido, em relação a esses, o critério de partilha nele estabelecido". Se um Estado, por exemplo, bater todos os recordes de exportação e superar de maneira muito acentuada todos os demais, ainda assim a ele não poderá ser entregue mais do que 20% do montante a que se refere o inciso II. O que passar desse limite será redistribuído entre os demais, usando-se o critério da proporcionalidade das exportações:

- *Nova repartição* – De acordo com o art. 159, § 3º, "os Estados entregarão aos respectivos Municípios 25% (vinte e cinco por cento) dos recursos que receberem nos termos do inciso II do *caput* deste artigo, observados os critérios estabelecidos no art. 158, § 1º, para a parcela relativa ao imposto sobre produtos industrializados, e no art. 158, § 2º, para a parcela relativa ao imposto previsto no art. 153, VIII". Do montante a ser recebido da União a título de IPI e imposto federal sobre bens e serviços prejudiciais à saúde e meio ambiente, os Estados redirecionarão 25% para os Municípios, nos seguintes termos:

  i. *Parcela relativa ao IPI* – 65% (sessenta e cinco por cento), no mínimo, na proporção do valor adicionado nas operações relativas à circulação de mercadorias e nas prestações de serviços, realizadas em seus territórios; até 35% (trinta e cinco por cento), de acordo com o que dispuser lei estadual, observada, obrigatoriamente, a distribuição de, no mínimo, 10 (dez) pontos percentuais com base em indicadores de melhoria nos resultados de aprendizagem e de aumento da equidade, considerado o nível socioeconômico dos educandos;

ii. *Parcela relativa ao imposto federal sobre bens e serviços prejudiciais à saúde e meio ambiente* – 80% (oitenta por cento) na proporção da população; 10% (dez por cento) com base em indicadores de melhoria nos resultados de aprendizagem e de aumento da equidade, considerado o nível socioeconômico dos educandos, de acordo com o que dispuser lei estadual; 5% (cinco por cento) com base em indicadores de preservação ambiental, de acordo com o que dispuser lei estadual; 5% (cinco por cento) em montantes iguais para todos os Municípios do Estado;

II. *Do produto da arrecadação da contribuição de intervenção no domínio econômico prevista no art. 177, § 4º, 29% (vinte e nove por cento) para os Estados e o Distrito Federal, distribuídos na forma da lei, observadas as destinações a que se referem as alíneas "c" e "d" do inciso II do referido parágrafo* – O art. 177, § 4º, da CF/1988, autoriza a União a instituir contribuição de intervenção no domínio econômico relativa às atividades de importação ou comercialização de petróleo e seus derivados, gás natural e seus derivados e álcool combustível. Trata-se da chamada CIDE-Combustíveis. Pois bem, 29% do produto da arrecadação deste tributo deverá ser entregue aos Estados e Distrito Federal, observadas as destinações previstas nas alíneas *c* e *d*, do inciso II, do § 4º, do art. 170, a saber: financiamento de programas de infraestrutura de transportes e pagamento de subsídios a tarifas de transporte público coletivo de passageiros:

- *Nova repartição* – Nos termos do art. 159, § 4º, "do montante de recursos de que trata o inciso III que cabe a cada Estado, vinte e cinco por cento serão destinados aos seus Municípios, na forma da lei a que se refere o mencionado inciso;

Para finalizar, registre-se que, de acordo com o art. 161, III, da CF/1988, "cabe à lei complementar (...) dispor sobre o acompanhamento, pelos beneficiários, do cálculo das quotas e da liberação das participações previstas nos arts. 157, 158 e 159".

D) Fundo Nacional de Desenvolvimento Regional

ATENÇÃO! Reforma Tributária

A Emenda Constitucional nº 132, de 2023, que veiculou a chamada reforma tributária, acrescentou ao texto constitucional o art. 159-A, nos seguintes termos:

> **CF, art. 159-A.** Fica instituído o Fundo Nacional de Desenvolvimento Regional, com o objetivo de reduzir as desigualdades regionais e sociais, nos termos do art. 3º, III, mediante a entrega de recursos da União aos Estados e ao Distrito Federal para:
>
> I – realização de estudos, projetos e obras de infraestrutura;

II – fomento a atividades produtivas com elevado potencial de geração de emprego e renda, incluindo a concessão de subvenções econômicas e financeiras; e

III – promoção de ações com vistas ao desenvolvimento científico e tecnológico e à inovação.

1º É vedada a retenção ou qualquer restrição ao recebimento dos recursos de que trata o *caput*.

2º Na aplicação dos recursos de que trata o *caput*, os Estados e o Distrito Federal priorizarão projetos que prevejam ações de sustentabilidade ambiental e redução das emissões de carbono.

3º Observado o disposto neste artigo, caberá aos Estados e ao Distrito Federal a decisão quanto à aplicação dos recursos de que trata o *caput*.

4º Os recursos de que trata o *caput* serão entregues aos Estados e ao Distrito Federal de acordo com coeficientes individuais de participação, calculados com base nos seguintes indicadores e com os seguintes pesos:

I – população do Estado ou do Distrito Federal, com peso de 30% (trinta por cento);

II – coeficiente individual de participação do Estado ou do Distrito Federal nos recursos de que trata o art. 159, I, "a", da Constituição Federal, com peso de 70% (setenta por cento).

§ 5º O Tribunal de Contas da União será o órgão responsável por regulamentar e calcular os coeficientes individuais de participação de que trata o § 4º.

O art. 71 da Lei nº 4.320/64 estabelece:

Lei nº 4.320/64, art. 71. Constitui fundo especial o produto de receitas especificadas que, por lei, se vinculam à realização de determinados objetivos ou serviços, facultada a adoção de normas peculiares de aplicação.

Como se percebe, o Fundo não tem personalidade jurídica. Trata-se da vinculação, feita por lei, de certas receitas à realização de determinados objetivos ou serviços. No caso do art. 159-A do texto constitucional, a vinculação é feita pela própria Constituição.

O Fundo Nacional de Desenvolvimento Regional remete ao art. 3º, inciso III, da CF/1988, que estabelece como objetivo fundamental da República Federativa do Brasil "erradicar a pobreza e a marginalização e reduzir as desigualdades sociais e regionais".

O financiamento do Fundo ocorrerá através da entrega, pela União, de recursos aos Estados e Distrito Federal, com despesas vinculadas à realização de estudos, projetos e obras de infraestrutura; fomento a atividades produtivas com elevado potencial de geração de emprego e renda, incluindo a concessão de subvenções econômicas e financeiras; e promoção de ações com vistas ao desenvolvimento científico e tecnológico e à inovação.

Ainda de acordo com o dispositivo, é vedada a retenção ou restrição ao recebimento dos recursos de que trata o *caput* do art. 159-A. Na aplicação dos recursos de que trata o dispositivo, os Estados e o DF devem priorizar projetos que prevejam ações de sustentabilidade ambiental e redução das emissões de carbono. Ademais, cabe a estes entes a decisão quanto à aplicação dos recursos de que trata o dispositivo, o que prestigia, de certa forma, a autonomia dos entes federativos.

A União deve entregar os recursos aos Estados e ao DF com base nos chamados *coeficientes individuais de participação*, calculados com base nos seguintes indicadores e pesos: (I) população do Estado ou do Distrito Federal, com peso de 30% (trinta por cento); (II) coeficiente individual de participação do Estado ou do Distrito Federal nos recursos de que trata o art. 159, I, *a*, da Constituição Federal, com peso de 70% (setenta por cento).

Finalmente, cabe ao Tribunal de Contas da União regulamentar e calcular os coeficientes individuais de participação acima citados.

E) Vedação à retenção de valores e deveres de publicização

Pare encerrar, registremos o disposto nos artigos 160 e 162 do texto constitucional:

> **CF/1988, art. 160.** É vedada a retenção ou qualquer restrição à entrega e ao emprego dos recursos atribuídos, nesta seção, aos Estados, ao Distrito Federal e aos Municípios, neles compreendidos adicionais e acréscimos relativos a impostos.
>
> § 1º A vedação prevista neste artigo não impede a União e os Estados de condicionarem a entrega de recursos:
>
> I – ao pagamento de seus créditos, inclusive de suas autarquias;
>
> II – ao cumprimento do disposto no art. 198, § 2º, incisos II e III.
>
> § 2º Os contratos, os acordos, os ajustes, os convênios, os parcelamentos ou as renegociações de débitos de qualquer espécie, inclusive tributários, firmados pela União com os entes federativos conterão cláusulas para autorizar a dedução dos valores devidos dos montantes a serem repassados relacionados às respectivas cotas nos Fundos de Participação ou aos precatórios federais.
>
> (...)
>
> **Art. 162.** A União, os Estados, o Distrito Federal e os Municípios divulgarão, até o último dia do mês subsequente ao da arrecadação, os montantes de cada um dos tributos arrecadados, os recursos recebidos, os valores de origem tributária entregues e a entregar e a expressão numérica dos critérios de rateio.
>
> Parágrafo único. Os dados divulgados pela União serão discriminados por Estado e por Município; os dos Estados, por Município.

A repartição de receitas tributárias é um mecanismo fundamental no Estado federal, pois ela ajuda a assegurar a autonomia dos entes federativos na medida em que lhes assegura recursos adicionais, além daqueles que provêm de suas competências tributárias.

Por isso, o art. 160, *caput*, proíbe, como regra geral, a *retenção ou restrição no que concerne à entrega de recursos* do ente central aos regionais e locais, e dos penúltimos aos últimos.

O texto constitucional, no entanto, abre duas exceções. Pode-se reter ou restringir o repasse das receitas nos casos de: (I) pagamento de seus créditos, inclusive de suas autarquias; (II) cumprimento do disposto no art. 198, § 2º, incisos II e III.

Se um Município estiver devendo valores ao Estado ou a uma autarquia estadual, o ente regional pode, legitimamente, reter a entrega dos valores relativos à repartição das receitas tributárias. No que concerne à segunda hipótese, vale a transcrição do dispositivo, uma vez que os incisos tiveram redação dada pela EC 132/2023:

ATENÇÃO! Reforma Tributária

CF/1988, art. 198. As ações e serviços públicos de saúde integram uma rede regionalizada e hierarquizada e constituem um sistema único, organizado de acordo com as seguintes diretrizes:

(...)

§ 2º A União, os Estados, o Distrito Federal e os Municípios aplicarão, anualmente, em ações e serviços públicos de saúde recursos mínimos derivados da aplicação de percentuais calculados sobre:

(...)

II – no caso dos Estados e do Distrito Federal, o produto da arrecadação dos impostos a que se referem os arts. 155 e 156-A e dos recursos de que tratam os arts. 157 e 159, I, "a", e II, deduzidas as parcelas que forem transferidas aos respectivos Municípios;

III – no caso dos Municípios e do Distrito Federal, o produto da arrecadação dos impostos a que se referem os arts. 156 e 156-A e dos recursos de que tratam os arts. 158 e 159, I, "b", e § 3º.

Finalmente, o art. 162 da Constituição impõe aos entes federativos deveres de publicização de suas contas, devendo divulgar os montantes dos tributos arrecadados, os recursos recebidos, os valores de origem tributária recebidos entregues e a entregar, os critérios de rateio etc., ecoando o dever de transparência previsto no art. 145, § 3º, da CF/1988, incluído pela EC 132/2023: "O Sistema Tributário Nacional deve observar os princípios da simplicidade, da transparência, da justiça tributária, da cooperação e da defesa do meio ambiente".

REFERÊNCIAS

ALEXANDRE, Ricardo. *Direito tributário esquematizado*. 7. ed. Rio de Janeiro: Forense; São Paulo: Método, 2013.

ALVIM, Arruda. *Novo Contencioso Cível no CPC/2015*. São Paulo: Revista dos Tribunais, 2016.

AMARO, Luciano. *Direito tributário brasileiro*. 17. ed. São Paulo: Saraiva, 2011.

ANTUNES VARELA, José de Matos. *Das obrigações em geral*. v. 1. 5. ed. Coimbra (Portugal): Livraria Almedina, 1989.

ANTUNES VARELA, José de Matos. *Das obrigações em geral*. v. 2. 4. ed. Coimbra (Portugal): Livraria Almedina, 1990.

ATALIBA, Geraldo. *Hipótese de incidência tributária*. 6. ed. 3. tir. São Paulo: Malheiros, 2002.

BANDEIRA DE MELLO, Celso Antônio. *Curso de direito administrativo*. 18. ed. São Paulo: Malheiros Editores, 2005.

BECKER, Alfredo Augusto. *Teoria geral do direito tributário*. 5. ed. São Paulo: Noeses, 2010.

BOBBIO, Norberto. *Teoria do ordenamento jurídico*. 10. ed. Tradução de Maria Celeste Cordeiro Leite dos Santos. Brasília: Editora Universidade de Brasília, 1999.

CARRAZZA, Roque Antonio. *Curso de direito constitucional tributário*. 27. ed. São Paulo: Malheiros Editores, 2011.

CARVALHO, Paulo de Barros. *Curso de direito tributário*. 24. ed. São Paulo: Saraiva, 2012.

CARVALHO FILHO, José dos Santos. *Manual de direito administrativo*. 26. ed. São Paulo: Atlas, 2013.

COÊLHO, Sacha Calmon Navarro. *Curso de direito tributário brasileiro*. 10. ed. Rio de Janeiro: Forense, 2009.

COÊLHO, Sacha Calmon Navarro. *Contribuições no direito brasileiro*: seus problemas e soluções. São Paulo: *Quartier Latin*, 2007.

COÊLHO, Sacha Calmon Navarro; DERZI, Misabel Abreu Machado. *Direito tributário aplicado*: estudos e pareceres. Belo Horizonte: Del Rey, 2012.

COSTA, Regina Helena. *Curso de direito tributário*: Constituição e Código Tributário Nacional. 4. ed. São Paulo: Saraiva, 2014.

COSTA, Regina Helena. *Imunidades tributárias*: teoria e análise da jurisprudência do STF. 2. ed. São Paulo: Malheiros, 2006.

CUNHA, Leonardo Carneiro da. *A Fazenda Pública em Juízo*. 13. ed. Rio de Janeiro: Forense, 2016.

DEL MASSO, Fabiano. *Direito econômico*. Rio de Janeiro: Elsevier, 2007.

DERZI, Misabel Abreu Machado *et al*. *Comentários ao código tributário nacional*. Rio de Janeiro: Forense, 2008.

DE SANTI, Eurico Marcos Diniz. *Lançamento Tributário*. São Paulo: Saraiva, 2010.

DIAS, Maria Berenice. *Manual de direito das famílias*. São Paulo: Revista dos Tribunais, 2011.

DINIZ, Maria Helena. *Dicionário jurídico universitário*. São Paulo: Saraiva, 2010.

DINIZ, Maria Helena. *Lei de Introdução ao Código Civil Brasileiro interpretada*. 16. ed. São Paulo: Saraiva, 2010.

DI PIETRO, Maria Sylvia Zanella. *Direito administrativo*. 21. ed. São Paulo: Atlas, 2008.

DI PIETRO, Maria Sylvia Zanella. *Direito administrativo*. 28 ed. São Paulo: Atlas, 2015.

FERRAZ JUNIOR, Tercio Sampaio. *Introdução ao estudo do direito*. 4. ed. São Paulo: Atlas, 2003.

FERREIRA, Aurélio Buarque de Holanda. *Novo dicionário Aurélio da língua portuguesa*. 4. ed. Curitiba: Positivo, 2009.

GODOI, Marciano Seabra de. *Questões atuais do direito tributário na jurisprudência do STF*. São Paulo: Dialética, 2006.

GRAU, Eros Roberto. *A ordem econômica na Constituição de 1988*. 15. ed. São Paulo: Malheiros Editores, 2012.

HARADA, Kiyoshi. *Direito financeiro e tributário*. 18. ed. São Paulo: Atlas, 2009.

HARADA, Kiyoshi . *Aspectos tributários da nova lei de falências*. Curitiba: Juruá, 2006.

KELSEN, Hans. *Teoria pura do direito*. Tradução de João Baptista Machado. São Paulo: Martins Fontes, 1995.

LUSTOZA, Helton Kramer. Inaplicabilidade do incidente de desconsideração da personalidade jurídica na execução fiscal. *Revista Fórum de Direito*, v. 17, n. 101, p. 127-144, set./out., 2019.

LUSTOZA, Helton Kramer *et al*. *Tributos em espécie*. Salvador: *Jus Podivm*, 2018.

LUSTOZA, Helton Kramer *et al.* *Impostos Municipais para concursos*. Salvador: *Jus Podivm*, 2018.

MACHADO, Hugo de Brito. *Comentários ao Código Tributário Nacional*: artigos 1º ao 95. Volume I. São Paulo: Atlas, 2003.

MACHADO, Hugo de Brito. *Comentários ao Código Tributário Nacional*: artigos 96 ao 138. Volume II. São Paulo: Atlas, 2004.

MACHADO, Hugo de Brito. *Comentários ao Código Tributário Nacional*: artigos 139 a 218. v. 3. São Paulo: Atlas, 2005.

MACHADO, Hugo de Brito. *Curso de direito tributário*. 32. ed. São Paulo: Malheiros, 2011.

MACHADO, Hugo de Brito. Direito à restituição do ITBI em face do anulamento da venda imóvel. *Revista Dialética de Direito Tributário*, n. 183, dezembro/2010.

MACHADO SEGUNDO, Hugo de Brito. *Processo tributário*. 6. ed. São Paulo: Atlas, 2012.

MANGABEIRA, João. Empréstimo compulsório – Natureza jurídica – Autorização orçamentária para a cobrança: interpretação do art. 141, §34 da Constituição. Revista de Direito Administrativo da FGV, Rio de Janeiro (RJ), v. 74, 1963, p. 369-372. Disponível em: http://bibliotecadigital.fgv.br/ojs/index.php/rda/article/view/25727/24581. Acesso em: 10 nov. 2020.

MANGIERI, Francisco Ramos *et al.* *ITBI:* Imposto sobre Transmissões de bens imóveis. 1. ed. São Paulo: Edipro, 2006.

MAZZUOLI, Valerio de Oliveira. *Curso de direito internacional público*. 2. ed. São Paulo: Editora Revista dos Tribunais, 2007.

MELO, José Eduardo Soares de. *Curso de direito tributário*. 9. ed. São Paulo: Dialética, 2010.

MIRANDA, Francisco Cavalcanti Pontes de. *Comentários à Constituição de 1967*. Tomo II. São Paulo: Revista dos Tribunais, 1967.

MORAES, Alexandre. *Direito constitucional*. 23. ed. São Paulo: Atlas, 2008.

NOGUEIRA, Ruy Barbosa. *Curso de Direito Tributário*. 11. edição. São Paulo: Saraiva, 1993.

NOVELINO, Marcelo. *Direito constitucional*. 6. ed. Rio de Janeiro: Forense; São Paulo: MÉTODO, 2012.

NUCCI, Guilherme de Souza. *Manual de processo penal e execução penal*. 4. ed. São Paulo: Revista dos Tribunais, 2008.

REZEK, José Francisco. *Direito internacional público*: curso elementar. 9. ed. São Paulo: Saraiva, 2002.

SABBAG, Eduardo. *Manual de direito tributário*. 6. ed. São Paulo: Saraiva, 2014.

SCHOUERI, Luís Eduardo. *Direito tributário*. 2. ed. São Paulo: Saraiva, 2012.

SILVA, José Afonso. *Comentário contextual à Constituição*. 3. ed. São Paulo: Malheiros Editores, 2007.

SOUZA, Hamilton Dias. Contribuições especiais. *In:* MARTINS, Ives Gandra da Silva

TAVARES, André Ramos. *Curso de direito constitucional*. 10. ed. São Paulo: Saraiva, 2012.

TORRES, Ricardo Lobo. *Curso de direito financeiro e tributário*. 18. ed. Rio de Janeiro: Renovar, 2011.

TORRES, Ricardo Lobo. *Normas de interpretação do direito tributário*. 3. ed. Rio de Janeiro: Renovar, 2000.

TROIANELLI, Gabriel Lacerda. Lançamento por homologação e decadência do direito de constituir o crédito. *Revista Dialética de Direito Tributário*, n. 151, p. 28-37, abr. 2008.

VENOSA, Sílvio de Salvo. *Direito civil*. Parte Geral. v. 1, 6. ed. São Paulo: Atlas, 2006.

VENOSA, Sílvio de Salvo. *Direito civil*. Direitos Reais. v. 5. 6. ed. São Paulo: Atlas, 2006.

VENOSA, Sílvio de Salvo. *Código civil interpretado*. São Paulo: Atlas, 2010.

ANOTAÇÕES

ANOTAÇÕES

ANOTAÇÕES

ANOTAÇÕES

ANOTAÇÕES

EDITORA
*Jus*PODIVM
www.editorajuspodivm.com.br

Impresso por:

Docuprint
CNPJ 01.036.332/0001-99

JUS3467